Power JAVA

Fully Updated 4판

JN445281

천인국

서울대학교 전자공학과에 입학하여 1983년에 공학사 학위를 취득하였고, KAIST에 입학하여 1985년에 전기 및 전자공학과 석사 학위를, 1993년에 박사 학위를 취득하였다. 1985년부터 1988년까지 삼성전자 종합연구소에서 주임 연구원으로 재직하였고, 1993년부터 현재까지 순천향대학교 컴퓨터 공학과 교수로 재직 중이다. 2005년에는 캐나다 UBC에서 방문교수를 지냈다.

저서로는 「인공지능」(2020, 인피니티북스), 「스크래치로 배우는 컴퓨팅 사고와 문제해결」(2019, 인피니티북스), 「OpenCV를 이용한 디지털 영상처리」(2019, 인피니티북스), 「Power Java Compact」(2018, 인피니티북스), 「어서와 C++는 처음이지!」(2018, 인피니티북스), 「문제해결과 컴퓨팅 사고」(2017, 인피니티북스), 「문제해결과 컴퓨팅 사고를 위한 스크래치」(2017, 인피니티북스), 「문제해결과 컴퓨팅 사고를 위한 파이썬」(2017, 인피니티북스), 「어서와 파이썬은 처음이지!」(2016, 인피니티북스), 「어서와 Java는 처음이지!」(2015, 인피니티북스), 「어서와 C언어는 처음이지!」(2015, 인피니티북스), 「HTML5+CSS3+JavaScript로 배우는 웹프로그래밍 기초」 (2014, 인피니티북스), 「Power JAVA 2판」(2012, 인피니티북스), 「C++ Espresso」(2010, 인피니티북스), 「Power C++」 (2010, 인피니티북스), 「쉽게 풀어쓴 C언어 Express」(2007, 생능출판사), 「C언어로 쉽게 풀어쓴 자료구조」(2005, 생능출판사) 등이 있다.

천명준

연세대학교 컴퓨터과학과 학사를 졸업하고 서울대학교 컴퓨터공학과에서 석사와 박사를 마쳤다. 2025년 9월부터 숭실대학교 컴퓨터학부 전임교수로 재직 중이다.

발행 2026년 1월 5일 4판 1쇄

지은이 천인국, 천명준
발행인 채희만
발행처 INFINITYBOOKS | **주소** 경기도 고양시 일산동구 하늘마을로 158, 대방트리플라온 C동 209호
대표전화 02)302-8441 | **팩스** 02)6085-0777
출판팀 강미연 | **마케팅팀** 한석범, 성희령 | **경영관리팀** 이승희

도서문의 및 A/S 지원
홈페이지 www.infinitybooks.co.kr | **이메일** helloworld@infinitybooks.co.kr

ISBN 979-11-7533-006-1 | **등록번호** 제 2021-000018호 | **판매정가** 36,000원

본서의 무단복제를 금하며 파본은 구입처에서 교환하여 드립니다.

머리말

최근 수많은 새로운 프로그래밍 언어들이 등장하고 있지만, 자바(Java)는 여전히 가장 널리 사랑받는 언어 가운데 하나입니다. 자바는 객체 지향을 완벽하게 지원하여 객체 지향의 개념을 배우고 이해하는 데 매우 적합하며, 오늘날에도 서버-클라이언트 환경에서 서버 측 핵심 언어로 자리 잡고 있습니다. 더 나아가 안드로이드 운영체제의 기본 개발 언어이기도 하여, 모바일 앱 개발 분야에서도 중요한 역할을 담당하고 있습니다.

이처럼 자바는 개발자라면 반드시 익혀야 할 필수 언어입니다. 그러나 방대한 문법과 복잡한 구조로 인해 프로그래밍을 처음 접하는 이들에게는 다소 높은 장벽처럼 느껴지기도 합니다. 바로 그 장벽을 낮추어, 입문자들이 자바의 세계에 더 쉽고, 더 즐겁게 발을 내딛을 수 있도록 돕는 것이 이 책의 가장 큰 목적입니다. 저자는 이 책을 집필하면서 다음과 같은 점에 특히 중점을 두었습니다.

- 자바의 핵심 개념을 최대한 쉽고 체계적으로 설명하고자 하였습니다. 특히 기본 개념을 지루하지 않게 전달하기 위해 다양한 시도를 담았습니다.
- 객체 지향 개념을 학습한 뒤, 이를 실제로 적용해 볼 수 있도록 GUI 프로그래밍을 통해 실습할 수 있는 구조로 챕터를 재구성하였습니다.
- 흥미로운 예제와 실습을 통해 학습 의욕을 높이고자 하였으며, 각 예제에는 도전 문제를 함께 제시하여 응용 능력을 키울 수 있도록 구성하였습니다.
- 멀티스레딩과 함수형 프로그래밍과 같은 심화 주제도 보강하여 학습의 폭을 넓혔습니다.
- 각 장의 끝에는 정답이 주어지지 않는 Mini Project를 수록하여, 스스로 문제 해결 능력을 기를 수 있도록 하였습니다. 이 프로젝트들은 기말 프로젝트 주제로도 활용할 수 있습니다.

이 책이 독자 여러분에게 자바를 이해하는 든든한 길잡이가 되어, 프로그래밍 세계로 나아가는 첫걸음을 가볍고 즐겁게 만들어 주기를 진심으로 바랍니다. 이 책이 세상에 나오기까지 많은 분들의 도움이 있었습니다. 무엇보다도 아낌없는 지원과 협력을 보내주신 인피니티북스의 모든 분들께 깊이 감사드립니다. 또한 책이 발간될 때마다 부족한 부분을 세심히 지적해 주시고, 따뜻한 격려와 응원을 보내주신 독자 여러분께도 진심 어린 감사를 드립니다.

아무쪼록 이 책이 자바를 처음 접하는 분들에게 작은 길잡이가 되어 학습에 보탬이 된다면, 그것이 곧 필자에게 가장 큰 기쁨이자 보람이 될 것입니다.

2025년 11월

저자 천인국, 천명준

강의 계획

자바는 그 방대한 범위로 인해 체계적인 강의 계획을 세우기가 쉽지 않다. 이 책은 한 학기를 16주로 가정하여, 1학기 분량의 강의에서 다음과 같은 진행 방안을 제안한다. 다만 상황에 따라 일부 내용은 선택적으로 생략해도 무방하다.

주	해당 chapter	주제
1	1장, 2장	자바 기초 및 프로그래밍 기초
2	3장	선택, 반복, 배열
3	4장	객체 지향 소개 및 클래스, 객체, 메소드
4	5장	클래스와 메소드 심층 연구
5	6장	상속, 그래픽 사용자 인터페이스
6	7장	추상 클래스, 인터페이스, 패키지
7	8장, 9장	자바 GUI 기초, 이벤트 처리
8	**중간고사**	중간 평가 및 프로젝트 제안서 발표
9	10장, 11장	스윙 컴포넌트, 자바 그래픽
10	12장	패키지, 모듈, 자바 API
11	13장	제네릭과 컬렉션
12	14장	파일 입출력
13	15장	멀티 스레딩
14	16장	함수형 프로그래밍, 스트림, 람다식
15	17장, 18장	네트워크 프로그래밍이나 데이터베이스 프로그래밍 중 하나
16	**기말고사**	기말 평가 및 기말 프로젝트 결과 발표

이 책의 특징

- 자바의 핵심 개념을 최대한 쉽고 체계적으로 설명하고자 하였다. 특히 기본 개념을 지루하지 않게 전달하기 위해 다양한 시도를 담았다.
- 흥미로운 예제와 실습을 통해 학습 의욕을 높이고자 하였으며, 각 예제에는 도전 문제를 함께 제시하여 응용 능력을 키울 수 있도록 구성하였다.
- 멀티스레딩과 함수형 프로그래밍과 같은 심화 주제도 보강하여 학습의 폭을 넓혔다.
- 각 장의 끝에는 정답이 주어지지 않는 Mini Project를 수록하여, 스스로 문제 해결 능력을 기를 수 있도록 하였다. 이 프로젝트들은 기말 프로젝트 주제로도 활용할 수 있다.

핵심 업그레이드

- 모든 예제에는 '도전 문제'를 추가하여, 학습자가 예제를 변형하고 발전시켜 볼 수 있도록 구성하였다. 각 예제는 '결과 보고 생각하기 → 코드 분석하기 → 도전하기'의 3단계로 전개되어, 단순한 코드 실행을 넘어 개념적 이해와 응용력을 함께 기를 수 있도록 하였다.
- 절차적 프로그래밍과 객체 지향 프로그래밍의 차이 등 핵심 개념에는 충분한 지면을 할애하여, 이론적 배경과 실무적 관점을 균형 있게 설명하였다.
- 각 장의 도입부에서는 해당 개념이 왜 필요한지, 그리고 그것이 어떤 문제를 해결하기 위해 등장했는지를 구체적인 비유와 사례로 풀어내어 학습의 동기를 높였다.
- 각 장의 요약 부분에는 핵심 코드를 한 줄 추가하여, 학습자가 주요 구문과 개념을 자연스럽게 복습할 수 있도록 하였다.
- 함수형 프로그래밍 챕터를 보강하여, 기존에 혼동하기 쉬운 개념들을 보다 명확히 비교·설명하였다.
- 객체 지향 개념을 학습한 직후에 GUI 챕터를 배치하여, 이론으로 배운 내용을 GUI 프로그램 구현을 통해 구체적으로 탐구할 수 있도록 하였다.

학습 단계

학습목표 설정	본문 학습	예제	도전 문제 & SELF TEST	Mini Project	Exercises & Programming Exercises
학습하게 되는 장의 학습 목표를 구체적으로 살펴본다.	풍부한 그림과 쉬운 설명으로 개념을 확실하게 이해한다.	정선된 예제를 통하여 프로그래밍 능력을 기른다.	답이 없는 문제 (예제의 확장된 버전)를 해결해 본다.	문제 해결 능력을 함양할 수 있으며, 기말 프로젝트 주제로 활용 가능하다.	다양한 형식의 문제를 풀며 개념을 심화한다.

이 책의 구성

학습목표
이번 장에서 무엇을 배워야 하는지를 제시하였다.

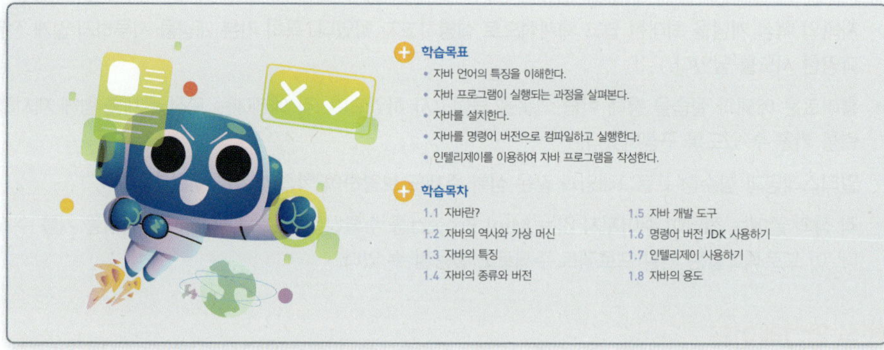
학습목표
- 자바 언어의 특징을 이해한다.
- 자바 프로그램이 실행되는 과정을 살펴본다.
- 자바를 설치한다.
- 자바를 명령어 버전으로 컴파일하고 실행한다.
- 인텔리제이를 이용하여 자바 프로그램을 작성한다.

학습목차
1.1 자바란?
1.2 자바의 역사와 가상 머신
1.3 자바의 특징
1.4 자바의 종류와 버전
1.5 자바 개발 도구
1.6 명령어 버전 JDK 사용하기
1.7 인텔리제이 사용하기
1.8 자바의 용도

다양한 그림
풍부한 그림을 활용하여 흥미도를 높이고 이해하기 쉽도록 하였다.

그림 1-2 프로그램 안에는 작업 지시서가 들어 있다.

예제
본문의 내용을 실습할 수 있는 다양한 예제를 수록하였다.

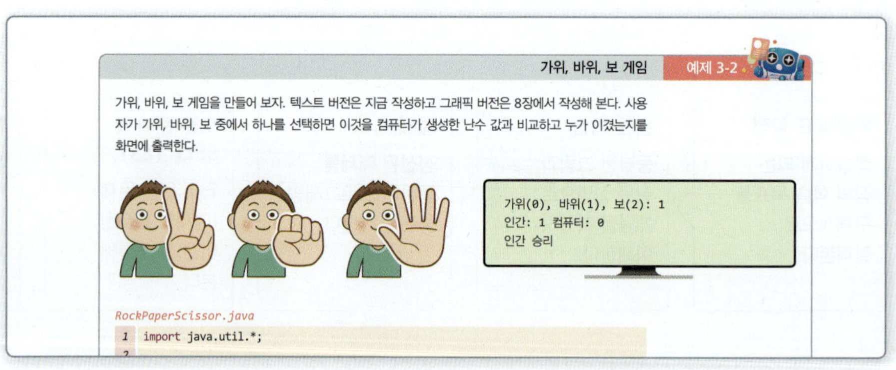
가위, 바위, 보 게임 예제 3-2

가위, 바위, 보 게임을 만들어 보자. 텍스트 버전은 지금 작성하고 그래픽 버전은 8장에서 작성해 본다. 사용자가 가위, 바위, 보 중에서 하나를 선택하면 이것을 컴퓨터가 생성한 난수 값과 비교하고 누가 이겼는지를 화면에 출력한다.

```
가위(0), 바위(1), 보(2): 1
인간: 1 컴퓨터: 0
인간 승리
```

RockPaperScissor.java

```
import java.util.*;
```

```
        else if (score >= 70)
            System.out.println("학점: C");
        else if (score >= 60)
            System.out.println("학점: D");
        else
            System.out.println("학점: F");
        sc.close();
    }
}
```

문장 ②에서 if (score >= 80 && score < 90)이라고 할 필요가 없음에 유의하자. score가 90보다 크거나 같은 경우에는 앞의 문장 ①에서 이미 걸렸기 때문이다.

도전문제

1 등급을 A+, A0, A- … **D-**까지 세분화하시오. 예시 규칙: 97 - 100: A+, 93 - 96: A0, 90 - 92: A- …

2 점수가 0 - 100 범위가 아니면 '유효하지 않은 점수'를 출력하고 종료하시오.

도전문제

예제를 변형하고 발전시킬 수 있도록 구성하였다.

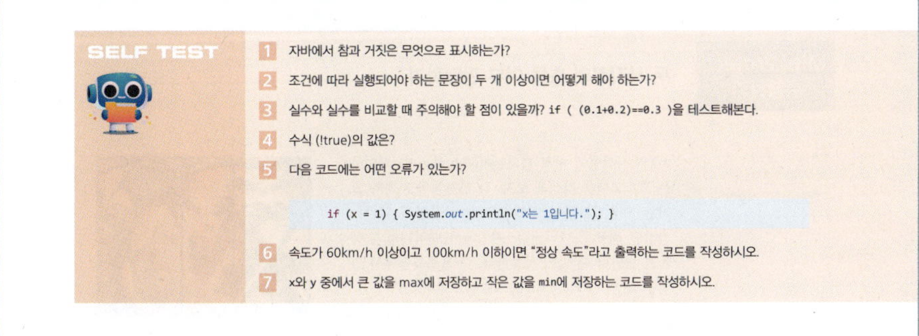
SELF TEST

1 자바에서 참과 거짓은 무엇으로 표시하는가?

2 조건에 따라 실행되어야 하는 문장이 두 개 이상이면 어떻게 해야 하는가?

3 실수와 실수를 비교할 때 주의해야 할 점이 있을까? if ((0.1+0.2)==0.3)을 테스트해본다.

4 수식 (!true)의 값은?

5 다음 코드에는 어떤 오류가 있는가?

```
if (x = 1) { System.out.println("x는 1입니다."); }
```

6 속도가 60km/h 이상이고 100km/h 이하이면 "정상 속도"라고 출력하는 코드를 작성하시오.

7 x와 y 중에서 큰 값을 max에 저장하고 작은 값을 min에 저장하는 코드를 작성하시오.

SELF TEST

문제 해결 능력을 키울 수 있도록 하였다.

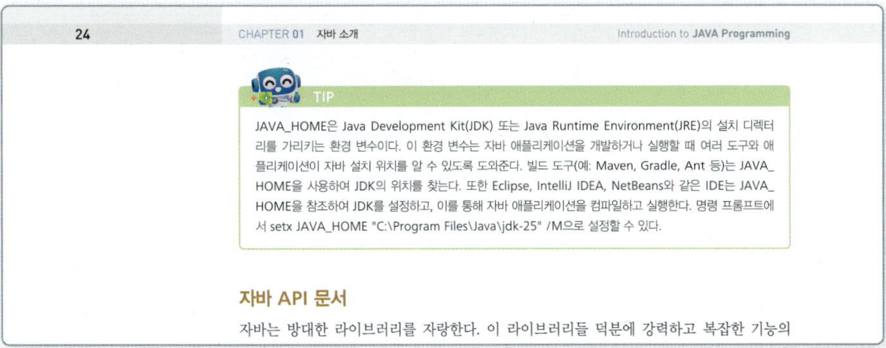
24 CHAPTER 01 자바 소개 Introduction to JAVA Programming

TIP

JAVA_HOME은 Java Development Kit(JDK) 또는 Java Runtime Environment(JRE)의 설치 디렉터리를 가리키는 환경 변수이다. 이 환경 변수는 자바 애플리케이션을 개발하거나 실행할 때 여러 도구와 애플리케이션이 자바 설치 위치를 알 수 있도록 도와준다. 빌드 도구(예: Maven, Gradle, Ant 등)는 JAVA_HOME을 사용하여 JDK의 위치를 찾는다. 또한 Eclipse, IntelliJ IDEA, NetBeans와 같은 IDE는 JAVA_HOME을 참조하여 JDK를 설정하고, 이를 통해 자바 애플리케이션을 컴파일하고 실행한다. 명령 프롬프트에서 setx JAVA_HOME "C:\Program Files\Java\jdk-25" /M으로 설정할 수 있다.

자바 API 문서

자바는 방대한 라이브러리를 자랑한다. 이 라이브러리들 덕분에 강력하고 복잡한 기능의

TIP

추가 내용을 간단하게 삽입하여 이해도를 높였다.

요소의 값을 변경하는 경우이다. 또한 역순으로 배열 요소를 처리하는 경우, 전체가 아니고 일부 요소만을 처리하는 경우, 하나의 반복 루프에서 두 개 이상의 배열을 처리하는 경우에는 for-each 문이 부적합하다. 이런 경우에는 전통적인 for 문을 사용하여야 한다.

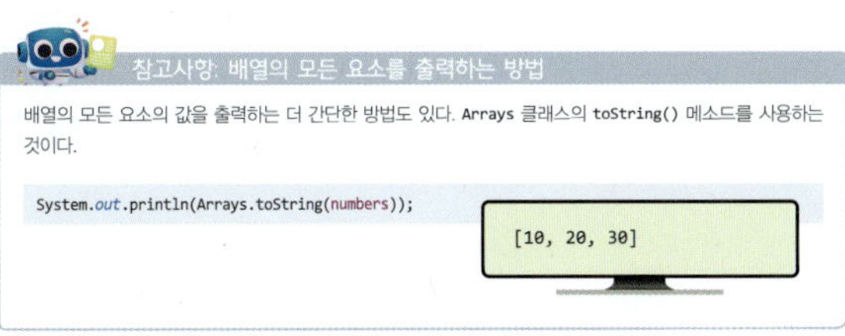
참고사항: 배열의 모든 요소를 출력하는 방법

배열의 모든 요소의 값을 출력하는 더 간단한 방법도 있다. Arrays 클래스의 toString() 메소드를 사용하는 것이다.

```
System.out.println(Arrays.toString(numbers));
```

```
[10, 20, 30]
```

참고사항

본문에 대한 보충 설명이나 참고사항을 정리하였다.

WARNING
실수 방지를 위한 주의사항을 기재하였다.

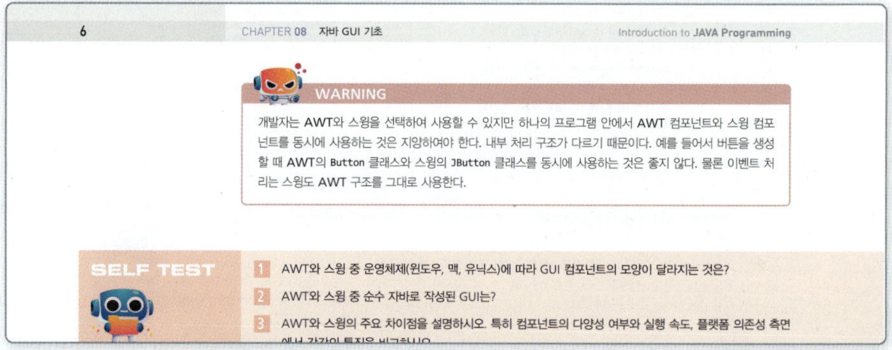

Mini Project
해답이 주어지지 않는 간단한 프로젝트를 제시하였다.

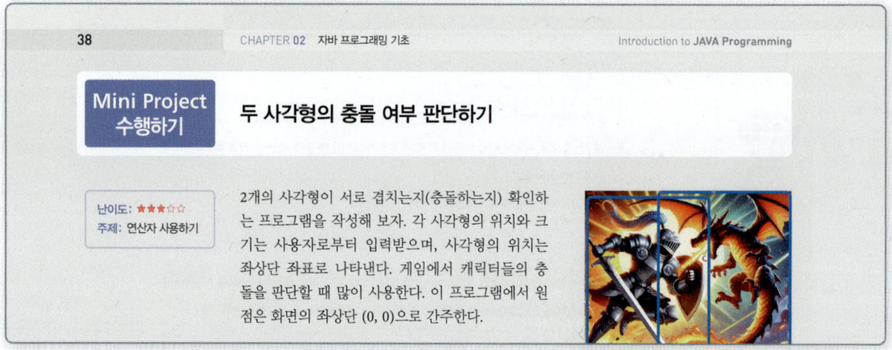

Summary
각 장에서 학습한 핵심 내용을 정리하여 복습할 수 있도록 하였다.

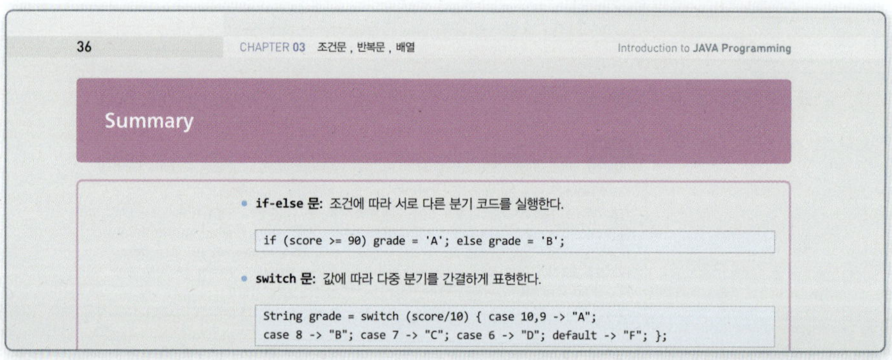

Exercises & Programming Exercises
학습한 내용을 바탕으로 다양한 유형의 연습문제를 풀어보고, 프로그램 작성을 할 수 있도록 하였다.

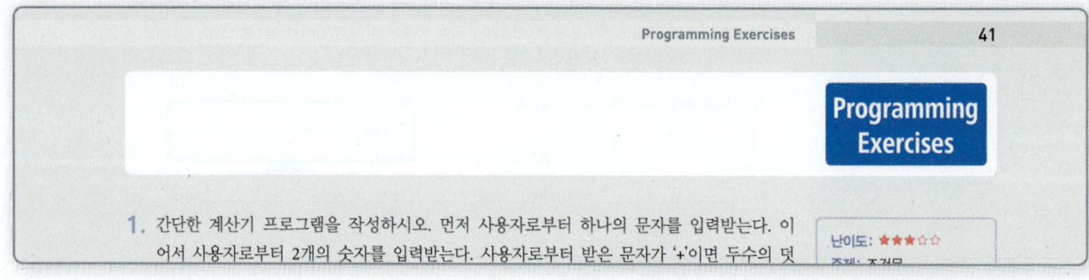

목차

16, 17, 18장 내용은 인피니티북스 홈페이지에서 다운로드할 수 있습니다(http://www.infinitybooks.co.kr).

※ PDF 파일의 페이지는 종이책과 이어지도록 표기하였습니다.

홈페이지에서 다운로드할 수 있는 콘텐츠

CHAPTER 01

자바 소개

학습목표

- 자바 언어의 특징을 이해한다.
- 자바 프로그램이 실행되는 과정을 살펴본다.
- 자바를 설치한다.
- 자바를 명령어 버전으로 컴파일하고 실행한다.
- 인텔리제이를 이용하여 자바 프로그램을 작성한다.

학습목차

핵심 키워드

자바, JDK, 인텔리제이, Java SE, 자바 가상 머신(JVM), 안드로이드

CHAPTER 01

자바 소개

1.1 자바란?

일상 속 자바 흔적 찾기

우리가 학습하려는 **자바(Java)**는 생각보다 우리 주변에서 쉽게 찾아볼 수 있는 언어이다. 여러분의 스마트폰(안드로이드폰)을 꺼내 보자. 카카오톡, 유튜브, 날씨 앱, 심지어 모바일 게임까지! 스마트폰 안에 **앱(app)**이 있을 것이다. '앱'은 **애플리케이션**(Application)의 줄임말로, 컴퓨터나 스마트폰에서 특정 작업을 수행하기 위해 설계된 소프트웨어를 말한다. 이 유용한 앱들이 어떻게 만들어지는가? 맞다, 바로 프로그래밍 언어라는 도구로 만들어진다. 프로그래밍 언어를 이용하면 앱 안에 '이렇게 해라, 저렇게 해라'라는 명령어를 저장할 수 있다. 앱을 실행하면 그 명령어들이 척척 움직이며 앱이 마치 살아 있는 것처럼 보이는 것이다. 우리가 자바를 배우면, 이런 멋진 앱을 직접 만들어볼 수 있다.

그림 1-1 우리의 일상생활 속에서 자바를 찾을 수 있다.

앱 제작에 어떤 프로그래밍 언어가 가장 많이 사용될까? 전 세계 안드로이드 앱의 상당수가 자바나 코틀린을 사용하여 개발된다. 여러분이 자바를 배우면 단순한 프로그램을 만드는 것에서 시작해, 지도 앱처럼 일상에 유용한 앱까지 직접 개발할 수 있다.

그림 1-2 프로그램 안에는 작업 지시서가 들어 있다.

프로그래밍 언어

컴퓨터는 사람의 자연어를 이해하지 못하기 때문에(ChatGPT와 같은 인공지능은 예외일 수 있음), 우리가 원하는 작업을 수행하게 하려면 명확한 규칙에 따라 작성된 코드로 지시해야 한다. 프로그래밍 언어는 이러한 코드를 작성하는 데 사용되는 문법과 규칙의 체계로, 사람의 아이디어를 컴퓨터가 이해할 수 있는 형태로 바꾸어주는 다리 역할을 한다.

프로그램을 만드는 첫 번째 단계는 개발자가 자바(Java)와 같은 언어로 소스 코드를 작성하는 것이다. 그러나 컴퓨터는 이러한 고급 언어를 직접 이해하지 못하므로, 기계어로 변환하는 과정이 필요하다. 이 과정을 컴파일(compile)이라고 하며, 이 작업을 수행하는 소프트웨어를 컴파일러(compiler)라고 한다.

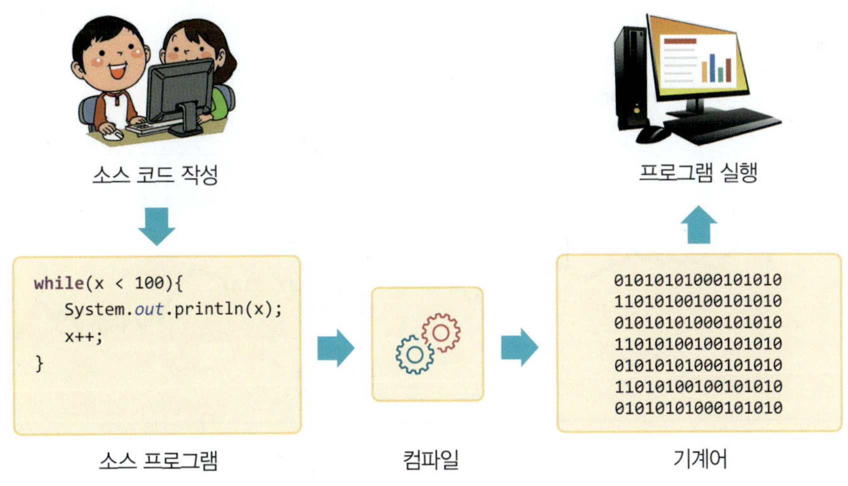

그림 1-3 컴파일 과정

다양한 프로그래밍 언어

지금까지 만들어진 수많은 프로그래밍 언어가 있다. 이들 중에서 중요한 5가지 언어의 특징은 다음과 같다.

언어	특징 및 용도	주요 활용 분야
C	시스템 소프트웨어, 임베디드 시스템에 적합. 빠르고 하드웨어에 가까운 제어 가능.	운영체제, 시스템 프로그래밍
C++	객체 지향 프로그래밍 지원. 고성능 애플리케이션과 게임 개발에 적합.	게임 개발, 그래픽 엔진, 고성능 앱
Java	플랫폼 독립성을 가진 언어. 서버 애플리케이션과 안드로이드 앱 개발에 널리 사용.	안드로이드 앱, 서버 애플리케이션
Python	간결하고 읽기 쉬운 문법. 데이터 분석, 인공지능, 웹 개발에 강력.	데이터 과학, 인공지능, 웹 개발
JavaScript	웹 브라우저에서 동작하며, 웹의 동적 기능 구현. Node.js로 서버 개발 가능.	프론트엔드, 동적 웹, 서버 개발

표 1-1 중요한 5가지 프로그래밍 언어의 특징

자바

자바(Java)는 현재 컴퓨터 업계에서 상위권을 꾸준히 유지하는 언어로, 현대적이고 직관적인 문법 구조 덕분에 널리 사랑받고 있다. 방대한 표준 라이브러리를 제공해 그래픽, 네트워킹, 데이터베이스 등 다양한 응용 프로그램을 손쉽게 개발할 수 있다. 또한, 메모리 관리를 자동화하는 가비지 컬렉션 기능을 통해 메모리 누수와 같은 오류를 최소화하여 안정성을 보장한다.

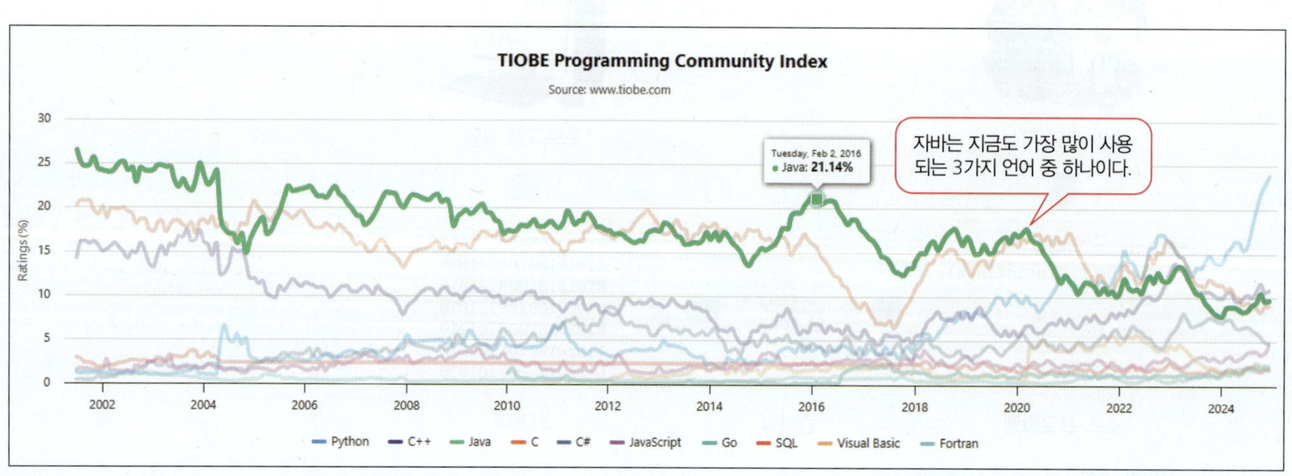

그림 1-4 2024년도 프로그래밍 언어 순위

출처: www.tiobe.com

무엇보다 자바는 **객체 지향 프로그래밍**(Object-Oriented Programming; OOP)을 효과적으로 학습하고 실습할 수 있는 이상적인 언어로 평가받고 있다. 객체 지향 설계는 현대 소프트웨어 개발에서 핵심적인 개념이며, 자바는 이를 실습하기에 매우 적합한 도구를 제공한다. 자바의 꾸준한 인기는 TIOBE 인덱스와 같은 프로그래밍 언어 순위에서도 확인할 수 있다. 그림 1-4는 2024년도까지의 자바를 포함한 프로그래밍 언어들의 인기도 변화를 보여준다. 각종 지표에서 자바는 상위권의 인기 언어로 꾸준히 집계된다. 산업 전반에서 서버·기업용 시스템과 도구 생태계가 견고하며, 교육·채용 시장에서도 안정적인 수요가 있다.

참고사항: 자바 vs 자바스크립트

자바와 자바스크립트는 이름은 유사하지만, 다른 언어이다. 자바는 범용 프로그래밍 언어로 데스크톱, 서버, 모바일 앱 개발에 사용되고, 자바스크립트는 웹 브라우저와 웹 애플리케이션의 동적 기능 구현에 사용된다. 자바는 정적 타입 언어(타입 명시 필요), 자바스크립트는 동적 타입 언어(타입 자동 결정)이다. 또한 자바는 JVM(Java Virtual Machine)에서 실행되며, 자바스크립트는 브라우저에서 실행된다.

참고사항: 인공지능 때문에 개발자가 다 없어질 것인가?

인공지능(AI)이 발전하면서 많은 사람이 개발자의 미래에 대해 궁금해하고 있다. 인공지능은 프로그래밍 작업을 자동화하고 보조하는 도구를 제공한다. 예를 들어, 코드 자동 완성, 버그 검출, 코드 최적화 등은 인공지능이 개발자를 도와주는 방식이다. 이러한 도구들은 개발자의 생산성을 높이고, 반복적이고 단순한 작업을 줄여준다. 인공지능이 프로그래밍의 많은 부분을 자동화하더라도, 창의적이고 복잡한 문제해결은 여전히 인간 개발자의 영역이다. 과연 '파워포인트'나 '엑셀' 같은 소프트웨어를 인공지능이 전부 작성할 수 있을까? 시스템 설계, 아키텍처 결정, 사용자 요구 분석 등은 높은 수준의 이해와 창의성이 필요한 작업이다.

SELF TEST

1. 프로그래밍 언어의 역할은 무엇인가?
2. 안드로이드 앱을 작성하는 언어로는 코틀린과 __________가 있다.
3. C, 자바, 파이썬 언어의 특징을 정리해 보자.
4. 자바와 자바스크립트의 가장 큰 차이점 중 하나는 실행 환경이다. 각 언어의 실행 환경을 정리해 보자.
5. 컴파일러가 소스 코드를 기계어로 변환하는 과정을 무엇이라고 하는가?

1.2 자바의 역사와 가상 머신

자바의 역사

자바 프로그래밍 언어의 역사는 다재다능하고 플랫폼에 독립적인 언어를 만들고자 했던 혁신과 적응의 흥미로운 이야기이다. 1991년, Sun Microsystems의 **제임스 고슬링(James Gosling)**이 주도한 Green 프로젝트가 시작되었다. 이 팀의 목표는 셋톱박스, TV, 기타 소비자 전자기기와 같은 임베디드 장치를 위한 새로운 프로그래밍 언어를 개발하는 것이었다. 당시 다양한 하드웨어가 존재했기 때문에 여러 장치에서 원활하게 작동할 수 있는 소프트웨어를 만드는 것이 큰 과제였다.

그림 1-5 자바의 탄생

Green 프로젝트 팀은 처음에 Oak라는 이름의 언어를 개발했다. 이 이름은 고슬링의 사무실 창밖에 있던 떡갈나무(Oak Tree)에서 영감을 받아 지어졌다. Oak는 단순성, 견고성, 보안을 중시하여 설계되었다. 주요 특징은 다음과 같다.

- **플랫폼 독립성:** 다양한 장치에서 실행될 수 있도록 설계
- **객체 지향 설계:** 모듈화와 재사용성을 위해 객체 지향 패러다임 채택
- **자동 메모리 관리:** 메모리 누수와 같은 일반적인 프로그래밍 오류 방지

Oak는 혁신적인 설계에도 불구하고, 소비자 전자기기 시장이 아직 준비되지 않아 큰 반향을 얻지 못했다. 1994년, 인터넷의 급격한 성장과 함께 Green 프로젝트 팀은 이 언어가 웹 애플리케이션에 적합할 수 있음을 깨달았다. 'Oak'는 'Java'로 이름이 변경되었는데, 이는 개발자들이 즐겨 마시던 자바 커피에서 영감을 받은 것이다. Java라는 이름은 이미 상표 등록된 이름인 Oak와의 충돌도 피할 수 있었다. 자바는 초점을 인터넷과 네트워크 애플리케이션으로 전환했으며, **'Write Once, Run Anywhere(한 번 작성하면, 어디서든 실행할 수 있다)'**라는 슬로건을 통해 JVM(Java Virtual Machine)이 있는 모든 장치에서 실행 가능하다는 점을 강

조했다.

자바는 1995년 Sun Microsystems에 의해 공식적으로 출시되었고, 첫 주요 버전인 Java 1.0이 발표되었다. 이 언어는 특히 웹 개발 분야에서 즉각적인 주목을 받았다. 자바 애플릿(Applet)은 웹 브라우저 내에서 실행 가능한 작은 프로그램으로, 정적인 웹 페이지를 동적인 콘텐츠로 변화시키는 데 기여했다. 자바는 출시 이후 다양한 분야에서 널리 채택되었다. Java EE(현재 Jakarta EE)와 같은 프레임워크를 통해 기업 소프트웨어의 핵심이 되었고, **Struts**, **Spring** 같은 프레임워크를 통해 동적 웹 애플리케이션을 지원하고 있다. 또한 **안드로이드(Android)**의 등장으로 자바는 기본적인 모바일 앱 개발 언어로 자리 잡았다. **Hadoop**, **Spark**와 같은 빅데이터와 클라우드 프레임워크에서 자바가 널리 사용되고 있다.

2009년, **오라클(Oracle)**이 Sun Microsystems를 인수하면서 자바의 관리 권한도 오라클로 넘어갔다. 오라클은 자바를 지속적으로 발전시키며 성능, 확장성, 보안을 개선하는 데 초점을 맞췄다. 람다식, 스트림 API, 모듈화 같은 현대적 기능들이 추가되어 현재 소프트웨어 개발에서도 경쟁력을 유지하고 있다.

참고사항: 10년 동안 계속된 세기의 자바 저작권 소송

구글과 오라클 사이의 소송은 소프트웨어 업계에서 매우 중요한 사건으로, 특히 자바 API의 사용과 관련된 저작권 문제를 둘러싸고 벌어진 법적 다툼이다. 오라클은 구글이 안드로이드 운영체제에서 자바 API를 무단으로 사용했다고 주장했다. 오라클의 주장은 구글이 자바 API의 구조와 기능을 그대로 사용함으로써 저작권을 침해했다는 것이다. 2021년 4월, 미국 대법원은 구글의 손을 들어주며, 자바 API 사용이 공정 사용에 해당한다고 최종 판결했다. 대법원은 구글이 자바 API를 사용한 것이 혁신을 촉진하고, 새로운 창작물을 위한 기반을 마련했다며, 이는 공정 사용에 부합한다고 판결했다.

가상 머신

다른 프로그래밍 언어와 비교했을 때, 자바를 특색 있게 만드는 것은 자바 프로그램이 어떤 컴퓨터 기종에서도 실행 가능하다는 점이다. 실행 파일을 전혀 변경하지 않아도 된다. 즉, 다시 컴파일할 필요가 없다는 이야기이다. 하나의 프로그램을 하드웨어나 운영체제와 관계없이 동일한 모습으로 실행할 수 있다는 것이 자바의 가장 큰 장점이다. 이것을 잘 설명하는 문장이 **'한 번 작성하면, 어디서든 실행할 수 있다(Write Once, Run Anywhere; WORA)'**라는 자바의 슬로건이다.

이것은 다른 언어들과 상당히 다른 점이다. 예를 들어서 여러분이 윈도우에서 C언어를 사용하여 어떤 프로그램을 완성하였다고 하자. C언어 컴파일러는 타깃 컴퓨터 CPU의 기계어나 운영체제에 맞춘 코드를 생성한다. 따라서 윈도우에서 실행되는 프로그램은 MacOS에서 실행되지 않는다. 이것은 여러분이 간단히 확인할 수 있다. 윈도우의 엑셀 프로그램을 MacOS를 사용하는 맥북으로 가져가면 바로 실행되는가? 실행되지 않는다. MacOS에서 실행하려면 전체 소스 코드를 MacOS의 컴파일러로 다시 컴파일하여야 한다.

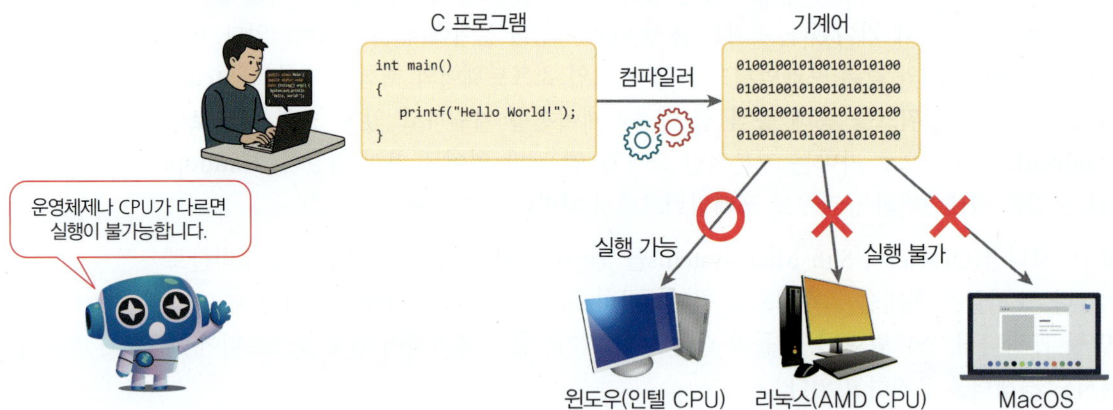

그림 1-6 C언어로 컴파일했을 경우, 운영체제나 CPU가 다르면 실행이 불가능하다.

하지만 자바는 다르다. 자바는 한 번 컴파일되면 어떤 종류의 CPU나 어떤 운영체제에서도 실행이 가능하다. 예를 들어서 예전에 많이 사용되던 자바 애플릿은 인터넷을 통해 다운로드되어 어떤 컴퓨터 기종에서도 실행이 가능하였다. 슬프게도 자바 애플릿은 보안 문제로 인해 최근 모든 웹 브라우저에서 실행이 금지되었다. 자바가 어떤 컴퓨터에서도 실행이 가능한 이유는 무엇인가? 다음 절에서 살펴보자.

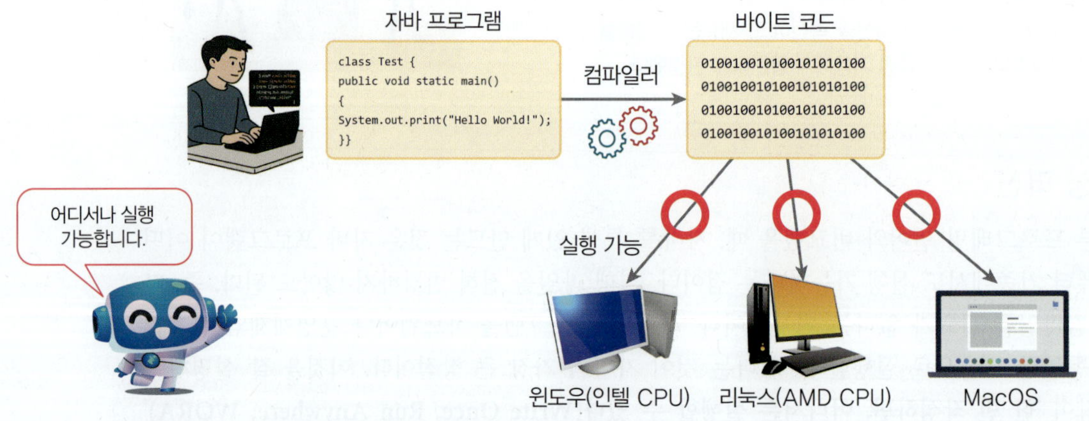

그림 1-7 자바 언어로 컴파일하였을 경우, 운영체제나 CPU에 상관없이 실행이 가능하다.

자바 프로그램의 실행 과정

일반적인 프로그래밍 언어의 컴파일러는 소스 파일을 처리하여서 특정한 컴퓨터의 기계어를 바로 생성한다. 그러나 자바 컴파일러는 특정한 컴퓨터를 위한 코드를 바로 생성하지 않는다. 대신에 가상 컴퓨터의 기계어인 **바이트 코드(byte code)**를 생성한다. 이 바이트 코드는 **자바 가상 머신(Java Virtual Machine; JVM)**이라고 하는 소프트웨어에 의하여 한 줄씩 해석되면서 특정한 컴퓨터에서 실행된다.

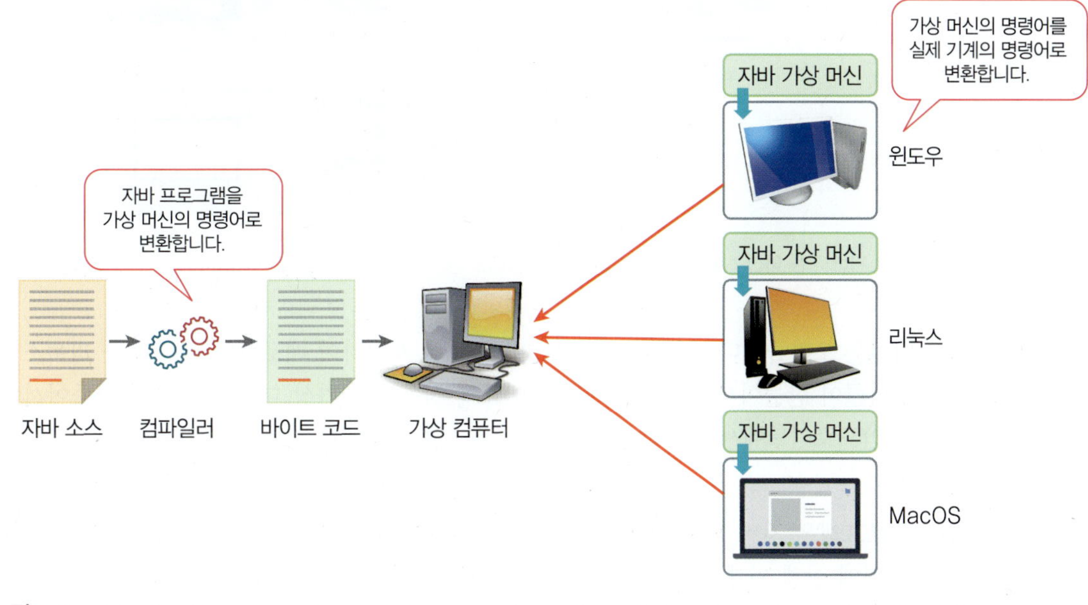

그림 1-8 자바 가상 머신

이렇게 두 단계로 나누어서 컴파일하고 실행하는 이유는 프로그램을 다시 컴파일하지 않아도 모든 컴퓨터에서 실행되도록 하기 위해서이다. 만약 어떤 컴퓨터가 자바 가상 머신만 가지고 있다면, 어떤 바이트 코드도 다시 컴파일할 필요 없이 자바 가상 머신 위에서 실행할 수 있다. 자바 가상 머신은 많은 운영체제에서 지원되기 때문에, 동일한 바이트 코드 파일이 윈도우, 리눅스, MacOS에서 변경 없이 실행될 수 있는 것이다.

자바 가상 머신

자바 가상 머신(Java Virtual Machine; JVM)은 실제 컴퓨터가 아니고 가상적인 컴퓨터를 의미한다. 기존의 컴퓨터에서 가상 머신 소프트웨어를 실행하면 자바 가상 머신이 된다. 우리가 자바 개발 도구를 설치하면 java.exe라는 프로그램이 있는데, 이것이 우리의 컴퓨터를 가상 머신으로 만들어주는 소프트웨어이다. 우리가 java를 실행시키고, 이 상태에서 컴파일된 바이트 코드를 전달하면 가상 머신 위에서 우리의 바이트 코드가 실행된다. 자바 가상 머신이 인터프리트 방식으로 바이트 코드를 실행시킨다.

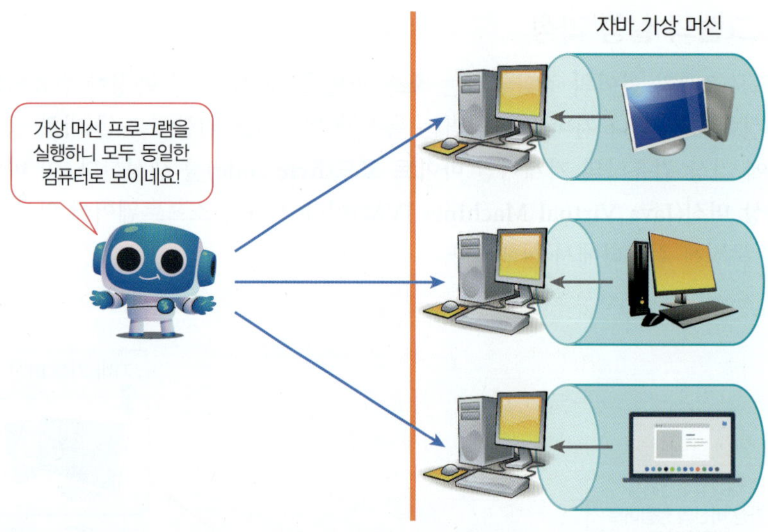

그림 1-9 자바 가상 머신

가상 머신은 오라클이나 마이크로소프트, 구글 등이 제작하여 배포한다. 윈도우나 리눅스 버전은 오라클이 만들어서 배포하고 안드로이드에 사용되는 가상 머신은 구글이 만들어서 배포한다. 안드로이드에서 사용되는 가상 머신은 데스크톱에서 사용하는 가상 머신이랑 조금 다르다.

자바 프로그램은 자바 가상 머신 덕분에 하드웨어의 종류에 상관없이 어디서나 실행될 수 있다. 반면에 실제 기계의 명령어로만 구성된 **네이티브 코드(native code)**보다 속도는 느리다. 이것이 자바의 단점이었지만, 최근에는 컴파일러와 가상 머신 기술의 진보로 인하여 자바 코드의 속도가 네이티브 코드에 근접하는 정도로 빨라졌다.

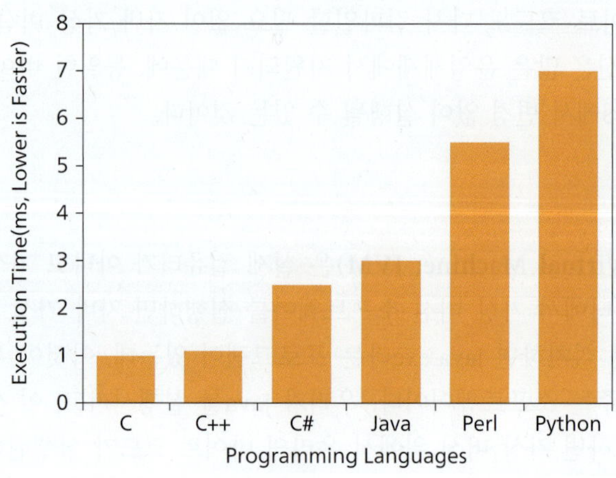

그림 1-10 각종 프로그래밍 언어의 속도 비교

JVM을 사용하는 다른 언어들

최근에 **JVM 언어**라고 불리는 언어들이 등장하고 있다. JVM 언어를 사용한 프로그램을 컴파일하면 자바에서 사용하는 바이트 코드 파일을 출력한다. 따라서 이들 언어는 JVM으로 실행이 가능하다.

그림 1-11 JVM 언어들

몇 가지 JVM 언어가 있으며, 오래된 언어를 JVM으로 이식하기도 하고 완전히 새로운 언어도 만들어졌다. JRuby와 Jython은 각각 Ruby와 Python을 JVM으로 이식한 것이다. 자바 바이트 코드로 컴파일하기 위해, 처음부터 생성된 새로운 언어 중에서 **Clojure, Apache Groovy, Scala, Kotlin** 등이 가장 인기 있는 언어이다. JVM 언어의 주목할 만한 기능은 서로 호환된다는 것이다. 예를 들어 Scala 라이브러리는 자바 프로그램과 함께 사용할 수 있으며 그 반대도 가능하다. 두 언어 모두 자바 바이트 코드를 출력하기 때문이다.

참고사항: 자바 플랫폼

플랫폼(platform)이란 프로그램이 실행되는 하드웨어와 소프트웨어 환경이다. 자바 플랫폼은 두 가지의 요소로 이루어져 있다. 플랫폼만 같으면 바이트 코드를 변경 없이 실행할 수 있다.

- 자바 가상 머신(Java Virtual Machine; JVM)
- 자바 응용 프로그래밍 인터페이스(Application Programming Interface; API)

일반적으로 API란 여러 유용한 기능을 제공하는 라이브러리들의 모임이다. API는 자바 프로그래밍 언어의 핵심 기능을 제공한다. API에는 네트워킹, 보안, XML 생성, 데이터베이스 접근에 필요한 기능들이 포함되어 있다.

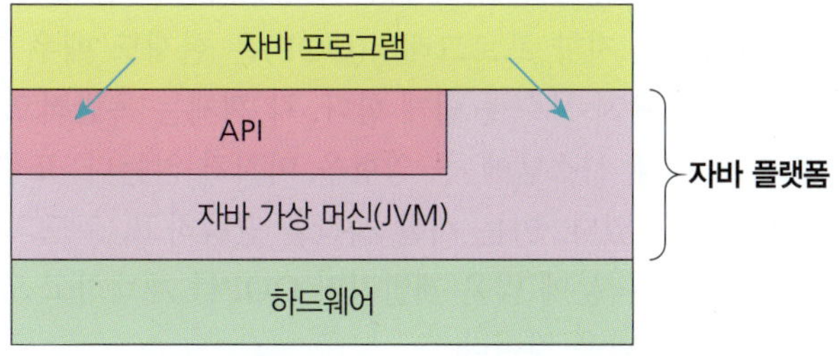

참고사항: 가상 머신

가상 머신은 버츄얼 머신, 가상 컴퓨터라고도 번역되고 있다. 기계(machine)는 서양에서 컴퓨터를 의미한다. 자바 가상 머신은 실제로 존재하는 컴퓨터가 아니라 가상 컴퓨터를 시뮬레이션하는 소프트웨어이다. 자바 가상 머신을 이용하여 운영체제와 하드웨어를 프로그램으로부터 숨길 수 있다. 자바 가상 머신은 자바 컴파일러가 코드를 생성할 대상인 추상적 기계의 명세를 바탕으로 소프트웨어로 구현된다.

참고사항: .NET 프레임워크

자바의 가상 머신 개념은 서로 다른 기종의 컴퓨터들이 연결되어 있는 인터넷 환경에서는 상당히 매력적인 개념이다. 마이크로소프트에서도 .NET 프레임워크에서 가상 머신 개념을 도입하였다. .NET 프레임워크의 프로그램들은 CLR(Common Language Runtime)이라고 하는 일종의 소프트웨어 가상 머신에서 실행된다.

SELF TEST

1. 자바 프로그램의 실행 과정을 설명하시오.
2. 자바 컴파일러가 소스 프로그램을 컴파일한 것을 무엇이라고 부르는가?
3. 자바가 어떤 컴퓨터에서도 실행되는 근본 원인은 무엇인가?
4. 바이트 코드를 해석하여 실행하는 소프트웨어는 무엇인가?

1.3 자바의 특징

객체 지향적이다

자바는 **객체 지향 프로그래밍(Object-Oriented Programming; OOP)** 언어이다. 이는 프로그램을 객체라는 단위로 나누어 작성하며, 객체 간의 상호작용을 통해 프로그램이 동작하도록 하는 기술을 의미한다. 객체 지향 프로그래밍(OOP)은 현재도 매우 활발하게 사용되고 있으며 코드의 모듈화를 통해 유지 보수를 쉽게 한다. 각 객체는 독립적으로 관리될 수 있어, 특정 부분을 수정하더라도 전체 시스템에 큰 영향을 미치지 않는다. 또한 상속과 다형성을 통해 기존 코드를 재사용할 수 있다. 이는 개발 시간을 단축하고, 코드의 중복을 줄이는 데 큰 도움을 준다. 이러한 장점들 덕분에 많은 개발자가 OOP를 채택하고 있으며, 앞으로도 중요한 프로그래밍 패러다임으로 남을 것이다.

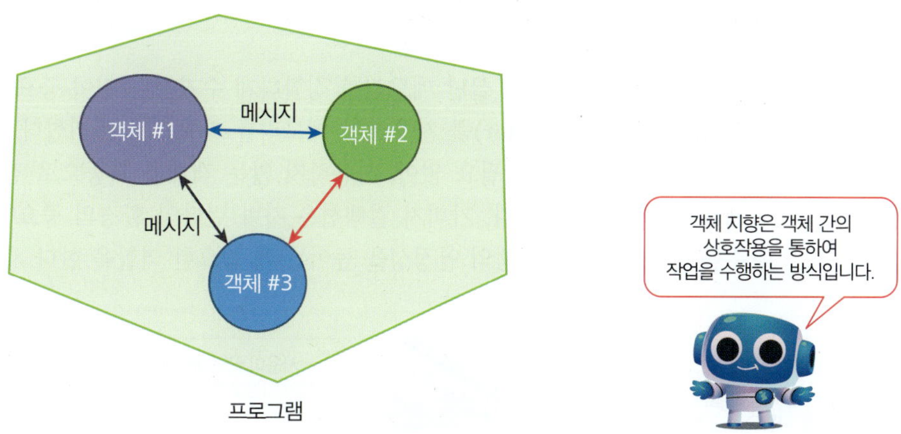

그림 1-12 객체 지향 프로그래밍

플랫폼 독립적이다

자바는 플랫폼 독립적인 언어로, 한 번 작성된 자바 프로그램은 다양한 운영체제와 하드웨어에서 수정 없이 실행될 수 있다. 이는 자바 컴파일러가 자바 소스 코드를 **바이트 코드(byte code)**로 변환하고, 이 바이트 코드는 **자바 가상 머신(Java Virtual Machine; JVM)**에서 실행되기 때문이다. JVM은 각 운영체제에 맞게 구현되어 있어, 자바 바이트 코드는 어떤 환경에서도 동일하게 실행될 수 있다. 이로 인해 자바는 '한 번 작성하면, 어디서든 실행할 수 있다(Write Once, Run Anywhere)'라는 철학을 실현한다.

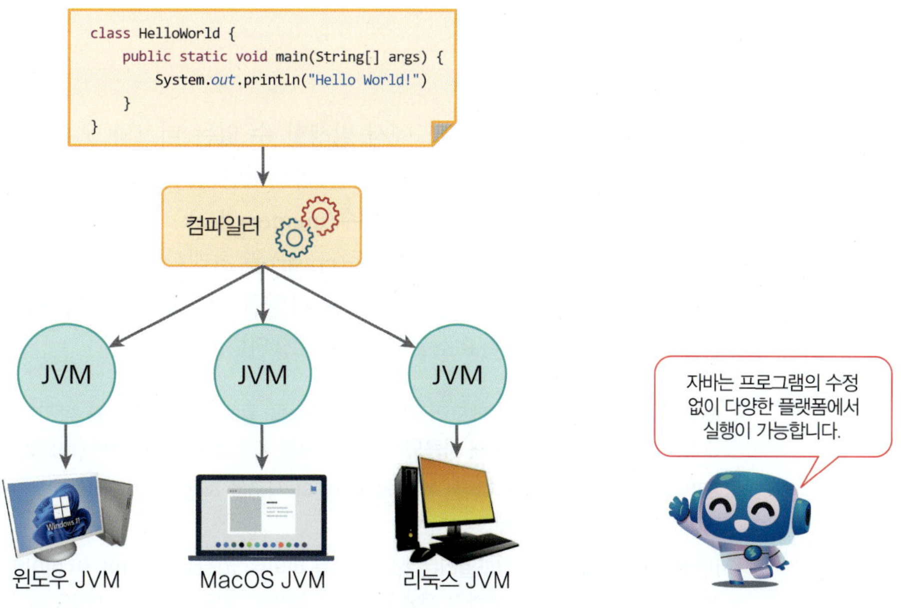

그림 1-13 자바의 플랫폼 독립성

메모리 관리

프로그램에서는 사용이 끝난 메모리를 정확하게 수거하는 것이 중요하다. 자바는 **가비지 컬렉터**(Garbage Collector)를 사용하여 메모리를 자동으로 관리한다. 이는 개발자가 명시적으로 메모리를 해제할 필요 없이, 사용하지 않는 객체를 자동으로 감지하고 메모리에서 해제하는 기능을 제공한다. 가비지 컬렉션은 자바 런타임 환경의 중요한 부분으로, 메모리 누수를 방지하고 프로그램의 안정성을 높이는 데 중요한 역할을 한다.

그림 1-14 자바의 가비지 컬렉터

자바에서는 개발자가 수동으로 메모리를 관리할 필요가 없으므로, 메모리 해제와 관련된 오류(예: 메모리 누수, 이중 해제 등)를 방지할 수 있다. 메모리 누수는 장시간 실행되는 프로그램의 성능을 저하시킬 수 있으며, 심각한 경우 시스템 충돌을 일으킬 수 있다. 가비지 컬렉션은 이러한 문제를 예방한다. 또한 메모리 관리를 자동화함으로써 개발자는 메모리 관리에 신경 쓰지 않고 비즈니스 로직 구현에 집중할 수 있다.

안전성

안전한 프로그래밍 언어는 코드에서 발생할 수 있는 버그와 오류를 줄이는 데 도움을 준다. 반면에 안전하지 않은 코드나 취약점은 악의적인 공격자가 시스템에 침투하거나 데이터를 훔치는 데 이용할 수 있다. 메모리 누수(memory leak)나 잘못된 메모리 접근은 시스템의 성능을 저하시키고, 심지어 시스템 충돌(crash)을 초래할 수 있다. 자바는 프로그래밍 언어로서 높은 수준의 안전성을 제공하기 위해 다양한 기능과 메커니즘을 갖추고 있다. 자바의 안전성은 주로 다음과 같은 요소들에 의해 보장된다.

- **메모리 자동 관리:** 자바는 메모리 자동 관리 기능을 통해 메모리 누수를 방지한다. 가비지 컬렉션(Garbage Collection) 메커니즘을 통해 사용되지 않는 객체를 자동으로 메모리에서 해제하여 메모리 누수를 최소화한다.
- **포인터를 사용하지 않음:** 자바는 직접적인 포인터 사용을 허용하지 않는다. 이는 포인터로 인한 메모리 손상과 버퍼 오버플로우 같은 문제를 방지한다.
- **바이트 코드 검증:** 자바 컴파일러는 소스 코드를 바이트 코드로 변환하며, 이 바이트 코드는 JVM에서 실행된다. JVM은 바이트 코드를 실행하기 전에 검증한다. 바이트 코드 검증기는 바이트 코드가 자바 언어 명세를 준수하는지 확인하여 불법적인 코드 실행을 방지한다.

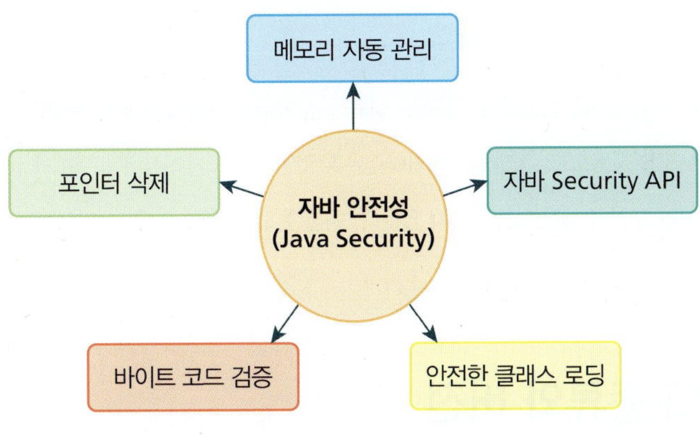

그림 1-15 자바의 안정성

멀티스레딩 지원

자바는 멀티스레딩을 기본적으로 지원하여, 동시에 여러 작업을 수행할 수 있다. **멀티스레딩(multithreading)**은 하나의 프로그램이 동시에 여러 작업을 수행할 수 있게 하는 기술이다. 최근 프로그램은 동시에 여러 가지 작업을 해야 한다. 예를 들어, MP3 재생 프로그램은 음악을 재생하면서 동시에 파일을 다운로드하고, 화면에 그래픽을 그려야 한다. 만약 프로그램이 한 번에 하나의 작업만 할 수 있다면, 이런 작업을 동시에 수행하는 것이 불가능할 것이다.

그림 1-16 자바의 멀티스레딩

멀티스레딩은 효율적인 애플리케이션 작성을 가능하게 하며, 특히 사용자 인터페이스(UI) 응답성을 유지하거나 병렬 처리 작업을 수행할 때 유용하다. 자바의 스레드(Thread) 클래스와 Runnable 인터페이스는 멀티스레드 프로그래밍을 쉽게 구현할 수 있도록 도와준다. 자바의 멀티스레딩 기능은 서버 애플리케이션, 게임, 실시간 데이터 처리 애플리케이션 등 다양한 분야에서 널리 활용되고 있다. 이를 통해 자바는 높은 성능과 효율성을 요구하는 애플리케이션 개발에 적합한 언어로 자리매김하고 있다.

SELF TEST

1 자바는 어떤 프로그래밍 패러다임을 따르는 언어인가?

2 '한 번 작성하면, 어디서든 실행할 수 있다'는 철학을 실현하는 자바의 특징은 무엇인가?

3 자바에서 메모리를 자동으로 관리하는 메커니즘은 무엇인가?

4 자바는 직접적인 포인터 사용을 허용하지 않는다. 이를 통해 방지할 수 있는 대표적인 문제는 무엇인가?

1.4 자바의 종류와 버전

자바는 적용 분야에 따라 Java SE, Java ME, Java EE, Java FX 등으로 나누어서 제공된다.

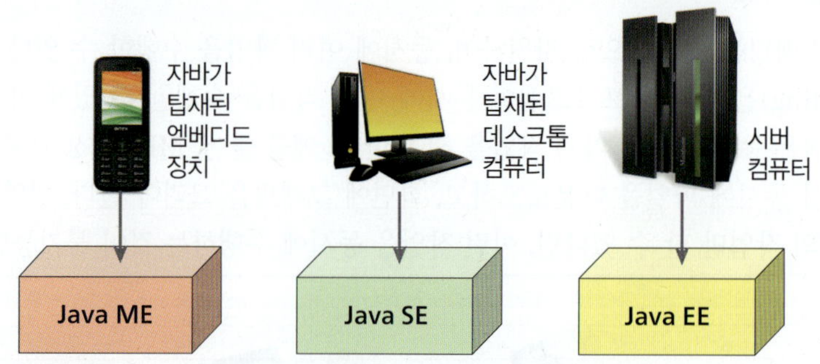

그림 1-17 자바 플랫폼 종류

Java SE

Java SE(Standard Edition)는 자바 플랫폼의 핵심이며, 자바 프로그램을 개발하고 실행하기 위한 기본적인 API와 도구를 제공한다. Java SE는 데스크톱 애플리케이션, 서버 애플리케이션, 그리고 다양한 임베디드 시스템을 포함한 여러 환경에서 사용될 수 있다. Java SE API는 자바 언어의 기본적인 타입과 객체에서부터 네트워킹, 보안, 데이터베이스 접근, 그래픽 사용자 인터페이스, XML 파싱에 사용되는 고수준의 클래스까지를 모두 정의한다. Java SE API에 추가하여 Java SE 플랫폼은 자바 가상 머신, 컴파일러와 같은 개발 도구, 자바 웹 스타트와 같은 배포 기술 등을 포함하고 있다. 그림 1-18은 Java SE에서 제공하는 기술들을 요약한 그림이다.

Java EE

Java EE(Enterprise Edition)는 Java SE 플랫폼 상에 구축된다. Java EE는 기업용 애플리케이션을 개발하는 데 필요한 여러 가지 도구 및 라이브러리들을 모아 놓은 것이다. 이 패키지는 응용 서버, 웹 서버, J2EE API, 엔터프라이즈 자바 빈즈(JavaBeans) 지원, 자바 서블릿

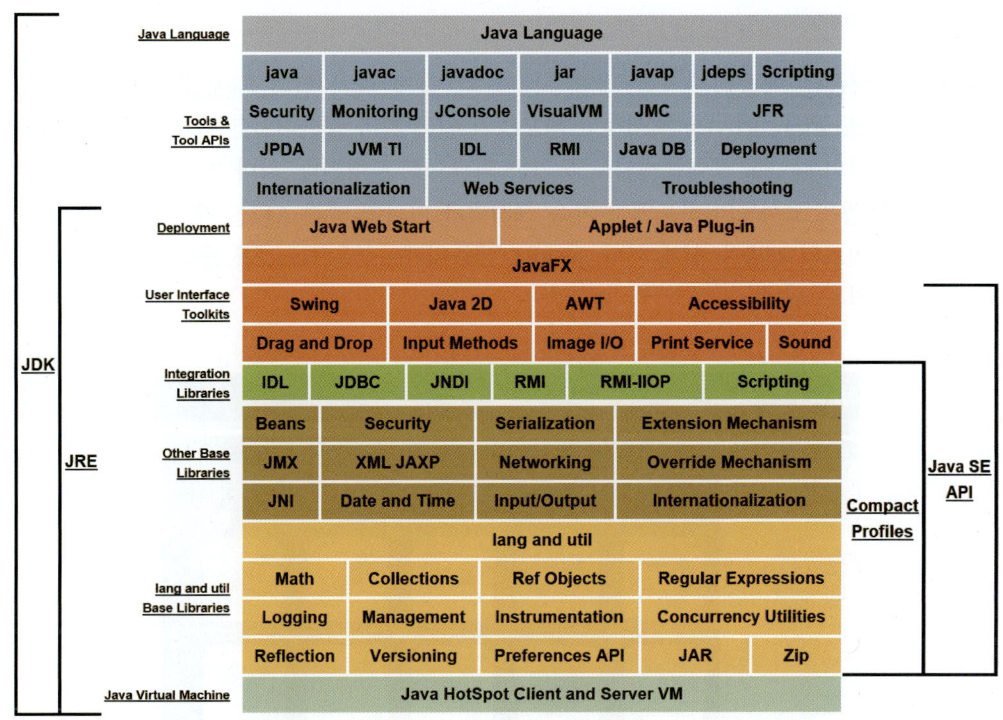

그림 1-18 자바 SE의 구성
출처: 자바 웹 사이트

API와 JSP 등을 포함한다. 또한 Sun GlassFish 엔터프라이즈 서버도 포함하고 있으며, 이것은 이전에 Sun Java System Application Server라고 불리던 것이다. Java EE는 엔터프라이즈급의 서버 지향 구조(Service-Oriented Architecture; SOA)나 차세대 웹 애플리케이션을 구현하는 업계 표준이 되어가고 있다.

Java ME

Java ME(Micro Edition)는 제한된 자원 환경에서도 자바의 강력한 기능을 활용할 수 있게 해주는 플랫폼이다. 휴대폰, 임베디드 장치, 셋톱 박스 등 다양한 장치에서 사용될 수 있으며, 경량화된 API와 라이브러리를 제공하여 작은 메모리와 낮은 처리 능력을 가진 장치에서도 효율적으로 동작할 수 있다. Java ME는 높은 호환성과 보안을 제공하며, 다양한 네트워크 기능을 지원하여 모바일 및 임베디드 애플리케이션 개발에 적합한 플랫폼이다. Java ME는 주로 피처폰(feature phone) 시대에 많이 사용되었으며, 오늘날에는 특정 임베디드 시스템에서 여전히 사용된다. Java ME의 강력한 경쟁자는 안드로이드 운영체제이다. Java ME와 안드로이드는 둘 다 모바일 및 임베디드 장치를 대상으로 하지만, 서로 다른 목적과 환경에서 사용된다. Java ME는 주로 자원이 제한된 장치에 사용되며, 안드로이드는 현대 스마트 장치에 널리 사용된다.

JavaFX

JavaFX 플랫폼은 애플리케이션 개발자들이 더 쉽게 리치-인터넷-애플리케이션(Rich Internet Application; RIA)을 생성하고 배포하기 위한 자바 클라이언트 플랫폼이다. RIA는 서로 인터넷상의 다양한 플랫폼에서도 동일한 외관으로 실행된다. 자바 기술에 기반을 두는 JavaFX 플랫폼은 고성능의 하드웨어 가속 그래픽과 미디어 엔진 API를 제공하여 엔터프라이즈 클라이언트의 개발을 쉽게 한다. JavaFX 애플리케이션은 Java EE 플랫폼 서비스의 클라이언트가 될 수 있다.

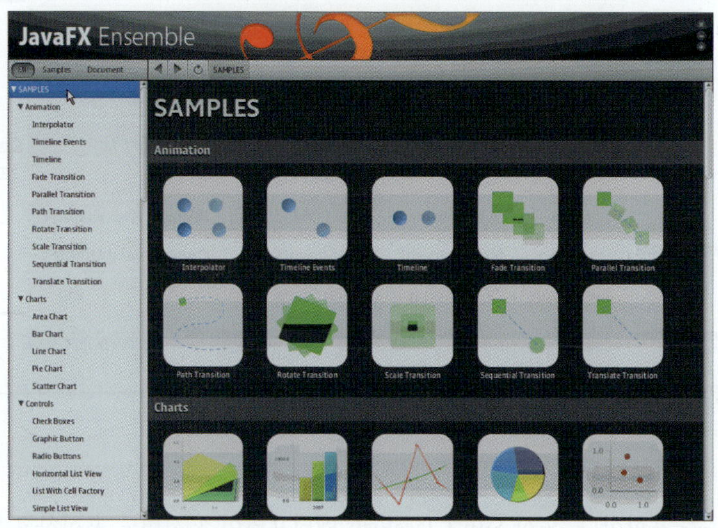

그림 1-19 JavaFX

참고사항: RIA

RIA(Rich Internet Application)는 웹 브라우저나 웹 플러그인, 샌드박스, 자바스크립트, 가상 머신 등의 기술을 통하여 사용자에게 제공되는 웹 기반의 애플리케이션이다. RIA는 단조로운 웹 페이지를 화려하게 꾸미는 데 이용되고 있다. 어도비 플래시, JavaFX, 마이크로소프트의 실버라이트(Silverlight)가 가장 많이 사용되는 플랫폼이다. 최근에는 모든 웹 브라우저가 외부 플러그인을 제한하는 추세여서 예전보다 RIA의 중요도가 줄어들고 있다. 대안은 HTML5를 사용하는 것이다.

자바의 버전

자바는 지속적으로 업그레이드되고 있다. 이것은 세월이 흘러가도 별다른 변경이 없는 다른 언어들과 아주 다른 점이다. 자바의 내부 버전은 1.0부터 1.22와 같이 변경된다. 1.2부터 'Java 2'라는 이름을 사용했다. 1.8 버전은 'Java SE 8'으로 불리고 있다. 자바의 역사상 가장 중요한 버전이라고 불리는 것은 J2SE 5.0 버전과 Java 8이다. 이들은 많은 특징이 추가된 버전이다. 오라클은 2019년부터 1년에 2번씩(3월, 9월) 자바의 새로운 버전을 발표하고 있다. 그리고 3년마다 1번씩 LTS 버전을 발표하고 있다. LTS는 **'Long Term Support'**의 약자로 오랫동안 오라클에서 지원하겠다는 의미이다.

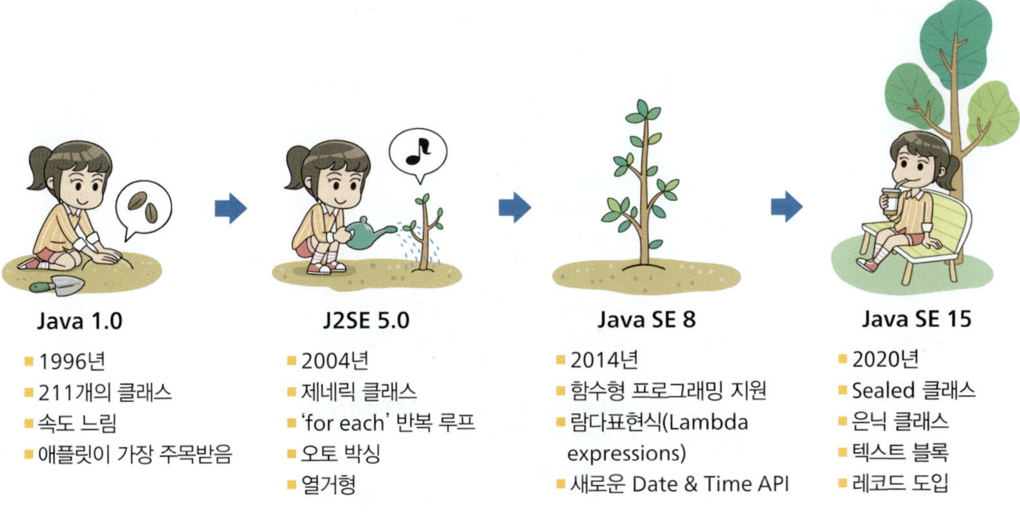

그림 1-20 자바 버전 요약

자바 언어의 변경과는 별도로 자바 클래스 라이브러리도 세월에 따라 많은 변천이 있었다. JDK 1.0에는 수백 개에 불과하던 라이브러리가 현재는 수천 개 이상으로 증가했다. 새로운 라이브러리인 Swing이나 Java2D 같은 라이브러리들이 추가되었으며 많은 오리지널 JDK 1.0 라이브러리들은 사용 중단이 권고되고 있다. 자바의 최신 버전은 Java 25이며, 2025년 9월에 출시되었다. Java 25는 LTS(Long-Term Support) 버전으로, 여러 JEP이 도입되어 메모리 효율·동시성 처리·언어 표현력이 크게 개선되었다. 또 보안/암호화 API 강화와 JFR(Flight Recorder) 개선으로 대규모 애플리케이션의 안정성·관찰성·성능 분석 능력이 향상되었다.

참고사항: LTS 버전

자바 LTS 버전은 일반적으로 더 긴 기간 동안 보안 업데이트와 버그 수정을 제공하여, 기업 환경에서 안정적인 운영을 보장한다. 이전 LTS 버전에는 Java 17, Java 11, 그리고 Java 8이 포함되어 있다. 현재 자바의 최신 LTS 버전은 Java 25이다. Java 25는 2025년 9월에 출시되었으며, 장기간 안정적인 지원과 보안 업데이트가 제공된다.

중요한 자바 버전의 특징

다음은 자바의 주요 버전과 그 특징을 정리한 표이다.

버전	출시 연도	주요 특징
Java 1.0	1996	• 최초 릴리스 • JVM(Java Virtual Machine) 도입 • Applet 지원 시작
Java 1.2	1998	• **J2SE(Java 2 Platform, Standard Edition)** 도입 • 컬렉션 프레임워크 추가 • Swing API 추가
Java 5	2004	• **Generics(제네릭)** 도입 • 향상된 for-each 루프 • 자동 박싱/언박싱 • 열거형(Enum) 추가
Java 7	2011	• **try-with-resources** 구문 도입 • **Switch**에서 문자열 사용 가능 • 다이아몬드 연산자 추가
Java 8	2014	• **Lambda Expressions(람다식)** 도입 • **Stream API** 추가 • 새로운 날짜/시간 API • 인터페이스에 **Default Method** 지원
Java 9	2017	• **모듈 시스템(Jigsaw 프로젝트)** 도입 • JShell(Read-Eval-Print Loop) 추가 • 스트림 API 개선
Java 10	2018	• 지역 변수 타입 추론(**var** 키워드) 도입
Java 11	2018	• LTS(Long-Term Support) 버전 • HTTP Client API 표준화 • 문자열 메소드 추가
Java 17	2021	• LTS 버전 • **Sealed Classes** 도입 • **Pattern Matching** 개선 • 새 Garbage Collector(ZGC)
Java 20	2023	• Virtual Threads(가상 스레드) 실험적 지원 • Pattern Matching 향상

표 1-2 자바의 주요 버전과 특징

이 중에서 특별히 주목해야 하는 버전은 다음과 같다.

- **Java 8:** 람다식, 스트림 API 등 자바 프로그래밍의 현대화를 이끈 주요 버전
- **Java 9:** 모듈 개념 도입
- **Java 11:** LTS 버전으로, 기업 환경에서 많이 사용됨
- **Java 17:** LTS 버전으로, 최신 기능과 안정성을 겸비함

1 데스크톱 애플리케이션을 개발하려면 어떤 자바 플랫폼을 사용해야 하는가?
2 Java ME는 어떤 장치에서 주로 사용되며, 경쟁자로 무엇이 있는가?
3 기업용 애플리케이션을 개발하려면 어떤 자바 플랫폼을 사용해야 하는가?

SELF TEST

1.5 자바 개발 도구

우리가 자바 프로그램을 개발하기 위해서는 자바 컴파일러가 있어야 한다. 일반적으로 자바 컴파일러와 디버깅 도구, 가상 머신 등의 개발 도구들을 **JDK(Java Development Kit)**라 부른다. JDK는 https://www.oracle.com/java에서 무료로 다운로드할 수 있다.

JDK와 JRE

자바를 다운로드하는 홈페이지를 가보면 JDK와 JRE라는 용어가 등장한다. JDK와 JRE의 차이점을 살펴보자.

JRE

JRE(Java Runtime Environment)는 자바 프로그램을 실행하기 위한 라이브러리, 자바 가상 머신, 기타 컴포넌트들을 제공한다. 자바 프로그램을 실행하기 위한 환경으로, 개발자가 아닌 일반인들을 위한 환경이다.

JDK

JDK(Java Development Kit)는 JRE에 자바 프로그램을 개발하는 데 필요한 컴파일러, 디버거와 같은 도구들을 추가한 것이다. JDK 안에 JRE가 포함되어 있음을 유의하자. 우리는 개발자이므로 JDK를 다운로드해야 한다.

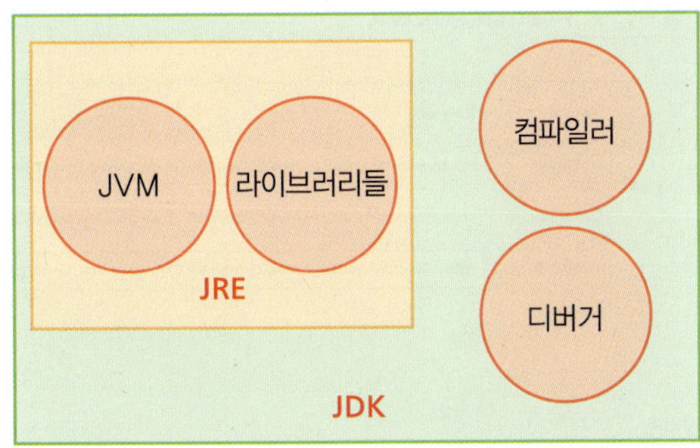

그림 1-21 JDK와 JRE의 관계

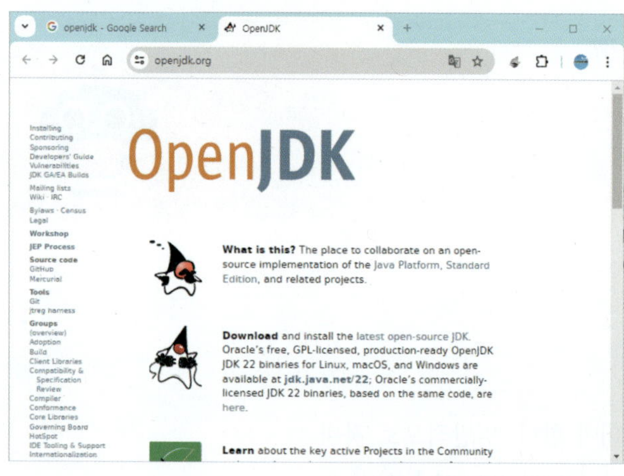

그림 1-22 OpenJDK

Oracle JDK vs OpenJDK

Oracle JDK와 **OpenJDK**는 둘 다 Java Development Kit(JDK), 즉 Java 애플리케이션을 개발하고 실행하기 위해 필요한 도구와 라이브러리를 제공한다. 하지만 몇 가지 중요한 차이점이 있다. Oracle JDK는 Oracle이 소유한 상용 소프트웨어로, 상업적 사용 시 유료 라이선스가 필요하다. Oracle은 주기적으로 새로운 버전을 릴리스하며, 장기 지원(오래된 버전의 보안 업데이트 등)은 유료로 제공한다. OpenJDK는 GNU 라이선스로, 오픈 소스로 제공된다. 누구나 무료로 사용하고 배포할 수 있다. 하지만 설치는 약간 불편하다. 상업적 지원이 필요하거나 특정 Oracle JDK 도구가 필요한 경우, Oracle JDK를 선택할 수 있으며, 비용을 절감하고 오픈 소스 커뮤니티의 장점을 활용하고자 한다면 OpenJDK를 선택할 수 있다. 대학에서 Oracle JDK를 사용하는 경우, 교육 목적으로만 사용한다면 일반적으로 무료로 사용할 수 있다. 이 책에서는 Oracle JDK를 설치하여 사용하는 것으로 가정한다.

JDK 설치

https://www.oracle.com/java/technologies/javase-downloads.html에 가서 Java SE 다운로드 버튼을 클릭한다.

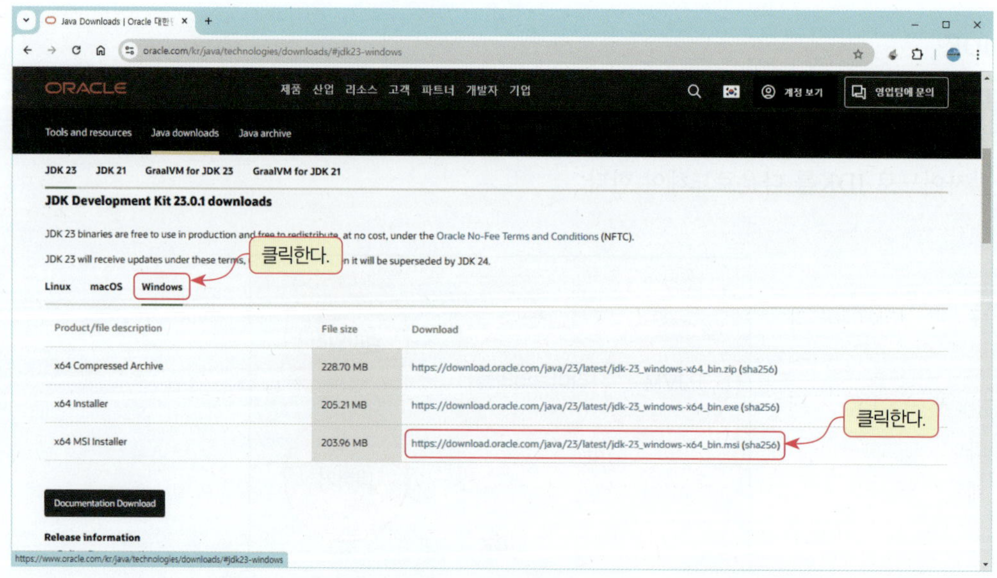

그림 1-23 Java SE 다운로드

다운로드한 파일을 더블 클릭하여서 설치를 시작한다. 혹시 설치 과정에서 선택해야 할 사항이 나오면 디폴트 값을 선택하고 설치를 진행하면 된다. 설치가 완료되었다는 대화 상자가 나오면 [Close] 버튼을 누르도록 하자.

JDK의 폴더

JDK는 컴퓨터 안에 몇 개의 폴더를 생성한다. JDK의 기본 설치 폴더는 **c:\Program Files\Java**이다. 이 안에 JDK 폴더가 있다. 자세한 이름은 버전과 업데이트 번호에 따라 달라진다. 현재 23 버전의 경우 jdk-23으로 되어 있다(자바 버전은 계속 바뀌고 있으니 숫자에 대해 너무 신경쓰지 말자). 그 아래에 다음과 같은 폴더들이 존재한다.

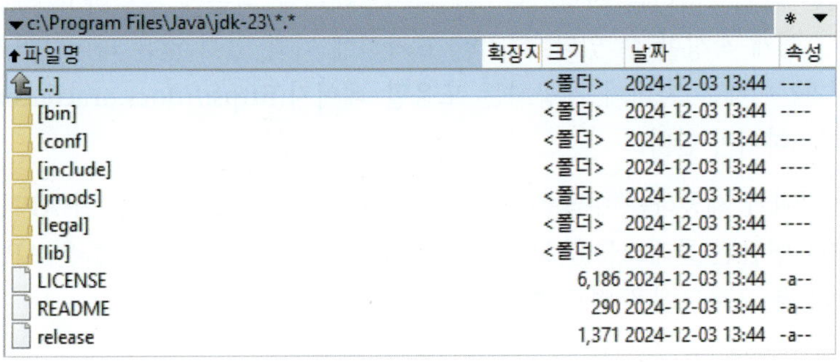

c:\Program Files\Java\jdk-23*.*

파일명	확장자	크기	날짜	속성
[..]		<폴더>	2024-12-03 13:44	----
[bin]		<폴더>	2024-12-03 13:44	----
[conf]		<폴더>	2024-12-03 13:44	----
[include]		<폴더>	2024-12-03 13:44	----
[jmods]		<폴더>	2024-12-03 13:44	----
[legal]		<폴더>	2024-12-03 13:44	----
[lib]		<폴더>	2024-12-03 13:44	----
LICENSE		6,186	2024-12-03 13:44	-a--
README		290	2024-12-03 13:44	-a--
release		1,371	2024-12-03 13:44	-a--

그림 1-24 JDK 기본 설치 폴더

폴더	설명
bin	컴파일러, 디버거 등의 도구가 들어 있다.
conf	구성 파일이 저장된다. 개발자가 편집할 수 있다.
include	네이티브 코드 프로그래밍을 지원하는 헤더 파일들이다. 이 파일들은 자바와 C언어를 동시에 사용하는 프로그램 개발 시에 쓰인다.
jmods	JDK 표준 모듈(.jmod 파일)이 들어 있다.
legal	저작권, 라이선스 파일이 들어 있다.
lib	개발 도구들이 필요로 하는 추가적인 클래스 라이브러리와 지원 파일이 들어 있다.

표 1-3 JDK 디렉터리

lib 폴더 안을 자세히 보면 src.zip 파일이 있다. 이 파일은 자바 핵심 API를 이루는 클래스 라이브러리 소스이다. 이 소스들은 자바 언어를 배우고 사용하는 것을 도와주기 위한, 정보 제공 차원에서 제공된다.

TIP

JAVA_HOME은 Java Development Kit(JDK) 또는 Java Runtime Environment(JRE)의 설치 디렉터리를 가리키는 환경 변수이다. 이 환경 변수는 자바 애플리케이션을 개발하거나 실행할 때 여러 도구와 애플리케이션이 자바 설치 위치를 알 수 있도록 도와준다. 빌드 도구(예: Maven, Gradle, Ant 등)는 JAVA_HOME을 사용하여 JDK의 위치를 찾는다. 또한 Eclipse, IntelliJ IDEA, NetBeans와 같은 IDE는 JAVA_HOME을 참조하여 JDK를 설정하고, 이를 통해 자바 애플리케이션을 컴파일하고 실행한다. 명령 프롬프트에서 setx JAVA_HOME "C:\Program Files\Java\jdk-25" /M으로 설정할 수 있다.

자바 API 문서

자바는 방대한 라이브러리를 자랑한다. 이 라이브러리들 덕분에 강력하고 복잡한 기능의 프로그램을 손쉽게 작성할 수 있다. 하지만 교과서에 나와 있지 않은 라이브러리는 어떻게 사용할 것인가? 이때는 자바가 제공하는 **도움말 페이지(https://docs.oracle.com/en/java/javase/)**를 참조하여야 한다.

자바 API는 자바가 제공하는 수많은 클래스 라이브러리들의 모임이다. 이 API들은 자바의 모듈화에 따라 연관된 클래스들을 모듈로 묶어서 계층화시켰다. 개발자들은 API를 잘 이해하고 있어야 응용 프로그램을 빠르게 개발할 수 있다.

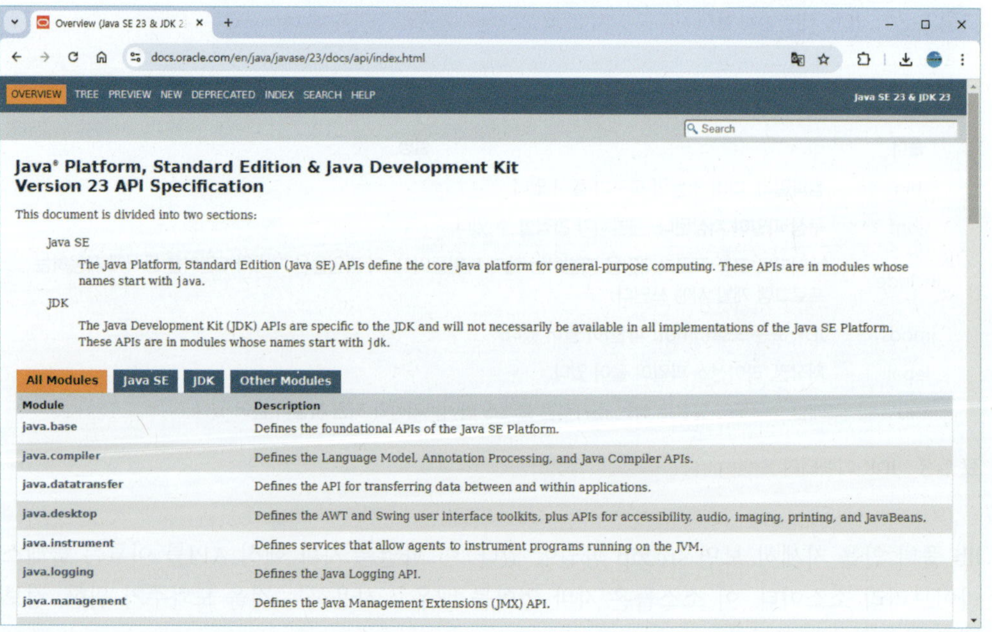

그림 1-25 자바 API 문서

SELF TEST

1. JDK와 JRE의 차이점은 무엇인가?
2. OpenJDK와 Oracle JDK의 주요 차이점은 무엇인가?
3. JDK 안에는 어떤 도구들이 들어 있는가?
4. JAVA_HOME 환경 변수의 역할은 무엇인가?

1.6 명령어 버전 JDK 사용하기

JDK 설치를 마쳤으면 한번 사용하여 보자. JDK는 명령어 프롬프트에서 직접 사용이 가능한 몇 가지의 명령어 도구들을 가지고 있다. 자바 컴파일러인 javac, 자바 프로그램을 실행시키는 데 사용되는 자바 가상 머신을 구현한 java 등이 포함되어 있다. 명령어 도구는 불편하지만, 자바 프로그램이 실행되는 원리를 알기 위해서 반드시 한번은 해 봐야 한다. 우리가 사용하려고 하는 통합 개발 환경인 인텔리제이나 이클립스도 내부적으로 JDK를 사용하여 컴파일한다. 명령어 도구를 사용하여 애플리케이션을 작성하는 단계는 다음과 같다.

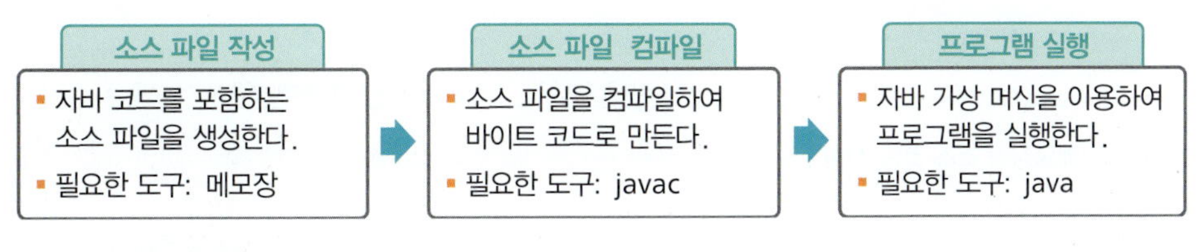

그림 1-26 애플리케이션 작성 단계

(1) 경로 설정하기

JDK에 포함된 명령어 도구를 사용하기 위해서는 먼저 어떤 디렉터리에서도 JDK 명령어들을 찾을 수 있도록 운영체제에게 JDK가 설치된 위치를 알려주는 것이 필요하다. 현재 Oracle JDK 23에서는 설치 시 **자동으로 PATH 환경 변수를 변경한다.** 따라서 우리가 별도로 변경할 필요가 없다. 올바르게 변경되었는지 확인하려면, 윈도우의 명령 프롬프트를 실행하여서 'java -version' 명령어로 자바의 버전을 체크해 보자. 23.0.1이 출력되면 정상적으로 설치된 것이다. 버전이 달라지면 화면에 출력되는 숫자는 변경될 수 있다.

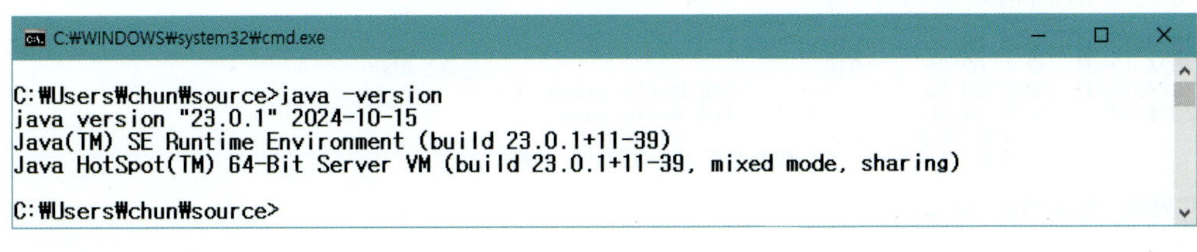

그림 1-27 자바 버전 체크

(2) 소스 파일 작성

자바의 세계에 들어온 것을 기념하기 위하여 "Hello World!" 메시지를 콘솔에 출력하는 프로그램을 작성해 보자. 윈도우의 메모장을 이용하여 소스 코드를 작성한다. 소스 코드를 파일로 저장하면 소스 파일이 된다. 소스 파일의 이름은 반드시 Hello.java로 하여야 한다. 이것은 다른 언어와 상당히 다른 점으로, 자바에서는 소스 파일의 이름이 클래스 이름과 동일하여야 한다. 파일의 확장자는 java이어야 한다. 소스 코드를 입력할 때 특히 대소문자에 주의하기 바란다. 만약 class를 Class로 입력하면 프로그램은 동작하지 않는다. 또한 단어와 단어 사이의 공백도 있어야 한다.

메모장에서 파일로 저장할 때는 반드시 파일 이름을 Hello.java(확장자를 .java)로 입력하여 저장하여야 한다. 파일 이름으로 단순히 Hello만 입력하면 Hello.txt로 저장된다.

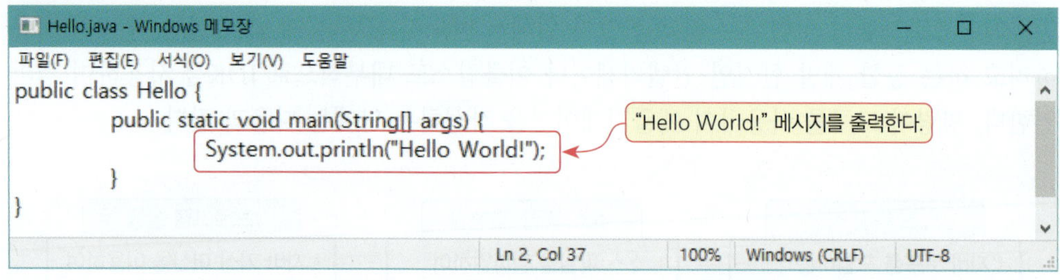

그림 1-28 메모장에 소스 코드 작성

(3) 컴파일

자바 컴파일러를 이용하여 소스 파일을 컴파일한다. 컴파일러의 명령어 버전 이름은 javac이다. 앞의 소스 코드를 c:\Users\chun\source 폴더에 저장하였다고 가정하면, "C>javac Hello.java"와 같이 입력하고 엔터키를 눌러서 컴파일한다.

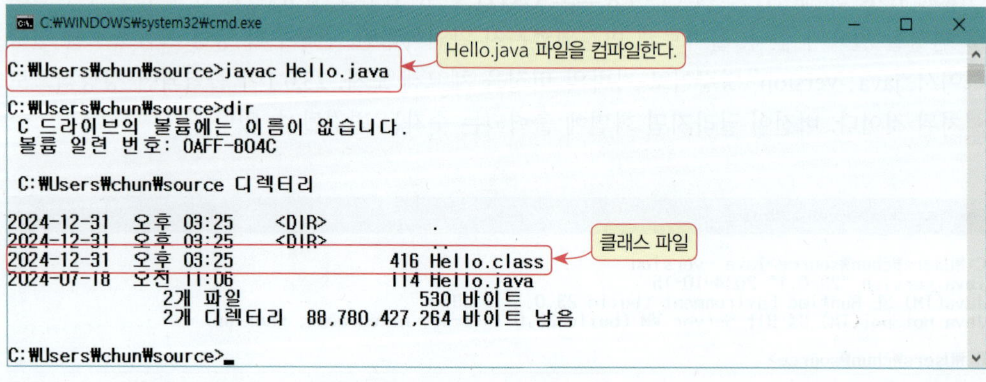

그림 1-29 소스 파일 컴파일

오류가 없어서 컴파일이 올바르게 수행되었다면 'Hello.class' 파일이 생성된다. 이 파일을 클래스 파일이라고 한다. 클래스 파일 안에는 바이트 코드들이 들어 있다. 클래스 파일은 소스 파일과 동일한 디렉터리에 만들어진다.

(4) 실행

자바 프로그램을 성공적으로 컴파일하였다면, 다음 단계는 가상 머신인 java를 이용하여 클래스 파일을 실행하는 것이다. 명령어 프롬프트 창에서 "C>java Hello"와 같이 입력하고 엔터키를 누른다. 여기서 확장자를 붙이지 않고 클래스 이름만 적어준다.

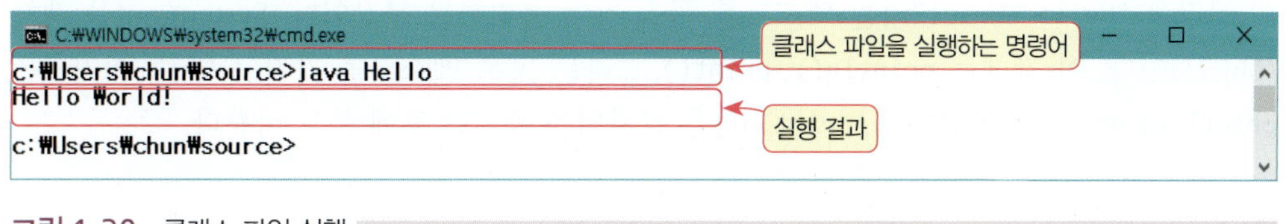

그림 1-30 클래스 파일 실행

명령어 프롬프트 창에 "Hello World!"가 출력되는 것을 확인한다.

프로그램의 간단한 설명

이 프로그램은 자바의 표준 출력 기능을 사용하여 "Hello World!"라는 메시지를 출력한다. main() 메소드는 자바 애플리케이션의 시작점으로, 프로그램을 실행하면 이 메소드가 호출된다. System.out.println() 메소드는 콘솔에 메시지를 출력한다.

Hello.java

```
① public class Hello {
②
③     public static void main(String[] args) {
④         System.out.println("Hello World!");
⑤     }
⑥ }
```

클래스를 정의하는 문장이다.

메소드를 정의하는 문장이다.

위 소스 코드의 각 문장을 간단하게 살펴보자.

① public class Hello {

이 문장은 클래스 Hello가 시작되는 문장이다. **클래스(class)**는 객체를 생성하는 틀로 생각하면 된다. 여기서는 main() 메소드를 입력하기 위하여 클래스를 작성한다. 클래스는 {에서 시작하여 }에서 종료된다.

③ `public static void main(String[] args) {`

이 문장은 `main()` 메소드가 시작되는 문장이다. **메소드(method)**는 어떤 특정한 기능을 수행하는 코드의 묶음에 이름을 붙인 것이다. 혹시 여러분이 C언어를 이미 알고 있다면 메소드는 클래스 안에 있는 함수라고 이해하자. 자바에서 `main()` 메소드는 특별한 메소드로, 자바 프로그램의 실행이 시작되는 곳이다.

④ `System.out.println("Hello World!");`

이 문장은 `"Hello World!"`라는 텍스트를 콘솔 창에 출력하는 문장이다. System.out은 객체(object)이다. 이 객체는 `println()`, `print()`, ...라는 많은 메소드를 가지고 있고, 여기서는 `println()` 메소드를 호출한다. `println()`은 문자열을 출력한 후에 줄을 바꾼다.

⑤ }

이 기호에 의하여 메소드가 종료된다.

⑥ }

이 기호에 의하여 클래스가 종료된다.

명령어 도구들의 간단한 설명

c:\Program Files\Java\jdk-23\bin 폴더에 보면 상당한 양의 실행 파일들이 들어 있다. 이것들은 모두 프로그램 개발에 사용되는 도구이다. 많이 사용되는 도구들은 다음 표와 같다.

도구	설명
jar	자바 압축 파일(Java Archive)을 생성하고 관리하는 도구
java	가상 머신 프로그램
javac	자바 컴파일러
javadoc	도큐먼트 생성기. 자바 소스 파일 안에 /** */로 주석을 만들면 이 주석을 추출하여 문서로 만들어준다.
javap	클래스 파일 디어셈블러
jdb	자바 디버거

표 1-4 자주 사용하는 명령어 도구들

SELF TEST

1 다음 질문에 순서대로 답하시오.

❶ 자바 소스 파일 Welcome.java를 컴파일하는 명령을 작성하시오.
❷ 컴파일하면 어떤 파일이 생성되는가?
❸ 이 파일을 실행하는 명령을 작성하시오.

2 자바 소스 파일과 클래스 이름 간에는 어떤 관계가 있는가?

2 자바 프로그램의 실행이 시작되는 메소드 이름은 무엇인가?

1.7 인텔리제이 사용하기

이클립스 vs 인텔리제이

명령어 도구를 사용하여 자바 프로그램을 개발하는 사람은 많지 않다. 너무 불편하기 때문이다. 자바 개발 도구로서 **이클립스(eclipse)**와 **인텔리제이(IntelliJ IDEA)**는 전 세계 개발자들 사이에서 널리 사용되고 있다. 과거에는 이클립스가 무료로 제공되는 오픈 소스 소프트웨어로서 많은 인기를 끌었지만, 최근 몇 년간 인텔리제이의 사용률이 증가하고 있다. 이러한 변화는 인텔리제이의 편의성, 자동 완성 기능, UI 개선 등의 요인이 개발자들에게 더욱 인기를 끌었기 때문으로 해석할 수 있다. 여러분들도 한번 사용해 보면, 사용하기 쾌적하고 인공지능적인 도구라는 것을 금방 알 수 있다.

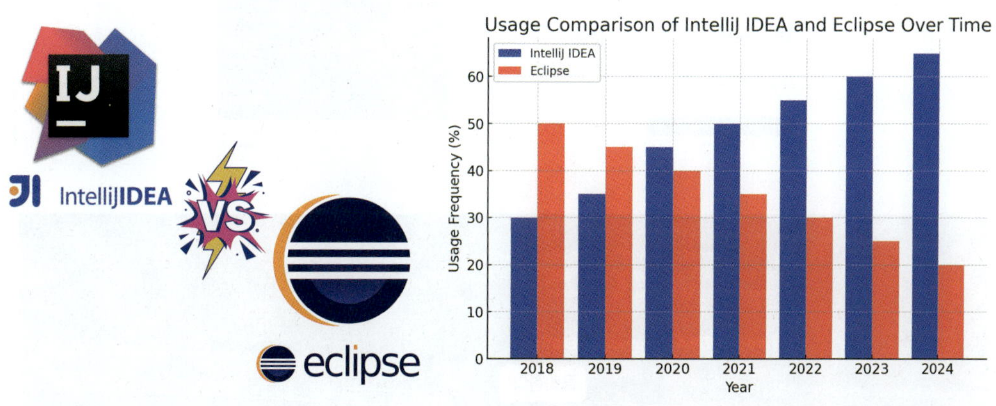

그림 1-31 이클립스 vs 인텔리제이

이클립스는 다양한 플러그인을 통해 여러 프로그래밍 언어와 프레임워크를 지원하며, 무료로 제공되는 장점이 있다. 그러나 사용자 인터페이스나 성능 면에서 인텔리제이에 비해 다소 부족하다는 평가를 받기도 한다. 인텔리제이는 JetBrains에서 개발한 상용 IDE로, 강력한 코드 자동 완성, 리팩토링 지원, 디버깅 및 테스트 도구 등 다양한 기능을 제공하여 개발 생산성을 높여준다. 특히 Spring 프레임워크와의 호환성이 우수하여 Spring 기반의 자바 개발자들 사이에서 선호도가 높다. 안드로이드 개발에 사용되는 개발 도구인 '안드로이드 스튜디오'도 인텔리제이를 기반으로 한다. 우리는 다음과 같은 이유로 인텔리제이를 사용하고자 한다.

- 안드로이드 개발 시에 인텔리제이가 사용된다.
- 'Spring Boot'와 같은 서버측 프레임워크를 사용하려면 인텔리제이가 필수이다.
- 각종 인공지능 도구의 지원이 우수하다.

인텔리제이란?

인텔리제이(IntelliJ IDEA)는 자바 프로그램을 쉽게 개발하기 위한 통합 개발 환경의 하나이다. 명령어 기반의 JDK 도구만을 가지고서도 프로그램을 개발할 수 있지만, 생산성이 매우 떨어진다. 인텔리제이는 JetBrains에서 개발한 자바 기반의 통합 개발 환경(Integrated Development Environment; IDE)이다. 강력한 코드 완성 기능, 직관적인 UI, 높은 생산성 덕분에 자바 개발자들 사이에서 최근 가장 많이 사용되는 IDE 중 하나이다. 인텔리제이도 자바로 개발된 소프트웨어이다. 정확히는 자바와 Kotlin을 함께 사용하여 개발되었다. 자바 개발을 위한 개발 도구도 자바로 개발된 점이 흥미롭다. 그림 1-32와 같이 다운로드한다.

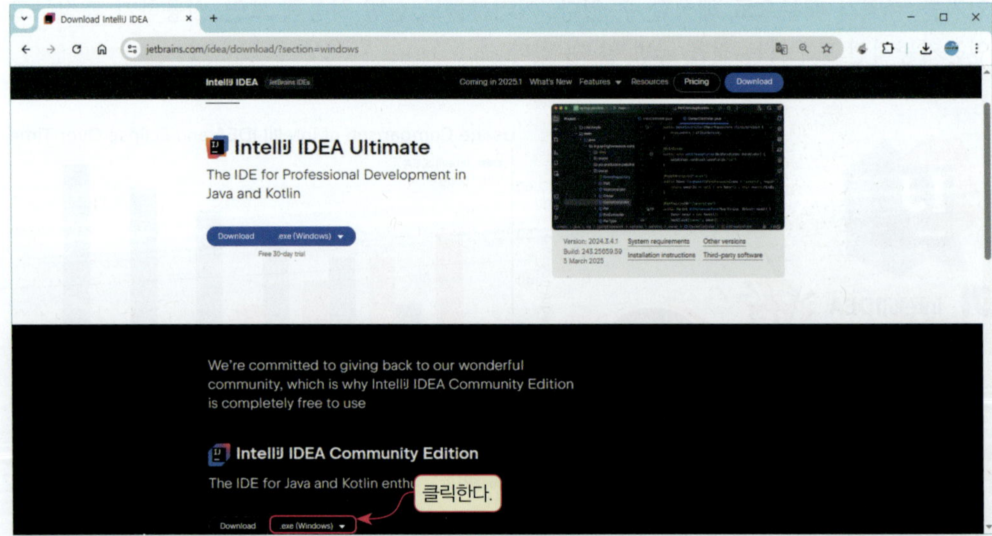

그림 1-32 인텔리제이 다운로드

만약 개발 환경으로 이클립스를 사용하고자 하는 독자는 pdf로 제공된 '**이클립스 설치 및 사용**'을 참고하면 된다.

인텔리제이 설치

인텔리제이는 무료(Community Edition)와 유료(Ultimate Edition) 두 가지 버전이 있다.

기능	Community Edition(무료)	Ultimate Edition(유료)
Java, Kotlin 지원	✓	✓
웹 개발(HTML, JavaScript, TypeScript)	✗	✓
Spring, Java EE 지원	✗	✓
데이터베이스 도구	✗	✓
기타 언어 지원(Python, Ruby, PHP 등)	✗	✓

표 1-5 인텔리제이 무료 버전과 유료 버전 비교

우리는 무료 버전을 사용한다. 무료 버전도 충분히 강력하지만, Spring, 웹 개발, 데이터베이스 기능을 사용하려면 유료 버전이 필요하다. 최근 자바 개발자들이 이클립스에서 인텔리제이로 이동하는 추세가 증가하고 있으며, JetBrains의 Kotlin 공식 지원 덕분에 Kotlin 개발 환경으로도 많이 사용되고 있다.

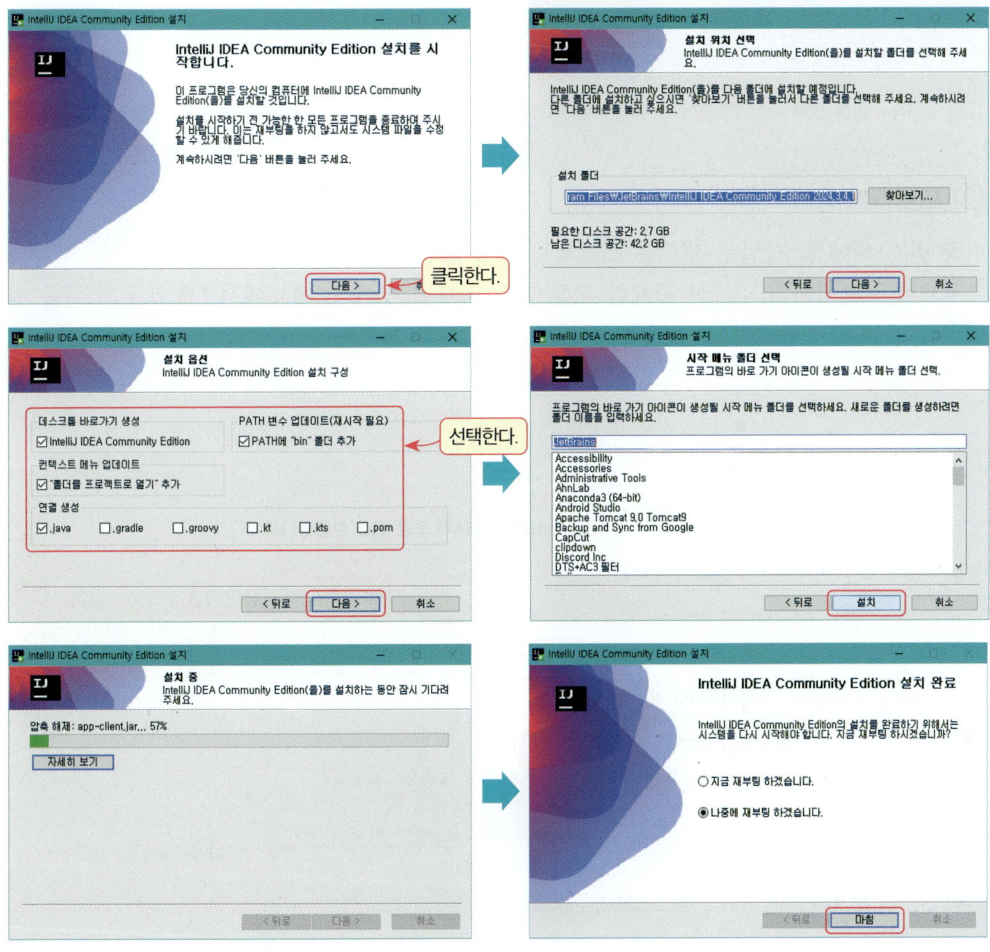

그림 1-33 인텔리제이 설치

인텔리제이 사용

다운로드한 설치 파일을 더블 클릭하면 설치가 시작된다. 그냥 기본으로 지정된 대로 설치하면 된다.

(1) 인텔리제이 설정

인텔리제이를 처음으로 실행하면 다음과 같은 대화 상자가 등장한다.

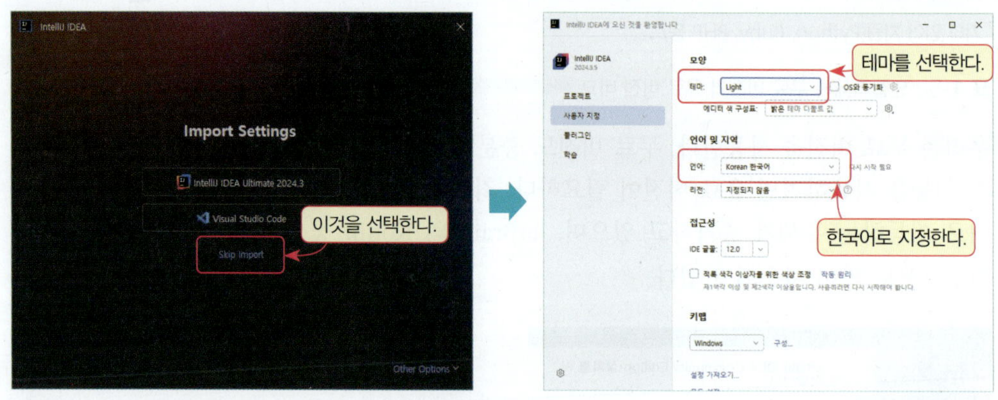

그림 1-34 설정 선택 지정

(2) 프로젝트 생성

가장 먼저 해야 할 작업은 새로운 프로젝트를 생성하는 것이다. **프로젝트(project)**는 하나의 프로그램을 생성하기 위하여 필요한 모든 파일이 모인 것이다. 메뉴에서 [새 프로젝트]를 선택한다.

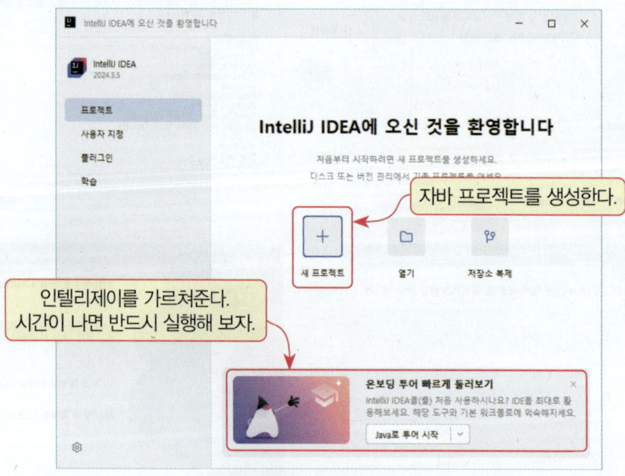

그림 1-35 첫 번째 화면

(3) 프로젝트 속성 설정

프로젝트 이름으로 'Hello2'를 입력하고 [생성] 버튼을 누르면 새로운 프로젝트가 생성된다.

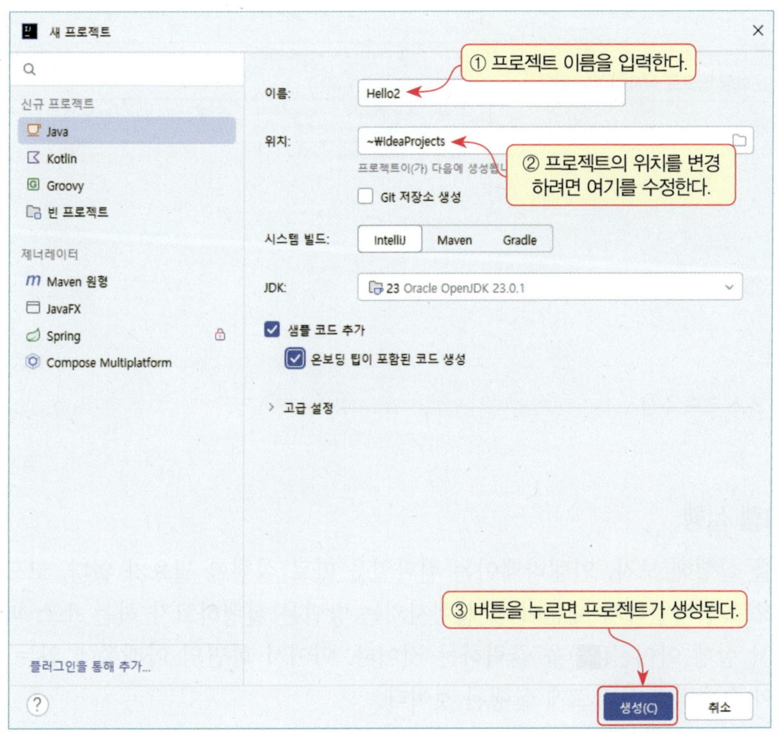

그림 1-36 프로젝트 생성

(4) 소스 코드 수정

프로젝트를 만들면 샘플 코드가 이미 포함된 Main 클래스가 만들어진다. 이 클래스를 그대로 사용하여도 되고, 아니면 이 코드를 지우고 다른 코드를 입력하여도 된다. 최신 인텔리제이 버전에서는 `void main()`처럼 클래스 없이 바로 main을 쓰는 문법이 나오기도 하는데 이것은 최근 JDK(21+)의 '톱레벨 main/간이 소스' 기능을 따른 템플릿이다. 이 소스가 나오면 전부 지우고 책의 전통적인 소스를 다시 입력한다. 온보딩 팁이 귀찮으면 [Ctrl] + [X] 키를 눌러서 제거한다. 잘못된 부분이나 수정이 필요한 부분에서 [ALT] + [ENTER] 키를 누르면 인텔리제이가 수정을 제안한다. 화면의 하단에 프로젝트 폴더를 디펜더의 실시간 보호에서 제외할 것인지 물어보는 대화 상자가 나오면 반드시 제외해야 한다. 제외하지 않으면 실행 속도가 느려진다.

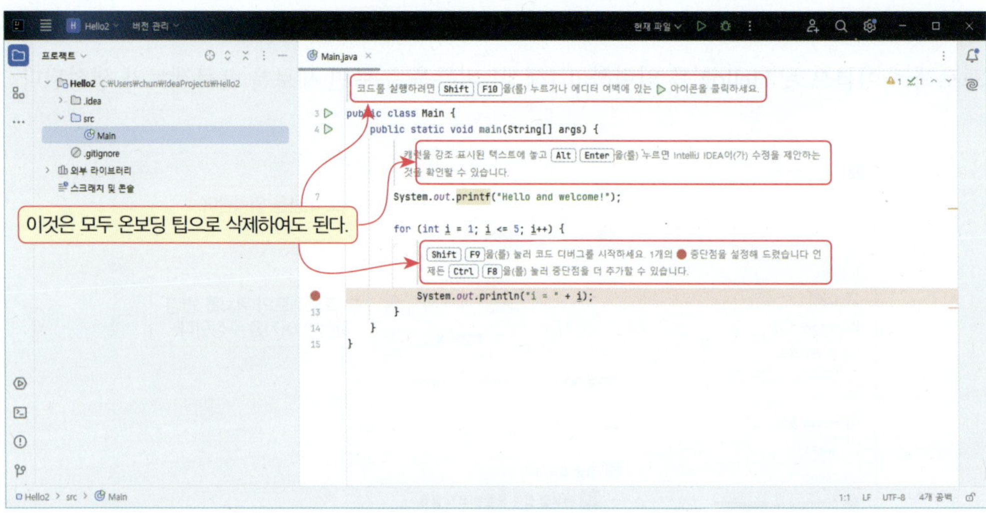

그림 1-37 소스 코드 수정

(5) 프로그램 실행

위의 코드를 실행해 보자. 인텔리제이는 컴파일을 따로 실행할 필요가 없다. 코드가 입력되면서 자동으로 컴파일하기 때문이다. 실행시키는 방법은 실행하고자 하는 소스 파일이 선택된 상태에서 실행 아이콘(▷)을 클릭하는 것이다. 이어서 화면의 아래쪽에 있는 콘솔 창에 다음과 같이 수행되면 올바르게 실행된 것이다.

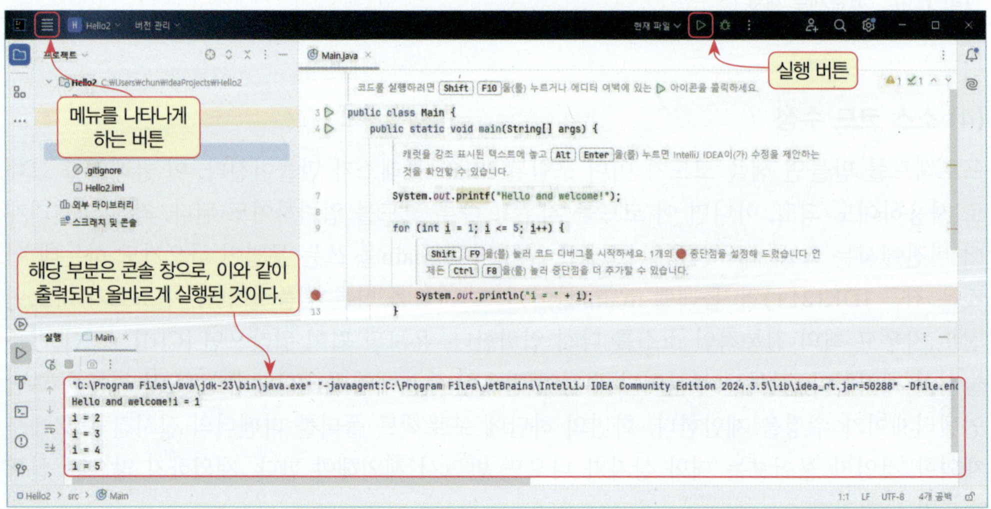

그림 1-38 프로그램 실행

(6) 프로젝트 닫기

현재 프로젝트를 닫으려면, 메뉴 아이콘을 누르고, [파일] → [프로젝트 닫기]를 선택한다.

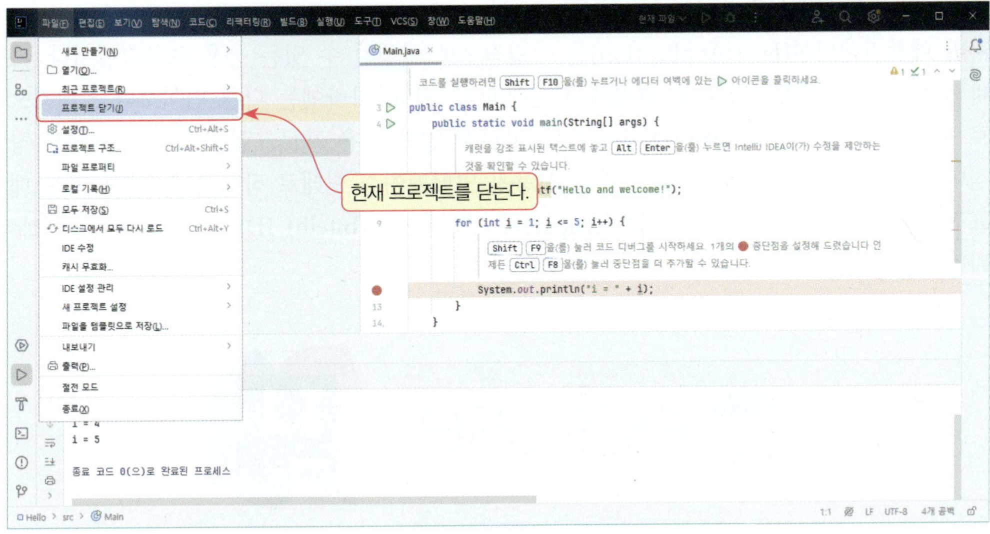

그림 1-39 프로젝트 닫기

TIP

자바 프로그램을 실행할 때, 메뉴바에서 [실행] → ['Main' 실행]을 선택하여도 된다. 아이콘을 누르거나 단축키 [Shift] + [F10]을 눌러도 된다.

SELF TEST

1 다음과 같은 실행 결과를 출력하는 프로그램을 인텔리제이로 작성하시오.

```
Report #1: Java Introduction

Hankook University
20250001
Kim ChulSoo
```

1.8 자바의 용도

자바 애플리케이션

자바 애플리케이션(Java Application)은 독립적으로 실행될 수 있는 응용 프로그램이다. 자바 실행 환경인 JRE가 설치된 환경에서 실행할 수 있다. 자바에는 다른 언어보다 상대적으로 풍부한 클래스 라이브러리가 존재한다. 따라서 일반 응용 프로그램을 작성하는 데도 장점이 될 수 있다. 문자 기반이나 그래픽 사용자 인터페이스 형태로 작성할 수 있다. 가장 대표적인 예는 개발 도구인 이클립스(eclipse)와 인텔리제이(IntelliJ IDEA)이다. 이들은 모두 자바 언어로 작성되었다.

그림 1-40 이클립스와 인텔리제이

백엔드 웹 애플리케이션

백엔드 분야에서 자바는 안정성과 확장성, 그리고 강력한 생태계 덕분에 오랫동안 선호되는 언어이다. **백엔드(Backend)**는 웹 또는 모바일 애플리케이션에서 사용자가 직접적으로 보거나 상호작용하지 않는 서버, 데이터베이스, 애플리케이션 로직과 같은 시스템의 동작과 데이터를 관리하는 부분을 의미한다.

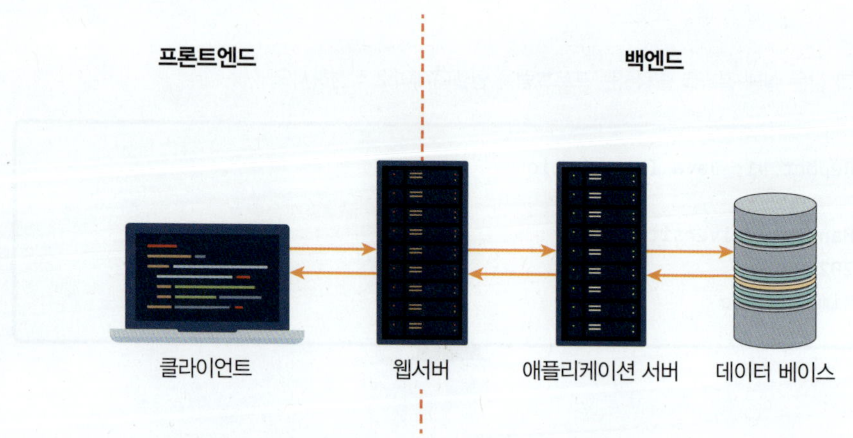

그림 1-41 백엔드 웹 애플리케이션

웹 애플리케이션

자바는 **Spring Framework, Spring Boot, Java EE(Jakarta EE)**와 같은 강력한 프레임워크를 통해 웹 애플리케이션 개발에서 중요한 역할을 한다.

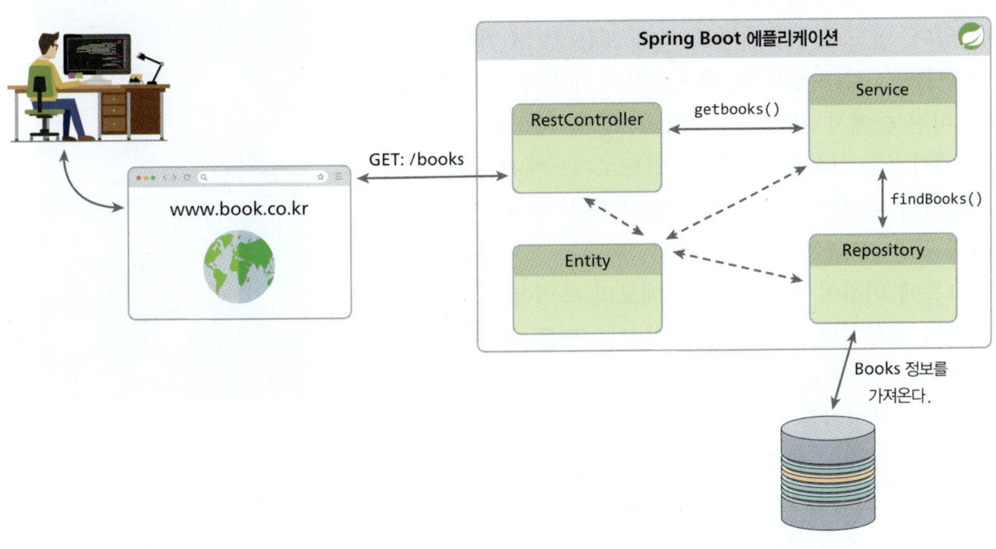

그림 1-42 Spring Boot 애플리케이션의 구조

이 중에서도 **Spring Boot**는 경량화된 설정과 빠른 개발 환경을 제공하며, REST API, 마이크로서비스, CRUD 애플리케이션 개발에 널리 사용된다. Spring Boot는 다음과 같은 회사에서 사용하고 있다.

- **Netflix:** 마이크로서비스 아키텍처
- **Alibaba:** 대규모 전자상거래 시스템
- **Zalando:** 유럽의 대형 패션 플랫폼
- **Spotify:** 사용자 맞춤 음악 추천 시스템

서버 애플리케이션

자바는 안정적이고 고성능의 애플리케이션 서버 개발에 적합하다. 대표적인 서버 기술로는 **Tomcat(경량 웹 서버 및 서블릿 컨테이너)**, Jetty(내장형 웹 서버로, IoT 및 클라우드 애플리케이션에 적합) 등을 들 수 있다. 이런 서버는 자바를 기반으로 하여 HTTP 요청 처리, 세션 관리, 데이터베이스 연결 등의 백엔드 작업을 수행한다.

안드로이드 애플리케이션

그림 1-43 안드로이드 애플리케이션

스마트폰의 운영체제 중 하나인 안드로이드는 운영체제로 리눅스(Linux)를 사용하지만, 운영체제를 제외한 안드로이드 SDK의 나머지 부분은 모두 자바로 작성되어 있다. 안드로이드 앱들도 자바 또는 JVM 계열 언어인 코틀린으로 작성된다. 안드로이드 개발자들은 자바의 SE 버전 중에서 AWT와 스윙(swing)을 제외한 거의 모든 패키지를 사용할 수 있다. 안드로이드에서는 자바를 지원하기 위하여 자체적인 가상 머신을 구현하였다. 자바의 표준 JVM을 사용하지 않는 이유는 스마트폰이 데스크톱에 비하여 처리 속도와 메모리 측면에서 한참 뒤처지기 때문이다. 모바일 장치에서는 모든 것을 최적화시키는 것이 중요하다. 안드로이드에서는 가상 머신에서 JIT 컴파일러를 없애버리고 가비지 콜렉터를 다시 작성했으며 클래스 파일에서 중복된 정보를 제거한 새로운 실행 파일 형식인 달빅 실행 파일(.dex)을 사용한다. 이러한 자체적인 자바 가상 머신을 **달빅(Dalvik) 가상 머신**이라고 부른다. 현재는 'ART(Android Runtime)'를 사용한다. .dex 포맷은 그대로이며 ART는 AOT(사전 컴파일) 등으로 성능을 높인다. 여기서 한 가지 주의할 점은 안드로이드에서는 다른 가상 머신을 사용하므로 일반적인 자바의 클래스 파일에 들어 있는 바이트 코드는 직접 실행이 불가능하다. 반드시 바이트 코드를 ART 실행 파일(.dex) 형식으로 변환하여야 실행이 가능하다.

사칙 연산 프로그램

난이도: ★★★☆☆
주제: JDK와 인텔리제이 실습

다음과 같이 피연산자 20과 10을 가지고 4칙 연산한 결과를 출력하는 자바 프로그램을 JDK와 인텔리제이를 이용하여 컴파일하고 실행해 보자.

1. 프로젝트 이름은 lab1로 한다.
2. 소스 파일 이름은 Lab1.java로 한다.
3. 클래스 이름은 Lab1로 한다.

예를 들어서 10 + 20의 결과를 출력하려면 다음과 같은 문장을 사용한다.

```
System.out.println(10+20);
```

1. JDK의 명령어 버전 javac와 java를 이용하여서 위의 코드를 작성하고 컴파일한다.
2. 인텔리제이를 이용하여 새로운 프로젝트를 만들고 이 프로젝트 안에서 클래스를 생성하여서 위의 코드를 작성하고 컴파일한다.

Summary

- 자바는 스마트폰 앱, 서버, 데스크톱 프로그램까지 폭넓게 사용되는 대표적인 언어로, 우리가 일상에서 사용하는 많은 소프트웨어가 자바로 만들어져 있다.
- 자바의 가장 큰 장점은 '한 번 작성하면 어디서든 실행된다(Write Once, Run Anywhere)'라는 철학으로, 운영체제와 하드웨어에 관계없이 동일한 프로그램을 실행할 수 있다는 점이다.
- 자바는 1990년대 Sun Microsystems의 Green 프로젝트에서 시작되었으며, 처음에는 Oak라는 이름이었지만 이후 Java로 이름이 바뀌어 지금까지 발전해왔다.
- 자바는 객체 지향 언어로, 클래스와 객체를 중심으로 프로그램을 설계하며 코드의 재사용성과 유지보수성을 높여주는 장점을 가진다.
- 자바 프로그램은 JVM(자바 가상 머신)에서 실행되기 때문에 윈도우, 리눅스, 맥OS 등 다양한 플랫폼에서 동일하게 실행할 수 있는 플랫폼 독립성을 제공한다.
- 자바는 가비지 컬렉션(Garbage Collection)을 통해 더 이상 사용하지 않는 객체를 자동으로 메모리에서 해제하여, 개발자가 직접 메모리를 관리하지 않아도 안정적인 프로그램을 만들 수 있다.
- 멀티스레딩을 지원하는 자바는 하나의 프로그램 안에서 음악 재생, 파일 다운로드, 그래픽 출력처럼 여러 작업을 동시에 수행할 수 있어 현대적인 애플리케이션 개발에 적합하다.
- 자바는 용도와 환경에 따라 Java SE(표준), Java EE(기업용), Java ME(모바일·임베디드), JavaFX(리치 클라이언트) 등 다양한 플랫폼을 제공하여 개발자가 목적에 맞는 환경을 선택할 수 있다.
- 자바는 꾸준히 업그레이드되며 최신 기능을 도입해왔고, 현재 최신 LTS(Long-Term Support) 버전은 Java 25, 최신 기능 릴리스는 Java 25으로 안정성과 성능이 모두 강화되었다.
- 자바 개발은 인텔리제이, 이클립스와 같은 IDE(통합 개발 환경)를 활용하면 자동 완성, 디버깅, 실행 도구 덕분에 훨씬 생산적이고 편리하게 진행할 수 있다.

Exercises

1. 자바에 대한 설명 중 잘못된 것은?

❶ 자바는 객체 지향 언어이다.
❷ 자바는 포인터를 가지고 있다.
❸ 자바는 한 번 컴파일되면, 가상 머신이 설치된 어떤 컴퓨터에서도 실행할 수 있다.
❹ 자바 소스 파일을 컴파일한 파일을 클래스 파일이라고 한다.

2. 다음 중 자바의 주요 특징이 아닌 것은?

❶ 객체 지향 ❷ 플랫폼 독립성
❸ 메모리 자동 관리 ❹ 하드웨어 직접 제어

3. 자바 가상 머신(JVM)의 역할로 올바른 것은?

❶ 자바 소스 파일을 컴파일한다. ❷ 바이트 코드를 해석하고 실행한다.
❸ 하드웨어를 직접 제어한다. ❹ 애플리케이션 배포를 담당한다.

4. 다음 중 자바에서 메모리를 자동으로 관리하는 기능은?

❶ JVM ❷ 가비지 컬렉션
❸ 클래스 로더 ❹ API

5. 자바 소스 파일의 확장자는?

❶ .c ❷ .cpp
❸ .java ❹ .txt

6. 자바 프로그램을 컴파일하면 생성되는 파일의 확장자는?

❶ .java ❷ .class
❸ .exe ❹ .txt

7. 자바에서 '한 번 작성하면, 어디서든 실행할 수 있다'라는 철학은 무엇을 의미하는가?

❶ 멀티스레딩 지원 ❷ 플랫폼 독립성
❸ 객체 지향 설계 ❹ JDK의 활용

8. 자바 소스 파일과 클래스 이름의 관계로 올바른 것은?

❶ public 클래스 이름과 소스 파일 이름은 다를 수 있다.
❷ 소스 파일 이름은 public 클래스 이름과 반드시 동일해야 한다.
❸ public 클래스 이름은 소스 파일에 포함되지 않는다.
❹ public 클래스 이름은 파일 확장자와 동일해야 한다.

9. 자바에서 "Hello World!"를 출력하려면 어떤 메소드를 사용해야 하는가?

❶ System.out() ❷ System.out.println()
❸ System.output() ❹ System.write()

10. 자바의 가비지 컬렉션이 방지할 수 있는 문제는 무엇인가?

❶ 클래스 파일 누락 ❷ 메모리 누수
❸ 프로그램 성능 저하 ❹ JVM 충돌

11. 자바로 프로그램을 개발한다면 어떤 것을 설치해야 하는가?

❶ JRE ❷ JDK
❸ SDK ❹ ADK

12. 자바 프로그램을 실행하는 가장 직접적인 주체는 무엇인가?

❶ 운영체제 ❷ 자바 가상 머신
❸ 컴파일러 ❹ 안드로이드

13. 다음 프로그램은 어떤 이름으로 저장되는가? 컴파일된 파일 이름은 무엇인가? 실행 결과는 어떻게 되는가?

```
public class Test {
    public static void main(String args[]) {
        System.out.println("This is a Test");
    }
}
```

14. 소스 파일의 이름은 MyProgram.java라고 하고, 명령어 버전을 사용하여 컴파일하고 실행한다고 하자. 빈칸을 채우시오.

```
c:\>javac ________________ Enter
c:\>java  ________________ Enter
```

Programming Exercises

난이도: ★★☆☆☆
주제: 개발 도구 사용

1. 자신의 학번, 이름, 날짜를 출력하는 프로그램을 작성하시오. 작업 공간은 c:\java\chap01로 하고, 프로젝트 이름은 ex_1로 한다. 클래스 이름은 `Hello`라고 한다.

```
20250001
김철수
2025.3.1
```

난이도: ★★★☆☆
주제: 연산 결과 출력

2. 1000과 2000을 가지고 사칙 연산을 한 후에, 결과를 출력하는 프로그램을 작성하시오. 작업 공간은 c:\java\chap01로 하고, 프로젝트 이름은 ex_2로 한다. 클래스 이름은 Calc라고 한다.

```
덧셈= 3000
뺄셈= -1000
곱셈= 2000000
나눗셈= 0
```

`System.out.println("덧셈=" + (1000+2000));`을 사용해 보자.

난이도: ★★★☆☆
주제: System.out.println() 메소드 사용,

3. 다음과 같은 패턴을 출력하는 프로그램을 작성하시오. 작업 공간은 c:\java\chap01로 하고, 프로젝트 이름은 ex_3로 한다. 클래스 이름은 StarPattern이라고 한다.

```
  *
 ***
*****
 ***
  *
```

CHAPTER 02

자바 프로그래밍 기초

학습목표

- 자바를 이용하여 콘솔 입출력하는 프로그램을 작성한다.
- 자바의 기본 자료형인 int, double 등을 사용하여 프로그램을 작성한다.
- 자바의 각종 연산자를 사용한다.
- 반지름이 20cm인 피자 2개와 30cm인 피자 1개의 면적을 비교하는 프로그램을 작성한다.

학습목차

핵심 키워드

변수, 자료형, 수식, 연산자, Scanner, 클래스

CHAPTER

02 자바 프로그래밍 기초

2.1 자바 프로그램 구성 요소

이번 장에서는 자바 프로그램의 기초적인 구성 요소들을 함께 탐험해 보자. 즉, 주석, 변수, 자료형, 제어문 등 프로그래밍의 필수 재료들을 2장과 3장에 걸쳐서 맛볼 예정이다. 먼저 간단한 프로그램을 하나 만들어 보자. '자바야, 100이랑 200을 더해서 보여줘!' 이 간단한 요청을 자바한테 시키려면 어떻게 해야 하는가? 이제 인텔리제이나 이클립스를 켜고, 새로운 프로젝트 test를 만든 뒤 아래 코드를 입력한 후 실행해 보자.

Add.java

```
/* 덧셈 프로그램 */                                    // ① 주석
public class Add {                                     // ② 클래스 정의
    public static void main(String[] args) {           // ③ 메소드 정의
        int x, y, sum;                                 // ④ 변수 선언
        x  = 100;                                      // ⑤ 대입(할당) 연산
        y = 200;

        sum = x + y;                                   // ⑥ 연산
        System.out.println(sum);                       // ⑦ 출력문
    }
}
```

```
300
```

이 코드에는 자바의 기본적인 구성 요소들이 숨어 있다. 이제 하나씩 해부해 보면서 '자바라는 언어가 어떻게 구성되는지를' 알아보자.

① /* 덧셈 프로그램 */

이것은 주석문이다. 주석은 소스에 대한 설명을 적은 문장이다. 주석은 프로그램의 실행에는 영향을 끼치지 않는다. 자바에서는 `/* ... */` 안에 주석을 적을 수 있다.

② public class Add {

이 문장은 클래스 Add가 시작되는 문장이다. 자바 프로그램은 클래스들로 이루어진다. 적어

도 하나의 클래스는 있어야 한다. 클래스 안에 변수, 함수(메소드), 연산 등을 넣어서 프로그램을 작성하게 된다. 클래스는 {에서 시작하여 }에서 종료된다.

③ public static void main(String[] args) {

이 문장은 main() 메소드를 정의하는 문장이다. 메소드는 클래스 안에 있는 함수이다. main()은 특별한 메소드로서, 자바 프로그램의 실행이 시작되는 메소드이다. main()을 가지고 있는 클래스는 실행이 가능하다. main()이 없는 클래스는 단독 실행이 불가능하다.

④ int x, y, sum;

변수는 프로그램에서 값들을 저장하는 공간이다. 이 문장에서는 x, y, sum이라는 이름의 변수들을 정의한다. 자바에서 변수는 사용하기 전에 반드시 선언되어야 한다. 변수 선언은 변수의 자료형과 변수의 이름을 적어주는 것이다. 둘 이상의 변수가 한 줄에서 선언될 수도 있다. 자바에서 모든 문장은 ;으로 끝나야 한다.

⑤ x = 100; y = 200; sum = x+y;

= 연산자는 왼쪽의 변수에 오른쪽의 값을 저장한다. + 연산자는 덧셈을 나타내는 연산자이다.

⑥ System.out.println(sum);

이 문장은 "Hello World!"라는 텍스트를 콘솔 창에 출력하는 문장이다. System.out은 객체(object)이다. 이 객체는 println(), print(), ...라는 많은 메소드를 가지고 있고 여기서는 이 객체의 println() 메소드를 호출한다.

⑦ }

이 기호에 의하여 메소드가 종료된다.

⑧ }

이 기호에 의하여 클래스가 종료된다.

참고사항: 패키지 선언

개발 도구에 따라 다음과 같은 문장이 소스의 첫 부분에 있을 수 있다.

```
package test;
```

이 문장은 test라는 패키지를 정의하는 문장이다. 패키지(package)는 클래스들을 모아 놓은 곳으로 현재의 클래스가 test라는 패키지에 속한다는 것을 알려준다. 위의 문장이 소스 코드에 있더라도 실행 결과는 같다. 패키지는 12장에서 살펴본다.

클래스

클래스(class)는 자바와 같은 객체 지향 언어의 기본적인 빌딩 블록이다. 클래스들이 모여서 하나의 자바 프로그램이 된다. 자바에서는 필요한 클래스를 하나씩 만들어감으로써 전체 프로그램이 완성된다. 자바 프로그램에는 적어도 하나의 클래스가 반드시 필요하다.

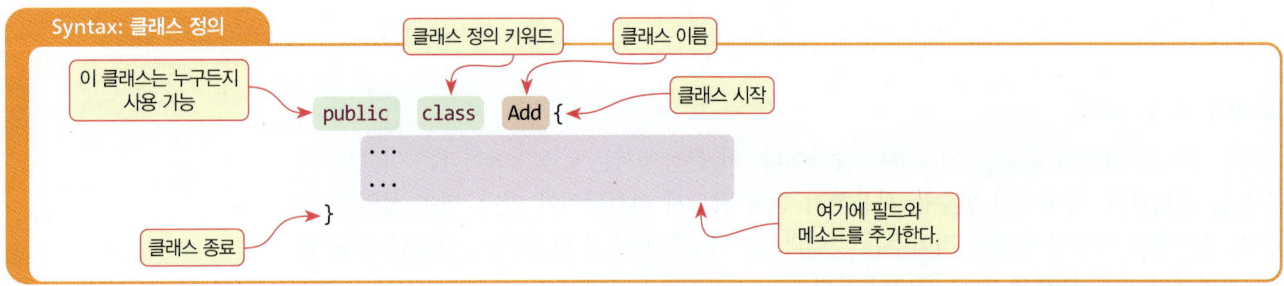

클래스 이름을 이루는 단어의 첫 번째 글자는 항상 대문자로 하는 것이 좋다. 예를 들어서 MyFirstProgram과 같은 방식이다. 이러한 표기법을 낙타체(Camel Case)라고 한다. 자바에서 소스 파일 이름은 항상 `public`이 붙은 클래스의 이름과 동일하여야 한다. 위의 소스 파일 이름은 반드시 Add.java이어야 한다. 다른 파일 이름은 사용할 수 없다.

참고사항: 소스 파일 이름과 클래스 이름

자바에서는 소스 파일 이름과 클래스 이름이 상당한 관련이 있다. 일단 하나의 소스 파일 안에는 하나의 클래스만 있는 것이 바람직하다. 하지만 하나의 소스 파일에는 여러 개의 클래스가 들어 있을 수 있다.

- 소스 파일 안에 `public` 클래스가 하나 있다면 반드시 소스 파일의 이름은 `public` 클래스의 이름과 일치하여야 한다. 다른 클래스는 `public` 클래스가 아니어야 한다.
- 만약 하나의 소스 파일 안에 `public` 클래스가 없다면, 소스 파일 안에 포함된 어떤 클래스의 이름으로 하여도 상관없다.
- 하나의 소스 파일 안에 `public` 클래스가 2개 이상 있으면 컴파일 오류가 발생한다.

main() 메소드

모든 자바 프로그램은 실행될 때 `main()` 메소드에서 시작한다. `main()` 메소드가 없으면 프로그램이 어디서 시작해야 하는지 알 수 없을 것이다. `main()` 메소드는 자바 프로그램의 '입구' 또는 '출발점'에 비유할 수 있다.

```
public static void main(String[] args) {
    문장 #1;
    문장 #2;
    문장 #3;
}
```

이 부분은 main() 메소드 앞에 항상 있어야 한다고 생각하자.

메소드 안의 문장들은 순차적으로 실행된다.

main() 메소드는 자바 프로그램이 시작하는 곳입니다.

- **public:** `public`은 이 메소드가 프로그램의 어느 곳에서나 호출될 수 있음을 의미한다. 4장에서 접근 지정자를 설명할 것이므로, 지금은 '모든 곳에서 접근 가능' 정도로 알아 두자.
- **static:** `static`은 메소드가 클래스의 인스턴스를 생성하지 않고도 호출될 수 있음을 의미한다. 객체와 인스턴스는 나중에 설명할 것이므로, 지금은 '쉽게 호출 가능' 정도로 알아 두자.
- **void:** `void`는 이 메소드가 값을 반환하지 않음을 의미한다. 메소드는 값을 반환할 수도 있고 그렇지 않을 수도 있다.
- **main:** `main`은 메소드의 이름이며, 이 이름은 자바 프로그램이 실행될 때 자동으로 호출된다.
- **String[] args:** 이 부분은 프로그램에 전달되는 인수(arguments)를 배열 형태로 받는다는 의미이다. 커맨드 라인 인수는 자바를 실행할 때 사용자가 전달할 수 있다.

자바 프로그램의 일반적인 구조

자바의 일반적인 프로그램 구조는 그림 2-1과 같다. 보통 하나의 소스 파일은 하나 이상의 클래스를 포함하고 있다. 클래스 안에는 여러 개의 메소드가 포함될 수 있으며, 메소드 안에는 여러 개의 문장이 포함될 수 있다.

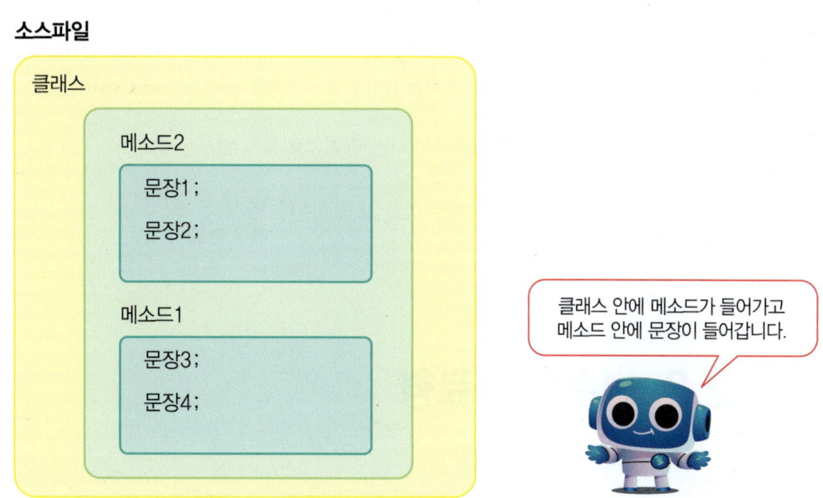

그림 2-1 일반적인 자바 프로그램 구조

문장

문장(statement)은 사용자가 컴퓨터에게 작업을 지시하는 단위이며, 프로그램을 구성하는 가장 기초적인 요소이다. 문장들은 메소드 안에 들어 있다. 보통 프로그램의 한 줄이 하나의 문장이 된다. 문장의 끝은 항상 세미콜론(;)으로 끝나야 한다.

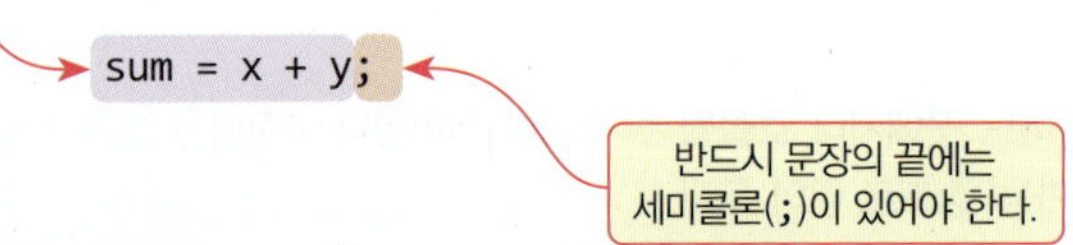

주석

주석(comment)은 소스 코드가 하는 일을 설명하는 설명글로서 프로그램의 실행 결과에 영향을 끼치지 않는다. 자바에서는 다음과 같이 소스 코드에 주석을 붙일 수 있다.

- **/* text */:** 주석의 시작과 끝을 /*와 */로 표시한다. 여러 줄을 주석 처리할 때는 이 방법을 사용한다.
- **// text:** //에서 줄의 끝까지가 주석이다. 한 줄짜리 주석만 가능하다.
- **/** text */:** 문서화 주석(Documentation Comment)이라고 하며, 코드의 각 부분(클래스, 메소드, 변수 등)을 설명하기 위해 사용된다. 이 주석은 javadoc이라는 도구를 사용해 HTML 형식의 API 문서를 자동으로 생성할 때 활용된다.

SELF TEST

1 자바에서는 클래스 바깥에 문장을 작성해도 되는가?

2 자바 클래스가 실행 가능하려면 반드시 포함되어야 하는 메소드는 무엇인가?

❶ `public static void start()` ❷ `public static void main(String[] args)`
❸ `public static void execute()` ❹ `public void main()`

3 다음 중 자바에서 주석을 작성하는 방법으로 옳지 않은 것은?

❶ /* 여러 줄 주석 */ ❷ // 한 줄 주석
❸ /** 문서화 주석 */ ❹ # 한 줄 주석

2.2 변수와 자료형

변수

변수(variable)는 데이터를 담아두는 상자라고 생각할 수 있다. 그런데 이 상자는 프로그래밍의 핵심 도구이다. 변수는 사용자가 입력한 값을 저장하거나, 계산 도중에 "잠깐만 이 숫자 좀 기억해 둬!"하고 중간 결과를 저장할 때 꼭 필요하다.

변수를 사용하려면 먼저 선언을 해야 한다. '선언'이란 컴파일러에게 "이름표 달린 그릇을 준비해줘!"라고 알려주는 것이다. 마치 요리를 하기 전에 어떤 크기의 그릇이 얼마나 필요한지 미리 준비하는 것과 비슷하다. 컴파일러는 선언을 보고 적당한 크기의 기억 공간을 확보해 준다. 만약 그릇(변수) 없이 요리를 시작하려고 하면 컴파일러는 "뭐야, 그릇도 없이 뭘 하겠다는 거야?"라고 하며 오류를 출력할 것이다.

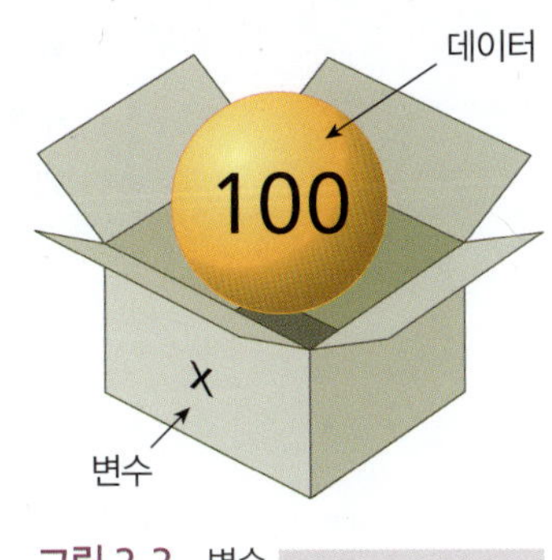

그림 2-2 변수

변수를 선언하는 방법은 간단하다. 먼저 자료형을 쓰고, 이어서 변수 이름을 적으면 된다. 예를 들어, `int apples;`라고 하면 "사과 개수를 담을 정수형 그릇 준비해줘!"라는 뜻이 된다. 그리고 중요한 것은 변수를 선언하는 문장도 문장이니까 반드시 세미콜론(;)으로 끝마쳐야 한다는 것이다. 세미콜론을 잊는 순간, 아마 컴파일러는 "아니, 말을 끝내고 가야지!"하며 또 오류를 출력할 것이다.

Syntax: 변수 정의

위의 문장에서 `int`는 자료형(데이터 타입)이다. `int`형은 변수가 저장하는 데이터의 종류가 정수(integer)라는 것을 의미한다.

참고사항: 동적 타이핑과 정적 타이핑

파이썬에서는 변수의 타입을 명시적으로 선언하지 않는다. 변수에 할당된 값에 따라 타입이 자동으로 결정되기 때문이다. 이것을 동적 타이핑(Dynamic Typing)이라고 한다.

```
x = 10                              # 정수형 변수
y = "Hello"                         # 문자열 변수
z = 3.14                            # 실수형 변수
# 타입을 변경할 수 있다.
x = "Now I'm a string"
```

하지만 자바에서는 변수를 선언할 때 타입을 명시적으로 지정해야 한다. 변수의 타입은 고정되어 다른 타입의 값을 할당할 수 없다. 또한 변수를 선언과 동시에 초기화할 수도 있고, 나중에 초기화할 수도 있다. 이것을 정적 타이핑(Static Typing)이라고 한다.

```
int x = 10;                         // 정수형 변수
String y = "Hello";                 // 문자열 변수
double z = 3.14;                    // 실수형 변수
// 타입 변경 불가, 다음 줄은 컴파일 오류 발생
// x = "Now I'm a string";          // 오류: 타입 불일치
```

x는 변수의 이름이다. 상자에 레이블을 붙일 수 있듯이 변수에도 이름을 붙여서 다른 변수와 구별할 수 있다. 변수가 선언되면 변수의 값은 아직 정의되지 않은 상태가 된다. 변수를 선언과 동시에 값을 넣으려면 `int x = 100;`과 같이 초깃값을 오른쪽에 적어준다.

변수 이름 규칙

변수 이름은 프로그래머가 마음대로 지을 수 있지만, 특정 규칙과 관례를 따라야 한다. 이는 코드의 가독성을 높이고 유지 보수를 쉽게 하기 위함이다. 변수 이름에 대한 규칙과 관례를 자세히 살펴보자.

그림 2-3 식별자

- 변수 이름은 문자(A-Z, a-z), 숫자(0-9), 밑줄(_), 달러 기호($)만 사용할 수 있다.
- 변수 이름은 숫자로 시작할 수 없다. 2thFloor는 변수 이름으로 부적합하다.
- 자바는 대소문자를 구분하므로 `apples`, `Apples`는 모두 다른 변수로 인식된다.
- 자바는 유니코드 문자를 지원하므로, 한글, 일본어 등 다양한 언어의 문자를 변수 이름에 사용할 수 있다. 그러나 일반적으로 관례에 따라 영어를 사용한다.
- 자바의 예약어(키워드)는 변수 이름으로 사용할 수 없다. 예를 들어, `int`, `class`, `void` 등은 변수 이름으로 사용할 수 없다. 예약어는 다음과 같다.

abstract	continue	for	new	switch
assert	default	goto	package	synchronized
boolean	do	if	private	this
break	double	implements	protected	throw
byte	else	import	public	throws
case	enum	instanceof	return	transient
catch	extends	int	short	try
char	final	interface	static	void
class	finally	long	strictfp	volatile
const	float	native	super	while

표 2-1 자바 예약어

변수 이름 관례

- **낙타체(Camel Case):** 변수 이름은 일반적으로 낙타체를 사용한다. 첫 글자는 소문자로 시작하고, 이후 단어의 첫 글자는 대문자로 쓴다.

  예: `myVariableName, totalAmount, userAge`

- **의미 있는 이름:** 변수 이름은 변수의 목적이나 용도를 명확히 나타내야 한다. 코드의 가독성을 높이기 위해 의미 있는 이름을 사용한다.

  예: count, userName, totalPrice

- **약어 지양:** 특별한 경우를 제외하고는 약어를 지양한다. 약어는 이해하기 어렵고, 코드의 가독성을 떨어뜨릴 수 있다.

  예: stdNo보다는 studentNumber가 낫다.

- **특수 기호 사용 지양:** 밑줄(_)이나 달러($) 기호를 사용할 수 있지만, 일반적인 변수 이름에는 잘 사용하지 않는다. 특히 밑줄로 시작하는 변수는 관례적으로 상수나 특별한 목적으로 사용된다.

  예: _internalValue, $price

종류	사용 방법	예
클래스명	각 단어의 첫 글자는 대문자로 한다.	StaffMember, ItemProducer
변수명, 메소드명	첫 단어의 첫 글자는 소문자로 시작하고 두 번째 단어부터는 단어의 첫 글자를 대문자로 한다.	width, payRate, acctNumber, getMonthDays(), fillRect(),
상수	상수는 모든 글자를 대문자로 한다.	MAX_NUMBER

표 2-2 식별자의 관례

변수 선언 예제 2-1

여러 가지 이름의 변수를 만들어 보고 테스트해 보자.

VarExample.java

```java
public class VarExample {
    public static void main(String[] args) {
        // 규칙에 맞는 변수 이름
        int age = 25;
        String firstName = "Kim";
        int totalPrice = 20000;

```

```
        // 규칙을 위반한 변수 이름(주석으로 설명)
        // int 1stNumber = 10;              // 숫자로 시작할 수 없음
        // String void = "Hello";           // 예약어 사용 불가
        // int total-price = 20000;         // 하이픈 사용 불가

        // 관례에 맞지 않는 변수 이름(비권장)
        int Age = 30;                       // 대문자로 시작
        String first_name = "Kim";   // 밑줄 사용(자바에서는 잘 사용하지 않음)
        double t = 20.5;                    // 의미 없는 약어
    }
}
```

도전문제

1. 위 코드에서 관례에 맞지 않는 변수들(Age, first_name, t)을 자바 관례(camelCase)와 약어 지양 원칙에 맞게 고치시오.
2. 새로운 변수를 하나 추가하여라. 이름은 studentId로 한다. 값은 "A2025"로 초기화한다. 출력문(System.out.println)을 작성하여 화면에 출력되도록 수정하여라.

자료형

자료형(data type)은 변수에 저장되는 데이터의 타입을 의미한다. 변수를 상자라고 가정했을 경우, 자료형은 상자의 종류와 크기를 나타낸다고 할 수 있다. 물건을 정리하는 상자도 여러 가지 종류와 크기가 있고 커피 전문점에서도 여러 가지 크기의 커피(small, medium, large)를 파는 것과 마찬가지이다.

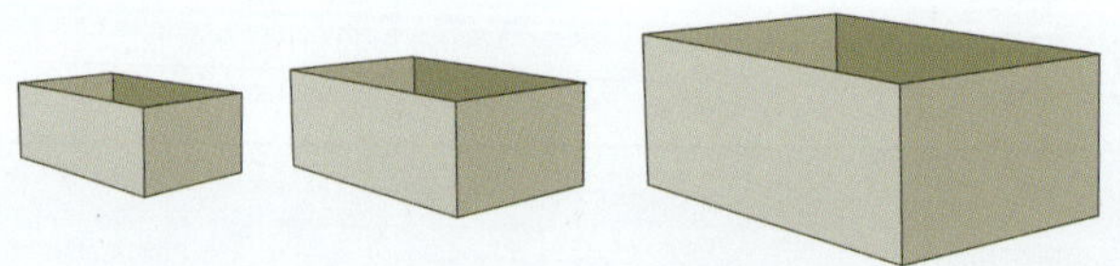

그림 2-4 자료형에는 여러 가지 종류가 있다.

자바의 자료형은 크게 **기초형(primitive types)**과 **참조형(reference types)**으로 나눌 수 있다. 기초형은 다시 정수형, 실수형, 문자형, 논리형으로 분류할 수 있고 참조형에는 클래스, 배열, 인터페이스가 있다. 기초형의 변수에는 변수의 값이 저장되어 있으나 참조형의 변수에는 객체를 참조할 수 있는 값이 저장되어 있다. 참조형 변수 안에는 주로 객체의 메모리 주소가 저장된다. 여기서는 기초형만을 설명한다. 참조형은 클래스와 객체를 학습할 때 자세히 살펴보자.

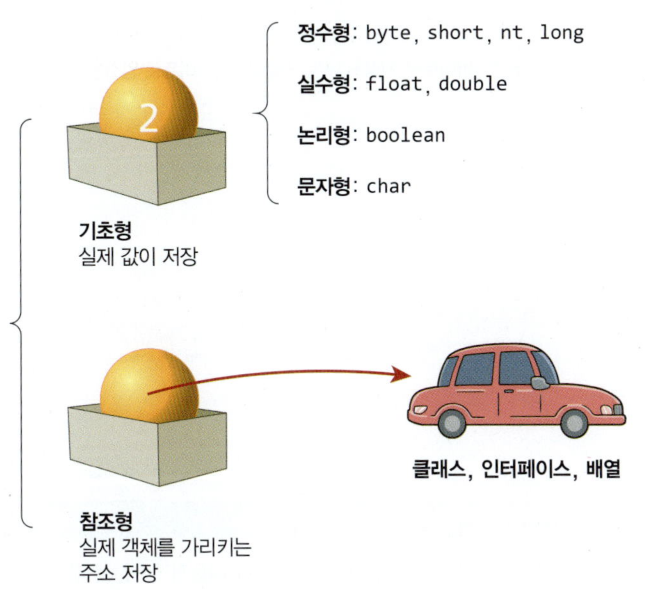

그림 2-5 기초형과 참조형

기초형

다음 표는 자바의 기초형의 크기와 범위를 보여준다. 기초형은 자바에서 가장 기본적인 자료형으로, 총 8가지가 있다. 이 자료형들은 값 자체를 저장하며 메모리 효율적이다.

자료형	설명	크기(바이트)	범위
byte	부호 있는 정수	1바이트	–128에서 127
short	부호 있는 정수	2바이트	–32768에서 32767
int	부호 있는 정수	4바이트	–2147483648에서 2147483647(20억 정도)
long	부호 있는 정수	8바이트	–9223372036854775808에서 9223372036854775807
float	부동소수점형	4바이트	약 $\pm$ 3.40282347 $\times 10^{+38}$(유효숫자 6~7개 정도)
double	부동소수점형	8바이트	약 $\pm$ 1.7976931 $\times 10^{+308}$(유효숫자 15개 정도)
char	문자형	2바이트	\u0000에서 \uFFFF
boolean	논리형	1바이트(또는 1비트)	true, false

표 2-3 기초형의 크기와 범위

자료형마다 처리할 수 있는 범위가 다르기 때문에, 메모리 공간을 효과적으로 사용하려면 처리하는 값의 범위에 따라 적절한 자료형을 선택하면 된다. 전체적으로 C언어와 아주 유사하지만, C언어와는 다르게 모든 자료형의 크기가 고정되어 있다(C언어의 int형처럼 크기가 모호한 자료형이 없다). 이것은 신뢰성 있는 프로그램을 작성하는 데 큰 도움을 준다.

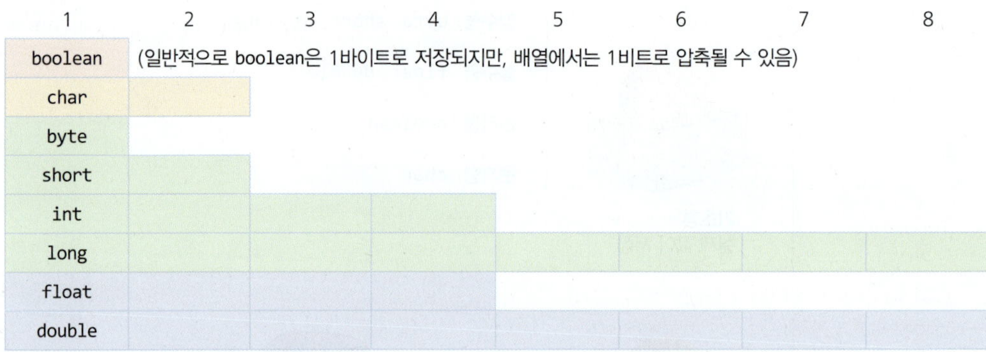

그림 2-6 기초형의 크기

참고사항: 아주 큰 정수가 필요하다면

long으로도 안 되는 큰 정수는 어떻게 처리해야 하는가? 암호화 애플리케이션에서는 아주 큰 정수가 필요하다. 이때는 **BigInteger** 클래스를 사용해야 한다.

참고사항: 변수를 초기화하지 않고 사용하면?

변수를 정의한 후에 초기화하지 않고 사용하면 오류가 발생한다. 따라서 모든 변수를 사용하기 전에 반드시 초기화하여야 한다.

문자형

자바의 char는 단일 문자를 저장하는 기본 자료형으로, 16비트(2바이트) 크기를 가지며 유니코드(unicode) 문자를 표현한다. 자바는 UTF-16 인코딩 방식을 사용하여 UTF-16 코드 유닛을 저장하며, 기본적으로 하나의 문자는 2바이트로 표현된다. 이는 큰 장점인데, C/C++에서 char는 1바이트 크기이기 때문에 한글과 같은 다국어 문자를 표현하려면 여러 개의 char를 사용해야 한다.

```
char ch1 = '가';         // 2바이트
char ch2 = '\uac00';    // '가'를 나타낸다.
char ch3 = 'a';         // 2바이트
```

C언어와 비슷하게 특수 문자들(제어 문자들과 출력되지 않는 문자들)은 문자 앞에 역슬래시(\)를 사용하여 나타낸다. 특수 문자의 예는 화면에 출력할 때 새로운 줄을 삽입하는 \n이다.

자바에서 문자열은 기초형이 아니다. 문자열은 String 클래스를 사용한다. 이번 장의 후반부에서 설명한다.

참고사항: 유니코드

유니코드는 전통적인 문자 인코딩 방법의 문제점을 해결하기 위해 개발되었다. 유니코드가 사용되기 전에는 국가마다 서로 다른 표준을 사용했는데, 예를 들어 미국에서는 ASCII, 유럽에서는 ISO 8859-1, 중국에서는 GB18030을 사용했다. 이렇게 다양한 인코딩 표준은 많은 문제점을 일으켰다. 서로 다른 인코딩 방식 간의 호환성 문제로 인해 국제적인 데이터 교환이 어려웠다. 이러한 문제점을 해결하기 위해 유니코드가 개발되었다. 유니코드는 전 세계의 모든 문자를 통합하여 표현할 수 있는 통일된 문자 집합이다. 1991년에 고정된 2바이트 방식의 유니코드 1.0 규격이 발표되었다. 하지만 유니코드는 시간이 지나면서 더 많은 문자를 포함하게 되었고, 고정된 2바이트 방식(UCS-2)에서 벗어나 가변 길이 인코딩 방식(UTF-16)을 사용하게 되었다. 현재의 유니코드 버전은 2024년 기준으로 유니코드 15.0이다.

유니코드 안에는 UCS-2와 UCS-4, UTF-7, UTF-8, UTF-16, UTF-32 인코딩 등의 많은 인코딩 방식이 사용되고 있다. 이 중 ASCII와 호환이 가능하면서 유니코드를 표현할 수 있는 UTF-8 인코딩이 많이 사용된다. 하지만 현재 자바의 String(문자열을 나타내는 클래스) 객체 내부에서는 UTF-16 인코딩으로 문자열을 저장하고, 문자열을 입/출력할 때는 사용자가 인코딩을 지정할 수 있다. 자세한 내용은 www.unicode.org를 참조하여야 한다.

리터럴 상수

리터럴 상수는 프로그램 실행 중에 변경되지 않는 값(100이나 3.14)을 의미한다.

정수형 리터럴

정수형 리터럴은 소수점이 없는 정숫값을 나타낸다. 정수형 리터럴은 기본적으로 int형이며, 필요한 경우 long형으로 선언할 수 있다. 정수형 리터럴은 다음과 같이 여러 진법으로 표시가 가능하다. 16진수는 0-9와 A-E 사이의 알파벳을 사용한다. 16진수는 앞에 0x를 붙인다. 8진수는 앞에 0을 붙인다. 특히 JDK 7부터는 2진수도 표현이 가능하다. 2진수는 앞에 0b를 붙인다.

- **10진수(decimal):** 14, 16, 17
- **8진수(octal):** 012, 013, 014
- **16진수(hexadecimal):** 0xe, 0x10, 0x11
- **2진수(binary):** 0b1100 (JDK 7부터 가능)

또한 JDK 7부터는 정수형 리터럴 안에 밑줄 기호를 포함할 수 있다. 아래 문장을 실행하면 변수 x에 123456이 대입된다. 즉, 컴파일러는 밑줄 기호를 무시한다.

```
int x = 123_456;
```

부동소수점형 리터럴

소수점이 있는 숫자를 나타낸다. 부동소수점형 리터럴은 일반 표기법이나 지수 표기법으로 표현할 수 있다. 예를 들어서 빛의 속도인 300000은 3e5와 같이 지수를 사용하여서 표기해도 된다. 3e5는 3×10^5을 나타낸다.

```
final double LIGHT_SPEED = 3e5;
```

부동소수점형 리터럴은 double형이 기본이다. 따라서 다음과 같이 부동소수점형 리터럴을 float형 변수에 저장하면 오류가 발생한다.

```
float temperature = 12.3;        // 12.3은 double형이므로 오류!
```

12.3F와 같이 숫자의 끝에 f나 F를 붙이면 float형 리터럴이 된다.

```
float temperature = 12.3F;      // OK!
```

참고사항: 부동소수점 오차

부동소수점형은 필연적으로 오차가 발생한다. 가장 큰 이유는 부동소수점형을 나타내는 비트가 한정되어 있기 때문이다. 또 하나의 이유는 2진법에서는 정확하게 표현할 수 없는 숫자가 있기 때문이다. 10진법에서 1/3=0.33333...을 정확하게 표현할 수 없는 것처럼, 0.1은 2진법에서는 정확하게 표현할 수가 없다. 0.100000001490116119384765625와 같이 표현된다. 금융 계산에서 큰 금액을 정확하게 계산하려면 java.math.BigDecimal 클래스를 사용하여야 한다.

논리형 리터럴

논리형(boolean type)은 참과 거짓을 나타내는 데 사용된다. 논리형은 true 또는 false만을 가질 수 있다. 논리형은 논리 연산을 수행하는 데 사용된다.

```
boolean flag = true;
boolean x = 1 < 2;      // true가 저장된다.
```

기호 상수

상수(constant)란 프로그램이 실행되는 동안 값이 변하지 않는 수 또는 변경 불가능한 수를 의미한다. 앞에서 설명한 리터럴도 상수의 일종이다. 자바에서는 `final` 키워드를 사용하여 변수 정의를 상수 정의로 변경할 수 있다. 변수를 선언할 때 앞에 `final`을 붙이면 기호 상수가 된다. `final` 키워드는 변수에 값이 대입되고 나면 변수의 값이 더 이상 변경되지 않는다는 것을 의미한다.

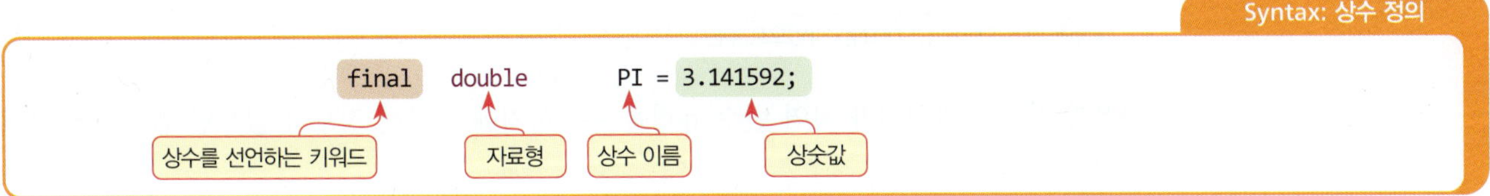

3.141592보다 `PI`라는 기호 상수를 사용하는 것이 가독성이 높고 편하다. `final`로 선언된 상수를 프로그램 안에서 변경하려고 시도하면 컴파일 오류가 발생한다.

```
PI = 3.141593;          // 초깃값과 달라서 컴파일 오류!
```

변수 타입 추론 기능

자바는 변수를 정의할 때 변수의 타입을 명확히 밝혀야 한다. 예를 들면 다음과 같다.

```
int  age = 22;
String  name = "Kim";
```

Java 10부터는 지역 변수를 선언할 때, `var` 키워드를 사용할 수 있다. 지역 변수의 타입을 자동으로 추론하는 것이 가능하다. 이 기능의 장점은 개발자가 복잡한 자료형을 기억하지 않아도 되고, 코드 가독성을 높이는 것이다. 예를 들면 다음과 같다.

```
var  age = 22;          // age는 int 타입으로 추론
var  name = "Kim";      // name은 String 타입으로 추론
```

var 키워드는 변수의 타입을 초깃값으로부터 자동으로 추론할 때 사용한다.

간단한 자료형은 `var` 키워드를 사용할 필요가 없다. 하지만 자바에서는 아주 복잡한 변수 타입도 등장한다. 우리는 아직 배우지 않았지만, 다음과 같은 변수 타입도 있다. 이 경우에

는 map이라는 변수의 타입을 적어주는 것도 어려운 일이 되고, 이때 var 키워드를 사용하면 좋다.

```
MAP<String, String>  map = new HashMap<String, String>();
```

```
var  map = new HashMap<String,String>();
```

map은 Map<String,String> 타입으로 추론

다음과 같이 컴파일러가 지역 변수 유형을 추론하기에 충분한 정보가 없으면 컴파일에 실패한다.

```
var id = 0;            // 충분한 정보가 없어서 정수형으로 가정
var sum;               // 변수 sum의 타입을 추론할 정보가 부족하다. 컴파일 오류!
```

예제 2-2 부동소수점형 변수 사용

빛이 1년 동안 진행하는 거리(1광년)를 계산해 보자. double형의 변수를 사용한다.

```
빛이 1년 동안 가는 거리: 9.4608E12km
```

Light.java

```
public class Light {
    public static void main(String args[]) {
        final double LIGHT_SPEED = 3e5;
        double distance;

        distance = LIGHT_SPEED * 365 * 24 * 60 * 60;
        System.out.println("빛이 1년 동안 가는 거리: " + distance + "km");
    }
}
```

도전문제

1 현재 LIGHT_SPEED 값(300,000km/s)은 반올림된 값이다. 더 정확한 값인 299,792.458km/s를 사용하도록 수정하시오.

2 365 * 24 * 60 * 60을 SECONDS_PER_YEAR 상수로 분리하고, final로 선언해 사용하시오.

기호 상수 예제 2-3

반지름이 5.0인 원의 면적을 계산하는 프로그램을 작성해 보자. 모든 변수를 double형으로 정의하고 파이는 기호 상수 PI로 정의한다.

```
반지름이 5인 원의 면적은 78.5398
```

AreaTest.java

```
public class AreaTest {
    public static void main(String args[]) {
        final double PI = 3.141592;
        double radius, area;

        radius = 5.0;
        area = PI * radius * radius;
        System.out.println("반지름이 5인 원의 면적은 " + area);
    }
}
```

도전문제

1. 원의 둘레 공식은 circumference = 2 * PI * radius이다. 원의 면적뿐만 아니라 원의 둘레도 출력하도록 코드를 추가하시오.
2. 입력 단위가 cm라고 가정하고, 면적을 cm^2와 m^2 두 단위로 모두 출력하시오.

문자열

문자열(string)은 문자들의 모임이다. 예를 들어서 문자열 "Hello"는 H, e, l, l, o 5개의 유니코드 문자로 구성되어 있다. 하지만 자바 언어에는 내장된 문자열 자료형이 없다. 대신에 String 클래스가 제공된다. 아직 클래스에 대해서는 본격적으로 학습하지 않았지만, String 클래스가 문자열을 나타내는 자료형이라고 생각하자. 우리가 int를 사용해서 정수형 변수를 생성하는 것처럼 String을 사용하여 문자열 변수를 생성하고 문자열을 저장할 수 있다.

```
String s1 = "Hello";
String s2 = "World!";
```

위의 코드에서 s1과 s2가 바로 String 타입의 객체이다. String 객체들을 + 연산자를 이용하여 서로 더하면 문자열이 합쳐진다.

```
System.out.println(s1 +  s2);                    // "Hello World!"가 출력된다.
```

+ 연산자를 이용하여 변수의 값과 문자열을 합칠 수도 있다. 이때는 변수의 값이 문자열로 자동 변환되어 합쳐진다.

```
int age = 20;
System.out.println("내년이면 " + age + "살");     // "내년이면 20살"이 출력된다.
```

형변환

때로는 하나의 자료형을 다른 자료형으로 변환하는 것이 필요하다. 이것을 **형변환(type conversion)**이라고 한다. 형변환은 자동적으로 발생하기도 하고 개발자가 강제적으로 형변환할 수도 있다.

자동적인 형변환

컴퓨터에서는 산술적인 연산을 하기 전에 피연산자의 타입을 통일하여야 한다. 컴퓨터에서 정수 계산 하드웨어와 부동소수점 계산 하드웨어는 완전히 다르다. 수식을 계산할 때는 가장 범위가 넓은 피연산자의 타입으로 변환된다.

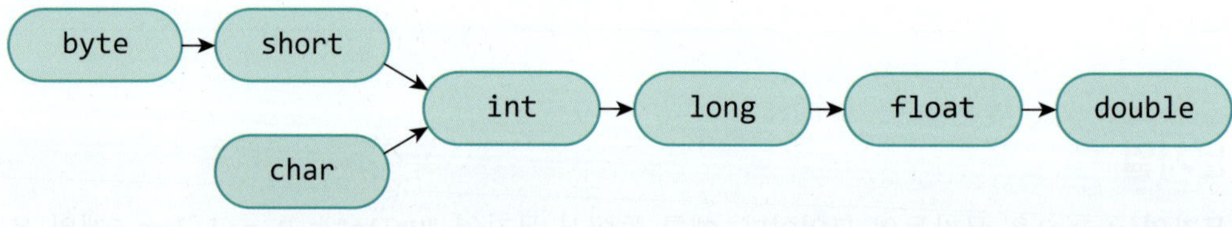

그림 2-7 자동적인 형변환

예를 들어서 1.3 + 12와 같은 수식에서는 12가 12.0으로 변환되어서 1.3에 합쳐진다. 따라서 1.3 + 12.0이 되고 수식의 결과는 13.3이 된다.

```
double sum = 1.3 + 12;          // 1.3 + 12.0으로 변환된다.
```

강제적인 형변환

강제적인 형변환은 형변환 연산자를 사용한다. 변환하려는 값의 앞에 원하는 자료형을 적어주면 된다. 예를 들어서 int형 변수 x가 가지고 있는 값을 double로 형변환하여서 y에 대입하려면 다음과 같이 한다.

```
int x = 3;
double y = (double) x;
```

3 x → (double) x 형변환 → 3.0 x

더 작은 크기의 자료형에 값을 저장하는 형변환은 정보를 잃을 수 있다. 이러한 변환을 축소 변환이라고 한다. 예를 들어서 실수형 변수를 정수형 변수에 저장하면 소수점 이하가 없어진다.

```
i = (int) 12.5;                // i에는 12만 저장
```

위의 문장이 실행되면 소수점 이하는 사라진다. 따라서 축소 변환을 할 때는 자료를 잃을 가능성 때문에 항상 주의해야 한다.

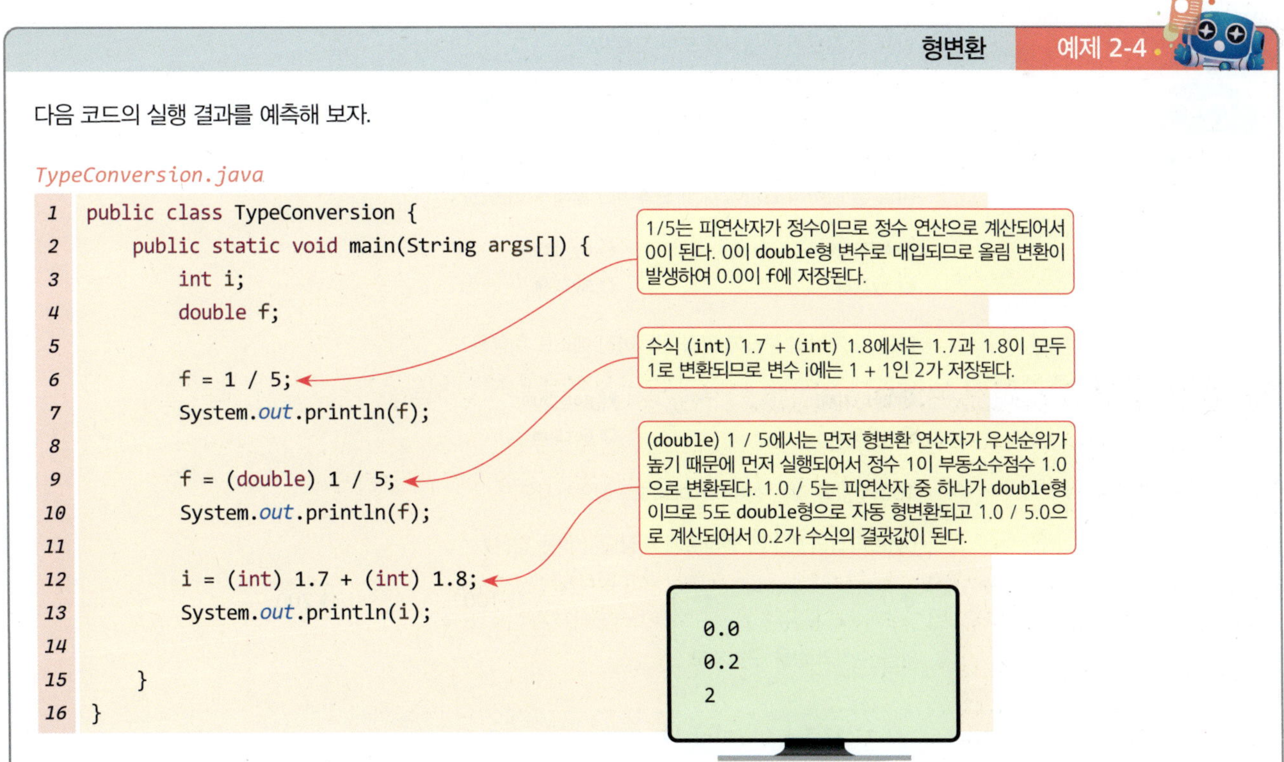

형변환 예제 2-4

다음 코드의 실행 결과를 예측해 보자.

TypeConversion.java

```java
public class TypeConversion {
    public static void main(String args[]) {
        int i;
        double f;

        f = 1 / 5;
        System.out.println(f);

        f = (double) 1 / 5;
        System.out.println(f);

        i = (int) 1.7 + (int) 1.8;
        System.out.println(i);

    }
}
```



```
0.0
0.2
2
```

도전문제

1 아래 코드의 논리 오류를 찾아 고치시오. 의도는 "평균 속도 = 거리(km) / 시간(초)"로 km/s가 나오도록 하는 것이다.

```
int distanceKm = 1;
int timeSec = 3;
double speed = distanceKm / timeSec;          // ← 문제
System.out.println(speed);                    // 기대: 0.333...
```

참고사항: printf()의 사용

자바에서 C언어의 **printf()** 함수를 그리워하는 사용자가 있을지도 모른다. 필자도 그중 1명이다. 자바에서도 다음과 같이 **printf()** 함수를 사용할 수 있다.

```
System.out.printf("x = %d", x);
```

거의 C언어의 **printf()** 사용법과 동일하다. **printf()**가 Java 5(2004년)부터 도입되었고, 당시 자바 커뮤니티 내에서 C/C++ 개발자들이 자바의 출력 방식에 불편을 느낀다는 의견이 많았다. **printf()**는 형식화 출력을 간편하게 하려는 목적이 있었고, C언어에 익숙한 개발자들이 빠르게 적응할 수 있도록 했다.

SELF TEST

1 다음 중 잘못된 식별자를 모두 고르시오.

① int 합계; ② int 2ndIndex
③ void get$$() { } ④ int double;

2 다음 중 자바의 관습에 따라 만들어진 클래스 이름은?

① MYITEM ② my_item
③ myItem ④ MyItem

3 다음 중 자바의 관습에 따라 만들어진 메소드 이름은?

① get_sum ② get_Sum
③ getSum ④ GetSum

4 100의 값을 갖는 상수 STUDENTS를 정의하시오.

5 byte 타입의 변수에 올바르게 저장되지 않는 값은?

① 0 ② -1 ③ 100 ④ 200

6 다음 수식의 값을 구하시오.

```
(int) 12.3 + (double) 10
```

2.3 콘솔에서 입력받기

입력받기

자바에서 콘솔 입력은 System.in 객체를 통해 처리한다. System.in은 키보드로부터 바이트 단위로 데이터를 읽는 객체이다. 하지만 바이트를 직접 정수나 실수로 변환하는 작업은 번거롭다. 이를 쉽게 하기 위해 System.in에 Scanner 객체를 연결해 사용한다. Scanner는 입력을 받아 정수, 실수, 문자열 등으로 변환해 주어 콘솔 입력을 보다 간편하게 처리할 수 있다.

```
import java.util.Scanner;                    // Scanner 클래스를 포함시킨다.
Scanner sc = new Scanner(System.in);         // Scanner 클래스의 객체를 생성한다.
```

Scanner 타입의 변수 선언

Scanner 객체를 생성하고 System.in에 연결한다.

키보드에서 받은 바이트들을 정수로 변환하려면 nextInt() 메소드를 호출한다.

```
int x = sc.nextInt();
```

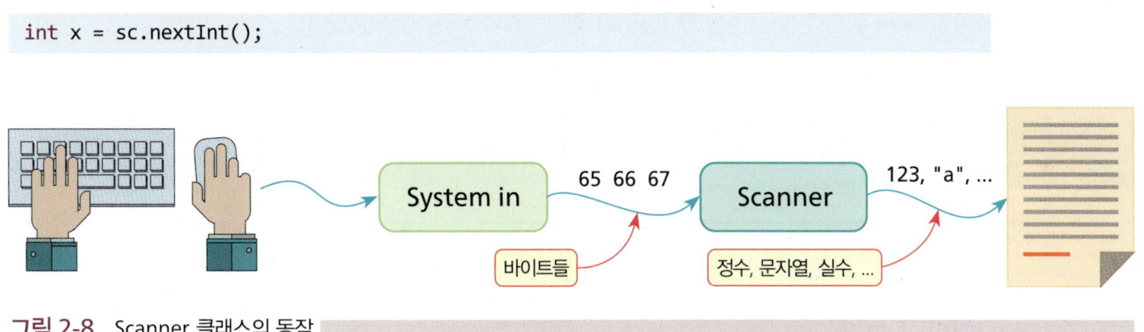

그림 2-8 Scanner 클래스의 동작

Scanner 클래스를 이용하여 정수를 입력받아서 처리하는 프로그램을 살펴보자.

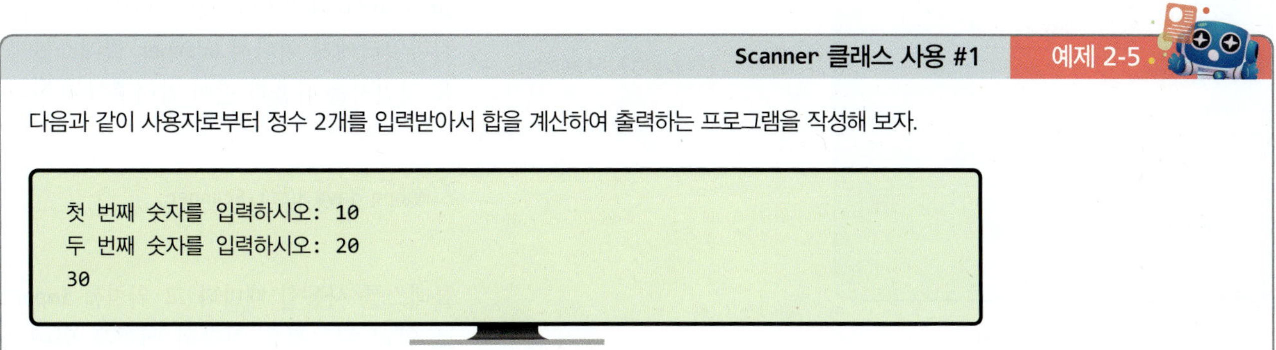

Scanner 클래스 사용 #1 예제 2-5

다음과 같이 사용자로부터 정수 2개를 입력받아서 합을 계산하여 출력하는 프로그램을 작성해 보자.

```
첫 번째 숫자를 입력하시오: 10
두 번째 숫자를 입력하시오: 20
30
```

Add2.java

```java
import java.util.Scanner;

public class Add2 {
    public static void main(String args[]) {
        Scanner sc = new Scanner(System.in);
        int x, y, sum;

        System.out.print("첫 번째 숫자를 입력하시오: "); // 줄을 바꾸지 않는다.
        x = sc.nextInt();

        System.out.print("두 번째 숫자를 입력하시오: ");
        y = sc.nextInt();

        sum = x + y;
        System.out.println(sum);            // 합을 출력한다.
        sc.close();
    }
}
```

Scanner 클래스를 포함시키는 문장이다.

new 연산자는 객체를 생성하는 연산자로, 4장에서 설명한다. System.in은 키보드로부터 받은 바이트들을 전달한다. Scanner는 이것들을 분리하여 정수, 실수, 문자열 형태로 만든다.

예를 들어서 정수를 읽으려면 nextInt() 메소드를 사용한다.

도전문제

1. sum 값 출력 시 '두 수의 합: [결괏값]' 형태로 출력하도록 수정하시오.
2. 덧셈(+)뿐만 아니라 뺄셈(-), 곱셈(*), 나눗셈(/), 나머지 연산(%) 결과도 함께 출력하도록 수정하시오.

import 문장

자바에서 어떤 클래스를 사용하려면, 컴파일러에게 이 클래스를 어디서 찾아야 하는지를 알려주어야 한다. 이것은 import 문장으로 가능하다. 자바에서 모든 클래스는 사용하기 전에 import되어야 한다. Scanner 클래스는 java.util 패키지에 있다. 따라서 우리는 컴파일러에게 어디서 Scanner 클래스를 찾을 것인지를 다음과 같이 알려주어야 한다.

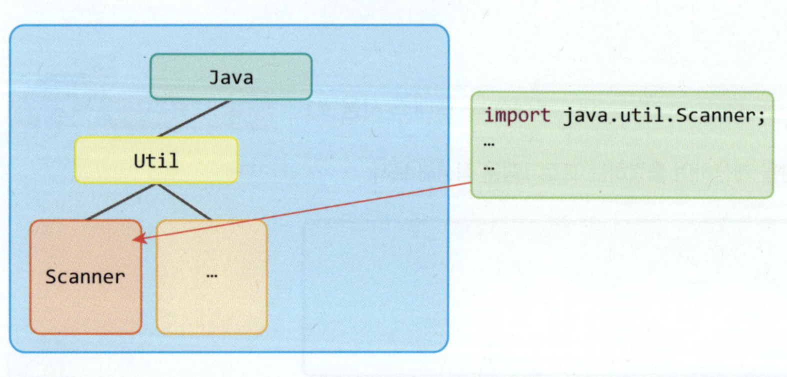

그림 2-9 Scanner 클래스의 위치

```java
import java.util.Scanner;
```

클래스를 사용할 때마다 그 위치를 import로 알려주는 것은 상당히 어려운 일이다.

하지만 인텔리제이에서는 각종 import를 쉽게 할 수 있는 기능을 제공한다. 오류가 표시된 문장에 커서를 올리고 잠시 있으면, 해결책을 제공하는 Quick Fix 기능을 이용할 수 있다. [Alt] + [Shift] + [Enter] 키를 눌러도 된다.

```
public class Main {
    public static void main(String[] args) {
        Scanner sc = new Scanner(System.in);
        int x, y, sum;

        System.out.println("
```

이것을 선택하면 자동으로 import 문이 작성된다.

심볼 'Scanner'를 해결할 수 없습니다

클래스 가져오기 Alt+Shift+Enter 추가 액션... Alt+Enter

그림 2-10 인텔리제이의 Quick Fix 기능으로 쉽게 import할 수 있다.

Scanner 클래스

Scanner 클래스는 키보드로부터 바이트 값을 받아서 분리자를 이용하여 각 바이트들을 토큰(token)으로 분리한다. 특별한 지정이 없으면 분리자는 공백문자(' ', '\n', '\t')이다. 예를 들어 사용자가 "Kim 20 84.0"과 같이 입력하면 이것을 공백으로 끊어서 "Kim"과 "20", "84.0"으로 분리한다.

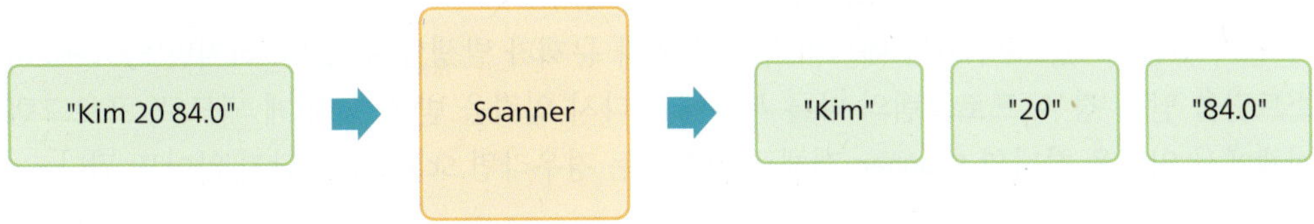

그림 2-11 분리자를 이용하여 각 바이트를 토큰으로 분리한다.

우리는 Scanner가 가지고 있는 메소드 중에서 하나만 사용하였지만 Scanner는 다양한 입력 메소드를 제공한다. 가장 기본적인 메소드는 next()이다. next() 메소드는 공백문자로 분리된 단어를 반환한다. 다음과 같이 문장으로 사용자의 이름을 읽을 수 있다.

```
String name = sc.next();          // 한 단어(토큰) "Kim"을 읽는다.
```

이어서 "20"을 정수로 읽으려면 nextInt() 메소드를 호출한다. 단순히 next()를 호출하면 문자열로 반환된다.

```
int age = sc.nextInt();           // 문자열 "20"을 정수 20으로 변환하여 반환한다.
```

부동소수점수를 읽고 싶으면 nextDouble() 메소드를 호출한다.

```
double weight = sc.nextDouble();    // 문자열 "84.0"을 실수 84.0으로 변환하여 반환한다.
```

사용자가 입력한 한 줄의 문자열을 읽고 싶으면 nextLine() 메소드를 호출한다.

```
String line = sc.nextLine();        // 문자열 "Kim 20 84.0"이 반환된다.
```

Scanner 객체 닫기

Scanner 객체의 사용이 끝난 후에는 close() 메소드를 호출하는 것을 권장한다. 이는 Scanner 객체가 내부적으로 사용하는 리소스를 해제하기 위해 필요하다. Scanner 객체를 닫으면 연결된 System.in도 같이 닫힌다.

```
sc.close();
```

특히, System.in과 같은 입력 스트림을 사용하는 경우 Scanner를 닫지 않으면 리소스가 계속 열려 있을 수 있으며, 이는 메모리 누수나 기타 문제가 발생할 수 있다. 하지만 System.in 스트림을 닫는 경우, 프로그램의 다른 부분에서 다시 입력을 받을 수 없게 되므로, 프로그램 전체에서 입력을 하나의 Scanner 객체로 처리하는 경우라면 Scanner를 닫지 않아도 된다.

```
sc.close();
sc = new Scanner(System.in);    // 연결된 System.in도 닫혀서 더 이상 입력이 불가능하다.
```

만약 프로그램의 여러 부분에서 독자적으로 System.in에 연결된 Scanner 객체를 사용하는 경우, 한 군데에서 닫으면 다른 Scanner 객체에서는 입력이 불가능해진다. 따라서 System.in에 연결된 Scanner 객체는 전체 프로그램에서 하나만 생성하고 공유하는 것이 좋다.

Scanner 클래스 사용 #2 예제 2-6

사용자로부터 이름과 나이를 입력받아서 화면에 출력하는 프로그램을 작성해 보자.

```
이름을 입력하시오: 홍길동
나이를 입력하시오: 24
홍길동님 안녕하세요! 24세이시네요.
```

InputString.java

```
import java.util.*;

public class InputString {
   public static void main(String[] args) {
      String name;
      int age;

      Scanner sc = new Scanner(System.in);

      System.out.print("이름을 입력하시오: ");
      name = sc.nextLine();
      System.out.print("나이를 입력하시오: ");
      age = sc.nextInt();

      System.out.println(name + "님 안녕하세요! " + (age) + "세이시네요.");
      sc.close();
   }
}
```

한줄 전체를 얻기 위하여 nextLine()을 사용한다.

도전문제

1. "안녕하세요, [이름]님! 당신은 [나이]세입니다." 형식으로 출력하도록 수정하시오.
2. 사용자의 출신 도시와 좋아하는 색상도 입력받고, 이를 포함한 환영 메시지를 출력하시오.

SELF TEST

1. Scanner 클래스를 사용하려면 어떤 문장이 필요한가?
2. Scanner 클래스의 메소드 중에서 한 줄 전체를 받을 때 사용하는 메소드는?
3. Scanner 클래스를 이용하여 사용자가 입력한 3개의 부동소수점수의 합을 계산하고 출력하는 프로그램을 작성하시오.

2.4 수식과 연산자

수식

프로그램에서 어떤 계산을 수행하려면 수식(expression)을 사용한다. 수식은 피연산자와 연산자로 이루어진다. 연산자(operator)는 특정한 연산을 나타내는 기호를 의미한다. 피연산자(operand)는 연산의 대상이다. 수식 `3.14*radius*radius`에서 `3.14`와 `radius`는 피연산자이고 *는 연산자이다.

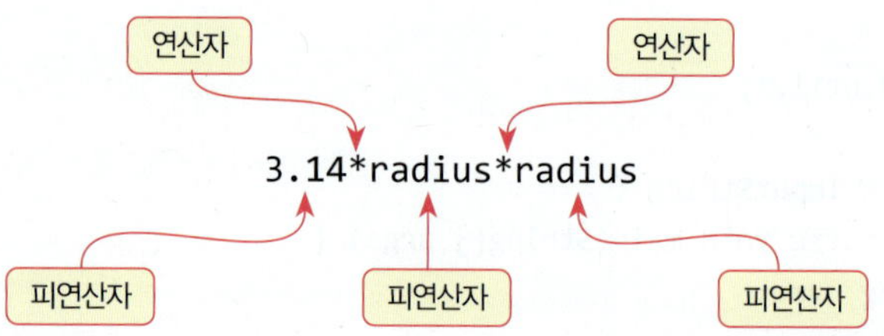

그림 2-12 연산자와 피연산자

연산자

자바에서는 풍부한 연산자(operator)가 제공된다. 연산자들 사이에는 우선순위(precedence)가 존재한다. 표 2-4에서 위에 있는 연산자가 우선순위가 더 높다. 수식을 계산할 때에는 우선순위가 높은 연산자가 먼저 실행된다. 이 표에서 같은 줄에 있는 연산자들은 우선순위가 같다. 하나의 수식 안에 우선순위가 같은 연산자가 여러 개 있다면 대부분 왼쪽에서 오른쪽으로 계산된다.

높음

연산자	우선 순위	결합 규칙
단항(postfix)	++ --	오른쪽에서 왼쪽
단항(prefix)	++ -- + - ! ~ (형변환)	오른쪽에서 왼쪽
곱셈	* / %	왼쪽에서 오른쪽
덧셈	+ -	왼쪽에서 오른쪽
이동	<< >> >>>	왼쪽에서 오른쪽
관계	< > <= >=	왼쪽에서 오른쪽
동등	== !=	왼쪽에서 오른쪽
비트별 AND	&	왼쪽에서 오른쪽
비트별 XOR	^	왼쪽에서 오른쪽
비트별 OR	|	왼쪽에서 오른쪽
논리적 AND	&&	왼쪽에서 오른쪽
논리적 OR	||	왼쪽에서 오른쪽
조건	? :	오른쪽에서 왼쪽
대입	= += -= *= /= %=	오른쪽에서 왼쪽

낮음

표 2-4 자바의 연산자들

산술 연산

컴퓨터는 기본적으로 계산을 하는 기계이다. 따라서 프로그램 안에서 산술 연산을 할 수 있다는 것은 아주 당연한 일이다. 다음 표에서 산술 연산자들을 요약하였다.

연산자	기호	의미	예
덧셈	+	x와 y를 더한다.	x+y
뺄셈	-	x에서 y를 뺀다.	x-y
곱셈	*	x와 y를 곱한다.	x*y
나눗셈	/	x를 y로 나눈다.	x/y
나머지	%	x를 y로 나눌 때의 나머지 값	x%y

표 2-5 산술 연산자

나눗셈 연산자 /를 사용할 때는 주의하여야 한다. 피연산자가 모두 정수형이면 정수 나눗셈 연산을 한다. 예를 들어서 12/5는 2이다. 하지만 피연산자 중에 하나라도 부동소수점형이면 전체의 계산이 부동소수점형 나눗셈이 된다. 예를 들어서 12.0/5는 2.4가 된다.

% 연산자는 나머지 연산을 한다. 예를 들어서 12%5는 2가 된다. 12를 5로 나누면 나머지가 2가 되기 때문이다. 수식 x%y의 값이 0이면 y는 x의 약수가 된다. 예를 들어서 x%2가 0이면 x는 2의 배수가 된다. 즉 짝수가 된다. 그렇다면 홀수는 어떻게 검사하는가? x%2가 1이면 x는 홀수가 된다.

나머지 연산자 사용 예제 2-7

초 단위의 시간을 받아서 몇 분과 몇 초인지를 계산하여 출력하는 프로그램을 작성해 보자.

```
초를 입력하시오:310
310초는 5분 10초입니다.
```

CalTime.java

```java
import java.util.Scanner;

public class CalTime {
    public static void main(String[] args) {
        Scanner sc = new Scanner(System.in);

        System.out.print("초를 입력하시오:");
        int time = sc.nextInt();
        int sec = (time % 60);              // 나머지 연산자를 이용한다.
```

```
        int min = (time / 60);              // 정수 나눗셈을 이용한다.

        System.out.println(time + "초는 " + min + "분 " + sec + "초입니다.");
    }
}
```

도전문제

1. '시간:분:초' 형식으로 변환하여 출력하시오. 예를 들어 3661초 입력 시 '1시간 1분 1초'로 변환하여 출력한다.
2. 일:시간:분:초로 확장해 보시오(예: 90061초 → 1일 1시간 1분 1초).

증감 연산자

증감 연산자는 ++ 기호나 -- 기호를 사용하여 변수의 값을 증가시키거나 감소시키는 연산자이다. 증감 연산자는 피연산자의 앞이나 뒤에 올 수 있다. ++x와 같이 적으면 x를 증가시키고 증가된 값을 수식에 사용한다. x++와 같이 적으면 현재의 x의 값을 먼저 사용하고 나중에 증가시킨다.

연산자	설명	동작 순서	예제
++x	전위 증가 연산자	값을 먼저 증가시키고, 증가된 값을 사용	int x = 5; int y = ++x; // y는 6
x++	후위 증가 연산자	값을 먼저 사용하고, 나중에 증가시킴	int x = 5; int y = x++; // y는 5
--x	전위 감소 연산자	값을 먼저 감소시키고, 감소된 값을 사용	int x = 5; int y = --x; // y는 4
x--	후위 감소 연산자	값을 먼저 사용하고, 나중에 감소시킴	int x = 5; int y = x--; // y는 5

표 2-6 증감 연산자

복합 대입 연산자

복합 대입 연산자란 +=처럼 대입 연산자 =과 산술 연산자를 합쳐 놓은 연산자이다. x += y의 의미는 x = x + y와 같다. 복합 대입 연산자는 소스 코드를 간결하게 만들 수 있다. 다음 표는 가능한 복합 대입 연산자들을 보여주고 있다.

복합 대입 연산자	의미
x += y	x = x + y
x -= y	x = x - y
x *= y	x = x * y
x /= y	x = x / y
x %= y	x = x % y

표 2-7 복합 대입 연산자

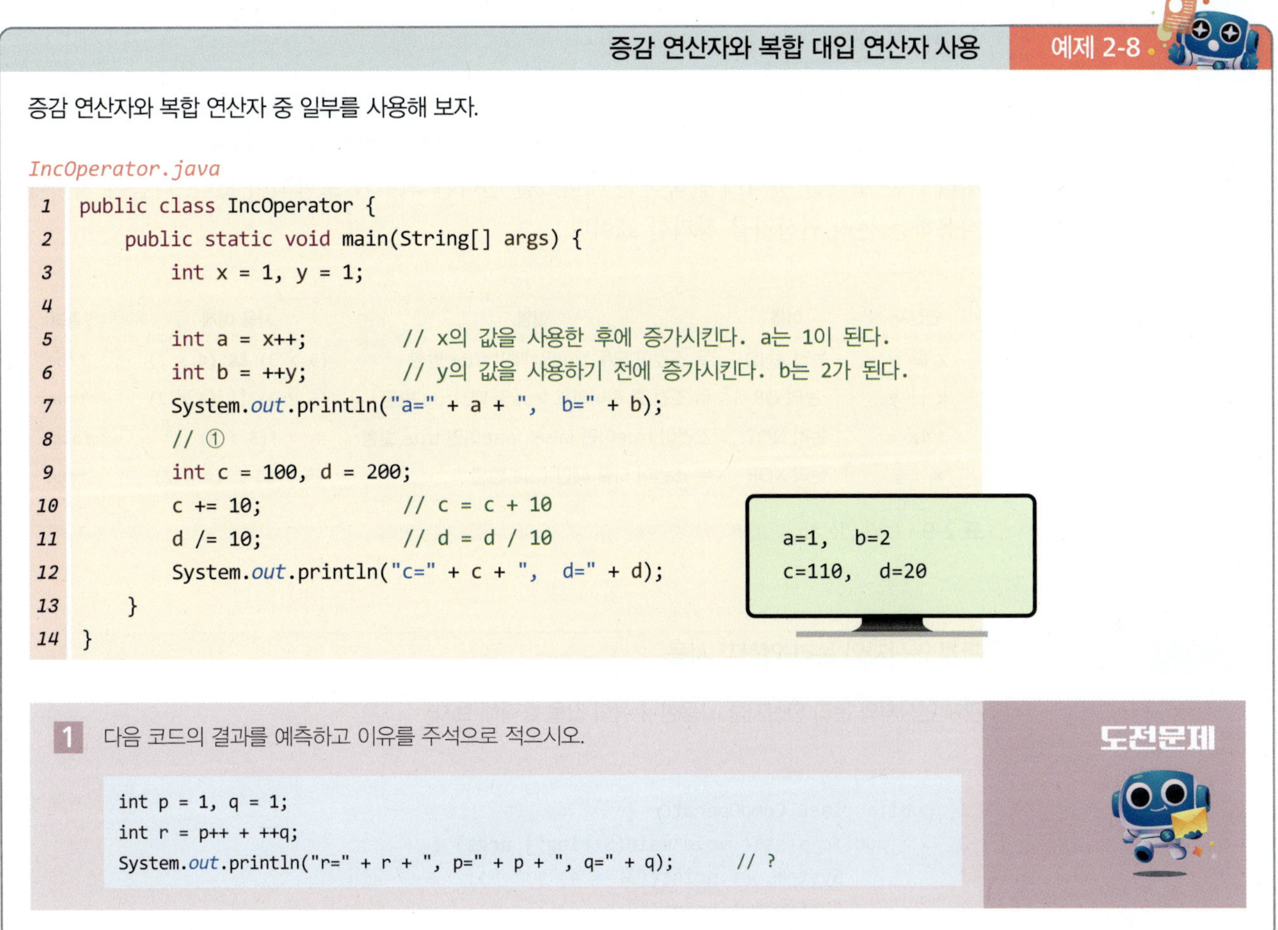

증감 연산자와 복합 대입 연산자 사용 예제 2-8

증감 연산자와 복합 연산자 중 일부를 사용해 보자.

IncOperator.java

```java
public class IncOperator {
    public static void main(String[] args) {
        int x = 1, y = 1;

        int a = x++;          // x의 값을 사용한 후에 증가시킨다. a는 1이 된다.
        int b = ++y;          // y의 값을 사용하기 전에 증가시킨다. b는 2가 된다.
        System.out.println("a=" + a + ",  b=" + b);
        // ①
        int c = 100, d = 200;
        c += 10;              // c = c + 10
        d /= 10;              // d = d / 10
        System.out.println("c=" + c + ",  d=" + d);
    }
}
```

```
a=1,  b=2
c=110,  d=20
```

도전문제

1 다음 코드의 결과를 예측하고 이유를 주석으로 적으시오.

```java
int p = 1, q = 1;
int r = p++ + ++q;
System.out.println("r=" + r + ", p=" + p + ", q=" + q);      // ?
```

관계 연산자

관계 연산자(relational operator)는 두 개의 피연산자를 비교하는 데 사용된다. 예를 들면 '변수 x가 0과 같은가', '변수 y가 10보다 더 작은가' 등을 따질 때 사용된다. 관계 연산자의 결과는 true(참) 아니면 false(거짓)이다. 다음은 자바에서 사용하는 관계 연산자를 정리한 표이다.

연산자	설명	사용 예제	결과
x == y	두 값이 같은지 비교	5 == 5	true
x != y	두 값이 다른지 비교	5 != 3	true
x > y	왼쪽 값이 오른쪽 값보다 큰지 비교	7 > 3	true
x < y	왼쪽 값이 오른쪽 값보다 작은지 비교	3 < 7	true
x >= y	왼쪽 값이 오른쪽 값보다 크거나 같은지 비교	5 >= 5	true
x <= y	왼쪽 값이 오른쪽 값보다 작거나 같은지 비교	3 <= 5	true

표 2-8 관계 연산자

논리 연산자

논리 연산자는 여러 개의 조건을 조합하여 참인지 거짓인지를 따질 때 사용한다. 예를 들어 '비가 오지 않고 휴일이면 테니스를 친다'라는 문장에는 '비가 오지 않는다'라는 조건과 '휴일이다'라는 조건을 동시에 만족하면 테니스를 친다는 의미가 포함되어 있다. 다음은 자바에서 사용하는 논리 연산자를 정리한 표이다.

연산자	이름	설명	사용 예제	결과
x && y	논리 AND	두 조건이 모두 true일 때만 true 반환	(5 > 3) && (4 > 2)	true
x || y	논리 OR	두 조건 중 하나라도 true일 때, true 반환	(5 > 3) || (4 < 2)	true
!x	논리 NOT	조건이 true이면 false, false이면 true 반환	!(5 > 3)	false
x ^ y	논리 XOR	두 조건이 다를 때만 true 반환	(5 > 3) ^ (4 < 2)	true

표 2-9 논리 연산자

예제 2-9 관계 연산자와 논리 연산자 사용

관계 연산자와 논리 연산자를 사용한 수식의 값을 출력해 보자.

CompOperator.java

```java
public class CompOperator {
    public static void main(String[] args) {
        System.out.print((3 == 4) + " ");
        System.out.print((3 != 4) + " ");
        System.out.print((3 > 4) + " ");
        System.out.print((4 > 3) + " ");

        System.out.print((3 == 3 && 4 == 7) + " "); // 하나만 거짓이면 전체가 거짓
        System.out.print((3 == 3 || 4 == 7) + " ");  // 하나만 참이면 전체가 참
    }
}
```

```
false true false true false true
```

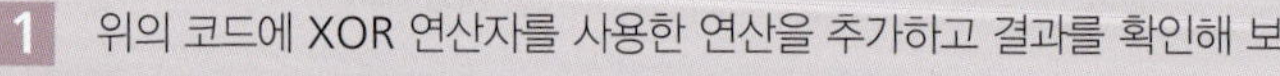

도전문제

1 위의 코드에 XOR 연산자를 사용한 연산을 추가하고 결과를 확인해 보자.

```java
예) System.out.println(true ^ false);
```

if-else 문의 간단한 소개

관계 연산자나 논리 연산자는 조건문과 연계하여 사용된다. 조건문은 3장에서 다루지만, 이번 장의 연습문제를 위하여 간단히 기본 형태만 알아 두자. `if-else` 문은 조건에 따라 실행할 코드 블록을 선택할 수 있도록 도와주는 기본적인 제어문이다. 특정 조건이 참(true)이면 `if` 블록이 실행되고, 그렇지 않으면 `else` 블록이 실행된다.

Syntax: if-else 문

```
if (조건식) {
    // 조건식이 참이면 실행되는 코드
} else {
    // 조건식이 거짓일 때 실행할 코드
}
```

조건식은 관계 연산자나 논리 연산자를 사용해 작성된다. 조건식의 결과는 항상 true 또는 false이다. 사용자로부터 나이를 입력받고, 20세 이상이면 '성인', 그렇지 않으면 '미성년자'를 출력하는 프로그램을 작성하면 다음과 같다.

AgeCheck.java

```java
import java.util.Scanner;

public class AgeCheck {
    public static void main(String[] args) {
        Scanner scanner = new Scanner(System.in);    // Scanner 객체 생성

        // 사용자로부터 나이 입력받기
        System.out.print("나이를 입력하세요: ");
        int age = scanner.nextInt();

        // 나이에 따른 출력
        if (age >= 20) {
            System.out.println("성인입니다.");
        } else {
            System.out.println("미성년자입니다.");
        }
        scanner.close();  // Scanner 닫기
    }
}
```

```
나이를 입력하세요: 25
성인입니다.
```

```
나이를 입력하세요: 18
미성년자입니다.
```

조건식에는 논리 연산자를 사용하여 관계 연산자를 여러 개 사용할 수 있다. 예를 들어서 나이가 20세 이상이고 키가 170 이상인지를 검사하는 조건식은 다음과 같다.

```
if (age >= 20 && height >= 170) {        // 2개의 관계 연산자를 AND 논리 연산자로 연결
    System.out.println("성인입니다.");
}
```

비트 연산자

자바에서는 정수를 이루고 있는 각각의 비트를 가지고 작업할 수 있는 연산자가 제공된다. 예를 들어서 정숫값에서 특정한 위치에 있는 비트를 마스크하여 추출할 수 있다. 다음은 자바에서 사용하는 비트 연산자를 정리한 표이다.

연산자	의미	예
~A	비트 NOT	~(0x0FFF)는 0xF000이 된다.
A & B	비트 AND	(0x0FFF & 0xFFF0)은 0x0FF0이 된다.
A ^ B	비트 XOR	(0x0FFF ^ 0xFFF0)은 0xF00F가 된다.
A | B	비트 OR	(0x0FFF | 0xFFF0)은 0xFFFF가 된다.

표 2-10 비트 연산자

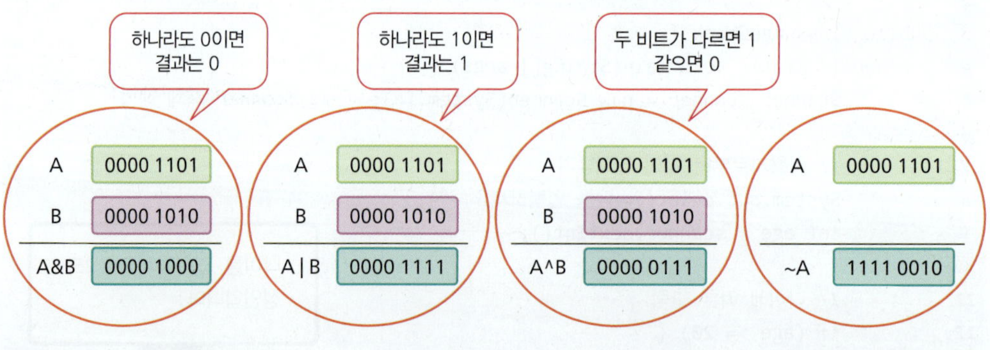

그림 2-13 비트 연산 수행

~ 연산자는 비트 패턴을 반전한다. 즉, ~ 연산자는 0은 1로 만들고 1은 0으로 만든다. 예를 들어서 byte 타입의 변수 x가 2진수로 00001111의 값을 가지고 있었다면 ~x는 11110000이 된다. 또한 비트 OR, AND, XOR 연산을 제공한다. 그림 2-13을 참고하라.

비트 연산

예제 2-10

비트 연산은 어떤 경우에 사용되는가? 프로그램과 하드웨어 칩 간의 통신에 사용된다. 예를 들어서 세탁기 안에 있는 8개 센서의 값을 1개의 바이트로 반환하는 하드웨어 칩이 있다고 하자. 이 바이트를 status라는 변수로 읽었다고 하자. 특정한 센서값이 1이 되었는지를 검사하는 용도로 사용된다. 예를 들어서 세탁기의 문이 열려 있으면 비트 2가 1이라고 하자. 비트 2가 0인지 1인지를 검사하는 코드를 작성해 보자.

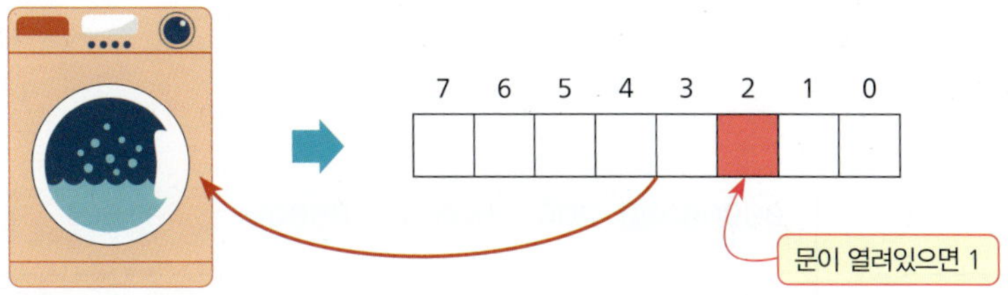

BitOperator.java

```java
public class BitOperator {
    public static void main(String[] args) {
        byte status = 0b01101110;
        System.out.print("문 열림 상태 = " + ((status & 0b00000100) != 0));
    }
}
```

도전문제

1. 비트 연산을 사용하여 특정 비트를 변경하는 코드를 추가하시오. 예를 들어 비트 0b00000010을 켜는(|= 연산) 코드와 끄는(&= ~ 연산) 코드를 추가한다.

비트 시프트 연산자

<< 연산자는 비트를 왼쪽으로 이동시킨다. 반대로 >> 연산자는 비트를 오른쪽으로 이동시킨다. >> 연산자는 부호 비트가 왼쪽에 채워진다. 이들은 2로 곱하거나 2로 나누는 효과를 낸다. 따라서 산술적인 비트 시프트 연산이라고 부른다. 반면에 부호가 없는 시프트 연산자인 >>>은 왼쪽 자리에 0을 채워 넣는다. 이것을 논리적인 비트 시프트 연산이라고 부른다.

연산자	이름	설명	예	결과(10진수 기준)
<<	왼쪽 시프트	피연산자의 비트를 왼쪽으로 이동시키며, 오른쪽에는 0을 채움	5 << 1	10
>>	산술적 오른쪽 시프트	피연산자의 비트를 오른쪽으로 이동시키며, 왼쪽에는 부호 비트를 채움(음수는 1, 양수는 0)	5 >> 1	2
>>>	논리적 오른쪽 시프트	비트를 오른쪽으로 이동시키며, 왼쪽에는 항상 0을 채움(부호 비트 무시)	-5 >>> 1	2147483645 (32비트 환경 기준)

표 2-11 비트 시프트 연산자

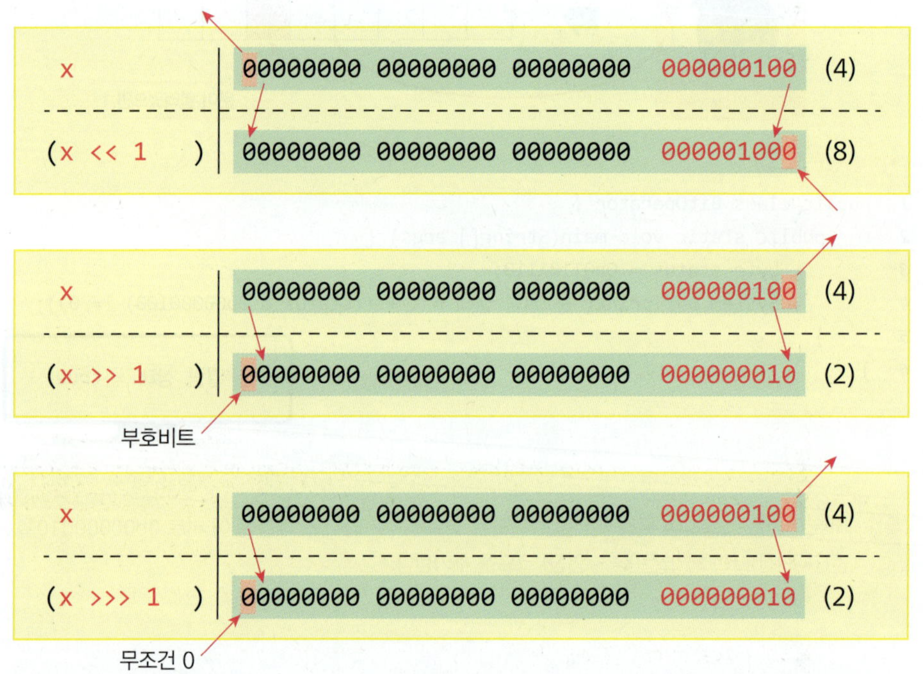

그림 2-14 비트 시프트 연산 수행

참고사항: 산술적 시프트 연산과 논리적 시프트 연산

산술적 시프트와 논리적 시프트는 비트를 이동시키는 방식에서 차이가 있다. 산술적 시프트(>>)에서는 부호 비트를 유지하며, 왼쪽 빈자리는 부호 비트로 채운다. 부호를 유지해야 하는 정숫값 계산에 적합하다.

예: -5 >> 1은 -3(부호 비트 1 유지)

논리적 시프트는 비트를 이동할 때, 부호 비트를 무시하고 0으로 채운다. 논리적 시프트(>>>)에서는 왼쪽 빈자리가 항상 0으로 채워진다. 주로 부호가 없는 값이나 비트 연산을 수행할 때 사용된다.

예: -5 >>> 1은 2147483645(음수가 양수로 변환)

비트 시프트 연산 예제 2-11

다음 프로그램의 실행 결과를 예측해 보자. `Integer.toBinaryString()` 메소드는 정수를 2진수 형태의 문자열로 출력한다.

BitwiseAndShiftExample.java

```java
public class BitwiseAndShiftExample {
    public static void main(String[] args) {
        int a = 5;          // (2진수: 00000000 00000000 00000000 00000101)
        int b = 3;          // (2진수: 00000000 00000000 00000000 00000011)

        System.out.println("a: " + a + " (" + Integer.toBinaryString(a) + ")");
        System.out.println("b: " + b + " (" + Integer.toBinaryString(b) + ")");

        int r1 = a & b;     // a와 b의 비트 AND 연산
        System.out.println("a & b: " + r1 + " (" + Integer.toBinaryString(r1) + ")");

        int r2 = a | b;     // a와 b의 비트 OR 연산
        System.out.println("a | b: " + r2 + " (" + Integer.toBinaryString(r2) + ")");

        int r3 = a ^ b;     // a와 b의 비트 XOR 연산
        System.out.println("a ^ b: " + r3 + " (" + Integer.toBinaryString(r3) + ")");

        int r4 = ~a;                // a의 비트 NOT 연산
        System.out.println("~a: " + r4 + " (" + Integer.toBinaryString(r4) + ")");

        int r5 = a << 1;            // a의 비트를 1칸 왼쪽으로 이동
        System.out.println("a << 1: " + r5 + " (" + Integer.toBinaryString(r5) + ")");

        int r6 = a >> 1;            // a의 비트를 1칸 오른쪽으로 이동(부호 유지)
        System.out.println("a >> 1: " + r6 + " (" + Integer.toBinaryString(r6) + ")");

        int r7 = a >>> 1;           // a의 비트를 1칸 오른쪽으로 이동(부호 무시)
        System.out.println("a >>> 1: " + r7 + " (" + Integer.toBinaryString(r7) + ")");
    }
}
```

```
a: 5 (101)
b: 3 (11)
a & b: 1 (1)
a | b: 7 (111)
a ^ b: 6 (110)
~a: -6 (11111111111111111111111111111010)
a << 1: 10 (1010)
a >> 1: 2 (10)
a >>> 1: 2 (10)
```

도전문제

1 a = -5일 때, 오른쪽 시프트(>>)와 부호 없는 오른쪽 시프트(>>>)의 차이를 출력하고 분석하시오.

조건 연산자

조건 연산자는 유일하게 3개의 피연산자를 가지는 삼항 연산자이다. 간단한 예를 들어서 조건 연산자를 설명해 보자.

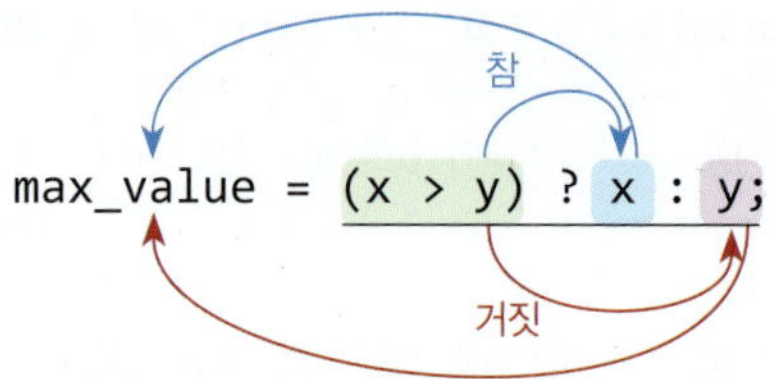

위의 식에서 조건 (x > y)가 참이면 x가 수식의 결괏값이 된다. 따라서 x가 `max_value`로 대입된다. 조건 (x > y)가 거짓이면 y가 수식의 결괏값이 된다. 따라서 y가 `max_value`로 대입된다. 조건 연산자는 아주 간결하게 표현할 수 있어서 상당히 많이 쓰인다. 조건 연산자를 이용한 대표적인 사례를 모아보면 다음과 같다.

```
absolute_value = (x > 0) ? x: -x;        // 절댓값 계산
max_value = (x > y) ? x: y;              // 최댓값 계산
min_value = (x < y) ? x: y;              // 최솟값 계산
```

예제 2-12 조건 연산자

반지름이 20cm인 피자 2개와 30cm인 피자 1개의 면적을 비교해 보자.
어떻게 주문하는 것이 유리한가?

```
20cm 피자 2개의 면적 = 2513.2736
30cm 피자 1개의 면적 = 2827.4328
30cm 피자 1개를 주문하세요.
```

지름 20cm 피자 2개　　지름 30cm 피자 1개

20cm　20cm　30cm

Pizza.java

```java
import java.util.*;

public class Pizza {
    public static void main(String[] args) {
        double area1 = 2 * 3.141592 * 20 * 20;
        double area2 = 3.141592 * 30 * 30;
        System.out.println("20cm 피자 2개의 면적 = " + area1);
        System.out.println("30cm 피자 1개의 면적 = " + area2);
        System.out.println((area1 > area2)? "20cm 2개" : "30cm 1개" + "를 주문하세요.");
    }
}
```

도전문제

1 피자의 개수와 크기뿐만 아니라, 각 피자의 가격을 입력받아 더 경제적인 선택을 추천하도록 프로그램을 수정하라. 즉 면적당 가격(1cm^{2}당 가격) 비교 후 더 저렴한 선택을 추천하라.

SELF TEST

1 다음 문장의 실행 결과는?

```java
System.out.println(10 % 3);
```

2 다음 문장의 실행 결과는?

```java
System.out.println(10 >> 1);
System.out.println(10 << 1);
```

3 다음 문장의 실행 결과는?

```java
int x = 2; System.out.println(x--);
```

Mini Project 수행하기 두 사각형의 충돌 여부 판단하기

난이도: ★★★☆☆
주제: 연산자 사용하기

2개의 사각형이 서로 겹치는지(충돌하는지) 확인하는 프로그램을 작성해 보자. 각 사각형의 위치와 크기는 사용자로부터 입력받으며, 사각형의 위치는 좌상단 좌표로 나타낸다. 게임에서 캐릭터들의 충돌을 판단할 때 많이 사용한다. 이 프로그램에서 원점은 화면의 좌상단 (0, 0)으로 간주한다.

- 각 사각형의 좌상단 좌표 (x, y)와 너비 width, 높이 height를 입력받는다.
- 입력받은 값을 이용해 두 사각형이 겹치는지(충돌하는지)를 판단한다.

```
사각형 A의 좌상단 좌표 (x1, y1), 너비, 높이: 0 0 10 10
사각형 B의 좌상단 좌표 (x2, y2), 너비, 높이: 5 5 10 10

사각형이 겹칩니다.
```

Hint

겹치는 조건보다 차라리 겹치지 않는 조건을 찾는 것이 쉽다. 두 사각형이 겹치지 않는 조건은 다음과 같다.

- 한 사각형이 다른 사각형의 왼쪽에 완전히 위치함: `x1 + width1 < x2`
- 한 사각형이 다른 사각형의 오른쪽에 완전히 위치함: `x2 + width2 < x1`
- 한 사각형이 다른 사각형의 위쪽에 완전히 위치함: `y1 + height1 < y2`
- 한 사각형이 다른 사각형의 아래쪽에 완전히 위치함: `y2 + height2 < y1`

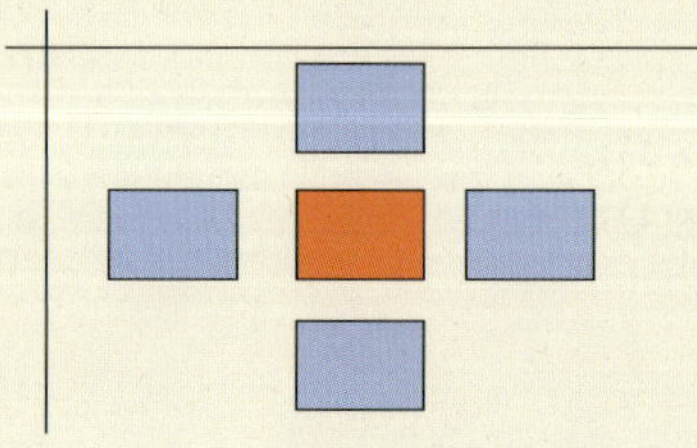

위 조건 중 하나라도 참이면 두 사각형은 겹치지 않는다. 그렇지 않다면 겹친다.

Summary

- 클래스(class)는 자바와 같은 객체 지향 언어의 기본적인 빌딩 블록이다. 클래스들이 모여서 하나의 자바 프로그램이 된다. 클래스 안에는 메소드, 변수, 상수 등이 선언된다.
- 메소드(method)는 특정한 작업을 수행하는 코드의 묶음으로 클래스 안의 함수이다. `main()` 메소드는 자바가 실행을 시작하는 시작점이다.
- 문장(statement)은 사용자가 컴퓨터에게 작업을 지시하는 단위이다.
- 주석은 프로그램의 설명 용도로 사용되며 실행에 영향을 주지 않는다. /* 주석 */(여러 줄 주석), // 주석(한 줄 주석), /** 주석 */(문서화 주석) 등이 있다.
- 변수(variable)는 데이터를 담아두는 상자로 생각할 수 있다.
- 식별자는 클래스, 메소드, 변수의 이름으로 몇 가지의 규칙을 지켜서 만들어야 한다. 변수 이름은 문자(A-Z, a-z), 숫자(0-9), 밑줄(_)만 사용할 수 있다. 변수 이름은 숫자로 시작할 수 없다.
- 자바의 자료형은 크게 나누어서 기초형(primitive type)과 참조형(reference type)이 있다. 기초형은 다시 정수형, 실수형, 문자형, 논리형으로 분류할 수 있고 참조형에는 클래스, 배열, 인터페이스가 있다.
- 자료형마다 처리할 수 있는 범위가 다르기 때문에, 메모리 공간을 효과적으로 사용하려면 처리하는 값의 범위에 따라 적절한 자료형을 선택하면 된다.
- 자바에서 문자는 유니코드 16비트로 저장된다.
- 문자열을 저장하려면, `String` 클래스를 자료형으로 사용하여 변수를 선언한 후 해당 변수 안에 문자열을 저장한다.
- 콘솔 입력은 `Scanner` 클래스를 사용하여 객체를 만들고 `nextInt()`, `nextFloat()` 등의 메소드를 사용하여 읽는다.
- `import` 문장은 다른 클래스를 포함시키는 문장이다.
- 자바는 +, -, *, /, % 등의 산술 연산자를 제공한다. %는 나머지 연산자이다.
- 증감 연산자는 변수의 값을 증가/감소시킨다. x++(후위 증가), ++x(전위 증가) 등이 있다.
- 자바는 <, >, <=, >= 등의 관계 연산자를 제공한다. 관계 연산자는 두 값을 비교하여 결과로 true 또는 false를 반환한다.
- 자바는 &&, `||`, `!`와 같은 논리 연산자를 제공한다. 논리 연산자는 여러 개의 조건을 조합하여 참인지 거짓인지를 따질 때 사용한다.
- `if-else` 문에서 특정 조건이 참(true)이면 `if` 블록이 실행되고, 그렇지 않으면 `else` 블록이 실행된다.

Exercises

1. 다음 중 자바의 기초 자료형에 속하지 않는 것은?

❶ int ❷ float
❸ double ❹ String

2. 다음 중 변수의 이름이 잘못된 것은?

❶ int value; ❷ int class;
❸ int studentNumber ❹ int _value;

3. 다음 중 변수 선언이 올바른 것을 모두 고르시오.

❶ int 1stNumber; ❷ int first Number;
❸ int firstNumber; ❹ int first-Number;
❺ int abc__; ❻ int abc#;
❼ int method; ❽ int 1stMoney;

4. 다음은 100과 200의 곱을 계산하는 프로그램이다.

```
public class Multi {
    int a = "100";
    int b = "200";
    System.out.println(a * b);
}
```

1. 위의 프로그램에서 모든 오류를 찾아서 수정하시오.
2. 위의 클래스는 어떤 이름의 소스 파일로 저장해야 하는가?

5. 다음의 설명에 부합하는 변수를 선언하시오.

1. 0L로 초기화된 long형 변수 size
2. 183.2로 초기화된 지역 변수 height(var 키워드 사용)
3. 문자 '가'로 초기화된 char형 변수 ch
4. "Seoul"로 초기화된 문자열 변수 city

6. 다음 중 실행 결과가 true인 관계 연산자는?

❶ 5 > 10 ❷ 5 < 3 ❸ 5 == 6 ❹ 5 != 6

7. 다음 코드를 실행한 출력 결과는?

```
System.out.println(10  /  3);
```

❶ 3 ❷ 33.33 ❸ 3.0 ❹ 오류 발생

8. 다음 중 논리 OR 연산자의 결과가 true인 것은?

❶ (false || false) ❷ (true || false)
❸ (false && true) ❹ (true && false)

9. 다음과 같은 코드에서 질문에 답하시오.

```
int v = 10;
int k = v++%5;
```

1. 코드가 실행된 후에 v와 k의 값은 무엇인가?
2. 만약 두 번째 문장이 `int k = ++v%5;`라면 v와 k의 값은 어떻게 되는가?

10. 다음 수식의 결괏값은 무엇인가?

1. 20 + 0.25 ______________
2. 1/5 ______________
3. 1.0/5 ______________
4. 1==2 ______________

11. 다음 문장의 오류를 지적하고 올바르게 수정하시오.

1. `int b = (10>3)?true:false;`
2. `long weight = 78.2;`
3. `char c = "a";`

12. 다음 문장을 조건식으로 나타내시오.

1. height가 165보다 크고 180보다 작다.
2. height가 165보다 작거나 같다.
3. height가 165보다 작거나 age가 10보다 적다.

13. 다음 코드를 실행한 출력 결과를 작성하시오.

```
System.out.println("100" + "200");
System.out.println(100 + 200);
System.out.println("100" + 200);
```

Hint

문자열에 대하여 + 연산자를 적용하면 2개의 문자열이 합쳐진다. 하나의 피연산자라도 문자열이면 문자열로 변환된 후에 합쳐진다. 하지만 2개의 피연산자가 모두 숫자이면 덧셈을 수행한다.

14. 다음 코드를 실행한 출력 결과는?

```
int i1 = 10;
int i2 = 20;
String s1 = "9";
System.out.println(i1 + i2 + s1);
```

15. 다음 코드를 실행한 출력 결과는?

```
int x = 100;
double y = 100.9;
boolean b = (x == (int) y);
System.out.println(b);
```

16. 다음 코드에서 4가 2번 출력되는 이유를 설명하시오.

```
int i = 3;
System.out.println(++i);  // "4"
System.out.println(i++);  // "4"
```

Programming Exercises

1. 사용자로부터 받은 2개의 정수를 변수에 저장하고, 변수에 저장된 값을 서로 교환하는 프로그램을 작성하시오.

난이도: ★★☆☆☆
주제: 대입 연산자

```
첫 번째 숫자를 입력하세요: 10
두 번째 숫자를 입력하세요: 20
교환 전: a = 10, b = 20
교환 후: a = 20, b = 10
```

2. 사용자의 키(m)와 몸무게(kg)를 입력받아 BMI(Body Mass Index)를 계산하는 프로그램을 작성하시오. 출력 시 `System.out.printf("BMI는 %.1f입니다.%n", bmi);`을 사용한다.

난이도: ★★☆☆☆
주제: 부동소수점 변수, 실수 연산

$$\text{BMI} = \frac{\text{몸무게(kg)}}{\text{키(m)}^2}$$

```
키를 입력하세요(단위: 미터): 1.75
몸무게를 입력하세요(단위: 킬로그램): 68
당신의 BMI는 22.2입니다.
```

3. 사용자로부터 세 변의 길이를 입력받아, 입력된 길이로 삼각형을 만들 수 있는지 판별하는 프로그램을 작성하시오. 삼각형이 되려면 어떤 두 변의 합이 나머지 한 변보다 커야 한다.

난이도: ★★☆☆☆
주제: 관계 연산자와 논리 연산자

```
첫 번째 변의 길이를 입력하세요: 3
두 번째 변의 길이를 입력하세요: 4
세 번째 변의 길이를 입력하세요: 5
입력한 세 변으로 삼각형을 만들 수 있습니다.
```

난이도: ★★☆☆☆
주제: 산술 연산자

4. 사용자로부터 2개의 정수를 입력받아서 정수의 합, 정수의 차, 정수의 곱, 정수의 평균, 큰 수, 작은 수를 계산하여 화면에 출력하는 프로그램을 작성하시오. 큰 수와 작은 수를 구할 때는 조건 연산자를 사용한다.

```
x: 10
y: 20
두 수의 합: 30
두 수의 차: -10
두 수의 곱: 200
두 수의 평균: 15.0
큰 수: 20
작은 수: 10
```

`max = (x>y)x:y;`와 같이 조건 연산자를 사용할 수 있다.

난이도: ★★☆☆☆
주제: 산술 연산자, 관계 연산자

5. 사용자가 입력한 3개의 숫자 중에서 가장 큰 숫자를 찾아내는 프로그램을 작성하시오.

```
첫 번째 숫자를 입력하세요: 15
두 번째 숫자를 입력하세요: 25
세 번째 숫자를 입력하세요: 10
입력한 숫자 중 가장 큰 숫자는: 25
```

일단 첫 번째 숫자를 최댓값이라고 가정하고 max 변수에 저장한 후에, 두 번째 정수, 세 번째 정수와 비교하여 필요하다면 max를 변경한다.

6. 하나의 상자에 오렌지를 16개씩 담을 수 있다고 하자. 오렌지가 127개가 있다면 꽉 찬 상자 수와 남는 오렌지 수를 출력하라. 모든 오렌지를 담으려면 필요한 상자 수(올림)는 얼마인가?

난이도: ★★☆☆☆
주제: /와 % 연산자

```
오렌지의 개수를 입력하시오: 127
7박스, 15개 남아서 총 8박스 필요
```

/ 연산자와 % 연산자를 사용한다.

7. 두 자리로 된 복권(10부터 99까지)이 있다. 일의 자리나 십의 자리에 7이 있으면 무조건 당첨이다. 사용자로부터 복권 번호를 입력받아서 당첨인지 아닌지를 검사하는 프로그램을 작성하시오.

난이도: ★★☆☆☆
주제: /와 % 연산자

```
두 자리 복권 번호를 입력하세요(10 ~ 99): 47
축하합니다! 복권 번호 47은 당첨입니다!
```

8. 정수(최대 두 자리)를 2진수로 변환하여 출력하는 프로그램을 작성하시오.

난이도: ★★☆☆☆
주제: 나머지 연산자 응용

```
정수: 99
99: 1100011
```

/ 연산자와 % 연산자를 사용한다. `Integer.toBinaryString(value)`를 사용하지 않고 직접 변환해 보자. 음수는 제외한다. 반복 루프를 사용하지 않고 작성해 보자.

난이도: ★★☆☆☆
주제: 산술 연산자 응용

9. 상점에서 물건을 계산할 때 부가가치세는 10%로 한다. 상품 가격은 세전(공급가)이며, 손님이 낸 금액과 세전 가격을 입력받아 부가세, 총 지불액, 잔돈을 출력하는 프로그램을 작성하시오.

```
받은 돈: 10000
상품 가격: 7500
부가세: 750
잔돈: 1750
```

난이도: ★★★☆☆
주제: /와 % 연산자

10. ATM에서 거스름돈을 계산하고, 최소 개수의 동전으로 거스름돈을 반환하는 프로그램을 작성하시오. 거스름돈을 입력받아 500원, 100원, 50원, 10원 동전으로 반환한다.

```
거스름돈을 입력하세요(단위: 원): 1260
거스름돈을 위한 최소 동전 개수:
500원: 2개
100원: 2개
50원: 1개
10원: 1개
```

난이도: ★★★☆☆
주제: 관계 연산자, 논리 연산자

11. 사용자는 2개의 숫자를 입력할 수 있다. 두 숫자가 모두 짝수인지(AND 연산자 사용), 두 숫자 중 하나라도 10 이상인지(OR 연산자)를 검사하는 프로그램을 작성하시오.

```
첫 번째 숫자를 입력하세요: 8
두 번째 숫자를 입력하세요: 12
두 숫자 모두 짝수입니다.
두 숫자 중 하나 이상이 10 이상입니다.
```

12. 2차원 좌표계에서 원의 중심과 반지름이 주어졌을 때 사용자가 입력한 점이 원 안에 있는지, 원 위에 있는지, 아니면 원 밖에 있는지 판별하는 프로그램을 작성하시오. 원의 방정식은 아래와 같다.

난이도: ★★★☆☆
주제: 관계 연산자, 논리 연산자

$$(x - h)^2 + (y - k)^2 = r^2$$

```
원의 중심 (x, y) 좌표와 반지름을 입력하세요: 0 0 5
점의 (x, y) 좌표를 입력하세요: 3 4
점 (3, 4)은 원 위에 있습니다.
```

13. 2차원 좌표계에서 사각형은 좌하단(x1, y1) 좌표, 우상단(x2, y2) 좌표로 정의한다. 사용자로부터 점의 좌표 (x, y)를 입력받아 그 점이 사각형 내부, 사각형의 경계 위, 또는 사각형 밖에 있는지를 판별하는 프로그램을 작성하시오.

난이도: ★★★☆☆
주제: 관계 연산자와 논리 연산자 활용

```
사각형의 좌하단 x1, y1 좌표를 입력하세요: 0 0
사각형의 우상단 x2, y2 좌표를 입력하세요: 10 10
점의 x, y 좌표를 입력하세요: 5 5

점 (5, 5)은 사각형 내부에 있습니다.
```

14. 다트 게임에서 플레이어가 한 번의 투구를 통해 얻은 점수를 입력받아 총 점수를 계산하는 프로그램을 작성하시오.

난이도: ★★★☆☆
주제: 관계 연산자, if-else 활용

- **Bullseye(중앙):** 50점(거리가 0)
- **Inner Circle:** 30점(거리가 10 이하)
- **Outer Circle:** 10점(거리가 20 이하)
- **다트판 밖:** 0점 (거리가 20 초과)

```
다트 좌표를 입력하세요(x, y): 10 0
Inner Circle (30점)
```

다트 판정은 제곱근을 쓰지 말고 '제곱 비교'로 한다. `r2 = x*x + y*y`를 구한 뒤, 반지름의 제곱과 비교한다. `r2 == 0` → 50점, `r2 <= 100(=10^2)` → 30점, `r2 <= 400(=20^2)` → 10점, 그 밖은 0점으로 간주한다.

CHAPTER 03

조건문, 반복문, 배열

학습목표

- 조건에 따라 서로 다른 문장을 실행하는 코드를 작성한다.
- 조건에 따라 반복하는 코드를 작성한다.
- 자바에서 배열을 생성하고 배열 안에 값을 저장한다.
- 자바에서 2차원 배열을 생성하고 사용한다.
- ArrayList를 생성하고 값을 저장한다.

학습목차

핵심 키워드

if-else, switch, for, 배열, ArrayList

03 조건문, 반복문, 배열

3.1 if-else 문

자바에서 조건문을 사용하면 특정 조건에 따라 서로 다른 코드를 실행할 수 있다. 가장 많이 쓰이는 조건문에는 if-else 문과 switch 문이 있다. 예를 들어, 인터넷 쇼핑을 한다고 상상해 보자. 상품의 가격이 2만 원을 넘으면 '무료 배송!'이지만, 그렇지 않으면 "아쉽게도 3000원의 배송비가 붙습니다."라고 하자. 이런 논리를 프로그램으로 짜고 싶을 때 사용하는 조건문이 바로 if-else 문이다. 조건문을 순서도로 표현하면 그림 3-1과 같다. 예컨대 "가격이 2만 원 이상인가?"라는 질문에 YES(참)라면 무료 배송 루트로, NO(거짓)라면 배송비 지불 루트로 가는 구조이다.

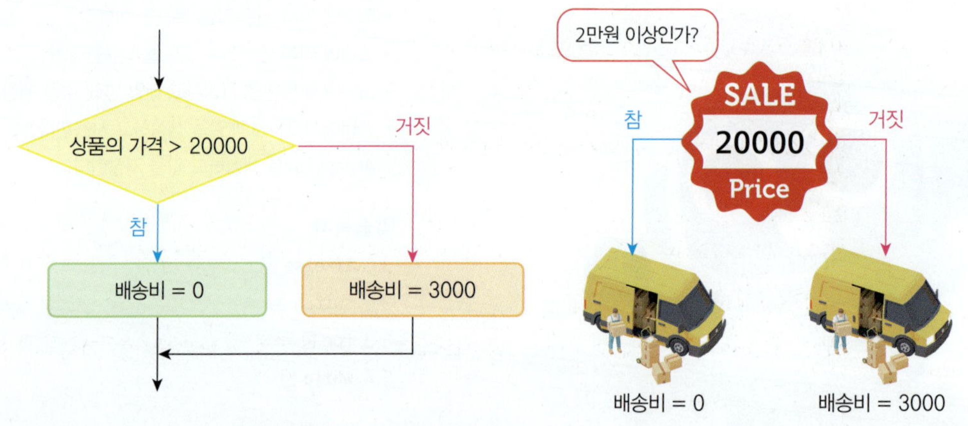

그림 3-1 순서도로 그린 조건문

if-else 문의 형식은 "만약 조건이 참이면 이것을 실행하고, 조건이 참이 아니라면 저것을 실행해!"라고 말하는 것과 같다. if-else 문에서는 조건을 수식으로 표현하고, 그 수식을 '조건식'이라고 한다. 일반적으로 조건식에는 'price > 20000'과 같이 결괏값이 참이나 거짓으로 생성되는 수식을 사용한다.

Syntax: if-else 문

```
if (price > 20000) {
    shipping_cost = 0;
}
else {
    shipping_cost = 3000;
}
```

참이나 거짓으로 계산되는 조건식

조건식이 참이면 실행되는 문장

조건식이 거짓이면 실행되는 문장

if-else 문은 주어진 조건식을 계산하여 조건식이 참(true)으로 계산되면 if 아래에 있는 문장을 실행한다. 만약 거짓이면 else 아래에 있는 문장을 실행한다. 상황에 따라 else 절은 생략될 수 있다.

첫 번째 예제로 키보드에서 입력받은 정수가 홀수인지 짝수인지를 말해주는 프로그램을 작성해 보자. 홀수와 짝수는 어떻게 구별할 수 있는가? 정수를 2로 나누었을 때 홀수는 나머지가 1이고, 짝수는 나머지가 0이다. 따라서 나머지 연산자 %를 이용하여 판별할 수 있다.

EvenOdd.java

```java
import java.util.Scanner;

public class EvenOdd {
    public static void main(String[] args) {
        int number;

        Scanner sc = new Scanner(System.in);
        System.out.print("정수를 입력하시오: ");
        number = sc.nextInt();

        if (number % 2 == 0) {
            System.out.println("입력된 정수는 짝수입니다.");
        } else {
            System.out.println("입력된 정수는 홀수입니다.");
        }
        sc.close();
    }
}
```

number를 2로 나누어서 나머지가 0이면 짝수이다.

```
정수를 입력하시오: 2
입력된 정수는 짝수입니다.
```

다중 if-else 문

다중 if-else 문은 if-else 문장이 연속되는 형태이다. 예를 들어서 사용자로부터 받은 정수가 양수인지, 0인지, 음수인지를 검사할 때는 다음과 같은 형태를 사용할 수 있다.

Nested.java

```java
import java.util.Scanner;

public class Nested {
    public static void main(String[] args) {
        Scanner sc = new Scanner(System.in);
        System.out.print("정수를 입력하시오: ");
        int number = sc.nextInt();
        if (number > 0)
            System.out.println("양수입니다.");
        else if (number == 0 )
            System.out.println("0입니다.");
        else
            System.out.println("음수입니다.");
        sc.close();
    }
}
```

다중 if-else 문이라고 한다. 여기서 조건의 영향을 받는 문장이 1개이면 중괄호 { }를 생략할 수 있다. 여러 개인 경우에는 반드시 중괄호를 사용하여야 한다.

```
정수를 입력하시오: 10
양수입니다.
```

예제 3-1 다중 분기

종종 우리는 조건에 따라서 다중으로 분기되는 결정을 내려야 하는 경우가 있다. 학생들의 성적을 입력받아서 학점을 출력하는 프로그램을 작성해 보자. 성적이 90점 이상이면 A학점, 80점 이상이고 90점 미만이면 B학점, 70점 이상이고 80점 미만이면 C학점과 같이 결정한다. 이 경우 가장 자연스러운 방법은 if 문 다음에 else if 문을 연속적으로 사용하는 것이다. 만일 이중 하나의 조건식이 참이면 관련된 문장이나 블록이 수행되고 더 이상의 비교는 이루어지지 않는다. 이러한 구조를 사용하여 시험 성적에 따라 학점을 부여하는 것을 구현하면 된다. 즉 90 이상이면 A학점, 80에서 89까지는 B학점, 70에서 79까지는 C학점, 60에서 69까지는 D학점, 60점 미만이면 F학점을 부여한다.

```
성적을 입력하시오: 92
학점: A
```

Grading.java

```java
import java.util.Scanner;

public class Grading {
    public static void main(String[] args) {
        int score;

        Scanner sc = new Scanner(System.in);
        System.out.print("성적을 입력하시오: ");
        score = sc.nextInt();
        if (score >= 90)          // ①
            System.out.println("학점: A");
```

```
        else if (score >= 80)       // ②
            System.out.println("학점: B");
        else if (score >= 70)
            System.out.println("학점: C");
        else if (score >= 60)
            System.out.println("학점: D");
        else
            System.out.println("학점: F");
        sc.close();
    }
}
```

문장 ②에서 `if (score >= 80 && score < 90)`이라고 할 필요가 없음에 유의하자. score가 90보다 크거나 같은 경우에는 앞의 문장 ①에서 이미 걸렸기 때문이다.

도전문제

1. 점수를 입력받아 score / 10의 몫을 이용해 A~F 학점을 판정하는 프로그램을 작성하시오.
2. 점수가 0 – 100 범위가 아니면 '유효하지 않은 점수'를 출력하고 종료하시오.

가위, 바위, 보 게임 예제 3-2

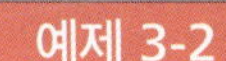

가위, 바위, 보 게임을 만들어 보자. 텍스트 버전은 지금 작성하고 그래픽 버전은 8장에서 작성해 본다. 사용자가 가위, 바위, 보 중에서 하나를 선택하면 이것을 컴퓨터가 생성한 난수 값과 비교하고 누가 이겼는지를 화면에 출력한다.

```
가위(0), 바위(1), 보(2): 1
인간: 1 컴퓨터: 0
인간 승리
```

RockPaperScissor.java

```
import java.util.*;

public class RockPaperScissor {
    final int SCISSOR = 0;
    final int ROCK = 1;
    final int PAPER = 2;

    public static void main(String[] args) {
        Scanner sc = new Scanner(System.in);
        System.out.print("가위(0), 바위(1), 보(2): ");
```

```
        int user = sc.nextInt();

        int computer = (int) (Math.random() * 3);
        if (user == computer)
            System.out.println("인간과 컴퓨터가 비겼음");
        else if (user == (computer + 1) % 3)
        // 0은 1한테, 1은 2한테, 2는 0한테 진다.
            System.out.println("인간: " + user + " 컴퓨터: " +
                                                computer + "\n인간 승리");
        else
            System.out.println("인간: " + user + " 컴퓨터: " +
                                              computer + "\n컴퓨터 승리");
        sc.close();
    }
}
```

도전문제

1. 사용자가 유효하지 않은 숫자(예: 0, 1, 2 이외의 숫자)를 입력했을 때 적절한 메시지를 출력하고 다시 입력받도록 프로그램을 수정하시오(반복문을 이미 알고 있다면 사용해 본다).

SELF TEST

1. 자바에서 참과 거짓은 무엇으로 표시하는가?
2. 조건에 따라 실행되어야 하는 문장이 두 개 이상이면 어떻게 해야 하는가?
3. 실수와 실수를 비교할 때 주의해야 할 점이 있을까? `if ( (0.1+0.2)==0.3 )`을 테스트해본다.
4. 수식 (!true)의 값은?
5. 다음 코드에는 어떤 오류가 있는가?

```
if (x = 1) { System.out.println("x는 1입니다."); }
```

6. 속도가 60km/h 이상이고 100km/h 이하이면 "정상 속도"라고 출력하는 코드를 작성하시오.
7. x와 y 중에서 큰 값을 max에 저장하고 작은 값을 `min`에 저장하는 코드를 작성하시오.

3.2 switch 문

if-else 문은 마치 프로그램에게 "이쪽으로 갈래? 저쪽으로 갈래?"라고 묻는 두 갈래 길 같은 존재이다. 조건식이 참(true)이면 한쪽 길로 가고, 거짓(false)이면 다른 길로 가는 구조이다. 그래서 if-else 문에서 가능한 실행 경로는 딱 두 개이다. 아주 깔끔하지만, 만약 조건이 여러 개라면 어떠한가? 예를 들어, "햄버거 세트 메뉴를 주문하려고 하는데, 콜라? 사이다? 오렌지 주스? 아니면 생수?"처럼 선택지가 많은 경우라면 if-else 문만으로는 복잡해질 수 있다. 이럴 때 등장하는 해결사가 바로 switch 문이다. switch 문은 여러 선택지 중 하나를 고르는 데 특화된 구조로, 마치 자판기에서 "어떤 음료를 선택하시겠습니까?"하고 메뉴를 나열해 주는 것과 같은 역할을 한다.

switch 문에서는 제어식의 값을 계산하여 case 뒤의 c1, c2, ... 등과 비교한다. 만약 제어식의 값과 일치하는 값이 있으면 관련된 case 절 안의 문장이 실행된다. 예를 들어 제어식의 값이 c1이면 문장 1을 수행하고 제어식의 값이 c2이면 문장 2를 수행한다. break 문에 도달하면 switch 문을 빠져나간다. 만약 어느 것에도 해당되지 않으면 default 절 아래의 문장들이 실행된다.

switch 문을 이용하여 사용자가 자신의 성적을 입력하면 성적을 학점으로 변환하여 출력해 주는 프로그램을 작성해 보자. 이것은 앞에서 if-else 문으로도 작성한 바 있다. if-else 문을 사용하는 방법과 비교해 보자.

Score2Grade.java

```java
import java.util.*;

public class Score2Grade {
    public static void main(String[] args) {
        int score, number;
        char grade;

        Scanner sc = new Scanner(System.in);
        System.out.print("성적을 입력하시오: ");
        score = sc.nextInt();
        number = score / 10;
        switch (number) {
            case 10:
            case 9:         grade = 'A';          break;
            case 8:         grade = 'B';          break;
            case 7:         grade = 'C';          break;
            case 6:         grade = 'D';          break;
            default:        grade = 'F';          break;
        }
        System.out.print("학점: " + grade);
    }
}
```

정수 나눗셈이어서 소수점 이하가 사라진다.

```
성적을 입력하시오: 92
학점: A
```

여기서 주의해야 할 점은 break 문이 없으면 선택된 case 절 안의 문장들을 실행한 다음, 계속해서 다음 case 절의 문장들을 실행하게 된다는 것이다. default 절은 어떤 case 절과도 일치되지 않는 경우에 선택되어 실행된다. default 절은 없을 수도 있다. 만약 default 절이 없고 일치하는 case 절도 없다면 아무 것도 실행되지 않고 switch 문 다음 문장으로 이어진다. 미처 예상하지 못한 값을 알아내기 위하여 가급적 default 절을 포함하는 것이 좋다.

switch 문에 문자열 사용

Java 7부터는 switch 문의 제어식으로 String 객체를 사용할 수 있다. 즉 문자열도 switch 문을 이용하여 분류할 수 있는 것이다. 다음과 같은 문장들이 가능하다.

```java
String s = "yes";

switch(s) {
    case "yes": ...
        break;
    case "no": ...
        break;
}
```

피자 가격 계산하기 **예제 3-3**

피자 종류를 받아서 피자의 가격을 반환하는 프로그램을 작성해 보자.

```
피자 종류를 입력하시오: 콤비네이션
피자 콤비네이션의 가격: 20000
```

StringSwitch.java

```java
import java.util.Scanner;

public class StringSwitch {
    public static void main(String[] args) {
        Scanner sc = new Scanner(System.in);
        System.out.print("피자 종류를 입력하시오: ");
        String model = sc.next();
        int price = 0;
        switch (model) {
            case "콤비네이션":
            case "슈퍼슈프림":     price = 20000;     break;
            case "포테이토":       price = 15000;     break;
            case "쉬림프":         price = 25000;     break;
            default:              price = 0;         break;
        }
        System.out.println("피자 " + model + "의 가격: " + price);
    }
}
```

도전문제

1. 수량을 추가 입력받아 총액 = 단가 × 수량을 계산하여 출력한다. 음수나 0값은 거부한다.
2. 영수증을 출력해본다. 예시는 다음과 같다.

```
--- 영수증 ---
메뉴: 콤비네이션 (M) x2
단가: 20,000원
합계: 40,000원
--------------
```

향상된 switch 문

Java 12부터는 '화살표'를 사용하는 향상된 switch 문을 사용할 수 있다. 'case L ->'과 같은 형식을 사용한다. 예를 들어서 요일을 '주중'과 '주말'로 나누어 출력하는 switch 문을 작성해 보자.

NewSwitch.java

```java
public class NewSwitch {
    public static void main(String[] args) {
        var day = "SAT";
        var today = "";
        switch (day) {
            case "SAT", "SUN" -> today = "주말";
            case "MON", "TUS", "WED", "THU", "FRI" -> today = "주중";
            default -> System.out.println("Error");
        }
        System.out.println(today);
    }
}
```

```
주말
```

여기서 case "SAT", "SUN" -> today = "주말" 문장은 day가 "SAT" 또는 "SUN"이면 today에 "주말"을 저장하라는 의미이다. 위의 프로그램에는 break 문이 없어도 된다.

SELF TEST

1 다음 중 switch 문의 제어식으로 사용할 수 없는 것은?

❶ 정수 10 ❷ 문자 'a' ❸ 문자열 "abc" ❹ 실수 3.14

2 자바에서 다중 선택 구조를 만드는 2가지 방법을 설명하시오.

3 x = 1, y = 2, z = 3일 때 다음 코드를 수행한 후의 x, y, z의 값은 얼마인가?

```java
switch (x) {
    case 0: z = x + 1; break;
    case 1: y = z + x; break;
    default: z = z + x;
}
```

4 3번 코드를 ->를 사용하여 새로운 switch 문으로 작성하시오.

3.3 for 문

for 문은 프로그래밍 세계의 '계산기처럼 정확한 일꾼'이라고 할 수 있다. "이거 딱 10번만 반복해줘!"라든가, "숫자 1부터 100까지 쭉 세어봐!"와 같은 정해진 횟수의 작업을 수행할 때 제격이다. 그래서 for 루프(loop)라고도 부른다. 사실 for 문은 반복 구조 중에서 가장 인기가 많다. 장점이 아주 많기 때문이다. 반복 횟수, 시작점, 끝점, 심지어 몇 칸씩 건너뛸지까지 모든 것을 처음부터 깔끔하게 설정할 수 있다. 개발자 입장에서 이렇게 깔끔한 친구를 어떻게 싫어하겠는가?

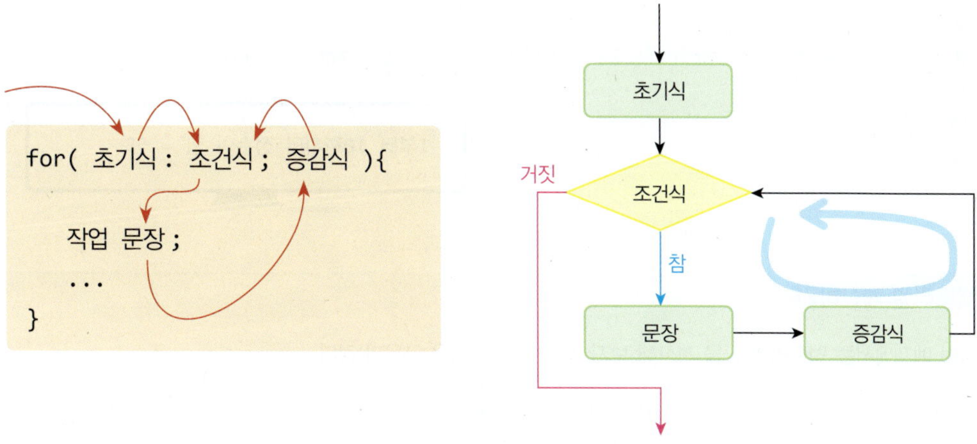

그림 3-2 for 문의 구조

Syntax: for 문

초기식
조건식
증감식

```
for (int i = 0; i < 10; i++ ) {
    System.out.printf.printf("Hello World!");
}
```

반복되는 문장. 콘솔에 "Hello World!"가 10번 반복 출력된다.

- **초기식:** 초기식은 반복 루프를 시작하기 전에 한 번만 실행된다. 제어 변수를 선언하고 초기화하는 용도로 많이 사용된다. 위의 예에서는 변수 `i`를 선언하고 0으로 초기화하였다. 변수 `i`는 `for` 문 안에서만 사용할 수 있다.
- **조건식:** 반복의 조건을 검사하는 수식이다. 이 수식의 값이 `true`면 반복이 계속되고 `false`가 되면 반복이 중단된다. 위의 예제에서 `i < 10`이 조건식이다.
- **증감식:** 한 번의 반복 루프가 끝나면 증감식이 실행된다. 위의 예제에서는 `i++`가 증감식에 해당하고 변수 `i`의 값을 1만큼 증가시키는 역할을 한다.

기본 예제로 for 문을 이용하여 1부터 10까지의 합계를 계산하고 출력하는 프로그램을 살펴보자.

Sum.java

```
public class Sum {
    public static void main(String[] args) {
        int sum = 0;

        for (int i = 1; i <= 10; i++)
            sum += i;
```

for 문 안의 초기식에서 제어 변수를 선언할 수 있다.

```

        System.out.printf("1부터 10까지의 정수의 합 = %d\n", sum);

    }
}
```

```
1부터 10까지의 정수의 합 = 55
```

예제 3-4 팩토리얼 계산하기

이번 예제에서는 팩토리얼 값을 계산해 보자. 팩토리얼 수식은 다음과 같다.

$$n! = 1 \times 2 \times 3 \times ... \times n$$

```
정수를 입력하시오: 20
20!은 2432902008176640000입니다.
```

Factorial.java

```
import java.util.*;

public class Factorial {
    public static void main(String[] args) {
        long fact = 1;
        int n;

        System.out.printf("정수를 입력하시오: ");
        Scanner sc = new Scanner(System.in);
        n = sc.nextInt();

        for (int i = 1; i <= n; i++)
            fact = fact * i;

        System.out.printf("%d!은 %d입니다.\n", n, fact);
        sc.close();
    }
}
```

팩토리얼의 값은 생각보다 아주 커질 수 있기 때문에 long으로 선언한다. 여기서 fact의 초깃값은 반드시 1이어야 한다. 0이면 안 된다. 왜냐하면 팩토리얼은 정수를 전부 곱해서 계산하므로 초깃값이 0이면 결과가 0이 되어 버리기 때문이다. 따라서 반드시 1로 초기화를 해야 한다.

n번 반복하여 i의 값을 fact에 곱한다.

도전문제

1 음수나 20을 초과하면 "범위를 벗어났습니다(0~20). 다시 입력." 후 재입력받도록 수정한다.

2 -1을 입력하면 종료, 그 외 n에 대해 계속 n! 출력하도록 예제를 수정한다. 입력: 3 → 6, 입력: 5 → 120, 입력: -1 → 종료한다.

약수 계산하기 예제 3-5

사용자로부터 양의 정수를 입력받아서 그 정수의 모든 약수를 출력하는 프로그램을 작성해 보자.

```
양의 정수를 입력하시오: 100
100의 약수는 다음과 같습니다.
1 2 4 5 10 20 25 50 100
```

분석적으로 약수를 모두 구하는 일은 번거롭지만, 컴퓨터를 사용하면 매우 간단하다. 예를 들어 입력 정수가 100이라면 후보는 1부터 100까지의 정수이며, 각 i에 대해 `100 % i == 0`인지 검사하면 된다. 나머지가 0이면 i는 100의 약수로 판정한다(일반적으로 정수 n에 대해 1부터 n까지 반복하며 `n % i == 0`을 확인하면 된다).

개략적인 알고리즘은 다음과 같다.

```
i를 1부터 n까지 1씩 증가시키면서 다음을 반복한다.
    만약 n을 i로 나누어서 나머지가 0이면
        i를 약수로 출력한다.
```

Divisor.java

```java
import java.util.Scanner;

public class Divisor {
    public static void main(String[] args) {
        Scanner sc = new Scanner(System.in);
        System.out.print("양의 정수를 입력하시오: ");
        int n = sc.nextInt();

        System.out.println(n + "의 약수는 다음과 같습니다.");
        for (int i = 1; i <= n; ++i) {
            if (n % i == 0)
                System.out.print(" " + i);
        }
        sc.close();
    }
}
```

도전문제

1. 약수 개수가 2개면 소수이다. 소수 여부를 한 줄로 출력하라.
2. 약수의 개수와 합을 함께 출력하라.
3. 자기 자신을 뺀 진약수 목록과 합을 별도로 출력하라.

SELF TEST

1 다음 코드의 출력은?

```
int sum = 0;
for (int i = 1; i <= 10; i++) sum += i;
System.out.println(sum);
```

2 다음 코드의 출력은?

```
for (int i = 1; i <= 5; i++) {
    System.out.print(i + " ");
}
```

3.4 while 문

while 문은 마치 "조건이 맞으면 계속 달려!"라고 지시하는 감독 같은 존재이다. 반복의 조건을 정해놓고, 그 조건이 참일 때만 열심히 일을 시킨다. 예를 들어, 자동차 경주에서 "경주용 자동차는 서킷을 10번 돌아야 한다!"는 규칙이 있다고 해 보자. 이때 while 문이 묻는 질문은 간단하다. "횟수가 10번 미만인가요?" 이 질문에 "네!"라고 대답하면 자동차는 서킷을 계속 돌고, "아니요, 벌써 10바퀴 돌았어요!"라고 대답하면 멈추게 된다.

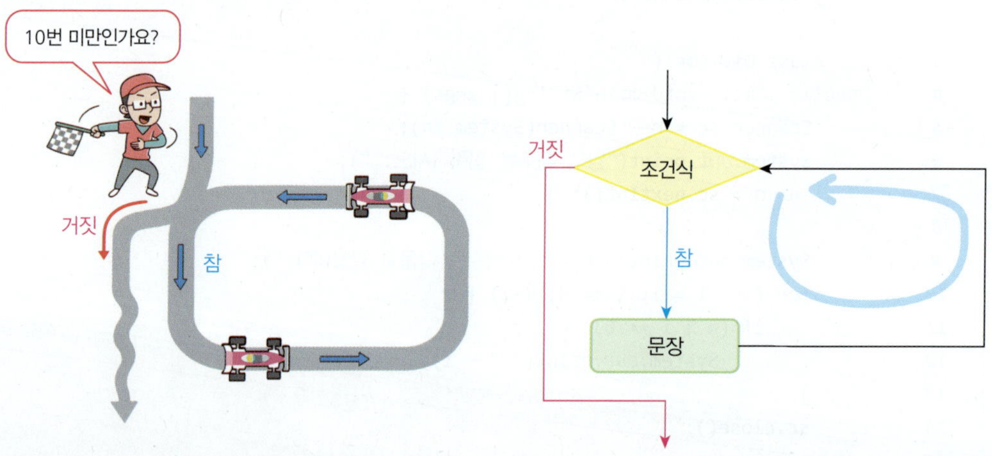

그림 3-3 while 문의 구조

Syntax: while 문

조건식

조건식이 참이면 문장을 반복 실행한다.

```
while (i < 10){
    System.out.printf("Hello World!\n");
    i++;
}
```

while 문의 조건식이 참이면, 중괄호 안의 문장을 반복 실행한다. 반복되는 문장이 하나이면 중괄호는 생략할 수 있다. 예를 들어서 "환영합니다!"를 화면에 5번 출력하는 예제를 while 문을 이용하여 작성하면 다음과 같다.

Welcome.java

```java
public class WelcomeLoop {
    public static void main(String[] args) {
        int i = 0;
        while (i < 5) {
            System.out.println("환영합니다!");
            i++;
        }
        System.out.println("반복이 종료되었습니다.");
    }
}
```

```
환영합니다!
환영합니다!
환영합니다!
환영합니다!
환영합니다!
반복이 종료되었습니다.
```

위의 코드에서 반복 조건에 해당하는 것은 수식 "i < 5"이다. 위의 코드가 의미하는 것은 i가 5보다 작은 동안에는 중괄호 안에 있는 2개의 문장을 실행하라는 것이다. i의 초깃값은 0이고 i는 한 번 반복할 때마다 1씩 증가한다. 따라서 i는 0 → 1 → 2 → 3 → 4와 같이 증가하게 되고 i가 5가 되면 수식 "i < 5"는 거짓이 되어 반복이 종료된다. 반복 조건은 while 문에 처음 진입할 때 검사하고 한 번씩 반복할 때마다 반복을 계속할 것인지를 결정하기 위하여 검사한다.

음수가 입력될 때까지 합계 계산하기 예제 3-6

while 문은 조건으로 반복할 때 사용된다. -1의 값이 입력될 때까지 사용자가 입력한 정수의 합계를 계산하여 출력하는 프로그램을 작성해 보자.

GetSum.java

```java
import java.util.Scanner;

public class GetSum {
    public static void main(String args[]) {
        Scanner sc = new Scanner(System.in);
        int sum = 0, value = 0;

        while (value != -1) {      // value가 -1이 아니면 덧셈을 반복한다.
            sum = sum + value;
            System.out.print("정수를 입력하시오: ");
            value = sc.nextInt();
        }
        System.out.println("정수의 합은 " + sum + "입니다.");
```

```
정수를 입력하시오: 10
정수를 입력하시오: 20
정수를 입력하시오: 30
정수를 입력하시오: -1
정수의 합은 60입니다.
```

```
        sc.close();
    }
}
```

도전문제

1 위의 코드에서 사용자가 정수를 입력하면, -1을 입력할 때까지 계속 입력을 받고, 그중 홀수인 값만 더해서 결과를 출력하는 프로그램을 작성하라.

2 사용자로부터 정수를 반복해서 입력받아, -1이 입력되면 입력을 종료하고, 그동안 입력된 정수 중 가장 큰 값을 출력하는 프로그램을 작성하라.

do-while 문

do-while 문은 while 문과 비슷하나 반복 조건을 루프의 처음이 아니라 루프의 끝에서 검사한다는 점이 다르다.

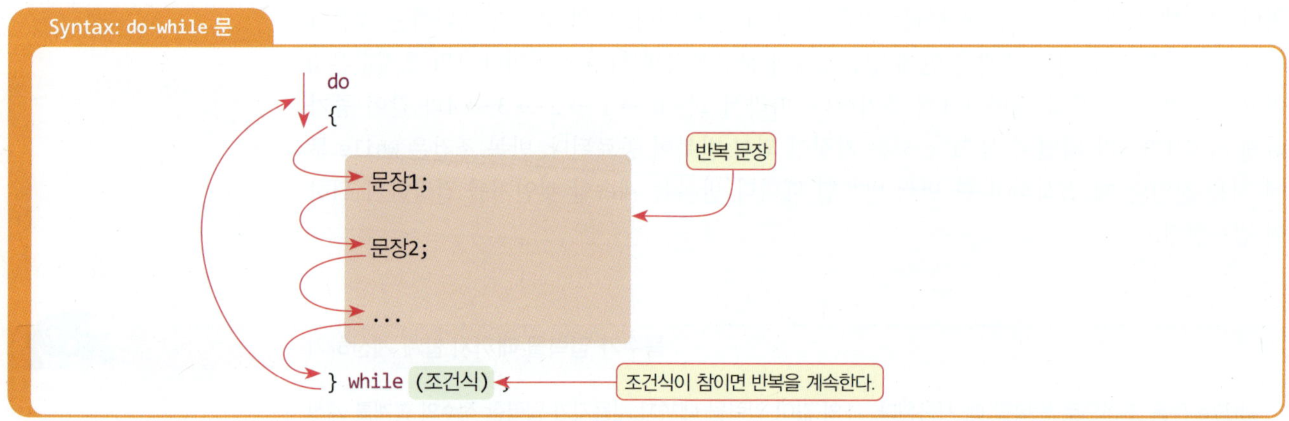

그림 3-4 do-while 문과 while 문의 차이

do-while 문이 while 문과 다른 점은 조건을 검사하기 전에 블록 안의 문장을 실행한다는 점이다. while 문에서는 조건이 거짓이면 블록 안의 문장을 한 번도 실행하지 않는다. do-while 문에서는 먼저 블록 안의 문장을 실행하고 나서 조건을 검사하기 때문에 블록 안의 문장이 적어도 한 번은 실행된다.

사용자로부터 월을 입력받는 프로그램을 작성해 보자. 사용자가 올바른 월을 입력할 때까지 계속 반복한다. 사용자가 올바른 월을 입력해야만 다음 문장으로 넘어간다.

CheckInput.java

```java
import java.util.Scanner;

public class CheckInput {
    public static void main(String args[]) {
        Scanner sc = new Scanner(System.in);
        int month;
        do {
            System.out.print("올바른 월을 입력하시오(1-12): ");
            month = sc.nextInt();
        } while (month < 1 || month > 12);
        System.out.println("사용자가 입력한 월은 " + month);
        sc.close();
    }
}
```

```
올바른 월을 입력하시오(1-12): 13
올바른 월을 입력하시오(1-12): 14
올바른 월을 입력하시오(1-12): 0
올바른 월을 입력하시오(1-12): 1
사용자가 입력한 월은 1
```

중첩 반복문

반복문은 중첩해서 사용할 수 있다. 즉, 반복문 안에서 다른 반복문이 실행될 수 있다. 이러한 형태를 **중첩 반복문(nested loop)**이라고 한다. 바깥쪽에 위치하는 반복문을 외부 반복문(outer loop)이라고 하고 안쪽의 반복문을 내부 반복문(inner loop)이라고 한다. 내부 반복문은 외부 반복문이 한 번 반복할 때마다 새로 실행된다.

```java
for(int i=0; i<5; i++) {        // 외부 반복문
    for(int k=0; k<5; k++) {    // 내부 반복문
        반복문장;
    }
}
```

중첩 반복문에서 가장 주의할 점은 각각의 반복문을 제어하는 변수가 달라야 한다는 점이다. 예제에서 외부 반복문을 제어하는 변수는 i이고 내부 반복문을 제어하는 변수는 k로 서로 다르다. 만약 같은 변수를 사용하면 논리적인 오류가 발생할 가능성이 높다.

예제 3-7 사각형 모양 출력하기

중첩 반복문은 실제 프로그래밍에서 많이 나오는 형태로 특히 사각형과 비슷한 데이터를 처리하는 데 유용하다. 다음 예제는 * 기호를 사각형 모양으로 출력한다.

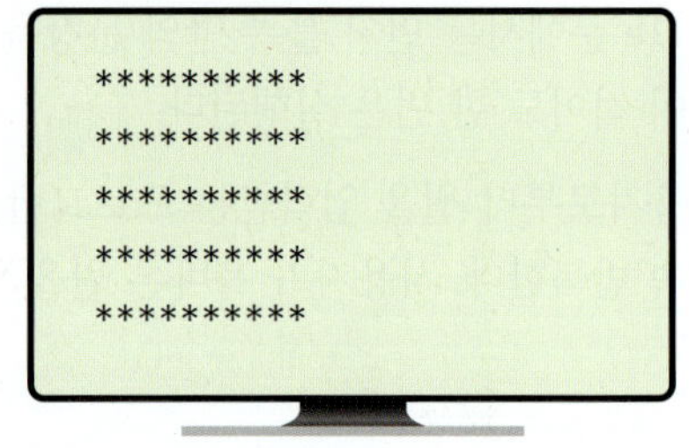

여기서는 반복문으로 for 문을 사용해 보자. 주의할 점은 외부 for 문이 반복시키는 문장이 2개 이상이기 때문에 반드시 이들을 중괄호로 묶어서 블록으로 만들어 주어야 한다. 그렇지 않으면 외부 for 문은 바로 아래에 위치한 문장만 반복할 것이다.

NestedLoop.java

```java
import java.util.*;

public class NestedLoop {
    public static void main(String[] args) {
        for (int y = 0; y < 5; y++) {
            for (int x = 0; x < 10; x++)
                System.out.print("*");

            System.out.println("");
        }
    }
}
```

프로그램을 실행하면 50개의 *가 화면에 5×10의 정사각형 모양으로 출력된다. *를 출력하는 문장의 외부에는 2개의 for 문이 중첩되어 있다. 외부 for 문은 변수 y를 0에서 4까지 증가시키면서 내부 for 문을 실행시킨다. 내부 for 문은 변수 x를 0에서 9까지 증가시키면서 print() 메소드를 호출한다. 내부 for 문이 한 번 실행될 때마다 화면에는 한 줄의 *가 그려진다. 내부 for 문이 한 번씩 종료될 때마다 줄바꿈 문자가 화면에 출력되어 다음 줄로 넘어간다.

도전문제

1 Scanner로 rows, cols, ch를 입력받아 rows × cols 직사각형을 ch로 출력하여라. (예: rows=3, cols=5, ch=#)

2 내부는 공백, 가장자리만 *로 출력하는 테두리 직사각형을 만들어라. (힌트: y==0 || y==rows-1 || x==0 || x==cols-1)

break 문

break 문은 반복문을 벗어날 때 사용한다. break 문이 실행되면 현재의 반복문을 벗어나게 된다. break 문에 레이블을 붙이면 중첩 반복문도 벗어날 수 있다.

```java
for (int i = 1; i < 6; i++) {
    if (i == 4)
        break;          // i가 4이면 반복문을 벗어난다.
    System.out.println(i);
}
```

```
1 2 3
```

continue 문

continue 문은 반복문에서 현재의 반복을 건너뛰고 다음 반복으로 넘어가게 한다.

```
for (int i = 1; i < 6; i++) {
    if (i == 4)
        continue;            // 4일 때는 출력하지 않고 다음 반복으로 넘어간다.
    System.out.println(i);
}
```

```
1 2 3 5 6
```

무한 루프와 break 문

while 문을 사용할 때 종료 조건을 만들려면 상당히 까다로운 경우가 있다. 예를 들어서 사용자가 'q'를 입력하거나 사용자가 입력한 정수의 개수가 100개를 넘어가면 반복을 종료한다고 하자. 이 경우 while 문을 이용해서 반복 조건을 설정하면 이해하기 어려운 코드가 된다. 차라리 while (true)를 이용하여 무한 루프를 만들고 무한 루프 안에서 break 문을 사용하여 루프를 빠져나가는 조건을 기술하는 편이 가독성이 높고 코딩하기 쉽다.

```
while (c! = 'q' || count > 100) {
    ...
}
```

➡

```
while (true) {
    if (c == 'q') break;
    if (count > 100) break;
    ...
}
```

평균 계산 프로그램 예제 3-8

사용자가 입력한 점수들의 평균을 내는 프로그램을 작성해 보자. 만약 사용자가 음수를 입력하면 break 문에 의하여 반복 루프가 종료되게 한다.

```
점수를 입력하시오: 10
점수를 입력하시오: 20
점수를 입력하시오: -1
평균은 15
```

Averager.java

```
import java.util.*;

public class Averager {
    public static void main(String[] args) {
        int total = 0, count = 0;
        Scanner sc = new Scanner(System.in);
```

```
        while (true) {
            System.out.print("점수를 입력하시오: ");
            int grade = sc.nextInt();
            if (grade < 0)  break;
            total += grade;
            count++;
        }
        System.out.println("평균은 " + total / count);
        sc.close();
    }
}
```

도전문제

1. 현재 프로그램은 int형으로 평균을 계산하여 소수점 이하가 손실된다. 평균을 소수점까지 정확히 출력하도록 수정하시오.
2. 입력된 점수 중 가장 높은 점수와 가장 낮은 점수를 함께 출력하시오.

Q **3가지의 반복문 `for`, `while`, `do...while` 중에서 어떤 것을 사용해야 하는가?**

A 부분적으로는 개인적인 취향이다. 일반적으로는 루프의 반복 횟수를 아는 경우에 `for` 문이 `while` 문에 비해 약간 더 편리하다. 즉, 루프 제어 변수를 증가시키는 것을 잊어버리는 일이 `while` 문에 비하여 덜 발생한다. 만약 조건만 존재하고 정확한 반복 횟수는 모르는 경우에는 `while` 문이 좋다. 만약 반드시 한 번은 수행되어야 하는 문장들이 있다면 `do...while` 문이 제격이다.

또한 `while` 문과 `for` 문은 반복하기 전에 조건을 검사하고 `do...while` 문은 먼저 실행한 후에 반복 조건을 검사한다. 특별한 경우가 아닌 일반적인 경우에는 반복하기 전에 조건 검사를 하는 것이 좋다. 무엇이든지 실행하기 전에 면밀히 사전 조사를 하는 것이 좋은 것과 마찬가지이다.

SELF TEST

1. `do-while` 문에서 반복 조건이 거짓이면 몇 번 반복하는가?
2. `do-while`을 이용하여 사용자가 `'q'`를 입력할 때까지 정수의 합계를 계산하는 프로그램을 작성하시오.
3. 중첩 반복문을 이용하여 구구단을 2단부터 9단까지 출력하는 프로그램을 작성하시오.
4. `for (;;) i = i + 1;`은 몇 번 반복하는가?
5. 1부터 100 사이의 정수에서 6의 배수의 합을 계산하는 프로그램을 작성하시오.

3.5 배열

배열(array)이란 '변수들의 기숙사'라고 말할 수 있다. 혼자서 외롭게 존재하는 변수들과 달리, 배열은 같은 종류의 데이터를 줄 맞춰 한 집단으로 관리할 수 있다. 예를 들어, '학생 10명의 점수를 저장해야 한다'라고 생각해 보자. 변수를 하나하나 만들 수도 있겠지만, 그건 너무 비효율적이다. 이럴 때 배열을 쓰면 한 방에 해결할 수 있다. 즉, 배열을 사용하면 같은 종류의 대량 데이터를 '한 번에 선언'할 수 있고, 필요할 때 순서대로 꺼내 쓸 수 있다.

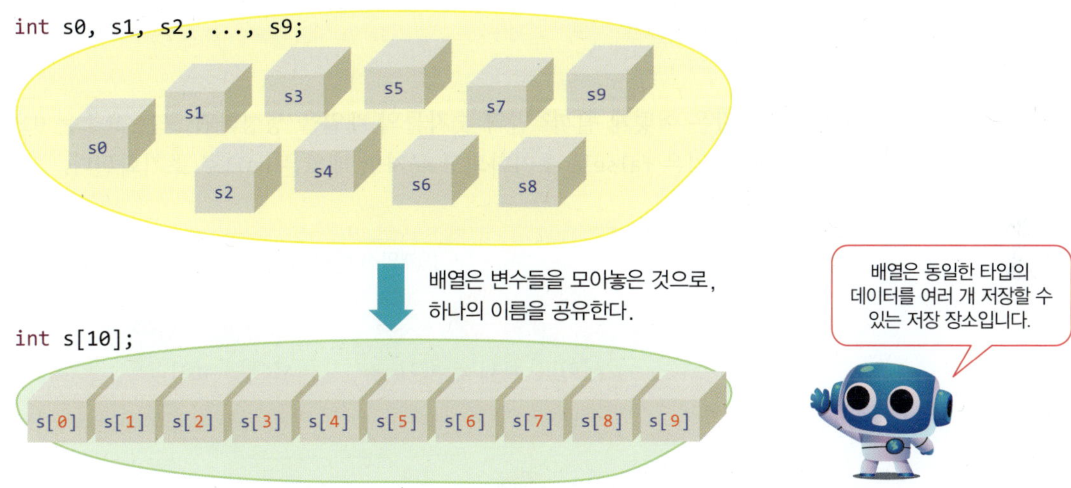

그림 3-5 배열

배열의 요소들은 **인덱스**(index)라 불리는 번호가 붙어 있고 이 번호를 통하여 배열 요소에 접근할 수 있다. 예를 들어서 s가 정수 배열이라면 s[i]는 배열 안에 있는 i번째 정수이다.

배열의 선언과 사용

자바에서 배열은 **객체**(object)이다. 배열은 다음과 같은 두 단계의 절차로 만들어진다.

1. 먼저 배열 참조 변수부터 다음과 같이 선언한다. 참조 변수에는 객체를 가리키는 참조 값이 저장된다. 정수형 배열을 만든다면 배열의 자료형은 int[]가 된다.

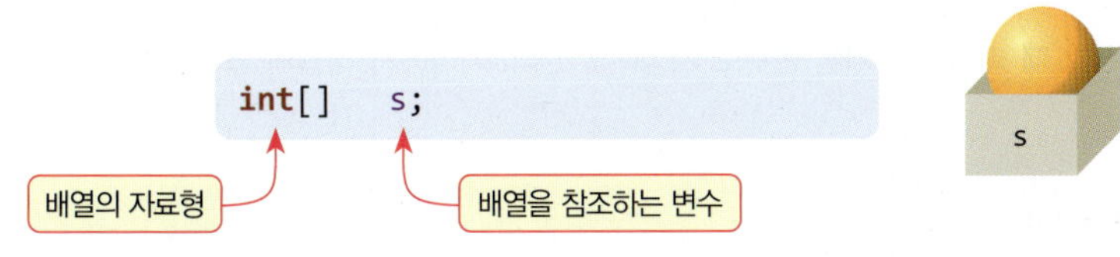

그림 3-6 배열 참조 변수 선언

2. 배열 참조 변수를 선언했다고 해서 배열이 생성된 것은 아니다. 단순히 참조 변수만 생성되었다. 실제 배열은 new 연산자를 사용하여서 생성하여야 한다. 대괄호 안의 숫자가 배열의 크기이다. 이 문장이 실행되면 10개의 요소를 가지는 배열이 생성되고 이 배열을 s가 가리키게 된다.

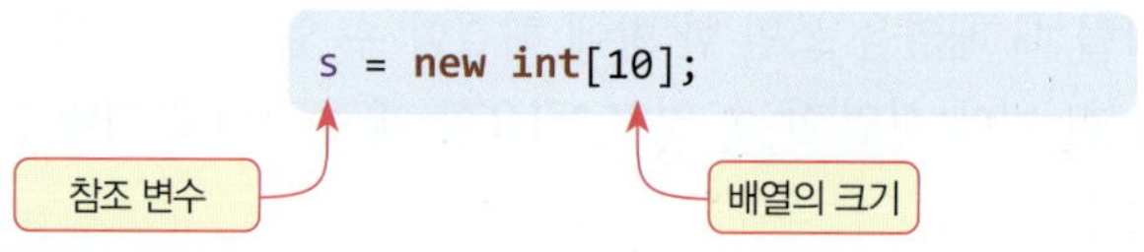

그림 3-7 배열 생성

배열의 초깃값은 어떻게 될까? 만약 숫자들의 배열을 생성하면 모든 요소는 0으로 초기화된다. boolean 배열은 false로 초기화되고 문자열 배열은 null로 초기화된다.

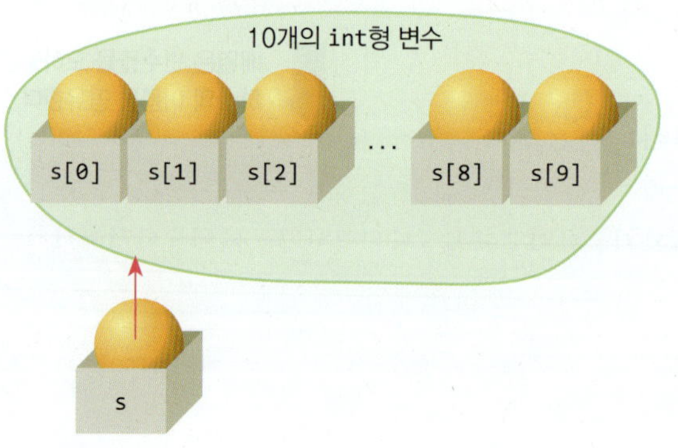

그림 3-8 배열 구조

참고사항: 배열 선언과 생성을 동시에 하는 방법

1. 본문의 1과 2의 과정을 하나의 문장으로 나타내도 된다. 즉, 변수 선언과 동시에 배열을 생성하는 것도 가능하다.

```
int[] s = new int[10];
```

2. 배열을 생성할 때 배열의 크기를 변수로 지정해도 된다. 자바에서 배열의 크기는 반드시 상수일 필요는 없다.

```
int size = 10;
int[] s = new int[size];
```

참고사항: 참조 변수 선언 방법

자바에서는 C언어와 유사하게 배열 참조 변수를 선언할 수도 있다.

```
int[] s;        // ① 자바 방식
int s[];        // ② C언어 유사 방식
```

위의 두 가지는 100% 동일하며 모두 s라고 하는 배열 참조 변수를 선언하는 것이다. 대부분의 자바 프로그래머들은 첫 번째 방법을 선호한다. 왜냐하면 이 방법이 자료형(`int[]`)과 변수(s)를 명확하게 분리하기 때문이다.

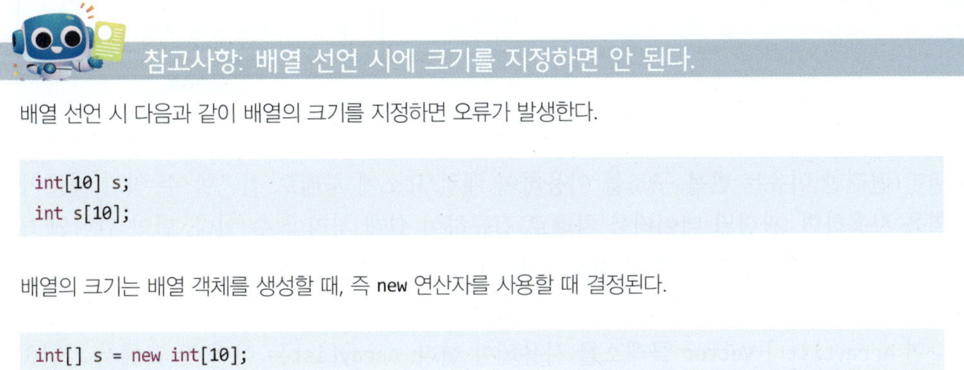

참고사항: 배열 선언 시에 크기를 지정하면 안 된다.

배열 선언 시 다음과 같이 배열의 크기를 지정하면 오류가 발생한다.

```
int[10] s;
int s[10];
```

배열의 크기는 배열 객체를 생성할 때, 즉 new 연산자를 사용할 때 결정된다.

```
int[] s = new int[10];
```

반복문과 배열

배열의 각각의 요소는 **인덱스(index)**라는 번호로 접근할 수 있다. 예를 들어서 배열 s의 첫 번째 요소는 `s[0]`이 된다. 배열이 생성되면 반복 루프를 이용하여 배열 요소에 값들을 채울 수 있다. 크기가 10인 정수형 배열을 생성하고 여기에 0부터 9까지의 값으로 배열을 채우는 프로그램을 완전하게 살펴보자. 자바에서는 배열이 객체이기 때문에 배열의 크기도 손쉽게 알 수 있다. 배열 이름이 s라면 `s.length`가 배열의 크기가 된다.

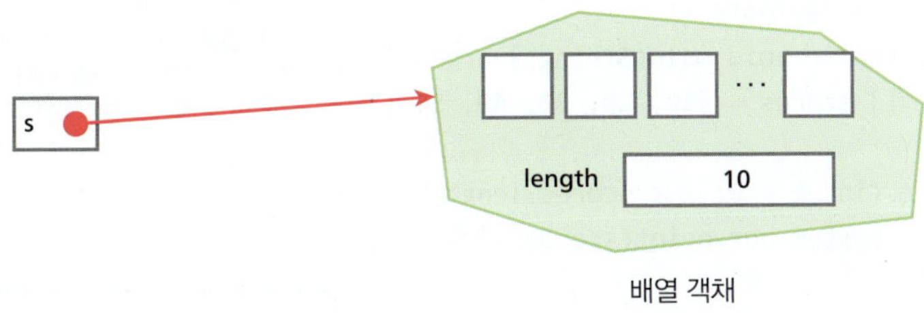

그림 3-9 배열의 크기

ArrayTest1.java

```
public class ArrayTest1 {
    public static void main(String[] args) {
        int[] s = new int[10];

        for (int i = 0; i < s.length; i++) {
            s[i] = i;
        }

        for (int i = 0; i < s.length; i++) {
            System.out.print(s[i] + " ");
        }
    }
}
```

크기가 10인 배열 생성

i번째 요소에 i를 저장

반복문을 이용하여 배열의 요소를 출력한다. 배열의 크기는 s.length로 알 수 있다.

```
0 1 2 3 4 5 6 7 8 9
```

배열이 편리한 이유는 반복 구조를 이용하여 배열 요소에 차례로 접근할 수 있기 때문이다. 배열을 사용하면, 관련된 데이터를 차례로 접근하여 쉽게 처리할 수 있다. 만약 관련된 데이터들이 서로 다른 이름의 변수에 저장되어 있다면 이들 이름을 일일이 기억해야 할 것이다. 배열은 한 번 생성되면 크기를 변경할 수 없다. 만약 실행 도중에 배열의 크기를 변경해야 한다면 ArrayList나 Vector 클래스를 사용해야 한다. ArrayList는 이번 장 끝에서 간단하게 소개할 것이다.

배열의 초기화

배열을 선언과 동시에 초기화하려면 배열을 선언한 다음에 중괄호를 사용하여 배열 요소의 초깃값을 적어 넣는다. 이때에는 연산자 new를 사용하지 않아도 배열이 생성된다. 또한 배열의 크기를 지정할 필요도 없다. 이 방법은 배열에 저장되는 수를 미리 알고 있는 경우에 사용한다.

ArrayTest3.java

```
public class ArrayTest3 {
    public static void main(String[] args) {
        int[] scores = {10, 20, 30, 40, 50};

        for (int i = 0; i < scores.length; i++)
            System.out.print(scores[i] + " ");
    }
}
```

각 배열은 length라는 필드를 가지고 있다. length 필드는 배열의 크기를 나타낸다. 따라서 length를 이용하면 배열의 크기만큼 반복할 수 있다.

```
10 20 30 40 50
```

for-each 문

JDK 1.5부터 등장한 for-each 문은 마치 프로그래밍 세계의 게으른 개발자를 위한 선물 같은 존재이다. "굳이 배열의 길이를 세고 인덱스를 관리하면서 하나하나 접근해야 해?"라고 투덜대는 개발자들에게, "아니, 그냥 이거 써! 내가 알아서 다 해 줄게!"라며 등장한 친절한 루프이다. for-each 문은 배열이나 컬렉션의 모든 요소를 차례대로 가져다주는 도구이다. 예를 들어, 여러분이 "이 배열 안에 있는 모든 숫자를 하나씩 꺼내 주세요."라고 하면, for-each 문은 알아서 순서대로 숫자를 꺼내 준다.

Syntax: for-each 문

```
int[] list = { 1, 2, 3, 4, 5 };

for(int e : list) {
    System.out.println(e);
}
```

변수 (e), 배열 (list)

배열 list의 각 요소가 변수 e로 차례대로 대입되면서 반복된다. 간단한 예제로 정수형 배열을 작성하고 for-each 문으로 배열에서 정수를 하나씩 꺼내서 화면에 출력해 보자.

ArrayTest4.java

```
public class ArrayTest4 {
        public static void main(String[] args) {
            int[] numbers = {10, 20, 30};
            for (int value : numbers)
                System.out.print(value + " ");
        }
}
```

변수 value에는 배열의 첫 번째 요소부터 마지막 요소까지 차례대로 대입된다.

```
10 20 30
```

반복이 진행되면서 변수 value에는 numbers 배열의 첫 번째 요소부터 마지막 요소까지 차례대로 대입된다. for-each 문은 다음과 같은 전통적인 for 문과 똑같은 효과를 낸다.

```
for (int i = 0;  i < numbers.length; i++) {
    System.out.print(numbers[i] + " ");
}
```

for-each 문은 전통적인 for 문보다 사용하기 쉽다. for-each 문에서는 배열의 크기에 신경 쓰지 않아도 되고 인덱스 값을 저장하는 변수를 생성할 필요도 없다. 또한 사용법이 간결해서 오류가 발생할 가능성이 적다. 따라서 배열에서 요소를 하나씩 꺼내어 처리하는 경우라면 for-each 문을 사용하는 것을 권장한다.

하지만 경우에 따라서는 for-each 문을 사용할 수 없기도 하다. 가장 대표적인 경우가 배열 요소의 값을 변경하는 경우이다. 또한 역순으로 배열 요소를 처리하는 경우, 전체가 아니고 일부 요소만을 처리하는 경우, 하나의 반복 루프에서 두 개 이상의 배열을 처리하는 경우에는 for-each 문이 부적합하다. 이런 경우에는 전통적인 for 문을 사용하여야 한다.

참고사항: 배열의 모든 요소를 출력하는 방법

배열의 모든 요소의 값을 출력하는 더 간단한 방법도 있다. Arrays 클래스의 toString() 메소드를 사용하는 것이다.

```
System.out.println(Arrays.toString(numbers));
```

```
[10, 20, 30]
```

예제 3-9 문자열 배열

앞에서는 정수 배열만을 살펴보았는데 실수 배열이나 문자열 배열도 얼마든지 생성하여 사용할 수 있다. 여기서는 5가지의 피자 토핑 종류를 문자열 배열에 저장하고 배열에 저장된 문자열을 꺼내서 화면에 출력해 보자. for-each 문을 사용한다.

```
Pepperoni Mushrooms Onions Sausage Bacon
```

PizzaTopping.java

```java
public class PizzaTopping {
    public static void main(String[] args) {
        String[] toppings =
                    {"Pepperoni", "Mushrooms", "Onions", "Sausage", "Bacon"};

        for (String s : toppings) {
            System.out.print(s + " ");
        }
    }
}
```

도전문제

1. 위의 코드에서 `for-each` 문을 전통적인 `for` 문 형태로 변경하시오.
2. 10개의 실수를 저장할 수 있는 배열을 생성한 후 0.0, 0.1, ..., 0.9를 저장한다. 저장된 값들을 배열에서 꺼내어 화면에 출력하는 프로그램을 작성하시오.

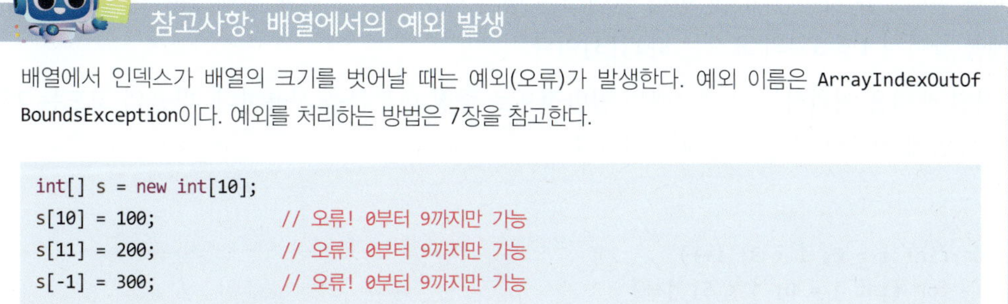

참고사항: 배열에서의 예외 발생

배열에서 인덱스가 배열의 크기를 벗어날 때는 예외(오류)가 발생한다. 예외 이름은 `ArrayIndexOutOfBoundsException`이다. 예외를 처리하는 방법은 7장을 참고한다.

```
int[] s = new int[10];
s[10] = 100;           // 오류! 0부터 9까지만 가능
s[11] = 200;           // 오류! 0부터 9까지만 가능
s[-1] = 300;           // 오류! 0부터 9까지만 가능
```

SELF TEST

1. 10개의 실수 난수를 저장하는 배열 `farray`를 선언하고 생성하는 코드를 작성하시오.
2. 배열의 크기는 어떻게 알 수 있는가?
3. 1번 문제의 배열 `farray`를 `for-each` 문으로 배열에 저장된 값들을 출력하는 코드를 작성하시오.
4. 1번 문제의 배열 `farray`에 저장된 값들의 합계를 계산하고 출력하는 코드를 작성하시오.

3.6 2차원 배열

배열은 많은 데이터를 하나로 묶어서 처리할 때 유용한 자료 구조이다. 데이터는 1차원이 아니라 2차원이 될 수도 있다.

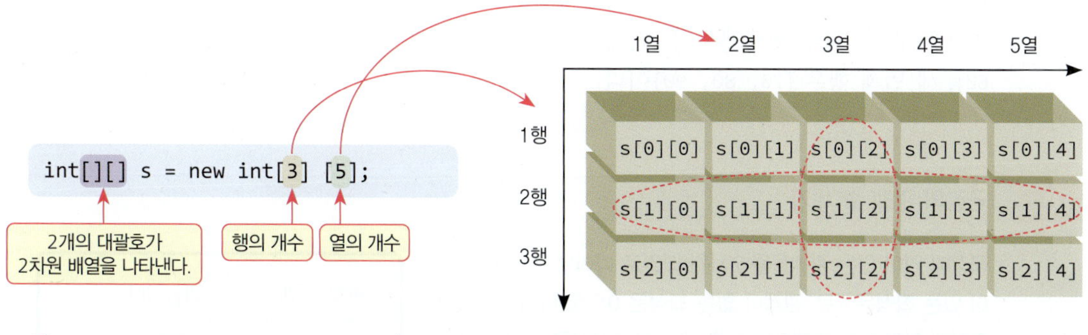

그림 3-10 2차원 배열

자바에서도 다른 언어들과 마찬가지로 2차원 배열을 만들고 사용할 수 있다. 예를 들어 int 타입의 2차원 배열을 선언하고 생성해 보자.

```
int[][] s = new int[3][5];
```

위의 문장은 3행 × 5열의 요소를 가지는 2차원 배열을 선언한 것이다. 2차원 배열을 사용할 때도 인덱스를 사용한다. 첫 번째 인덱스는 행의 번호이고 두 번째 인덱스는 열의 번호이다. 예를 들어서 1행 3열의 요소는 s[1][3]이다.

2차원 배열을 처리하는 프로그램은 일반적으로 중첩 반복문을 사용한다. 다음의 코드는 2차원 배열에 저장된 값을 화면에 출력한다.

```
for (int i = 0; i < 3; i++)
    for (int j = 0; j < 5; j++)
        System.out.println(s[i][j]);
```

2차원 배열의 초기화

2차원 배열의 초기화도 중괄호를 이용한다. 2차원 배열에서는 같은 행의 요소를 중괄호로 묶으면 된다.

```
int[][]  testArray =  {
    {10, 20, 30},
    {40, 50, 60},
    {70, 80, 90}
};
```

1차원 배열의 경우와 마찬가지로 초기화 리스트가 존재하는 경우에는 new 연산자를 사용할 필요가 없다. 위의 예제에서 첫 번째 행의 요소는 {10, 20, 30}이고 두 번째 행은 {40, 50, 60}, 세 번째 행은 {70, 80, 90}이다.

예제 3-10 극장의 관객 수 세기

극장에 앉아 있는 관객들을 2차원 배열로 나타낼 수 있다. 관객이 있는 좌석은 1로, 관객이 없는 좌석은 0으로 나타낸다. 현재 극장에 앉아 있는 관객들의 수를 세는 프로그램을 작성해 보자.

```
현재 관객 수는 7명입니다.
```

TheaterSeats.java

```java
public class TheaterSeats {
    public static void main(String[] args) {
        int [][] seats = {{0, 0, 0, 1, 1, 0, 0, 0, 0, 0},
                          {0, 0, 1, 1, 0, 0, 0, 0, 0, 0},
                          {0, 0, 0, 0, 0, 0, 1, 1, 1, 0}};
        int count = 0;
        for (int i = 0; i < seats.length; i++)
            for (int k = 0; k < seats[i].length; k++)
                count += seats[i][k];

        System.out.print("현재 관객 수는 " + count + "명입니다.");
    }
}
```

도전문제

1 (좌석표 시각화) `1 → 'X'`, `0 → '.'`으로 바꿔 좌석표를 행 단위로 출력하라(열 번호 헤더 포함).

2 (입력 좌석 예매) `row`, `col`을 입력받아 비어 있으면 1로 변경(예매), 사람이 앉아 있으면 경고 후 변경하지 않는다(범위 검사 포함).

래그드 배열

자바의 다차원 배열은 배열의 배열로 구현된다. 즉 `int[][]`는 '각 원소가 `int[]`인 배열'이며, 각 행의 길이가 서로 달라도 된다. 따라서 자바에는 C처럼 단일 연속 메모리에 배치되는 고정형 다차원 배열은 없고, 구조적으로 1차원 배열들이 중첩된 형태다.

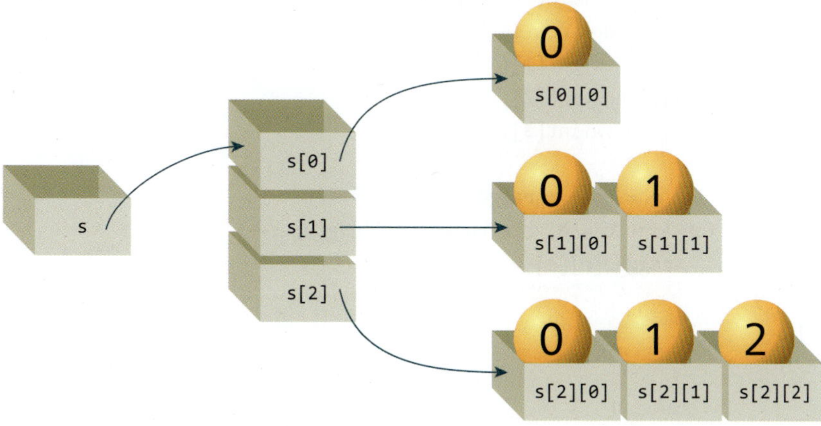

그림 3-11 래그드 배열

2차원 배열 s[][]에서 s[i]는 배열 s의 i번째 요소이고 이것은 다시 배열이 된다. s[i][j]는 이 배열의 j번째 요소가 된다. 이 성질을 이용하면 각 행 길이를 다르게 만들어 들쭉날쭉한 **래그드 배열(ragged array)**을 만들 수 있다. 그림 3-11과 같은 래그드 배열을 작성해 보자. i번째 행의 길이는 (i+1)이 된다.

먼저 행을 저장하고 있는 배열을 다음과 같은 문장으로 생성한다.

```
int[][] ragged = new int[MAX_ROWS + 1][];
```

각 행을 생성하여 ragged[]에 저장한다.

```
for (int r = 0; r <= MAX_ROWS; r++)
    ragged[r] = new int[r+1];
```

이제 2차원 배열이 생성되었으므로 값을 저장한다.

```
for (int r = 0; r < ragged.length; r++)
    for (int c = 0; r < ragged[r].length; c++)
        ragged[r][c] = c;
```

전체 프로그램은 다음과 같다.

RaggedArray.java

```
public class RaggedArray {
    public static void main(String[] args) {
        int[][] ragged = new int[3][];
        ragged[0] = new int[1];
        ragged[1] = new int[2];
        ragged[2] = new int[3];

        for (int r = 0; r < ragged.length; r++){
            for (int c = 0; c < ragged[r].length; c++)
                ragged[r][c] = c;
        }
    }
}
```

래그드 배열을 처리할 때 각 행의 `length` 필드를 이용하여 각 행의 길이를 파악하여야 한다. 행의 개수는 `ragged.length`로 알 수 있다. 래그드 배열은 배열 초기화로도 생성할 수 있다.

```
int[][] ragged = {{0}, {0, 1}, {0, 1, 2}};
```

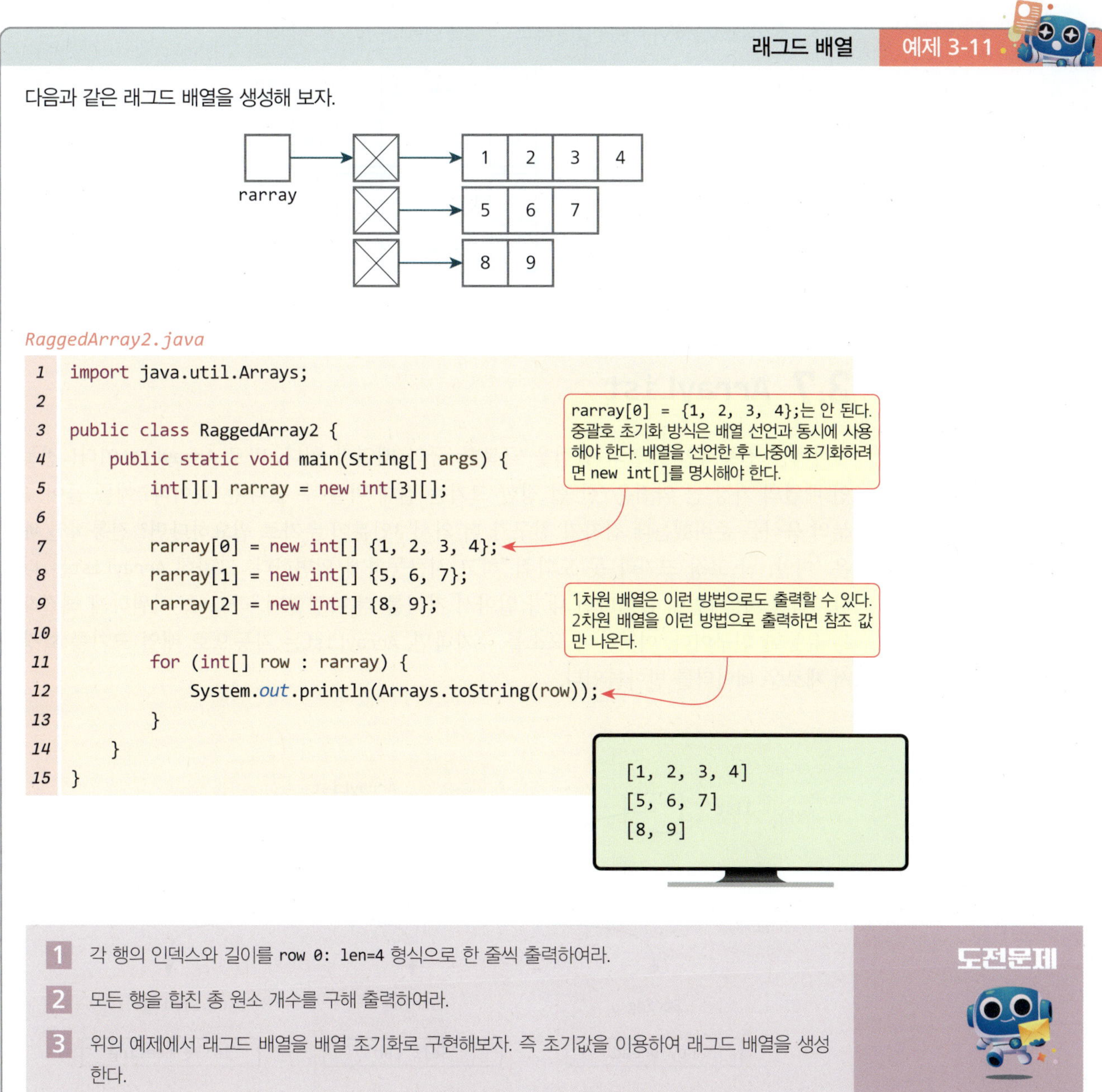

래그드 배열 예제 3-11

다음과 같은 래그드 배열을 생성해 보자.

RaggedArray2.java

```
import java.util.Arrays;

public class RaggedArray2 {
    public static void main(String[] args) {
        int[][] rarray = new int[3][];

        rarray[0] = new int[] {1, 2, 3, 4};
        rarray[1] = new int[] {5, 6, 7};
        rarray[2] = new int[] {8, 9};

        for (int[] row : rarray) {
            System.out.println(Arrays.toString(row));
        }
    }
}
```

`rarray[0] = {1, 2, 3, 4};`는 안 된다. 중괄호 초기화 방식은 배열 선언과 동시에 사용해야 한다. 배열을 선언한 후 나중에 초기화하려면 `new int[]`를 명시해야 한다.

1차원 배열은 이런 방법으로도 출력할 수 있다. 2차원 배열을 이런 방법으로 출력하면 참조 값만 나온다.

```
[1, 2, 3, 4]
[5, 6, 7]
[8, 9]
```

도전문제

1. 각 행의 인덱스와 길이를 `row 0: len=4` 형식으로 한 줄씩 출력하여라.
2. 모든 행을 합친 총 원소 개수를 구해 출력하여라.
3. 위의 예제에서 래그드 배열을 배열 초기화로 구현해보자. 즉 초기값을 이용하여 래그드 배열을 생성한다.

1 다음 배열 선언 중에서 잘못된 것을 모두 고르시오.

❶ `int[] a = int[10];`
❷ `int[] a = new int[10];`
❸ `int a[] = int[10];`
❹ `int a[] = new int[10];`
❺ `int[] a = {1, 2, 3, 4, 5};`

2 double형의 데이터를 저장하는 3×4 크기의 2차원 배열을 생성하는 코드를 작성하시오.

3 초깃값을 이용하여 다음과 같은 래그드 배열을 생성하는 코드를 작성하시오.

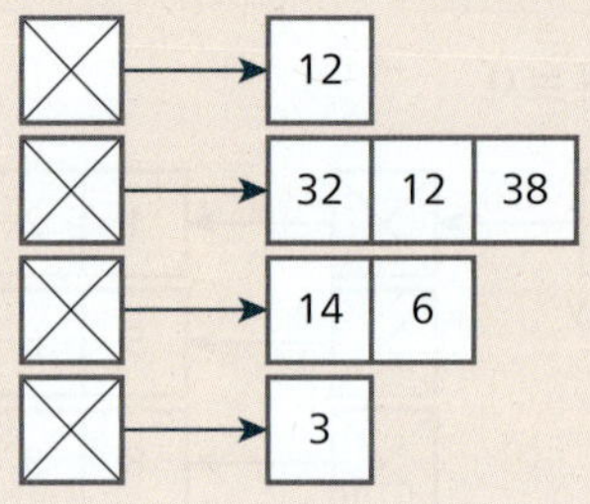

3.7 ArrayList

자바에는 전통적인 배열의 단점을 극복한 꿈의 배열이 있다. 바로 ArrayList이다! 전통적인 배열의 가장 큰 약점은 '한 번 정한 크기는 절대 바꿀 수 없다'는 것이다. 예를 들어, 5인분의 음식을 준비했는데 갑자기 친구가 더 와서 3인분이 추가로 필요하다면? 전통적인 배열은 "미안, 난 고정 크기라 못 도와줘."하고 시큰둥하게 외면한다. 그런데 ArrayList는 다르다. "걱정 마! 사람이 늘어나면 내가 알아서 자리를 더 마련할게."라고 속 시원하게 해결해주는 유능한 친구이다. 여러분이 요소를 추가하면, ArrayList는 자동으로 배열 크기를 확장해서 새로운 데이터를 받아들인다.

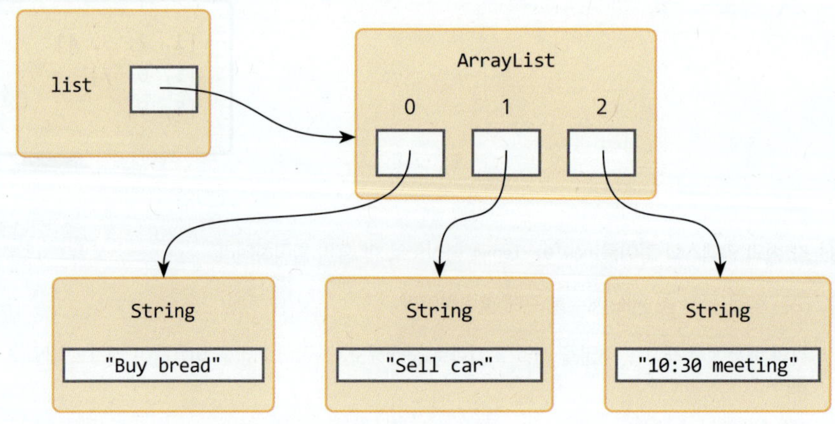

그림 3-12 ArrayList

ArrayList에 대한 완전한 설명은 11장에서 하지만 다음 장부터 가끔씩 ArrayList를 사용해 보자. 어렵지 않다. 다음과 같은 문장으로 문자열(String)을 저장할 수 있는 ArrayList를 생성한다.

Syntax: ArrayList 생성

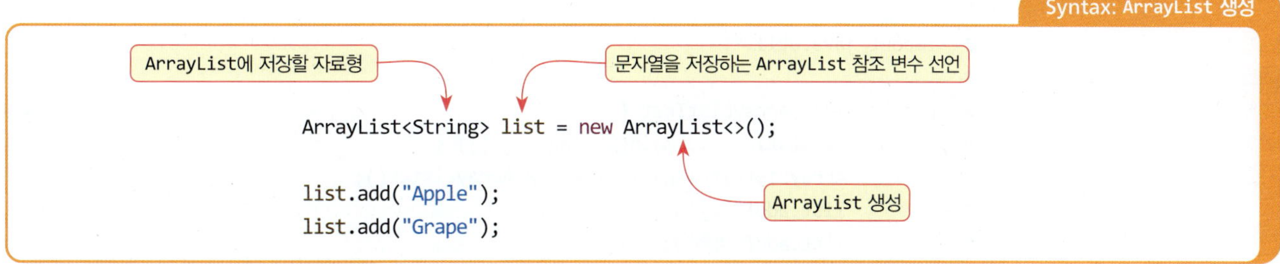

예를 들어서 친구 리스트를 ArrayList로 생성해 보자. 친구들의 이름을 저장해야 하므로 String을 자료형으로 주어서 ArrayList를 생성하면 된다.

```
ArrayList<String> list = new ArrayList<>();
```

위의 문장이 실행되면 비어있는 리스트가 생성된다. add() 메소드를 호출하여 요소들을 리스트에 추가할 수 있다.

```
list.add("철수");
list.add("영희");
```

리스트에서 요소를 삭제할 때는 다음과 같이 하면 된다.

```
list.remove(1);          // 1번째 요소 삭제
```

정수를 저장하는 ArrayList는 Integer라는 클래스 이름을 적어주어야 한다.

```
ArrayList<Integer> list = new ArrayList<>();
list.add(10);
list.add(20);
```

예제 3-12 친구 리스트 만들기

친구 리스트를 저장하는 ArrayList를 만들고, 친구들의 이름을 저장한 후에 다시 꺼내서 화면에 출력해 보자.

ArrayListTest.java

```
import java.util.*;

public class ArrayListTest {
    public static void main(String args[]) {
        ArrayList<String> list = new ArrayList<>();
        list.add("철수");
        list.add("영희");
        list.add("순신");
        list.add("자영");
        for (String obj : list)
            System.out.print(obj + " ");
    }
}
```

```
철수 영희 순신 자영
```

도전문제

1. (인덱스와 함께 출력) 현재 리스트를 0:철수 1:영희 2:순신 3:자영 형식으로 출력하여라(항상 for 대신 인덱스 for).
2. add()를 이용하여 인덱스 1에 "민수"를 삽입한 후에 리스트 전체를 출력해 보자.

SELF TEST

1. 아래의 코드에서 정수를 저장하려면 빈칸에 어떤 자료형을 넣어야 하는가?

```
ArrayList<______> list = new ArrayList<>();
list.add(100);
list.add(200);
```

Hint 정수를 저장하려면 int를 적으면 안 되고 클래스 이름 Integer를 적어야 한다.

숫자 추측 게임

Mini Project 수행하기

난이도: ★★★★☆
주제: 제어구조

이 프로젝트는 프로그램이 가지고 있는 정수를 사용자가 알아맞히는 게임이다. 사용자가 답을 제시하면 프로그램은 자신이 저장한 정수와 비교하여 제시된 정수가 더 높은지 낮은지만을 알려준다. 정수의 범위를 1부터 100까지로 한정할 경우 최대 7번이면 누구나 알아맞힐 수 있다. 정수의 범위를 1부터 1,000,000까지 확대하더라도 최대 20번이면 맞출 수 있다. 왜 그럴까? 이진 탐색의 원리 때문이다. 정렬된 숫자 중에서 중간값과 한 번씩 비교할 때마다 탐색 범위는 1/2로 줄어든다. 예를 들어 1부터 100 사이에서 50과 비교하여 50보다 작다는 답변을 들었다면, 다음 탐색 범위는 1부터 50이 된다. 그렇지만 물론 게임이기 때문에 운도 따른다. 게임이 끝나면 몇 번 만에 맞추었는지도 함께 출력하자.

```
정답을 추측하여 보시오: 10
제시한 정수가 낮습니다.
정답을 추측하여 보시오: 30
제시한 정수가 낮습니다.
정답을 추측하여 보시오: 60
제시한 정수가 높습니다.
정답을 추측하여 보시오: 59
축하합니다. 시도 횟수 = 4
```

프로그램은 반복 루프를 사용하여 사용자가 정확하게 정수를 알아맞힐 때까지 반복한다. 반복 루프 중에서 `do-while` 문이 적당하다. 그 이유는 일단 사용자로부터 숫자를 입력받아야 하기 때문이다. 사용자가 정답을 알아맞히면 몇 번 만에 알아맞혔는지를 화면에 출력하기 위해 사용자가 제시한 정수와 정답을 비교해야 하는데 이때는 `if` 문을 사용한다.

```
do
    사용자로부터 숫자를 guess로 입력받는다.
    시도 횟수를 증가한다.
    if (guess < answer)
        숫자가 낮다고 출력한다.
    if (guess > answer)
        숫자가 높다고 출력한다.
while (guess != answer);
"축하합니다"와 시도 횟수를 출력한다.
```

Summary

- **if-else 문:** 조건에 따라 서로 다른 분기 코드를 실행한다.

```
if (score >= 90) grade = 'A'; else grade = 'B';
```

- **switch 문:** 값에 따라 다중 분기를 간결하게 표현한다.

```
String grade = switch (score/10) { case 10,9 -> "A";
case 8 -> "B"; case 7 -> "C"; case 6 -> "D"; default -> "F"; };
```

- **for 문:** 반복 횟수가 정해졌을 때 인덱스로 순회/누적한다.

```
for (int i = 0; i < n; i++) sum += a[i];
```

- **while 문:** 조건이 참인 동안 반복하며, 조건이 변하도록 본문을 작성한다.

```
while (n > 0) { n--; }
```

- **break / continue:** 반복을 즉시 종료하거나 현재 반복만 건너뛴다.

```
if (i % 2 == 0) continue;  // 짝수는 건너뛰기
```

- **배열 선언과 초기화:** 같은 타입의 값을 연속 메모리에 저장한다.

```
int[] arr = {1, 2, 3, 4, 5};
```

- **배열과 반복문:** 길이(length)를 이용해 안전하게 순회/채운다.

```
for (int i = 0; i < arr.length; i++) arr[i] = i;
```

- **2차원 배열(중첩 반복문):** 행·열 인덱스로 요소를 처리한다.

```
for (int r = 0; r < m.length; r++) for (int c = 0; c < m[r].length;
c++) sum += m[r][c];
```

- **for-each 문:** 전체 요소를 간편히 순회(읽기 전용 용도에 적합)한다.

```
for (String s : names) System.out.println(s);
```

- **ArrayList**: 크기가 가변적인 리스트로 요소 추가/삭제가 쉽다.

```
ArrayList<String> list = new ArrayList<>();
```

Exercises

1. 다음의 자바 코드에서 잘못된 부분은 어디인가? 어떻게 수정하여야 하는가?

```
int arr[10];
arr[0] = 100;
```

2. 다음 코드를 실행한 출력 결과는?

```
for (int i = 1; i <= 3; i++) {
    System.out.print(i + " ");
}
```

❶ 1 2 3 ❷ 1 2 ❸ 1 2 3 4 ❹ 1

3. 다음 코드를 실행한 출력 결과는?

```
for (int i = 0; i < 3; i++) {
    switch (i)  {
        case 0: break;
        case 1: System.out.print("one ");
        case 2: System.out.print("two ");
        case 3: System.out.print("three ");
    }
}
System.out.println("done");
```

4. 다음 코드를 실행한 출력 결과는?

```
for (int i = 0; i < 3; i++) {
    for (int j = 0; j < 2; j++) {
        System.out.print(i + "," + j + " ");
    }
}
```

❶ 0,0 0,1 1,0 1,1 ❷ 0,0 0,1 1,0 1,1 2,0 2,1

❸ 0,0 1,0 2,0 ❹ 오류 발생

5. 다음 코드를 실행한 출력 결과는?

```
for (int i = 0; i < 5; i++) {
    if (i % 2 == 0) {
        continue;
    }
    System.out.print(i + " ");
}
```

❶ 0 2 4 ❷ 1 3 5 ❸ 1 3 ❹ 0 1 2 3 4

6. 다음 중 무한 루프를 생성하는 코드 조합은?

❶ `for (int i = 0; i < 0; i++) { }` ❷ `while (true) { }`

❸ `do { } while (false);` ❹ `for (int i = 0; i > 10; i--) { }`

7. 다음 배열 선언 중 올바른 것은?

❶ `int arr = new int[5];`

❷ `int arr[5] = {1, 2, 3, 4, 5};`

❸ `int[] arr = new int[]{1, 2, 3, 4, 5};`

❹ `int arr = {1, 2, 3, 4, 5};`

8. 다음 중 2차원 배열의 선언으로 올바른 것은?

❶ `int[][] arr = new int[3];` ❷ `int arr[][] = new int[3][3];`

❸ `int[] arr = new int[3][3];` ❹ `int[3][3] arr = new int[][];`

9. 다음 코드에서 배열의 마지막 요소에 접근하는 방법은?

```
int[] arr = {10, 20, 30, 40};
```

❶ `arr[arr.length]` ❷ `arr[arr.length - 1]`

❸ `arr[4]` ❹ 배열의 마지막 요소에 접근할 수 없다.

10. 다음 코드를 실행한 출력 결과는?

```
int[][] arr = {{1, 2}, {3, 4}};
System.out.println(arr[1][0]);
```

❶ 1 ❷ 2 ❸ 3 ❹ 4

11. 다음 코드를 실행한 출력 결과는?

```
int[] arr = {10, 20, 30};
System.out.println(arr[1]);
```

❶ 10　❷ 20　❸ 30　❹ 컴파일 오류

12. 다음과 같은 배열을 생성하는 코드를 작성하시오.

1. 크기가 3인 문자열 배열 names를 선언하고 “Kim”, “Lee”, “Park”으로 초기화하는 코드를 작성하시오.
2. double 타입의 배열 scores를 선언하고, 크기를 4로 설정한 뒤 각 요소에 10.5, 20.5, 30.5, 40.5를 초기화하는 코드를 작성하시오.
3. boolean 타입의 배열 flags를 선언하고, 크기를 3으로 설정한 뒤 true, false, true로 초기화하는 코드를 작성하시오.
4. char 타입의 배열 letters를 선언하고, ‘A’, ‘B’, ‘C’, ‘D’로 초기화하는 코드를 작성하시오.

13. 다음 배열을 처리하는 코드 중에서 잘못된 것을 모두 고르시오.

```
int arr[] = {100, 200, 300};
```

❶ `arr[0] = 30;`　❷ `arr[3] = -1;`
❸ `arr[arr.length] = 10;`　❹ `arr[-1] = 20;`

14. 다음 코드는 int 배열의 모든 요소를 출력한다. 빈칸에 들어갈 코드를 작성하시오.

```
int[] arr = {10, 20, 30, 40, 50};
for (int i = 0; i < ______; i++) {
    System.out.print(arr[______] + " ");
}
```

15. 다음 코드는 for-each 문을 사용하여 배열의 모든 요소를 출력한다. 빈칸에 들어갈 코드를 작성하시오.

```
String[] names = {"Kim", "Lee", "Park"};
for (________ name : names) {
    System.out.println(________);
}
```

16. 다음 코드는 2차원 배열에서 각 행의 합을 출력한다. 빈칸에 들어갈 코드를 작성하시오.

```
int[][] matrix = {
    {1, 2, 3},
    {4, 5, 6}
};
for (int i = 0; i < ______; i++) {
    int rowSum = 0;
    for (int j = 0; j < ______; j++) {
        rowSum += matrix[i][j];
    }
    System.out.println("행 " + i + "의 합: " + rowSum);
}
```

17. 다음 코드는 String 배열의 요소를 역순으로 출력한다. 빈칸에 들어갈 코드를 작성하시오.

```
String[] fruits = {"Apple", "Banana", "Cherry"};
for (int i = ______; i >= 0; i--) {
    System.out.println(fruits[______]);
```

Programming Exercises

1. 간단한 계산기 프로그램을 작성하시오. 먼저 사용자로부터 하나의 문자를 입력받는다. 이어서 사용자로부터 2개의 숫자를 입력받는다. 사용자로부터 받은 문자가 '+'이면 두수의 덧셈을, 문자가 '-'이면 뺄셈을, 문자가 '*'이면 곱셈을, 문자가 '/'이면 나눗셈을 수행한다. if-else 문을 사용한다. 나눗셈의 경우, 분모가 0이 아닌지를 먼저 검사하여야 한다.

난이도: ★★★☆☆
주제: 조건문

```
연산을 입력하세요: *
피연산자 2개를 입력하세요: 10 20
10.0*20.0 = 200.0
```

2. 사용자로부터 숫자 n을 입력받아 다음과 같은 숫자 피라미드를 출력하는 프로그램을 작성하시오.

난이도: ★★☆☆☆
주제: 이중 반복문

```
숫자를 입력하시오: 5
1
2 3
4 5 6
7 8 9 10
11 12 13 14 15
```

3. 구구단을 기반으로 간단한 퀴즈 게임 프로그램을 작성하시오. 사용자는 프로그램이 제시한 구구단 문제를 풀며, 정답 여부에 따라 점수를 획득한다.

난이도: ★★★☆☆
주제: 조건문, 반복문

```
구구단 퀴즈에 오신 것을 환영합니다!
총 10개의 문제가 출제됩니다. 정답을 맞히세요!
문제 1: 3 x 6 = ?
사용자 입력: 18
정답입니다!
...
```

난이도: ★★☆☆☆
주제: 조건문, 반복문

4. 1차 방정식 $3x + 10y = 100$을 만족하는 모든 해를 구하는 프로그램을 작성하시오. 여기서 x와 y는 정수이고 $0 \le x \le 10$, $0 \le y \le 10$라고 가정한다.

```
(0,10)
(10,7)
```

난이도: ★★☆☆☆
주제: 조건문, 반복문

5. 2개의 주사위를 던지는 게임이 있다고 가정한다. 2개 주사위의 합이 6이 되는 경우는 몇 가지나 있는가? 합이 6이 되는 경우의 수를 출력하는 프로그램을 작성하시오.

```
(1,5) , (2,4) , (3,3) , (4,2) , (5,1) ,
```

난이도: ★★★☆☆
주제: 반복문, 조건문

6. 369 게임은 숫자에 3, 6, 9가 포함되어 있으면 3, 6, 9의 개수만큼 박수를 치는 게임이다. 1부터 사용자가 입력한 숫자 n까지 369 게임의 규칙에 따라 출력하는 프로그램을 작성하시오.

```
숫자를 입력하시오: 15
1 2 짝 4 5 짝 7 8 짝 10 11 12 짝 14 15
```

난이도: ★★★★☆
주제: 반복문, 조건문

7. 사용자로부터 정수 n을 입력받아 소인수 분해한 결과를 출력하는 프로그램을 작성하시오.

```
정수를 입력하시오: 28
소인수: 2, 2, 7
```

소인수 분해의 기본 로직은 다음과 같다.

1. 가장 작은 소수인 2부터 시작하여 주어진 숫자 n을 나눈다.
2. 나누어 떨어지면, n을 해당 소수로 나눈 값을 새로운 n으로 갱신한다.
3. 더 이상 나누어 떨어지지 않으면 다음 소수로 이동한다.
4. n이 1이 될 때까지 반복한다.

8. 사용자로부터 양의 정수 10개를 입력받아 배열에 저장한 후 2의 배수이면서 3의 배수인 숫자를 출력하는 프로그램을 작성하시오.

난이도: ★★☆☆☆
주제: 반복문, 배열

```
양의 정수 10개를 입력하세요: 12  18 25 9 24 7 36 15 6 22

2의 배수이면서 3의 배수인 숫자:
12 18 24 36 6
```

9. 1부터 100 사이의 난수를 10개 생성하여 배열에 저장한다. 배열을 한 번 순회하면서 배열의 최댓값과 최솟값을 찾아 출력하는 프로그램을 작성하시오. 난수는 Math.random() 메소드를 사용하여 생성한다.

난이도: ★★☆☆☆
주제: 배열, 조건문, 반복문

```
생성된 배열: [23, 87, 45, 62, 15, 34, 99, 8, 76, 54]
최댓값: 99
최솟값: 8
```

Math.random() 메소드는 0 이상 1 미만의 실수(double)를 반환한다. Math.random() 메소드를 사용하여 특정 범위의 정수를 생성하려면 다음 공식을 사용할 수 있다.

```
r = (int) (Math.random() * 범위) + 시작값;
```

10. 1부터 45 사이에서 중복되지 않는 6개의 난수를 생성하는 로또 번호 프로그램을 작성하시오. 로또 번호는 배열에 저장하며, 배열에 저장된 번호는 반드시 중복이 없어야 한다. 결과는 배열 형태로 출력한다.

난이도: ★★★★☆
주제: 배열, 난수 생성, 중복 제거

```
[7, 12, 23, 34, 40, 45]
```

11. 사용자로부터 정수 배열을 입력받아, 배열 내 중복된 요소를 찾아 출력하는 프로그램을 작성하시오.

난이도: ★★★☆☆
주제: 배열, 조건문, 반복문

```
입력 배열: 2, 4, 5, 2, 6, 4
중복된 요소: [2, 4]
```

난이도: ★★☆☆☆
주제: 배열, 난이도

12. {1.0, 2.0, 3.0, 4.0}과 같은 초깃값을 가지는 double 형 배열을 생성한다. 배열의 모든 요소를 출력한 후에 모든 요소를 더하여 합을 출력하고 요소 중에서 가장 큰 값을 찾아서 출력하는 프로그램을 작성하시오.

```
1.0 2.0 3.0 4.0
합은 10.0
최댓값은 4.0
```

난이도: ★★★★☆
주제: 래그드 배열, 배열

13. 다음과 같은 2차원 래그드 배열을 순회하면서 전체 요소의 값을 화면에 출력하는 프로그램을 작성하시오.

1	2	3	4
1	2		
1			
1	2	3	

```
1 2 3 4
1 2
1
1 2 3
```

난이도: ★★★★★
주제: 2차원 배열, 사용자 입력 처리, 무작위 값 생성

14. 2차원 배열을 활용하여 간단한 텍스트 기반 지뢰 찾기 게임을 만드시오. 이 게임에서는 좌표를 입력받아 지뢰인지 확인하고, 게임 종료 전까지 현재 상태를 출력해야 한다.

```
좌표를 입력하세요(종료: -1): 2 2
안전합니다. 계속하세요.
현재 보드 상태:
. . . . .
. . . . .
. . 0 . .
. . . . .
. . . . .
```

난이도: ★★★★★
주제: 2차원 배열, 반복문

15. 2차원 배열에 숨겨진 숫자 쌍을 찾는 기억력 게임(Memory Game)을 작성하시오. 차원 배열(예: 4 × 4)에 랜덤 숫자 쌍(예: 1~8)을 무작위로 배치한다. 사용자가 좌표를 입력하여 2개의 칸을 선택하면, 그 칸에 저장된 숫자가 일치하는지 확인한다. 모든 숫자 쌍을 맞히면 게임을 종료한다.

```
현재 보드 상태:
. . . .
. . . .
. . . .
. . . .
첫 번째 좌표를 입력하세요(행 열): 0 1
두 번째 좌표를 입력하세요(행 열): 2 3
선택한 숫자: 3, 5
숫자가 일치하지 않습니다. 다시 시도하세요.
```

16. 카드를 랜덤하게 선택하여 화면에 출력하는 프로그램을 작성하시오. {"Clubs", "Diamonds", "Hearts", "Spades"}와 {"2", "3", "4", "5", "6", "7", "8", "9", "10", "Jack", "Queen", "King", "Ace"}를 가지고 있는 문자열 배열을 생성하고 여기서 5장의 카드를 랜덤하게 선택한다.

난이도: ★★★★☆
주제: 반복문, 배열

```
Diamonds의 King
Clubs의 10
Spades의 9
Diamonds의 9
Spades의 3
```

0부터 51 사이의 난수를 만들려면 다음과 같이 Math.random() 메소드를 호출한다.

```
int i = (int) (Math.random() * 52);
```

17. 온라인 마켓의 간단한 상품 검색 및 구매 시스템을 구현하시오. 이 시스템은 배열 String[] products, int[] prices, int[] stocks를 활용하여 상품 목록을 저장하고, 사용자가 입력한 상품 번호를 검색한 후 가격과 재고 정보를 출력한다. 사용자가 상품을 구매하면 재고를 줄이고, 구매한 총 금액을 계산한다. 재고가 부족하면 오류 메시지를 출력하고 구매를 방지한다.

난이도: ★★★★☆
주제: 반복문, 배열

```
구매할 상품 번호를 입력하세요(취소: -1): 1
구매 수량을 입력하세요: 2
구매 완료: Laptop x 2 (2,000,000원)
...
```

CHAPTER 04

클래스와 객체 I

학습목표

- 객체 지향 프로그래밍과 절차적 프로그래밍 중 어떤 방법이 더 효과적인지 구분한다.
- 클래스를 정의한다.
- 하나로 여러 가지 일을 하는 메소드 오버로딩을 사용한다.
- 생성자를 사용하여 객체를 초기화한다.
- 접근자와 생성자를 활용해 객체의 접근을 제어한다.

학습목차

핵심 키워드

클래스, 객체, 오버로딩, 접근 제어, 접근자, 설정자, 생성자

CHAPTER 04 클래스와 객체 I

4.1 객체 지향 프로그래밍이란?

자바는 **객체 지향 프로그래밍**(Object-Oriented Programming; OOP)을 완벽하게 지원하는 언어이다. 객체 지향 프로그래밍이란 "우리가 사는 세상처럼 프로그램도 다양한 객체들로 구성해 보자!"라는 접근 방식이다. 프로그램 안에 있는 인간, 자동차, 강아지, 스마트폰 같은 객체들이 살아 숨 쉬게 만드는 것이다. 각 객체는 "나는 이런 속성이 있고, 이런 행동도 할 수 있어!"라고 말하며, 마치 소프트웨어 속 작은 생명체처럼 동작한다. 예를 들어, 자동차 객체는 "나는 빨간 스포츠카이고, 시속 100km로 달릴 수 있어!"라고 자랑할 수 있다. OOP는 특히 대규모 소프트웨어 개발에 아주 유용하다. 복잡한 시스템도 객체들로 나눠서 처리하면, 마치 레고 블록처럼 조립하고 관리할 수 있기 때문이다. 덕분에 유지 보수할 때도 "이 블록만 바꾸면 되네!" 하면서 쉽게 수정할 수 있다.

그림 4-1 객체 지향은 프로그램을 실세계와 유사하게 작성하는 방법이다.

객체들은 각각 자신만의 고유한 역할을 수행하면서 다른 객체들과 끊임없이 상호작용한다. 이 상호작용은 마치 대화를 주고받는 것처럼 객체들이 서로 **메시지**(message)를 주고받으면서 이루어진다. **OOP**는 우리가 사는 세상을 그대로 반영한 개념이라, 일상 속에서 쉽게 이해할 수 있다. 예를 들어, 사람이 텔레비전을 보고 있다가 채널을 바꾸고 싶다고 하자. 이때 사람은 "29번 채널로 바꿔 줘"라고 말한다(음성인식이 가능한 TV라고 가정하자). 텔레비전은 이 요청을 듣고 실제로 채널을 29번으로 변경한다. 여기서 사람은 명령을 내리는 객체, 텔레비전은 그 명령을 수행하는 객체이다. 객체 지향 프로그래밍에서 객체들은 이처럼 서로 메시지를 주고받으며 협력한다.

그림 4-2 객체는 다른 객체에 메시지를 보내서 상호작용한다.

소프트웨어 개발도 이와 같이 하는 방식을 OOP라고 한다. OOP는 다양한 기능을 하는 소프트웨어 객체들을 조립하여 자기가 원하는 기능을 구현하는 기법이다. 소프트웨어 객체들도 서로 메시지를 주고받으면서 작업을 수행한다.

객체

객체(object)는 객체 지향 프로그래밍의 핵심 개념이다. 객체는 두 가지 중요한 요소, 즉 상태와 동작을 가진다. 마치 사람이나 물건이 각각의 성질과 행동을 가진 것과 같다. 객체의 **상태(state)**는 객체가 지닌 속성이다. 예를 들어, 텔레비전 객체를 생각해 보자. 텔레비전의 채널 번호, 볼륨 수준, 전원 상태 등이 바로 그 텔레비전 객체의 상태에 해당한다. 이 속성들이 모여 텔레비전의 현재 모습을 결정하는 것이다. 반면에, 객체의 **동작(behavior)**은 객체가 할 수 있는 일, 즉 수행할 수 있는 동작이나 기능을 의미한다. 다시 텔레비전을 예로 들면, 텔레비전을 켜고 끄거나, 채널을 변경하고, 볼륨을 조절하는 것들이 텔레비전 객체의 동작에 해당한다. 사람을 객체로 표현해 본다면, 이름과 나이는 상태가 되고, 먹기나 걷기 같은 행동은 동작에 해당한다. 이처럼 객체는 각각 자신만의 상태와 동작을 가지며, 이를 통해 다양한 역할을 수행한다. 객체 지향 프로그래밍에서는 이러한 객체들이 서로 협력하여 복잡한 작업을 수행한다.

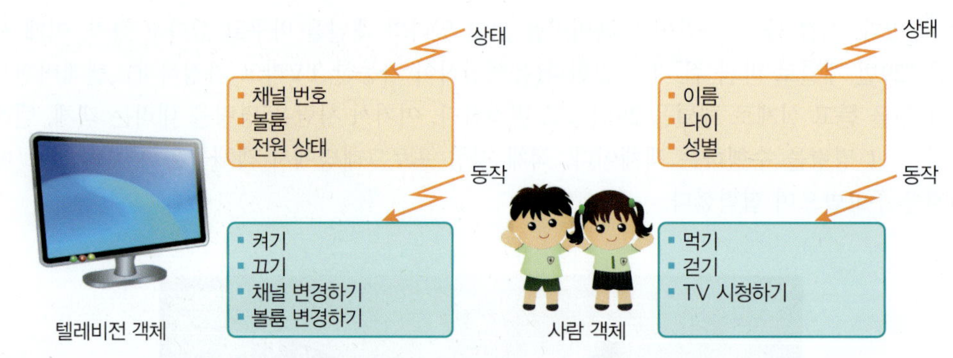

그림 4-3 객체의 예

객체의 상태와 동작은 소프트웨어에서는 각각 필드와 메소드로 표현한다. 객체 안의 변수를 **필드(field)**라고 부르고, 객체 안의 함수를 **메소드(method)**라고 부른다. 즉, 객체는 필드와 메소드로 이루어져 있는 소프트웨어의 묶음이라고 할 수 있다.

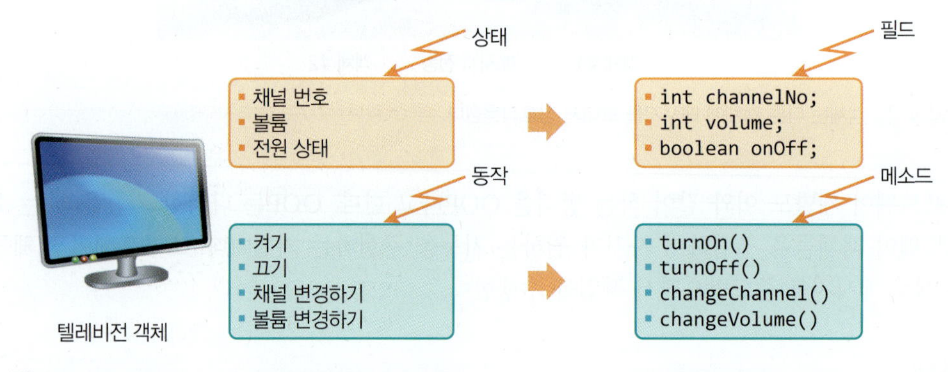

그림 4-4 필드와 메소드

객체에 메시지를 보낸다는 것은 객체가 가지고 있는 메소드 중에서 하나를 호출하는 것이라고 생각하면 된다.

프로그래밍 기법의 발전

OOP를 제대로 이해하려면, 프로그래밍 패러다임이 시대에 따라 어떻게 변해왔는지를 아는 것이 도움이 된다. 그림 4-5는 이러한 변화를 한눈에 보여준다. 프로그래밍 패러다임이 발전할수록 코드의 추상화 수준이 높아지고, 프로그램을 작성하고 관리하는 일이 점점 더 편리해졌다.

- **어셈블리 언어:** 초기 컴퓨터 프로그래밍 언어로, 기계어와 매우 가까운 저수준 언어이다. 매우 구체적이고 기계 중심적인 명령어를 사용한다.
- **절차적 프로그래밍:** 프로그램을 함수의 집합으로 구성하는 방식이다. 대표적으로 C언어가 있다.
- **객체 지향 프로그래밍:** 프로그램을 객체라는 독립적인 단위로 나누어, 객체 간의 상호작용을 통해 프로그램이 동작하도록 하는 방식이다. 자바와 C++ 같은 언어가 여기에 속한다.

- **함수형 프로그래밍:** 프로그램을 수학적 함수의 조합으로 작성하며, 상태 변경이나 부작용을 최소화하는 것을 목표로 한다. 대표적으로 하스켈(Haskell)과 스칼라(Scala)가 있다. 최근에 자바에도 도입되었다.

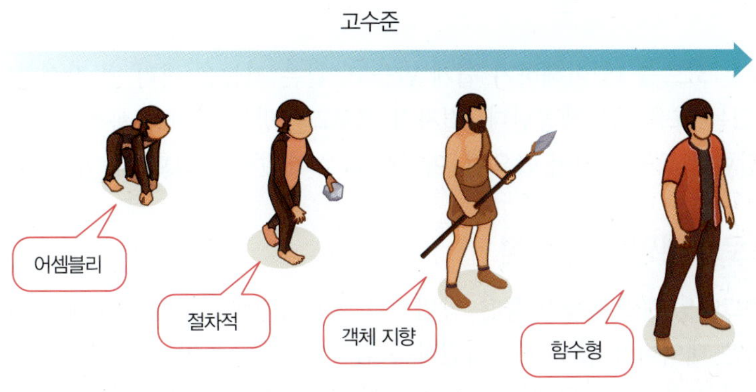

그림 4-5 프로그래밍 패러다임의 진화

절차적 프로그래밍

절차적 프로그래밍(Procedural Programming)은 프로그램을 여러 단계로 나누어 순서대로 처리하는 방식이다. 여기서 말하는 '**절차**(Procedure)'는 함수(Function)나 서브루틴(Subroutine)을 뜻한다. 즉, 절차적 프로그래밍에서는 프로그램이 여러 개의 함수로 이루어져 있으며, 각 함수는 하나의 작은 일을 맡아 수행한다. 이런 방식은 C 언어를 비롯한 많은 프로그래밍 언어에서 널리 사용된다. 예를 들어, 원의 면적을 계산하는 함수도 절차적 프로그래밍의 한 사례이다.

```
double getCircleArea(double r) {
    double area;
    area = 3.14 * r * r;
    return area;
}

int main(void) {
  int radius = 10.0;
  double area = getCircleArea(radius);
  printf("면적=%f\n", area);
  return 0;
}
```

이 코드에서는 `getCircleArea()` 함수가 원의 면적을 계산하는 역할을 맡고 있다. `main()` 함수에서는 이 `getCircleArea()` 함수를 호출하여 원의 면적을 계산하고, 결과를 출력한다. 절차적 프로그래밍의 핵심은 복잡한 문제를 작고 관리하기 쉬운 단위로 나누어 처리하는 것이다. 수십만 줄에 달하는 거대한 프로그램을 단 하나의 함수에 모두 넣는 것은 불가능할 것이다. 따라서 관련된 코드를 묶어 함수로 분리하고, 이를 재활용하는 방식이 코딩의 초기부터 시도되었다.

이러한 방식은 코드를 더 이해하기 쉽게 만들고, 같은 기능을 여러 번 작성할 필요 없이 재사용할 수 있는 효율성을 제공한다. 절차적 프로그래밍은 이처럼 복잡한 문제를 해결하는 데 있어서 강력한 도구가 되어 왔으며, 여전히 많은 개발자가 선호하는 접근법 중 하나이다.

절차적 프로그래밍의 문제점

절차적 프로그래밍은 오랫동안 좋은 방법으로 여겨져 왔다. 그런데 문제는 없었을까? 가장 중요한 단점은 데이터가 함수와 분리된다는 점이다. 예를 들어 이전 원의 면적을 계산하는 코드에서 원의 반지름을 나타내는 `radius`와 이 데이터를 사용하는 함수 `getCircleArea()`는 서로 분리되어 있다. 절차적 언어에서는 변수와 함수를 묶을 수 있는 메커니즘 자체가 없다. 데이터가 프로그램의 중요한 부분임에도 불구하고 절차적 방법에서는 프로그램을 함수로 분할하여 작성하는 것에만 신경을 쓰게 된다. 절차적 프로그래밍은 유지 보수 및 확장이 어려울 수 있으며, 대규모 프로젝트에는 부적합할 수 있다.

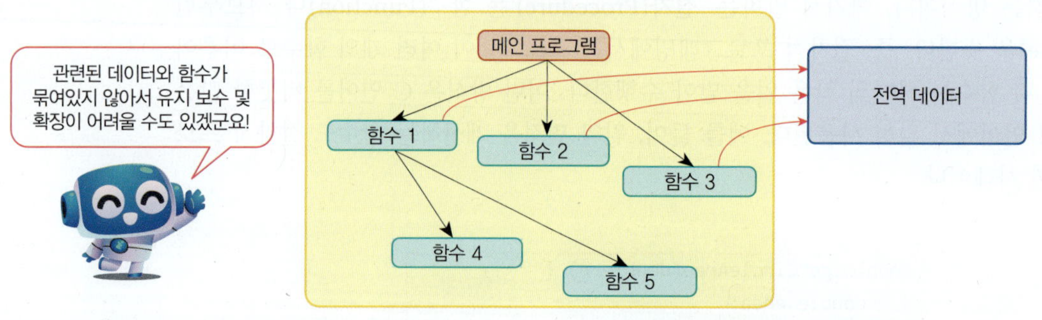

그림 4-6 절차적 프로그래밍의 문제점

객체 지향 프로그래밍

연구가 진행될수록 관련 있는 함수와 데이터를 묶어서 생각해야 한다는 점이 명백해졌다. **객체 지향 프로그래밍(Object-Oriented Programming)**은 데이터와 함수를 객체라고 하는 하나의 덩어리로 묶어서 생각하는 방법이다. 데이터와 함수를 하나의 덩어리(객체)로 묶는 것을 **캡슐화(encapsulation)**라고 부른다. 앞에서 C언어로 구현한 코드를, 자바를 사용하여 객체 지향 방법으로 다시 작성하면 다음과 같다. `Circle`이라는 이름의 클래스 안에 변수 `radius`와 함수 `getArea()`가 묶여 있음을 알 수 있다. 클래스를 정의하는 방법은 다음 절에서 자세히 살펴본다. 일단 관련 있는 데이터와 함수가 한 곳에 묶여 있다는 것만 이해하도록 하자.

```
public class Circle {
    double radius;       // 데이터
    String color;        // 데이터
    double getArea() { return 3.14 * radius * radius; } // 함수
}
```

참고사항: 객체 지향 프로그래밍과 절차적 프로그래밍은 서로 배타적인 개념이 아니다.

객체 지향 프로그래밍(OOP)와 절차적 프로그래밍은 서로 상호 배타적이지 않으며, 실제로는 상호 보완적으로 사용된다. 객체 지향 프로그래밍의 구조 내에서 절차적 프로그래밍 기법을 활용하여 복잡한 로직을 구현하거나 특정 작업을 수행하는 것은 매우 일반적이다. 객체 지향 프로그래밍에서도 메소드는 다른 메소드를 호출할 수 있으며, 종종 절차적 프로그래밍 스타일로 작성된다.

SELF TEST

1. 절차적 프로그래밍과 객체 지향 프로그래밍에서 무엇이 각 방법의 주인공인가?
2. 객체와 객체는 어떤 방법으로 서로 상호작용하는가?
3. C언어는 __________ 프로그래밍 패러다임을 사용하고 자바는 __________ 프로그래밍 패러다임을 사용한다.
4. 자동차 객체의 속성과 동작을 각각 3개만 작성하시오.
5. 스마트폰 객체의 속성과 동작을 각각 3개만 작성하시오.

4.2 객체 지향 프로그래밍의 원칙

객체 지향 프로그래밍은 **캡슐화**, **상속**, **다형성**, **추상화로** 정의한다. 따라서 언어가 이 모든 것을 지원하지 않으면, 완전히 객체 지향적인 것으로 간주하지 않는다.

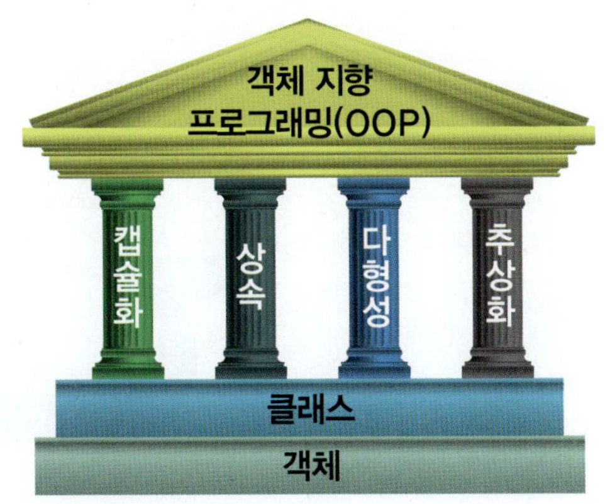

그림 4-7 객체 지향 프로그래밍의 원칙들

캡슐화

소프트웨어 개발의 어려움 중 하나는 기존의 방대한 코드가 있음에도 불구하고, 새로운 소프트웨어를 개발할 때마다 모든 것을 처음부터 다시 작성해야 한다는 점이다. 이러한 문제를 해결하기 위해서는 기존 코드를 재사용할 수 있는 메커니즘이 필요하다. 이를 위해서는 코드가 잘 조직되어 있어야 하며, 관련된 데이터와 알고리즘이 하나의 단위로 정리되어 있어야 한다. 객체 지향 프로그래밍(OOP)에서는 이러한 개념을 **캡슐화(encapsulation)**라고 한다. 캡슐화는 관련된 데이터와 알고리즘을 하나의 캡슐에 넣어 보호하고, 외부로부터의 접근을 제한하는 것을 의미한다. 이를 통해 코드의 재사용성과 유지 보수성을 크게 향상시킬 수 있다. 여러분이 앞에서 학습한 내용을 기억한다면 **객체(object)가 바로 하나의 캡슐**임을 알 수 있을 것이다. 객체는 필드와 메소드를 가진다고 하였는데 필드는 데이터에 해당되고 메소드는 알고리즘에 해당된다.

그림 4-8 캡슐화

캡슐화에는 두 가지의 목적이 있다. 첫째, 캡슐화는 관련된 데이터와 알고리즘을 하나의 단위로 묶어 관리하기 위함이다. 관련된 데이터와 알고리즘이 하나의 단위로 묶여 있으면 사용하기 매우 편하다. 이는 마치 약의 성분이 흩어지지 않도록 캡슐에 담겨 있는 것과 같다. 자바는 그래픽, 네트워크, 데이터베이스 등의 다양한 기능을 객체 형태로 제공하므로, 개발자는 이러한 객체를 활용해 쉽게 애플리케이션을 제작할 수 있다.

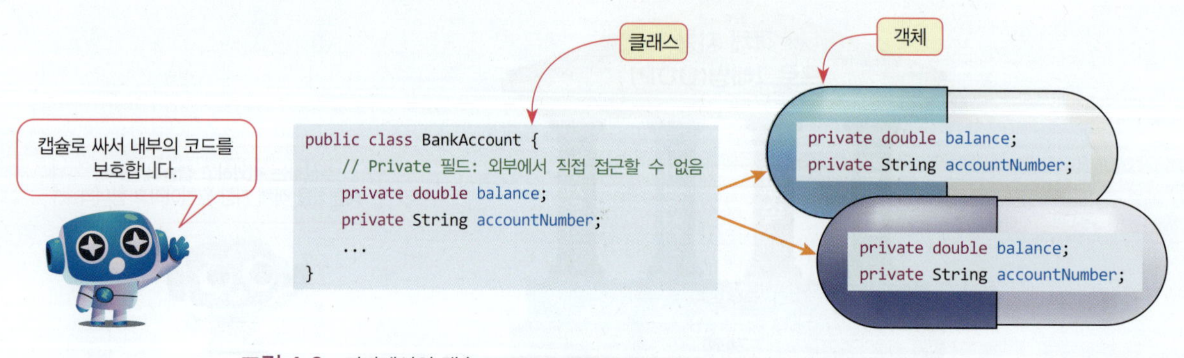

그림 4-9 자바에서의 캡슐

둘째, 캡슐화는 객체의 내부 구현을 보호하기 위한 개념이다. 객체의 동작 방식을 외부로부터 감추어 안정성을 유지하는 것이다. 이는 마치 캡슐이 약의 성분을 안전하게 감싸 보호하는 것과 비슷하다. 우리가 스마트폰의 내부를 임의로 조작하면 제조사의 AS를 받을 수 없는 것처럼, 객체의 내부 구현 역시 외부의 직접적인 접근으로부터 보호되어야 한다. 이러한 보호를 통해 캡슐화는 코드의 재사용성을 높이고, 유지 보수성을 향상시키며, 시스템의 안정성을 보장한다. 자바에서는 클래스를 통해 만들어지는 객체가 이러한 캡슐의 역할을 담당한다.

정보 은닉

정보 은닉(information hiding)은 객체의 내부 데이터를 외부에서 볼 수 없게 하는 것을 의미한다. 이는 객체 내부의 데이터와 알고리즘을 외부에서 변경하지 못하도록 막고, 공개된 인터페이스를 통해서만 객체에 접근하도록 하는 개념이다. 정보 은닉은 캡슐화의 두 번째 목적이다. 외부 객체는 객체의 내부 데이터에 직접 접근할 수 없으며, 메소드를 통해 간접적으로만 값을 전달받는다. 이를 이해하기 위한 좋은 비유는 도서관에서 책을 찾는 방법이다.

첫 번째 방법은 개가식 도서관으로 가서 직접 책을 찾는 것이다. 이 경우, 책이 어느 서가에 있는지를 정확히 알고 있어야 하며, 책을 반납할 때 잘못된 위치에 놓을 위험이 있다. 객체의 내부 데이터가 외부에 노출되고, 직접 변경될 수 있는 상황과 유사하다. 내부 데이터가 쉽게 손상될 수 있는 단점이 있다.

두 번째 방법은 폐가식 도서관을 이용하는 것이다. 이 경우, 도서관을 관리하는 사서에게 원하는 책을 이야기하면 사서가 책을 직접 찾아 가져다준다. 사서는 도서관의 구조와 책의 위치를 잘 알고 있어 책을 잘못된 위치에 놓을 위험이 없다. 이는 객체의 내부 데이터를 외부에서 직접 접근하지 못하게 하고, 필요한 데이터를 메소드를 통해 제공받는 정보 은닉의 개념과 같다. 내부 데이터의 무결성을 유지하면서 필요한 작업을 수행할 수 있다.

그림 4-10 어떤 방법이 내부 데이터를 안전하게 보관하는가?

캡슐화는 사용자들에게 객체의 기능과 사용법만 제공하고 내부는 보지 못하도록 감추어 놓는 개념이다. 객체 안에는 메소드들도 같이 포장되어 있는데, 우리는 메소드를 호출하여 객체에 어떤 작업을 시키고 결과를 받게 된다. 우리는 소프트웨어 캡슐 내부가 어떻게 구성되어 있으며 어떻게 돌아가는지 전혀 신경 쓸 필요가 없다. 그냥 사용법만 익혀서 사용하면 된다.

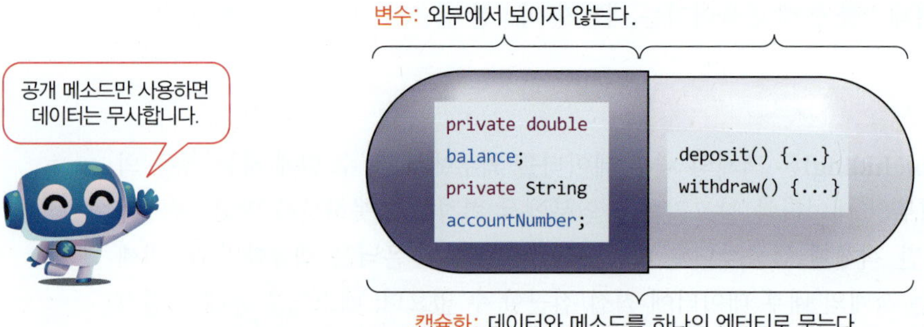

그림 4-11 캡슐 내부

상속

자동차 회사가 새로운 모델을 개발할 때 종종 기존 모델에서 살짝 '업그레이드'하는 방법을 선택한다. 예를 들어, 기존 모델에 터보 엔진과 6단 변속기를 추가하는 방식이다. 자바에서도 비슷한 일이 벌어지는데, 이걸 **상속(inheritance)**이라고 부른다.

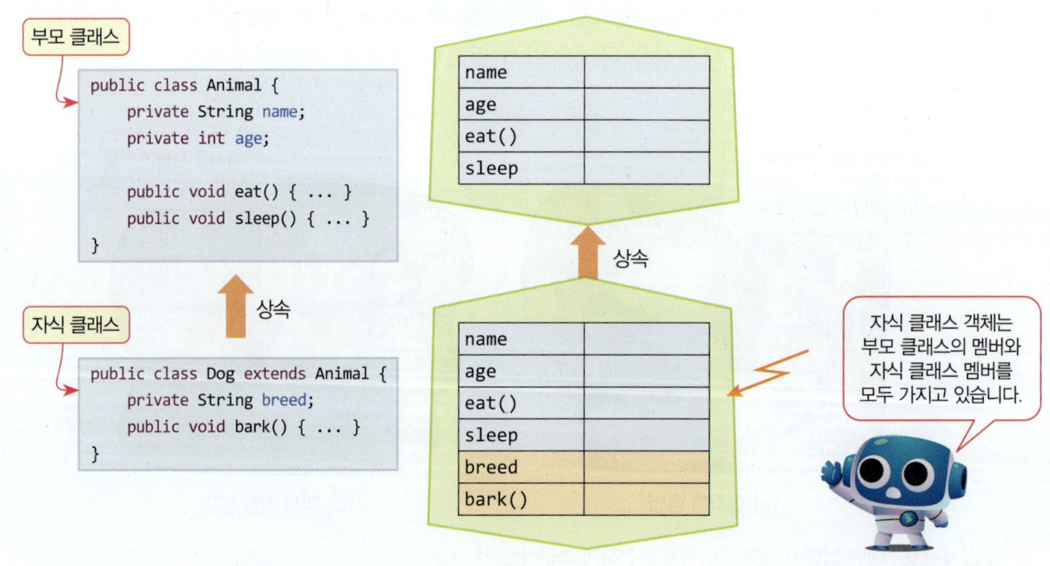

그림 4-12 Animal 클래스를 상속받는 Dog 클래스

부모 클래스는 “이건 기본 사양이야!”라고 공통적인 속성과 동작을 정의하고, 자식 클래스는 “좋아요, 그런데 여기 좀 더 멋진 기능을 추가하죠!”라고 부모의 유산을 활용하는 것이다. 자식 클래스는 부모 클래스의 모든 것을 물려받지만, 필요하면 자기 스타일대로 바꿔도 된다는 점이 재미있다. 상속은 자바의 강력한 비법 중 하나로, 기존 코드를 재사용하면서도 새로운 기능을 추가할 수 있어 ‘가성비 최고’의 코드 재사용 비법이라고 할 수 있다.

다형성

다형성(polymorphism)이란 ‘똑같은 말도 상황에 따라 다르게 알아듣는 능력’이라고 생각하면 된다. 예를 들어, speak() 메소드를 호출하면 강아지 객체는 “멍멍!”, 고양이 객체는 “야옹!”, 오리 객체는 “꽥꽥!”하고 각자 자기만의 소리를 낸다. 한 마디로, “동물들아, speak()!”라고 명령을 내리면 각 동물이 자신의 정체성을 뽐내며 반응하는 것이다. 강아지는 “난 강아지니까 멍멍!”, 고양이는 “난 고양이니까 야옹!” 하면서 자기 스타일대로 행동한다. 다형성의 진짜 매력은 여기 있다. 우리는 그냥 speak()라는 하나의 명령만 사용했는데, 각 객체가 알아서 자기 타입에 맞게 행동해 준다. 이게 다형성이다. 다형성 덕분에 코드도 깔끔해지고, 동물들의 개성도 살아난다. 동물의 종류에 따라서 speak_dog(), speak_cat() 등의 메소드를 별도로 작성하지 않아도 되는 것이다.

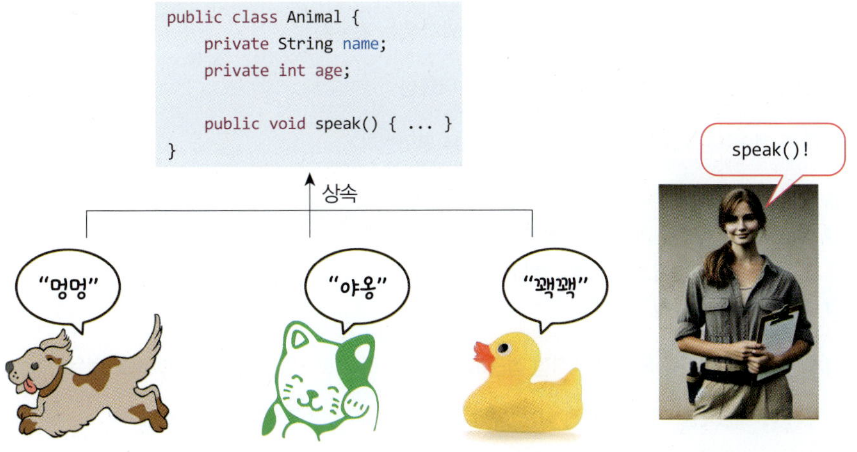

그림 4-13 다형성의 예

추상화

추상화(abstraction)는 ‘필요 없는 건 치워버리고, 딱 중요한 것만 남기는’ 기법이다. 예를 들어, 텔레비전을 객체로 나타낸다고 생각해 보자. 텔레비전 안에는 회로, 전압, 신호 처리 등 복잡한 기술이 한가득 들어있는데, 이걸 전부 객체로 표현하려 한다면? “으악, 머리 터져!”라고 할 것이다. 그래서 우리는 “채널을 바꾸고, 볼륨을 조절하는 것만 있으면 되잖아!”라고 생각하며 필요한 기능만 남기는 것이고 이게 바로 추상화이다.

추상화는 복잡성을 날려버리고 프로그램을 간단하게 만들어 준다. 만약 추상화를 사용하지 않으면, 코드는 '복잡성의 지옥'으로 빠질 수 있다. 게다가 재미있는 점은, 추상화의 관점은 개발자마다 다를 수 있다는 것이다. 어떤 개발자는 텔레비전의 전원 버튼에 집착할 수도 있고, 다른 개발자는 채널 변경 기능만 신경 쓸 수도 있다. 결국 추상화는 개발자 마음에 따라 달라질 수 있다. 결론적으로, 추상화는 '소프트웨어의 복잡성을 관리하는 깔끔한 정리 전문가'이다. 덕분에 프로그램 설계가 단순해지고, 유지 보수도 쉬워진다.

실제 객체

추상화된 객체

그림 4-14 추상화란 불필요한 사항을 없애는 것이다.

SELF TEST

1 다음 중 객체 지향 프로그래밍의 원칙에 해당되지 않는 것은?

❶ 캡슐화 ❷ 상속 ❸ 절차적 ❹ 다형성

2 다음 중 캡슐화된 객체의 특징으로 올바른 것은 무엇인가?

❶ 모든 메소드와 속성이 외부에 공개된다.
❷ 객체의 내부 구현이 외부에서 쉽게 접근 가능하다.
❸ 객체는 상태와 동작을 하나의 단위로 묶어 보호한다.
❹ 객체는 절대 상속될 수 없다.

3 객체의 내부 데이터를 외부에서 직접 접근하지 못하게 하여 보호하는 것을 무엇이라고 하는가?

4 객체가 여러 형태를 가질 수 있게 하는 객체 지향 프로그래밍의 원칙은 무엇인가?

5 자식 클래스가 부모 클래스의 속성과 동작을 물려받는 과정을 무엇이라고 하는가?

4.3 클래스와 객체 만들기

클래스란?

자바 프로그램은 객체로 구성된다. 객체는 어떻게 생성될까? 객체는 하나만 필요할 수도 있지만, 같은 종류의 객체가 여러 개 필요할 수도 있다. 따라서 객체를 생성하는 틀을 먼저 정의하고 필요한 만큼 객체를 찍어내는 방식이 유리하다. 자바에서 객체를 생성하려면 먼저 객체를 생성하는 틀(template)을 정의하여야 한다. 이 객체를 찍어내는 틀을 클래스(class)라고 부른다. 클래스란 특정한 종류의 객체들을 찍는 형틀(template) 또는 청사진(blueprint)이라고 할 수 있다.

그림 4-15 클래스와 객체

그림 4-15에서 클래스는 와플(객체)을 찍어내는 틀이다. 이 틀을 이용하면 객체를 원하는 만큼 찍어낼 수 있다. 클래스로부터 만들어지는 각각의 객체를 그 클래스의 **인스턴스**(instance)라고 한다.

클래스 작성

클래스는 다음과 같은 구조를 이용하여서 정의한다.

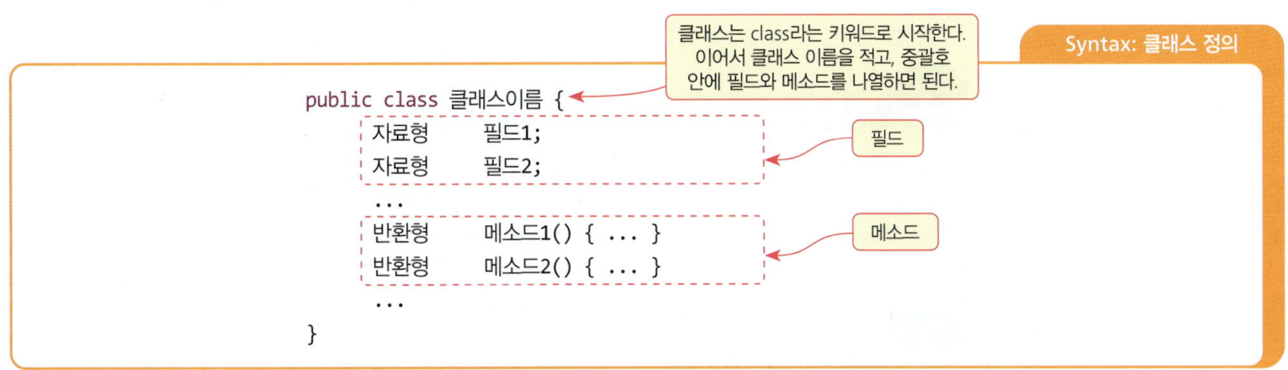

클래스 안에는 필드와 메소드를 정의한다. 필드는 객체 안에 정의된 변수이다. 메소드는 클래스 안에 정의된 함수이다. 이들을 클래스의 멤버(member)라고 부른다. 필드는 객체의 속성을 나타내고 메소드는 객체의 동작을 나타낸다.

원을 나타내는 클래스 Circle을 정의해 보자. 우리는 프로젝트 아래에 소스 파일 Circle.java를 생성하고 여기에 클래스 Circle을 작성한다. 하나의 소스 파일에는 하나의 클래스만 넣는 것이 원칙이다.

Circle.java

```
public class Circle {
    public int radius;
    public String color;

    public double getArea() {
        return 3.14 * radius * radius;
    }
}
```

접근 지정자 (public), 키워드 (class), 클래스 이름 (Circle), 필드 (radius, color), 메소드 (getArea)

public은 외부에서 클래스를 자유롭게 사용할 수 있다는 접근 지정자이다. Circle은 클래스 이름이다. 중괄호 안에 필드와 메소드를 정의한다. 필드로 원의 반지름을 나타내는 radius 변수와 원의 색상을 나타내는 color 변수를 선언한다. 메소드로는 원의 반지름을 계산하여 반환하는 getArea()를 정의한다. 메소드는 입력을 받아서 출력을 생성하는 블랙박스라고 이해하자. getArea()는 입력은 없고 출력은 double형이다.

참고사항: 인스턴스와 객체

인스턴스(instance)는 사례라는 의미이다. 이미 객체라는 용어가 있는데 인스턴스라는 새로운 용어를 사용하는 이유는 무엇인가? 객체가 너무 광범위한 의미를 가지고 있기 때문이다. 특정한 클래스로부터 생성된 객체를 그 클래스의 인스턴스라고 한다.

참고사항: 클래스는 타입이기도 하다.

클래스라는 용어는 '유형', 또는 '부류'라는 의미이다. 앞에서는 클래스(class)를 객체를 찍어내는 틀로 이야기하였지만, 공통되는 것들을 묶어서 그 유형에 이름을 붙인 것으로 이해해도 된다. 즉 승용차, SUV, RV 등의 객체는 '자동차(car)'라는 유형에 속한다. 따라서 이들 객체의 클래스는 '자동차'가 된다.

참고사항: 구조체와 클래스

만약 여러분이 C언어를 먼저 배웠다면, C언어의 구조체를 알고 있을 것이다. 구조체는 연관된 변수들을 묶어 놓은 것이다. 클래스는 여기에 함수까지 묶은 것으로 이해하면 된다. 리눅스를 만든 리누스 토르발스는 실제로 구조체와 함수 포인터 등을 활용해 객체 지향적인 개념을 어느 정도 구현할 수 있다고 여러 차례 언급한 적이 있다.

필드

필드는 클래스 내부에 선언된 변수로, 객체의 상태(state)를 저장한다. 필드는 클래스의 멤버 변수(member variable)라고도 한다. 필드는 `public`, `private`, `protected` 등 접근 지정자를 사용하여 접근 범위를 설정할 수 있다. `Circle` 클래스에서는 `radius`와 `color`가 필드이다. 필드는 선언과 동시에 초기화할 수 있으며, 생성자에서 초기화할 수도 있다. 생성자는 다음 절에서 상세히 기술한다.

접근 제어자

```
public class Circle {
    public int radius;
    public String color;
    ...
}
```

필드

접근 제어자

클래스 내부에서는 필드를 '전역 변수'처럼 사용할 수 있다. 즉, 클래스 안의 메소드에서는 `radius`와 `color`를 앞에 아무것도 붙이지 않고 사용할 수 있다. `getArea()` 메소드에서도 `radius` 필드를 사용하는 것을 볼 수 있다. 다만 필드를 클래스 외부에서 사용하려면 객체 참조형 변수에 점을 찍고 사용하여야 한다. 그리고 `public`으로 선언된 변수만 외부에서 사용이 가능하다.

메소드

메소드는 클래스가 수행하는 동작(behavior)을 정의한다. 클래스 안에 있는 함수를 메소드라고 부르며 멤버 함수(member function)라고도 한다. 메소드도 필드와 마찬가지로 접근 지정자를 사용하여 접근 범위를 설정할 수 있다. 메소드는 수행 결과로 반환할 값의 타입을 명시한다. 반환할 값이 없으면 `void`를 사용한다. 메소드의 이름은 메소드가 수행하는 동작을 나타내는 의미 있는 이름으로 설정한다. 메소드는 입력값을 받을 수 있으며, 이를 매개변수(parameter) 또는 인자(argument)라고 한다. 중괄호 안에 메소드가 수행할 구체적인 작업을 작성한다.

접근 지정자 반환값 인자

```
public class Circle {
    ...
    public double getArea() {
        return 3.14 * radius * radius;
    }

}
```

객체 생성

우리는 앞에서 클래스를 정의해 보았다. 앞에서 말했듯이 클래스는 객체를 만들기 위한 설계도(틀)에 해당한다. 설계도를 가지고 어떤 작업을 할 수는 없다. 예를 들어서 자동차 설계도로 운전하고 집에 갈 수는 없다. 실제로 어떤 작업을 하려면 객체를 생성하여야 한다. 앞에서 정의한 `Circle` 클래스를 이용하여 객체를 생성하고 테스트해 보자. 또 하나의 소스 파일 CircleTest.java를 생성하고 여기에 다음의 코드를 입력한다. 이 코드는 `CircleTest` 클래스를 정의한다. 이 클래스는 객체를 생성하기 위한 것이 아니다. `Circle` 클래스를 테스트할 목적으로 만든 클래스이다. 이런 클래스에는 이름 끝에 Test를 붙이도록 한다. 코드를 하나씩 자세히 분석해 보자.

CircleTest.java

```
public class CircleTest {
    public static void main(String[] args) {
        Circle obj;                      ❶ 참조 변수 선언

        obj = new Circle();              ❷ 객체 생성

        obj.radius = 100;                ❸ 객체의 필드 접근
        obj.color = "blue";
        double area = obj.getArea();     ❹ 객체 메소드 접근

        System.out.println("원의 면적=" + area);
    }
}
```

```
원의 면적=31400.0
```

(1) 참조형 변수 선언

객체를 생성하는 첫 번째 단계는 참조형 변수를 선언하는 것이다.

```
Circle obj;
```


위의 문장으로는 객체가 생성되지 않는다. 객체를 가리킬 수 있는 참조형 변수 `obj`만 생성된다. 자바에서는 변수를 **기초형 변수(primitive variable)**와 **참조형 변수(reference variable)**로 나눌 수 있다. 기초형 변수는 `int`, `float`, `char` 등 기초 자료형의 값을 저장하는 변수이다. 기초형 변수에는 실제 데이터값이 저장된다. 반면에 참조형 변수는 객체를 참조할 때 사용되는 변수로서 객체의 참조 값이 저장된다. 참조 값은 일반적으로 객체의 주소이다. 참조형 변수에 객체가 직접 저장되는 것이 아니다. 주의하여야 한다. 또한 참조형 변수를 선언하였다고 해서 객체가 생성되는 것은 아니다.

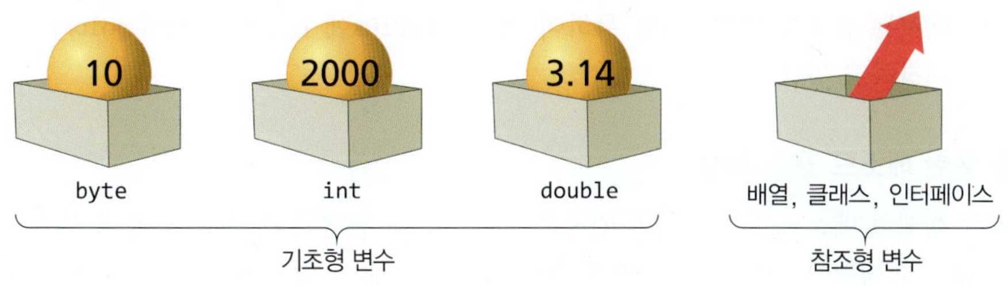

그림 4-16 기초형 변수와 참조형 변수

객체를 참조하는 변수가 없다면 우리는 객체를 사용할 수 없다. 참조형 변수에는 화살표만 들어 있다고 생각하면 된다. 객체의 이름이라고 생각해도 된다.

(2) 객체의 생성

new 연산자를 사용하여 객체를 생성하고 객체의 참조 값을 참조형 변수에 저장하는 단계이다.

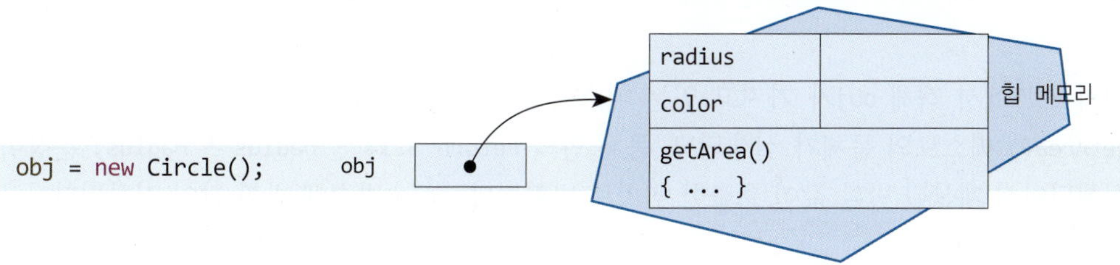

new 연산자는 객체를 생성한 후에 객체의 참조 값을 반환한다. 위의 코드에서는 참조 값을 참조형 변수 obj에 저장한다. 객체는 힙(Heap) 메모리 영역에 생성된다. 힙 메모리는 프로그램이 운영체제로부터 받는 메모리 공간 중 하나로, 동적 메모리 할당 시 사용되는 공간이다. new 연산자를 사용하여 객체를 생성할 때 바로 이 힙 메모리에 객체가 생성되고, 해당 객체에 대한 참조(주소)가 참조형 변수에 저장된다. 참조형 변수를 통해 힙 메모리에 있는 객체에 접근할 수 있다. 힙 메모리는 JVM에 의해 관리되며, 힙 메모리에서 필요하지 않은 객체는 가비지 컬렉터(Garbage Collector)에 의해 자동으로 정리된다.

(3) 객체의 필드 접근

객체의 필드를 사용하는 단계이다. 객체의 외부에서 객체의 필드나 메소드에 접근할 때는 점(.) 연산자를 사용한다. 예를 들어서 obj.radius와 같다.

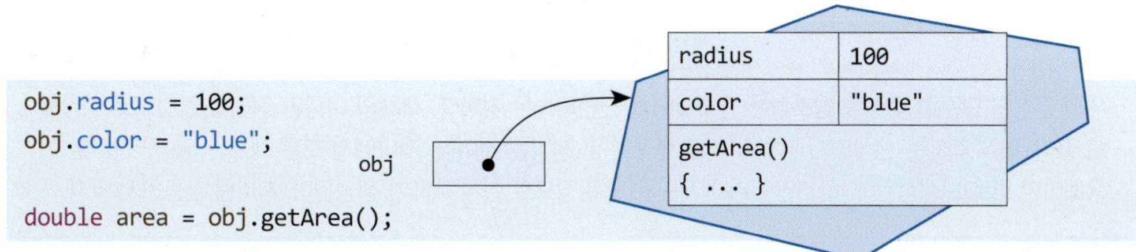

위의 코드에서는 참조형 변수 obj를 통하여 객체의 radius에 100을, 객체의 color에 문자열 "blue"를 저장하고 있다.

객체를 통한 메소드 호출 과정

외부에서 객체의 메소드를 호출하면 인자들이 메소드에 전달되고, 메소드 몸체 안의 문장들이 차례대로 실행된다. 메소드가 실행을 완료하고 반환 값이 있으면, 반환 값이 호출한 위치로 전달된다.

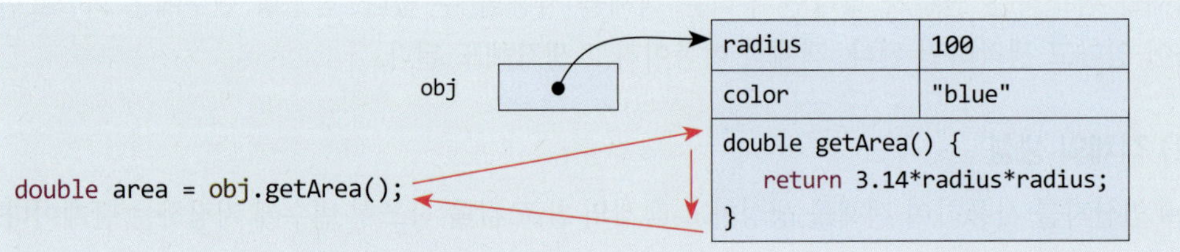

위의 코드에서 객체 obj가 가지고 있는 메소드 getArea()가 호출되면, 클래스 안에 정의된 getArea() 메소드의 몸체가 실행되고, 몸체 안의 return 3.14 * radius * radius; 문장이 실행되어서 계산된 반환 값이 호출한 위치로 반환된다. area 변수에 반환 값이 저장된다.

참고사항: 자바에서 모든 것을 객체로 하지 않은 이유

자바에서 모든 것이 객체로 되어 있지 않은 이유는 효율성 때문이다. 정수나 실수 같은 데이터도 객체로 처리하면 실행 속도가 크게 저하된다. 자바에서는 기초적인 값들은 기초형 변수 안에 직접 저장한다.

TIP

참조형 변수를 객체의 이름으로 생각해도 좋다. 메모리에 생성된 객체는 이름이 없다. 우리는 참조형 변수를 객체의 이름이라고 생각할 수 있다.

WARNING

많이 혼동하는 부분은 다음과 같은 선언만으로 객체가 생성된다고 생각하는 것이다.

```
Circle obj;
```

위의 문장은 단순히 객체를 참조하는 변수 obj를 선언해놓은 것이다. 객체의 이름만 정해놓은 것으로 생각해도 좋다. 아직 객체는 생성되지 않았다. 참조형 변수만 생성된 것이다. 자바에서 모든 객체는 new 연산자를 이용해야만 비로소 생성된다. 하지만 C++에서는 위의 문장으로 실제 객체가 생성된다. 자바랑 혼동하지 말자.

클래스와 소스 파일의 관계

자바에서 상당히 혼란스러운 부분이 클래스와 소스 파일의 관계이다. 어떤 원칙이 있을까?

1. 일단 자바에서 소스 파일의 이름은 우리가 마음대로 지을 수 없다. 자바에서는 소스 파일의 이름은 소스 파일 안에 선언된 public 클래스의 이름과 동일해야 한다. 예를 들어, Circle 클래스가 public으로 선언되었으면 파일 이름은 Circle.java여야 한다.

Circle.java

```
public class Circle {
    public int radius;
    public String color;
    public double getArea() {
        return 3.14 * radius * radius;
    }
}
```

CircleTest.java

```
public class CircleTest {
    public static void main(String[] args) {
        Circle obj;
        obj = new Circle();
        obj.radius = 100;
        obj.color = "blue";
        double area = obj.getArea();
        System.out.println("원의 면적=" + area);
    }
}
```

2. public으로 선언되지 않은 클래스는 동일한 소스 파일에 다른 public 클래스와 함께 있을 수 있다. 이 경우, public 클래스가 파일 이름을 결정한다.

CircleTest.java

```
class Circle {
    public int radius;
    public String color;
    public double getArea() {
        return 3.14 * radius * radius;
    }
}

public class CircleTest {
    public static void main(String[] args) {
        Circle obj;
        obj = new Circle();
        obj.radius = 100;
        obj.color = "blue";
        double area = obj.getArea();
        System.out.println("원의 면적=" + area);
    }
}
```

우리는 앞으로 이런 형태를 많이 사용할 것이다. 이 방법의 문제점이라면 CircleTest 클래스는 보조적인 역할인데 public이 되었고, Circle은 public이 아니라는 점이다.

3. 사실 main() 메소드는 어떤 클래스에도 넣을 수 있다. 앞의 소스에서 Circle 클래스 안에도 main()을 넣을 수 있다. 이는 클래스 자체에서 테스트를 할 수 있도록 하는 유용한 방법이다. 클래스 안에 main()이 있다면 해당 클래스를 실행할 수 있다.

Circle.java

```
public class Circle {
    public int radius;
    public String color;
    public double getArea() {
        return 3.14 * radius * radius;
    }
    public static void main(String[] args) {
        Circle obj;
        obj = new Circle();
        obj.radius = 100;
        obj.color = "blue";
        double area = obj.getArea();
        System.out.println("원의 면적=" + area);
    }
}
```

이 방법도 많이 사용된다. 다만 입문자에게는 Circle 객체를 Circle 클래스 안에서 생성하는 것이 좀 이상하게 보이기 때문에 우리는 2번 방법을 주로 사용하면서 가끔 3번 방법을 사용할 것이다.

예제 4-1 DeskLamp 클래스를 작성하고 객체 생성하기

집에서 사용하는 데스크 램프를 클래스로 작성해 보면 다음과 같다.

DeskLamp
-isOn : bool
+turnOn() +turnOff()

DeskLampTest.java

```
class DeskLamp {
    // 필드 정의
    private boolean isOn; // 켜짐이나 꺼짐과 같은 램프의 상태

    // 메소드 정의
    public void turnOn() { isOn = true; }
    public void turnOff() { isOn = false;    }
```

```java
    public String toString() {  // 객체를 출력하면 이 메소드가 호출된다.
        return "현재 상태는 " + (isOn == true ? "켜짐" : "꺼짐");
    }
}

public class DeskLampTest {
    public static void main(String[] args) {
        // 객체를 생성하려면 new 연산자를 사용한다.
        DeskLamp myLamp = new DeskLamp();

        // 객체의 메소드를 호출하려면 점(.) 연산자를 사용한다.
        myLamp.turnOn();
        System.out.println(myLamp);
        myLamp.turnOff();
        System.out.println(myLamp);
    }
}
```

```
현재 상태는 켜짐
현재 상태는 꺼짐
```

도전문제

1. DeskLamp 클래스에 밝기(brightness) 필드를 추가하고, 이를 조절할 수 있는 메소드를 작성하시오. 초기 밝기는 0으로 설정하며, 밝기를 증가시키는 `increaseBrightness()` 메소드와 감소시키는 `decreaseBrightness()` 메소드를 작성하고 테스트하시오.
2. DeskLamp 클래스에 램프의 색상(color)을 나타내는 필드를 추가하시오. 색상은 문자열로 표현하며, 색상을 변경할 수 있는 `changeColor(String newColor)` 메소드를 작성하고 테스트하시오.

SELF TEST

1. 객체를 생성시키는 연산자는 무엇인가?
2. 클래스와 객체와의 관계는 무엇이라고 할 수 있는가?
3. 각 객체가 가지고 있는 데이터는 서로 다르게 할 수 있는가?
4. 다음의 코드에서 잘못된 부분은 어디인가?

```java
Circle obj;
obj.radius = 100;
```

5. Circle 클래스에 원의 둘레를 계산하는 메소드를 추가하시오. 또한, 반지름이 10인 Circle 객체를 생성하고, 이 객체의 둘레를 계산하여 출력하는 코드를 작성하시오.
6. Circle 클래스에 반지름을 변경하는 메소드를 추가하시오. 반지름이 4인 Circle 객체를 생성하고, 이 객체의 반지름을 8로 변경한 후, 새로운 반지름을 출력하는 코드를 작성하시오.
7. Circle 객체 2개를 생성해 보자. 참조 변수 obj1과 obj2로 가리키게 하라. 첫 번째 객체에는 100, "red"를 저장하고 두 번째 객체에는 200, "blue"를 저장해 본다.

4.4 메소드 오버로딩

메소드 오버로딩(Method Overloading)은 같은 클래스 안에서 메소드 이름을 재활용하는 기법이다. 우리말로 번역하자면 '메소드 중복 정의'라고 할 수 있다. 예를 들어서 `add(x, y)`, `add(x, y, z)`와 같이, 동일한 이름의 메소드를 여러 개 만들 수 있는 기능이다. 이름은 같지만 인자의 개수나 타입이 다르기 때문에 서로를 헷갈리지 않는다. 이 기능의 좋은 점은, 개발자들이 메소드 이름을 지으려고 밤새 고민하지 않아도 된다는 것이다. '`addSumForIntsAndDoublesButNotStrings()`' 같은 복잡한 이름을 지을 필요 없이 그냥 '`add()`'로 끝낼 수 있다. 메소드 오버로딩을 사용하면 메소드 이름을 깔끔하게 통일하면서도 프로그램 가독성까지 챙기는 일석이조 효과를 얻을 수 있다.

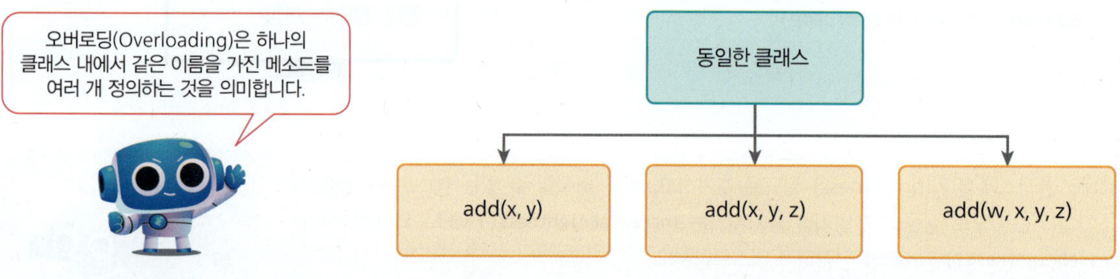

그림 4-17 메소드 오버로딩

예를 들어 보자. 숫자의 합을 계산하는 프로그램에서 `add(int x, int y)`라는 메소드를 작성했다고 하자. 그런데 3개의 숫자를 더해야 하는 요구가 생기면 `add3(int x, int y, int z)`라는 또 다른 메소드를 만들어야 한다. 이후 4개의 숫자를 더하는 요구가 추가된다면 또다시 새로운 메소드 `add4(...)`를 정의해야 한다. 이런 과정을 통해, 동일한 동작을 수행하는 메소드를 매번 새로 만드는 것이 얼마나 번거로운 일인지 쉽게 알 수 있다. 메소드 오버로딩을 사용하면, 아래 오른쪽 코드와 같이 동일한 메소드 이름 `add()`를 여러 개 정의할 수 있다.

```
int add2(int x, int y) {
    return x + y;
}
int add3(int x, int y, int z) {
    return x + y + z;
}
int add4(int w, int x, int y, int z) {
    return w + x + y + z;
}
```

오버로딩을 사용하지 않는 경우

```
int add(int x, int y) {
    return x + y;
}
int add(int x, int y, int z) {
    return x + y + z;
}
int add(int w, int x, int y, int z) {
    return w + x + y + z;
}
```

오버로딩을 사용하는 경우

지금까지 설명한 내용을 완전한 프로그램으로 만들어보자. 하나의 클래스 안에 여러 개의 오버로딩된 메소드 add()를 정의하고 사용해 보자.

OverloadExample.java

```
public class OverloadExample {

    int add(int x, int y) {
        return x + y;
    }
    int add(int x, int y, int z) {
        return x + y + z;
    }
    int add(int w, int x, int y, int z) {
        return w + x + y + z;
    }

    public static void main(String[] args) {
        OverloadExample obj = new OverloadExample();

        // 다양한 오버로딩된 메소드 호출
        obj.add(10, 20);
        obj.add(10, 20, 30);
        obj.add(10, 20, 30, 40);
    }
}
```

예를 들어서 add(int x, int y)는 전달되는 인자가 정수 2개인 경우에 호출된다. 또한 add(int x, int y, int z)는 전달되는 인자가 정수 3개인 경우에 호출된다.

메소드 오버로딩은 코드의 가독성을 높이고 유지 보수성을 개선하는 데 도움을 준다. 동일한 작업을 수행하지만 서로 다른 형태의 데이터를 처리해야 할 때 매우 유용하다. 예를 들어, 다양한 형태의 입력 데이터를 처리하는 동일한 로직이 필요할 때 오버로딩을 사용하여 코드 중복을 줄일 수 있다. 하지만 메소드 오버로딩을 과도하게 사용하면 코드가 복잡해질 수 있으므로 필요한 경우에만 사용하는 것이 좋다. 또한 자바 컴파일러는 메소드 호출 시 전달된 인자의 타입과 개수를 기준으로 적절한 메소드를 선택하기 때문에 혼동을 피하려면 명확한 인자 타입을 사용하는 것이 좋다. 메소드 오버로딩을 사용하려면 반드시 매개변수의 개수, 타입, 또는 순서가 달라야 한다. 단순히 반환형만 다르다고 해서 오버로딩이 성립하지는 않는다. 따라서 매개변수가 동일하고 반환형만 다른 경우에는 오버로딩이 불가능하다.

예제 4-2 Circle 클래스에 오버로딩 추가

Circle 클래스에서 getArea() 메소드를 오버로딩하여 다양한 상황에서 사용할 수 있도록 만들어보자. 예를 들어, getArea()에 매개변수를 추가하여 원의 반지름을 동적으로 받을 수 있게 한다. CircleTest 클래스의 main()에서 각 오버로딩된 메소드를 호출하여 그 결과를 확인할 수 있다.

CircleTest.java

```java
class Circle {
    public int radius;
    public String color;

    public double getArea() {        // 기본 getArea() 메소드
        return 3.14 * radius * radius;
    }

    public double getArea(int r) {  // 반지름을 매개변수로 받는 getArea() 메소드
        return 3.14 * r * r;
    }
}

public class CircleTest {
    public static void main(String[] args) {
        Circle obj = new Circle();  // 객체 생성
        obj.radius = 100;
        obj.color = "blue";

        double area1 = obj.getArea();        // 기본 getArea() 메소드 호출
        System.out.println("원의 면적 = " + area1);

        double area2 = obj.getArea(50);
                                    // 반지름을 매개변수로 받는 getArea() 메소드 호출
        System.out.println("반지름 50의 원의 면적 = " + area2);
    }
}
```

```
원의 면적 = 31400.0
반지름 50의 원의 면적 = 7850.0
```

도전문제

1 Circle 클래스에서 메소드 setRadius를 오버로딩하여 반지름을 정수로 설정하는 메소드 setRadius(int radius)와 문자열로 설정하는 메소드 setRadius(String radius)를 작성하라. 자바에서 문자열을 정수로 변환하려면 다음과 같은 코드를 사용한다.

```java
String numberStr = "123";
int number = Integer.parseInt(numberStr);
```

1 메소드 오버로딩이란 무엇인가? 메소드 오버로딩의 장점을 서술하시오.

2 메소드 오버로딩이 가능한 조건은 무엇인가? 메소드 이름이 같아도 오버로딩이 되지 않는 경우를 설명하시오.

3 메소드 오버로딩에서 반환 타입만 다른 메소드는 허용되지 않는다. 그 이유를 컴파일러의 입장에서 생각하고 서술하시오.

4 `Person` 클래스를 작성하고 `setName()` 메소드를 오버로딩하여 이름을 문자열 하나로 받아서 설정하는 메소드와 성과 이름을 각각 받아 설정하는 메소드를 작성하시오.

4.5 생성자

객체는 어떻게 초기화하면 좋을까? 객체를 초기화한다는 것은 주로 객체 안의 필드에 값을 할당하는 것이다. 객체가 생성된 후에 필드에 값을 할당하여도 된다. 하지만 이러한 방법은 많은 단점을 가지고 있다. 개발자가 깜빡 잊어버릴 수 있기 때문이다. **생성자(constructor)**는 객체가 생성될 때 자동으로 호출되어서 객체를 초기화하는 특수한 메소드이다.

그림 4-18 생성자

생성자의 이름은 클래스 이름과 같다. 일반 메소드와 아주 흡사하지만 값을 반환하지 않는다. 생성자는 주로 필드에 초깃값을 부여할 때 많이 사용되지만, 다른 초기화 절차를 수행할 수도 있다. 우리가 앞에서 작성한 `Circle` 클래스에 생성자를 추가해 보자. 생성자도 메소드이기 때문에 메소드 오버로딩을 사용할 수 있다.

CircleTest.java

```java
class Circle {
    int radius;
    String color;
```

```
    public Circle(int r, String c) {
        radius = r;
        color = c;
    }
    double getArea() {
        return 3.14 * radius * radius;
    }
}

public class CircleTest {
    public static void main(String[] args) {
        Circle obj;
        obj = new Circle(100, "blue");

        double area = obj.getArea();
        System.out.println("원의 면적 = " + area);
    }
}
```

생성자

생성자 호출

원의 면적 = 31400.0

생성자는 객체가 new 연산자로 생성될 때 자동으로 한 번만 호출된다. 위의 코드에서는 객체를 생성할 때 100과 "blue" 인자를 주어서 생성자를 호출하고 있다. 생성자 안에서는 인자를 통해서 받은 값을 필드 radius와 color에 저장하고 있다. 생성자 앞에는 대부분 public을 붙이지만 싱글턴 디자인 패턴에서처럼 객체가 딱 하나만 생성되어야 되는 경우에는 private로 선언할 수도 있다.

this 참조형 변수

this는 현재 객체 자신을 가리키는 참조형 변수이다. this는 컴파일러에서 자동으로 생성한다. 흔히 생성자에서 매개변수 이름과 필드 이름이 동일한 경우에 혼동을 막기 위해서 사용한다.

```
public class Circle {
    int radius;
    String color;

    public Circle(int radius, String color) {
        this.radius = radius;
        this.color = color;
    }
    double getArea() {
        return 3.14 * radius * radius;
    }
}
```

매개변수 radius

객체의 필드 radius

this.radius는 필드이고 radius는 매개 변수라는 것을 알 수 있네요.

위의 코드에서 this.radius라고 하면 현재 객체의 radius 필드라는 의미가 된다. 우연히 매개변수의 이름과 필드의 이름이 동일해서 생성자를 아래와 같이 작성했다고 하자.

```
public Circle(int radius, String color) {
    radius = radius;            // ???
    color = color;              // ???
}
```

물론 작성자의 의도는 매개변수 radius를 필드 radius에 대입하려는 것이겠지만 컴파일러는 문법 규칙에 따라 둘 다 매개변수 radius로 생각한다. 따라서 작성자의 의도와는 다르게 실행된다. 이런 경우에 this를 사용하면 좋다. 즉, this가 현재 객체를 참조하고 있기 때문에 this.radius는 현재 객체가 가지고 있는 필드 radius가 된다. this가 붙지 않은 radius는 매개변수 radius가 된다. 물론 this가 반드시 이런 용도로만 사용되는 것은 아니다. 메소드에서 현재 객체를 반환할 때도 사용된다. this는 컴파일러가 자동으로 만드는 참조형 변수로서 항상 현재 객체를 가리킨다고 생각하자.

기본 생성자

기본 생성자(default contrcutor)는 매개변수가 없는 생성자이다. 만약 프로그래머가 생성자를 하나도 정의하지 않으면 자바 컴파일러는 자동으로 기본 생성자를 만든다. 기본 생성자에서는 모든 멤버 변수들을 기본값으로 초기화한다. 즉 필드가 int와 같은 수치형 변수라면 0으로, 참조형 변수라면 null로, 부울형 변수라면 false로 초기화한다. 예를 들어서 Circle 클래스에 생성자를 따로 작성하지 않았다고 하자. 이때는 컴파일러가 자동으로 기본 생성자를 추가한다.

```
public class Circle {
    int radius;
    String color;

    double getArea() {
        return 3.14 * radius * radius;
    }
}
```


위의 코드에서는 기본 생성자가 추가되어 radius는 0으로, color는 null로 초기화된다.

기본 생성자가 추가되지 않는 경우

여기서 주의할 점은 개발자가 생성자를 하나라도 선언하면, 컴파일러는 기본 생성자를 추가하지 않는다는 점이다. 아래의 코드를 보자.

Box.java

생성자가 하나 있어서 제가 기본 생성자를 추가하지 않아요!

```
public class Box {
    int width, height, depth;
    public Box(int w, int h, int d)  { width = w;  height = h;  depth = d; }



    public static void main(String[] args) {
        Box b = new Box();          // 오류 발생!!
        System.out.println("상자의 크기: (" + b.width + "," + b.height + ","
                                                          + b.depth + ")");
    }
}
```

이런 경우에는 오류가 발생한다. `Box()`라고 하는 기본 생성자가 정의되지 않았다는 오류이다. 개발자가 `Box(int w, int h, int d)` 형태의 생성자를 추가하였기 때문에 컴파일러는 기본 생성자를 만들지 않았다. 컴파일러가 개발자의 의도를 거스를 수 없기 때문이다. 개발자가 Box 객체를 생성할 때는 반드시 박스의 크기를 지정해야 한다고 의도했을 수도 있다. 이런 경우에 컴파일러가 기본 생성자를 추가해버리면 개발자의 의도가 훼손된다. 이것은 입문자들이 많이 혼동하는 오류이기 때문에 반드시 기억해두자.

this()

`this`에 `()`를 붙이면 전혀 다른 의미가 된다. `this()`는 다른 생성자를 의미한다. 흔히 가장 복잡한 생성자를 먼저 작성한 후에 다른 생성자가 이 복잡한 생성자를 호출하게끔 하는데, 이런 경우에 `this()`를 사용한다.

```
public class Circle {
    int radius;

    public Circle(int radius) {
        this.radius = radius;
    }

    public Circle() {
        this(0);
    }
```

`Circle(0)`을 호출한다.

```java
    double getArea() {
        return 3.14 * radius * radius;
    }
}
```

this()를 사용할 때는 몇 가지 주의해야 할 점이 있다.

- this()는 반드시 생성자 안에서만 호출이 가능하다.
- this()는 반드시 첫 번째 문장이어야 한다.
- this()는 다른 생성자를 호출할 때만 사용하여야 한다.

생성자 만들어 보기 예제 4-3

Television 클래스에 생성자를 만들어보자. 생성자는 객체가 생성될 때 channel, volume, onOff 필드를 초기화한다.

TelevisionTest.java

```java
class Television {
    private int channel;                    // 채널 번호
    private int volume;                     // 볼륨
    private boolean onOff;                  // 전원 상태

    Television(int c, int v, boolean o) {
        channel = c;
        volume = v;
        onOff = o;
    }

    void print() {
        System.out.println("채널은 " + channel + "이고 볼륨은 " +
                                                     volume + "입니다.");
    }
}

public class TelevisionTest {
    public static void main(String[] args) {
        Television myTv = new Television(7, 10, true);
        myTv.print();

        Television yourTv = new Television(11, 20, true);
        yourTv.print();
    }
}
```

생성자 정의

```
채널은 7이고 볼륨은 10입니다.
채널은 11이고 볼륨은 20입니다.
```

도전문제

1. Television 클래스에 생성자를 오버로딩하여 채널과 볼륨만을 매개변수로 받아 전원 상태를 기본값(false)으로 설정하는 생성자를 추가하시오. 이 생성자를 사용하여 객체를 생성하고 상태를 출력하시오.

TIP

인텔리제이는 생성자를 자동으로 만들어주는 메뉴를 가지고 있다. 클래스 안에 커서를 두고 [Alt] + [Insert] 키를 누르고 생성자를 선택한다. 한 번만 사용해 보면 금방 익숙해질 것이다. 생성자에서 초기화할 필드만 선택하면 된다.

참고사항: 생성자는 객체를 생성하지는 않는다.

'생성자'라는 이름 때문에 약간의 오해가 있을 수 있다. 생성자는 실제로 객체를 생성하는 메소드는 아니다. 객체가 생성될 때 초기화하는 메소드이다. 따라서 생성자를 구성자라고 번역하기도 한다.

Q 생성자는 진짜 메소드인가?

A 전문가들의 의견은 엇갈린다. 생성자가 특수한 메소드라고 하는 사람도 있고 생성자는 메소드가 아니라는 의견도 있다. 우리는 생성자는 일종의 특수한 메소드라고 생각하자.

Q 생성자에서 다른 메소드를 호출할 수 있는가?

A 생성자에서 다른 메소드를 얼마든지 호출할 수 있다.

Q 생성자를 하나도 정의하지 않아도 괜찮은가?

A 그렇다. 생성자가 하나도 정의되지 않으면 자바에서는 기본 생성자라고 하는 매개변수가 없는 생성자를 자동으로 추가한다. 따라서 객체 생성 시에 기본 생성자가 호출된다.

```
ClassA obj = new ClassA(); // OK!
```

하지만 생성자가 하나라도 정의되어 있으면 자동으로 추가하지 않는다. 즉 매개변수가 있는 생성자 하나가 선언되어 있다면 다음과 같이 쓰는 것은 컴파일 오류이다.

```
ClassB obj = new ClassB(); // 오류!
```

Q 생성자를 사용하지 않고 필드들을 초기화할 수 있는가?

A 가능하다. 필드 선언 시에 초기화하면 된다. 그러나 복잡한 초기화는 힘들다.

```
public class Car {
    private int speed = 0;
    private int gear = 0;
    private String color = "red";
    ...
}
```

SELF TEST

1 만약 클래스 이름이 MyClass라면 생성자의 이름은 무엇이어야 하는가?

2 생성자의 반환형은 무엇인가?

3 생성자 안에서 this()의 의미는 무엇인가?

4 this의 주된 용도는 무엇인가?

5 같은 이름의 메소드를 중복하여 정의하는 것을 ______________라고 한다.

6 메소드 오버로딩에서는 무엇으로 메소드를 구별하는가?

4.6 접근 제어

우리는 앞장에서 클래스 내부에 필드와 메소드를 정의할 때 그 앞에 public을 붙였다. public 키워드는 해당 필드나 메소드가 누구나 접근 가능하다는 것을 의미한다. 그러나 이러한 접근 제어가 항상 바람직한 것은 아니다.

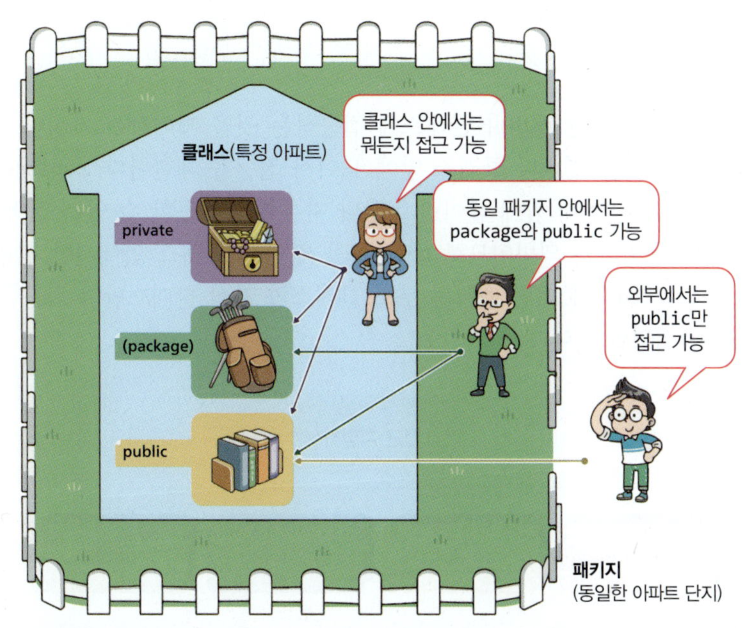

그림 4-19 자바에서의 접근 지정자

클래스의 필드나 메소드를 누구나 마음대로 사용할 수 있다면, 예상치 못한 문제가 발생할 수 있다. 예를 들어, 클래스 안의 어떤 필드는 외부에 노출되면 안 되는 정보를 포함하는 경우가 있을 수 있다. 이때 반드시 필요한 것이 접근 제어이다. 접근 제어를 통해 중요한 데이터를 보호하고, 외부에서 직접 접근할 수 없도록 함으로써 클래스의 무결성과 안전성을 유지할 수 있다.

패키지

자바에서 **패키지(package)**는 관련된 클래스들의 묶음이다. 패키지는 클래스들이 들어 있는 폴더로 생각하면 정확하다. 패키지를 사용하면 코드의 조직화, 재사용성, 이름 충돌 방지를 효과적으로 구현할 수 있다. 패키지를 만드는 것은 12장에서 자세히 살펴본다. 패키지를 사용하려면 소스 파일의 첫 번째 줄에 `package` 키워드를 사용해 선언한다. 하지만 우리는 지금까지 패키지를 선언하지 않았다. 패키지를 선언하지 않으면 해당 클래스는 디폴트 패키지(default package)에 속하게 된다.

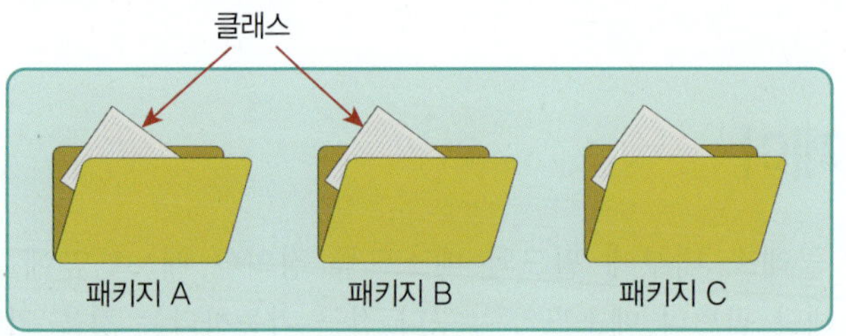

그림 4-20 패키지

접근 지정자의 종류

접근 제어(access control)란 멤버나 클래스에 접근하는 것을 제어하는 것이다. `public`이나 `private`의 접근 지정자를 멤버나 클래스 앞에 붙여서 접근을 제한한다. `public`은 공용이라는 의미이므로 `public`을 멤버 앞에 붙이면 누구나 자유롭게 접근할 수 있는 멤버가 된다. 반대로 `private`은 전용이라는 의미이므로 `private`을 붙이면 클래스 안에서만 접근이 가능한 멤버가 된다. `protected`를 붙이면 멤버는 부모 클래스와 자식 클래스만이 접근할 수 있다(6장 상속에서 다시 설명할 것이다).

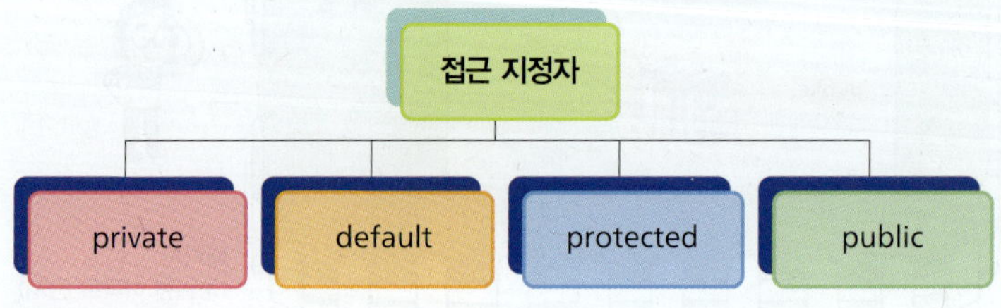

그림 4-21 접근 지정자

클래스 앞에도 접근 지정자를 붙일 수 있고, 클래스의 멤버에도 붙일 수 있다. 먼저 클래스 앞에 붙이는 경우부터 설명한다.

클래스 접근 지정

클래스 자체에 적용되는 접근 제어는 비교적 간단하다. 클래스의 접근 지정자는 public 또는 default 중 하나로 제한된다.

- **public 클래스:** 모든 패키지에서 접근 가능하다. public으로 선언된 클래스는 프로젝트 내 어디서든 사용할 수 있다.

```
public class PublicClass {
    // 클래스 내용
}
```

- **default(package-private) 클래스:** 명시적으로 접근 지정자를 붙이지 않은 경우 기본값으로 설정된다. 같은 패키지 내에서만 접근 가능하다. 다른 패키지에서는 해당 클래스를 사용할 수 없다.

```
class DefaultClass {
    // 클래스 내용
}
```

클래스에는 private이나 protected 접근 지정자를 사용할 수 없다. 왜냐하면 클래스 자체를 완전히 숨기거나 특정 상속 관계에서만 보이도록 하는 것이 자바의 설계 철학에 맞지 않기 때문이다. 클래스는 기본적으로 다른 클래스나 패키지에서 사용되기 위해 존재한다. 만약 클래스가 private으로 설정된다면, 해당 클래스는 완전히 다른 클래스에서 접근할 수 없게 되어 쓸모가 없어진다.

멤버 접근 지정

클래스 내부에 선언된 멤버(필드와 메소드)는 클래스보다 더 세부적으로 접근을 제어할 수 있다. 멤버는 private, protected, default, public 4가지 접근 수준을 가질 수 있다.

- **private:** 선언된 클래스 내에서만 접근 가능하다. 외부에서 접근할 수 없으므로 정보 은닉에 사용된다.
- **protected:** 동일 패키지 내의 클래스와 상속받은 하위 클래스에서 접근 가능하다. 주로 상속 관계에서 사용된다.
- **default:** 접근 지정자를 명시하지 않으면 동일 패키지 내의 클래스에서만 접근 가능하다.
- **public:** 모든 클래스에서 접근 가능하다.

하나의 예로 직원을 모델링하는 Employee 클래스를 살펴보자. 이 클래스에는 직원의 급여, 주민등록번호 등의 정보가 포함될 수 있다. 이러한 정보는 외부에서 임의로 접근하거나 수정하지 않도록 보호되어야 한다. Employee 클래스 안에 선언된 변수 중에서 regNumber(주민

등록번호)와 같은 민감한 정보는 클래스 내부에서만 사용하도록 제어하면 좋을 것이다. 다음과 같이 private을 앞에 붙이면 된다.

```
class Employee {
    String name;
    private int regNumber;            // 주민등록번호
    ...
}
```

그런데 만약 멤버 앞에 아무것도 붙이지 않으면 어떻게 될까? 멤버 앞에 접근 지정자가 없으면 디폴트(default)로 동일한 패키지 안에서만 접근이 가능하게 된다. 위의 코드에서 name이 바로 디폴트 접근 지정자에 해당한다. 지금까지는 변수만 가지고 접근 제어를 설명하였지만 메소드에 대해서도 똑같은 이야기를 할 수 있다. 메소드를 정의할 때도 앞에 private, protected, public을 붙일 수 있고 그 의미는 변수의 경우와 동일하다.

예제 4-4 접근 제어 예제

간단한 클래스를 만들어서 접근 제어를 이해해 보자.

Test.java

```
class A {
    private int a;                  // 전용
    int b;                          // 디폴트
    public int c;                   // 공용
}

public class Test {
    public static void main(String args[]) {
        A obj = new A();            // 객체 생성

        //obj.a = 10;               // 오류! 전용 멤버는 다른 클래스에서 접근 불가
        obj.b = 20;                 // 디폴트 멤버는 접근 가능
        obj.c = 30;                 // 공용 멤버는 접근 가능
    }
}
```

위의 클래스를 그림으로 그려보면 다음과 같다.

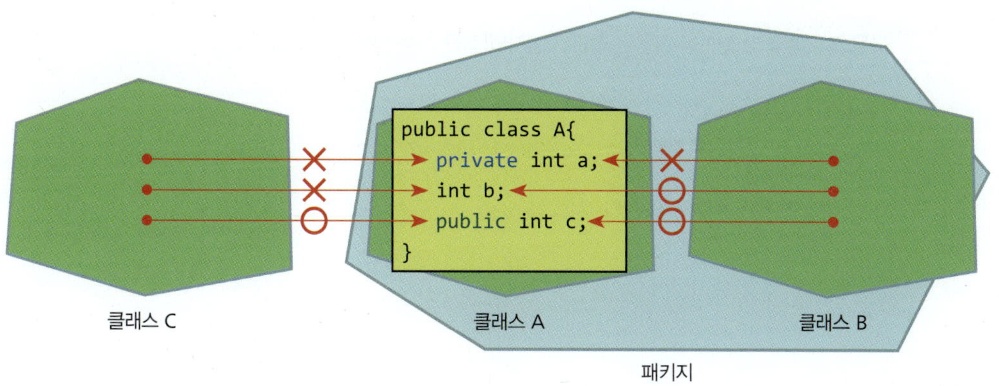

각 변수를 접근 제어의 차원에서 분석해 보자.

- 변수 a는 private으로 정의되었으므로 클래스 A 안에서는 사용할 수 있다. 하지만 Test 클래스에서는 사용할 수 없다. 클래스가 다르기 때문이다.
- 변수 b 앞에는 아무런 접근 지정자가 붙지 않았다. 이런 경우에는 동일한 패키지에 있는 클래스라면 얼마든지 사용이 가능하다. 위의 코드에서는 패키지를 지정하지 않았기 때문에 클래스 A와 클래스 Test는 디폴트 패키지에 속하게 된다. 따라서 Test 클래스에서도 b를 사용할 수 있다.
- 변수 c는 public으로 정의되어 있기 때문에 얼마든지 외부에서 사용이 가능하다.

도전문제

1 클래스 A의 모든 멤버에 접근할 수 있는 메소드 printMembers()를 클래스 A에 추가하고, 이를 이용하여 각 필드의 값을 출력하시오.

2 클래스 A의 전용 멤버 a에 접근할 수 있는 방법을 제시하시오. 이를 위해 클래스 A에 a 필드에 접근하고 설정할 수 있는 public 메소드를 추가하시오.

접근 제어의 이유

우리는 왜 접근 제어를 하는 것일까? 다음과 같은 이유가 있다.

- **데이터 보호:** 중요한 데이터를 외부에서 수정할 수 없도록 보호할 수 있다.
- **유지 보수 용이성:** 내부 구현을 숨기고 인터페이스만 공개하여 클래스의 유지 보수성을 높일 수 있다.
- **안정성 증가:** 예기치 않은 방식으로 데이터가 변경되는 것을 방지하여 클래스의 안정성을 높일 수 있다.

참고사항: 접근 제어를 선택하는 팁

1. 일반적으로 멤버에 대해서는 가장 엄격한 접근 제어를 선택한다. 만약 특별한 이유가 없으면 private을 선택한다.
2. 상수를 제외하고는 필드에 public을 사용하면 안 된다. 외부 클래스들이 public 필드를 자유롭게 사용하면 코드를 변경하기가 힘들어진다. 하지만 이 책에서는 지면을 절약하기 위해 public 필드를 가끔 사용한다.

SELF TEST

1 다음 코드에서 각 필드에 사용된 접근 지정자와 접근 가능 범위를 설명하시오.

```
public class Car {
    private String model;
    int year;
    protected String color;
    public int price;
}
```

4.7 접근자와 설정자

정보 은닉(information hiding)은 객체지향 프로그래밍에서 객체의 내부 상태와 구현을 외부로부터 보호하는 원칙이다. 핵심은 클래스의 중요한 데이터를 무분별한 접근·변경으로부터 차단하는 데 있다. 모든 변수가 누구에게나 열려 있다면 데이터가 임의로 수정되어 시스템의 일관성이 쉽게 무너질 수 있다.

따라서 중요한 필드는 `private`으로 감추고, 꼭 필요한 경우에만 검증을 거친 공개 메소드(예: `getter/setter`)를 통해 접근·변경하도록 설계한다. 이렇게 하면 데이터를 오용으로부터 지키고, 클래스가 자신의 규칙을 유지하며 안전하고 예측 가능하게 동작할 수 있다.

그림 4-22 정보 은닉

클래스 내부의 데이터가 외부에서 꼭 필요할 때는 어떻게 해야 할까? 데이터값을 안전하게 읽고 설정할 수 있는 특수한 메소드, 즉 접근자(getters)와 설정자(setters)를 사용하면 된다. 접근자는 필드 값을 반환하는 메소드로, 대개 `get`이라는 접두사를 붙여 `getFieldName()` 형식으로 나타낸다. 반면, 설정자는 필드 값을 설정하는 메소드로, `set`이라는 접두사를 붙여 `setFieldName()` 형식으로 나타낸다.

접근자와 설정자 예제 4-5

예를 들어서 은행 통장을 나타내는 Account 클래스를 작성해 보자. 통장은 고객 이름, 잔고 등의 정보를 가지고 있다. 이 정보들을 보호해 보자. 필드를 private으로 선언하고 필드에 대하여 접근자와 설정자를 추가해 보면 다음과 같다. 예를 들어, getBalance()는 계좌 잔액을 반환하는 접근자이고 setBalance()는 계좌 잔액을 설정하는 설정자이다. 이러한 접근자와 설정자를 통해 클래스 내부의 데이터를 안전하게 외부로 전달하거나 변경할 수 있다.

AccountTest.java

```
class Account {
    private int regNumber;
    private String name;
    private int balance;

    public String getName() { return name; }
    public void setName(String name) { this.name = name; }
    public int getBalance() { return balance; }
    public void setBalance(int balance) { this.balance = balance; }

}

public class AccountTest {
    public static void main(String[] args) {
        Account obj = new Account();
        obj.setName("Tom");
        obj.setBalance(100000);
        System.out.println("이름은 " + obj.getName() + " 통장 잔고는 " +
                                   obj.getBalance() + "원입니다.");
    }
}
```

필드가 모두 private으로 선언되었다. 클래스 내부에서만 사용이 가능하다.

접근자와 설정자를 정의한다.

접근자와 설정자를 사용하여 접근한다.

```
이름은 Tom 통장 잔고는 100000원입니다.
```

클래스 Account의 필드 name과 balance는 모두 private으로 선언되었다. 이 필드들과 연결된 설정자와 접근자도 정의하였다. 예를 들면 필드 balance에 대한 접근자는 getBalance()이고 설정자는 setBalance()이다. 필드가 private으로 선언되어 있더라도 외부에서는 접근자와 설정자를 이용하면 불편 없이 필드의 값을 읽거나 변경할 수 있다.

도전문제

1 Account 클래스에 regNumber 필드에 대한 접근자와 설정자를 정의하시오. 그 후 AccountTest 클래스에서 regNumber를 설정하고 출력하는 코드를 작성하시오.

2 Account 클래스에 잔고를 증가시키는 메소드 deposit(int amount)와 잔고를 감소시키는 메소드 withdraw(int amount)를 추가하시오. AccountTest 클래스에서 이 메소드들을 사용하여 잔고를 변경하고, 변경된 잔고를 출력하시오.

접근자와 설정자의 사용 이유

앞의 예제를 처음 본 사람들은 의아하게 생각한다. obj.balance = 100000과 같이 객체의 필드에 바로 접근하는 것이 시간을 절약할 텐데 무엇 때문에 귀찮게 메소드를 통하여 변수에 간접적으로 접근하라고 강요하는 것일까? 아주 중요한 이유가 있다. 접근자와 설정자를 사용하여 필드에 간접적으로 접근하는 것은 다음과 같은 이점을 가져다준다.

- 접근자와 설정자를 사용해야만 나중에 클래스를 업그레이드할 때 편하다.
- 접근자에서 매개변수를 통해 잘못된 값이 넘어오는 것을 사전에 차단할 수 있다.
- 필요할 때마다 필드 값을 동적으로 계산하여 반환할 수 있다.
- 접근자만 제공하면 자동으로 읽기만 가능한 필드를 만들 수 있다.

첫 번째 이유가 가장 중요하다. 예를 들어서 앞의 Account 클래스를 보자. 만약 Account 클래스의 멤버를 외부에서 마음대로 사용하고 있었다면 은행에서 통장 구조를 변경하기 아주 어려울 것이다. 주민등록번호를 나타내는 필드인 regNumber를 외부에서 마음대로 사용하고 있었다면 주민등록번호 대신에 아이핀을 사용하도록 변경하는 것이 불가능할 것이다. 하지만 만약 설정자나 접근자를 통하여 사용하고 있었다면 개발자는 안심하고 regNumber 변수를 iPin 변수로 변경할 수 있다.

설정자는 변수의 값을 변경하려는 외부의 시도를 주의 깊게 검사할 수 있다. 예를 들어서 시간을 25시로 변경하려는 시도는 거부되어야 한다. 또한 인간의 나이를 음수로 변경하려는 것도 거부되어야 한다. 예를 들어서 학생을 나타내는 Student 클래스의 필드 age를 변경한다고 가정하자. 만약 메소드를 통하지 않고 필드를 직접 조작하게 한다면 다음과 같은 잘못된 값이 변수에 들어갈 수 있다.

```
obj.age = -10;          // 학생의 나이가 -10?
```

따라서 다음과 같이 설정자를 사용하는 편이 여러모로 안전하다.

```
public void setAge(int age) {
    if (age < 0)
        this.age = 0;
    else
        this.age = age;
}
```

참고사항: 접근자와 설정자 자동 생성 기능

인텔리제이에 접근자와 설정자를 쉽게 만들 수 있는 기능이 있다. 마우스를 필드 위에 올려놓고 Alt + Insert 키를 누른 후에, 'Getter and Setter' 선택하면 자동으로 설정자와 접근자를 생성할 수 있다.

SELF TEST

1. 접근자와 설정자의 역할과 사용하는 이유를 설명하시오.
2. 자바에서 클래스의 내부 상태를 외부에서 직접 변경하지 못하도록 할 때, 필드에 적용해야 하는 접근 지정자는?
3. 다음 클래스의 필드에 대한 접근자와 설정자를 작성하시오.

```
public class User {
    private String username;
    private String password;
}
```

4.8 무엇을 클래스로 만들어야 할까?

절차적 프로그래밍에 익숙한 개발자가 갑자기 객체 지향 언어로 전환하려 한다면, 마치 '자전거만 타던 사람이 자동차를 처음 몰게 되는 것'과 같은 상황이 펼쳐질 수 있다. 객체 지향 프로그램을 제대로 작성하려면, 먼저 '객체 지향' 사고방식이라는 새로운 세상을 이해해야 한다. 만약 이 패러다임 전환이 제대로 이루어지지 않으면 어떻게 될까? 자바와 같은 멋진 객체 지향 언어를 사용하더라도, 사실상 '절차적 프로그램에 객체만 억지로 덕지덕지 붙인' 혼종이 탄생할 수도 있다.

그림 4-23 무엇을 클래스로 만들어야 할까?

객체 지향적인 사고 과정이란 무엇일까? 절차적인 사고에서 "내가 모든 걸 직접 한다!"라는 방식이었다면, 객체 지향적인 사고는 "각자 맡은 일을 알아서 잘하는 객체들에게 일을 시키자!"라는 협력 중심의 사고이다. 말하자면, "내가 요리, 청소, 계산까지 다 할게!"라는 개인주의에서 "요리사는 요리하고, 청소부는 청소하고, 출납원은 계산한다!"라는 팀워크로의 전환이다.

객체 지향의 진짜 설계 방법은 '객체 지향 분석 및 설계'와 같은 전공 과목에서 깊이 다룰 것이고, 여기서는 간단히 맛보기로 살펴볼 것이다. 일단 새로운 패러다임에 대해 너무 겁먹지 말고, "아하, 이런 식으로 사고하는구나!"하고 재미있게 접근해 보면 충분하다. 객체 지향은 여러분의 코딩 세계를 훨씬 더 재밌고 유연하게 만들어 줄 것이다.

입문자들이 항상 헷갈리는 것은 '무엇을 클래스로 정의해야 하는가?'이다. 물론 텔레비전, 원, 자동차와 같이 실생활에서 사용되는 객체들은 클래스로 작성하기가 비교적 쉽다. 하지만 프로그램 안에서는 실생활에 사용되지 않는 추상적인 객체들도 많이 존재한다. 예를 들어서 `View`, `Controller`, `Model`과 같은 클래스도 사용된다. 무엇을 클래스로 정의해야 할까? 이것은 프로그램 개발 과정에서 이루어지는 '객체 지향 설계'와 깊은 관련이 있다.

(1) 요구 사항 문서

어떤 회사가 시스템 개발을 의뢰할 때 작업 명세서를 개발 회사에 보낸다. **작업 명세서(statement of work)**는 시스템을 설명하는 문서이다. 작업 명세서는 모든 사람에게 시스템에 대한 완전하고 높은 수준의 이해를 제공해야 한다. 작업 명세서를 바탕으로 **요구 사항 문서(problem requirements)**를 작성한다. 요구 사항 문서는 시스템이 수행할 작업을 설명한다. 요구 사항 문서는 기술적인 내용이 들어갈 필요는 없지만, 최종 제품에 대한 사용자 요구를 나타낼 수 있을 만큼 구체적이어야 한다.

(2) 클래스 식별

요구 사항이 문서화되면 클래스 식별 과정을 시작할 수 있다. 요구 사항에서 클래스를 식별하는 한 가지 방법은 모든 '명사'를 표시하는 것이다. 사람, 장소, 사물과 같은 객체들이 표시될 수 있다. 처음부터 모든 클래스를 완벽하게 설계할 수는 없다. 객체 지향 설계는 점진적인 과정이다. 설계 과정의 단계에서 클래스가 제거될 수도 있고 클래스가 추가될 수도 있으며, 클래스가 변경될 수도 있다. 프로그램 설계는 항상 반복적인 프로세스라는 사실을 잊지 말자.

은행은 정기 예금 계좌와 보통 예금 계좌를 제공한다. 고객들은 자신의 계좌에 돈을 입금할 수 있으며 계좌에서 돈을 인출할 수 있다. 그리고 각 계좌는 기간에 따라 이자를 지급한다. 계좌마다 이자는 달라진다.

그림 4-24 은행 업무 작업 명세서

예를 들어보자. 우리가 은행 업무 자동화를 맡았다고 하자. 은행 업무를 아주 간단하게 기술한 위 그림의 작업 명세서를 읽고 클래스의 후보를 생각해 보자.

일반적으로 문서에 등장하는 명사가 클래스의 후보가 된다. 위의 문서에서는 '은행', '정기 예금 계좌', '보통 예금 계좌', '고객', '계좌', '돈', '계좌', '돈', '계좌', '이자' 등이 클래스의 후보가 된다. 클래스는 하나의 책임만 가져야 한다. 즉, 클래스는 하나의 기능이나 역할을 수행해야 하며, 이 책임을 명확하게 정의해야 한다. 예를 들어, `User` 클래스는 사용자 정보를 관리하고, `Order` 클래스는 주문을 처리하는 등의 역할을 각각 수행한다.

다음 단계는 우리에게 주어진 문제를 해결하는 데 반드시 필요한 클래스만을 선별하는 과정이다. 예를 들어서 어떤 것은 다른 단어의 별칭인 경우도 있다. 예를 들어 '아이디'와 'ID'는 동일하다. 또 어떤 단어는 다른 단어의 속성일 수 있다. 예를 들어 계좌 번호는 계좌의 속성일 수 있다. 또 어떤 단어는 다른 클래스의 인스턴스일 수 있다. 예를 들어 '`S-CLASS`'는 '`Car`'라는 클래스의 인스턴스로 간주하는 것이 더 적합하다. '`S-CLASS`'를 클래스로 작성하는 것은 아무래도 이상하다.

(3) 클래스의 속성 결정

다음 단계는 우리가 선별한 각 클래스의 속성을 결정하는 것이다. 속성은 클래스가 저장해야 하는 데이터이다. 예를 들어, 은행 계좌를 나타내는 `Account` 객체에는 계좌 번호와 잔고가 반드시 있어야 할 것이다. 고객을 나타내는 `Customer` 객체는 이름, 주소, 아이디 등의 속성을 가질 수 있다.

(4) 클래스의 동작(책임) 결정

각 클래스가 수행해야 하는 작업을 식별한다. 예를 들어, 은행을 나타내는 `Bank` 클래스는 `addAccount()`, `addCustomer()`와 같은 작업이 필요하다. 계좌를 나타내는 `Account` 클래스는 `deposit()`, `withdraw()`와 같은 작업이 필요할 것이다. 이것들은 모두 클래스의 메소드가 된다. 데이터 구조나 알고리즘에 대해 생각하지 말자. 이러한 결정은 세부 설계 단계까지 남겨두는 것이 가장 좋다.

요구 사항 문서에서 '동사'에 해당하는 부분이 메소드가 되는 경우가 많다. 앞의 요구 사항 문서에서 '고객들은 자신의 계좌에 돈을 입금할 수 있으며 계좌에서 돈을 출금할 수 있다'라는 문장이 있다. 여기서 '입금한다', '출금한다'와 같은 동사는 `deposit()`, `withdraw()` 메소드로 매핑할 수 있다.

(5) 클래스 간의 관계 결정

대부분 클래스는 단독으로 존재하지 않는다. 클래스가 특정한 동작을 수행할 수 있지만, 원하는 것을 얻기 위해서는 다른 클래스와 상호작용해야 하는 경우가 많다. 여기에서 클래스 간의 메시지가 사용된다. 하나의 클래스는 다른 클래스가 가지고 있는 정보가 필요하거나 다른 클래스가 무언가를 해주기를 원하는 경우, 다른 클래스에 메시지를 보낼 수 있다. 이 클래스 간의 관계를 설정하는 부분은 객체 지향 설계에서 가장 어려운 부분이다. 개발자는 많은 결정을 내려야 한다. 가장 중요한 결정은 다음의 2가지이다. 클래스와 클래스와의 관계는 6장 상속에서 자세히 살펴보기로 하자.

- **상속(inheritance):** 기존 클래스를 확장해 `is-a` 관계로 특화·재사용하는 방법이다.
- **구성(composition):** 다른 객체를 포함해 `has-a` 관계로 기능을 조합·위임하는 방법이다.

UML

그림 4-25 UML

컴퓨터 프로그래밍 초기부터 사람들은 프로그램을 그림으로 표현하기를 좋아했다. 초기에는 절차적인 논리를 그림으로 표현하기 위하여 순서도(flow chart)를 그렸다. 순서도는 알고리즘을 작성하기에 좋았지만 너무 세부적이었다. 1970년대에 구조적인 프로그래밍이 유행하면서 개발자들은 프로그램의 전반적인 구조를 구조도(structure chart)로 그렸다. 구조도는 프로그램의 각 모듈 사이의 구조적인 관계를 나타낸다.

객체 지향 프로그래밍에서 개발자들은 애플리케이션을 구성하는 클래스들 간의 관계를 그리기 위하여 클래스 다이어그램(class diagram)을 사용한다. 가장 대표적인 클래스 다이어그램 표기법은 UML(Unified Modeling Language)이다. 사실 UML은 클래스만을 그리는 도구가 아니라, 객체 지향 설계 시 사용되는 일반적인 모델링 언어라고 할 수 있다. UML을 사용하면 소프트웨어를 본격적으로 작성하기 전에 구현하고자 하는 시스템을 시각화하여 검토할 수 있다.

UML은 Rational Software의 그래디 부치(Grady Booch), 이바르 제이콥슨(Ivar Jacobson), 제임스 럼보(James Rumbaugh)에 의하여 1994~1995년에 걸쳐서 첫 번째 버전이 완성되었다. 1997년에 Object Management Group(OMG)에 의하여 표준으로 채택되었다. 2005년에 International Organization for Standardization(ISO)에 의하여 ISO 표준이 되었다. UML의 구성 요소에는 클래스 다이어그램, 객체 다이어그램, 상태 다이어그램, 시퀀스 다이어그램 등 많은 다이어그램이 있다. 우리는 클래스 다이어그램에 대해서만 살펴볼 것이다.

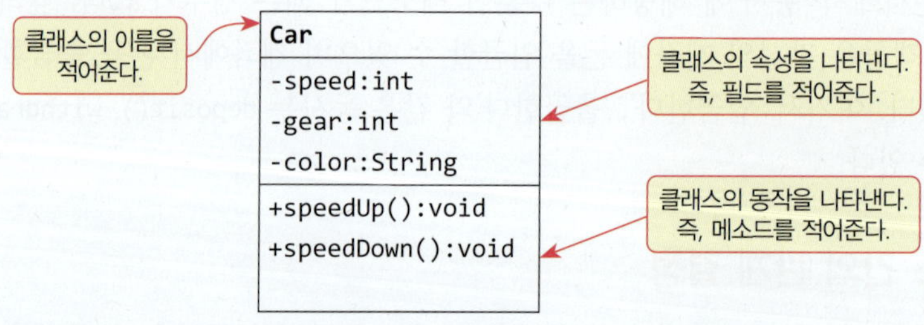

그림 4-26 UML의 예

각 클래스는 사각형으로 그려진다. 사각형은 반드시 클래스 이름을 포함하여야 한다. 사각형은 세 부분으로 나누어져 있다. 첫 번째 부분은 클래스의 이름이다. 중간 부분은 필드들이 나열되고 아랫부분에는 메소드들이 나열되어 있다. 그림 4-26은 자동차를 나타내는 Car 클래스를 UML로 그려본 것이다.

필드에 대해서는 자료형을 표기할 수 있고, 메소드에 대해서는 매개변수와 반환형을 표기할 수 있다. 필드의 자료형은 이름 뒤에 : 기호를 쓰고 자료형을 적으면 된다.

필드나 메소드의 이름 앞에는 가시성 표시자(visibility indicator)가 올 수 있다. + 기호는 public을, - 기호는 private을 의미한다.

+	Public
-	Private
#	Protected
/	Derived (can be combined with one of the others)
~	Package

표 4-1 가시성 표시자

클래스 다이어그램에서는 화살표를 사용하여 클래스 간의 관계를 나타낼 수 있다. UML은 다양한 화살표를 사용한다. 용어들은 아직 학습하지 않았다.

관계	화살표
일반화(generalization), 상속(inheritance)	────▷
구현(realization)	- - - - - - - - -▷
구성 관계(composition)	────◆
집합 관계(aggregation)	────◇
유향 연관(direct association)	────>
양방향 연관(bidirectional association)	────
의존(dependency)	- - - - - - - - ->

표 4-2 UML에서 사용하는 화살표의 종류

중요한 클래스 관계에는 가장 일반적인 클래스 연결 관계인 연관(association), 전체와 부분을 나타내는 집합(aggregation), 다른 클래스의 코드를 상속받는 상속(inheritance), 하나의 클래스가 다른 클래스에 영향을 주는 의존(dependency)이 있다. 우리는 일단 하나만 알아두자.

의존 관계

점선의 열린 화살표는 의존을 나타낸다. 의존(dependency)이란 하나의 클래스가 다른 클래스를 사용하는 관계이다. 예를 들어서 CarTest 클래스는 Car 클래스의 객체를 생성하여 Car 클래스를 사용한다고 볼 수 있다. 따라서 아래와 같은 표시로 그릴 수 있다.

CarTest.java

```
class Car {
    // 멤버 변수 (속성)
    private int speed;
    private int gear;
    private String color = "";

    // 생성자
    public Car() {
        this.speed = 0; // 기본 속도
        this.gear = 1;  // 기본 기어
        this.color = "white";
    }

    // 속도 증가 메소드
    public void speedUp() {
        speed += 10;
    }
    // 속도 감소 메소드
    public void speedDown() {
        speed -= 10;
    }
}

public class CarTest {
    public static void main(String[] args) {
        Car myCar = new Car();
        myCar.speedUp();
    }
}
```

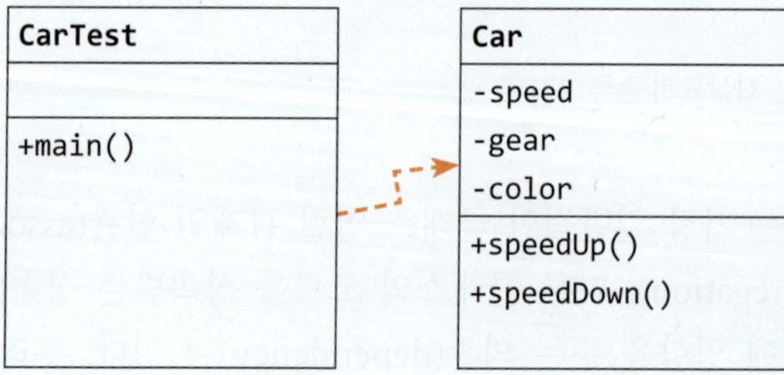

그림 4-27 CarTest 예제의 UML

참고사항: UML 그리는 프로그램

UML 다이어그램을 그리는 많은 도구가 있다. Lucidchart(웹 기반의 다이어그램 도구로, UML 다이어그램뿐만 아니라 다양한 유형의 다이어그램을 그릴 수 있다), Microsoft Visio(Microsoft에서 제공하는 다이어그램 도구로, 강력한 기능과 다양한 다이어그램 템플릿을 제공한다) 등이 대표적이다. 무료로 사용할 수 있는 도구도 많다. Draw.io(diagrams.net), ArgoUML 등이 대표적이다.

스마트폰 객체화 예제 4-6

스마트폰을 객체로 모델링하여 클래스와 객체의 기본 개념을 연습해 보자. 특히 스마트폰의 충전을 설정자로 관리하여서 과충전이 되지 않도록 제어해 보자.

Smartphone
-manufacturer: String -model: String -battery: int
+martphone(manufacturer: String, model: String) +getManufacturer(): String +getModel(): String +getBattery(): int +setBattery(battery:int): void +charge(amount:int): void +use(amount:int): void +toString(): String

SmartphoneTest.java

```java
class Smartphone {
    // 필드
    private String manufacturer;     // 제조사
    private String model;            // 모델
    private int battery;             // 배터리 잔량(0~100%)

    // 생성자
    public Smartphone(String manufacturer, String model) {
        this.manufacturer = manufacturer;
        this.model = model;
        this.battery = 100;          // 새 스마트폰은 배터리 100%로 시작
    }

    // Getter와 Setter
    public String getManufacturer() {
        return manufacturer;
    }

```

```
    public String getModel() {
        return model;
    }

    public int getBattery() {
        return battery;
    }

    public void setBattery(int battery) {
        if (battery < 0) {
            this.battery = 0;
        } else if (battery > 100) {
            this.battery = 100;
        } else {
            this.battery = battery;
        }
    }

    // 메소드: 충전
    public void charge(int amount) {
        setBattery(this.battery + amount);
        System.out.println("충전 완료! 현재 배터리: " + this.battery + "%");
    }

    // 메소드: 사용
    public void use(int amount) {
        if (this.battery - amount < 0) {
            System.out.println("배터리가 부족합니다. 충전이 필요합니다!");
            this.battery = 0;
        } else {
            this.battery -= amount;
            System.out.println("스마트폰을 사용했습니다. 현재 배터리: "
                               + this.battery + "%");
        }
    }

    // toString() 오버라이딩
    @Override
    public String toString() {
        return manufacturer + " " + model + " (배터리: " + battery + "%)";
    }
}

public class SmartphoneTest {
    public static void main(String[] args) {
        Smartphone phone = new Smartphone("Samsung", "Galaxy S25");
```

```java
        System.out.println(phone);           // toString() 호출

        phone.use(30);                       // 30% 배터리 사용
        phone.use(80);                       // 배터리 부족 상황
        phone.charge(50);                    // 50% 충전
        phone.setBattery(120);               // 범위를 벗어난 값 → 100으로 조정

        System.out.println("최종 상태: " + phone);
    }
}
```

```
Samsung Galaxy S25 (배터리: 100%)
스마트폰을 사용했습니다. 현재 배터리: 70%
배터리가 부족합니다. 충전이 필요합니다!
충전 완료! 현재 배터리: 50%
최종 상태: Samsung Galaxy S25 (배터리: 100%)
```

Smartphone 클래스는 제조사, 모델, 배터리 잔량이라는 세 가지 속성(필드)을 가지고 있으며, 생성자를 통해 제조사와 모델을 지정하고 배터리 초기값을 설정한다. getBattery()와 setBattery()와 같은 접근자와 설정자는 캡슐화를 통해 배터리 값을 안전하게 관리하도록 설계되었다. 또한 charge() 메소드는 배터리를 충전하고, use() 메소드는 배터리를 소모하는 동작을 구현하여, 객체가 실제 세계의 스마트폰처럼 행동하는 모습을 보여준다. 마지막으로 toString() 메소드를 오버라이딩하여 객체의 상태를 문자열로 쉽게 확인할 수 있도록 하였다.

SELF TEST

1 다음 요구 사항 문서에서 잠재적인 클래스 후보를 도출하시오.

- 도서관 시스템은 책, 회원, 대출 기록을 관리해야 한다.
- 회원은 책을 대출하고 반납할 수 있다.
- 각 책은 제목, 저자, ISBN을 가진다.
- 대출 기록은 대출 날짜와 반납 날짜를 포함한다.

GUI LAB JFrame 객체 생성하기 #1

지금까지는 약간 추상적인 클래스만을 작성해 보았다. 이번 실습에서는 우리가 눈으로 볼 수 있는 객체를 가지고 작업해 보자. 전통적으로 GUI 작업에는 객체 지향 방법이 많이 사용된다. 객체 지향 방법을 사용하면 윈도우를 훨씬 쉽게 생성할 수 있다. 자바 스윙에서 윈도우를 나타내는 클래스는 바로 JFrame 클래스이다.

C언어와 같은 절차적 언어를 이용하여 윈도우를 만들면, 가장 힘든 작업이 윈도우의 기본값들을 설정하는 부분이다. 객체 지향 방법에서는 '생성자' 개념이 있어서 이 부분이 아주 쉽다. 개발자가 아무것도 전달하지 않아도 생성자에서 기본값으로 설정된다. 화면에 윈도우 하나를 표시하는 코드를 작성해 보자. 어렵지 않다. new를 사용하여 JFrame 객체를 생성하면 화면에 윈도우가 나타난다.

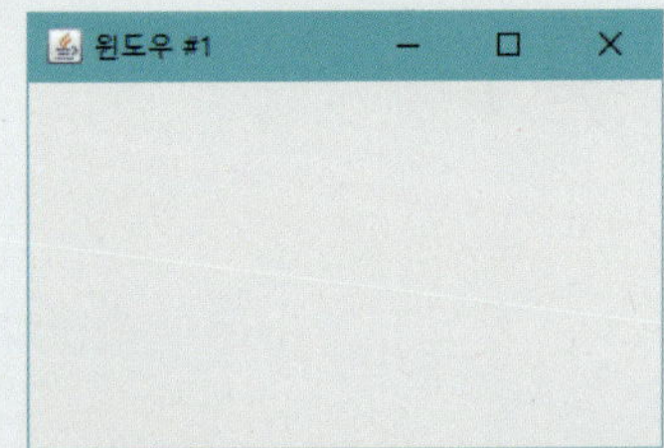

FrameTest1.java

```java
import javax.swing.*;                                        // ①

public class FrameTest1 {
    public static void main(String[] args) {
        JFrame f = new JFrame("윈도우 #1");                   // ②

        f.setSize(300, 200);                                 // ③
        f.setDefaultCloseOperation(JFrame.EXIT_ON_CLOSE);    // ③
        f.setVisible(true);                                  // ③
    }
}
```

JFrame 클래스의 객체를 생성한다. 생성자를 호출한다.

① javax.swing은 GUI에 관련된 클래스들을 모아 놓은 패키지이다. 패키지 안의 모든 클래스를 포함하는 문장이다.

② JFrame은 윈도우를 나타내는 클래스이다. new를 이용하여 객체를 생성하면서 생성자를 호출하고 있다. 생성자가 받는 것은 윈도우의 제목이다.

③ JFrame 클래스가 가지고 있는 메소드들을 호출하고 있다. set이 앞에 붙은 메소드는 설정자이다.

setSize(width, height)는 윈도우의 크기를 설정한다. setVisible(boolean b)는 윈도우를 나타나게 하거나 보이지 않게 한다. setDefaultCloseOperation()은 윈도우 우측 상단의 X 표시를 누르면 프로그램을 종료하게 한다. 다음 페이지를 보기 전에 위의 코드를 약간 수정해 보자. 객체를 여러 번 생성하여 서로 다른 속성(제목, 크기, 위치)을 설정해 본다. JFrame 객체를 2개 이상 생성해서 각각 다른 제목(title), 위치(setLocation), 크기(setSize)를 적용해 보자.

JFrame 객체 생성하기 #2

GUI LAB

이번에는 윈도우를 2개 만들어보자. 객체 지향 방법에서는 단순히 JFrame 객체를 2개 생성하면 된다. 두 번째 윈도우의 위치는 약간 다른 곳으로 변경해 보자. 윈도우의 위치 변경은 setLocation() 설정자 호출로 가능하다.

FrameTest2.java

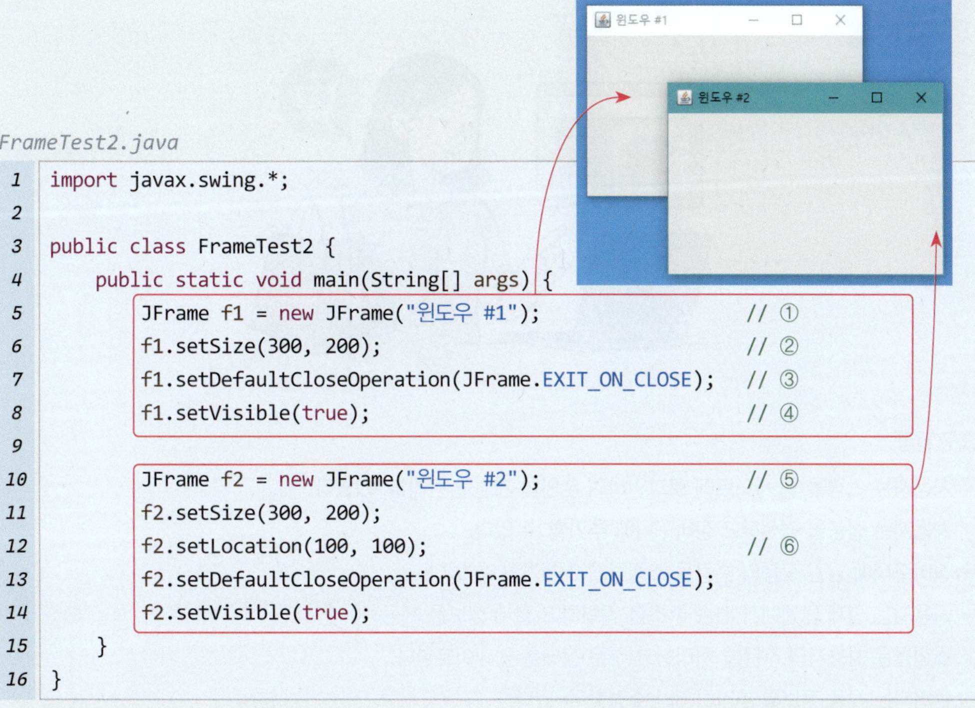


```
import javax.swing.*;

public class FrameTest2 {
    public static void main(String[] args) {
        JFrame f1 = new JFrame("윈도우 #1");                    // ①
        f1.setSize(300, 200);                                   // ②
        f1.setDefaultCloseOperation(JFrame.EXIT_ON_CLOSE);      // ③
        f1.setVisible(true);                                    // ④

        JFrame f2 = new JFrame("윈도우 #2");                    // ⑤
        f2.setSize(300, 200);
        f2.setLocation(100, 100);                               // ⑥
        f2.setDefaultCloseOperation(JFrame.EXIT_ON_CLOSE);
        f2.setVisible(true);
    }
}
```

① JFrame 클래스의 객체 f1을 생성한다. 생성자에 "윈도우 #1"이라는 문자열을 전달하여 윈도우의 제목을 설정한다.

② setSize(300, 200) 메소드를 호출하여 윈도우의 크기를 너비 300픽셀, 높이 200픽셀로 설정한다.

③ setDefaultCloseOperation(JFrame.EXIT_ON_CLOSE) 메소드를 호출하여 윈도우의 닫기 버튼을 눌렀을 때 애플리케이션이 종료되도록 설정한다.

④ setVisible(true) 메소드를 호출하여 윈도우를 화면에 표시한다.

⑤ JFrame 클래스의 객체 f2를 생성한다. 생성자에 "윈도우 #2"라는 문자열을 전달하여 윈도우의 제목을 설정한다.

⑥ setLocation(100, 100) 메소드를 호출하여 윈도우의 위치를 화면 좌측 상단에서 (100, 100) 좌표로 설정한다.

반복문을 활용하여 다수의 JFrame 객체를 자동으로 생성해 보자. 5개의 창을 반복문으로 만들어 제목을 "창 #2", "창 #1"와 같이 순서대로 설정하고, setBounds(x, y, width, height) 메소드를 사용하여 위치와 크기를 규칙적으로 배치해 보자. 예를 들어 각 창의 위치를 (80 + i*40, 80 + i*40) 형태로 계단식으로 배치하면 여러 창이 겹치지 않고 차례대로 나타난다. 각 창은 독립적인 객체이므로 제목과 위치가 서로 달라야 한다.

Mini Project 수행하기 1

클래스 후보 식별하기

난이도: ★★★☆☆
주제: 클래스 후보 식별하기

아래는 온라인 쇼핑몰 시스템의 간단한 요구 사항이다. 요구 사항을 읽고, 프로그램에서 사용될 수 있는 객체(클래스) 후보를 식별해 보자. 객체는 주로 문서에서 등장하는 명사로부터 찾을 수 있으며, 이를 기반으로 프로그램의 클래스를 설계할 수 있다.

요구 사항

- 사용자는 쇼핑몰 웹 사이트에 로그인하여 본인의 계정을 관리할 수 있다.
- 사용자는 상품을 검색하고 장바구니에 추가할 수 있다.
- 장바구니에 담긴 상품의 수량을 조정하거나 제거할 수 있다.
- 사용자는 결제 단계에서 배송 주소를 입력하고 결제 정보를 제공해야 한다.
- 쇼핑몰은 사용자의 주문을 처리하고 주문 상태를 업데이트한다.
- 관리자는 상품 정보를 추가하거나 수정할 수 있다.

1. 명사 추출하기
   - 먼저 요구 사항에서 등장하는 명사를 찾아보자.
   - 아래의 단계를 직접 작성하여라.

2. 위에서 나열한 명사 중 실제 프로그램 설계에서 클래스로 정의될 가능성이 높은 것만 골라 정리하여라(5개 이상).

3. 선택한 각 클래스에 대해 2~3개의 속성을 작성하여라(예: 상품 → 상품 ID, 이름, 가격).

4. 각 클래스 간의 관계를 문장으로 간단히 설명하여라(예: “장바구니는 여러 개의 상품을 포함한다.”).

주사위 게임 만들기

Mini Project 수행하기 2

난이도: ★★★☆☆
주제: 클래스와 객체 작성하기

이 프로젝트에서는 두 명의 플레이어가 번갈아 가며 주사위를 굴려 점수를 얻는 게임을 만들 것이다. 게임 규칙은 다음과 같다.

1. 각 플레이어는 자신의 차례에 주사위를 굴려 점수를 얻는다.
2. 주사위는 1부터 6까지의 숫자를 가지고 있다.
3. 플레이어가 주사위를 굴려 나온 숫자가 1이면 해당 라운드의 점수는 0이 되고, 다음 플레이어로 차례가 넘어간다.
4. 플레이어가 주사위를 굴려 나온 숫자가 2에서 6 사이면, 그 숫자가 해당 라운드의 점수에 추가된다.
5. 먼저 100점을 얻는 플레이어가 승리한다.

이 예시에서는 각 플레이어가 주사위를 굴리고, 현재 라운드의 점수를 계속 추가하다가 1이 나오면 점수를 잃고 라운드를 종료하는 과정을 보여준다. 각 플레이어는 자신의 차례가 끝날 때까지 주사위를 계속 굴릴지 멈출지를 선택할 수 있다. 게임은 한 플레이어가 100점을 넘기면 종료되고, 승자가 선언된다.

클래스 후보로는 `Dice`, `Player` 등을 생각해 보자. 주사위를 `Dice` 클래스로 모델링한다. `Dice` 클래스는 주사위 면(face)을 필드로 가지고 있고 `roll()`, `getValue()`, `setValue()` 등의 메소드를 가지고 있다. 생성자에서는 주사위 면을 0으로 초기화한다.

```
Player 1의 차례:
주사위를 굴리세요(엔터 키를 누르세요):
5가 나왔습니다.
현재 라운드 점수: 5
다시 굴리시겠습니까?(yes/no): yes
주사위를 굴리세요(엔터 키를 누르세요):
3이 나왔습니다.
현재 라운드 점수: 8
다시 굴리시겠습니까?(yes/no): no
Player 1의 총 점수: 8
```

```
Player 2의 차례:
주사위를 굴리세요(엔터 키를 누르세요):
6이 나왔습니다.
현재 라운드 점수: 6
다시 굴리시겠습니까?(yes/no): yes
주사위를 굴리세요(엔터 키를 누르세요):
1이 나왔습니다.
1이 나왔습니다! 이번 라운드 점수는 0입니다.
Player 2의 총 점수: 0
...
```

Summary

- 객체 지향 프로그래밍(OOP)은 프로그램을 실세계의 객체처럼 구성하는 패러다임이다. 데이터(상태)와 행동(메소드)을 캡슐화한 객체를 중심으로 설계한다.
- OOP의 장점은 상속을 통해 기존 클래스의 확장이 가능하고, 모듈화된 코드로 수정이 용이하며, 객체의 추가 및 수정이 쉽다.
- 클래스는 객체를 생성하는 틀(template) 또는 청사진으로 필드와 메소드로 구성된다.
- 객체 지향을 이루고 있는 핵심적인 개념에는 '캡슐화', '상속', '다형성', '추상화' 등이 있다.
- 캡슐화는 객체의 속성과 동작을 하나로 묶는 것을 의미한다. 내부 구현을 알 수 없게 은닉하는 것도 캡슐화에 포함된다.
- 상속은 다른 클래스를 재사용하는 강력한 방법이다.
- 자바에서는 new 연산자를 이용하여 객체를 생성한다.

```
Circle obj = new Circle();
```

- 메소드 오버로딩은 같은 이름의 메소드를 매개변수의 개수·타입·순서를 다르게 하여 여러 개 정의하는 것이다.

```
int add(int a,int b) { }; double add(double a,double b) { };
```

- 생성자는 객체가 생성될 때, 초기화 작업을 담당하는 특별한 메소드이다. 생성자도 오버로딩이 가능하다.

```
public Circle(int r, String c) {
    radius = r;
    color = c;
}
```

- this는 현재 객체를 가리키는 참조형 변수이다.

```
public Circle(int radius, String color) {
    this.radius = radius;
    this.color = color;
}
```

- this()는 생성자에서 다른 생성자를 호출할 때 사용된다.
- 접근 제어란 외부에서 내부 구현을 알 수 없게끔 감추는 것이다. public(모든 클래스에서 접근 가능), private(해당 클래스 내에서만 접근 가능), protected(동일 패키지 및 하위 클래스에서 접근 가능), default(동일 패키지 내에서만 접근 가능)가 있다.

Exercises

1. 하나의 자바 파일에 2개의 `public` 클래스를 넣을 수 있는가? (O / X)

2. 다음 중 자바의 클래스와 객체에 대한 설명 중 틀린 것은?

   ❶ 클래스는 객체의 설계도 역할을 한다.
   ❷ 객체는 클래스의 인스턴스를 의미한다.
   ❸ 클래스는 실행 시 동적으로 생성된다.
   ❹ 객체는 메모리에서 동적으로 생성된다.

3. 생성자의 이름은 무엇과 같아야 하는가?

   ❶ 클래스 이름 ❷ 메소드 이름
   ❸ 패키지 이름 ❹ 인터페이스 이름

4. 어떤 필드 앞에 접근 지정자가 없다면, 어디까지 접근이 가능한가?

   ❶ 동일한 클래스 내에서만 ❷ 동일한 패키지 내에서만
   ❸ 상속받은 클래스에서만 ❹ 모든 클래스에서

5. 생성자가 전혀 없는 클래스는 어떻게 초기화되는가?

   ❶ 자바에서 생성자가 없는 클래스는 만들 수 없다.
   ❷ 컴파일러가 기본 생성자를 자동으로 추가한다.
   ❸ `main()` 메소드에서 초기화한다.
   ❹ 초기화되지 않는다.

6. 다음 중 자바에서 객체 생성에 대한 설명으로 틀린 것은?

   ❶ 객체는 new 연산자를 사용하여 생성할 수 있다.
   ❷ 하나의 클래스에서 여러 개의 객체를 생성할 수 있다.
   ❸ 생성자는 오버로딩할 수 없다.
   ❹ 생성자가 명시적으로 없는 경우에는 컴파일러가 기본 생성자를 제공한다.

7. 다음 코드를 실행한 출력 결과는?

```
class Simple { int i; }

public class SimpleTest {
   public static void main(String args[]) {
     Simple obj;
     System.out.println(obj.i);
}
```

❶ 0 ❷ 쓰레기 값 ❸ 컴파일 오류 ❹ 실행 오류

8. 다음은 메소드 오버로딩을 이용한 코드이다. 어떤 문제가 발생할 수 있는가?

```
class Test {
    int sub(int x) { return 0; }
    double sub(int x) { return 0.0; }
}
```

9. 정수 2개의 합을 구하는 sum()과 정수 3개의 합을 구하는 sum()을 메소드 오버로딩을 이용하여 정의하시오.

```
public class Calculation {
    // 여기에 정의한다.
    public static void main(String args[]) {
        Calculation obj = new Calculation();
        obj.sum(10, 20, 30);
        obj.sum(10, 20);
    }
}
```

10. 다음 클래스에 생성자를 추가하시오. name은 반드시 전달되어야 한다. id가 전달되지 않으면 0이라고 가정한다. 생성자 오버로딩을 사용한다.

```
public class Student {
    int id;
    String name;
}
```

11. 다음 코드에서 잘못된 부분을 찾고 올바르게 수정하시오.

```
public class Book {
    String title;
    String author;
    public Book(title, author) {
        title = title;
        author = author;
    }
}
```

12. 다음 코드에서 잘못된 부분은 찾고 접근자와 설정자를 이용하여 올바르게 수정하시오.

```
class Number {
    private int number;
 }

 public class NumberTest {
    public static void main(String[] args) {
        Number obj = new Number();
        obj.number = 100;
    }
}
```

13. 다음은 영화를 나타내는 Movie 클래스이다. 질문에 답하시오.

```
public class Movie {
    private String title, director;
    private int year;
    private double rating;
}
```

1. 각 필드에 대한 접근자와 설정자를 작성하시오.
2. Movie 클래스를 UML로 그리시오. 메소드도 포함한다.
3. Movie 클래스를 작성하시오.
4. Movie 객체를 하나 생성하고, 생성된 객체의 title 속성을 'Transformer'로 변경하시오.

Programming Exercises

난이도: ★★☆☆☆
주제: 클래스 작성과 객체 생성

1. Person 클래스를 설계하고 구현하시오. 이 클래스는 사람의 기본적인 정보를 저장한다. 아래의 UML 다이어그램을 참고하여 클래스를 작성하고 테스트 프로그램을 구현한다.

```
Person
--------------------------------------------------
- name: String            // 사람 이름
- age: int                // 사람 나이
- gender: String          // 사람 성별 ("Male", "Female" 등)
--------------------------------------------------
+ Person()        // 기본 생성자: name을 "Unknown", age를 0, gender를 "Unknown"으로 초기화
+ Person(name: String, age: int, gender: String)
+ setName(name: String): void              // 설정자
+ setAge(age: int): void
+ setGender(gender: String): void
+ getName(): String                        // 접근자
+ getAge(): int
+ getGender(): String
+ getDetails(): String                     // 이름, 나이, 성별 정보를 하나의 문자열로 반환
```

```
Person person1 = new Person();  //  기본 생성자로 Person 객체 생성
System.out.println(person1.getDetails());

Person person2 = new Person("Lee", 30, "Female");  // 매개변수 생성자로 Person 객
체 생성
System.out.println(person2.getDetails());

person1.setName("Kim");     // 설정자 메소드로 데이터 수정
person1.setAge(25);
person1.setGender("Male");
System.out.println(person1.getDetails());
```

2. Song 클래스를 설계하고 구현하시오. 이 클래스는 하나의 노래에 대한 정보를 저장하고 관리하기 위한 클래스이다. 아래의 UML 다이어그램을 참고하여 클래스를 작성하고 테스트 프로그램을 구현한다.

난이도: ★★☆☆☆
주제: 객체 생성

```
Song
- title: String          // 노래 제목
- artist: String         // 가수 이름
- duration: double       // 노래 재생 시간(단위: 분)
+ Song()
+ Song(title: String, artist: String, duration: double)
+ setTitle(title: String): void
+ setArtist(artist: String): void
+ setDuration(duration: double): void
+ getTitle(): String
+ getArtist(): String
+ getDuration(): double
+ getDetails(): String    // 노래 제목, 가수 이름, 재생 시간을 문자열로 반환
```

```
Song song1 = new Song();
System.out.println(song1.getDetails());

Song song2 = new Song("Shape of You", "Ed Sheeran", 4.4);  // 매개변수 생성자
System.out.println(song2.getDetails());

song1.setTitle("Blinding Lights");                    // 설정자 메소드로 데이터 수정
song1.setArtist("The Weeknd");
song1.setDuration(3.55);
System.out.println(song1.getDetails());
```

3. Dog 클래스를 설계하고 구현하시오. 이 클래스는 강아지의 정보를 저장하고 간단한 동작을 정의한다. 아래의 UML 다이어그램을 참고하여 클래스를 작성하고 테스트 프로그램을 구현한다.

난이도: ★★☆☆☆
주제: 클래스 작성과 객체 생성

```
Dog
- name: String           // 강아지 이름
- breed: String          // 강아지 품종
- age: int               // 강아지 나이(단위: 년)
- weight: double         // 강아지 몸무게(단위: kg)
+ Dog()
+ Dog(name: String, breed: String, age: int, weight: double)
+ bark(): void
+ eat(foodWeight: double): void    // 음식 무게만큼 weight를 증가
+ getDetails(): String             // 강아지 이름, 품종, 나이, 몸무게 정보를 문자열로 반환
```

```
Dog dog1 = new Dog();
System.out.println(dog1.getDetails());

Dog dog2 = new Dog("뭉치", "골든 리트리버", 3, 25.5);
System.out.println(dog2.getDetails());

dog2.bark();                          // 강아지 짖기
dog2.eat(1.2);                        // 1.2kg 음식을 먹음
System.out.println(dog2.getDetails());
```

난이도: ★★★☆☆
주제: 생성자 오버로딩

4. Date 클래스를 설계하고 구현하시오. 이 클래스는 날짜 정보를 관리하며 두 가지 형식으로 날짜를 출력할 수 있는 메소드를 포함한다. 아래의 UML 다이어그램을 참고하여 클래스를 작성하고 테스트 프로그램을 구현한다.

Date
- year: int - month: int - day: int
+ Date()   // 연, 월, 일을 각각 2000, 1, 1로 초기화 + Date(year: int, month: int, day: int) + setDate(year: int, month: int, day: int): void + getDate(): String + print1(): void   // 날짜를 "2012.7.12" 형식으로 출력 + print2(): void   // 날짜를 "July 12, 2012" 형식으로 출력

```
Date date1 = new Date();
date1.print1();             // 2000.1.1
date1.print2();             // January 1, 2000
Date date2 = new Date(2012, 7, 12);
date2.print1();             // 2012.7.12
date2.print2();             // July 12, 2012
```

5. Movie 클래스를 설계하고 구현하시오. Movie 클래스는 영화 제목, 평점, 감독, 발표된 연도 등의 필드를 가진다. 영화의 모든 정보를 문자열로 요약하여 반환하는 toString() 메소드를 포함한다. 아래의 UML 다이어그램을 참고하여 클래스를 작성하고 테스트 프로그램을 구현한다.

난이도: ★★★☆☆
주제: toString()

```
Movie
- title: String            // 영화 제목
- rating: double           // 영화 평점
- director: String         // 감독 이름
- year: int                // 발표 연도
+ Movie()
+ Movie(title: String, rating: double, director: String, year: int)
+ setTitle(title: String): void
+ setRating(rating: double): void  // 평점이 0.0 ~ 10.0 범위를 벗어나면 오류 메시지 출력
+ setDirector(director: String): void
+ setYear(year: int): void
+ toString(): String
// "Title: ..., Rating: ..., Director: ..., Year: ..."으로 출력
```

```java
Movie movie1 = new Movie();
System.out.println(movie1);

Movie movie2 = new Movie("Inception", 8.8, "Christopher Nolan", 2010);
System.out.println(movie2);
```

6. Car 클래스를 설계하고 구현하시오. 이 클래스는 name(이름)과 speed(현재 속도)를 가진다. 자동차의 속도를 10씩 증가시키는 accelerate() 메소드와 속도를 5씩 감소시키는 brake() 메소드를 포함한다. 자동차 객체 2개를 생성하고(car1, car2), 각각의 속도를 무작위로 변경하여 가장 빠른 자동차를 출력한다.

난이도: ★★★★☆
주제: 테스트 프로그램 작성

```
Car
- name: String             // 자동차 이름
- speed: int               // 현재 자동차의 속도
+ Car(name: String)
+ accelerate(): void       // 자동차 속도를 10씩 증가
+ brake(): void            // 자동차 속도를 5씩 감소(0 이하로는 감소하지 않음)
+ getSpeed(): int
+ getName(): String
```

```
Car1 속도: 35km/h
Car2 속도: 40km/h
가장 빠른 자동차는 'Car2'이며, 속도는 40km/h입니다.
```

난이도: ★★☆☆☆
주제: 클래스 작성과 객체 생성

7. Stock 클래스를 설계하고 구현하시오. 이 클래스는 주식(Stock)의 정보를 나타낸다. 아래의 UML 다이어그램을 참고하여 클래스를 작성하고 테스트 프로그램을 구현한다.

Stock
- name: String // 주식 이름 - prevPrice: int // 전일 종가 - currentPrice: int // 현재 주가
+ Stock(name: String) // 주식의 심볼과 이름 초기화 + getChangePercent(): double // prevPrice와 currentPrice 사이의 가격 변동 비율(%)

```
Stock stock = new Stock("GS");                                  // Stock 객체 생성
stock.setPrevPrice(38000);                     // 전일 종가
stock.setCurrentPrice(40000);                                   // 현재 주가
System.out.println("Stock Name: " + stock.name);                // 가격 변동 비율 출력
System.out.println("가격 변동(%): " + stock.getChangePercent() + "%");
```

난이도: ★★★☆☆
주제: 클래스 작성과 객체 생성

8. Stopwatch 클래스를 설계하고 구현하시오. 이 클래스는 간단한 스톱워치 기능을 제공한다. Stopwatch 객체를 생성하고, 시작 시간을 기록한 후 임의의 작업(예: 반복문 수행)을 수행한다. 작업이 완료된 후 종료 시간을 기록하고, getElapsedTime() 메소드를 호출하여 경과 시간을 출력한다. 아래의 UML 다이어그램을 참고하여 클래스를 작성하고 테스트 프로그램을 구현한다.

Stopwatch
- startTime: long // 시작 시간 - endTime: long // 종료 시간
+ Stopwatch() + start(): void // 현재 시간을 startTime에 저장 + stop(): void // 현재 시간을 endTime에 저장 + getElapsedTime(): long // startTime과 endTime의 차이를 밀리초 단위로 반환

```
Stopwatch stopwatch = new Stopwatch();
stopwatch.start();
...
stopwatch.stop();
System.out.println("경과 시간: " + stopwatch.getElapsedTime() + "ms");
```

System.currentTimeMillis();를 사용하여 현재 시간을 밀리초로 반환받을 수 있다.

9. Schedule 클래스를 설계하고 구현하시오. 이 클래스는 특정 날짜와 시간에 발생하는 일정을 관리하기 위한 도구이다. 여러 개의 Schedule 객체를 생성하고, 각각의 세부 정보를 출력한다. 두 일정의 충돌 여부를 확인하고 결과를 출력한다. 아래의 UML 다이어그램을 참고하여 클래스를 작성하고 테스트 프로그램을 구현한다.

난이도: ★★★★☆
주제: 클래스 작성과 객체 생성

```
Schedule
-------------------------------------------------------------
- title: String                  // 일정 제목
- date: String                   // 일정 날짜(예: "2025-01-07")
- time: String                   // 일정 시간(예: "14:30")
- description: String            // 일정 설명(선택 사항)
-------------------------------------------------------------
+ Schedule()                     // 모든 필드를 기본값으로 초기화
+ Schedule(title: String, date: String,  time: String, description: String)
+ setTitle(title: String): void
+ setDate(date: String): void
+ setTime(time: String): void
+ setDescription(description: String): void
+ getDetails(): String           // 일정의 모든 정보를 문자열로 반환
+ isConflict(other: Schedule): boolean
// 주어진 다른 Schedule 객체와 날짜와 시간이 겹치는지 확인하고, 겹치면 true를 반환
```

```
Schedule meeting = new Schedule
          ("팀미팅", "2025-01-07", "14:30", "프로젝트 회의");
Schedule conflictingMeeting = new Schedule
          ("다른 미팅", "2025-01-07", "14:30", "겹치는 스케줄");
if (meeting.isConflict(conflictingMeeting)) {
    ...
}
```

CHAPTER 05

클래스와 객체 II, 예외 처리

학습목표

- 객체가 언제 생성되고 언제 소멸되는지를 설명한다.
- 가비지 컬렉터의 역할을 설명한다.
- 객체가 메소드에 전달되는 메커니즘을 설명한다.
- 정적 멤버를 선언하고 사용한다.
- 객체 배열을 선언하고 사용한다.
- 프로그램에서 예외를 처리한다.

학습목차

핵심 키워드

객체의 소멸, 객체 인수 전달, 정적 멤버, 객체 배열, 예외 처리

05 클래스와 객체 II, 예외 처리

5.1 객체의 생성과 소멸

이 세상에 영원한 것은 없다. 자동차도 공장에서 태어나 도로를 누비다가 결국 폐차장의 운명을 맞이하듯, 객체 지향 프로그램에서 객체도 생성되고 쓰이다가 마지막엔 소멸한다. "안녕, 난 생성자야! 내가 널 세상에 태어나게 해줄게!", "그동안 수고했어. 난 가비지 컬렉터야. 이제 네 역할은 끝났어..." 객체는 프로그램이 실행되는 동안 최선을 다하여 열심히 일하지만, 필요 없어지면 '가비지 컬렉터(Garbage Collector)'라는 무자비한 청소부가 나타나서 정리해버린다.

객체 생성　　객체 사용　　객체 소멸

그림 5-1 객체의 일생

객체의 일생은 객체를 참조하는 변수와 밀접한 관련이 있다. 먼저 참조형 변수에 대하여 좀 더 자세히 고찰해 보자.

참조형 변수를 다른 참조형 변수에 할당하면?

기초형 변수와 참조형 변수는 할당(대입) 연산에서 상당히 다르게 동작한다. 기초형 변수의 값을 다른 기초형 변수에 할당하면 변수의 값이 복사된다. 아래의 코드에서 변수 x의 값이 변수 y로 복사된다.

```
int x = 10;
int y = 20;

y = x;                  // x의 값이 y로 할당되어 y는 10이 된다.
```

하지만 참조형 변수의 경우에는 상황이 약간 복잡해진다. 예를 들어서 다음과 같은 문장을 생각해 보자.

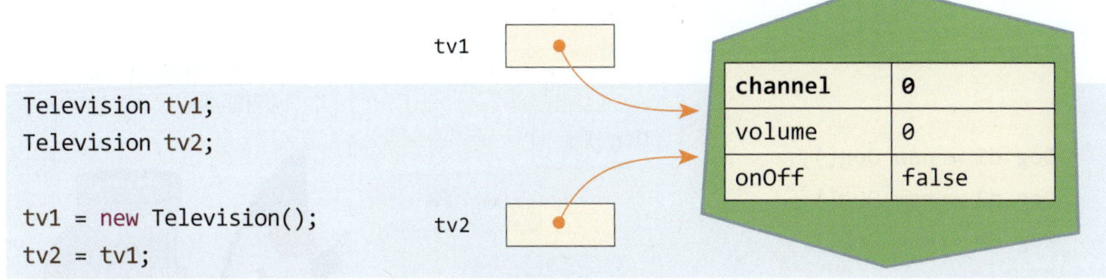

tv1을 tv2에 할당하는 것은 tv1에 저장된 참조 값을 tv2로 복사하는 것이다. 따라서 tv1과 tv2는 동일한 참조 값을 가지게 되고, 동일한 객체를 가리키게 된다.

tv2를 통하여 객체의 속성을 변경하면 어떻게 될까?

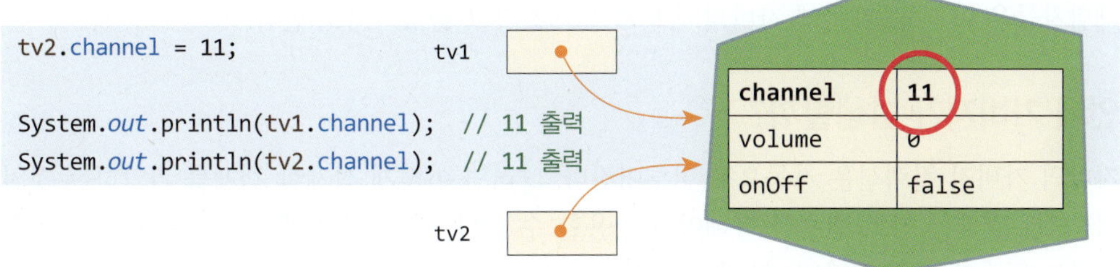

이때는 tv1과 tv2가 동시에 참조하고 있는 객체의 channel이 11로 변경된다.

일반적으로 하나의 객체를 2개의 참조 변수가 가리킬 필요는 없다. 하지만 객체가 메소드로 전달되는 경우에는 참조 값이 전달되기 때문에 2개의 참조 변수가 하나의 객체를 가리키는 일이 자주 발생한다.

객체 삭제와 가비지 컬렉션

자바에는 객체를 생성하는 연산자 new는 있지만, 객체를 삭제하는 연산자는 없다. 다른 언어에서는 개발자가 직접 객체의 삭제를 책임져야 한다. 예를 들어 C++에서는 delete 연산자를 실행하면 객체가 삭제된다. 그렇다면 자바에서는 객체들을 삭제할 필요가 없는 것일까? 자바에서도 사용이 끝난 객체는 삭제되어야 한다. 자바에서 객체들은 JVM의 **힙 메모리(heap memory)**에서 생성되는데 힙 메모리는 무한하지 않기 때문에 언제든지 고갈될 수 있다. 따라서 자바에서도 사용되지 않는 객체들을 삭제하여 메모리를 확보하는 것이 반드시 필요하다.

자바는 자동 메모리 삭제 시스템을 사용하는데 이것을 **가비지 컬렉션(Garbage Collection)**이라고 한다. '가비지'는 쓰레기를 의미하므로 가비지 컬렉션은 '쓰레기 수거'라는 의미이다.

이 기능은 개발자를 위한 것으로, 개발자가 직접 할당받은 동적 메모리를 일일이 기억하고 사용이 끝난 후 반환하는 번거로움을 줄여준다.

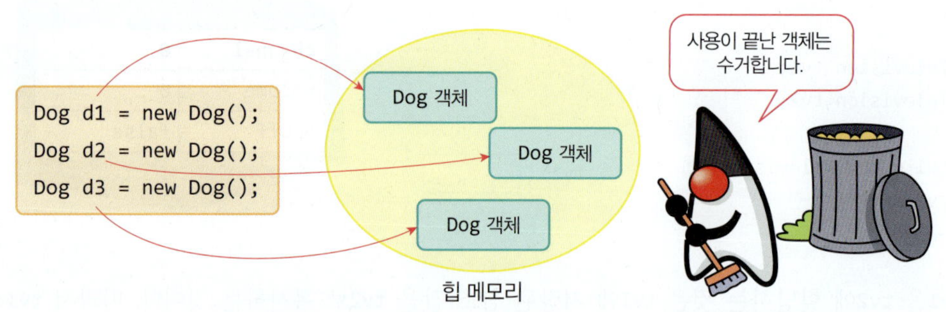

그림 5-2 가비지 컬렉션 시스템

일반적으로 가비지 컬렉션은 자바의 장점이 된다. 하지만 무엇이든지 반대급부가 있다. 일부 개발자들은 이 기능 때문에 자바의 속도가 느려진다고 불평하기도 한다.

언제 가비지가 발생할까?

자바의 가비지 컬렉션은 자동으로 이루어진다. 그러면 어떻게 삭제할 객체를 파악하는 것일까? 모든 객체는 참조 변수를 통해야만 사용할 수 있다. 만약 어떤 객체가 있는데 이것을 참조하는 변수가 전혀 없다면, 이 객체는 사용이 불가능하고 따라서 삭제할 대상이 된다.

예를 들어서 다음 코드를 실행하면 2개의 `Television` 객체가 생성된다.

```
Television tv1 = new Television();
Television tv2 = new Television();
```

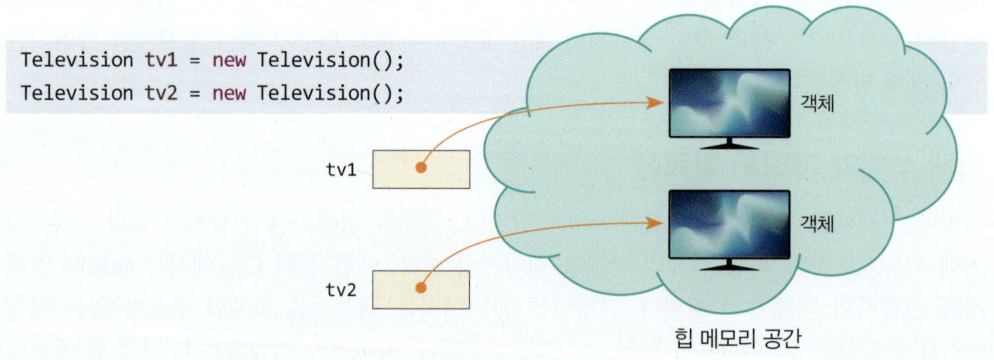

이어서 다음 코드를 실행하면 어떻게 될까? tv2가 가리키고 있었던 객체는 위의 코드가 실행된 후에는 아무도 참조하지 않게 되어서 더는 아무도 접근할 수 없다. 따라서 이 객체는 가비지 콜렉션의 후보가 된다.

```
tv2 = tv1;      // tv1의 참조 값이 tv2로 복사되어 tv1과 tv2가 모두 동일한 객체를 가리킨다.
```

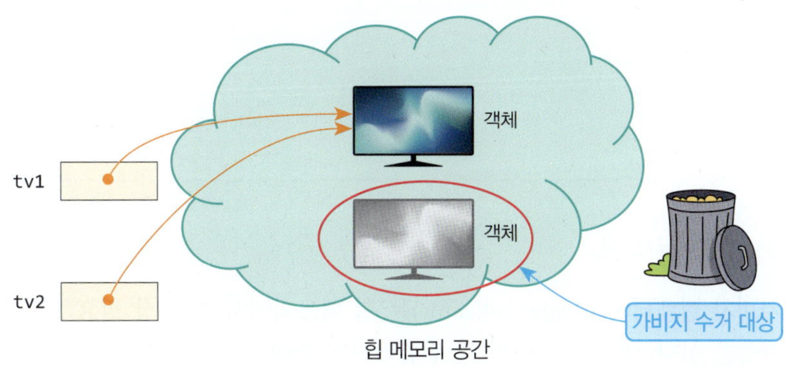

가비지 발생 예제 — 예제 5-1

다음 코드에서는 어떤 객체가 소멸될까?

GarbageCollectionDemo.java

```java
public class GarbageCollectionDemo {
    public static void main(String[] args) {
        // 객체 생성
        String a = new String("Dog");
        String b = new String("Cat");
        String c = new String("Bird");

        a = null;
        c = b;
    }
}
```

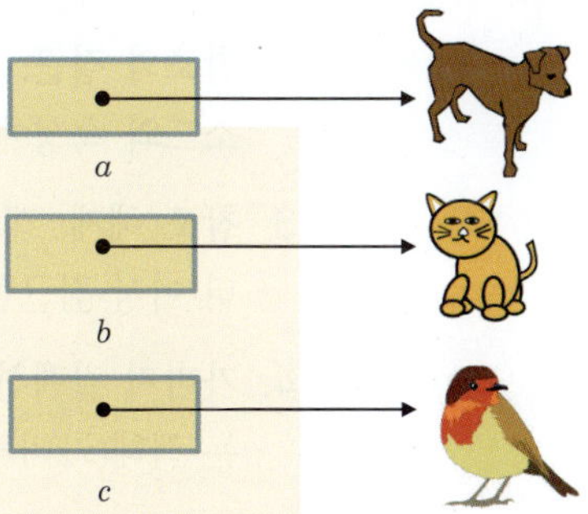

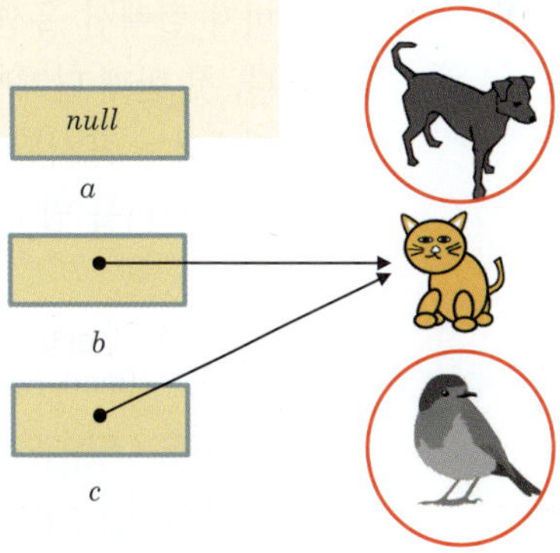

이 예제에서 가비지 컬렉션의 대상이 되는 객체는 다음과 같다.

- **"Dog" 객체:** 변수 a가 null로 설정되어 "Dog" 객체가 더 이상 참조되지 않는다.
- **"Bird" 객체:** 변수 c가 "Cat" 객체를 참조하도록 변경되어 "Bird" 객체가 더 이상 참조되지 않는다.

이 객체들은 더 이상 참조되지 않으므로, JVM의 가비지 컬렉터가 실행될 때 메모리에서 해제될 수 있다. 이 코드의 핵심은 객체 참조 변수가 변경되었을 때, 어떤 객체가 가비지 컬렉션의 대상이 되는지를 보여주는 것이다. "Dog" 객체와 "Bird" 객체는 더 이상 참조되지 않으므로 가비지 컬렉션될 수 있으며, "Cat" 객체는 여전히 변수 b와 c에 의해 참조되고 있기 때문에 가비지 컬렉션되지 않는다.

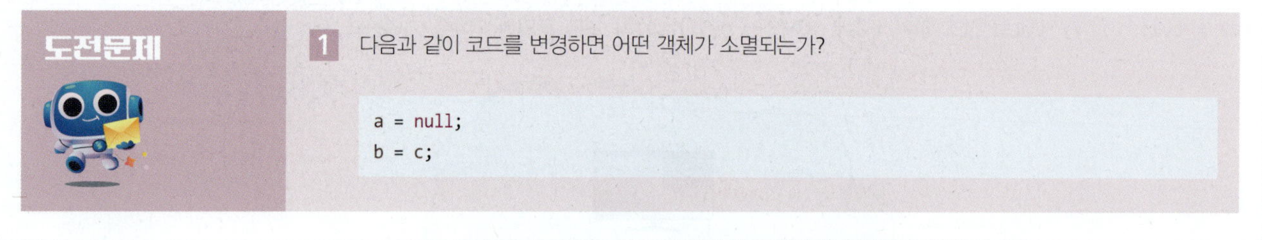

도전문제

1 다음과 같이 코드를 변경하면 어떤 객체가 소멸되는가?

```
a = null;
b = c;
```

가비지 컬렉터

가비지 컬렉터(Garbage Collector)는 힙 메모리에서 더 이상 필요 없는 객체를 찾아 지우는 작업을 한다. 아무리 용량이 큰 컴퓨터라고 하여도 메모리에는 한계가 있기 때문에, 힙 메모리가 부족하면 JVM은 가비지 컬렉션을 수행하게 된다. 가비지 컬렉터의 동작 순서는 다음과 같다.

1. **객체 생성:** 자바 프로그램에서 new 연산자를 사용하여 객체를 생성하면, 힙 메모리에 메모리 공간이 할당된다.
2. **참조와 접근:** 생성된 객체는 참조 변수에 의해 접근된다. 이 참조 변수를 통해 객체의 메소드와 속성에 접근할 수 있다.
3. **참조 해제:** 객체에 대한 참조 변수가 없거나 다른 객체를 가리키게 되면, 원래의 객체는 더 이상 접근할 수 없는 상태가 된다. 이러한 객체는 '가비지(Garbage)'로 간주한다.
4. **가비지 컬렉션:** 가비지 컬렉터는 주기적으로 힙 메모리를 검사하여 더 이상 참조되지 않는 객체(가비지)를 찾아 메모리에서 해제한다.

JVM 중에서 가장 대표적인 가비지 컬렉터는 오라클사의 HotSpot이다. HotSpot은 많은 가비지 컬렉션 옵션을 제공한다. 하지만 모든 가비지 켈렉터는 동일한 기본 프로세스를 따른다. 첫 번째 단계에서 참조되지 않은 객체를 식별하고 가비지 대상으로 표시한다. 두 번째 단계에서는 표시된 객체를 삭제한다. 마지막으로 가비지 컬렉터가 메모리를 압축할 수 있다. 힙 메모리를 압축하면 새 객체에 메모리를 할당하기가 더 쉽다.

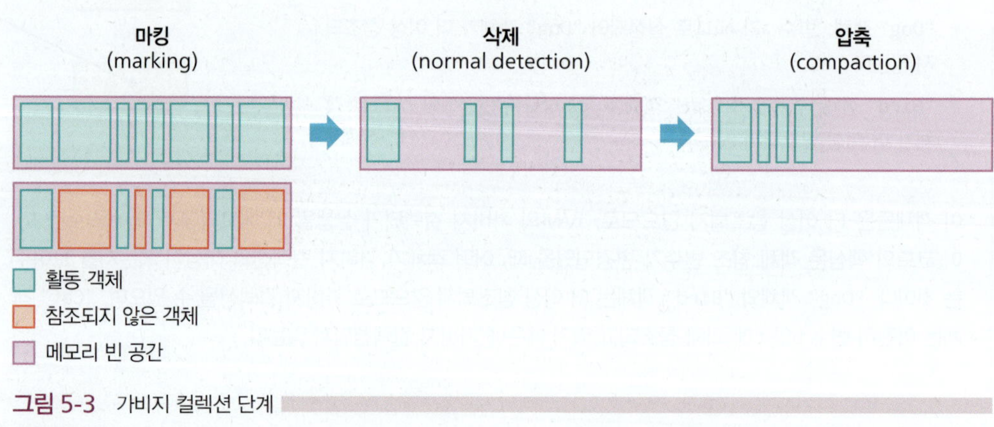

그림 5-3 가비지 컬렉션 단계

출처: 오라클사

HotSpot JVM의 가비지 컬렉터는 객체를 세대(Generation)별로 분류하는 전략을 사용한다. Young Generation(젊은 세대), Old Generation(노령 세대), Permanent Generation(영구 세대, 현재는 Metaspace로 대체됨)으로 나눈다. 이는 대부분 객체가 짧은 수명을 가지며, 생성된 후 빠르게 가비지 컬렉션 대상으로 전환된다는 '객체의 수명 특성'에 기반한 것이다. 이를 통해 가비지 컬렉션의 효율성을 높이는 것이 목표이다.

가비지 컬렉션이 수행되면 가비지 컬렉터를 제외한 나머지 자바 애플리케이션은 모든 동작을 멈춘다. 가비지 컬렉터가 작업을 완료한 이후에 중단한 작업을 다시 시작한다. 따라서 이것은 자바의 성능에 큰 영향을 끼친다. 사용자는 잠시 컴퓨터 실행이 중단되는 것처럼 느끼는데 이를 Stop-the-World(STW) 상태라고 한다. STW를 방지하기 위해 자바는 다양한 GC 알고리즘과 조정 옵션을 제공한다. HotSpot JVM은 다음과 같은 옵션을 제공한다.

- **Serial GC:** 단일 스레드 환경에서 적합
- **Parallel GC:** 다중 스레드로 GC 수행
- **G1 GC:** 대규모 힙 메모리에 적합하며 예측 가능한 STW 시간 제공
- **ZGC, Shenandoah:** 저지연 가비지 컬렉터로, 짧은 STW 시간을 목표로 설계

일부 개발자가 수동 메모리 관리(C/C++에서 malloc 및 free 사용)를 선호하는 이유는 메모리 사용에 대한 세밀한 제어와 잠재적인 성능 최적화 때문이다. 하지만 자바와 같은 현대적인 언어에서는 자동 메모리 관리(GC)를 통해 개발자의 부담을 줄이고, 메모리 누수 및 버그를 방지한다. 이는 개발 생산성을 높이는 장점으로 인해 널리 사용된다.

강제적인 가비지 컬렉션 요청

개발자는 `System` 객체의 `gc()`를 호출하여 가비지 컬렉션을 요청할 수 있다. 하지만 앞에서 이야기한 바와 같이 가비지 컬렉션이 수행되면 모든 다른 애플리케이션이 멈추기 때문에 가비지 컬렉션의 최종 실행 여부는 JVM이 판단한다.

```
System.gc();    // 가비지 컬렉션 요청
```

자바의 가비지 컬렉션에 대해 이해해야 하는 가장 중요한 점 중 하나는, 이것이 비결정적이며 런타임에 가비지 수집이 발생할 때를 예측할 방법이 없다는 것이다. `System.gc()` 또는 `Runtime.gc()` 메소드를 사용하여 가비지 컬렉터에 힌트를 줄 수 있지만 가비지 컬렉터가 실제로 동작한다는 보장은 없다. 자바 가비지 컬렉터를 조정하는 가장 좋은 방법은 JVM을 실행할 때 플래그를 설정하는 것이다. 예를 들어서 사용할 가비지 컬렉터, 힙 메모리의 초기 및 최대 크기, 힙 메모리 섹션의 크기(예: Young Generation, Old Generation) 등을 조정할 수 있다. 'Parallel Garbage Collector'를 사용하려면 다음과 같이 JVM을 실행한다.

```
C> java -XX:+UseParallelGC MyApplication
```

여기서 MyApplication은 실행하려는 자바 애플리케이션의 클래스 파일이다.

SELF TEST

1 C++의 수동 메모리 관리와 비교하여 자바의 가비지 컬렉션 방법의 장단점은 무엇인가?

2 다음의 코드를 수행할 때 JVM 안에서 발생하는 일을 그림으로 그려보시오.

```
String a = new String("Hello");
String b, c;
b = a; c = a;
```

3 다음 코드의 어떤 객체에 대하여 가비지 컬렉션이 발생하는가?

```
String a = new String("Hello");
String b = new String("World");
a = b;
```

5.2 인수 전달 방법

메소드를 호출할 때 우리는 메소드로 인수를 전달할 수 있다. 자바에서 메소드로 인수가 전달되는 방법은 기본적으로 **값에 의한 호출(call-by-value)**이다. 값에 의한 호출에서는 인수의 값이 복사되어 매개변수로 전달된다. 하지만 전달되는 인수가 객체인 경우에는 주의할 점이 있다.

기초형 변수가 전달되는 경우

전달하는 인수가 int나 double 같은 기초형 변수인 경우에는 인수의 값이 매개변수로 복사된다. 즉 '값에 의한 호출' 방식으로 전달된다. 인수의 값이 매개변수로 복사되기 때문에, 매개변수를 변경하여도 메소드 외부에 있는 인수에 영향을 주지 않는다.

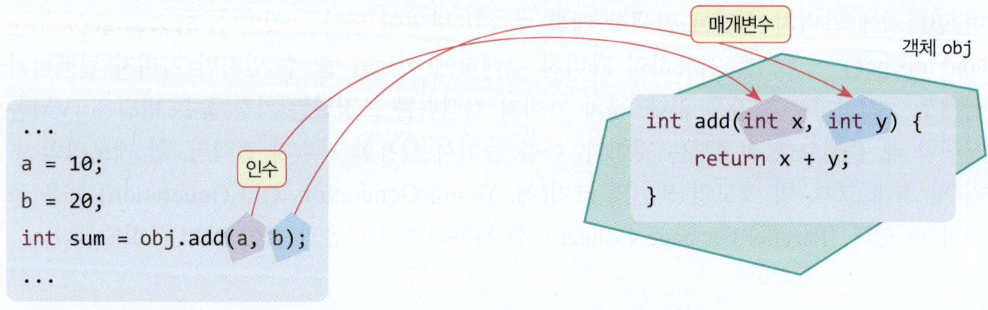

그림 5-4 기초형 변수가 전달되는 경우

참조형 변수가 메소드로 전달되는 경우

객체를 참조하는 변수를 메소드로 전달하게 되면 어떻게 될까? 이것을 확실하게 이해하여야 자바 코드를 올바르게 이해할 수 있다. 참조형 변수는 객체의 참조 값(주소)을 저장한다. 따라서 참조형 변수를 메소드에 전달하면 참조 값이 복사되어 전달된다. 이 복사된 참조 값은 동일한 객체를 가리키므로, 메소드 내부에서 객체의 내용을 변경하면 원래 객체에도 영향을 미친다.

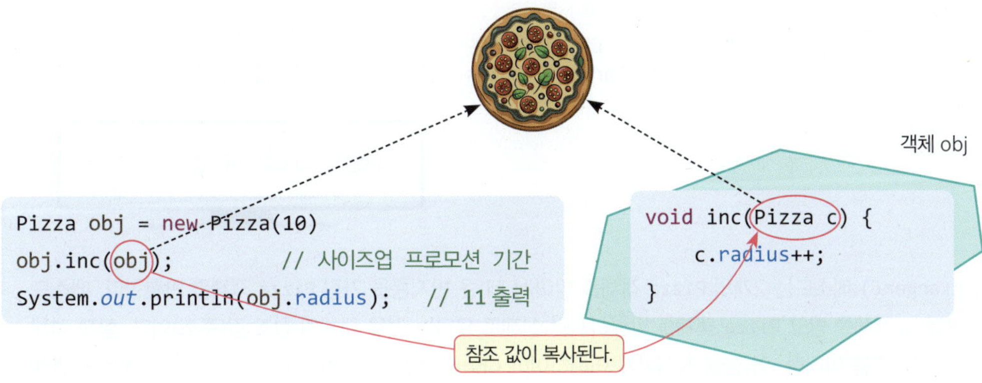

그림 5-5 참조형 변수가 전달되는 경우

위의 그림에서 obj에 저장된 것은 객체가 아니라 객체의 참조 값이다. 실행 결과에서 확인할 수 있듯이 inc() 안에서 객체를 변경하면 원본 객체도 변경된다. 메소드가 객체를 반환할 때도 객체가 통째로 반환되는 것이 아니라 객체의 참조 값만 반환된다. 간단한 예제로 살펴보자.

피자 크기 비교하기 예제 5-2

피자 객체 2개를 받아서 더 큰 피자 객체를 반환하는 메소드 Pizza whosLargest(Pizza p1, Pizza p2)를 작성하고 테스트해 보자.

PizzaTest.java

```
class Pizza {
    int radius;

    Pizza(int r) {
        radius = r;
    }
    Pizza getLarger(Pizza p1, Pizza p2) {
        if (p1.radius > p2.radius)
            return p1;
        else
```

```
            return p2;
        }
}

public class PizzaTest {
    public static void main(String args[]) {
        Pizza obj1 = new Pizza(14);
        Pizza obj2 = new Pizza(18);

        Pizza largest = obj1.getLarger(obj1, obj2);
        System.out.println(largest.radius + "인치 피자가 더 큼.");
    }
}
```

obj2
p2
largest

```
18인치 피자가 더 큼.
```

getLarger() 메소드는 2개의 Pizza 객체를 받아서 더 큰 반지름을 가진 Pizza 객체를 반환한다. 메소드가 Pizza 객체를 받고 Pizza 객체를 반환하지만 실제로 오가는 것은 객체의 참조 값(주소)이다. 실제 객체가 오가는 것은 아니다. 이 점을 확실하게 이해하여야 나중에 혼동이 일어나지 않는다. 그리고 메소드 안에서 피자의 반지름을 변경하면 원본 피자도 변경된다.

도전문제

1 getLarger() 메소드를 다음과 같이 변경하면 원본 객체에 영향을 끼치는가?

```
Pizza getLarger(Pizza p1, Pizza p2) {
    p1.radius += 30;
    return p1;
}
```

2 작은 피자 2개와 큰 피자 1개의 면적을 비교하는 메소드를 작성하시오. 즉, 20cm 피자 2개를 주문하는 게 나을지 아니면 30cm 1개를 주문하는 것이 나을지를 결정해주는 메소드를 작성한다.

배열이 전달되는 경우

배열을 받아서 처리하는 메소드는 상당히 자주 등장한다. 예를 들어서 배열의 원소들을 출력하는 메소드나 배열 원소들의 평균을 구하는 메소드가 있을 수 있다. 이 메소드들은 모두 배열을 매개변수로 받아야 한다. 배열에 메소드로 전달된다면, 원본이 전달될까? 아니면 복사본이 전달될까? 배열도 객체이기 때문에 배열을 전달하는 것은 배열 참조 변수를 복사하는 것이다.

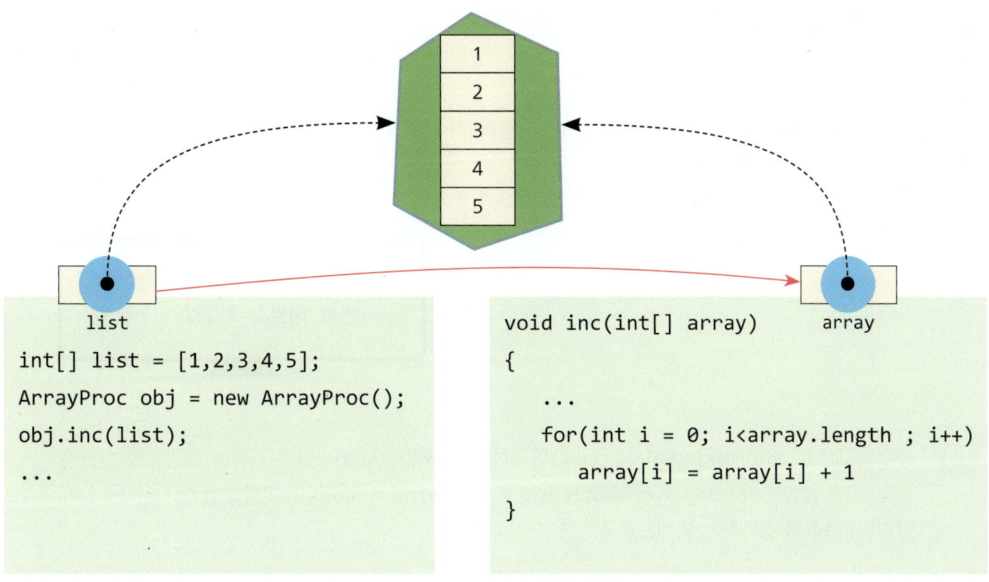

그림 5-6 배열이 전달되는 경우

자바에서는 배열도 객체이다. 따라서 배열이 전달되는 경우에도 객체가 전달되는 것과 동일하게 처리된다. 즉, 배열이 전달되는 것이 아니라 배열을 가리키는 참조 값이 복사되고 메소드에서 매개변수를 통하여 배열을 변경하면 원본 배열이 변경된다.

배열을 전달받는 메소드 작성하기 예제 5-3

배열을 받아서 최솟값을 계산하여 반환하는 메소드 minArray(double[] list)를 작성하고 테스트해 보자.

ArrayArgumentTest.java

```
public class ArrayArgumentTest {
    public static double minArray(double[] list) {
        double min = list[0];

        for (int i = 1; i < list.length; i++) {
            if (list[i] < min)
                min = list[i];
        }
        return min;
    }

    public static void main(String args[]) {
        double[] a = {1.1, 2.2, 3.3, 4.4, 0.1, 0.2};
        double[] b = {-2.0, 3.0, -9.0, 2.9, 1.5};

```

```
        double min;

        min = minArray(a);
        System.out.println("첫 번째 배열의 최솟값 = " + min);
        min = minArray(b);
        System.out.println("두 번째 배열의 최솟값 = " + min);
    }
}
```

```
첫 번째 배열의 최솟값 = 0.1
두 번째 배열의 최솟값 = -9.0
```

도전문제

1 새로운 메소드 `minIndex(double[] list)`를 작성하여 배열에서 최솟값이 저장된 인덱스를 반환해 보자. 구현 방법은 `int idx = 0; double min = list[0];`로 시작하여 반복문을 통해 더 작은 값이 발견되면 `idx`를 갱신하는 방식으로 작성할 수 있다.

참고사항: 메소드로 객체 전달 시간

자바에서는 아무리 큰 배열이나 객체라고 하더라도 메소드에 전달할 때는 참조 변수만 전달되기 때문에 전달 시간이나 메모리를 절약할 수 있다. 반면에 메소드 안에서 참조 변수를 통하여 객체를 변경할 수 있기 때문에 약간의 위험성도 있고, 어떤 경우에는 메소드 안에서 객체를 변경하는 것이 필요한 경우도 많다. 따라서 주의하여 현명하게 사용하면 된다.

예제 5-4 메소드로 객체 전달하기

게임 캐릭터를 나타내는 Character 클래스를 작성하고, 이를 이용해 두 캐릭터 간의 상호작용을 구현하는 프로그램을 작성해 보자. 참조형 변수가 메소드로 전달되면 어떤 일이 발생하는지를 관찰해 보자. 각 캐릭터는 이름, 체력, 공격력, 방어력의 속성을 가지며 공격, 방어, 치유의 행동을 할 수 있어야 한다.

Character 클래스는 다음과 같은 속성과 메소드를 가진다.

- **속성:** name(이름), health(체력), attackPower(공격력), defense(방어력)
- **생성자:** 각 속성을 초기화하는 생성자
- **attack(Character target):** 다른 캐릭터를 공격한다. 피해량은 '공격력 - 대상의 방어력'으로 계산한다. 피해량이 0보다 클 경우 대상의 체력을 그만큼 감소시킨다.
- **defend():** 방어 행동을 한다. 방어력이 5 증가한다.

main() 메소드에서 다음과 같은 순서로 상호작용을 수행한다.

- 전사(warrior)와 마법사(mage)라는 이름의 Character 객체를 생성한다. 전사의 초기 체력은 100, 공격력은 20, 방어력은 10이다. 마법사의 초기 체력은 80, 공격력은 25, 방어력은 5이다.
- 전사가 마법사를 공격한다.
- 마법사가 방어한다.
- 마법사가 전사를 공격한다.

GameTest.java

```java
class Character {
    // 속성(멤버 변수)
    String name;
    int health;
    int attackPower;
    int defense;

    // 생성자
    public Character(String name, int health, int attackPower, int defense) {
        this.name = name;
        this.health = health;
        this.attackPower = attackPower;
        this.defense = defense;
    }

    // 메소드(멤버 함수)
    public void attack(Character target) {
        int damage = this.attackPower - target.defense;
        if (damage > 0) {
            target.health -= damage;
            System.out.println(this.name + "가 " + target.name +
                                "을(를) 공격하여 " + damage + "의 피해를 입혔습니다.");
        } else {
            System.out.println(this.name + "가 " + target.name +
                                            "을(를) 공격했지만 효과가 없었습니다.");
        }
    }

    public void defend() {
```

```
        this.defense += 5;
        System.out.println(this.name + "가 방어 중입니다. 방어력이 " +
                                        this.defense + " 증가했습니다.");
    }
}

public class GameTest {
    public static void main(String[] args) {
        Character warrior = new Character("전사", 100, 20, 10);   // 객체 생성
        Character mage = new Character("마법사", 80, 25, 5);

        warrior.attack(mage);                     // 메소드 호출
        mage.defend();
        mage.attack(warrior);
    }
}
```

```
전사가 마법사를 공격하여 15의 피해를 입혔습니다.
마법사가 방어 중입니다. 방어력이 10 증가했습니다.
마법사가 전사를 공격하여 15의 피해를 입혔습니다.
```

도전문제

1. heal() 메소드를 추가하여 체력을 일정량 회복하는 기능을 구현하시오. 회복량은 10으로 하되, 최대 체력을 초과할 수 없도록 한다.
2. specialAttack(Character target) 메소드를 추가하여 공격력이 2배가 되는 강력한 공격을 구현하시오. 단, 특수 공격은 한 번만 사용할 수 있도록 제한한다.

SELF TEST

1. 자바에서 객체는 어떤 방식으로 메소드로 전달되는가?
2. 객체 참조를 인수로 넘겼을 때, 메소드 안에서 그 객체의 필드를 변경하면 호출자 쪽에 영향이 있는가? (예/아니오)
3. 메소드 안에서 매개변수에 new로 새로운 객체를 생성하여 대입하면, 호출자가 가진 원래 참조가 가리키는 대상도 바뀌는가? (예/아니오)

5.3 정적 멤버

인스턴스 멤버와 정적 멤버

이제까지 클래스 안에 선언된 변수는 객체마다 별도로 소유한다. 이것을 **인스턴스 멤버(instance member)**라고 한다. 인스턴스 멤버는 각 인스턴스(객체)에 속하는 필드와 메소드

이다. 하지만 프로그램을 작성하다 보면 여러 개의 객체가 하나의 변수를 공유해야 하는 경우도 있다. 이러한 멤버를 **정적 멤버**(static member) 또는 **클래스 멤버**(class member)라고 한다. 필드나 메소드를 정의할 때 앞에 static을 붙이면 정적 멤버가 된다.

- **인스턴스 멤버(instance member):** 각 인스턴스(객체)에 속하는 필드나 메소드
- **정적 멤버(static member):** 여러 개의 객체가 공유하는 필드나 메소드

이것을 셰어 하우스로 설명해 보자. 셰어 하우스에서는 개인이 침실은 각자 소유하지만, 주방은 공유한다. 침실은 인스턴스 멤버에 해당하고, 주방은 정적 멤버에 해당한다.

그림 5-7 정적 멤버는 모든 객체가 공유한다.

정적 멤버를 만드는 방법

정적 멤버를 선언하려면 멤버 선언 앞에 `static`을 붙인다. 정적 필드는 어디에 이용하면 좋을까? 예를 들어서 어떤 피자 가게에서 하루에 판매되는 피자의 개수를 알고 싶다고 하자. 피자의 개수를 알기 위해서는 피자 객체가 얼마나 생성되었는지를 알아야 한다. 이러한 경우에 `Pizza` 클래스에 정적 필드 `count`를 선언하고 생성자에서 이 정적 필드를 증가시키면 된다. `Pizza` 클래스에 선언된 `toppings`는 인스턴스 멤버이다. 각 객체는 `toppings` 필드에 대하여 독립적인 기억 공간을 가지고 있으며, 객체마다 각기 다른 값을 가질 수 있다. 하지만 `count` 필드는 앞에 `static`이 붙어 있으므로 정적 필드가 되고, `count` 필드는 모든 객체가 공유하게 된다.

Pizza.java

```
class Pizza {
    private String toppings;          // 인스턴스 필드
    static int count = 0;             // 정적 필드

    public Pizza(String toppings) {
        this.toppings = toppings;
        count++;
    }
}
```

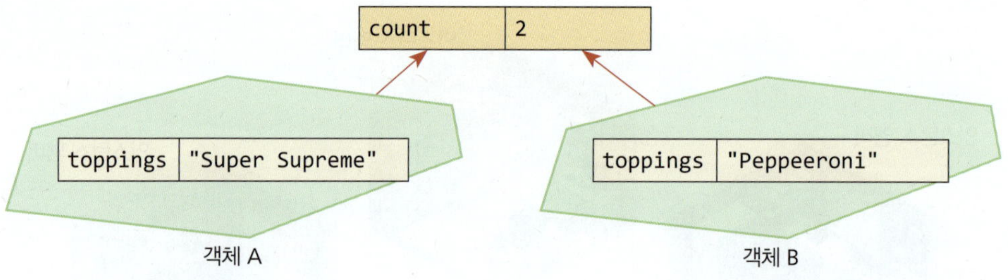

정적 변수는 클래스 외부에서 어떻게 사용할 수 있을까? 정적 변수는 객체 없이도 사용이 가능하다. 정적 멤버를 사용하려면 단순히 클래스 이름 뒤에 점(.) 연산자를 붙이면 된다.

PizzaTest2.java

```
public class PizzaTest2 {
    public static void main(String args[]) {
        Pizza p1 = new Pizza("Super Supreme");
        Pizza p2 = new Pizza("Pepperoni");
        int n = Pizza.count;
        System.out.println("지금까지 판매된 피자 개수 = " + n);
    }
}
```

```
지금까지 판매된 피자 개수 = 2
```

예를 들어서 Pizza 클래스의 정적 멤버 count에 100을 대입하려면 다음과 같은 문장을 사용한다.

```
Pizza.count = 100;
```

정적 멤버는 객체 참조 변수를 통해서도 접근이 가능하다.

```
Pizza obj = new Pizza();
obj.count = 100;
```

참고사항: 정적 필드의 생성 시기

정적 필드는 객체의 생성과는 상관없이 클래스가 자바 가상 머신에 적재되는 순간 생성된다. 객체가 사라져도 정적 필드는 없어지지 않는다. 정적 필드는 프로그램이 종료되어야 비로소 소멸한다. 반면에 인스턴스 필드는 객체가 생성되어야 만들어진다. 또한 객체가 소멸하면 인스턴스 필드도 없어진다. 인스턴스 필드는 객체 생성 후에만 사용이 가능하다.

정적 메소드

필드와 마찬가지로 메소드도 정적 메소드로 만들 수 있다. 정적 메소드도 정적 필드와 마찬가지로 static을 메소드 앞에 붙여서 만든다. 정적 메소드의 예로 Math 클래스에 들어 있는 각종 수학 메소드들이 있다. 이 수학 메소드들은 정적 메소드로 정의되는데 실수의 제곱근을 구할 때 구태여 Math 클래스의 객체를 생성할 필요가 없기 때문이다. 따라서 제곱근을 구하는 sqrt() 메소드는 정적 메소드로 선언되고 클래스 이름인 Math를 통하여 호출한다.

```
public class Math {
    public static double sqrt(double a) {
        ...
    }
}
...
double value = Math.sqrt(9.0);
```

우리가 많이 사용하였던 main() 메소드의 앞에도 static이 붙어 있다. 자바 가상 머신이 객체를 생성할 필요 없이 main() 메소드를 호출할 수 있도록 하기 위해서이다.

정적 메소드 사용하기 예제 5-5

간단한 연산을 제공하는 MyMath 클래스를 작성해 보자. MyMath 클래스는 거듭제곱 값을 계산하는 power() 함수와 절댓값을 계산하는 abs() 함수를 제공한다. 이들을 모두 정적 메소드로 정의해 보자.

MyMathTest.java

```
class MyMath {
    public static int abs(int x) { return x > 0 ? x : -x; }
    public static int power(int base, int exponent) {
```

```java
        int result = 1;
        for (int i = 1; i <= exponent; i++)
            result *= base;
        return result;
    }
}

public class MyMathTest {
    public static void main(String args[]) {
        System.out.println("10의 3승은 " + MyMath.power(10, 3));
    }
}
```

```
10의 3승은 1000
```

도전문제

1. power(double base, int exponent)를 수정하여 음수 지수와 0도 처리해 보자(예: power(2.0, -3) → 0.125, power(10.0, 0) → 1.0).
2. 난수를 반환하는 randInt(limit)를 MyMath 안에 구현해 보자(예: (0,n) 정수 → (int)(Math.random( )*n)).

정적 변수의 활용

정적 변수는 상수를 정의하는 용도로도 많이 사용된다. 상수는 객체마다 가지고 있을 필요가 없다. 상수 하나를 여러 객체가 공유하는 편이 경제적이다. 상수를 정의할 때 static과 final 수식어를 동시에 사용하는 경우가 많다. 상수를 인스턴스 변수로 선언하면 객체마다 하나씩 만들어지므로 저장 공간이 낭비된다. 따라서 상수는 static으로 정의하여 정적 변수로 정의하는 것이 바람직하다.

```java
public class Car {
    int speed;
    static final int MAX_SPEED = 350;
    ...
}
```

상수는 클래스 변수로 만들어서 공유하는 것이 메모리 공간을 절약한다.

자바에는 C언어의 전역 변수는 없다. 대신 클래스에 선언된 정적변수가 인스턴스 간에 공유되어 '전역과 유사한 효과'를 낸다. 다만 정적 필드는 클래스 범위의 상태이며, 접근 지정자와 패키지/모듈 경계의 제약을 받는다. 필요하면 public static(또는 public static final 상수)으로 공개하여 '클래스 이름.필드' 형태로 접근한다.

상수 정적 멤버 사용 예제 5-6

애플리케이션의 설정값을 저장하는 클래스를 만들어 보자. 이 설정값은 모든 객체가 공유해야 하며, 전역 변수처럼 프로그램 전체에서 접근 가능해야 한다.

AppConfigTest.java

```java
// 설정값을 저장하는 클래스
class AppConfig {
    // 정적 변수 선언(전역 변수처럼 사용)
    public static String appName = "MyApplication";
    public static String appVersion = "1.0.0";

    // 정적 메소드(설정값 출력)
    public static void printConfig() {
        System.out.println("애플리케이션 이름: " + appName);
        System.out.println("애플리케이션 버전: " + appVersion);
    }
}

// 메인 클래스
public class AppConfigTest {
    public static void main(String[] args) {
        // 클래스 이름을 통해 정적 변수에 접근
        System.out.println("초기 설정:");
        AppConfig.printConfig();

        // 정적 변수 값 변경
        AppConfig.appName = "NewApplication";
        AppConfig.appVersion = "2.0.0";

        // 변경된 값 출력
        System.out.println("\n업데이트된 설정:");
        AppConfig.printConfig();
    }
}
```

```
초기 설정:
애플리케이션 이름: MyApplication
애플리케이션 버전: 1.0.0

업데이트된 설정:
애플리케이션 이름: NewApplication
애플리케이션 버전: 2.0.0
```

도전문제

1 AppConfig 클래스에 새로운 정적 변수 authorName(String 타입)을 추가하고 초깃값을 "Unknown"으로 설정하시오. printConfig() 메소드에서 authorName도 출력하도록 수정하시오.

정적 변수를 사용할 때 주의할 점

정적 메소드와 정적 변수를 사용할 때는 지켜야 할 규칙이 있다.

정적 메소드는 정적 멤버만 사용할 수 있다.

정적 메소드는 객체가 생성되지 않아도 사용할 수 있다. 따라서 객체가 생성된 후에 만들어지는 인스턴스 멤버를 사용하면 안 된다.

```
class Test {
    int a;      // 인스턴스 변수
    static int b;       // 정적 변수

    void sub1() { a = 0; }          // OK!
    static void sub2() { a = 0; } // 오류! 정적 메소드에서는 인스턴스 멤버를 사용하면 안 됨
}
```

정적 메소드에서 정적 메소드를 호출하는 것은 가능하다.

다음과 같이 정적 메소드에서 인스턴스 메소드를 호출하면 컴파일 오류가 발생한다. main() 메소드도 정적 메소드임을 잊지 말자.

```
public class Test {
    public static void main(String args[]) {
        add(10, 20);            // 오류! 정적 메소드 안에서 인스턴스 메소드 호출
    }
    int add(int x, int y) {
        return x + y;
    }
}
```

이 경우에 add()를 정적 메소드로 만들면 컴파일 오류를 막을 수 있다.

```
public class Test {
    public static void main(String args[]) {
        add(10, 20);            // 클래스 메소드에서 클래스 메소드는 호출 가능
    }
    static int add(int x, int y) {
        return x + y;
    }
}
```

정적 메소드는 this를 사용할 수 없다.

this는 현재 객체를 가리키는 참조 변수이다. 정적 메소드는 객체가 없을 때도 호출될 수 있기 때문에 현재 객체라는 개념이 없다.

```
class Test {
    static int a;       // 인스턴스 변수

    static void sub(int x) {
        this.a = x;             // 오류! 정적 메소드에서는 this를 사용하면 안 됨
    }
}
```

정적 메소드 호출 예제 5-7

main() 메소드도 정적 메소드이기 때문에 인스턴스 메소드를 호출할 수 없다. 하지만 정적 메소드는 main() 메소드에서 호출할 수 있다. 3제곱 계산 프로그램을 정적 메소드만 이용하여 작성해 보자.

Test.java

```
public class Test {
    public static int cube(int x) {                          // 정적 메소드
        int result = x * x * x;
        return result;
    }

    public static void main(String args[]) {                 // 정적 메소드
        System.out.println("10*10*10은 " + cube(10));         // 정적 메소드 호출
    }
}
```

```
10*10*10은 1000
```

도전문제

1 Test 클래스에 정적 메소드 factorial()을 추가하여 주어진 수의 팩토리얼 값을 반환하도록 한다. factorial() 메소드를 호출하여 결과를 출력하는 코드를 작성하시오.

정적 블록

자바 클래스에서 정적 블록(static block)은 클래스가 메모리에 로드될 때 한 번만 실행되는 문장들의 집합이다. 정적 블록은 정적 초기화 블록이라고도 한다. 일반적으로 정적 변수들을 초기화하는 용도로 많이 사용한다.

StaticTest.java

```java
public class StaticTest {
    static int number;
    static String s;
    static {
        number = 23;
        s = "Hello World!";
    }

    public static void main(String args[]) {
        System.out.println("number: " + number);
        System.out.println("s: " + s);
    }
}
```

정적 블록

```
number: 23
s: Hello World!
```

예제 5-8 싱글톤 패턴

싱글톤 클래스

instance

getInstance()

getInstance()

getInstance()

Client 1

Client 2

Client 3

객체 중에는 전체 시스템을 통틀어서 딱 하나만 존재하여야 하는 것들이 있다. 예를 들어서 환경설정 클래스나 네트워크 연결 풀(Pool), 스레드 풀(Pool)을 관리하는 클래스들이다. 이 경우에 사용할 수 있는 디자인 패턴이 있다. 싱글톤 패턴(singleton design pattern)은 하나의 프로그램 내에서 하나의 인스턴스만을 생성해야 하는 경우에 사용된다. 다음 프로그램을 분석하여 왜 객체가 하나만 생성되는지를 설명해 보자. 단, 이러한 객체를 생성할 때는 new를 사용하지 않고 정적 메소드 getInstance()를 호출하여야 한다.

SingleTest.java

```java
class Single {
    private static Single instance = new Single();
    private Single() { }    // 전용 생성자

    public static Single getInstance() {
        return instance;
    }
}

public class SingleTest {
    public static void main(String[] args) {
        Single obj1 = Single.getInstance();
        Single obj2 = Single.getInstance();
        System.out.println(obj1);
        System.out.println(obj2);
    }
}
```

```
test1.Single@4926097b
test1.Single@4926097b
```

싱글톤 패턴에서는 getInstance() 호출이 반복적으로 이뤄져도 처음 생성된 객체를 계속해서 반환해준다. 위 코드에서는 instance라는 전역 변수를 선언하는데 정적 변수로 선언되어 있다. 또한 생성자를 호출하여 객체를 생성한 후에 참조 값을 저장한다. instance의 접근 지정자가 private으로 되어 있어 외부에서 직접적인 접근은 불가능하다. 생성자도 private으로 선언되어 있어 외부에서 생성자 호출을 통한 객체 생성도 불가능하다. 외부에서는 getInstance()를 통해 해당 인스턴스를 얻어서 사용할 수 있다.

도전문제

1. 위의 코드는 이른 초기화(Eager Initialization) 방식으로 싱글톤을 구현했다. 이를 지연 초기화(Lazy Initialization) 방식으로 수정하시오. 즉, getInstance() 메소드가 호출될 때 처음 한 번만 객체를 생성하도록 변경한다.
2. System.out.println(obj1 == obj2); 문장을 추가하여 두 객체가 동일한지 여부를 출력하는 코드를 작성하시오. 예상 출력 결과를 설명하시오.

SELF TEST

1. 객체마다 따로따로 생성되는 멤버를 무엇이라고 하는가?
2. 모든 객체를 통틀어서 하나만 생성되는 멤버를 무엇이라고 하는가?
3. 왜 정적 메소드에서는 인스턴스 필드나 인스턴스 메소드에 접근할 수 없는가?
4. 정적 상수를 만들려면 어떤 키워드를 사용하는가?

5.4 객체 배열

우리는 객체를 저장하는 배열도 만들 수 있다. 실제 현장에서는 객체 배열이 상당히 자주 사용된다. 객체 배열은 기초형 배열과는 약간 다르다. 예를 들어 정수형 배열에는 정수 값이 저장되어 있지만, 객체 배열에는 객체에 대한 참조 값이 저장되어 있다.

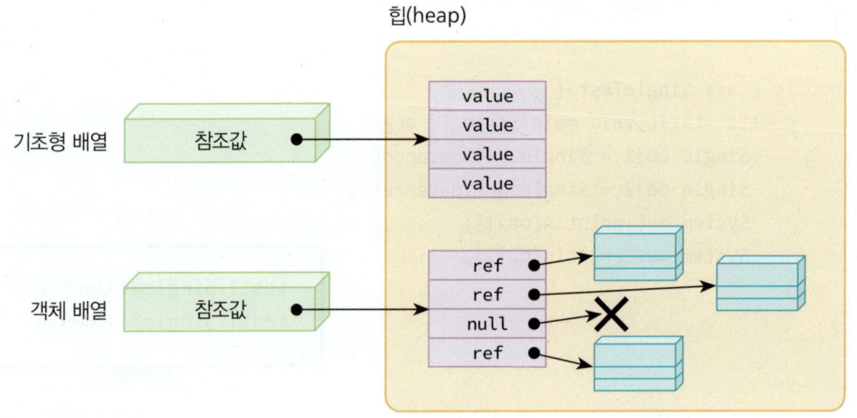

그림 5-8 기초형 배열과 객체 배열의 차이

예제를 위하여 사각형을 나타내는 Rect 클래스를 다음과 같이 작성한다.

Rect.java

```
class Rect {
    int width, height;

    public Rect(int w, int h){
        this.width = w;
        this.height = h;
    }
    double getArea() { return (double) (width * height); }
}
```

객체 배열을 생성하려면 먼저 배열을 생성한 후에 각각의 배열 요소를 별도로 생성하여 저장해야 한다. Rect 객체 배열을 생성하고 사용하는 코드를 자세히 살펴보자.

RectArrayTest.java

```
public class RectArrayTest {
    public static void main(String[] args) {
    Rect[] list;
```

① 참조 변수 선언

```java
    list = new Rect[5];                    // ② 배열 객체 생성

    for (int i = 0; i < list.length; i++)  
        list[i] = new Rect(i, i);          // ③ 배열 요소 생성

    for (int i = 0; i < list.length; i++)  // ④ 배열 요소 처리
        System.out.println(i + "번째 사각형의 면적 = " + list[i].getArea());
    }
}
```

```
0번째 사각형의 면적 = 0.0
1번째 사각형의 면적 = 1.0
2번째 사각형의 면적 = 4.0
3번째 사각형의 면적 = 9.0
4번째 사각형의 면적 = 16.0
```

① **참조 변수 선언:** 자바에서는 배열이 객체이다. 따라서 배열을 참조할 수 있는 참조 변수가 필요하다. 참조 변수는 다음과 같이 선언할 수 있다.

```java
Rect[] list;
```

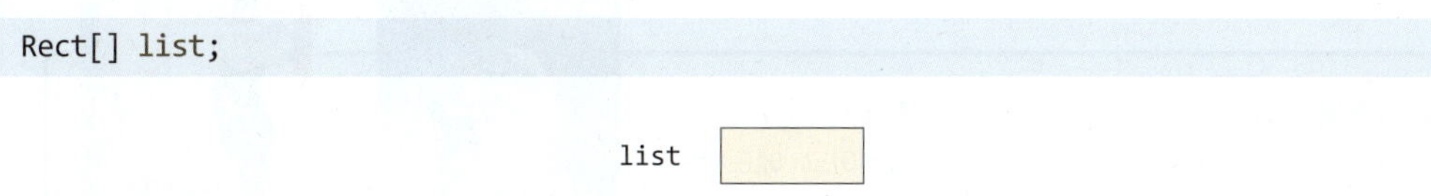

② **배열 객체 생성:** 배열 객체를 생성하기 위한 문장이 필요하다. 아직 배열 요소들은 생성되지 않았다. 배열의 각 요소는 비어 있다.

```java
list = new Rect[5];
```

```
list [ • ]──▶ list.length  | 5 |
              list[0]      |   |
              list[1]      |   |
              list[2]      |   |
              list[3]      |   |
              list[4]      |   |
```

③ **배열 요소 생성:** 반복문을 이용하여 배열의 크기만큼 객체를 생성하고 배열 요소에 저장한다.

```java
for (int i = 0; i < list.length; i++)
    list[i] = new Rect(i, i);
```

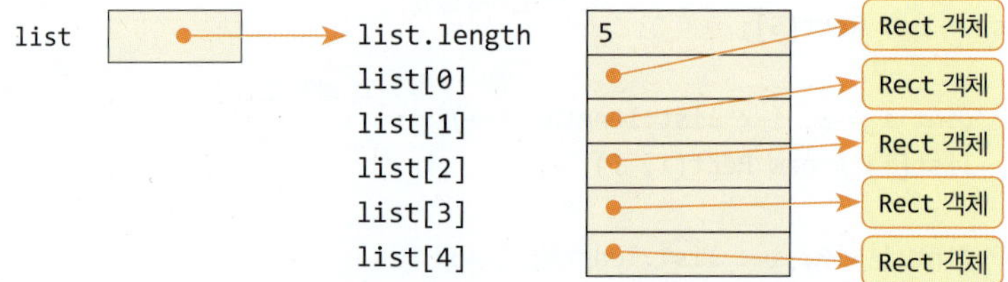

④ **배열 요소 처리:** 반복문을 이용하여 배열에 저장된 객체를 처리한다.

```
for (int i = 0; i < list.length; i++)
    System.out.println(i + "번째 사각형의 면적 = " + list[i].getArea());
```

예제 5-9 객체 배열 만들기

영화의 제목과 감독을 저장하는 Movie 클래스를 정의한다. 몇 개의 영화 정보를 Movie 객체 배열에 저장하고 다시 출력하는 프로그램을 작성해 보자.

```
(제목: 백투더퓨쳐, 감독: 로버트 저메키스)
(제목: 티파니에서 아침을, 감독: 블레이크 에드워드)
```

MovieArrayTest.java

```
import java.util.Scanner;
class Movie {
    String title, director;
    static int count;
    public Movie(String title, String director) {
        this.title = title;
        this.director = director;
        count++;
    }
}

public class MovieArrayTest {
    public static void main(String[] args) {
        Scanner scanner = new Scanner(System.in);

        Movie[] list= new Movie[10];
        list[0] = new Movie("백투더퓨쳐", "로버트 저메키스");
```

```
        list[1] = new Movie("티파니에서 아침을", "블레이크 에드워드");

        for (int i = 0; i < Movie.count; i++) {
            System.out.print("(제목: " + list[i].title);
            System.out.println(", 감독: " + list[i].director + ")");
        }
    }
}
```

list.length까지 반복하면 예외가 발생한다. 10개 중에서 8개는 비어 있기 때문이다.

도전문제

1. 사용자로부터 영화 제목과 감독 이름을 입력받아 Movie 객체를 생성하고 배열에 추가하는 코드를 작성하시오. 배열이 가득 차면 더 이상 영화를 추가할 수 없도록 처리한다.
2. 사용자로부터 검색할 영화 제목을 입력받아 해당 영화가 배열에 존재하는지 확인하고, 존재하면 그 영화를 출력하시오. 존재하지 않으면 적절한 메시지를 출력한다.

동적 객체 배열

자바의 표준 배열은 크기가 결정되면 변경하기 힘들다. 따라서 실제 프로그래밍에서는 동적 배열을 많이 사용한다. 동적 배열 중의 하나인 ArrayList에 객체들을 저장해 보자. 기본 예제로, 여행지를 저장하고 있다가 랜덤으로 하나를 선택하여 사용자에게 추천하는 프로그램을 작성해 보자.

ArrayListTest.java

```
import java.util.ArrayList;

public class ArrayListTest {
    public static void main(String[] args) {
        ArrayList<String> list = new ArrayList<String>();          // ①
        list.add("홍콩");                                            // ②
        list.add("싱가포르");
        list.add("괌");
        list.add("사이판");
        list.add("하와이");

        System.out.println("여행지 추천 시스템입니다.");
        int index = (int) (Math.random() * list.size());
        System.out.println("추천 여행지는 " + list.get(index));       // ③
    }
}
```

```
여행지 추천 시스템입니다.
추천 여행지는 괌
```

① ArrayList를 생성할 때는 어떤 객체를 저장할 것인지 < > 안에 지정하여야 한다. 여기서는 String 객체를 저장한다고 지정했다.

```
ArrayList<String> list = new ArrayList<String>();
```

② ArrayList에 객체를 추가할 때는 add()를 사용한다.

```
list.add("홍콩");
```

③ 지정된 인덱스에서 객체를 꺼낼 때는 get()을 호출한다.

```
System.out.println("추천 여행지는 " + list.get(index));
```

예제 5-10 연락처 저장하기

이름과 전화번호를 Person이라는 클래스로 정의하고 Person 객체를 저장하는 동적 배열을 생성해 보자. 몇 사람의 연락처를 저장해 본다.

```
(홍길동, 01012345678)
(김유신, 01012345679)
(최자영, 01012345680)
(김영희, 01012345681)
```

ArrayListTest2

```
import java.util.ArrayList;

class Person {
    String name;
    String tel;

    public Person(String name, String tel) {
        this.name = name;
        this.tel = tel;
    }
}

public class ArrayListTest2 {
    public static void main(String[] args) {
        ArrayList<Person> list = new ArrayList<Person>();
        list.add(new Person("홍길동", "01012345678"));
        list.add(new Person("김유신", "01012345679"));
        list.add(new Person("최자영", "01012345680"));
        list.add(new Person("김영희", "01012345681"));

```

```java
        for (Person obj : list)
            System.out.println("(" + obj.name + ", " + obj.tel + ")");
    }
}
```

도전문제

1 사용자로부터 전화번호를 입력받아 해당 전화번호를 가진 사람을 검색하는 메소드를 작성하시오. 해당 사람이 존재하면 이름과 전화번호를 출력하고, 존재하지 않으면 적절한 메시지를 출력한다.

SELF TEST

1 다음 코드에서 잘못된 부분을 설명하시오.

```java
Rect[] list = new Rect[10];
System.out.println(list[0].getArea());
```

2 기초형 배열과 객체 배열의 다른 점은 무엇인가?

5.5 예외 처리

이 세상에 완벽한 프로그램은 없다. 아무리 신중하게 코딩해도 버그는 마치 먼지처럼 어디선가 스며든다. "어라? 배열 인덱스를 살짝 넘겼을 뿐인데?" 이처럼 잘못된 코드, 부정확한 데이터, 예외적인 상황 때문에 오류는 언제든지 발생할 수 있다. 자바에서는 이런 '예상치 못한 오류'를 **예외(exception)**라고 부른다. 'exceptional event'의 약자이다. 보통 예외가 발생하면 프로그램은 "난 못하겠어!"하고 종료되지만, 이왕이면 우아하게 대처하는 게 더 낫지 않을까? 예를 들어, 갑자기 문제가 터져도 "괜찮아, 내가 처리할게!"하고 예외를 잡아 해결할 수 있고, 프로그램을 무조건 종료하는 대신 "이 정도는 아무것도 아냐! 계속 진행하자!"라고 할 수도 있다.

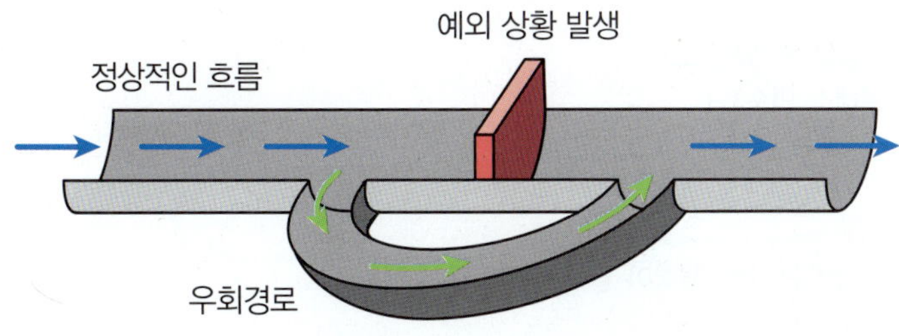

그림 5-9 자바에서는 실행 오류가 발생하면 예외가 생성된다.

예외 발생 예제

예외를 강제로 발생시켜보자. 10을 0으로 나누면 산술 계산 예외가 발생한다.

DivideByZero.java

```java
public class DivideByZero {
    public static void main(String[] args) {
        int result = 10 / 0;
        System.out.println("나눗셈 결과: " + result);
    }
}
```

```
Exception in thread "main" java.lang.ArithmeticException:
/ by zero at DivideByZero.main(DivideByZero.java:14)
```

위의 예제는 결과에서 보듯이, 정수 10을 0으로 나누었기 때문에 ArithmeticException이라는 이름의 예외가 발생하였다. 현재 예외를 처리하고 있지 않기 때문에 예외가 발생하는 즉시 프로그램이 종료되었다. 실행 결과에서 알 수 있듯이 예외가 발생한 지점 이후의 문장들이 실행되지 않는다.

참고사항: 버그와 예외

여기서 한 가지 주의할 점은 버그와 예외의 구별이다. 실행 도중에 버그로 인해서도 실행 오류가 발생할 수 있지만 이러한 버그는 개발 과정에서 모두 수정되어야 한다. 자바에서는 버그에 의한 실행 오류도 예외로 취급하지만 진정한 의미에서의 예외는 우리가 예상하지 못한 경우를 의미한다. 예를 들면 반드시 존재해야 하는 파일이 없거나 인터넷 서버가 다운된 경우 등을 진정한 의미에서의 예외라고 할 수 있다.

try-catch 문

자바에서는 try-catch 문을 사용하여 예외를 처리한다.

Syntax: 예외 처리 구조

```java
try {
    // 예외가 발생할 수 있는 코드
} catch (예외 클래스 변수) {
    // 예외를 처리하는 코드
}
finally {
    // 여기 있는 코드는 try 블록이 끝나면 무조건 실행된다.
}
```

생략이 가능하다. (finally 블록)

try 블록에는 예외가 발생할 가능성이 있는 문장이 들어간다. catch 블록에는 처리하고자 하는 예외의 종류를 지정하고 그 예외를 처리하기 위한 코드가 들어간다. 예외마다 하나의 catch 블록을 지정하여야 한다. try-catch 문에서 예외가 발생하는 경우와 발생하지 않은 경우의 실행 흐름을 비교해 보자. 먼저 예외가 발생하지 않은 경우에는 catch 블록의 코드가 실행되지 않는다. 반면에 예외가 발생한 경우에는 catch 블록의 코드가 실행된다. finally 블록은 항상 실행된다.

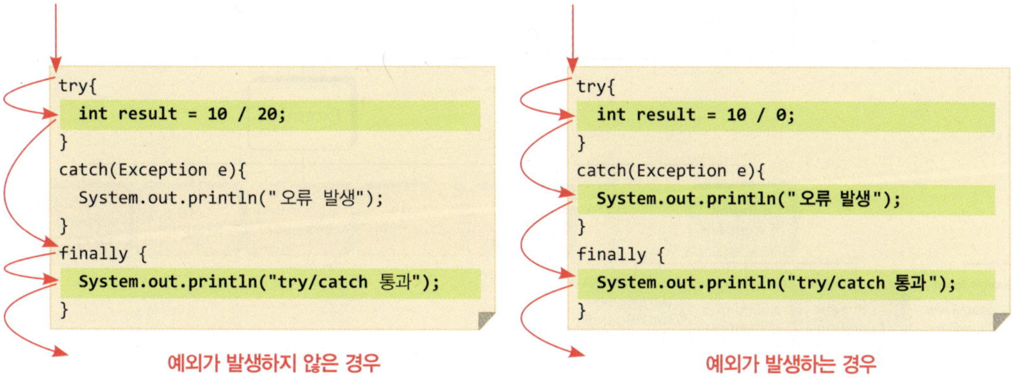

```
try{
  int result = 10 / 20;
}
catch(Exception e){
  System.out.println("오류 발생");
}
finally {
  System.out.println("try/catch 통과");
}
```

예외가 발생하지 않은 경우

```
try{
  int result = 10 / 0;
}
catch(Exception e){
  System.out.println("오류 발생");
}
finally {
  System.out.println("try/catch 통과");
}
```

예외가 발생하는 경우

그림 5-10 try-catch 문의 실행 흐름

0으로 나누는 예외 처리

앞에 등장했던 0으로 나누는 예외를 발생시키는 프로그램에 예외 처리기를 붙여보자. 먼저 오류가 발생할 가능성이 있는 코드는 try 블록으로 감싸고 처리 과정은 catch 블록에 넣으면 된다.

DivideByZeroOK.java

```
import java.util.Scanner;

public class DivideByZeroOK {
    public static void main(String[] args) {
        try {
            int result = 10 / 0;     // 예외 발생!
        } catch (ArithmeticException e) {
            System.out.println("0으로 나눌 수 없습니다.");
        }
        System.out.println("프로그램은 계속 진행됩니다.");
    }
}
```

여기서 오류를 처리한다. 현재는 그냥 콘솔에 오류 메시지를 출력하고 계속 실행한다.

```
0으로 나눌 수 없습니다.
프로그램은 계속 진행됩니다.
```

예외의 종류

try-catch 문을 사용하여 예외를 처리하려면 각종 예외를 나타내는 클래스 이름을 알아야 한다. 해당 클래스 이름을 catch 블록에 적어주어야 하기 때문이다. 모든 예외는 Throwable 클래스로부터 상속되어서 Error와 Exception이라고 하는 두 개의 클래스로 나누어진다. Exception은 다시 RuntimeException과 그 외로 나누어진다.

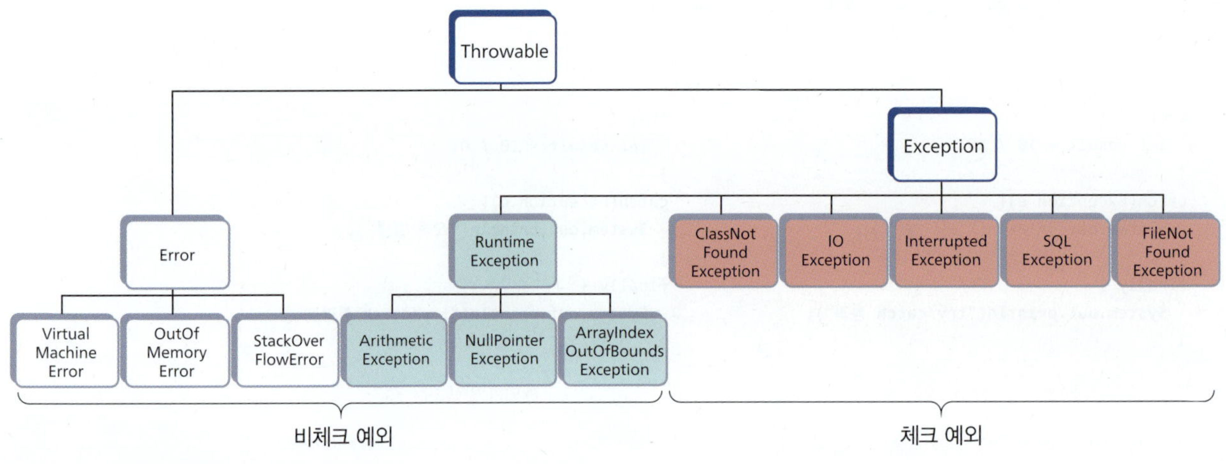

그림 5-11 예외 클래스

예외의 첫 번째 종류는 Error이다. Error는 자바 가상 머신 내부에서 치명적인 오류가 발생했을 때 생성된다. 일반적으로 애플리케이션은 이러한 오류를 예측하거나 복구할 수 없다. 예를 들어, 프로그램이 사용할 수 있는 메모리를 모두 소진하면 OutOfMemoryError가 발생한다. 이 경우 애플리케이션이 스스로 문제를 해결하기는 어렵기 때문에, 보통은 프로그램이 비정상적으로 종료된다. 다행히 Error는 자주 발생하지는 않는다. Error는 예외 처리의 대상이 아니라서 컴파일러가 체크하지 않는다.

그림 5-12 예외의 종류

예외의 두 번째 종류는 RuntimeException이다. 주로 프로그래밍 버그나 논리 오류에서 기인한다. 예를 들어 파일 이름을 FileReader 생성자로 전달하는 과정에서 null 값을 전달하면 생성자가 NullPointerException을 발생한다. 애플리케이션은 이러한 예외를 잡아서 처리할 수 있지만, 보다 합리적인 방법은 예외를 일으킨 버그를 잡는 것이다. 따라서 RuntimeException도 예외 처리의 주된 대상이 아니라서 컴파일러가 체크하지 않는다. 하지만 개발자는 이것을 처리하기로 결정할 수도 있다. Error와 RuntimeException을 합쳐서 비체크 예외(unchecked exceptions)라고 한다.

분류	예외	발생 원인
RuntimeException	ArithmeticException	어떤 수를 0으로 나누는 경우
	NullPointerException	null 객체를 참조할 경우
	ClassCastException	적절치 못하게 클래스를 형변환하는 경우
	NegativeArraySizeException	배열의 크기가 음수인 경우
	OutOfMemoryException	사용 가능한 메모리가 없는 경우
	NoClassDefFoundException	원하는 클래스를 찾지 못할 경우
	ArrayIndexOutOfBoundsException	배열을 참조하는 인덱스가 잘못된 경우

표 5-1 RuntimeException 종류

예외의 세 번째 종류는 Error와 RuntimeException을 제외한 나머지 예외이다. **체크 예외(checked exception)**라고 한다. 이 예외들은 충분히 예견될 수 있고 회복할 수 있는 예외이므로 프로그램은 반드시 처리하여야 한다. 예를 들어서 애플리케이션이 사용자에게 파일 이름을 받아서 파일을 오픈하는 상황을 가정하자. 정상적으로는 사용자가 이미 존재하는 파일 이름을 입력하고 FileReader 객체가 성공적으로 생성될 것이다. 그러나 만약 사용자가 실수로 잘못된 파일 이름을 입력한다면 FileNotFoundException 예외가 발생한다. 노련한 프로그래머라면 이 예외를 잡아서 사용자에게 정확한 파일 이름을 다시 입력하도록 요청할 것이다. 이러한 예외가 예외 처리의 주된 대상이고, 컴파일러는 개발자가 체크 예외를 처리하였는지를 확인한다. 만약 개발자가 처리하지 않았으면 컴파일 오류가 발생한다.

분류	예외	발생 원인
체크 예외	ClassNotFoundException	클래스가 발견되지 않을 경우
	IOException	입출력 오류가 발생할 경우
	illegalAccessException	클래스의 접근이 금지될 경우
	NoSuchMethodException	메소드가 발견되지 않을 경우
	NoSuchFieldException	필드가 발견되지 않을 경우
	InterruptedException	스레드가 다른 스레드에 의하여 중단될 경우
	FileNotFoundException	파일을 찾지 못할 경우

표 5-2 체크 예외 종류

예제 5-11 배열 인덱스 예외 처리

배열에서 인덱스가 배열의 크기를 벗어나는 경우 발생하는 예외를 처리해 보자. 예외의 이름은 ArrayIndexOutOfBoundsException이다.

```
1 2 3 4 5 인덱스 5는 사용할 수 없네요!
```

ArrayError.java

```java
public class ArrayError {
    public static void main(String[] args) {
        int[] array = {1, 2, 3, 4, 5};
        int i = 0;

        try {
            for (i = 0; i <= array.length; i++)
                System.out.print(array[i] + " ");
        } catch (ArrayIndexOutOfBoundsException e) {
            System.out.println("인덱스 " + i + "는 사용할 수 없네요!");
        }
    }
}
```

여기서 예외가 발생할 수 있다.

도전문제

1 finally로 '항상 실행'되는 마무리 로그를 찍어보자. 예외 발생 여부와 관계없이 마지막에 "처리 종료"를 출력한다. (힌트: `try { ... } catch (...) { ... } finally { System.out.println("처리 종료"); }`)

예제 5-12 입력 예외 처리

다음과 같은 프로그램에서는 NumberFormat 예외가 발생할 수 있다. try-catch 문을 사용하여 예외를 처리해 보자.

ExceptionTest3.java

```java
public class ExceptionTest3 {
    public static void main(String args[]) {
        try {
            int num = Integer.parseInt("ABC");
            System.out.println(num);
        } catch (NumberFormatException e) {
            System.out.println("NumberFormat 예외 발생");
        }
```

여기서 예외가 발생할 수 있다.

```
    }
}
```

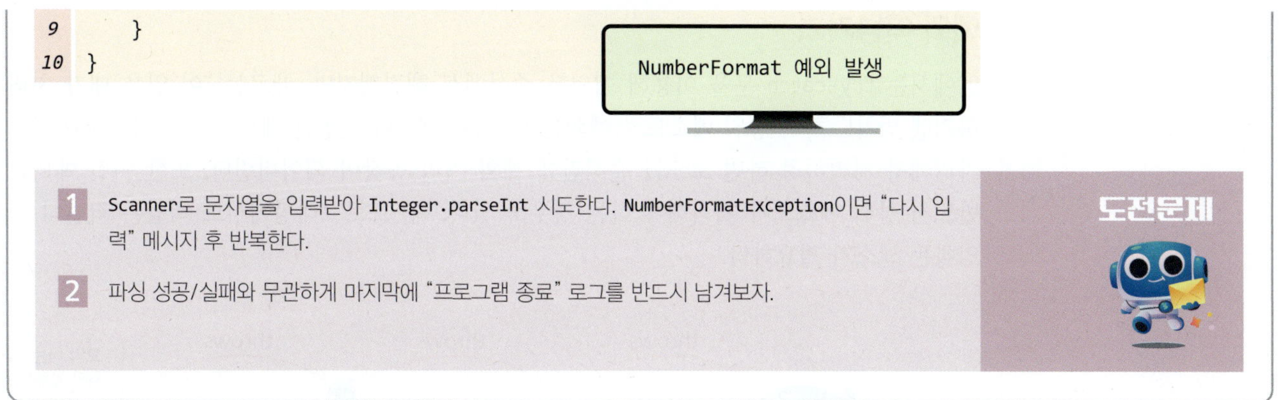

1 Scanner로 문자열을 입력받아 Integer.parseInt 시도한다. NumberFormatException이면 "다시 입력" 메시지 후 반복한다.

2 파싱 성공/실패와 무관하게 마지막에 "프로그램 종료" 로그를 반드시 남겨보자.

try-with-resources 문

try-with-resources 문(자동 리소스 관리라고도 함)은 Java 7에서 도입된 새로운 예외 처리 메커니즘으로, try-catch 문 내에서 사용되는 리소스를 자동으로 닫는다. 이 기능을 사용하려면 try 괄호 안에 필요한 리소스를 선언하기만 하면 된다. 생성된 리소스는 블록의 끝에서 자동으로 닫힌다. 다음은 try-with-resources 문의 예이다. 파일에서 문자를 읽는 예제로, 우리는 아직 학습하지 않았다. 예외 부분만 살펴보자.

TryTest.java

```
import java.io.*;

public class TryTest {
    public static void main(String args[]) {
        try (FileReader fr = new FileReader("test.txt")) {
            char[] a = new char[50];
            fr.read(a);
            for (char c : a)
                System.out.print(c);
        } catch (IOException e) {
            e.printStackTrace();
        }
    }
}
```

괄호가 있으면 자원으로 취급한다.

위의 예제에서 try-with-resources 문 안에 선언된 리소스는 FileReader이다. try 키워드 바로 다음에 소괄호가 있으면 리소스로 취급한다. FileReader 객체가 try-with-resources 문 안에 선언되었으므로 try 문장이 정상적으로 종료되건 예외가 발생하건 간에 무조건 닫힌다. 이 기능을 사용하려면 자원 객체가 java.lang.AutoCloseable 인터페이스를 구현하여야 한다. Java SE 7 버전부터 FileReader 클래스는 이 인터페이스를 구현하고 있다.

예외 떠넘기기

앞에서는 try-catch 문을 이용해 예외를 즉석에서 해결했지만, 때로는 “이 일은 내가 처리하기엔 벅차!” 하며 상위 메소드로 예외를 넘기는 편이 더 현명할 때도 있다. 모든 예외를 그 자리에서 처리하려 하면 코드가 순식간에 예외 처리 공장이 되어버린다. 또한 어떤 예외는 반드시 상위 메소드가 처리해야 하는 경우도 있다. 즉, 프로그래밍에서도 책임은 적절히 위임하는 센스가 필요하다.

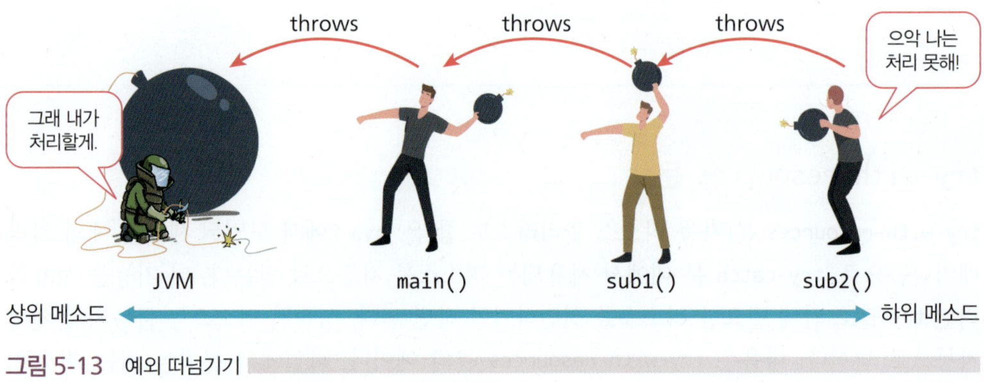

그림 5-13 예외 떠넘기기

발생하는 예외를 바로 처리하지 않으려면 메소드가 이 예외를 던진다고 메소드 정의에 ‘throws’로 표시하여야 한다. 예를 들어 디스크에 있는 텍스트 파일을 열어서 문자를 하나씩 읽는 코드는 다음과 같다(우리는 아직 학습하지 않았다). 여기서는 try-catch 문을 사용하지 않고 main() 메소드에 throws IOException을 붙여서 예외를 처리하였다.

ExceptionTest2.java

```
import java.io.*;

public class ExceptionTest2 {
    public static void main(String args[]) throws IOException {
        FileReader fr = new FileReader("test.txt");
        char[] a = new char[50];
        fr.read(a);
        for (char c : a)
            System.out.print(c);
    }
}
```

입출력 예외가 발생하면 상위 메소드로 예외를 던져서 처리하겠다는 의미이다.

참고사항: try-catch 문을 사용할 때 주의할 점

try 블록과 catch 블록은 별도의 독립된 블록이다. 따라서 try 블록에서 정의된 변수는 catch 블록에서 사용할 수 없다.

참고사항: 예외 발생 차단

try-catch 문은 유용하고 필요한 도구이다. 하지만 가장 최선의 방법은 역시 예외가 일어나지 않도록 하는 것이다. 물론 이것이 불가능한 경우도 많다. 하지만 미리 데이터를 테스트하여 예외가 일어나지 않도록 하는 것이 가능한 경우도 있다. 사실 예제 5-11은 프로그래밍 버그에 해당한다. 따라서 예외 처리를 할 것이 아니라 버그를 잡아야 한다.

SELF TEST

1. 예외는 어떤 경우에 발생하는가?
2. 처리하지 않아도 되는 예외에는 어떤 것들이 있는가?
3. 예외가 발생했을 때 바로 종료하는 것과 try-catch 문을 사용하는 것을 비교하고 어떤 방법이 더 장점이 많은지 설명하시오.
4. try-catch 문에서 예외를 처리하는 문장은 어디에 놓아야 하는가? 또 예외가 발생하는 문장은 어디에 놓아야 하는가?
5. 정수를 입력받을 때 사용자가 문자 형태로 입력하면 InputMismatchException 예외가 발생한다. 이 예외를 처리하는 코드를 작성하시오.
6. 배열에서 인덱스가 범위를 벗어나면 예외가 발생한다. 크기가 10인 배열을 생성하고 11번째 원소에 0을 대입해 보고 이 예외를 처리하는 try-catch 문을 작성하시오.
7. Error와 RuntimeException은 언제 발생하는가?
8. 자바 코드에서 반드시 처리하여야 하는 예외는 어떤 것들인가?
9. RuntimeException을 처리했는지를 왜 컴파일러에서는 검사하지 않는가?
10. 만약 호출 예정인 메소드가 예외를 발생할 가능성이 있다면 어떻게 해야 하는가?
11. 메소드에서 예외를 처리하지 않고 상위 메소드로 전달만 하려면 어떻게 하는가?
12. throws는 무엇을 의미하는가?

Mini Project 수행하기 책 정보 저장

난이도: ★★★☆☆
주제: 객체 배열 조작

사용자가 읽은 책과 평점을 저장하는 객체 배열을 생성해 보자. 다음과 같은 메뉴를 제공한다.

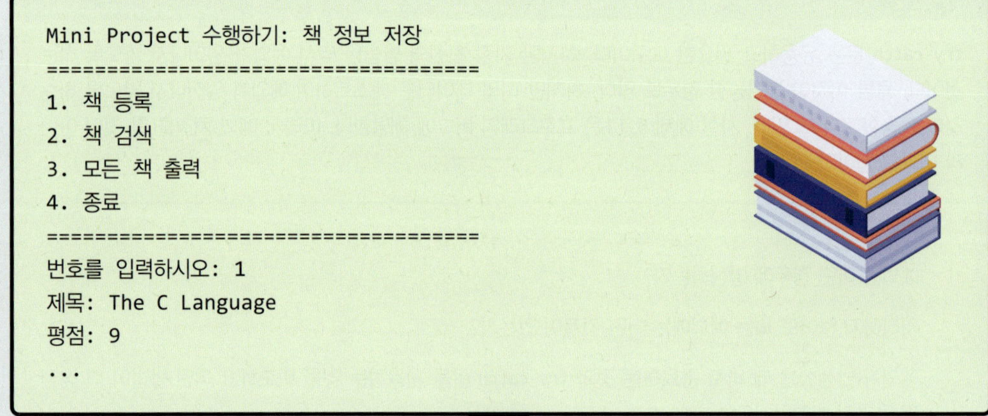

객체 배열은 정적이나 동적으로 생성해 본다. ArrayList를 사용하는 것을 권장한다. 다음 코드를 참고하여 최고 평점과 최저 평점은 정적 필드로 구현해 보자.

```
class Book {
    String title;
    int score;
    static int max_score, min_score;

    public Book(String title, int score) {
        this.title = title;
        this.score = score;
    }
}
```

Summary

- 객체가 자신을 가리키는 참조 값을 잃으면 사용이 불가능해진다. 이런 객체들은 정리 대상으로 표시되며 나중에 가용 메모리가 부족해지면 가비지 컬렉터에 의하여 삭제된다.

```
MyObj o = new MyObj();      o = null; // 더 이상 참조 없음 → GC 후보
```

- 메소드에 기초형의 값을 전달하면 복사되지만, 객체를 전달하면 객체의 참조 값이 전달된다. 메소드 안에서는 객체 참조 값을 이용하여 객체 원본을 변경할 수 있다.
- 인스턴스 멤버란 객체마다 하나씩 생성되는 멤버이다. 정적 멤버는 모든 객체를 통틀어서 하나만 생성된다. 객체를 생성하지 않고 클래스 이름만으로 접근할 수 있다. 정적 멤버를 선언하려면 앞에 static을 붙인다.

```
Counter.total++;    System.out.println(Counter.total);
```

- 객체 배열은 객체를 저장하는 배열이다. 배열 자체도 객체이므로 먼저 배열 객체를 생성하고 배열 요소에 객체를 생성하여 채워야 한다. 동적 객체 배열을 생성하려면 ArrayList를 사용한다.

```
Point[] arr = new Point[3]; arr[0] = new Point(1,2);
```

- 자바에서 예외(Exception)는 프로그램 실행 중 발생할 수 있는 오류를 객체로 표현한 것이다. 예외 처리는 프로그램이 비정상적으로 종료되지 않도록 안정적으로 동작하게 만든다. 자바는 예외를 처리하기 위해 try, catch, finally 구문을 제공한다. 예외 처리는 오류를 제어하고 프로그램의 신뢰성을 높이는 핵심 기술이다.

```
try { risky(); } catch (IOException e) { log(e); } finally { cleanup(); }
```

- 자바의 예외는 체크 예외(Checked Exception)와 비체크 예외(Unchecked Exception)로 구분된다. 체크 예외는 컴파일 시에 반드시 처리해야 하는 예외이다. 비체크 예외는 런타임에 발생하며, 컴파일러가 강제하지 않는다.

```
try { Thread.sleep(1); }
catch (InterruptedException e)
{ Thread.currentThread().interrupt(); }
```

Exercises

1. 객체가 가비지 컬렉션의 대상이 되는 경우는?

❶ 객체가 여러 참조 변수에 의해 참조될 때
❷ 해당 객체를 참조하는 모든 참조가 끊어졌을 때
❸ 객체의 속성이 변경될 때
❹ 객체가 메소드로 전달될 때

2. 객체를 참조하는 참조형 변수를 메소드로 전달할 때, 실제로 전달되는 것은?

❶ 객체 자체
❷ 객체의 복사본
❸ 객체의 참조 값
❹ 객체의 메소드

3. 다음 코드가 실행되면 a[0]의 값은 어떻게 되는가?

```
void modifyArray(int[] arr) {
    arr[0] = 10;
}

int[] a = {1, 2, 3};
modifyArray(a);
System.out.println(a[0]);
```

❶ 0
❷ 1
❸ 2
❹ 10

4. 다음 중 정적 멤버의 특징으로 올바르지 않은 것은?

❶ 정적 필드는 모든 객체가 공유한다.
❷ 정적 메소드는 객체 없이 호출할 수 있다.
❸ 정적 메소드에서는 인스턴스 멤버를 직접 사용할 수 있다.
❹ 정적 변수는 클래스 로드 시 한 번만 생성된다.

5. 다음 중 객체를 메소드로 전달할 때의 특징으로 올바르지 않은 것은?

❶ 객체의 참조 값이 전달된다.
❷ 메소드 내부에서 객체의 속성을 변경하면 원본 객체에도 영향을 미친다.
❸ 객체 자체가 통째로 복사되어 전달된다.
❹ 메소드 내부에서 참조 값을 null로 변경해도 원본 객체는 삭제되지 않는다.

6. 다음 중 자바 예외 처리에 대한 설명으로 올바르지 않은 것은?

❶ try-catch 문을 사용하여 예외를 처리할 수 있다.
❷ 예외가 발생하면 catch 블록이 실행된다.
❸ finally 블록은 항상 실행된다.
❹ 자바에서 모든 예외는 반드시 처리해야 한다.

7. 다음 코드에서 가비지 컬렉터에 의하여 '삭제'로 표시되는 객체는 무엇인가?

```
String a = new String("Hello");
String b = new String("World");
String a = b;
```

❶ new String("Hello") ❷ new String("World")
❸ 없음 ❹ 모두

8. 다음 중 객체 배열을 올바르게 생성한 것은?

❶ Object arr = new Object[5];
❷ String[] arr = new String[5];
❸ MyClass arr = new MyClass[5];
❹ int[] arr = new int[5];

9. 다음 중 가비지 컬렉션에 대한 설명으로 올바르지 않은 것은?

❶ 자바의 가비지 컬렉션은 JVM이 자동으로 수행한다.
❷ 더 이상 참조되지 않는 객체는 가비지 컬렉션의 대상이 된다.
❸ 개발자가 명시적으로 객체를 삭제할 수 있다.
❹ System.gc() 메소드는 가비지 컬렉션을 요청할 수 있다.

10. 다음 코드에서 잘못된 부분과 이유를 설명하시오.

```
class Test {
    int a;
    static int b;

    void sub1() { b = 0; }
    static void sub2() { a = 0; }
    static void sub3() { b = 0; }
}
```

11. 다음 프로그램의 실행 결과와 이유를 설명하시오.

```
class Point {
    int x, y;
    public void sub(Point p){
        p.x = 100;
        p.y = 200;
    }
}

public class Test {
    public static void main(String[] args) {
        Point obj = new Point();
        obj.sub(obj);
        System.out.println(obj.x + ", " + obj.y);
    }
}
```

12. 11번 문제와 같이 Point 클래스가 정의되어 있다고 하자. 2개의 Point 객체를 받아서 x, y 좌표 값이 일치하는지를 검사하는 boolean equalPoint(p1, p2) 메소드를 작성하시오.

13. 다음 코드에서 잘못된 부분을 설명하시오.

```
class MyMath  {
    int multiply(int a, int b) { return a * b; }
    static int add(int a, int b) { return a + b; }
}

public class Test {
   public static void main( String[] args ) {
        MyMath obj = new MyMath();
        System.out.println("2 * 2 = " + obj.multiply(2, 2));
        System.out.println("2 * 2 = " + MyMath.multiply(2, 2));
        System.out.println("2 + 3 = " + obj.add(2, 3));
        System.out.println("2 + 3 = " + MyMath.add(2, 3));
   }
}
```

14. 다음 코드를 실행하면 배열에서 값이 null인 요소는 몇 개인가?

```
String[] employees = new String[10];
String name = "홍길동";
employees[0] = name;
```

15. 다음 코드에서 잘못된 부분을 찾아 올바르게 수정하시오. Movie 클래스는 print()라는 메소드를 가지고 있다.

```
Movie [] list = new Movie[10];
list[0].print();
```

16. values라는 double형 배열이 init() 메소드의 매개변수로 넘어왔다고 하자. 배열의 각 원소를 0으로 초기화하는 문장을 작성하시오.

```
void init(double[] values) {
    // 여기에 배열의 원소를 0으로 초기화하는 문장을 작성한다.
}
```

17. 다음 코드는 배열 a를 배열 b로 복사하려는 의도로 작성되었다. 실제 배열이 복사되는지 확인하고 만약 복사되지 않는다면 올바르게 수정하시오.

```
int[] a = {1, 2, 3, 4, 5};
int[] b = new int[5];
b = a;     // 배열 a를 배열 b로 복사
```

18. 다음 코드를 실행한 출력 결과는?

```
class Circle {
    int radius;
    Circle(int radius) {
        this.radius = radius;
    }
}

public class Main {
    public static void main(String[] args) {
        Circle c = new Circle(5);
        changeRadius(c);
        System.out.println(c.radius);
    }
    public static void changeRadius(Circle circle) {
        circle.radius = 10;
    }
}
```

❶ 5
❷ 10
❸ 컴파일 에러 발생
❹ NullPointerException 발생

19. 다음 코드를 실행한 출력 결과는?

```
public class Main {
    public static void main(String[] args) {
        try {
            int result = 10 / 0;
        } catch (ArithmeticException e) {
            System.out.println("예외 발생!");
        } finally {
            System.out.println("프로그램 종료");
        }
    }
}
```

❶ 예외 발생!
❷ 프로그램 종료
❸ 예외 발생! 프로그램 종료
❹ 컴파일 에러

Programming Exercises

1. 은행 계좌를 나타내는 BankAccount 클래스를 작성하시오. 생성자, 설정자, 접근자도 추가하고 transfer() 메소드를 구현하여 테스트한다.

난이도: ★★★☆☆
주제: 객체 메소드 전달

```
BankAccount
- balance: int             // 잔액(단위: 원)
- name: String             // 통장 소유자
+ BankAccount()
+ BankAccount(money: int, name: String)
+ transfer(amount: int, otherAccount: BankAccount)
// 현재 객체의 잔액에서 amount만큼을 otherAccount 계좌로 송금
```

```
public static void main(String[] args){
    BankAccount a1 = new BankAccount(10000, "Kim");
    BankAccount a2 = new BankAccount(0, "Lee");

    a1.transfer(1000, a2);          // a1에서 a2로 1,000원 이체
}
```

2. 자동차 회사에서 지금까지 생산된 자동차의 대수를 계산하기 위해 다음 요구사항을 충족하는 Car 클래스를 작성하고 테스트하시오.

난이도: ★★★☆☆
주제: 정적 멤버

```
Car
- model: String                      // 자동차 모델 이름(private)
- make: String                       // 자동차 제조사(private)
- numberOfCars: int (static)         // 지금까지 생산된 자동차의 개수를 추적하는 정적 변수
+ Car(model: String, make: String)   // 생성자
+ getNumberOfCars(): int (static)    // 현재까지 생산된 자동차의 대수 반환
```

```
public class Test {
    public static void main(String[] args) {
        Car car1 = new Car("Model S", "Tesla");
        Car car2 = new Car("Mustang", "Ford");
        Car car3 = new Car("Civic", "Honda");
        System.out.println("지금까지 생산된 자동차 대수:
                                        " + Car.getNumberOfCars());
    }
}
```

난이도: ★★☆☆☆
주제: 객체 배열

3. 크기가 3인 Circle 객체 배열을 생성하고, Circle 객체를 3개 생성하여 배열에 저장한다. 원의 반지름은 0에서 100 사이의 난수를 사용하여 생성한다. 배열에 저장된 객체들을 꺼내서 화면에 출력하시오.

Circle
- radius: double
+ Circle(radius: double) + getRadius(): double + setRadius(radius: double): void + getArea(): double

```
Circle 1: Radius = 89, Area = 24884.5554
Circle 2: Radius = 33, Area = 3421.1944
Circle 3: Radius = 4, Area = 50.2655
```

난이도: ★★★★☆
주제: 객체 배열

4. 지인들의 연락처(최대 100개)를 저장하고 검색하는 프로그램을 객체 배열을 이용하여 작성하시오. Contact 클래스는 이름(name), 전화번호(tel), 이메일(email) 등의 필드를 가진다. 지인들의 수를 저장하는 정적 변수 count를 추가한다. 최대 100개의 Contact 객체를 저장하는 객체 배열을 생성한다. 이 프로그램은 다음과 같은 사용자 인터페이스를 가진다.

Contact
- name: String // 지인의 이름을 저장하는 필드 - tel: String // 지인의 전화번호를 저장하는 필드 - email: String // 지인의 이메일 주소를 저장하는 필드 - count: int (static) // 저장된 지인의 수를 저장하는 정적 변수

+ Contact(name: String, tel: String, email: String) // 생성자: 필드 초기화
+ getCount(): int (static) // 현재 저장된 지인의 수를 반환하는 정적 메소드
+ 기타 필요한 생성자, 접근자, 설정자, 메소드를 추가한다.

```
연락처를 입력하시오(종료 -1)
이름과 전화번호, 이메일을 입력하시오: Kim 010-111-2222 kim@java.com
이름과 전화번호, 이메일을 입력하시오: Park 010-111-3333 park@java.com
이름과 전화번호, 이메일을 입력하시오: Lee 010-111-5555 lee@java.com
이름과 전화번호, 이메일을 입력하시오: -1
지인들의 수는 3명입니다.

검색할 이름을 입력하시오: Park
Park의 전화번호: 010-111-3333 이메일: park@java.com
```

문자열이 일치하는지 검사하려면 == 연산자가 아닌 equals() 메소드를 사용하여야 한다.

5. Memo 클래스는 메모를 저장하는 객체를 표현하며, 제목(title)과 내용(content)을 필드로 가진다. 크기가 5인 Memo 객체 배열을 생성하여 사용자가 입력한 제목과 내용을 저장한 후 배열에 저장된 메모들을 출력하는 프로그램을 작성하시오. 아래의 요구사항을 충족하도록 프로그램을 작성한다.

난이도: ★★★★☆
주제: 객체 배열, 사용자 입력, 배열 관리

Memo
- title: String // 메모의 제목 - content: String // 메모의 내용
+ 기타 필요한 생성자, 접근자, 설정자, 메소드를 추가한다.

- 사용자로부터 최대 5개의 메모를 입력받아 Memo 객체 배열에 저장한다.
- 배열이 가득 차면 "더 이상 메모를 저장할 수 없습니다."라는 메시지를 출력한다.
- 사용자가 입력한 제목으로 특정 메모를 검색하여 해당 메모를 출력한다.
- 전체 메모를 출력하는 기능 제공한다.

```
============================== 메모 관리 프로그램 ===========================
1. 새 메모 추가  2. 메모 검색  3. 메모 수정  4. 메모 삭제  5. 전체 메모 보기   0 .
종료
============================================================================
메뉴를 선택하세요: 1
제목을 입력하세요: 마트 가기
내용을 입력하세요: 우유, 채소, 빵
메모가 저장되었습니다.
```

6. 고객 피드백 시스템을 개발하려고 한다. 이 시스템은 고객이 상품에 대해 작성한 리뷰를 관리하며, 특정 상품의 리뷰를 검색하거나 분석할 수 있는 기능을 제공한다. 아래의 요구사항에 따라 프로그램을 작성하시오.

난이도: ★★★★☆
주제: 객체 배열, 사용자 입력, 배열 관리

Review
- customerName: String // 고객 이름 - productName: String // 상품 이름 - reviewContent: String // 리뷰 내용
+ 기타 필요한 생성자, 접근자, 설정자, 메소드를 추가한다.

- 객체 배열을 사용하여 최대 100개의 리뷰를 저장할 수 있도록 한다.
- 메뉴를 제공하여 사용자로부터 입력을 받아 리뷰를 추가하거나 특정 상품의 리뷰를 출력할 수 있도록 한다.
- 고객 이름, 상품 이름, 리뷰 내용을 입력받아 Review 객체를 생성하고 배열에 저장한다.
- 배열이 가득 차면 "리뷰를 더 이상 추가할 수 없습니다."라는 메시지를 출력한다.
- 상품 이름을 입력받아 해당 상품에 작성된 모든 리뷰를 출력한다.
- 배열에 저장된 리뷰를 분석하여 리뷰가 가장 많이 작성된 상품과 리뷰 개수를 출력한다.

```
===== 고객 피드백 시스템 =====
1. 리뷰 추가
2. 특정 상품 리뷰 검색
3. 리뷰가 가장 많은 상품 보기
4. 전체 리뷰 보기
0. 종료
=============================
메뉴를 선택하세요:
```

난이도: ★★★★☆
주제: 다중 예외 처리

7. 사용자로부터 두 개의 정수를 입력받아 첫 번째 ÷ 두 번째를 계산하는 프로그램을 작성하라. 아래의 예외 상황을 프로그램 종료 없이 처리하고, 올바른 입력이 들어오면 결과를 출력한 뒤 종료한다.

- 입력 방식(필수) 입력은 Scanner.nextLine()으로 문자열로 받는다. 정수 변환은 Integer.parseInt(String s)로 수행한다.
- 예외 처리(필수) 첫 번째나 두 번째 입력이 정수가 아니면 NumberFormatException을 캐치하여 "메시지: 숫자를 입력해야 합니다. 다시 시도하세요."를 출력하고 처음부터 재입력한다.
- 두 번째 값이 0이면 정수 나눗셈에서 ArithmeticException을 캐치하여 "메시지: 0으로 나눌 수 없습니다. 다시 시도하세요."를 출력하고 처음부터 재입력한다.

```
첫 번째 숫자를 입력하세요: abc
숫자를 입력해야 합니다. 다시 시도하세요.
첫 번째 숫자를 입력하세요: 10
두 번째 숫자를 입력하세요: 0
0으로 나눌 수 없습니다. 다시 시도하세요.
첫 번째 숫자를 입력하세요: 10
두 번째 숫자를 입력하세요: 2
결과: 5
```

CHAPTER 06

상속

학습목표

- 상속이 왜 필요한지를 설명한다.
- 상속을 이용하여 자식 클래스를 작성한다.
- 부모 클래스의 어떤 부분에 접근할 수 있는지를 설명한다.
- 오버라이딩을 이용하여 부모 클래스의 메소드를 재정의한다.
- 추상 클래스와 인터페이스를 이용하여 코드를 작성한다.
- 상속과 구성의 차이점을 설명하고 적절하게 사용한다.

학습목차

핵심 키워드

상속, protected, 오버라이딩, 구성, 다형성

06 상속

6.1 상속의 개념

부모는 자녀에게 유전자라는 특별한 선물을 전해준다. 이 선물에는 자식의 미래를 좌우할 다양한 특성과 행동이 포함되어 있다. 부모는 키, 머리카락 색, 체질, 쌍꺼풀, 성격과 같은 유전적 패키지를 기본 제공하며, 먹기(eat), 걷기(walk), 말하기(talk) 같은 기본 기능도 무료로 탑재해 준다. 자녀는 이런 특성과 행동을 물려받아 감사히 활용하지만, 여기에 자신만의 개성과 취향을 마음껏 덧붙일 수 있다. 예를 들어, 부모님께 물려받은 성격을 기반으로 독보적인 유머 감각을 장착하거나, 걷는 기술을 최신형으로 업데이트할 수도 있다. 게다가 기본 기능인 `eat()`, `walk()`, `talk()`에 만족하지 않고, 자신만의 특별 기술인 `code()`, `swim()`, `dance()` 같은 새로운 능력을 추가하며 버전을 계속 업그레이드할 수도 있다. 이렇게 자녀는 부모님의 유전자라는 선물을 기초로 자신만의 '풀 옵션 모델'로 성장한다.

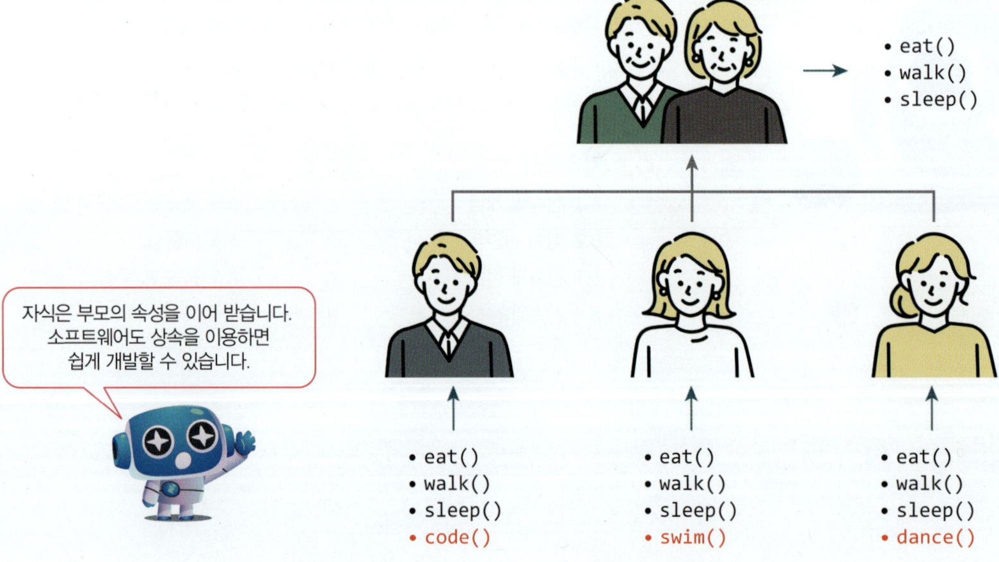

그림 6-1 상속의 개념

자바에서 **상속(Inheritance)**은 객체 지향 프로그래밍의 중요한 개념 중 하나로, 새로운 클래스가 기존 클래스의 특성과 행동을 물려받아 사용할 수 있게 하는 기능이다. 상속을 통해 코드의 재사용성을 높이고, 계층 구조를 설계하여 관리와 유지 보수를 용이하게 할 수 있다. 객체 지향 프로그래밍의 많은 장점이 바로 이 상속 메커니즘에서 나온다. 다른 클래스를 상속하면 그 클래스가 가진 거의 모든 것을 내가 만든 것처럼 사용할 수 있다. 필요하다면 부모 클래스에 새로운 메소드나 필드를 추가할 수도 있고, 부모 클래스의 메소드를 교체할 수도 있다. 예를 들어 위의 그림에서 부모로부터 `walk()` 메소드를 상속받지만, 자식 클래스는 이 메소드의 내용을 완전히 바꿀 수 있는 것이다.

왜 상속을 사용하는가?

우리는 왜 상속을 사용하는가? 상속을 사용하는 이유를 잠시 생각해 보자. 상속을 사용하면 중복되는 코드를 줄일 수 있다. 예를 들어서 승용차, 트럭, 버스는 모두 속도를 변경하고 방향을 바꾸는 기능을 가지고 있다. 이 클래스들을 독립적으로 작성하면 속도 변경 메소드 `setSpeed()`와 방향 변경 메소드 `turn()`이 모든 클래스에 중복으로 포함될 것이다.

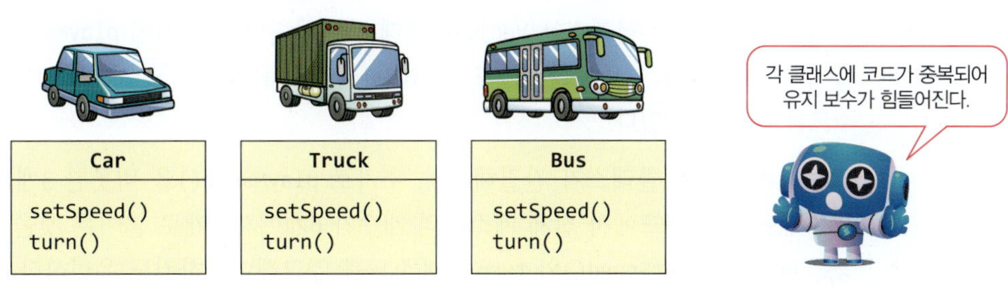

그림 6-2 상속을 사용하지 않으면 중복 코드가 늘어난다.

코드가 중복되면 코드의 크기도 늘어나지만, 더 심각한 문제는 유지 보수가 힘들어진다는 점이다. 만약 `setSpeed()` 메소드에 오류가 있어서 수정하고자 한다고 생각해 보자. `setSpeed()` 메소드가 위의 그림처럼 여러 클래스에 흩어져 있는 경우에는 3개의 클래스를 모두 손봐야 한다. `setSpeed()` 메소드를 업그레이드하는 경우도 마찬가지이다.

이번에는 상속을 사용해 보자. 운송 수단의 공통적인 특징을 가지고 있는 클래스 `Vehicle`을 만들고 `Vehicle`을 상속받아서 각 클래스를 작성한다면 다음 그림과 같이 중복되는 부분을 최소화할 수 있다.

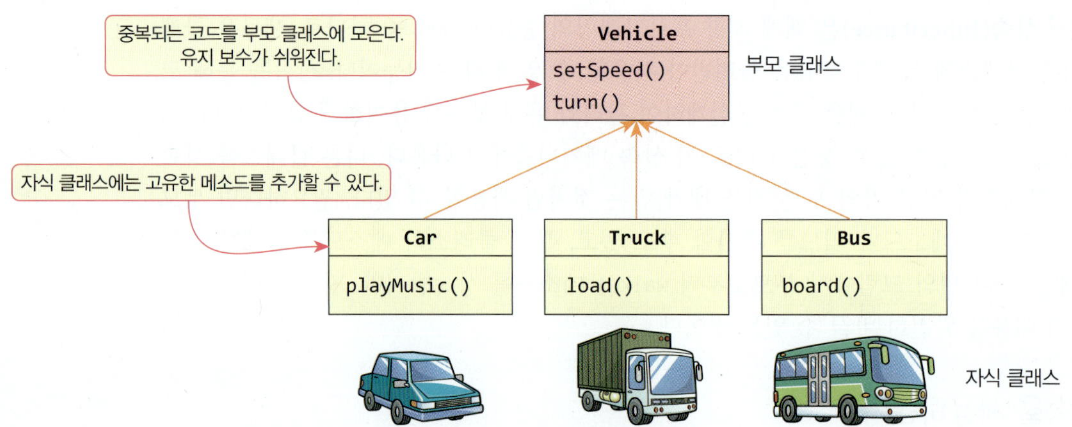

그림 6-3 상속을 사용하면 중복 코드를 부모 클래스로 모을 수 있다.

위의 간단한 UML 그림에서 화살표가 아래에서 위쪽으로 향하는 것은 자식 클래스가 부모 클래스를 상속받는다는 것을 의미한다(화살표 방향에 유의하자). 상속할 때, 흔히 '확장한다(extends)'라는 키워드를 사용하는 이유는 자식 클래스가 부모 클래스를 확장하기 때문이다. 위의 그림에서 `Car` 클래스는 `Vehicle` 클래스를 상속받고 거기에 `playMusic()`이라는 메소드를 추가하고 있다. `Truck` 클래스도 `Vehicle` 클래스를 상속받고 거기에 짐을 싣는 `load()` 메소드를 추가하고 있다.

상속을 사용하면 클래스가 간결해진다. 추가로 `playMusic()`을 비롯한 3개의 메소드를 추가했음에도 소스 코드에서 전체 메소드의 개수가 6개에서 5개로 줄어든 것을 알 수 있다. 또한 공통 메소드인 `setSpeed()`와 `turn()` 메소드를 업그레이드하기도 유리하다. 이제 공통부분은 하나로 정리되어서 관리하기 쉽고 유지 보수와 변경도 쉬워진다. 메소드뿐만 아니라 필드에 대해서도 마찬가지이다. 중복되는 필드는 한 번만 기술하면 된다.

객체를 단순히 생성해서 사용하면, 그 객체가 가진 필드와 메소드를 그대로 활용할 수는 있다. 하지만 이미 만들어진 객체의 내부 동작 방식을 바꾸거나 새로운 기능을 덧붙일 수는 없다. 반면 상속을 사용하면 기존 클래스의 기능을 물려받아 그대로 쓸 수 있을 뿐 아니라, 필요한 경우 일부 기능을 바꾸거나(메소드 재정의) 새로운 기능을 추가할 수도 있다. 이때 기존 기능을 바꾸는 방법을 오버라이딩(Overriding)이라고 부른다.

상속의 장점

상속의 장점을 다시 정리해 보면 다음과 같다. 이것은 상속을 학습한 후에 다시 한번 살펴보면 이해하기 쉬울 것이다.

- **코드 재사용성**: 상속을 통해 이미 작성된 클래스의 필드와 메소드를 새로운 클래스에서 재사용할 수 있다. 이를 통해 코드 중복을 줄이고 개발 속도를 높일 수 있다.
- **유지 보수성 향상**: 공통된 기능을 상위 클래스에 정의하고 이를 상속받아 사용하면, 코드 변경이 필요할 때 상위

클래스만 수정하면 되므로 유지 보수가 용이하다.

- **다형성(Polymorphism):** 상속은 다형성을 구현하는 데 중요한 역할을 한다. 부모 클래스 타입의 변수로 자식 클래스의 객체를 다룰 수 있어, 동일한 인터페이스를 통해 다양한 객체를 다룰 수 있다.
- **계층적 분류:** 상속을 사용하면 관련 클래스들을 체계적으로 계층화하여 관리할 수 있다. 예를 들어, 동물(Animal)이라는 상위 클래스가 있고, 이를 상속받는 포유류(Mammal), 조류(Bird) 등의 하위 클래스를 만들 수 있다.
- **기능 확장:** 기존 클래스에 새로운 기능을 추가할 때 상속을 통해 기존 클래스의 기능을 확장하여 새로운 클래스에서 더 많은 기능을 제공할 수 있다. 이때 기존 클래스의 코드를 변경하지 않고도 기능을 확장할 수 있다.

1 상속은 왜 사용하는가?

2 다음 중 상속의 장점으로 옳지 않은 것은?

❶ 코드 재사용성을 높일 수 있다. ❷ 유지 보수가 용이해진다.
❸ 부모 클래스의 메소드는 변경할 수 없다. ❹ 다형성을 구현할 수 있다.

6.2 상속 선언

상속의 형식

상속을 정의하려면 자식 클래스 이름 뒤에 extends를 써주고 부모 클래스 이름을 적어주면 된다. 'extends'는 확장(또는 파생)한다는 의미이다. 즉, 부모 클래스를 확장하여 자식 클래스를 작성한다는 의미이다. 부모 클래스를 슈퍼 클래스라고도 하고 자식 클래스를 서브 클래스라고도 한다.

Syntax: 상속

자식 클래스 또는 서브 클래스 → ChildClass
부모 클래스 또는 슈퍼 클래스 → ParentClass

```
class ChildClass extends ParentClass {
    // 추가되는 필드와 메소드
    ...
}
```

우리가 앞에서 설명한 Vehicle 예제를 작성해 보자. Vehicle 클래스는 일반적인 이동 수단(탈 것)을 의미한다. 특성으로 속도와 방향을 가지고 있고, 동작으로 setSpeed(), turn() 메소드를 가지고 있다고 가정하자. 아래의 코드는 Vehicle 클래스를 상속받아 Truck 클래스를 정의하고, Truck 클래스의 인스턴스를 생성하여 다양한 메소드를 호출하는 예제이다.

TruckTest.java

```java
class Vehicle {
    private int speed;                            // 속도
    private int direction;                        // 방향

    public void setSpeed(int speed) {             // 속도 변경 메소드
        this.speed = speed;
    }
    public void turn(int angle) {                 // 방향 변경 메소드
        this.direction = angle;
    }
}

class Truck extends Vehicle {                     // ①
    int currentLoad;                              // 현재 적재 중량

    void loadCargo(int weight) {                  // 화물을 적재하는 메소드
        setSpeed(0);                              // 화물을 적재할 때는 속도를 0으로 설정
        currentLoad += weight;
    }
    void unloadCargo(int weight) {                // 화물을 하역하는 메소드
        setSpeed(0);                              // 화물을 하역할 때는 속도를 0으로 설정
        currentLoad -= weight;
    }
}

public class TruckTest {
    public static void main(String[] args) {
        Truck t = new Truck();                    // ②

        t.setSpeed(60);                           // ③
        t.turn(180);

        t.loadCargo(10);                          // ④
        t.unloadCargo(10);
    }
}
```

부모 클래스
Vehicle
setSpeed()
turn()
Truck
loadCargo()
unloadCargo()
자식 클래스

부모 클래스의 메소드 사용
자식 클래스에서 추가된 메소드 사용

① Truck 클래스는 Vehicle 클래스를 상속받아 정의되며, currentLoad라는 추가 필드를 가진다. 이는 현재 적재 중량을 나타낸다. loadCargo() 메소드는 지정된 무게의 화물을 적재하여 currentLoad를 증가시킨다. unloadCargo() 메소드는 지정된 무게의 화물을 하역하여 currentLoad를 감소시킨다.

② Truck 클래스의 인스턴스를 생성하여 t 변수에 저장한다.

③ 자식 클래스는 부모 클래스의 필드와 메소드를 마치 자기 것처럼 사용할 수 있다. 예를 들어서 자식 클래스 객체는 부모 클래스의 setSpeed() 메소드를 마음대로 사용할 수 있다. 부모 클래스의 필드도 private이 아니라면 사용이 가능하다. t.setSpeed(60)은 Truck 인스턴스의 속도를 60으로 설정한다. t.turn(180)은 Truck 인스턴스의 방향을 180도로 설정한다.

④ 자식 클래스가 정의한 자체 메소드인 loadCargo()와 unloadCargo()를 사용할 수 있다. t.loadCargo(10)은 안전을 위하여 부모 클래스의 setSpeed(0)을 호출하여 트럭의 속도를 0으로 만든 후 Truck 인스턴스에 10만큼의 화물을 적재한다. t.unloadCargo(10)은 안전을 위해 부모 클래스의 setSpeed(0)을 호출하여 트럭의 속도를 0으로 만든 후 Truck 인스턴스에서 10만큼의 화물을 하역한다.

무엇이 상속되는가?

자식 클래스는 부모 클래스가 가지고 있는 모든 멤버를 전부 상속받고 자신이 필요한 멤버를 추가하기 때문에 항상 자식 클래스가 부모 클래스를 포함하게 된다. 아래의 그림에서 Truck 클래스는 Vehicle 클래스의 모든 필드와 메소드를 상속받고 여기에 필드 1개와 2개의 메소드를 추가하였다. 상속을 나타낼 때 extends(확장)라는 용어를 사용하는 이유도, 상속을 하게 되면 멤버가 증가하기 때문이다.

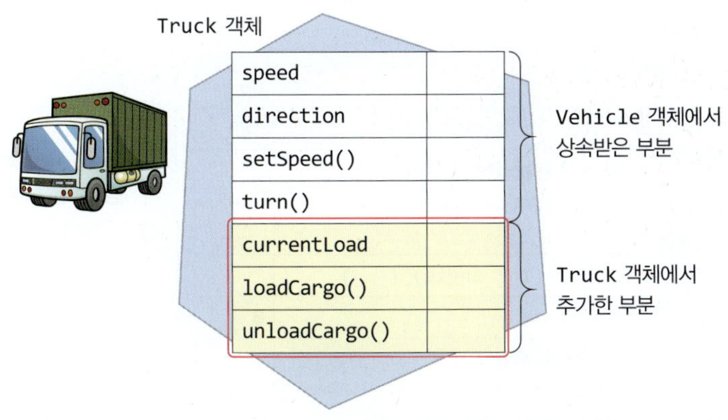

그림 6-4 자식 클래스는 부모 클래스의 멤버에 자신의 멤버를 추가할 수 있다.

구체적으로 Truck 객체 안에는 부모로부터 상속받은 speed, direction 필드와 setSpeed(), turn() 메소드가 들어 있고, 여기에 Truck 클래스가 자체적으로 추가한 currentLoad 필드와 loadCargo(), unloadCargo() 메소드가 들어 있다. Vehicle 객체와 Truck 객체의 크기를 비교하면 다음과 같다.

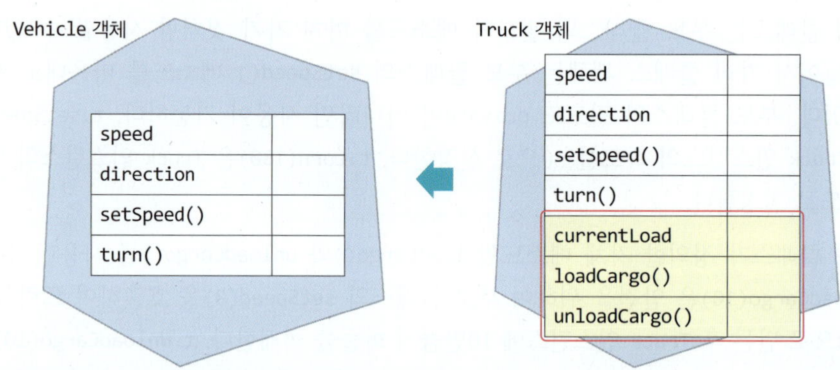

그림 6-5 부모 클래스와 자식 클래스의 크기 비교

자식 클래스에서 부모 클래스 멤버에 접근

자식 클래스는 부모 클래스의 멤버 중에서 private으로 선언된 멤버만 제외하고 모든 멤버에 접근하여 사용할 수 있다. 앞의 코드에서 Truck 클래스의 loadCargo()에서 부모 클래스의 setSpeed()를 호출하는 것을 보여준다. 반면에 speed와 direction은 private으로 선언되어 있어서 setSpeed()와 turn()에서만 접근이 가능하다. Truck 클래스의 메소드에서는 접근이 불가능하다.

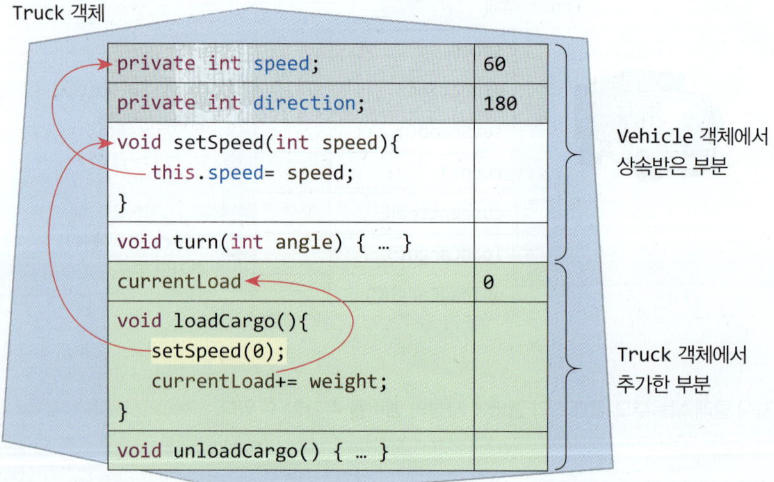

그림 6-6 자식 클래스는 부모 클래스의 private 멤버를 제외하고 나머지 멤버에 접근할 수 있다.

자바 상속의 특징

언어마다 상속 기능을 제공하고 있지만, 언어에 따라서 상속의 기능이 조금씩 다르다. 자바에서의 상속은 다음과 같은 특징을 가진다.

- 다중 상속을 지원하지 않는다. 다중 상속이란 여러 개의 클래스로부터 상속받는 것이다. 자바에서는 금지되어 있다.
- 상속의 횟수에는 제한이 없다.
- 상속 계층 구조의 최상위에는 java.lang.Object 클래스가 있다. 자바에서 모든 클래스는 java.lang.Object 클래스를 상속받는다. 이는 자바의 상속 계층 구조에서 Object 클래스가 최상위에 위치함을 의미한다. Object 클래스는 자바의 모든 클래스의 조상 클래스이기 때문에, 자바에서 작성되는 모든 클래스는 직접적으로나 간접적으로 Object 클래스를 상속받는다. 이는 자바 언어의 핵심 설계 원칙 중 하나이다.

Animal 클래스와 Dog 클래스 만들기

Animal 클래스는 일반적인 동물을 나타낸다. Dog 클래스는 강아지를 나타낸다. Animal 클래스를 상속받아서 Dog 클래스를 작성해 보자.

DogTest.java

```java
class Animal {
    int age;
    void eat() {
        System.out.println("먹고 있음...");
    }
}

class Dog extends Animal {
    void bark() {
        System.out.println("짖고 있음...");
    }
}

public class DogTest {
    public static void main(String args[]) {
        Dog d = new Dog();
        d.bark();
        d.eat();
    }
}
```

Animal — 부모 클래스

Dog — 자식 클래스

```
짖고 있음...
먹고 있음...
```

도전문제

1. Dog 클래스에 새로운 메소드 run()을 추가하여 "달리고 있음..."이라는 메시지를 출력하시오. DogTest 클래스에서 Dog 객체를 생성하고 run() 메소드를 호출하여 메시지를 출력한다.
2. Animal 클래스에 새로운 필드 String name과 그 값을 설정하는 setName() 메소드를 추가하시오. DogTest 클래스에서 Dog 객체의 이름을 설정하고, 그 이름을 출력하는 메소드를 추가하여 이름을 출력한다.

예제 6-2 도형 예제

일반적인 도형을 나타내는 Shape 클래스를 작성하고 이것을 상속받아서 원을 나타내는 Circle 클래스를 작성해 보자.

CircleTest.java

```java
class Shape {
    int x, y;
}

class Circle extends Shape {
    int radius;

    public Circle(int radius) {
        this.radius = radius;
        x = 0;
        y = 0;
    }

    double getArea() {
        return 3.14 * radius * radius;
    }
}

public class CircleTest {
    public static void main(String args[]) {
        Circle obj = new Circle(10);
        System.out.println("원의 중심: (" + obj.x + ", " + obj.y + ")");
        System.out.println("원의 면적: " + obj.getArea());
    }
}
```

Shape 부모 클래스

Circle 자식 클래스

```
원의 중심: (0, 0)
원의 면적: 314.0
```

도전문제

1. Shape 클래스에 move(int newX, int newY) 메소드를 추가하여 x와 y 좌표를 변경할 수 있도록 하시오. CircleTest 클래스에서 move() 메소드를 호출하여 중심을 이동시키고, 이동 후의 원의 중심 좌표를 출력한다.

2. Circle 클래스에 새로운 생성자를 추가하여 x, y 좌표와 radius를 함께 설정할 수 있도록 하시오. CircleTest 클래스에서 새로운 생성자를 사용하여 원의 중심이 (5, 5)이고 반지름이 10인 원을 생성하고, 원의 중심과 면적을 출력한다.

1 자바 상속은 몇 번이나 가능한가?

2 프로그래머, 가수, 무용수를 클래스로 만들려고 한다. 부모 클래스를 어떻게 만들어야 코드의 길이를 줄일 수 있는가?

3 자바에서 상속을 정의하는 키워드는 무엇인가?

4 상속 계층도의 최상위층에는 무슨 클래스가 있는가?

5 Dog 클래스(sleep(), eat(), bark()), Cat 클래스(sleep(), eat(), play())를 상속을 이용하여 표현하면 어떻게 코드가 간결해지는가?

6 일반적인 상자(box)를 클래스 Box로 표현하고, Box를 상속받는 서브 클래스인 ColorBox(컬러 박스) 클래스를 정의하시오. 적절한 필드(길이, 폭, 높이)와 메소드(부피 계산)를 정의한다.

6.3 상속과 접근 지정자

앞에서는 부모 클래스의 모든 멤버가 자식 클래스에 '마음껏' 상속되는 것처럼 이야기했지만, 사실 부모님도 모든 걸 다 물려주지는 않는다. 필요한 것은 상속해 주고, 아닌 것은 꽁꽁 숨길 수도 있다. 자식 클래스는 부모님의 public 멤버(공개된 것), protected 멤버(특별히 허락된 것), 같은 패키지 안에 있을 때만 보이는 default 멤버를 상속받는다. 하지만 부모님의 private 멤버는 "이건 나만의 비밀이야"라며 철저히 숨겨둔다. 결국, 부모님도 자식에게 모든 걸 다 털어놓지는 않는 셈이다.

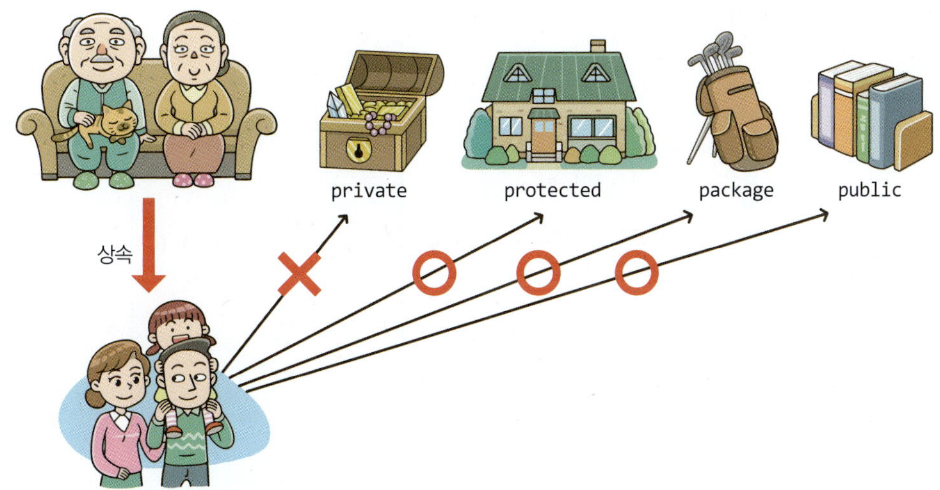

그림 6-7 자식 클래스는 부모 클래스의 private 멤버를 제외하고 나머지 멤버에 접근할 수 있다.

부모 클래스와 자식 클래스만 사용하는 멤버는 protected로 지정하면 아주 편리하다. 자바의 접근 지정자를 다시 한번 정리해 보면 다음 그림과 같다.

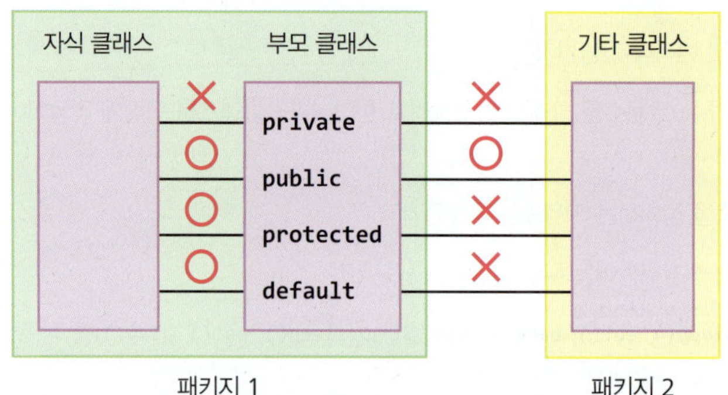

그림 6-8 자바의 접근 지정자

- **public:** 자식 클래스에서 부모 클래스의 public 멤버에 자유롭게 접근할 수 있다.
- **protected:** 자식 클래스는 부모 클래스의 protected 멤버에 접근할 수 있다.
- **패키지(default):** 같은 패키지 내에 있는 자식 클래스는 부모 클래스의 default 멤버에 접근할 수 있지만, 다른 패키지의 자식 클래스는 접근할 수 없다.
- **private:** 자식 클래스는 부모 클래스의 private 멤버에 접근할 수 없다.

protected 멤버와 default 멤버

부모 클래스의 멤버에 protected가 앞에 붙어있다면, 이 멤버는 자식 클래스에서 접근이 가능하다. 부모 클래스의 멤버에 아무것도 붙어 있지 않다면 이 멤버의 접근 지정자는 패키지이다. 이 경우에는 자식 클래스가 동일한 패키지에 있다면 접근이 가능하지만, 다른 패키지에 있다면 접근이 불가능하다.

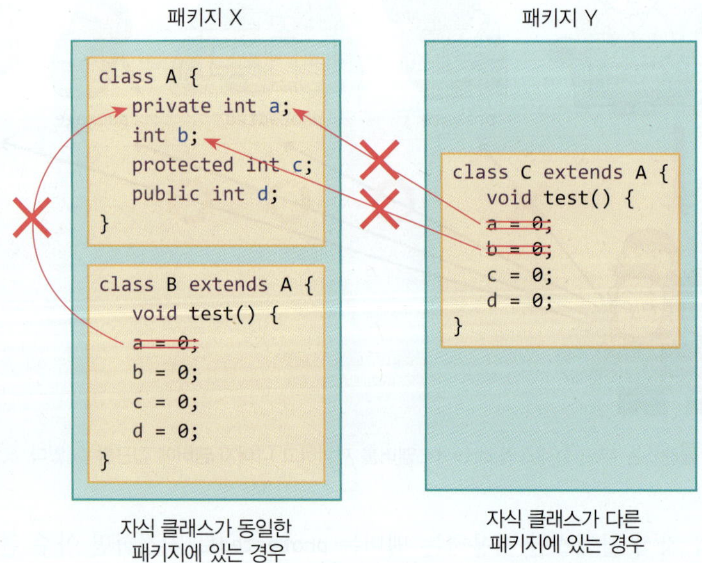

그림 6-9 default 멤버의 접근

예를 들어 아래의 코드에서는 Shape 클래스가 부모 클래스이고 Rectangle 클래스가 자식 클래스이다. Shape 클래스의 멤버인 x와 y를 protected로 변경하면 자식 클래스인 Rectangle만 사용할 수 있다.

Rectangle.java

```
class Shape {
    protected int x, y;
    void print() {
        System.out.println("x좌표: " + x + " y좌표: " + y);
    }
}

public class Rectangle extends Shape {
    int width, height;

    double calcArea() {
        return width * height;
    }
    void draw() {
        System.out.println("(" + x + ", " + y + ") 위치에 " + "가로: " + width
                                                        + " 세로: " + height);
    }
}
```

protected로 선언되었다.

부모 클래스의 protected 멤버는 사용할 수 있다.

위의 코드에서 x와 y는 protected로 선언되었기 때문에 Shape과 Rectangle에서만 사용이 가능하다. 외부 클래스는 접근할 수 없다.

Person 클래스와 Student 클래스 만들기 예제 6-3

Person 클래스는 일반 사람을 나타낸다. Person 클래스를 상속받아서 Student 클래스를 작성해 보자. Person 클래스에서 민감한 개인 정보는 private으로 지정한다. 예를 들어서 주민등록번호나 체중 같은 정보는 공개하지 않는다. 민감하지 않은 정보는 protected로 지정한다. 공개해도 좋은 정보는 public으로 지정한다.

StudentTest.java

```
class Person {
    private String regnumer;        // 주민등록번호, 자식 클래스에서 접근 불가
    private double weight;          // 체중, 자식 클래스에서 접근 불가
    protected int age;              // 나이, 자식 클래스에서 접근 가능
    String name;                    // 이름, 동일한 패키지 안에서 접근 가능

    public double getWeight() {
```

```
        return weight;
    }
    public void setWeight(double weight) {
        this.weight = weight;
    }
}

class Student extends Person {
    int id;                                 // 학번
}

public class StudentTest {
    public static void main(String args[]) {
        Student obj = new Student();
        obj.age = 21;
        obj.name = "Kim";
        obj.id = 20250001;
        obj.setWeight(75.0);
    }
}
```

도전문제

1 Student 클래스에 major 필드를 추가하여 학생의 전공을 저장하고 study() 메소드를 추가하여 "전공을 공부하고 있음..." 메시지를 출력하시오. StudentTest 클래스에서 Student 객체를 생성하고 전공을 설정한 후 study() 메소드를 호출하여 메시지를 출력한다.

SELF TEST

1 부모 클래스와 자식 클래스만 사용하는 필드는 어떤 접근 지정자를 사용하는 것이 좋은가?

2 자식 클래스가 부모 클래스에서 private으로 선언된 필드에 접근할 수 있는가?

3 필드 앞에 아무런 접근 지정자가 없다면 어디에 있는 클래스만 사용이 가능한가?

6.4 상속과 생성자

자식 클래스의 객체가 생성될 때, 과연 자식 클래스의 생성자만 호출될까? 아니면 부모 클래스의 생성자도 함께 호출될까? 그리고 호출 순서는 어떻게 될까? 이 미스터리를 풀기 위해 간단한 프로그램을 작성해 직접 확인해 보자. 부모와 자식이 객체 생성 과정에서 어떤 대화를 나누는지 몰래 엿듣는 기분으로 코드를 실행해 보자.

Test.java

```java
class Base {
    public Base() {
        System.out.println("Base() 생성자");
    }
}

class Derived extends Base {
    public Derived() {
        System.out.println("Derived() 생성자");
    }
}

public class Test {
    public static void main(String[] args) {
        Derived r = new Derived();
    }
}
```

Base

Derived

```
Base() 생성자
Derived() 생성자
```

위의 프로그램을 실제로 실행시켜 보면 출력은 오른쪽과 같다.

1. 왜 Derived 객체를 생성했는데 Base 생성자까지 호출되는 것일까? 자식 클래스 객체 안에는 부모 클래스에서 상속된 부분이 들어 있다. 따라서 자식 클래스 안의 부모 클래스 부분을 초기화하기 위하여 부모 클래스의 생성자도 호출되는 것이다.

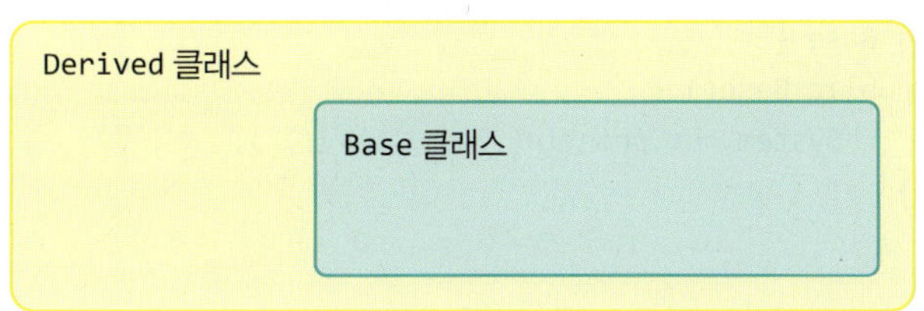

2. 생성자의 호출 순서는 '부모 클래스의 생성자 → 자식 클래스의 생성자' 순으로 진행된다. 자식 클래스 객체는 부모님께 받은 부분을 잘 초기화하려고 부모 클래스의 생성자를 호출한다. 이건 마치 동양의 효 사상을 코딩에 녹여낸 듯한 느낌이다. 부모님의 일을 끝까지 처리한 후에야 비로소 자식 클래스가 "이제 내 차례다!"라며 자신만의 부분을 초기화하기 위해 등장한다.

명시적 호출

자식 클래스의 생성자에서 명시적으로 부모 클래스의 생성자를 호출할 수 있다. 이때 super()를 사용한다. 다음 예제는 Derived의 생성자에서 부모 클래스의 생성자를 명시적으로 호출하는 예이다.

```
class Base {
    public Base() {
        System.out.println("Base 생성자()");
    }
}
```

```
class Derived extends Base {
    public Derived() {
        super();
        System.out.println("Derived 생성자()");
    }
}
```

묵시적 호출

자바에서는 명시적으로 부모 클래스의 생성자를 호출해 주지 않아도 자식 클래스의 객체가 생성될 때 자동으로 부모 클래스의 기본 생성자가 호출된다.

```
class Base {
    public Base() {
        System.out.println("Base 생성자()");
    }
}
```

```
class Derived extends Base {
    public Derived() {

        System.out.println("Derived 생성자()");
    }
}
```

오류가 발생하는 경우

묵시적으로 부모 클래스 생성자를 호출하려면 부모 클래스에 기본 생성자(매개변수가 없는 생성자)가 반드시 정의되어 있어야 한다. 만약 기본 생성자가 정의되어 있지 않으면 오류가 발생한다.

```
class Base {
    public Base(int x) {
        System.out.println("Base 생성자()");
    }
}
```

```
class Derived extends Base {
    public Derived() {
        System.out.println("Derived 생성자()");
    }
}
```

```
public class Test {
    public static void main(String[] args) {
        Derived obj = new Derived();
    }
}
```

Base 클래스에는 이미 int형의 인수를 가지는 생성자가 선언되어 있어서 컴파일러가 기본 생성자를 만들지 않았다. 이럴 때는 super(100)과 같이 명시적으로 자식 클래스가 생성자의 첫 부분에 부모 클래스의 생성자를 호출하는 문장을 넣으면 해결된다. 아니면 Base 클래스에 기본 생성자를 만들어도 된다.

부모 클래스의 생성자 선택

부모 클래스의 생성자가 여러 개 정의되어 있는 경우, 자식 클래스는 그중의 하나를 선택할 수 있다. 예를 들어서 다음과 같이 부모 클래스에 2개의 생성자가 정의되어 있을 때 super()와 super(x, y) 중에서 하나를 호출할 수 있다.

```
class TwoDimPoint {
    int x, y;

    public TwoDimPoint() {
        x = y = 0;
    }

    public TwoDimPoint(int x, int y) {
        this.x = x;
        this.y = y;
    }
}
```

```
class ThreeDimPoint extends TwoDimPoint {
    int z;
    public ThreeDimPoint(int x, int y, int z) {
        super(x, y);
        this.z = z;
    }
};
```

예제 6-4 Person 클래스와 Employee 클래스 만들기

Person 클래스는 일반 사람을 나타낸다. Person 클래스를 상속받아서 직원을 나타내는 Employee 클래스를 작성해 보자. Person 클래스는 이름을 나타내는 name 필드만 가지고 있다. Employee 클래스는 추가로 id 필드를 가지고 있다. 생성자 호출에 주의하면서 각 클래스의 생성자를 만들어 보자.

EmployeeTest.java

```
class Person {
    String name;
    public Person() { }
    public Person(String theName) { this.name = theName; }
}

class Employee extends Person {
    String id;
    public Employee() { super(); }
    public Employee(String name) { super(name); }
    public Employee(String name, String id) {
        super(name);
        this.id = id;
    }
    @Override
```

```java
    public String toString() { return "Employee [id=" + id +
                                               " name=" + name + "]"; }
}

public class EmployeeTest {
    public static void main(String[] args) {
        Employee e = new Employee("Kim", "20210001");
        System.out.println(e);
    }
}
```

```
Employee [id=20210001 name=Kim]
```

도전문제

1 Manager 클래스를 Employee 클래스를 상속받아 추가하시오. Manager 클래스에 department 필드를 추가하고, 이를 초기화할 수 있는 생성자를 만든다. EmployeeTest 클래스에서 Manager 객체를 생성하고 정보를 출력한다.

SELF TEST

1 상속에서 부모 생성자와 자식 생성자는 어떤 순서로 호출되는가?

2 부모 클래스에 기본 생성자가 없는 경우, 묵시적으로 생성자를 호출하면 어떻게 되는가?

6.5 메소드 오버라이딩

메소드 오버라이딩이란?

자식이 부모님으로부터 아파트를 상속받았다고 생각해 보자. 그런데 자식은 그 아파트를 그대로 쓰지 않고 "이건 너무 옛날 스타일이잖아!"라며 인테리어를 싹 바꾸고 싶어한다. 소프트웨어 세계에서도 비슷한 일이 벌어진다. 자식 클래스는 부모 클래스로부터 메소드를 상속받지만, "이건 내 스타일이 아니야!"라며 자신의 취향에 맞게 고치는 경우가 많다. 바로 이것을 **메소드 오버라이딩(method overriding)**이라고 부른다. 부모님의 기본 설계 위에 자식만의 개성을 더하는 특별한 기술이라 할 수 있다.

그림 6-10 메소드 오버라이딩은 부모 클래스의 메소드를 자식 클래스가 재정의하는 것이다.

메소드 오버라이딩은 자식 클래스가 부모 클래스로부터 상속받은 메소드를 재정의하는 것을 의미한다. 이를 통하여 자식 클래스가 부모 클래스의 동작을 자신에게 맞게 변경할 수 있다. 이때 메소드의 이름이나 매개변수 리스트, 반환형은 동일하여야 한다. 오버라이딩은 부모 클래스의 메소드를 무시하고 덮어씍운다는 의미이다. 자식 객체에서 해당 메소드를 실행하면 오버라이딩된 메소드가 실행된다.

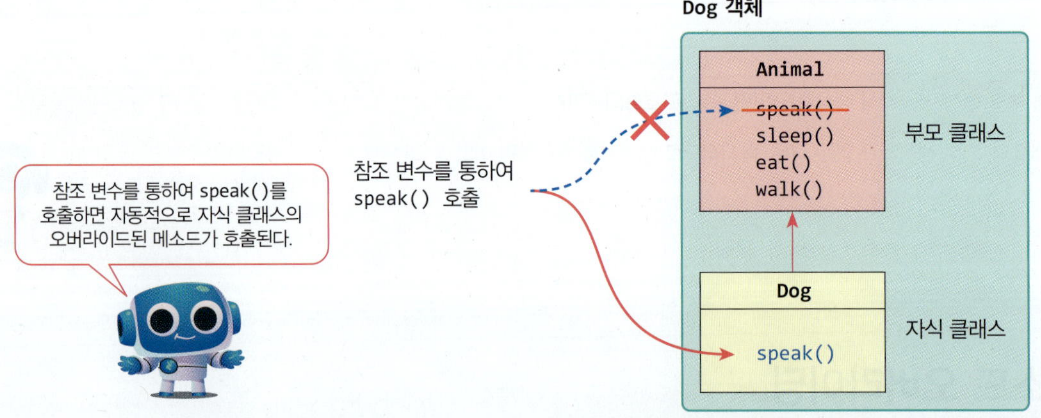

그림 6-11 메소드 오버라이딩이 되면 참조 변수를 통하여 자식 클래스의 메소드를 호출하게 된다.

위의 그림에서 자식 클래스인 Dog에서 부모 클래스의 speak()를 무시하기 위해 speak()를 재정의하였다. Dog 객체의 speak()를 외부에서 호출하면 부모 클래스의 speak()가 실행되는 것이 아니라, 자식 클래스에서 새로 작성한 speak()가 호출된다.

오버라이딩 예제 #1

예제 6-5

좀 더 구체적인 코드로 알아보자. Animal 클래스를 상속받은 3개의 클래스 Dog, Cat, Duck 클래스에서 Animal 클래스의 speak() 메소드를 오버라이딩하였다. 아래의 그림에 나온 Animal 클래스와 Dog, Cat, Duck 클래스를 구현해 보자.

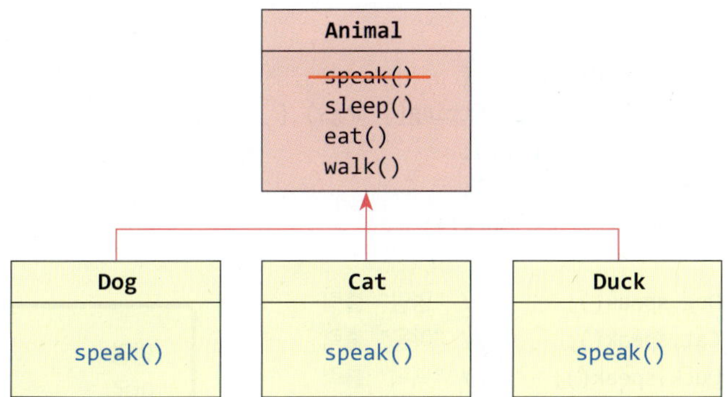

OverridingTest.java

```
// 부모 클래스
class Animal {
    public void speak() {
        System.out.println("동물이 소리를 냅니다.");
    }
    public void sleep() { System.out.println("동물이 잠을 잡니다."); }
    public void eat() { System.out.println("동물이 먹습니다."); }
    public void walk() { System.out.println("동물이 걷습니다."); }
}

// 자식 클래스: Dog
class Dog extends Animal {
    @Override
    public void speak() {
        System.out.println("멍멍");
    }
}

// 자식 클래스: Cat
class Cat extends Animal {
    @Override
    public void speak() {
        System.out.println("야옹");
    }
}

// 자식 클래스: Duck
```

```java
class Duck extends Animal {
    @Override
    public void speak() {
        System.out.println("꽥꽥");
    }
}

// 메인 클래스
public class OverridingTest  {
    public static void main(String[] args) {
        Dog myDog = new Dog();
        Cat myCat = new Cat();
        Duck myDuck = new Duck();

        myDog.speak();      // "멍멍" 출력
        myCat.speak();      // "야옹" 출력
        myDuck.speak();     // "꽥꽥" 출력
    }
}
```

```
멍멍
야옹
꽥꽥
```

실행 결과에서도 알 수 있듯이, 부모 클래스의 speak() 메소드는 전혀 호출되지 않았다. 대신에 자식 클래스들이 자신에 맞추어 새로 작성한 speak() 메소드가 호출된 것을 알 수 있다.

1 위의 프로그램에 각 동물이 자신의 소리를 일정 횟수만큼 반복하여 출력하는 새로운 speak(int times) 메소드를 추가하시오. speak(int times) 메소드를 Dog, Cat, Duck 클래스에 추가한다. times만큼 speak() 메소드의 출력을 반복하도록 구현한다.

WARNING

부모 클래스의 메소드와 자식 클래스의 메소드가 완벽하게 일치하여야 재정의로 처리된다. 만약 완벽하게 일치하지 않으면 메소드 중복 정의로 처리되어 버린다. 예를 들어서 다음과 같이 작성하면 메소드 오버라이딩으로 취급되지 않는다. speak()의 매개변수가 서로 다르기 때문이다.

```java
class Dog extends Animal {
    public void speak(String msg) { System.out.println(msg+"멍멍"); }
}
```

또 철자를 잘못 쓰는 경우도 많다.

```
class Dog extends Animal {
    public void speek() { System.out.println("멍멍"); }
}
```

철자를 잘못 쓰는 경우, 컴파일러는 이것을 새로운 메소드 이름으로 인식한다(인공지능은 없다). 따라서 메소드 오버라이드가 일어나지 않는다.

이것을 방지하기 위해서 오버라이딩된 메소드 이름 앞에는 @Override 어노테이션을 붙이는 것이 좋다. 만약 부모 클래스에 그런 이름의 메소드가 없다면 컴파일러가 오류를 발생한다.

```
class Dog extends Animal {
    @Override
    public void speak() { System.out.println("멍멍"); }
}
```

오버라이딩 예제 #2

예제 6-6

예를 들어 추상적인 도형을 나타내는 Shape 클래스에 draw()라는 메소드가 선언되어 있다고 하자. Shape 클래스는 특정한 도형을 지칭하지 않으므로 draw() 메소드의 몸체는 비어 있을 것이다. Shape 클래스를 상속받아서 Rectangle 클래스를 선언하였다고 하자. Rectangle 클래스는 정사각형을 나타내므로 이제는 draw()에서 도형을 그릴 수 있다. 이때 메소드 오버라이딩이 사용된다. draw() 메소드를 오버라이딩해 보자. Rectangle 클래스의 객체를 생성하고 draw()를 호출하였다면 어떤 draw()가 호출될까?

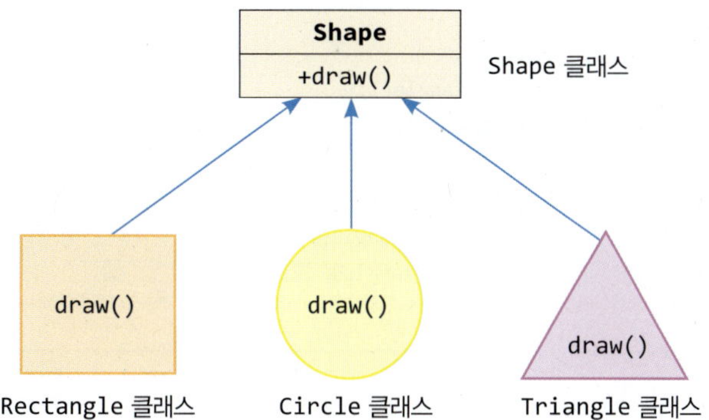

ShapeTest.java

```
class Shape {
    public void draw() { System.out.println("Shape"); }
}

class Circle extends Shape {
    @Override
```

```
    public void draw() { System.out.println("Circle을 그립니다."); }
}

class Rectangle extends Shape {
    @Override
    public void draw() { System.out.println("Rectangle을 그립니다."); }
}

class Triangle extends Shape {
    @Override
    public void draw() { System.out.println("Triangle을 그립니다."); }
}

public class ShapeTest {
     public static void main(String[] args) {
        Rectangle s = new Rectangle();
        s.draw();
    }
}
```

```
Rectangle을 그립니다.
```

Rectangle 클래스의 객체에 대하여 draw()가 호출되면 Rectangle 클래스 안에서 오버라이딩된 draw()가 호출된다. Shape 클래스의 draw()가 호출되는 것이 아니다.

도전문제

1 Circle, Rectangle, Triangle 객체를 각각 생성하시오. 각 객체의 draw() 메소드를 호출하여 출력 결과를 확인한다.

```
Circle circle = new Circle();
Rectangle rectangle = new Rectangle();
Triangle triangle = new Triangle();

circle.draw();              // Circle을 그립니다.
rectangle.draw();           // Rectangle을 그립니다.
triangle.draw();            // Triangle을 그립니다.
```

super 키워드를 사용하여 부모 클래스 멤버 접근

super 키워드는 상속 관계에서 부모 클래스의 필드나 메소드를 명시적으로 참조하기 위하여 사용된다. 만약 오버라이딩에서 super 키워드를 사용하면 부모 클래스의 메소드를 호출할 수 있다. 보통 메소드를 오버라이딩할 때, 부모 클래스의 메소드를 완전히 대치하는 경우보다 내용을 추가하는 경우가 많다. 이런 경우에는 super 키워드를 사용하여 부모 클래스의 메소드를 호출해 준 후에 자신이 필요한 부분을 추가해 주는 것이 좋다.

ShapeTest.java

```
class Shape {
    public void draw()    {
        System.out.println("Shape 중 하나를 그릴 예정입니다.");
    }
}

class Circle extends Shape{
    @Override
    public void draw()    {
        super.draw();        // 부모 클래스의 draw() 호출
        System.out.println("Circle을 그립니다.");
    }
}

public class ShapeTest {
     public static void main(String[] args) {
        Circle s = new Circle();
        s.draw();
    }
}
```

```
Shape 중 하나를 그릴 예정입니다.
Circle을 그립니다.
```

참고사항: this와 super 키워드

this 키워드는 현재 객체를 참조할 때 사용된다. 이는 this.value처럼 주로 현재 객체의 인스턴스 필드와 메소드를 가리킬 때 유용하다. 또한 this(42)처럼 하나의 생성자에서 다른 생성자를 호출할 때와 return this;처럼 현재 객체를 반환할 때 사용된다.

super 키워드는 부모 클래스(슈퍼 클래스)의 멤버(필드나 메소드)를 참조할 때 사용된다. 이는 자식 클래스가 부모 클래스의 요소를 재정의(overriding)하거나 확장할 때 유용하다. super(value);와 같이 사용하여 자식 클래스의 생성자에서 부모 클래스의 생성자를 호출할 때도 사용된다. 또한 super.speak();처럼 자식 클래스에서 부모 클래스의 메소드를 호출할 때와 super.value처럼 자식 클래스에서 부모 클래스의 인스턴스 변수를 참조할 때 사용된다.

오버라이딩 시 주의할 점

- **메소드 시그니처 일치:** 오버라이딩하는 메소드의 이름, 반환 타입, 매개변수 목록이 부모 클래스의 메소드와 정확히 일치해야 한다. 오버로딩과 혼동하지 않도록 주의한다. 예제 6-5를 참조한다.

```
class Dog extends Animal {
    @Override
    public void speak(String msg) {          // 매개변수 목록이 다름!
        System.out.println(msg + "멍멍");
    }
}
```

- **접근 지정자:** 오버라이딩된 메소드는 부모 클래스의 메소드보다 더 접근을 좁게 만들 수 없다. 예를 들어 부모 클래스의 메소드가 public이라면, 자식 클래스의 메소드는 public이어야 하며 protected나 private으로 변경할 수 없다. 예제 6-5를 참조한다.

```
class Dog extends Animal {
    @Override
    private void speak() {              // 접근 지정자를 더 좁게 지정할 수 없다.
        System.out.println("멍멍");
    }
}
```

- **@Override 어노테이션 사용:** @Override 어노테이션을 사용하면, 컴파일러가 오버라이딩을 제대로 하고 있는지 검증해 준다. 실수로 메소드 시그니처가 일치하지 않는 경우를 방지할 수 있다.
- **인스턴스 메소드:** 오버라이딩은 인스턴스 메소드에 대해서만 가능하다. 정적 메소드(static method)는 오버라이딩이 아닌 숨기기(hiding)가 발생한다.
- **부모 클래스의 메소드 호출:** 자식 클래스에서 오버라이딩된 메소드 내에서 부모 클래스의 메소드를 호출할 수 있다. 이를 위해 super 키워드를 사용한다.
- 부모 클래스에서 final로 선언된 메소드는 오버라이딩할 수 없다. final 키워드는 메소드가 더 이상 변경되지 않도록 보호한다.
- **다형성 활용:** 오버라이딩된 메소드는 부모 클래스 타입의 변수로도 자식 클래스의 메소드를 호출할 수 있다. 이를 통해 다형성을 활용할 수 있다. 다음 절에서 자세히 설명한다.

오버로딩 vs 오버라이딩

자바에서 오버로딩과 오버라이딩을 혼동하면 안 된다. 오버로딩(overloading)이란 같은 메소드명을 가진 여러 개의 메소드를 작성하는 것이다. 오버라이딩(overriding)은 부모 클래스의 메소드를 자식 클래스가 다시 정의하는 것이다.

```
class Shape  {
    public void draw() { ... }
    public void draw(int x, int y) { ... }
}
```

오버로딩

```
class Circle extends Shape {
    public void draw() {
        ...
    }
}
```

오버라이딩

이들은 모두 다형성과 관련이 있다. 이름을 재사용하는 것은 같다. 오버로딩은 컴파일 시간에서의 다형성을 지원한다. 메소드 오버라이딩을 사용하면 실행 시간에서의 다형성을 지원할 수 있다. 이것을 동적 바인딩(dynamic binding)이라고도 한다. 다형성은 객체 지향 프로그래밍에 필수적이다. 다형성을 이용하면 모든 자식 클래스에 공통되는 메소드를 지정할 수 있다. 다형성은 다음 절에서 자세히 살펴본다.

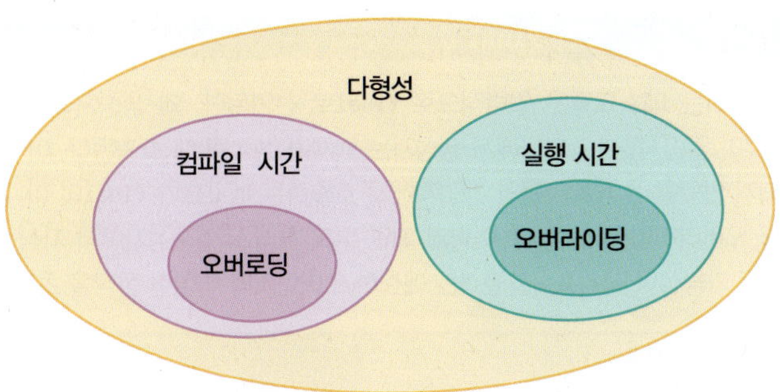

그림 6-12 메소드 오버라이딩은 실행 시간 다형성이고, 오버로딩은 컴파일 시간 다형성이다.

종단 클래스와 종단 메소드

종단 클래스(final class)는 상속을 시킬 수 없는 클래스를 말한다. 종단 클래스가 필요한 이유는 보안상의 이유 때문이다. 자바에서는 이론상으로는 중요한 클래스의 자식 클래스를 만들어 자식 클래스로 하여금 시스템을 파괴하도록 할 수 있기 때문에, 자바 시스템은 중요한 클래스에 대해서는 종단 클래스로 선언하고 있다. 대표적인 것이 `String` 클래스이다. `String` 클래스는 컴파일러에서 많이 쓰이기 때문에 종단 클래스로 선언되어 있다. 종단 클래스로 선언하려면 클래스의 선언 맨 앞에 `final`을 붙인다.

```
final class String {
    ...
}
```

종단 클래스로 선언되면 그 클래스 내부의 메소드는 모두 오버라이딩(재정의)할 수 없다. 만약 특정한 메소드만 오버라이드하지 못하게 하려면, 종단 메소드(final method)로 선언하면 된다. 예를 들어서 바둑 게임에서는 항상 흑을 든 사람이 먼저 시작해야 한다. 따라서 첫 번째 돌을 놓는 사람을 반환하는 메소드 `getFirstPlayer()`가 있다면 `final`로 지정하는 것이 바람직하다.

```
class Baduk {
    enum BadukPlayer { WHITE, BLACK }
    ...
    final BadukPlayer getFirstPlayer() {    // 자식 클래스에서 재정의할 수 없도록 final로 지정한다.
        return BadukPlayer.BLACK;
    }
}
```

참고사항: 생성자와 final 메소드

대개 생성자에서 호출하는 메소드들은 일반적으로 final로 선언된다. 왜 생성자에서 호출하는 메소드는 final로 선언되는 것이 일반적일까? 자바에서 생성자는 객체가 생성될 때 호출된다. 이 과정에서 객체는 아직 완전히 초기화되지 않았을 수 있다. 만약 생성자에서 호출하는 메소드가 final이 아니라면, 자식 클래스에서 해당 메소드를 오버라이딩할 수 있다. 이렇게 되면 부모 클래스의 생성자에서 자식 클래스의 오버라이딩된 메소드가 호출될 가능성이 생기고, 그 결과는 예측하기 어렵거나 이상한 동작을 초래할 수 있다.

TIP

인텔리제이에는 메소드 오바라이딩을 자동으로 해주는 메뉴가 있다. 자식 클래스 안에 커서를 두고 Alt + Insert 키를 누르고 '메소드 재정의'를 선택한다. 오버라이드 가능한 메소드 목록이 뜨면, 원하는 메소드를 선택하고 OK하면 된다.

SELF TEST

1. 메소드 오버로딩과 메소드 오버라이딩은 어떻게 다른가?
2. 다음과 같은 코드에서 오버라이딩이 발생하는가? 만약 오버라이딩이 발생하지 않는다면 그 이유는 무엇인가?

```
public class A {
    public void add() { }
    public void add(int a) { }
}
public class B extends A {
     public float add(int b) { }
}
```

3. @Override의 의미는 무엇인가?

그림 그리기

GUI LAB

이번 실습에서는 자바의 상속과 오버라이딩 개념을 학습하기 위해 JFrame을 상속받는 MyFrame 클래스를 작성하고, paint() 메소드를 오버라이딩하여 간단한 그림을 그려보자.

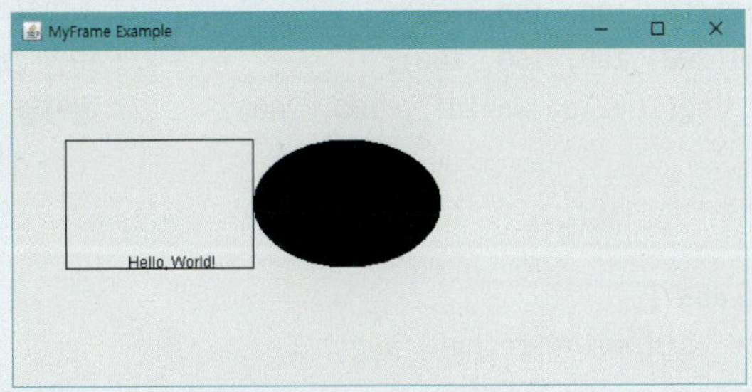

paint() 메소드는 Component 클래스에서 상속된 메소드로, JFrame 및 다른 Swing 컴포넌트에서 그래픽을 그릴 때 사용한다. paint() 메소드는 컴포넌트가 처음 그려질 때 또는 리사이즈, 최소화/최대화 등의 이벤트가 발생할 때 자동으로 호출된다. 이 메소드를 오버라이딩하면 화면에 그림을 그릴 수 있다. paint() 메소드의 매개변수인 Graphics 객체는 그림을 그리는 다양한 메소드들을 가지고 있다. 다음의 코드를 참고하여 JFrame 객체 위에 하나의 사각형, 타원, 문자열을 그리는 프로그램을 작성해 보자. 참고로 스윙 GUI 라이브러리에서는 직접 paint() 메소드를 오버라이딩하는 대신 JPanel의 paintComponent() 메소드를 오버라이딩하는 것이 일반적이다. 하지만 복잡도를 줄이기 위해서 여기서는 JFrame 클래스의 paint() 메소드를 오버라이딩한다.

```
@Override
public void paint(Graphics g) {                   // paint() 메소드 오버라이드
    super.paint(g);                               // 부모 클래스의 paint() 메소드 호출

    g.drawRect(50, 100, 150, 100);                // 사각형 그리기
    g.fillOval(200, 100, 150, 100);               // 타원 그리기
    g.drawString("Hello, World!", 100, 200);      // 문자열 그리기
}
```

GUILab3.java

```
import javax.swing.JFrame;
import java.awt.Graphics;

class MyFrame extends JFrame {
    public MyFrame() {
        setTitle("MyFrame Example");
```

```
        setSize(600, 300);
        setDefaultCloseOperation(JFrame.EXIT_ON_CLOSE);
    }

    @Override
    public void paint(Graphics g) {             // paint() 메소드 오버라이드
        super.paint(g);                         // 부모 클래스의 paint() 메소드 호출

        g.drawRect(50, 100, 150, 100);                  // 사각형 그리기
        g.fillOval(200, 100, 150, 100);                 // 타원 그리기
        g.drawString("Hello, World!", 100, 200);        // 문자열 그리기
    }
}

public class GUILab3 {
    public static void main(String[] args) {
        MyFrame frame = new MyFrame();                  // MyFrame 객체 생성
        frame.setVisible(true);                         // 화면에 MyFrame 표시
    }
}
```

6.6 다형성

다형성(polymorphism)은 '많은(poly) + 모양(morph)'이라는 뜻으로, 객체 지향 프로그래밍의 핵심 개념 중 하나다. 쉽게 말해, 같은 메시지를 보내도 상황에 따라 다양한 방식으로 응답할 수 있는 능력을 말한다. 이 덕분에 코드가 더 유연하고 확장 가능해진다. 예를 들어, 동물 객체 농장이 있다고 상상해 보자. 농장에 있는 동물들에게 "speak" 메시지를 보내면, 각 동물은 자신의 스타일대로 소리를 낸다. 굳이 어떤 동물인지 신경 쓸 필요도 없다. 그냥 무조건 "speak" 메시지를 보내기만 하면 된다. 강아지가 이 메시지를 받으면 당연히 "멍멍!"이라고 외치고, 고양이는 "야옹~"이라고 답할 것이다. 만약 농장에 오리가 있다면 "꽥꽥!"하고 외칠 것이다. 이렇게 다형성 덕분에 우리는 '모든 동물이 소리를 내는 법'을 일일이 알 필요 없이 그냥 "speak" 메시지만 보내면 되는 것이다. 그야말로 '한 메시지로 다 해결'하는 묘미를 보여주는 마법 같은 기능이다.

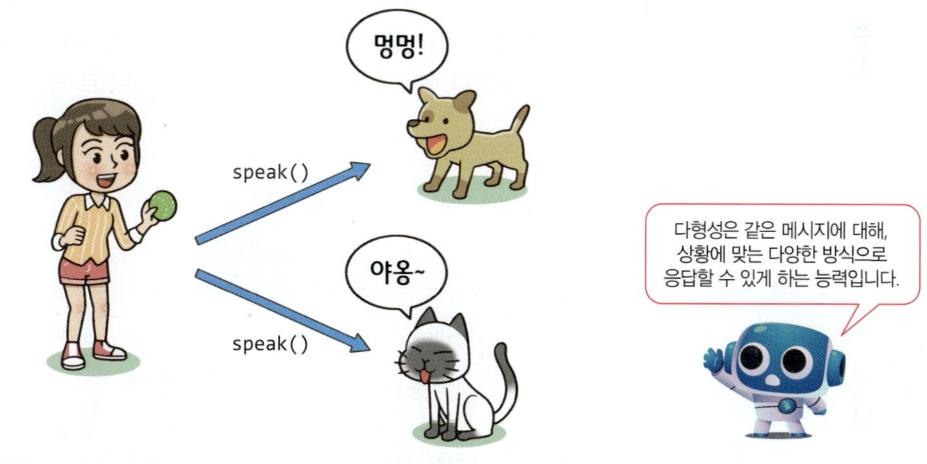

그림 6-13 다형성

똑같은 메시지를 보내지만 객체의 타입이 다르면 서로 다른 결과를 얻을 수 있는 것이 다형성의 핵심이다. 동일한 메시지를 보내더라도 실행 시간과 객체의 타입에 따라서 자동으로 적합한 동작이 결정된다. 또 하나의 예를 들어보자. 사각형, 삼각형, 원과 같은 다양한 타입의 도형 객체들이 모여 있다고 하자. 이 도형들을 화면에 그리고 싶으면 각 객체에 "draw" 메시지를 보내면 된다. "draw" 메시지를 받은 도형들은 각자 자신의 모습을 화면에 그릴 것이다. 즉, 도형의 타입을 고려할 필요가 없다.

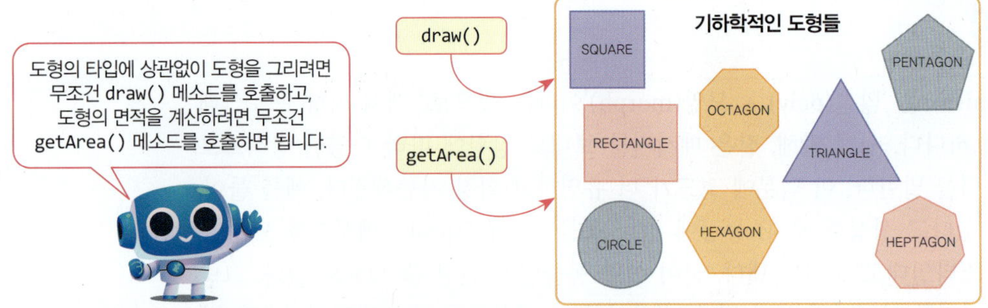

그림 6-14 동일한 메시지를 전송하여도 응답은 객체마다 다르다.

업캐스팅

강아지와 고양이는 모두 동물인 것이 확실하다. 따라서 강아지한테 동물이라고 해도 괜찮다. 객체 지향적으로 이야기하자면, 강아지 객체와 고양이 객체는 모두 상위 개념인 Animal 클래스를 상속받았다고 말할 수 있다. 따라서 강아지와 고양이는 내부에 Animal 클래스의 멤버를 모두 가지고 있을 것이다. 즉, 그 부분을 Animal 참조 변수로 참조할 수 있다는 것이다.

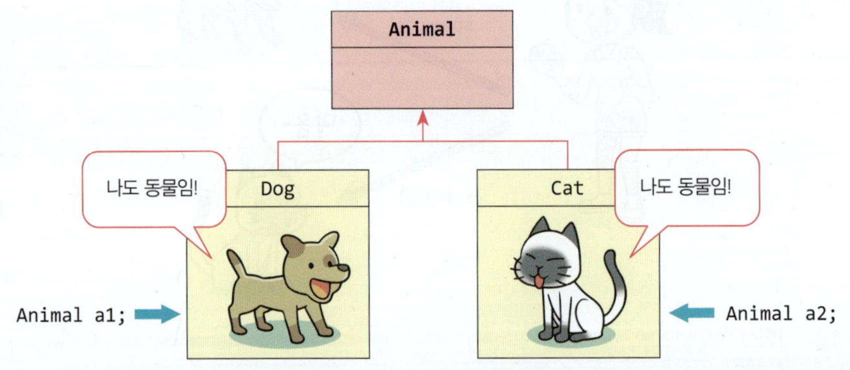

그림 6-15 업캐스팅은 부모 타입 변수로 자식 객체를 가리키는 것이다.

다형성은 객체 지향 프로그래밍의 중요한 개념으로, 업캐스팅(upcasting)을 통해 구현할 수 있다. 업캐스팅은 자식 클래스의 객체를 부모 클래스의 참조 변수로 참조하는 것을 의미한다. 즉, 업캐스팅은 자식 클래스의 인스턴스를 부모 클래스의 타입으로 취급하는 것이다. 이는 암묵적으로 이루어지며, 별도의 캐스팅 연산자가 필요하지 않다.

업캐스팅 예제

예를 들어, 다음의 코드에서 자식 클래스인 Dog는 부모 클래스인 Animal을 상속받고 있다.

UpcastingTest.java

```java
class Animal {
    int age;
    void speak() {
        System.out.println("동물이 소리를 냅니다.");
    }
}

class Dog extends Animal {
    String type;
    @Override
    void speak() {
        System.out.println("멍멍");
    }
}

public class UpcastingTest {
    public static void main(String[] args) {
        Animal a = new Dog();        // ① 업캐스팅
        a.speak();                   // 출력 결과: 멍멍
    }
}
```

위의 코드에서 문장 ①을 생각해 보자. Animal 타입의 변수로 Dog 타입의 객체를 참조하는 문장은 얼핏 오류처럼 보인다. 하지만 자식 클래스 객체는 내부에 부모 클래스 객체를 포함하고 있기 때문에, 위의 문장은 적법하다. 즉, **부모 클래스 참조 변수로 자식 클래스 객체를 참조할 수 있다. 이것을 업캐스팅(upcasting, 상향 형변환)이라고 한다.** 위의 문장은 다형성의 핵심이 되므로 잘 이해하여야 한다.

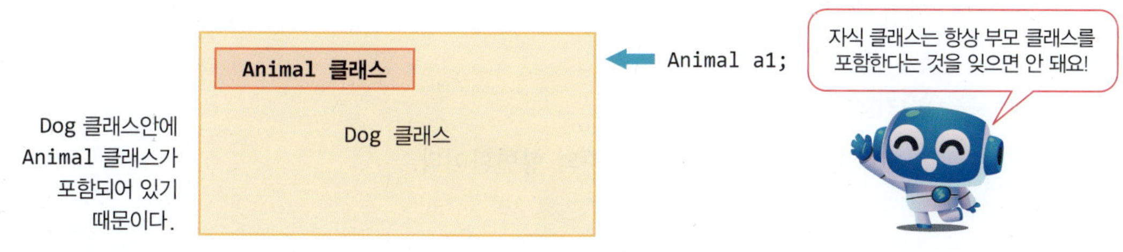

그림 6-16 자식 객체 안에는 항상 부모로부터 물려받은 부분이 있다.

그렇다면 ①과 같이 부모 클래스 변수로 자식 클래스 객체를 참조했을 때 a를 통하여 자식 클래스의 모든 필드와 메소드를 사용할 수 있을까? 그렇지는 않다. 자식 클래스 중에서 부모 클래스로부터 상속받은 부분만 a를 통해서 사용할 수 있고, 나머지는 사용하지 못한다. 조금 더 완전한 소스로 업캐스팅을 분석해 보자.

AnimalTest.java

```java
...
public class AnimalTest {
    public static void main(String arg[]) {
        Animal a = new Dog();
        Dog d = new Dog();
        a.speak();
        a.type = "BorderCollie";
    }
}
```

부모 클래스의 변수로 자식 클래스의 객체를 가리키는 것은 합법적이다.

Animal 클래스의 필드와 메소드에 접근하는 것은 OK

컴파일 오류가 발생한다. a를 통해서는 Dog 클래스에서 추가한 필드와 메소드에는 접근할 수 없다.

a를 통해서는 age와 speak()만 사용할 수 있다. 그러나 d를 통해서는 모든 멤버를 전부 사용할 수 있다.

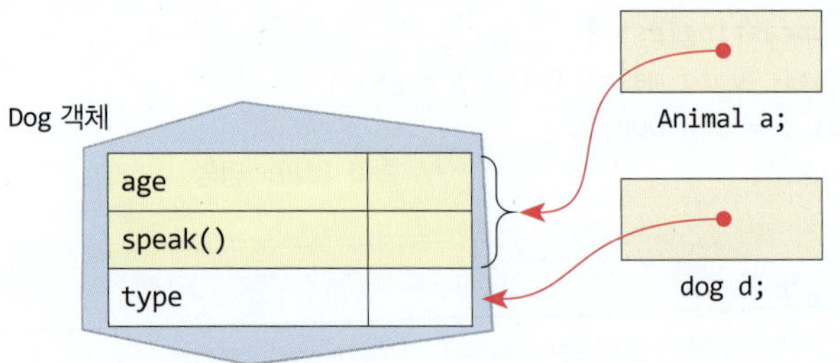

그림 6-17 부모 타입 변수로는 부모 객체 부분만 접근할 수 있다.

부모 클래스 변수를 가지고 자식 클래스의 객체를 참조하는 경우에는 부모 클래스에서 정의한 부분만을 사용할 수 있다. 이것은 상식적으로 말이 되는데 부모 클래스는 자식 클래스가 무엇을 추가하였는지 알 방법이 없기 때문이다. 위의 코드에서 a를 통해 type을 사용하면 컴파일 오류가 발생한다.

업캐스팅 vs 다운캐스팅

업캐스팅과 다운캐스팅은 일종의 형변환이다.

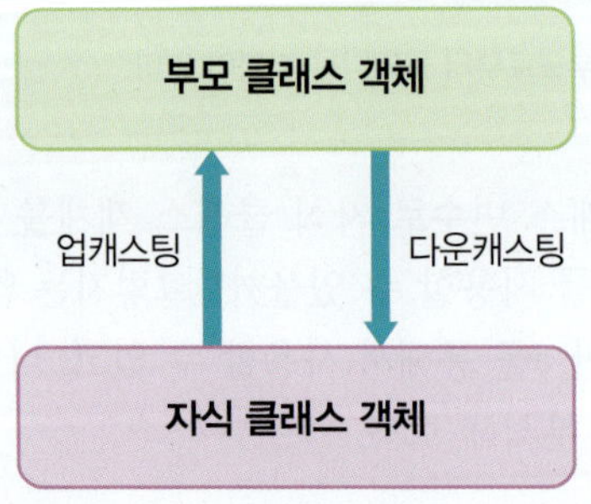

- **업캐스팅**: 자식 객체를 부모 참조 변수로 참조하는 것이다. 업캐스팅은 묵시적으로 수행될 수 있다. 업캐스팅을 사용하면 부모 클래스의 멤버에 접근할 수 있다. 하지만 자식 클래스의 멤버는 접근이 불가능하다.
- **다운캐스팅**: 부모 타입 변수에 담긴 객체를 자식 타입으로 형변환해, 자식 멤버를 쓰는 것을 다운캐스팅이라 한다. 다운캐스팅할 때는 해당 객체가 실제로 자식 클래스의 인스턴스인지 확인해야 한다. 그렇지 않으면 ClassCastException이 발생할 수 있다.

간단한 예제로 아래의 코드를 살펴보자.

Casting.java

```
class Animal {
    int age;
    void speak() {
        System.out.println("동물이 소리를 냅니다.");
    }
}

class Dog extends Animal {
    String type;
    @Override
    void speak() {
        System.out.println("멍멍");
    }
}

public class TestCasting {
    public static void main(String[] args) {
        Animal a = new Dog();          // ① 업캐스팅: 자식 객체를 부모 객체로 형변환
        a.speak();                     // ② 동적 바인딩: 자식 객체의 speak() 호출

        Dog d = (Dog) a;               // ③ 다운캐스팅: 부모 객체를 자식 객체로 형변환
        d.speak();                     // ④ 메소드 오버라이딩: 자식 객체의 speak() 호출
    }
}
```

① Dog 객체를 생성하고 Animal 타입의 변수 a에 저장한다. 업캐스팅은 묵시적으로 이루어지며, 자식 클래스 객체를 부모 클래스 타입으로 참조할 수 있다.

② a는 Animal 타입이지만 실제로는 Dog 객체를 참조한다. 메소드 호출 시 자식 클래스 Dog의 speak() 메소드가 호출된다. 이것이 동적 바인딩이다. 다음 절에서 살펴본다.

③ Animal 타입의 a를 Dog 타입으로 다운캐스팅한다. 이는 명시적으로 형변환을 해주어야 한다.

④ d는 Dog 타입의 변수로, Dog 객체를 참조한다. 따라서 d.speak() 호출 시 Dog 클래스의 speak() 메소드가 호출된다.

동적 바인딩

다음과 같이 Animal 참조 변수를 통하여 각 객체의 speak() 메소드를 호출하면 과연 어떤 메소드가 호출될까?

```
Animal a = new Dog();          // OK!
a.speak();                     // 어떤 speak() 메소드가 호출될까?
```

실행 결과를 보면 Animal의 speak()가 호출되는 것이 아니라 Dog의 speak()가 호출된다. **a의 타입은 Animal이지만 a가 실제로 가리키고 있는 객체의 타입이 Dog이기 때문이다.** 그렇다면 과연 어떻게 해서 Dog의 speak()가 호출되는 것일까? 메소드 호출을 실제 메소드의 몸체와 연결하는 것을 **바인딩(binding)**이라고 한다. C언어와 같은 프로그래밍 언어에서는 컴파일 단계에서 모든 바인딩이 완료되지만, 자바에서는 바인딩이 실행 시까지 연기된다. 자바 가상 머신(JVM)은 실행 단계에서 객체의 실제 타입을 보고 적절한 메소드를 호출하게 된다. 이것을 **동적 바인딩(dynamic binding)**이라고 한다.

동적 바인딩이란 오버라이딩된 메소드 호출이 컴파일 시간이 아닌 실행 시간에 결정되는 메커니즘을 의미한다. 오버라이딩된 메소드가 부모 클래스 참조를 통하여 호출되는 경우에 객체의 타입에 따라서 서로 다른 메소드가 호출되게 하는 메커니즘이다. 즉, 객체의 실제 타입이 호출되는 메소드를 결정하는 것이다.

동적 바인딩의 장점

여러분은 아마 지금쯤 다음과 같은 질문을 할 수 있다.

여러 가지 분야에서 필요하다. 여러 타입의 객체를 하나의 자료 구조 안에 모아서 처리하는 경우에 필요하다. 동일한 부모 클래스를 가지고 있다면, 자식 클래스의 객체들을 일관되게 하나의 자료 구조에 넣어서 처리할 수 있다. 이를 통해 코드의 재사용성을 높이고, 중복 코드를 줄일 수 있다. 예를 들어서 동물원이 있다고 가정해 보자. 동물원에는 강아지, 고양이, 오리, 사자, 호랑이 등 많은 종류의 동물들이 모여 있다. 이때 관리자가 각 동물에게 소리를 내게 해서 야간 점호를 한다고 가정하자. 모든 동물은 부모 클래스 Animal을 상속받기 때문에 Animal 참조 변수만 있으면 모든 동물의 speak() 메소드를 호출할 수 있고, 각 동물은 이 speak() 메소드를 자신의 상황에 맞추어서 오버라이딩한 상태이기 때문에 각자의 울음 소리를 낼 수 있다.

Zoo.java

```java
class Animal {
    void speak() {
        System.out.println("동물이 소리를 냅니다.");
    }
}

class Dog extends Animal {
    @Override
    void speak() {
        System.out.println("멍멍");
    }
}

class Cat extends Animal {
    @Override
    void speak() {
        System.out.println("야옹");
    }
}

class Duck extends Animal {
    @Override
    void speak() {
        System.out.println("꽥꽥");
    }
}

public class Zoo {
    public static void main(String[] args) {
        Animal[] animals = new Animal[3];
        animals[0] = new Dog();
        animals[1] = new Cat();
        animals[2] = new Duck();

        for (Animal animal : animals) {
            animal.speak();
        }
    }
}
```

Animal 배열에 다양한 자식 클래스 객체(Dog, Cat, Duck)를 저장할 수 있다. 이는 각 자식 클래스 객체를 부모 클래스인 Animal 참조 변수로 참조할 수 있어서 가능하다. for 문을 사용하여 배열에 있는 모든 Animal 객체의 speak() 메소드를 호출할 수 있다. 이때 각 객체의 실제 타입에 따라 오버라이딩된 메소드가 호출된다. 이것이 동적 바인딩이다.

참고사항: 메소드 오버라이딩 vs 동적 바인딩

메소드 오버라이딩과 동적 바인딩은 밀접하게 관련되어 있지만, 서로 다른 개념이다. 간단히 말하자면, 오버라이딩은 자식 클래스에서 부모 클래스의 메소드를 재정의하는 작업이고, 동적 바인딩은 실행 시점에 어떤 메소드를 호출할지를 결정하는 방식이다. 동적 바인딩은 다형성을 지원하기 위해 사용된다. 부모 클래스 타입의 참조 변수가 자식 클래스 객체를 참조할 때, 자식 클래스에서 오버라이딩된 메소드가 호출되도록 하는 것이다.

확장성

나중에 새로운 동물 클래스 Lion을 추가하더라도 Animal 클래스를 상속받아 speak() 메소드를 오버라이딩하면, 기존의 Zoo 클래스 코드를 수정하지 않아도 새로운 동물을 배열에 추가하여 사용할 수 있다.

Zoo2.java

```
...
class Lion extends Animal {
    @Override
    void speak() {
        System.out.println("어흥");
    }
}

public class Zoo2 {
    public static void main(String[] args) {
        Animal[] animals = new Animal[4];
        animals[0] = new Dog();
        animals[1] = new Cat();
        animals[2] = new Duck();
        animals[3] = new Lion();

        for (Animal a : animals) {
            a.speak();
        }
    }
}
```

동물을 추가해도 이 코드는 전혀 변경할 필요가 없다.

만약 for 문에서 동물의 종류를 구분하여 speak() 메소드를 호출했다면 코드에 Lion 클래스를 처리하는 코드를 추가해야 할 것이다. 그러나 위의 프로그램처럼 동적 바인딩을 사용하면 for 문은 전혀 변경할 필요가 없다. 즉, 프로그래밍할 때 고려하지 않았던 동물의 종류도 처리할 수 있다. 결론적으로 다형성을 사용하면 시스템에 최소한의 영향을 미치면서 새로운 유형의 객체를 쉽게 추가하여 시스템을 확장할 수 있다.

참고사항: 자바에서의 정적 바인딩과 동적 바인딩

자바는 오버로딩된 메소드에 대해 정적 바인딩을 사용하고, 오버라이딩된 메소드에 대해 동적 바인딩을 사용한다. 즉 오버로딩된 메소드는 컴파일할 때 결정되지만, 오버라이딩된 메소드는 실행 시간까지 바인딩이 연기되었다가 실행 시간에 실제 타입을 보고 어떤 메소드를 호출할 것인지를 결정한다.

업캐스팅의 활용

업캐스팅은 앞에서 설명한 동적 바인딩의 용도로 많이 사용하지만 메소드의 매개변수를 선언할 때도 많이 사용한다. 메소드의 매개변수를 부모 타입으로 선언하면 훨씬 넓은 범위의 객체를 받을 수 있다. 예를 들어서 메소드의 매개변수를 Dog 타입으로 선언하는 것보다 Animal 타입으로 선언하면 훨씬 넓은 범위의 객체를 받을 수 있다. Animal 타입으로 선언하면 Animal에서 파생된 모든 타입의 객체를 받을 수 있기 때문이다.

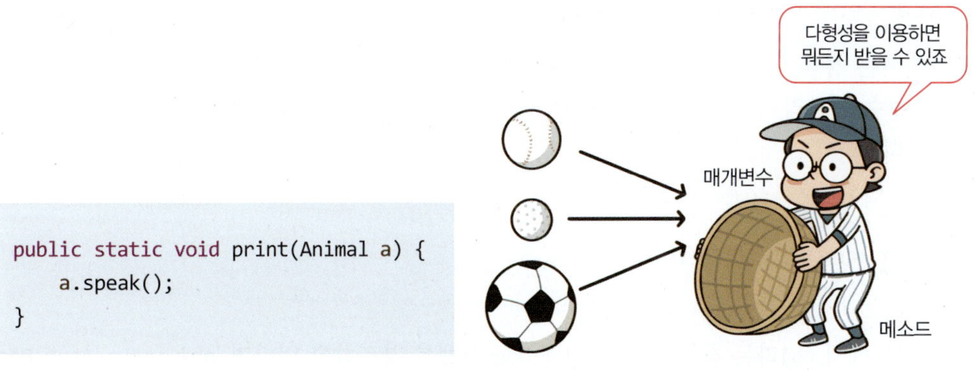

그림 6-18 업캐스팅을 이용하는 메소드의 매개변수

다음의 코드는 Animal 타입으로 정의된 매개변수를 이용하여 다양한 동물 객체를 전달받을 수 있는 print() 메소드를 보여준다.

AnimalTest.java

```java
public class AnimalTest {
    public static void print(Animal a) {
        a.speak();
    }

    public static void main(String arg[]) {
        Animal a1 = new Dog();
        Animal a2 = new Cat();
        Animal a3 = new Duck();

        print(a1);
        print(a2);
```

Animal에서 파생된 모든 클래스의 객체를 다 받을 수 있다.

```
        print(a3);
    }
}
```

만약 자바에서 생성되는 모든 객체를 전부 전달받을 수 있는 메소드를 작성하려면 어떻게 해야 할까? 모든 객체는 Object 클래스를 상속받기 때문에 다음과 같이 정의하면 된다.

```
public static void print(Object obj) {
    ...
}
```

자바에서 모든 클래스는 Object 클래스를 상속받으므로 모든 객체를 받을 수 있다.

instanceof 연산자

자바에서는 동적 바인딩으로 인해 변수의 타입만으로 변수가 가리키는 실제 타입을 알 수 없다. 변수가 가리키는 객체의 실제 타입을 알고 싶으면 instanceof 연산자를 다음과 같이 사용한다.

```
if (obj instanceof Dog) { ... }
```

위의 코드에서 obj라는 참조 변수가 현재 Dog 객체를 참조하고 있다면 'obj instanceof Dog' 수식이 true를 반환한다. 앞의 예제 print() 정적 메소드에서 실제 객체 타입을 출력해 보자.

AnimalTest4.java

```
...
public class AnimalTest4 {
    public static void print(Animal obj) {
        if (obj instanceof Dog)
            System.out.println("실제 타입은 Dog");
        if (obj instanceof Cat)
            System.out.println("실제 타입은 Cat");
        if (obj instanceof Duck)
            System.out.println("실제 타입은 Duck");
    }

    public static void main(String arg[]) {
        Animal a1 = new Dog();
        Animal a2 = new Cat();
        Animal a3 = new Duck();

```

```
        print(a1);
        print(a2);
        print(a3);
    }
}
```

```
실제 타입은 Dog
실제 타입은 Cat
실제 타입은 Duck
```

오버라이딩 예제 #3 예제 6-7

사각형과 원은 Shape 클래스를 상속받아서 작성한다. Shape 클래스의 getArea() 메소드를 각 도형에서 오버라이딩하여 각 도형에 맞는 면적을 계산해 보자.

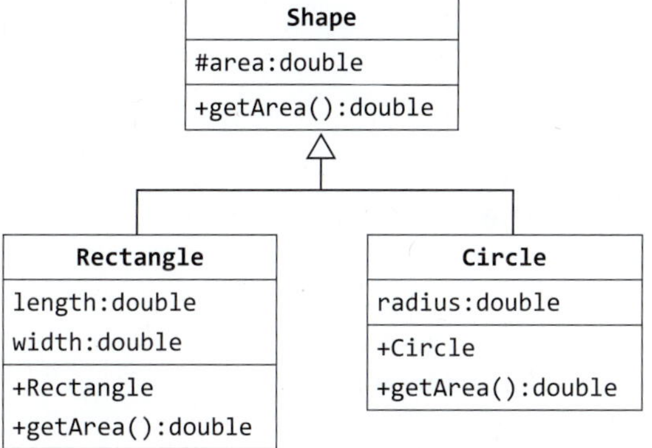


```
Rectangle: 200.0
Circle: 314.1592653589793
```

ShapeAreaTest.java

```java
class Shape {
    protected double area;
    public Shape() {
        super();
    }
    public double getArea() {
        return 0;
    }
}

class Rectangle extends Shape {
    private double width, height;
    public Rectangle(double width, double height) {
        super();
        this.width = width;
        this.height = height;
    }
    @Override
```

```
    public double getArea() {
        return width * height;
    }
}

class Circle extends Shape {
    private double radius;
    public Circle(double radius) {
        super();
        this.radius = radius;
    }
    @Override
    public double getArea() {
        return Math.PI * radius * radius;
    }
}

public class ShapeAreaTest {
    public static void main(String args[]) {
        Shape obj1 = new Rectangle(10.0, 20.0);
        Shape obj2 = new Circle(10.0);

        System.out.println("Rectangle: " + obj1.getArea());
        System.out.println("Circle: " + obj2.getArea());
    }
}
```

도전문제

1 위의 프로그램에서 삼각형(Triangle) 클래스를 추가하고, 해당 도형의 면적을 계산하는 기능을 구현하시오.

- `Shape` 클래스를 상속받아 `Triangle` 클래스를 만든다.
- `Triangle` 클래스에는 base(밑변)와 height(높이) 변수를 추가한다.
- `getArea()` 메소드를 오버라이딩하여 삼각형의 면적을 0.5 * base * height로 계산한다.
- `main()` 메소드에서 `Triangle` 객체를 생성하고, 그 면적을 출력한다.

SELF TEST

1 상속과 다형성은 어떤 관련이 있는가?

2 왜 부모 타입 변수로 자식 타입 객체를 참조할 수 있는가?

3 업캐스팅과 다운캐스팅은 무엇인가?

4 동적 바인딩은 무엇인가?

5 다형성의 장점은 무엇일까?

6.7 상속 vs 구성

이번 장에서는 상속에 대해 배워보았다. 그런데 상속과 비슷하면서도 살짝 다른 친구가 있다. 바로 **구성(composition)**이다. 구성이란 한 클래스가 다른 클래스의 객체를 필드로 가지는 디자인 기법이다. 한편, 상속은 "부모님의 모든 것을 물려받아!"라며 부모 클래스의 필드와 메소드를 자식 클래스가 획득하는 기법이다. 이 둘은 모두 코드 재사용성을 높이는 유용한 기술이며, 객체 지향 개발자가 애용하는 핵심 무기다.

다시 말하면, 상속은 한 클래스를 다른 클래스에서 파생시키는 방식이고, 구성은 여러 클래스의 합으로 새로운 클래스를 정의하는 방식이다. 상속은 "나는 부모님과 피를 나눴어!" 하는 혈연관계를 보여주고, 구성은 "우린 팀이야!" 하는 협업 관계를 만들어낸다.

상속 vs 구성: 유연성의 싸움

상속을 통해 생성된 자식 클래스는 부모 클래스와 밀접하게 결합해 있다. 이 말은, 부모 클래스가 바뀌면 자식 클래스가 울고불고할 가능성이 크다는 뜻이다. 반면에 구성은 객체 간의 관계를 느슨하게 만들어서 구성 요소를 변경해도 다른 객체들이 멀쩡히 제 할 일을 한다. 즉, 상속은 끈끈한 가족 관계이고, 구성은 필요하면 언제든 팀원을 교체할 수 있는 프로젝트 팀에 가깝다.

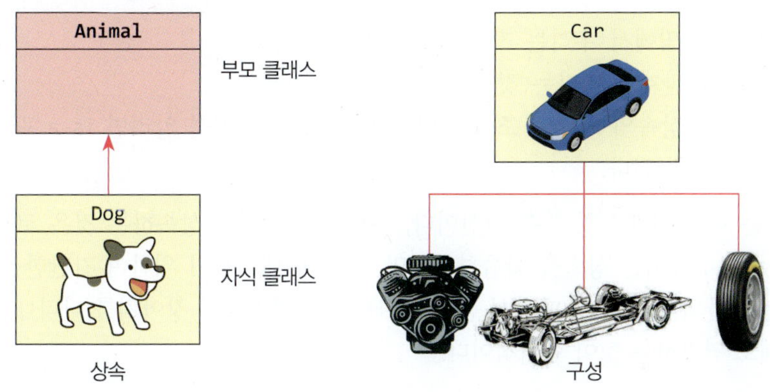

그림 6-19 상속과 구성 기법의 비교

그렇다고 "상속은 나쁘고 구성은 최고야!"라고 결론을 내려서는 안 된다. 주방 도구를 고를 때처럼 신중하게 상황에 맞는 선택을 해야 한다. 고기를 자를 때는 포크가 아닌 칼을 써야 하고, 수프를 먹을 때는 포크보다 숟가락이 편하다. 마찬가지로, 모든 프로그램에서 무조건 구성을 선택하거나 상속만 고집하는 것은 어리석은 일이다. 결국 상황과 필요에 따라 가장 적합한 기술을 선택하는 것이 진정한 프로그래머의 자세다. "상황에 맞는 도구를 고르자!" 이것이 핵심이다.

상속	구성
상속은 'is-a' 관계이다.	구성은 'has-a' 관계이다.
상속에서는 하나의 클래스만 상속할 수 있으므로 하나의 클래스의 코드만 재사용할 수 있다.	여러 클래스의 코드를 재사용할 수 있다.
상속은 컴파일 타임에 결정된다.	구성은 실행 시간에 결정될 수 있다.
`final`로 선언된 클래스의 코드를 재사용할 수 없다.	`final`로 선언된 클래스의 코드도 재사용이 가능하다.
부모 클래스의 `public` 및 `protected` 메소드를 모두 노출한다.	아무것도 노출하지 않는다. 공개 인터페이스만을 사용하여 상호작용한다.

표 6-1 상속과 구성

is-a 관계

is-a 관계는 'A는 B의 일종이다'라고 말하는 것과 같다. 예를 들어 사과는 과일의 일종이고, 자동차는 탈것의 일종이다. is-a 관계가 있으면 상속을 사용한다. 상속은 단방향이다.

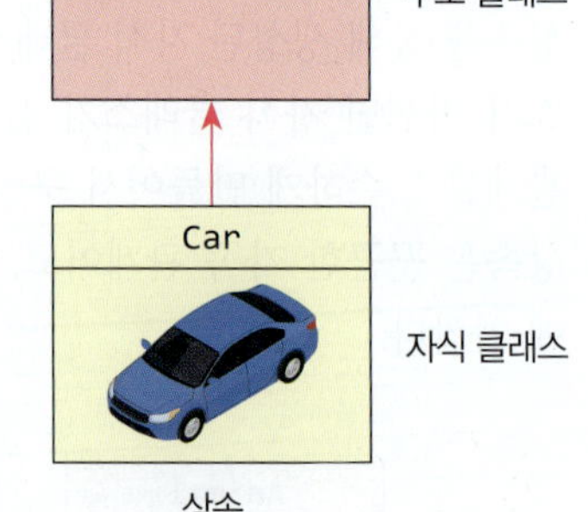

상속

- 자동차는 탈 것이다(Car is a Vehicle).
- 사자, 개, 고양이는 동물이다.
- 집은 건축물의 일종이다.
- 벤츠는 자동차의 일종이다.

객체 지향 프로그래밍에서 우리는 자식 클래스와 부모 클래스 사이에 'is-a' 관계가 있다는 것을 알 때 상속을 사용할 수 있다. 따라서 상속의 계층 구조를 올바르게 설계하였는지를 알려면 is-a 관계가 성립하는지를 생각해 보면 된다.

자식 클래스는 부모 클래스의 특수 버전이다. 부모 클래스에서 상속하는 것은 코드 재사용의 예이다. 이번 장에서는 상속을 학습하였지만, 구성과 대비하기 위하여 간단한 예제를 보자. 강아지는 동물의 일종이다. 따라서 동물을 나타내는 클래스와 강아지를 나타내는 클래스를 상속 관계로 연결하는 것이 합리적이다.

Dog.java

```java
class Animal {
    void eat() {
        System.out.println("음식을 먹습니다.");
    }
}

public class Dog extends Animal {
    void bark() {
        System.out.println("멍멍");
```

```java
    }
    public static void main(String args[]) {
        Dog obj = new Dog();
        obj.eat();
        obj.bark();
    }
}
```

상속 사용을 고려할 때는 항상 자식 클래스가 실제로 부모 클래스의 특수한 버전인지 자문해 보자. 이 경우 강아지는 동물의 특수한 버전이므로 상속 관계가 맞다. 흔히 자바 입문자들은 의욕에 넘쳐서 모든 것을 상속으로 해결하려고 한다. 하지만 상속을 사용하는 경우, 부모 클래스와 자식 클래스 사이에는 강한 연관 관계(tightly coupled)가 생긴다. 이 경우 부모 클래스가 변경되면 자식 클래스들도 모두 영향을 받는다. 물론 `is-a` 관계가 있는 클래스에는 장점이 많고 자연스러운 방법이다. 하지만 `is-a` 관계가 아닌데도 무분별하게 상속을 사용하면 해로운 점이 더 많다.

has-a 관계

만약 '~은(는) ~을(를) 가지고 있다'와 같은 has-a(포함) 관계가 성립하면 이 관계는 상속으로 모델링을 하면 안 된다. 이 경우에는 구성을 사용하여야 한다.

- 자동차는 엔진을 가지고 있다(Car has a engine).
- 도서관은 책을 가지고 있다.
- 집은 욕실을 가지고 있다.

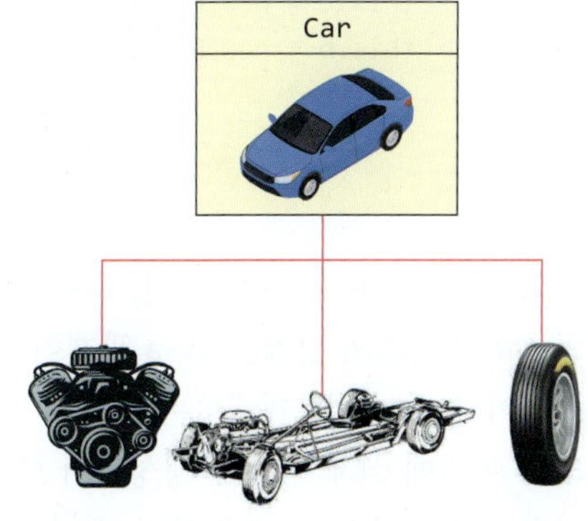

객체 지향 프로그래밍에서 `has-a` 관계는 구성(composition) 또는 집합(aggregation)을 의미한다. 구성에서는 하나의 객체가 다른 객체의 부품(part-of)이 된다. 집합에서는 하나의 객체가 다른 객체를 소유하게 된다. UML 다이어그램으로 그리면 다음과 같다. 아래의 그림 6-20 (a)에서 자동차는 엔진을 가지고 있다. 검정색 다이아몬드 표시는 구성(composition)을 나타낸다. 엔진에 붙은 1..1은 자동차가 엔진을 1개만 가질 수 있다는 것을 의미한다.

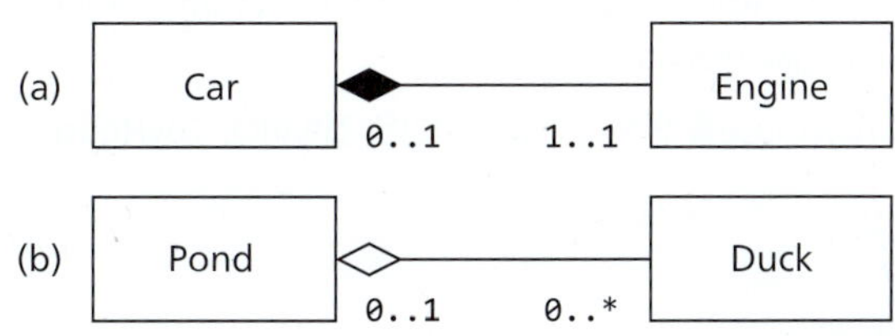

그림 6-20 구성과 집합

그림 6-20 (b)에서 연못은 오리를 가지고 있다. 이때는 다이아몬드가 흰색인데, 이것은 집합(aggregation)을 의미한다. 집합은 다이아몬드가 있는 객체가 다른 객체를 소유하고 있다는 것을 의미한다. 다이아몬드 옆의 숫자는 개수를 의미한다. 오리에 붙은 0..*는 연못이 오리를 0개에서 무한대 개수까지 가질 수 있다는 것을 의미한다.

has-a 관계가 성립하는 경우에는 상속을 이용하는 것이 아니라 하나의 클래스 안에 다른 클래스의 객체를 포함시키면 된다. is-a 관계 못지않게 has-a 관계를 이해하는 것도 중요하다. 아주 간단한 예제이지만 상속과 구성이 동시에 들어있는 코드는 다음과 같다.

Car.java

```
class Vehicle { }
class Engine { }
class Brake { }

public class Car extends Vehicle {            // 상속
   private Engine e;                          // 구성
   private Brake b;                           // 구성
   public Car() {
      this.e = new Engine();
      this.b = new Brake();
   }
}
```

위의 코드는 아주 간단하지만, is-a 관계와 has-a 관계가 동시에 들어 있다. Vehicle 클래스와 Car 클래스의 관계는 is-a 관계이다. 하지만 Car 클래스와 Engine 클래스의 관계는 has-a 관계이다. has-a 관계에서는 하나의 클래스 안에 다른 클래스를 가리키는 참조 변수가 포함되고 여기에 실체 객체가 생성되어 대입된다. 자동차는 엔진과 브레이크 등으로 이루어진다. 따라서 Car 클래스 안에 엔진 객체와 브레이크 객체가 저장되는 것이 합리적이다. 이 경우 우리는 자동차에 엔진과 브레이크가 있다는 것을 알고 있으므로 Car의 구성에서 Engine과 Brake의 객체를 사용할 수 있다.

구성 vs 집합

구성과 집합은 약간의 차이점이 있다. 차이점은 객체 수명 주기이다. 간단한 예를 들어보자.

- **구성:** House에는 하나 이상의 Room이 있다. 이것은 구성이다. Room은 House 없이는 존재하지 않으므로 Room의 수명은 House에 의해 제어된다.
- **집합:** Block을 모아서 ToyHouse를 만들 수 있다. 이것은 집합이다. ToyHouse가 분해되더라도 Block들은 남는다.

1. 구성을 간단하게 코드로 표현하면 다음과 같다.

```
public class A {
    private B b = new B();

    public A() { }
}
```

클래스 A의 인스턴스에 대한 참조가 더 이상 존재하지 않으면 해당 클래스의 인스턴스 B가 소멸한다. 이것이 구성이다. 부속품이기 때문에 A가 없어지면 B도 소멸한다.

2. 집합을 간단하게 코드로 표현하면 다음과 같다.

```
public class A {
    private B b;

    public A(B b) { this.b = b; }
}
```

클래스 A의 인스턴스에 대한 참조가 더 이상 존재하지 않더라도 클래스 B의 인스턴스는 소멸하지 않는다. 우리는 인스턴스를 재사용할 수 있다. 이들은 모두 객체 지향 프로그래밍에 빈번하게 나타나는 패턴이다.

상속을 잘못 사용하는 경우

다음 코드를 살펴보자. 이것은 상속을 올바르게 사용한 것일까?

Test.java

```
import java.util.ArrayList;

public class Test extends ArrayList<Object> {
    public static void main(String[] argv) {
        Test obj = new Test();
        obj.add("Kim");
        obj.add("Park");
    }
}
```

`ArrayList` 클래스를 상속받아서 `Test` 클래스를 정의하였다. 이 경우 자식 클래스는 사용하지 않을 많은 메소드를 상속하므로, 복잡하고 유지 보수하기 어려우며 `ArrayList` 클래스와 밀접하게 연결된 코드가 생성된다. 향후 `ArrayList`가 변경된다면 이 클래스도 변경해야 할지도 모른다. 또한 `Test` 클래스와 `ArrayList` 클래스 간에는 전혀 관련이 없으므로 '`is-a`' 관계가 아니다.

이럴 때는 구성을 사용하는 것이 좋다.

Test2.java

```
import java.util.ArrayList;

public class Test2 {
    static ArrayList<String> list = new ArrayList<>();

    public static void main(String argv[]) {
        list.add("Kim");
        list.add("Park");
    }
}
```

이 코드에서 구성을 사용하면 `Test2` 클래스에서 `ArrayList`의 메소드를 모두 상속하지 않고 한 가지만 사용할 수 있다. 그 결과 이해하기 쉽고 유지 보수하기 쉬운 코드가 생성된다. 더 느슨하게 결합하기도 했다.

상속과 구성 선택 시 고려할 점

상속과 구성 중에서 선택할 때는 다음과 같은 사항을 고려하자.

- 상속은 메소드 오버라이딩 기능을 사용하여 부모 클래스의 메소드를 수정할 수 있다.
- 상속은 내부 구조를 하위 클래스에 노출한다. 만약 구성을 사용하면 객체는 캡슐화된 상태로 유지된다.
- 구성이 더 간단한 경우가 많다.
- 구성은 구현 독립성을 허용한다.

참고사항: 구성과 위임

위임(delegation)은 구성과 약간 다르다. 위임의 예를 들어보자. 회사에서 상사가 여러분에게 커피를 부탁했고, 여러분은 인턴에게 커피 심부름을 시켰다. 이것이 위임이다. 위임을 간단한 코드로 살펴보면 다음과 같다.

```
public class A {
    private Intern b = new Intern();

    public void getCoffee() {
        b.getBeverage();
    }
}
```

A의 상사가 `getCoffee()` 메소드를 호출할 때 클래스 A는 이 호출을 `Intern`의 `getBeverage()` 메소드에 위임한다.

has-a 관계 예제

예제 6-8

사실 우리는 지금까지 많은 has-a 관계를 사용해 왔다. 객체 안에 하나라도 다른 객체가 포함되면 has-a 관계라고 할 수 있다.

간단한 예제를 살펴보자. 날짜를 나타내는 Date 클래스가 있다. 그리고 직원을 나타내는 Employee 클래스가 있다. Employee 클래스는 직원의 생일을 나타내는 필드인 birthDate를 가지고 있는데, 이것은 Date 클래스의 참조 변수이다. 따라서 Employee 클래스는 Date 클래스를 가지고 있다고 할 수 있다. 전체를 UML 클래스 다이어그램으로 그리면 오른쪽과 같다.

Date
- year: int
- month: int
- date: int
- Date(year: int, month: int, date: int)
- toString(): String

Employee
- name: String
- birthDate: Date
- Employee(name: String, birthDate: Date)
- toString(): String

EmployeeTest
- main(args: String[]): void

EmployeeTest.java

```java
class Date {
    private int year, month, date;

    public Date(int year, int month, int date) {
        this.year = year;
        this.month = month;
        this.date = date;
    }

    @Override
    public String toString() {
        return "Date [year=" + year + ", month=" + month + ",
                                                date=" + date + "]";
    }
}
class Employee {
    private String name;
    private Date birthDate;
    // has-a 관계를 구현한 부분이다.

    public Employee(String name, Date birthDate) {
        this.name = name;
        this.birthDate = birthDate;
    }

    @Override
    public String toString() {
        return "Employee [name=" + name + ", birthDate=" + birthDate + "]";
    }
}

public class EmployeeTest {
    public static void main(String[] args) {
        Date birth = new Date(1990, 1, 1);
        Employee employee = new Employee("홍길동", birth);
        System.out.println(employee);
    }
}
```

```
Employee [name=홍길동, birthDate=Date
[year=1990, month=1, date=1]]
```

도전문제

1 위의 프로그램에서 직원의 입사일을 추가로 저장하고 출력할 수 있도록 기능을 확장하시오.

- `Employee` 클래스에 입사일(hireDate)을 저장할 `Date` 타입 변수를 추가한다.
- `Employee` 클래스의 생성자를 수정하여 입사일을 함께 초기화할 수 있도록 변경한다.
- `toString()` 메소드를 수정하여 출력할 때 입사일 정보도 포함되도록 만든다.

SELF TEST

1 어떤 경우에 상속을 사용해야 하는가?

2 어떤 경우에 구성을 사용해야 하는가?

3 구성과 집합의 차이점은 무엇인가?

4 위임이란 무엇인가?

참고사항: 위임

위임(Delegation)은 객체가 스스로 모든 일을 처리하지 않고, 해당 일을 더 잘할 수 있는 다른 객체에게 맡기는 설계 방식이다. 마치 회식 총무가 계산을 직접 하지 않고 회계팀에 부탁하는 것처럼, 위임을 통해 각 객체는 자신의 역할에 집중하고 협력으로 문제를 해결한다. 이런 구조는 '`is-`(상속)' 관계 대신 '`has-a / uses-a`' 관계를 만들어, 코드의 유연성과 재사용성을 높인다.

상속은 한 번 구조가 정해지면 바꾸기 어렵고 결합도가 높아지는 반면, 위임은 다른 객체로 교체하거나 테스트용 가짜(Mock) 객체로 대체하기 쉽다는 장점이 있다. 단, 위임이 너무 많아지면 호출 경로가 복잡해지고, 누가 실제로 일을 하는지 추적하기 어려워질 수 있다. 결론적으로, 직접 다 처리하려 하기보다 적절히 역할을 나누어 위임하는 것이 변화에 강하고 유지 보수가 쉬운 설계를 만드는 핵심이다.

텍스트 게임

Mini Project 수행하기 1

난이도: ★★★☆☆
주제: 상속

간단한 텍스트 기반 게임을 작성해 보자. 주인공을 움직여서 몬스터를 피하고 황금을 차지하는 게임이다. 화면에는 3가지의 스프라이트가 나타난다. '@'은 주인공 캐릭터이고 'M'은 몬스터, 'G'는 황금을 나타낸다. 주인공 캐릭터는 키보드의 h, j, k, l 키를 이용하여 상하좌우로 움직인다. 몬스터는 난수만큼 이동한다. 황금은 움직이지 않는다. 어디서 상속을 사용할 수 있을까?

```
####################
#                  #
#                  #
#  @               #
#                  #
#                  #
#  G               #
#      M           #
#                  #
####################
왼쪽(h), 위쪽(j), 아래쪽(k), 오른쪽(l): h
####################
#                  #
#                  #
# @                #
#                  #
#                  #
#  G    M          #
#                  #
#                  #
####################
왼쪽(h), 위쪽(j), 아래쪽(k), 오른쪽(l):
```

게임에서 주인공 캐릭터와 몬스터 캐릭터, 황금 등은 모두 공통점을 가지고 있다. 현재의 위치, 이미지, 체력(hp), 이동 속도 등의 필드가 있을 수 있고 move(), draw() 등의 메소드를 가질 수 있다. 따라서 이들의 공통점을 모아 부모 클래스로 정의하는 것이 좋은 기법이다. 여기서는 간단하게 다음과 같은 상속만을 생각한다.

```
class Sprite {
    int x = 3, y = 3;
    void move(char c) { }
}

class Main extends Sprite {
    @Override
    void move(char c) {
        if (c == 'h') --x;
        else if (c == 'j') --y;
        else if (c == 'k') ++y;
        else if (c == 'l') ++x;
    }
}

class Monster extends Sprite {
    public Monster() {
        x = y = 7;
    }
    @Override
    void move(char c){
        x += (Math.random()-0.5)>0? 1: -1;
        y += (Math.random()-0.5)>0? 1: -1;
    }
}
```

Mini Project 수행하기 2 Card 클래스와 Deck 클래스 만들기

난이도: ★★★☆☆
주제: has-a 관계

has-a 관계를 가장 쉽게 이해할 수 있는 예제 중 하나가 카드(Card)와 덱(Deck)이다. 카드 게임장에 가서 보면 카드는 항상 덱 안에 들어 있다.

카드를 나타내는 Card 클래스를 작성하고 52개의 Card 객체를 가지고 있는 Deck 클래스를 작성해 보자. 각 클래스의 __str__() 메소드를 구현하여 덱 안에 들어 있는 카드를 다음과 같이 출력한다.

```
['클럽 에이스', '클럽 2', '클럽 3', '클럽 4', '클럽 5', '클럽 6', '클럽 7', '클
럽 8', '클럽 9', '클럽 10', '클럽 잭', '클럽 퀸', '클럽 킹', '다이아몬드 에이스',
'다이아몬드 2', '다이아몬드 3', '다이아몬드 4', '다이아몬드 5', '다이아몬드 6', '다
이아몬드 7', '다이아몬드 8', '다이아몬드 9', '다이아몬드 10', '다이아몬드 잭', '다
이아몬드 퀸', '다이아몬드 킹', '하트 에이스', '하트 2', '하트 3', '하트 4', '하트
5', '하트 6', '하트 7', '하트 8', '하트 9', '하트 10', '하트 잭', '하트 퀸',
'하트 킹', '스페이드 에이스', '스페이드 2', '스페이드 3', '스페이드 4', '스페이드
5', '스페이드 6', '스페이드 7', '스페이드 8', '스페이드 9', '스페이드 10', '스페
이드 잭', '스페이드 퀸', '스페이드 킹']
```

이제 기본적인 Card와 Deck 클래스를 완성했다면, 이를 확장하여 실제 카드 게임을 구현하는 도전 과제를 시도해 보자. 예를 들어, 두 명의 플레이어가 번갈아 가며 카드를 한 장씩 뽑아 더 큰 카드를 가진 쪽이 승리하는 간단한 전쟁(War) 게임을 만들어 보라. 덱을 생성한 후 무작위로 섞고, 플레이어에게 카드를 일정 수만큼 분배하는 기능을 추가한다. 각 라운드마다 두 플레이어가 동시에 카드를 낸 뒤 승자를 판정하여 점수를 기록하도록 한다. 모든 카드를 다 소진하면 게임을 종료하고 최종 점수를 비교해 전체 승자를 출력하라. 이 과정에서 카드 비교 규칙을 정의하고, 동점일 경우 재경기 규칙을 정하는 것도 포함한다. 또한 게임 진행 과정을 문자열로 출력하여 사용자가 흐름을 쉽게 확인할 수 있도록 구현해 보자.

Summary

- 상속(inheritance)은 기존에 존재하는 클래스로부터 필드와 메소드를 이어받고, 필요한 기능을 추가할 수 있는 기법이다.
- 상속을 이용하면 여러 클래스에 공통적인 코드들을 하나의 클래스로 모을 수 있어서 코드의 중복을 줄일 수 있다.
- 자바에서는 extends 키워드를 이용하여 상속을 나타낸다. 상속하는 클래스를 부모 클래스(슈퍼 클래스)라고 하고 상속받는 클래스를 자식 클래스(서브 클래스)라고 한다.

```
class Car extends Vehicle {}
```

- 자식 클래스는 부모 클래스의 public 멤버, protected 멤버, default 멤버(부모 클래스와 자식 클래스가 같은 패키지에 있다면)를 상속받는다.
- '부모 클래스 생성자 → 자식 클래스 생성자' 순으로 호출된다.
- 메소드 오버라이딩(method overriding)은 자식 클래스가 부모 클래스의 메소드를 자신의 필요에 맞추어서 재정의하는 것이다.

```
@Override
public void run() { System.out.println("Car runs fast"); }
```

- 오버로딩(overloading)은 동일한 메소드명을 가진 여러 개의 메소드를 작성하는 것이다. 오버라이딩(overriding)은 부모 클래스의 메소드를 자식 클래스가 다시 정의하는 것이다.
- 다형성(polymorphism)은 '많은(poly) + 모양(morph)'이라는 의미로, 프로그래밍 언어에서 하나의 식별자로 여러 개의 작업을 처리하는 것을 의미한다.

```
Vehicle v = new Car();                                  // v는 Vehicle 타입이지만 Car 동작 수행
```

- 부모 클래스 변수로 자식 클래스 객체를 참조할 수 있다. 이것을 업캐스팅(upcasting, 상위 형변환)이라고 한다.

```
Vehicle v = new Truck();                                // 업캐스팅
```

- 자바에서는 메소드 바인딩이 실행 시까지 연기된다. 자바 가상 머신(JVM)은 실행 단계에서 객체의 실제 타입을 보고 적절한 메소드를 호출한다. 이것을 동적 바인딩(dynamic binding)이라고 한다.

```
v.run();                                  // v가 Car면 Car의 run(), Truck이면 Truck의 run()
```

- 구성은 클래스가 다른 클래스의 인스턴스를 클래스의 필드로 가지는 디자인 기법이다. 반면에 상속은 한 객체가 클래스를 상속받아서 부모 객체의 속성과 동작을 획득할 수 있는 기법이다. 구성 및 상속은 모두 클래스를 연결하여 코드 재사용성을 제공한다.

```
class Car { private Engine engine = new Engine(); }          // 구성(Composition)
```

Exercises

1. 자바에서 부모 클래스의 private 멤버는 자식 클래스에서 어떻게 접근하는가?
   ❶ 직접 접근 가능하다.
   ❷ 접근할 수 없다.
   ❸ super 키워드를 사용하여 접근한다.
   ❹ this 키워드를 이용하여 접근한다.

2. 자바에서 부모 클래스와 자식 클래스가 같은 패키지에 있을 때 자식 클래스가 접근할 수 없는 멤버는?
   ❶ public 멤버 ❷ protected 멤버
   ❸ default 멤버 ❹ private 멤버

3. 다음 중 상속에 대한 올바른 설명을 모두 고르시오.
   ❶ 자바는 하나의 클래스만 상속받을 수 없다.
   ❷ 부모 클래스는 항상 Object 클래스여야 한다.
   ❸ 부모 클래스의 생성자가 자식 클래스보다 먼저 호출된다.
   ❹ 자식 클래스는 부모 클래스의 모든 메소드를 재정의해야 한다.

4. 자바에서 모든 클래스가 상속을 받아야 하는 클래스는?
   ❶ Java ❷ Default ❸ Override ❹ Object

5. 자바에서 상속을 통해 부모 클래스의 메소드를 재정의할 때 접근 지정자는 어떻게 설정해야 하는가?
   ❶ 부모 클래스 메소드의 접근 지정자보다 더 좁게 설정할 수 있다.
   ❷ 부모 클래스 메소드의 접근 지정자보다 더 넓게 설정할 수 있다.
   ❸ 접근 지정자는 반드시 protected로 설정해야 한다.
   ❹ 접근 지정자는 반드시 public으로 지정하여야 한다.

6. 자식 클래스에서 부모 클래스의 메소드를 호출하고 싶을 때 사용하는 키워드는?
   ❶ super ❷ this ❸ parent ❹ extends

7. 객체가 실제로 어떤 클래스 타입인지를 알아내기 위하여 사용하는 연산자는?

❶ typeof ❷ instanceof ❸ classof ❹ checktype

8. 다음 중 상속이 적합하지 않은 경우는?

❶ 클래스 간에 'is-a' 관계가 있을 때
❷ 코드 재사용이 필요한 경우
❸ 상속 관계를 통해 다형성을 구현하고 싶을 때
❹ 클래스 간에 'has-a' 관계가 있을 때

9. 다음 중 자식 클래스에서 부모 클래스의 메소드를 재정의하지 못하게 만드는 방법을 모두 고르시오.

❶ 메소드를 private으로 선언한다. ❷ 메소드를 protected로 선언한다.
❸ 메소드를 final로 선언한다. ❹ 메소드를 abstract로 선언한다.

10. 다음과 코드에 대하여 질문에 답하시오. 다음의 클래스는 동일한 패키지 안에 있다.

```
class A {
    private int a;
    protected int b;
    int c;
    public int d;
    public void set(int p) { a = p; }
}

public class B extends A {
    int e;
    protected int f;
}
```

1. 위의 클래스 관계를 나타내는 UML 도형을 그리시오.
2. 자식 클래스의 생성자에서 부모 클래스의 생성자를 명시적으로 호출한다. 필요한 생성자를 추가한다.
3. 같은 패키지의 다른 클래스에서 B obj1 = new B();와 같이 객체를 생성하였다고 하자. 어떤 멤버에 접근할 수 있는가?
4. 같은 패키지의 다른 클래스에서 A obj2 = new B();와 같이 객체를 생성하였다고 하자. 어떤 멤버에 접근할 수 있는가?
5. 다음과 같이 클래스 C를 작성하였을 때 오류가 발생하는 모든 문장을 찾고 이유를 작성하시오. 클래스 C는 동일 패키지에 있다.

```
public class C extends B {
    void test() {
    a = 100;       // 오류 여부:__________, 이유:____________________________
    b = 200;       // 오류 여부:__________, 이유:____________________________
    c = 300;       // 오류 여부:__________, 이유:____________________________
    f = 400;       // 오류 여부:__________, 이유:____________________________
    set(500);      // 오류 여부:__________, 이유:____________________________
    }
}
```

11. 다음 코드를 실행한 출력 결과를 작성하시오.

```
class A {
    public A() { System.out.println("클래스 A 생성자1"); }
    public A(int a) { System.out.println("클래스 A 생성자2"); }
}

class B extends A {
    public B() { System.out.println("클래스 B 생성자1"); }
    public B(int b) { super(); }
}

public class Test {
    public static void main(String[] args) {
        B b = new B();
        B b2 = new B(100);
    }
}
```

12. 다음 코드는 성공적으로 오버라이딩되었는가?

```
class ParentClass {
    public void test()  { System.out.println("부모 클래스 test()"); }
}

class ChildClass extends ParentClass {
    protected void test() { System.out.println("자식 클래스 test()"); }
}
```

자식 클래스의 메소드는 부모 클래스의 메소드보다 더 제한적일 수 없다. 예를 들어 부모 클래스 메소드의 접근 지정자가 **public**이면 재정의한 메소드도 반드시 **public**이어야 한다.

13. 다음 코드를 실행한 출력 결과를 작성하시오.

```
class A {
   public void test() {  System.out.println("부모 클래스 test()"); }
}

class B extends A {
    @Override
   public void test() { System.out.println("자식 클래스 test()"); }
}

public class Test {
    public static void main(String args[]) {
        A obj1 = new A();
        obj1.test();
        B obj2 = new B();
        obj2.test();
    }
}
```

14. 다음 코드의 주석에 올바른 답을 작성하시오.

```
class Animal {
    public void makeSound() {
        System.out.println("동물이 소리를 낸다.");
    }
}

class Dog extends Animal {
    @Override
    public void makeSound() {   // ____________________(오버라이드 or 동적바인딩)
        System.out.println("개가 짖는다.");
    }
}

public class Test {
    public static void main(String[] args) {
        Animal myAnimal = new Dog();       // Dog 객체를 Animal 타입 변수에 저장

        // _________________________________(오버라이드 or 동적바인딩)
        myAnimal.makeSound();              // 출력: __________________

        // _________________________________(동적바인딩 or 정적바인딩)
        Dog specificDog = new Dog();
        specificDog.makeSound();           // 출력: _____________________
    }
}
```

15. 다음 코드에 대하여 질문에 답하시오.

```
class A {
    void sound() { System.out.println("A sound"); }
}

class B extends A {
    void sound() { System.out.println("B  sound"); }
}

class C extends B {
    void sound() { System.out.println("C sound"); }
}

public class Test {
    public static void main(String[] args) {
    A obj1 = new C();
    System.out.println(obj1 instanceof A);
    System.out.println(obj1 instanceof B);
    System.out.println(obj1 instanceof C);
    System.out.println(obj1 instanceof Object);

    obj1.sound();
    }
}
```

1. 실행 결과를 작성하시오.

2. 다음 중 업캐스팅이 아닌 것은?

   ❶ `A obj = new A();` ❷ `A obj = new B();`

   ❸ `A obj = new C();` ❹ `B obj = new C();`

3. `B obj = new A();` 문장은 문법적으로 가능한가?

16. 다음 코드에서 잘못된 부분을 찾아 올바르게 수정하시오.

```
class A {
    public A(char c) { }
}

class B extends A {
    public B(char c) { }
}
```

생성자 호출을 유심히 보자.

17. 다음 코드에 대하여 질문에 답하시오.

```
class A {
    public void print() { System.out.println("A"); }
}

class B extends A {
    public void print() { System.out.println("B"); }
}
```

1. 다음 코드를 실행한 결과를 작성하시오.

```
B obj = new B();
obj.print();
```

2. 다음 코드를 실행한 결과를 작성하시오.

```
A obj = new B();
obj.print();
```

3. B의 print() 안에서 A의 print()도 호출하는 방법을 설명하시오.

Programming Exercises

난이도: ★★☆☆☆
주제: 상속을 활용한 기초 클래스 구조

1. 커피 머신 프로그램을 작성하시오. CoffeeMachine 클래스를 만들고 기본 기능인 start()와 stop(), makeCoffee() 메소드를 정의한다. 이 클래스를 상속받아서 EspressoMachine과 LatteMachine 클래스를 정의하고 각기 다른 메시지를 출력하는 makeCoffee() 메소드를 재정의한다. main() 메소드에서 두 머신을 생성하여 실행한다.

```
class CoffeeMachine {
    public void start() {          // 기본 기능: start()와 stop() 메소드
        System.out.println("커피 머신을 시작합니다...");
    }
    public void stop() {
        System.out.println("커피 머신을 종료합니다...");
    }
    public void makeCoffee() {     // 커피 제조 메소드(자식 클래스에서 오버라이딩)
        System.out.println("기본 커피를 만듭니다.");
    }
}
```

```
커피 머신을 시작합니다...
(EspressoMachine) 에스프레소를 만듭니다!
커피 머신을 종료합니다...
커피 머신을 시작합니다...
(LatteMachine) 라떼를 만듭니다!
커피 머신을 종료합니다...
```

2. 아래의 GameCharacter 클래스는 게임에서의 캐릭터를 나타낸다. Warrior, Archer, Wizard 클래스는 GameCharacter 클래스를 상속받아 각기 다른 attack() 메소드를 구현한다. 다형성을 활용해 다양한 캐릭터의 공격 행동을 시뮬레이션하시오.

난이도: ★★★☆☆
주제: 다형성과 상속

```
class GameCharacter {
    protected String name;          // 이름
    protected int health;           // 체력
    public GameCharacter(String name, int health) {
        this.name = name;
        this.health = health;
    }
    public void attack() { }        // 공격 메소드
}
```

```
(Warrior attack()) Thor가 강력한 검을 휘두릅니다!
(Archer attack()) Robin이 정확하게 화살을 쏩니다!
(Wizard attack()) Gandalf가 강력한 화염구를 시전합니다!
```

3. 다양한 애완동물을 키우는 시뮬레이터 프로그램을 작성하시오. VirtualPet 클래스를 만들어 feed() 메소드를 정의한다. 이 클래스를 상속받아서 DogPet과 CatPet 클래스를 정의하고, 각각 "강아지가 꼬리를 흔듭니다!" 또는 "고양이가 골골거립니다!"를 출력하도록 feed() 메소드를 오버라이딩한다.

난이도: ★★★☆☆
주제: 상속과 메소드 오버라이딩

```
class VirtualPet {
    protected String name;
    public VirtualPet(String name) {
        this.name = name;
    }
    public void feed() {            // 기본 feed() 메소드
        System.out.println(name + " is being fed.");
    }
}
```

```
Buddy: 강아지가 꼬리를 흔듭니다!
Whiskers: 고양이가 골골거립니다!
```

난이도: ★★★★☆
주제: 다형성과 객체 배열

4. Vehicle 클래스를 정의하고 speed 필드를 추가한다. Vehicle 클래스를 상속받아서 Car, Bike, Truck 클래스를 정의하고 고유한 move() 메소드를 구현한다. 다양한 레이싱 차량을 배열로 관리하고 레이스를 시뮬레이션하시오.

```
class Vehicle {
    protected String name;          // 차량 식별자
    protected int speed;            // 현재 속도, move()에서 매번 난수로 갱신
    public Vehicle(String name, int speed) {
        this.name = name;
        this.speed = speed;
    }
    public void move() { }
// 자식 클래스들이 재정의한다. 자식 클래스에서는 매번 난수로 speed를 결정한다.
}
```

```
[라운드 1]
스포츠카가 도로에서 178km/h의 속도로 주행합니다.
레이싱 바이크가 교통을 누비며 153km/h의 속도로 주행합니다.
대형 트럭이 무거운 화물을 싣고 102km/h의 속도로 주행합니다.
[라운드 2]
스포츠카가 도로에서 163km/h의 속도로 주행합니다.
레이싱 바이크가 교통을 누비며 128km/h의 속도로 주행합니다.
대형 트럭이 무거운 화물을 싣고 90km/h의 속도로 주행합니다.
...
```

5. 장바구니 프로그램을 작성하시오. Product 클래스를 정의하고 이름(name), 가격(price) 필드를 추가한다. Cart 클래스를 정의하고 여러 Product 객체를 포함하는 리스트를 필드로 추가한다. Customer 클래스를 만들어 이름(name)과 Cart 객체를 포함하는 필드를 추가한다. 고객이 장바구니에 상품을 추가하고, 총 결제 금액을 계산하여 출력하는 메소드를 구현한다.

난이도: ★★★★☆
주제: has-a 관계

```
// 장바구니 클래스
class Cart {
    private ArrayList<Product> products;          // 장바구니에 담긴 상품 목록
    public Cart() {
        this.products = new ArrayList<>();        // 상품 목록 초기화
    }
    // 장바구니에 상품 추가
    public void addProduct(Product product) { ... }

    // 장바구니의 총 금액 계산
    public int calculateTotal() { ... }

    // 장바구니에 담긴 모든 상품 출력
    public void listProducts() {
        System.out.println("장바구니 목록:");
        for (Product product : products) {
            System.out.println("- " + product.getName() +
                                        ": " + product.getPrice() + "원");
        }
    }
}
```

```
노트북이(가) 장바구니에 추가되었습니다.
스마트폰이(가) 장바구니에 추가되었습니다.
무선 이어폰이(가) 장바구니에 추가되었습니다.

김철수님의 장바구니 결제 내역:
장바구니 목록:
- 노트북: 1500000원
- 스마트폰: 800000원
- 무선 이어폰: 150000원
총 결제 금액: 2450000원
```

CHAPTER 07

추상 클래스, 인터페이스, 중첩 클래스

학습목표

- 인터페이스를 정의하고 사용한다.
- 인터페이스를 이용하여 다중 상속을 구현한다.
- 중첩 클래스의 장점을 설명한다.
- 클래스 내부에 다른 클래스를 정의하고 사용한다.
- 익명 클래스를 사용하여 코드를 작성한다.

학습목차

핵심 키워드

추상 클래스, 인터페이스, 디폴드 메소드, 내부 클래스

CHAPTER

07 추상 클래스, 인터페이스, 중첩 클래스

7.1 추상 클래스

추상 클래스(abstract class)는 "대충 이런 게 있어!"하고 대략적인 청사진을 그려주는 클래스라고 생각하면 된다. 추상 클래스는 추상 메소드를 포함하고 있는데, 이 메소드는 마치 "대략 내가 무엇을 해야 하는지는 알겠는데, 구체적으로 무엇을 해야 하는지는 아직 몰라!"라고 외치는 메소드이다. 그래서 추상 클래스 자체로는 객체를 생성할 수 없다. 대신 이를 상속받는 클래스들이 추상 메소드를 구체적으로 구현한다.

예를 들어 동물을 나타내는 클래스 간의 상속 계층도를 생각해 보자. 우리가 동물을 `Animal`이라는 클래스로 정의한다고 하자. 여기서 약간의 문제가 생기는데, '동물'이라는 용어는 약간 추상적이다. 어떤 동물인지 모르는 상태에서 소리를 내는 메소드 `speak()`를 만든다고 상상해 보자. 우리는 동물이 소리를 낼 수 있다는 사실은 알지만, "어떤 소리?"라고 묻는다면 당황스러울 것이다. 강아지는 '멍멍'이라고 짖고, 고양이는 '야옹'이라고 울며, 거북이는 어떤 소리를 내는지 애매하다. 즉, `Animal` 클래스에서는 `speak()` 메소드를 완전하게 구현할 수 없다. 그렇다고 `Animal` 클래스를 포기할 순 없으니, 이렇게 선언할 수 있다. "나는 추상 클래스다! 나를 상속받는 동물들아, 너희가 알아서 `speak()`를 완성해라!" 결론적으로 `Animal`은 추상 클래스로 정의하고, 고양이나 강아지 같은 구체적인 동물 클래스들이 이 미완성된 `speak()` 메소드를 채워 넣는 것이다.

그림 7-1 추상 클래스의 개념

클래스를 선언할 때 앞에 abstract를 붙이면 추상 클래스가 된다. Animal 클래스를 추상 클래스로 정의해 보면 다음과 같다.

```
// 추상 클래스 정의
abstract class Animal {
    abstract void speak();
    void eat() {
        System.out.println("동물이 먹고 있음");
    }
}
```

추상 메소드 정의, ;으로 종료됨을 유의!

일반 메소드도 선언 가능

추상 메소드 speak()는 구현부가 없고, 세미콜론(;)으로 끝난다. 추상 메소드를 포함하는 추상 클래스를 상속받는 클래스는 반드시 그 추상 메소드를 구현해야 한다. 만약 구현하지 않으면 오류가 발생한다. 따라서 Animal을 상속받는 클래스 Dog에서는 반드시 speak() 메소드의 몸체를 구현하여야 한다.

AbstractTest.java

```
class Dog extends Animal {
    @Override
    void speak() {
        System.out.println("멍멍");
    }
}

public class AbstractTest {
    public static void main(String[] args) {
        Animal dog = new Dog();

        dog.speak();        // 멍멍
        dog.eat();          // 동물이 먹고 있음
    }
}
```

반드시 재정의해야 함

```
멍멍
동물이 먹고 있음
```

추상 클래스의 특징

(1) 추상 클래스는 인스턴스화 불가

추상 클래스는 직접 인스턴스화할 수 없다. 즉, new 연산자를 사용하여 추상 클래스의 객체를 생성할 수 없다. 추상 클래스는 상위 개념을 나타내는 클래스 작성 용도로 사용되기 때문이다.

```
Animal animal = new Animal();            // 컴파일 오류 발생!
```

하지만 참조 변수를 선언하는 것은 가능하다. 이 참조 변수로는 자식 클래스 객체를 가리킬 수 있다. 이것이 앞장에서 학습한 다형성이다.

```
Animal animal = new Dog();               // OK!
```

(2) 일반 메소드와 필드 포함 가능

추상 클래스는 추상 메소드뿐만 아니라 일반 메소드와 필드도 가질 수 있다. 이는 자식 클래스에서 공통으로 사용할 수 있는 기능을 정의하는 데 유용하다. 추상 클래스도 생성자를 가질 수 있다. 생성자는 자식 클래스에서 호출될 수 있으며, 이를 통해 공통적인 초기화 작업을 수행할 수 있다.

```
abstract class Animal {
    String name;
    Animal(String name) {
        this.name = name;
    }
    void eat() {
        System.out.println(name + " 가 먹고 있음");
    }
    abstract void speak();
}

class Dog extends Animal {
    Dog(String name) {
        super(name);
    }
    @Override
    void speak() {
        System.out.println("멍멍");
    }
}
```

일반 메소드와 필드도 가질 수 있다.

(3) 추상 클래스는 반드시 추상 메소드를 포함할 필요는 없다.

추상 클래스는 반드시 추상 메소드를 가질 필요가 없다. 추상 메소드가 하나도 없어도 new로 인스턴스를 만들 수는 없다. 그래서 '직접 생성하지 말고 상속해서만 쓰세요'라는 의도를 드러내거나, 공통 구현을 묶어 두는 베이스 클래스로 활용할 수 있다.

추상 클래스의 주된 목적

부모 클래스에서 speak()를 추상 메소드로 정의하는 방법과 일반 메소드로 정의하는 방법은 어떤 차이가 있을까?

```
abstract class Animal {
    abstract void speak();
}
```

```
class Dog extends Animal {
    @Override
    void speak() {
        System.out.println("멍멍");
    }
}
```

(a)

```
class Animal {
    void speak() { }
}
```

```
class Dog extends Animal {

    // 개발자가 오버라이드를 잊어버려도
       오류가 발생하지 않는다.
}
```

(a)

그림 7-2 (a) 추상 메소드를 자식 클래스에서 오버라이드하지 않는 경우, 오류 발생
(b) 일반 메소드로 정의하면 자식 클래스에서 오버라이드하지 않아도 체크 불가

일반 메소드로 정의하면 (b)와 같이 자식 클래스에서 깜빡하고 오버라이드하지 않고 넘어가도 컴파일러가 체크할 방법이 없다. 하지만 (a)와 같이 speak()를 추상 메소드로 정의하면 자식 클래스에서는 반드시 구현해야 하므로 구현을 강요하는 면에서 장점이 있다.

추상 메소드 구현하기 예제 7-1

추상 클래스를 사용하여 모든 도형의 공통된 속성을 정의하고, 면적 계산 로직을 각 도형에 따라 다르게 구현해 보자.

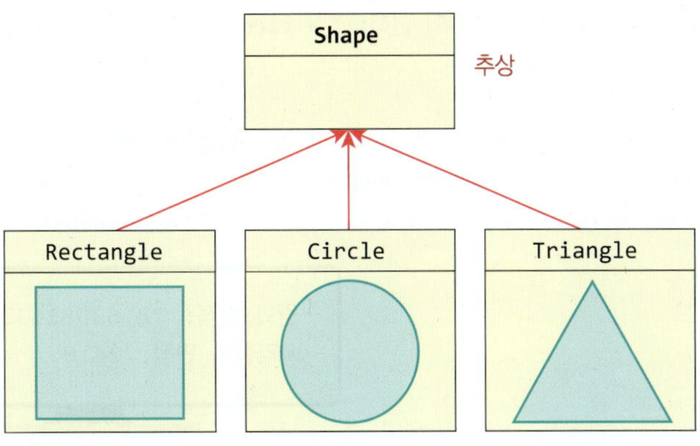

AbstractTest1.java

```
// 추상 클래스 Shape에서 모든 도형이 공통적으로 가지고 있는 면적 계산 메소드를 정의한다.
abstract class Shape {
    public abstract double calculateArea(); // 추상 메소드: 도형의 면적 계산
}

// 원을 나타내는 클래스 Circle
class Circle extends Shape {
    private double radius;                   // 원의 반지름
    public Circle(double radius) {           // 생성자
        this.radius = radius;
    }
    @Override
    public double calculateArea() {          // 면적 계산 메소드 구현
        return Math.PI * radius * radius;
    }
}

// 직사각형을 나타내는 클래스 Rectangle
class Rectangle extends Shape {
    private double width, height;            // 직사각형의 너비와 높이

    public Rectangle(double width, double height) {  // 생성자
        this.width = width;
        this.height = height;
    }
    @Override
    public double calculateArea() {          // 면적 계산 메소드 구현
        return width * height;
    }
}

public class AbstractTest1 {
    public static void main(String[] args) {
        // Shape 타입의 변수에 Circle 객체를 생성하여 저장
        Shape circle = new Circle(5);        // 반지름이 5인 원
        System.out.println("원의 면적: " + circle.calculateArea());
                                             // 78.5398...

        // Shape 타입의 변수에 Rectangle 객체를 생성하여 저장
        Shape rectangle = new Rectangle(4, 6);      // 너비 4, 높이 6인 직사각형
        System.out.println("사각형의 면적: " + rectangle.calculateArea());
// 24.0
    }
}
```

```
원의 면적: 78.53981633974483
사각형의 면적: 24.0
```

도전문제

1 새로운 클래스 `Triangle`을 작성하여 `Shape` 클래스를 상속받고, 추상 메소드 `calculateArea()`를 구현하시오. `main()` 메소드에서 `Rectangle`, `Circle`, `Triangle` 클래스의 객체를 생성하고, 각 객체의 `calculateArea()` 메소드를 호출한다. 모든 도형 객체를 `Shape` 타입으로 저장하고, 다형성을 이용하여 각 도형의 `calculateArea()` 메소드를 호출한다.

SELF TEST

1 추상 클래스는 주로 어떤 용도로 사용되는가?

2 추상 클래스는 추상 메소드가 아닌 일반 메소드를 가질 수 있는가?

3 추상 클래스만으로 객체를 생성할 수 있는가?

4 다음 코드에서 컴파일 오류나 개선 사항, 논리적인 오류가 있다면 지적하시오.

```
abstract class Animal {
    public abstract void speak();
}
public class Dog extends Animal { }
```

7.2 인터페이스

컴퓨터 하드웨어에서 인터페이스(interface)란 서로 다른 장치들이 데이터를 주고받기 위해 지켜야 하는 규격을 말한다. 우리에게 친숙한 USB 인터페이스를 예로 들어보자. 만약 어떤 마우스 장치가 USB 인터페이스 규격을 만족한다면, 아무 문제 없이 컴퓨터에 연결될 것이다. 하지만 마우스 장치가 USB 규격을 지키지 않는다면, 컴퓨터는 "이게 뭐야? 난 널 몰라!" 하며 연결을 거부할 것이다.

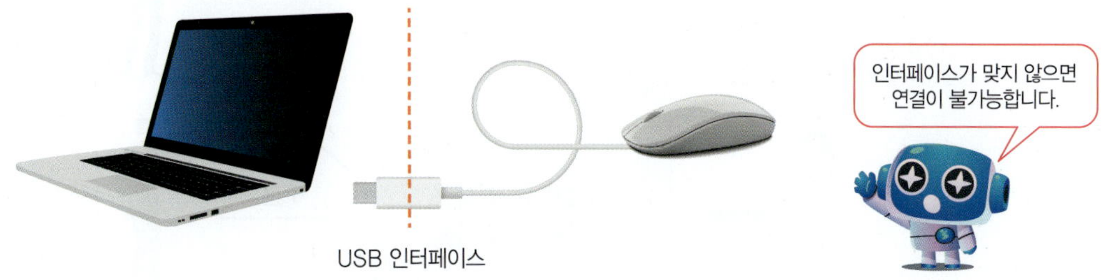

그림 7-3 하드웨어 인터페이스 개념

여러 개발자가 각자 클래스를 만들어야 하는 상황을 상상해 보자. 이 클래스들이 서로 아무런 규격 없이 접속하려 한다면 그야말로 대혼란일 것이다. 한쪽 클래스는 "안녕! 난 너와 협력하고 싶어!"하고 외치는데, 다른 클래스는 "뭐라고? 난 그런 언어 못 알아들어!"라며 무시할지도 모른다. 그래서 자바에서는 인터페이스라는 규격을 만들어, 클래스 간의 상호작용을 명확히 정의한다.

그림 7-4 인터페이스는 클래스와 클래스를 연결하는 규격이다.

인터페이스를 회사 사이의 입찰 규격으로 생각해도 된다. 인터페이스는 입찰 규격처럼 '최소한 이 정도는 해줘야 우리가 사용할 수 있다'라는 조건을 설정하는 역할을 한다. 이것을 공표한 후에 이 인터페이스를 구현한 클래스 중에서 하나를 골라 사용하는 것이다. 인터페이스는 클래스의 구현 세부 사항을 숨기고, 클래스가 제공해야 할 기능만 노출한다. 따라서 특정 인터페이스를 구현한 여러 클래스 중에서 하나를 선택하거나, 나중에 다른 구현체로 교체해도 프로그램 전체에 큰 영향을 미치지 않는다. 이는 입찰에서 특정 조건을 만족하는 다양한 공급업체 중 하나를 선택하고, 필요하면 언제든 다른 공급업체로 전환할 수 있는 구조와 유사하다.

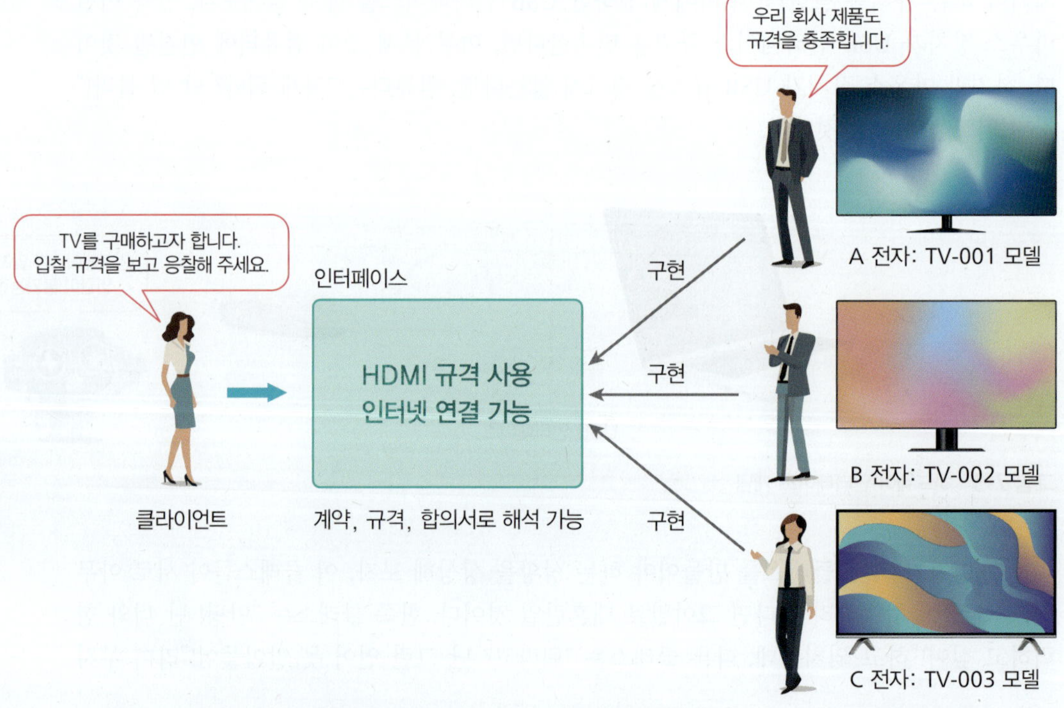

그림 7-5 인터페이스는 입찰 규격으로 생각해도 된다.

인터페이스 정의

인터페이스를 정의하는 것은 클래스를 정의하는 것과 유사하다. 하지만 class 키워드를 사용하지 않고 interface 키워드를 사용한다.

Syntax: 인터페이스 정의

```
public interface 인터페이스_이름 {
    반환형 추상 메소드1(...);
    반환형 추상 메소드2(...);
    ...
}
```

인터페이스는 추상 메소드들과 디폴트 메소드들로 이루어집니다. 인터페이스 안에서 필드(변수)는 선언할 수 없습니다. 상수는 정의할 수 있습니다.

예를 들어서 동물을 묘사하는 Animal 인터페이스는 다음과 같이 정의할 수 있다.

```
public interface Animal {
    public void speak();                // 추상 메소드
    public void sleep();
    public void run();
}
```

자전거를 나타내는 인터페이스는 다음과 같이 정의할 수 있다.

```
public interface Bicycle {
    void changeGear(int newValue);      // 추상 메소드
    void speedUp(int increment);
    void applyBrakes(int decrement);
}
```

인터페이스는 앞에서 학습한 추상 클래스의 극한적인 형태로 생각해도 된다. 추상 클래스에는 추상 메소드 외에도 다른 필드와 일반 메소드가 있을 수 있지만, 인터페이스는 오직 추상 메소드만 가질 수 있다.

홈 네트워크 시스템 예제

예를 들어서 홈 네트워크 시스템을 생각해 보자. 홈 네트워크 시스템이란 가정에서 쓰이는 모든 가전제품이 유무선 하나의 시스템으로 연결 및 쌍방향 통신이 가능한 미래형 가정 시스템을 말한다. 가전 제조사들은 가전제품을 원격 제어할 수 있도록 가전품을 제어할 수 있는 소프트웨어를 내장하여 제공한다. 반면 홈 네트워크 서버에서는 모든 가전제품을 원격

제어할 수 있는 통일된 규격이 필요하다. 따라서 둘 사이에는 어떤 약속이 필요하고, 구체적으로 원격으로 제어하는 데 필요한 메소드들에 대하여 합의하여야 한다. 홈 서버는 가전제품이 이 메소드들을 어떻게 구현하는지 신경 쓸 필요가 없다. 서버에서는 이 메소드들을 호출하여 사용할 수 있으면 그것으로 충분하다. 이것이 인터페이스의 개념이다.

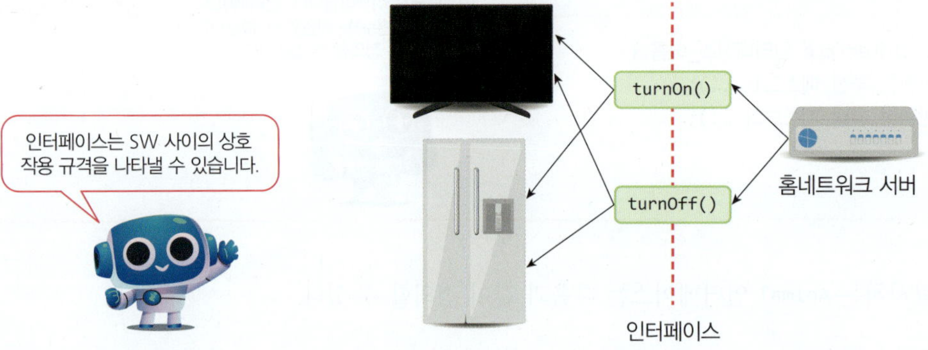

그림 7-6 홈 네트워크 시스템 예시

일단 인터페이스가 결정되면, 각 클래스는 별도의 팀에 의해 병렬적으로 작성될 수 있다. 예를 들어서 홈 네트워크의 가전제품들을 원격으로 켜거나 끄는 인터페이스를 정의해 보자.

```
public interface RemoteControl {
    // 추상 메소드 정의
    public abstract void turnOn();              // 가전제품을 켠다.
    public abstract void turnOff();             // 가전제품을 끈다.
}
```

여기서 메소드들은 모두 이름과 매개변수만 존재하고 몸체가 없으며 세미콜론으로 종료되는 점에 유의하여야 한다. 인터페이스 안에서 선언되는 메소드들은 모두 묵시적으로 `public abstract`이다. 따라서 `public`이나 `abstract` 수식어는 없어도 된다. 인터페이스 앞에도 `public`이 붙을 수 있으며 `public`이 붙으면 어떤 패키지의 어떤 클래스도 사용할 수 있다는 것을 의미한다. 인터페이스도 특수한 클래스라고 이해하면 된다. 인터페이스도 클래스처럼 이름이 동일한 .java 파일에 저장된다.

인터페이스 구현

인터페이스만으로는 객체를 생성할 수 없다. 다음과 같은 문장은 컴파일 오류이다. 인터페이스 안에는 구현되지 않은 메소드가 존재하기 때문이다.

```
RemoteControl r = new RemoteControl();          // 컴파일 오류!!
```

인터페이스는 다른 클래스에 의하여 **구현(implement)**될 수 있다. 인터페이스를 구현한다는 말은 인터페이스에 정의된 추상 메소드의 몸체를 정의한다는 의미이다. 클래스가 인터페이스를 구현하기 위해서는 `implements` 키워드를 사용한다. 예를 들어서 `TelevisionA` 클래스가 `RemoteControl` 인터페이스를 구현한 코드는 다음과 같다.

```
class TelevisionA implements RemoteControl {
    public void turnOn() {
        System.out.println("TV A가 켜졌습니다.");
    }
    public void turnOff() {
        System.out.println("TV A가 꺼졌습니다.");
    }
}
```

TV를 조작하는 인터페이스는 생산 업체마다 상당히 다르다. 하지만 동일한 `RemoteControl` 인터페이스를 지원한다면, 홈 네트워크 서버에서는 이들 인터페이스 메소드들을 호출하여서 가전 제품들을 원격 조종할 수 있다. `TelevisionA` 클래스의 객체를 생성하여 인터페이스에 정의된 메소드를 호출하여 보자.

```
RemoteControl  obj  = new TelevisionA();
obj.turnOn();
obj.turnOff();
```

TelevisionA 객체이지만
RemoteControl 인터페이스를 구현하기 때문에
RemoteControl 타입의 변수로 가리킬 수 있다.

obj를 통해서는 RemoteControl 인터페이스에
정의된 메소드만을 호출할 수 있다.

여기서 `RemoteControl obj = new TelevisionA();` 문장에 주의하여야 한다. `TelevisionA` 객체를 생성하였지만, `TelevisionA` 참조 변수로 가리키지 않고 `RemoteControl` 참조 변수로 가리키고 있다. 이것도 일종의 다형성이다. `TelevisionA` 객체는 부모 클래스 타입인 `RemoteControl`로 취급될 수 있다. 인터페이스 참조 변수를 통해서는 그 인터페이스 안에 정의된 메소드만을 호출할 수 있다. 다른 메소드나 필드에는 접근할 수 없다. 하지만 이것만으로도 충분하다.

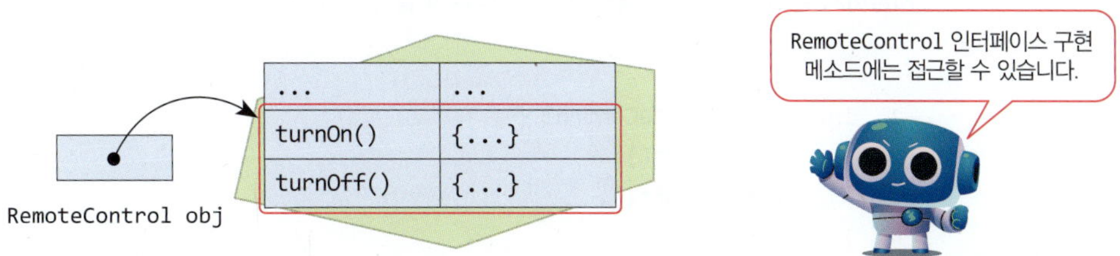

그림 7-7 인터페이스 참조 변수를 통해 메소드 호출

왜 인터페이스 타입 변수를 사용하는가?

클래스와 마찬가지로 인터페이스를 정의하는 것은 새로운 자료형을 정의하는 것과 같다. 우리는 인터페이스 이름을 자료형처럼 사용할 수 있다. 인터페이스의 이름은 클래스의 이름처럼 참조 변수를 정의하는 데 사용할 수 있다. 이 인터페이스를 구현한 객체라면 어떤 것이라도 참조 변수에 대입할 수 있다. 우리는 앞에서처럼 `TelevisionA obj = new TelevisionA();`으로 정의해도 되지만 `RemoteControl obj = new TelevisionA();`와 같이 정의하였다. 이렇게 하면 장점이 있다.

다형성을 사용하지 않는 경우	다형성을 사용하는 경우
`TelevisionA obj = new TelevisionA();`	`RemoteControl obj = new TelevisionA();`

만약 다른 제조 업체의 TelevisionB로 교체하고자 하면 TelevisionA를 사용한 모든 문장을 변경하여야 한다.
`TelevisionB obj = new TelevisionB();`
	만약 다른 제조 업체의 TelevisionB로 교체하고자 하면 한 문장만 변경하면 된다. 다른 문장은 변경 없이 사용이 가능하다.
	`RemoteControl obj = new TelevisionB();`
	심지어 중간에 다른 객체로 교체해도 된다.
	`obj = new TelevisionC();    // 가능!!`

표 7-1 인터페이스 타입 변수 사용의 장점

`TelevisionA obj = new TelevisionA();`와 같이 정의되면 obj는 TelevisionA 타입으로 선언되었기 때문에, obj에 TelevisionB 타입의 인스턴스를 할당할 수 없다. obj는 TelevisionA 클래스의 인스턴스만 참조할 수 있다. 즉, 유연성이 떨어진다. 특정 구현 클래스에 강하게 결합하고 있어 코드 변경이 어렵다.

`RemoteControl obj = new TelevisionA();`와 같이 정의하면 obj는 RemoteControl 인터페이스를 구현하는 어떤 클래스의 인스턴스라도 참조할 수 있다. 즉, 유연성과 확장성이 높다. 코드의 결합도를 낮춰서 변경이 쉽다.

예제 7-2 인터페이스 예제 #1

지금까지 살펴본 소스 코드를 정리하면 다음과 같다.

InterfaceTest1.java

```
interface RemoteControl {
    void turnOn();
    void turnOff();
}

```

```java
class TelevisionA implements RemoteControl {
    public void turnOn() { System.out.println("TV A가 켜졌습니다."); }
    public void turnOff() { System.out.println("TV A가 꺼졌습니다."); }
}

class TelevisionB implements RemoteControl {
    public void turnOn() { System.out.println("TV B가 켜졌습니다."); }
    public void turnOff() { System.out.println("TV B가 꺼졌습니다."); }
}

public class InterfaceTest1 {
    public static void main(String args[]){
        RemoteControl obj = new TelevisionA();
        obj.turnOn();
        obj.turnOff();

        obj = new TelevisionB();
        obj.turnOn();
        obj.turnOff();
    }
}
```

```
TV A가 켜졌습니다.
TV A가 꺼졌습니다.
TV B가 켜졌습니다.
TV B가 꺼졌습니다.
```

1. RemoteControl 인터페이스를 구현하는 새로운 클래스 Radio를 작성하시오. 이 클래스는 turnOn()과 turnOff() 메소드를 구현해야 한다. 라디오가 켜지면 "라디오가 켜졌습니다.", 꺼지면 "라디오가 꺼졌습니다."를 출력한다.
2. main() 메소드에서 Radio 객체를 생성하고, 이를 통해 turnOn() 및 turnOff() 메소드를 호출하시오.

인터페이스의 주된 용도

인터페이스는 메소드의 시그니처를 표준화하여, 이를 구현하는 클래스들이 동일한 인터페이스를 통해 다른 클래스와 상호작용할 수 있도록 한다. 예를 들어서 온라인 결제 시스템을 설계한다고 가정해 보자. 다양한 결제 방법(신용카드, 네이버페이 등)을 처리해야 하는 경우, 각 결제 방법을 구현하는 클래스들이 동일한 방식으로 동작하도록 표준화된 계약(인터페이스)을 제공할 수 있다.

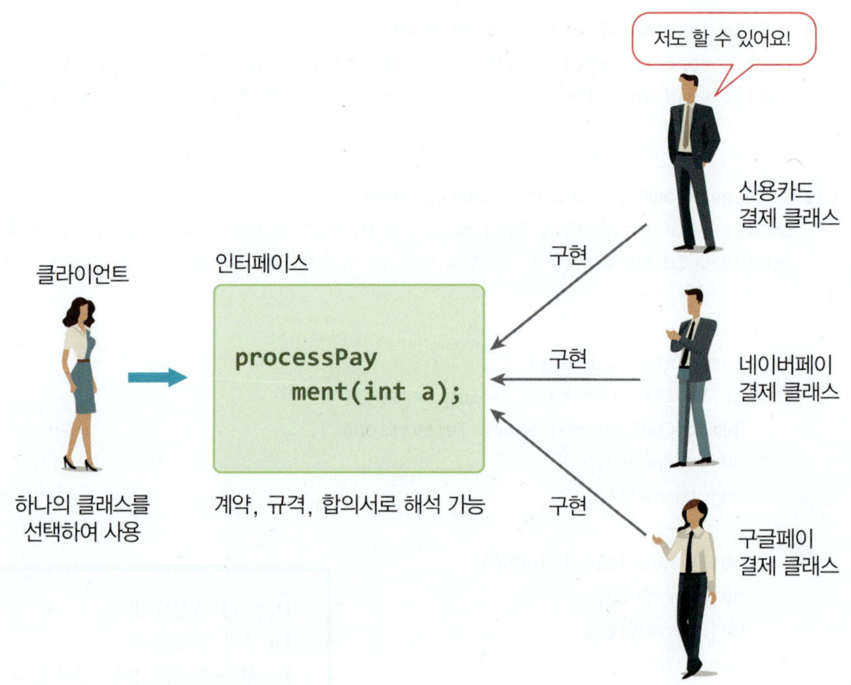

그림 7-8 인터페이스의 주된 용도 예시

클라이언트는 이 중에서 하나를 선택하여 사용할 수 있고, 언제든지 다른 클래스로 교체하여도 될 것이다. 동일한 인터페이스를 구현하고 있기 때문에 교체가 쉽다.

예제 7-3 인터페이스 예제 #2

결제 처리 메소드를 포함하는 인터페이스 PaymentProcessor를 정의한다. 이 인터페이스는 모든 결제 방법이 구현해야 하는 메소드를 표준화한다.

PlaymentService.java

```
interface PaymentProcessor {
    void processPayment(int amount);
}
```

이제 PaymentProcessor 인터페이스를 구현하는 신용카드 결제와 네이버페이 결제를 처리하는 클래스들을 작성한다. 즉, 2개의 클래스가 동일한 인터페이스를 구현하고 있다.

```
class CreditCardProcessor implements PaymentProcessor {
    @Override
    public void processPayment(int amount) {
        System.out.println("신용카드 결제: " + amount);
    }
```

```
}

class NaverPayProcessor implements PaymentProcessor {
    @Override
    public void processPayment(int amount) {
        System.out.println("네이버페이 결제: " + amount);
    }
}
```

PaymentService 클래스는 PaymentProcessor 인터페이스를 사용하여 결제를 처리한다. 이를 통해 결제 방법에 상관없이 동일한 방식으로 결제를 처리할 수 있다.

```
public class PaymentService {
    private PaymentProcessor processor;
    public PaymentService(PaymentProcessor processor) {
        this.processor = processor;
    }
    public void process(int amount) {
        processor.processPayment(amount);
    }

    public static void main(String[] args) {
        PaymentProcessor creditCard = new CreditCardProcessor();
        PaymentProcessor naverPay = new NaverPayProcessor();

        PaymentService service = new PaymentService(creditCard);
        service.process(10000);

        service = new PaymentService(naverPay);          // 결제 모듈 교체
        service.process(20000);
    }
}
```

이 예제에서는 PaymentProcessor 인터페이스를 구현하여 NaverPayProcessor 클래스를 작성하였다. 이를 통해 네이버페이 결제를 처리하도록 하였다. PaymentService 클래스는 PaymentProcessor 타입을 사용하여 결제를 처리하므로, 결제 방법이 NaverPayProcessor로 변경되더라도 PaymentService 클래스의 코드를 수정할 필요가 없다. 이 예제는 인터페이스를 통해 클래스 간의 결합도를 낮추고 유연성을 높이는 좋은 예시이다.

도전문제

1 새로운 결제 수단인 카카오페이(KakaoPayProcessor)를 추가하시오. PaymentProcessor 인터페이스를 구현하는 KakaoPayProcessor 클래스를 작성한다. 결제 시 "카카오페이 결제: 30000"과 같은 메시지를 출력해야 한다. 사용자 입력(또는 코드 내의 조건)에 따라 결제 수단을 선택하는 코드를 작성한다.

인터페이스 간의 상속

인터페이스끼리도 상속이 가능하다. 예를 들어보자. 홈 네트워킹 RemoteControl 인터페이스는 다음과 같았다.

```
public interface RemoteControl {
    public void turnOn();                // 가전제품을 켠다.
    public void turnOff();               // 가전제품을 끈다.
}
```

여기에 2개의 메소드를 추가하면 어떻게 될까?

```
public interface RemoteControl {
    public void turnOn();                // 가전제품을 켠다.
    public void turnOff();               // 가전제품을 끈다.
    public void volumeUp();              // 가전제품의 볼륨을 높인다.
    public void volumeDown();            // 가전제품의 볼륨을 낮춘다.
}
```

기존 인터페이스를 변경시키면 이 인터페이스를 구현하였던 모든 클래스가 동작하지 않게 된다. 이런 경우를 대비하여 인터페이스도 상속이 가능하게 되어 있다.

```
public interface AdvancedRemoteControl extends RemoteControl {
    public void volumeUp();              // 가전제품의 볼륨을 높인다.
    public void volumeDown();            // 가전제품의 볼륨을 낮춘다.
}
```

인터페이스도 다른 인터페이스를 상속받을 수 있다.

이 경우 인터페이스의 사용자들은 예전의 인터페이스를 계속 사용할 것인지 아니면 새 버전으로 업그레이드할 것인지를 선택할 수 있다.

다음과 같은 그림을 기억하도록 하자. 클래스도 extends를 이용하여 상속을 받을 수 있고 인터페이스도 extends를 이용하여 다른 인터페이스를 상속받을 수 있다. 클래스가 인터페이스를 구현할 때는 implements 키워드를 사용한다.

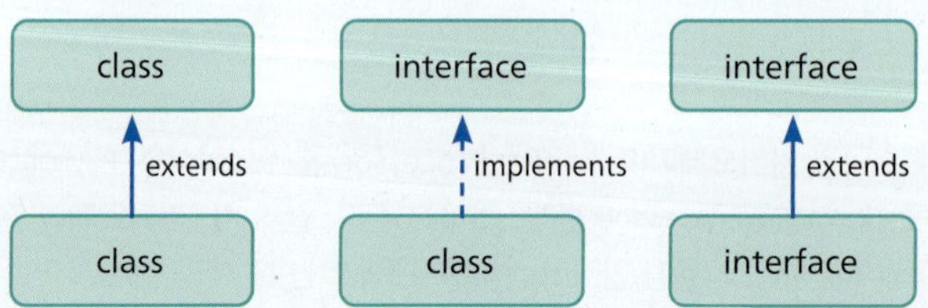

그림 7-9 클래스인지 인터페이스인지에 따라 상속을 의미하는 키워드가 달라진다.

상수 정의

인터페이스에는 상수를 정의할 수 있다. 인터페이스에서 정의한 변수는 자동으로 public static final이 되어서 상수가 된다. 예를 들어서 다음과 같은 MyConstants 인터페이스는 방향을 나타내는 상수를 정의한다.

```
public interface MyConstants {
    int NORTH = 1;
    int EAST = 2;
    int SOUTH = 3;
    int WEST = 4;
}
```

우리는 MyConstants.EAST와 같이 상수를 참조할 수 있다. 만약 클래스가 MyConstants 인터페이스를 구현한다면 단순히 EAST라고 써도 된다.

추상 클래스 vs 인터페이스

추상 클래스와 인터페이스의 차이점을 다음 표로 정리하였다.

특징	추상 클래스(Abstract Class)	인터페이스(Interface)
목적	공통된 특성을 가지는 클래스들의 기본 틀 제공	클래스들이 구현해야 하는 메소드의 청사진 제공
키워드	abstract 키워드 사용	interface 키워드 사용
메소드	추상 메소드와 일반 메소드 모두 포함 가능	추상 메소드와 디폴트 메소드, 정적 메소드 포함 가능
상속	단일 상속만 가능	다중 상속 가능
필드	인스턴스 변수 및 정적 변수 포함 가능	상수(public static final)만 포함 가능
접근 제어자	필드와 메소드에 접근 제어자 사용 가능	모든 필드와 메소드는 암묵적으로 public
구현 강제성	일부 메소드 구현 가능하고 일부는 자식 클래스에서 구현해야 함	모든 메소드는 구현 클래스에서 반드시 구현해야 함
상속 키워드	extends 키워드를 사용하여 상속	implements 키워드를 사용하여 구현
생성자	생성자 포함 가능	생성자 포함 불가
다중 상속	다중 상속 불가	여러 인터페이스를 구현할 수 있어 다중 상속 효과 가능
상속 계층	클래스 계층 구조의 일부로 사용	완전히 다른 클래스 구조에서 독립적으로 구현 가능
사용 예시	공통된 기능을 공유하는 클래스들의 기본 동작과 속성 정의	동작을 강제하고자 할 때 사용

표 7-2 추상 클래스와 인터페이스의 차이점

예제 7-4 Comparable 인터페이스

실제 현장에서 많이 사용하는 인터페이스를 가지고 실습해 보자. 바로 Comparable 인터페이스이다. 이 인터페이스는 우리가 정의하는 것이 아니고 표준 자바 라이브러리에 다음과 같이 정의한다. 이 인터페이스는 객체와 객체의 순서를 비교할 때 사용된다.

```
public interface Comparable {        // 실제로는 제네릭을 사용해서 정의한다.
    int compareTo(Object other);     // -1, 0, 1 반환
}
```

예를 들어서 객체들의 배열을 순서대로 정렬한다고 가정해 보자. 정렬 알고리즘은 배열의 요소들을 반복적으로 비교하여 순서가 맞지 않으면 서로 교환한다. 순서의 기준은 객체마다 다를 수 있다. 따라서 비교하는 메소드는 각각의 클래스가 제공하여야 한다. 정렬 알고리즘은 클래스가 제공하는 메소드를 호출하면 된다. 하지만 메소드의 이름과 매개변수에 대해서 먼저 합의하여야 한다. 바로 이때 인터페이스가 사용되는 것이다.

Comparable 인터페이스는 객체의 자연 순서를 정의하는 데 사용된다. 이 인터페이스는 단일 메소드 compareTo()를 제공하여 두 객체를 비교한다. 학생을 나타내는 클래스 Student를 이용하여 이해해 보자. 이 클래스에서는 학생의 이름, 나이, 성적 등을 기준으로 정렬할 수 있다. Comparable 인터페이스를 구현하는 Student 클래스를 작성하고 학생 객체를 성적을 기준으로 정렬해 보자.

ComparableTest.java

```
import java.util.ArrayList;
import java.util.Collections;
import java.util.List;

class Student implements Comparable<Student> {
    private String name;
    private int score;

    public Student(String name, int score) {
        this.name = name;
        this.score = score;
    }
    @Override
    public int compareTo(Student other) {
        // 점수를 기준으로 내림차순 정렬이기 때문에 other에서 this를 뺀다.
        return other.score - this.score;
    }
    @Override
    public String toString() {
```

인터페이스가 제네릭을 사용하여 정의하고 있다. 제네릭은 클래스에서 사용할 자료형을 코드 작성 시가 아니라 컴파일 시에 지정할 수 있도록 해주는 자바의 기능이다. 꺾쇠 안에 필요한 자료형을 지정한다.

compareTo() 메소드는 두 객체를 비교하는 메소드로, 원래 값을 반환한다.
음수: 현재 객체가 비교 대상보다 작을 때
0: 현재 객체와 비교 대상이 같을 때
양수: 현재 객체가 비교 대상보다 클 때

```java
            return "Student{score=" + score + "}";
        }
    }
    public class ComparableTest {
        public static void main(String[] args) {
            List<Student> students = new ArrayList<>();
            students.add(new Student("Kim", 88));
            students.add(new Student("Park", 95));
            students.add(new Student("Lee", 82));
            students.add(new Student("Choi", 91));

            System.out.println("정렬 전: " + students);
            Collections.sort(students);
            System.out.println("정렬 후: " + students);
        }
    }
```

Collections.sort(numbers)는 리스트의 객체를 compareTo() 메소드에 따라 정렬한다.

```
정렬 전: [Student{score=88}, Student{score=95}, Student{score=82}, Student{score=91}]
정렬 후: [Student{score=95}, Student{score=91}, Student{score=88}, Student{score=82}]
```

도전문제

1. compareTo() 메소드를 수정하여, 학생 이름을 알파벳 오름차순으로 정렬하시오. 예를 들어 "Choi", "Kim", "Lee", "Park" 순으로 정렬되어야 한다.

SELF TEST

1. 클래스가 인터페이스를 구현할 때 사용하는 키워드는 무엇인가?
2. 다음 중 인터페이스를 사용하는 주요 목적이 아닌 것은?
   ❶ 클래스 간의 결합도를 낮춘다.
   ❷ 다양한 클래스에서 동일한 메소드 형식을 강제할 수 있다.
   ❸ 객체 생성(new 연산자) 없이도 동작한다.
   ❹ 다형성을 실현할 수 있다.

7.3 인터페이스를 이용한 다중 상속

다중 상속이란?

다중 상속(Multiple Inheritance)은 말 그대로 '한 클래스가 여러 개의 부모 클래스를 둔다'라고 생각하면 된다. 예를 들어, 하늘을 나는 자동차를 클래스로 만든다고 가정해 보자. 이 클래스는 자동차의 특성도 가져야 하고, 비행기의 특성도 가져야 하니, Car와 Airplane 두 부모 클래스를 동시에 상속받고 싶을 것이다. 하지만 자바는 단호하게 말한다. "안 돼! 부모 클래스는 딱 한 개만 선택해!" 왜냐하면 다중 상속은 코드의 유지 보수성과 안정성을 심각하게 훼손할 수 있기 때문이다.

그림 7-10 다중 상속

자바가 다중 상속을 금지한 이유

다중 상속에서 두 부모 클래스가 같은 메소드를 가지고 있다면, 자식 클래스는 "대체 어떤 메소드를 호출해야 하지?"라는 고민에 빠질 수 있다. 다음 코드를 살펴보자.

```
class Car {
    void move() { System.out.println("Car is driving"); }
}
class Airplane {
    void move() { System.out.println("Airplane is flying"); }
}

class FlyingCar extends Car, Airplane {  // 자바에서는 불가능!
    // move() 호출 시 어떤 부모 클래스의 메소드를 실행할지 애매
}
```

위의 코드에서 클래스 FlyingCar가 Car와 Airplane을 동시에 상속받고 있다. 물론 이것은 자바에서는 허용되지 않지만, 허용된다고 잠시 가정해 보자. Car 클래스와 Airplane 클래스가 각각 move()를 정의하고 있다. FlyingCar 클래스에서 move() 메소드를 호출하면, Car의 메소드가 호출되어야 하는가? 아니면 Airplane의 메소드가 호출되어야 하는가? 다중 상속 구조에서는 이러한 선택이 명확하지 않아 프로그램이 혼란스러워질 수 있다. 이를 '다이아몬드 문제(Diamond Problem)'라고 부르며, 다중 상속을 허용하는 언어(C++ 등)에서는 이 문제를 해결하기 위해 복잡한 규칙을 사용한다.

자바는 이런 혼란을 피하고자 다중 상속을 금지했다. 다중 상속은 코드가 복잡해지고, 디버깅이나 유지 보수가 어려워진다. 상속받은 여러 클래스 간의 충돌이나 의존성을 관리하기 어려워질 수 있다. 자바는 단순성과 명확성을 중요시하여 이런 문제를 원천 차단했다. 대신, 자바는 다음과 같은 기능을 제공하여 다중 상속의 효과를 구현할 수 있도록 한다.

- 자바에서는 하나의 클래스가 동시에 여러 인터페이스를 구현할 수 있다. 이를 통해 다양한 기능을 결합할 수 있다.
- 하나의 클래스는 다른 클래스를 상속받고 다른 인터페이스를 구현할 수 있다.

방법 #1: 2개의 인터페이스를 사용하는 다중 상속

하나의 클래스가 2개의 인터페이스를 구현하면 다중 상속의 효과를 어느 정도 낼 수 있다.

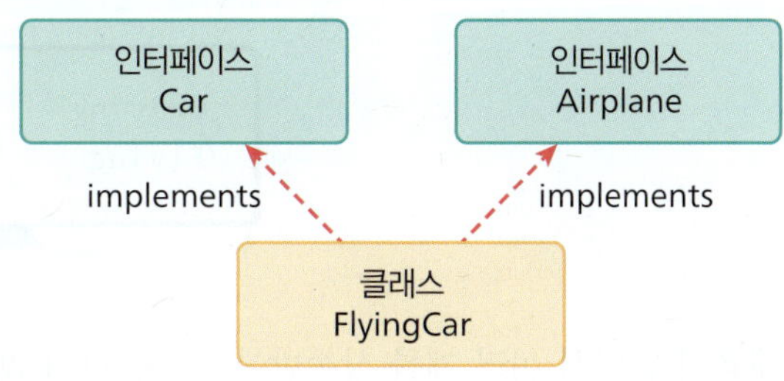

그림 7-11 2개의 인터페이스를 사용하는 다중 상속

Car 인터페이스는 drive() 메소드를 선언한다.

```
// 자동차 기능 인터페이스
interface Car {
    void drive();
}
```

Airplane 인터페이스는 fly() 메소드를 선언한다.

```
// 비행기 기능 인터페이스
interface Airplane {
    void fly();
}
```

FlyingCar 클래스는 Car와 Airplane 인터페이스를 모두 구현한다. 이 클래스는 두 인터페이스에서 선언된 메소드를 모두 구현해야 한다.

FlyingCar1.java

```
public class FlyingCar1 implements Car, Airplane {
    @Override
    public void drive() {
        System.out.println("Driving");
    }

    @Override
    public void fly() {
        System.out.println("Flying");
    }

    public static void main(String args[]) {
        FlyingCar1 obj = new FlyingCar1();
        obj.drive();
        obj.fly();
    }
}
```

```
Driving
Flying
```

인터페이스에는 구현 내용이 없어서 여러 개를 상속받아도 충돌하지 않는다. 메소드 구현은 `FlyingCar` 클래스가 알아서 결정한다. 위의 코드에서는 가독성을 위하여 `drive()`와 `fly()`처럼 서로 다른 메소드 이름을 사용하였지만, `Car` 인터페이스와 `Airplane` 인터페이스에서 동일한 메소드 이름(move)을 사용해도 문제가 없다. 이 경우 `move()` 메소드가 두 인터페이스에 모두 정의되어 있지만, `FlyingCar` 클래스에서 이를 단 하나의 구현으로 제공하면 문제가 없다.

방법 #2: 클래스를 상속하면서 인터페이스 구현

하나의 클래스를 상속받으면서, 다른 인터페이스를 구현해도 다중 상속의 효과를 낼 수 있다.

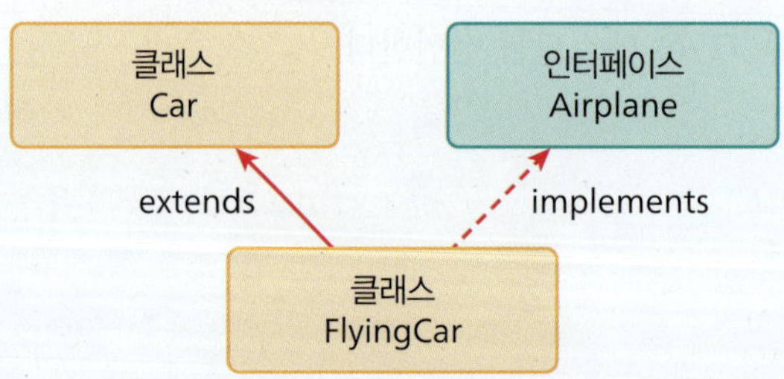

그림 7-12 클래스를 상속하면서 인터페이스 구현

Car 클래스는 자동차의 기본적인 기능을 정의한다. 이 클래스는 2개의 메소드를 제공한다. drive() 메소드는 자동차가 도로 위를 주행하는 기능이고, stop() 메소드는 자동차를 멈추는 기능이다.

FlyingCar2.java

```
class Car {          // Car 클래스 정의
    void drive() {
        System.out.println("도로를 달리고 있습니다.");
    }

    void stop() {
        System.out.println("차량이 정지하였습니다.");
    }
}

interface Airplane {                 // Airplane 인터페이스 정의
    void fly();
}

// FlyingCar 클래스 정의: Car 상속 + Airplane 구현
public class FlyingCar2 extends Car implements Airplane {
    @Override
    public void fly() {
        System.out.println("하늘을 날고 있습니다.");
    }

    public static void main(String[] args) {
        FlyingCar2 myFlyingCar = new FlyingCar2();

        // Car 클래스의 메소드 호출
        myFlyingCar.drive();
        myFlyingCar.stop();

        // Airplane 인터페이스 메소드 호출
        myFlyingCar.fly();
    }
}
```

```
도로를 달리고 있습니다.
차량이 정지하였습니다.
하늘을 날고 있습니다.
```

Airplane 인터페이스는 비행기 관련 기능을 정의한다. 인터페이스는 추상 메소드만 포함하며, 구현체에서 반드시 메소드를 구현해야 한다. FlyingCar 클래스는 Car 클래스를 상속받고, Airplane 인터페이스를 구현한다. 이 클래스는 자동차의 기능과 비행기의 기능을 모두 포함한 '하이브리드' 차량을 나타낸다.

부모 클래스와 인터페이스에 동일한 이름의 메소드가 존재할 경우

자바에서는 클래스의 메소드가 인터페이스의 메소드보다 우선하므로, 부모 클래스에 구현이 있으면 자식 클래스는 그대로 상속받아 사용할 수 있다. 그러나 부모 클래스와 인터페이스가 모두 추상 메소드만 가진 경우에는 자식 클래스가 반드시 오버라이딩하여 구현해야 한다.

FlyingCar3.java

```java
class Vehicle {              // 부모 클래스 정의
    public void start() {
        System.out.println("Vehicle starting...");
    }
}

interface Machine {          // 인터페이스 정의
    void start();            // 동일한 이름의 메소드
}

// 자식 클래스 정의
public class FlyingCar3 extends Vehicle implements Machine {
    @Override
    public void start() {
        System.out.println("FlyingCar starting...");
    }

    public static void main(String[] args) {
        FlyingCar3 myFlyingCar3 = new FlyingCar3();

        // 자식 클래스의 start() 호출
        myFlyingCar.start();  // FlyingCar3의 구현이 호출됨
    }
}
```

```
FlyingCar starting...
```

FlyingCar 클래스는 Vehicle 클래스를 상속하므로, Vehicle 클래스의 public start() 메소드를 그대로 사용할 수 있다. 또한 FlyingCar3 클래스가 Machine 인터페이스를 구현할 때, 인터페이스의 메소드 요구사항도 이미 Vehicle 클래스의 public start() 메소드가 충족하므로 별도의 재정의(override)는 필수가 아니다. 다만, 자식 클래스가 start() 메소드를 자신만의 방식으로 동작하도록 바꾸고 싶다면 선택적으로 오버라이딩할 수 있다.

SELF TEST

1 자바에서 클래스 간 다중 상속을 금지하는 가장 큰 이유는 무엇인가?

2 자바에서는 다중 상속이 필요한 경우를 어떻게 처리하는가?

3 자바에서 부모 클래스와 인터페이스, 또는 두 인터페이스에서 동일한 메소드가 정의되어 있을 때 자식 클래스는 어떻게 처리해야 하는가?

7.4 디폴트 메소드와 정적 메소드

자바의 최신 버전에서는 인터페이스에 대한 내용이 상당히 많이 변경되었다. Java 8에서 디폴트 메소드와 정적 메소드가 추가되었고 Java 9에서는 전용 메소드(private method)까지 추가되었다. 인터페이스에는 추상 메소드만 있어야 한다는 것은 예전 말이 되었다.

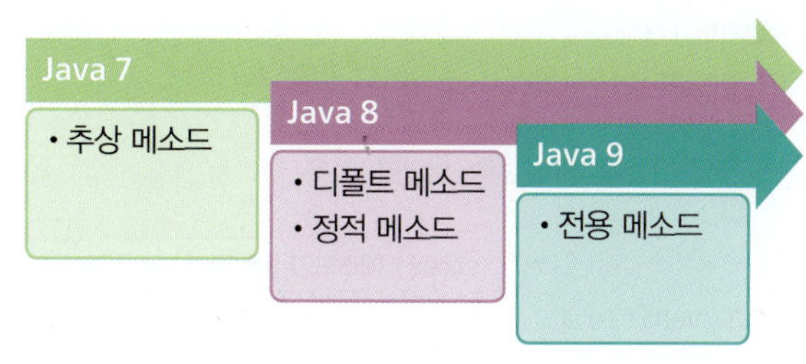

그림 7-13 자바 버전별 인터페이스 변화

디폴트 메소드

디폴트 메소드(default method)는 Java 8에서 인터페이스에게 "나도 이제 기본값 좀 가질래!"라는 권리를 준 기능이다. 기존 인터페이스는 단순히 메소드 선언만 가능했고, 구현하는 클래스는 "이건 네가 알아서 해!"라는 부담을 떠안아야 했다. 하지만 디폴트 메소드 덕분에 이제 인터페이스도 기본 동작을 정의할 수 있다. 디폴트 메소드를 정의하려면, 메소드 앞에 `default` 키워드를 붙이면 된다. 디폴트 메소드 덕분에 클래스가 굳이 모든 추상 메소드를 하나하나 구현하지 않아도 되고, 개발자들은 "이건 기본 구현을 쓰면 되지 뭐~"라는 여유를 가질 수 있게 됐다. 요약하자면, 디폴트 메소드는 인터페이스에게 기본 동작을 선물하고, 개발자들에게는 귀찮음을 덜어주는 Java 8의 선물인 셈이다.

디폴트 메소드가 등장하게 된 가장 중요한 이유는, 인터페이스가 기존의 코드를 건드리지 않고 확장될 수 있도록 하기 위해서이다(하위 호환성 유지). 개발자들이 많이 사용하는 인터페이스에 새로운 메소드가 추가되면 이 인터페이스를 사용하는 모든 클래스가 수정되어야 한다. 디폴트 메소드는 이 문제를 해결한다. 기본 구현이 제공되므로, 클래스가 이 메소드를 따로 구현하지 않아도 된다. 디폴트 메소드와 클래스에서 제공하는 메소드 이름이 충돌하면, 클래스의 메소드가 우선적으로 호출된다.

예제 7-5 디폴트 메소드

다음 코드는 인터페이스에 디폴트 메소드를 추가한 예제이다.

DefaultMethodTest.java

```java
interface Vehicle {
    void start();

    // 디폴트 메소드
    default void stop() {
        System.out.println("정지하고 있습니다.");
    }
}

class Bicycle implements Vehicle {
    @Override
    public void start() {
        System.out.println("자전거가 출발하고 있습니다.");
    }
    // Bicycle 클래스는 디폴트 메소드를 그대로 사용
}

class Car implements Vehicle {
    @Override
    public void start() {
        System.out.println("자동차가 출발하고 있습니다.");
    }

    // 필요에 따라 디폴트 메소드를 오버라이딩할 수 있음
    @Override
    public void stop() {
        System.out.println("ABS를 사용하여 정지합니다.");
    }
}

public class DefaultMethodTest {
    public static void main(String[] args) {
        Vehicle car = new Car();
        car.start();
        car.stop();

        Vehicle bicycle = new Bicycle();
        bicycle.start();
        bicycle.stop();
    }
}
```

보통의 추상 메소드이다.

디폴트 메소드이다. 메소드의 몸체를 제공할 수 있다. Java 8부터 사용이 가능하다.

stop() 메소드가 인터페이스에 기본 구현으로 제공되기 때문에, Bicycle 클래스에서 이를 따로 구현하지 않아도 사용할 수 있다.

```
자동차가 출발하고 있습니다.
ABS를 사용하여 정지합니다.
자전거가 출발하고 있습니다.
정지하고 있습니다.
```

1 현재 Vehicle 인터페이스는 start() 추상 메소드와 stop() 디폴트 메소드를 가지고 있다. 이를 바탕으로 새로운 교통수단 ElectricScooter 클래스를 추가하고 다음 작업을 수행하시오.

- Vehicle 인터페이스를 구현하는 ElectricScooter 클래스를 작성한다.
- start() 메소드를 "전동 스쿠터가 출발합니다."라는 메시지로 구현한다.
- stop() 메소드는 오버라이딩하지 않고, 인터페이스에서 제공하는 디폴트 구현을 그대로 사용한다.

정적 메소드

Java 8부터 인터페이스에 정적 메소드(static method)를 정의할 수 있다. 정적 메소드는 인터페이스 자체에 속하며, 이를 구현하는 클래스와는 무관하게 동작한다. 즉, 클래스 이름으로 호출하는 정적 메소드처럼 인터페이스 이름으로 호출할 수 있다. 정적 메소드는 인터페이스에 고정된 구현을 가지며, 이를 구현하는 클래스에서 재정의할 수 없다. 인터페이스에 관련된 공통 기능(예: 검증, 변환)을 구현할 때 사용한다. 간단한 예제를 살펴보자.

정적 메소드 예제 7-6

인터페이스와 관련된 유틸리티 기능을 정적 메소드로 구현하면, 별도의 유틸리티 클래스 없이 바로 호출할 수 있다. 이메일을 검증하는 정적 메소드를 인터페이스 안에 정의해 보자.

StaticMethodTest.java

```
interface Validator {
    // 정적 메소드: 유효한 이메일인지 확인
    static boolean isValidEmail(String email) {
        return email != null && email.contains("@");
    }
}

public class StaticMethodTest {
    public static void main(String[] args) {
        String email = "example@test.com";
        boolean isValid = Validator.isValidEmail(email);
                                                  // 인터페이스 이름으로 호출
        System.out.println("Is valid email: " + isValid);
                                                  // 출력: Is valid email: true
    }
}
```

```
Is valid email: true
```

1 `Validator` 인터페이스에 전화번호가 유효한지 확인하는 정적 메소드를 추가하시오.

- 메소드 이름: `isValidPhone(String phone)`
- 검증 조건: `null`이 아니고, 길이가 10 또는 11이며, 숫자만 포함되어야 한다.

정적 팩토리 메소드

최근에 인터페이스에서도 팩토리 메소드(factory method)가 있는 것이 좋다고 간주한다. 팩토리(factory)는 공장이라는 의미이고 팩토리 메소드는 공장처럼 객체를 생성하는 정적 메소드이다. 이것은 디자인 패턴의 하나로, 객체를 만드는 부분을 부모 클래스에 위임하는 패턴이다. 즉, new를 호출하여 객체를 생성하는 코드를 부모 클래스에 위임한다는 의미이다. Java 8부터 인터페이스에 정적 메소드를 정의할 수 있게 되면서, 팩토리 메소드를 인터페이스에 포함할 수 있다. 팩토리 메소드는 객체 생성 로직을 캡슐화하여 코드의 재사용성과 확장성을 높이는 데 유용하다.

정적 팩토리 메소드

이 예제는 인터페이스에 팩토리 메소드를 정의하여 객체 생성 로직을 캡슐화하는 방법을 보여준다. 사용자는 구체적인 클래스 이름이 아니라 문자열만 전달하고 있고 팩토리 메소드가 문자열을 해석하여 적절한 객체를 생성해서 반환한다. 이를 통해 코드의 유연성과 재사용성을 높일 수 있다. 즉, 사용자가 구체적인 클래스 이름을 몰라도 된다.

FactoryMethodTest.java

```java
interface Shape {
    void draw();

    // 팩토리 메소드
    static Shape create(String type) {
        switch (type) {
        case "circle":
            return new Circle();
        case "rectangle":
            return new Rectangle();
        default:
            throw new IllegalArgumentException("Unknown shape type");
                                                                    // 예외 발생
        }
    }
}
```

```java

class Circle implements Shape {
    @Override
    public void draw() {
        System.out.println("원을 그립니다.");
    }
}

class Rectangle implements Shape {
    @Override
    public void draw() {
        System.out.println("사각형을 그립니다.");
    }
}

public class FactoryMethodTest {
    public static void main(String[] args) {
        // 팩토리 메소드를 사용하여 객체 생성
        Shape circle = Shape.create("circle");
        circle.draw();

        Shape rectangle = Shape.create("rectangle");
        rectangle.draw();
    }
}
```

```
"원을 그립니다."
"사각형을 그립니다."
```

도전문제

1 Triangle 클래스를 새로 만들어 Shape 인터페이스를 구현하시오. draw() 메소드는 "삼각형을 그립니다."라고 출력한다. Shape.create(String type) 메소드 안에 "triangle"이라는 문자열이 전달되면 Triangle 객체를 생성하도록 코드를 수정한다.

전용 메소드

전용 메소드(Private Method)는 Java 9에서 도입된 기능으로, 인터페이스 안에서만 사용할 수 있는 비공개 메소드를 정의할 수 있다. 이는 코드 재사용성과 가독성을 높이기 위해 도입된 기능이다. 전용 메소드는 인터페이스 안에서만 호출할 수 있으며, 디폴트 메소드나 정적 메소드에서 호출하여 사용할 수 있다. 인터페이스 외부에서는 직접 호출할 수 없다.

PrivateMethodTest.java

```java
interface ExampleInterface {
    // 디폴트 메소드
    default void show() {
        log("어떤 일이 발생하였습니다...");
    }

    // 전용 메소드(인스턴스 전용)
    private void log(String message) {
        System.out.println("[LOG]: " + message);
    }
}

public class PrivateMethodTest {
    public static void main(String[] args) {

        ExampleInterface example = new ExampleInterface() { };
        example.show();     // 출력: [LOG]: 어떤 일이 발생하였습니다...
    }
}
```

이름없이 클래스를 정의하고 객체까지 생성하는 기능이다. 후반부를 참조한다.

디폴트 메소드와 정적 메소드에서 공통으로 사용하는 코드를 전용 메소드로 분리하여 중복을 방지할 수 있다. 이를 통해 인터페이스 내 코드가 더 간결하고 읽기 쉬워진다. 전용 메소드는 오직 인터페이스 내부에서만 사용 가능하며, 구현 클래스나 외부 코드에서 호출할 수 없다. 전용 메소드는 인터페이스를 구현하는 클래스에서 재정의할 수 없다. 이는 전용 메소드가 인터페이스 내부의 도우미(helper) 메소드로 설계되었기 때문이다.

SELF TEST

1. Java 8부터 인터페이스에도 정적 메소드를 정의할 수 있다. 인터페이스의 정적 메소드는 어떤 방식으로 호출할 수 있는가?
2. 인터페이스에서 디폴트 메소드를 도입한 주된 목적은 무엇인가?
3. Java 9부터 인터페이스에 전용(private) 메소드가 허용되었다. 이 메소드는 어디에서만 호출할 수 있는가?
4. 인터페이스에 정의된 정적 팩토리 메소드를 이용해 객체를 생성하는 방식을 무엇이라고 하며, 이 방식을 사용하면 얻을 수 있는 장점 한 가지를 쓰시오.

List 인터페이스

LAB

우리는 이제까지 ArrayList라는 동적 배열을 사용해왔다. ArrayList는 List 인터페이스를 구현하는 대표 클래스이다. 자바의 List 인터페이스는 순서가 있는 컬렉션을 나타낸다.

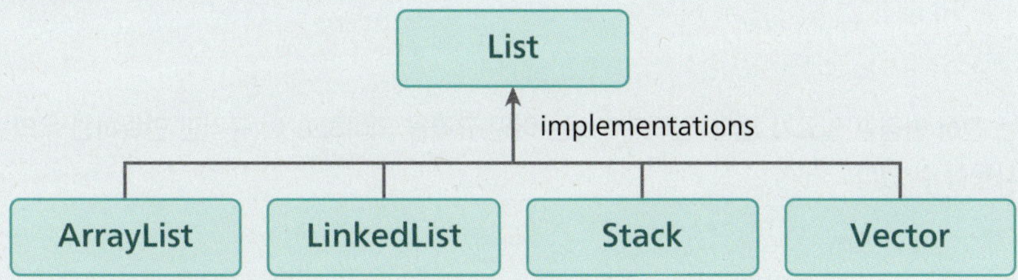

예를 들어서 다음과 같은 코드가 가능하다. 인터페이스 참조 변수로 객체를 가리키고 있는 점에 유의하자. 이렇게 해야 여러 가지 장점이 발생한다.

ArrayListTest.java

```java
import java.util.*;

public class ArrayListTest {
    public static void main(String[] args) {
        // ArrayList 생성
        List<String> arrayList = new ArrayList<String>(); // 문자열을 저장하는 List

        // 요소 추가
        arrayList.add("Apple");
        arrayList.add("Banana");
        arrayList.add("Cherry");

        // 요소 출력
        System.out.println("ArrayList 요소들: " + arrayList);

        // 요소 접근
        String fruit = arrayList.get(1);             // Banana
        System.out.println("인덱스 #1의 요소: " + fruit);

        // 요소 제거
        arrayList.remove("Banana");
        System.out.println("삭제 후의 ArrayList: " + arrayList);
    }
}
```

```
ArrayList 요소들: [Apple, Banana, Cherry]
인덱스 #1의 요소: Banana
삭제 후의 ArrayList: [Apple, Cherry]
```

ArrayList는 내부적으로 배열을 사용하여 데이터를 저장하며 인덱스를 사용한 접근이 빠르다. 하지만 요소를 추가하거나 제거할 때 배열의 크기를 조정해야 하므로, 이러한 작업은 상대적으로 느릴 수 있다. LinkedList는 내부적으로 이중 연결 리스트를 사용하여 데이터를 저장한다. 요소를 추가하거나 제거할 때는 빠르지만, 인덱스를 사용한 접근은 상대적으로 느리다. 만약 위의 코드에서 ArrayList 대신에 LinkedList 클래스를 사용하면 어떻게 하면 될까? 한 줄만 변경하면 된다.

```
List<String> arrayList = new LinkedList<>();
```

다른 코드는 전혀 변경할 필요가 없다. 인터페이스는 어떤 규격을 의미하고 이 규격만 만족하면 우리는 어떤 클래스든지 사용할 수 있다.

7.5 중첩 클래스

자바에서는 클래스 안에 또 다른 클래스를 넣을 수 있다. 이걸 들으면 '클래스 안에 또 클래스? 이건 또 뭘까?'라고 생각할 수도 있겠다. 이렇게 다른 클래스를 품고 있는 클래스를 외부 클래스(outer class)라고 부르고, 그 안에 포함된 클래스를 중첩 클래스(nested class)라고 부른다. 쉽게 말해, '큰 집(outer class)에 작은 방(nested class)을 하나 만든다'라고 이해하면 된다. 외부 클래스는 마치 집주인처럼 중첩 클래스를 관리하며, 중첩 클래스는 그 집에서 잘 지내는 착한 세입자 같은 느낌이다. 자바에서 이렇게 클래스 안에 클래스를 넣는 이유는 "이 둘은 떼려야 뗄 수 없는 친근한 관계야!"라는 것을 코드로 표현하려는 의도이다.

Syntax: 중첩 클래스 정의

```
class OuterClass {
    ...
    class NestedClass {
        ...
    }
}
```

OuterClass

NestedClass

중첩 클래스의 종류

중첩 클래스는 다음과 같이 분류할 수 있다.

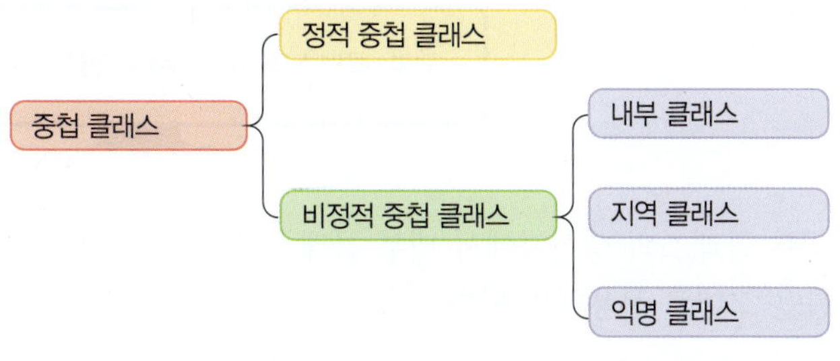

그림 7-14 중첩 클래스 분류

- **정적 중첩 클래스:** 앞에 static이 붙어서 내장하는 클래스
- **비정적 중첩 클래스:** static이 붙지 않은 일반적인 중첩 클래스
    - **내부 클래스(inner class):** 클래스의 멤버처럼 선언하는 중첩 클래스
    - **지역 클래스(local class):** 메소드의 몸체 안에서 선언하는 중첩 클래스
    - **익명 클래스(anonymouse class):** 수식의 중간에서 선언하고 바로 객체화하는 클래스

내부 클래스

클래스 안에 클래스를 선언하는 경우이다. 내부 클래스의 접근 지정자는 public, private, protected, package(default)일 수 있다. 내부 클래스는 외부 클래스의 인스턴스 변수와 메소드를 전부 사용할 수 있다. private로 선언되어 있어도 접근이 가능하다. 이것이 최대 장점이다. 간단한 예제를 작성해 보자.

InnerClassTest.java

```
class OuterClass {
    private int value = 10;

    class InnerClass {
        public void myMethod() {
            System.out.println("외부 클래스의 private 변수 값: " + value);
        }
    }

    OuterClass() {
        InnerClass obj = new InnerClass();
        obj.myMethod();
    }
}

public class InnerClassTest {
    public static void main(String[] args) {
        OuterClass outer = new OuterClass();
    }
}
```



```
외부 클래스의 private 변수 값: 10
```

위의 코드에서는 외부 클래스의 생성자에서 내부 클래스의 객체를 생성하였다. 이때는 그냥 내부 클래스의 이름을 그대로 사용하면 된다.

만약 외부 클래스의 바깥에서 내부 클래스의 객체를 생성하려면 다음과 같이 약간 생소한 문법을 사용하여야 한다. 내부 클래스의 객체는 외부 클래스의 객체가 먼저 생성되어 있어야 생성될 수 있다. 내부 클래스는 외부에서 사용하지 않는 것이 원칙이다.

```
...
OuterClass outer = new OuterClass();
OuterClass.InnerClass inner = outer.new InnerClass();
...
```

내부 클래스도 외부 클래스의 인스턴스 멤버이다. 따라서 외부 클래스 객체가 만들어져야 내부 클래스도 만들 수 있다.

중첩 클래스를 사용하는 이유

중첩 클래스는 우리를 상당히 머리 아프게 한다. 왜 이런 구조를 사용하는 것일까? 중첩 클래스를 사용하는 이유는 다음과 같다.

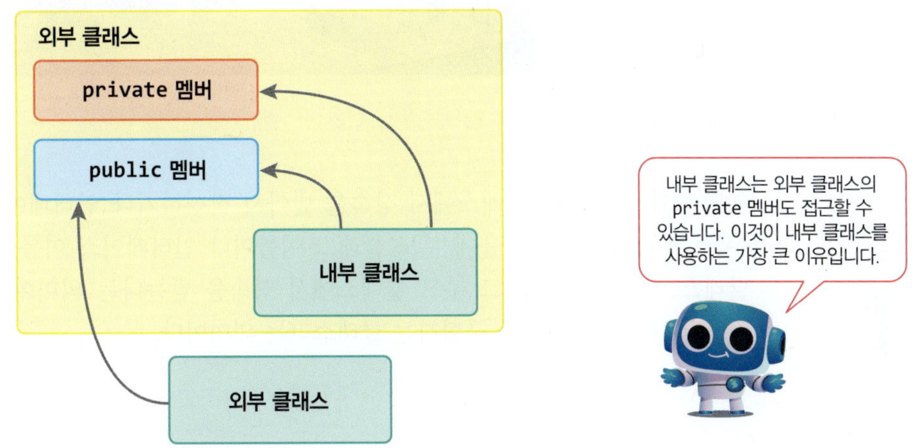

그림 7-15 중첩 클래스를 사용하는 이유

- 중첩 클래스는 외부 클래스의 멤버가 private으로 선언되어 있더라도 접근할 수 있다.
- 중첩 클래스는 외부에서 보이지 않는다. 즉, 철저하게 감춰진다.
- 중첩 클래스는 GUI에서 콜백 메소드(callback method)를 작성할 때 아주 편리하다.

익명 클래스

익명 클래스(Anonymous Class)는 이름도 없고, 존재감도 잠깐뿐인 클래스이다. 자바에서는 '단 한 번만' 필요한 클래스 정의를 위해 만들어졌다. 이름이 없으니 재사용? 그런 것은 없다! 익명 클래스는 주로 인터페이스, 추상 클래스, 일반 클래스를 '즉석에서' 확장하거나 구현할 때 유용하다. 한마디로, "난 네가 필요한 그 순간에만 존재할 거야!"라는 태도를 가진 클래스이다. 익명 클래스는 인스턴스를 생성하면서 동시에 정의되기 때문에, 별도로 클래스 이름을 지어줄 필요가 없다. 덕분에 코드가 간결해지고, 개발자는 "클래스 이름을 뭐로 하지?"라는 고민을 덜 수 있다. 익명 클래스의 특징은 딱 하나! 딱 한 번 사용되고 사라진다는 점이다.

그림 7-16 익명 클래스

익명 클래스는 부모 클래스에서 상속을 받아서 작성하거나 인터페이스를 구현하여 작성할 수 있다. new 연산자 다음에 부모 클래스 이름이나 인터페이스 이름을 적어주면 된다. 부모 클래스 이름을 적으면 그 부모 클래스에서 상속을 받는다는 의미이고, 인터페이스 이름을 적으면 그 인터페이스를 구현하는 클래스라는 의미이다.

Syntax: 익명 클래스 정의

상속받고자 하는 부모 클래스의 이름이나 구현하고자 하는 인터페이스의 이름을 적는다.

```
부모클래스 참조변수 = new 부모클래스() {
    ...  // 클래스 구현
};
```

이름이 있는 클래스와 익명 클래스를 비교해 보자. 부모 클래스 이름이 Vehicle이라고 하자.

이름이 있는 클래스의 경우

```
class Car  extends Vehicle {
    ...
}
Vehicle obj = new Car();
```

익명 클래스의 경우

```
Vehicle  obj = new Vehicle() { ... };
```

인터페이스를 구현하는 익명 클래스를 작성해 보면 다음과 같다.

AnonyTest1.java

```
public interface RemoteControl {
    void turnOn();
    void turnOff();
}

public class AnonyTest1 {
    public static void main(String args[]) {
        RemoteControl obj = new RemoteControl() {        // 익명 클래스 정의
            public void turnOn() {
                    System.out.println("TV turnOn()");
            }
            public void turnOff() {
                System.out.println("TV turnOff()");
            }
        };
        obj.turnOn();
        obj.turnOff();
    }
}
```

익명 클래스를 정의하면서 동시에 객체도 생성한다.

```
TV turnOn()
TV turnOff()
```

익명 클래스도 필드와 메소드를 정의할 수 있다. 익명 클래스는 주로 그래픽 사용자 인터페이스의 이벤트 처리기를 구현하는 경우에 많이 사용된다. 이벤트 처리 객체는 하나만 생성하면 돼서 구태여 클래스에 이름을 붙일 필요가 없다.

익명 클래스에서 지역 변수 사용하기

자바에서 메소드의 지역 변수는 메소드가 실행되는 동안만 존재하고, 종료되면 스택에서 사라진다. 반면 익명 클래스의 인스턴스는 메소드가 끝난 후에도 살아남아 이벤트 리스너나 스레드에서 계속 사용될 수 있다. 만약 익명 클래스가 지역 변수를 직접 참조한다면, 메소드 종료 뒤 해당 변수가 사라져 문제가 생긴다. 이를 방지하기 위해 자바 컴파일러는 지역 변수의 복사본을 내부적으로 만들어 사용한다. 그러나 변수가 계속 변경될 수 있다면 원본과 복사본 값이 달라져 혼란이 발생할 수 있다. 따라서 익명 클래스에서 접근하는 지역 변수는 `final` 혹은 `effectively final`(한 번만 값이 할당되는 경우) 이어야 한다. 이렇게 해야만 변수가 안전하게 복사되어 일관성을 유지할 수 있다.

```
public static void main(String args[]) {
   final int count = 10;
   RemoteControl obj = new RemoteControl() {            // 익명 클래스 정의
       System.out.println(count);
       ...
```

예제 7-8 익명 클래스

익명 클래스를 사용하여 추상 클래스를 즉석에서 확장하는 예제를 살펴보자.

AnonyTest2.java

```java
abstract class Animal {
    abstract void sound();
}

public class AnonyTest2  {
    public static void main(String[] args) {
        // 익명 클래스 정의와 객체 생성
        Animal dog = new Animal() {
            @Override
            void sound() {
                System.out.println("Dog barks!");
            }
        };

        dog.sound();
    }
}
```

```
Dog barks!
```

도전문제

1 Animal 추상 클래스를 이용하여 익명 클래스로 Cat 객체를 생성하시오. sound() 메소드는 "Cat meows!"를 출력하도록 구현한다. cat.sound()를 호출해서 출력 결과를 확인한다.

SELF TEST

1 내부 클래스(Inner Class)에서 외부 클래스의 private 멤버에 접근할 수 있는 이유는 무엇인가?

2 익명 클래스(Anonymous Class)의 특징 중 하나는 클래스 이름이 없다는 점이다. 이로 인해 발생하는 장점 한 가지를 설명하시오.

3 익명 클래스는 주로 어디에 사용되는가?

스택 인터페이스 구현하기

Mini Project 수행하기

난이도: ★★★☆☆
주제: 인터페이스 구현

스택(stack)은 요소가 후입선출 방식으로 추가되고 제거되는 자료 구조이다. 즉, 나중에 추가된 요소가 가장 먼저 제거된다. 스택은 프로그램에서 다양한 용도로 사용된다. 예를 들어 웹 브라우저에서 우리가 [뒤로가기] 버튼을 눌러서 가장 최근에 방문한 페이지로 되돌아갈 때 스택을 사용한다.

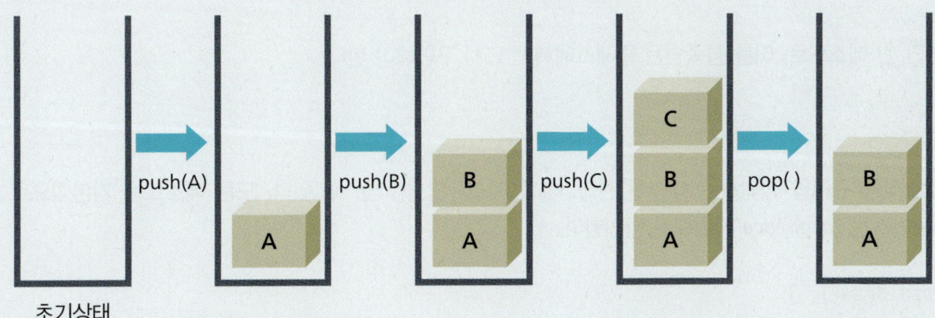

Stack 인터페이스를 설계하고 이를 구현한 클래스를 작성하는 프로젝트이다. 스택의 기본 연산(삽입, 삭제, 조회)을 구현하고, 이를 테스트하는 프로그램을 작성한다. Stack 인터페이스는 다음 메소드들을 포함해야 한다.

- **void push(int item):** 스택에 아이템 추가
- **int pop():** 스택의 최상위 아이템을 제거하고 반환
- **int peek():** 스택의 최상위 아이템을 제거하지 않고 반환
- **boolean isEmpty():** 스택이 비어 있는지 확인
- **int size():** 스택에 저장된 아이템의 개수 반환

배열을 기반으로 Stack 인터페이스를 구현하는 ArrayStack 클래스를 작성한다. 배열의 초기 크기는 100으로 설정한다. 테스트 코드의 일부는 다음과 같다.

```
public class Test {
    public static void main(String[] args) {
        Stack stack = new ArrayStack();

        // 스택에 데이터 삽입
        stack.push(10);
        stack.push(20);

        int item = stack.pop();
    ...
    }
}
```

Summary

- 추상 클래스는 공통된 특성을 가지는 클래스들의 기본 틀을 제공하며, 객체를 직접 생성할 수 없다. 추상 메소드와 일반 메소드, 필드를 포함할 수 있다.

```
abstract class Animal { String name; abstract void sound(); }
```

- 추상 메소드는 구현 없이 선언만 한 메소드로, 이를 상속받은 클래스에서 반드시 구현해야 한다.

```
abstract void sound();
```

- 인터페이스는 클래스 간의 상호작용 규격을 정의하는 데 사용한다. 추상 메소드만을 가질 수 있다. 모든 메소드는 기본적으로 public abstract이다. 인터페이스는 interface 키워드로 정의한다.

```
interface Drawable { void draw(); }
```

- 인터페이스를 상속받는 클래스는 반드시 인터페이스 안에 정의한 추상 메소드들을 구현하여야 한다. 즉, 메소드의 몸체를 만들어야 한다.

```
class Circle implements Drawable { public void draw() { System.out.println("o"); } }
```

- 인터페이스를 이용하면 다중 상속의 효과를 낼 수 있다. 한 클래스가 여러 인터페이스를 구현할 수 있어 다중 상속 효과를 낼 수 있다.

```
class FlyingCar implements Drivable, Flyable { ... }
```

- 인터페이스의 디폴트 메소드는 인터페이스에서 기본 구현을 제공하며, 기존 코드를 수정하지 않고 확장이 가능하다.

```
interface Greeting { default void hello() { System.out.println("Hello"); } }
```

- 인터페이스의 정적 메소드는 인터페이스 이름으로 호출되며, 고정된 유틸리티 메소드로 활용한다.

```
interface MathUtil { static int add(int a,int b){ return a+b; } }
```

- 중첩 클래스는 클래스 안에 정의되는 클래스를 나타낸다. 중첩 클래스에는 내부 클래스, 지역 클래스, 익명 클래스 등이 있다. 중첩 클래스를 사용하는 이유는 외부 클래스 안의 멤버들을 자유롭게 사용하기 위해서이다.

```
class Outer { class Inner { void show(){ System.out.println("Inner"); } } }
```

- 익명 클래스는 이름 없이 클래스 정의와 객체 생성을 동시에 수행하는 구조로, 한 번만 사용할 경우 유용하다.

```
Runnable r = new Runnable(){ public void run(){ System.out.println("Run"); } };
```

Exercises

1. 다음 중 추상 클래스에 대한 설명으로 올바른 것은?

   ❶ 추상 클래스는 객체를 생성할 수 있다.
   ❷ 추상 클래스는 반드시 추상 메소드를 포함해야 한다.
   ❸ 추상 클래스는 다른 클래스에서 상속받을 수 없다.
   ❹ 추상 클래스는 하나 이상의 추상 메소드를 가질 수 있다.

2. 다음 중 자바 인터페이스의 특징으로 올바른 것은?

   ❶ 인터페이스는 생성자를 가질 수 있다.
   ❷ 인터페이스는 다중 상속을 지원하지 않는다.
   ❸ 인터페이스의 모든 필드는 기본적으로 `public static final`이다.
   ❹ 인터페이스의 추상 메소드를 구현 클래스에서 구현하지 않아도 된다.

3. 다음 중 추상 클래스와 인터페이스의 공통점으로 올바른 것은?

   ❶ 둘 다 객체를 생성할 수 있다.
   ❷ 둘 다 다중 상속을 지원한다.
   ❸ 둘 다 추상 메소드를 포함할 수 있다.
   ❹ 둘 다 생성자를 가질 수 있다.

4. 내부 클래스에서 외부 클래스의 `private` 멤버에 접근하려면 어떻게 해야 하는가?

   ❶ 내부 클래스에서 직접 접근할 수 있다.
   ❷ 외부 클래스의 `getter` 메소드를 반드시 사용해야 한다.
   ❸ 내부 클래스의 메소드를 `static`으로 정의해야 한다.
   ❹ 접근할 수 없다.

5. 익명 클래스는 주로 어떤 경우에 사용하는가?

   ❶ 한 번만 사용할 객체를 구현할 때
   ❷ 여러 번 재사용할 클래스를 정의할 때
   ❸ 복잡한 클래스 계층 구조를 만들 때
   ❹ 정적 멤버를 포함한 클래스를 작성할 때

6. 다음 코드에서 잘못된 부분을 찾으시오.

```
abstract class A {
    public abstract void print();
    public void display() { }
}
class B extends A { }
```

7. 다음 코드에서 잘못된 부분을 찾아 올바르게 수정하시오.

```
public interface A {
    void myMethod(int a) {
        System.out.println("Hello World!");
    }
}
```

8. 다음 코드는 컴파일 오류이다. 문제점을 찾으시오.

```
interface A {
    void sub();
}
class B implements A {
    void sub() {
    System.out.println("sub()");
    }
}
```

인터페이스 메소드는 반드시 public으로 구현해야 한다. 인터페이스 메소드는 기본적으로 public이므로, 구현할 때 메소드의 가시성을 줄여서는 안 된다.

9. 다음은 도형에 적용할 수 있는 인터페이스이다. 이 인터페이스를 구현하는 클래스 Rectangle을 정의하고 테스트하시오.

```
interface CalArea {
    double getArea();
}
```

10. 다음과 같은 2개의 인터페이스를 동시에 구현하는 클래스 C를 작성하시오.

```
interface A {
    int add(int a, int b);
}
interface B {
    int sub(int a, int b);
}
```

11. 익명 클래스가 선언된 메소드 안에서 지역 변수를 사용하려면, 그 지역 변수를 어떻게 선언하여야 하는가?

메소드가 끝나면 지역 변수는 스택에서 사라진다.

12. 디폴트 메소드가 인터페이스에 도입된 주요 이유는?

❶ 인터페이스의 모든 메소드를 구현 클래스에서 반드시 재정의하도록 강제하기 위해
❷ 기존 인터페이스에 새로운 메소드를 추가해도 구현 클래스에 영향을 주지 않기 위해
❸ 인터페이스에서 정적 메소드를 사용하기 위해
❹ 인터페이스의 상속을 금지하기 위해

13. 익명 클래스를 이용하여 객체를 생성하는 코드를 빈칸에 작성하시오.

```
interface Greeting {
    void sayHello();
}
public class Test {
    public static void main(String[] args) {
        ______________________________________;
            @Override
            public void sayHello() {
                System.out.println("Hello, Anonymous Class!");
            }
        };
        greeting.sayHello();
    }
}
```

Programming Exercises

난이도: ★★★☆☆
주제: 추상 클래스와 상속

1. 추상 클래스 Shape를 작성하고, 이 클래스에 추상 메소드 calculateArea()와 일반 메소드 printArea()를 추가한다. Shape 클래스를 상속받는 Circle 클래스와 Rectangle 클래스를 작성하여 각각 원과 직사각형의 면적을 계산하는 프로그램을 작성하시오. Circle 클래스는 반지름을 입력받아 면적을 계산한다. Rectangle 클래스는 너비와 높이를 입력받아 면적을 계산한다.

```
public class Test {
    public static void main(String[] args) {
        Shape circle = new Circle(5);               // 반지름 5
        System.out.print("Circle: ");
        circle.printArea();

        Shape rectangle = new Rectangle(4, 6);      // 너비 4, 높이 6
        System.out.print("Rectangle: ");
        rectangle.printArea();
    }
}
```

난이도: ★★☆☆☆
주제: 인터페이스, 난이도

2. 비디오 플레이어는 play와 stop을 조작할 수 있다. 인터페이스 Controllable을 아래와 같이 정의한다. Controllable 인터페이스를 구현하는 VideoPlayer 클래스를 작성하고 테스트하시오.

```
public interface Controllable {
    void play();
    void stop();
}
```

난이도: ★★★☆☆
주제: 인터페이스 구현, 객체 배열

3. Animal 인터페이스를 작성하고, 이 인터페이스에 makeSound() 메소드를 정의한다. Dog 클래스와 Cat 클래스는 Animal 인터페이스를 구현하여 각각 "Woof"와 "Meow"를 출력한다. Animal 타입의 배열을 사용해 여러 동물의 소리를 출력하시오.

```
// Animal 인터페이스 정의
interface Animal {
    void makeSound();
}
```

4. Flyable 인터페이스와 Swimmable 인터페이스를 작성하고, 각각 fly()와 swim() 메소드를 정의하시오. Duck 클래스는 두 인터페이스를 구현하여 "Duck is flying"과 "Duck is swimming"을 출력한다.

난이도: ★★★☆☆
주제: 다중 상속

```
// 메인 클래스
public class Test {
    public static void main(String[] args) {
        Duck duck = new Duck();     // Duck 객체 생성
        duck.fly();                 // 출력: Duck is flying
        duck.swim();                // 출력: Duck is swimming
    }
}
```

5. 다음과 같은 인터페이스가 있다. 익명 클래스 형식으로 인터페이스 Animal의 객체를 생성하여 bark() 메소드를 호출하시오.

난이도: ★★★☆☆
주제: 익명 클래스

```
interface Animal{
    void bark();
}

public class Test {
    public static void main(String[] args) {
        Animal dog = _______________________________;
        dog.bark();
    }
}
```

6. Calculator 인터페이스를 작성하고, calculate(int a, int b) 메소드를 선언한다. 익명 클래스를 사용하여 두 숫자의 합을 계산하는 프로그램을 작성하시오. 예를 들어, calculate(5, 3)을 호출하면 8을 출력한다.

난이도: ★★★☆☆
주제: 익명 클래스

```
// Calculator 인터페이스 정의
interface Calculator {
    int calculate(int a, int b);
}
```

난이도: ★★★☆☆
주제: 인터페이스

7. GameCharacter 인터페이스를 통해 캐릭터의 움직임과 공격 동작을 표준화하고, Warrior 클래스와 Mage 클래스에서 이를 구현하여 테스트하시오. GameCharacter 인터페이스는 2개의 메소드를 선언한다. move()는 캐릭터의 이동 동작을 정의한다. attack()은 캐릭터의 공격 동작을 정의한다.

```
interface GameCharacter {
    void move();
    void attack();
}
```

Warrior 클래스는 GameCharacter 인터페이스를 구현하며, 다음과 같은 동작을 정의한다. move()는 "전사는 앞으로 이동한다."를 출력한다. attack()은 "전사가 검으로 공격한다."를 출력한다. 아래는 샘플 코드이다.

```
class Warrior implements GameCharacter {
    @Override
    public void move() {
        System.out.println("전사는 앞으로 이동한다.");
    }

    @Override
    public void attack() {
        System.out.println("전사가 검으로 공격한다.");
    }
}
```

Mage 클래스도 GameCharacter 인터페이스를 구현하며, 다음과 같은 동작을 정의한다. move()는 "마법사가 앞으로 이동한다."를 출력한다. attack()은 "마법사가 불꽃을 던진다."를 출력한다. Test 클래스는 GameCharacter 인터페이스를 사용하여 Warrior와 Mage 객체를 생성하고, 각 객체의 move() 및 attack() 메소드를 호출한다.

CHAPTER 08

자바 GUI 기초

학습목표

- 객체 지향 기법을 사용하여 GUI 화면을 구성한다.
- 버튼, 텍스트 필드, 레이블을 원하는 대로 화면에 배치한다.
- 패스워드가 보이지 않게 입력받는다.
- 화면에 이미지를 표시한다.

학습목차

핵심 키워드

GUI, SWING, 컨테이너, 배치 관리자

CHAPTER

08 자바 GUI 기초

8.1 자바 GUI 소개

자바 GUI(Graphical User Interface)는 콘솔의 딱딱한 흑백 화면을 벗어나 창, 버튼, 입력 필드 같은 다채로운 컬러 세상으로 사용자를 초대하는 기술이다. GUI 덕분에 사용자는 애플리케이션과의 소통이 한층 더 직관적이고 더 편해졌다. 이제는 복잡한 명령어를 외울 필요 없이, 버튼만 누르면 한 번에 일이 처리된다.

우리가 자바 GUI를 배우는 또 하나의 중요한 이유는 바로 앞에서 학습한 **객체 지향 프로그래밍(Object-Oriented Programming; OOP)**의 개념을 확실히 이해하기 위해서이다. GUI는 OOP를 눈으로 확인하고 손으로 직접 다룰 수 있는 훌륭한 연습장이 된다. 예를 들어, 버튼은 객체이다. 창도 객체이고, 사용자가 입력한 텍스트 필드도 객체이다. 이런 다양한 객체들이 서로 협력하여 프로그램을 완성하는 과정을 통해 "아, 이게 바로 OOP구나!"하고 감탄하게 될 것이다. 단순히 콘솔에서 출력하고 입력하는 것만으로는 느낄 수 없었던 객체 간의 상호작용과 재사용성의 진가를 GUI 개발 과정에서 생생히 체험할 수 있는 것이다. 이러한 목적으로 이 책에서 GUI 관련 내용을 OOP 내용 바로 뒤에 넣었다.

객체로 만들어진 컴포넌트

그림 8-1은 스윙에서 제공되는 각종 컴포넌트를 보여준다. 컴포넌트는 버튼과 같이 GUI를 구성하는 시각적 요소를 의미한다. 컴포넌트들은 객체 형태로 제작된다.

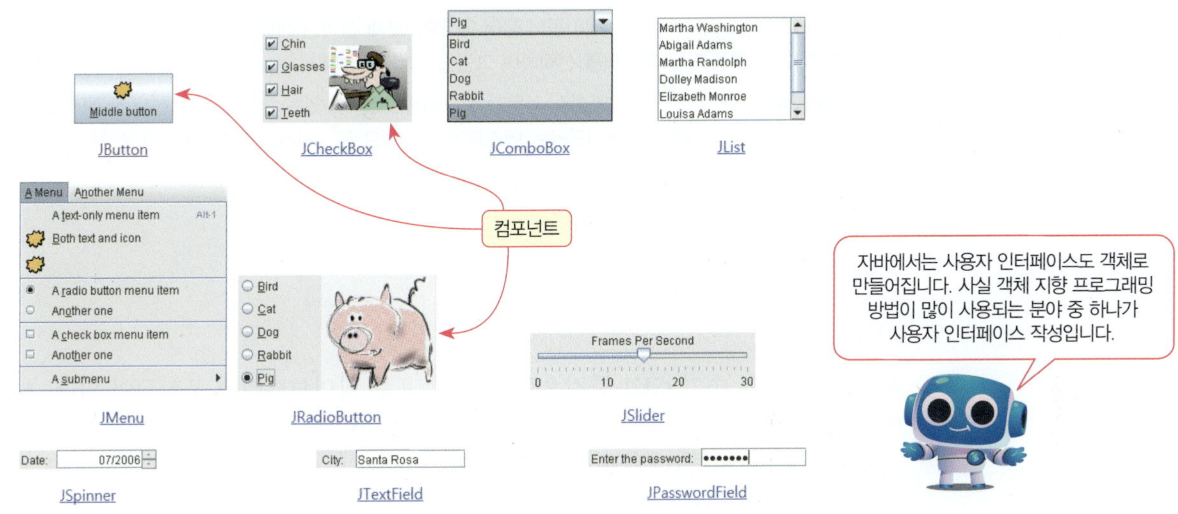

그림 8-1 그래픽 사용자 인터페이스는 컴포넌트들로 제작된다.

출처: java.sun.com

GUI 애플리케이션의 예

그림 8-2는 스윙을 이용하여 작성된 앱의 전형적인 모습을 보여준다. 이미지를 불러와서 이미지 위에 여러 가지 그리기 작업을 할 수 있는 앱이다. 이 앱은 다양한 컴포넌트로 구성되어 있다. 컴포넌트는 객체 형태로 만들어져서 상속이나 구성 기법을 사용하여 조립한다.

그림 8-2 GUI 앱은 객체들로 이루어진다.

- **JMenu:** 좌측 상단에 'File'과 'Help' 메뉴가 있다. 이 메뉴를 통해 파일 관련 작업(새 파일 생성, 저장, 종료) 및 도움말 기능을 제공한다.
- **JComboBox(Foreground):** Foreground 레이블이 붙어 있으며, 현재 선택된 색상이 'Blue'로 표시된 콤보박스이다. 이 콤보박스를 통해 그림을 그릴 때 사용할 색상을 설정할 수 있다.
- **JSlider(Brush Size):** Brush Size 레이블이 붙어 있으며, 슬라이더를 통해 브러쉬의 크기를 조절할 수 있다.
- **JComboBox(Layer):** Layer 레이블이 붙어 있으며, 현재 선택된 레이어가 'Layer 1'로 표시된 콤보박스이다. 이 콤보박스를 통해 다른 레이어를 선택하여 그림을 그릴 수 있다.
- **JPanel(Canvas):** 가운데 큰 패널로, 사용자가 그림을 그릴 수 있는 캔버스이다. 현재 배경에 강아지 이미지가 표시되어 있으며, 그 위에 'COLLIE'라는 텍스트가 파란색으로 그려져 있다. 이 이미지와 텍스트는 여러 레이어를 활용해 표시된 것이다.

AWT와 스윙 패키지

AWT

AWT는 자바의 초기 GUI 툴킷으로, 자바의 표준 라이브러리에 포함되어 있다. AWT는 운영체제의 기본 그래픽 시스템과 상호작용하여 UI를 구성하는 중량(Heavyweight) 컴포넌트 기반 툴킷이다. 여기서 '중량'의 의미는, AWT의 각 컴포넌트가 운영체제의 기본 UI 요소를 직접 사용하기 때문에 각 운영체제의 룩앤필(look-and-feel)을 따르게 된다는 것을 말한다. 예를 들어, Windows에서 실행하면 Windows의 버튼, Mac에서 실행하면 Mac의 버튼처럼 보이게 된다. AWT는 운영체제에 종속적인 구조로 인해, 특정 기능을 플랫폼 간에 일관되게 제공하기에는 한계가 있다.

스윙

스윙(Swing)은 자바에서 제공하는 GUI 라이브러리로, AWT의 단점을 보완하기 위해 개발되었다. 스윙은 AWT와 달리 운영체제에 종속적이지 않고, 자바만의 컴포넌트를 사용하여 각 UI 요소가 플랫폼과 독립적인 모습으로 표시된다. 이를 경량(Lightweight) 컴포넌트라고 부른다. 스윙을 사용하면 GUI 프로그램이 다양한 플랫폼에서도 동일한 모양과 동작을 구현할 수 있다. 또한 스윙은 더 많은 UI 컴포넌트를 제공하며, 기존의 AWT보다 유연하고 확장성이 높다. 스윙 컴포넌트는 MVC(Model-View-Controller) 패턴을 따르기 때문에 데이터와 화면을 분리하여 다룰 수 있다.

AWT vs 스윙

피자를 주문하는 앱의 GUI를 AWT와 스윙으로 각각 작성해 보면 그림 8-3과 같다. 우리는 윈도우에 익숙하여 (a)를 더 친근하게 느낄 것이다. (b)는 스윙으로 작성한 화면이다.

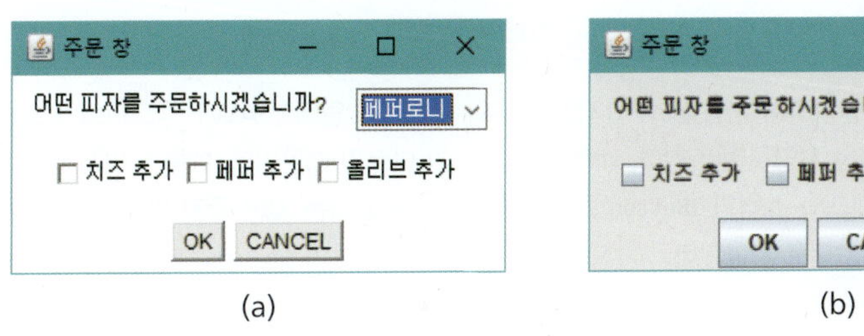

그림 8-3 동일한 GUI를 AWT(a)와 스윙(b)으로 만든 예

AWT와 스윙의 차이점을 정리하면 다음과 같다.

기능	AWT	스윙
컴포넌트	제한된 수의 기본 컴포넌트 제공	다양한 컴포넌트 제공(JButton, JTextField 등)
플랫폼 의존성	운영체제의 기본 UI 요소 사용(Heavyweight)	자바의 경량(Lightweight) 컴포넌트 사용
성능	빠른 성능	상대적으로 느릴 수 있음
룩앤필	운영체제 종속	플랫폼에 독립적인 룩앤필 제공
확장성	제한적	높은 확장성과 유연성 제공

표 8-1 AWT와 스윙의 차이점

결론적으로 AWT는 간단한 애플리케이션을 만드는 데 적합하지만, 운영체제에 따라 UI가 다르게 보이고 제한된 기능이 있다. 반면 스윙은 복잡한 GUI 애플리케이션을 개발하는 데 적합하며, 동일한 모양과 동작을 모든 플랫폼에서 보장하기 때문에 널리 사용된다. AWT와 스윙 모두 각자의 장단점이 있어서 애플리케이션의 요구 사항에 따라 적절한 선택이 필요하지만, 이 책에서는 스윙만을 다룬다. 스윙도 AWT의 이벤트 처리 등을 이용하기 때문에 AWT 패키지가 필요하다.

JavaFX

JavaFX는 자바 기반의 최신 GUI 애플리케이션 프레임워크로, 자바의 기존 GUI 툴킷인 AWT와 스윙의 단점을 보완하고 최신 사용자 경험(UI/UX)을 지원하기 위해 설계되었다. JavaFX는 2008년 오라클(Oracle)에서 처음 발표되었으며, Java 8부터는 표준 Java API로 포함되었다. 그러나 이후 Java 11부터는 별도의 라이브러리로 분리되어, 현재는 OpenJFX라는 이름으로 독립적인 오픈 소스 프로젝트로 관리되고 있다. 이 책에서는 생명력이 강한 스윙만을 다룬다.

그림 8-4 JavaFX

WARNING

개발자는 AWT와 스윙을 선택하여 사용할 수 있지만 하나의 프로그램 안에서 AWT 컴포넌트와 스윙 컴포넌트를 동시에 사용하는 것은 지양하여야 한다. 내부 처리 구조가 다르기 때문이다. 예를 들어서 버튼을 생성할 때 AWT의 `Button` 클래스와 스윙의 `JButton` 클래스를 동시에 사용하는 것은 좋지 않다. 물론 이벤트 처리는 스윙도 AWT 구조를 그대로 사용한다.

SELF TEST

1. AWT와 스윙 중 운영체제(윈도우, 맥, 유닉스)에 따라 GUI 컴포넌트의 모양이 달라지는 것은?
2. AWT와 스윙 중 순수 자바로 작성된 GUI는?
3. AWT와 스윙의 주요 차이점을 설명하시오. 특히 컴포넌트의 다양성 여부와 실행 속도, 플랫폼 의존성 측면에서 각각의 특징을 비교하시오.
4. 컴포넌트와 객체는 어떤 관계가 있는가? 컴포넌트와 객체는 밀접하게 관련이 있지만, 엄밀히 따지면 약간 다른 개념이다.

8.2 컨테이너와 컴포넌트

GUI 패키지 계층 구조

스윙 기반의 GUI 앱을 작성하기 위한 주요 클래스들의 상속 계층도는 그림 8-5와 같다. 모든 GUI 클래스는 `Component` 클래스를 상속받는다. `Component`는 GUI 컴포넌트의 기본 클래스로, 버튼, 텍스트 필드, 레이블 등 모든 시각적 컴포넌트가 직접적으로 상속받는 클래스이다.

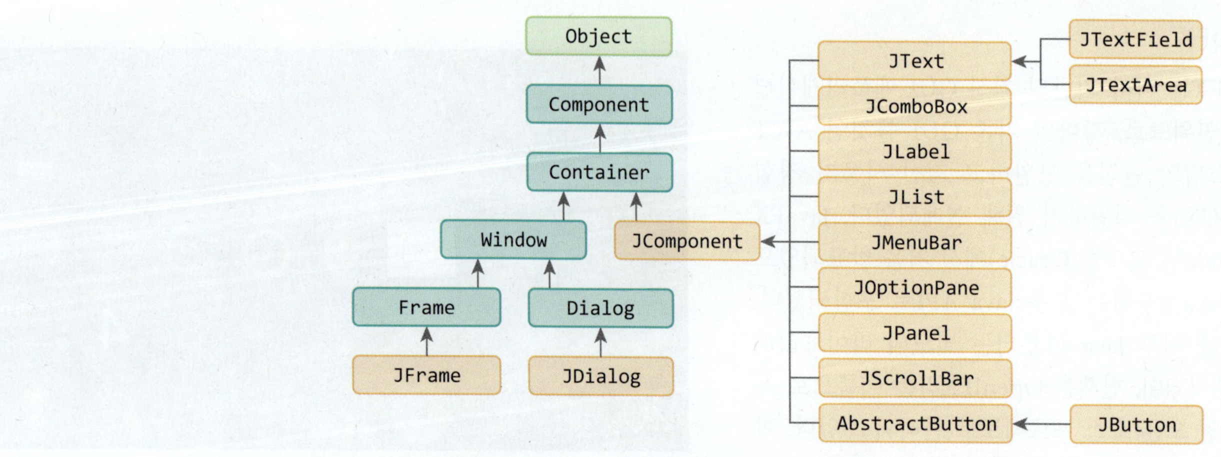

그림 8-5 AWT와 스윙 컴포넌트의 상속 계층도

특별히 스윙 컴포넌트의 이름은 `JButton`, `JText`와 같이 J로 시작한다. 이것은 AWT 컴포넌트와의 이름 충돌을 막기 위한 것이다. 그림 8-5에서 노란색으로 칠해진 컴포넌트들은 모두 스윙 컴포넌트이다. `Button`, `Label`, `Frame`처럼 J로 시작하지 않는 컴포넌트는 AWT 컴포넌트이다.

컨테이너 vs 컴포넌트

자바가 제공하는 컴포넌트는 크게 기초 컴포넌트와 컨테이너로 나누어진다. 컨테이너란 다른 컴포넌트들을 내부에 넣을 수 있는 컴포넌트를 의미한다. GUI 화면은 먼저 컨테이너를 만들고 그 안에 자신이 필요한 컴포넌트를 넣어서 작성한다.

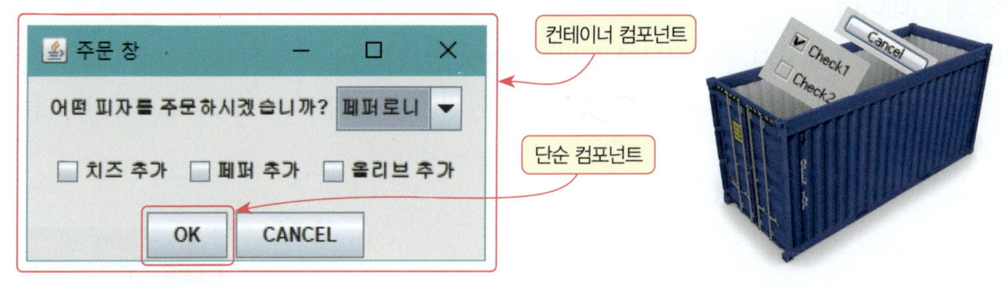

그림 8-6 컨테이너 컴포넌트

컴포넌트 종류	설명
기초 컴포넌트	단순 컴포넌트로서 `JButton`, `JLabel`, `JCheckbox`, `JChoice`, `JList`, `JMenu`, `JTextField`, `JScrollbar`, `JTextArea`, `JCanvas` 등이 있다.
컨테이너	다른 컴포넌트를 인에 포함할 수 있는 컴포넌트로서 `JFrame`, `JDialog`, `JPanel`, `JScrollPane` 등이 있다.

표 8-2 기초 컴포넌트와 컨테이너

컨테이너는 상속 계층도에서 `Container` 클래스를 상속받는다. 컨테이너도 하나의 특별한 컴포넌트라고 할 수도 있다.

기초 컴포넌트

기초 컴포넌트는 버튼과 같이 컨테이너 안에 포함되어 실제 화면에 표시되고 사용자와 상호작용하는 객체를 가리킨다. 기초 컴포넌트는 컨테이너와 달리 다른 컴포넌트를 내부에 포함할 수 없다. 모든 컴포넌트는 `Component` 클래스를 상속받고 있고, 이 클래스에서 컴포넌트의 크기, 모양, 색상, 폰트와 같은 속성과 그리기, 이동, 삭제와 같은 메소드를 제공한다.

왜 자바 스윙에서 '객체' 대신 '컴포넌트'라는 용어를 사용할까? 이유는 '컴포넌트'가 GUI 프로그래밍에서 특정한 역할과 의미를 가지고 있기 때문이다. 컴포넌트는 단순한 객체 이상의 의미를 가지며, GUI 프로그래밍에서 사용자 인터페이스 요소로서의 역할을 강조한다. 예를 들어, JButton, JLabel, JTextField 같은 클래스에서 생성된 인스턴스는 단순히 일반적인 객체가 아니라, 사용자 인터페이스를 구성하는 버튼, 레이블, 텍스트 필드 같은 구체적인 역할을 담당하는 요소들이다.

컴포넌트는 자바 스윙에서 Component 클래스를 상속받아 화면에 표시되고 사용자와 상호작용하는 UI 구성 요소로 정의되며, JComponent 하위의 모든 요소를 일컫는 명확한 개념이다. 이러한 구분은 개발자가 GUI 요소와 일반적인 비시각적 객체(예: 데이터 처리용 객체)를 구분하여 쉽게 이해하고 설계할 수 있게 한다.

컨테이너의 종류

최상위 컨테이너

컨테이너는 다시 최상위 컨테이너와 일반 컨테이너로 나누어진다. 최상위 컨테이너란 절대 다른 컨테이너 안에 포함될 수 없는 컨테이너를 의미한다. JFrame, JDialog, JApplet 등이 여기에 속한다.

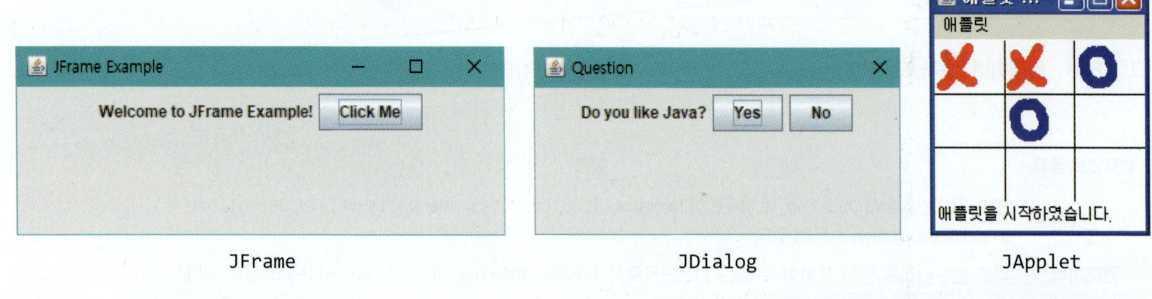

그림 8-7 최상위 컨테이너

일반 컨테이너

일반 컨테이너는 최상위 컨테이너가 아닌 컨테이너로, 다른 컴포넌트들을 포함하고 배치하는 역할을 한다. 일반 컨테이너는 최상위 컨테이너 안에 포함되어, 다양한 컴포넌트들을 그룹화하고 레이아웃을 구성하는 데 사용된다. JPanel, JScrollPane, JTabbedPane, JSplitPane, JLayeredPane 등이 대표적인 일반 컨테이너이며, 이들을 활용하여 복잡하고 유연한 사용자 인터페이스를 구성할 수 있다.

컨테이너와 컴포넌트의 관계

그림 8-8은 전형적인 스윙 앱을 보여주고 있다. JFrame은 최상위 컨테이너로, 전체 창을 구성한다.

Main Panel은 JFrame 안에서 전체 컴포넌트를 포함하고 있으며, 2개의 하위 JPanel(Row1과 Row2)로 구성된다. Row1은 JLabel과 JTextField를 포함하여 첫 번째 행을 구성하고, Row2는 3개의 JButton을 포함하여 두 번째 행을 구성한다.

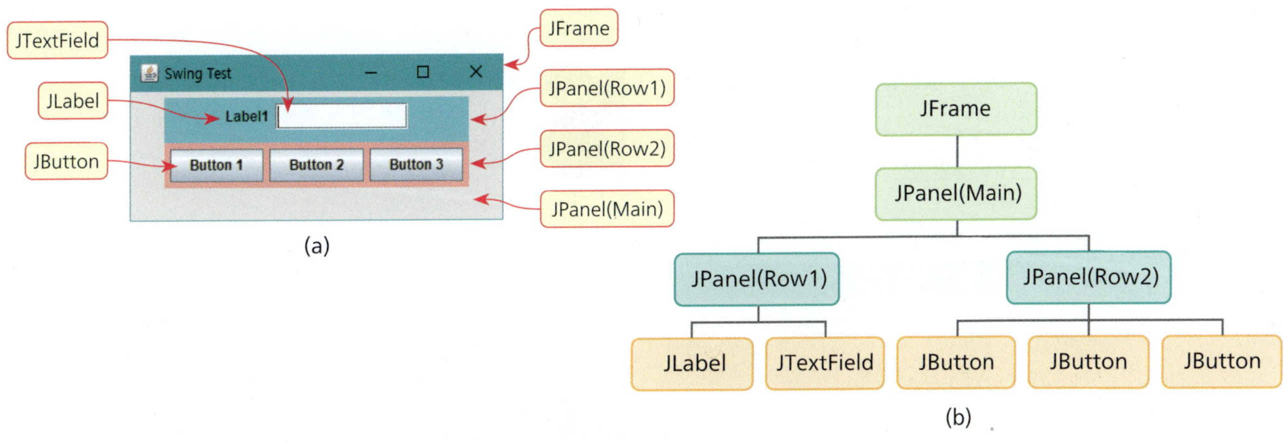

그림 8-8 스윙 앱은 컨테이너와 컴포넌트들로 만들어진다.

자바 스윙 앱은 이와 같이 JFrame과 같은 최상위 컨테이너 안에 다른 컨테이너와 컴포넌트들이 포함되는 형태로 구성된다. 이 계층 구조를 트리 형태로 그리면 그림 8-8의 (b)와 같다.

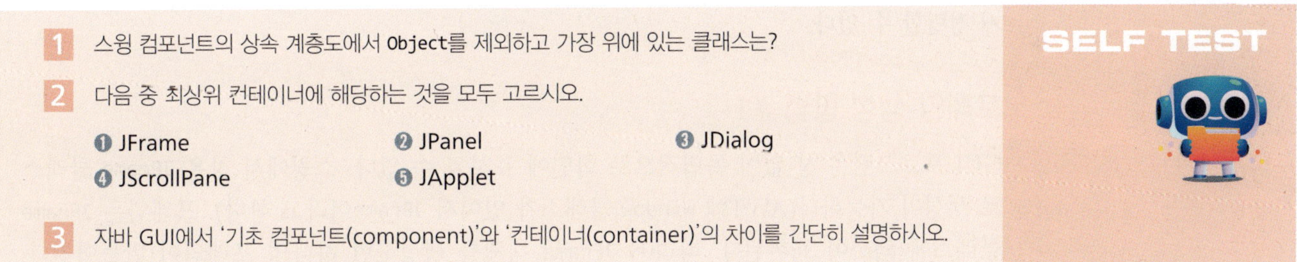

SELF TEST

1 스윙 컴포넌트의 상속 계층도에서 Object를 제외하고 가장 위에 있는 클래스는?

2 다음 중 최상위 컨테이너에 해당하는 것을 모두 고르시오.

❶ JFrame ❷ JPanel ❸ JDialog
❹ JScrollPane ❺ JApplet

3 자바 GUI에서 '기초 컴포넌트(component)'와 '컨테이너(container)'의 차이를 간단히 설명하시오.

8.3 GUI 프로그램 구조

GUI 프로그램을 만드는 절차

GUI 애플리케이션을 작성하려면 제일 먼저 최상위 컨테이너를 하나 생성하여야 한다. 최상위 컨테이너가 생성되었다면 다음 단계는 애플리케이션에 필요한 컴포넌트를 생성하여서 컨테이너에 추가하는 것이다. 예를 들어서 버튼이 필요하다면 버튼을 생성하여 컨테이너에 추가한다. 원하는 만큼 컴포넌트를 컨테이너에 추가할 수 있다.

1. 컨테이너를 생성한다.

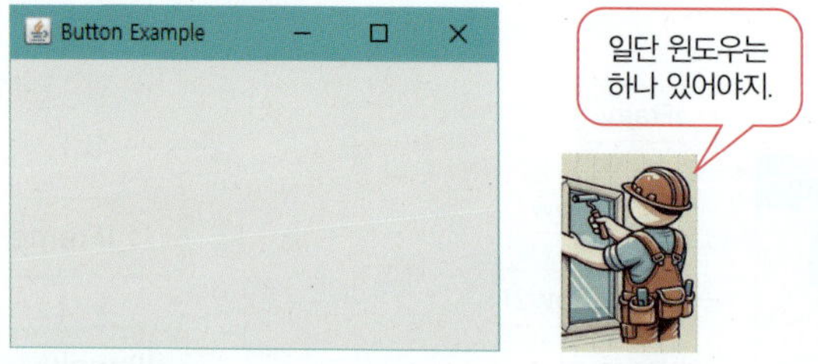

2. 컴포넌트를 추가한다.

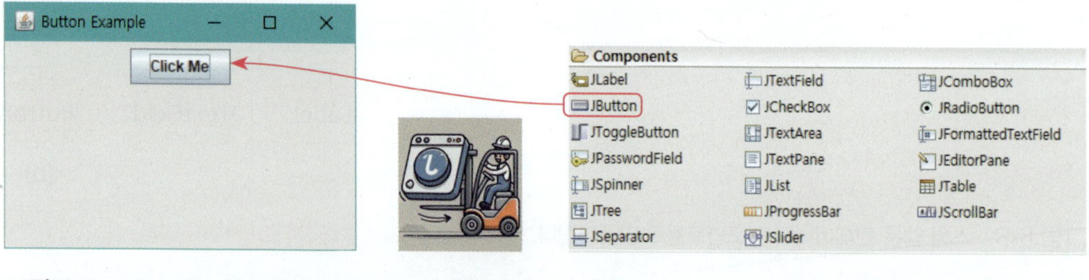

그림 8-9 GUI 프로그램 작성 순서

간단한 예로 최상위 컨테이너인 프레임을 생성하는 두 가지 방법을 살펴보자. **우리는 이 중에서 한 가지만 사용하면 되지만, 이 방법들을 검토하다 보면 객체 지향의 개념을 더 확실하게 정립할 수 있다.**

프레임 생성 방법 #1

GUI 프로그램은 창 없이 독립적으로 화면에 표시될 수 없다. 스윙에서 창은 `JFrame` 클래스로 생성이 가능하다(AWT에 `Window` 클래스가 있어서 `JFrame`이라고 한다). 프레임은 `JFrame` 클래스에 의하여 표현된다. 따라서 `JFrame` 객체를 생성하면 하나의 프레임이 만들어진다. `JFrame` 객체는 어떻게 생성하는가? 우리가 앞에서 학습하였듯이 `new` 연산자와 생성자를 호출하여 다음과 같이 생성할 수 있다. 스윙 패키지를 사용하려면 `javax.swing.*`를 `import`해야 한다.

FrameTest1.java

```
import javax.swing.*;                    // ①

public class FrameTest1 {
    public static void main(String[] args) {
        JFrame f = new JFrame();         // ②
```

300픽셀

MyFrame

200픽셀

```
        f.setTitle("MyFrame");          // ③
        f.setSize(300, 200);            // ④
        f.setDefaultCloseOperation(JFrame.EXIT_ON_CLOSE);    // ⑤
        f.setVisible(true);                                  // ⑥
    }
}
```

① 스윙을 사용하기 위하여 javax.swing 패키지 안의 모든 클래스를 포함한다.

② new 연산자를 이용하여 JFrame 객체를 생성한다.

③ 프레임의 타이틀을 "MyFrame"으로 설정한다.

④ 프레임 객체의 setSize() 메소드를 호출하여 프레임의 크기를 변경한다. 초기 프레임의 크기는 0 × 0이다.

⑤ 프레임의 닫힘 버튼(우측 상단의 X 버튼)을 누르면 전체 프로그램이 종료되게 한다.

⑥ 프레임 객체의 setVisible() 메소드를 호출하여 프레임이 화면에 나타나게 한다. setVisible() 메소드를 호출하지 않으면 화면에 나타나지 않는다. setVisible() 메소드는 항상 맨 나중에 호출해야 한다.

프레임 생성 방법 #2

앞에서와 같이 JFrame 클래스를 직접 사용할 수도 있지만 JFrame 클래스를 상속한 클래스 MyFrame을 정의할 수도 있다. Myframe 객체는 부모 클래스인 JFrame 객체를 포함하고 있다. 따라서 MyFrame 객체를 생성하여도 프레임이 하나 만들어지는 것이다. 이 방법에서는 필요한 변수나 메소드를 MyFrame에 추가할 수도 있다. 앞에서 학습하였던 상속의 개념을 실제로 적용하는 것이다. 앞으로 이 코드를 기본으로 하자.

MyFrame.java

```
import javax.swing.*;                                        // ①

public class MyFrame extends JFrame {                        // ②
    public MyFrame(){                                        // ③
        setTitle("MyFrame");                                 // ④
        setSize(300, 200);                                   // ⑤
        setDefaultCloseOperation(JFrame.EXIT_ON_CLOSE);      // ⑥
        setVisible(true);                                    // ⑦
    }
    public static void main(String[] args) {
        SwingUtilities.invokeLater(() -> new MyFrame());     // ⑧
    }
}
```

300픽셀

MyFrame

200픽셀

① 스윙을 사용하기 위하여 javax.swing 패키지 안의 모든 클래스를 포함한다.

② JFrame을 상속하여 MyFrame 클래스를 정의한다.

③ MyFrame 클래스의 생성자에서 MyFrame 객체를 초기화한다.

④ setTitle()은 프레임의 타이틀을 설정한다. setXXX() 형태의 메소드는 설정자이다.

⑤ setSize() 메소드를 호출하여 프레임의 크기를 변경한다.

⑥ setDefaultCloseOperation(EXIT_ON_CLOSE)는 윈도우 창이 닫히면 전체 애플리케이션을 종료하라는 의미이다.

⑦ setVisible()은 윈도우를 화면에 표시한다.

⑧ main() 메소드에서 MyFrame 객체를 생성한다. MyFrame 생성자가 호출되면서 모든 작업이 시작된다. ()->new MyFrame()은 람다식이다. 이 람다식을 invokeLater() 메소드가 적절한 시기에 실행한다.

참고사항: SwingUtilities.invokeLater()를 사용하는 이유

main() 메소드에서 new MyFrame(); 문장만 실행하여도 큰 문제는 없다. 하지만 SwingUtilities.invokeLater()를 사용하는 이유는 자바 스윙 GUI 프로그램에서 올바른 스레드(Swing 이벤트 디스패치 스레드)에서 GUI 관련 작업을 실행하기 위해서이다. 자바 스윙은 싱글 스레드 모델을 기반으로 동작한다. GUI 관련 작업(컴포넌트 생성, 업데이트 등)은 반드시 Swing의 이벤트 디스패치 스레드(Event Dispatch Thread; EDT)에서 실행되어야 한다. SwingUtilities.invokeLater()는 특정 작업을 이벤트 디스패치 스레드에서 실행하도록 예약한다. 이를 통해 GUI 코드가 올바른 스레드에서 실행될 것을 보장한다.

참고사항: 윈도우가 종료되지 않는 이유

main() 메소드에서는 MyFrame 객체를 생성한 후에 종료한다. 하지만 위의 프로그램을 실행해 보면 윈도우는 종료되지 않는다. 어떻게 된 일일까?

```
public static void main(String[] args) {
    SwingUtilities.invokeLater(() -> new MyFrame());  // 이 문장이 종료되면 프로그램도 종료?
}
```

자바 스윙에서 JFrame 객체를 만들면 윈도우를 담당하는 새로운 스레드가 하나 생성된다(스레드는 독립적으로 실행되는 코드이다). 따라서 main() 메소드가 종료되더라도 윈도우는 없어지지 않는다.

참고사항: main() 메소드의 위치

앞의 프로그램에서 `main()` 메소드가 `MyFrame` 클래스 안에 정의되었다. `main()` 메소드는 어떤 클래스 안에서도 선언될 수 있다. `main()` 메소드 앞에는 `static`이 붙어 있다. 즉, 정적 메소드라는 말이다. 정적 메소드는 객체를 생성하지 않아도 얼마든지 호출할 수 있다. `main()` 메소드는 외부에서 객체를 생성하지 않고도 호출할 수 있어야 하기 때문이다. 클래스 안에 `main()` 메소드가 정의되어 있으면 그 클래스를 독립적으로 실행할 수 있다. `main()` 메소드가 들어 있는 클래스를 실행하려면, 그 클래스 위에서 마우스 오른쪽 버튼을 누르고 ['Test' 실행] 메뉴를 선택한다.

프레임에 버튼 추가하기

컨테이너가 생성되면 원하는 컴포넌트 객체들을 컨테이너에 추가한다. 이 경우에는 `MyFrame` 객체가 컨테이너가 된다. `add()` 메소드를 이용하면 컴포넌트를 컨테이너에 추가할 수 있다. 버튼 컴포넌트를 생성하여 프레임에 추가해 보자. 버튼 컴포넌트의 이름은 `JButton`이다. `new JButton();` 문장으로 객체를 생성한 후에 프레임에 추가한다.

MyFrame2.java

```java
import javax.swing.*;
import java.awt.FlowLayout;

public class MyFrame2 extends JFrame {
    public MyFrame2() {
        setTitle("MyFrame");
        setSize(300, 200);
        setDefaultCloseOperation(JFrame.EXIT_ON_CLOSE);

        setLayout(new FlowLayout());                // ①
        JButton button = new JButton("버튼");        // ②
        add(button);                                // ③
        setVisible(true);
    }
    public static void main(String[] args) {
        SwingUtilities.invokeLater(() -> new MyFrame2());
    }
}
```

① `MyFrame2` 클래스의 생성자에서 `setLayout(setLayout(new FlowLayout());` 문장을 실행하여 배치 관리자를 `FlowLayout`으로 변경한다. 배치 관리자는 컨테이너 안에서 자식 컴포넌트들의 배치를 담당하는 객체이다. 배치 관리자도 객체이기 때문에 `new` 연산자로 생성하였다. `FlowLayout`은 자식 컴포넌트들을 순차적으로 배치한다.

② `new` 연산자를 이용하여 버튼 객체를 생성한다.

③ `add(button);` 문장을 실행하여 버튼을 프레임에 추가한다.

setDefaultCloseOperation(EXIT_ON_CLOSE)

`setDefaultCloseOperation(EXIT_ON_CLOSE);`를 호출하지 않으면 스윙에서는 창을 닫아도 애플리케이션이 계속 실행될 수 있다. 즉, 사용자가 X 버튼을 클릭해 창을 닫아도 프로그램이 종료되지 않고 백그라운드에서 계속 실행될 수 있다. 우리가 스윙 프레임을 만들면 이 프레임의 '이벤트 디스패치 스레드(EDT)'가 백그라운드에서 계속 실행되기 때문이다. EDT는 버튼 클릭, 키 입력, 창 닫기 등 모든 GUI 이벤트를 처리하는 중요한 역할을 하는 스레드이다(스레드는 12장에서 설명한다). JFrame 창을 닫아도 EDT가 계속 실행 중이면 애플리케이션이 종료되지 않고 백그라운드에 남아 있을 수 있다.

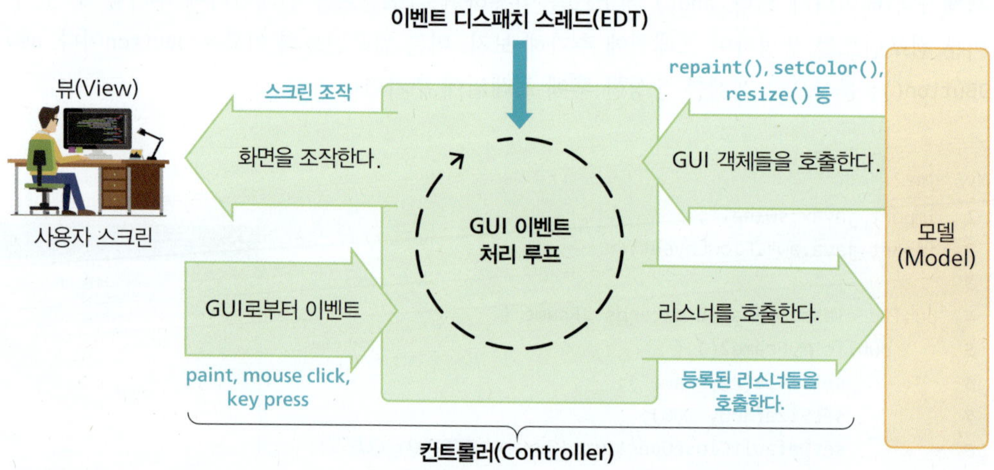

그림 8-10 이벤트 디스패치 스레드(Event Dispatch Thread)

`setDefaultCloseOperation()`은 창을 닫을 때의 동작을 명확하게 지정할 수 있도록 해준다. `setDefaultCloseOperation()`은 다음과 같은 종료 옵션을 제공한다.

- **EXIT_ON_CLOSE:** 창을 닫을 때 애플리케이션을 완전히 종료한다.
- **DISPOSE_ON_CLOSE:** 창을 닫을 때 해당 창의 리소스만 해제(dispose)하고 애플리케이션은 계속 실행된다.
- **HIDE_ON_CLOSE:** 창을 닫을 때 창이 숨겨지지만 애플리케이션은 계속 실행된다(기본값).

스윙 프로그램에서 `EXIT_ON_CLOSE`를 사용하는 것은 창을 닫을 때 애플리케이션의 모든 프로세스를 종료하고, 메모리에서 완전히 해제하도록 하는 안전한 방법이다. 스윙은 뷰(View), 컨트롤러(Controller), 모델(Model) 즉 MVC 패턴(Model-View-Controller)을 따르고 있다. 이 패턴의 가장 큰 장점은 유지 보수성과 확장성이다. 모델은 애플리케이션의 데이터와 비즈니스 로직을 담당하고, 뷰는 사용자가 보는 화면(UI)을 담당한다. 컨트롤러는 사용자의 입력을 처리하고, 그 결과를 모델과 뷰에 전달하는 중간 관리자 역할이다.

참고사항: 배치 관리자를 FlowLayout으로 지정하는 이유

만약 배치 관리자를 `FlowLayout`으로 지정하지 않고 버튼을 프레임에 추가하면 버튼이 전체 화면을 차지한다. 이유는 컴포넌트를 배치하는 배치 관리자가 `BorderLayout`이기 때문이다. 이번 장의 후반부에서 학습한다.

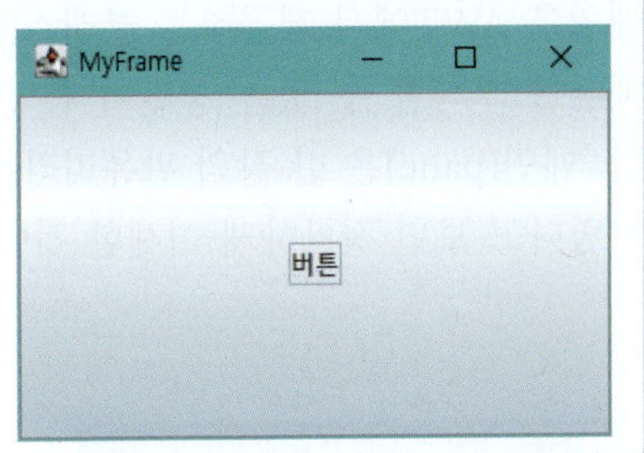

참고사항: setVisible()의 위치

`setVisible(true)` 문장의 위치에 주의하자. 반드시 자식 컴포넌트들을 `add()`를 사용하여 컨테이너에 추가한 후에, `setVisible(true)` 문장을 실행해야 한다. `add()`를 호출하기 전에 `setVisible(true)` 문장이 실행되면 화면에 아무것도 나오지 않을 수 있다.

SELF TEST

1. `setDefaultCloseOperation(EXIT_ON_CLOSE);` 호출은 왜 해야 하는가?
2. 스윙 앱에서 프레임을 생성하는 2가지의 방법을 비교하여 설명하시오.
3. 버튼이 1개 있는 GUI를 작성하는 절차를 설명하시오.

8.4 컨테이너 살펴보기

컨테이너 중에서 우리가 가장 많이 사용하는 컨테이너는 JFrame과 JPanel이다.

JFrame 클래스

앞에서 `JFrame`은 하나의 창을 나타낸다고 하였다. `JFrame` 클래스는 다음 그림과 같이 수많은 조상 클래스들을 가지고 있다. 우리가 상속에서 살펴보았듯이 **조상 클래스가 제공하는 속성과 메소드는 자식 클래스가 사용할 수 있다.** 따라서 `JFrame` 클래스의 조상 클래스가 가지고 있는 속성과 메소드도 모두 사용이 가능하다.

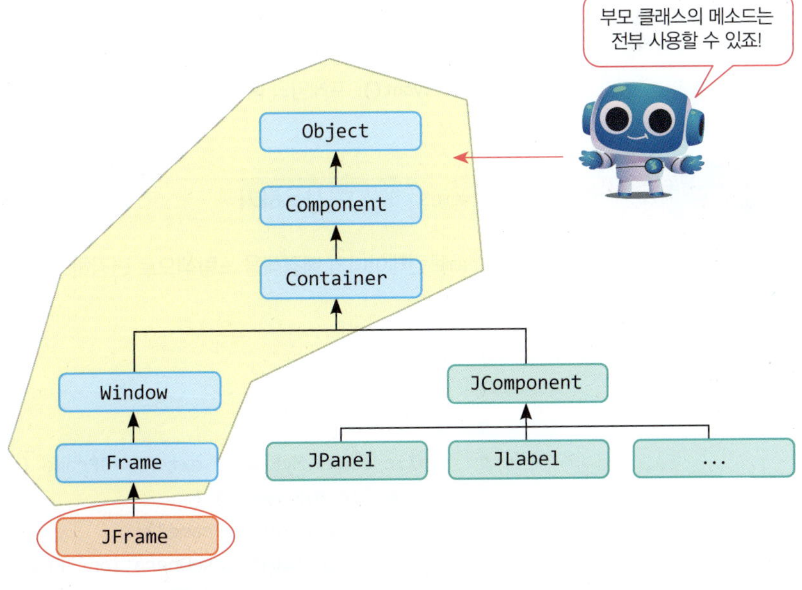

그림 8-11 스윙 관련 클래스의 계층 구조

JFrame은 프레임(Frame), 메뉴바(Menubar), 컨텐트 페인(Content Pane)으로 되어 있다. 프레임은 AWT에서 제공하는 클래스(java.awt.Frame)로서 윈도우 자체를 나타낸다. 메뉴바는 메뉴를 부착할 수 있는 공간이다. 컨텐트 페인은 컴포넌트들을 부착하는 판유리 같은 것이다. 페인(pane)은 한 장의 판유리라는 의미이다. 즉, 프레임 위에 메뉴바와 한 장의 판유리를 붙였다고 보면 정확하게 이해한 것이다.

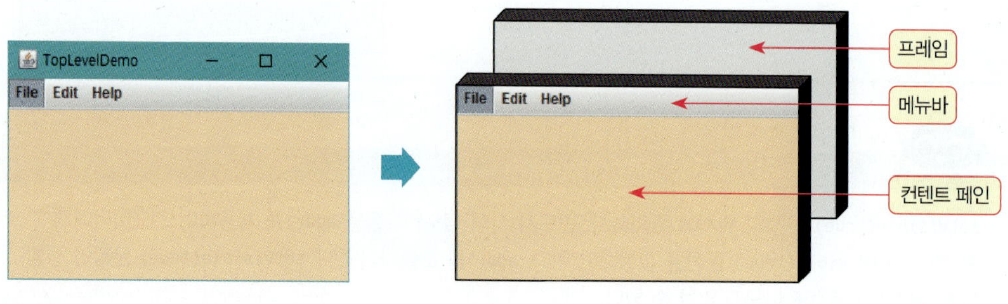

그림 8-12 JFrame

JFrame 클래스가 제공하는 메소드 중에서 많이 사용되는 메소드는 다음과 같다. set이 앞에 붙은 메소드는 설정자 메소드이다.

- **add(component)**: 프레임의 컨텐트 페인에 컴포넌트를 추가한다.
- **setLocation(x, y)**, **setSize(width, height)**: 프레임의 위치와 크기를 설정한다.
- **setIconImage(IconImage)**: 윈도우의 제목 줄에 표시할 아이콘을 설정한다.
- **setTitle()**: 제목 줄의 제목을 변경한다.
- **setResizable(boolean)**: 사용자가 윈도우의 크기를 조절하는 것을 허용하는지 여부를 설정한다.
- **getContentPane()**: 프레임 안의 컨텐트 페인을 가져온다.
- **setLayout()**: 프레임의 배치 관리자를 설정한다.

예제 8-1 JFrame의 메소드 사용하기

JFrame 컨테이너의 배경색을 노랑색으로 변경하고 버튼을 2개 추가하는 프로그램은 다음과 같다.

MyFrame3.java

```
import java.awt.*;
import javax.swing.*;

public class MyFrame3 extends JFrame {
    public MyFrame3() {
        setTitle("MyFrame");                    // ① 프레임에 제목을 단다.
        setDefaultCloseOperation(JFrame.EXIT_ON_CLOSE);
        setSize(300, 200);                      // ② JFrame의 크기를 설정한다.
```

```
        setLocation(200, 300);                // ③ JFrame의 위치를 설정한다.

        setLayout(new FlowLayout());
        getContentPane().setBackground(Color.yellow);   // ④ 배경색을 변경한다.
        JButton button1 = new JButton("확인");
        JButton button2 = new JButton("취소");
        add(button1);
        add(button2);
        setVisible(true);
    }
    public static void main(String[] args) {
        SwingUtilities.invokeLater(() -> new MyFrame3());
    }
}
```

④ getContentPane()은 프레임 안에 있는 컨텐트 페인을 가져온다. 컨텐트 페인은 컴포넌트를 부착하는 판의 역할을 한다. 컨텐트 페인의 배경색을 'yellow'로 변경한다.

도전문제

1 배경색을 연한 초록색(Color.GREEN)으로 변경하시오.

Hint `getContentPane().setBackground(Color.GREEN);`

2 프레임 제목을 '버튼 연습'으로 바꾸고, 크기를 400 × 150으로 설정하시오.

참고사항: 컨텐트 페인에 부착

자바 스윙에서 컴포넌트를 `JFrame`에 부착할 때, 사실 컨텐트 페인(Content Pane)에 부착해야 한다. 하지만, Java 5 이후에는 `JFrame`에서 `add()`, `remove()`, `setLayout()` 등의 메소드가 자동으로 컨텐트 페인에 연결되도록 변경되었다. 그래서 굳이 `getContentPane().add(component);`라고 명시할 필요 없이 `add(component);`로 간단하게 작성할 수 있다. 다만, 컨텐트 페인을 직접 설정하거나 참조해야 하는 경우가 있을 수 있으니, 컨텐트 페인의 역할을 이해하는 것이 중요하다.

JPanel 클래스

패널(panel)은 컴포넌트들을 부착할 수 있도록 설계된 컨테이너 중 하나이다(최상위 컨테이너는 아니다). 스윙에서는 JPanel이라는 이름으로 제공된다. 우리는 앞에서 버튼을 프레임에 직접 추가하였지만 보다 일반적인 방법은 패널에 컴포넌트를 추가하고 그 패널을 프레임에 추가하는 것이다. 우리가 벽에 게시물을 붙이기 전에 나무판을 벽에 걸고 그 위에 게시물을 붙이는 것과 비슷하다. 우리가 세를 얻은 집의 벽에 못질을 하면 주인이 싫어할 것이다. 패널은 바로 이 나무판의 역할을 한다. 별도의 패널을 사용하는 것이 유지 보수 및 배치 관리에 유리한 경우가 많다. 예를 들어서 프레임에 2장의 패널을 부착하고 각 패널의 배경색을 다르게 할 수 있다.

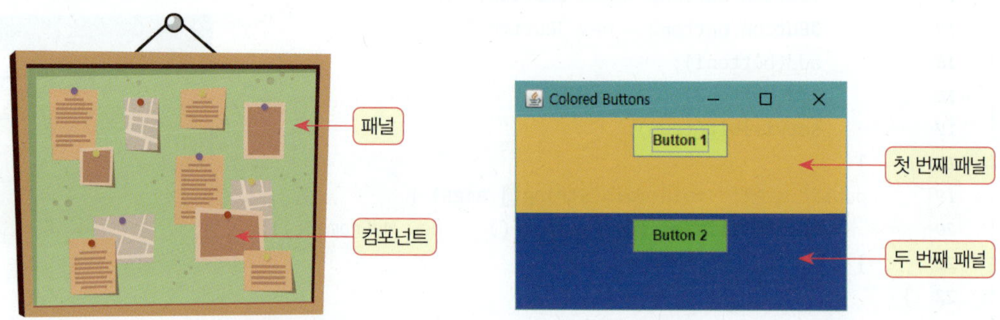

그림 8-13 패널은 컴포넌트를 붙일 수 있는 판이다.

패널은 배경을 제외하고 아무것도 색으로 칠하지 않는다. 패널은 기본적으로 불투명이지만 setOpaque()를 호출하여 투명도를 조절할 수도 있다. 패널도 컨테이너의 일종이므로 배치 관리자도 void setLayout(LayoutManager layout)을 호출하여 설정할 수 있다. 패널에서 가장 중요한 메소드는 컴포넌트를 추가하고 삭제하는 add()와 remove()이다.

- **add(aComponent):** 패널에 컴포넌트를 추가한다.
- **remove(aComponent):** 패널에 컴포넌트를 삭제한다.
- **setBackground(Color c):** 패널의 배경색을 변경한다.

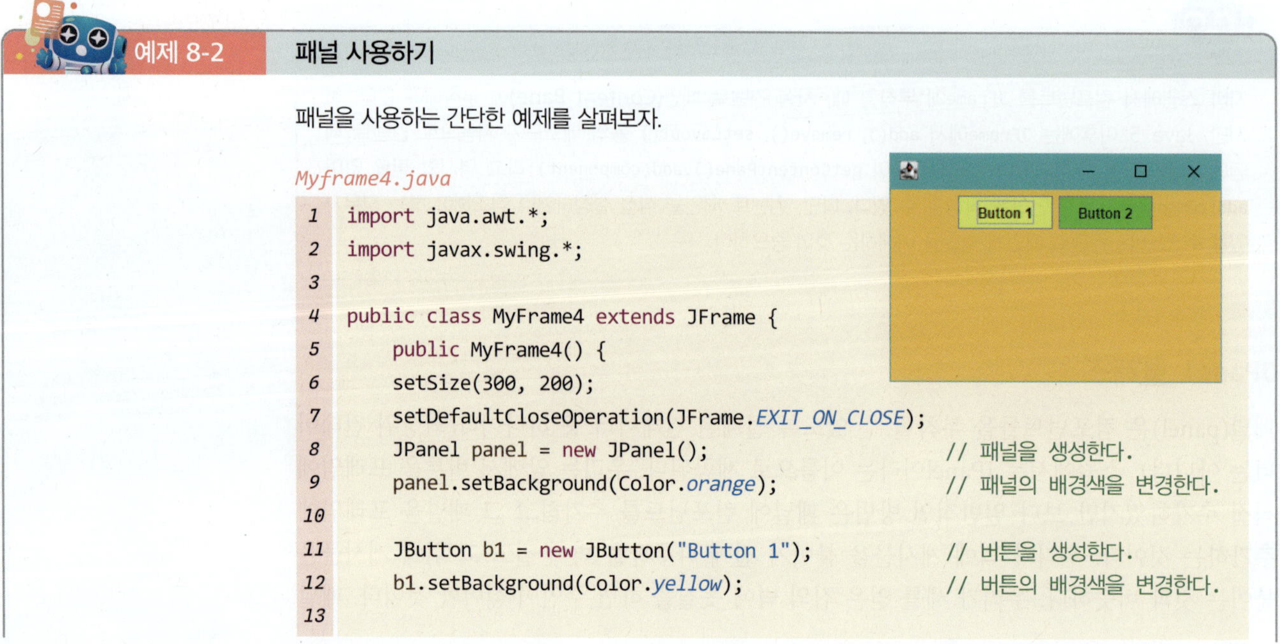

예제 8-2 패널 사용하기

패널을 사용하는 간단한 예제를 살펴보자.

Myframe4.java

```
import java.awt.*;
import javax.swing.*;

public class MyFrame4 extends JFrame {
    public MyFrame4() {
        setSize(300, 200);
        setDefaultCloseOperation(JFrame.EXIT_ON_CLOSE);
        JPanel panel = new JPanel();                    // 패널을 생성한다.
        panel.setBackground(Color.orange);              // 패널의 배경색을 변경한다.

        JButton b1 = new JButton("Button 1");           // 버튼을 생성한다.
        b1.setBackground(Color.yellow);                 // 버튼의 배경색을 변경한다.

```

```
        JButton b2 = new JButton("Button 2");
        b2.setBackground(Color.green);

        panel.add(b1);                               // 버튼을 패널에 추가한다.
        panel.add(b2);                               // 버튼을 패널에 추가한다.
        add(panel);                                  // 패널을 프레임에 추가한다.
        setVisible(true);
    }
    public static void main(String argv[]) {
        SwingUtilities.invokeLater(() -> new MyFrame4());
    }
}
```

도전문제

1. JPanel을 2개 생성하시오(topPanel, bottomPanel). topPanel은 분홍색(Color.PINK), bottomPanel은 하늘색(Color.CYAN) 배경으로 설정한다..
2. topPanel에는 JLabel 1개와 JTextField 1개를 추가하시오(예: '이름'이라는 레이블과 입력창). bottomPanel에는 '확인'과 '취소' 버튼을 추가하시오.

SELF TEST

1. JFrame은 무엇으로 이루어져 있는가? 3가지의 요소를 말하라.
2. 프레임에서 컴포넌트를 붙일 수 있는 영역은 무엇인가?
3. 프레임에 직접 단순 컴포넌트들을 붙이지 않고, 패널을 먼저 배치한 후에 기초 컴포넌트들을 그 위에 배치하는 방법의 장점은 무엇인가?

8.5 기초 컴포넌트(레이블, 버튼, 텍스트 필드)

자바 GUI 애플리케이션에서 많이 사용하는 컴포넌트인 레이블, 버튼, 텍스트 필드에 대하여 살펴보자.

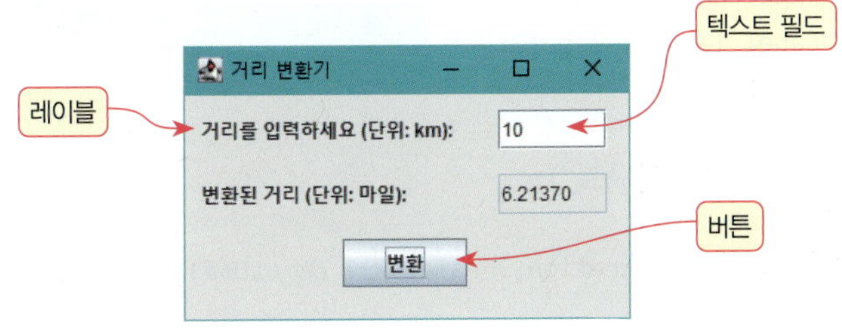

그림 8-14 기초 컴포넌트

- **레이블(JLabel):** 텍스트를 표시할 수 있는 공간
- **버튼(JButton):** 사용자가 클릭하면 어떤 동작을 실행하는 버튼
- **텍스트 필드(JTextField):** 사용자가 한 줄의 텍스트를 입력할 수 있는 공간

레이블

레이블(label)은 텍스트를 표시하기 위한 컴포넌트이다. 레이블은 다양한 용도로 사용된다. 예를 들어 사용자를 위한 정보 또는 계산의 결과를 표시할 때 사용할 수 있다. 레이블은 텍스트와 이미지를 동시에 표시할 수 있다. 텍스트를 표시할 때 사용하는 폰트의 종류, 크기, 색상 등은 변경이 가능하다.

일반적으로는 레이블을 생성할 때, 표시할 텍스트를 생성자에 넘긴다.

그림 8-15 레이블

```
JLabel label = new JLabel("안녕하세요?");
```

먼저 레이블 객체를 생성하고 나중에 레이블의 텍스트를 설정하는 방법도 있다.

```
JLabel label = new JLabel();
label.setText("안녕하세요?");
```

예제 8-3 레이블의 폰트 변경하기

레이블의 색상과 폰트를 변경하여 프레임 위에 표시해 보자.

LabelTest.java

```
import java.awt.*;
import javax.swing.*;

public class LabelTest extends JFrame {
    private JPanel panel;
    private JLabel label1, label2;

    public LabelTest() {
        setTitle("레이블 테스트");
        setSize(400,150);
        setDefaultCloseOperation(JFrame.EXIT_ON_CLOSE);

        panel = new JPanel();
```

레이블 테스트

Color Label Font Label

```java
        label1 = new JLabel("Color Label");
        label1.setForeground(Color.BLUE);
        label2 = new JLabel("Font Label");
        label2.setFont(new Font("Arial", Font.ITALIC, 30));
        label2.setForeground(Color.ORANGE);
        panel.add(label1);
        panel.add(label2);
        add(panel);
        setVisible(true);
    }

    public static void main(String[] args) {
        SwingUtilities.invokeLater(() -> new LabelTest());
    }
}
```

도전문제

1. "Border Label"이라는 텍스트를 가지는 JLabel을 추가하시오. 검정색 테두리(Border)를 설정한다.

   Hint `label.setBorder(BorderFactory.createLineBorder(Color.BLACK));`

2. 세 번째 레이블을 가운데 정렬(center alignment)하시오.

   Hint `label.setHorizontalAlignment(JLabel.CENTER);)`

레이블에 이미지 표시하기

레이블과 버튼에는 텍스트뿐만 아니라 이미지도 표시할 수 있다. 그림 8-16은 레이블과 버튼에 이미지를 추가로 표시한 것이다.

그림 8-16 이미지를 가지고 있는 레이블과 버튼

스윙 컴포넌트에 이미지를 표시하려면 먼저 ImageIcon 인스턴스를 생성하여야 한다. ImageIcon은 JPEG, GIF, PNG 이미지 파일을 읽을 수 있다. 다음 단계는 setIcon() 메소드를 사용하여 레이블에 이미지를 지정하는 것이다.

```
ImageIcon image = new ImageIcon("dog.jpg");
JLabel label = new JLabel("Dog");
label.setIcon(image);
```

이미지는 이클립스의 프로젝트 디렉터리에 있어야 한다. 'd:\\images\\dog.jpg'처럼 절대 경로로 이미지를 지정하는 것도 가능하다. 레이블에 이미지가 설정되면 레이블의 텍스트는 오른쪽에 표시된다. 버튼에 이미지를 추가하는 과정도 레이블과 아주 유사하다.

예제 8-4 레이블로 이미지 표시하기

레이블로 이미지를 표시하고 아래에 버튼을 표시해 보자. 현재 프로젝트 디렉터리에 dog.jpg 파일이 있어야 한다.

ImageLabelTest.java

```
import javax.swing.*;

public class ImageLabelTest extends JFrame {
    private JPanel panel;
    private JLabel label;
    private JButton button;

    public ImageLabelTest() {
        setTitle("레이블 테스트");
        setSize(400, 250);
        setDefaultCloseOperation(JFrame.EXIT_ON_CLOSE);

        panel = new JPanel();
        label = new JLabel("Dog");
        ImageIcon icon = new ImageIcon("dog.jpg");
        label.setIcon(icon);

        button = new JButton("자세한 정보를 보려면 클릭하세요!");
        panel.add(label);
        panel.add(button);
        add(panel);
        setVisible(true);
    }
    public static void main(String[] args) {
        SwingUtilities.invokeLater(() -> new ImageLabelTest());
    }
}
```

1 프로젝트 폴더에 cat.jpg 이미지를 하나 더 준비하고, 레이블도 하나를 더 만들어서 dog.jpg와 cat.jpg를 동시에 화면에 표시해 보자.

텍스트 필드

텍스트 필드(text field)는 `JTextField` 클래스로 제공된다. 텍스트 필드는 입력이 가능한 한 줄의 텍스트 상자이다. 텍스트 필드 안에서 문자열을 선택할 수 있고 선택한 문자열을 복사하여 붙여넣기(Copy and Paste)도 가능하다. `JTextField` 클래스는 2개의 자식 클래스를 가지는데, `JPasswordField` 클래스는 사용자가 입력하는 문자를 보여주지 않는 컴포넌트이고 `JFormattedTextField` 클래스는 사용자가 입력할 수 있는 문자 집합을 제한하는 컴포넌트이다.

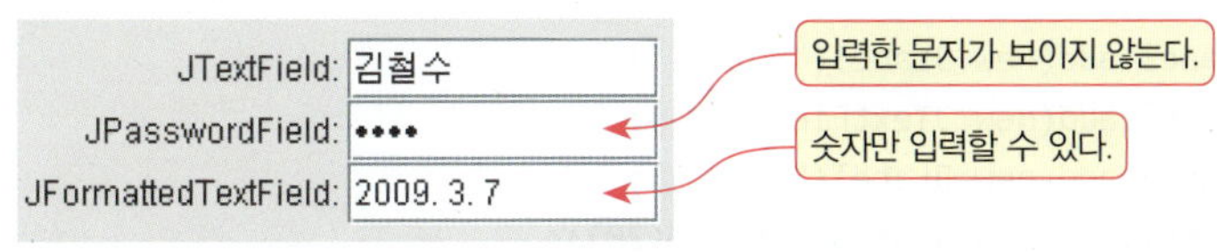

그림 8-17 텍스트 필드

텍스트 필드를 생성하고 사용하려면 다음과 같은 문장들을 사용한다.

```
JTextField tf = new JTextField(30);            // 30자 크기의 텍스트 필드를 만든다.
tf.setText("아이디를 입력하시오.");              // 텍스트 필드의 텍스트를 설정한다.
System.out.println(tf.getText());              // 텍스트 필드의 텍스트를 가져온다.
```

텍스트 필드가 사용자로부터 입력을 받을 수 있으려면 키보드 포커스를 가지고 있어야 한다. `requestFocus()`를 호출하면 된다.

```
tf.requestFocus();
```

텍스트 필드에 입력한 후에 `Enter` 키를 누르면 액션 이벤트가 발생한다. 액션 리스너를 정의하고 `actionPerformed()`에서 액션 이벤트를 처리하면 된다. 이벤트는 다음 장에서 자세히 다룬다.

예제 8-5 패스워드 필드 사용하기

패스워드 필드는 용어 그대로 암호를 입력받을 때 사용한다. 패스워드 필드에 사용자가 암호를 입력하면 글자들이 모두 * 문자로 표시된다. 패스워드 필드를 사용하여 다음과 같은 로그인 윈도우를 만들어 보자.

JTextField 클래스

login window

id id

pass ••••

login cancel

JPasswordField 클래스

LoginWindow.java

```java
import java.awt.*;
import javax.swing.*;

public class LoginWindow extends JFrame {
    public LoginWindow() {
        setTitle("login window");
        setSize(300, 150);
        setDefaultCloseOperation(JFrame.EXIT_ON_CLOSE);

        JPanel panel = new JPanel();
        add(panel);

        panel.add(new JLabel("id    "));
        panel.add(new JTextField(20));
        panel.add(new JLabel("pass"));
        panel.add(new JPasswordField(20));

        JButton login = new JButton("login");
        panel.add(login);

        JButton cancel = new JButton("cancel");
        panel.add(cancel);
        setVisible(true);
    }
    public static void main(String[] args) {
        SwingUtilities.invokeLater(() -> new LoginWindow());
    }
}
```

도전문제

1 아래의 요구사항에 맞게 `LoginWindow` 클래스의 GUI를 수정해 보자.

❶ 창의 제목을 '사용자 로그인'으로 바꾼다.

❷ 로그인 창 하단에 '버전 1.0'이라는 `JLabel`을 추가한다. 이 레이블은 ID, 패스워드, 버튼 아래쪽에 위치하도록 배치한다.

버튼

버튼(button)은 사용자가 클릭했을 때 이벤트를 발생하여 원하는 동작을 수행하기 위해 사용한다. 버튼에서 우리가 변경할 수 있는 것은 버튼 안의 텍스트, 버튼 텍스트의 폰트, 버튼의 전경색, 배경색, 그리고 버튼의 상태(활성, 비활성)이다.

그림 8-18 버튼

스윙에서 지원하는 버튼은 다음과 같다. 체크 박스와 라디오 버튼은 10장에서 다룬다.

- **JButton:** 가장 일반적인 버튼이다.
- **JCheckBox:** 체크 박스 버튼이다.
- **JRadioButton:** 라디오 버튼으로 그룹 중 하나의 버튼만 선택할 수 있다.
- **JToggleButton:** 2가지 상태를 가지고 토글이 가능한 버튼이다.

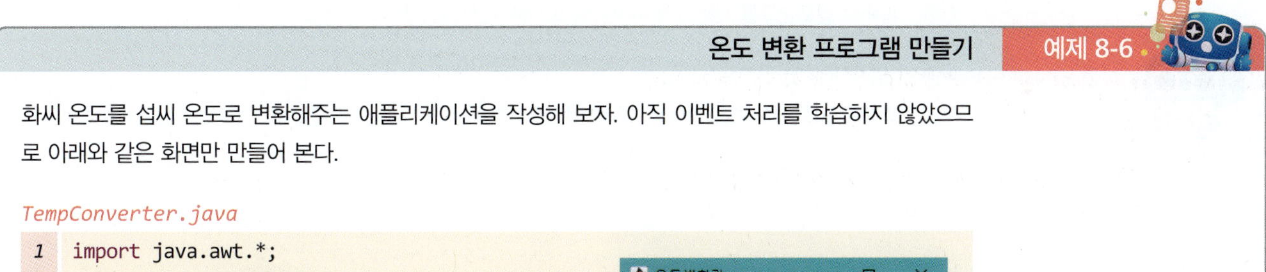

온도 변환 프로그램 만들기 예제 8-6

화씨 온도를 섭씨 온도로 변환해주는 애플리케이션을 작성해 보자. 아직 이벤트 처리를 학습하지 않았으므로 아래와 같은 화면만 만들어 본다.

TempConverter.java

```
import java.awt.*;
import javax.swing.*;

public class TempConverter extends JFrame {
    public TempConverter() {
        setTitle("온도변환기");
        setSize(300, 150);
        setDefaultCloseOperation(JFrame.EXIT_ON_CLOSE);
        JPanel panel = new JPanel();
        add(panel);

        JLabel label1 = new JLabel("화씨 온도");
        JLabel label2 = new JLabel("섭씨 온도");
        JTextField field1 = new JTextField(15);
        JTextField field2 = new JTextField(15);
```

온도변환기
화씨 온도 100
섭씨 온도
변환

```
        JButton button = new JButton("변환");

        panel.add(label1);
        panel.add(field1);
        panel.add(label2);
        panel.add(field2);
        panel.add(button);
        setVisible(true);
    }
    public static void main(String argv[]) {
        SwingUtilities.invokeLater(() -> new TempConverter());
    }
}
```

도전문제

1 변환 결과가 들어가는 섭씨 온도 필드(field2)는 사용자가 입력하지 못하도록 읽기 전용으로 설정하시오.

Hint `field2.setEditable(false);)`

2 기존의 버튼은 삭제하고 "섭씨->화씨" 버튼과 "화씨->섭씨" 버튼을 만들어서 화면에 추가하시오.

SELF TEST

1 `JLabel` 컴포넌트를 사용하여 이미지를 표시하려면 어떤 클래스와 메소드를 함께 사용해야 하는가?

2 텍스트 필드를 특정한 텍스트로 설정하는 메소드 이름은 무엇인가?

3 텍스트 필드에서 사용자가 입력한 텍스트를 가져오는 메소드는 무엇인가?

8.6 배치 관리자

컨테이너에 추가된 컴포넌트의 위치와 크기는 누가 결정할까? 사실 개발자가 절대 좌표로 지정할 수도 있다. 그런데 그렇게 하면 화면 크기가 달라질 때 프로그램이 '마치 작아진 옷을 억지로 입힌 것처럼' 이상해질 수도 있다. 이런 난감한 상황을 해결하기 위해 자바에서는 **배치 관리자(layout manager)**라는 든든한 친구를 제공한다. 이 친구는 컨테이너 안에 있는 컴포넌트들의 위치와 크기를 똑똑하게 관리해주는 초능력자 같은 존재이다. 단, 중요한 규칙이 하나 있다. 배치 관리자는 컨테이너마다 한 명만 있어야 한다. 여러 명이 있으면 서로 싸울지도 모른다. "내가 크기를 정할래!", "아니, 내가 위치를 바꿀 거야!" 이런 혼란을 막으려면 딱 1명의 배치 관리자에게 믿고 맡기는 것이 좋다.

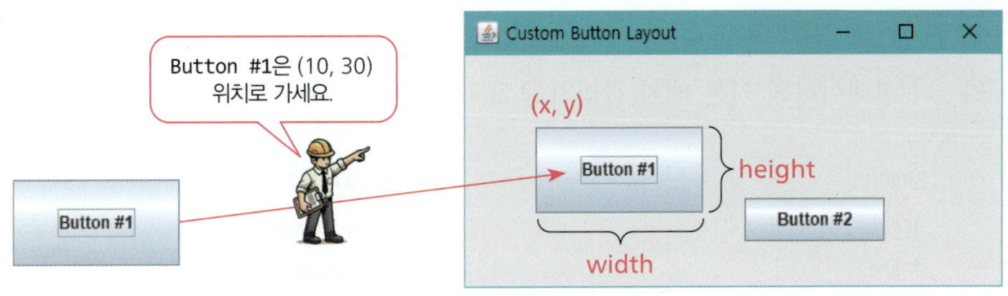

그림 8-19 배치 관리자의 개념

배치 관리자의 종류

java.awt 패키지에는 여러 가지의 배치 관리자가 포함되어 있다. 대표적인 배치 관리자는 다음과 같다.

FlowLayout	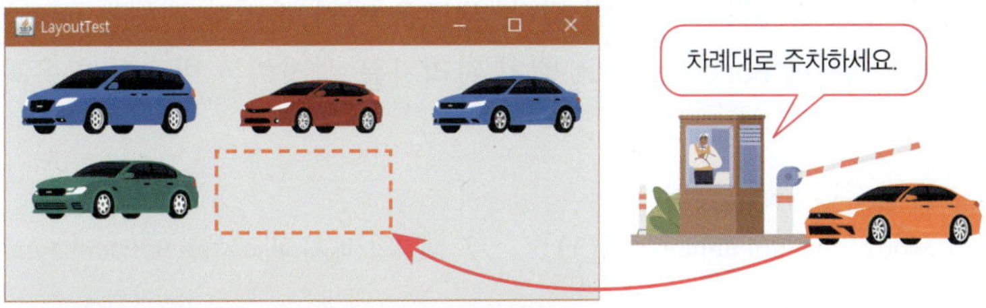 차례대로 주차하세요.	컨테이너에 추가되는 순서대로 컴포넌트를 부착한다. 위쪽에서 아래쪽으로, 왼쪽에서 오른쪽으로 배치한다. 패널의 기본 배치 관리자이다.
BorderLayout	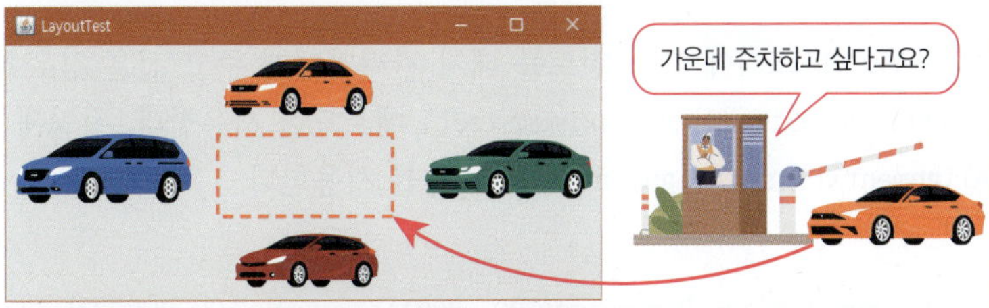 가운데 주차하고 싶다고요?	컨테이너의 영역을 동(East), 서(West), 남(South), 북(North), 중앙(Center)의 5개의 영역으로 구분하여 이 영역에 컴포넌트를 배치한다. 프레임의 기본 배치 관리자이다.
GridLayout	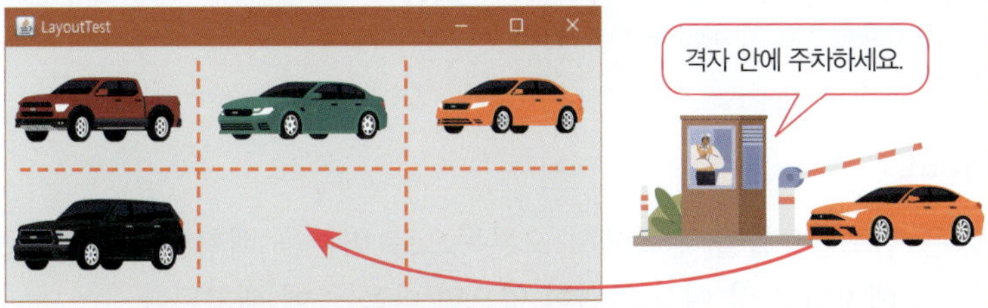 격자 안에 주차하세요.	컨테이너의 공간을 동일한 크기의 격자로 나누고 이 격자에 컴포넌트를 배치한다.
CardLayout	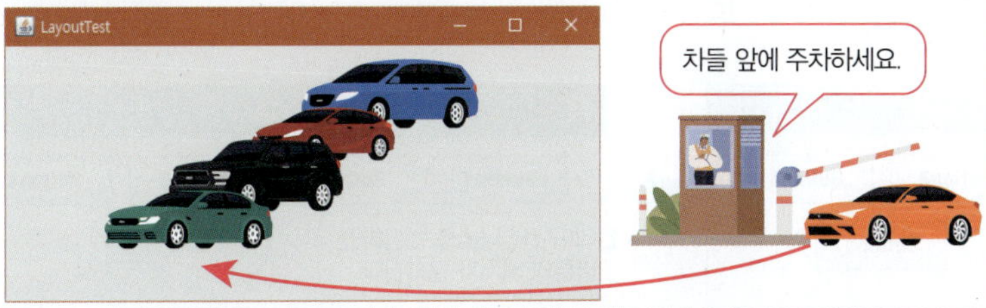 차들 앞에 주차하세요.	컨테이너에 컴포넌트를 카드처럼 겹치게 쌓아서 배치한다.

그림 8-20 배치 관리자의 종류

배치 관리자 설정하기

다음 표는 각 컨테이너의 기본 배치 관리자를 요약한 것이다.

컨테이너	기본 배치 관리자
JFrame	BorderLayout
JPanel	FlowLayout
JDialog	BorderLayout
JWindow	BorderLayout
JApplet	BorderLayout
JScrollPane	ScrollPaneLayout

표 8-3 컨테이너별 기본 배치 관리자

컨테이너에 새로운 배치 관리자를 설정하려면 컨테이너의 setLayout() 메소드를 호출하고, 새로운 배치 관리자 객체를 전달하면 된다. 새로운 배치 관리자 객체는 new 연산자로 생성한다. 예를 들어서 패널에 BorderLayout 배치 관리자를 설정하는 방법은 다음과 같다.

```
JPanel panel = new JPanel();
panel.setLayout(new BorderLayout());   // 패널의 배치 관리자를 BorderLayout으로 설정한다.
```

개발자가 컴포넌트의 크기에 대한 힌트를 배치 관리자에게 주고 싶은 경우에는 setMinimumSize(), setPreferredSize(), setMaximumSize() 메소드를 사용한다. 정렬에 대한 힌트를 주려면 setAlignmentX(), setAlignmentY() 메소드를 사용한다.

```
button.setMaximumSize(new Dimension(300, 200));          // 최대 크기 힌트
button.setAlignmentX(JComponent.CENTER_ALIGNMENT);       // 중앙 정렬 힌트
```

FlowLayout

FlowLayout은 컴포넌트들을 왼쪽에서 오른쪽으로 버튼을 배치한다. 각 컴포넌트는 하나의 줄에서 차례로 배치되고 더 이상 공간이 없으면 다음 줄에 배치된다.

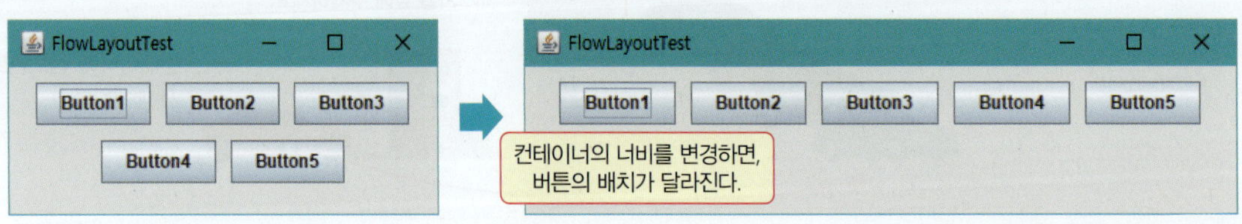

그림 8-21 FlowLayout

FlowLayout의 생성자는 다음과 같다.

- **FlowLayout()**
- **FlowLayout(int align):** align은 정렬 방법을 지정한다.
- **FlowLayout(int align, int hGap, int vGap):** 간격을 지정한다.

align은 컨테이너 안에서 컴포넌트의 정렬 방법을 나타낸다(왼쪽 정렬: FlowLayout.LEFT, 오른쪽 정렬: FlowLayout.RIGHT, 중앙 정렬: FlowLayout.CENTER). hGap은 컴포넌트 간의 수평 간격이고, vGap은 컴포넌트 간의 수직 간격이다. 이 생성자들을 사용하는 예는 다음과 같다.

```
new FlowLayout();                              // 기본 생성자(중앙 정렬, 간격 5픽셀)
new FlowLayout(FlowLayout.LEFT)                // 왼쪽 정렬
new FlowLayout(FlowLayout.RIGHT, 10, 15));
                                   // 오른쪽 정렬, 수평 간격 10픽셀, 수직 간격 15픽셀
```

FlowLayout 배치 관리자 사용하기 예제 8-7

수평 간격이 10이고 수직 간격이 15이면서 왼쪽 정렬하여 배치하는 FlowLayout 배치 관리자를 생성하고 프레임의 배치 관리자로 지정해 보자.

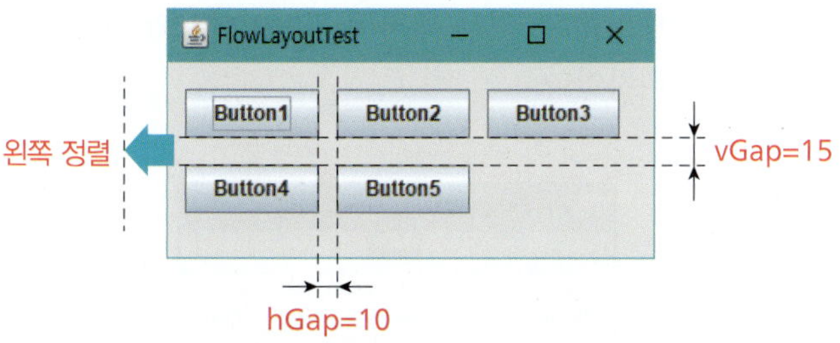

FlowLayoutTest.java

```
import java.awt.*;
import javax.swing.*;

public class FlowLayoutTest extends JFrame {
    public FlowLayoutTest() {
        setTitle("FlowLayoutTest");
        setSize(300, 150);
        setDefaultCloseOperation(JFrame.EXIT_ON_CLOSE);
        setLayout(new FlowLayout(FlowLayout.LEFT, 10, 15));

        add(new JButton("Button1"));
        add(new JButton("Button2"));
```

프레임의 배치관리자를 FlowLayout으로 지정

```
            add(new JButton("Button3"));
            add(new JButton("Button4"));
            add(new JButton("Button5"));
            setVisible(true);
        }
        public static void main(String argv[]) {
            SwingUtilities.invokeLater(() -> new FlowLayoutTest());
        }
}
```

도전문제

1. FlowLayout은 컴포넌트를 수평으로 나열하면서, 정렬 방식(왼쪽, 가운데, 오른쪽)과 간격(hGap, vGap)을 조정할 수 있는 배치 관리자이다. 이번 도전문제에서는 정렬 방식과 간격을 바꿔보며 배치 결과를 확인하시오. FlowLayout.LEFT → FlowLayout.CENTER로 바꾸어 버튼들을 가운데 정렬되도록 설정한다.
2. hGap = 30, vGap = 5로 변경하고, 버튼 사이의 수평/수직 간격이 어떻게 바뀌는지 확인하시오.

BorderLayout

BorderLayout은 그림 8-22처럼 컨테이너를 5개의 영역(상, 하, 좌, 우, 중앙)으로 구분하고 각각의 영역에 컴포넌트를 배치할 수 있는 배치 관리자이다. JFrame, JDialog와 같은 최상위 컨테이너의 디폴트 배치 관리자이다.

컴포넌트를 컨테이너의 상, 하, 좌, 우, 중앙에 배치하는 배치 관리자입니다.

BoarderLayoutTest
North
West Center East
South

그림 8-22 BorderLayout

영역을 지정할 때는 "North", "South", "East", "West", "Center"의 문자열을 사용하거나 BorderLayout 클래스 안에 정의된 BorderLayout.NORTH, BorderLayout.SOUTH, BorderLayout.EAST, BorderLayout.CENTER를 사용한다. 예를 들어서 버튼을 남쪽에 배치하고 싶으면 다음과 같은 문장을 사용한다.

```
add(button, "South");                // 남쪽에 배치한다.
add(button, BorderLayout.SOUTH);     // 남쪽에 배치한다.
```

다만, 문자열로 영역을 지정할 때는 소문자나 대문자로 정확히 "west", "WEST"와 같이 입력해야 하며, 잘못된 문자열을 사용할 경우(예를 들어 "wst")에는 BorderLayout이 위치를 인식하지 못하고 예외가 발생할 수 있다.

만약 영역을 지정하지 않으면 컴포넌트는 중앙(Center)에 놓인다. 여러 개의 컴포넌트를 같은 영역에 추가하는 경우, 마지막으로 추가된 컴포넌트만 표시된다. BorderLayout의 생성자는 다음과 같다.

- BorderLayout()
- BorderLayout(int hGap, int vGap)

만약 중앙에 컴포넌트를 추가할 때, 다른 컴포넌트가 없으면 컨테이너 전체 영역을 차지한다. 다른 컴포넌트가 추가되면 중앙 영역은 줄어든다.

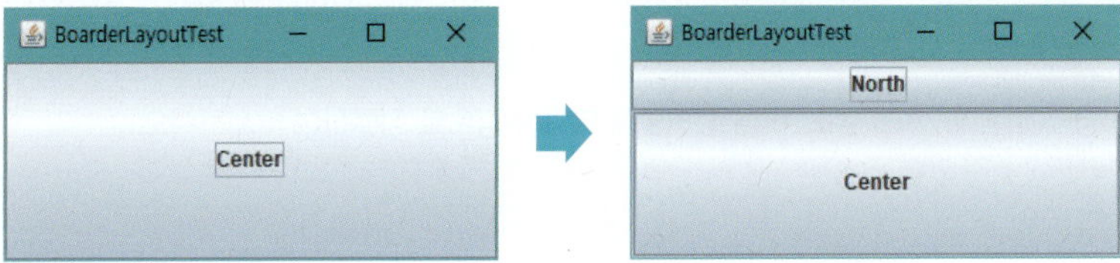

그림 8-23 중앙에 컴포넌트를 추가할 때

BorderLayout 배치 관리자 사용하기 — 예제 8-8

BorderLayout 배치 관리자를 사용하여 다음과 같이 5개의 버튼을 각 영역에 배치해 보자.

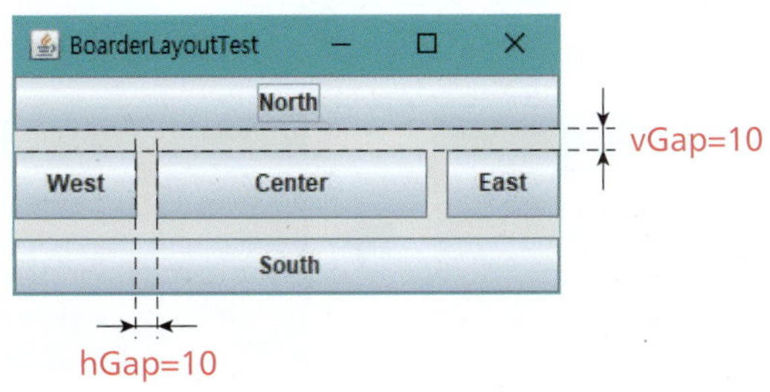

BorderLayoutTest.java

```java
import java.awt.*;
import javax.swing.*;

public class BorderLayoutTest extends JFrame {
    public BorderLayoutTest() {
        setTitle("BoarderLayoutTest");
        setSize(300, 150);
        setLayout(new BorderLayout(10, 10)); // 수평 간격 10픽셀, 수직 간격 10픽셀
```

```java
        setDefaultCloseOperation(JFrame.EXIT_ON_CLOSE);

        add(new JButton("North"), "North");
        add(new JButton("South"), "South");
        add(new JButton("East"), "East");
        add(new JButton("West"), "West");
        add(new JButton("Center"), "Center");
        setVisible(true);
    }
    public static void main(String argv[]) {
        SwingUtilities.invokeLater(() -> new BorderLayoutTest());
    }
}
```

도전문제

1. "North"에는 "이름을 입력하세요"라는 JLabel을, "Center"에는 이름을 입력할 수 있는 JTextField를 배치하시오.
2. South 영역에는 '확인'과 '취소' 버튼을 패널에 담아 수평으로 정렬하여 배치하시오.

GridLayout

GridLayout은 컨테이너 공간을 격자(grid) 모양으로 나눈 후에 각 셀에 하나씩 컴포넌트들을 배치한다. 컴포넌트들이 추가되는 순서대로 격자의 셀을 채운다. GridLayout은 상당히 깔끔하게 컴포넌트들을 배치할 수 있어서 자주 사용된다.

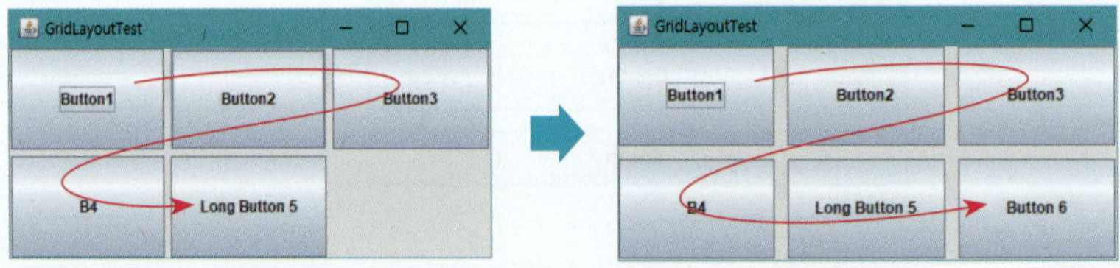

그림 8-24 GridLayout

GridLayout의 생성자는 다음과 같다. 생성자에서 행의 개수와 열의 개수를 지정한다.

- **GridLayout()**: 1행과 1열의 격자
- **GridLayout(int rows, int cols)**: rows 행과 cols 열
- **GridLayout(int rows, int cols, int hGap, int vGap)**: 간격 지정

이 생성자들을 사용하는 예는 다음과 같다.

```
new GridLayout();                 // 기본 GridLayout 생성자(1행 1열)
new GridLayout(2, 3);             // 2행 3열의 격자
new GridLayout(3, 2, 10, 10);     // 3행 2열의 격자와 간격 10, 10 지정
```

GridLayout 배치 관리자 사용하기

예제 8-9 

다음과 같이 회원 정보를 입력받는 폼을 GridLayout으로 만들어 보자. 5×2 그리드를 만들고 여기에 JLabel 컴포넌트와 JTextField 컴포넌트를 배치한다. JLabel은 텍스트 정보를 표시할 때 사용하고 JTextField은 사용자로부터 문자열을 입력받을 때 사용한다.

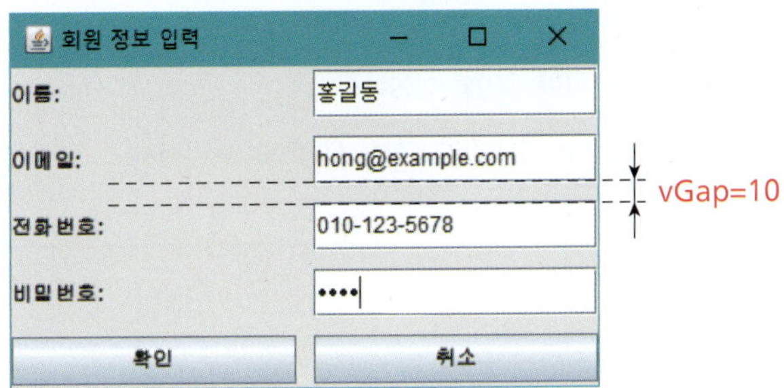

vGap=10

MemberInfoForm.java

```java
import javax.swing.*;
import java.awt.*;

public class MemberInfoForm extends JFrame {
    public MemberInfoForm() {
        setTitle("회원 정보 입력");
        setSize(400, 300);
        setDefaultCloseOperation(JFrame.EXIT_ON_CLOSE);

        JPanel panel = new JPanel(new GridLayout(5, 2, 10, 10));

        panel.add(new JLabel("이름:"));
        panel.add(new JTextField());

        panel.add(new JLabel("이메일:"));
        panel.add(new JTextField());

        panel.add(new JLabel("전화번호:"));
        panel.add(new JTextField());

        panel.add(new JLabel("비밀번호:"));
        panel.add(new JPasswordField());

```

5행 2열을 가지는 GridLayout을 생성한다. 격자 사이의 간격은 10, 10이다.

```
        panel.add(new JButton("확인"));                    // 확인 버튼 추가
        panel.add(new JButton("취소"));                    // 취소 버튼 추가

        add(panel);                                        // 메인 패널을 프레임에 추가
        setVisible(true);
    }
    public static void main(String[] args) {
        SwingUtilities.invokeLater(() -> new MemberInfoForm());
    }
}
```

도전문제

1. 모든 JLabel을 오른쪽 정렬로 바꾸시오.

   Hint `new JLabel("이름:", SwingConstants.RIGHT)`

2. 모든 JTextField에 원하는 너비(예: 20)를 설정하시오.
3. 비밀번호 필드의 입력 내용이 *로 표시되는지 직접 실행하여 확인하시오.

CardLayout

CardLayout은 한 번에 하나의 컴포넌트만 볼 수 있게 배치하는 배치 관리자이다. 각 컴포넌트를 카드로 취급해서 CardLayout이라고 한다.

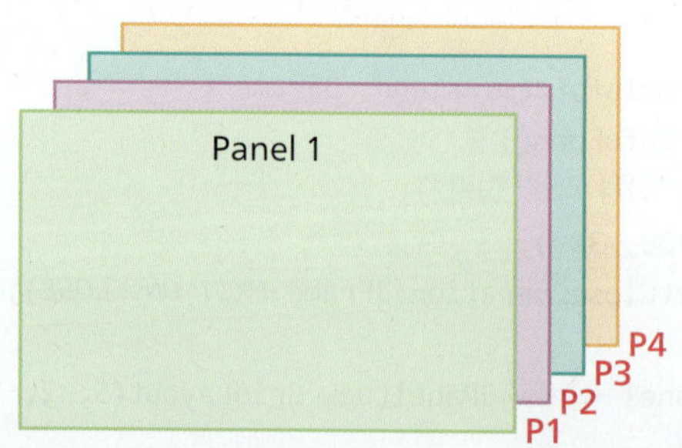

그림 8-25 CardLayout

CardLayout 클래스에서 일반적으로 사용하는 메소드는 다음과 같다.

- **next**(container): 주어진 컨테이너의 다음 카드로 이동한다.
- **previous**(container): 주어진 컨테이너의 이전 카드로 이동한다.
- **first**(container): 주어진 컨테이너의 첫 번째 카드로 이동한다.
- **last**(container): 주어진 컨테이너의 마지막 카드로 이동한다.

일반적으로 어떤 이벤트가 발생하였을 때 위의 메소드를 호출하여 카드를 변경한다.

CardLayout 배치 관리자 사용하기 예제 8-10

CardLayout은 버튼에서 발생하는 이벤트를 처리할 수 있어야 의미가 있다. 이벤트 처리는 다음 장에서 학습할 예정이니, 이번 예제에서는 CardLayout이 어떻게 자식 컴포넌트들을 배치하는지만 신경 쓰도록 하자. 아래의 예제를 실행하면 버튼들이 화면을 다 차지하면서 겹쳐서 쌓이고, 버튼을 누르면 바로 아래에 있는 버튼이 나타난다.

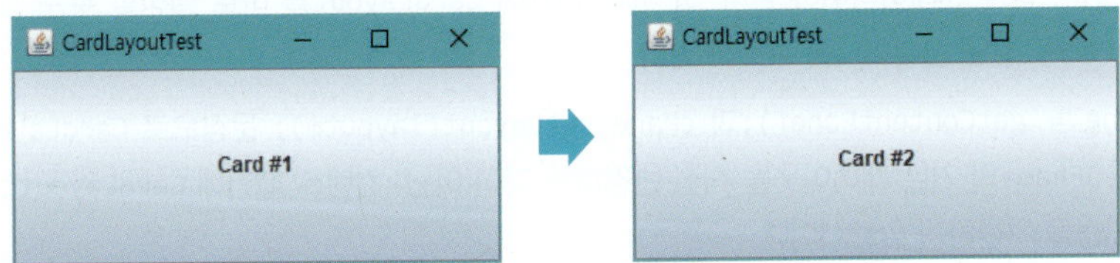

CardLayoutTest.java

```java
import javax.swing.*;
import java.awt.*;

public class CardLayoutTest extends JFrame {
    JButton b1, b2, b3;
    Container cPane;
    CardLayout layoutm;

    public CardLayoutTest() {
        setTitle("CardLayoutTest");
        setSize(300, 150);
        layoutm = new CardLayout();
        setDefaultCloseOperation(JFrame.EXIT_ON_CLOSE);

        // ContentPane 가져오기
        cPane = getContentPane();
        cPane.setLayout(layoutm);

        // 버튼 생성 및 추가
        b1 = new JButton("Card #1");
        b2 = new JButton("Card #2");
        b3 = new JButton("Card #3");

        cPane.add(b1);
        cPane.add(b2);
        cPane.add(b3);

        // 버튼 액션 설정
        b1.addActionListener(e -> layoutm.next(cPane));
        b2.addActionListener(e -> layoutm.next(cPane));
        b3.addActionListener(e -> layoutm.next(cPane));
        setVisible(true);
```

이 문장은 b1 버튼에 액션 리스너(ActionListener)를 추가하여 버튼을 클릭할 때마다 CardLayout이 다음 카드로 전환되도록 설정하는 코드이다.

- `b1.addActionListener(...)`: b1 버튼에 클릭 이벤트를 처리할 리스너를 추가한다.
- `e -> layoutm.next(cPane)`: 람다식으로 작성된 ActionListener 코드이다. 버튼을 클릭할 때 실행된다.
- `layoutm.next(cPane)`: CardLayout의 `next()` 메소드를 호출하여 cPane에 있는 다음 카드를 표시한다.

즉, 이 코드는 b1 버튼을 클릭할 때마다 카드가 순서대로 전환되는 기능을 제공한다.

```
    }
    public static void main(String[] args) {
        SwingUtilities.invokeLater(() -> new CardLayoutTest());
    }
}
```

CardLayout을 사용하여 여러 컴포넌트를 카드처럼 전환되게 하려면 CardLayout을 설정할 대상이 반드시 컨텐트 페인이나 다른 컨테이너여야 한다. JFrame 자체에 CardLayout을 바로 설정할 수는 없고, 컨텐트 페인 또는 JPanel 같은 컨테이너를 통해야 한다.

여기서 cPane = getContentPane();과 cPane.setLayout(layoutm); 문장으로 CardLayout을 설정하는 이유는 JFrame의 기본 레이아웃을 직접 변경하는 것이 아닌, 컨텐트 페인에 CardLayout을 설정하여 카드 전환 기능을 구현하기 위해서이다.

도전문제

1. b1, b2, b3 대신 JPanel을 각각 생성하고, 각 JPanel 안에 "첫 번째 화면", "두 번째 화면", "세 번째 화면"이라는 JLabel을 넣으시오.
2. 카드마다 배경색을 다르게 설정하시오.
   - 첫 번째 카드: 연노란색
   - 두 번째 카드: 연파란색
   - 세 번째 카드: 연초록색

절대 위치로 배치하기

배치 관리자를 사용하는 것을 권장하지만, 특별한 경우에 컴포넌트들을 배치 관리자 없이 배치해야만 한다. 컨테이너 안의 컴포넌트들의 크기와 위치가 외부의 영향을 받지 않는 경우, 어떤 특수한 효과를 주고자 하는 경우가 해당한다. 예를 들어서 의도적으로 컴포넌트와 컴포넌트를 겹치게 하고자 할 경우에는 절대 위치를 사용하여 배치해야 한다.

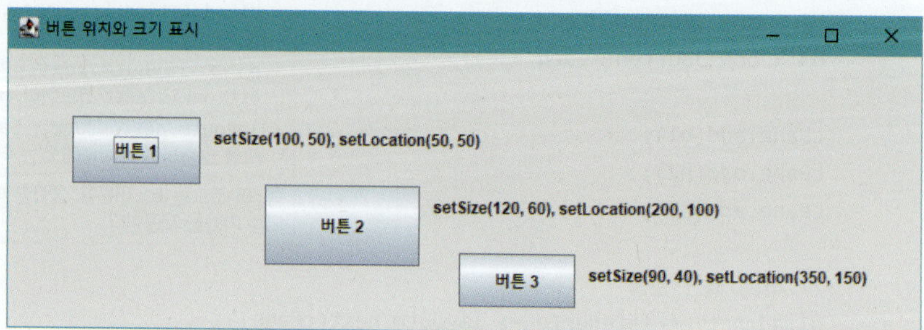

그림 8-26 절대 위치로 배치하기

배치 관리자를 사용하지 않으려면 배치 관리자를 null로 설정하고 setSize()와 setLocation() 메소드를 사용하여 위치와 크기를 설정한다. 절차는 다음과 같다.

1. 배치 관리자를 null로 설정한다.

```
setlayout(null);
```

2. add() 메소드를 사용하여 컴포넌트를 컨테이너에 추가한다.

```
Button b = Button("Button #1");
add(b);
```

3. setSize(w, h)와 setLocation(x, y)를 사용하여 컴포넌트의 크기와 위치를 지정한다.

```
b.setSize(w, h);
b.setLocation(x, y);
```

또는 setBounds(x, y, w, h)를 사용하여 위치와 크기를 동시에 지정한다.

```
b.setBounds(x, y, w, h);
```

절대 위치로 배치하기 예제 8-11

절대 위치를 사용하여 피아노처럼 흰 키와 검정 키를 배치해 보자. 흰 키는 7개로, 각 키에 간격(spacing)이 있어 조금씩 떨어져 배치된다. 검정 키는 흰 키 사이에 위치한다.

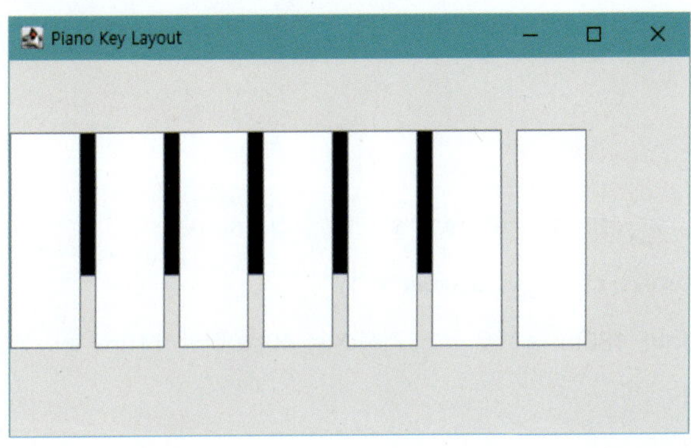

PianoKeys.java

```
import javax.swing.*;
import java.awt.*;

public class PianoKeys extends JFrame {
    public PianoKeys() {
        setTitle("Piano Key Layout");
        setSize(500, 300);
        setDefaultCloseOperation(JFrame.EXIT_ON_CLOSE);
        setLayout(null);          // 절대 위치 사용

        JButton[] whiteKeys = new JButton[7];
        JButton[] blackKeys = new JButton[5];

        for (int i = 0; i < whiteKeys.length; i++) {
            whiteKeys[i] = new JButton();
            whiteKeys[i].setBackground(Color.WHITE);
            whiteKeys[i].setBounds(i * (50 + 10), 50, 50, 150);
            add(whiteKeys[i]);
        }

        // 검정 키 만들기(흰 키 사이에 배치)
        for (int i = 0; i < blackKeys.length; i++) {
            blackKeys[i] = new JButton();
            blackKeys[i].setBackground(Color.BLACK);
            int blackKeyX = (i * (50 + 10)) + (3 * 50 / 4);
            // 흰 키 사이에 위치 조정
            blackKeys[i].setBounds(blackKeyX, 50, 30, 100);
            add(blackKeys[i]);
        }

        setVisible(true);
    }
    public static void main(String[] args) {
        SwingUtilities.invokeLater(() -> new PianoKeys());
    }
}
```

프레임 안의 컨텐트 페인의 배치 관리자를 지정하지 않는다. 즉, 절대 위치를 사용하겠다는 의미이다.

setBounds(x, y, width, height)를 사용하여 각 버튼의 위치와 크기를 동시에 지정한다.

도전문제

1 각 흰 키에 "C", "D", "E", "F", "G", "A", "B" 라벨을 추가하시오.

Hint `whiteKeys[i] = new JButton("C");`

2 흰 키는 60px 너비, 180px 높이로 확대, 검정 키는 40px 너비, 110px 높이로 조정하시오.

TIP

컨테이너에서 어떤 배치 관리자를 사용할 것인지도 우리가 결정해야 할 문제이다. 컴포넌트가 가능한 모든 영역을 차지하도록 하려면 `BorderLayout`을 사용하야 한다. 모든 컴포넌트가 같은 크기를 가지기를 바란다면 `GridLayout`을 사용해야 한다. 각 컴포넌트를 한 줄로 나열시키고 싶을 경우에는 `FlowLayout`을 사용한다.

참고사항: 다른 배치 관리자들

이외에도 `BoxLayout`, `GridBagLayout`, `GroupLayout`, `SpringLayout` 등이 있다. 자세한 내용은 http://docs.oracle.com/javase/tutorial/uiswing/layout/ 사이트를 참고한다.

참고사항: 행이나 열의 개수를 0으로 하면

행의 개수나 열의 개수를 0으로 하면 추가하는 컴포넌트의 개수에 따라서 행이나 열의 개수가 정해진다. 또한 생성자에서 격자 간의 간격도 설정할 수 있다.

```
setLayout(new GridLayout(0, 3, 1, 1));
```

위의 문장에서 열의 개수는 3이지만 행의 개수는 컴포넌트의 개수에 따라 동적으로 변경된다. 그리고 격자 간의 간격은 1픽셀이다.

Q **어떻게 컴포넌트의 정확한 크기를 지정하는가?**

A 왜 컴포넌트의 정확한 크기를 설정해야 하는지 확인하자. 종종 스윙 컴포넌트의 정확한 크기를 지정하는 것은 의미가 없다. 만약 컴포넌트가 배치 관리자에 의해 제어되지 않는 경우 `setSize()` 또는 `setBounds()` 메소드를 호출하여 컴포넌트의 크기를 설정할 수 있다.

Q **컴포넌트를 컨테이너에 추가한 후 표시되지 않으면 어떻게 해야 하는가?**

A 컨테이너의 `revalidate()`와 `repaint()` 메소드를 호출해 보자.

Q **컴포넌트의 크기가 너무 작아지면 어떻게 해야 하는가?**

A 컴포넌트 안에 `getPreferredSize()` 및 `getMinimumSize()` 메소드를 구현해 보자.

SELF TEST

1 격자처럼 컴포넌트를 배치하는 배치 관리자 클래스는?

2 순차적으로 컴포넌트를 배치하는 배치 관리자 클래스는?

3 동서남북으로 컴포넌트를 배치하는 배치 관리자 클래스는?

4 컴포넌트 사이의 수평, 수직 간격을 각각 10픽셀, 20픽셀로 하는 `GridLayout` 배치 관리자를 생성하시오.

5 컨테이너의 배치 관리자를 제거하려면 어떻게 해야 하는가?

8.7 복잡한 배치 만들기

프레임에 패널을 먼저 배치하는 것이 좋다

자바 스윙에서는 패널(JPanel)을 먼저 프레임 위에 추가하고, 그 위에 다른 컴포넌트를 배치하는 것이 일반적인 방식이다. 이렇게 하면 다음과 같은 장점이 있다.

- **조직적인 배치 관리:** 패널을 사용하면 여러 개의 패널을 만들어 각각의 패널에 다른 레이아웃을 지정할 수 있어 복잡한 인터페이스를 더 쉽게 관리할 수 있다.
- **유연한 레이아웃 구성:** 패널을 통해 다양한 배치 관리자를 쉽게 적용할 수 있어 UI를 더 유연하고 다양한 구성으로 배치할 수 있다.
- **코드의 가독성 향상:** 패널을 사용하여 각 UI 영역을 나누면 코드가 더 간결해지고 가독성이 높아진다.
- **컴포넌트 그룹화:** 관련된 컴포넌트들을 한 패널에 넣어 그룹화할 수 있어 전체적인 구조를 이해하고 유지 보수하기 쉬워진다.

예를 들어서 피자를 주문하는 앱의 화면은 다음 그림과 같이 만들 수 있다.

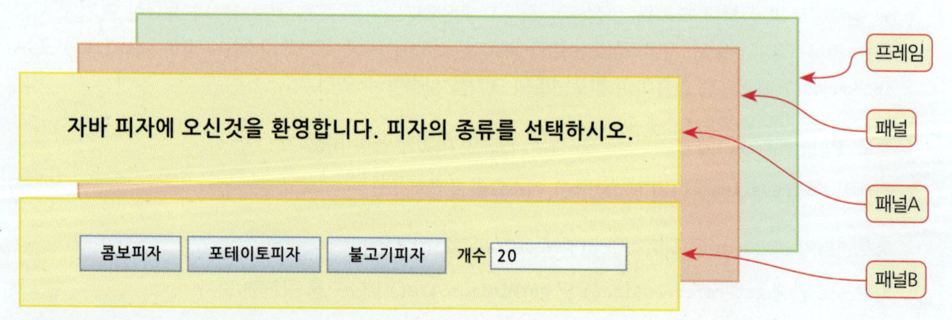

그림 8-27 피자 주문 앱 화면 예시

먼저 프레임에 메인 패널을 배치하고, 이 메인 패널에 상하로 2장의 패널을 배치한다. 첫 번째 패널 위에는 레이블을 배치하고, 두 번째 패널 위에는 버튼과 텍스트 필드를 배치한다.

피자 주문 화면 만들기 예제 8-12

앞에서 설명한 피자 주문 앱의 화면을 만들어 보자.

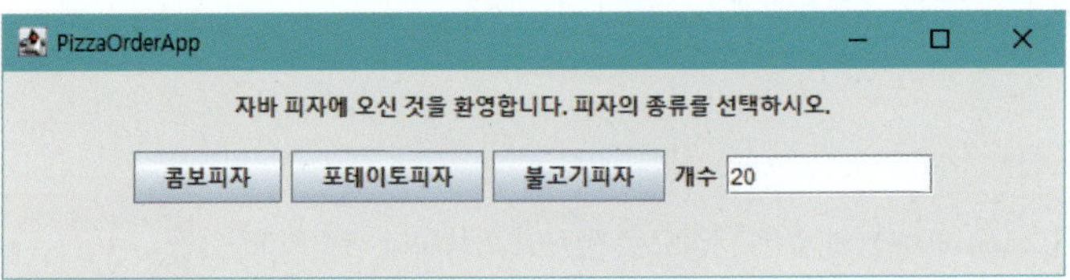

PizzaOrderApp.java

```
import java.awt.*;
import javax.swing.*;

public class PizzaOrderApp extends JFrame {
    public PizzaOrderApp() {
        // 프레임 기본 설정
        setSize(600, 150);          // 프레임의 크기를 가로 600, 세로 150으로 설정
        setTitle("PizzaOrderApp");  // 프레임 제목 설정
        setDefaultCloseOperation(JFrame.EXIT_ON_CLOSE);
        // 닫기 버튼을 눌렀을 때 프로그램 종료

        JPanel panel = new JPanel();        // 메인 패널 생성
        JPanel panelA = new JPanel();       // 상단 안내문 패널 생성
        JPanel panelB = new JPanel();       // 피자 종류 및 개수 입력 패널 생성

        // panelA: 안내문 라벨 추가
        panelA.add(new JLabel
        ("자바 피자에 오신 것을 환영합니다. 피자의 종류를 선택하시오."));

        // panelB: 피자 종류 버튼과 개수 입력 필드 추가
        panelB.add(new JButton("콤보피자"));      // 콤보피자 버튼 추가
        panelB.add(new JButton("포테이토피자"));  // 포테이토피자 버튼 추가
        panelB.add(new JButton("불고기피자"));    // 불고기피자 버튼 추가

        panelB.add(new JLabel("개수"));           // 개수 입력을 위한 라벨 추가
        panelB.add(new JTextField(10));           // 개수 입력 필드 생성, 너비 10

        // 메인 패널에 panelA와 panelB 추가
        panel.add(panelA);                        // panelA를 메인 패널에 추가
        panel.add(panelB);                        // panelB를 메인 패널에 추가

        // 메인 패널을 프레임에 추가
        add(panel);
        setVisible(true);  // 프레임을 화면에 표시
    }
```

```java

    public static void main(String[] args) {
        SwingUtilities.invokeLater(() -> new PizzaOrderApp());
                                                        // 애플리케이션 실행
    }
}
```

도전문제

1 패널의 배경색은 panel.setBackground(Color.BLUE);와 같은 문장으로 변경이 가능하다. 3장의 패널 색상을 다르게 하여 각각의 패널이 어디에 위치하는지를 확인하시오.

예제 8-13 계산기 화면 만들기

간단한 계산기를 만들어 보자. 계산 기능은 나중에 추가하고 여기서는 다음과 같은 외관만 구현한다. 패널을 2장 사용한다. 첫 번째 패널에는 JTextField 컴포넌트를 배치한다. 두 번째 패널에는 버튼을 GridLayout을 사용하여 격자 형태로 배치한다.

Calculator.java

```java
import javax.swing.*;
import java.awt.*;

public class Calculator extends JFrame {
    private JPanel panel;             // 버튼을 배치할 패널
    private JTextField tField;        // 결과를 표시할 텍스트 필드
    private JButton[] buttons;        // 버튼 배열
    private String[] labels = {       // 버튼에 표시될 라벨 배열
            "Backspace", "", "", "CE", "C",
            "7", "8", "9", "/", "sqrt",
```

```
            "4", "5", "6", "x", "%",
            "1", "2", "3", "-", "1/x",
            "0", "+/-", ".", "+", "=",
    };

    public Calculator() {
        // 텍스트 필드 초기화
        tField = new JTextField(35);         // 텍스트 필드의 너비를 35로 설정
        tField.setText("0.");                // 초기 텍스트를 "0."으로 설정
        tField.setEnabled(false);            // 텍스트 필드를 편집할 수 없도록 설정

        // 패널 초기화 및 레이아웃 설정
        panel = new JPanel();
        panel.setLayout(new GridLayout(0, 5, 3, 3));
        // 5열 그리드 레이아웃, 버튼 간격 3

        // 버튼 배열 초기화 및 추가
        buttons = new JButton[25];           // 25개의 버튼을 위한 배열 생성
        int index = 0;
        for (int rows = 0; rows < 5; rows++) {          // 5행 반복
            for (int cols = 0; cols < 5; cols++) {      // 5열 반복
                buttons[index] = new JButton(labels[index]);
                // 버튼 생성 및 라벨 설정

                if (cols >= 3)
                    buttons[index].setForeground(Color.red);
                else
                    buttons[index].setForeground(Color.blue);

                // 버튼 배경색을 노란색으로 설정
                buttons[index].setBackground(Color.yellow);

                // 패널에 버튼 추가
                panel.add(buttons[index]);
                index++;                     // 다음 버튼 인덱스로 이동
            }
        }

        // 프레임에 컴포넌트 추가
        add(tField, BorderLayout.NORTH);     // 텍스트 필드를 프레임 상단에 추가
        add(panel, BorderLayout.CENTER);     // 패널을 프레임 중앙에 추가

        setVisible(true);                    // 프레임을 화면에 표시
        pack();                            // 컴포넌트의 크기에 맞게 프레임 크기 조정
    }
    public static void main(String args[]) {
```

```
        SwingUtilities.invokeLater(() -> new Calculator());
        // 계산기 애플리케이션 실행
    }
}
```

도전문제

1 모든 버튼의 글꼴(Font)을 굵게, 크기는 18로 지정하시오.

Hint `buttons[index].setFont(new Font("Arial", Font.BOLD, 18));`

2 `tField`의 텍스트를 오른쪽으로 정렬하고, 크고 굵은 글씨로 설정하시오.

SELF TEST

1 다음 중 `JPanel`을 사용하는 주된 이유가 아닌 것은?

❶ 여러 개의 레이아웃을 조합하여 복잡한 GUI를 구성할 수 있다.
❷ 프레임 없이도 프로그램 실행이 가능하다.
❸ 관련된 컴포넌트를 그룹화할 수 있다.
❹ GUI의 유지 보수를 쉽게 만든다.

2 복잡한 배치는 어떻게 만들 수 있는가?

8.8 비주얼 디자이너: Swing UI Designer

인텔리제이의 UI Designer를 사용하면 애플리케이션의 그래픽 사용자 인터페이스를 쉽고 빠르게 만들 수 있다. UI Designer를 사용하면 `JFrame`과 같은 최상위 컨테이너에서 사용할 대화상자와 컨트롤 그룹을 빠르게 만들 수 있다. 이 튜토리얼에서는 UI 디자이너 사용의 기본 사항을 배우고 로그임 폼을 만들어 본다. 상세한 튜토리얼은 https://www.jetbrains.com/help/idea/design-gui-using-swing.html을 참조한다.

1. Swing UI Designer 플러그인을 설치하고 활성화해야 한다. Ctrl+Alt+S 키를 눌러서 설정을 열고 플러그인을 선택한다. 마켓플레이스 탭을 열고 Swing UI Designer 플러그인을 찾은 다음 설치를 클릭한다. 설치가 끝나면 인텔리제이를 다시 시작한다.

2. [파일] → [새로 만들기] → [프로젝트]를 선택하여 'UIDesigner1'이라는 새로운 자바 프로젝트를 생성한다. 이어서 src 폴더를 마우스 우클릭하여 [새로 만들기] → [Swing UI 양식]을 추가한다. 이름을 LoginForm이라고 한다. [바인딩된 클래스 생성]을 체크하면 LoginForm.java 파일도 함께 만들어진다.

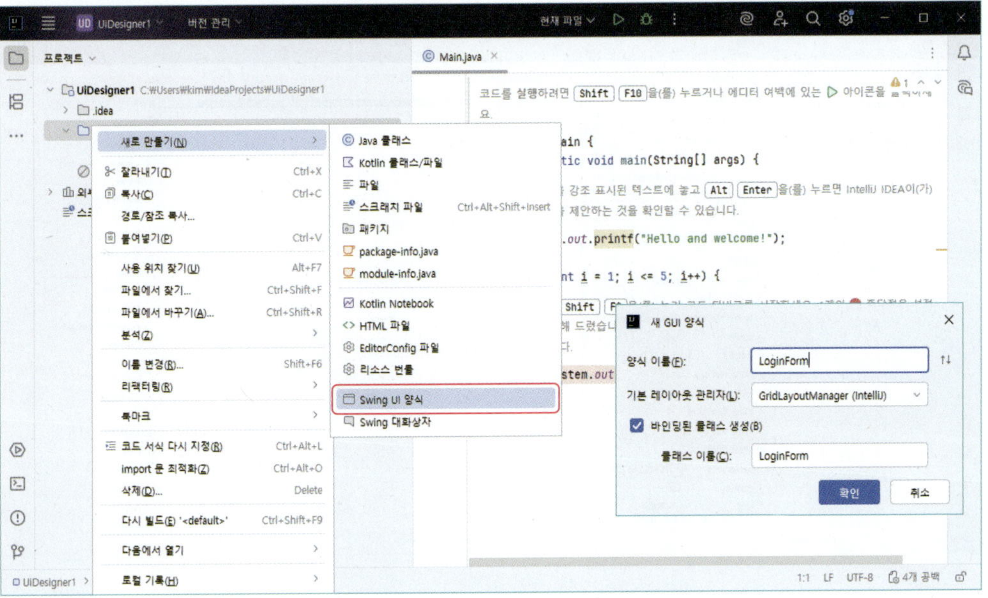

3. 디자이너에서 바탕 컨테이너가 `JPanel`인지 확인한다. 레이아웃은 GridLayoutManager로 설정한다.

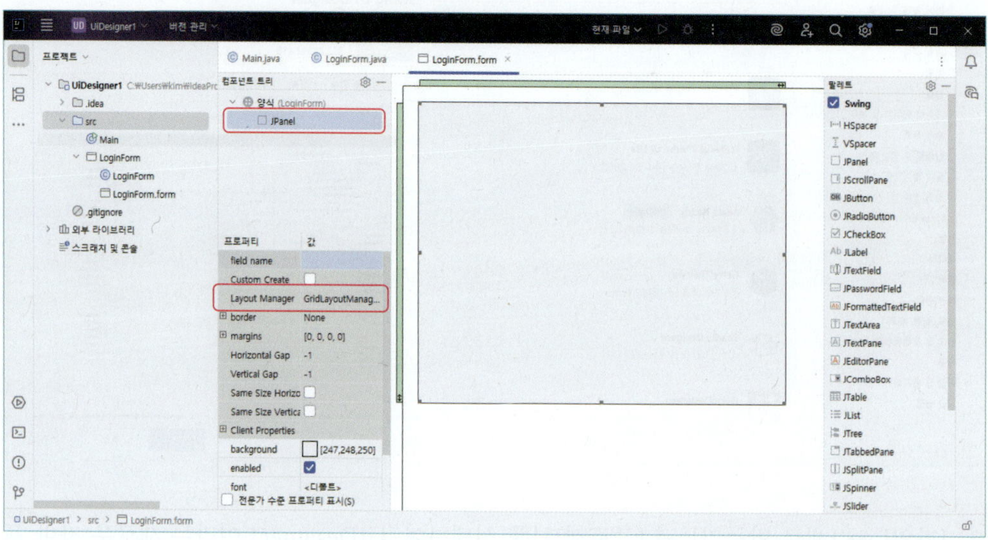

4. 팔레트에서 `JTextField`, `JPasswordField`, `JButton`, `JLabel`을 차례대로 드래그하여 화면에 수직으로 배치한다. 잘 안되면 https://www.jetbrains.com/help/idea/design-gui-using-swing.html#add_labels의 동영상을 참조한다.

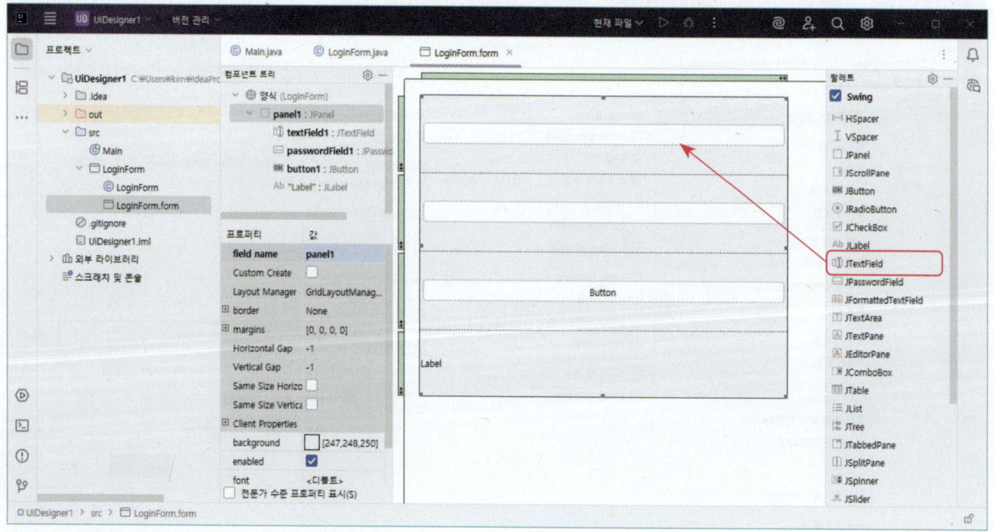

5. 이어서 각 컴포넌트의 왼쪽에 `JLabel`을 드래그하여 배치하고 컴포넌트의 'Text' 속성을 '아이디', '패스워드', 'login', '상태' 등으로 변경한다.

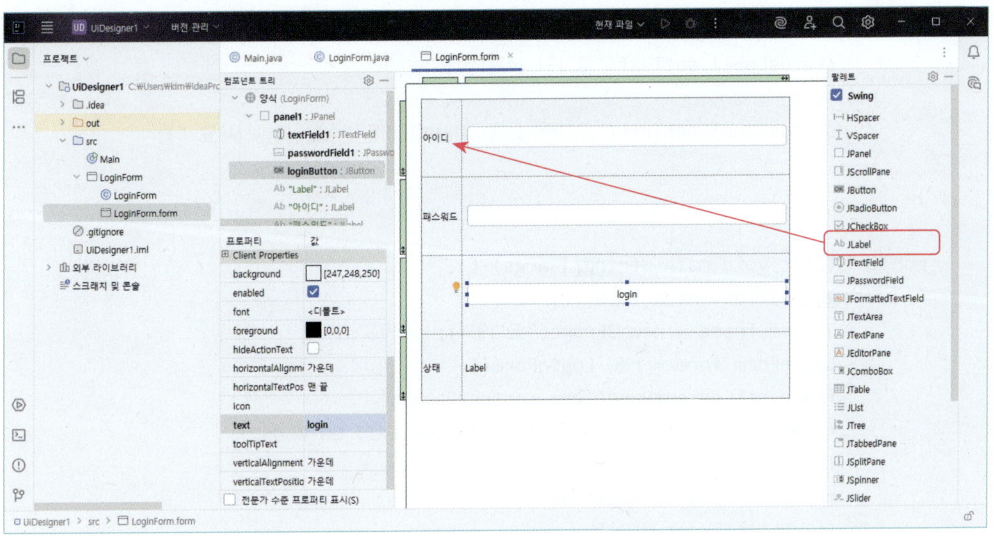

6. 함께 생성된 LoginForm.java로 가서 필드 이름을 다음과 같이 변경하고, LoginForm.form에서도 컴포넌트의 'field name'을 동일하게 변경해 준다.

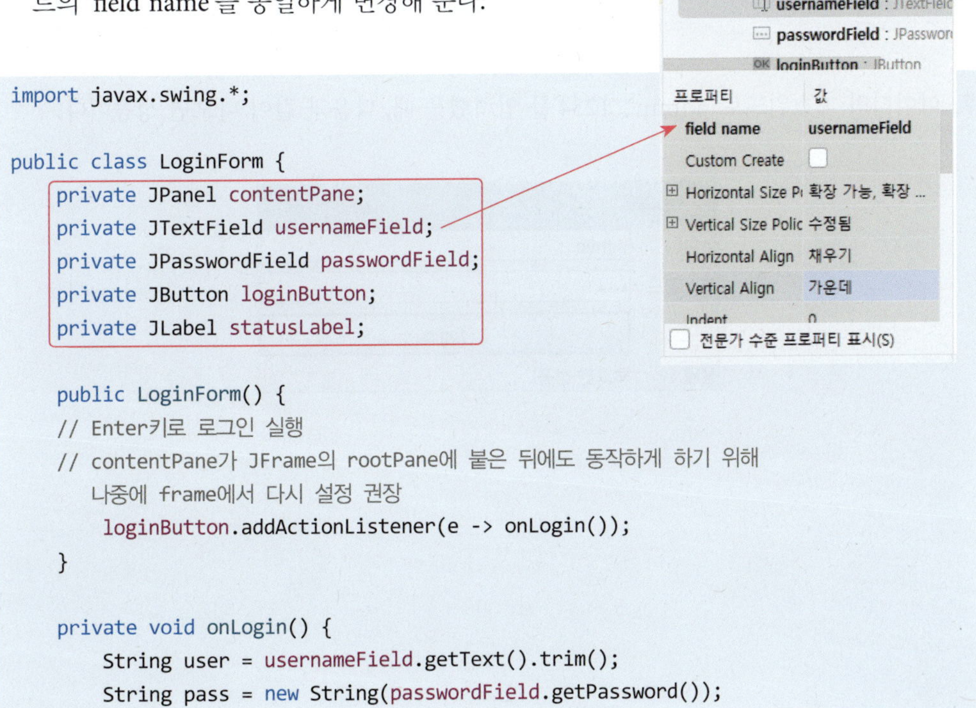


```
import javax.swing.*;

public class LoginForm {
    private JPanel contentPane;
    private JTextField usernameField;
    private JPasswordField passwordField;
    private JButton loginButton;
    private JLabel statusLabel;

    public LoginForm() {
    // Enter키로 로그인 실행
    // contentPane가 JFrame의 rootPane에 붙은 뒤에도 동작하게 하기 위해
       나중에 frame에서 다시 설정 권장
        loginButton.addActionListener(e -> onLogin());
    }

    private void onLogin() {
        String user = usernameField.getText().trim();
        String pass = new String(passwordField.getPassword());
```

```
        if (user.isEmpty() || pass.isEmpty()) {
            statusLabel.setText("아이디와 비밀번호를 모두 입력하세요.");
            return;
        }
        if (user.equals("admin") && pass.equals("1234")) {
            statusLabel.setText("로그인 성공!");
        } else {
            statusLabel.setText("로그인 실패: 아이디/비밀번호를 확인하세요.");
        }
    }

    public static void main(String[] args) {
        SwingUtilities.invokeLater(() -> {
            JFrame frame = new JFrame("로그인");
            LoginForm form = new LoginForm();
            frame.setContentPane(form.contentPane);
            frame.setDefaultCloseOperation(JFrame.EXIT_ON_CLOSE);
            frame.pack();
            frame.setLocationRelativeTo(null);
            // 기본 버튼(Enter 키) 설정
            frame.getRootPane().setDefaultButton(form.loginButton);
            frame.setVisible(true);
        });
    }
}
```

7. 아이디와 패스워드로 'admin', '1234'를 입력했을 때, 다음과 같이 나오면 성공이다.

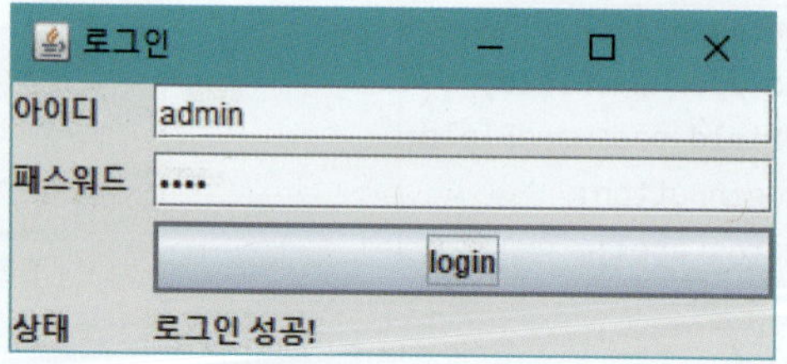

가상 리모컨 만들기

이번 프로젝트 과제로는 '가상 TV 리모컨 만들기'를 진행해 본다. 이 과제는 여러분이 배운 자바 GUI와 배치 관리자를 활용하여 창의적으로 디자인된 리모컨 인터페이스를 만들어 보는 실습이다. 실제 리모컨처럼 작동하는 프로그램을 완성하는 것이 목표이다.

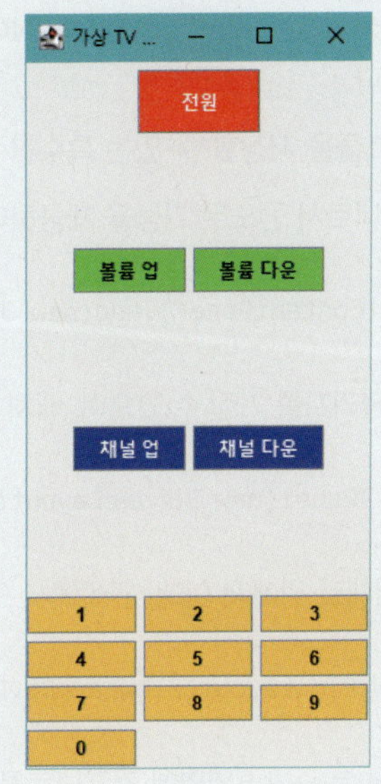

난이도: ★★★☆☆
주제: GUI 컴포넌트 배치하기

(1) 리모컨 UI 디자인

`GridLayout`과 `FlowLayout`을 적절히 사용하여 리모컨 버튼을 배열한다. 물론 필요하면 다른 배치 관리자를 사용하여도 된다. 리모컨에는 기본적인 TV 리모컨의 기능이 포함되어야 한다.

- **기본 버튼:** 전원, 볼륨 업/다운, 채널 업/다운
- **숫자 버튼:** 0부터 9까지

(2) 버튼 색상 및 스타일링

각 버튼에 다양한 색상을 추가하여 리모컨이 시각적으로 더 재미있고 화려해 보이도록 디자인한다. 전원 버튼 같은 주요 버튼은 강조 표시를 한다.

(3) 창 크기와 위치 조정

리모컨 창이 적절한 크기로 표시되고, 모든 버튼이 깔끔하게 보이도록 구성한다.

Summary

- 자바에서 GUI를 위한 패키지에는 AWT, 스윙(SWING) 등이 있다. 스윙은 경량 컴포넌트들로 구성된 GUI로서 운영체제가 달라도 동일한 모양을 지원한다.
- 컨테이너는 안에 컴포넌트들을 저장할 수 있는 특수한 컴포넌트이다.
- JFrame은 최상위 컨테이너로서 윈도우 기능을 제공하며, 내부 컨텐트 페인에 컴포넌트를 부착할 수 있다.

```
new JFrame("창").getContentPane().add(new JButton("OK"));
```

- 컨테이너는 하나의 배치 관리자를 가질 수 있으며, 배치 관리자는 컴포넌트의 위치와 크기를 제어한다.

```
JPanel panel = new JPanel(new BorderLayout());
```

- FlowLayout은 추가 순서대로 위에서 아래, 왼쪽에서 오른쪽으로 배치하며 패널의 기본 배치 관리자이다.

```
panel.setLayout(new FlowLayout(FlowLayout.LEFT));
```

- BorderLayout은 동·서·남·북·중앙 5영역에 컴포넌트를 배치하며 프레임의 기본 배치 관리자이다.

```
add(new JButton("South"), BorderLayout.SOUTH);
```

- GridLayout은 동일 크기의 격자로 컴포넌트를 배치한다.

```
panel.setLayout(new GridLayout(2, 3));
```

- 스윙 컴포넌트에 이미지를 표시하려면 ImageIcon을 만들고 setIcon()으로 지정한다.

```
label.setIcon(new ImageIcon("image.png"));
```

- JPasswordField는 입력 텍스트를 보이지 않게 처리한다.

```
JPasswordField pwd = new JPasswordField(12);
```

- JLabel은 텍스트나 이미지를 표시하는 컴포넌트로 입력은 받지 않는다.

```
JLabel label = new JLabel("Hello", new ImageIcon("icon.png"), JLabel.CENTER);
```

- JTextField는 한 줄짜리 문자열 입력에 사용된다.

```
JTextField tf = new JTextField(20);
```

- JButton은 클릭 가능한 버튼이며 이벤트와 함께 동작한다.

```
button.addActionListener(e -> System.out.println("clicked"));
```

Exercises

1. JFrame 생성자에 전달하는 문자열의 역할은?

   ❶ 제목　❷ 주석
   ❸ 프레임 안에 표시되는 내용　❹ 의미 없음

2. 컨테이너에 위젯을 추가할 때 사용하는 메소드는?

   ❶ add()　❷ remove()　❸ addObject()　❹ addWidget()

3. 컨테이너의 배치 관리자를 설정하는 메소드는?

   ❶ set()　❷ setLayout()　❸ setManager()　❹ add()

4. 다음 중 FlowLayout을 이용하여 컨테이너에 요소를 추가하는 올바른 방법은?

   ❶ add(component);　❷ set(component);
   ❸ add(x, y, component);　❹ add(component, "Center");

5. 절대 위치로 배치하려면 어떤 메소드를 실행해야 하는가?

   ❶ setLayout(null);　❷ set(null);
   ❸ setLayout(new GridLayout(3, 3));　❹ pack()

6. 절대 위치로 배치할 때 위치는 어떤 메소드로 설정하는가?

   ❶ setLoc()　❷ setLocation()
   ❸ setSize()　❹ setPosition()

7. setPreferredSize()가 하는 역할은?

   ❶ 배치 관리자에 원하는 크기를 알린다.　❷ 위젯의 크기를 설정한다.
   ❸ 컨테이너의 크기를 변경한다.　❹ 전체 윈도우의 크기를 설정한다.

8. 컨테이너의 기본 배치 관리자로 잘못된 것은?

   ❶ JFrame의 컨텐트 페인: FlowLayout　❷ JPanel: FlowLayout
   ❸ JDialog: BorderLayout　❹ JApplet: BorderLayout

9. 자바의 배치 관리자가 아닌 것은?

❶ FlowLayout ❷ RelativeLayout
❸ BorderLayout ❹ GridLayout

10. 다음 중 컨테이너 클래스가 아닌 것은?

❶ JFrame ❷ JPanel ❸ JDialog ❹ JTextField

11. 컴포넌트의 선호 크기를 유지하며, 컨테이너 폭을 넘으면 다음 줄로 넘어가면서 좌에서 우로 배치하는 배치 관리자는?

❶ FlowLayout ❷ LinearLayout
❸ BorderLayout ❹ GridLayout

12. 패널 p에 4행 3열 격자 모양으로 배치하려고 한다. 배치 관리자를 설정하는 코드는?

❶ p.setLayout(4, 3); ❷ p.setLayout(GridLayout(4,3));
❸ p.setLayout(Grid(4,3)); ❹ p.setLayout(new GridLayout(4,3));

13. 다음 중 컨테이너 p의 배치 관리자를 제거하는 코드는?

❶ p.setLayout(); ❷ p.setLayout(0);
❸ p.setLayout(false); ❹ p.setLayout(null);

14. 다음 코드는 화면에 프레임을 표시하는 프로그램이다. 빈칸을 채우시오.

MyFrame

```
import javax.swing.*;
public class MyFrame extends JFrame {
    public MyFrame() {
        setDefaultCloseOperation(JFrame.EXIT_ON_CLOSE);
        setSize(300, 150);
        setTitle("MyFrame");
        setVisible(true);
    }
    public static void main(String[] args) {
        SwingUtilities.invokeLater(() -> __________ // MyFrame 객체를 생성한다.
    }
}
```

15. 14번 코드를 상속이 아닌 구성을 이용하는 버전으로 수정하시오.

```
import javax.swing.*;
public class MyFrame {
    public static void main(String[] args) {
        ______________________________   // JFrame 객체를 생성한다.
        ______________________________   // setDefaultCloseOperation() 호출
        ______________________________   // setSize() 호출
        ______________________________   // setTitle() 호출
        ______________________________   // setVisible() 호출
    }
}
```

Programming Exercises

난이도: ★★☆☆☆
주제: 자바 GUI 기초

1. JLabel, JTextField, JButton을 사용하여 간단한 로그인 화면을 만드시오. '사용자 이름:' 레이블과 텍스트 필드, '비밀번호:' 레이블과 텍스트 필드, '로그인' 버튼을 배치한다.

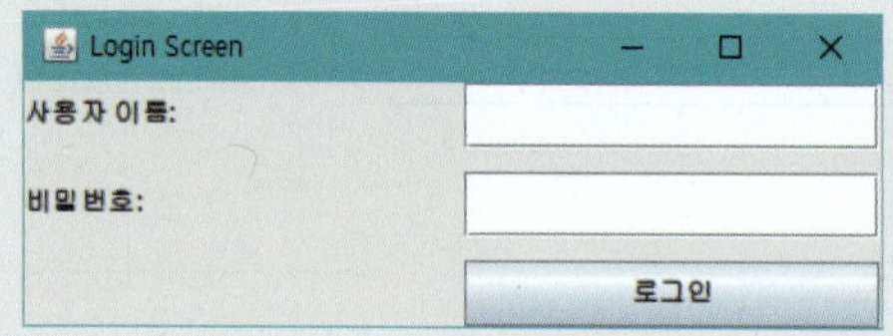

난이도: ★★☆☆☆
주제: 자바 GUI 기초

2. 다음과 같은 프로그램의 화면을 만드시오. 적절한 배치 관리자를 선택하여 사용한다.

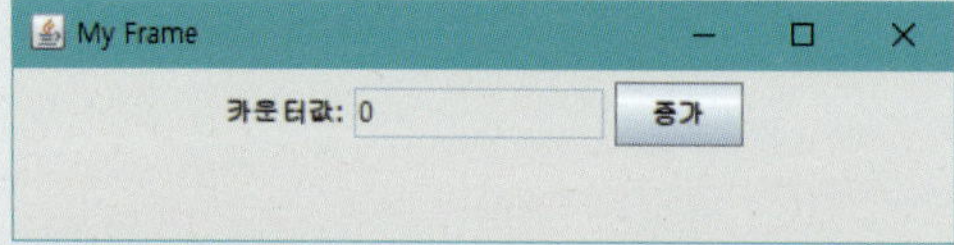

난이도: ★★☆☆☆
주제: 자바 GUI 기초, 배치 관리자

3. 다음과 같은 프로그램의 화면을 만드시오. 적절한 배치 관리자를 선택하여 사용한다. 패널을 추가로 사용하여도 좋다.

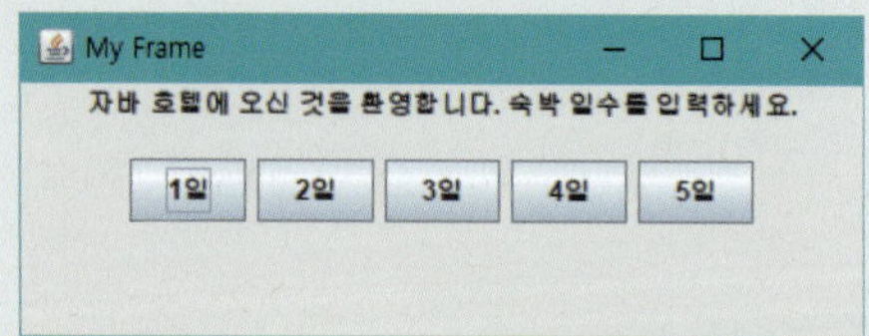

난이도: ★★★☆☆
주제: 자바 GUI 기초

4. 다음과 같은 프로그램의 화면을 만드시오. 배경색이 다른 패널을 이용한다.

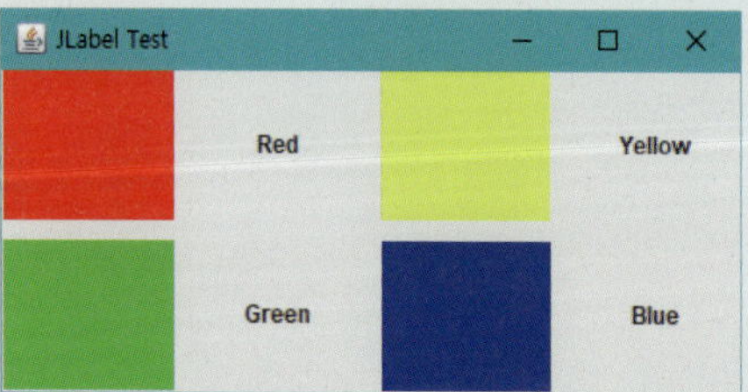

5. 체중과 키를 받아서 BMI를 계산하는 프로그램의 화면을 만드시오.

난이도: ★★★☆☆
주제: 자바 GUI 기초

BMI 계산기
나의 BMI 지수는 얼마나 될까?
나의 체중(kg):
나의 키(m):
BMI 확인하기

6. 회원의 정보를 받아서 데이터베이스에 저장하는 프로그램의 화면을 만드시오.

난이도: ★★★☆☆
주제: 자바 GUI 기초

회원 등록하기
회원 등록하기
이름:
패스워드:
이메일 주소:
전화번호:
등록하기 취소

7. 프레임 안에 20개의 버튼을 다음과 같이 배치하는 프로그램을 작성하시오. GridLayout을 사용한다. 버튼의 배경색은 랜덤한 색상으로 지정한다.

난이도: ★★★☆☆
주제: GridLayout, 난이도

랜덤한 색상은 다음과 같이 만들 수 있다.

```
int R = (int) (Math.random() * 256);
int G = (int) (Math.random() * 256);
int B = (int) (Math.random() * 256);
Color color = new Color(R, G, B);
```

난이도: ★★★☆☆
주제: 배치관리자

8. 다음과 같은 간단한 전화번호 입력기의 화면을 만드시오. 여러 개의 패널과 배치 관리자를 혼용하여 완성한다.

난이도: ★★★★☆
주제: 절대 위치로 배치

9. 다음과 같이 난수를 발생하여 레이블을 불규칙하게 배치하시오.

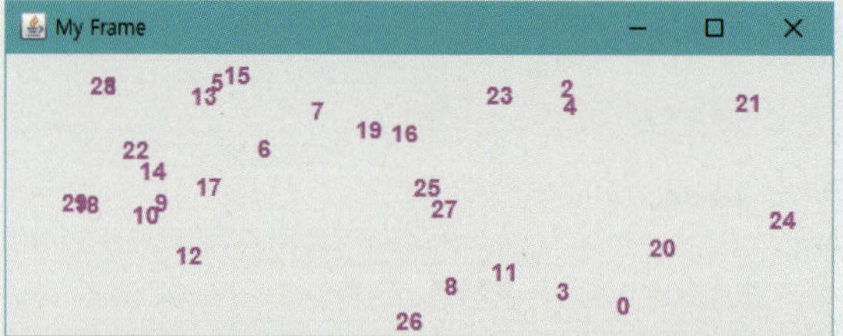

절대 위치로 배치하려면 `setBounds()`를 사용하거나 `setSize()`와 `setLocation()`을 함께 사용한다. 또 난수는 `Math.random()`으로 발생시킨다.

난이도: ★★★☆☆
주제: GridLayout

10. `GridLayout`을 사용하여 8×8 체스판을 만드시오. 검은색과 흰색이 번갈아 나타나야 한다. 각 칸은 `JButton` 또는 `JPanel`로 구현한다.

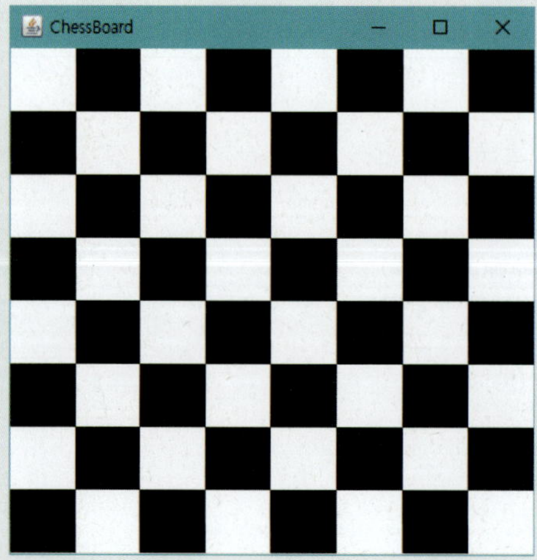

`square.setBackground(Color.BLACK);`로 경색을 변경한다.

11. `BorderLayout`을 사용하여 간단한 음악 플레이어 인터페이스를 만드시오. 상단에는 제목(JLabel)을 표시한다. 중앙에는 앨범 커버(JLabel에 이미지 추가)를 표시한다. 하단에는 재생/일시 정지(Play/Pause) 버튼, 이전/다음(Previous/Next) 버튼을 배치한다.

난이도: ★★★★☆
주제: BorderLayout

12. `CardLayout`을 사용하여 여러 개의 퀴즈 화면을 순서대로 전환하는 프로그램을 만드시오. 'Next' 버튼을 클릭하면 다음 퀴즈로 넘어가야 한다. 마지막 화면에는 "퀴즈 끝!" 메시지를 표시한다.

난이도: ★★★☆☆
주제: CardLayout

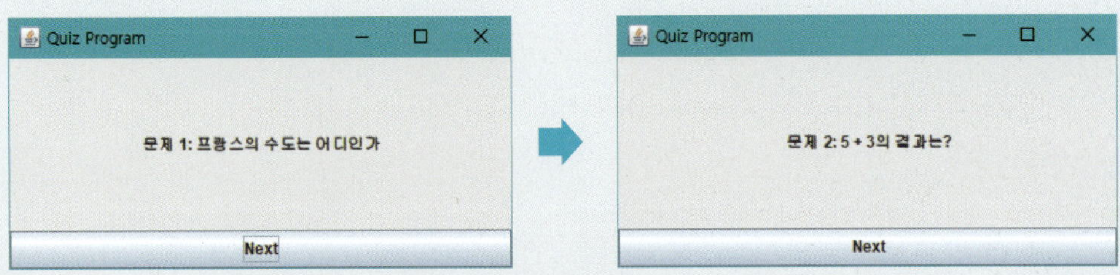

CHAPTER 09

자바 GUI 이벤트 처리

학습목표

- 버튼에서 발생하는 이벤트를 처리하여 작업을 수행한다.
- 이벤트 처리기를 익명 클래스로 작성한다.
- 이벤트 처리기를 람다식으로 작성한다.
- 키보드 이벤트를 받아서 작업을 수행한다.
- 마우스 이벤트를 받아서 작업을 수행한다.

학습목차

핵심 키워드

이벤트 처리, 키 이벤트, 마우스 이벤트

CHAPTER

09 자바 GUI 이벤트 처리

9.1 이벤트 처리 개요

이벤트란?

GUI 프로그램은 일반적인 프로그램과는 약간 다른 성격을 가지고 있다. 일반적인 프로그램은 마치 꼼꼼한 체크리스트를 따라 순서대로 작업을 처리하는 성격이라면, GUI 프로그램은 "내가 먼저 움직이는 법은 없다!"라는 신조를 가진 소극적인 성격이다. GUI 프로그램은 먼저 화면에 버튼, 텍스트 필드 같은 다양한 컴포넌트를 배치해 두고, 조용히 사용자의 입력을 기다린다. 사용자가 버튼을 누르거나 텍스트를 입력해 이벤트가 발생해야만, "나를 부르셨습니까?" 하며 프로그램이 움직이기 시작한다. 이렇게 사용자의 입력이나 특정 상황(이벤트)을 기다렸다가, 이벤트가 발생했을 때만 동작하는 방식을 **이벤트 구동 프로그래밍(Event Driven Programming)**이라고 부른다.

그림 9-1 이벤트 구동 프로그래밍

이벤트(Event)는 사용자가 버튼을 클릭하거나 마우스를 움직이거나 키를 누르면 발생한다. 이벤트가 발생하면 이벤트 객체가 생성된다. 이벤트 객체는 이벤트에 대한 여러 가지 정보를 가지고 있다. 발생한 이벤트 객체에 반응하여 이벤트를 처리하는 객체를 **이벤트 리스너(Event Listener)**라고 한다. 만약 컴포넌트에 이벤트 리스너가 등록되어 있다면, 이벤트가 발생하였을 때 이벤트 리스너 내부의 메소드가 호출된다. 만약 등록된 리스너가 없다면 아무 일도 일어나지 않는다. 앞장에서 작성한 프로그램에서 버튼을 눌렀을 때 아무 일도 일어나지 않았다면, 버튼에 이벤트 리스너가 등록되지 않았기 때문이다.

GUI 프로그램의 동작 흐름과 이벤트 처리 구조

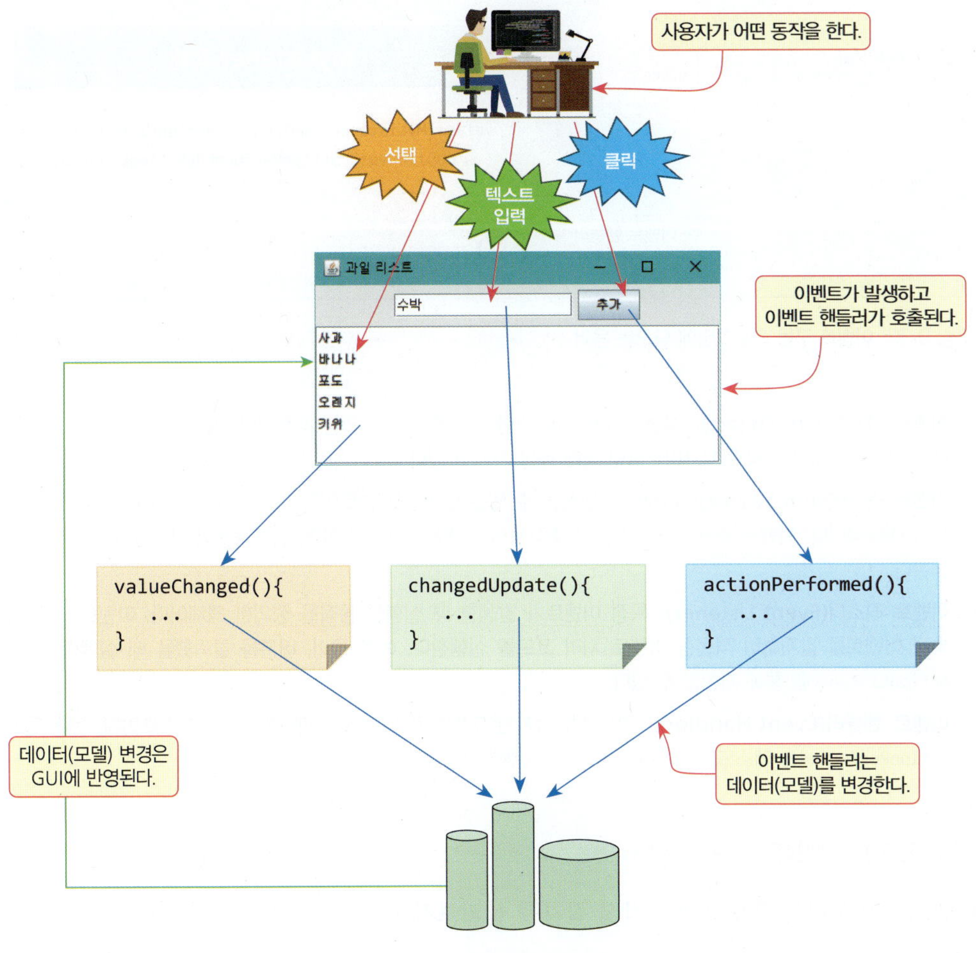

그림 9-2 이벤트 처리 구조

사용자의 동작에 따라 이벤트가 발생하며, 이벤트는 특정한 이벤트 핸들러(Event Handler)를 호출한다. 이벤트 핸들러는 이벤트에 대응하여 프로그램의 데이터를 업데이트한다. 예를 들어, 리스트에서 항목을 선택하거나 버튼을 눌렀을 때 해당 데이터를 조작한다. 데이터가 변경되면, 프로그램은 다시 GUI에 반영하여 사용자가 확인할 수 있도록 한다. 스윙도 MVC(Model-View-Controller) 구조를 따르고 있다. MVC는 프로그램을 세 부분으로 나누어 관리하는 구조로 Model은 데이터와 로직을, View는 화면 표시를, Controller는 사용자의 입력을 처리해 Model과 View를 연결하는 역할을 한다.

용어 정리

이벤트 구동 프로그래밍에서 나오는 용어들을 정리하면 다음과 같다.

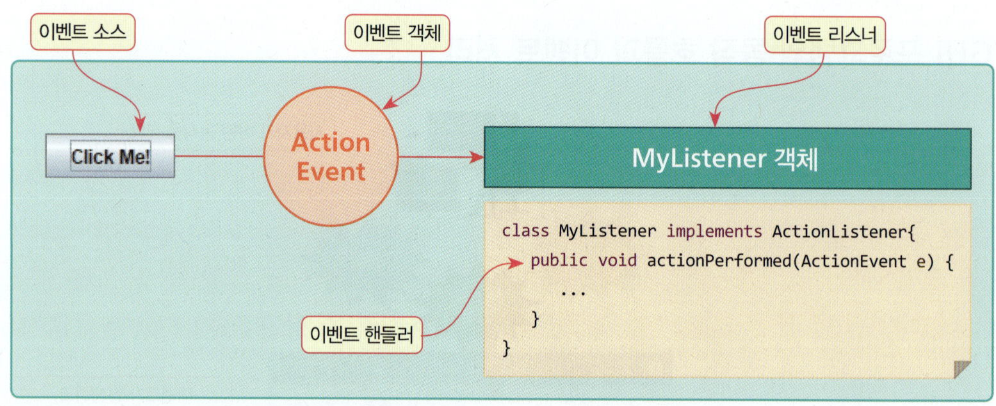

그림 9-3 이벤트 구동 프로그밍에 나오는 용어

- **이벤트 객체(Event Object):** 발생한 이벤트에 대한 정보를 가지고 있는 객체이다. 예를 들어서 마우스 이벤트 객체라면 마우스의 현재 위치, 버튼 눌림 상태 등을 가지고 있다.
- **이벤트 소스(Event Source):** 이벤트가 발생할 수 있는 GUI 컴포넌트이다. JButton, JTextField 같은 컴포넌트가 대표적이다. 이벤트 소스는 사용자가 상호작용할 수 있는 UI 요소이며, 상호작용이 발생할 때 이벤트가 발생한다.
- **이벤트 리스너(Event Listener):** 특정 이벤트가 발생할 때 실행할 동작을 정의한 객체이다. 이벤트 리스너는 특정 이벤트를 감지하여 적절한 이벤트 처리 코드를 실행한다. 예를 들어, 버튼을 클릭했을 때 실행할 동작을 ActionListener를 통해 지정할 수 있다.
- **이벤트 핸들러(Event Handler):** 리스너가 감지한 이벤트가 발생했을 때 호출되는 메소드이다. 예를 들어, actionPerformed() 메소드는 버튼을 클릭할 때 수행할 작업을 정의한다.

구체적인 이벤트 처리 과정

이벤트에 반응하는 프로그램의 작성 절차를 살펴보자.

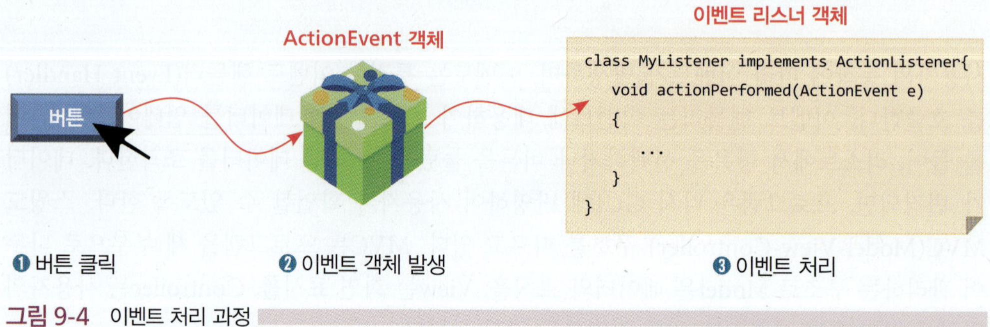

그림 9-4 이벤트 처리 과정

(1) 리스너 추가

어떤 클래스가 이벤트를 처리하려면 리스너 인터페이스를 구현하여야 한다. 자바는 이벤트의 종류에 따라 여러 가지 리스너 인터페이스를 제공한다. 예를 들어서 버튼을 클릭하면 액션 이벤트(action event)가 발생하는데, 이것을 처리하려면 `ActionListener` 인터페이스를 구현하여야 한다. `ActionListener`에는 `actionPerformed()` 추상 메소드만 정의되어 있다. 이 메소드는 액션 이벤트가 발생할 때마다 호출된다. `ActionListener` 인터페이스를 구현하는 `MyListener` 클래스를 작성하면 다음과 같은 구조가 된다.

```
class MyListener implements ActionListener {
    public void actionPerformed(ActionEvent e) {
        ...   // 액션 이벤트를 처리하는 코드가 여기에 들어간다.
    }
}
```

액션 이벤트가 발생하면 호출된다.

다음 단계는 이벤트 리스너의 객체를 생성하여 컴포넌트에 등록하는 것이다. 각 컴포넌트는 이벤트 리스너를 등록할 수 있는 메소드를 제공한다. 예를 들어서 버튼의 경우, `addActionListener()` 메소드가 해당한다. 이벤트 리스너를 등록하는 예제 코드는 다음과 같다.

```
button = new JButton("동작");              // 버튼 생성
button.addActionListener(new MyListener());
```

리스너 객체를 생성하여 버튼에 등록한다.

여기서 `addActionListener()`의 매개변수로 새로 생성된 `MyListener` 클래스의 인스턴스가 전달되었다.

(2) 이벤트 감지

프로그램은 이벤트가 발생하기를 기다린다. 이 과정은 자동으로 백그라운드에서 진행되며, GUI 프로그램은 이벤트 대기 상태에 머무른다.

(3) 이벤트 발생

사용자가 버튼을 클릭하거나 키보드를 입력하는 등 이벤트가 발생하면, 해당 이벤트는 연결된 리스너에 의해 감지된다.

(4) 이벤트 처리

리스너에 연결된 이벤트 핸들러 메소드를 호출하여 정의한 동작을 수행한다. 버튼의 경우, `actionPerformed()` 메소드가 호출된다. 개발자는 메소드에 이벤트를 처리하는 코드를 넣으면 된다.

이벤트 객체

이벤트 객체는 발생한 이벤트의 모든 정보를 리스너로 전달한다. 이벤트 객체는 getSource() 메소드를 가지고 있다. getSource() 메소드는 이벤트를 발생한 이벤트 소스를 반환한다. Object 타입으로 반환하므로, 이것을 필요한 타입으로 형변환하여 사용하면 된다.

```
public void actionPerformed(ActionEvent e) {
    button = (JButton) e.getSource();
    ...
}
```

이벤트 종류에 따라 추가 정보들을 얻을 수 있다. 예를 들어서 MouseEvent 객체의 경우에는, 클릭한 마우스 버튼 번호를 getButton() 메소드를 통하여 얻을 수 있다.

이벤트 디스패치 스레드

자바 스윙에서 이벤트를 처리하는 스레드는 이벤트 디스패치 스레드(Event Dispatch Thread; EDT)라고 불린다. EDT는 GUI 애플리케이션에서 발생하는 사용자 인터페이스 관련 이벤트를 처리하는 전용 스레드로, 버튼 클릭, 키보드 입력, 마우스 이벤트 등 모든 GUI 업데이트와 이벤트 처리를 담당한다.

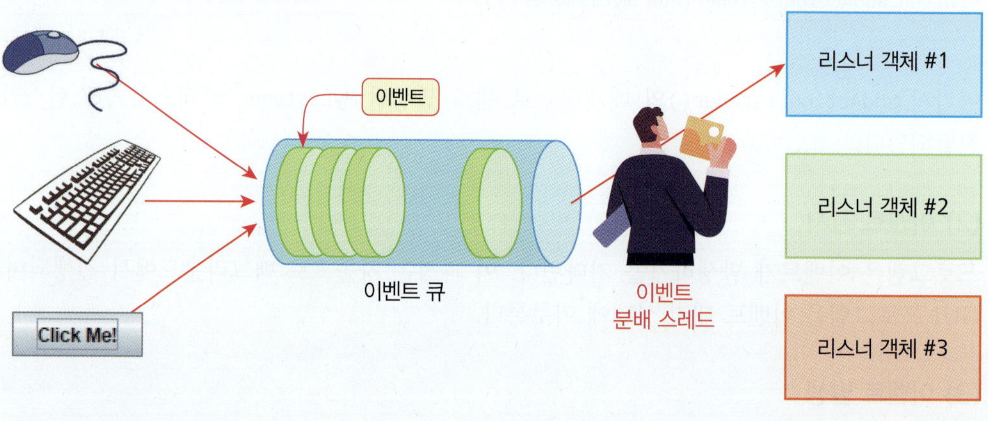

그림 9-5 이벤트 디스패치 스레드

EDT는 사용자와의 상호작용을 통해 발생하는 모든 이벤트(예: 버튼 클릭, 키보드 입력 등)를 처리한다. 모든 화면 업데이트는 EDT에서 수행되며, 이로 인해 UI가 안정적이고 일관된 상태를 유지한다. 자바 스윙 컴포넌트는 스레드에 안전하지 않기 때문에, 모든 GUI 업데이트는 EDT에서 이루어져야 한다. 여러 스레드가 동시에 GUI를 조작하면 화면이 깨지거나 예기치 못한 오류가 발생할 수 있다. 또한 이벤트 디스패치 스레드에서 실행되는 코드가 무걸거나 오랜 시간이 걸리면 UI가 멈추고 응답하지 않게 된다. 이를 방지하기 위해 오래 걸리는 작업은 EDT가 아닌 별도의 스레드에서 수행하는 것이 좋다. 또 `main()` 메소드에서 GUI를 초기화할 때, `SwingUtilities.invokeLater()` 메소드를 사용하여 EDT에서 작업을 실행하도록 보장하는 것이 안전하다.

버튼 이벤트 처리하기 예제 9-1

버튼에 이벤트 리스너를 등록하여 버튼을 클릭할 때마다 'Button was clicked!'라는 메시지 창이 나타나는 애플리케이션을 만들어 보자. 이벤트 리스너는 외부 클래스로 작성한다.

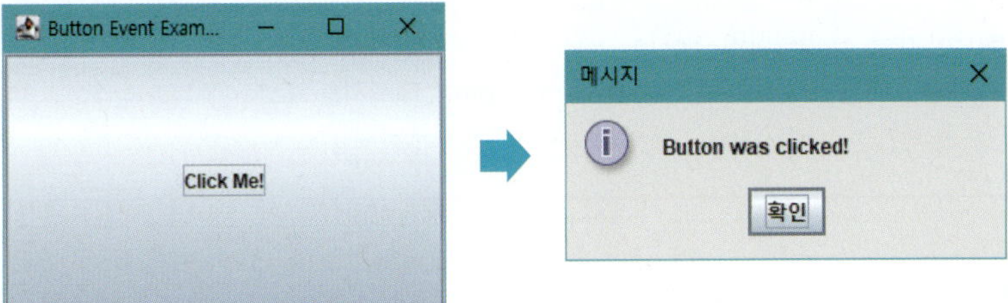

ButtonEvent.java

```java
import javax.swing.*;
import java.awt.*;
import java.awt.event.*;

class MyListener implements ActionListener {
    @Override
    public void actionPerformed(ActionEvent e) {
        // 버튼 클릭 시 메시지 창 표시
        JOptionPane.showMessageDialog(null, "Button was clicked!");
    }
}

public class ButtonEvent extends JFrame {
    public ButtonEvent() {
        setTitle("Button Event Example");
        setDefaultCloseOperation(JFrame.EXIT_ON_CLOSE);
        setSize(300, 200);

        JButton button = new JButton("Click Me!");   // 버튼 생성
        button.addActionListener(new MyListener());
        // 외부 클래스 이벤트 리스너 추가
        add(button);                                 // 프레임에 버튼 추가

        setVisible(true);
    }
```

```
    public static void main(String[] args) {
        SwingUtilities.invokeLater(() -> new ButtonEvent()); // EDT에서 실행
    }
}
```

MyFrame 클래스에서는 버튼을 생성하고, MyListener라는 외부 클래스에서 구현된 ActionListener를 버튼에 추가한다. MyListener 클래스는 ActionListener 인터페이스를 구현하여 actionPerformed() 메소드를 오버라이딩한다. 이 메소드에는 버튼을 클릭했을 때 실행할 동작이 정의되어 있다.

도전문제

1 두 개의 버튼 'Hello'와 'Goodbye'를 생성하고, 각각의 버튼을 클릭했을 때 다른 메시지 창이 뜨도록 프로그램을 수정하시오. 이벤트 리스너는 외부 클래스 2개로 각각 따로 작성한다.

- 'Hello' 버튼 → 클릭하면 "Hello, world!" 메시지를 표시
- 'Goodbye' 버튼 → 클릭하면 "Goodbye, see you!" 메시지를 표시

참고사항: 디자인 패턴의 옵저버 패턴

자바 스윙 패키지를 설계하면서 많은 디자인 패턴들을 사용하였다. 디자인 패턴은 객체 지향에서 많이 사용하는 패턴을 모아놓은 것이다. 리스너를 추가하는 것은 옵저버 패턴(Observer Pattern)의 대표적인 예이다. 옵저버 패턴은 발행-구독 모델(Publish-Subscribe Model)로도 알려져 있으며, 특정 객체에 구독 신청을 하여 다른 객체들이 자동으로 알림을 받거나 반응하도록 하는 디자인 패턴이다. 우리가 신문을 구독하면, 집으로 신문이 배달되는 형태가 바로 이 패턴에 해당한다.

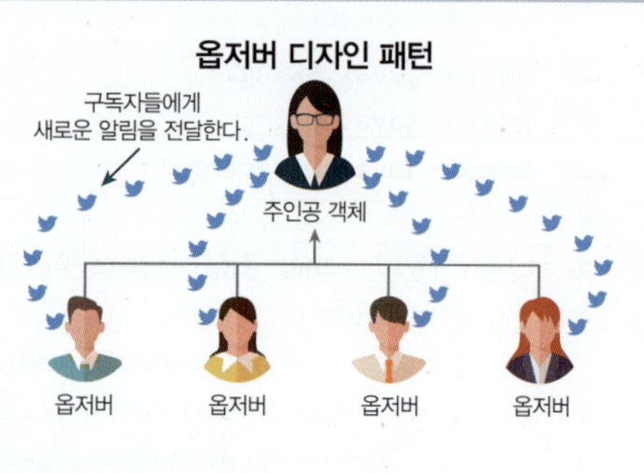

SELF TEST

1 사용자 입력 같은 '이벤트'가 발생했을 때 그에 반응하는 코드(핸들러)를 실행하는 방식의 프로그래밍 패러다임을 무엇이라고 하는가?

2 이벤트가 발생되고 처리되는 과정을 설명하라.

9.2 이벤트 리스너를 작성하는 다양한 방법

이벤트를 처리하려면 리스너를 작성해야 한다. 그런데 여기서 고민거리가 하나 생긴다. 바로, '어떻게 리스너를 작성할까?'라는 문제이다. 우리는 리스너를 내부 클래스, 외부 클래스,

프레임 클래스, 익명 클래스, 람다식을 이용하여 구현할 수 있다. 선택지가 많다 보니 머리가 복잡해질 수도 있다. 게다가 방법이 워낙 다양해서 '아니, 이걸 왜 이렇게 복잡하게 만들어 놨지?'라며 속으로 투덜거릴 독자들도 있을 것이다.

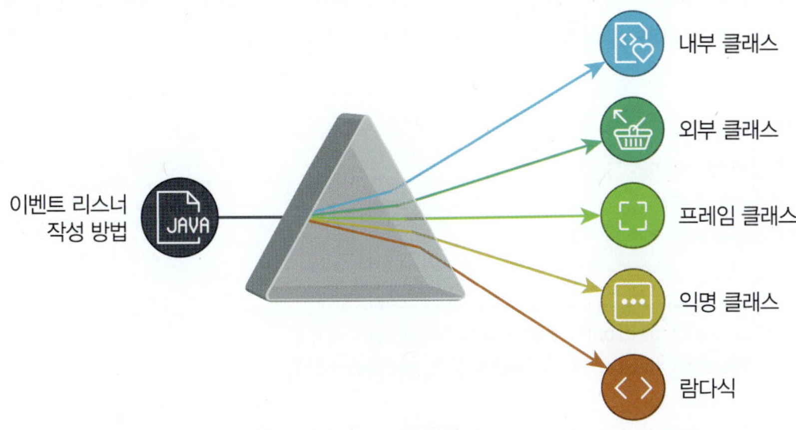

그림 9-6 이벤트 리스너 작성 방법

하지만 잠시 왜 우리가 이것을 배우고 있는지 생각해 보자. 우리의 목표는 단순히 버튼을 눌렀을 때 무언가를 반응하게 만드는 기술만을 배우는 게 아니다. 여기서 배우는 것은 클래스, 인터페이스, 내부 클래스, 익명 클래스, 람다식 같은 객체 지향의 핵심 개념들을 실전에 적용하는 방법이다. 말하자면, 이벤트 처리는 '프로그래밍 기술의 트레이닝 캠프' 같은 것이다. 이제부터는 각 방법의 장점과 단점을 하나씩 살펴보며, 어떤 방법이 여러분의 의도와 가장 찰떡궁합인지 찾아보자.

우리가 예제로 만들 애플리케이션은 카운터 프로그램이다. '증가' 버튼을 누르면 카운터값이 하나씩 증가하여 화면에 표시된다.

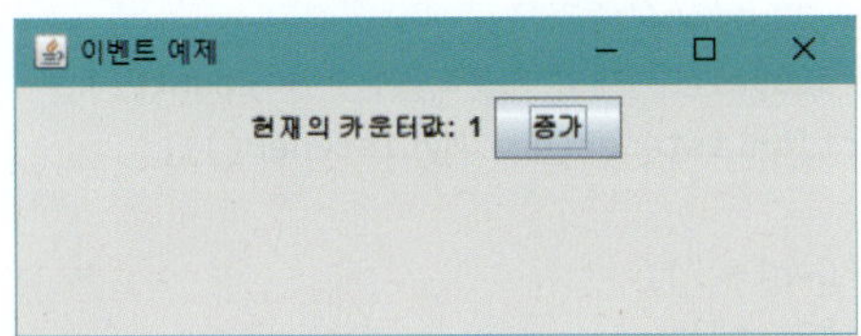

버튼에서 발생하는 액션 이벤트를 처리해 보자. 액션 이벤트를 처리하려면 아래와 같은 형태의 인터페이스를 구현하여야 한다.

```
public interface ActionListener extends EventListener {
    void actionPerformed(ActionEvent e);
}
```

(1) 외부 클래스가 이벤트를 처리하는 방법

첫 번째 방법으로 리스너를 외부 클래스 MyListener로 구현해 보자. MyListener 클래스에서는 EventTest1 안에 정의된 label 변수에는 접근하기 힘들다. 클래스가 다르기 때문이다. 물론 접근자와 설정자를 통하여 가능하긴 하지만 상당히 번거롭다. 따라서 버튼을 눌렀을 때, EventTest1 안에 선언한 레이블의 텍스트를 변경하기 어렵다.

EventTest1.java

```
import javax.swing.*;
import java.awt.*;
import java.awt.event.*;

class MyListener implements ActionListener {
    public void actionPerformed(ActionEvent e) {
        JButton button = (JButton) e.getSource();
        // counter++;
        // label.setText("현재의 카운터값: " + counter);
    }
}

public class EventTest1 extends JFrame {
    private JButton button;
    private JLabel label;
    int counter = 0;

    public EventTest1() {
        setSize(400, 150);
        setTitle("이벤트 예제");
        setDefaultCloseOperation(JFrame.EXIT_ON_CLOSE);

        setLayout(new FlowLayout());
        button = new JButton("증가");
        label = new JLabel("현재의 카운터값: " + counter);
        button.addActionListener(new MyListener());

        add(label, "Center");
        add(button, "East");
        setVisible(true);
    }
    public static void main(String[] args) {
        SwingUtilities.invokeLater(() -> new EventTest1());
    }
}
```

① java.awt.event 패키지에 이벤트를 처리하는 클래스들이 모여 있음

② 외부 클래스로 이벤트를 처리하는 클래스 정의

counter와 label은 MyFrame 클래스 안에 있어서 접근하기 어렵다. 물론 완전히 접근할 수 없는 것은 아니다.

③ 버튼에 이벤트 처리 객체를 등록한다.

이벤트 예제
현재의 카운터값: 0 증가

버튼을 눌러도 카운터값이 증가하지 않는다.

① 이벤트를 처리하는 패키지를 import한다. java.awt.event 패키지 안에 이벤트를 처리하는 클래스들이 모여 있다.

② 이벤트를 처리하는 클래스를 작성한다. 현재 actionPerformed()에서는 아무것도 하지 않는다.

③ 이벤트 리스너를 이벤트 소스에 등록한다. new 연산자를 이용하여 리스너 객체를 생성하고 addActionListener()로 버튼에 리스너 객체를 등록한다.

(2) 내부 클래스가 이벤트를 처리하는 방법

이번에는 내부 클래스로 MyListener 클래스를 선언해 보자. MyListener 클래스가 EventTest2 클래스 안에 위치하면 EventTest2 클래스 안에 선언한 레이블에 얼마든지 자유롭게 접근할 수 있다. 따라서 버튼을 눌렀을 때, 레이블의 텍스트를 변경하기 쉽다.

EventTest2.java

```
public class EventTest2 extends JFrame {
    private JButton button;
    private JLabel label;
    int counter = 0;

    class MyListener implements ActionListener {
        public void actionPerformed(ActionEvent e) {
            counter++;
            label.setText("현재의 카운터값: " + counter);
        }
    }
    public EventTest2() {
        setSize(400, 150);
        setTitle("이벤트 예제");
        setDefaultCloseOperation(JFrame.EXIT_ON_CLOSE);

        setLayout(new FlowLayout());
        button = new JButton("증가");
        label = new JLabel("현재의 카운터값: " + counter);
        button.addActionListener(new MyListener());
        add(label, "Center");
        add(button, "East");
        setVisible(true);
    }
    public static void main(String[] args) {
        SwingUtilities.invokeLater(() -> new EventTest2());
    }
}
```

① 내부 클래스로 이벤트를 처리하는 클래스 정의

② 버튼에 이벤트 처리 객체를 등록한다.

이벤트 예제

현재의 카운터값: 1 증가

버튼을 누르면 카운터값이 증가한다.

(3) 프레임 클래스가 이벤트를 처리하는 방법

EventTest3 클래스가 JFrame을 상속받으면서 동시에 ActionListener 인터페이스도 구현하는 방법이다. 이 방법도 비교적 많이 사용된다.

EventTest3.java

```
public class EventTest3 extends JFrame implements ActionListener {
    private JButton button;
    private JLabel label;
    int counter = 0;

    public void actionPerformed(ActionEvent e) {
        counter++;
        label.setText("현재의 카운터값: " + counter);
    }
    public EventTest3() {
        this.setSize(400, 150);
        this.setTitle("이벤트 예제");

        JPanel panel = new JPanel();
        button = new JButton("증가");
        label = new JLabel("현재의 카운터값: " + counter);
        button.addActionListener(this);
        panel.add(label);
        panel.add(button);
        add(panel);
        setVisible(true);
        setDefaultCloseOperation(JFrame.EXIT_ON_CLOSE);
    }
    public static void main(String[] args) {
        SwingUtilities.invokeLater(() -> new EventTest3());
    }
}
```

MyFrame 클래스는 JFrame 클래스를 상속받고 동시에 ActionListener를 구현한다. 따라서 프레임이 버튼에서 발생하는 이벤트도 처리할 수 있다.

EventTest1 클래스 안에 actionPerformed() 메소드가 정의되어 있어야 한다.

현재 객체를 이벤트 리스너로 버튼에 등록한다. 즉, 자기 자신이 이벤트를 처리한다고 등록한다.

이벤트 예제

현재의 카운터값: 1 증가

(4) 익명 클래스를 사용하는 방법

이벤트 리스너 클래스를 정의할 때, 많이 사용하는 방법 중 하나가 익명 클래스를 사용하는 것이다. 익명 클래스는 말 그대로, 이름이 없는 클래스를 작성하여 한 번만 사용하는 것이다. 처음에는 상당히 이상해 보이지만, 실제로는 익숙해지면 코드를 읽기 쉽게 만든다. 왜냐하면 클래스를 정의하고 바로 사용하기 때문이다. 안드로이드 프로그래밍에서도 자주 사용한다. 따라서 그 형식을 완벽하게 이해하도록 하자.

EventTest4.java

```java
public class EventTest4 extends JFrame {
    private JButton button;
    private JLabel label;
    int counter = 0;

    public EventTest4() {
        this.setSize(400, 150);
        this.setTitle("이벤트 예제");

        JPanel panel = new JPanel();
        button = new JButton("증가");
        label = new JLabel("현재의 카운터값: " + counter);
        button.addActionListener(new ActionListener() {
            public void actionPerformed(ActionEvent e) {
                counter++;
                label.setText("현재의 카운터값: " + counter);
            }
        });
        panel.add(label);
        panel.add(button);
        add(panel);
        setVisible(true);
        setDefaultCloseOperation(JFrame.EXIT_ON_CLOSE);
    }
    public static void main(String[] args) {
        SwingUtilities.invokeLater(() -> new EventTest4());
    }
}
```

① 익명 클래스는 ActionListener 인터페이스를 구현한다. 익명 클래스의 객체도 동시에 생성된다.

② 익명 클래스 안에서 actionPerformed() 메소드를 정의한다.

익명 클래스는 이름이 없는 클래스이다. 익명 클래스는 부모 클래스를 상속받거나 특정 인터페이스를 구현하여 작성할 수 있고, 그 목적은 부모 클래스의 메소드를 재정의하거나 인터페이스의 메소드를 정의하는 것이다. 예제에서는 ②가 익명 클래스이고 익명 클래스 안에서 ActionListener 인터페이스의 actionPerformed() 메소드를 정의하고 있다. 익명 클래스와 일반 클래스를 비교하면 다음과 같다.

익명 클래스	일반 클래스

`ActionListener obj = new ActionListener() {`
`...`
`};`
	`class MyListener implements ActionListener {`
	`    ...`
	`}`
	`ActionListener obj = new MyListener();`

표 9-1 익명 클래스와 일반 클래스 비교

(5) 람다식을 이용하는 방법

람다식(lambda expression)은 이름이 없는 메소드(함수)라고 할 수 있다. 우리가 람다식을 사용하는 이유는 간결함 때문이다. 람다식을 이용하면 메소드가 필요한 곳에 간단히 메소드를 보낼 수 있다. 특히 메소드를 한 번만 사용하고, 메소드의 길이가 짧은 경우에 유용하다. 이전 버전의 자바에서는 메소드를 객체로 만들 수 있는 방법이 없었다. 하지만 Java 8부터는 함수를 객체로 만들 수 있다. 이것이 바로 람다식이다. 매개변수 a와 b를 가지고 a+b를 계산하여 반환하는 함수를 람다식으로 작성하면 다음과 같다.

Syntax: 람다식

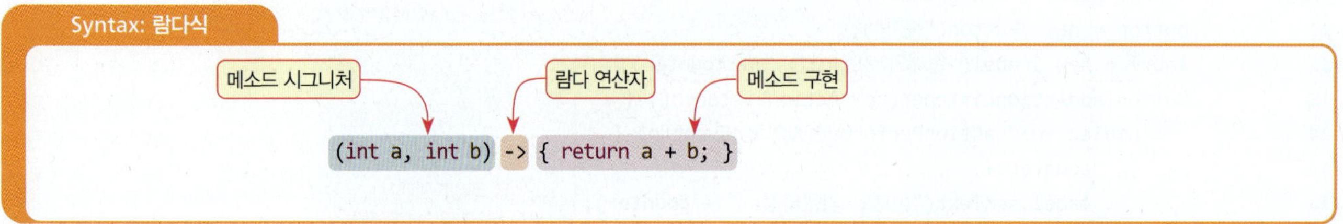

EventTest5.java

```java
public class EventTest5 extends JFrame {
    private JButton button;
    private JLabel label;
    int counter = 0;

    public EventTest5() {
        this.setSize(400, 150);
        this.setTitle("이벤트 예제");

        JPanel panel = new JPanel();
        button = new JButton("증가");
        label = new JLabel("현재의 카운터값: " + counter);
        button.addActionListener(e -> {
            counter++;
            label.setText("현재의 카운터값: " + counter);
        });
        panel.add(label);
        panel.add(button);
        add(panel);
        setVisible(true);
        setDefaultCloseOperation(JFrame.EXIT_ON_CLOSE);
    }
    public static void main(String[] args) {
        SwingUtilities.invokeLater(() -> new EventTest5());
```

① 람다식을 이용하여 이벤트를 처리하고 있다. 변수 e는 이벤트를 나타낸다. 람다식은 함수를 객체로 만들어서 메소드에 전달할 수 있다.

```
        }
}
```

① 람다식은 메소드를 객체로 만든 것이다. 코드에서 다음과 같은 부분이 람다식이다.

```
e -> {
    counter++;
    label.setText("현재의 카운터값: " + counter);
}
```

e가 메소드의 매개변수이고 { ... } 부분이 메소드의 몸체이다.

람다식은 하나의 추상 메소드만 가진 인터페이스만을 구현할 수 있다. 이러한 인터페이스를 함수형 인터페이스라고 부른다. 2개 이상의 함수를 구현해야 하는 인터페이스라면 람다식으로는 불가능하다. 람다식은 함수형 인터페이스만 구현할 수 있다.

참고사항: 이벤트 리스너 작성 시 주의사항

이벤트 리스너를 작성할 때 주의할 점은 이벤트를 빠른 시간 안에 처리해야 한다는 점이다. 모든 그리기와 이벤트 처리가 동일한 스레드 안에서 실행되므로 이벤트 처리가 늦어지면 프로그램이 마우스나 키보드에 반응하지 않게 된다. 만약 이벤트 처리가 길어질 것 같다면 별도의 스레드를 생성하여 그 스레드가 작업을 하도록 해야 한다.

SELF TEST

1. 일반적으로 리스너를 외부 클래스로 작성하지 않는 이유는 무엇인가?
2. 프레임이 액션 이벤트를 처리하려면 어떤 인터페이스를 구현하여야 하는가?
3. 익명 클래스를 설명하시오.
4. 람다식을 설명하시오.

9.3 스윙 컴포넌트의 이벤트

이벤트 객체

이벤트 객체(Event Object)는 마치 이벤트 현장을 생생히 기록한 리포터 같은 존재이다. 사용자가 버튼을 클릭하거나 키보드를 두드리는 등의 동작이 발생하면, 이벤트 객체는 "네! 여기 현장에서 무슨 일이 일어났는지 생생히 전달해 드리겠습니다!"라며 리스너에게 모든 정보를 알려준다. 이 이벤트 객체들은 `java.util.EventObject` 클래스의 자식 클래스들로 이루어져 있으며, 각자의 전문 분야를 가지고 있다. 예를 들어, 버튼 클릭 이벤트라면 '누가, 언제, 어떤 버튼을 클릭했는지'와 같은 정보를 포함하고 있다. 즉, 이벤트 객체는 "내가 이 정보를 들고 왔으니, 알아서 처리해주세요!"라며 리스너에게 정보를 넘기고 사라지는 소식통 역할을 하는 셈이다. 그래서 리스너는 이 정보를 바탕으로 적절히 대응하며 일을 처리할 수 있다.

이벤트 객체가 제공하는 메소드 중에서, `getSource()` 메소드는 이벤트를 발생시킨 컴포넌트를 반환하여 리스너가 이벤트 발생 원인을 파악할 수 있게 한다. 또한 이벤트 객체의 메소드들은 이벤트 유형과 관련된 정보를 제공하며, 버튼, 마우스, 키보드와 같은 컴포넌트에 따라 다르게 구현되어 있다. 예를 들어 `ActionEvent`에는 `getActionCommand()` 메소드가 있지만, `MouseEvent`에는 `getX()`, `getY()`와 같은 메소드가 있다. 스윙에서 사용하는 주요 이벤트 객체의 종류와 각 이벤트가 대표하는 상호작용을 표로 정리하면 다음과 같다.

이벤트 객체 종류	설명	주요 메소드 예시
ActionEvent	버튼 클릭, 메뉴 항목 선택 등과 같은 액션 이벤트를 나타냄	getActionCommand(), getModifiers()
MouseEvent	마우스와 관련된 이벤트를 나타냄	getX(), getY(), getClickCount(), isPopupTrigger()
KeyEvent	키보드 입력과 관련된 이벤트를 나타냄	getKeyCode(), getKeyChar(), isActionKey()
WindowEvent	창(윈도우)과 관련된 이벤트를 나타냄	getWindow(), getOppositeWindow()
FocusEvent	컴포넌트의 포커스 상태 변경과 관련된 이벤트를 나타냄	isTemporary(), getComponent()
ComponentEvent	컴포넌트의 상태 변화와 관련된 이벤트를 나타냄	getComponent(), getID()
ContainerEvent	컨테이너에 컴포넌트를 추가하거나 제거하는 이벤트	getChild(), getContainer()
ItemEvent	항목의 상태 변경과 관련된 이벤트를 나타냄	getItem(), getStateChange()
TextEvent	텍스트가 변경될 때 발생하는 이벤트	getSource()

표 9-2 이벤트 객체의 종류와 주요 메소드

이벤트 객체 예제 9-2

리스너에서 이벤트를 발생시킨 버튼을 찾아서 버튼의 텍스트를 'Click Me!'에서 '클릭되었음'으로 바꾸어 보자. 이벤트 객체가 제공하는 getSource() 메소드를 사용한다.

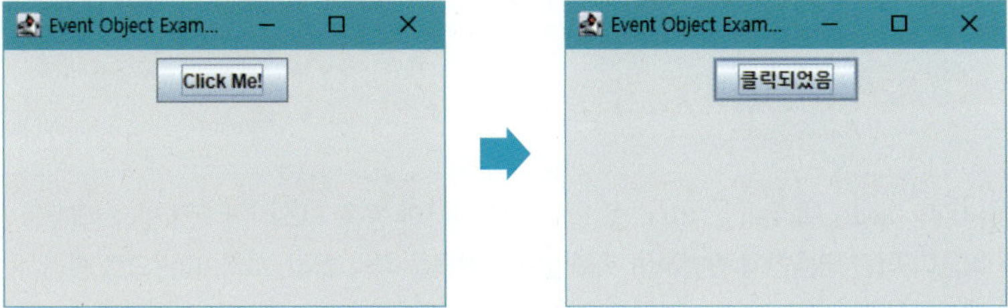

EventObjectExample.java

```java
import javax.swing.*;
import java.awt.*;
import java.awt.event.*;

public class EventObjectExample extends JFrame {
    private JButton button;

    public EventObjectExample() {
        setTitle("Event Object Example");
        setSize(300, 200);
        setDefaultCloseOperation(JFrame.EXIT_ON_CLOSE);
        setLayout(new FlowLayout());

        // 버튼 생성 및 이벤트 리스너 추가
        button = new JButton("Click Me!");
        button.addActionListener(new ButtonClickListener());

        add(button);
        setVisible(true);
    }

    // 내부 클래스 형태로 이벤트 리스너 정의
    private class ButtonClickListener implements ActionListener {
        @Override
        public void actionPerformed(ActionEvent e) {
            // 이벤트를 발생시킨 버튼 가져오기
            JButton sourceButton = (JButton) e.getSource();

            // 버튼 텍스트 토글
            if (sourceButton.getText().equals("Click Me!")) {
                sourceButton.setText("클릭되었음");
            } else {
```

```
                sourceButton.setText("Click Me!");
            }
        }
    }
    public static void main(String[] args) {
        SwingUtilities.invokeLater(() -> new EventObjectExample());
    }
}
```

1. 3개의 버튼 'Red', 'Green', 'Blue'를 만들어서 하나의 공통 리스너에 등록한다. 버튼을 클릭하면 해당 버튼이 어떤 버튼인지 판별하여 프레임의 배경색을 각각 빨강, 초록, 파랑으로 변경하는 프로그램을 작성하시오.

이벤트의 종류

거의 모든 스윙 컴포넌트들이 다양한 이벤트를 발생한다. 예를 들어서 아직 학습하지 않았지만 콤보 박스를 제공하는 JComboBox 클래스는 ActionEvent, ItemEvent, PopupMenuEvent를 발생한다. 따라서 개발자는 자신이 처리하고 싶은 이벤트를 선택하여서 리스너 클래스를 작성하면 된다. 스윙 컴포넌트가 발생하는 이벤트는 모든 컴포넌트가 공통적으로 지원하는 **저수준 이벤트**와 일부 컴포넌트만 지원하는 **의미적 이벤트**로 나눌 수 있다.

저수준 이벤트 :
Mouse, MouseMotion, Key, Component, Container, Focus, Window

의미적 이벤트 :
Action, Adjustment, Document, Item, Text

그림 9-7 스윙 컴포넌트가 발생하는 이벤트

저수준 이벤트

저수준 이벤트(low-level event)는 모든 컴포넌트에서 발생한다. 예를 들어서 마우스나 키보드로부터 발생하는 이벤트는 저수준 이벤트이다. 이 이벤트들은 상당히 자주 발생할 수 있다. 따라서 이벤트 처리에 시간을 너무 사용하면 안 된다. 저수준 이벤트에는 다음과 같은 것들이 있다.

이벤트 종류	설명
Component	컴포넌트의 크기나 위치를 변경할 때 발생
Focus	키보드 입력을 받을 수 있는 상태가 되었을 때, 혹은 그 반대의 경우에 발생
Container	컴포넌트를 컨테이너에 추가하거나 삭제할 때 발생
Key	사용자가 키를 누를 때 키보드 포커스를 가지고 있는 객체에서 발생
Mouse	마우스 버튼을 클릭할 때 또는 마우스가 객체의 영역으로 들어오거나 나갈 때 발생
MouseMotion	마우스를 움직일 때 발생
MouseWheel	컴포넌트 위에서 마우스 휠을 움직일 때 발생
Window	창(윈도우)에 어떤 변화가 생길 때 발생(열림, 닫힘, 아이콘화 등)

표 9-3 저수준 이벤트 종류

의미적 이벤트

의미적 이벤트(semantic event)는 일부 컴포넌트에서만 발생한다. 대표적인 의미적 이벤트는 액션 이벤트이다. 만약 가능하다면 저수준 이벤트보다는 의미적 이벤트를 처리하는 것이 좋다. 의미적 이벤트를 사용하는 것이 코드를 강건하게 하고 이식성을 좋게 한다. 의미적 이벤트의 경우, 각 컴포넌트에 따라 발생할 수 있는 이벤트의 종류가 달라진다. 예를 들어서 버튼 컴포넌트는 액션 이벤트가 발생하지만 리스트는 리스트 선택 이벤트가 발생한다.

이벤트 종류	설명
Action	사용자가 어떤 동작을 할 때 발생
Caret	텍스트 삽입점이 이동하거나 텍스트 선택을 변경할 때 발생
Change	일반적으로 객체의 상태를 변경할 때 발생
Document	문서의 상태를 변경할 때 발생
Item	선택 가능한 컴포넌트에서 사용자가 선택할 때 발생
ListSelection	리스트나 테이블에서 선택 부분을 변경할 때 발생

표 9-4 의미적 이벤트 종류

이 중에서 액션 이벤트만을 살펴본다. 다른 의미적 이벤트는 고급 컴포넌트를 학습할 때 다루도록 하자.

액션 이벤트

버튼이 발생하는 이벤트를 처리하려면 클래스를 정의할 때, `ActionListener` 인터페이스를 구현하여야 한다. 우리는 앞에서 액션 이벤트를 많이 처리하였다. 액션 이벤트는 버튼에서만 발생하는 것은 아니다. 다음과 같은 경우에도 액션 이벤트가 발생한다.

- 사용자가 버튼을 클릭하는 경우
- 사용자가 메뉴 항목을 선택하는 경우
- 사용자가 텍스트 필드에서 엔터키를 누르는 경우

예제 9-3 배경색 변경하기

2개의 버튼을 만들어서 패널의 배경색을 변경하는 프로그램을 작성해 보자. 이벤트 리스너는 하나만 생성한다. 배경색은 패널의 setBackground() 메소드를 이용하여 변경한다. 하나의 이벤트 리스너가 여러 개의 컴포넌트에 등록될 수 있다. 이때에는 이벤트 객체의 getSource() 메소드를 호출하여 이벤트를 발생한 컴포넌트를 얻거나 getActionCommand() 메소드를 호출하여 버튼의 텍스트를 얻어서 이벤트 소스를 구별하여야 한다.

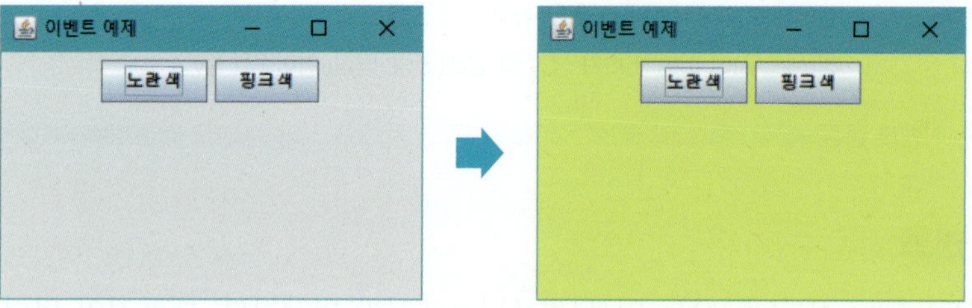

ChangeColor.java

```
import java.awt.*;
import java.awt.event.*;
import javax.swing.*;

public class ChangeColor extends JFrame {
    private JButton button1;
    private JButton button2;
    private JPanel panel;
    MyListener listener = new MyListener();

    public ChangeColor() {
        this.setSize(300, 200);
        this.setDefaultCloseOperation(JFrame.EXIT_ON_CLOSE);
        this.setTitle("이벤트 예제");
        panel = new JPanel();
        button1 = new JButton("노란색");
        button1.addActionListener(listener);
        panel.add(button1);
        button2 = new JButton("핑크색");
        button2.addActionListener(listener);
        panel.add(button2);
        add(panel);
        setVisible(true);
    }
    private class MyListener implements ActionListener {
        public void actionPerformed(ActionEvent e) {
            if (e.getSource() == button1) {
                panel.setBackground(Color.YELLOW);
            } else if (e.getSource() == button2) {
                panel.setBackground(Color.PINK);
```

리스너 객체를 미리 생성한다.

2개의 버튼에 동일한 이벤트 리스너 객체를 등록한다.

getSource() 메소드를 이용하여 이벤트 소스를 찾는다.

```
                }
            }
        }
    public static void main(String[] args) {
        SwingUtilities.invokeLater(() -> new ChangeColor());
    }
}
```

1 3개의 버튼 '빨강', '초록', '파랑'을 만들고, 버튼을 누르면 패널의 배경색이 변경되고, 레이블 텍스트도 현재 배경색을 표시하도록 하시오. 이벤트 리스너는 하나만 생성하여 모든 버튼에 등록한다. JLabel을 추가하여, "현재 색상: 빨강"처럼 변경된 색상 이름을 표시한다.

도전문제

키패드 프로그램

우리는 버튼 이벤트는 확실하게 처리할 수 있다. 버튼 이벤트만 학습하여도 많은 애플리케이션을 만들 수 있다. 숫자를 입력할 수 있는 키패드 프로그램을 작성해 보자.

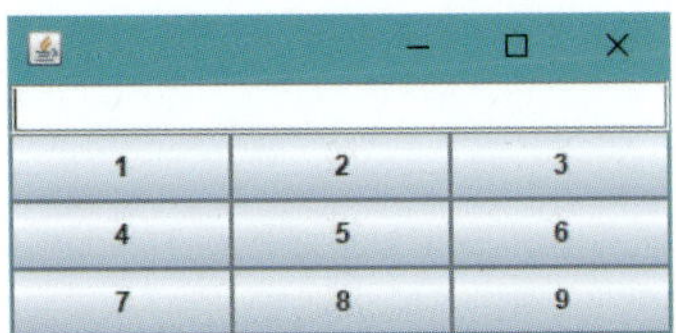

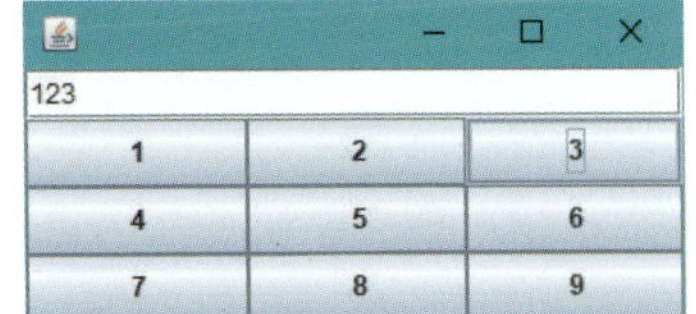

KeyPad.java

```
import java.awt.*;                          // 레이아웃 및 컴포넌트 관련 클래스
import java.awt.event.*;                    // 이벤트 처리 관련 클래스
import javax.swing.*;                       // Swing GUI 컴포넌트 관련 클래스

public class KeyPad extends JFrame implements ActionListener {
    private JTextField txt;                 // 숫자를 입력하거나 표시할 텍스트 필드
    private JPanel panel;                   // 숫자 버튼들을 배치할 패널

    public KeyPad() {
        setDefaultCloseOperation(JFrame.EXIT_ON_CLOSE);

        txt = new JTextField(20);       // 텍스트 필드의 길이는 20
        add(txt, BorderLayout.NORTH); // 텍스트 필드를 프레임의 북쪽(NORTH)에 배치

        // 중앙에 버튼을 배치할 패널 생성 및 레이아웃 설정
        panel = new JPanel();
        panel.setLayout(new GridLayout(3, 3));  // 3×3 그리드 레이아웃
```

```
        add(panel, BorderLayout.CENTER);  // 패널을 프레임의 중앙(CENTER)에 배치

        // 1부터 9까지 숫자 버튼 생성 및 패널에 추가
        for (int i = 1; i <= 9; i++) {
            JButton btn = new JButton("" + i);           // 숫자를 표시하는 버튼 생성
            btn.addActionListener(this);                 // 버튼에 이벤트 리스너 등록
            btn.setPreferredSize(new Dimension(100, 30)); // 버튼 크기 설정
            panel.add(btn);                              // 버튼을 패널에 추가
        }
        pack();                              // 컴포넌트의 크기에 맞게 프레임 크기 조정
        setVisible(true);                    // 프레임을 화면에 표시
    }

    @Override
    public void actionPerformed(ActionEvent e) {
        // 클릭한 버튼의 텍스트를 가져옴
        String actionCommand = e.getActionCommand();
        // 텍스트 필드에 버튼의 텍스트를 추가
        txt.setText(txt.getText() + actionCommand);
    }
    public static void main(String[] args) {
        SwingUtilities.invokeLater(() -> new KeyPad());
                                                  // KeyPad 인스턴스 생성 및 실행
    }
}
```

도전문제

1 기존 1~9 숫자 버튼에 '0' 버튼과 '←'(지우기) 버튼을 추가하여 보다 완성된 숫자 키패드를 만드시오. '←' 버튼을 누르면 텍스트 필드에 입력된 숫자 중 마지막 글자가 삭제되어야 한다.

예제 9-5 가위바위보 게임

가위바위보 게임을 만들어 보자. 먼저 가위, 바위, 보를 나타내는 버튼을 생성한다. 사용자가 버튼 중에서 하나를 클릭하면 이것을 컴퓨터가 내부에서 생성한 난수 값과 비교하고 누가 이겼는지를 화면에 출력한다.

RockPaperScissor.java

```
import java.awt.*;
import java.awt.event.*;
import java.util.*;
import javax.swing.*;

public class RockPaperScissor extends JFrame implements ActionListener {
    final int SCISSOR = 0;
    final int ROCK = 1;
    final int PAPER = 2;

    private JPanel panel;
    private JLabel output, information;
    private JButton scissor, rock, paper;

    public RockPaperScissor() {
        setTitle("가위, 바위, 보");
        setSize(400, 150);

        panel = new JPanel();
        panel.setLayout(new GridLayout(0, 3));      // 그리드 배치 관리자 선택

        information = new JLabel("아래의 버튼 중에서 하나를 클릭하시오!");
        output = new JLabel("Good Luck!");
        scissor = new JButton("0: 가위");
        rock = new JButton("1: 바위");
        paper = new JButton("2: 보");
        scissor.addActionListener(this);
        rock.addActionListener(this);
        paper.addActionListener(this);

        panel.add(scissor);
        panel.add(rock);
        panel.add(paper);

        add(information, BorderLayout.NORTH);
        add(panel, BorderLayout.CENTER);
        add(output, BorderLayout.SOUTH);
        setVisible(true);
    }

    @Override
    public void actionPerformed(ActionEvent e) {
        JButton b = (JButton) e.getSource();         // 이벤트 발생 컴포넌트 추출
        int user = Integer.parseInt("" + b.getText().charAt(0));
        // 버튼 텍스트의 첫 번째 글자 추출
```

① 프레임에서 직접 이벤트를 처리한다.

모든 버튼에서 발생하는 이벤트는 현재 객체, 즉 프레임 객체가 처리한다고 등록한다.

② 이벤트 처리 메소드

```
        Random random = new Random();
        int computer = random.nextInt(3);            // 0부터 2까지의 난수 발생
        if (user == computer)
            output.setText("인간과 컴퓨터가 비겼음");
        else if (user == (computer + 1) % 3)
        // 0은 1한테 지고 1은 2한테, 2는 0한테 진다.
            output.setText("인간: " + user + " 컴퓨터: " + computer +
                                                   " 인간 승리");
        else
            output.setText("인간: " + user + " 컴퓨터: " + computer +
                                                  " 컴퓨터 승리");
    }
    public static void main(String[] args) {
        SwingUtilities.invokeLater(() -> new RockPaperScissor());
    }
}
```

② 이벤트를 처리하는 메소드 actionPerformed()를 정의하고 있다. getSource() 메소드를 호출하여 사용자가 선택한 버튼이 무엇인지를 파악한다. 그 버튼 텍스트의 첫 번째 글자를 정수로 변경한다. 버튼 텍스트에는 0, 1, 2 글자가 첫 번째 글자로 되어 있다. 이어서 난수를 발생하고 사용자 선택과 난수를 비교한다. 사용자 선택이 난수보다 하나 많으면 사용자가 승리한다.

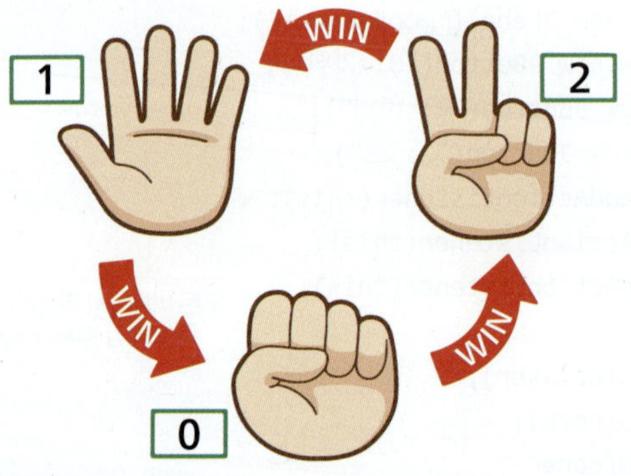

도전문제

1 기존의 가위바위보 프로그램을 확장하여 게임을 여러 번 진행할 수 있도록 하고, 매 판마다 누가 이겼는지 기록하고, 현재까지의 승률을 출력하시오. 인간 승, 컴퓨터 승, 무승부의 횟수를 기록하는 변수를 3개 추가한다. 게임 결과 출력 라벨(output) 아래에 총 전적(인간/컴퓨터/무승부)을 표시할 JLabel 1개를 추가한다. 사용자가 버튼을 누를 때마다 기존 출력 외에 총 전적도 함께 출력한다.

1 버튼을 누르면 발생하는 이벤트는?
2 버튼에서 발생하는 이벤트를 처리하려면 어떤 인터페이스를 구현해야 하는가?
3 화면에 버튼이 여러 개 있을 때, 리스너에서는 어떻게 버튼을 구별하는가?

9.4 키 이벤트

키 이벤트(key event)는 사용자가 키보드를 이용하여 입력을 하는 경우에 발생한다. 키를 누를 때도 발생하지만 키에서 손을 뗄 때도 발생한다. 키보드 이벤트에는 다음과 같은 3가지 형태가 있다.

- **keyPressed 이벤트:** 사용자가 키를 누르면 이벤트가 발생한다.
- **keyReleased 이벤트:** 사용자가 키에서 손을 떼면 이벤트가 발생한다.
- **keyTyped 이벤트:** 입력된 유니코드 문자가 전송된다.

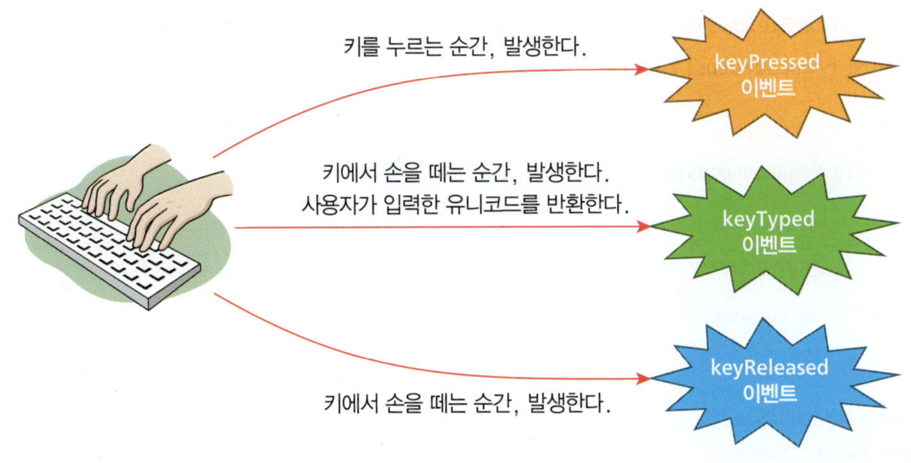

그림 9-8 키 이벤트

사용자가 하나의 키를 누르면, 3개의 키 이벤트가 순차적으로 발생한다. 즉, `keyPressed()` → `keyTyped()` → `keyReleased()` 순으로 호출된다. 개발자는 이 3개의 키 이벤트 중에서 자신의 용도에 가장 잘 맞는 하나를 선택하여 처리하면 된다.

포커스

키 리스너를 열심히 작성해서 패널에 등록했는데, 키 이벤트가 도착하지 않는다고 한숨 쉬는 개발자들이 꽤 많다. 사실 이유는 간단하다. **포커스(focus)**가 없기 때문이다. 포커스란,

'키 입력을 받을 수 있는 독점권'이다. 마치 무대 위의 마이크를 독점한 가수처럼, 오직 하나의 컴포넌트만 포커스를 가질 수 있다. 다른 컴포넌트들은 그저 구석에서 조용히 기다릴 뿐이다. 그리고 이 독점권은 매우 중요하다. 만약 포커스를 여러 컴포넌트가 나눠 가진다면 이상한 일이 벌어질 것이다. 예를 들어, 우리가 텍스트 에디터에 글을 입력하는데, 그 글이 갑자기 다른 프로그램에도 입력되고 있다면 재앙일 것이다.

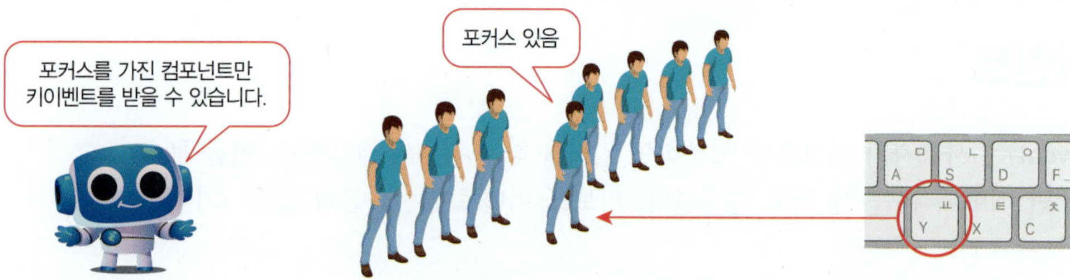

그림 9-9 포커스

포커스는 사용자가 [Tab] 키를 눌러서 변경할 수도 있지만, 프로그램이 강제적으로 키보드 포커스를 요청하려면 컴포넌트의 `requestFocus()`, `setFocusable(true)` 메소드를 호출하여야 한다. `JTextField`, `JTextArea`와 같은 텍스트 입력 컴포넌트는 기본적으로 포커스를 받을 수 있어서 `requestFocus()` 메소드만 호출하면 된다.

```
textField.requestFocus();       // 키 포커스를 요청한다.
```

하지만 기본적으로는 키 이벤트를 받지 않는 컴포넌트(예를 들면 패널)에서도 키 이벤트를 수신하려면 `setFocusable(true)` 메소드를 함께 호출해야 한다.

```
panel.setFocusable(true);       // 패널이 키 포커스를 가질 수 있게 설정한다.
panel.requestFocus();           // 패널에 키 포커스를 요청한다.
```

어떤 컴포넌트가 포커스를 얻으면, 이전 컴포넌트는 포커스를 잃게 된다. 포커스를 가진 컴포넌트는 어떤 순간에 하나만 있어야 한다.

포커스를 요청하는 시점

스윙에서는 `setVisible(true)` 메소드를 호출한 후, 특정 컴포넌트에 키보드 포커스를 요청하는 것이 좋다. 이유는 `setVisible(true)` 메소드를 호출하면 창이 화면에 표시되면서 포커스 관리가 초기화되기 때문이다.

```
frame.setVisible(true);          // 먼저 창을 표시
textField.request();             // 그 후 포커스 요청
```

KeyListener 인터페이스

어떤 클래스가 키보드 이벤트를 처리하려면 KeyListener 인터페이스를 구현하여야 한다. KeyListener 인터페이스는 다음과 같은 추상 메소드를 가지고 있다.

```
public class MyListener implements KeyListener {
    public void keyPressed(KeyEvent e) { }      ← 사용자가 키를 누를 경우에 호출
    public void keyReleased(KeyEvent e) { }     ← 사용자가 키에서 손을 뗄 경우에 호출
    public void keyTyped(KeyEvent e) { }        ← 사용자가 글자를 입력할 경우에 호출
}
```

KeyListener 인터페이스의 추상 메소드는 3가지의 키 이벤트에 대응한다. 개발자는 자신이 원하는 추상 메소드를 구현하여 사용하면 된다.

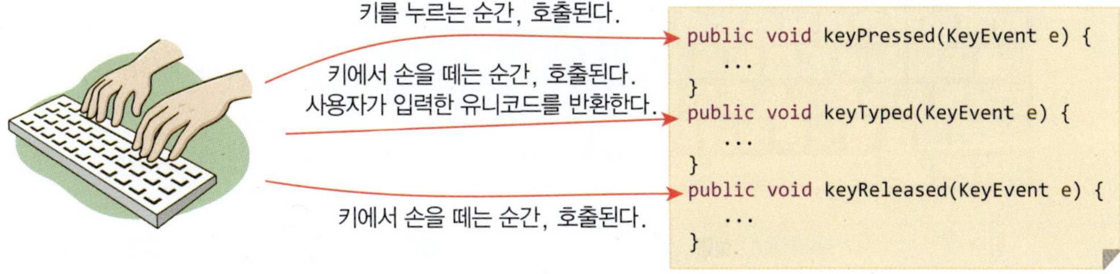

그림 9-10 KeyListener 인터페이스의 추상 메소드

KeyEvent 클래스

키 이벤트가 발생하여서 콜백 메소드가 호출되면 KeyEvent 객체가 전달된다. KeyEvent 객체 안에는 무엇이 저장되어 있을까? 다음과 같은 메소드를 호출하면 사용자가 입력한 키에 대한 다양한 정보를 얻을 수 있다.

메소드	설명
int getKeyChar()	KeyEvent에 들어있는 글자(유니코드)를 반환한다.
int getKeyCode()	KeyEvent에 들어있는 키코드(keycode)를 반환한다. 키코드란 글자가 아니라 키보드 자판의 각각의 키를 가리키는 상수이다. 예를 들어 Escape 키의 키코드는 VK_ESCAPE로 정의되어 있다.
boolean isActionKey()	이벤트를 발생시킨 키가 액션 키이면 true를 반환한다. 액션 키란 Cut, Copy, Paste, Page Up, CapsLock, Function 키, 방향키를 의미한다.
String getKeyText (int keyCode)	키코드를 입력받아 해당 키의 이름을 문자열로 반환한다. 예를 들어, Shift 키를 누른 경우, "Shift" 문자열을 반환한다. 정적 메소드이다.

표 9-5 사용자가 입력한 키에 대한 정보를 얻을 수 있는 메소드

getKeyChar()

사용자가 입력한 문자를 얻으려면 e.getKeyChar() 메소드를 호출한다. 메소드를 호출하면 유니코드가 반환된다. 예를 들어서 'c' 글자가 눌리는 순간, 카운터를 증가시키는 코드는 다음과 같이 작성할 수 있다.

```
public void keyPressed(KeyEvent e) {
    if (e.getKeyChar() == 'c')
    count++;
}
```

getKeyCode()

만약 글자가 아니고 키보드의 어떤 자판을 눌렀는지를 알고 싶으면 e.getKeyCode() 메소드를 호출한다. 키코드란 가상 키보드의 각 키를 나타내는 번호이다. 자주 사용하는 가상 키보드의 키코드는 KeyEvent에 정의되어 있고 다음과 같다.

상수	설명	상수	설명
VK_ENTER	[Enter] 키	VK_F1	[f1] 키
VK_END	[End] 키	VK_F2	[f2] 키
VK_CAPSLOCK	[CapsLock] 키	...	...
VK_ALT	[Alt] 키	VK_F12	[f12] 키
VK_LEFT	왼쪽 방향키	VK_PAGE_DOWN	[page down] 키
VK_RIGHT	오른쪽 방향키	VK_PAGE_UP	[page up] 키

표 9-6 자주 사용하는 가상 키보드의 키코드

예를 들어 사용자가 누른 키가 [Enter] 키인지를 판단하기 위해서는 다음과 같은 문장을 이용한다.

```
public void keyPressed(KeyEvent e) {
    if (e.getKeyCode() == KeyEvent.VK_ENTER) {
        // 처리할 내용
    }
}
```

isControlDown()

isControlDown() 메소드를 호출하면 사용자가 [Ctrl] 키를 누르고 있는지도 알 수 있다. 사용자가 [Ctrl] 키를 누르고 있는지를 검사하는 코드는 다음과 같다.

```
public void keyPressed(KeyEvent e) {
    if (e.isControlDown()) {
        // 처리할 내용
    }
}
```

geyKeyText()

getKeyText() 메소드는 KeyEvent 클래스에서 제공하는 정적 메소드이며, 키코드에 해당하는 키의 이름을 문자열 형태로 반환한다. 이 메소드는 키 입력 이벤트를 처리할 때, 키의 이름을 읽기 쉬운 형태로 나타내기 위해 자주 사용한다. 예를 들어, 위쪽 방향키를 누르면 'Up' 문자열을 반환한다.

키 이벤트 정보 출력하기 예제 9-6

키 이벤트가 어떤 정보들을 반환하는지를 알기 위하여 텍스트 필드에 글자를 입력할 때 발생하는 키 이벤트 정보를 출력해 본다. 프로그램을 실행한 후에 여러 가지 키를 눌러보자. 콘솔 창에 출력되는 문자열을 관찰한다.

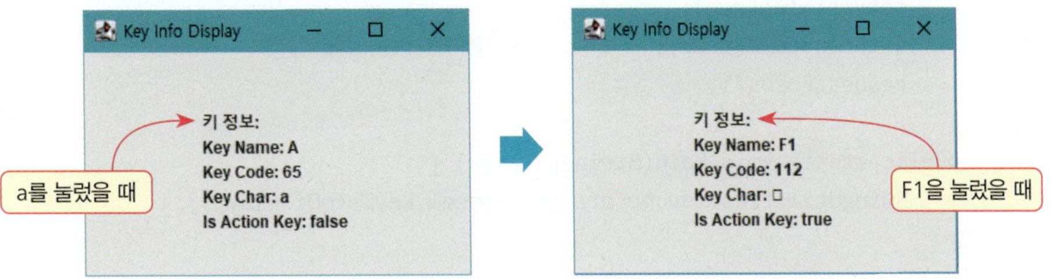

KeyInfoDisplay.java

```
import javax.swing.*;
import java.awt.event.*;

public class KeyInfoDisplay extends JFrame {
    private JLabel label;

    public KeyInfoDisplay() {
        setTitle("Key Info Display");        // 프레임 설정
        setSize(300, 200);
```

```
        setDefaultCloseOperation(JFrame.EXIT_ON_CLOSE);
        setLayout(null); // 레이아웃을 null로 설정하여 절대 위치 사용

        // 레이블 추가
        label = new JLabel("<html>키를 누르면 정보가 출력됩니다.
                                <br><br></html>", SwingConstants.CENTER);
        label.setBounds(10, 10, 260, 150);        // 절대 위치와 크기 설정
        add(label);

        // 익명 클래스를 사용하여 KeyListener 추가
        addKeyListener(new KeyAdapter() {
            @Override
            public void keyPressed(KeyEvent e) {
                // 키 정보 가져오기
                String keyName = KeyEvent.getKeyText(e.getKeyCode());
                int keyCode = e.getKeyCode();
                char keyChar = e.getKeyChar();
                boolean isActionKey = e.isActionKey();

                // 정보 출력
                String info = String.format("<html>키 정보:<br>" +
                "Key Name: %s<br>" + "Key Code: %d<br>" + "Key Char: %c<br>"
                + "Is Action Key: %b<br></html>", keyName, keyCode, keyChar,
                isActionKey);
                label.setText(info);
            }
        });

        setVisible(true);
        setFocusable(true);        // 포커스 가능하게 설정
        requestFocus();
    }
    public static void main(String[] args) {
        SwingUtilities.invokeLater(() -> new KeyInfoDisplay());
    }
}
```

도전문제

1 키보드의 특정 키(R, G, B)를 눌렀을 때, 프레임의 배경색을 빨강, 초록, 파랑으로 바꾸는 프로그램을 만드시오. 현재 어떤 색상으로 변경되었는지를 라벨에 함께 표시한다.

- [R] 키 → 배경색 Color.RED, 라벨 텍스트: "현재 색상: 빨강"
- [G] 키 → 배경색 Color.GREEN, 라벨 텍스트: "현재 색상: 초록"
- [B] 키 → 배경색 Color.BLUE, 라벨 텍스트: "현재 색상: 파랑"

키 타이핑 게임 예제 9-7

화면에 랜덤 문자가 나타나고 사용자가 해당 문자를 입력하면 점수가 올라간다. KeyEvent를 통해 입력한 문자와 현재 문자를 비교한다. 이때 대소문자를 구별하여 입력하여야 한다.

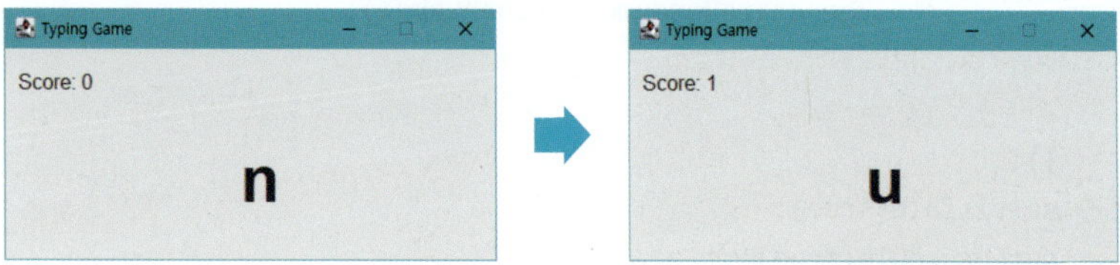

TypingGame.java

```java
import javax.swing.*;
import java.awt.*;
import java.awt.event.*;
import java.util.Random;

public class TypingGame extends JFrame {
    private char currentChar;
    private int score = 0;
    private final Random random = new Random();

    public TypingGame() {
        setTitle("Typing Game");
        setSize(400, 200);
        setDefaultCloseOperation(JFrame.EXIT_ON_CLOSE);
        setResizable(false);

        JLabel charLabel = new JLabel("", SwingConstants.CENTER);
        charLabel.setFont(new Font("Arial", Font.BOLD, 50));
        charLabel.setBounds(150, 50, 100, 100);

        JLabel scoreLabel = new JLabel("Score: 0", SwingConstants.LEFT);
        scoreLabel.setFont(new Font("Arial", Font.PLAIN, 16));
        scoreLabel.setBounds(10, 10, 100, 30);

        setLayout(null);
        add(charLabel);
        add(scoreLabel);

        // 랜덤 문자 생성
        generateRandomChar(charLabel);

        addKeyListener(new KeyAdapter() {
            @Override
```

```
            public void keyPressed(KeyEvent e) {
                char typedChar = e.getKeyChar();
                if (typedChar == currentChar) {
                    score++;
                    scoreLabel.setText("Score: " + score);
                    generateRandomChar(charLabel);
                }
            }
        });
        setVisible(true);
        setFocusable(true);
    }
    private void generateRandomChar(JLabel label) {
        currentChar = (char) ('a' + random.nextInt(26));
        label.setText(String.valueOf(currentChar));
    }
    public static void main(String[] args) {
        SwingUtilities.invokeLater(() -> new TypingGame());
    }
}
```

도전문제

1 시간 제한과 오답 처리 기능이 있는 타자 게임을 만드시오. 랜덤 문자는 A~Z 중 하나로 표시(기존 소문자 'a' + ... → 'A' + ...)한다. 사용자는 정확히 해당 대문자 키를 눌러야 점수가 올라간다(예: A가 뜨면 a 누르면 안 됨). 각 문자마다 제한 시간을 3초로 설정한다. 사용자가 3초 안에 정답을 입력하지 못하면 오답 처리한다(점수 차감 또는 실패 메시지 출력).

```
Timer timer = new Timer(3000, e -> {
    // 시간 초과 처리 로직
});
timer.setRepeats(false); // 한 번만 실행
timer.start(); // 시작
```

틀린 키를 누르면 "틀렸습니다!"라는 메시지를 JLabel에 표시한다. 오답이거나 시간 초과 시 점수를 1점 감소시킨다(단, 0점 이하로는 떨어지지 않게 처리).

예제 9-8 자동차 움직이기

키보드의 방향키로 움직이는 자동차를 만들어 보자. 현재 작업 디렉터리에 'car.png' 이미지 파일이 있어야 한다. 프레임에 패널을 붙이고 패널에서 자동차 이미지를 그린다. 패널 안에서 키 이벤트를 처리하여서 방향키를 입력하면 화면의 자동차를 움직인다. 여기서 주의할 점은 패널이 키 입력을 받으려면 반드시 setFocusable(true) 메소드를 호출해야 하는 것이다.

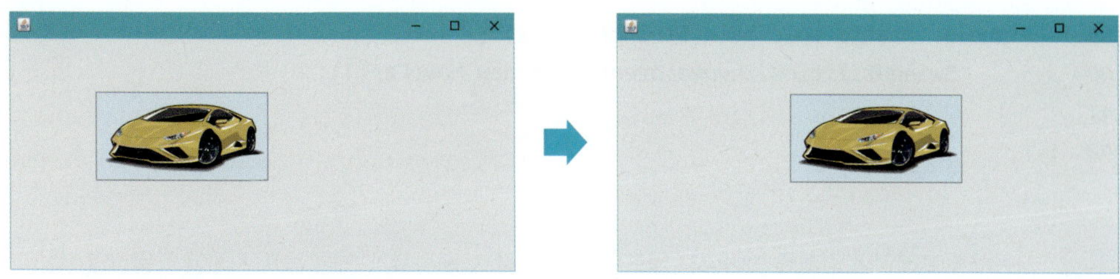

MoveCar.java

```java
import java.awt.event.*;
import javax.swing.*;

public class MoveCar extends JFrame {
    int img_x = 150, img_y = 150;
    JButton button;

    public MoveCar() {
        setSize(600, 300);
        setDefaultCloseOperation(JFrame.EXIT_ON_CLOSE);
        button = new JButton("");
        ImageIcon icon = new ImageIcon("car.png");

        button.setIcon(icon);
        JPanel panel = new JPanel();
        panel.setLayout(null);
        button.setLocation(img_x, img_y);
        button.setSize(200, 100);
        panel.add(button);
        panel.requestFocus();
        panel.setFocusable(true);
        panel.addKeyListener(new KeyListener() {
            public void keyPressed(KeyEvent e) {
                int keycode = e.getKeyCode();
                switch (keycode) {
                case KeyEvent.VK_UP:        img_y -= 10;    break;
                case KeyEvent.VK_DOWN:      img_y += 10;    break;
                case KeyEvent.VK_LEFT:      img_x -= 10;    break;
                case KeyEvent.VK_RIGHT:     img_x += 10;    break;
                }
                button.setLocation(img_x, img_y);
            }
            public void keyReleased(KeyEvent arg0) {    }
            public void keyTyped(KeyEvent arg0) {       }
        });
        add(panel);
        setVisible(true);
    }
```

① 익명 클래스를 이용하여 KeyListener를 구현하는 클래스를 작성한다.

```
    public static void main(String[] args) {
        SwingUtilities.invokeLater(() -> new MoveCar());
    }
}
```

도전문제

1 자동차가 프레임의 경계를 벗어나지 않도록 제한을 걸고, 자동차가 특정 목표 지점에 도달하면 "목표 도착!"이라는 메시지를 JOptionPane으로 출력하시오. 자동차가 (400, 100) 근처에 도착하면 목표 도달로 판단한다.

SELF TEST

1 다음 중 KeyEvent 객체의 메소드 중 키의 문자 표현을 반환하는 메소드는?

❶ getKeyCode() ❷ getKeyChar() ❸ getKeyText() ❹ getModifiers()

2 다음 중 KeyListener 인터페이스에 포함되지 않는 메소드는?

❶ keyPressed(KeyEvent e) ❷ keyReleased(KeyEvent e)
❸ keyTyped(KeyEvent e) ❹ keyAction(KeyEvent e)

3 키보드의 방향키(Up, Down, Left, Right)는 KeyEvent에서 어떤 메소드를 사용하여 처리할 수 있는가?

❶ getKeyChar() ❷ getKeyText() ❸ getKeyCode() ❹ getModifiers()

4 스윙 프로그램에서 키 이벤트가 제대로 동작하지 않을 때 가장 먼저 확인해야 할 사항은?

❶ 컴포넌트가 setFocusable(true)로 설정되었는지
❷ KeyListener가 구현되었는지
❸ 키보드가 연결되어 있는지
❹ 이벤트 큐가 활성화되었는지

5 [a] 키를 입력하면 어떤 키 이벤트들이 발생하는가? 순서대로 설명하시오.

6 [q] 키가 입력되면 자바 프로그램을 종료시키는 KeyListener 클래스를 익명 클래스로 작성하시오.

9.5 마우스 이벤트

마우스 이벤트(Mouse Event)는 사용자가 마우스를 클릭하거나 움직일 때 "나 여기 있어요!" 하고 발생한다. 그런데 모든 마우스 동작에 대해 마우스 이벤트를 처리해야 하는 것은 아니다. 예를 들어, 사용자가 마우스로 버튼을 누르거나 메뉴를 선택하는 경우는 이미 액션 이벤트(Action Event)라는 담당자가 처리하고 있으므로, "이건 제 영역이니까 신경 쓰지 마세요!"라고 할 것이다. 하지만 만약 사용자가 화면에 마우스로 그림을 그려야 한다면? 이건 그

냥 액션 이벤트로는 안 된다. 이때는 마우스 이벤트를 직접 처리하여야 한다.

마우스에서 발생하는 이벤트는 8가지나 된다. 이 중 5가지는 MouseListener 안에서 정의하고, 2가지는 MouseMotionListener 안에서, 나머지 1가지는 MouseWheelListener 안에서 정의한다. 마우스에 대한 이벤트를 이렇게 분리하는 이유는 마우스의 움직임을 추적하는 것이 시스템의 오버헤드를 상당히 증가시키기 때문이다.

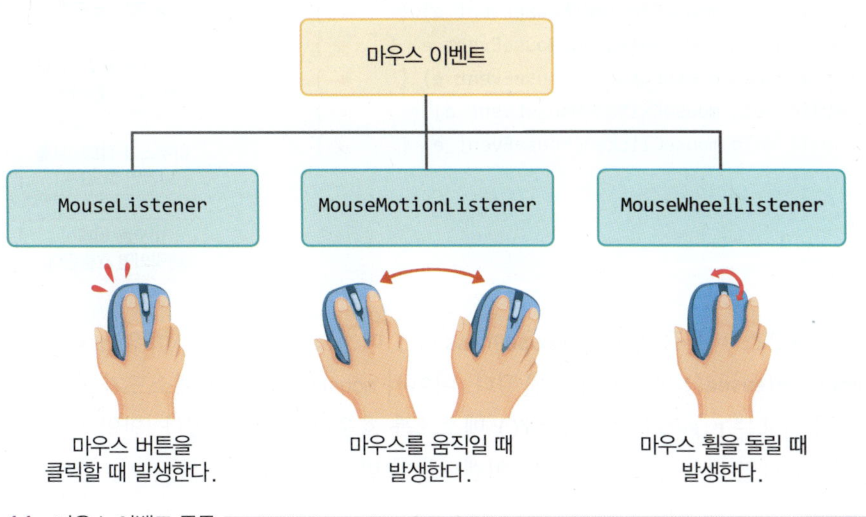

그림 9-11 마우스 이벤트 종류

마우스 버튼의 클릭을 처리하려면 MouseListener를 구현하여 MouseEvent를 받아야 한다. 마우스가 이동할 때 마우스의 위치를 받으려면 MouseMotionListener를 구현하여 MouseMotionEvent를 받아야 한다. MouseWheelListener는 사용자가 마우스 휠을 위나 아래로 스크롤할 때 발생하는 이벤트를 감지하고 처리하는 데 사용된다.

이벤트 유형	관련 메소드	리스너 인터페이스
마우스 버튼을 클릭할 때 발생	mouseClicked(MouseEvent e)	MouseListener
마우스 버튼을 누를 때 발생	mousePressed(MouseEvent e)	MouseListener
마우스 버튼을 놓을 때 발생	mouseReleased(MouseEvent e)	MouseListener
마우스가 컴포넌트 영역 안으로 들어올 때 발생	mouseEntered(MouseEvent e)	MouseListener
마우스가 컴포넌트 영역 밖으로 나갈 때 발생	mouseExited(MouseEvent e)	MouseListener
마우스 버튼을 누르지 않고 컴포넌트 위에서 이동할 때 발생	mouseMoved(MouseEvent e)	MouseMotionListener
마우스 버튼을 누른 상태에서 컴포넌트 위에서 이동할 때 발생	mouseDragged(MouseEvent e)	MouseMotionListener
마우스 휠을 위/아래로 스크롤할 때 발생	mouseWheelMoved(MouseWheelEvent e)	MouseWheelListener

표 9-7 마우스 이벤트 유형별 메소드와 리스너 인터페이스

MouseListener 인터페이스

MouseListener 인터페이스는 다음과 같은 추상 메소드를 가지고 있다.

```
public class MyListener implements MouseListener {
    public void mousePressed(MouseEvent e) {      }
    public void mouseReleased(MouseEvent e) {     }
    public void mouseEntered(MouseEvent e) {      }
    public void mouseExited(MouseEvent e) {       }
    public void mouseClicked(MouseEvent e) {      }
}
```

마우스 버튼이 눌리면 호출된다.
마우스 버튼에서 손을 떼면 호출된다.
마우스가 컴포넌트로 들어오면 호출된다.
마우스가 컴포넌트를 나가면 호출된다.
마우스 버튼이 클릭되면 호출된다.

사용자가 마우스 버튼을 누르면 mousePressed() 메소드가 호출되고 마우스 버튼에서 손을 떼면 mouseReleased() 메소드가 호출된다. 이어서 mouseClicked() 메소드가 호출된다. 마우스의 현재 좌표는 e.getX()와 e.getY() 메소드를 호출하면 알 수 있다. 만약 마우스 버튼을 한 번 클릭한다면 다음과 같은 순서로 이벤트들이 발생한다.

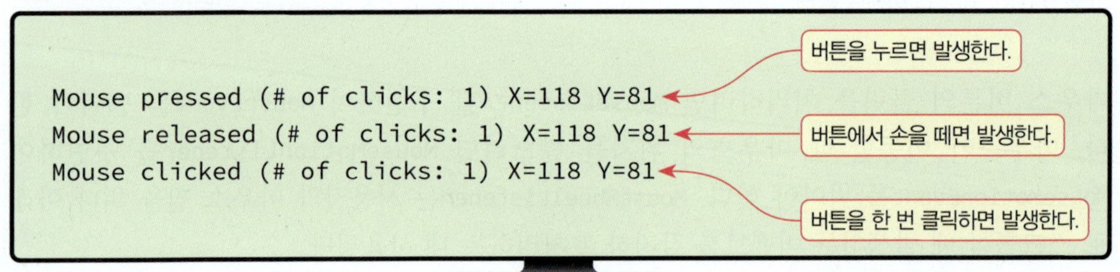

MouseMotionListener 인터페이스

마우스가 이동할 때 좌표를 받으려면 MouseMotionListener 인터페이스를 구현한다.

```
public class MyClass implements MouseMotionListener {
    public void mouseDragged(MouseEvent e) {      }
    public void mouseMoved(MouseEvent e) {        }
}
```

마우스 드래그하면 호출된다.
마우스 버튼을 누르지 않고 이동하면 호출된다.

마우스 버튼이 눌린 채로 이동하면 mouseDragged() 메소드가 호출되고, 그냥 이동하면 mouseMoved() 메소드가 호출된다. 마우스의 현재 좌표는 이벤트의 객체의 getX()와 getY()

메소드를 호출하면 알 수 있다. 주의할 점은 마우스 드래그 시에는 mouseMoved() 메소드가 호출되지 않는다는 점이다. 또한 드래그 시 mouseClicked() 메소드도 호출되지 않는다. 만약 마우스 버튼을 누른 채로 드래그한다면 위의 이벤트들이 중복하여 발생한다. 실제로 패널을 생성하고 패널 위에서 마우스를 움직이면, 다음과 같이 이벤트가 발생하는 것을 확인할 수 있다.

```
Mouse pressed (# of clicks: 1) X=93 Y=47
Mouse dragged X=93 Y=48
Mouse dragged X=94 Y=48
...
Mouse dragged X=117 Y=66
Mouse dragged X=118 Y=66
Mouse released (# of clicks: 1) X=118 Y=66
```

버튼을 누르면 발생한다.
버튼을 누른 채로 움직이면 발생한다.
버튼에서 손을 떼면 발생한다.

MouseWheelListener 인터페이스

MouseWheelListener는 마우스 휠이 움직이는 이벤트를 처리하기 위해 사용하는 인터페이스이다. 마우스 휠을 위아래로 스크롤할 때 발생하는 이벤트를 감지하여 필요한 작업을 수행할 수 있다.

```
public class MyClass implements MouseWheelListener {
    public void mouseWheelMoved(MouseWheelEvent e) {        }
}
```

마우스 휠이 돌아가면 호출된다.

MouseWheelEvent는 마우스 휠 움직임과 관련된 정보를 제공한다. 예를 들어 e.getWheelRotation() 메소드는 휠의 회전 방향과 회전 수를 반환한다.

MouseEvent 객체

마우스 이벤트 객체도 많은 정보를 우리에게 전달한다. 먼저 마우스 버튼을 몇 번 클릭했는지는 getClickCount() 메소드로 알 수 있다. 이것은 더블 클릭을 감지하기 위한 것이다. 마우스 버튼을 클릭한 위치는 getX(), getY() 메소드로 알 수 있다. 클릭한 버튼은 getButton() 메소드로 알 수 있다. MouseEvent 클래스가 가지고 있는 메소드들은 다음과 같다.

메소드	설명
int getClickCount()	빠른 연속적인 클릭의 횟수를 반환한다. 예를 들어 2이면 더블 클릭을 의미한다.
int getX() int getY() Point getPoint()	이벤트가 발생했을 당시의 (x,y) 위치를 반환한다. 위치는 컴포넌트에 상대적이다.
int getXOnScreen() int getYOnScreen() Point getLocationOnScreen()	절대 좌표 값(x, y)를 반환한다. 멀티 모니터 환경에서는 여러 디스플레이가 하나의 가상 화면 좌표계로 합쳐지며, 화면 절대좌표는 이 좌표계를 기준으로 한다.
int getButton()	어떤 마우스 버튼의 상태가 변경되었는지를 반환한다. NOBUTTON, BUTTON1, BUTTON2, BUTTON3 중의 하나이다.

표 9-8 MouseEvent 클래스의 메소드

예를 들어서 더블 클릭을 인식하려면 getClickCount() 메소드를 호출한 후에 2가 반환되는지를 보면 된다.

예제 9-9 마우스 이벤트 정보 출력하기

아래는 마우스 이벤트(MouseListener, MouseMotionListener, MouseWheelListener)가 발생할 때 정보를 화면에 출력하는 예제이다. 사용자가 마우스를 클릭, 이동, 드래그, 휠 스크롤 등의 동작을 할 때마다 해당 정보를 출력한다.

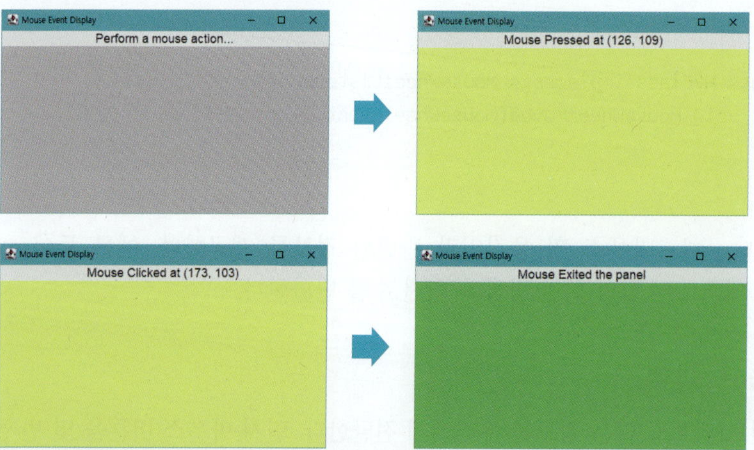

MouseEventDisplay.java

```
import javax.swing.*;
import java.awt.*;
import java.awt.event.*;

public class MouseEventDisplay extends JFrame {
    private JLabel infoLabel;

```

```
    public MouseEventDisplay() {
        setTitle("Mouse Event Display");
        setSize(500, 300);
        setDefaultCloseOperation(JFrame.EXIT_ON_CLOSE);
        setLayout(new BorderLayout());

        // 이벤트 정보를 출력할 라벨
        infoLabel = new JLabel("Perform a mouse action...",
        SwingConstants.CENTER);
        infoLabel.setFont(new Font("Arial", Font.PLAIN, 18));
        add(infoLabel, BorderLayout.NORTH);

        // 이벤트를 처리할 패널
        JPanel eventPanel = new JPanel();
        eventPanel.setBackground(Color.LIGHT_GRAY);
        add(eventPanel, BorderLayout.CENTER);

        // 마우스 이벤트 리스너 등록
        eventPanel.addMouseListener(new MouseListener() {
            public void mouseClicked(MouseEvent e) {
                infoLabel.setText("Mouse Clicked at (" + e.getX() + ", " +
                                                        e.getY() + ")");
            }
            public void mousePressed(MouseEvent e) {
                infoLabel.setText("Mouse Pressed at (" + e.getX() + ", " +
                                                        e.getY() + ")");
            }
            public void mouseReleased(MouseEvent e) {
                infoLabel.setText("Mouse Released at (" + e.getX() + ", " +
                                                        e.getY() + ")");
            }
            public void mouseEntered(MouseEvent e) {
                infoLabel.setText("Mouse Entered the panel");
                eventPanel.setBackground(Color.YELLOW);
            }
            public void mouseExited(MouseEvent e) {
                infoLabel.setText("Mouse Exited the panel");
                eventPanel.setBackground(Color.GREEN);
            }
        });

        eventPanel.addMouseMotionListener(new MouseMotionListener() {
            public void mouseMoved(MouseEvent e) {
                infoLabel.setText("Mouse Moved to (" + e.getX() + ", " +
                                                        e.getY() + ")");
            }
            public void mouseDragged(MouseEvent e) {
```

```
                infoLabel.setText("Mouse Dragged to (" + e.getX() + ", " +
                                                                  e.getY() + ")");
            }
        });

        eventPanel.addMouseWheelListener(e -> {
            int rotation = e.getWheelRotation();
            String direction = (rotation < 0) ? "Up" : "Down";
            infoLabel.setText("Mouse Wheel Scrolled " + direction);
        });
        setVisible(true);
    }
    public static void main(String[] args) {
        SwingUtilities.invokeLater(() -> new MouseEventDisplay());
    }
}
```

도전문제

1 마우스를 드래그하는 동안 커서 이동거리를 누적해 `infoLabel`에 실시간 표시한다(픽셀 단위, 정수 반올림). 드래그 시작(mousePressed) 시 시작점을 기록하고 누적값을 0으로 초기화한다. `mouseDragged`마다 직전 좌표(prev)와 현재 좌표의 차이로 유클리드 거리를 구해 합산하고 `"Dragged: 123 px"`처럼 표시한다. 드래그가 끝나면(mouseReleased) `"Total: N px"`로 최종 출력하고, 다음 드래그에서 다시 0으로 리셋한다.

예제 9-10 마우스 클릭으로 자동차 이동하기

이번에는 마우스 클릭으로 자동차를 이동하는 프로그램을 작성해 보자.

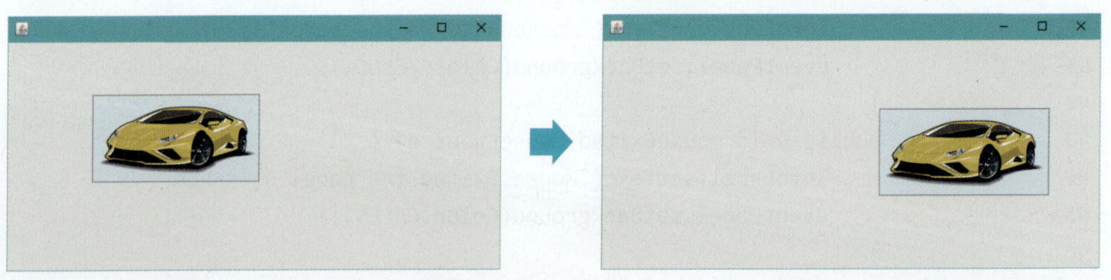

MoveCar2.java

```
import java.awt.event.*;                         // 이벤트 관련 클래스 임포트
import javax.swing.*;                            // Swing GUI 컴포넌트 임포트

public class MoveCar2 extends JFrame {
    int img_x = 150, img_y = 150;                // 이미지(버튼)의 초기 위치
    JButton button;                              // 자동차 이미지를 표시할 버튼
```

```

    public MoveCar2() {
        setSize(600, 300);                    // 프레임 크기 설정
        setDefaultCloseOperation(JFrame.EXIT_ON_CLOSE); // 창 닫기 버튼 동작 설정

        button = new JButton("");             // 버튼 생성
        ImageIcon icon = new ImageIcon("car.png");
        // 버튼에 사용할 자동차 이미지 아이콘
        button.setIcon(icon);                 // 버튼에 아이콘 설정

        JPanel panel = new JPanel();          // 패널 생성
        panel.setLayout(null);            // 레이아웃을 null로 설정하여 절대 위치 사용

        button.setLocation(img_x, img_y);     // 버튼의 초기 위치 설정
        button.setSize(200, 100);             // 버튼의 크기 설정
        panel.add(button);                    // 패널에 버튼 추가

        // 마우스 이벤트 리스너 추가
        panel.addMouseListener(new MouseListener() {
            // 마우스가 눌렸을 때 실행
            public void mousePressed(MouseEvent e) {
                img_x = e.getX();         // 마우스 X 좌표를 이미지 X 좌표로 설정
                img_y = e.getY();         // 마우스 Y 좌표를 이미지 Y 좌표로 설정
                button.setLocation(img_x, img_y);   // 버튼 위치를 업데이트
            }
            public void mouseReleased(MouseEvent e) { }
            public void mouseEntered(MouseEvent e) { }
            public void mouseExited(MouseEvent e) { }
            public void mouseClicked(MouseEvent e) { }
        });
        add(panel);                           // 패널을 프레임에 추가
        setVisible(true);
    }
    public static void main(String[] args) {
        SwingUtilities.invokeLater(() -> new MoveCar2());
        // MoveCar 인스턴스 생성 및 실행
    }
}
```

도전문제

1 마우스를 클릭했을 때 자동차가 해당 위치로 즉시 이동하는 것이 아니라, 1픽셀씩 천천히 움직이며 도착하도록 변경하시오. 자동차가 마치 움직이는 것처럼 애니메이션을 보이게 만드는 것이 목표다.

- 자동차가 클릭 위치로 애니메이션 이동, 자동차는 클릭 지점까지 부드럽게 이동 (1픽셀씩 이동), `javax.swing.Timer`를 사용하여 일정 간격으로 위치 갱신, 이동 속도 조절 가능
- `Timer`의 딜레이를 조정하여 속도를 바꿔볼 수 있게 구성(예: `new Timer(5, e -> { ... })`), 목표 지점에 도달하면 타이머 중지

예제 9-11 마우스 휠로 텍스트 크기 바꾸기

마우스 휠 이벤트를 활용하면 다양한 상호작용을 구현할 수 있다. 예를 들어서 크기 조정, 스크롤 효과, 확대/축소, 슬라이더 조작 등이 있다. 아래는 마우스 휠을 돌려 텍스트 크기를 확대하거나 축소하는 예제이다.

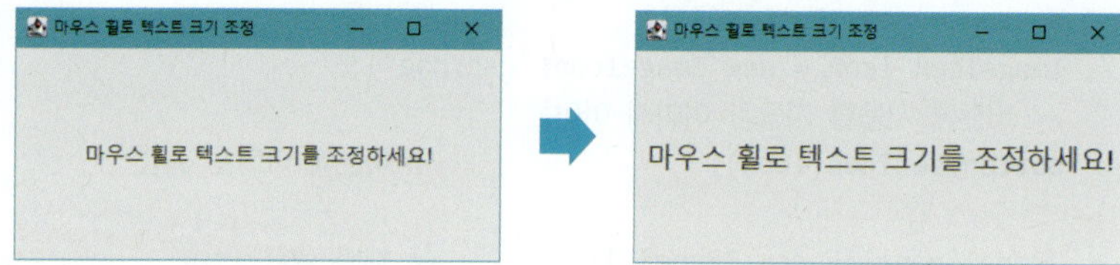

MouseWheelFontAdjuster.java

```java
import javax.swing.*;
import java.awt.*;
import java.awt.event.*;

public class MouseWheelFontAdjuster extends JFrame {

    private JLabel label;
    private int fontSize = 16;          // 초기 폰트 크기

    public MouseWheelFontAdjuster() {
        setTitle("마우스 휠로 텍스트 크기 조정");
        setSize(400, 200);
        setDefaultCloseOperation(JFrame.EXIT_ON_CLOSE);

        label = new JLabel("마우스 휠로 텍스트 크기를 조정하세요!",
                                                SwingConstants.CENTER);
        label.setFont(new Font("Gullim", Font.PLAIN, fontSize));
        add(label);

        addMouseWheelListener(new MouseWheelListener() {
            @Override
            public void mouseWheelMoved(MouseWheelEvent e) {
                int rotation = e.getWheelRotation();
                fontSize += (rotation < 0) ? 1 : -1;
                // 휠 위로: 폰트 크기 증가, 아래로: 감소
                fontSize = Math.max(10, fontSize);   // 최소 폰트 크기 제한
                label.setFont(new Font("Gullim", Font.PLAIN, fontSize));
            }
        });
        setVisible(true);
    }
    public static void main(String[] args) {
        SwingUtilities.invokeLater(() -> new MouseWheelFontAdjuster());
    }
}
```

도전문제

1 마우스 휠로 텍스트 위치 이동과 크기 조절을 동시에 할 수 있도록 구현하시오. 이번에는 마우스 휠의 스크롤 방향에 따라 다른 기능을 수행하도록 만든다. [Ctrl] 키가 눌려 있을 때는 폰트 크기 조절, [Ctrl] 키가 눌려 있지 않으면 텍스트 위치를 위/아래로 이동한다.

Hint `MouseWheelEvent.isControlDown()`을 사용하면 [Ctrl] 키 상태를 확인할 수 있다.

SELF TEST

1 다음 중 버튼을 누른 상태에서 마우스를 움직이면 발생하는 이벤트는?

❶ `mouseMoved(MouseEvent e)` ❷ `mouseDragged(MouseEvent e)`
❸ `mousePressed(MouseEvent e)` ❹ `mouseReleased(MouseEvent e)`

2 다음 중 `MouseMotionListener`에서 제공하는 메소드가 아닌 것은?

❶ `mouseMoved(MouseEvent e)` ❷ `mouseDragged(MouseEvent e)`
❸ `mouseEntered(MouseEvent e)`

3 다음 중 마우스 이벤트에서 좌표 정보를 하나의 객체로 반환하는 메소드는?

❶ `getCoordinates()` ❷ `getPoint()`
❸ `getX()`와 `getY()` ❹ `getLocation()`

9.6 어댑터 클래스

어댑터 클래스(Adapter Class)는 인터페이스를 구현할 때 등장하는 비장의 카드 같은 존재이다. 보통 인터페이스를 직접 구현하려면, 모든 추상 메소드를 일일이 다 작성해야 해서 사용하지도 않을 메소드들까지 억지로 만들어야 한다. "왜 내가 쓰지도 않을 메소드까지 다 만들어야 하죠?!"라는 불만이 터져 나올 법하다. 하지만 어댑터 클래스가 있다면 이야기가 달라진다. "괜찮아, 네가 필요한 것만 골라 써. 나머지는 내가 기본 처리해 둘게!"라고 말하며 우리를 편하게 만들어 준다. 어댑터 클래스는 인터페이스를 미리 구현해 두고, 기본적으로 빈 메소드를 제공하기 때문에 필요한 메소드만 골라서 재정의하면 끝이다.

구체적인 예를 들어보자. `MouseListener` 인터페이스에는 여러 개의 추상 메소드가 정의되어 있지만, 실제로는 그중 일부만 필요한 경우가 많다. 예를 들어 우리가 `mouseClicked()` 메소드만 사용하려는 상황을 생각해 보자. 이때 어댑터 클래스를 사용하지 않으면 인터페이스에 선언된 모든 메소드를 일일이 구현해야 한다. 반면, 어댑터 클래스를 상속받으면 필요한 메소드만 선택적으로 오버라이딩할 수 있으므로 코드가 훨씬 간결해진다.

```
class MyListener implements MouseListener {
    public void mouseClicked(MouseEvent e) {
        System.out.println("Mouse clicked!");
    }
    public void mousePressed(MouseEvent e) { }
    public void mouseReleased(MouseEvent e) { }
    public void mouseEntered(MouseEvent e) { }
    public void mouseExited(MouseEvent e) { }
}
```

모든 메소드를 전부 구현해야 한다.

(a) 어댑터 클래스를 사용하지 않은 경우

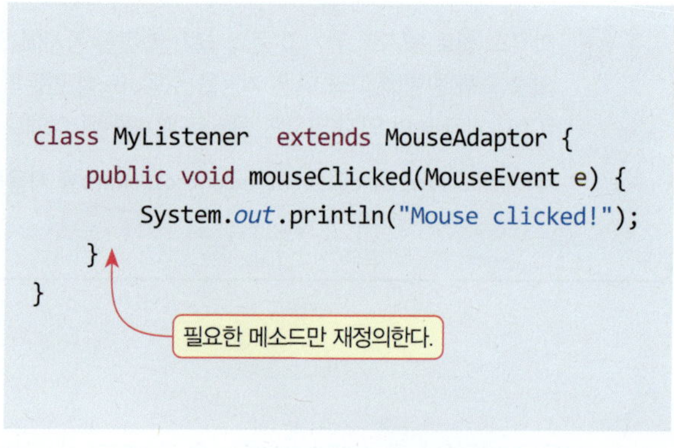

```
class MyListener  extends MouseAdaptor {
    public void mouseClicked(MouseEvent e) {
        System.out.println("Mouse clicked!");
    }
}
```


(b) 어댑터 클래스를 사용한 경우

그림 9-12 어댑터 클래스를 사용하지 않은 경우와 사용한 경우의 비교

그림 9-12 (a)에서는 MouseListener의 모든 메소드를 구현해야 하므로, 빈 메소드도 작성해야 하는 번거로움이 있다. (b)에서는 MouseAdapter를 상속받아 필요한 메소드(mouseClicked()) 만 재정의하면 된다. 불필요한 메소드를 구현하지 않아도 된다.

참고로 MouseAdaptor는 다음과 같이 정의되어 있다. 이 클래스는 MouseListener와 Mouse MotionListener, MouseWheelListener 인터페이스를 구현한 추상 클래스이며, 모든 메소드에 기본(빈) 구현을 제공한다. MouseAdapter 클래스는 필요할 때 특정 메소드만 오버라이딩하여 사용할 수 있도록 설계되어 있다.

```
public abstract class MouseAdapter implements MouseListener, MouseMotionListener,
    MouseWheelListener {
    public void mouseClicked(MouseEvent e) { }
    public void mousePressed(MouseEvent e) { }
    public void mouseReleased(MouseEvent e) { }
    public void mouseEntered(MouseEvent e) { }
    public void mouseExited(MouseEvent e) { }
    public void mouseDragged(MouseEvent e) { }
    public void mouseMoved(MouseEvent e) { }
    public void mouseWheelMoved(MouseWheelEvent e) { }
}
```

어댑터 클래스의 종류

아래는 주요 어댑터 클래스와 관련 인터페이스를 정리한 표이다.

어댑터 클래스	구현된 인터페이스	설명
MouseAdapter	MouseListener, MouseMotionListener, MouseWheelListener	마우스 이벤트를 처리하기 위한 어댑터 클래스이다. 마우스 클릭, 이동, 드래그 등을 다룬다.
KeyAdapter	KeyListener	키보드 입력 이벤트를 처리하기 위한 어댑터 클래스이다. 키를 누르거나 뗄 때의 동작을 정의할 수 있다.
FocusAdapter	FocusListener	컴포넌트가 포커스를 얻거나 잃을 때 발생하는 이벤트를 처리하기 위한 어댑터 클래스이다.
WindowAdapter	WindowListener	윈도우 관련 이벤트(열기, 닫기, 아이콘화, 복원 등)를 처리하기 위한 어댑터 클래스이다.
ComponentAdapter	ComponentListener	컴포넌트의 크기나 위치를 변경할 때 발생하는 이벤트를 처리하기 위한 어댑터 클래스이다.
ContainerAdapter	ContainerListener	컨테이너에 컴포넌트를 추가하거나 제거할 때 발생하는 이벤트를 처리하기 위한 어댑터 클래스이다.

표 9-9 주요 어댑터 클래스와 관련 인터페이스

ActionListener와 같이 메소드가 하나만 있는 리스너에는 어댑터 클래스가 제공되지 않는다. 어차피 구현해야 하는 메소드가 하나뿐이라서 전혀 이점이 없기 때문이다.

어댑터 클래스의 장점과 단점

어댑터 클래스는 인터페이스의 불필요한 메소드를 모두 구현할 필요가 없어 코드가 간결하고 유지·보수가 용이하다는 장점이 있다. 필요한 메소드만 선택적으로 오버라이딩할 수 있어 작성해야 할 코드의 양이 줄어든다. 하지만 단일 상속만 허용하는 자바의 특성상, 어댑터 클래스를 상속받으면 다른 클래스를 함께 상속할 수 없다. 또한 어댑터 클래스가 제공되지 않는 인터페이스의 경우에는 여전히 모든 메소드를 직접 구현해야 한다.

마우스로 배경색 변경하기 예제 9-12

마우스를 클릭하면 화면의 배경색이 무작위로 변경되는 프로그램을 작성해 보자. 어댑터 클래스를 사용해 본다.

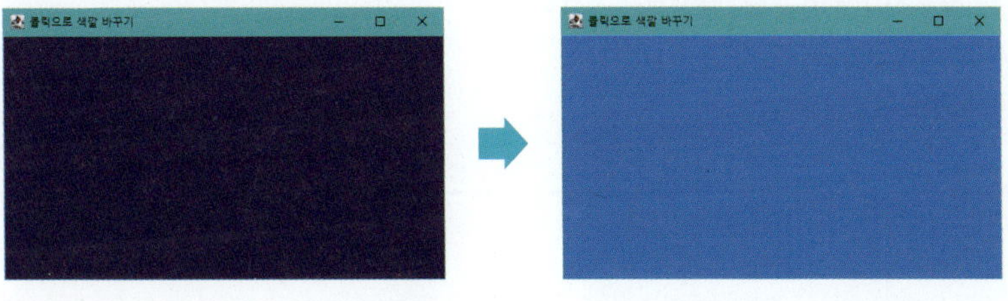

MouseColorChanger.java

```java
import javax.swing.*;          // Swing GUI 컴포넌트 임포트
import java.awt.*;             // 레이아웃 및 그래픽 관련 클래스 임포트
import java.awt.event.*;       // 이벤트 처리 관련 클래스 임포트
import java.util.Random;       // 랜덤 숫자 생성을 위한 Random 클래스 임포트

public class MouseColorChanger extends JFrame {
```

```
    private final Random random = new Random();
    // 랜덤 색상을 생성하기 위한 Random 객체

    public MouseColorChanger() {
        setTitle("클릭으로 색깔 바꾸기");                    // 창 제목 설정
        setSize(500, 300);                                  // 창 크기 설정
        setDefaultCloseOperation(JFrame.EXIT_ON_CLOSE);
                                                            // 창 닫기 버튼 동작 설정

        JPanel panel = new JPanel();                        // 패널 생성
        panel.addMouseListener(new MouseAdapter() {  // 마우스 이벤트 리스너 등록
            @Override
            public void mouseClicked(MouseEvent e) {
                // 마우스를 클릭할 때 패널의 배경색을 랜덤 색상으로 변경
                panel.setBackground(new Color(
                    random.nextInt(256),                    // 빨간색 값(0~255)
                    random.nextInt(256),                    // 초록색 값(0~255)
                    random.nextInt(256)                     // 파란색 값(0~255)
                ));
            }
        });
        add(panel);                                         // 패널을 프레임에 추가
        setVisible(true);                                   // 프레임을 화면에 표시
    }
    public static void main(String[] args) {
        SwingUtilities.invokeLater(() -> new MouseColorChanger());
    }
}
```

도전문제

1 이제는 색상을 완전히 랜덤하게 만드는 대신, 마우스를 클릭한 위치(x, y)에 따라 배경색을 결정하도록 구현하시오.

- 클릭한 x 좌표에 따라 빨강(R) 색상 조절
- y 좌표에 따라 초록(G) 색상 조절
- 파랑(B)은 랜덤 값으로 유지

SELF TEST

1 어댑터 클래스의 장점은 무엇인가?

2 익명 클래스로 `KeyAdaptor` 객체를 생성하고 `getKeyCode()` 메소드만 재정의하는 코드를 작성하시오.

계산기 프로그램

Mini Project 수행하기 1

난이도: ★★★★☆
주제: 버튼 이벤트 처리

우리가 앞장에서 외관을 만들었던 간단한 계산기이다. 이번 장에서 버튼의 액션 이벤트를 처리하여 기초 계산 기능을 구현해 보자. 8장, 9장의 내용을 총 정리해서 프로그램을 완성한다.

무엇을 추가해야 할까? 버튼을 눌렀을 때 이벤트 처리를 하여야 한다. 모든 버튼에 대하여 동일한 이벤트 처리 루틴을 등록하도록 하자. 개별 버튼의 구별은 이벤트의 getActionCommand() 메소드를 호출하여서 할 수 있다. getActionCommand() 메소드는 버튼에 쓰인 텍스트를 반환한다. 이 텍스트를 보고 어떤 버튼인지를 구별할 수 있는 것이다.

몇 개의 변수를 추가하도록 하자.

```
private double currentResult = 0;                // 현재 계산 결과
private String currentOperator = "";             // 현재 연산자
private boolean isOperatorPressed = false;       // 연산자 버튼이 눌렸는지 확인
```

입력되는 숫자는 모두 텍스트 필드에 적어놓는다. 즉, 사용자가 "123.0"이라고 입력하면 이것이 화면의 맨 위에 있는 텍스트 필드에 그대로 기록된다. 계산할 때는 텍스트 필드의 내용을 Double.parseDouble(display.getText()); 문장을 통해 실수로 변경할 수 있다.

연산자의 종류에 따라서 연산을 수행한다. 첫 번째 피연산자는 이미 currentResult 변수에 저장되어 있으므로 currentResult 변수에서 두 번째 피연산자를 적용하면 된다. 즉, 연산자가 '+'이면 currentResult 변수에 두 번째 연산자를 더한다.

Mini Project 수행하기 2 Tic-Tac-Toe 게임

난이도: ★★★★☆
주제: 버튼 이벤트 처리

Tic-Tac-Toe 게임을 만들어 보자. Tic-Tac-Toe 게임은 3×3칸을 가진 게임판을 만들고, 경기자가 동그라미 기호(O)와 가위표 기호(X)을 번갈아 가며 게임판에 놓는 게임이다. 가로, 세로, 대각선 상관없이 직선으로 동일한 기호 3개를 먼저 만들면 승리한다.

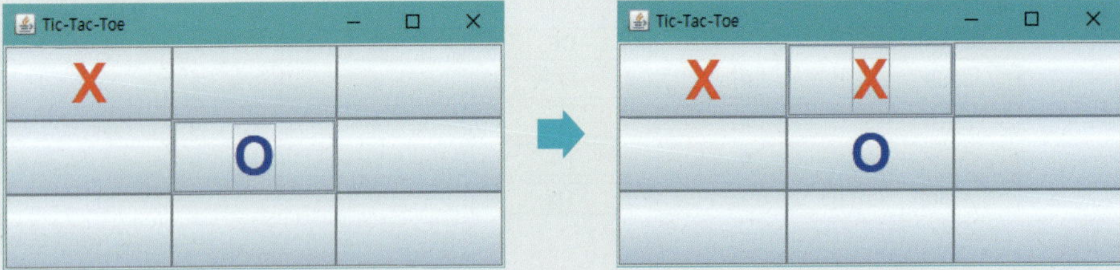

모든 버튼에 동일한 액션 리스너 객체를 등록한다. 액션 리스너에서는 버튼 클릭 이벤트를 처리하고 승리 조건을 검사한다.

```
// 승리 조건 확인 메소드
private boolean checkWin() {
    // 가로, 세로 확인
    for (int i = 0; i < SIZE; i++) {
        if (buttons[i][0].getText().equals(buttons[i][1].getText()) &&
            buttons[i][0].getText().equals(buttons[i][2].getText()) &&
            !buttons[i][0].getText().equals("")) {
            return true; // 가로 승리
        }
        if (buttons[0][i].getText().equals(buttons[1][i].getText()) &&
            buttons[0][i].getText().equals(buttons[2][i].getText()) &&
            !buttons[0][i].getText().equals("")) {
            return true; // 세로 승리
        }
    }
...
```

지뢰 찾기 게임

Mini Project 수행하기 3

난이도: ★★★★★
주제: 버튼 이벤트 처리

지뢰 찾기는 1인용 게임이다. 게임의 목표는 '지뢰'가 숨겨진 직사각형 보드에서 인접 지뢰의 개수 힌트로 도움을 받아 어떤 지뢰도 폭파하지 않고 안전하게 제거하는 것이다. 지뢰가 없는 곳을 클릭했을 때 숫자가 나오면 주변 칸에 지뢰가 숨겨져 있다는 것을 의미한다. 예를 들어서 숫자가 2이면 주변 칸에 지뢰가 2개 있다는 의미이다.

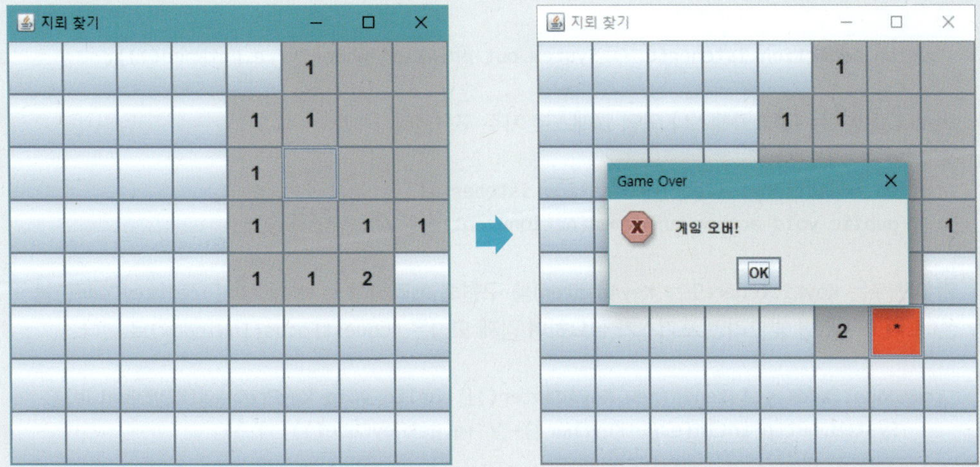

이 게임은 1960년대에 시작되었으며 오늘날 사용하는 많은 컴퓨팅 플랫폼을 위해 작성되었다. 일단 게임을 익히기 위하여 마이크로소프트 스토어에서 지뢰 찾기를 다운로드하여서 몇 판 해 보자. 이어서 자바의 스윙과 이벤트 처리를 응용하여서 위의 게임과 유사한 게임을 제작해 보자. 많은 방법이 있지만 버튼을 GridLayout으로 배치하여 게임을 제작하는 것이 가장 자연스러워 보인다. 사용자가 버튼을 클릭하면 버튼의 텍스트를 인접 지뢰의 개수로 설정한다. 어떤 칸이 지뢰일 확률은 난수를 발생시켜서 결정한다. 전체의 30%를 지뢰로 하고 싶으면 0부터 99 사이의 난수를 생성하여 30보다 적은 경우에만 지뢰를 놓으면 된다.

Summary

- 이벤트 구동 프로그래밍이란 이벤트 발생에 의해 실행 흐름이 결정되는 방식이며, 자바 GUI도 여기에 속한다.
- 이벤트는 버튼 클릭이나 마우스 이동 시 발생한다. 이벤트 소스는 이벤트를 발생시키는 컴포넌트다. 이벤트 리스너는 이벤트를 받아 처리하는 객체다. 이벤트 객체는 리스너에 전달되며 발생 정보를 담고 있다.

```
button.addActionListener(e -> System.out.println("when=" + e.getWhen()));
```

- 리스너 클래스는 내부 클래스나 익명 클래스로 자주 구현한다.

```
button.addActionListener(new ActionListener(){
    public void actionPerformed(ActionEvent e){ /*...*/ } });
```

- 키 이벤트는 KeyListener(또는 KeyAdapter)를 구현해 처리하며 getKeyChar()/getKeyCode()를 쓴다. 키 이벤트를 받으려면 포커스가 필요하며 강제 요청은 requestFocus(InWindow)로 한다.

```
component.addKeyListener(new KeyAdapter(){ public void keyPressed(KeyEvent e){
    System.out.println(e.getKeyChar()+"/"+e.getKeyCode()); } });
```

- 마우스 이벤트는 MouseListener/MouseMotionListener로 처리한다. 마우스 좌표는 getX(), getY()로 얻는다.

```
panel.addMouseMotionListener(new MouseMotionAdapter(){
public void mouseMoved(MouseEvent e){ System.out.printf("(%d,%d)%n", e.getX(),
    e.getY()); } });
```

- 어댑터 클래스는 필요한 메소드만 오버라이딩하게 해준다.

```
panel.addMouseListener(new MouseAdapter(){ public void mouseEntered
    (MouseEvent e){ /*...*/ } });
```

Exercises

1. 다음 중 버튼을 누르면 발생하는 의미적 이벤트는?

❶ ActionEvent ❷ MouseEvent ❸ ItemEvent ❹ KeyEvent

2. ActionListener 인터페이스는 어떤 메소드를 구현해야 하는가?

❶ void actionOccurred(ActionEvent e)
❷ void actionPerformed(ActionEvent e)
❸ void handleAction(ActionEvent e)
❹ void performAction(ActionEvent e)

3. JButton 객체 b의 리스너로 객체 obj를 설정하는 올바른 문장은? obj는 ActionListener를 구현하는 객체이다.

❶ b.add(obj) ❷ b.addActionEvent(obj)
❸ b.addActionListener(obj) ❹ b.setActionListener(obj)

4. 다음 중 의미적 이벤트가 아닌 것은?

❶ ActionEvent ❷ MouseEvent ❸ ItemEvent ❹ AdjustmentEvent

5. 다음 중 액션 이벤트가 발생하지 않는 컴포넌트는?

❶ 버튼 ❷ 메뉴 항목 ❸ 텍스트 필드 ❹ 스크롤바

6. MouseAdapter 클래스를 사용하는 이유는 무엇인가?

❶ 마우스 이벤트를 비활성화하기 위해
❷ 필요한 메소드만 오버라이드할 수 있도록 하기 위해
❸ 마우스 이벤트를 자동으로 처리하기 위해
❹ 마우스 입력을 제한하기 위해

7. 다음 중 KeyListener 인터페이스의 메소드가 아닌 것은?

❶ keyPressed() ❷ keyReleased() ❸ keyTyped() ❹ keyClicked()

8. 스윙 컴포넌트의 이벤트를 안전하게 처리하기 위해 어떤 스레드를 사용하는 것을 권장하는가?

❶ `Event Handler Thread` ❷ `Main Thread`
❸ `Event Dispatch Thread` ❹ `Worker Thread`

9. ActionEvent 클래스의 이벤트 객체에서 소스를 얻는 메소드는 무엇인가?

❶ `getSource()` ❷ `getEventSource()`
❸ `getTarget()` ❹ `getActionCommand()`

10. 다음 중 ActionListener를 람다식으로 등록하는 올바른 방법은?

❶ `button.addActionListener(e -> System.out.println("Clicked!"));`
❷ `button.setActionListener(e -> System.out.println("Clicked!"));`
❸ `button.registerListener(e -> System.out.println("Clicked!"));`
❹ `button.handleAction(e -> System.out.println("Clicked!"));`

11. 사용자가 키보드의 키를 눌렀을 때 keyTyped(), keyPressed(), KeyReleased()가 호출되는 순서는? 단, 문자 생성이 있는 키라고 가정한다.

❶ keyType()
❷ keyType(), keyPressed()
❸ keyType(), keyPressed(), keyReleased()
❹ keyPressed(), keyType(), keyReleased()

12. 익명 내부 클래스를 사용하여 버튼에 이벤트를 등록하려면 어떻게 해야 하는가? 람다식은 제외한다.

❶ `button.addActionListener(new ActionListener());`
❷ `button.addActionListener(new ActionListener()`
`{public void actionPerformed(ActionEvent e) { }});`
❸ `button.setActionListener(e -> { });`
❹ `button.addMouseListener(new ActionListener());`

13. 다음 문장이 참인지 거짓인지를 판단하시오. 거짓이면 올바르게 수정하시오.

1. 버튼에서 발생하는 이벤트는 Key 이벤트이다.

2. 마우스가 움직였을 때 발생하는 이벤트는 MouseEvent이다.

3. 어댑터 클래스를 사용하면 코드가 길어진다.

14. 다음의 이벤트 처리 코드에서 클래스 선언의 implements ActionListener와 addActionListener(this)를 제거하고, 버튼에 직접 익명 클래스를 붙이시오.

```
class MyFrame extends JFrame implements ActionListener {
    JButton button;
    public MyFrame() {
        button = new JButton("버튼을 누르시오");
        button.addActionListener(this);
        ...
    }
    public void actionPerformed(ActionEvent e) {
        System.out.println("마침내 버튼이 눌렸습니다.");
    }
}
```

15. 14번의 이벤트 처리 코드에서 클래스 선언의 implements ActionListener와 addActionListener(this)를 제거하고, 버튼에 직접 람다식을 등록하시오.

16. 다음의 이벤트 처리 코드를 MouseAdapter 클래스를 사용하여 다시 작성하시오.

```
addMouseListener(new MouseListener() {
    public void mousePressed(MouseEvent e) {
        img_x = e.getX();
        img_y = e.getY();
        repaint();
    }
    public void mouseReleased(MouseEvent e) { }
    public void mouseEntered(MouseEvent e) { }
    public void mouseExited(MouseEvent e) { }
    public void mouseClicked(MouseEvent e) { }
});
```

Programming Exercises

난이도: ★★☆☆☆
주제: 버튼 이벤트 처리

1. 프레임 안에 버튼을 하나 생성하고, 버튼을 누르면 버튼의 클릭 횟수를 다음과 같이 텍스트로 표시하는 프로그램을 작성하시오.

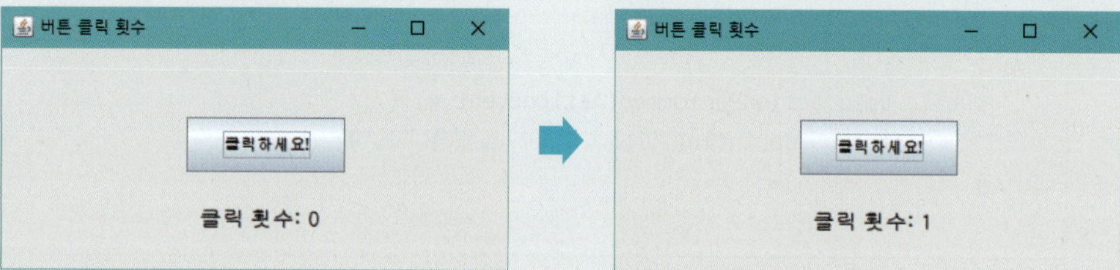

난이도: ★★★☆☆
주제: 버튼 이벤트 처리

2. 마일(mile)을 km로 변환하는 GUI 프로그램을 작성하시오.

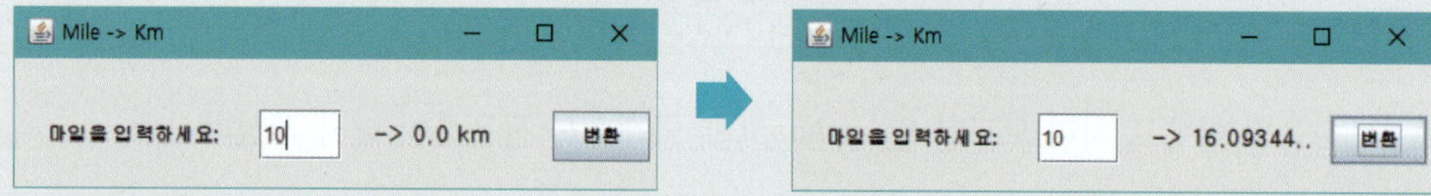

난이도: ★★★☆☆
주제: 키보드 입력 이벤트 처리

3. 사용자가 키보드를 입력할 때 입력된 키를 JLabel에 표시하는 프로그램을 작성하시오. JPanel에 KeyListener를 등록하고 keyTyped() 메소드에서 입력된 키를 JLabel에 출력한다.

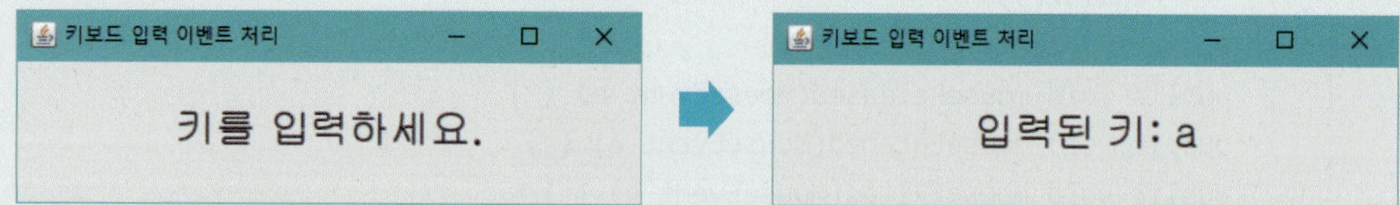

난이도: ★★★☆☆
주제: 다중 이벤트 처리

4. 하나의 ActionListener로 여러 버튼의 클릭 이벤트를 처리하고, 클릭한 버튼의 이름을 JLabel에 출력하는 프로그램을 작성하시오. 버튼을 3개 생성하고 각 버튼에 같은 ActionListener를 등록한다.

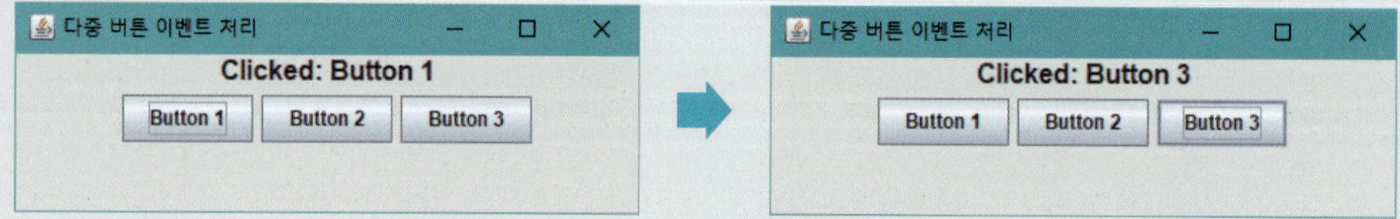

ActionEvent의 getActionCommand() 메소드를 사용하여 버튼 이름을 알 수 있다.

5. 버튼을 클릭할 때마다 버튼의 배경색이 랜덤하게 변경되는 프로그램을 작성하시오. `JButton`에 `ActionListener`를 등록하고 `Random` 객체를 사용하여 RGB 색상의 값을 생성한다.

난이도: ★★★☆☆
주제: 버튼 색상 변경 이벤트

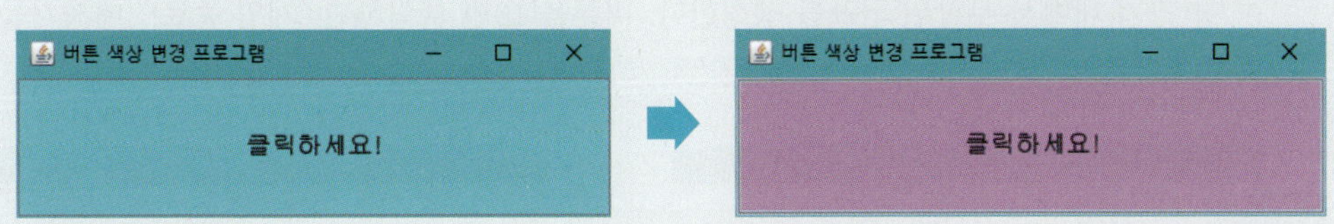

6. 사용자로부터 2개의 정수를 입력받고 합을 계산하여 화면에 표시하는 프로그램을 작성하시오.

난이도: ★★★☆☆

주제: 버튼 이벤트 처리

두 정수 합 계산기
첫 번째 정수: 100
두 번째 정수: 200
결과: 계산 결과가 여기에 표시됩니..
계산하기 초기화

두 정수 합 계산기
첫 번째 정수: 100
두 번째 정수: 200
결과: 300
계산하기 초기화

절대 위치를 사용하여 컴포넌트들을 배치한다.

7. 체중과 키를 받아서 BMI를 계산하는 프로그램을 작성하시오. 이벤트 처리 기능을 이용하여 실제 BMI를 화면에 표시한다.

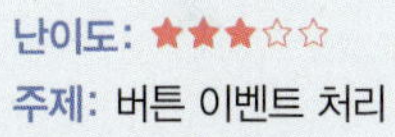
난이도: ★★★☆☆
주제: 버튼 이벤트 처리

BMI 계산기
체중 (kg): 82
키 (cm): 183.0
BMI: 결과가 여기에 표시됩니다.
계산하기 초기화

BMI 계산기
체중 (kg): 82
키 (cm): 183.0
BMI: 24.49
계산하기 초기화

난이도: ★★★★☆
주제: 버튼 위치 이동과 클릭 이벤트 처리

8. 버튼을 클릭하면 버튼이 화면 내의 무작위 위치로 이동하는 프로그램을 작성하시오. 버튼을 클릭할 때마다 `setLocation()` 메소드로 무작위 위치에 배치한다. `Random` 클래스를 사용하여 창 크기 내에서 무작위 좌표를 생성한다. 버튼을 10번 클릭하면 "게임 종료!" 메시지를 출력한다.

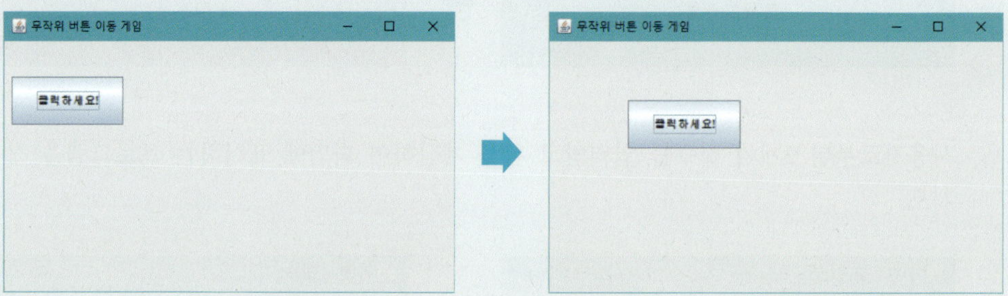

난이도: ★★★☆☆
주제: 마우스 이벤트 처리

9. 사용자가 마우스를 움직일 때마다 마우스의 현재 좌표(x, y)를 현재 마우스 위치에 실시간으로 표시하는 프로그램을 작성하시오. `JLabel`로 마우스 좌표를 표시한다. `MouseMotionListener`를 사용하여 마우스의 이동 이벤트를 처리한다. 마우스가 창을 벗어나면 "마우스가 창을 떠났습니다!"라는 메시지를 표시한다.

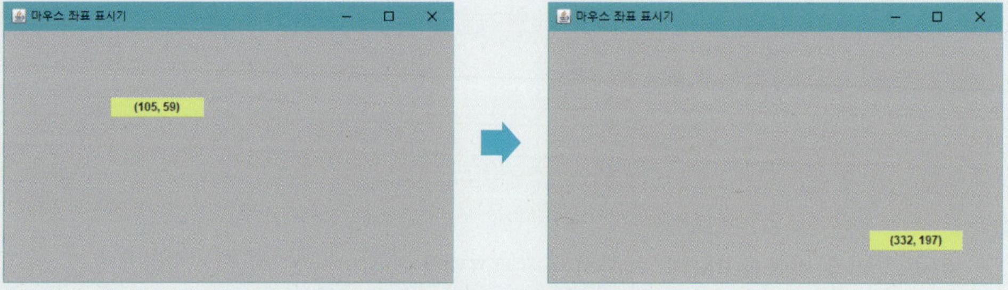

난이도: ★★★☆☆
주제: 버튼 이벤트 처리, 이미지 표시

10. 자바 스윙 버튼 'LEFT'와 'RIGHT'를 클릭하면 자동차가 움직이는 프로그램을 작성하시오. 'LEFT' 버튼을 누르면 자동차가 왼쪽으로 움직이고 'RIGHT' 버튼을 누르면 자동차가 오른쪽으로 움직여야 한다.

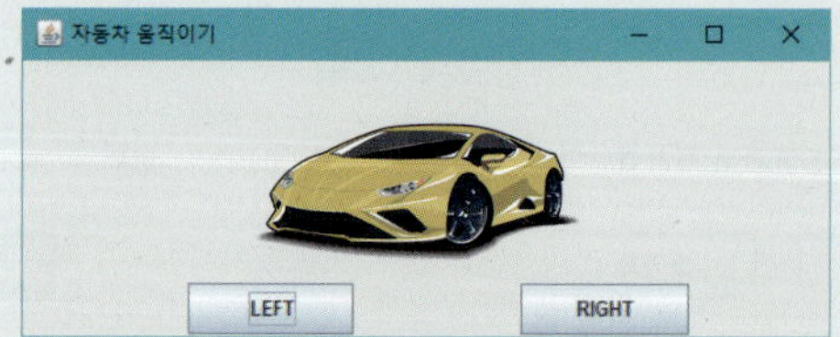

이미지는 레이블의 생성자에 `ImageIcon` 객체를 전달한다.

11. 마우스 버튼으로 자동차를 움직이는 프로그램을 작성하시오. 마우스의 왼쪽 버튼을 누르면 자동차가 왼쪽으로 움직이고, 마우스의 오른쪽 버튼을 누르면 오른쪽으로 움직여야 한다.

난이도: ★★★☆☆
주제: 마우스 이벤트 처리

mousePressed() 메소드에서 SwingUtilities.isLeftMouseButton(e) 문장을 이용하여 왼쪽 버튼인지 오른쪽 버튼인지를 파악할 수 있다.

12. 마우스로 자동차를 드래그하여 자동차를 움직이는 프로그램을 작성하시오.

난이도: ★★★☆☆
주제: 마우스 드래그 이벤트 처리, 이미지 표시

mouseDragged() 메소드를 처리한다.

13. 슬롯 머신과 유사한 게임을 만드시오. 프레임 안에 3개의 버튼이 있다. 사용자가 '스핀' 버튼을 누를 때마다 3개의 텍스트가 0부터 10 사이의 난수로 변경된다.

난이도: ★★★☆☆
주제: 버튼 이벤트 처리, 이미지 표시

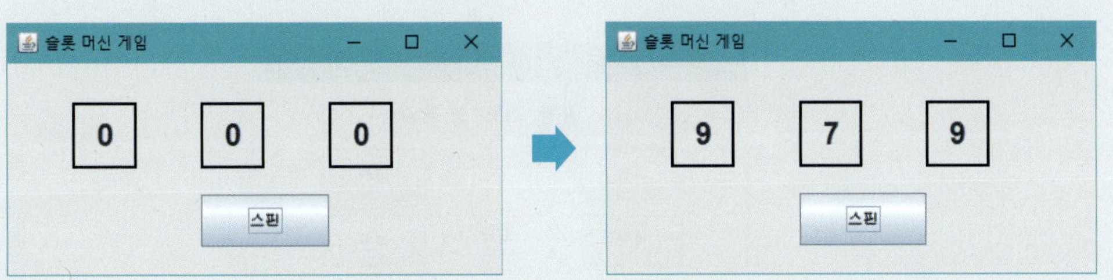

난이도: ★★★☆☆
주제: 버튼 이벤트 처리, 이미지 표시

14. 숫자를 추측하는 게임을 만드시오. 프로그램은 1부터 100 사이의 하나의 숫자를 랜덤하게 생성하여 가지고 있다. 사용자는 숫자를 입력하고 엔터키를 누른다. 컴퓨터는 사용자가 입력한 숫자가 정답보다 높은지 낮은지만을 알려준다. 다음과 같은 사용자 인터페이스를 사용한다. 숫자가 정답이 아니면, 힌트를 나타내는 레이블의 글자색을 빨간색으로 변경한다.

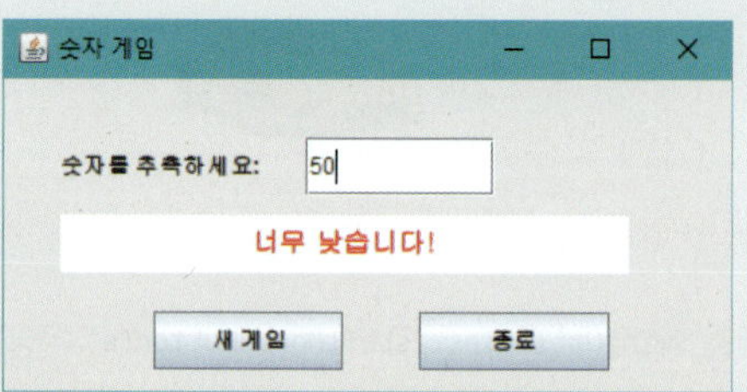

레이블의 글자색을 변경하는 방법은 `label.setForeground(Color.RED);`를 참고한다.

난이도: ★★★★☆
주제: 버튼 이벤트와 상태 표시

15. 3개의 버튼(Play, Pause, Stop)을 만들어, 버튼을 클릭할 때마다 현재 음악 상태를 화면에 표시하는 프로그램을 작성하시오. Play 버튼은 '음악 재생 중...', Pause 버튼은 '음악 일시 정지', Stop 버튼은 '음악 정지됨' 메시지를 표시한다. 상태는 `JLabel`로 화면에 표시한다. 실제로 음악을 재생하지는 않는다.

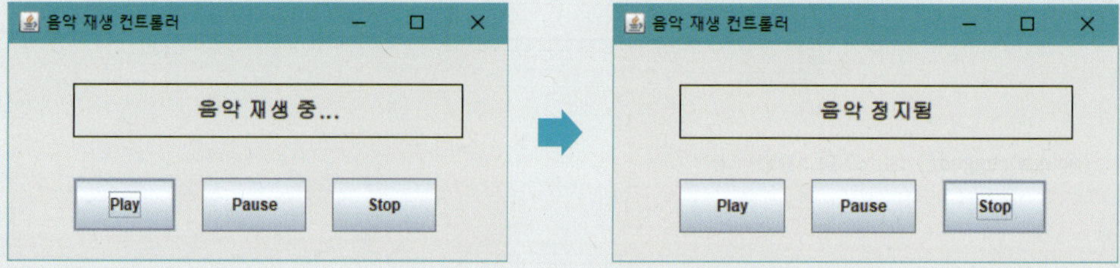

난이도: ★★★★☆
주제: 버튼 이벤트 처리, 이미지 표시

16. 가위바위보 게임을 만드시오. 가위, 바위, 보를 나타내는 버튼을 생성한다. 사용자가 버튼 중에서 하나를 클릭하면, 이것을 컴퓨터가 생성한 값과 비교한다. 사용자가 선택한 것과 컴퓨터가 선택한 것을 화면에 표시한다. 누가 이겼는지를 화면에 출력한다.

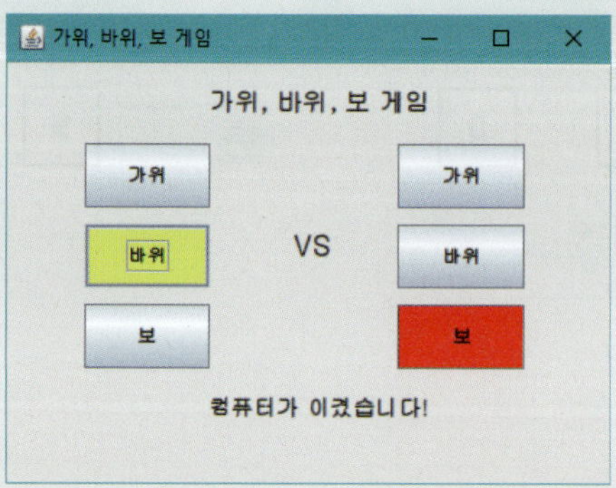

17. 8-퍼즐은 3×3 격자(9개의 사각형 포함)로 구성된 간단한 게임이다. 사각형 중 하나는 항상 비어있다. 사각형은 다른 위치로 이동할 수 있다. 이 게임의 목표는 숫자가 '목표 상태'로 표시되도록 하는 것이다. 왼쪽 이미지는 초기 상태이고 오른쪽 이미지는 목표 상태이다. 사용자가 사각형을 클릭하여 8-퍼즐을 수행할 수 있는 프로그램을 작성하시오. 프로그램이 목표 상태를 자동으로 찾을 필요는 없다.

난이도: ★★★★☆
주제: 버튼 이벤트 처리, 이미지 표시

CHAPTER 10

기본 스윙 컴포넌트

학습목표

- 스윙을 사용하여 화면에 이미지를 표시한다.
- 스윙을 사용하여 메모를 입력받는다.
- 스윙을 사용하여 메뉴가 붙어 있는 GUI 애플리케이션을 만든다.
- 라디오 버튼과 체크 박스를 화면에 만든다.
- 슬라이더를 사용하여 수치 값을 마우스로 받는다.
- 스윙을 사용하여 피자 주문 화면을 만든다.

학습목차

핵심 키워드

체크 박스, 라디오 버튼, 텍스트 영역, 콤보 박스

CHAPTER 10

기본 스윙 컴포넌트

10.1 스윙 컴포넌트 소개

우리는 지금까지 스윙의 배치 관리자와 이벤트 처리 등 꽤 많은 것을 학습했다. 이제 슬슬 스윙의 진짜 매력을 느껴볼 차례이다. 이번 장에서는 스윙에서 제공하는 기본적인 컴포넌트들을 살펴보도록 하자. 기본 컴포넌트란, 말 그대로 스윙 세계에서 가장 많이 사랑받는 친구들이다.

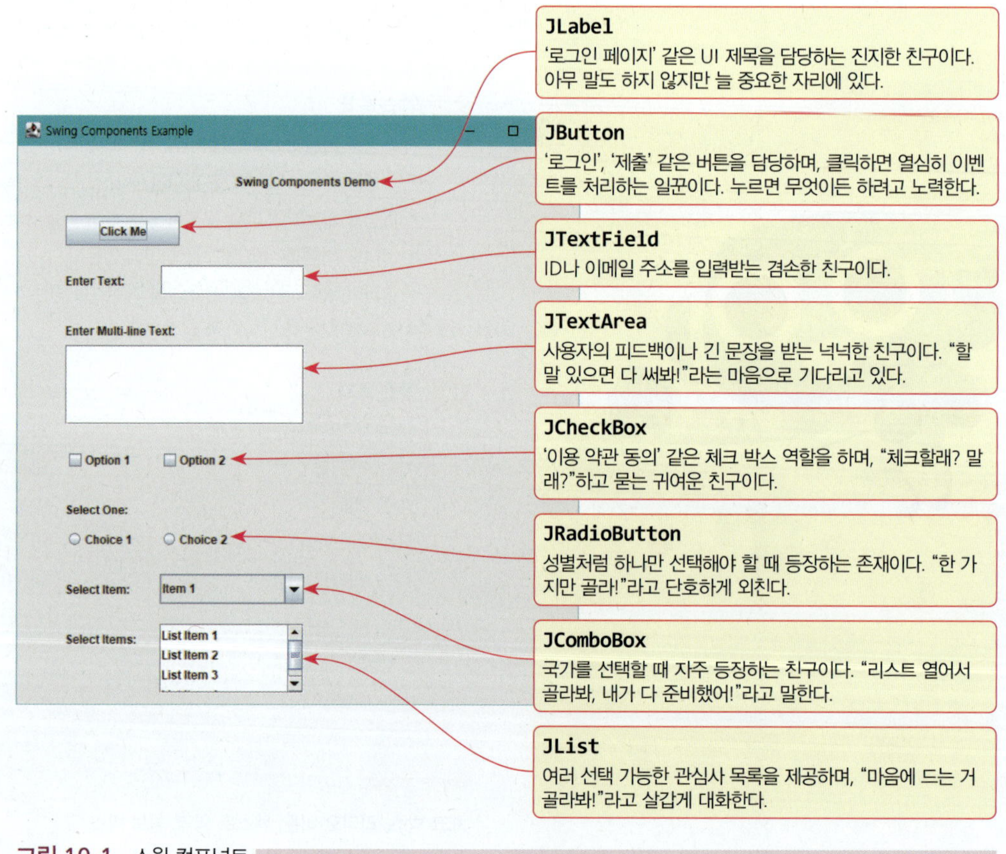

그림 10-1 스윙 컴포넌트

Jcomponent 클래스

최상위 컨테이너를 제외하고는 거의 모든 컴포넌트가 JComponent를 상속받는다. 예를 들어서 JPanel, JLabel, JButton, JComboBox 같은 컴포넌트들은 모두 JComponent를 상속받고 있다. JComponent 클래스에는 스윙 컴포넌트들이 공통으로 가져야 하는 속성과 메소드가 포함되어 있다.

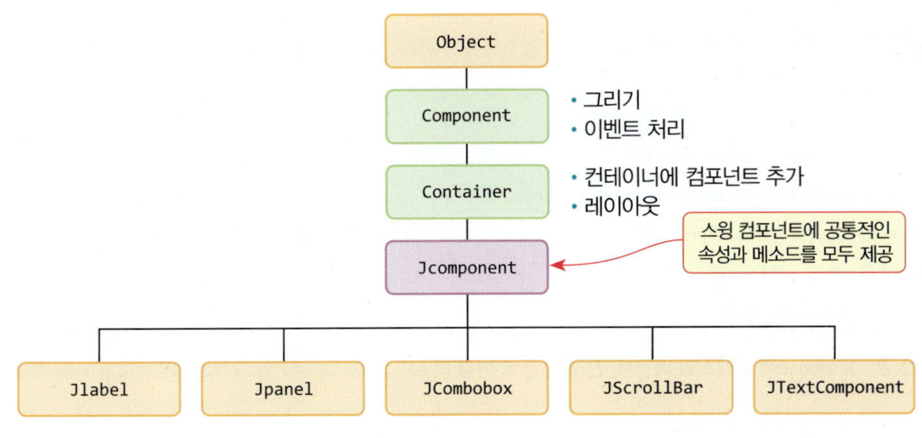

그림 10-2 JComponent 클래스 계층 구조

JComponent 클래스가 제공하는 메소드 중에서 스윙 컴포넌트들이 많이 사용하고 중요한 것만 살펴보자. 참고로 setXXX() 형식의 설정자 메소드가 있으면 getXXX() 형식의 접근자 메소드가 존재할 가능성이 아주 높다.

크기와 위치 정보

메소드	설명
getWidth(), getHeight()	픽셀 단위의 컴포넌트 크기 반환
getSize()	픽셀 단위의 컴포넌트 크기를 Dimension 객체로 반환
getX(), getY()	부모 컨테이너 안에서의 컴포넌트의 상대적인 위치 반환
getLocation()	컴포넌트의 상대적인 위치를 Point 객체로 반환
setLocation(int x, int y)	부모 컨테이너 안에서의 컴포넌트의 좌표 지정
setSize(int w, int h)	부모 컨테이너 안에서의 크기와 위치 설정
setPreferredSize(Dimension) setMaximumSize(Dimension) setMinimumSize(Dimension)	컴포넌트의 크기 설정
setAlignmentX(float) setAlignmentY(float)	컨테이너 안에서 컴포넌트들의 정렬 지정
setLayout(LayoutManager) getLayout()	배치 관리자 설정 및 가져오기

표 10-1 JComponent 클래스의 크기와 위치 정보 메소드

- setSize(int w, int h) 메소드는 컴포넌트의 실제 크기를 강제로 설정한다. 이 메소드는 컴포넌트의 현재 크기를 즉시 변경하지만, 배치 관리자를 사용할 경우 이 설정이 무시될 수 있다. 배치 관리자가 크기와 위치를 재조정하기 때문이다. 주로 배치 관리자를 사용하지 않는 절대 레이아웃 환경에서 컴포넌트의 크기를 강제로 지정할 때 사용한다. setLocation() 메소드도 마찬가지이다.
- setPreferredSize(Dimension d) 메소드는 컴포넌트의 선호 크기를 설정한다. 배치 관리자가 컴포넌트를 배치하거나 크기를 조정할 때 이 값을 참고하지만, 배치 관리자에 따라 최종 크기는 달라질 수 있다. 배치 관리자 환경에서 컴포넌트의 기본 크기를 지정하고 싶을 때 주로 사용한다.

배경색, 전경색, 폰트 변경

메소드	설명
setBorder(Border), getBorder()	컴포넌트의 경계 설정
setForeground(Color), setBackground(Color)	컴포넌트의 전경색과 배경색 설정
getForeground(), getBackground()	컴포넌트의 전경색과 배경색 얻기
setFont(Font), getFont()	컴포넌트의 폰트 설정
setCursor(Cursor), getCursor()	컴포넌트의 커서 설정

표 10-2 JComponent 클래스의 배경색, 전경색, 폰트 변경 메소드

간단한 사용법을 아래 코드에 보였다.

```
// setBorder: 테두리 설정
button.setBorder(BorderFactory.createLineBorder(Color.BLUE, 2));

// setForeground, setBackground: 색상 설정
button.setForeground(Color.WHITE);
button.setBackground(Color.DARK_GRAY);

// setFont: 폰트 설정
button.setFont(new Font("Gullim", Font.BOLD, 16));

// setCursor: 커서 설정
button.setCursor(new Cursor(Cursor.HAND_CURSOR));
```

활성화, 비활성화, 보이기

메소드	설명
setToolTipText(String)	툴팁에 표시되는 텍스트 설정
setEnabled(boolean), isEnabled()	컴포넌트를 활성화 또는 비활성화
setVisible(boolean), isVisible()	컴포넌트를 화면에 표시

표 10-3 JComponent 클래스의 활성화, 비활성화, 보이기 메소드

간단한 사용법을 아래 코드에 보였다.

```
button.setEnabled(enableCheckBox.isSelected());         // 버튼 활성화/비활성화
button.setVisible(visibleCheckBox.isSelected());        // 버튼 표시/숨기기
```

컴포넌트 그리기

메소드	설명
repaint()	컴포넌트의 일부나 전체를 다시 그리라고 요청
revalidate()	컨테이너 안의 컴포넌트를 다시 배치하라고 요청
paintComponent(Graphics)	컴포넌트를 그림. 컴넌트에서는 이 메소드를 재정의하여 컴포넌트 위에 그림을 그릴 수 있음

표 10-4 JComponent 클래스의 컴포넌트 그리기 메소드

예를 들어서 컴포넌트가 다시 그려달라고 요청하려면 repaint() 메소드를 호출하면 된다.

컨테이너에 추가/제거

메소드	설명
add(Component)	컴포넌트를 컨테이너에 추가
remove(Component)	컨테이너에서 컴포넌트를 삭제
getParent()	컴포넌트의 컨테이너를 반환

표 10-5 JComponent 클래스의 컨테이너에 추가/제거하는 메소드

getParent() 메소드는 특정 컴포넌트가 속한 부모 컨테이너(Container)를 반환한다. 컴포넌트가 현재 어떤 컨테이너에 포함되어 있는지 확인할 수 있다. 컴포넌트가 컨테이너에 추가되어 있다면 컨테이너 객체를 반환한다. 컨테이너에 추가되지 않은 경우 null을 반환한다.

```
Container parent = button.getParent();

if (parent != null) {
    label.setText("부모 컨테이너: " + parent.getClass().getSimpleName());
} else {
    label.setText("부모 컨테이너 발견되지 않음!");
}
```

예제 10-1 컴포넌트의 공통적인 메소드 예제

'동작 버튼'을 대상으로 버튼의 활성화, 부모 컨테이너, 버튼 표시 등을 수행해 보자.

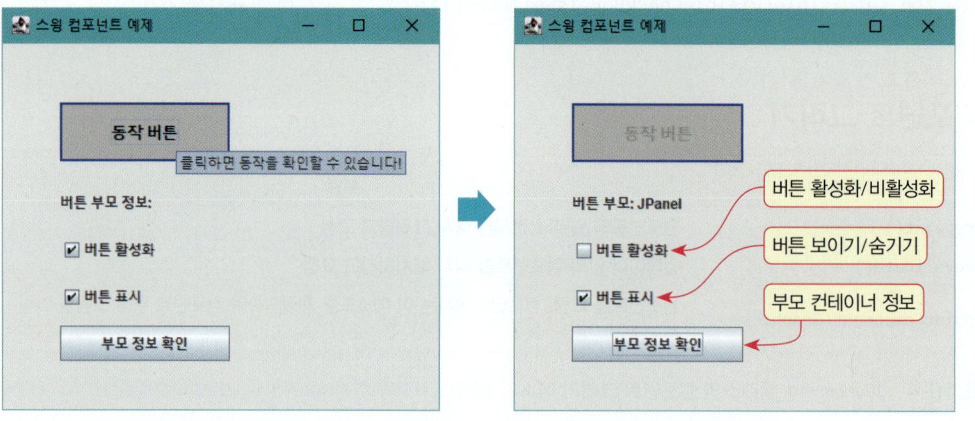

ComponentTest.java

```java
import javax.swing.*;
import javax.swing.border.LineBorder;
import java.awt.*;

public class ComponentTest extends JFrame {
    private JButton button;
    private JLabel label;
    private JCheckBox enableCheckBox;
    private JCheckBox visibleCheckBox;
    private JButton parentButton;

    public ComponentTest() {
        setTitle("스윙 컴포넌트 예제");
        setSize(400, 350);
        setDefaultCloseOperation(JFrame.EXIT_ON_CLOSE);
        setLayout(null);
        initComponents();
        setVisible(true);
    }
    private void initComponents() {
        // JButton 생성
        button = new JButton("동작 버튼");
        button.setBounds(50, 50, 150, 50);
        button.setBorder(new LineBorder(Color.BLUE, 2));      // 테두리 설정
        button.setBackground(Color.LIGHT_GRAY);               // 배경색 설정
        button.setForeground(Color.BLACK);                    // 전경색 설정
        button.setFont(new Font("Gulim", Font.BOLD, 14));     // 폰트 설정
        button.setCursor(new Cursor(Cursor.HAND_CURSOR));     // 커서 설정
```

```
        button.setToolTipText("클릭하면 동작을 확인할 수 있습니다!"); // 툴팁 설정
        add(button);

        // JLabel 생성
        label = new JLabel("버튼 부모 정보:");
        label.setBounds(50, 120, 300, 30);
        add(label);

        // JCheckBox 생성: 버튼 활성화/비활성화
        enableCheckBox = new JCheckBox("버튼 활성화");
        enableCheckBox.setBounds(50, 160, 150, 30);
        enableCheckBox.setSelected(true);
        add(enableCheckBox);

        // JCheckBox 생성: 버튼 표시/숨기기
        visibleCheckBox = new JCheckBox("버튼 표시");
        visibleCheckBox.setBounds(50, 200, 150, 30);
        visibleCheckBox.setSelected(true);
        add(visibleCheckBox);

        // JButton: 부모 컨테이너 정보 확인
        parentButton = new JButton("부모 정보 확인");
        parentButton.setBounds(50, 240, 150, 30);
        add(parentButton);

        // 버튼 동작 정의
        enableCheckBox.addActionListener(e -> button.setEnabled
                    (enableCheckBox.isSelected())); // 버튼 활성화/비활성화
        visibleCheckBox.addActionListener(e -> button.setVisible
                    (visibleCheckBox.isSelected())); // 버튼 표시/숨기기

        parentButton.addActionListener(e -> {
            Container parent = button.getParent();
            if (parent != null) {
                label.setText("버튼 부모: " + parent.getClass().
                                                        getSimpleName());
            } else {
                label.setText("버튼 부모: 발견되지 않음");
            }
        });
    }
    public static void main(String[] args) {
        SwingUtilities.invokeLater(() -> new ComponentTest());
    }
}
```

람다식을 이용하여 이벤트를 처리하였다.

도전문제

1 '동작 버튼'의 텍스트와 배경색을 토글하는 기능을 추가한다. 구체적으로, 버튼을 누르면 현재 텍스트가 'ON'이면 'OFF'로, 'OFF'이면 다시 'ON'으로 바뀌도록 하며 동시에 버튼의 배경색도 GREEN과 LIGHT_GRAY 사이에서 전환되도록 수정한다. 이때 button.getText()를 이용해 현재 텍스트를 확인하고, setText()와 setBackground()를 사용해 속성을 바꾸면 된다.

SELF TEST

1 JComponent를 상속받아 만든 대표적인 클래스 3가지를 쓰시오.
(예: JButton, JLabel, ________________)

2 JComponent의 배경색을 설정할 때 사용하는 메소드는 __________이다.

3 JComponent의 전경색(글자색 등)을 설정할 때 사용하는 메소드는 __________이다.

10.2 레이블

JLabel은 스윙에서 제공하는 읽기 전용 컴포넌트로, 많은 정보를 전달하는 조용한 안내자와 같다. 주로 텍스트, 이미지 또는 둘 다 동시에 보여주는 일을 한다. 사용자와 상호작용은 없지만, 묵묵히 정보를 전달하며 자신의 역할에 충실한 진지한 친구이다.

- **텍스트 또는 이미지 표시:** 텍스트, 이미지 또는 둘을 동시에 표시한다.
- **정렬과 위치 조정:** 텍스트와 이미지의 정렬(왼쪽, 오른쪽, 중앙)을 설정한다.
- **스타일 커스터마이징:** 폰트, 색상, 테두리 등 다양한 속성을 설정하여 스타일을 변경한다.
- **툴팁 기능 지원:** 사용자가 마우스를 올렸을 때 툴팁 텍스트를 표시한다.

JLabel 클래스의 생성자

생성자	설명
JLabel()	빈 레이블 생성
JLabel(String text)	텍스트를 표시하는 레이블 생성
JLabel(Icon image)	이미지를 표시하는 레이블 생성
JLabel(String text, Icon image, int align)	텍스트와 이미지를 함께 표시하고 정렬을 설정하는 레이블 생성

표 10-6 JLabel 클래스의 생성자

문자열을 가진 레이블은 다음과 같이 생성한다.

```
// 텍스트 표시 레이블
JLabel label2 = new JLabel("Hello, JLabel!");
```

이미지를 가진 레이블을 생성하기 위해서는 먼저 ImageIcon 클래스를 이용하여 이미지를 읽어서 객체로 만든 후에, JLabel 생성자 중에서 JLabel(Icon image)를 사용한다.

```
// 이미지 표시 레이블
Icon icon = new ImageIcon("example.png");
JLabel label3 = new JLabel(icon);
```

텍스트와 이미지를 함께 표시하려면 다음과 같이 JLabel(String text, Icon image, int align) 생성자를 사용한다. 이때 정렬 방법을 지정할 수 있다.

```
// 텍스트와 이미지 함께 표시
JLabel label4 = new JLabel("Icon with Text", icon, JLabel.CENTER);
```

참고사항: ImageIcon에 사용할 수 있는 이미지 형식

ImageIcon 클래스는 자바가 기본적으로 지원하는 이미지 파일 형식을 허용한다. 즉, JPEG(.jpg, .jpeg), PNG(.png, 투명 배경 지원), GIF(.gif, 애니메이션 제외, 첫 번째 프레임만 표시), BMP(.bmp, 플랫폼에 따라 제한적 지원) 등이 가능하다.

이미지 파일 경로는 절대 경로와 상대 경로가 모두 가능하다. 또한 유닉스 방법이나 윈도우 방법 모두 가능하다. 자바에서는 유닉스 방법을 사용하는 것이 조금 편리하다.

```
ImageIcon icon = new ImageIcon("C:/images/example.png");
```

레이블로 이미지 표시하기 예제 10-2

3개의 레이블(텍스트, 이미지, 텍스트+이미지)을 생성해서 화면에 표시해 보자. 작업 디렉터리 내부에 'images/'와 같은 디렉터리를 생성하고 이미지 파일 dog.png를 저장한다.

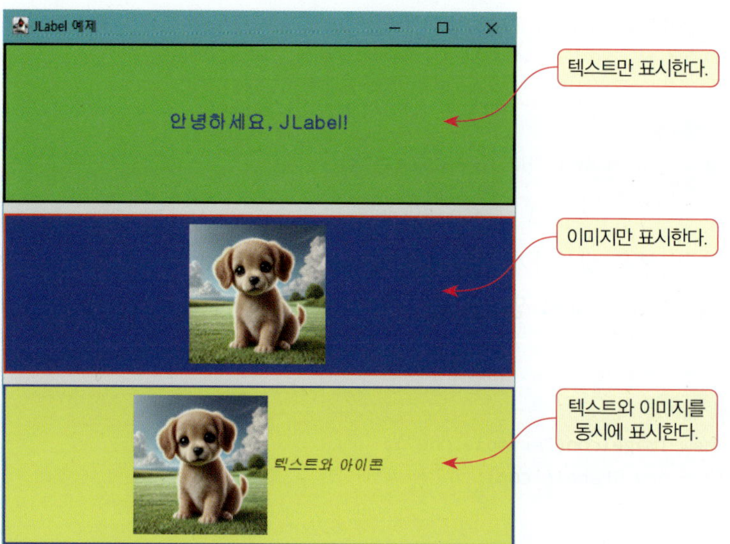

JLabelExample.java

```
import javax.swing.*;
import java.awt.*;

public class JLabelExample extends JFrame {
    public JLabelExample() {
        setTitle("JLabel 예제");
        setSize(500, 500);
        setDefaultCloseOperation(JFrame.EXIT_ON_CLOSE);
        setLayout(new GridLayout(3, 1, 10, 10));     // 행렬 배치로 각 레이블 분리

        // 텍스트만 있는 레이블
        JLabel textLabel = new JLabel("안녕하세요, JLabel!");
        textLabel.setFont(new Font("Gulim", Font.BOLD, 18)); // 폰트 설정
        textLabel.setForeground(Color.BLUE);                 // 텍스트 색상 설정
        textLabel.setOpaque(true);                           // 배경색 활성화
        textLabel.setBackground(Color.GREEN);                // 배경색 설정
        textLabel.setHorizontalAlignment(SwingConstants.CENTER);
        // 수평 중앙 정렬
        textLabel.setBorder(BorderFactory.createLineBorder(Color.BLACK, 2));
        // 테두리 설정

        // 이미지만 있는 레이블
        ImageIcon imageIcon = new ImageIcon("dog.png");  // 이미지 경로를 지정
        JLabel imageLabel = new JLabel(imageIcon);
        imageLabel.setOpaque(true);                          // 배경색 활성화
        imageLabel.setBackground(Color.BLUE);                // 배경색 설정
        imageLabel.setBorder(BorderFactory.createLineBorder(Color.RED, 2));
        // 테두리 설정
```

```

        // 텍스트와 이미지가 함께 있는 레이블
        JLabel combinedLabel = new JLabel("텍스트와 아이콘", imageIcon,
                                                   JLabel.CENTER);
        combinedLabel.setFont(new Font("Gulim", Font.ITALIC, 14)); // 폰트 설정
        combinedLabel.setHorizontalTextPosition(SwingConstants.RIGHT);
        // 텍스트를 이미지 오른쪽에 배치
        combinedLabel.setVerticalTextPosition(SwingConstants.CENTER);
        // 텍스트를 이미지 중앙에 정렬
        combinedLabel.setOpaque(true);              // 배경색 활성화
        combinedLabel.setBackground(Color.YELLOW);  // 배경색 설정
        combinedLabel.setBorder(BorderFactory.createLineBorder
                                        (Color.BLUE, 2));   // 테두리 설정

        add(textLabel);
        add(imageLabel);
        add(combinedLabel);
        setVisible(true);
    }
    public static void main(String[] args) {
        SwingUtilities.invokeLater(() -> new JLabelExample());
    }
}
```

도전문제

1 이미지가 있는 JLabel에 마우스 클릭 이벤트를 추가하여 이미지를 클릭하면 이미지가 다른 이미지로 바뀌도록 구현하시오. 클릭할 때마다 dog.png → dog2.png로 변경한다(토글 형식). 이미지 상태를 기억할 변수(boolean)를 추가하여 이미지 전환한다.

SELF TEST

1 이미지 파일을 읽어서 레이블 위에 표시하려면 어떻게 해야 하는가?

2 레이블에서 텍스트를 표시하는 폰트를 변경하려면 어떤 메소드를 사용하는가?

3 레이블에서 텍스트의 색상을 변경하려면 어떤 메소드를 사용하는가?

10.3 버튼

버튼(JButton)은 자바 스윙에서 버튼을 생성하기 위해 사용하는 클래스이다. javax.swing.JButton 패키지에 속하며, 버튼을 클릭했을 때 특정 작업을 수행하는 이벤트를 처리할 수 있

다. 버튼에는 이미지와 텍스트를 동시에 표시할 수 있다.

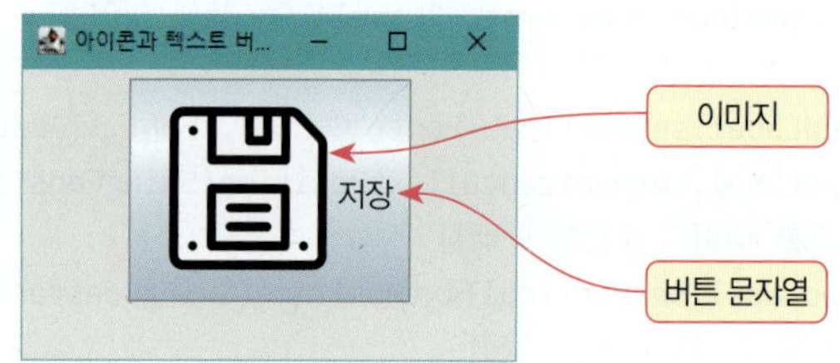

그림 10-3 버튼

JButton 클래스의 생성자

다음은 JButton 클래스의 생성자들을 정리한 표이다.

생성자	설명	예제 코드
JButton()	텍스트와 아이콘이 없는 기본 버튼 생성	JButton button = new JButton();
JButton(String text)	지정한 텍스트를 표시하는 버튼 생성	JButton button = new JButton("확인");
JButton(Icon icon)	지정한 아이콘을 표시하는 버튼 생성	JButton button = new JButton(new ImageIcon("icon.png"));
JButton(String text, Icon icon)	지정한 텍스트와 아이콘을 동시에 표시하는 버튼	JButton button = new JButton("저장", new ImageIcon("save.png"));

표 10-7 JButton 클래스의 생성자

이미지 버튼

이미지 버튼(Image Button)은 JButton을 사용하여 버튼의 텍스트 대신 이미지를 표시하거나, 이미지와 텍스트를 함께 표시한다. 이미지 버튼은 그래픽 요소를 통해 버튼의 목적을 직관적으로 전달할 수 있어, 사용자가 더 쉽게 이해하고 사용할 수 있는 GUI 요소이다. 이미지 버튼은 JButton에 Icon 객체를 설정하여 생성한다. 자주 사용하는 클래스는 javax.swing.ImageIcon이다.

```
JButton button = new JButton(new ImageIcon("icon.png"));
```

위 코드에서는 "icon.png" 파일을 버튼의 아이콘으로 설정한다.

이미지와 텍스트를 함께 사용하려면 JButton의 생성자 또는 setText()와 setIcon() 메소드를 함께 사용한다.

```
JButton button = new JButton("저장", new ImageIcon("save_icon.png"));
```

버튼에는 "저장" 텍스트와 함께 지정된 이미지를 표시한다.

배치 관리자 안에서 버튼의 정렬

버튼의 수평 정렬을 지정하려면 `setHorizontalAlignment()` 메소드를 사용한다.

- **SwingConstants.LEFT:** 버튼 내부에서 '아이콘+텍스트 묶음 전체'를 버튼의 영역 안에서 왼쪽에 배치
- **SwingConstants.RIGHT:** 버튼 내부에서 '아이콘+텍스트 묶음 전체'를 버튼의 영역 안에서 중앙에 배치 (기본값)
- **SwingConstants.CENTER:** 버튼 내부에서 '아이콘+텍스트 묶음 전체'를 버튼의 영역 안에서 오른쪽에 배치

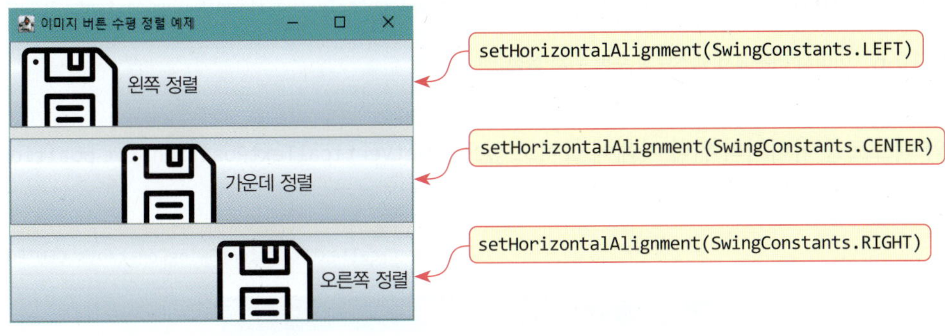

그림 10-4 버튼 수평 정렬

버튼의 수직 정렬을 지정하려면 `setVerticalAlignment()` 메소드를 사용한다.

- **SwingConstants.TOP:** 버튼 내부에서 '아이콘+텍스트 묶음 전체'를 버튼의 영역 안에서 위쪽에 배치
- **SwingConstants.BOTTOM:** 버튼 내부에서 '아이콘+텍스트 묶음 전체'를 버튼의 영역 안에서 중앙에 배치 (기본값)
- **SwingConstants.CENTER:** 버튼 내부에서 '아이콘+텍스트 묶음 전체'를 버튼의 영역 안에서 오른쪽에 배치

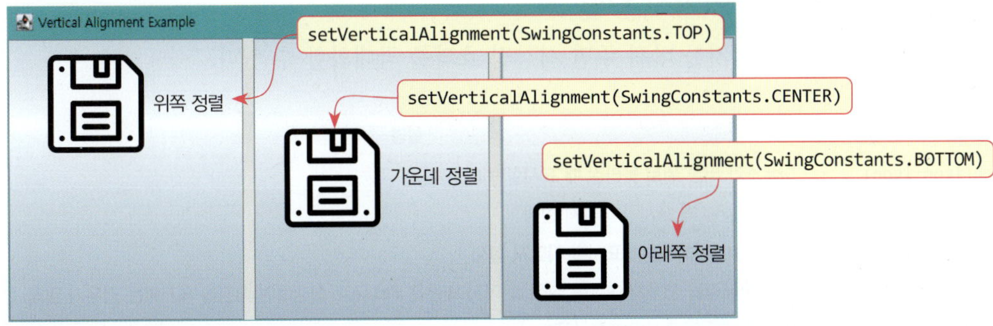

그림 10-5 버튼 수직 정렬

이미지 버튼에서 텍스트의 위치

버튼 안에서 텍스트를 이미지의 왼쪽이나 오른쪽에 붙이고 싶으면 setHorizontalTextPosition(int position) 메소드를 사용한다. 이 메소드는 텍스트의 수평 위치를 이미지 기준으로 설정한다.

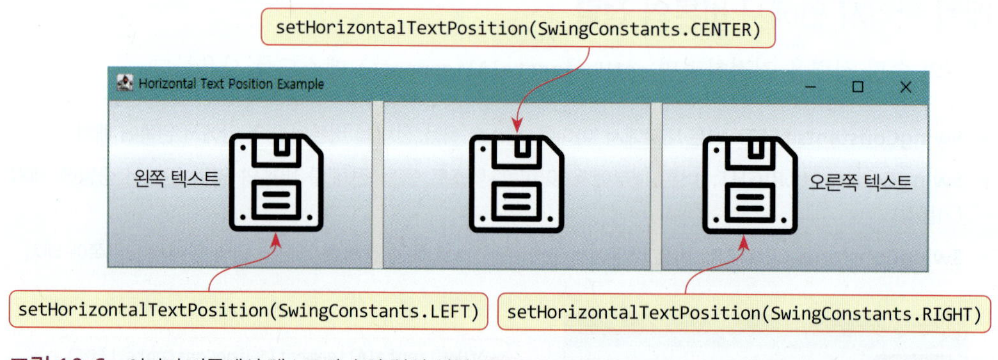

그림 10-6 이미지 버튼에서 텍스트의 수평 위치 설정

만약 텍스트를 이미지의 위나 아래에 붙이고 싶으면 setVerticalTextPosition(int position) 메소드를 사용한다.

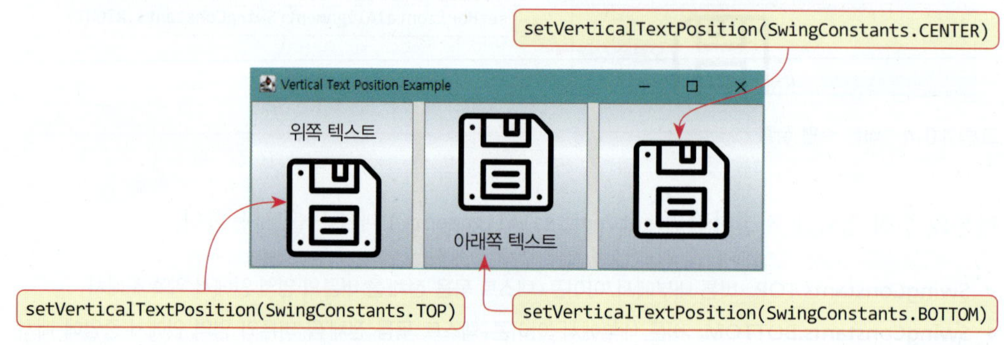

그림 10-7 이미지 버튼에서 텍스트의 수직 위치 설정

버튼의 상태에 따라 이미지 변경

버튼의 상태에 따라 이미지를 바꿔 주면 시각적 효과를 극대화할 수 있다.

메소드	설명
setRolloverIcon(Icon icon)	마우스가 버튼 위로 올라갈 때 표시할 이미지 설정
setPressedIcon(Icon icon)	버튼이 눌릴 때 표시할 이미지 설정
setDisabledIcon(Icon icon)	버튼이 비활성화될 때 표시할 이미지 설정
setContentAreaFilled(boolean)	버튼의 배경을 채울지 여부를 설정. 이미지 버튼은 false로 설정하여 배경을 제거하는 경우가 많음.
setBorderPainted(boolean)	버튼의 테두리 표시 여부를 설정

표 10-8 JButton 클래스의 이미지 변경 메소드

다음과 같이 메소드를 호출한다.

```
JButton button = new JButton(new ImageIcon("images/default_icon.png"));
button.setRolloverIcon(new ImageIcon("images/hover_icon.png"));
// 마우스를 올렸을 때 이미지
button.setPressedIcon(new ImageIcon("images/pressed_icon.png"));
// 버튼이 눌렸을 때 이미지
```

이미지 버튼 만들기 예제 10-3

다음과 같이 버튼 위에 마우스를 올려서 호버링하거나, 버튼을 클릭하여 버튼의 이미지를 바꾸는 예제를 실습해 보자.

ImageButtonExample.java

```
import javax.swing.*;
import java.awt.event.*;

public class ImageButtonExample extends JFrame {
    public ImageButtonExample() {
        setTitle("이미지 버튼 예제");
        setDefaultCloseOperation(JFrame.EXIT_ON_CLOSE);
        setSize(300, 200);

        // 이미지 버튼 생성
        JButton button = new JButton
                                    (new ImageIcon("images/default_icon.png"));
        button.setRolloverIcon(new ImageIcon("images/hover_icon.png"));
        // 마우스를 올렸을 때 이미지
        button.setPressedIcon(new ImageIcon("images/pressed_icon.png"));
        // 버튼이 눌렸을 때 이미지
        add(button);
        setVisible(true);
    }
    public static void main(String[] args) {
        SwingUtilities.invokeLater(() -> new ImageButtonExample());
    }
}
```

도전문제

1 3개의 이미지 버튼을 만들고, 사용자에게 "강아지를 고르세요!"라는 질문을 보여준다. 각 버튼에는 다른 동물 이미지가 들어 있으며, 클릭한 버튼이 강아지일 경우 "정답입니다!" 메시지를, 다른 동물일 경우 "틀렸습니다!" 메시지를 출력하시오. 동물 이미지 3종을 준비한다(예: dog.png, cat.png, rabbit.png).

SELF TEST

1 버튼에 표시될 텍스트를 설정하는 메소드는 ________이다.

2 버튼의 아이콘을 설정하는 메소드는 ________이다.

10.4 체크 박스

체크 박스(Check Box)란 사용자가 클릭해서 "체크!"하거나 "체크 안 해!"를 선택할 수 있는 단순하면서도 유용한 컨트롤이다. 이 친구는 YES와 NO 중 하나를 선택하도록 사용자에게 묻는 일을 주로 맡고 있다. 말하자면, "할 거야? 말 거야?"라고 다정하게 물어보는 그런 존재이다. 물론, 어떤 것을 선택해도 아무 말 없이 받아준다. 그림 10-8은 3개의 체크 박스를 가진 애플리케이션이다. "이 중에서 네가 원하는 것을 골라봐!"하고 기다리고 있다.

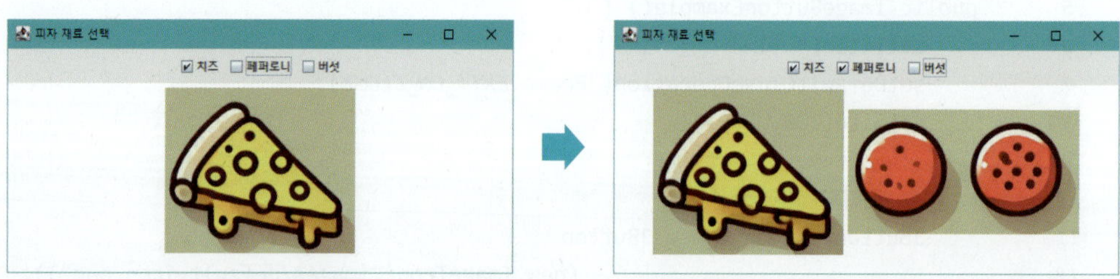

그림 10-8 체크 박스

JCheckBox 클래스의 생성자

다음은 JCheckBox 클래스의 주요 생성자를 정리한 표이다.

생성자	설명
JCheckBox()	텍스트와 아이콘이 없는 기본 체크 박스 생성
JCheckBox(String text)	지정된 텍스트를 가진 체크 박스 생성
JCheckBox(String text, boolean selected)	지정된 텍스트와 초기 선택 상태(true 또는 false)를 가진 체크 박스 생성
JCheckBox(String text, Icon icon)	지정된 텍스트와 아이콘을 가진 체크 박스 생성
JCheckBox(String text, Icon icon, boolean selected)	지정된 텍스트, 아이콘, 초기 선택 상태를 가진 체크 박스 생성

표 10-9 JCheckBox 클래스의 생성자

체크 박스를 생성하기 위해 JCheckBox 클래스를 사용한다. 체크 박스는 다음과 같이 생성한다.

```
onion = new JCheckBox("양파");
cheese = new JCheckBox("치즈", true);
onion.setSelected(true);
```

만약 생성자에서 초기 상태를 주지 않으면 체크하지 않은 체크 박스가 생성된다. 체크한 상태를 원하면 두 번째 매개변수를 'true'로 주면 된다. 체크 박스를 강제적으로 true나 false로 설정하려면 setSelected() 메소드를 사용한다.

이미지 체크 박스

이미지 체크 박스는 JCheckBox에 아이콘을 사용하여 기본 체크 박스의 시각적인 디자인을 커스터마이징한 형태이다. 체크 박스의 상태(기본, 선택, 비활성화)에 따라 서로 다른 아이콘을 표시함으로써, 사용자 인터페이스를 보다 직관적, 시각적, 매력적으로 만들 수 있다.

```
// 이미지 체크 박스 생성
JCheckBox imageCheckBox = new JCheckBox();
// 상태별 아이콘 설정
imageCheckBox.setIcon(new ImageIcon("unchecked.png"));          // 기본 상태
imageCheckBox.setSelectedIcon(new ImageIcon("checked.png"));     // 선택 상태
imageCheckBox.setDisabledIcon(new ImageIcon("disabled.png"));    // 비활성화 상태
imageCheckBox.setDisabledSelectedIcon(new ImageIcon("disabled_checked.png"));
```

예제 10-4 체크 박스 사용하기

아래와 같은 3개의 체크 박스를 가지는 프로그램을 작성해 보자.

PizzaFrame.java

```
import javax.swing.*;
import java.awt.*;
import java.awt.event.*;

public class PizzaFrame extends JFrame {
    private JCheckBox cheese;                    // 체크 박스
    private JCheckBox pepperoni;
    private JCheckBox mushrooms;

    private JPanel toppingsPanel;                // 재료 이미지 표시 패널

    public PizzaFrame() {
        setTitle("피자 재료 선택");
        setDefaultCloseOperation(JFrame.EXIT_ON_CLOSE);
        setSize(500, 500);
        setLayout(new BorderLayout());

        // 체크 박스 패널
        JPanel checkBoxPanel = new JPanel();
        checkBoxPanel.setLayout(new FlowLayout());

        // 체크 박스 초기화
        cheese = new JCheckBox("치즈");
        pepperoni = new JCheckBox("페퍼로니");
        mushrooms = new JCheckBox("버섯");

        // 체크 박스 이벤트 처리
        ActionListener listener = e -> updateToppings();
        cheese.addActionListener(listener);
        pepperoni.addActionListener(listener);
        mushrooms.addActionListener(listener);

        // 체크 박스 패널에 추가
        checkBoxPanel.add(cheese);
```

```
        checkBoxPanel.add(pepperoni);
        checkBoxPanel.add(mushrooms);

        // 재료 이미지 패널
        toppingsPanel = new JPanel();
        toppingsPanel.setLayout(new FlowLayout());
        toppingsPanel.setPreferredSize(new Dimension(500, 300));
        toppingsPanel.setBackground(Color.WHITE);    // 배경을 흰색으로 설정

        add(checkBoxPanel, BorderLayout.NORTH);
        add(toppingsPanel, BorderLayout.CENTER);
        setVisible(true);
    }

    // 재료 이미지 업데이트 메소드
    private void updateToppings() {
        toppingsPanel.removeAll();                         // 기존 이미지 제거

        if (cheese.isSelected()) {             // 선택된 재료에 따라 이미지 추가
            JLabel cheeseLabel = new JLabel(new ImageIcon
                                              ("images/cheese.png"));
            toppingsPanel.add(cheeseLabel);
        }
        if (pepperoni.isSelected()) {
            JLabel pepperoniLabel = new JLabel(new ImageIcon
                                           ("images/pepperoni.png"));
            toppingsPanel.add(pepperoniLabel);
        }
        if (mushrooms.isSelected()) {
            JLabel mushroomLabel = new JLabel(new ImageIcon
                                            ("images/mushroom.png"));
            toppingsPanel.add(mushroomLabel);
        }
        toppingsPanel.revalidate();                        // 패널 새로고침
        toppingsPanel.repaint();
    }
    public static void main(String[] args) {
        SwingUtilities.invokeLater(() -> new PizzaFrame());
    }
}
```

도전문제

1 사용자가 한 번의 클릭으로 모든 토핑을 선택하거나 해제할 수 있도록 전체 선택 체크 박스를 추가하시오. 전체 선택 시 3가지 재료가 모두 선택되고, 다시 클릭하면 모두 해제된다.

체크 박스의 이벤트 처리

체크 박스의 이벤트 처리는 사용자가 체크 박스를 선택하거나 해제했을 때 이를 감지하고, 그에 따른 동작을 수행하는 방법이다. 이를 위해 리스너를 추가하여 이벤트를 처리할 수 있다. 체크 박스에서는 2가지의 종류의 이벤트가 발생한다.

- **ActionListener:** 체크 박스를 클릭하여 상태가 변경될 때 실행된다. 가장 일반적으로 사용되는 리스너이다.
- **ItemListener:** 체크 박스의 선택 상태(선택, 해제)를 감지한다. ItemEvent를 통해 상태를 세밀하게 확인할 수 있다.

액션 이벤트를 사용하는 방법은 앞의 예제에서 다루어 보았다. 여기서는 Item 이벤트를 처리하는 방법을 학습해본다. ItemListener는 체크 박스, 라디오 버튼, 콤보 박스 등 선택 가능한 항목의 상태 변화(선택, 해제)를 감지하고 처리할 때 사용하는 리스너 인터페이스이다. 체크 박스에 ItemListener를 추가하려면 다음과 같은 문장을 사용한다.

```
checkbox.addItemListener(new MyItemListener());
```

ItemListener는 단 하나의 메소드만 구현하면 된다.

```
void itemStateChanged(ItemEvent e);
```

itemStateChanged(ItemEvent e) 안에서는 이벤트 객체의 getStateChange() 메소드를 호출하여서 SELECTED인지 DESELECTED인지를 구별한다.

```
// ItemListener 추가
    checkBox.addItemListener(e -> {
        if (e.getStateChange() == ItemEvent.SELECTED) {
            System.out.println("옵션 1이 선택되었습니다.");
        } else if (e.getStateChange() == ItemEvent.DESELECTED) {
            System.out.println("옵션 1이 해제되었습니다.");
        }
    });
```

예제 10-5 피자 가격 계산하기

피자 가격 계산기를 만들어 보자. 각 체크 박스는 피자 토핑(치즈, 페퍼로니, 버섯)을 나타내며, 선택된 토핑에 따라 피자의 총 가격을 계산하고 표시한다. 아무것도 올려져 있지 않은 피자는 10,000원이라고 가정한다.

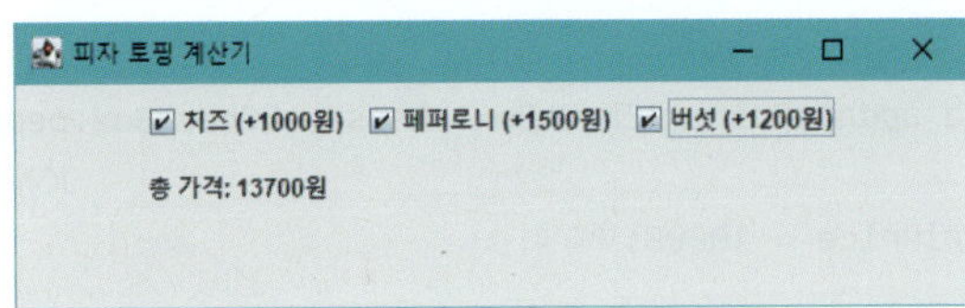

PizzaToppingCalculator.java

```
import javax.swing.*;
import java.awt.*;
import java.awt.event.*;

public class PizzaToppingCalculator extends JFrame {
    private JLabel priceLabel;                // 총 가격을 표시할 라벨

    public PizzaToppingCalculator() {
        // 프레임 기본 설정
        setTitle("피자 토핑 계산기");
        setDefaultCloseOperation(JFrame.EXIT_ON_CLOSE);
        setSize(500, 150);
        setLayout(new FlowLayout());

        // 체크 박스 생성
        JCheckBox cheeseCheckBox = new JCheckBox("치즈 (+1000원)");
        JCheckBox pepperoniCheckBox = new JCheckBox("페퍼로니 (+1500원)");
        JCheckBox mushroomCheckBox = new JCheckBox("버섯 (+1200원)");

        // 가격 표시 라벨
        priceLabel = new JLabel("총 가격: 10000원");
        priceLabel.setPreferredSize(new Dimension(350, 30));  // 라벨 크기 설정

        // 공통 ItemListener 생성
        ItemListener listener = e -> updatePrice(cheeseCheckBox,
                                            pepperoniCheckBox, mushroomCheckBox);

        // 리스너 추가
        cheeseCheckBox.addItemListener(listener);
        pepperoniCheckBox.addItemListener(listener);
        mushroomCheckBox.addItemListener(listener);

        // 프레임에 컴포넌트 추가
        add(cheeseCheckBox);
        add(pepperoniCheckBox);
        add(mushroomCheckBox);
        add(priceLabel);  // 가격 표시 라벨 추가
        setVisible(true);
    }
```

```
    // 가격 계산 및 업데이트 메소드
    private void updatePrice(JCheckBox cheese, JCheckBox pepperoni,
                                                JCheckBox mushroom) {
        int totalPrice = 10000;

        if (cheese.isSelected()) totalPrice += 1000;
        if (pepperoni.isSelected()) totalPrice += 1500;
        if (mushroom.isSelected()) totalPrice += 1200;

        priceLabel.setText("총 가격: " + totalPrice + "원");
    }
    public static void main(String[] args) {
        SwingUtilities.invokeLater(() -> new PizzaToppingCalculator());
    }
}
```

도전문제

1 각 토핑을 체크하는 대신, 사용자가 원하는 개수만큼 토핑을 선택할 수 있도록 각 항목 옆에 버튼을 배치하고, 선택된 개수에 따라 총 가격을 계산하도록 구현하시오. 기본 피자 가격은 여전히 10,000원이고 다음과 같은 단가로 토핑 가격을 계산한다.

- 치즈 1개당 1,000원
- 페퍼로니 1개당 1,500원
- 버섯 1개당 1,200원

SELF TEST

1 체크박스의 선택 여부를 확인하는 메소드는 ________이다.

2 체크박스를 선택 상태로 만들기 위해 사용하는 메소드는 ________이다.

3 체크박스의 선택 이벤트를 처리할 때 주로 사용하는 리스너 인터페이스는 ________이다.

4 체크박스의 선택 상태가 바뀔 때마다 발생하는 이벤트 객체의 클래스 이름은 ________이다.

10.5 라디오 버튼

라디오 버튼(Radio Button)은 체크 박스와 닮았지만, "하나만 선택하세요!"라고 주장하는 독특한 친구이다. 같은 그룹 안에서는 반드시 하나만 선택할 수 있는 규칙을 철저히 지킨다. 그래서 그룹 내에서 다른 버튼을 클릭하면, 이전에 선택된 버튼은 얌전히 자리에서 내려온다. 이름이 왜 라디오 버튼일까? 그 이유는 바로 옛날 자동차 라디오에서 영감을 받았기 때문이다. 라디오에서 주파수를 고를 때, 하나의 채널을 선택하면 다른 채널은 자동으로 해제되던 그 방식을 그대로 따랐다. 말하자면, "하나만 골라, 욕심부리지 마!"라는 정신이 깃들어 있다.

라디오 버튼은 중요한 선택이 필요한 순간에 빛을 발한다. "커피 마실래? 차 마실래?" 같은 질문에 대답해야 할 때, 더는 고민하지 말고 라디오 버튼에게 선택의 순간을 맡겨보자. 깔끔하고 확실하게 하나만 고를 수 있도록 도와줄 것이다.

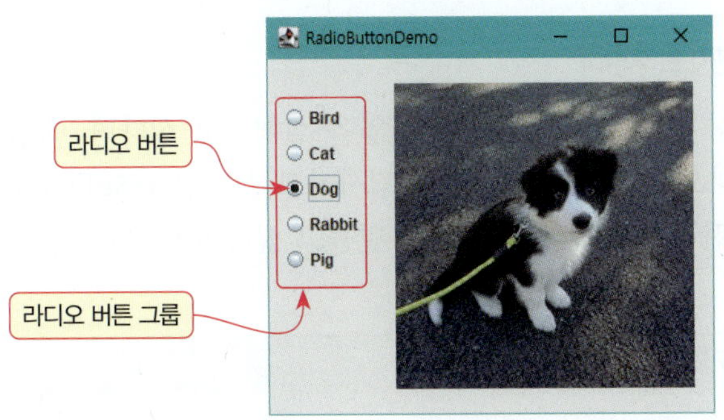

그림 10-9 라디오 버튼

JRadioButton 클래스의 생성자

다음은 JRadioButton 클래스의 생성자를 정리한 표이다.

생성자	설명
JRadioButton()	비어 있는 라디오 버튼 생성
JRadioButton(String text)	버튼에 표시할 **텍스트**를 지정하여 생성
JRadioButton(String text, boolean selected)	버튼에 표시할 **텍스트**와 **초기 선택 여부**를 지정하여 생성
JRadioButton(Icon icon)	버튼에 사용할 **아이콘**을 지정하여 생성
JRadioButton(Icon icon, boolean selected)	버튼에 사용할 **아이콘**과 **초기 선택 여부**를 지정하여 생성
JRadioButton(String text, Icon icon)	버튼에 표시할 **텍스트**와 사용할 **아이콘**을 지정하여 생성

표 10-10 JRadioButton 클래스의 생성자

라디오 버튼 그룹

라디오 버튼을 만들기 위해 2개의 클래스를 사용한다. 하나는 JRadionButton 클래스로 라디오 버튼을 생성하는 데 사용한다. 또 하나는 ButtonGroup 클래스로 버튼들을 그룹핑하는 데 사용한다. 동일한 그룹에 속한 라디오 버튼이라면 그중에서 하나만 선택할 수 있다.

```
ButtonGroup group = new ButtonGroup();

JRadioButton radio1 = new JRadioButton("Small Size");
JRadioButton radio2 = new JRadioButton("Medium Size");
JRadioButton radio3 = new JRadioButton("Large Size");
```

ButtonGroup 객체를 생성한다.

라디오 버튼들을 ButtonGroup 객체에 추가한다.

```
group.add(radio1);
group.add(radio2);
group.add(radio3);
```

라디오 버튼 이벤트 처리

만약 라디오 버튼을 누르는 순간에 어떤 작업을 실행하고 싶다면, 액션 이벤트를 처리하면 된다. 코드에서 라디오 버튼이 눌렸는지를 검사하고 싶다면 `isSelected()` 메소드를 사용한다. 만약 강제로 어떤 버튼을 선택된 상태로 만들고 싶다면 `doClick()` 메소드를 사용한다.

예제 10-6 커피 주문 화면 만들기

커피의 크기를 선택하는 다음과 같은 화면을 라디오 버튼을 이용하여 만들어 보자.

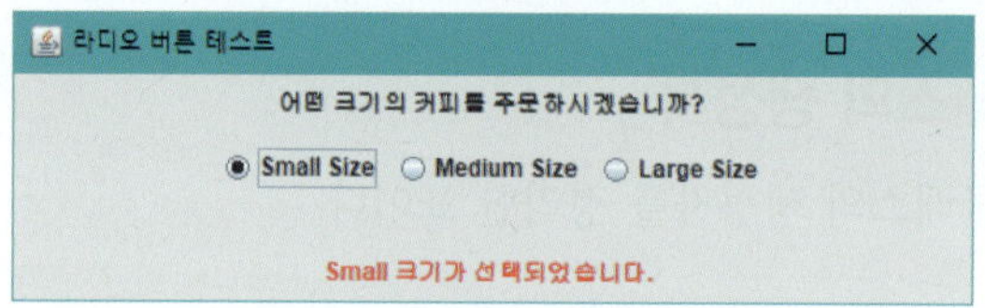

RadioButtonFrame.java

```
import java.awt.*;
import java.awt.event.*;
import javax.swing.*;

public class RadioButtonFrame extends JFrame implements ActionListener {
    private JRadioButton small, medium, large;
    private JLabel text;
    private JPanel topPanel, sizePanel, resultPanel;

    public RadioButtonFrame() {
        setTitle("라디오 버튼 테스트");
        setSize(500, 150);

        topPanel = new JPanel();
        topPanel.add(new JLabel("어떤 크기의 커피를 주문하시겠습니까?"));

        add(topPanel, BorderLayout.NORTH);

        sizePanel = new JPanel();
        small = new JRadioButton("Small Size");
        medium = new JRadioButton("Medium Size");
        large = new JRadioButton("Large Size");

```

라디오 버튼 생성

```
        ButtonGroup size = new ButtonGroup();

        size.add(small);
        size.add(medium);
        size.add(large);
        small.addActionListener(this);
        medium.addActionListener(this);
        large.addActionListener(this);
        sizePanel.add(small);
        sizePanel.add(medium);
        sizePanel.add(large);

        add(sizePanel, BorderLayout.CENTER);

        resultPanel = new JPanel();
        text = new JLabel("크기가 선택되지 않았습니다.");
        text.setForeground(Color.RED);

        resultPanel.add(text);
        add(resultPanel, BorderLayout.SOUTH);
        setVisible(true);
    }

    public void actionPerformed(ActionEvent e) {
        if (e.getSource() == small) {
            text.setText("Small 크기가 선택되었습니다.");
        }
        if (e.getSource() == medium) {
            text.setText("Medium 크기가 선택되었습니다.");
        }
        if (e.getSource() == large) {
            text.setText("Large 크기가 선택되었습니다.");
        }
    }

    public static void main(String[] args) {
        SwingUtilities.invokeLater(() -> new RadioButtonFrame());
    }
}
```

버튼 그룹을 생성하고 여기에 라디오 버튼을 추가한다.

버튼에 액션 리스너를 등록한다.

라디오 버튼을 누르면 호출된다. 레이블에 선택 결과를 출력한다.

도전문제

1 각 커피 크기별로 가격이 다르다고 가정하고, 크기를 선택할 때마다 해당 가격도 함께 출력하시오. 다음 가격을 적용한다.

- **Small:** 3,000원
- **Medium:** 3,500원
- **Large:** 4,000원

경계 만들기

경계(border)란 시각적으로 컴포넌트들을 그룹핑할 때 사용하는 장식적인 요소이다. 일반적으로 체크 박스나 라디오 버튼을 그룹핑할 때 함께 사용한다. 패널에 경계를 설정하면 패널에 추가되는 컴포넌트들은 경계 안에 보이게 된다. 경계 객체인 Border를 생성하기 위해서는 BorderFactory 클래스의 정적 메소드를 사용한다. 경계가 생성되면 이 경계 객체를 패널의 setBorder() 메소드를 이용하여 패널에 부착하면 된다. 앞의 라디오 버튼 예제에 경계를 생성하려면 Border 객체를 생성하고 sizePanel에 경계를 설정하여야 한다.

```
Border border = BorderFactory.createTitledBorder("크기");
sizePanel.setBorder(border);
```

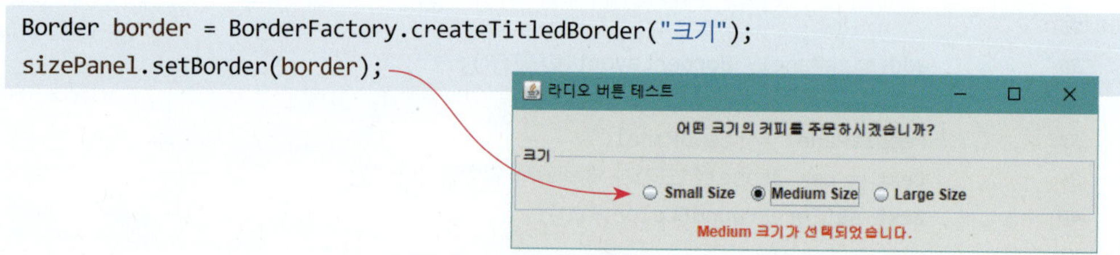

예제 10-7 동물 이미지 표시하기

이 예제는 JRadioButton을 사용해 사용자가 선택한 동물에 따라 중앙에 표시되는 이미지를 바꾸는 프로그램이다. 라디오 버튼을 그룹으로 묶고, ActionListener를 통해 이미지 변경까지 구현된 구조이다.

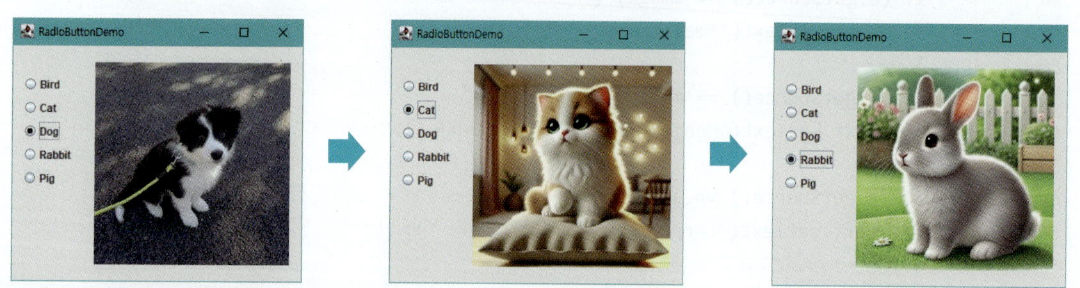

RadioButtonDemo.java

```
import javax.swing.*;
import java.awt.*;
import java.awt.event.*;

public class RadioButtonDemo extends JFrame {
    private JLabel imageLabel;              // 이미지를 표시할 라벨

    public RadioButtonDemo() {
        // 프레임 기본 설정
        setTitle("RadioButtonDemo");
        setDefaultCloseOperation(JFrame.EXIT_ON_CLOSE);
```

```
        setSize(350, 300);
        setLayout(new BorderLayout());

        // 라디오 버튼 생성
        JRadioButton birdButton = new JRadioButton("Bird");
        JRadioButton catButton = new JRadioButton("Cat");
        JRadioButton dogButton = new JRadioButton("Dog");
        JRadioButton rabbitButton = new JRadioButton("Rabbit");
        JRadioButton pigButton = new JRadioButton("Pig");

        // 버튼 그룹 생성
        ButtonGroup group = new ButtonGroup();
        group.add(birdButton);
        group.add(catButton);
        group.add(dogButton);
        group.add(rabbitButton);
        group.add(pigButton);

        // 라디오 버튼들을 담을 패널 생성
        JPanel buttonPanel = new JPanel();
        buttonPanel.setLayout(new BoxLayout(buttonPanel, BoxLayout.Y_AXIS));
        // 수직으로 버튼 배치
        buttonPanel.add(birdButton);
        buttonPanel.add(catButton);
        buttonPanel.add(dogButton);
        buttonPanel.add(rabbitButton);
        buttonPanel.add(pigButton);

        // 패널에 여백 추가
        buttonPanel.setBorder
                        (BorderFactory.createEmptyBorder(30, 10, 10, 10));
        // 위쪽 여백 20, 나머지 10

        // 이미지 라벨 초기화
        imageLabel = new JLabel();
        imageLabel.setHorizontalAlignment(SwingConstants.CENTER);

        // 기본 이미지를 설정
        ImageIcon defaultImage = new ImageIcon("images/bird.jpg");
        // "bird.jpg"는 기본 이미지 경로
        imageLabel.setIcon(defaultImage);

        // 이벤트 처리
        ActionListener listener = e -> {
            if (birdButton.isSelected()) {
                imageLabel.setIcon(new ImageIcon("images/bird.jpg"));
```

```
                // Bird 이미지 경로
            } else if (catButton.isSelected()) {
                imageLabel.setIcon(new ImageIcon("images/cat.jpg"));
                // Cat 이미지 경로
            } else if (dogButton.isSelected()) {
                imageLabel.setIcon(new ImageIcon("images/dog.jpg"));
                // Dog 이미지 경로
            } else if (rabbitButton.isSelected()) {
                imageLabel.setIcon(new ImageIcon("images/rabbit.jpg"));
                // Rabbit 이미지 경로
            } else if (pigButton.isSelected()) {
                imageLabel.setIcon(new ImageIcon("images/pig.jpg"));
                // Pig 이미지 경로
            }
        };

        // 각 라디오 버튼에 이벤트 리스너 추가
        birdButton.addActionListener(listener);
        catButton.addActionListener(listener);
        dogButton.addActionListener(listener);
        rabbitButton.addActionListener(listener);
        pigButton.addActionListener(listener);

        // 프레임에 컴포넌트 추가
        add(buttonPanel, BorderLayout.WEST);      // 버튼 패널을 왼쪽에 배치
        add(imageLabel, BorderLayout.CENTER);     // 이미지를 가운데에 배치
        setVisible(true);
    }
    public static void main(String[] args) {
        SwingUtilities.invokeLater(() -> new RadioButtonDemo());
    }
}
```

도전문제

1 동물 이미지를 선택하면, 해당 동물의 이름뿐 아니라 간단한 설명 텍스트도 함께 나타나도록 구현하시오. 이미지를 표시하는 `imageLabel` 아래에 `JLabel descriptionLabel`을 새로 추가한다. 사용자가 동물을 선택하면, 이미지뿐 아니라 아래 텍스트도 변경되도록 구현한다. 아래는 각 동물의 예시 설명이다.

- **Bird:** "작은 날개로 하늘을 나는 새입니다."
- **Cat:** "도도하고 귀여운 고양이입니다."
- **Dog:** "충성스러운 강아지입니다."
- **Rabbit:** "귀가 긴 귀여운 토끼입니다."
- **Pig:** "핑크빛 사랑스러운 돼지입니다."

SELF TEST

1 여러 개의 버튼 중에서 하나만 선택되도록 하기 위해 사용하는 클래스는 ________이다.

2 라디오 버튼의 선택 여부를 확인하는 메소드는 ________이다.

3 라디오 버튼을 선택 상태로 설정하는 메소드는 ________이다.

4 라디오 버튼의 선택 상태가 바뀔 때 주로 발생하는 이벤트 객체는 ________이다.

10.6 텍스트 필드

JTextField 클래스는 한 줄짜리 텍스트 창을 만드는 데 사용한다. 이 창은 단순하지만, 은근히 강력한 능력을 가지고 있다. 창 안에서 문자열을 선택할 수 있고, 복사하고, 잘라내고, 붙여넣기까지 자유자재로 할 수 있다. JTextField 클래스는 두 명의 자식 클래스를 데리고 있는데, 각각 독특한 성격을 가지고 있다.

- **JPasswordField:** 이 친구는 비밀을 지키는 데 특화된 컴포넌트이다. 패스워드 입력창처럼, 사용자가 입력한 내용을 절대 노출하지 않는다. 입력값 대신 '••••' 같은 가려진 문자를 보여준다.
- **JFormattedTextField:** 이 친구는 조금 까다롭다. "아무거나 입력하지 마! 내가 허용한 문자만 입력해!"라는 태도로 사용자의 입력을 제한한다. 포맷이 필요한 데이터 입력(예: 날짜, 숫자)에서는 아주 믿음직스러운 조력자이다.

JTextField: 김철수
JPasswordField: ••••
JFormattedTextField: 2009. 3. 7

JTextField 클래스의 생성자

다음은 JTextField 클래스의 생성자를 정리한 표이다.

생성자	설명
JTextField()	빈 텍스트 필드를 생성한다.
JTextField(int columns)	지정된 열의 수(columns)를 가지는 빈 텍스트 필드를 생성한다.
JTextField(String text)	지정된 초기 텍스트(text)를 포함한 텍스트 필드를 생성한다.
JTextField(String text, int columns)	지정된 초기 텍스트(text)와 열의 수(columns)를 가지는 텍스트 필드를 생성한다.

표 10-11 JTextField 클래스의 생성자

텍스트 필드를 생성하려면 다음과 같은 문장들을 사용한다.

```
JTextField tf = new JTextField(30);      // 30자 크기의 텍스트 필드를 만든다.
tf.setText("아이디를 입력하시오.");       // 텍스트 필드의 텍스트를 설정한다.
System.out.println(tf.getText());        // 텍스트 필드의 텍스트를 가져온다.
```

텍스트 필드가 사용자로부터 입력을 받을 수 있으려면 키보드 포커스를 가지고 있어야 하기 때문에 requestFocus() 메소드를 호출한다.

```
tf.requestFocus();
```

텍스트 필드에 입력한 후에 [Enter] 키를 누르면 액션 이벤트가 발생한다. 액션 리스너를 정의하고 actionPerformed() 메소드에서 액션 이벤트를 처리하면 된다.

JTextField 클래스의 주요 메소드

다음은 JTextField 클래스의 주요 메소드를 정리한 표이다.

메소드	설명
setText(String text)	텍스트 필드에 문자열 설정
getText()	현재 입력된 문자열을 반환
setEditable(boolean b)	텍스트 필드의 수정 가능 여부를 설정 (true: 수정 가능, false: 읽기 전용)
isEditable()	텍스트 필드의 수정 가능 여부를 반환
setColumns(int columns)	텍스트 필드의 컬럼 수(기본 크기)를 설정
getColumns()	설정된 컬럼 수를 반환
setHorizontalAlignment(int alignment)	텍스트 정렬 설정 (JTextField.LEFT, JTextField.CENTER, JTextField.RIGHT)
getHorizontalAlignment()	현재 설정된 텍스트 정렬 값을 반환
addActionListener(ActionListener l)	[Enter] 키 입력 시 실행할 액션 리스너 추가
removeActionListener(ActionListener l)	설정된 액션 리스너 제거
setFont(Font font)	텍스트 필드의 글꼴 설정
setForeground(Color c)	텍스트 색상 설정
setBackground(Color c)	배경 색상 설정
setToolTipText(String text)	마우스 오버 시 표시할 툴팁 설정
setEnabled(boolean b)	텍스트 필드를 활성화 또는 비활성화
isEnabled()	텍스트 필드의 활성화 여부를 반환
requestFocus()	텍스트 필드에 포커스 설정
selectAll()	텍스트 필드의 모든 텍스트를 선택
setCaretPosition(int position)	커서(캐럿)의 위치 설정
getCaretPosition()	현재 커서의 위치를 반환
setDocument(Document doc)	텍스트 필드에서 사용할 문서 모델 설정
getDocument()	현재 설정된 문서 모델을 반환

표 10-12 JTextField 클래스의 주요 메소드

주요 메소드들을 사용하는 간단한 예제는 다음과 같다.

```
JTextField textField = new JTextField(20);

textField.setText("Hello World");                          // 텍스트를 설정
System.out.println("Text: " + textField.getText());        // 텍스트를 가져옴
textField.setEditable(false);                         // 텍스트 필드를 편집 불가능하도록 설정
textField.setHorizontalAlignment(JTextField.CENTER);       // 텍스트를 가운데 정렬
textField.setToolTipText("이곳에 이름을 입력하세요!");         // 툴팁 설정
```

아이디와 패스워드 입력받기 예제 10-8

우리는 예제 8-5에서 이미 간단한 로그인 윈도우를 만들어 보았다. 하지만 그때는 이벤트 처리를 하지 않고 단순히 외관만 만들어 보았다. 이번 예제에서는 아이디와 패스워드를 입력받아서 처리해 보자. 사용자가 아이디와 패스워드를 입력하고 '로그인' 버튼을 클릭하면 입력값을 출력하거나, 간단한 조건으로 인증 결과를 출력하도록 구현한다. 패스워드 필드는 용어 그대로 암호를 입력받을 때 사용한다. 패스워드 필드에 사용자가 암호를 입력하면 글자들이 모두 * 문자로 표시된다. 패스워드 필드를 사용하여서 다음과 같은 로그인 윈도우를 만들어 보자.

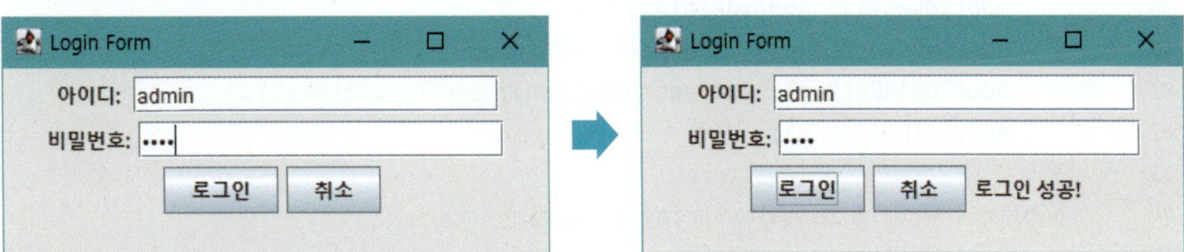

LoginForm.java

```java
import javax.swing.*;
import java.awt.*;
import java.awt.event.*;

public class LoginForm extends JFrame {
    public LoginForm() {
        setTitle("Login Form");
        setDefaultCloseOperation(JFrame.EXIT_ON_CLOSE);
        setSize(350, 150);
        setLayout(new FlowLayout());

        // 컴포넌트 생성
        JLabel idLabel = new JLabel(" 아이디: ");
        JLabel passwordLabel = new JLabel("비밀번호:");
        JTextField idField = new JTextField(20);            // 아이디 입력 필드
        JPasswordField passwordField = new JPasswordField(20);
```

```
        // 비밀번호 입력 필드
        JButton loginButton = new JButton("로그인");
        JButton cancelButton = new JButton("취소");
        JLabel resultLabel = new JLabel();                  // 결과 표시 라벨

        // 로그인 버튼 클릭 이벤트 처리
        loginButton.addActionListener(new ActionListener() {
            @Override
            public void actionPerformed(ActionEvent e) {
                String id = idField.getText();
                String password = new String(passwordField.getPassword());
                // 비밀번호는 char[]로 반환되므로 String으로 변환

                // 간단한 인증 로직
                if (id.equals("admin") && password.equals("1234")) {
                    resultLabel.setText("로그인 성공!");
                } else {
                    resultLabel.setText("로그인 실패!");
                }
            }
        });

        add(idLabel); add(idField);
        add(passwordLabel); add(passwordField);
        add(loginButton); add(cancelButton); add(resultLabel);
        setVisible(true);
    }
    public static void main(String[] args) {
        SwingUtilities.invokeLater(()-> new LoginForm());
    }
}
```

도전문제

1. 보다 정교한 배치 관리자를 사용하는 코드로 수정하시오.
2. 회원 가입 버튼을 추가하고, 이 버튼을 누르면 ArrayList에 아이디와 패스워드를 저장하시오.
3. '로그인' 버튼을 누르면 ArrayList에 저장한 정보를 탐색해서 "로그인 성공"이나 "로그인 실패"와 같은 메시지를 화면에 출력하시오.

SELF TEST

1 JPasswordField에서 입력된 비밀번호를 문자열로 가져오기 위해 사용하는 메소드는?

2 텍스트 필드의 문자열을 새 값으로 바꾸는 메소드는 ________이다.

3 텍스트 필드에서 엔터 키 입력 이벤트를 처리할 때 주로 사용하는 리스너 인터페이스는 __________이다.

10.7 텍스트 영역

JTextArea는 텍스트를 마음껏 적을 수 있는 넉넉한 사각형 영역이다. 앞서 등장한 JTextField가 '한 줄 입력의 달인'이라면 JTextArea는 '수다쟁이 친구'로, 한 줄에 갇히지 않고 여러 줄을 너끈히 소화할 수 있다. 다만, 기본적으로 스크롤바는 없어서 텍스트가 많아지면 사각형 영역에서 텍스트가 사라질 수 있으니, 스크롤바가 필요하다면 JTextArea를 JScrollPane에 태워주는 센스가 필요하다.

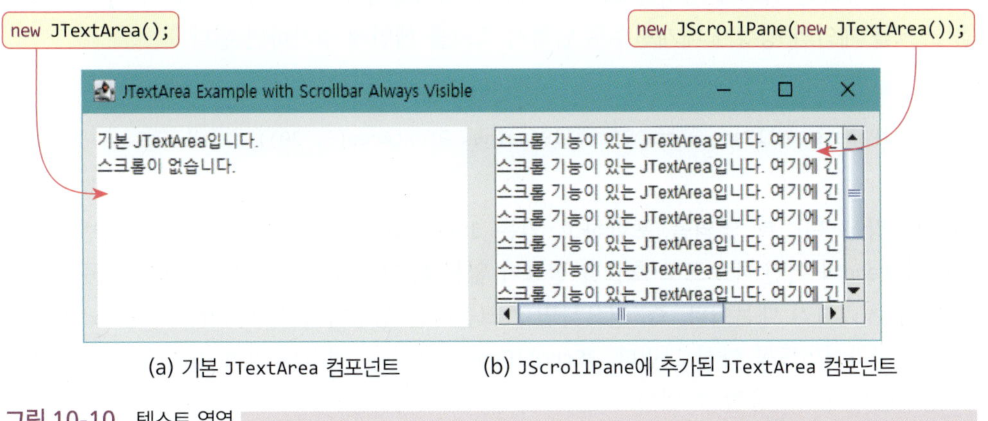

(a) 기본 JTextArea 컴포넌트　(b) JScrollPane에 추가된 JTextArea 컴포넌트

그림 10-10 텍스트 영역

JTextArea 클래스의 생성자

다음은 JTextArea 클래스의 생성자를 정리한 표이다.

생성자	설명
JTextArea()	빈 텍스트 영역 생성
JTextArea(String text)	지정된 텍스트(text)를 포함한 텍스트 영역 생성
JTextArea(int rows, int columns)	지정된 행(rows)과 열(columns) 수를 가진 빈 텍스트 영역 생성
JTextArea(String text, int rows, int columns)	지정된 텍스트(text), 행(rows), 열(columns)을 가진 텍스트 영역 생성

표 10-13 JTextArea 클래스의 생성자

10행 30열의 텍스트 영역을 생성하는 코드는 다음과 같다.

```
textArea = new JTextArea(10, 30);        // 10행 30열의 텍스트 영역을 만든다.
```

텍스트 영역에서 텍스트를 가져오려면 getText() 메소드를 사용하고 텍스트를 넣으려면 setText() 메소드를 사용한다. 이것은 텍스트 필드와 동일하다. 텍스트를 추가하려면 append() 메소드를 사용한다.

```
textArea.append("겁이 많은 개일수록 큰소리로 짖는다.");
```

스크롤 페인

스크롤 페인(scroll pane)은 컴포넌트에 스크롤 기능을 제공한다. 일반적으로 화면은 제한되어 있고 화면보다 더 큰 컴포넌트를 표시하기 위해서는 스크롤 기능이 필요하다. 스크롤 기능을 추가하려면 텍스트 영역을 스크롤 페인에 집어넣어야 한다. 다음과 같이 텍스트 영역을 스크롤 페인의 생성자 매개변수로 넘겨서 스크롤 페인에 추가하면 된다.

```
JScrollPane scrollPane = new JScrollPane(new JTextArea(6, 30));
```

위의 문장은 텍스트 영역을 포함하고 있는 JScrollPane 객체를 생성한다. 일반적으로 JScrollPane의 어떤 메소드도 호출할 필요가 없는데, 그 이유는 스크롤 페인은 자동으로 모든 일을 처리하기 때문이다. 즉, 필요하면 스크롤바를 생성하고 사용자가 스크롤 노브를 움직이면 클라이언트를 다시 그린다. JScrollPane 클래스는 텍스트 영역 이외에도 어떤 종류의 컴포넌트에도 사용할 수 있다.

텍스트 영역 예제

사용자가 텍스트 필드에 텍스트를 입력하고 [Enter] 키를 누르면, 텍스트를 텍스트 영역에 추가하는 프로그램을 작성해 보자.

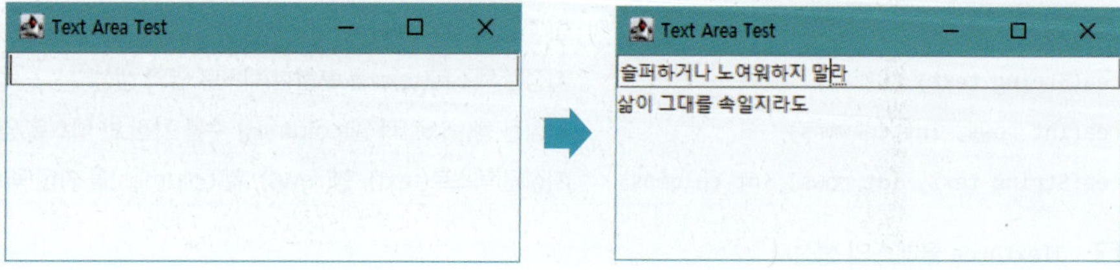

TextAreaFrame.java

```java
...
public class TextAreaFrame extends JFrame implements ActionListener {
    protected JTextField textField;
    protected JTextArea textArea;

    public TextAreaFrame() {
        setTitle("Text Area Test");

        textField = new JTextField(30);
        textField.addActionListener(this);

        textArea = new JTextArea(6, 30);
        textArea.setEditable(false);

        add(textField, BorderLayout.NORTH);
        add(textArea, BorderLayout.CENTER);

        pack();
        setVisible(true);
    }

    public void actionPerformed(ActionEvent evt) {
        String text = textField.getText();
        textArea.append(text + "\n");
        textField.selectAll();
        textArea.setCaretPosition(textArea.getDocument().getLength());
    }

    public static void main(String[] args) {
        SwingUtilities.invokeLater(() -> new TextAreaFrame());
    }
}
```

Text Area Test

슬퍼하거나 노여워하지 말라

삶이 그대를 속일지라도

TextArea의 줄 수와 칸 수는 생성자의 인수로 지정이 가능하다. 문자열을 인수로 주면 TextArea 생성 시에 그 문자열이 표시 영역에 나타난다.

텍스트 필드에서 텍스트를 읽어서 텍스트 영역에 추가한다. 입력을 편하게 하기 위하여 텍스트 필드에 있는 텍스트를 모두 선택한다.

1 입력된 내용이 누적되는 `JTextArea` 아래에 '지우기' 버튼을 추가하여, 사용자가 버튼을 클릭하면 모든 텍스트를 한 번에 초기화하도록 구현하시오.

도전문제

SELF TEST

1 JTextArea에 입력된 전체 문자열을 가져오는 메소드는 __________이다.

2 JTextArea의 내용을 전부 지우려면 __________ 메소드에 빈 문자열을 전달한다.

3 JTextArea는 스크롤 기능이 없으므로 스크롤을 지원하려면 __________에 넣어 사용해야 한다.

10.8 콤보 박스

콤보 박스(Combo Box)는 여러 항목 중에서 하나를 고르는 '다재다능한 선택 상자'이다. 텍스트 필드와 리스트가 손잡고 만든 하이브리드 제품으로, 사용자는 텍스트를 직접 입력하거나 리스트에서 골라잡을 수 있다. 그런데 텍스트 필드를 '편집 불가'로 설정하면 사용자는 얌전히 리스트에서만 선택해야 한다. 마치 "내 말만 들어!"하는 고집 센 친구와 같다.

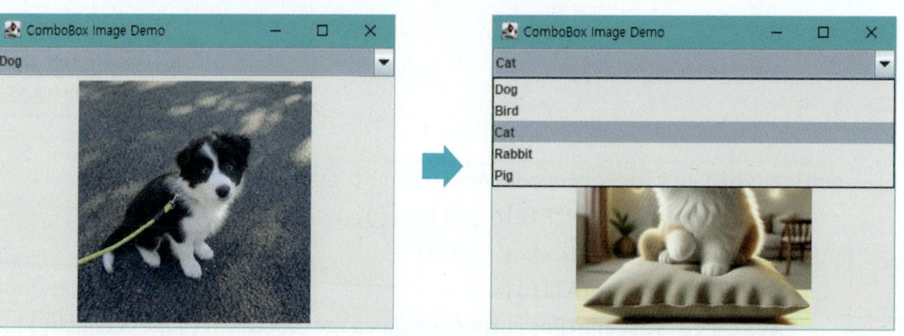

그림 10-11 콤보 박스

JComboBox 클래스의 생성자

다음은 JComboBox 클래스의 생성자를 정리한 표이다.

생성자	설명
JComboBox<E>()	빈 콤보 박스 생성. 나중에 항목 추가 필요.
JComboBox<E>(E[ ] items)	배열로 초기 항목을 설정하여 콤보 박스 생성
JComboBox<E>(Vector<E> items)	Vector로 초기 항목을 설정하여 콤보 박스 생성

표 10-14 JComboBox 클래스의 생성자

JDK 1.5부터는 제네릭을 사용하여서 특정 타입의 항목만 허용할 수 있도록 변경되었다. 제네릭은 13장에서 학습한다. 기본 생성자는 비어 있는 콤보 박스를 생성한다. 여기에 항목을 추가하려면 addItem() 메소드를 사용한다.

```
JComboBox<String> comboBox = new JComboBox<>();         // String 타입의 항목을 저장
comboBox.addItem("Item 1");
comboBox.addItem("Item 2");
```

콤보 박스 생성자에 배열을 전달하여서 콤보 박스의 항목들을 설정할 수 있다. 예를 들어서 다음은 배열을 이용하여 콤보 박스를 초기화하는 문장이다.

```
String[] items = {"Item 1", "Item 2", "Item 3"};
JComboBox<String> comboBox = new JComboBox<>(items);
```

콤보 박스로부터 사용자가 선택한 항목을 가져오려면 getSelectedItem() 메소드를 사용한다.

콤보 박스의 이벤트 처리

콤보 박스에서는 사용자가 항목을 선택하거나 콤보 박스와 상호작용할 때 이벤트가 발생한다. 이벤트를 처리하기 위해 주로 ActionListener 또는 ItemListener를 사용하며, 필요에 따라 더 복잡한 리스너도 추가할 수 있다.

이벤트 종류	설명	리스너 인터페이스
ActionEvent	사용자가 항목을 선택할 때 발생	ActionListener
ItemEvent	선택된 항목이 변경될 때	ItemListener
PopupMenuEvent	콤보 박스의 드롭다운 메뉴가 열리거나 닫힐 때 발생	PopupMenuListener

표 10-15 콤보 박스의 이벤트 종류와 리스너 인터페이스

액션 이벤트는 사용자가 콤보 박스의 항목을 선택했을 때 발생한다. 새 항목을 선택하지 않아도, 동일한 항목을 다시 선택해도 이벤트가 발생한다.

```
JComboBox<String> comboBox = new JComboBox<>(new String[]
                                              {"Item 1", "Item 2", "Item 3"});
comboBox.addActionListener(e -> {
    System.out.println("선택된 항목: " + comboBox.getSelectedItem());
});
```

ItemEvent는 콤보 박스의 선택된 항목이 변경될 때만 발생한다. ItemEvent는 SELECTED 또는 DESELECTED 상태로 발생한다. 항목의 상태 변경에 관심이 있을 때 사용한다.

```
JComboBox<String> comboBox = new JComboBox<>(new String[]
                                            {"Item 1", "Item 2", "Item 3"});
comboBox.addItemListener(e -> {
    if (e.getStateChange() == ItemEvent.SELECTED) {
        System.out.println("선택: " + e.getItem());
    } else if (e.getStateChange() == ItemEvent.DESELECTED) {
        System.out.println("선택 해제: " + e.getItem());
    }
});
```

참고사항: ActionListener와 ItemListener의 차이점

`ActionListener`는 선택 동작 자체를 처리한다. 즉, `ActionListener`는 어떤 선택이라도 발생한다. `ItemListener`는 이전에 선택된 항목이 또 선택되면 발생하지 않는다. 즉, `ItemListener`는 동일 항목을 다시 선택하면 이벤트가 발생하지 않는다. 동일 항목을 선택하는 경우에도 어떤 처리가 필요하다면 `ActionListener`를 사용해야 한다. 일반적으로 `ItemEvent`가 먼저 발생한 후 `ActionEvent`가 발생한다. 중복으로 설정하면 두 이벤트가 모두 발생하므로, 상황에 따라 적절히 선택해야 한다.

예제 10-10 콤보 박스를 이용한 이미지 표시

사용자가 콤보 박스에서 하나의 이미지를 선택하면 해당 이미지를 화면에 표시하는 프로그램을 작성해 보자.

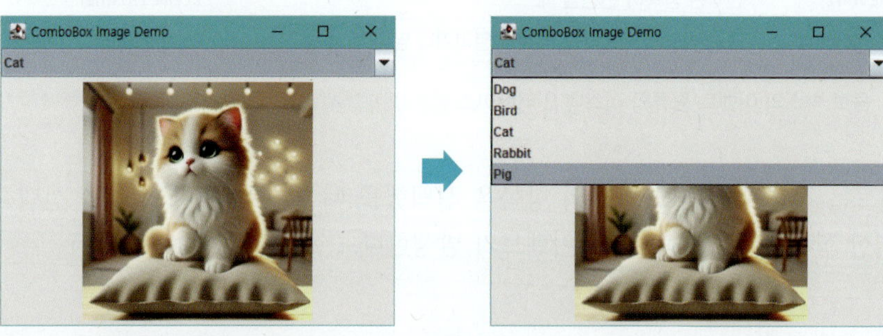

ComboBoxImageDemo.java

```
import javax.swing.*;
import java.awt.*;
import java.awt.event.*;

public class ComboBoxImageDemo extends JFrame {
    private JComboBox<String> comboBox;
    private JLabel imageLabel;

```

```
    // 이미지 경로(이미지는 프로젝트 폴더에 저장해야 함)
    private final String[] imagePaths = {
        "images/dog.jpg",           // Dog 이미지 경로
        "images/bird.jpg",          // Bird 이미지 경로
        "images/cat.jpg",           // Cat 이미지 경로
        "images/rabbit.jpg",        // Rabbit 이미지 경로
        "images/pig.jpg"            // Pig 이미지 경로
    };

    public ComboBoxImageDemo() {
        setTitle("ComboBox Image Demo");
        setDefaultCloseOperation(JFrame.EXIT_ON_CLOSE);
        setSize(400, 300);
        setLayout(new BorderLayout());

        // 콤보 박스 생성
        String[] items = {"Dog", "Bird", "Cat", "Rabbit", "Pig"};
        comboBox = new JComboBox<>(items);
        comboBox.addActionListener(new ComboBoxActionListener());

        // 이미지를 표시할 레이블 생성
        imageLabel = new JLabel();
        imageLabel.setHorizontalAlignment(SwingConstants.CENTER);
        imageLabel.setVerticalAlignment(SwingConstants.CENTER);

        // 초기 이미지 설정
        updateImage(0);

        // 컴포넌트 추가
        add(comboBox, BorderLayout.NORTH);          // 콤보 박스는 상단
        add(imageLabel, BorderLayout.CENTER);       // 이미지는 중앙
        setVisible(true);
    }

    // 콤보 박스 선택 시 호출되는 메소드
    private void updateImage(int index) {
        ImageIcon icon = new ImageIcon(imagePaths[index]);
        imageLabel.setIcon(icon);
    }

    // 콤보 박스 이벤트 리스너
    private class ComboBoxActionListener implements ActionListener {
        @Override
        public void actionPerformed(ActionEvent e) {
            int selectedIndex = comboBox.getSelectedIndex();
            updateImage(selectedIndex);
```

```
        }
    }
    public static void main(String[] args) {
        SwingUtilities.invokeLater(() -> new ComboBoxImageDemo());
    }
}
```

도전문제

1 사용자가 콤보 박스에서 동물을 선택하면 해당 이미지뿐만 아니라 이미지 아래에 해당 동물의 간단한 설명 텍스트도 함께 표시되도록 구현하시오. 이미지 아래에 설명용 JLabel을 추가한다.

```
JLabel descriptionLabel = new JLabel("설명을 여기에 표시합니다.",
                                     SwingConstants.CENTER);
```

각 동물에 대한 설명을 문자열 배열로 저장한다.

```
String[] descriptions = {
    "강아지는 사람과 친한 동물입니다.",
    "새는 하늘을 나는 동물입니다.",
    "고양이는 독립적이고 귀엽습니다.",
    "토끼는 귀가 길고 점프를 잘합니다.",
    "돼지는 귀엽고 똑똑한 동물입니다."
};
```

SELF TEST

1 JComboBox에서 현재 선택된 항목을 가져오는 메소드는 ____________이다.

2 JComboBox에서 특정 항목을 선택 상태로 만들기 위해 사용하는 메소드는 ____________이다.

3 JComboBox에 새로운 항목을 추가하는 메소드는 ____________이다.

10.9 슬라이더

슬라이더(slider)는 사용자가 특정 범위 안에서 값을 골라잡을 수 있는 '조절 바'로, 마치 원하는 숫자를 슬쩍슬쩍 밀어서 고르는 재미를 준다. 특히, 일정 범위 내의 숫자를 입력받는 상황에서 '숫자 노가다'를 피할 수 있는 효자 컴포넌트이다. 예를 들어, 화면 밝기를 조정한다고 상상해 보자. 슬라이더를 밀었다 당겼다 하며 밝기를 조절하면 아주 편리하다.

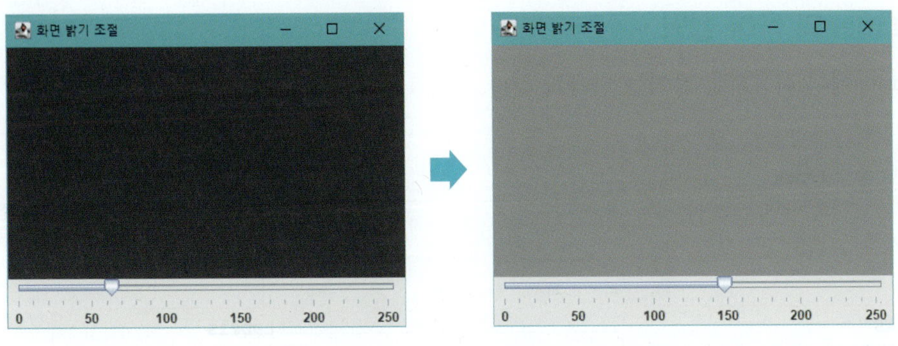

그림 10-12 슬라이더

JSlider 클래스의 생성자

다음은 JSlider 클래스의 생성자를 정리한 표이다.

생성자	설명
JSlider()	기본 방향(HORIZONTAL)으로 0~100 범위의 슬라이더 생성. 기본 초깃값은 50.
JSlider(int orientation)	슬라이더의 방향을 지정하여 생성. SwingConstants.HORIZONTAL 또는 SwingConstants.VERTICAL을 지정.
JSlider(int min, int max)	최솟값(min)과 최댓값(max)을 지정하여 슬라이더 생성. 초깃값은 (min + max) / 2이다.
JSlider(int min, int max, int value)	최솟값(min), 최댓값(max), 초깃값(value)을 지정하여 슬라이더 생성.
JSlider(int orientation, int min, int max, int value)	슬라이더의 방향, 최솟값, 최댓값, 초깃값을 모두 지정하여 슬라이더 생성

표 10-16 JSlider 클래스의 생성자

예를 들어서 0에서 100까지의 범위를 가지고 초깃값이 50인 슬라이더는 다음과 같이 생성할 수 있다.

```
slider = new JSlider(0, 100, 50);
```

만약 매개변수를 주지 않았더라도 디폴트로 0에서 100까지의 슬라이더가 생성된다. 슬라이더를 좀 더 사용하기 쉽게 하려면 장식을 덧붙인다. 예를 들어서 슬라이더에 눈금을 표시하려면 다음과 같이 한다.

```
slider.setMajorTickSpacing(10);        // 큰 눈금 간격
slider.setMinorTickSpacing(1);         // 작은 눈금 간격
slider.setPaintTicks(true);            // 눈금을 표시한다.
slider.setPaintLabels(true);           // 값을 레이블로 표시한다.
```

JSlider의 용어 설명

JSlider에서 사용하는 용어는 다음과 같다.

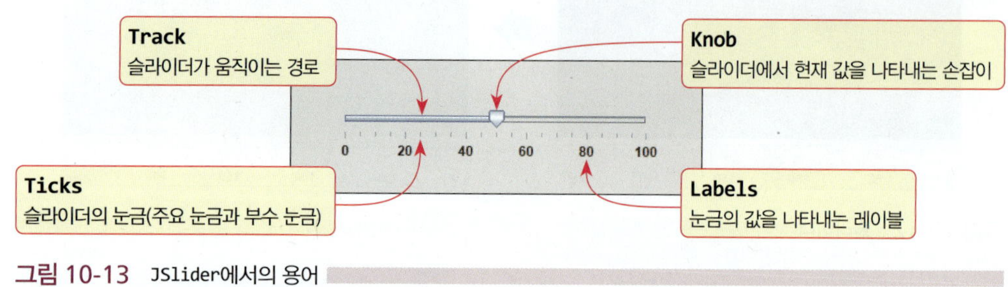

그림 10-13 JSlider에서의 용어

JSlider의 형태 제어 메소드

다음은 JSlider의 모양을 제어할 수 있는 주요 메소드들을 정리한 표이다. 이 메소드들은 슬라이더의 외형, 방향, 레이블, 눈금 등의 시각적 요소를 제어한다.

메소드 호출 예	설명
slider.setOrientation (SwingConstants.VERTICAL);	슬라이더의 방향 설정. SwingConstants.HORIZONTAL(수평) 또는 SwingConstants.VERTICAL(수직) 사용.
slider.setPaintTicks(true);	슬라이더 아래에 눈금을 표시할지 여부를 설정
slider.setPaintLabels(true);	슬라이더 아래에 값 레이블을 표시할지 여부를 설정
slider.setSnapToTicks(true);	슬라이더가 눈금 위치에 맞춰 정렬되도록 설정
slider.setInverted(true);	슬라이더의 방향을 반대로 설정
slider.setMajorTickSpacing(20);	주요 눈금 간격을 설정
slider.setMinorTickSpacing(5);	주요 눈금 간격 사이의 부수 눈금 간격을 설정
slider.setLabelTable (slider.createStandardLabels(10));	사용자 정의 레이블을 설정하여 특정 눈금 위치에 텍스트 또는 아이콘 추가
slider.setPaintTrack(true);	슬라이더 경로(트랙)를 표시할지 여부를 설정
slider.setToolTipText("Drag to adjust value");	슬라이더 위에 마우스를 올렸을 때 표시할 툴팁 텍스트를 설정

표 10-17 JSlider 클래스의 주요 메소드

이벤트 처리

슬라이더의 값이 변경되었을 경우, 이벤트를 받고 싶으면 Change 리스너를 등록하면 된다.

```
slider.addChangeListener(this);
```

이벤트 리스너 안에서 슬라이더의 값을 읽기 위해서는 getValue() 메소드를 사용한다. 예를 들어서 OK 버튼을 눌렀을 때 슬라이더의 값을 읽고 싶다면 다음과 같이 한다.

```
public void stateChanged(ChangeEvent e) {
    JSlider source = (JSlider) e.getSource();
    if (!source.getValueIsAdjusting()) {
        int value = (int) source.getValue();
        button.setSize(value * 10, value * 10);
    }
}
```

슬라이더를 이용한 이미지 크기 변경 예제 예제 10-11

슬라이더를 움직이면 표시된 이미지의 크기가 변하는 프로그램을 작성해 보자. 레이블 안에 이미지를 표시하고 레이블의 크기를 조절한다.

SliderImageExample.java

```
import java.awt.*;
import javax.swing.*;
import javax.swing.event.*;

public class SliderImageExample extends JFrame {
    private JSlider slider;
    private JLabel imageLabel;
    private ImageIcon originalIcon;

    public SliderImageExample() {
        setTitle("슬라이더 테스트");
```

```
        setDefaultCloseOperation(JFrame.EXIT_ON_CLOSE);
        setSize(600, 600);
        setLayout(null);                        // 절대 위치 설정

        // 슬라이더 생성
        slider = new JSlider(50, 300, 100); // 최솟값 50, 최댓값 300, 초깃값 100
        slider.setBounds(50, 20, 500, 50);  // 슬라이더 위치와 크기 설정
        slider.setMajorTickSpacing(50);     // 주요 눈금 간격
        slider.setMinorTickSpacing(10);     // 부수 눈금 간격
        slider.setPaintTicks(true);         // 눈금 표시
        slider.setPaintLabels(true);        // 값 레이블 표시
        slider.addChangeListener(new SliderChangeListener());
        add(slider);

        // 이미지 로드
        originalIcon = new ImageIcon("images/dog.jpg");  // 이미지 경로 설정
        imageLabel = new JLabel(originalIcon);
        imageLabel.setBounds(150, 100, 300, 300);       // 이미지 초기 위치 설정
        imageLabel.setHorizontalAlignment(SwingConstants.CENTER);
        add(imageLabel);
        setVisible(true);
    }

    // 이미지 크기를 변경하는 리스너
    private class SliderChangeListener implements ChangeListener {
        @Override
        public void stateChanged(ChangeEvent e) {
            int scale = slider.getValue();          // 슬라이더 값 가져오기
            resizeImage(scale);
        }
    }

    // 이미지 크기를 조절하는 메소드
    private void resizeImage(int scale) {
        // 원본 이미지 크기 가져오기
        int originalWidth = originalIcon.getIconWidth();
        int originalHeight = originalIcon.getIconHeight();

        // 새로운 크기 계산
        int newWidth = originalWidth * scale / 100;
                                                // 초깃값(100%) 기준으로 계산
        int newHeight = originalHeight * scale / 100;

        // 이미지 크기 변경
        Image scaledImage = originalIcon.getImage().getScaledInstance
                              (newWidth, newHeight, Image.SCALE_SMOOTH);
        imageLabel.setIcon(new ImageIcon(scaledImage));

```

```
        // 이미지 중앙 정렬
        imageLabel.setBounds(300 - (newWidth / 2), 150, newWidth, newHeight);
    }
    public static void main(String[] args) {
        SwingUtilities.invokeLater(() -> new SliderImageExample());
    }
}
```

도전문제

1 슬라이더의 값이 바뀔 때마다 현재 배율을 화면에 실시간으로 보여주는 레이블을 추가해 보자. 슬라이더의 `stateChanged` 이벤트 안에서 `label.setText("배율: " + slider.getValue() + "%")`처럼 코드를 작성하면 되고, 이를 통해 사용자는 슬라이더 조작 시 배율 변화를 직관적으로 확인할 수 있다.

SELF TEST

1 `JSlider`에서 현재 선택된 값을 가져오는 메소드는 ___________이다.

2 `JSlider`의 현재 값을 변경하는 메소드는 ___________이다.

3 슬라이더 값이 변경될 때마다 발생하는 이벤트를 처리하기 위해 사용하는 리스너 인터페이스는 ___________이다.

10.10 메뉴

자바 스윙의 메뉴(Menu)는 사용자가 다양한 옵션을 간편하게 선택할 수 있도록 설계된 컴포넌트이다. 메뉴는 프로그램의 인터페이스에서 중요한 역할을 하며, 주로 메뉴바와 팝업 메뉴로 구분된다. 각각의 메뉴는 사용자의 작업 흐름을 간소화하고, 필요한 기능에 빠르게 접근할 수 있게 도와준다. 메뉴 항목은 텍스트뿐만 아니라 이미지를 포함할 수 있다. 각 메뉴 항목에 단축키를 설정하여 작업 속도를 높일 수 있다. 메뉴의 글꼴, 색상 등을 커스터마이징하여 애플리케이션의 디자인과 조화를 이룰 수 있다. 메뉴바는 프레임에만 부착할 수 있다. 패널에는 부착할 수 없다.

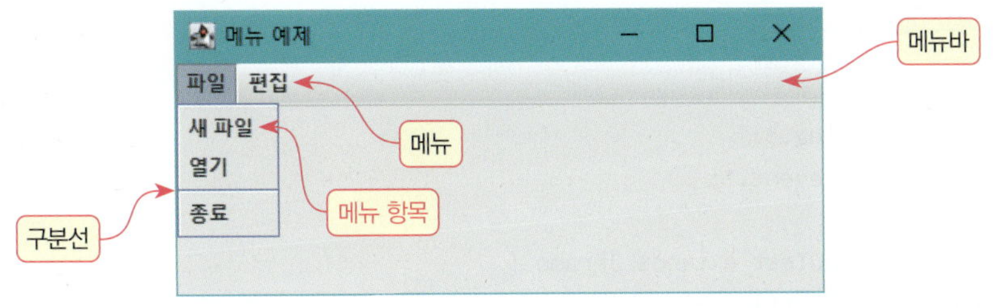

그림 10-14 메뉴에서의 용어

메뉴의 구성 요소

- **메뉴바(JMenuBar):** 메뉴바는 윈도우의 상단에 위치하며 여러 개의 메뉴(JMenu)를 담는 역할을 한다. 대표적으로 '파일', '편집', '도움말'과 같은 상단 메뉴를 떠올리면 된다. 메뉴바는 프로그램의 핵심 기능에 대한 접근을 직관적으로 제공한다.
- **메뉴(JMenu):** 메뉴는 메뉴바의 하위 항목으로, 사용자가 클릭하면 하위 메뉴 항목들이 드롭다운 형태로 표시된다. 예를 들어, '파일' 메뉴를 클릭하면 '열기', '저장', '종료'와 같은 항목이 나타난다.
- **메뉴 항목(JMenuItem):** 메뉴의 세부 항목으로, 사용자가 실제로 선택할 수 있는 기능을 제공한다. 메뉴 항목에는 텍스트, 아이콘, 단축키를 추가할 수 있어 사용자 경험을 더욱 풍부하게 만든다.

메뉴 이벤트 처리

스윙에서 메뉴를 클릭했을 때 특정 동작이 실행되도록 하기 위해 이벤트 처리(Event Handling)를 사용한다. 메뉴의 이벤트 처리는 기본적으로 ActionEvent를 통해 이루어지며, 각 메뉴 항목(JMenuItem)에 이벤트 리스너(ActionListener)를 등록하여 동작을 정의한다.

```
// 메뉴 항목에 이벤트 리스너 추가
openItem.addActionListener(new ActionListener() {
    public void actionPerformed(ActionEvent e) {
        JOptionPane.showMessageDialog(frame, "열기 선택됨");
    }
});
```

예제 10-12 메뉴 만들기

프레임을 생성한 후에 메뉴바를 붙인다. 메뉴바에는 5개의 메뉴를 생성하여 추가하고 첫 번째 메뉴에 다양한 메뉴 항목들을 생성하여 추가해 보자.

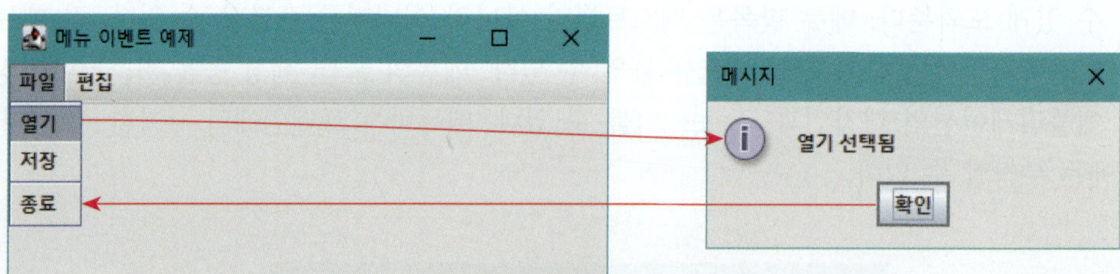

MenuTest.java

```
import javax.swing.*;
import java.awt.event.*;

public class MenuTest extends JFrame {
    public MenuTest() {
```

```
        // 프레임 기본 설정
        setTitle("메뉴 이벤트 예제");
        setDefaultCloseOperation(JFrame.EXIT_ON_CLOSE);
        setSize(400, 300);

        // 메뉴바 생성
        JMenuBar menuBar = new JMenuBar();

        // 메뉴 생성
        JMenu fileMenu = new JMenu("파일");
        JMenu editMenu = new JMenu("편집");

        // 메뉴 항목 생성
        JMenuItem openItem = new JMenuItem("열기");
        JMenuItem saveItem = new JMenuItem("저장");
        JMenuItem exitItem = new JMenuItem("종료");

        // 메뉴 항목에 이벤트 리스너 추가
        openItem.addActionListener(new ActionListener() {
            public void actionPerformed(ActionEvent e) {
                JOptionPane.showMessageDialog(MenuTest.this, "열기 선택됨");
            }
        });

        saveItem.addActionListener(new ActionListener() {
            public void actionPerformed(ActionEvent e) {
                JOptionPane.showMessageDialog(MenuTest.this, "저장 선택됨");
            }
        });

        exitItem.addActionListener(new ActionListener() {
            public void actionPerformed(ActionEvent e) {
                int response = JOptionPane.showConfirmDialog(
                    MenuTest.this,
                    "정말 종료하시겠습니까?",
                    "종료 확인",
                    JOptionPane.YES_NO_OPTION
                );
                if (response == JOptionPane.YES_OPTION) {
                    System.exit(0);
                }
            }
        });

        // 메뉴에 항목 추가
        fileMenu.add(openItem);
```

```java
        fileMenu.add(saveItem);
        fileMenu.addSeparator(); // 구분선 추가
        fileMenu.add(exitItem);

        // 메뉴바에 메뉴 추가
        menuBar.add(fileMenu);
        menuBar.add(editMenu);

        // 프레임에 메뉴바 설정
        setJMenuBar(menuBar);
        setVisible(true);
    }
    public static void main(String[] args) {
        SwingUtilities.invokeLater(() -> new MenuTest());
    }
}
```

도전문제

1 편집(Edit) 메뉴에 '배경색 변경' 하위 메뉴를 추가하고, 사용자가 원하는 색상을 선택하면 프레임 배경색이 즉시 변경되도록 구현하시오.

- 편집 메뉴 아래에 '배경색 변경'이라는 서브 메뉴(JMenu)를 생성한다.
- 서브 메뉴 아래에 '빨강', '초록', '파랑'이라는 `JMenuItem` 3개를 추가한다.
- 각 항목을 클릭하면 프레임의 배경색을 해당 색상으로 변경한다.

예제 10-13 이미지 뷰어 만들기

메뉴와 레이블을 이용하여서 이미지를 화면에 보여주는 프로그램을 작성해 보자. 'Open'과 'Exit'로 이루어진 메뉴를 만들고 'Open' 메뉴를 선택하면 다음과 같이 파일을 선택하는 대화 상자를 연다. 이미지 파일이 선택되면 이것을 레이블을 이용하여 화면에 표시한다.

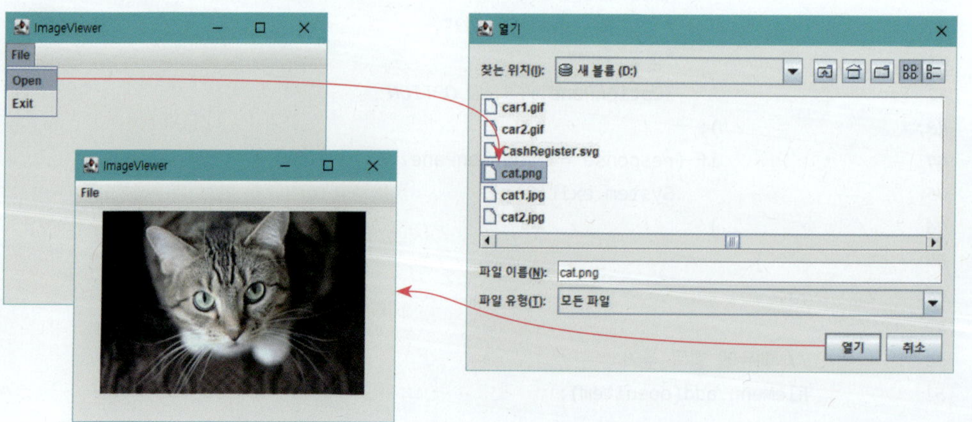

ImageViewer.java

```
import java.awt.event.*;
import javax.swing.*;

public class ImageViewer extends JFrame implements ActionListener {
    private JLabel label;                          // 이미지를 표시할 레이블
    private JMenuItem open, exit;                  // 메뉴 항목: 'Open'과 'Exit'

    public ImageViewer() {
        setTitle("ImageViewer");                   // 창 제목 설정
        setSize(350, 300);                         // 창 크기 설정

        // 메뉴바 생성 및 설정
        JMenuBar mbar = new JMenuBar();            // 메뉴바 생성
        JMenu m = new JMenu("File");               // 'File' 메뉴 생성

        open = new JMenuItem("Open");
        open.addActionListener(this);
        m.add(open);                               // 'File' 메뉴에 'Open' 추가

        exit = new JMenuItem("Exit");
        exit.addActionListener(this);
        m.add(exit);                               // 'File' 메뉴에 'Exit' 추가

        mbar.add(m);                               // 메뉴바에 'File' 메뉴 추가
        setJMenuBar(mbar);                         // 창에 메뉴바 설정

        label = new JLabel();                      // 이미지를 표시할 빈 레이블 생성
        JPanel panel = new JPanel();               // 패널 생성
        panel.add(label, "Center");                // 레이블을 패널 중앙에 추가
        add(panel);                                // 패널을 프레임에 추가

        setVisible(true);                          // 창을 화면에 표시
    }

    // ActionListener 인터페이스의 메소드 구현
    @Override
    public void actionPerformed(ActionEvent e) {
        Object source = e.getSource();             // 이벤트가 발생한 소스 객체 확인

        if (source == open) {                      // 'Open' 메뉴 항목이 클릭된 경우
            JFileChooser chooser = new JFileChooser();// 파일 선택 대화 상자 생성
            int r = chooser.showOpenDialog(this);     // 파일 선택 대화 상자 표시

            // 사용자가 파일을 선택한 경우
            if (r == JFileChooser.APPROVE_OPTION) {
```

```
                String name = chooser.getSelectedFile().getAbsolutePath();
                // 선택된 파일 경로 가져오기
                label.setIcon(new ImageIcon(name));
                // 선택된 파일의 이미지를 레이블에 표시
            }
        }
        else if (source == exit) {          // 'Exit' 메뉴 항목이 클릭된 경우
            System.exit(0);                 // 프로그램 종료
        }
    }
    public static void main(String[] args) {
        SwingUtilities.invokeLater(() -> new ImageViewer());
    }
}
```

도전문제

1 View라는 새 메뉴를 만들고, 아래의 두 메뉴 항목을 추가한다.

- Zoom In(확대)
- Zoom Out(축소)

사용자가 Open으로 이미지를 불러온 후, Zoom In 또는 Zoom Out을 선택하면 이미지의 크기가 커지거나 작아지도록 구현하시오. 현재 표시된 이미지에서 `getIcon()` 메소드로 ImageIcon을 추출하고 `Image.getScaledInstance()` 메소드로 크기를 변경한다.

SELF TEST

1 메뉴 항목을 나타내는 클래스는 ____________이다.

2 메뉴바에 메뉴를 추가할 때 사용하는 메소드는 ____________이다.

3 메뉴에 메뉴 항목을 추가하려면 ___________ 메소드를 사용한다.

4 메뉴 항목을 선택했을 때 동작을 처리하기 위해 주로 사용하는 리스너 인터페이스는 __________이다.

피자 주문

Mini Project 수행하기 1

이번 장에서는 피자를 주문할 수 있는 애플리케이션을 만들어 보자. 다음의 스케치를 참고한다.

난이도: ★★★☆☆
주제: 복잡한 GUI 작성

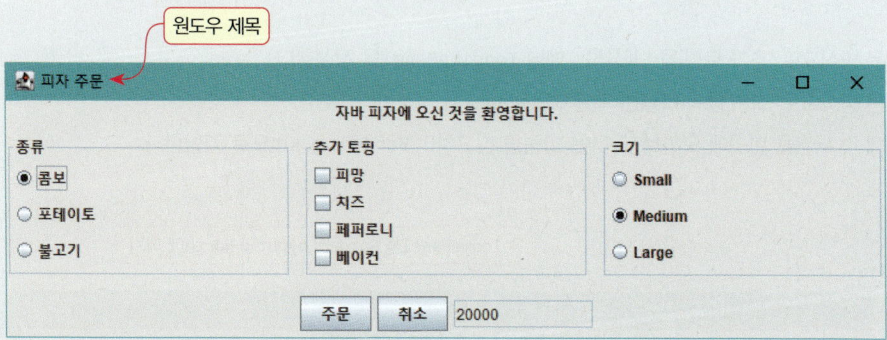

1. "자바 피자에 오신 것을 환영합니다"라는 텍스트를 가지고 있는 패널 `WelcomePanel`을 작성해 보자.

```
class WelcomePanel extends JPanel {
    private JLabel message;
    public WelcomePanel() {
    message = ______________________;  // 레이블 생성
    }
    add(message);
}
```

2. TypePanel을 작성해 보자. TypePanel은 피자의 타입을 선택할 수 있는 라디오 버튼들을 가지고 있다. 3개의 행과 1개의 열을 가지는 GridLayout을 사용한다.

```
class TypePanel extends JPanel {
    private JRadioButton combo, potato, bulgogi;
    public TypePanel() {
        setLayout(new GridLayout(3, 1));
        combo = new JRadioButton("콤보", true);
        potato = new __________("포테이토");
        bulgogi = new __________("불고기");
        ButtonGroup bg = new ButtonGroup();
        bg.add(combo);
        bg.add(potato);
        bg.add(bulgogi);
```

```
        setBorder(BorderFactory.createTitledBorder("종류"));
        add(combo);
        add(potato);
        add(bulgogi);
    }
}
```

3. 같은 방식으로 '추가 토핑'을 나타내는 패널 ToppingPanel을 작성한다.
4. 같은 방식으로 '크기'를 나타내는 패널 SizePanel을 작성한다.
5. 이제 각 부분을 한곳에 모아보자. 다음 그림을 참고하여 BorderLayout으로 결합한다.

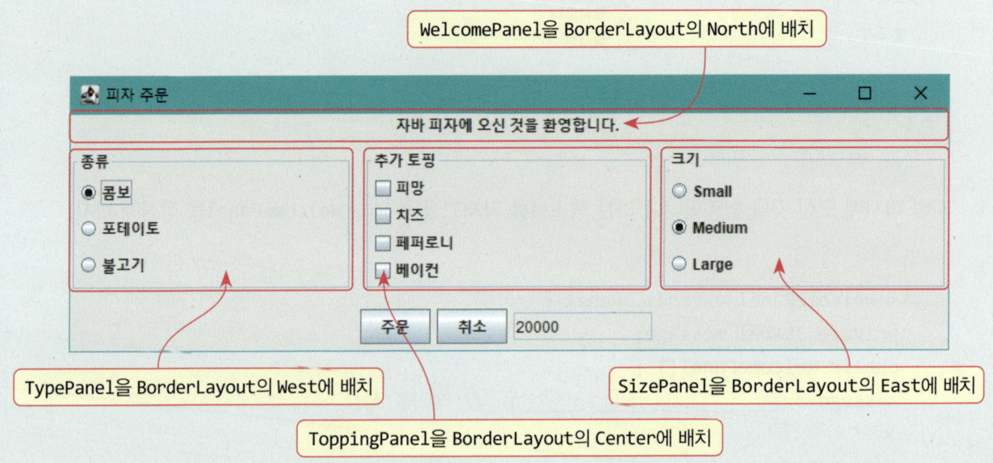

6. BorderLayout의 South 영역에 '주문' 버튼과 '취소' 버튼을 추가하여 프로그램을 완성한다.
7. 피자의 가격을 계산할 수 있도록 각각의 패널에서 사용자가 선택을 하면 가격을 반환하는 메소드를 작성한다. 사용자가 '주문' 버튼을 누르면 전체 가격을 화면에 표시한다.

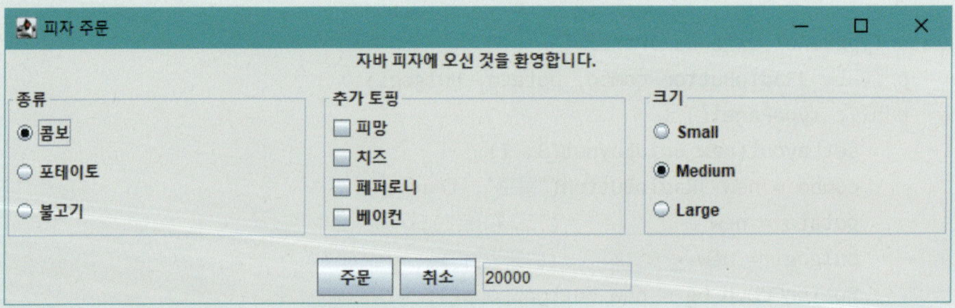

입회원서

Mini Project 수행하기 2

난이도: ★★★☆☆
주제: 다양한 위젯 사용

다음과 같은 동아리 입회원서 형식을 스윙 컴포넌트를 사용하여 제작해 보자.

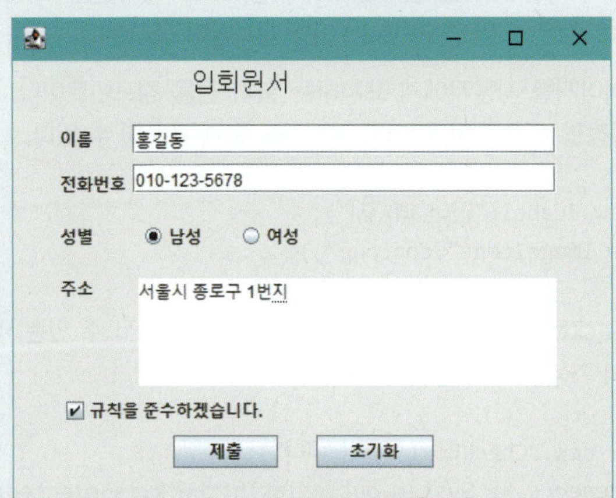

사용자가 정보를 입력하면 ArrayList에 저장한다. 추가로 '검색' 버튼을 만들어 보자. '검색' 버튼을 누르면 이름이나 전화번호로 ArrayList에 저장된 회원들의 정보를 찾을 수 있게 한다. 이름, 전화번호, 성별, 주소를 입력하고 '제출' 버튼을 누르면 ArrayList에 회원 정보가 저장되어야 한다. '초기화' 버튼은 모든 입력 필드를 비워야 한다. '검색' 버튼을 누르면 이름 또는 전화번호로 기존 회원을 조회할 수 있어야 한다. 입력 누락, 전화번호 형식 오류 등의 예외 처리를 포함하면 더 완성도 높은 프로그램이 된다.

이름=홍길동, 전화=010-1234-5678 입력 후 제출하면 ArrayList에 회원 추가되어야 한다. 같은 전화번호로 재입력하면 "이미 등록된 회원입니다." 메시지를 표시한다. 존재하지 않는 이름으로 검색하면 "검색 결과가 없습니다."를 출력한다. 초기화 버튼을 클릭하면 모든 입력 필드가 비워진다.

도전 과제로는 회원 정보를 파일로 저장하고, 프로그램 실행 시 불러오는 기능을 추가해 보자. 전화번호 형식을 자동으로 맞춰주는 JFormattedTextField를 적용해 보자.

Summary

- 자바의 스윙(Swing) 컴포넌트들은 모두 계층 구조로 이루어져 있으며, 그 기반이 되는 클래스는 대부분 JComponent이다. JComponent는 컴포넌트의 모양, 크기, 위치 등을 조정할 수 있는 다양한 메소드를 포함하고 있으며, 모든 스윙 컴포넌트는 이를 상속받아 동작한다.
- JLabel은 텍스트나 이미지를 사용자에게 표시하는 읽기 전용 컴포넌트이다. 텍스트의 폰트, 정렬, 색상 등을 자유롭게 설정할 수 있으며, 이미지 아이콘도 함께 표시할 수 있다.

```
JLabel label = new JLabel("안내 메시지");
label.setIcon(new ImageIcon("icon.png"));
```

- JCheckBox는 선택(checked) 또는 해제(unchecked) 상태를 가질 수 있는 버튼으로, 사용자가 여러 항목 중 복수 선택이 가능할 때 유용하다.

```
JCheckBox check = new JCheckBox("동의합니다");
check.addItemListener(e -> System.out.println(check.isSelected()));
```

- JRadioButton은 여러 개의 버튼 중 하나만 선택할 수 있는 버튼이다.

```
JRadioButton male = new JRadioButton("남자");
ButtonGroup group = new ButtonGroup(); group.add(male);
```

- ItemEvent는 주로 JCheckBox나 JRadioButton과 같이 항목이 선택되거나 해제될 때 발생하는 이벤트이다.

```
check.addItemListener(e -> System.out.println("ItemEvent 발생"));
```

- JTextField는 한 줄의 문자열을 입력받는 필드이다. 사용자 입력을 받고, [Enter] 키를 누르면 ActionEvent가 발생하여 이벤트 핸들러에서 값을 처리할 수 있다.

```
JTextField text = new JTextField(20);
text.addActionListener(e -> System.out.println(text.getText()));
```

- JTextArea는 여러 줄에 걸쳐 텍스트를 입력할 수 있는 영역을 제공한다.

```
JTextArea area = new JTextArea(5, 20);
```

- JSlider는 사용자가 마우스를 드래그하여 일정 범위의 수치 값을 입력할 수 있도록 해주는 컴포넌트이다.

```
JSlider slider = new JSlider(0, 100, 50);
```

Exercises

1. JCheckBox가 사용하는 이벤트 리스너를 모두 선택하시오.

❶ ActionListener ❷ ItemListener
❸ FormListener ❹ ChangeListener

2. 다음 중 JLabel에 대한 설명으로 틀린 것은?

❶ JLabel은 텍스트와 아이콘을 동시에 표시할 수 있다.
❷ JLabel은 기본적으로 사용자 입력을 받아 텍스트를 편집할 수 있다.
❸ 배경색을 눈에 보이게 하려면 setOpaque(true) 설정이 필요하다.
❹ 마우스 리스너를 부착해 클릭 등 마우스 이벤트를 처리할 수 있다.

3. Component 클래스의 역할은 무엇인가?

❶ GUI 컴포넌트의 기본 동작과 속성을 정의한다.
❷ 이벤트 처리를 구현한다.
❸ 네트워크 연결을 관리한다.
❹ 그래픽 드로잉 전용 클래스를 제공한다.

4. 다음 코드에 빈칸을 채우시오.

```
JButton button = new JButton("클릭하세요");
button.____________(100, 100, 200, 50);                   // 위치와 크기 설정
button.____________(Color.LIGHT_GRAY);                     // 배경색 설정
button.____________(Color.BLUE);                           // 텍스트 색상 설정
button.____________(new Font("Arial", Font.BOLD, 16));     // 폰트 설정
button.____________("이 버튼을 클릭하면 메시지가 출력됩니다."); // 툴팁 설정
```

5. JTextField에서 Enter 키를 누르면 발생하는 이벤트는?

❶ ActionEvent ❷ MouseEvent ❸ ItemEvent ❹ ChangeEvent

6. 다음 코드는 JLabel에 이미지 dog.png를 추가하는 코드이다. 빈칸을 채우시오.

```
ImageIcon icon = ________;
JLabel label = new JLabel(icon);
```

7. JTextField와 JTextArea의 차이점은 무엇인가?

❶ JTextField는 단일 행 입력, JTextArea는 다중 행 입력 가능
❷ JTextField는 사용자 입력을 허용하지 않음
❸ JTextArea는 배경색 변경이 불가능함
❹ JTextField는 다중 행 입력 가능

8. JComboBox의 특징으로 맞는 것을 모두 고르시오.

❶ 여러 항목 중 하나를 선택할 수 있다. ❷ setEditable(true)로 직접 입력도 가능하다.
❸ 반드시 이미지를 포함해야 한다. ❹ 체크 박스와 동일한 기능을 제공한다.

9. JCheckBox와 JRadioButton의 주요 차이점은?

❶ JCheckBox는 다중 선택 가능, JRadioButton은 단일 선택 가능
❷ JRadioButton은 다중 선택 가능, JCheckBox는 단일 선택 가능
❸ 둘 다 동일한 기능을 제공한다.
❹ JCheckBox는 이벤트를 처리하지 않는다.

10. 다음 코드는 ItemListener 인터페이스를 구현하여 이벤트를 처리하는 코드이다. 빈칸을 채우시오.

```
checkBox.addItemListener(new ItemListener() {
    @Override
    public void _________(ItemEvent e) {
        if (e.getStateChange() == ItemEvent.SELECTED) {
            System.out.println("체크 박스 선택됨");
        } else if (e.getStateChange() == ItemEvent._________) {
            System.out.println("체크 박스 선택 해제됨");
        }
    }
});
```

11. JMenuItem의 이벤트를 처리하려면 어떤 인터페이스를 구현해야 하는가?

❶ ActionListener ❷ MouseListener
❸ ChangeListener ❹ ItemListener

12. 다음 코드는 JSlider의 이벤트를 처리하기 위한 ChangeListener를 추가하는 코드이다. 빈칸을 채우시오.

```
slider.addChangeListener(e -> {
    JSlider s = (JSlider) e.getSource();
    int currentValue = s.____________;
    System.out.println("슬라이더 값이 변경되었습니다: " + currentValue);
});
```

13. 다음 코드는 체크 박스의 이벤트를 처리하기 위한 코드이다. 빈칸을 채우시오.

```
checkBox.addItemListener(e -> {
    if (e.getStateChange() == ________) {
        label.setText("체크 상태: 선택됨");
    } else if (e.getStateChange() == ________) {
        label.setText("체크 상태: 선택 안 됨");
    }
});
```

Programming Exercises

난이도: ★★★☆☆
주제: 레이블

1. 간단한 이미지 슬라이더 프로그램을 작성하시오. 프로그램은 화면 중앙에 이미지를 표시하고, 아래에 2개의 화살표 버튼(왼쪽, 오른쪽)을 제공하여 이미지를 변경할 수 있어야 한다. 이미지 경로는 배열에 저장하며, 배열 끝에 도달하면 순환되도록 처리한다.

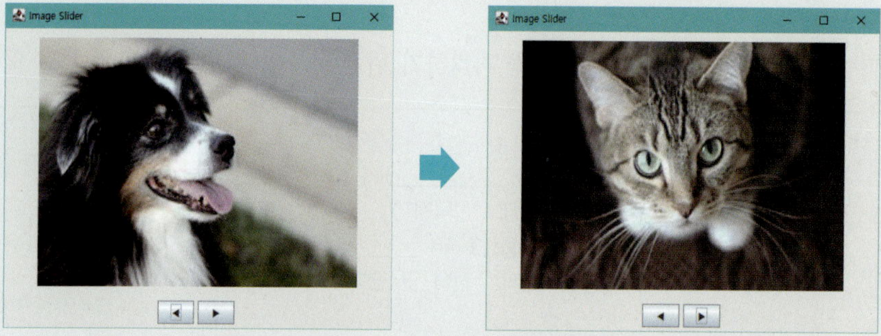

이미지를 프로젝트 디렉터리에 images 폴더로 저장할 수 있다. 이 경우, 이미지 파일은 new ImageIcon ("images/image1.jpg")와 같이 접근한다.

난이도: ★★★☆☆
주제: 텍스트 필드

2. 1부터 100 사이의 정수 중에서 컴퓨터가 무작위로 선택한 숫자를 사용자가 맞추는 숫자 추측 게임을 자바 스윙을 이용하여 구현하시오. 사용자는 숫자를 입력하고 '확인' 버튼을 눌러 컴퓨터가 생각한 숫자를 맞추며, 프로그램은 입력값에 따라 힌트(더 큰 숫자, 더 작은 숫자)를 제공한다.

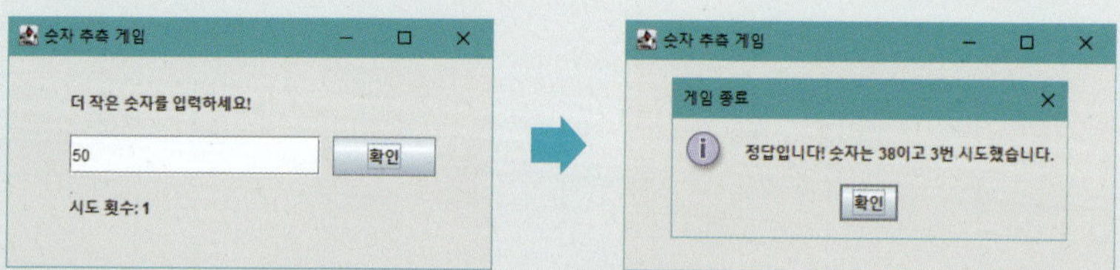

3. 물건을 사면 남은 돈을 동전으로 내주는 화면을 만드시오. 총 금액, 지불 금액 입력 필드와 4개의 동전 개수 표시 필드가 배치된다. 총 금액: 1370원, 지불 금액: 2000원을 입력하면 다음과 같이 표시된다. 지불 금액이 부족하거나 입력이 잘못되면 에러 메시지를 표시한다.

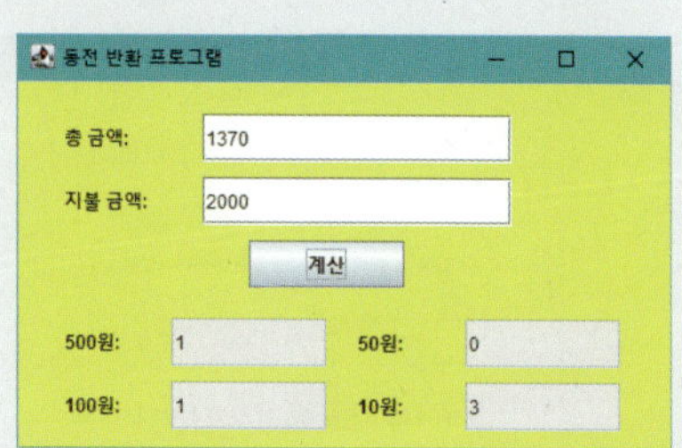

4. 콤보 박스에서 색상을 선택하면 아래 사각형의 색상이 변경되는 프로그램을 작성하시오.

난이도: ★★★☆☆
주제: 콤보 박스

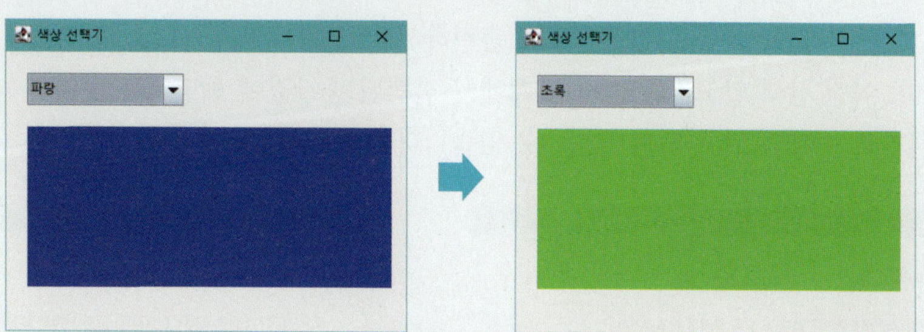

5. 사용자가 입력한 항목을 콤보 박스에 추가할 수 있는 프로그램을 작성하시오. 콤보 박스 앞에 입력 필드와 '추가' 버튼을 배치한다. 사용자가 입력 필드에 텍스트를 작성하고 '추가' 버튼을 누르면 해당 텍스트가 콤보 박스에 추가된다. 콤보 박스에는 초기 항목으로 'Item 1', 'Item 2'를 포함한다.

난이도: ★★★☆☆
주제: 콤보 박스

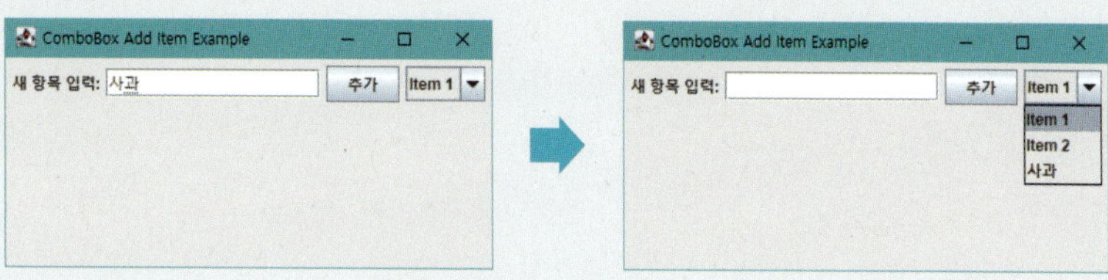

난이도: ★★★☆☆
주제: 텍스트 필드

6. 섭씨와 화씨 중 하나를 선택할 수 있는 라디오 버튼을 만드시오. 사용자가 입력한 온도를 선택된 단위로 변환하여 출력한다. 입력 필드와 '변환' 버튼을 추가한다. 선택된 라디오 버튼에 따라 변환 결과를 출력한다.

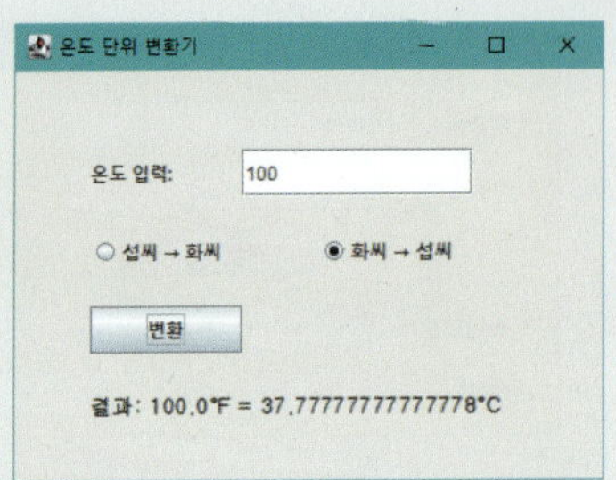

난이도: ★★★☆☆
주제: 텍스트 필드

7. 사용자가 입력한 숫자가 정렬된 배열에서 몇 번째 위치에 있는지 이진 탐색 알고리즘을 사용하여 찾고, 진행 과정을 시각적으로 출력하시오. 정렬된 배열 {1, 3, 5, 7, 9, 11, 13}에서 검색한다. 이진 탐색 알고리즘의 각 단계에서 선택된 중간값에 해당하는 숫자의 색상을 표시한다. 결과로 숫자의 위치 또는 "찾을 수 없습니다" 메시지를 표시한다.

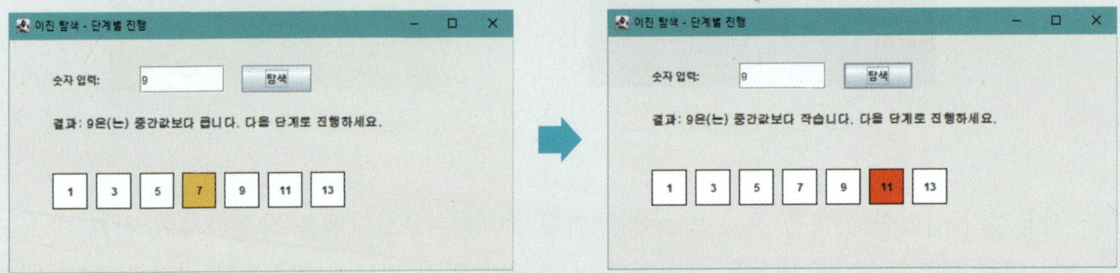

이진 탐색 알고리즘은 배열에 저장된 숫자들이 정렬되어 있는 것으로 가정하고, 중간값과 비교하여 앞부분인지 뒷부분인지를 결정한다. 남아있는 부분에 대하여 동일한 알고리즘을 적용한다.

8. 스윙을 이용하여 극장 좌석 예약 시스템을 만드시오. 좌석은 2차원으로 배치되며, 모두 초록색(선택되지 않은 상태)이다. 하단에는 “선택된 좌석: 없음”이 표시된다. 좌석 버튼을 클릭하면 빨간색으로 바뀌고 선택된 좌석 번호를 하단에 표시한다. 선택을 해제하면 초록색으로 돌아가고, 선택된 좌석 목록에서 제거된다. 여러 좌석을 선택하거나 해제하면 하단의 선택된 좌석 목록이 실시간으로 업데이트된다.

난이도: ★★★☆☆
주제: 버튼과 2차원 객체 배열

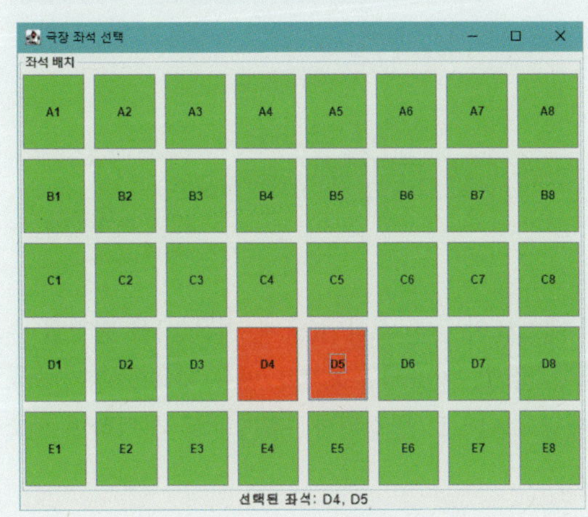

9. 3개의 슬라이더를 사용하여 배경 색상을 조정할 수 있는 프로그램을 작성하시오. 각각의 슬라이더는 빨강(R), 초록(G), 파랑(B) 색상의 값을 조정한다. 슬라이더를 이동하면 상자 색상이 실시간으로 변경된다.

난이도: ★★★☆☆
주제: 슬라이더

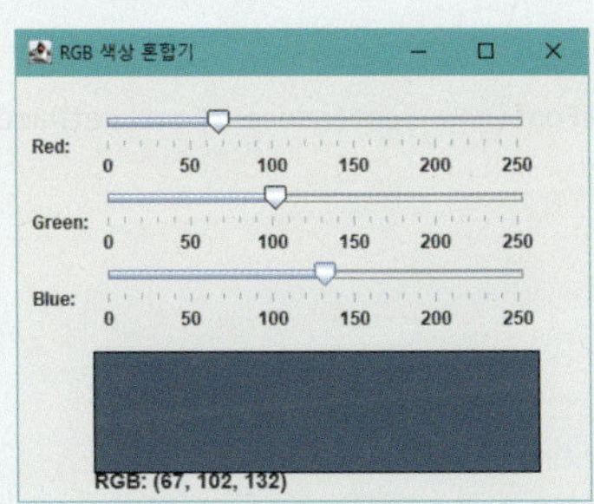

10. 체크 박스를 사용하여 온라인 쇼핑 카트를 구현하시오. 사용자가 원하는 물건을 선택하면 총 금액을 계산한다. 체크 박스 항목으로 여러 상품(예: 노트북, 스마트폰, 이어폰)을 추가한다. 각 상품의 가격을 설정하고, 선택한 상품의 총 금액을 계산한다.

난이도: ★★★☆☆
주제: 체크 박스

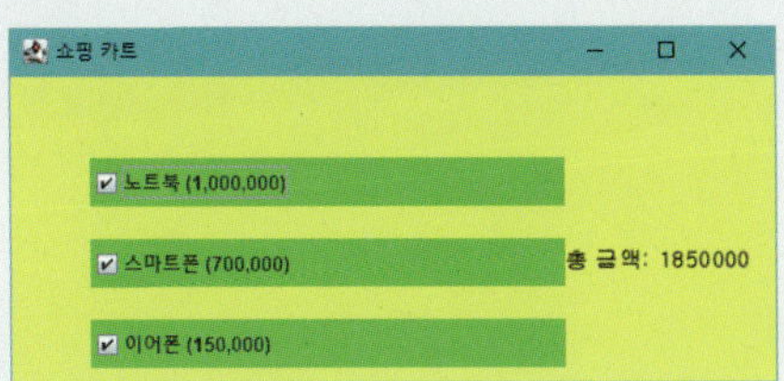

난이도: ★★★☆☆
주제: 텍스트 영역

11. 2개의 텍스트 필드와 텍스트 영역을 사용하여 간단한 채팅 시뮬레이터를 만드시오. 사용자가 텍스트를 입력하고 '보내기' 버튼을 누르면 텍스트 영역에 대화 내용이 표시된다. 사용자 A와 B를 위한 2개의 입력 필드가 존재한다. 입력된 텍스트가 각 사용자의 이름과 함께 텍스트 영역에 추가된다.

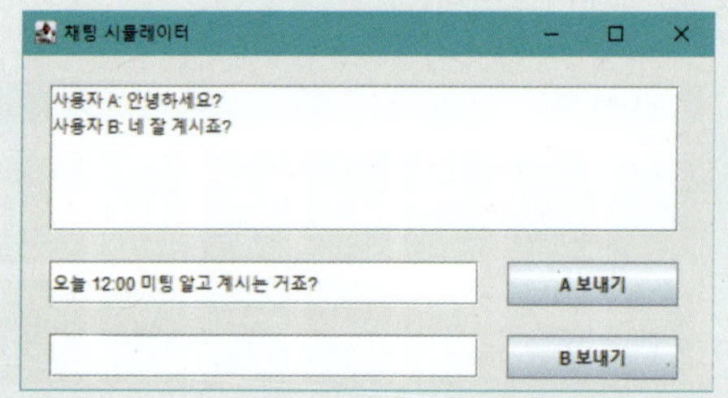

난이도: ★★★☆☆
주제: 메뉴

12. 메뉴를 사용하여 텍스트의 글꼴 스타일(굵게, 기울임)을 변경할 수 있는 프로그램을 작성하시오. '서식' 메뉴에 '굵게', '기울임', '초기화' 메뉴 항목을 추가한다. '굵게'와 '기울임'을 선택하면 텍스트가 해당 스타일로 변경된다. '초기화'를 선택하면 텍스트 스타일이 기본값으로 돌아간다.

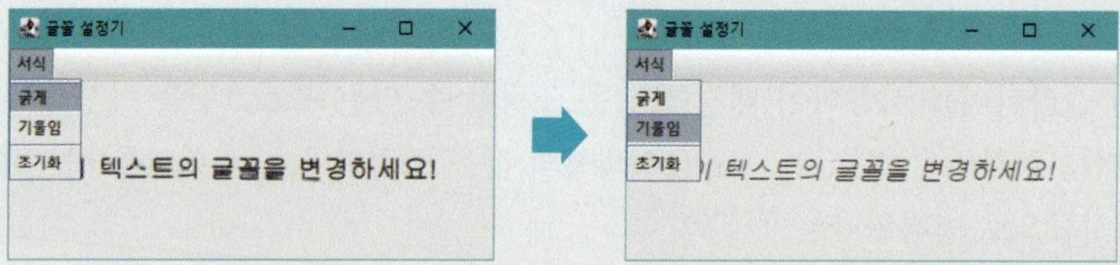

레이블의 폰트는 `textLabel.setFont(new Font(currentFont.getName(), style, currentFont.getSize()));` 문장으로 변경이 가능하다.

13. 스택 자료 구조의 동작을 시각적으로 시뮬레이션하는 프로그램을 작성하시오. 프로그램은 스택의 크기를 5로 제한하며, 현재 스택 상태를 5개의 텍스트 필드에 표시한다. 'Push'와 'Pop' 버튼은 화면 하단에 배치하여 사용자가 입력값을 스택에 추가하거나 제거할 수 있도록 한다.

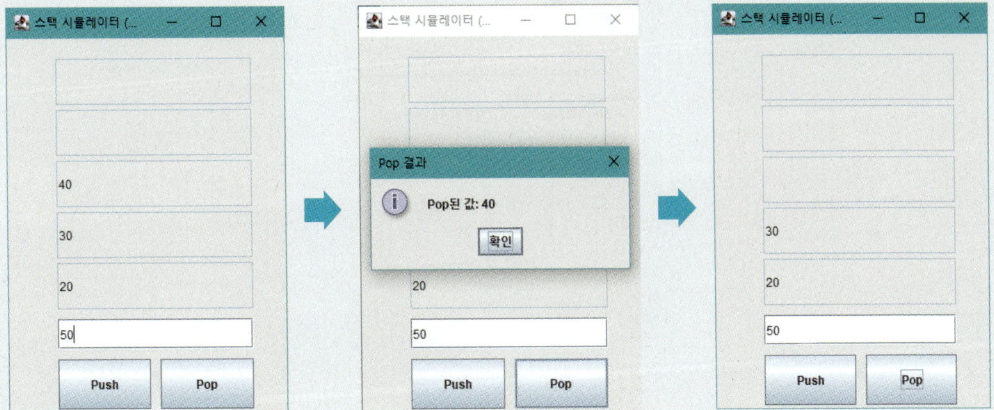

스택은 가장 마지막으로 추가된 데이터가 먼저 출력되는 자료 구조이다.

14. 기억력 게임(Memory Matching Game)을 자바 스윙을 사용하여 만드시오. 게임은 4×4 버튼 배열로 구성되며, 각 버튼에는 숫자가 숨겨져 있다. 사용자는 2개의 버튼을 클릭하여 같은 숫자를 찾아야 하며, 같은 숫자를 찾으면 버튼이 비활성화된다.

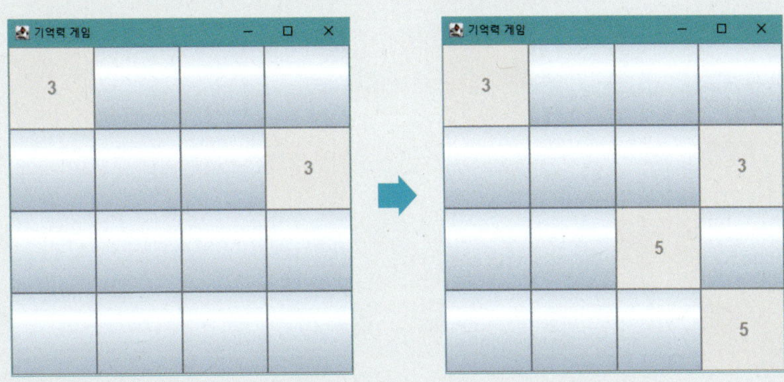

난이도: ★★★☆☆
주제: 슬라이더

15. 다음과 같은 바둑 게임에서 사용자가 초기 설정을 할 수 있는 화면을 구현하시오.

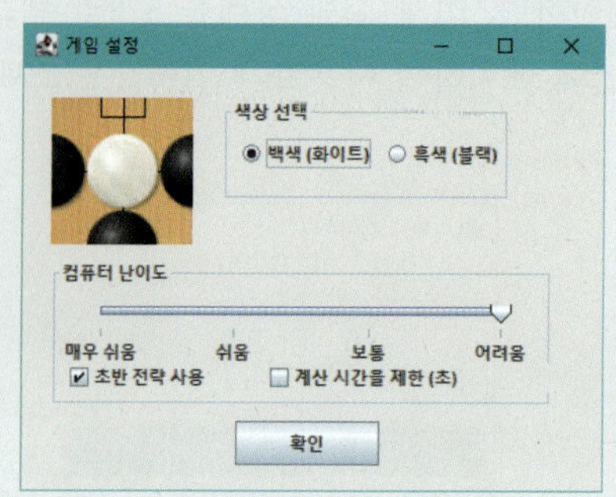

CHAPTER

11

자바 그래픽

학습목표

- 화면에 도형들을 그린다.
- 화면에 이미지를 그린다.
- 버튼을 눌러서 그림을 변경한다.
- 마우스로부터 좌표를 받아서 그림을 그린다.

학습목차

핵심 키워드

자바 그래픽, Graphics 클래스, 이미지 출력

CHAPTER

11 자바 그래픽

11.1 그래픽 프로그래밍의 기초

자바에서 그래픽을 활용하면 화면이 단순한 정보 표시를 넘어, 애플리케이션을 더욱 생동감 있고 사용자에게 친근하게 느껴지도록 만들 수 있다. 이번 장에서는 그래픽의 기본 개념, 주요 클래스와 메소드, 다양한 예제를 통해 자바 스윙에서 그래픽을 다루는 방법을 배워본다. 자바는 스마트한 언어답게 처음부터 그래픽을 정말 잘 챙겼다. 그림 11-1은 자바 그래픽을 이용한 데모 화면인데, 곡선을 그리거나 도형을 회전시키는 건 기본이고, 앤티에일리어싱, 그라디언트 채우기 같은 멋진 기능도 사용할 수 있다.

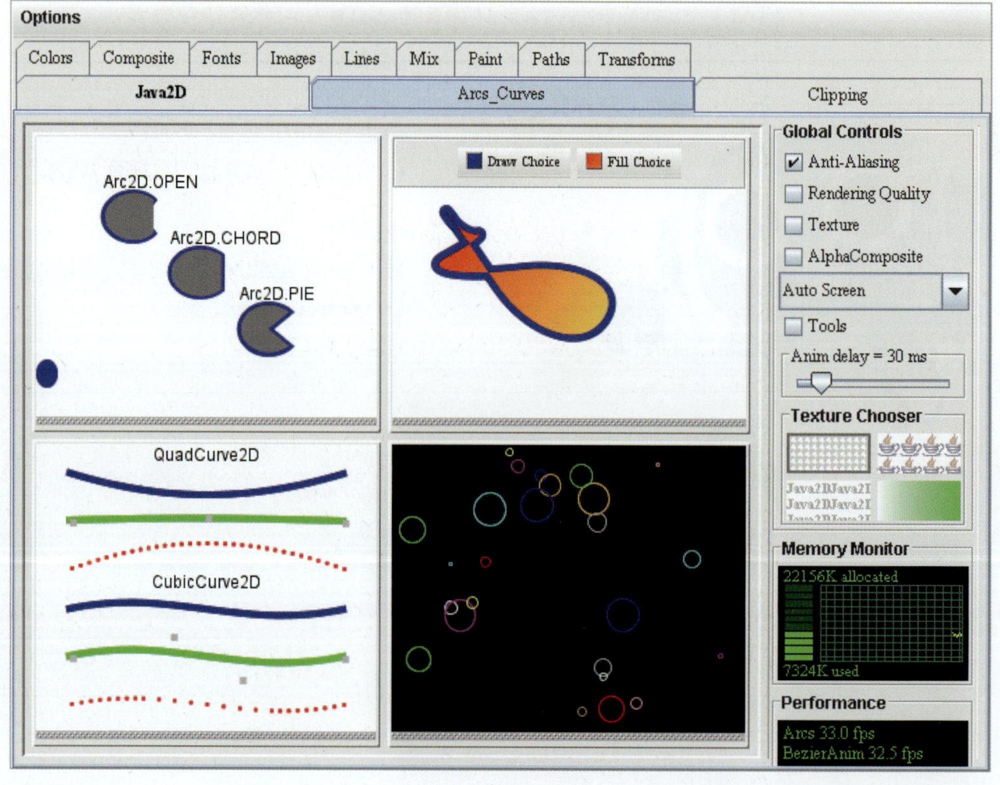

그림 11-1 자바 그래픽 데모 예제

출처: java.sun.com

GUI에 그래픽을 추가하는 방법

앞장에서 우리는 '버튼', '텍스트 필드' 같은 스윙 컴포넌트를 배웠다. 이 컴포넌트들만 조합해도 꽤나 복잡하고 멋진 화면을 만들 수 있다. 하지만 문제는, 이 방법은 자바가 준 틀에만 갇혀 있다는 것이다. 독창적인 디자인이나 복잡한 그래픽은 꿈꾸기 어렵다.

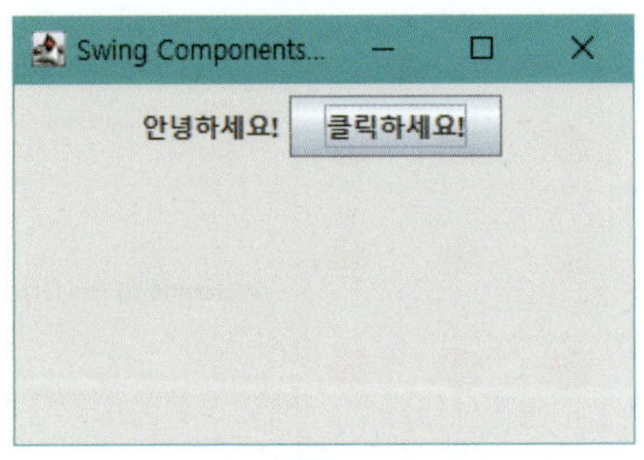

(a) 스윙 컴포넌트만 이용

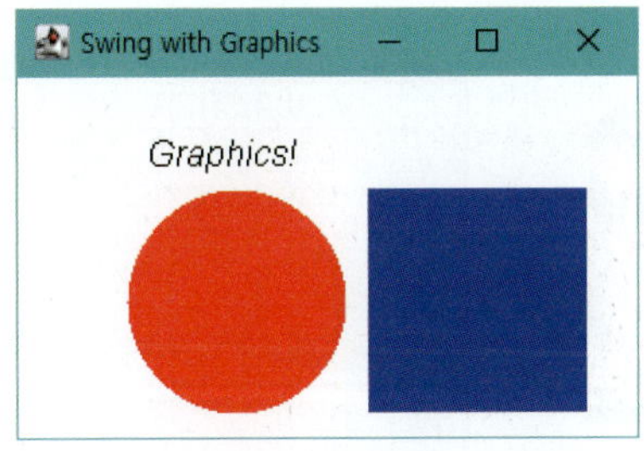

(b) 그래픽 이용

그림 11-2 스윙 컴포넌트만 이용한 방법과 그래픽을 이용한 방법의 비교

하지만 그래픽을 사용하면 이야기가 완전히 달라진다. 도형, 이미지, 애니메이션 같은 것을 자유롭게 구현하면서, "이게 정말 자바로 만든 거라고?"라는 말을 들을 수 있다. 게다가 UX(사용자 경험)도 확 바꿀 수 있다. 그림의 위치, 크기, 색상 같은 요소도 하나하나 코드로 완벽히 조절할 수 있으니, 진정한 예술가의 마음으로 화면을 설계할 수 있는 것이다. 이제부터 자바 그래픽의 세계를 차례대로 학습해 보자.

그림을 그리는 방법

컴포넌트 위에 그림을 그리려면 마법의 열쇠 같은 `paintComponent(Graphics g)` 메소드를 재정의해야 한다. 이 메소드는 "컴포넌트야, 이제 너의 차례야! 화면을 멋지게 그려봐!"라고

호출되는 중요한 메소드이다. 자바의 모든 스윙 컴포넌트는 기본적으로 paintComponent() 메소드를 가지고 있는데, 여기서 원하는 대로 그림을 그릴 수 있다. 컨테이너(예: JFrame)는 마치 감독처럼 자신 안에 있는 모든 자식 컴포넌트의 paintComponent() 메소드를 적절한 타이밍에 자동으로 호출한다. 이렇게 하면 각 컴포넌트는 화면에서 자신을 멋있게 그릴 수 있다.

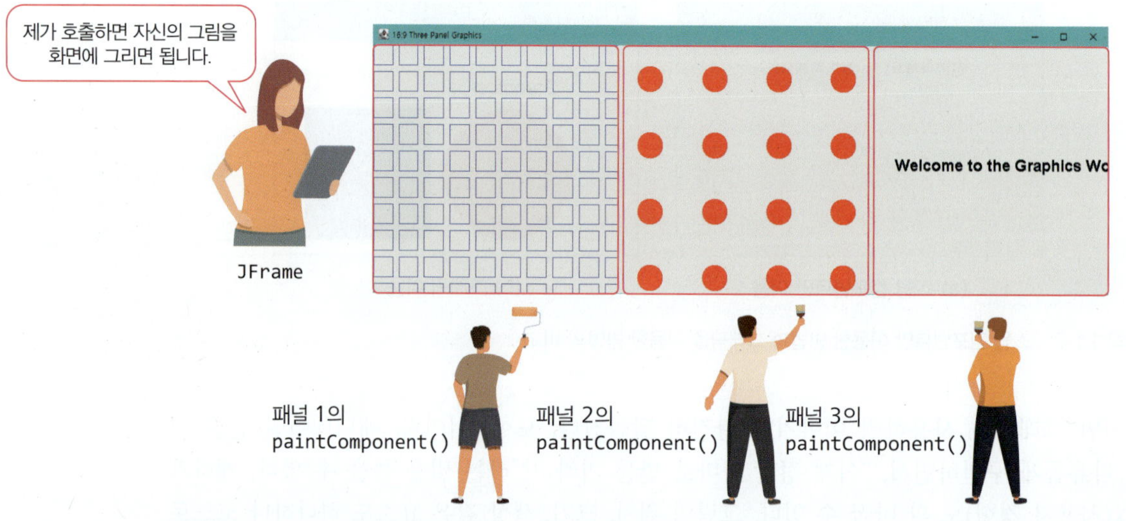

그림 11-3 paintComponent() 메소드는 컨테이너가 적절히 호출한다.

paintComponent() 메소드는 컴포넌트가 화면에 처음 그려질 때뿐만 아니라 창 크기 조정, 화면 업데이트 등의 이벤트가 발생할 때도 호출된다. 따라서 자바에서 그래픽 작업은 반드시 이 메소드 내부에서 수행해야 한다. 이렇게 하면 자바의 그래픽 시스템이 컴포넌트의 상태와 화면의 일관성을 유지할 수 있다.

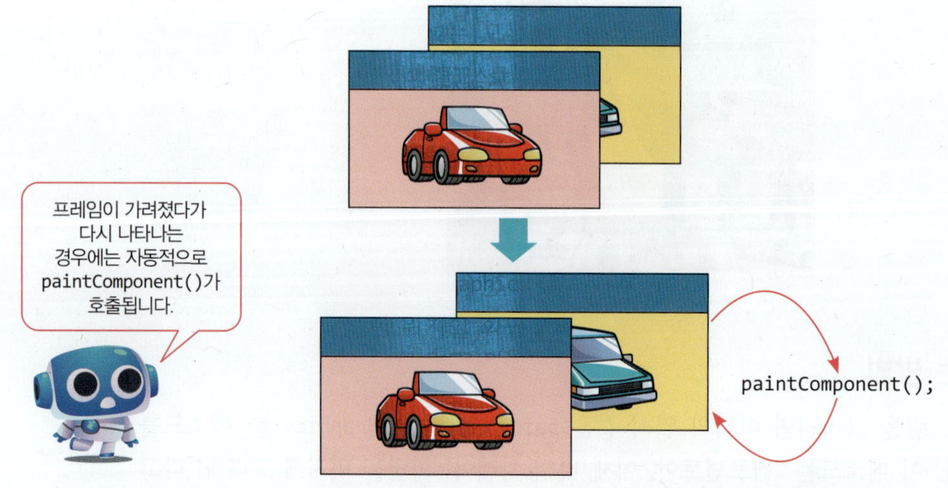

그림 11-4 paintComponent() 메소드

정확히 언제 paintComponent() 메소드가 호출되는 것일까? paintComponent() 메소드는 컴포넌트를 다시 그릴 필요가 있을 때마다 자바에 의하여 호출된다. 예를 들어서 컴포넌트가 가려졌다가 다시 화면에 나타날 때 paintComponent() 메소드가 자동으로 호출된다. 따라서 그림을 그리는 코드가 paintComponent() 메소드 안에 들어 있지 않으면 컴포넌트가 제대로 그려지지 않는다.

어디에 그릴 것인가?

프레임 위에 직접 도형을 그릴 수도 있지만, 사실 '올바른 해답'이 아니다. 자바에서 프레임(JFrame)은 다른 컴포넌트를 담는 컨테이너로 설계되었기 때문에, 도형을 그릴 때는 프레임 대신 다른 컴포넌트를 사용하는 것이 더 나은 방법이다. 그럼 어떤 컴포넌트를 써야 할까? 바로 JPanel이다. JPanel은 그림을 그릴 수 있는 캔버스 역할을 하면서도 버튼, 텍스트 필드 같은 다른 컴포넌트를 담을 수도 있다. 즉, 그래픽과 사용자 인터페이스를 함께 처리할 수 있다는 의미이다. 또한 JPanel은 기본적으로 더블 버퍼링(Double Buffering)을 지원해서 깜빡임 없는 부드러운 그래픽을 구현할 수 있다. 애니메이션이나 복잡한 도형을 그릴 때도 훨씬 안정적이고 보기 좋다.

이제 JFrame을 생성하고, 여기에 JPanel을 추가한 뒤, JPanel 위에 그림을 그려 보자. 다만, JPanel을 그냥 사용하는 것보다 상속받아서 MyPanel이라는 커스텀 클래스를 작성하는 편이 훨씬 유연하고 확장하기 쉽다. 이렇게 하면 JPanel의 다양한 메소드를 재정의해서 원하는 기능을 추가하기가 더 편해진다. 프레임은 깔끔하게 컨테이너로만 쓰고, 그림 그리기는 전문가처럼 JPanel 위에서 해보도록 하자. '프레임은 무대 감독, JPanel은 배우'라고 생각하면 딱이다. 우리는 다음과 같은 구조를 사용하도록 하자.

```
public class MyFrame extends JFrame {
    private class MyPanel extends JPanel {
        public void paintComponent(Graphics g) {
            // 여기에 그림을 그리는 코드를 넣는다.
        }
    }
    public MyFrame() {
        ...
        add(new MyPanel());
        setVisible(true);
    }
}
```

프레임 내부에 패널을 정의한다. 어차피 이 패널은 내부적으로만 사용하므로 private으로 정의한다.

paintComponent() 메소드를 재정의한다.

paintComponent() 메소드는 Graphics 타입의 매개변수를 가지고 있다. Graphics 클래스는 그림을 그리는 데 필요한 모든 설정값(예를 들어서 색상이나 폰트)과 그림을 그리는 메소드를 가지고 있다. 따라서 자바에서의 모든 그리기는 Graphics 클래스를 통해야 한다.

예제 11-1 기초 도형 그리기

아직 학습하기 전이지만 다음과 같은 화면을 생성하는 예제를 작성해 보고 지나가자. paintComponent() 메소드를 오버라이딩하면 된다.

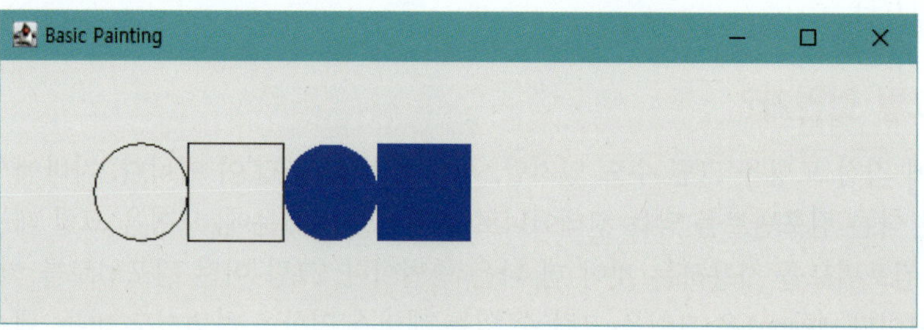

BasicPainting.java

```java
import javax.swing.*;
import java.awt.*;

public class BasicPainting extends JFrame {
    private class MyPanel extends JPanel {
        @Override
        protected void paintComponent(Graphics g) {
        // paintComponent()를 오버라이딩
            super.paintComponent(g);
            // 부모 클래스의 paintComponent() 호출로 기존 배경 처리

            g.drawOval(60, 50, 60, 60);
            // 좌표 (60, 50)에 지름 60의 원 그리기
            g.drawRect(120, 50, 60, 60);
            // 좌표 (120, 50)에 60×60 크기의 사각형 그리기

            g.setColor(Color.BLUE);       // 그리기 색상을 파란색으로 설정
            g.fillOval(180, 50, 60, 60);  // 좌표 (180, 50)에 채워진 원 그리기
            g.fillRect(240, 50, 60, 60);  // 좌표 (240, 50)에 채워진 사각형 그리기
        }
    }
    public BasicPainting() {
        setTitle("Basic Painting");
        setSize(600, 200);
        add(new MyPanel());
        setVisible(true);
    }
    public static void main(String[] args) {
        SwingUtilities.invokeLater(() -> new BasicPainting());
    }
}
```

사각형을 그리려면 Graphics 객체가 가지고 있는 drawRect() 메소드를 호출하면 된다. 예를 들어서 화면에 사각형과 원을 그리려면 다음과 같은 문장을 paintComponent() 메소드 안에 추가한다. 채워진 도형은 fillRect()처럼 'fill'로 시작하는 메소드를 사용한다.

```
g.drawOval(60, 50, 60, 60);
g.drawRect(120, 50, 60, 60);
```

1 각 도형마다 다른 색의 테두리를 지정하시오(도형을 채운 후, 다시 같은 위치에 drawOval() 또는 drawRect()를 호출하여 테두리를 그릴 수 있다).

- 첫 번째 원은 빨간색 테두리
- 두 번째 사각형은 초록색 테두리
- 나머지 두 개의 채워진 도형은 테두리를 노란색으로 칠한다.

SELF TEST

1 우리가 컴포넌트 위에 그림을 그리려면 컴포넌트의 ____________ 메소드를 오버라이드한다.

2 Graphics 클래스가 가지고 있는 것은 무엇인가?

3 우리가 그림을 그리기 위한 캔버스로 많이 사용하는 컴포넌트는 무엇인가?

11.2 Graphics 클래스

Graphics 클래스

자바는 java.awt.Graphics 클래스를 통하여 그래픽 기능을 제공한다. Graphics 클래스는 그리기에 사용되는 색상 및 글꼴 등의 상태를 유지하고 화면에 그림을 그리는 메소드를 제공한다. Graphics 클래스가 그래픽을 위해 제공하는 다양한 메소드들은 다음과 같다.

- **기초 도형들:** drawXxx()과 fillXxx() 형식의 메소드를 통하여 직선, 사각형, 타원 등을 화면에 그릴 수 있다.
- **텍스트 문자열:** drawString() 메소드를 통해 텍스트를 화면에 그릴 수 있다.
- **이미지:** drawImage() 메소드를 통해 화면에 이미지를 그릴 수 있다.
- **색상 관리:** 색상을 설정하고 현재 색상을 가져오는 기능을 제공한다.
- **좌표 변환:** 좌표계를 변환하거나 이동하는 기능을 제공한다.
- **폰트 설정:** setFont(Font font)를 이용하여 현재 사용될 글꼴을 설정할 수 있다.

그래픽 좌표계

자바에서 사용하는 좌표계의 원점 (0, 0)은 좌측 상단 구석에 있다. 오른쪽으로 갈수록 x의 값이 증가하며, 아래쪽으로 갈수록 y의 값이 증가한다. 컴포넌트의 `getWidth()`와 `getHeight()` 메소드를 호출하면 컴포넌트의 폭과 높이를 얻을 수 있다.

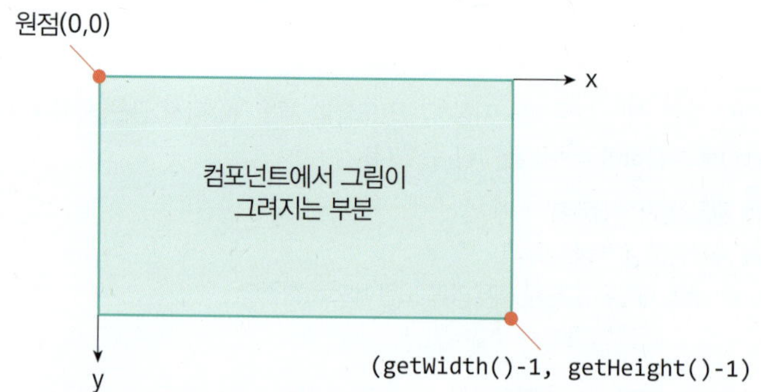

그림 11-5 자바의 그래픽 좌표계

색상

자바에서는 색상을 정의하고 관리할 때 `java.awt` 패키지의 일부인 `Color` 클래스를 사용한다. `Color` 클래스로 만들어지는 객체는 특정한 하나의 색을 나타낸다. 특정한 색을 표현하기 위해서는 빛의 3원색인 Red 성분, Green 성분, Blue 성분이 얼마나 함유되어 있는지를 0에서 255까지의 수를 사용하여 나타낸다. 예를 들어 흰색은 (255, 255, 255), 검정색은 (0, 0, 0), 노란색은 (255, 255, 0)으로 표현한다.

생성자	매개변수
`Color(int r, int g, int b)`	r: 빨강 (0~255), g: 초록 (0~255), b: 파랑 (0~255)
`Color(int r, int g, int b, int a)`	r: 빨강 (0~255), g: 초록 (0~255), b: 파랑 (0~255), a: 알파 (0~255, 0은 투명, 255는 불투명)
`Color(int rgb)`	rgb: 32비트 정숫값. 상위 8비트는 알파, 나머지 24비트는 RGB 값으로 사용.

표 11-1 `Color` 클래스의 생성자

많이 쓰이는 색상 값들은 `Color` 클래스 안에서 미리 정의하고 있다. 이런 색상 값들은 클래스 변수이면서 상수이다. 이들은 클래스 안에서 `static`으로 정의되어 있고 객체의 이름이 아닌 클래스의 이름으로 참조될 수 있다. 예를 들어 Color.WHITE, Color.BLACK, Color.YELLOW 등으로 참조한다. 다음은 같은 색을 다르게 나타낸 예시이다.

```
Color c = Color.MAGENTA;
Color c = new Color (255, 0, 255);
```

Color는 알파(alpha) 값을 가질 수 있다. 알파 값이란 색상의 투명도를 나타낸다. 기본적으로는 255(전혀 투명하지 않음)이지만 사용자가 변경할 수 있다. 예를 들어서 다음과 같이 생성하면 빨간색인데 **투명도가 50%**인 색상이 만들어진다.

```
Color c = new Color (255, 0, 0, 128);
```

색상 설정 방법

컴포넌트 객체의 배경색은 setBackground() 메소드를 이용하여 지정할 수 있다. 한편, 컴포넌트 위에 출력되는 문자와 도형의 색상(전경색)은 Graphics 클래스의 setColor() 메소드로 변경할 수 있다. setColor() 메소드로 지정한 색상은 이후 다시 다른 색으로 변경하기 전까지, 해당 Graphics 객체를 통해 그려지는 모든 문자와 도형에 적용된다.

메소드	설명
setBackground(Color c)	컴포넌트 객체에서 배경색 설정
setColor(Color c)	전경색 설정
Color getColor()	현재의 전경색을 반환

표 11-2 Color 클래스의 색상 설정 메소드

문자열 그리기

화면에 문자열을 그리려면 Graphics 클래스의 drawString() 메소드를 사용하여야 한다.

메소드	매개변수
drawString(String str, int x, int y)	문자열을 (x, y) 좌표를 기준으로 그림. 문자열의 좌측 하단 모서리를 기준으로 위치가 정해짐.

표 11-3 Graphics 클래스의 drawString() 메소드

예를 들어서 (x, y) 위치에 문자열 "Hello World!"를 출력하려면 다음과 같이 한다.

```
g.drawString("Hello World!", x, y);
```

문자열은 지정된 폰트로 출력된다. 만약 폰트가 지정되어 있지 않으면 디폴트 폰트가 사용된다.

폰트 객체 생성

폰트를 지정하기 위해서는 Font 클래스를 사용한다.

생성자	매개변수
Font(String name, int style, int size)	name: 글꼴 이름(예: "Arial", "Serif") style: 글꼴 스타일(Font.PLAIN, Font.BOLD, Font.ITALIC) size: 글꼴 크기(포인트 단위)

표 11-4 Font 클래스의 생성자

예를 들어서 다음 문장은 크기가 10이고 plain 스타일의 Courier 폰트 객체를 생성한다.

```
Font f = new Font("Courier", Font.PLAIN, 10);
```

생성자의 첫 번째 매개변수는 폰트의 이름이다. 전형적인 폰트의 이름은 Times, Courier, Helvetica 등이 있다. 이외에도 시스템에 설치된 폰트를 사용할 수 있다. 예를 들어서 "Times New Roman"이라고 하면 Times New Roman 폰트를 사용한다. 그런데 이렇게 폰트 이름을 직접 지정하는 방식에는 한 가지 문제가 있다. 프로그램이 실행되는 컴퓨터에 그 폰트가 반드시 설치되어 있다는 보장이 없다는 점이다. 따라서 이 문제를 해결하는 방법으로 다음과 같은 2가지가 있다.

- 자바가 제공하는 논리적인 폰트 중에서 하나를 사용한다.
- 사용 가능한 폰트 리스트에서 사용자가 선택하도록 한다.

논리적인 폰트는 대표적인 폰트를 나타낸다. 다음은 논리적인 폰트를 정리한 표이다.

논리적인 폰트	설명
"Serif"	삐침(serif)을 갖는 가변 폭 글꼴. 대표적으로 TimesRoman이 있음.
"SansSerif"	삐침(serif)을 갖지 않는 가변 폭 글꼴. 대표적으로 Helvetica가 있음.
"Monospaced"	고정 폭을 가지는 글꼴. 대표적으로 Courier가 있음.
"Dialog"	대화 상자에서 텍스트 출력을 위해 사용하는 글꼴
"DialogInput"	대화 상자에서 텍스트 입력을 위해 사용하는 글꼴

표 11-5 논리적인 폰트

자바는 위의 논리적인 폰트는 항상 존재함을 보장한다. Serif는 글자의 끝에 장식적인 삐침을 가지는 폰트이다. San Serif는 장식적인 삐침이 없다. Monospaced는 모든 글자의 너비가 같다.

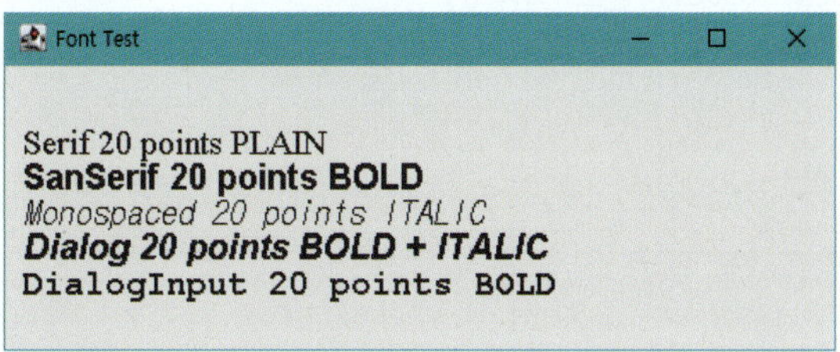

그림 11-6 논리적인 폰트를 사용한 예시

생성자의 두 번째 매개변수는 볼드(bold)나 이탤릭(italic)과 같은 수식자이다. 폰트의 스타일에는 다음의 3가지가 있다.

폰트 스타일	설명
Font.BOLD	볼드체
Font.ITALIC	이탤릭체
Font.PLAIN	표준체

표 11-6 폰트 스타일

스타일을 조합하고 싶은 경우에는 'Font.BOLD | Font.ITALIC'과 같이 한다. 생성자의 세 번째 매개변수는 크기로서 단위는 포인트(point)이다. 포인트는 1/72인치이다.

폰트 설정 방법

컴포넌트나 Graphics 객체에서 폰트를 지정하기 위해서는 setFont() 메소드를 사용한다. 예를 들어서 컴포넌트의 paintComponent() 메소드에서 Graphics 객체의 폰트를 지정하려면 다음과 같은 문장을 사용한다.

```
Font f = new Font("Serif",  Font.BOLD | Font.ITALIC,  12);
...
public void paintComponent(Graphics g) {
    g.setFont(f);
    ...
}
```

컴포넌트에서도 setFont() 메소드를 이용하여 컴포넌트가 사용하는 폰트를 변경할 수 있다. 예를 들어서 레이블 컴포넌트에서 텍스트를 표시하는 폰트는 다음과 같이 변경한다.

```
JLabel  myLabel = new JLabel("폰트 색상");
Font f = new Font("Dialog", Font.ITALIC, 10);
myLabel.setFont(f);
```

예제 11-2 다양한 폰트 사용하기

논리적인 폰트들을 생성하고 각각의 폰트를 사용하여 문자열을 출력해 보자.

FontTest.java

```
import java.awt.*;
import javax.swing.*;

public class FontTest extends JFrame {
    private class MyPanel extends JPanel {
        Font f1, f2, f3, f4, f5;

        public MyPanel() {
            f1 = new Font("Serif", Font.PLAIN, 20);
            f2 = new Font("San Serif", Font.BOLD, 20);
            f3 = new Font("Monospaced", Font.ITALIC, 20);
            f4 = new Font("Dialog", Font.BOLD | Font.ITALIC, 20);
            f5 = new Font("DialogInput", Font.BOLD, 20);
        }
        public void paintComponent(Graphics g) {
            super.paintComponent(g);
            g.setFont(f1);
            g.drawString("Serif 20 points PLAIN", 10, 50);
            g.setFont(f2);
            g.drawString("SanSerif 20 points BOLD", 10, 70);
            g.setFont(f3);
            g.drawString("Monospaced 20 points ITALIC", 10, 90);
            g.setFont(f4);
            g.drawString("Dialog 20 points BOLD + ITALIC", 10, 110);
```

폰트 객체를 생성한다. 이 작업은 시간이 많이 소요되므로 생성자에서 미리 하는 것이 좋다.

폰트를 변경한다.

```
            g.setFont(f5);
            g.drawString("DialogInput 20 points BOLD", 10, 130);
        }
    }
    public FontTest() {
        setSize(500, 200);
        setTitle("Font Test");
        setDefaultCloseOperation(JFrame.EXIT_ON_CLOSE);
        add(new MyPanel());
        setVisible(true);
    }
    public static void main(String[] args) {
        SwingUtilities.invokeLater(() -> new FontTest());
    }
}
```

도전문제

1 각 텍스트 라인의 색상을 다르게 설정하시오..

Hint `g.setColor(Color.XXX);`를 `setFont()` 전에 넣는다.

- Serif는 빨강
- San Serif는 파랑
- Monospaced는 초록
- Dialog는 주황
- DialogInput은 보라

참고사항: 폰트 사용 시 주의사항

1. `Font()` 생성자가 시스템에 실제로 폰트를 생성시키는 것은 아니다. 시스템에 이미 설치된 폰트를 프로그램에서 사용할 수 있도록 객체를 생성할 뿐이다.
2. 컴포넌트가 컨테이너의 폰트를 그대로 사용하려면 `setFont(null)` 문장을 사용하면 된다.

SELF TEST

1 스윙에서 색상을 나타내는 클래스 이름은 무엇인가?

2 순수한 빨간색을 나타내는 `Color` 객체를 만드시오.

3 크기 10포인트인 Serif 폰트를 나타내는 `Font` 객체를 만드시오.

예제 11-3 기본 도형 그리기

패널을 하나 생성하고 여기에 원과 사각형을 그려 보자.

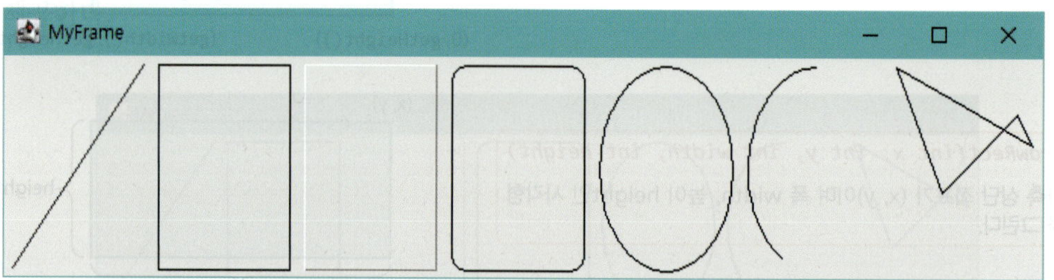

DrawShape1.java

```java
import java.awt.*;
import java.awt.event.*;
import javax.swing.*;

public class DrawShapes1 extends JFrame {
    private class MyPanel extends JPanel {
        public void paintComponent(Graphics g) {
            super.paintComponent(g);
            Dimension d = getSize();
            int gWidth = d.width / 7;
            int gHeight = d.height;

            int x = 5;
            int y = 5;
            int width = gWidth - 10;
            int height = gHeight - 10;

            g.drawLine(x, y + height - 1, x + width, y);
            x += gWidth;

            g.setColor(Color.BLACK);
            g.drawRect(x, y, width, height);
            x += gWidth;

            g.setColor(Color.LIGHTGRAY);
            g.draw3DRect(x, y, width, height, true);
            x += gWidth;
            g.setColor(Color.BLACK);

            g.drawRoundRect(x, y, width, height, 20, 20);
            x += gWidth;

            g.drawOval(x, y, width, height);
```

```
            x += gWidth;

            g.drawArc(x, y, width, height, 90, 150);
            x += gWidth;

            int xp[] = {x, x + 30, x + 80, x + 90};
            int yp[] = {y, y + 80, y + 30, y + 50};
            g.drawPolygon(xp, yp, xp.length);
        }
    }
    public DrawShapes1() {
        setTitle("MyFrame");
        setSize(700, 180);
        setDefaultCloseOperation(JFrame.EXIT_ON_CLOSE);
        add(new MyPanel());
        setVisible(true);
    }
    public static void main(String[] args) {
        SwingUtilities.invokeLater(() -> new DrawShapes1());
    }
}
```

도전문제

1 패널을 클릭하면 도형의 색상이 무작위로 바뀌도록 구현하시오(MouseAdapter 사용한다. Random 클래스를 이용하여 Color 생성한다. repaint() 호출로 다시 그림을 그린다).

```
Random rand = new Random();
Color randomColor = new Color(rand.nextInt(256), rand.nextInt(256),
                                                  rand.nextInt(256));
```

도형 채워서 그리기 예제 11-4

앞의 예제에서 drawXXX() 메소드를 fillXXX() 메소드로 변경하면 색상으로 채워진 도형이 그려진다.

DrawShapes2.java

```
import java.awt.*;
import java.awt.event.*;
import javax.swing.*;

public class DrawShapes2 extends JFrame {
    private class MyPanel extends JPanel {
        public void paintComponent(Graphics g) {
            super.paintComponent(g);
            Dimension d = getSize();
            int gWidth = d.width / 7;
            int gHeight = d.height;

            int x = 5;
            int y = 5;
            int width = gWidth - 10;
            int height = gHeight - 10;

            g.drawLine(x, y + height - 1, x + width, y);
            x += gWidth;

            g.setColor(Color.BLUE);
            g.fillRect(x, y, width, height);
            x += gWidth;

            g.setColor(Color.LIGHTGRAY);
            g.fill3DRect(x, y, width, height, true);
            x += gWidth;

            g.setColor(Color.RED);
            g.fillRoundRect(x, y, width, height, 20, 20);
            x += gWidth;

            g.setColor(Color.GREEN);
            g.fillOval(x, y, width, height);
            x += gWidth;

            g.setColor(Color.PINK);
            g.fillArc(x, y, width, height, 90, 150);
            x += gWidth;

            int xp[] = {x, x + 30, x + 80, x + 90};
            int yp[] = {y, y + 80, y + 30, y + 50};
            g.setColor(Color.ORANGE);
            g.fillPolygon(xp, yp, xp.length);
        }
    }
```

```java
    public DrawShapes2() {
        setTitle("MyFrame");
        setSize(700, 180);
        setDefaultCloseOperation(JFrame.EXIT_ON_CLOSE);
        add(new MyPanel());
        setVisible(true);
    }
    public static void main(String[] args) {
        SwingUtilities.invokeLater(() -> new DrawShapes2());
    }
}
```

도전문제

1 각 도형 아래에 해당 도형의 이름을 텍스트로 출력하시오(예: `drawString("사각형", x, y + height + 15);`).

눈사람 그리기 — 예제 11-5

지금까지 학습한 내용을 바탕으로 눈사람 얼굴을 직선, 타원, 사각형 등을 이용하여 그려 보자.

SnowManFace.java

```java
import javax.swing.*;
import java.awt.*;
import java.awt.event.*;

public class SnowManFace extends JFrame {
    private class MyPanel extends JPanel {
        public void paintComponent(Graphics g) {
            super.paintComponent(g);
            g.setColor(Color.YELLOW);
            g.fillOval(20, 30, 200, 200);
            g.setColor(Color.BLACK);
            g.drawArc(60, 80, 50, 50, 180, -180); // 왼쪽 눈
            g.drawArc(150, 80, 50, 50, 180, -180); // 오른쪽 눈
            g.drawArc(70, 130, 100, 70, 180, 180); // 입
        }
    }
    public SnowManFace() {
        setSize(300, 300);
        setTitle("눈사람 얼굴");
        setDefaultCloseOperation(JFrame.EXIT_ON_CLOSE);
```

전경색을 노란색으로 변경한다.
채워진 타원을 그린다.
전경색을 검정색으로 변경한다.

눈사람 얼굴

```
        add(new MyPanel());
        setVisible(true);
    }
    public static void main(String[] args) {
        SwingUtilities.invokeLater(() -> new SnowManFace());
    }
}
```

도전문제

1. SnowManFace에 버튼을 추가하고, 이 버튼을 누르면 찡그린 얼굴로 변경되도록 코드를 수정하시오.
2. 얼굴의 디테일을 더 추가하시오.

SELF TEST

1. 스윙을 이용하여 (10, 10)에서 (100, 100)까지의 선을 그리는 문장을 작성하시오.
2. 스윙을 이용하여 (0, 0)에서 (100, 100)까지의 사각형에 내접하는 원을 그리는 문장을 작성하시오.
3. `drawXXX()`와 `fillXXX()` 메소드의 차이점을 설명하시오.

11.4 이미지 출력 및 처리

우리는 앞에서 레이블을 이용하여 화면에 이미지를 출력하는 방법을 학습하였다. 자바 그래픽을 사용하면 직접 화면에 이미지를 그릴 수 있다. 화면에 이미지를 출력할 때도 `ImageIcon` 객체를 사용하는 것이 편리하다. `ImageIcon` 객체에서 `Image` 객체를 추출하는 절차만 추가하면 된다.

```
ImageIcon icon = new ImageIcon("images/car.png");
Image img = icon.getImage();
```

화면에 이미지를 그릴 때는 `Graphics` 클래스의 `drawImage()` 메소드를 사용하며, (x, y) 좌표는 이미지의 좌측상단이 위치할 화면상의 좌표를 의미한다.

```
public void paintComponent(Graphics g) {
    super.paintComponent(g);
```

```
    g.drawImage(img, x, y, this);
}
```

다음은 오버로딩한 drawImage() 메소드를 정리한 표이다. 이미지를 확대하거나 축소해서 그릴 수도 있다.

메소드 시그니처	설명
drawImage(Image img, int x, int y, ImageObserver observer)	이미지를 (x, y)에 원래 크기로 그림
drawImage(Image img, int x, int y, int width, int height, ImageObserver observer)	이미지를 (x, y)에 크기를 width×height로 조정하여 그림
drawImage(Image img, int dx1, int dy1, int dx2, int dy2, int sx1, int sy1, int sx2, int sy2, ImageObserver observer)	원본 이미지의 영역 (sx1, sy1)부터 (sx2, sy2)까지를 대상 영역 (dx1, dy1)부터 (dx2, dy2)까지 확대 또는 축소하여 그림

표 11-8 오버로딩한 drawImage() 메소드

drawImage() 메소드의 ImageObserver 매개변수는 이미지의 로딩 상태를 감시하고 처리하는 역할을 한다. 이 매개변수는 이미지가 비동기적으로 로드될 때 상태를 확인하고 화면에 다시 그리도록 요청하는 데 사용된다. 일반적으로 this를 전달하여 현재 컴포넌트(예: JPanel, JFrame)를 ImageObserver로 사용하며, 자바의 GUI 컴포넌트는 기본적으로 ImageObserver 인터페이스를 구현하고 있다. 만약 null을 전달하면 이미지가 완전히 로드되기 전에는 화면에 올바르게 표시되지 않을 수 있다.

화면에 이미지 그리기 #1 예제 11-6

자동차 이미지 원본과 확대본을 함께 화면에 그려 보자.

DrawImageFrame.java

```java
import javax.swing.*;
import java.awt.*;

public class DrawImageExample extends JFrame {
    private class MyPanel extends JPanel {
        private Image image;

        public MyPanel() {
            ImageIcon icon = new ImageIcon("images/car.png");
            image= icon.getImage();
        }

        @Override
        protected void paintComponent(Graphics g) {
            super.paintComponent(g);

            // 1. 원본 크기로 이미지 그리기
            // 원본 이미지를 화면의 (0, 0)에 크기 변경 없이 그린다.
            g.drawImage(image, 0, 0, this);
            g.drawString("원본", 50, 120);          // 이미지 아래에 텍스트 추가

            // 2. 다른 크기로 조정하여 이미지 그리기
            // 이미지를 (300, 0) 좌표에 가로 500, 세로 200 크기로 그린다.
            g.drawImage(image, 300, 0, 500, 200, this);
            g.drawString("확대", 310, 220);         // 이미지 아래에 텍스트 추가
        }
    }
    public DrawImageExample() {
        setDefaultCloseOperation(JFrame.EXIT_ON_CLOSE);
        setSize(900, 300);                          // 창 크기 확대
        add(new MyPanel());
        setVisible(true);
    }
    public static void main(String[] args) {
        SwingUtilities.invokeLater(() -> new DrawImageExample());
    }
}
```

도전문제

1 마우스를 드래그하여 이미지의 위치를 직접 옮길 수 있도록 구현하시오(MouseListener, MouseMotionListener 활용, mousePressed()와 mouseDragged()에서 이미지 위치를 조절하고 repaint()).

화면에 이미지 그리기 #2

예제 11-7

이미지 원본과 원본의 일부를 화면에 함께 그려 보자. 오버로드된 drawImage() 메소드의 세 번째 버전을 사용한다.

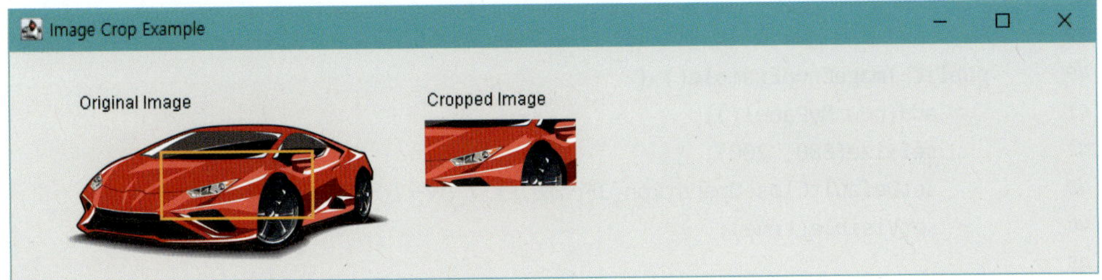

ImageCropExample.java

```
import javax.swing.*;
import java.awt.*;

public class ImageCropExample extends JFrame {
    private class MyPanel extends JPanel {
        private Image image;

        public MyPanel() {
            image = new ImageIcon("images/car.png").getImage();
        }
        @Override
        protected void paintComponent(Graphics g) {
            super.paintComponent(g);
            // 이미지 크기
            int imageWidth = image.getWidth(this);
            int imageHeight = image.getHeight(this);

            // 왼쪽에 원본 이미지 표시
            g.drawImage(image, 50, 50, this);

            // 잘라낼 이미지의 영역 설정
            int cropX = imageWidth / 4;             // 이미지의 가로 1/4 지점
            int cropY = imageHeight / 4;            // 이미지의 세로 1/4 지점
            int cropWidth = imageWidth / 2;         // 가로의 1/2
            int cropHeight = imageHeight / 2;       // 세로의 1/2

            // 원본 이미지 위에 사각형 표시(잘라낸 영역)
            g.setColor(Color.RED);
            g.drawRect(50 + cropX, 50 + cropY, cropWidth, cropHeight);
            // 오른쪽에 잘라낸 이미지 표시
            g.drawImage(image, 300, 50, 300 + cropWidth,
                                                        50 + cropHeight, cropX,
```

```java
            cropY, cropX + cropWidth, cropY + cropHeight, this);

        g.setColor(Color.BLACK);                    // 안내 텍스트 추가
        g.drawString("Original Image", 50, 40);
        g.drawString("Cropped Image", 300, 40);
      }
    }
    public ImageCropExample() {
      add(new MyPanel());
      setSize(800, 200);
      setDefaultCloseOperation(JFrame.EXIT_ON_CLOSE);
      setVisible(true);
    }
    public static void main(String[] args) {
      SwingUtilities.invokeLater(() -> new ImageCropExample());
    }
}
```

도전문제

1 사용자가 마우스로 드래그하여 자르고 싶은 영역을 직접 그릴 수 있도록 구현하시오(MouseListener와 MouseMotionListener 사용한다. mousePressed()에서 시작 좌표, mouseDragged()에서 현재 마우스 좌표로 사각형을 그린다. mouseReleased()에서 선택된 영역을 drawImage()로 crop한다).

Graphics2D 클래스

Graphics2D 클래스는 Graphics 클래스의 자식 클래스이며, 2D 그래픽을 더 정교하게 제어할 수 있다. Graphics2D 객체는 다음과 같이 간단한 형변환으로 얻을 수 있다.

```java
Graphics2D g2d = (Graphics2D) g;
```

Graphics2D와 AffineTransform 클래스를 사용하여 이미지를 회전시킬 수 있다. 다음은 AffineTransform 클래스의 주요 메소드와 역할을 정리한 표이다.

메소드	매개변수	설명
rotate(double theta)	theta: 회전 각도(라디안 단위)	좌표계의 원점을 기준으로 이미지를 시계 방향으로 회전
translate(double tx, double ty)	tx: x축으로 이동할 거리, ty: y축으로 이동할 거리	이미지를 지정한 거리만큼 평행 이동
scale(double sx, double sy)	sx: x축 크기 배율, sy: y축 크기 배율	이미지의 가로(x축)와 세로(x축)의 크기를 배율로 조정 (예: sx = 2.0이면 x축 방향으로 크기를 2배 확대)

표 11-9 AffineTransform 클래스의 주요 메소드

방향키에 따라 이미지 회전시키기 예제 11-8

사용자가 왼쪽 방향키와 오른쪽 방향키를 누르면 이미지가 회전하는 프로그램을 작성해 보자. 이미지의 회전 중심은 패널 중앙(centerX, centerY)으로 설정한다. `getWidth()`와 `getHeight()` 메소드는 패널의 크기를 반환하며, 이를 통해 화면 중앙 좌표를 계산한다. `AffineTransform` 클래스의 `rotate(Math.toRadians(5), centerX, centerY)` 메소드를 이용하여 이미지를 패널 중앙을 기준으로 5도 회전시킬 수 있다. 키보드 입력을 처리하기 위하여 KeyAdapter를 사용한다. 화면을 다시 그리고 싶으면 `repaint()` 메소드를 호출한다. `repaint()` 메소드에 대한 설명은 다음 절에 있다.

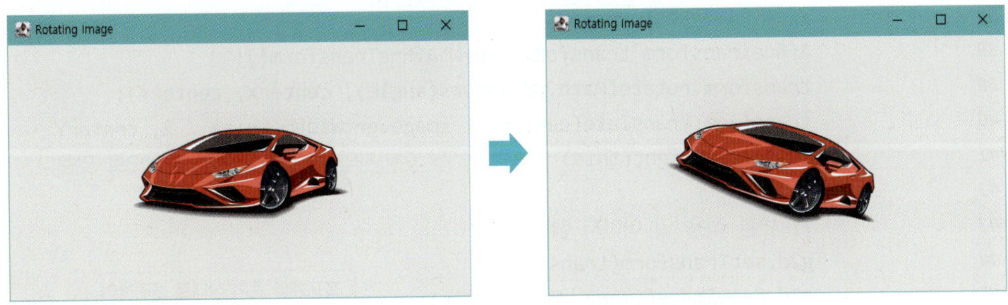

RotatingImageApp.java

```java
import javax.swing.*;
import java.awt.*;
import java.awt.event.*;
import java.awt.geom.*;

public class RotatingImageApp extends JFrame {
    // 회전 이미지를 그리는 패널
    private class RotatingImagePanel extends JPanel {
        private Image image;
        private double angle = 0;                // 회전 각도

        public RotatingImagePanel(String imagePath) {
            image = new ImageIcon(imagePath).getImage();
            // 키보드 이벤트 처리
            addKeyListener(new KeyAdapter() {
                @Override
                public void keyPressed(KeyEvent e) {
                    if (e.getKeyCode() == KeyEvent.VK_LEFT) {
                        angle -= 5;          // 왼쪽 방향키로 반시계 방향 회전
                    } else if (e.getKeyCode() == KeyEvent.VK_RIGHT) {
                        angle += 5;          // 오른쪽 방향키로 시계 방향 회전
                    }
                    repaint();               // 화면 갱신
                }
            });
            setFocusable(true);              // 키보드 포커스 활성화
```

```
        }
        @Override
        protected void paintComponent(Graphics g) {
            super.paintComponent(g);
            Graphics2D g2d = (Graphics2D) g;

            // 회전 중심 계산
            int centerX = getWidth() / 2;
            int centerY = getHeight() / 2;

            // AffineTransform 설정
            AffineTransform transform = new AffineTransform();
            transform.rotate(Math.toRadians(angle), centerX, centerY);
            transform.translate(centerX - image.getWidth(this) / 2, centerY -
            image.getHeight(this) / 2);   // 이미지의 중심을 패널의 중심으로 맞춘다.

            // 변환 적용 및 이미지 렌더링
            g2d.setTransform(transform);
            g2d.drawImage(image, 0, 0, this);

            // 좌표계 초기화
            g2d.setTransform(new AffineTransform());
        }
    }
    public RotatingImageApp() {
        super("Rotating Image");
        RotatingImagePanel panel = new RotatingImagePanel("images/car.png");
        add(panel);
        setSize(500, 300);
        setDefaultCloseOperation(JFrame.EXIT_ON_CLOSE);
        setVisible(true);
    }
    public static void main(String[] args) {
        SwingUtilities.invokeLater(() -> new RotatingImageApp());
    }
}
```

좌표계를 초기 상태로 돌려놓아 이후 그리기 작업이 영향을 받지 않도록 하기 위해 필요하다.

도전문제

1 스페이스바를 누르면 이미지가 자동으로 계속 회전하도록 구현하시오. 다시 스페이스바를 누르면 자동 회전을 멈춘다.

- javax.swing.Timer 클래스 사용
- isAutoRotating이라는 boolean 변수를 두고 스페이스바로 토글

SELF TEST

1. 화면에 이미지를 그릴 때 Graphics 객체를 Graphics2D로 변환하려면 어떻게 하는가?
2. g.drawImage(img, x, y, this) 메소드에서 마지막 매개변수 this의 의미는 무엇인가?
3. 이미지의 크기를 조정하여 그리려면 drawImage 메소드에서 추가로 지정해야 하는 두 개의 인자는 무엇인가?

11.5 그래픽과 이벤트의 결합

응용 프로그램에서는 그래픽만 단독으로 사용하는 경우도 있지만, 일반적으로 그래픽은 이벤트 처리와 결합해서 사용하는 경우가 많다. 마우스 이벤트나 키보드 이벤트, 버튼 이벤트를 사용하여 그래픽을 제어하는 응용 프로그램을 작성해 보자. 먼저 스윙에서 각 컴포넌트가 어떤 과정을 거쳐서 그려지는지 그 과정을 자세히 알아보자.

repaint() 메소드

사용자가 컴포넌트의 상태를 바꾸었는데, 화면에 그 변화가 나타나지 않는다면 어떨까? 그건 마치 멋진 새 옷을 입었는데 아무도 못 알아보는 것과 같다. 이때는 화면을 다시 그릴 필요가 있다. 다만 사용자가 직접 paintComponent() 메소드를 호출하면 안 된다. 이 메소드는 반드시 자동으로 호출되어야 한다. 그러면 사용자가 화면을 다시 그리고 싶을 때는 어떻게 해야 할까? 이 경우에는 repaint() 메소드를 호출하면 된다. repaint()를 호출하면, 컨테이너가 적절한 시기에 paintComponent() 메소드를 호출한다.

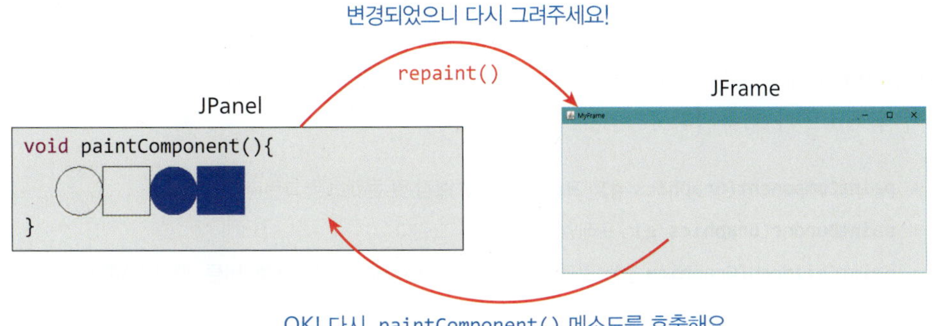

그림 11-9 repaint() 메소드의 역할

스윙 페인팅 메커니즘

스윙에서의 렌더링 과정을 조금 더 자세히 알아보기 위하여 다음과 같은 앱이 있다고 가정하자. 프레임이 있고 'Frame Button' 버튼은 프레임에 직접 포함되어 있으며, 'Panel Button'

버튼은 패널 안에 있다. 패널은 프레임에 포함되어 있다.

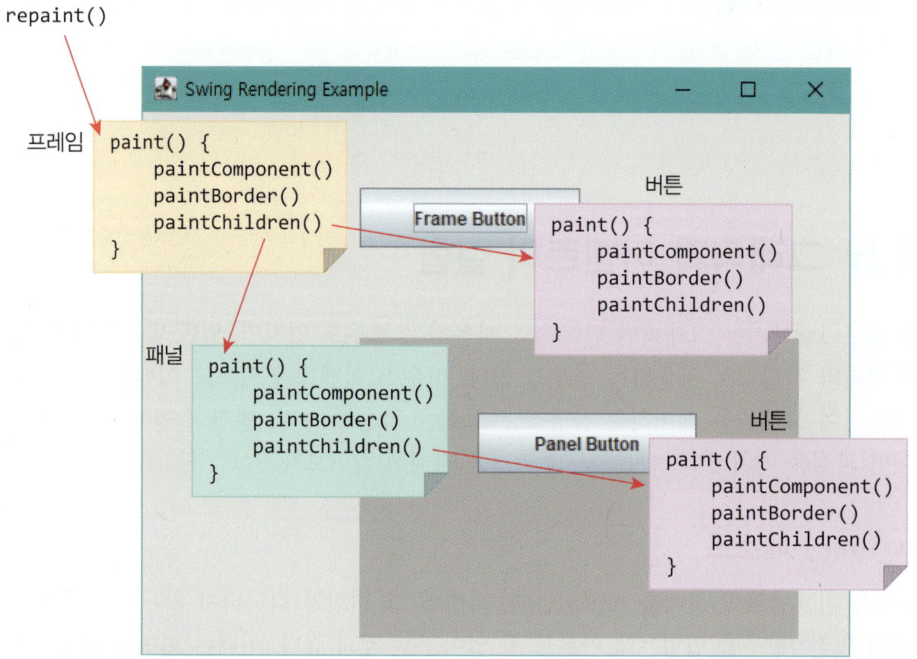

그림 11-10 스윙 페인팅 메커니즘 예시

스윙에서 컴포넌트는 컨테이너-자식 관계를 기반으로 렌더링된다. 프레임 → 패널 → 버튼의 계층 구조를 따라 각 컴포넌트의 paint() 메소드가 실행된다. 프레임은 가장 먼저 렌더링되며, 그 안의 자식 컴포넌트(패널, 버튼 등)는 순차적으로 렌더링된다. 예를 들어, 프레임 내부에 포함된 버튼은 프레임의 paintChildren() 메소드에서 호출된다.

1. repaint() 메소드가 호출되면 프레임의 paint() 메소드가 실행되며, 내부적으로 다음 세 가지 메소드가 호출된다.

   - **paintComponent(Graphics g):** 프레임의 내부 배경 및 콘텐츠를 그린다.
   - **paintBorder(Graphics g):** 프레임의 외곽선을 그린다.
   - **paintChildren(Graphics g):** 프레임 내부에 포함된 자식 컴포넌트(예: 버튼, 패널 등)를 렌더링한다.

2. 프레임의 paintChildren() 메소드가 'Frame Button'의 paint()를 호출한다. 'Frame Button'의 paint() 메소드 안에서는 paintComponent(), paintBorder(), paintChildren() 등이 차례로 호출된다. 'Frame Button' 안에는 더 이상의 자식 컴포넌트가 없으므로 paintChildren() 메소드에서 리턴하게 된다.
3. 프레임의 paintChildren() 메소드가 패널의 paint() 메소드를 호출한다. 패널도 역시 자기 자신을 그린 후에 자식 컴포넌트인 'Panel Button'의 paint() 메소드를 호출한다.

'Panel Button'의 paint() 메소드에서 자기 자신을 그린 후에 더 이상의 자식 컴포넌트가 없으므로 리턴하게 된다.

참고사항: super.paintComponent(g) 호출

만약 그림이 그려지는 컴포넌트가 JPanel이나 JLabel처럼 그래픽 컴포넌트인 경우, paintComponent() 메소드에서 super.paintComponent(g); 메소드를 호출하는 것이 좋다. 부모 클래스가 그려야 할 부분도 있기 때문이다. 자기 그림만 그리고 종료해버리면 부모 클래스는 그릴 기회를 얻지 못한다.

참고사항: paint()와 paintComponent() 메소드의 차이

paint() 메소드는 Component 클래스에서 정의된 메소드로, 컴포넌트 전체를 다시 그릴 때 호출된다. paint() 메소드는 내부적으로 3가지 단계로 나뉜다.

- paintComponent(): 컴포넌트의 콘텐츠를 그린다.
- paintBorder(): 컴포넌트의 테두리를 그린다.
- paintChildren(): 자식 컴포넌트들을 그린다.

paint() 메소드는 컴포넌트 전체의 렌더링 과정을 제어할 필요가 있을 때 오버라이딩할 수 있다. 하지만 일반적으로는 오버라이딩하지 않는 것이 좋다.

마우스를 따라다니는 공 예제 11-9

마우스를 움직이면 화면에 공(원 모양)이 마우스 포인터를 따라 이동하는 프로그램을 작성해 보자.

MouseMotionListener를 사용하여 마우스의 위치를 추적하고, repaint() 메소드를 호출하여 공의 위치를 업데이트한다.

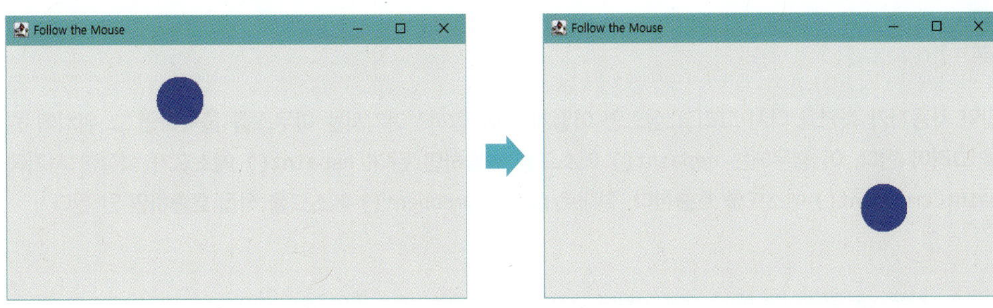

FollowMouseApp.java

```java
import javax.swing.*;
import java.awt.*;
import java.awt.event.*;

```

```
public class FollowMouseApp extends JFrame {
    // MyPanel 클래스: 패널 정의
    private class MyPanel extends JPanel implements MouseMotionListener {
        private int x = -50, y = -50;                   // 공의 초기 위치

        public MyPanel() {
            addMouseMotionListener(this);               // 마우스 이벤트 리스너 추가
        }
        @Override
        protected void paintComponent(Graphics g) {
            super.paintComponent(g);
            g.setColor(Color.BLUE);
            g.fillOval(x - 25, y - 25, 50, 50);         // 마우스 위치 기준 원 그리기
        }
        @Override
        public void mouseMoved(MouseEvent e) {
            x = e.getX();
            y = e.getY();
            repaint();                                  // 공 위치 갱신
        }
        @Override
        public void mouseDragged(MouseEvent e) { } // 드래그 이벤트는 처리하지 않음
    }
    public FollowMouseApp() {
        setTitle("Follow the Mouse");
        add(new MyPanel());
        setSize(500, 300);
        setDefaultCloseOperation(JFrame.EXIT_ON_CLOSE);
        setVisible(true);
    }
    public static void main(String[] args) {
        SwingUtilities.invokeLater(() -> new FollowMouseApp());
    }
}
```

만약 사용자가 화면을 다시 그리고 싶으면 어떻게 해야 할까? 여기서는 마우스를 클릭하면 그 위치에 원을 그려야 한다. 이 경우에는 repaint() 메소드를 호출하면 된다. repaint() 메소드가 적절한 시기에 paintComponent() 메소드를 호출한다. 절대로 paintComponent() 메소드를 직접 호출하면 안 된다.

도전문제

1 마우스를 클릭하면 공이 해당 위치에 고정되도록 구현하시오. 공이 계속 따라다니다가 마우스를 클릭하면 공의 움직임이 멈추고 해당 위치에 고정된다. 다시 클릭하면 공이 다시 마우스를 따라 움직인다(isFollowing이라는 boolean 변수로 공의 움직임 상태를 제어한다).

사각형 드래그하기 예제 11-10

마우스로 사각형을 드래그하여 화면에서 위치를 변경하는 프로그램을 작성해 보자.

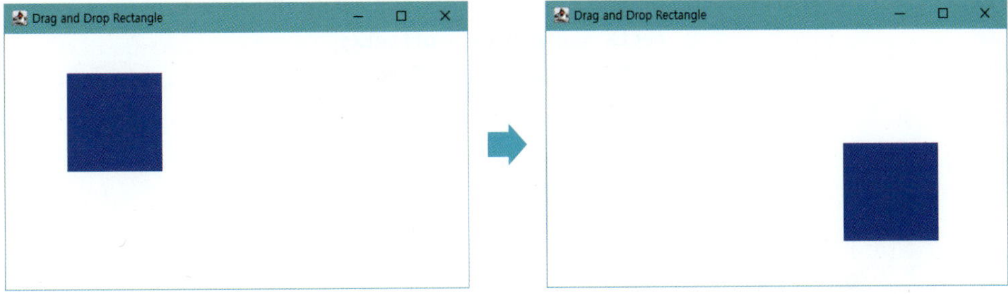

DragAndDropApp.java

```
import javax.swing.*;
import java.awt.*;
import java.awt.event.*;

// 드래그 앤 드롭 애플리케이션
public class DragAndDropApp extends JFrame {
    // 내부 패널 클래스
    private class MyPanel extends JPanel {
        private int rectX = 100, rectY = 100;              // 사각형 초기 위치
        private int rectWidth = 100, rectHeight = 100;      // 사각형 크기
        private boolean dragging = false;    // 드래그 상태 플래그
        private int offsetX, offsetY;        // 마우스 클릭 지점과 사각형의 거리

        public MyPanel() {
            // 마우스 이벤트 처리
            addMouseListener(new MouseAdapter() {
                @Override
                public void mousePressed(MouseEvent e) {
                // 마우스가 사각형 내부를 클릭했는지 확인
                if (e.getX() >= rectX && e.getX()
                                         <= rectX + rectWidth && e.getY()
                >= rectY && e.getY() <= rectY + rectHeight) {
                    dragging = true;                // 드래그 시작
                    offsetX = e.getX() - rectX;
                    offsetY = e.getY() - rectY;
                    }
                }
                @Override
                public void mouseReleased(MouseEvent e) {
                    dragging = false;               // 드래그 종료
                }
            });
```

```
            addMouseMotionListener(new MouseAdapter() {
                @Override
                public void mouseDragged(MouseEvent e) {
                    if (dragging) {
                        // 드래그 중인 경우 사각형의 위치를 업데이트
                        rectX = e.getX() - offsetX;
                        rectY = e.getY() - offsetY;
                        repaint();                 // 화면 갱신
                    }
                }
            });
        }
        @Override
        protected void paintComponent(Graphics g) {
            super.paintComponent(g);
            // 배경색
            g.setColor(Color.WHITE);
            g.fillRect(0, 0, getWidth(), getHeight());

            // 사각형 그리기
            g.setColor(Color.BLUE);
            g.fillRect(rectX, rectY, rectWidth, rectHeight);
        }
    }
    public DragAndDropApp() {
        setTitle("Drag and Drop Rectangle");                  // 프레임 제목
        setSize(500, 300);                                    // 프레임 크기
        setDefaultCloseOperation(JFrame.EXIT_ON_CLOSE);       // 닫기 동작
        setLocationRelativeTo(null);                          // 화면 중앙에 배치
        add(new MyPanel());                                   // MyPanel 추가
        setVisible(true);                                     // 프레임 보이기
    }
    public static void main(String[] args) {
        SwingUtilities.invokeLater(() -> new DragAndDropApp());
    }
}
```

도전문제

1 마우스로 드래그할 때 사각형이 패널 밖으로 나가지 않도록 `mouseDragged` 메소드에서 `rectX`와 `rectY`를 계산한 후 `Math.max`와 `Math.min`을 활용해 `0 ≤ rectX ≤ getWidth() - rectWidth, 0 ≤ rectY ≤ getHeight() - rectHeight` 범위 안으로 클램프한다. 또한 `paintComponent` 메소드에서는 사각형의 좌표가 경계에 닿았는지를 `rectX == 0 || rectY == 0 || rectX == getWidth() - rectWidth || rectY == getHeight() - rectHeight` 조건으로 확인하여, 경계에 접촉한 경우에는 색상을 `RED`, 그렇지 않은 경우에는 `BLUE`로 설정한다. 이 방식으로 구현하면 드래그 속도가 빨라도 사각형이 절대 경계 밖으로 벗어나지 않으며, 모서리나 가장자리에 닿는 순간 즉시 색상이 변해 시각적으로 경계 충돌을 확인할 수 있다.

버튼으로 이미지 이동시키기 예제 11-11

화면의 버튼을 누르면 자동차 이미지가 왼쪽이나 오른쪽으로 이동하는 프로그램을 작성해 보자.

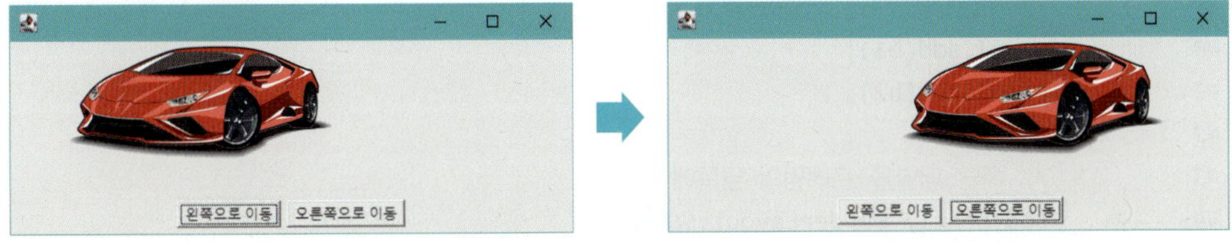

DrawImageFrame2.java

```
import java.awt.*;
import javax.swing.*;

public class DrawImageFrame2 extends JFrame {
    // 이미지를 저장할 변수와 이미지의 초기 위치 설정
    Image img;
    int pos_x = 100, pos_y = 0;                 // 이미지의 초기 위치(x: 100, y: 0)

    public DrawImageFrame2() {
        // 이미지 로드
        ImageIcon icon = new ImageIcon("images/car.png");
        // 이미지 파일 경로 설정
        img = icon.getImage();                  // Image 객체로 변환

        // 프레임 크기 설정
        setSize(500, 200);

        // 이미지 그리기를 처리할 사용자 정의 패널 추가
        add(new MyPanel(), BorderLayout.CENTER);
        // MyPanel을 프레임 중앙에 추가

        // 버튼을 포함할 하단 패널 생성
        JPanel panel = new JPanel();
        Button b1 = new Button("왼쪽으로 이동");        // 왼쪽 이동 버튼 생성
        Button b2 = new Button("오른쪽으로 이동");      // 오른쪽 이동 버튼 생성

        // 왼쪽 이동 버튼에 액션 리스너 추가
        b1.addActionListener(e -> {
            pos_x -= 10;                            // x 좌표를 10 감소
            repaint();                          // 화면을 갱신하여 변경된 위치 반영
        });

        // 오른쪽 이동 버튼에 액션 리스너 추가
        b2.addActionListener(e -> {
```

```
            pos_x += 10;                                  // x 좌표를 10 증가
            repaint();                                    // 화면을 갱신하여 변경된 위치 반영
        });

        // 버튼들을 하단 패널에 추가
        panel.add(b1);
        panel.add(b2);

        // 하단 패널을 프레임의 남쪽에 추가
        add(panel, BorderLayout.SOUTH);

        // 프레임 보이기 설정
        setVisible(true);

        // 창 닫기 버튼 설정
        setDefaultCloseOperation(JFrame.EXIT_ON_CLOSE);
    }

    // 사용자 정의 패널 클래스(이미지 그리기 처리)
    class MyPanel extends JPanel {
        // 컴포넌트 그리기 처리 메소드
        @Override
        public void paintComponent(Graphics g) {
            super.paintComponent(g);
            // 부모 클래스의 paintComponent 호출(기본 설정 유지)
            g.drawImage(img, pos_x, pos_y, this);
            // 이미지 그리기(현재 위치 pos_x, pos_y 기준)
        }
    }
    public static void main(String[] args) {
        SwingUtilities.invokeLater(() -> new DrawImageFrame2());
    }
}
```

도전문제

1 '위로 이동', '아래로 이동' 버튼을 추가하시오. 버튼을 누르면 pos_y 값을 조정하여 이미지가 상하로 이동해야 한다.

그림판 프로그램 예제 11-12

마우스로 그림을 그릴 수 있는 프로그램을 작성해 보자. 마우스의 좌표를 어딘가에 저장하였다가 paintComponent() 메소드로 다시 꺼내서 이전 점과 현재 점을 선으로 연결한다. 좌표를 저장하는 공간은 동적 배열인 ArrayList를 이용한다. 점의 개수를 미리 알 수 없기 때문이다.

마우스 버튼 누름(mousePressed)과 놓음(mouseReleased)만 처리한다. isDrawing 플래그를 사용하여 드로잉 중인지 간단히 확인할 수 있다. 사용자가 마우스 버튼을 놓을 때 points.add(null) 메소드를 호출하여 선을 끊는 지점을 기록한다. 점과 점 사이에 null이 있으면 연결선을 그리지 않는다.

MouseDrawingApp.java

```java
import javax.swing.*;
import java.awt.*;
import java.awt.event.*;
import java.util.*;

public class MouseDrawingApp extends JFrame {
    private class MyPanel extends JPanel {
        private final ArrayList<Point> points = new ArrayList<>();
        // 모든 점을 저장할 리스트
        private boolean isDrawing = false;          // 현재 드로잉 상태

        public MyPanel() {
            // 마우스 이벤트 처리
            addMouseListener(new MouseAdapter() {
                @Override
                public void mousePressed(MouseEvent e) {
                    isDrawing = true;               // 드로잉 시작
                    points.add(e.getPoint());       // 시작 점 저장
                }
                @Override
                public void mouseReleased(MouseEvent e) {
```

```
                    isDrawing = false;      // 드로잉 종료
                    points.add(null);       // 선 끊기 표시를 위해 null 추가
                }
            });
            addMouseMotionListener(new MouseAdapter() {
                @Override
                public void mouseDragged(MouseEvent e) {
                    if (isDrawing) {
                        points.add(e.getPoint());   // 드래그 중 점 추가
                        repaint();                  // 화면 갱신
                    }
                }
            });
        }
        @Override
        protected void paintComponent(Graphics g) {
            super.paintComponent(g);
            Graphics2D g2d = (Graphics2D) g;
            g2d.setColor(Color.BLUE);               // 선 색상 설정
            g2d.setStroke(new BasicStroke(3));      // 선 두께 설정

            // 저장된 점들로 선 그리기
            Point prev = null;
            for (Point p : points) {
                if (p == null) {
                    prev = null;                    // null일 경우 선 끊기
                } else if (prev != null) {
                    g2d.drawLine(prev.x, prev.y, p.x, p.y);
                    // 두 점을 잇는 선 그리기
                }
                prev = p;
            }
        }
    }
    public MouseDrawingApp() {
        setTitle("Draw with Mouse");                    // 프레임 제목
        setSize(500, 300);                              // 프레임 크기
        setDefaultCloseOperation(JFrame.EXIT_ON_CLOSE); // 닫기 동작 설정
        setLocationRelativeTo(null);                    // 화면 중앙 배치
        add(new MyPanel());                             // MyPanel 추가
        setVisible(true);                               // 프레임 표시
    }
    public static void main(String[] args) {
        SwingUtilities.invokeLater(() -> new MouseDrawingApp());
    }
}
```

1 '지우개 모드'를 구현하시오. 버튼 또는 키보드([E] 키)를 누르면 선 색상이 배경색(흰색)으로 바뀌어 그려진 선을 지우는 것처럼 보이게 한다. 다시 선 그리기 모드로 돌아오려면 [B] 키(Brush)를 누른다.

공 애니메이션 예제 11-13

이번 예제에서는 색상이나 크기가 다른 여러 개의 공을 생성하여 동시에 화면에서 움직이게 하자.

애니메이션의 구동은 스윙의 `Timer` 클래스를 사용한다. `Timer` 클래스는 일정 시간 간격으로 액션 이벤트를 발생시키기 위해 사용되는 유틸리티이다. 주로 애니메이션, 시계, 간단한 타이머, 상태 업데이트와 같은 반복 작업에 활용된다. 스윙 애플리케이션에서 자주 사용하며, 이벤트 디스패치 스레드(EDT)에서 실행되기 때문에 UI 업데이트 작업과 잘 통합된다.

BouncingBall.java

```java
import java.awt.*;
import java.awt.event.*;
import java.util.*;
import javax.swing.*;
import javax.swing.Timer;

// Ball 클래스는 각각의 공 객체를 나타냄
class Ball {
    int x, y, xInc, yInc, diameter;
    // 공의 x, y 좌표, 이동 증가량(xInc, yInc), 지름(diameter)
    final Random r = new Random();    // 랜덤 색상을 생성하기 위한 Random 객체
    Color color;                      // 공의 색상

    public Ball(int d) {     // 생성자: 공의 초기 위치, 이동량, 지름 및 색상을 초기화
        this.diameter = d;
```

```
        // 공의 초기 x, y 좌표를 화면 안에서 무작위로 설정
        x = (int) (Math.random() * (BouncingBall.WIDTH - d) + 3);
        y = (int) (Math.random() * (BouncingBall.HEIGHT - d) + 3);
        // 공의 x, y 이동 증가량을 1~5 사이의 무작위 값으로 설정
        xInc = (int) (Math.random() * 5 + 1);
        yInc = (int) (Math.random() * 5 + 1);
        // 공의 색상을 랜덤으로 설정
        color = new Color(r.nextInt(256), r.nextInt(256), r.nextInt(256));
    }

    public void paint(Graphics g) {          // 공을 그리는 메소드
    // 공이 화면의 좌우 경계를 벗어나면 x 방향 이동량을 반전
        if (x < 0 || x > (BouncingBall.WIDTH - diameter))
            xInc = -xInc;
        // 공이 화면의 상하 경계를 벗어나면 y 방향 이동량을 반전
        if (y < 0 || y > (BouncingBall.HEIGHT - diameter))
            yInc = -yInc;
        // 공의 위치를 이동
        x += xInc;
        y += yInc;
        // 공을 해당 색상과 크기로 화면에 그림
        g.setColor(color);
        g.fillOval(x, y, diameter, diameter);
    }
}

public class BouncingBall extends JFrame implements ActionListener {
    static final int WIDTH = 600;              // 애플리케이션 창의 폭
    static final int HEIGHT = 200;             // 애플리케이션 창의 높이
    private static final int PERIOD = 10;      // 타이머 간격(밀리초)

    class MyPanel extends JPanel {                        // 공을 담는 패널 클래스
        public Ball basket[] = new Ball[10];              // 10개의 공을 담을 배열

        // 생성자: 공 객체를 10개 생성하여 배열에 저장
        public MyPanel() {
            for (int i = 0; i < 10; i++)
                basket[i] = new Ball((int) (30 + 30 * Math.random()));
                // 공의 크기를 30~60 사이 무작위로 설정
        }
        public void paintComponent(Graphics g) {      // 패널에 공을 그림
            super.paintComponent(g);  // 부모 클래스의 메소드를 호출하여 패널 초기화
            for (Ball b : basket) {   // 배열에 저장된 모든 공을 그림
                b.paint(g);
            }
        }
```

```
    }

    public BouncingBall() {                          // 패널에 공을 그림
        setTitle("Bouncing Ball");                   // 프레임 제목 설정
        setDefaultCloseOperation(JFrame.EXIT_ON_CLOSE);
        Timer timer = new Timer(PERIOD, this);
        // 타이머 객체 생성 (PERIOD마다 ActionEvent 발생)
        timer.start();                               // 타이머 시작
        MyPanel panel = new MyPanel();               // 패널 객체 생성
        panel.setPreferredSize(new Dimension(WIDTH, HEIGHT)); // 패널 크기 설정
        add(panel);                                  // 패널을 프레임에 추가
        pack();                                // 프레임 크기를 내용물에 맞게 조정
        setVisible(true);                            // 프레임을 화면에 표시
    }
    // 타이머 이벤트 발생 시 호출(화면 갱신)
    @Override
    public void actionPerformed(ActionEvent evt) {
        repaint();                       // 패널을 다시 그림 → 공이 움직이는 효과
    }
    public static void main(String[] args) {
        SwingUtilities.invokeLater(() -> new BouncingBall());
    }
}
```

도전문제

1. 프로그램 실행 시 공의 개수를 사용자가 입력할 수 있도록 한다. 예를 들어 `JOptionPane.showInputDialog()` 메소드로 사용자에게 "몇 개의 공을 생성할까요?"라고 물어본 후 해당 수만큼 생성하시오.
2. 마우스 클릭 시 해당 위치에 새로운 공을 추가하시오. 단, 공의 크기와 색상, 속도는 무작위로 설정한다.
3. 서로 다른 공들이 충돌할 때 튕겨나도록 구현하시오. 공의 중심 좌표 간 거리가 두 반지름의 합보다 작으면 충돌로 간주한다. 충돌 시 두 공의 `xInc`, `yInc` 방향을 반대로 바꾸는 간단한 방법으로 구현해도 된다.

예제 11-4 커스텀 컴포넌트 제작하기

JButton을 상속하여 커스텀 버튼을 제작해 보자. 마우스 이벤트(hover, click 등)를 통해 마우스를 클릭하거나 호버링하면 색상이 변경되도록 처리한다. paintComponent() 메소드에서 둥근 모서리의 버튼을 만들고 텍스트를 중앙 정렬한다.

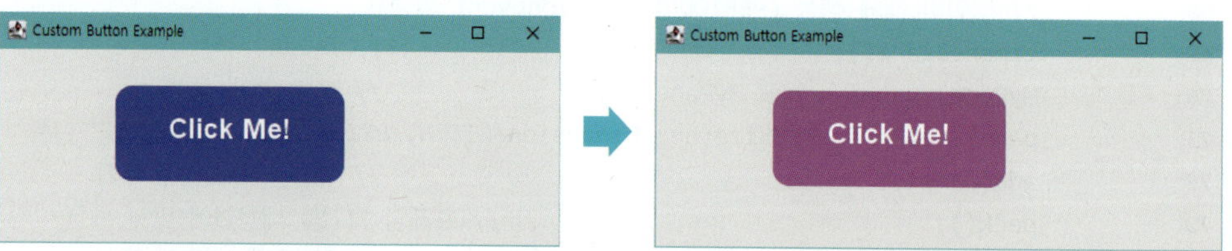

CustomButtonFrame.java

```java
import javax.swing.*;
import java.awt.*;
import java.awt.event.*;

// 사용자 정의 버튼 클래스
class CustomButton extends JButton {
    private boolean isHovered = false;
    private boolean isPressed = false;
    private String text;

    public CustomButton(String text) {
        this.text = text;
        setBorderPainted(false);
        setFocusPainted(false);
        setContentAreaFilled(false);

        // 마우스 이벤트 리스너 추가
        addMouseListener(new MouseAdapter() {
            @Override
            public void mouseEntered(MouseEvent e) {
                isHovered = true;
                repaint();
            }
            @Override
            public void mouseExited(MouseEvent e) {
                isHovered = false;
                repaint();
            }
            @Override
            public void mousePressed(MouseEvent e) {
                isPressed = true;
                repaint();
```

```
            }
            @Override
            public void mouseReleased(MouseEvent e) {
                isPressed = false;
                repaint();
            }
        });
    }
    @Override
    protected void paintComponent(Graphics g) {
        // 버튼 배경 색상 설정
        if (isPressed) {
            g.setColor(Color.GREEN);          // 클릭 상태 색상
        } else if (isHovered) {
            g.setColor(Color.MAGENTA);        // 호버 상태 색상
        } else {
            g.setColor(Color.BLUE);           // 기본 색상
        }
        g.fillRoundRect(0, 0, getWidth(), getHeight(), 30, 30);

        // 버튼 텍스트 스타일
        g.setColor(Color.WHITE);
        g.setFont(new Font("Arial", Font.BOLD, 24));
        FontMetrics fm = g.getFontMetrics();
        int textWidth = fm.stringWidth(text);
        int textHeight = fm.getHeight();
        g.drawString(text, (getWidth() - textWidth) / 2, (getHeight() +
                                                    textHeight / 3) / 2);

        super.paintComponent(g);
    }
}

// 사용자 정의 프레임 클래스
public class CustomButtonFrame extends JFrame {
    public CustomButtonFrame(String title) {
        super(title);
        setDefaultCloseOperation(JFrame.EXIT_ON_CLOSE);
        setSize(500, 200);
        setLayout(null);
        setLocationRelativeTo(null);

        // 커스텀 버튼 추가
        CustomButton button = new CustomButton("Click Me!");
        button.setBounds(100, 30, 200, 80);
        add(button);
```

```java
        setVisible(true);
    }
    public static void main(String[] args) {
        SwingUtilities.invokeLater(() -> new CustomButtonFrame
                                        ("Custom Button Example"));
    }
}
```

도전문제

1. 마우스를 클릭하면 버튼이 살짝 줄어들었다가 돌아오는 효과를 구현하시오. 클릭 시 크기 또는 투명도 변화 등을 통해 시각적 피드백을 제공한다(Timer를 사용해 단계적으로 repaint()를 호출하여 애니메이션 효과를 줄 수 있다).
2. 둥근 버튼 외에도 타원형 버튼, 직사각형 버튼, 삼각형 버튼 등을 선택할 수 있게 구현하시오. 예를 들어 setShape("oval"), setShape("triangle") 등 메소드를 만들고 paintComponent() 메소드에서 분기한다.

SELF TEST

1. 이미지를 움직여서 애니메이션을 만들 때 많이 사용하는 이벤트는 무엇인가?
2. 그림판 프로그램에서 점들을 저장하는 자료 구조는?
3. 응용 프로그램에서 화면을 다시 그리고자 할 때 호출하는 메소드는?

신호등 프로그램

Mini Project 수행하기 1

신호등을 나타내는 프로그램을 작성해 보자. 버튼을 하나 만들어서 신호등의 하단에 추가한다. 버튼을 누르면 신호등이 차례대로 바뀌어야 한다. 다음 코드를 참고한다.

난이도: ★★★☆☆
주제: 그래픽과 이벤트의 통합

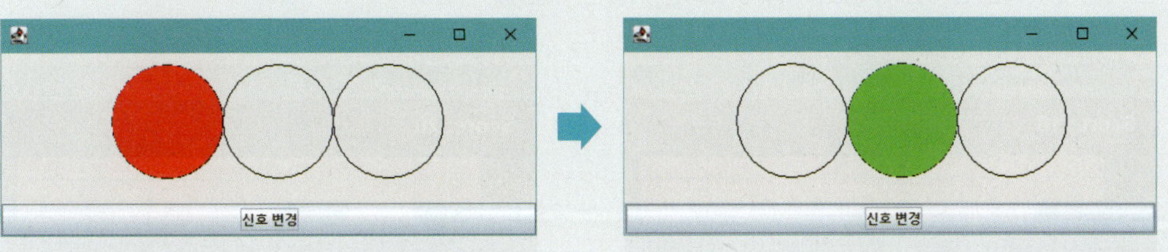


```
class MyPanel extends JPanel implements ActionListener {
    int light_number = 0;

    public MyPanel() {
        setLayout(new BorderLayout());
        JButton b = new JButton("신호 변경");
        b.addActionListener(this);
        add(b, BorderLayout.SOUTH);
    }
    @Override
    protected void paintComponent(Graphics g) {
        // 신호등을 그린다.
    }
    @Override
    public void actionPerformed(ActionEvent arg0) {
        if (++light_number >= 3)
            light_number = 0;
        repaint();
    }
}
```

Mini Project 수행하기 2

벽돌 깨기 게임

난이도: ★★★★★
주제: 그래픽과 이벤트의 통합

지금까지 학습한 내용을 여러 가지로 응용해서 다음과 같이 공을 이용하여 벽돌을 깨는 고전 게임을 만들어 보자. 이번 장에서는 상속을 이용하여 프로그램을 작성해 본다. 사용자는 방향키를 이용해서 패들을 움직이고, 공은 패들에 맞으면 반사된다. 공이 벽돌에 맞으면 벽돌은 깨진다.

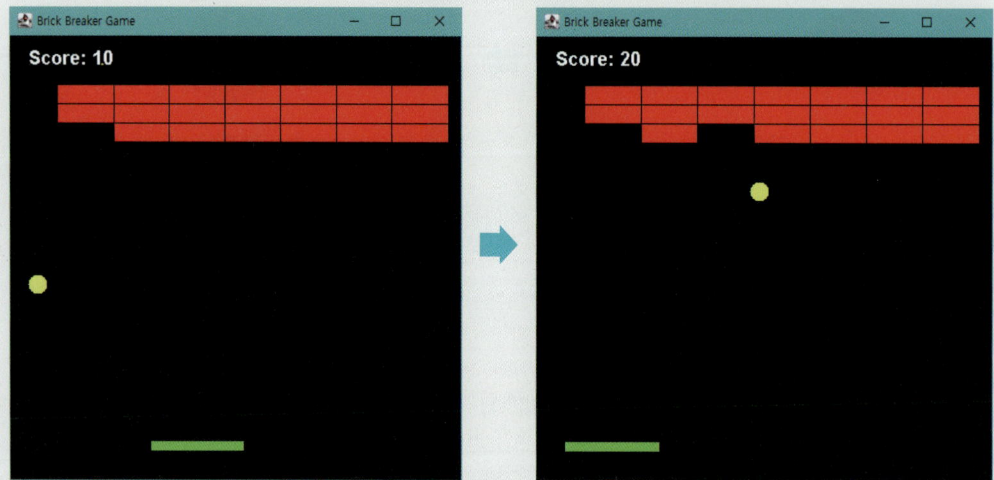

최초의 벽돌 깨기 게임은 아타리사가 만든 Breakout이었다. 놀라운 점은 이 게임의 개발자가 스티브 워즈니악과 스티브 잡스였다는 점이다(두 사람은 아타리사에서 함께 일했었다).

- **게임 초기화:** bricks[][] 2차원 배열을 통해 벽돌을 설정한다. ballX와 ballY는 공의 초기 위치를, paddleX는 패들의 초기 위치를 나타낸다.
- **키보드 이벤트 핸들링:** 좌우 방향키(←, →)로 패들을 이동시키고 SPACE 키로 게임을 재시작한다.
- **게임 로직(actionPerformed() 메소드):** 공이 벽, 패들, 벽돌과 충돌하는지 검사하고 반사 방향을 변경한다. 벽돌이 맞으면 점수 증가 및 벽돌을 제거하고, 공이 화면 아래로 떨어지면 게임을 종료한다.
- **화면 렌더링(paintComponent() 메소드):** 배경, 패들, 공, 벽돌을 그린다. 점수를 표시하고, 게임 오버 시 메시지를 출력한다.

갤러그 게임

Mini Project 수행하기 3

난이도: ★★★★★
주제: 그래픽과 이벤트의 통합

'갤러그'와 유사한 게임을 만들어 보자. 이제까지 우리가 학습한 모든 것을 응용해 보자.

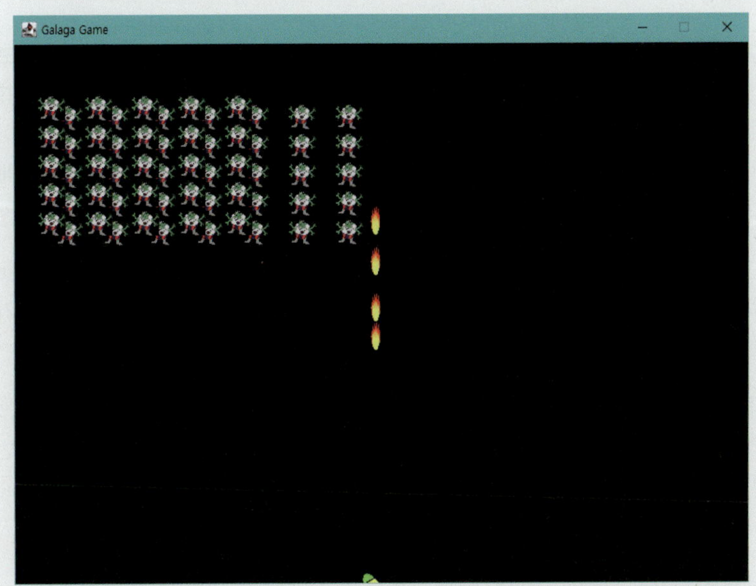

객체 지향 프로그램에서는 객체들이 메시지를 주고받으면서 어떤 작업을 한다고 했다. 객체 지향 프로그램을 작성하는 가장 첫 번째 단계는 어떤 객체들이 필요한가를 분석하는 것이다. 갤러그 게임에서는 비교적 간단하다. 다음과 같은 객체만 있으면 된다.

*위의 이미지들은 모두 openclipart.org에서 다운로드한 것이다. openclipart.org에 감사드린다.

따라서 위의 객체들을 생성하는 클래스를 작성한다.

- **StarShipSprite 클래스:** 주인공 우주선을 모델링한다.
- **AlienSprite 클래스:** 외계인 우주선을 모델링한다.
- **ShotSprite 클래스:** 포탄을 모델링한다.
- **SpaceInvaderGame 클래스:** 게임 보드를 모델링한다.

각 클래스가 가져야 할 속성과 메소드를 생각해 보자. 외계인 우주선이나 우리 우주선, 포탄은 모두 움직이고 있다. 따라서 현재 위치를 나타내는 x, y 변수가 필요하다. 그리고 1초에 움직이는 거리, 즉 x 방향의 속도(dx 변수로 나타내자)와 y 방향의 속도(dy 변수로 나타내자)도 필요하다. 또한 이 클래스들은 모두 이미지를 가지고 있어야 한다. 결론적으로 StarShipSprite 클래스, AlienSprite 클래스, ShotSprite 클래스들은 모두 어떤 공통적인 속성을 가지고 있다는 것이다.

3개의 클래스가 모두 공통적인 속성을 가지고 있다면 이것을 중복해서 정의하는 것보다 더 좋은 방법이 있다. 이미 여러분들도 떠올렸겠지만 상속을 사용하여야 한다. 따라서 Sprite 클래스를 작성하고 여기에 공통적인 속성과 동작들을 정의하도록 하자.

공통적인 동작(메소드)에는 어떤 것들이 있을까? StarShipSprite 클래스, AlienSprite 클래스, ShotSprite 클래스들은 모두 화면에 자신의 이미지를 그리는 draw() 메소드를 가져야 한다. 그리고 1초에 한 번씩 호출되어서 자신의 위치를 변경하는 move() 메소드도 필요하다. move() 메소드는 다른 게임 관련 문헌에서는 update() 메소드라고도 한다.

이 정보들을 바탕으로 UML 클래스 다이어그램을 그려보면 다음과 같이 그릴 수 있을 것이다.

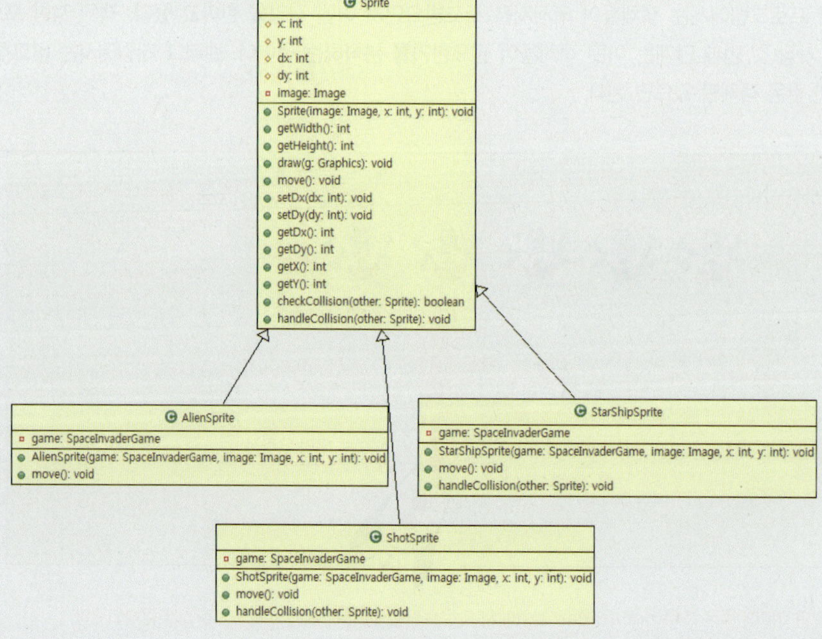

Summary

- paintComponent() 메소드는 모든 스윙 컴포넌트가 자신의 모양을 화면에 출력할 때 호출되는 중요한 메소드이다. 이 메소드를 오버라이딩하면, 기본적으로 제공되는 컴포넌트의 모습 대신, 프로그래머가 원하는 그래픽 요소나 그림을 직접 그릴 수 있다. 따라서 사용자 정의 그래픽을 구현하려면 paintComponent() 메소드를 재정의하는 것이 핵심이다.
- 컴포넌트가 다시 그려져야 하는 상황(예: 윈도우 크기 변경, 다른 창에 가려졌다가 다시 나타남, 애니메이션 효과 구현 등)이 발생하면 repaint() 메소드를 호출한다. repaint()는 내부적으로 paintComponent() 메소드를 자동으로 호출하여 화면을 갱신한다.
- 그래픽 프로그래밍에서 JPanel은 자주 사용되는 컴포넌트로, 프로그램에서 그림을 그릴 수 있는 캔버스(canvas) 역할을 한다. 개발자는 JPanel의 paintComponent() 메소드를 오버라이딩하여 다양한 그래픽 요소를 배치할 수 있다.
- 화면에 그림을 그릴 때 사용하는 핵심 도구는 Graphics 객체이다. Graphics 객체는 색상(color)과 폰트(font)를 변경하는 여러 가지 메소드를 제공한다.
- 색상은 Color 클래스로 표현하며, Color.RED, Color.BLUE와 같이 미리 정의된 색상 상수를 사용할 수도 있고, new Color(r, g, b)와 같이 RGB 값을 직접 지정하여 새로운 색을 정의할 수도 있다.
- 폰트는 Font 객체를 사용하며, 글꼴의 이름, 스타일(굵게, 기울임 등), 크기를 지정하여 다양한 모양의 문자를 표현할 수 있다.
- 화면에 문자열을 출력할 때는 drawString() 메소드를 사용한다. 문자열은 지정된 좌표의 시작점을 기준으로 출력되며, 현재 설정된 색상과 폰트가 적용된다.
- 도형을 그릴 때 Graphics 객체는 여러 가지 메소드를 제공한다. 예를 들어, drawRect()는 사각형의 테두리를, drawLine()은 직선을, drawOval()은 타원의 테두리를 그린다. 이처럼 drawXXX() 계열 메소드는 도형의 외곽선만 표시한다. 반대로 fillRect(), fillOval(), fillArc()와 같은 fillXXX() 계열 메소드는 도형의 내부를 채워진 상태로 그린다. 따라서 외곽선만 필요한 경우와 내부가 채워진 도형이 필요한 경우에 따라 적절한 메소드를 선택해서 사용해야 한다.
- 이미지를 화면에 출력할 때는 drawImage() 메소드를 사용한다. 이 메소드는 이미지 객체(Image)와 좌표를 받아 이미지를 원하는 위치에 그려준다.

Exercises

1. Graphic 클래스가 제공하는 메소드 중에서 타원을 그리는 메소드는?

   ❶ drawCircle() ❷ drawArc() ❸ drawOval() ❹ drawEllipse()

2. 그래픽 좌표계의 원점은 어디인가?

   ❶ 화면의 중심 ❷ 좌측 상단 ❸ 좌측 하단 ❹ 우측 하단

3. 화면 갱신을 요청하려면 어떤 메소드를 호출해야 하는가?

   ❶ drawAll() ❷ paint()
   ❸ paintComponent() ❹ repaint()

4. 스윙 컴포넌트에 그림을 그리려면 어떤 메소드를 오버라이딩해야 하는가?

   ❶ repaint() ❷ paintComponent()
   ❸ paintThis() ❹ paintObject()

5. 화면에 (100, 100) 좌표에 크기가 200×300인 사각형을 그리는 메소드 호출은?

   ❶ drawRectangle(100, 100, 200, 300)
   ❷ drawRectangle(100, 100, 300, 400)
   ❸ drawRect(100, 100, 200, 300)
   ❹ drawRect(100, 100, 300, 400)

6. 다음 중 패널의 배경색을 빨간색으로 설정하는 문장으로 올바른 것은?

   ❶ panel.setBackground(Red);
   ❷ panel.setBackground(color.red);
   ❸ panel.setBackground(new Color(255, 0, 0));
   ❹ panel.setBackground(Color(255, 0, 0));

7. 다음 질문에 간단히 답하시오.

   1. 색상을 나타내는 클래스는?

   2. 폰트를 나타내는 클래스는?

3. 스윙에서 화면에 그림을 그릴 때 재정의해야 하는 메소드로서 그림을 그리는 문장들이 들어가는 메소드는?

4. 스윙에서 그림이 그려지는 캔버스의 역할을 하는 클래스는?

8. 아래 문장의 참, 거짓을 판단하고 거짓이면 올바르게 수정하시오.

1. 자바 좌표 체계에서 y 값은 아래에서 위쪽으로 증가한다.

2. 자바에서 색상은 Red, Green, Blue 색상의 양을 0에서 512 사이의 정수로 표현된다.

3. `drawOval(x, y, 100, 200)`의 처음 2개의 인수는 타원의 중심을 나타낸다.

9. 다음은 화면에 그림을 그리는 기본 구조이다. (0, 0)을 좌측 상단으로 하고 크기가 100×100인 사각형을 그리고자 한다. 빈칸에 올바른 문장을 넣으시오.

```
class MyPanel extends JPanel {
    @Override
    public void paintComponent(Graphics g) {
    super.paintComponent(g);
    ___________________________________;
    }
}
```

10. 그림을 다시 그려야 할 때, 자바에서는 `paintComponent()` 메소드를 직접 호출하면 안 된다. 어떻게 해야 하는가?

Programming Exercises

난이도: ★★★☆☆
주제: 그래픽과 컴포넌트 사용

1. 눈사람의 얼굴을 화면에 그리고, 그림 하단에 2개의 버튼을 추가하여 버튼을 클릭할 때 웃는 얼굴과 찡그린 얼굴을 표시하시오.

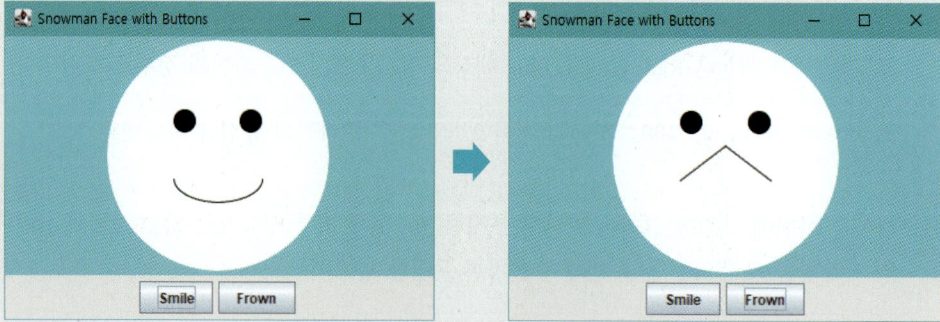

난이도: ★★★★☆
주제: 그래픽과 컴포넌트 사용

2. 사용자가 숫자를 입력하면 해당 값을 막대 그래프로 시각화하는 스윙 애플리케이션을 만드시오. 그래프의 색상을 사용자가 지정할 수 있도록 한다.

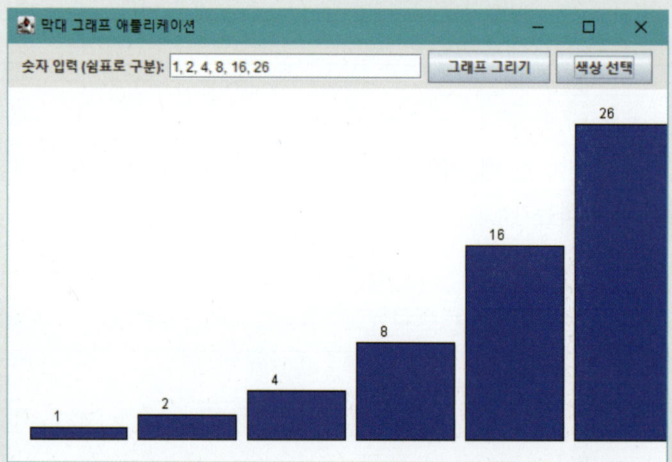

3. 여러 이미지를 순차적으로 표시하는 슬라이드 쇼 애플리케이션을 만드시오. 이미지 전환은 버튼을 클릭하거나 자동으로 진행된다. 'Auto' 버튼을 클릭하면 Timer를 사용하여 일정 시간 간격으로 이미지를 자동으로 변경한다.

4. 현재 시각을 표시하는 디지털 시계를 자바 스윙으로 만드시오. 현재 시각을 1초마다 갱신하여 실시간으로 표시되도록 한다.

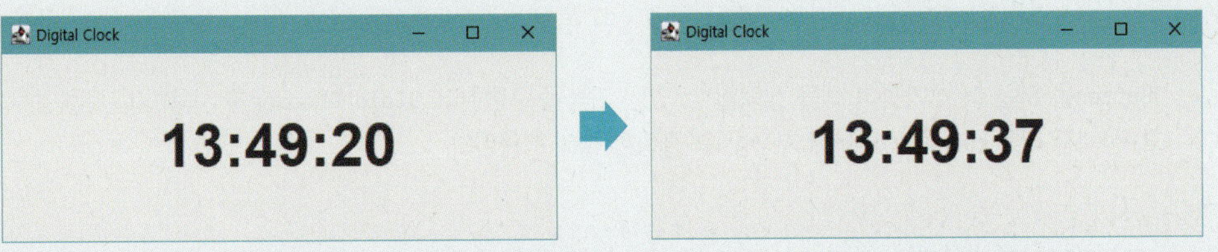

5. 알람 기능을 포함한 타이머를 만드시오. 사용자가 타이머 시간을 설정하고, 타이머가 종료되면 알람 메시지가 표시되어야 한다.

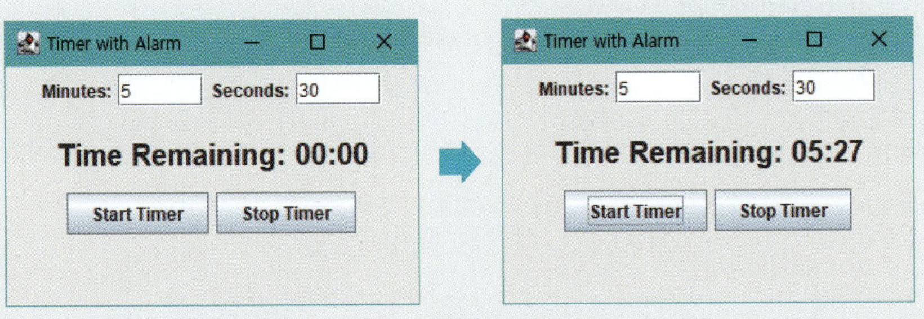

난이도: ★★★☆☆
주제: 기초 도형 그리기

6. 10×10 그리드가 있는 창을 만들고, 사용자가 각 셀을 클릭하여 색을 칠할 수 있는 프로그램을 만드시오. 색은 사용자가 선택할 수 있도록 한다.

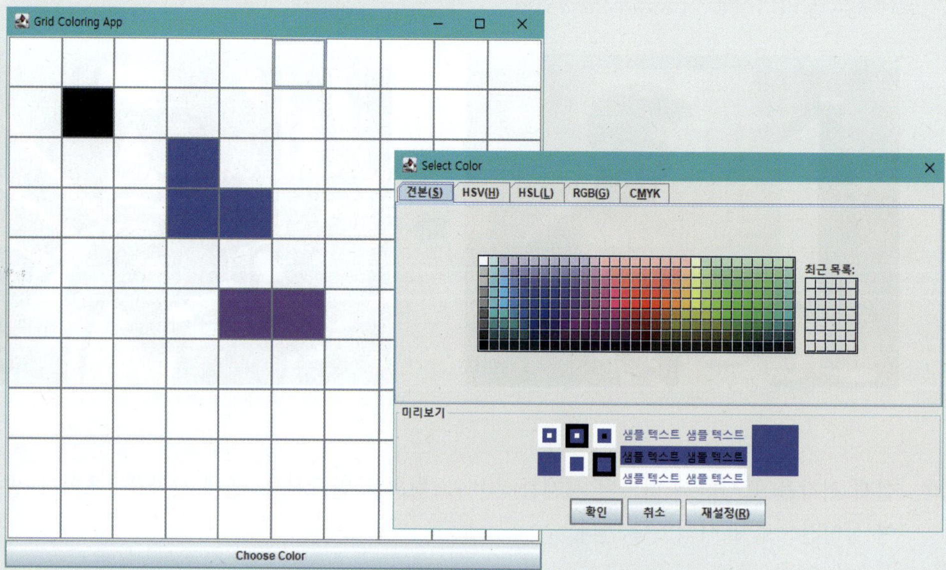

JButton을 하나 더 추가하여 색을 선택할 수 있는 기능을 구현한다. JColorChooser를 사용하여 색을 선택하고, 선택된 색을 currentColor에 저장한 후 클릭한 셀에 적용한다.

```
colorButton.addActionListener(new ActionListener() {
    @Override
    public void actionPerformed(ActionEvent e) {
        // 색 선택 다이얼로그 열기
        Color selectedColor = JColorChooser.showDialog(null, "Select Color", currentColor);
        if (selectedColor != null) {
            currentColor = selectedColor; // 선택한 색으로 설정
        }
    }
});
```

7. 사용자가 화면에서 이미지를 드래그하여 원하는 위치로 이동시키는 프로그램을 만드시오. 이미지는 화면에 고정된 위치에서 드래그할 수 있어야 한다. 사용자가 마우스를 눌러 이미지를 이동시키고, 마우스를 놓으면 이미지가 새로운 위치로 이동한다.

난이도: ★★★☆☆
주제: 그리기와 이벤트

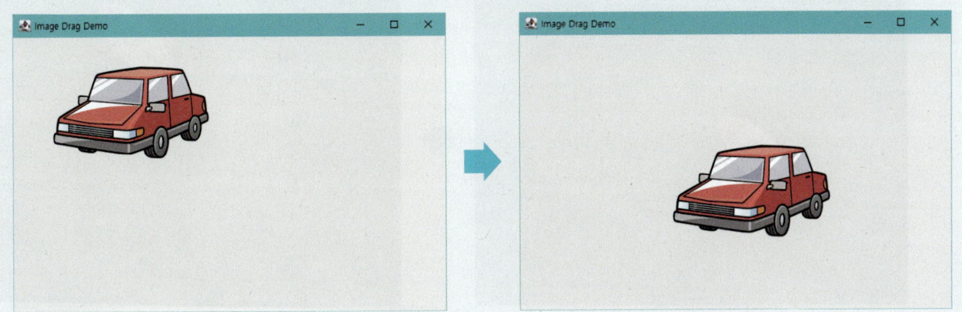

1. 레이블에 이미지를 표시하고 레이블을 드래그하는 방식으로 구현한다.
2. 스윙 그래픽을 이용하고 `paintComponent()` 메소드를 오버라이딩하여 구현한다.

8. 마우스를 드래그하고 놓았을 때, 컬러로 채워진 원들이 화면에 나타나는 프로그램을 만드시오. 드래그 거리에 따라 원의 반지름이 달라져야 하고, 앞에서 그린 원들이 사라지지 않아야 한다. 원들을 저장하는 리스트를 만들어서 새로 그릴 때마다 이전에 그린 원들을 계속 유지한다. 이를 위해 `ArrayList`를 사용하여 원들의 정보를 저장하고, `paintComponent()` 메소드에서 이 리스트에 저장된 원들을 계속 그리도록 한다.

난이도: ★★★☆☆
주제: 그리기와 이벤트

난이도: ★★★☆☆
주제: 그리기와 이벤트

9. 우주선 이미지를 좌측 하단에서 우측 상단으로 움직이는 간단한 애니메이션을 만드시오. javax.swing.Timer를 사용하여 우주선의 위치를 업데이트하며 애니메이션을 구현한다.

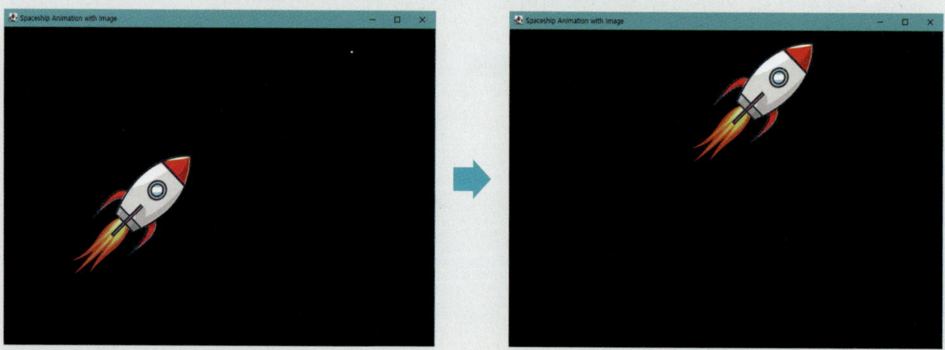

스윙 타이머는 다음과 같은 문장으로 사용이 가능하다. 시간의 단위는 밀리초이다.

```
timer = new Timer(speed, this);
timer.start();
```

난이도: ★★★★☆
주제: 그리기와 컴포넌트 동시 사용

10. 이차 함수의 계수를 받아서 화면에 해당 이차 함수를 그리는 코드를 작성하시오. 화면 중앙을 좌표 원점(0, 0)으로 설정한다. 수식 $y = ax^2 + bx + c$에 따라 점들을 계산하고 선으로 연결하여 곡선을 그린다. x축과 y축을 화면 중앙에 그려 함수 그래프와 비교할 수 있도록 한다. 사용자는 a, b, c 값을 입력할 수 있다. 'Draw Graph' 버튼을 누르면 입력한 계수로 그래프가 다시 그려진다

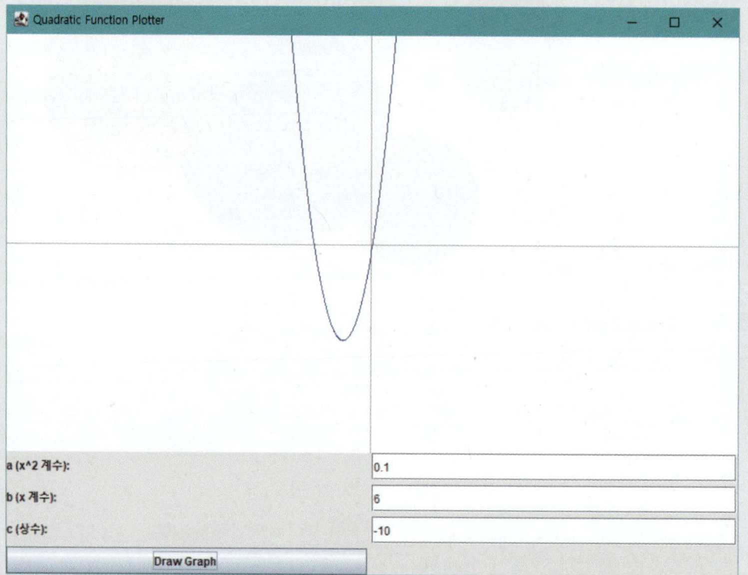

11. 사용자가 클릭한 위치에 별을 표시하고 별자리를 연결하는 프로그램을 만드시오. 사용자가 화면을 클릭하면 클릭한 위치에 별(작은 원)을 그린다. 별들은 선으로 연결하여 별자리처럼 표시된다.

난이도: ★★★★☆
주제: 그리기와 컴포넌트 동시 사용

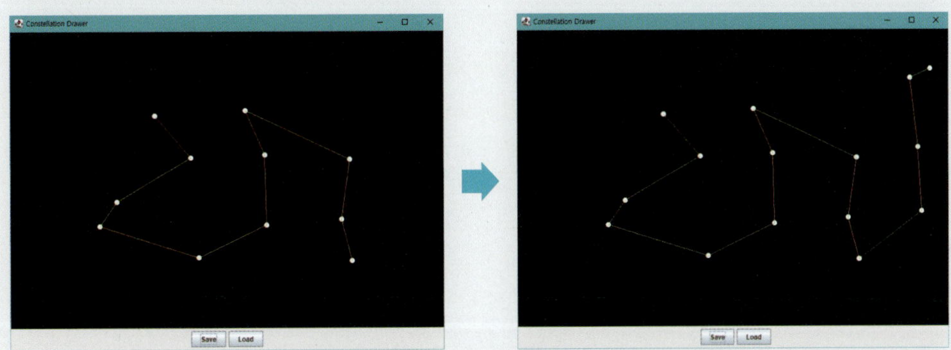

12. 플레이어가 화면 아래에서 위로 총알을 발사하여 하늘에서 내려오는 적을 맞추는 게임을 만드시오. 플레이어는 키보드로 캐릭터를 움직이고, 스페이스바를 눌러 총알을 발사하며 하늘에서 내려오는 적을 맞출 수 있어야 한다.

난이도: ★★★★☆
주제: 기초 도형 그리기, 타이머 이벤트

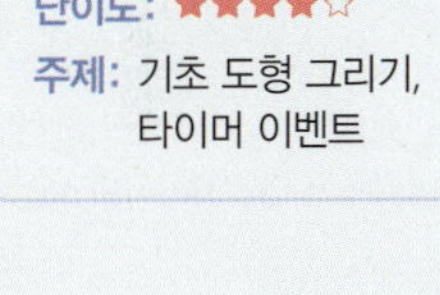

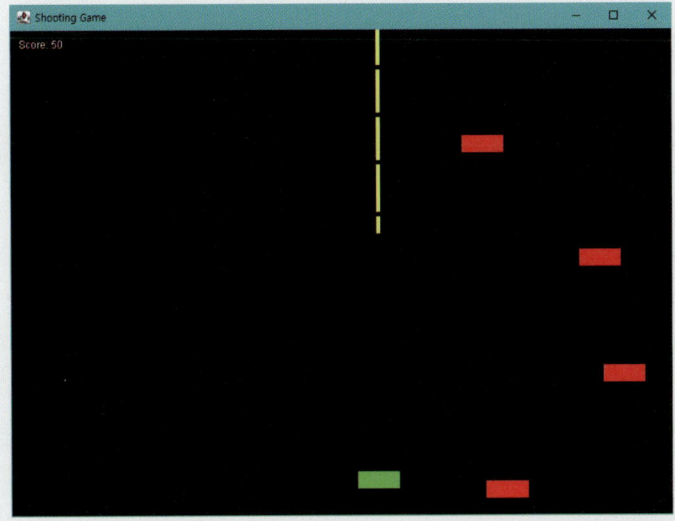

CHAPTER 12

패키지, 모듈, 자바 API

학습목표

- 관련된 클래스들을 패키지로 묶는다.
- 외부 패키지들을 불러와서 패키지 안에 포함된 클래스들을 사용한다.
- 자바의 기본 패키지와 유틸리티 패키지 안의 클래스의 사용법을 파악한다.
- String 클래스를 이용하여 문자열을 처리한다.

학습목차

핵심 키워드

패키지, 모듈, 자바 API, Object 클래스, String 클래스

CHAPTER 12

패키지, 모듈, 자바 API

12.1 패키지란?

패키지의 개념

자바 패키지란? 쉽게 말해, 코드의 정리정돈 전문가이다. 어릴 때 장난감으로 다 놀고 나면 부모님께서 제자리에 넣으라고 말씀하시던 것을 기억하는가? 자바 패키지는 바로 그런 역할을 한다. 여러분이 작성한 클래스들을 깔끔하게 상자에 넣어두는 것이다. 패키지는 상당히 똑똑하다. 상자마다 서로 다른 이름표(라벨)를 붙여놓기 때문에, 다른 상자 안에 똑같은 이름의 장난감이 있어도 헷갈리지 않는다. 패키지는 여러분의 코드를 찾아야 할 때 서랍장과 같은 역할을 한다. 예를 들어, '부엌 서랍'에는 포크와 나이프가 있고, '서재 서랍'에는 펜과 노트가 들어 있는 것처럼 자바에서는 java.util 서랍에서 유용한 도구(예: `ArrayList`)를 꺼내 쓰고, java.io 서랍에서 파일을 읽고 쓰는 도구(`FileReader` 클래스)를 꺼내 쓸 수 있다.

패키지는 클래스와 인터페이스를 체계적으로 조직하고 네임스페이스를 제공하여 이름 충돌을 방지하며, 접근 제어를 용이하게 하는 중요한 메커니즘입니다.

그림 12-1 서랍장 역할을 하는 패키지

자바 패키지는 일상생활에서 사용하는 상자로 생각하면 이해하기 쉽다. 우리는 이사할 때나 물건을 정리할 때, 상자를 사용하여 관련 물품들을 체계적으로 정리하고 보관한다. 자바 패키지도 관련된 클래스와 인터페이스를 정리하여 보관하는 역할을 한다. 상자에는 라벨을 붙여서 어떤 아이템이 상자에 들어 있는지 알 수 있게 해준다. 마찬가지로, 패키지 이름은 상자의 라벨처럼 어떤 종류의 클래스와 인터페이스가 들어 있는지를 나타낸다.

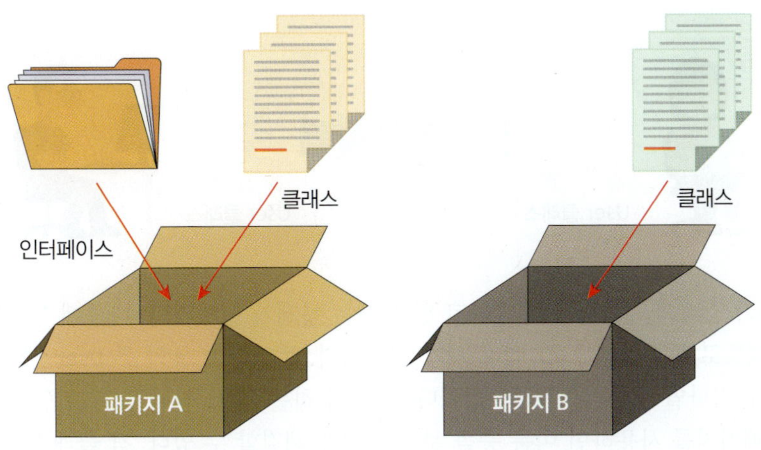

그림 12-2 패키지는 클래스를 저장하는 상자와 같다.

상자 안에 다른 상자를 넣을 수 있는 것처럼, 패키지 안에 다른 패키지를 넣을 수 있다. 따라서 패키지는 계층 구조를 가진다. 패키지는 파일 디렉터리 구조와 밀접하게 관련되어 있다. 자바에서 패키지는 실제 파일 시스템의 디렉터리 구조와 매핑된다. 실제로 패키지 이름이 파일 시스템에서의 디렉터리 경로로 변환된다. 자바에서 기본적으로 주어지는 패키지들의 계층 구조의 일부는 그림 12-3과 같다.

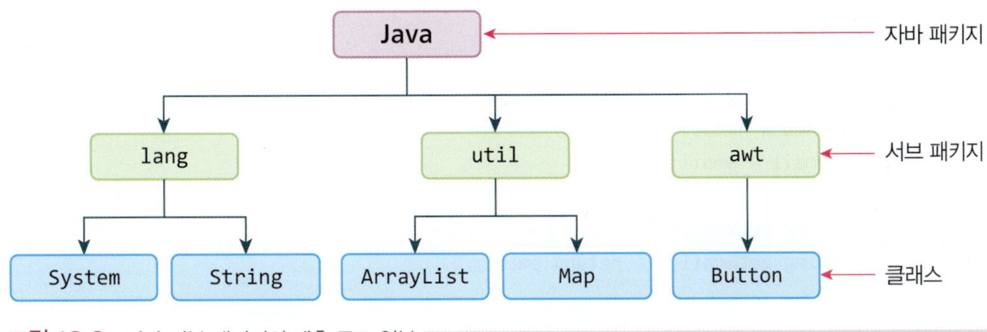

그림 12-3 자바 기본 패키지의 계층 구조 일부

왜 패키지가 필요할까?

패키지의 가장 중요한 기능인 '이름 충돌 방지'를 예로 들어서 설명해 보자. Kim과 Lee는 같은 회사의 다른 팀에서 일하는 소프트웨어 개발자이다. Kim은 사용자 관리 시스템을, Lee는 제품 관리 시스템을 개발하고 있다. 우연히 두 사람 모두 User라는 이름의 클래스를 작성하게 되었다. Kim은 사용자 정보와 관련된 기능을 구현하기 위해 User 클래스를 작성했다. Lee는 제품을 구매한 사용자의 정보를 기록하기 위해 User 클래스를 작성했다. 이 클래스는 구매자의 이름과 구매한 제품 목록을 저장한다.

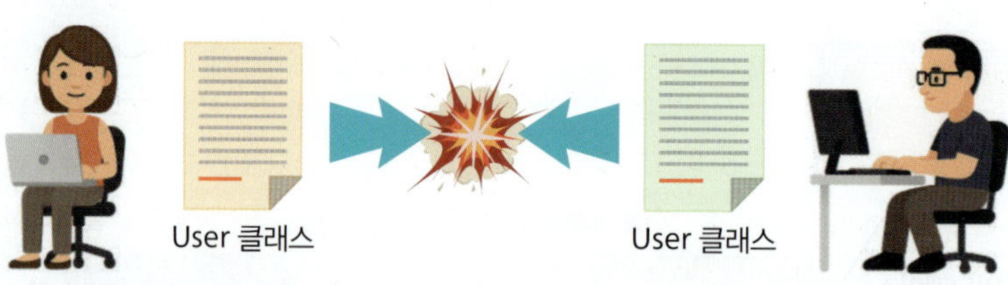

Kim과 Lee가 각각의 시스템을 개발하고 있을 때는 문제가 없었지만, 나중에 두 시스템을 하나의 프로젝트로 통합하려고 할 때 문제가 발생했다. 동일한 이름의 두 User 클래스가 존재하기 때문에 컴파일 오류가 발생한 것이다. 어떻게 하는 것이 최선일까? 이럴 때 패키지가 필요하다. 패키지를 사용하면 이름 충돌 문제를 쉽게 해결할 수 있다. 각 클래스는 고유의 네임스페이스를 가지게 되어 충돌이 발생하지 않는다.

Kim은 아래와 같이 코드를 작성할 수 있다. 맨 첫 줄의 package usermanagement; 문장은 클래스가 포함될 패키지를 지정하는 선언문으로, 이 클래스가 usermanagement라는 패키지에 속함을 나타낸다.

```
package usermanagement;

public class User {
    private String name;
    private String email;
    public User(String name, String email) {
        this.name = name;
        this.email = email;
    }
    public String getName() { return name; }
    public String getEmail() { return email; }
}
```

Lee는 다음과 같은 코드를 작성한다. 이 선언문에 따라 User 클래스는 productmanagement 패키지에 소속된다.

```
package productmanagement;

import java.util.List;
```

```
public class User {
    private String name;
    private List<String> purchasedProducts;

    public User(String name, List<String> purchasedProducts) {
        this.name = name;
        this.purchasedProducts = purchasedProducts;
    }
    public String getName() { return name; }
    public List<String> getPurchasedProducts() { return purchasedProducts; }
}
```

Kim과 Lee의 코드를 통합 프로젝트에서 사용하는 경우, 패키지 이름을 통해 두 User 클래스를 구분할 수 있다.

```
package main;

import usermanagement.User as UserManagementUser;
import productmanagement.User as ProductManagementUser;

import java.util.Arrays;

public class Main {
    public static void main(String[] args) {
        // Kim의 User 클래스 사용
        UserManagementUser user1 = new UserManagementUser
                ("Kim", "kim@example.com");

        // Lee의 User 클래스 사용
        ProductManagementUser user2 = new ProductManagementUser
                ("Lee", Arrays.asList("Laptop", "Smartphone"));
    }
}
```

위의 코드에서 import 문이 패키지를 불러들인다. import usermanagement.User as UserManagementUser; 문장은 usermanagement.User 클래스를 포함시켜서 지금부터 UserManagementUser 이름으로 부르겠다는 의미이다.

패키지의 용도

첫 번째, 패키지를 사용하는 가장 중요한 이유는 앞에서 설명한 **네임스페이스(name space)** 때문이다. 원칙적으로 모든 클래스는 서로 다른 이름을 가져야 한다. 즉, 동일한 이름을 가지는 클래스가 여러 개 존재하면 안 되는 것이다. 하지만 프로그램의 크기가 커지면 각 클래스에 유일한 이름을 부여하는 것도 쉬운 일이 아니다. 그리고 만약 여러 개발자가 작성한 코드를 합치는 경우에는 더욱 문제가 심각해진다. 우연히 같은 클래스 이름을 사용할 수도 있기 때문이다(사람의 상상력에는 한계가 있다). 따라서 이러한 이름 충돌을 방지할 방법이 필요하다. 패키지는 이런 경우에 사용할 수 있는 중요한 도구이다. 패키지만 다르면 개발자들은 동일한 클래스 이름을 마음 놓고 사용할 수 있다.

두 번째, 패키지를 이용하면 서로 관련된 클래스들을 하나의 단위로 모을 수 있다. 예를 들어서 네트워크와 관련된 클래스들은 net 패키지로 묶을 수 있다. 유사한 클래스들이 패키지로 묶여 있으면 유지 보수가 쉬워진다.

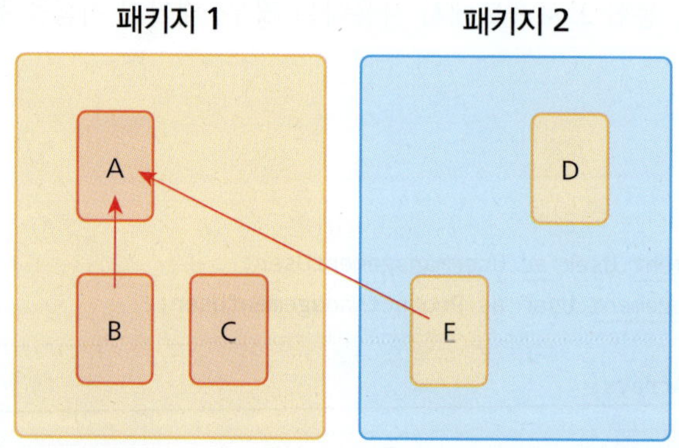

그림 12-4 패키지로 클래스들을 캡슐화할 수 있다.

세 번째, 패키지를 이용하여 세밀한 접근 제어를 구현할 수 있다. 패키지 안의 클래스들은 패키지 안에서만 사용할 수 있도록 선언할 수 있다. 이렇게 선언하면 패키지 외부에서는 해당 클래스들을 사용할 수 없다. 따라서 패키지는 클래스들을 캡슐화할 수 있는 또 하나의 방법을 제공한다.

패키지와 디렉터리 구조

패키지는 파일 디렉터리 구조와 밀접하게 관련되어 있다. 자바에서 패키지는 실제 파일 시스템의 디렉터리 구조와 매핑된다. 이는 패키지 이름이 파일 시스템에서의 디렉터리 경로로 변환된다는 것을 의미한다. 예를 들어서 다음 코드를 살펴보자.

```
package com.company.utils;
public class StringUtils {
    // 유틸리티 메소드 정의
}
```

앞의 예제에서 StringUtils.java 파일은 다음과 같은 디렉터리 구조에 위치해야 한다.

```
src/
└─ com/
    └─ company/
        └─ utils/
            └─ StringUtils.java
```

- com 디렉터리는 프로젝트의 루트 디렉터리(src 등) 아래에 생성된다.
- company 디렉터리는 com 디렉터리 아래에 생성된다.
- utils 디렉터리는 company 디렉터리 아래에 생성된다.
- 최종적으로, StringUtils.java 파일은 utils 디렉터리 아래에 위치한다.

패키지의 종류

패키지는 두 가지 종류로 나눌 수 있다. 내장 패키지는 자바 언어가 기본적으로 제공하는 패키지들이고, 사용자 정의 패키지는 개발자가 정의하는 패키지들이다.

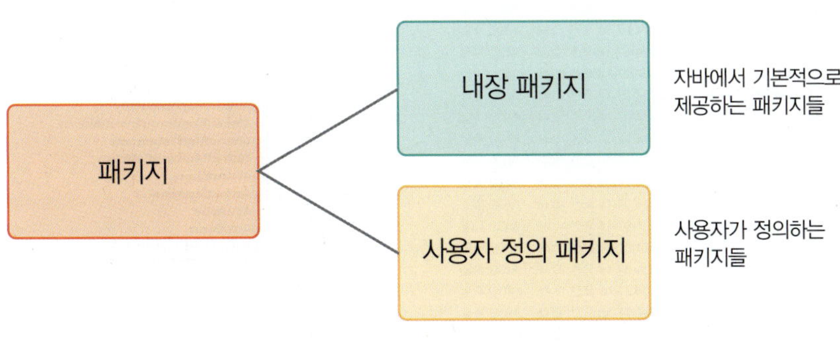

그림 12-5 패키지의 종류

자바에는 lang, util, awt, javax, swing, net, io, sql 등과 같은 많은 내장 패키지가 있다. 예를 들면 String 클래스는 lang 패키지에, ArrayList 클래스는 util 패키지에 들어 있다. 우리는 사용자 정의 패키지를 만들어서 사용하는 방법을 학습한 후에, 자바가 제공하는 내장 패키지에 대해서도 살펴본다.

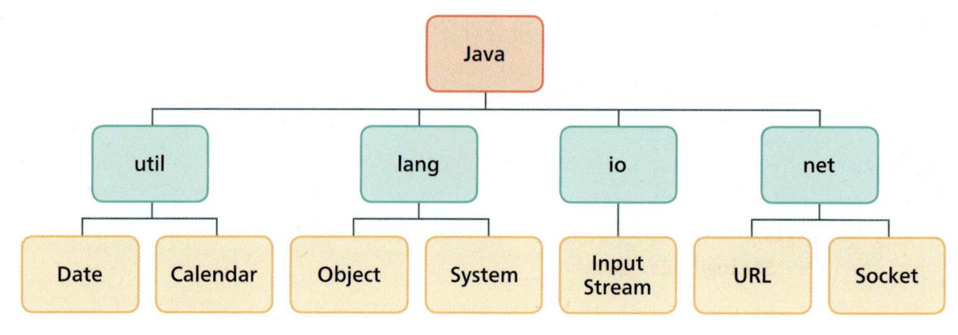

그림 12-6 내장 패키지 계층 구조

자바의 내장 패키지는 JDK 설치 디렉터리의 jmods 디렉터리에 .jmod 확장자를 가진 압축 파일 형태로 제공된다. 압축 포맷은 ZIP이므로 확장자를 .zip으로 변경하면 내부에 존재하는 클래스 파일들을 볼 수 있다.

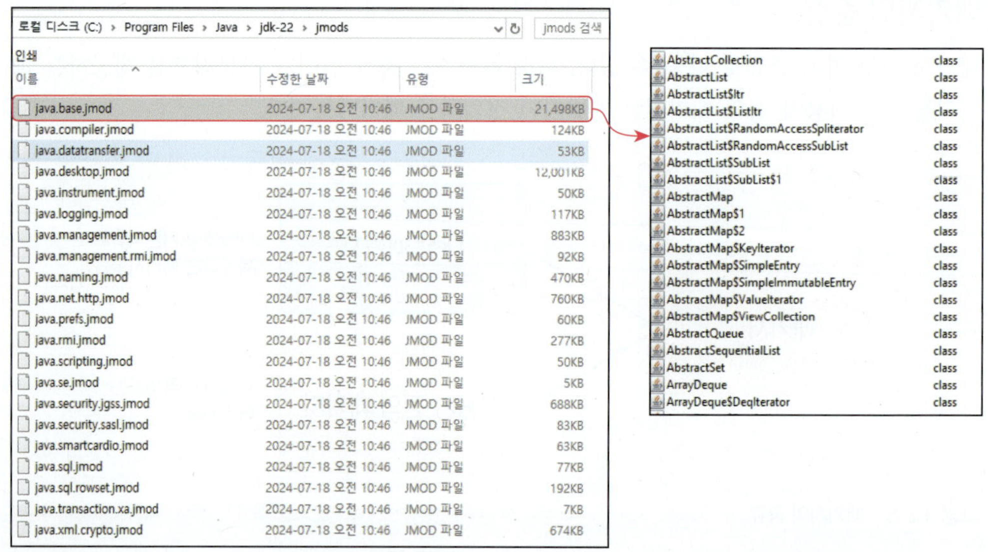

그림 12-7 내장 패키지 파일과 내부 클래스 파일

SELF TEST

1 패키지는 관련 있는 ___________나 ____________를 하나로 묶은 것이다.

2 패키지의 장점은 무엇인가?

3 서로 다른 패키지 안에 같은 이름의 클래스를 만들 수 있는가?

4 자바 소스 코드에서 package 키워드는 일반적으로 소스 파일의 어느 위치에 선언되는가?

12.2 패키지를 포함하여 사용하기

자바는 기본적으로 많은 패키지를 지원한다. 패키지들에 들어 있는 클래스를 사용하려면 어떻게 해야 할까? 이때 컴파일러로 하여금 클래스 파일의 위치를 찾을 수 있도록 패키지 이름도 함께 알려주어야 한다. 예를 들어서 java.util 패키지에 있는 ArrayList 클래스를 사용하려면 다음과 같이 원칙적으로 ArrayList 이름 앞에 패키지 이름도 함께 적어주어야 한다.

```
package graphics;

public class Example {
    public static void main(String[] args) {
        java.util.ArrayList<String> list = new java.util.ArrayList<>();
        list.add("Hello");
        list.add("World");
        System.out.println(list);
    }
}
```

ArrayList 클래스를 사용하기 위해서는 완전한 이름인 java.util.ArrayList를 사용하여야 한다. 완전한 이름을 사용하지 않으면 컴파일러가 ArrayList 클래스가 어떤 패키지에 있는지를 알지 못한다. 이 방법은 패키지 충돌을 방지할 수 있다. 즉, 다른 패키지에 동일한 클래스 이름이 있을 경우에도 명확히 구분할 수 있다. 하지만 코드가 길어지고 가독성이 떨어질 수 있다. ArrayList 클래스가 필요할 때마다 java.util.ArrayList의 긴 이름을 사용하는 것은 상당히 번거로운 일이다. 따라서 자바는 이 불편함을 해소할 수 있는 import 문을 준비하고 있다.

import 문

자바가 제공하는 패키지들을 사용하기 위해서는 import 문을 사용해야 한다. 이미 작성된 패키지를 사용하는 방법은 크게 두 가지로 나눌 수 있다.

- 패키지 안에서 우리가 원하는 클래스만을 포함한다.
- 패키지 안의 모든 클래스를 포함한다.

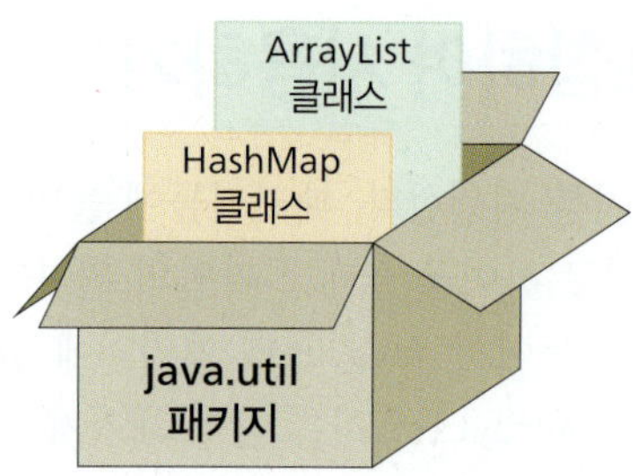

그림 12-8 이미 작성된 패키지를 포함하여 사용하는 방법

(1) 원하는 패키지 멤버만 포함한다.

특정 클래스만 포함하는 방법은 import 문을 사용하여 패키지의 특정 클래스를 명시적으로 포함하는 것이다. 이 방법은 import 문을 통해 필요한 클래스만 포함하여 사용한다.

만약 외부 패키지에서 몇 개의 클래스만을 사용하는 경우라면 이 방법도 괜찮다. 하지만 외부 패키지에서 많은 클래스를 사용한다면 전체 패키지를 포함하는 것이 낫다.

```
import java.util.ArrayList;

public class Example {
    public static void main(String[] args) {
        // ArrayList 클래스를 import했으므로 간단하게 사용할 수 있다.
        ArrayList<String> list = new ArrayList<>();
        list.add("Hello");
        list.add("World");
        System.out.println(list);
    }
}
```

(2) 전체 패키지를 포함한다.

전체 패키지를 포함하는 방법은 import 문에서 와일드카드(*)를 사용하여 해당 패키지의 모든 클래스를 포함하는 것이다. 이 방법은 특정 패키지의 모든 클래스를 한 번에 포함할 수 있다.

```
import java.util.*;

public class Example {
    public static void main(String[] args) {
        // java.util 패키지의 모든 클래스를 포함했으므로 ArrayList를 간단하게 사용할 수 있다.
```

```
        ArrayList<String> list = new ArrayList<>();
        list.add("Hello");
        list.add("World");
        System.out.println(list);

        // HashMap 클래스도 같은 패키지 내에 있으므로 사용할 수 있다.
        HashMap<Integer, String> map = new HashMap<>();
        map.put(1, "One");
        map.put(2, "Two");
        System.out.println(map);
    }
}
```

이 방법을 사용하면 import 문을 한 줄만 작성하여 해당 패키지에 포함된 여러 클래스를 간단히 사용할 수 있다. 그러나 코드의 명확성이 떨어져 실제로 어떤 클래스가 사용되는지 알기 어려울 수 있다. 또한 서로 다른 패키지에 동일한 이름의 클래스가 존재하면 충돌이 발생할 수 있으며, 이 경우 클래스 이름 앞에 패키지 이름을 명시해야 한다.

계층 구조의 패키지 포함하기

계층적으로 구성된 패키지의 경우, 주의해야 할 사항이 있다. 예를 들어서 java.awt.*를 포함하면 java.awt 아래 있는 패키지, 즉 java.awt.font와 같은 패키지가 자동으로 포함된다고 생각하기 쉽다. 그러나 java.awt.font 패키지는 자동으로 포함되지 않는다. 다음과 같이 별도로 포함하여야 한다.

```
import java.awt.*;              // java.awt 패키지의 클래스 포함
import java.awt.font.*;         // java.awt.font 패키지의 클래스 포함
```

정적 import 문

클래스 안에 정의된 정적 상수나 정적 메소드를 사용하는 경우에 일반적으로는 클래스 이름을 앞에 적어주어야 한다. 예를 들면 java.lang.Math 클래스 안에는 PI가 상수로 정의되어 있고, sin(), cos(), tan()과 같은 수많은 정적 메소드들이 정의되어 있다. 일반적으로 정적 상수와 정적 메소드를 사용하려면 다음과 같이 클래스 이름을 앞에 붙여야 한다(정적 멤버는 클래스 이름으로 참조할 수 있다).

```
double r = Math.cos(Math.PI * theta);
```

하지만 정적 import 문을 사용하면 클래스 이름을 생략하여도 된다.

```
import static java.lang.Math.*;
double r = cos(PI * theta);
```

정적 import 문장을 너무 남용하면 코드가 읽기 어려워지기 때문에 주의하여 사용한다.

참고사항: 동일한 이름의 클래스가 있는 경우

만약 똑같은 이름의 클래스를 가지는 패키지가 동시에 포함될 경우, 모호성을 제거하기 위해 정식 이름을 사용하여야 한다. 예를 들어 2개의 패키지 A, B가 존재하고 각각 Order라는 똑같은 이름의 클래스를 가지고 있다면 다음과 같이 정식 이름으로 써야 한다.

```
import A;
import B;
...
A.Order  o1 = new A.Order();      // 패키지 A의 Order 클래스 사용
B.Order  o2 = new B.Order();      // 패키지 B의 Order 클래스 사용
```

참고사항: 인터넷 도메인을 패키지 이름으로 사용하는 경우 주의사항

때로 인터넷 도메인 이름은 유효한 패키지 이름이 될 수 없다. 예를 들어서 하이픈(-)이나 특수 문자를 포함하는 경우이다. 또한 숫자로 시작되어도 안 되고 자바의 예약어도 안 된다. 이런 경우에는 밑줄 문자(_)를 앞에 붙이면 된다.

SELF TEST

1. java.util 클래스의 ArrayList 클래스를 import 문 없이 사용하려고 한다. 어떻게 하면 되는가?
2. java.util 클래스의 ArrayList 클래스만 포함하는 문장을 작성하시오.
3. java.util 패키지의 모든 클래스를 포함하려면 어떤 문장을 사용해야 하는가?

12.3 패키지 만들기

패키지 선언하기

자바에서 패키지를 선언하는 방법은 매우 간단하지만, 코드의 조직화와 네임스페이스 관리에 중요한 역할을 한다. 패키지 선언은 소스 파일의 맨 위에 위치해야 하며, 파일 내의 모든

클래스와 인터페이스는 이 패키지에 속하게 된다. 패키지를 선언하려면 package 키워드를 사용하고, 그 뒤에 패키지 이름을 작성한다. 패키지 선언은 소스 파일의 첫 번째 줄이어야 하며, 주석이나 import 문보다 위에 있어야 한다. 예를 들어서 Circle 클래스를 graphics 패키지에 속하게 하려면 다음과 같이 한다.

Circle.java

```java
package graphics;

public class Circle {
    double radius;
}
```

소스 파일을 패키지에 넣으려면 소스 파일의 맨 처음에 package 패키지명; 문장을 넣으면 됩니다.

위와 같이 패키지를 선언하면 소스 파일 안에서 선언된 클래스 Circle은 선언된 패키지 graphics에 속하게 된다.

여러 개의 소스 파일에 동일한 패키지 선언문을 넣을 수 있다. 이 경우 해당 소스 파일들은 동일한 패키지에 속하게 된다. 예를 들어서 Circle.java와 Rectangle.java 파일에 package graphics; 문장을 넣으면 Circle 클래스와 Rectangle 클래스가 모두 graphics 패키지에 속하게 된다.

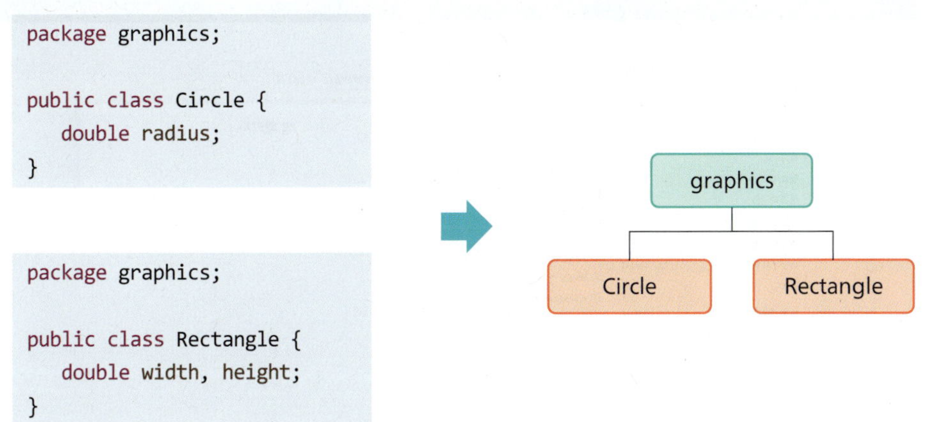

만약 graphics 패키지 안의 Circle 클래스를 main 패키지의 Test 클래스에서 사용하려면 다음과 같이 import 문을 사용하여야 한다. 패키지가 다르기 때문이다.

Test.java

```java
package main;
import graphics.Circle;

```

```java
public class Test {
    public static void main(String[] args) {
        Circle obj = new Circle();
        // System.out.println(obj.radius);
    }
}
```

import graphics.Circle; 문장은 graphics 패키지에서 Circle 클래스를 가져온다는 의미이다. 또한 Circle 안의 radius 필드는 접근 지정자가 패키지로 되어 있기 때문에 main 패키지에서는 접근이 불가능함을 확인할 수 있다.

인텔리제이에서 패키지 만들기

우리는 이제까지 인텔리제이를 사용해왔다. 인텔리제이를 사용하여 패키지를 생성하면 인텔리제이가 자동으로 패키지의 구조에 맞는 디렉터리 구조를 생성해줘서 편리하다.

1. [새로 만들기] → [프로젝트]를 선택하여 PackageTest01이라는 프로젝트를 만든다.
2. src 폴더 위에서 마우스 오른쪽 버튼을 눌러서 [새로 만들기] → [패키지] 메뉴를 선택하여 패키지 이름에 graphics를 입력한다.

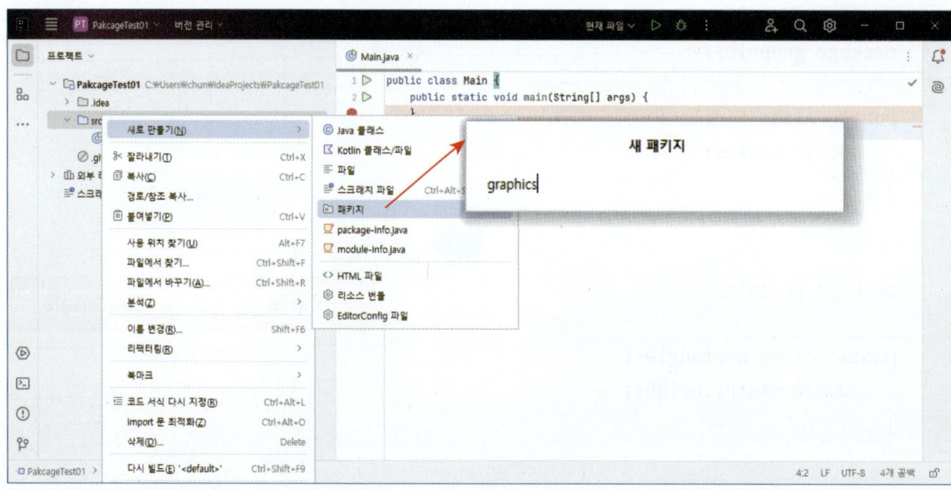

3. src 폴더 위에서 마우스 오른쪽 버튼을 눌러서 [새로 만들기] → [패키지] 메뉴를 선택하여 main 패키지를 생성한다. 다음과 같이 프로젝트 아래에 graphics와 main 패키지가 존재하여야 한다.

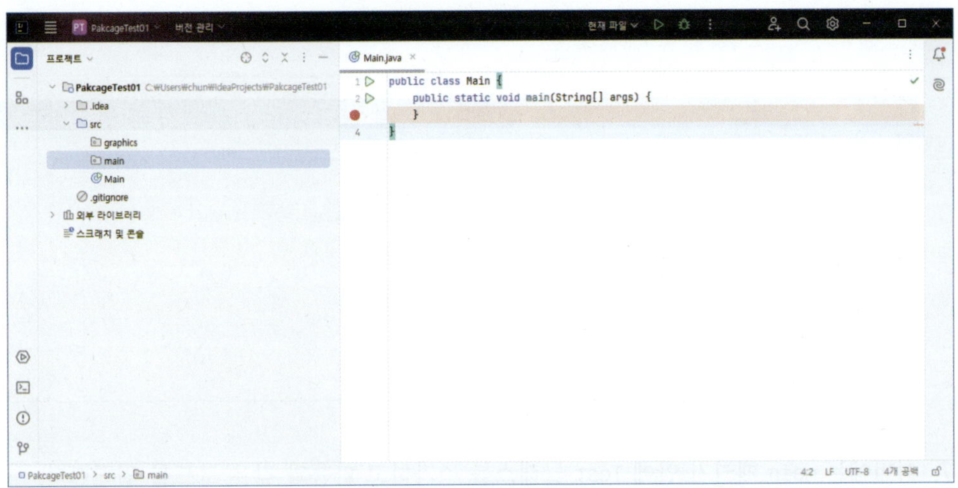

4. graphics 패키지 위에서 마우스 오른쪽 버튼을 눌러서 [새로 만들기] → [Java 클래스] 메뉴를 선택하여 Circle 클래스를 추가한다.

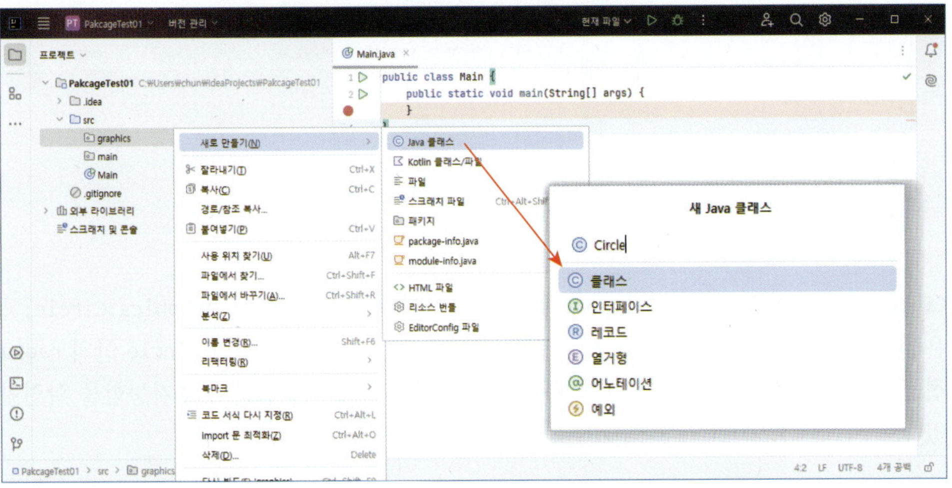

5. Circle 클래스 안에 다음과 같은 코드를 추가한다.

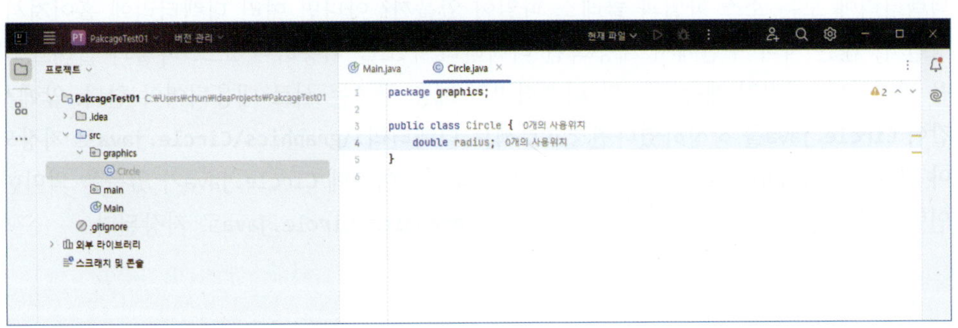

6. 유사하게 graphics 패키지 안에 Rectangle 클래스를 추가한다.

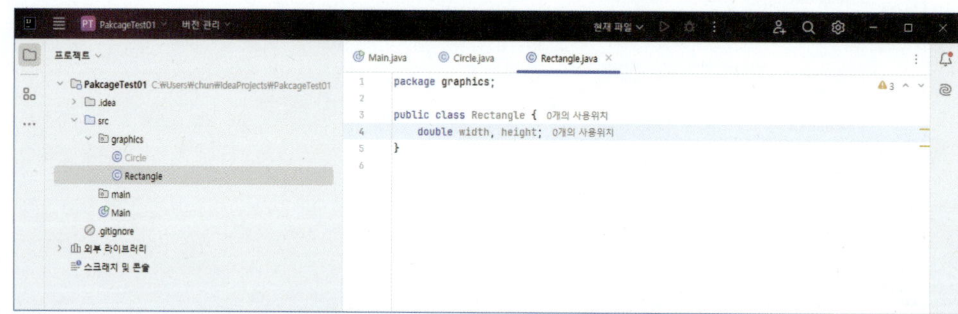

7. 이번에는 main 패키지 안에 Test 클래스를 추가하고 다음과 같은 코드를 입력한다.

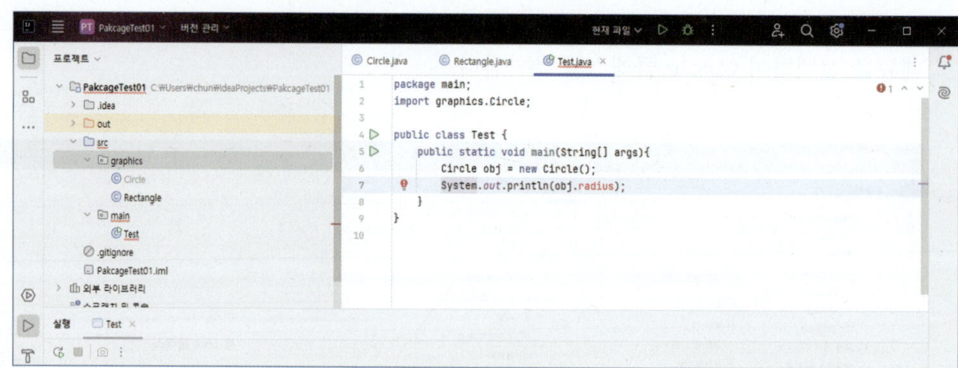

Circle 클래스를 사용하려면 import 문을 사용하여야 한다. import graphics.Circle; 문장은 graphics 패키지에서 Circle 클래스를 가져온다는 의미이다. 또한 Circle 안의 radius는 접근 지정자가 패키지로 되어 있기 때문에 main 패키지에서는 접근이 불가능함을 확인할 수 있다.

소스 파일의 위치

자바에서는 소스 파일과 (컴파일된) 클래스 파일을 어떤 원칙으로 관리하는 것일까? 하나의 디렉터리에 모든 소스 파일과 클래스 파일이 있을까? 아니면 여러 디렉터리에 흩어져서 저장될까? 많은 자바 구현에서 계층적인 디렉터리 구조를 이용하여 소스 파일과 클래스 파일을 관리한다. 패키지 계층 구조와 디렉터리의 계층 구조는 서로 대응되어야 한다. **앞에서와 같이 Circle.java를 작성하였다면 <프로젝트 디렉터리>\graphics\Circle.java로 저장되어야 한다.** 즉, graphics.Circle은 graphics 디렉터리 아래에 Circle.java가 있음을 의미한다. 인텔리제이에서는 <프로젝트 디렉터리>\src\graphics\Circle.java로 저장된다.

```
D:\test\
      └─ src\
           └─ graphics\
                └─ Circle.java
```

클래스 파일의 위치

컴파일이 끝난 클래스 파일은 어디에 저장될까? 클래스 파일도 패키지의 구조를 반영한 디렉터리에 저장된다. 앞의 소스 파일 `Circle.java`를 컴파일하면 <프로젝트 디렉터리>`\graphics\Circle.class`로 저장된다. 인텔리제이에서는 <프로젝트 디렉터리>`\out\graphics\Circle.class`로 저장된다.

```
D:\test\
      └─  out\
              └─  graphics\
                     └─  Circle.class
```

디폴트 패키지

만약 개발자가 패키지 문을 사용하지 않은 경우에는 어떻게 될까? 이런 경우에는 디폴트 패키지(default package)에 속하게 된다. 디폴트 패키지는 이름이 없는 패키지로서 임시 프로그램을 작성할 경우에만 사용한다. 본격적인 프로그램을 개발할 때는 이름을 가진 패키지를 지정하는 것이 원칙이다. 디폴트 패키지의 특징은 다음과 같다.

- **패키지 선언 없음:** 디폴트 패키지에 속하는 클래스는 파일 상단에 package 선언이 없다.
- **작은 프로그램에 적합:** 디폴트 패키지는 작은 프로그램이나 테스트 코드, 단일 파일로 구성된 간단한 예제에 적합하다.
- **확장성의 한계:** 대규모 프로젝트나 라이브러리에서는 디폴트 패키지를 사용하지 않는 것이 좋다. 디폴트 패키지만을 사용하면 코드를 조직화할 수 없고, 동일한 이름의 클래스를 사용할 수 없기 때문이다.
- **클래스 접근 제어:** 디폴트 패키지에 속한 클래스는 다른 패키지에서 직접 접근할 수 없다. 즉, 디폴트 패키지 내에서만 접근이 가능하다.

계층 구조 패키지

일반적으로 패키지는 계층 구조가 될 수 있다. 예를 들어서 pkg1 패키지 안에 pkg2 패키지를 넣고 싶은 경우에는 다음과 같이 패키지를 선언한다. 이때는 패키지와 패키지 사이에 점을 찍어서 구별한다.

```
package pkg1.pkg2;
...
```

더 큰 프로젝트에서는 클래스를 기능별로 분류하여 여러 패키지로 나눌 수 있다. 예를 들어, 다음과 같이 User 클래스와 Product 클래스를 각각 별도의 패키지로 분리할 수 있다.

```
src/
└─ com/
    └─ example/
        ├─ user/
        │   └─ User.java
        └─ product/
            └─ Product.java
```

패키지를 이용한 접근 제한

어떤 멤버에 접근 지정자를 명시하지 않은 경우, 같은 패키지 내에서만 접근할 수 있다. 하지만 패키지가 달라지면 접근할 수 없다. 즉, 패키지 메커니즘을 접근 제어 방법으로 사용할 수 있다.

```
package com.example.package1;

class DefaultClass {
    void defaultMethod() {
        System.out.println("Default method");
    }
}
```

```
package com.example.package1;

public class SamePackageClass {
    public static void main(String[] args) {
        DefaultClass dc = new DefaultClass();
        dc.defaultMethod();                    // 접근 가능(같은 패키지)
    }
}
```

```
package com.example.package2;

import com.example.package1.DefaultClass;
```

```java
public class AnotherClass {
    public static void main(String[] args) {
        // DefaultClass dc = new DefaultClass();
        // dc.defaultMethod();                    // 접근 불가(다른 패키지)
    }
}
```

참고사항: 명령어 버전으로 패키지 만들기

명령어 버전을 사용하여 패키지 선언문을 포함하는 소스 파일을 컴파일할 때는 다음과 같은 명령을 사용한다.

```
D:\sources> javac -d . Circle.java
```

-d 옵션 뒤에는 출력 디렉터리를 적어준다. 여기서는 .을 찍어서 현재 디렉터리(D:\sources)를 지정하였기 때문에 컴파일이 끝나고 나면 패키지 계층 구조에 맞춰서 디렉터리를 자동으로 생성해 준다. 만약 -d 옵션을 사용하지 않으면 개발자가 직접 패키지의 계층 구조에 맞추어 출력 디렉터리 구조를 전부 생성하여야 한다.

참고사항: 패키지 이름의 중복을 막는 규칙

자바에는 패키지 이름이 중복되지 않도록 결정하는 규칙(convention)이 있다.

- 패키지의 이름은 일반적으로 소문자만을 사용한다. 클래스나 인터페이스 이름과의 중복을 피하기 위함이다.
- 패키지 이름으로 인터넷 도메인 이름의 역순을 사용한다. 보통 '회사 이름.부서 이름.프로젝트 이름'으로 짓는 경우가 많다. 예를 들면 kr.co.company.library라는 패키지 이름은 company.co.kr에서 일하는 개발자에 의하여 생성된 `library` 패키지임을 알 수 있다.
- 자바 언어 자체의 패키지는 `java`나 `javax`로 시작한다.

SELF TEST

1. `Circle.java` 파일을 `util` 패키지에 속하도록 하려면 어떤 문장을 맨 처음에 작성해야 하는가?
2. 패키지 이름을 짓는 일반적인 관례는 무엇인가?
3. 인터넷 도메인 이름이 `hu.ac.kr`이라면 권장하는 패키지 이름은?
4. 만약 패키지의 이름이 `company.project`라면 소스 파일이 저장되는 디렉터리는?
5. 만약 패키지의 이름이 `company.project`라면 클래스 파일이 저장되는 디렉터리는?

12.4 모듈

자바 모듈 시스템은 Java 9에서 새롭게 추가된 기능이다. Java 9에서는 '모듈화'라는 기법으로 코드의 구조와 유지 보수성을 대폭 업그레이드한다. 사실 이전 버전의 자바에는 이러한 모듈 개념이 없어서, 애플리케이션 크기가 뚱뚱해지고 이리저리 옮기기도 힘들었다. 참고로 Java 8의 rt.jar 파일 크기는 약 64MB로, 작은 장치에는 마치 코끼리를 밀어 넣는 격이었다. 모듈은 패키지를 담는 깔끔한 상자라고 보면 되고, 파일의 확장자는 .jmod이다.

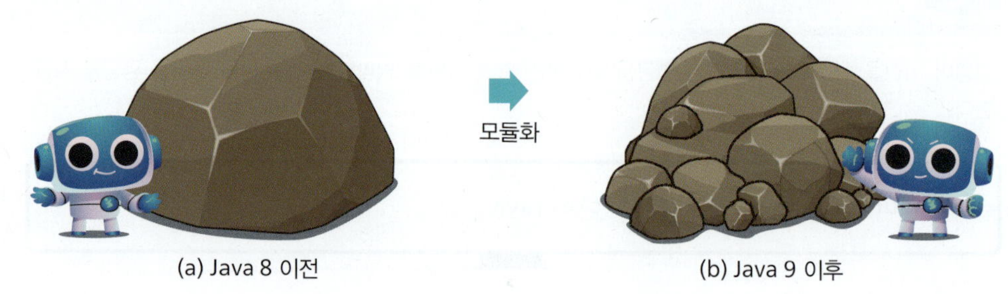

그림 12-9 모듈 소개

Java 8 이전에는 필요하지도 않은 자바 API를 잔뜩 포함해서 애플리케이션이 불필요하게 커지는 일이 다반사였다. 이는 휴대폰, 스마트폰, 라즈베리 파이 같은 작은 장치에서 일종의 '중량 초과' 상태를 만들곤 했다. "아니, 우리가 쓰지도 않는 기능을 왜 자꾸 가져오라고 하는 거야!"라는 외침이 여기저기서 터져 나왔다.

Java 9에서는 이러한 문제를 해결하기 위해 모듈 시스템이라는 구원투수를 등장시켰다. 이제 개발자는 필요한 자바 API 모듈만 골라서 사용할 수 있게 되었다. 마치 샐러드 바에서 내가 좋아하는 재료만 담아오는 것과 같다. 덕분에 애플리케이션에 꼭 필요한 Java 플랫폼 API만 포함하고, 그 외엔 과감히 탈락시킬 수 있었다. 결과적으로 배포 크기가 줄어들고, 이제는 스마트폰이나 라즈베리 파이 같은 장치에서도 "아, 이제야 숨 좀 쉬겠네!"라고 환호성을 지르게 되었다. 게다가 개발자는 자바 API뿐만 아니라 자신의 애플리케이션도 모듈로 나누어 깔끔하고 조직적인 코드를 작성할 수 있게 되었다. 이제는 더 이상 커다란 '스파게티 코드'에서 헤매지 않아도 된다.

직쏘 프로젝트

직쏘(Jigsaw) 프로젝트는 2008년에 시작되어서 2017년에 완료한 OpenJDK의 프로젝트이다. 직쏘 프로젝트의 목표는 개발자가 라이브러리와 대규모 애플리케이션을 쉽게 구성하고 유지 보수할 수 있도록 한다는 것이었다. 구체적으로 자바 API를 모듈로 분리하여서 소형 컴퓨팅 장치에서도 사용하도록 축소하는 것이었다. 기존에는 자바 API의 일부분만 배포할 수가 없었다. 애플리케이션이 사용하지 않더라도 무조건 rt.jar 파일(XML, SQL, Swing 등이 포함되어 있다)이 항상 같이 배포되었다. 따라서 메모리가 작은 임베디드 장치의 경우, 자바를 실행하기가 쉽지 않았다. 직쏘 프로젝트의 최대 목표는 필요한 모듈만으로 경량화된 실행 이미지를 만들 수 있게 하는 것이었다.

자바 실행 환경의 변화

Java 8까지의 실행 환경은 모듈 시스템의 도입으로 상당히 바뀌었다. Java 9에서는 모듈 시스템이 도입되어 JDK의 구조와 애플리케이션 배포 방식이 크게 변화했다. rt.jar는 모든 자바 런타임 클래스가 포함된 단일 JAR 파일이다. 이 파일에는 자바 표준 라이브러리의 모든 클래스가 들어 있다. 모든 클래스가 하나의 큰 파일에 포함되어 있어, 필요한 클래스만 로딩하더라도 모든 클래스가 포함된 rt.jar 파일이 메모리에 로드된다. 패키지 레벨의 캡슐화만 제공되며, 클래스 간의 의존성과 가시성이 명확히 제한되지 않았다.

애플리케이션이 사용하는 모든 클래스 파일과 JAR 파일을 포함하는 경로를 지정하여 클래스 로딩이 이루어진다. rt.jar 내의 모든 클래스가 사용 가능하므로, 클래스 경로 설정만으로도 쉽게 사용할 수 있다. 동일한 이름의 클래스가 여러 JAR 파일에 존재할 경우 충돌의 위험이 있다. 또한 모든 자바 클래스가 포함되어 있어, 실제로 사용하지 않는 클래스까지 포함되어 런타임 환경이 불필요하게 커질 수 있다.

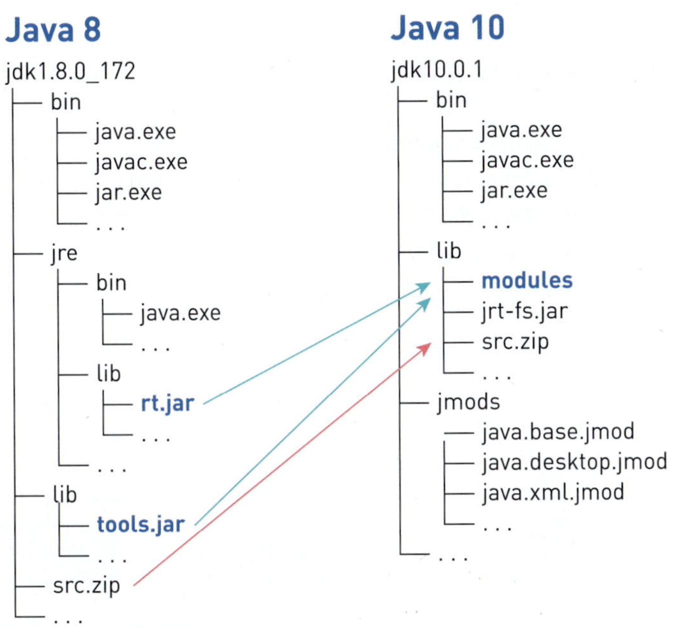

그림 12-10 모듈 시스템의 도입으로 생긴 변화

Java 9 이후에는 JDK가 여러 모듈로 나뉘어, 애플리케이션은 필요한 모듈만 선택적으로 사용할 수 있게 되었다. 이는 애플리케이션의 크기를 줄이고, 보안을 강화한다. 모듈을 지정하여 클래스 로딩이 이루어지며, 클래스 경로와는 별도로 모듈 간의 의존성을 관리한다. 모듈 레벨의 캡슐화를 통해 공개할 클래스와 패키지를 명시적으로 선언하여, 의도하지 않은 클래스 사용을 방지한다. 모듈은 명시적으로 다른 모듈에 대한 의존성을 선언하며, 이는 컴파일 및 런타임 시 강제된다. 애플리케이션이 실제로 사용하는 모듈만 포함하여 배포할 수 있어, 런타임 환경을 최소화하고 최적화할 수 있다. 모듈 그래프를 통해 모든 의존성을 명시적으로 관리하며, 컴파일 시에 의존성 문제를 조기에 발견할 수 있다.

	Java 8까지의 실행 환경	Java 9부터의 실행 환경
구조	모든 라이브러리가 rt.jar에 포함된 모놀리식 구조	모듈화된 구조
캡슐화	패키지 레벨의 캡슐화만 제공	모듈 레벨의 캡슐화를 제공하여 보다 강력한 접근 제어가 가능
의존성 관리	클래스 경로를 통해 의존성을 관리	모듈 경로를 통해 명시적인 의존성 관리를 수행
배포 크기	실제로 사용하지 않는 클래스까지 포함되어 런타임 환경이 불필요하게 커질 수 있음	애플리케이션이 실제로 사용하는 모듈만 포함하여 배포할 수 있으므로, 배포 크기를 줄일 수 있음.

표 12-1 Java 8과 Java 9의 실행 환경 비교

모듈화의 장점

- 자신이 필요한 모듈만 골라서 실행 파일로 묶을 수 있다.
- 자바 모듈은 외부로 노출되는 패키지와 노출되지 않는 패키지를 지정할 수 있다. 노출되지 않은 패키지는 다른 자바 모듈에서 사용할 수 없다. 이러한 패키지는 자바 모듈에서 내부적으로만 사용할 수 있다. 패키지 레벨에서도 캡슐화가 가능하다.
- Java 9 이상부터 자바 애플리케이션은 모듈로 패키징해야 한다. 애플리케이션은 자신이 필요한 모듈을 미리 지정하여야 한다. 따라서 자바 가상 머신(JVM)은 시작할 때 애플리케이션 모듈에서 전체 모듈 종속성 그래프를 확인할 수 있다. 시작 시 필요한 모듈이 없으면 JVM은 누락된 모듈을 보고하고 종료한다. Java 9 이전에는 애플리케이션이 실제로 누락된 클래스를 사용하려고 시도할 때까지, 누락된 클래스가 감지되지 않았다.

모듈의 정의

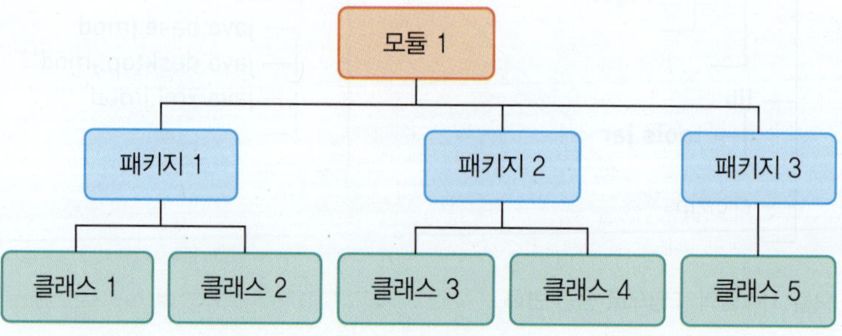

그림 12-11 모듈

모듈은 하나 이상의 자바 패키지로 이루어진다. 모듈은 패키지의 상위 개념이다. 클래스들이 모여서 패키지가 되고 패키지가 모여서 모듈이 된다. 자바 모듈에는 고유한 이름이 지정되어야 한다. 예를 들어 example이나 com.example는 모두 유효한 모듈 이름이다. 자바 모듈 이름은 자바 패키지와 동일한 명명 규칙을 따른다. 그러나 모듈 이름에 밑줄 문자(_)를 사용하면 안 된다. 밑줄 문자로 된 모듈 이름은 자바가 사용한다. 가능하면 모듈에 포함된 루트 패키지의 이름과 동일한 이름으로 지정하는 것이 좋다. 예를 들어서 모듈이 저장되는 패키지가 com.example이면 모듈의 이름도 com.example로 한다.

모듈의 구성 요소

자바 모듈 시스템은 모듈을 다음과 같은 구성 요소로 정의한다.

- **모듈 정의:** 모듈은 module-info.java 파일을 사용하여 정의한다. 이 파일은 모듈의 이름, 의존성, 내보낼 패키지 등을 선언한다.
- **exports 문:** 특정 패키지를 외부 모듈에 공개하기 위해 사용한다.
- **requires 문:** 모듈이 다른 모듈에 의존하는 경우, 해당 의존성을 선언하기 위해 사용한다.

모듈에서는 지정된 패키지를 요구할 수도 있고, 자신이 가진 패키지를 남들이 사용할 수 있도록 허가할 수도 있다. 이것은 모듈마다 하나씩 있어야 하는 module-info.java에서 지정한다.

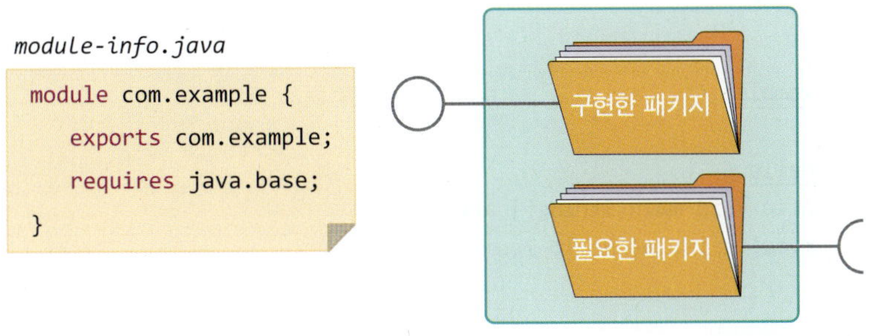

그림 12-12 module-info.java

exports 뒤에는 자신이 구현하여 남들에게 제공하는 패키지를 지정한다. requires 뒤에는 자신이 필요한 패키지를 지정한다.

모듈 선언 예제

(1) 디렉터리 구조 생성

모듈을 생성하기 위해서는 주어진 디렉터리 구조를 따라야 한다. 모듈의 이름으로 디렉터리를 만들고 하위에 패키지를 저장한다. 예를 들어서 모듈의 이름이 com.example이라면 com.example 이름의 디렉터리를 만들고 이 안에 패키지들을 저장한다.

```
d:\src
  └─ com.example
      └─ com
          └─ example
              └─ Hello.java
      └─ module-info.java
```

(2) 모듈 선언자 만들기

각 자바 모듈에는 module-info.java가 필요하다. 이 파일은 해당 모듈 루트 디렉터리에 있어야 한다. 예를 들어서 모듈 루트 디렉터리가 com.example인 경우, 모듈 설명자 module-info.java가 com.example 디렉터리에 있어야 한다. 모듈 설명자는 모듈이 내보내는 패키지와 필요한 패키지를 중괄호 안에 적는다. 모듈 종속성이 없는 경우 모듈 본문을 비워 둔다.

```
module com.example {
    exports com.example;        // 내보내는 패키지
    requires java.base;         // 필요한 패키지
}
```

(3) 자바 소스 파일 작성

패키지 안에 자바 소스 파일을 만든다.

```
package com.example;

public class Hello {
    public static void main(String[] args) {
        System.out.println("Hello from module");
    }
}
```

이 파일을 Hello.java 이름으로 src/com.example/com/example/에 저장한다.

자바 모듈 컴파일

여기서는 명령어 버전을 사용한다고 가정한다. 자바 모듈을 컴파일하려면 컴파일러 javac를 사용한다. 다음과 같이 javac의 옵션을 지정한다.

```
d:\> javac -d mods --module-source-path src/ --module com.example
```

컴파일 후 다음과 같은 구조의 디렉터리가 생성된다.

```
d:\mods
    └─ com.example
        └─ com
            └─ example
                └─ Hello.class
        └─ module-info.class
```

이제 실행할 수 있는 컴파일된 파일이 생성되었다.

모듈 실행

자바 모듈 안의 클래스를 실행하려면 다음과 같은 명령의 java를 사용한다.

```
d:\> java --module-path mods/ --module com.example/com.example.Hello
Hello from module
```

--module-path 인수는 컴파일된 모듈이 있는 루트 디렉터리를 가리킨다. --module 옵션을 사용하여 실행할 모듈과 클래스 이름을 지정한다. 여기서는 com.example이 모듈이고 com.example.Hello가 클래스 이름이다.

독립 실행형 애플리케이션으로 자바 모듈 패키징

자신이 만든 자바 모듈을 필요한 자바 API와 함께 독립 실행형 애플리케이션으로 패키징할 수 있다. 이러한 독립 실행형 애플리케이션은 애플리케이션에 자바가 포함되어 제공되므로 애플리케이션을 실행하기 위해 자바 JRE를 미리 설치할 필요가 없다. 즉, 애플리케이션이 실제로 사용하는 만큼의 Java 플랫폼 API를 포함한다.

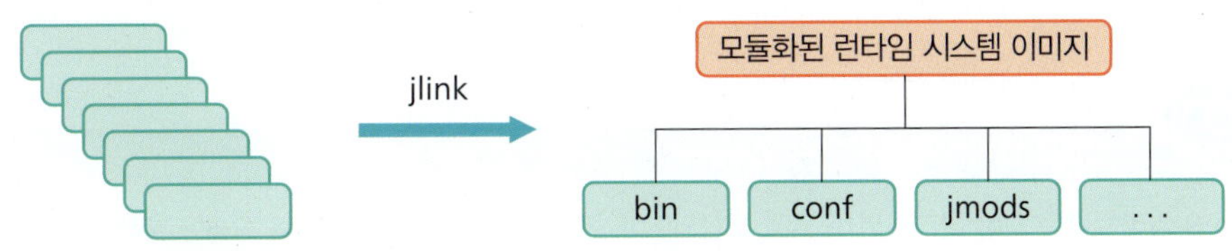

그림 12-13 독립 실행형 애플리케이션으로 자바 모듈 패키징

JDK와 함께 제공되는 명령어 jlink를 사용하여 자바 모듈을 독립 실행형 애플리케이션으로 패키징한다. 예를 들어 앞에서 컴파일한 com.example 모듈을 독립 실행형 애플리케이션으로

패키징하는 명령어는 다음과 같다. 이때 제어판의 'Path' 환경 변수가 jlink 명령어가 들어 있는 'C:\Program Files\Java\jdk-23\bin'을 포함하고 있어야 한다.

```
d:\> jlink --module-path "mods;C:\Program Files\Java\jdk-23\jmods"
--add-modules com.example —output out-standalone
```

- --module-path 인수는 모듈을 찾기 위한 모듈 경로를 지정한다. 예제에서는 우리의 모듈이 컴파일되는 디렉터리 mods와 JDK 설치 디렉터리의 jmods를 지정한다.
- --add-modules 인수는 독립 실행형 애플리케이션으로 패키지에 자바 모듈을 지정한다. 예제에서는 com.powerjava 모듈만 포함되어 있다.
- --output 인수는 독립형 자바 애플리케이션이 생성되는 디렉터리를 지정한다. 디렉터리가 존재하지 않아야 한다.

위의 명령어가 성공적으로 실행되면 out-standalone이라는 디렉터리가 생성되고 여기에 독립 실행형 애플리케이션이 저장된다.

독립 실행형 애플리케이션 실행

패키지가 완료되면 명령 프롬프트를 열어서 현재 디렉터리를 out-standalone으로 변경하고 다음 명령을 실행하여 자바 애플리케이션을 실행할 수 있다. 독립 실행형 자바 응용 프로그램에는 실행 파일 java가 있는 bin 디렉터리가 있다. 이 java 실행 파일은 애플리케이션을 실행할 때 사용한다.

```
d:\> cd out-standalone
d:\out-standalone> bin\java --module com.example/com.example.Hello
Hello from module
```

- --module 인수는 어떤 모듈의 클래스를 실행할 것인지를 지정한다.

참고사항: 이름 없는 모듈

Java 9부터는 모든 자바 클래스가 모듈에 포함되어야 한다. 그러나 이전 버전에서 작성된 클래스라면 여전히 기존 방식으로 사용할 수 있다. Java 9 이후 버전에서도 애플리케이션을 실행할 때 자바 가상 머신 옵션인 -classpath를 이용할 수 있으며, 이 경로에는 Java 9 이전 버전의 클래스들을 그대로 포함할 수 있다. -classpath로 지정된 모든 클래스는 자바에서 '이름 없는 모듈(unnamed module)'에 속한 것으로 간주된다.

SELF TEST

1 Java 8까지의 rt.jar 파일 구조와 가장 다른 Java 9 이후의 변화는 무엇인가?

❶ 모든 클래스가 자동으로 실행된다. ❷ 모듈 단위로 필요한 API만 선택할 수 있다.
❸ 패키지 간 의존성이 완전히 제거되었다. ❹ Java는 더이상 설치가 필요 없다.

2 Java 9 이후부터는 자신의 애플리케이션을 독립 실행형 모듈로 패키징할 수 있으며, 이를 위해 `jlink` 명령어를 사용한다. (O/X)

12.5 자바 API

자바는 기본적으로 엄청난 양의 패키지를 제공한다. 마치 개발자들에게 "여기 다 준비해 놨으니 알아서 잘 써보세요!"라고 말하는 듯하다. 덕분에 자바로 프로그램을 짜는 일이 훨씬 간편해졌다. 자바 API(Application Programming Interface)는 자바 프로그래밍에서 쓸 수 있는 온갖 클래스와 인터페이스의 집합체로, 마치 개발자를 위한 보물 창고 같은 존재이다.

자바 API는 다양한 패키지로 나누어져 있는데, 이 패키지들은 자바 프로그램 개발에 필요한 각종 기능을 제공한다. 자바의 기본 패키지는 java로 시작하고, 확장 패키지는 javax로 시작한다는 점을 기억해 두자. 우리가 처음부터 '내 친구처럼' 사용했던 `String` 클래스나 `System` 클래스도 사실은 모두 `java.lang` 패키지의 멤버이다. 이번 장에서는 "아, 이건 좀 알아둬야겠다!" 싶은 주요 클래스들을 골라 살펴보려고 한다.

자바 API는 자바 프로그래밍을 위한 표준 라이브러리의 집합으로, 다양한 클래스와 인터페이스를 포함하고 있습니다.

핵심	입출력/파일	네트워킹/웹	동시성	DB	그래픽/UI
java.lang	java.io	java.net	java.util.concurrent	java.sql	java.awt
java.util	java.nio.file	java.net.http		javax.sql	javax.swing
java.math					
java.time					

자바 API

그림 12-14 자바 API

(1) java.lang 패키지

java.lang 패키지는 자바 프로그램의 기본적인 기능을 제공하며, 자바 프로그램에서 항상 import하는 패키지이다. 주요 클래스는 다음과 같다.

- **Object**: 모든 클래스의 최상위 클래스이다.
- **String**: 문자열을 다루기 위한 클래스이다.
- **Math**: 수학 연산에 유용한 메소드를 제공한다.
- **System**: 표준 입력, 출력 및 환경 변수에 접근할 수 있는 메소드를 제공한다.

(2) java.util 패키지

유틸리티 클래스를 제공하여 데이터 구조, 날짜 및 시간, 랜덤 숫자 생성 등을 지원한다. 주요 클래스는 다음과 같다.

- **ArrayList, HashMap, HashSet**: 데이터 구조를 제공하는 컬렉션 클래스이다.
- **Date, Calendar**: 날짜와 시간 처리를 위한 클래스이다.
- **Random**: 난수를 생성하는 데 사용된다.

(3) java.io 패키지

입력 및 출력 기능을 지원하는 클래스들이 포함되어 있다. 파일 처리, 데이터 스트림, 버퍼링 등을 다룬다. 주요 클래스는 다음과 같다.

- **File**: 파일 및 디렉터리에 대한 정보를 제공하고, 파일 조작을 위한 메소드를 제공한다.
- **InputStream, OutputStream**: 바이트 스트림을 다루는 추상 클래스이다.
- **Reader, Writer**: 문자 스트림을 다루는 추상 클래스이다.

(4) java.nio 패키지

비동기 I/O 및 고성능 I/O 작업을 지원하는 패키지이다. 주요 클래스는 다음과 같다.

- **Buffer**: 기본적인 데이터 버퍼 클래스를 제공한다.
- **FileChannel**: 파일 내용을 읽고 쓰기 위한 채널을 제공한다.
- **Paths, Files**: 파일 시스템 경로 조작과 파일 작업을 간편하게 처리하는 유틸리티 메소드를 제공한다.

(5) java.net 패키지

네트워크 관련 기능을 제공하며 소켓 프로그래밍, URL 처리 등을 지원한다. 주요 클래스는 다음과 같다.

- **Socket**: 클라이언트 소켓을 생성하여 네트워크 통신을 지원한다.
- **ServerSocket**: 서버 소켓을 생성하여 네트워크 통신을 수신한다.
- **URL**: URL 객체를 생성하고 URL의 데이터를 가져올 때 사용한다.

(6) java.awt 패키지 및 javax.swing 패키지

그래픽 사용자 인터페이스(GUI)를 구성하기 위한 클래스를 제공한다. java.awt는 추상 창 도구 키트(AWT)를 제공하고, javax.swing은 보다 현대적인 GUI 컴포넌트를 제공한다. 주요 클래스는 다음과 같다.

- **Frame, Panel, Button(AWT):** 기본 GUI 컴포넌트이다.
- **JFrame, JPanel, JButton(Swing):** 스윙 GUI 컴포넌트로, AWT보다 더 풍부한 기능을 제공한다.

(7) java.sql패키지

데이터베이스 연동을 위한 JDBC(Java Database Connectivity) API를 제공한다. 주요 클래스는 다음과 같다.

- **Connection:** 데이터베이스 연결을 나타낸다.
- **Statement, PreparedStatement:** SQL 문을 실행할 때 사용한다.
- **ResultSet:** 데이터베이스 쿼리 결과를 처리한다.

(8) java.security 패키지

보안 기능을 제공하며 암호화, 인증 및 권한 관리를 지원한다. 주요 클래스는 다음과 같다.

- **MessageDigest:** 해시 함수 구현을 제공한다.
- **Key:** 암호화 키를 표현한다.
- **Signature:** 디지털 서명을 생성하고 검증하는 메소드를 제공한다.

(9) java.util.concurrent 패키지

멀티스레딩 및 동시성 프로그래밍을 지원하는 클래스와 인터페이스를 제공한다. 주요 클래스는 다음과 같다.

- **ExecutorService:** 스레드 풀을 관리하고 작업을 제출하는 인터페이스이다.
- **ConcurrentHashMap:** 동시 환경에서 안전하게 사용할 수 있는 해시맵이다.
- **CountDownLatch, Semaphore:** 동기화 보조 도구를 제공한다.

(10) java.time 패키지

날짜와 시간을 보다 효율적이고 직관적으로 처리할 수 있는 API를 제공한다. 주요 클래스는 다음과 같다.

- **LocalDate, LocalTime, LocalDateTime:** 날짜와 시간을 독립적으로 처리할 수 있는 클래스이다.
- **ZonedDateTime:** 시간대가 포함된 날짜와 시간을 처리한다.
- **Duration, Period:** 시간 간격을 나타내고 조작할 수 있다.

자바 API 문서

오라클은 자바 표준 에디션(Java SE)에 대한 공식 문서를 제공한다. 여기에는 자바 플랫폼에 포함된 모든 클래스와 인터페이스에 대한 상세한 설명이 있다. 문서에는 사용 방법, 각 클래스 및 인터페이스의 메소드 설명, 예제 코드 등이 있다. Java 23 버전에서 기본적으로 제공하는 패키지 정보는 https://docs.oracle.com/en/java/javase/23/docs/api/index.html에서 제공한다.

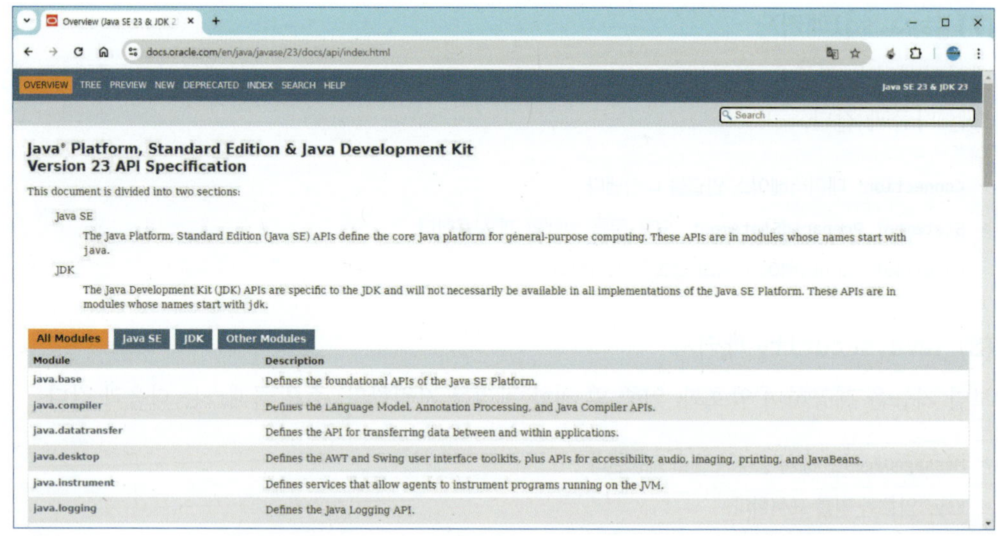

그림 12-15 Java 23 버전에서 제공하는 패키지 정보

SELF TEST

1. 자바에서 제공하는 패키지 중 java.math에 어떤 클래스들이 존재하는지 자바 API 문서로 조사하시오.
2. 파일과 디렉터리를 다루는 클래스는 어느 패키지에 포함되어 있는가?
3. 날짜와 시간을 효율적으로 처리하기 위해 LocalDate, LocalTime, Duration 등을 제공하는 클래스들이 들어 있는 패키지는?

12.6 Object 클래스

자바에서 `Object` 클래스는 모든 클래스의 최상위 부모 클래스로 군림하고 있다. 사실 자바의 기본 패키지인 `java.lang`에 소속된 이 클래스는 모든 클래스에게 "내가 너희의 조상이다!"라고 선언하며, 자바의 모든 클래스는 암묵적으로 `Object` 클래스를 상속받는다.

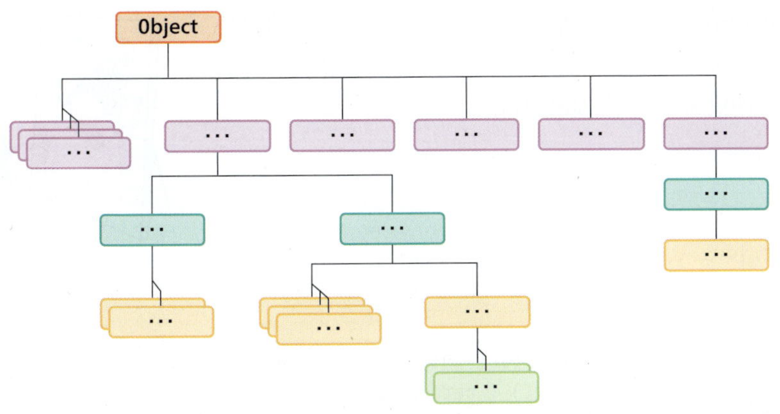

그림 12-16 Object 클래스는 상속 계층 구조의 맨 위에 있다.
출처: java.sun.com

그렇다면 무슨 일이 벌어질까? Object 클래스에 정의된 메소드는 자바의 모든 객체에서 재정의하여 사용할 수 있다. 마치 "너희는 내 자식이니 내 유산을 마음껏 쓰거라!"라고 외치는 관대한 조상님 같다. 덕분에 모든 클래스에서 toString(), equals(), hashCode() 같은 메소드를 기본으로 사용할 수 있고, 필요하다면 오버라이딩이 가능하다.

- **boolean equals(Object obj):** 두 객체가 같은지를 비교한다. 기본 구현은 두 객체의 참조값(주소)을 비교하여 동일한 객체인지 확인한다. 일반적으로 커스텀 클래스들은 equals() 메소드를 재정의하여 객체의 속성값을 비교하도록 구현한다.
- **String toString():** 객체의 문자열 표현을 반환한다. 기본 구현은 객체의 클래스 이름과 해시코드의 16진수 표현을 반환한다. 객체의 내용을 사람이 읽기 쉽게 표현하기 위해 toString() 메소드를 재정의하여 사용하는 것이 일반적이다.
- **Object clone():** 객체의 복제본을 생성하여 반환한다. Cloneable 인터페이스를 구현한 객체에 대해 사용 가능하다. clone() 메소드를 사용하기 위해서는 Cloneable 인터페이스를 구현하고 clone() 메소드를 오버라이딩해야 한다.
- **int hashCode():** 객체의 해시코드를 반환한다. 이 값은 해시 기반 컬렉션(예: HashMap, HashSet)에서 객체를 식별할 때 사용한다. equals() 메소드를 재정의할 경우 hashCode() 메소드도 일관되게 재정의해야 한다. 동일한 객체는 동일한 해시코드를 반환해야 한다.
- **void finalize():** 객체가 가비지 컬렉션될 때 호출되는 메소드이다. 객체의 자원을 정리할 때 사용할 수 있다. Java 9 이후로는 더 이상 권장하지 않으며, try-with-resources 문을 사용하는 것이 일반적이다.
- **Class getClass():** 객체의 런타임 클래스 정보를 담고 있는 Class 객체를 반환한다. 이를 통해 객체의 클래스 이름이나 메소드, 필드 등의 정보를 확인할 수 있다.

우리가 관심 있게 봐야 할 몇 가지의 메소드에 대하여 살펴보자.

getClass() 메소드

getClass() 메소드는 객체가 어떤 클래스로 생성되었는지에 대한 정보를 반환한다. 즉, "What type of object am I?"라는 질문을 던진다고 생각할 수 있다. getClass() 메소드는 **리**

플렉션(reflection)이라는 기법을 구현한 것이다. 리플렉션은 객체가 자신을 만든 클래스에 대하여 물어보는 것이다. 안드로이드 프로그래밍에서 종종 사용한다.

CircleTest.java

```
class Circle {
    int radius;
    public Circle(int radius) { this.radius = radius; }
    public String toString() { return "Circle(r=" + radius + ")";    }
}

public class CircleTest {
    public static void main(String[] args) {
        Circle obj = new Circle(10);
        System.out.println(obj.getClass().getName());  // ① 객체의 클래스 이름
        System.out.println(obj.hashCode());            // ② 해시코드
    }
}
```

```
Circle
617901222
```

① getClass() 메소드는 객체의 클래스 타입을 나타내는 객체를 반환한다. 이 반환된 Class 객체는 해당 객체의 런타임 클래스를 나타낸다. 여기서 컴파일 타임이 아닌 런타임의 실제 클래스를 반환한다는 것이 중요하다. 즉, 다형성에 의해 부모 클래스 타입으로 참조되는 자식 클래스 객체도 정확하게 실제 클래스 정보를 반환한다. getClass() 메소드는 final로 선언되어 있어서 자식 클래스에서는 이 메소드를 재정의할 수 없다.

② hashCode() 메소드는 자바에서 객체의 해시코드를 반환하는 메소드로, 주로 해시 기반의 컬렉션(예: HashMap, HashSet)에서 객체를 저장하거나 검색할 때 사용한다. 객체의 해시코드는 객체마다 유일해야 한다.

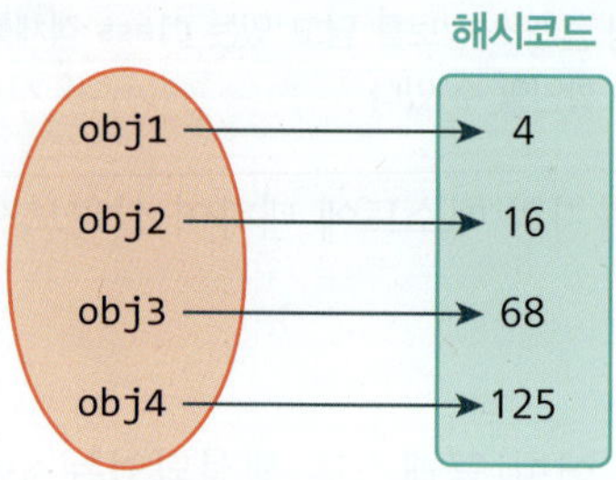

그림 12-17 객체의 해시코드는 객체마다 유일해야 한다.

사용자 정의 객체를 해시 기반의 컬렉션에서 사용하려는 경우, equals() 메소드를 재정의하였으면 반드시 hashCode() 메소드도 재정의해야 한다.

toString() 메소드

Object 클래스의 toString() 메소드는 객체의 상태를 몇 줄의 문자열로 요약하여 반환하는 함수이다. 우리가 println(obj)와 같이 객체를 출력하면 객체의 toString() 메소드가 자동으로 호출된다. 따라서 toString() 메소드는 재정의하는 것을 권장한다. 아래의 코드에서 Circle 클래스에 toString() 메소드를 재정의하여 사용해 보았다.

CircleTest.java

```
class Circle {
    int radius;
    public Circle(int radius) { this.radius = radius; }
    public String toString() { return "Circle(r=" + radius + ")";   }
}

public class CircleTest {
    public static void main(String[] args) {
        Circle obj = new Circle(10);
        System.out.println(obj);
    }
}
```

```
Circle(r=10)
```

Object 클래스의 기본 toString() 메소드는 객체의 클래스 이름과 해시코드의 16진수 표현을 반환한다. 예를 들어, 기본 toString() 메소드 구현을 사용할 경우 Circle 객체의 toString() 메소드 호출 결과는 Circle@24d46ca6과 같은 형식으로 출력된다. toString() 메소드를 재정의할 때 비밀번호나 개인 정보와 같은 민감한 데이터를 포함하지 않도록 주의해야 한다. 또한 toString() 메소드의 출력이 지나치게 길거나 복잡하지 않도록 설계하여 가독성을 유지해야 한다.

객체 내용 비교와 == 연산자

우리는 종종 객체가 동일한 내용을 가지고 있는지 비교하고 싶을 때가 있다. 예를 들어 아래의 코드에서 원이 동일한 반지름이면 같다고 출력하려고 한다. 객체가 가지고 있는 내용이 일치하는지를 비교하기 위하여, 다음과 같이 == 연산자를 사용하면 잘못된 결과를 얻게 된다. 이것은 다른 언어와 상당히 다른 점으로, 주의하여야 한다.

CircleTest2.java

```
class Circle {
    int radius;
    public Circle(int radius) { this.radius = radius; }
}

public class CircleTest2 {
    public static void main(String[] args) {
        Circle obj1 = new Circle(10);
        Circle obj2 = new Circle(10);
        if (obj1 == obj2) System.out.println("2개의 원은 같습니다.");
        else System.out.println("2개의 원은 같지 않습니다.");
    }
}
```

```
2개의 원은 같지 않습니다.
```

== 연산자는 객체의 내용을 검사하는 것이 아니다. == 연산자는 객체의 참조 값(주소)이 같은지를 검사한다. 즉, 두 참조 변수가 메모리에서 동일한 위치를 가리키는지 비교한다. 따라서 2개의 원은 동일한 반지름을 가지고 있지만 서로 다르다고 출력된다.

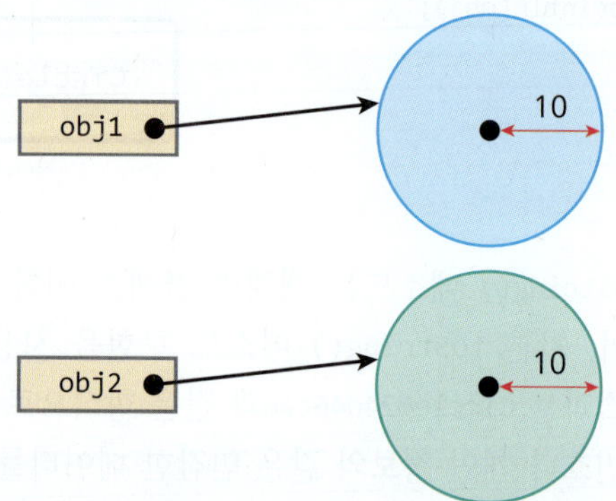

equals() 메소드

2개의 객체가 동일한 내용을 가지고 있는지를 검사하기 위해서는, Object 클래스의 equals() 메소드를 재정의하여 사용해야 한다. 이것은 입문자들에게 많은 혼란을 가져오는 문제이니 주의하도록 하자. 예를 들어서 2개의 Circle 객체가 동일한 반지름을 가진 원인지를 검사하기 위해서는 다음과 같이 equals() 메소드를 재정의하고 equals() 메소드를 호출하여야 한다.

CircleTest3.java

```
class Circle {
    int radius;
    public Circle(int radius) { this.radius = radius; }
    public boolean equals(Circle c1) {
        if (radius == c1.radius) return true;
        else return false;
    }
}

public class CircleTest3 {
    public static void main(String[] args) {
        Circle obj1 = new Circle(10);
        Circle obj2 = new Circle(10);
        if (obj1.equals(obj2)) System.out.println("2개의 원은 같습니다.");
        else System.out.println("2개의 원은 같지 않습니다.");
    }
}
```

```
2개의 원은 같습니다.
```

equals() 메소드를 재정의하지 않으면 == 연산의 결과와 같다. 즉, 두 참조 변수가 동일한 메모리 위치를 가리키는지를 확인한다. 따라서 객체의 속성을 기반으로 비교하려면, 반드시 equals() 메소드를 재정의해야 한다.

String 객체와 같이 자바에서 제공하는 클래스에는 이미 이러한 작업이 이루어져 있다. 아래의 코드에서 == 연산자를 사용한 경우와 equals() 메소드를 사용한 경우를 비교하고 있다.

```
String a = new String("hello");
String b = new String("hello");

System.out.println(a == b);              // false
System.out.println(a.equals(b));         // true
```

equals() 메소드 오버라이딩 **예제 12-1**

Person 객체에서 name과 age가 동일하면 같은 객체로 간주할 수 있도록 코드를 작성해 보자.

PersonTest.java

```
class Person {
    private final String name;      // name, age가 변경 가능이면 해시가 달라져
                                       조회/삭제가 꼬일 수 있다.
    private final int age;
```

```java

    public Person(String name, int age) {
        this.name = name;
        this.age = age;
    }
    // equals() 메소드 재정의
    @Override
    public boolean equals(Object obj) {
        if (this == obj) return true;
        if (obj == null || getClass() != obj.getClass()) return false;

        Person person = (Person) obj;
        return age == person.age && name.equals(person.name);
    }
    // hashCode() 메소드도 함께 재정의해야 한다.
    @Override
    public int hashCode() {
        int result = name.hashCode();   // 문자열 name의 해시코드를 시작값으로 사용
        result = 31 * result + age; // 31을 곱해 분산도를 높이고 age 값을 더해 결합
        return result;              // 최종적으로 계산된 해시코드를 반환
    }
}

public class PersonTest {
    public static void main(String[] args) {
        Person person1 = new Person("Kim", 30);
        Person person2 = new Person("Kim", 30);
        System.out.println(person1.equals(person2));  // true
    }
}
```

```
true
```

해시 기반 컬렉션(HashSet, HashMap)에 넣은 뒤 name/age가 바뀌면 해시가 달라져 검색/삭제가 꼬일 수 있다. 따라서 보통 필드를 final로 둬 불변 객체로 설계한다. hashCode()에서 equals가 name과 age가 같으면 같다고 보니, 같은 두 값이면 같은 해시가 나오도록 결합한다. 서로 다른 조합이 같은 해시로 뭉치는(충돌) 확률을 줄이기 위해 소수에 가까운 31을 곱하는 관용적 방식을 도입한다. 31은 최적화(시프트+뺄셈)도 쉽다.

도전문제

1. 애견 센터에서 강아지들의 정보를 관리하기 위해 Dog 클래스를 만들었다. 강아지의 이름(name), 나이(age), 품종(breed)이 모두 같다면 같은 강아지로 간주하고, 중복 저장되지 않도록 하려고 한다. Dog 클래스의 equals()와 hashCode() 메소드를 재정의하시오.

SELF TEST

1 객체가 자신을 만든 클래스에 대하여 알고 싶다. 어떤 메소드를 사용해야 하는가?

2 어떤 객체와 다른 객체가 동일한 내용물을 가지고 있는지를 검사하고 싶다. 어떤 메소드를 재정의해야 하는가?

3 객체를 출력했을 때 객체의 요약 문자열이 출력되게 하려면 어떤 메소드를 재정의해야 하는가?

12.7 랩퍼 클래스

랩퍼 클래스(Wrapper Class)는 자바에서 기초형(primitive type)을 객체로 감싸주는 클래스이다. 자바는 원래 기초형(int, char, double 등)과 참조형을 철저히 구분하는 까칠한 성격을 가지고 있지만, 랩퍼 클래스가 등장하면서 이 둘 사이의 벽을 허물어준다. 어떻게 보면, 기초형은 "나는 그냥 숫자야"라고 말하는 심플한 친구라면, 랩퍼 클래스는 그 친구를 '자바 상류 사회'로 데려가서 "이제 너도 객체야! 자랑스럽게 살아가!"라고 선언하는 존재이다. 덕분에 기초형도 객체처럼 다룰 수 있게 되었고, 두 타입 간의 변환도 자유로워졌다.

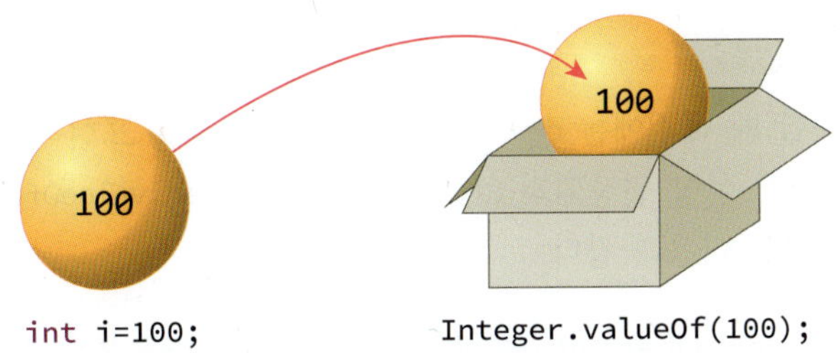

그림 12-18 랩퍼 클래스

예를 들어서 랩퍼 클래스 중 하나인 Integer 클래스는 정숫값을 데이터로 가지고 있는 클래스이다. 아래의 코드에서 변수 i는 기초형인 정수 100을 저장하고 있다. 이것을 객체로 포장하려면 Integer.valueOf(i); 문장을 실행한다. 해당 문장이 실행되면 obj 객체는 정수 100을 포장한 객체가 되며, 객체가 필요한 경우에 사용될 수 있다.

```
int i = 100;
Integer obj = Integer.valueOf(i);
```

자바는 각 기초형에 대해, 대응하는 랩퍼 클래스를 제공한다. 다음은 주요 기초형과 그에 해당하는 랩퍼 클래스의 목록을 정리한 표이다.

기본 타입	랩퍼 클래스
int	Integer
char	Character
byte	Byte
short	Short
long	Long
float	Float
double	Double
boolean	Boolean

표 12-2 주요 기초형과 랩퍼 클래스

어떤 경우에 랩퍼 클래스를 사용할까? 어떤 컬렉션은 오직 객체만을 받아들인다. 가장 대표적인 예가 객체만을 저장하는 ArrayList와 HashMap이다. ArrayList나 HashMap에는 기초형을 추가할 수 없다. 기초형을 저장하려면, 기초형을 객체로 포장하여야 한다. 이때 랩퍼 클래스가 사용된다. 예를 들어, ArrayList<int>는 허용하지 않지만 ArrayList<Integer>는 가능하다.

랩퍼 클래스 객체 생성

Integer 객체를 생성할 때 예전에는 new Integer(100);과 같은 표현을 사용하였다. 하지만 이 방법은 Java 9에서 더 이상 권장되지 않는다. 대신, Integer.valueOf(100);과 같은 메소드를 사용한다. 그 이유는 다음과 같다.

- **불필요한 객체 생성 방지:** new Integer(100);는 항상 새로운 Integer 객체를 생성한다. 이는 불필요한 객체 생성을 유발하여 메모리를 비효율적으로 사용하게 된다.
- **캐싱 활용:** Integer.valueOf(int) 메소드는 -128부터 127까지의 값에 대해 캐시된 객체를 반환한다. 이는 성능을 개선하고 메모리 사용을 줄이는 데 도움이 된다.

오토박싱과 언박싱

Java 5부터는 오토박싱(Auto-boxing)과 언박싱(Unboxing)을 통해 기초형과 랩퍼 클래스 간의 변환을 자동으로 처리한다.

- **오토박싱:** 기초형이 랩퍼 클래스로 자동 변환되는 과정이다.

```
int num = 10;
Integer obj = num;      // 자동으로 Integer 객체로 변환
```

- **언박싱:** 랩퍼 클래스의 객체가 기초형으로 자동 변환되는 과정이다.

```
Integer obj = 10;
int num = obj;          // 자동으로 int 타입으로 변환
```

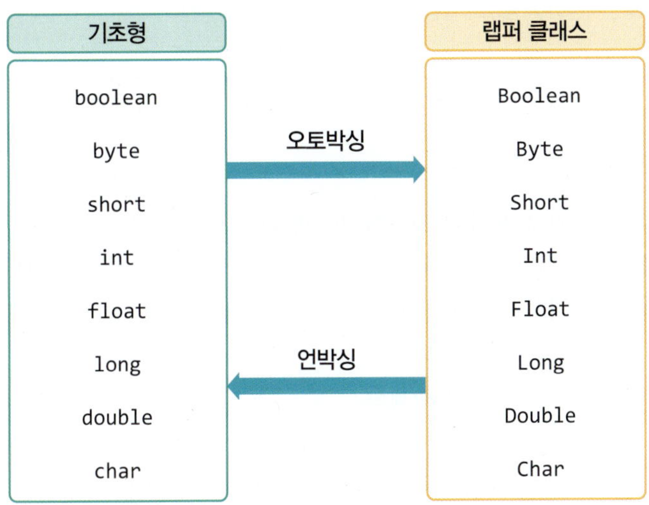

그림 12-19 오토박싱과 언박싱

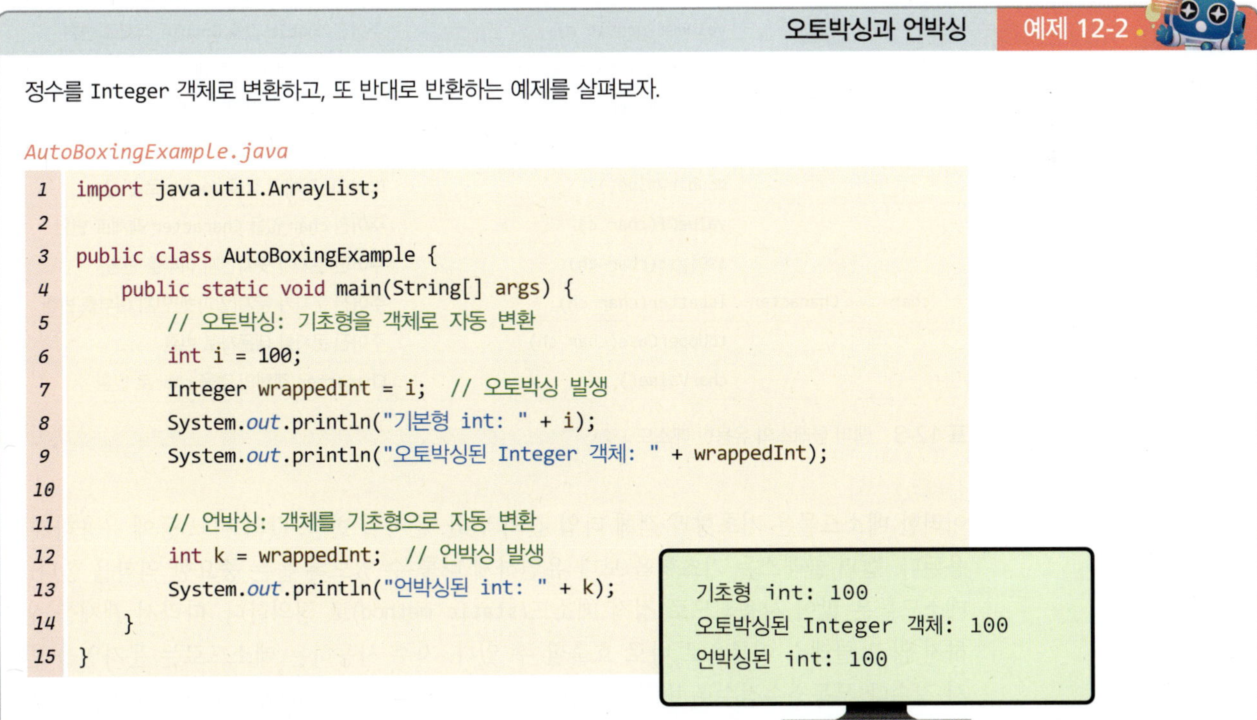

오토박싱과 언박싱 예제 12-2

정수를 Integer 객체로 변환하고, 또 반대로 반환하는 예제를 살펴보자.

AutoBoxingExample.java

```java
import java.util.ArrayList;

public class AutoBoxingExample {
    public static void main(String[] args) {
        // 오토박싱: 기초형을 객체로 자동 변환
        int i = 100;
        Integer wrappedInt = i;  // 오토박싱 발생
        System.out.println("기본형 int: " + i);
        System.out.println("오토박싱된 Integer 객체: " + wrappedInt);

        // 언박싱: 객체를 기초형으로 자동 변환
        int k = wrappedInt;  // 언박싱 발생
        System.out.println("언박싱된 int: " + k);
    }
}
```

```
기초형 int: 100
오토박싱된 Integer 객체: 100
언박싱된 int: 100
```

도전문제

1 위의 예제를 참고하여 사용자가 입력한 정수들을 ArrayList<Integer>에 저장하고, 그 평균을 계산하는 프로그램을 작성하시오. 이때 오토박싱과 언박싱이 자동으로 일어나므로 개발자가 별도로 new Integer(n)을 호출할 필요가 없다. 아래 조건에 따라 프로그램을 완성하라.

- 사용자로부터 5개의 정수를 입력받아 ArrayList<Integer>에 저장한다.
- 저장된 정수의 합계를 계산하고 평균을 출력한다.
- 오토박싱과 언박싱이 자동으로 발생하는 부분을 주석으로 설명한다.

랩퍼 클래스의 유용한 메소드

랩퍼 클래스는 여러 가지 유용한 메소드를 제공한다. 특히 저장된 값을 다른 자료형으로 변환하는 메소드를 제공한다. 이 중에서도 기초형을 문자열로 변환하거나 반대로 변환하는 메소드가 많이 사용된다. 다음은 자바 랩퍼 클래스의 유용한 메소드들을 정리한 표이다.

기초형	랩퍼 클래스	유용한 메소드	설명
int	Integer	valueOf(int i)	주어진 int 값을 Integer 객체로 변환
		parseInt(String s)	문자열을 int로 변환
		toString(int i)	int 값을 문자열로 변환
		compare(int x, int y)	두 int 값을 비교
		intValue()	Integer 객체의 값을 int로 반환
double	Double	valueOf(double d)	주어진 double 값을 Double 객체로 변환
		parseDouble(String s)	문자열을 double로 변환
		toString(double d)	double 값을 문자열로 변환
		compare(double x, double y)	두 double 값을 비교
		doubleValue()	Double 객체의 값을 double로 반환
char	Character	valueOf(char c)	주어진 char 값을 Character 객체로 변환
		isDigit(char ch)	주어진 문자가 숫자인지 여부를 반환
		isLetter(char ch)	주어진 문자가 문자(알파벳)인지 여부를 반환
		toUpperCase(char ch)	주어진 문자를 대문자로 변환
		charValue()	Character 객체의 값을 char로 반환

표 12-3 랩퍼 클래스의 유용한 메소드

이러한 메소드들은 기초형과 객체 타입 간의 변환, 문자열 변환, 값의 비교 등에 유용하게 사용된다. 랩퍼 클래스는 기초형을 보다 유연하게 다룰 수 있도록 돕는 중요한 역할을 한다. 이 메소드들은 많이 사용되므로 정적 메소드(static method)로 정의한다. 따라서 객체를 생성하지 않고 클래스 이름으로 바로 호출할 수 있다. 자주 사용하는 메소드로는 문자열을 받아서 정수나 부동소수점수로 변경하는 Integer 클래스의 parseInt() 메소드와 Double 클래스의 parseDouble() 메소드가 있다.

```
int i = Integer.parseInt("100");           // i는 100
double d = Double.parseDouble("1.23");     // d는 1.23
```

반대로 정수 100을 문자열로 변환하고 싶다면 많은 방법이 있지만 랩퍼 클래스의 toString() 메소드를 이용할 수 있다.

```
String s1 = Integer.toString(100);         // s1은 "100"
String s2 = Double.toString(1.23);         // s2는 "1.23"
```

다음과 같이 문자열 연산인 +를 사용하여도 된다. 문자열 연산자인 +를 사용하면 숫자와 문자열을 결합할 때 자동으로 숫자가 문자열로 변환된다. 간단하고 직관적이어서 많이 사용된다.

```
String s1 = "" + 100;          // 정수 100을 문자열 "100"으로 변환
String s2 = "" + 1.23;         // 부동소수점수 1.23을 문자열 "1.23"으로 변환
```

랩퍼 클래스 메소드 예제 12-3

랩퍼 클래스인 Integer 클래스의 메소드 중에서 가장 많이 사용되는 몇 개의 메소드를 살펴보자.

WrapperExample.java

```
import java.util.ArrayList;

public class WrapperExample {
    public static void main(String[] args) {
        // 문자열을 정수로 변환하는 유틸리티 메소드 사용
        String s = "123";
        int k = Integer.parseInt(s);
        System.out.println("파싱된 정수: " + k);

        System.out.println(Integer.toHexString(29));
        System.out.println(Integer.toBinaryString(29));

        // 상수 사용
        System.out.println("정수 최댓값: " + Integer.MAX_VALUE);
        System.out.println("정수 최솟값: " + Integer.MIN_VALUE);
    }
}
```

```
파싱된 정수: 123
1d
11101
정수 최댓값: 2147483647
정수 최솟값: -2147483648
```

도전문제

1 사용자로부터 10진수 정수를 입력받아 해당 값을 2진수(Binary), 8진수(Octal), 16진수(Hexadecimal)로 출력하는 진법 변환기를 만드시오.

- Scanner를 사용하여 사용자로부터 하나의 정수를 입력받는다.
- 다음 메소드를 활용하여 진법 변환 결과를 출력한다.

```
Integer.toBinaryString(int)
Integer.toOctalString(int)
Integer.toHexString(int)
```

- 입력받은 숫자가 Integer.MAX_VALUE를 넘거나 Integer.MIN_VALUE보다 작으면 경고 메시지를 출력한다.
- 16진수는 소문자로 출력한다.

SELF TEST

1 자바에서 정수 10과 Integer(10)은 어떻게 다른가?

2 3.14를 적절한 랩퍼 클래스에 저장하는 문장을 작성하시오.

3 3.14가 저장된 랩퍼 객체에서 3.14를 추출하는 문장을 작성하시오.

4 문자열 '3,14'를 부동소수점 수로 변환하는 문장을 작성하시오.

5 오토박싱이란 무엇인가?

12.8 String 클래스

String 클래스는 문자열을 다루기 위한 자바의 슈퍼스타이다. 문자열은 문자들의 시퀀스(sequence)로, 자바에서 String은 불변(immutable)의 객체로 구현되어 있다. 간단히 말해, 한 번 만들어진 문자열은 절대 바뀌지 않는다는 뜻이다. 이 불변 특성 덕분에 String 객체는 매우 안전하게 공유할 수 있다. 여러 스레드가 동시에 접근해도 서로 충돌할 걱정이 없고, 해시값도 절대 변하지 않으니 해시 기반 컬렉션에서도 훌륭하게 활약한다(해시 기반 컬렉션은 나중에 천천히 다룬다).

String 클래스는 문자열을 구성하는 문자들을 내부적으로 저장하며, 각 문자는 번호표를 하나씩 받는다. 이 번호표를 인덱스(index)라고 하는데, 0번부터 시작한다. "왜 1이 아니라 0부터일까?"라고 물을 수 있다. 이는 C언어 이후로 개발자들 사이에서 이미 받아들여진 숙명 같은 것이다.

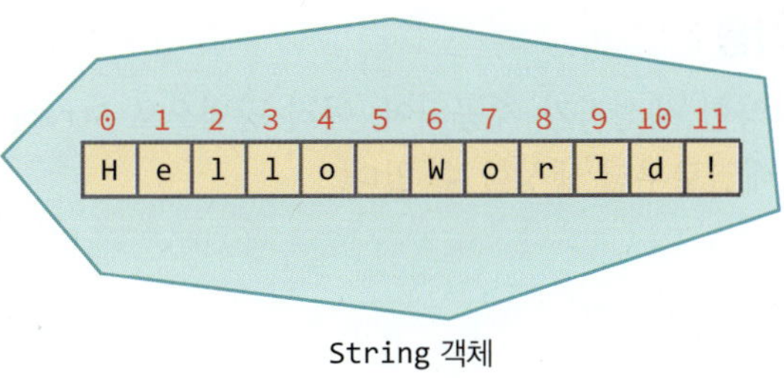

그림 12-20 String 객체

String 객체 생성 방법

(1) 문자열 리터럴 사용

문자열 리터럴을 사용하여 String 객체를 생성할 수 있다. 이 방법은 가장 간단하고 흔히 사용된다.

```
String str1 = "Hello, World!";
String str2 = "Hello, World!";
```

문자열 리터럴은 자바의 문자열 상수 풀(String Pool)에 저장된다. 동일한 내용의 문자열 리터럴이 여러 번 사용될 경우, 이미 존재하는 String 객체를 재사용하여 메모리를 절약한다. 같은 문자열 리터럴이 여러 번 사용되더라도 동일한 객체를 재사용하므로 메모리 사용이 효율적이다. 또한 리터럴로 생성된 문자열은 동일한 참조를 가지므로, == 연산자를 통해서도 빠르게 비교할 수 있다.

(2) new 연산자 사용

new 연산자를 사용하여 문자열 객체를 생성하는 방식이다.

```
String str3 = new String("Hello, World!");
String str4 = new String("Hello, World!");
```

new 연산자를 사용하면 항상 새로운 String 객체가 힙(Heap) 메모리에 생성된다. 문자열 상수 풀을 사용하지 않는다. 같은 내용의 문자열이라도 매번 새로운 객체를 생성하므로 메모리를 낭비할 수 있다. 이 경우, == 연산자를 사용하면 참조 비교를 수행하므로 내용이 같더라도 다른 객체로 인식된다. 문자열 내용을 비교하려면 equals() 메소드를 사용해야 한다.

(3) String 생성자 사용

String 클래스에는 다양한 생성자가 제공되어, 여러 방법으로 String 객체를 생성할 수 있다. 예를 들어서 문자 배열로부터 생성할 수 있다.

```
char[] charArray = {'H', 'e', 'l', 'l', 'o'};
String str3 = new String(charArray);
```

주어진 문자 배열을 기반으로 새로운 String 객체를 생성한다.

문자열 리터럴 vs 문자열 객체

자바에서 문자열을 생성하는 방법에는 문자열 리터럴 방식과 new 연산자를 사용하여 문자열 객체를 생성하는 방식이 있다. 두 방식은 문자열을 생성할 때 사용하지만, 메모리 사용 방식과 성능 측면에서 차이가 있다.

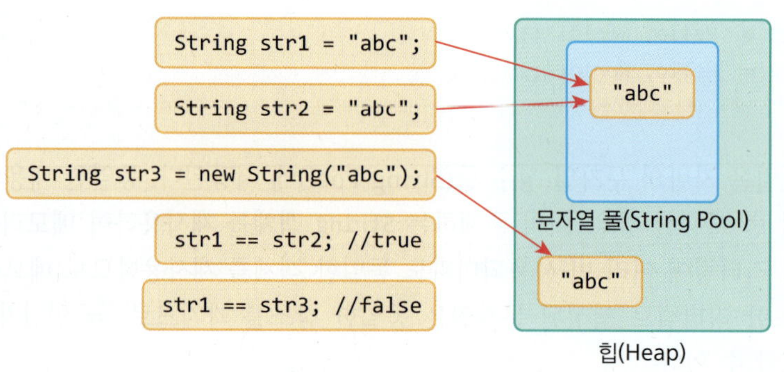

그림 12-21 문자열 리터럴 vs 문자열 객체

그림 12-21에서 str1과 str2는 모두 문자열 리터럴 "abc"로 생성되었다. 자바는 "abc"라는 문자열을 문자열 풀에 저장하고, str1과 str2는 이 풀에 저장된 동일한 "abc" 객체를 가리킨다. str3는 new 연산자를 사용하여 "abc" 문자열을 새롭게 생성한다. 이 경우 "abc"는 힙 영역의 문자열 풀에 저장된 값을 참조하는 것이 아니라, 새로운 메모리 공간에 별도의 객체를 생성한다. 따라서 str1 == str3는 false이다. 같은 내용의 문자열을 가지고 있지만, 두 객체의 참조 위치가 다르다.

특징	문자열 리터럴 방식	문자열 객체 방식(new)
메모리 위치	문자열 상수 풀(String Pool) 사용	힙(heap) 메모리에 새로운 객체 생성
메모리 효율성	동일한 리터럴은 동일 객체를 재사용	동일한 내용이어도 매번 새로운 객체 생성
참조 비교	동일한 리터럴은 동일 참조를 가짐(== 연산자로 비교 가능)	참조가 항상 다름(== 연산자로 비교 시 false)
내용 비교	equals() 메소드 사용 가능	equals() 메소드 사용 가능
성능	상대적으로 빠른 비교와 적은 메모리 사용	객체 생성 시 오버헤드 발생 가능
주로 사용되는 경우	자주 사용하는 상수, 반복적 문자열을 사용할 때	동적으로 생성한 문자열을 사용할 때

표 12-4 문자열 리터럴 방식과 문자열 객체 방식 비교

문자열 리터럴 방식은 메모리 효율성이 높고 동일한 문자열의 비교가 빠르므로 일반적인 문자열 사용할 때 권장한다. 문자열 객체 방식은 문자열 상수 풀을 사용하지 않으므로 동일한 내용의 문자열을 여러 개 생성해야 할 경우 비효율적일 수 있다. 그러나 필요에 따라 새로운 객체를 생성하여 특정 요구 사항을 처리할 때 사용할 수 있다.

문자열 리터럴과 문자열 객체 비교 예제 12-4

이 예제는 == 연산자와 equals() 메소드의 차이를 이해하는 데 핵심적인 코드이다.

StringComparison.java

```java
public class StringComparison {
    public static void main(String[] args) {
        // 문자열 리터럴 방식
        String str1 = "Hello, World!";
        String str2 = "Hello, World!";

        // 문자열 객체 방식
        String str3 = new String("Hello, World!");
        String str4 = new String("Hello, World!");

        // 리터럴 방식 비교
        System.out.println("리터럴 방식(str1 == str2): " + (str1 == str2));
        // true
        System.out.println("리터럴 방식(str1.equals(str2)): " +
        str1.equals(str2));                    // true

        // 객체 방식 비교
        System.out.println("객체 방식(str3 == str4): " + (str3 == str4));
        // false
        System.out.println("객체 방식(str3.equals(str4)):
                                                        " + str3.equals(str4));

        // true
```

```

        // 리터럴과 객체 비교
        System.out.println("리터럴과 객체 비교(str1 == str3):
                                                    " + (str1 == str3));
        // false
        System.out.println("리터럴과 객체 비교(str1.equals(str3)): " +
        str1.equals(str3));              // true
    }
}
```

```
리터럴 방식(str1 == str2): true
리터럴 방식(str1.equals(str2)): true
객체 방식(str3 == str4): false
객체 방식(str3.equals(str4)): true
리터럴과 객체 비교(str1 == str3): false
리터럴과 객체 비교(str1.equals(str3)): true
```

도전문제

1. 위 프로그램에서 새로운 문자열 리터럴 'Java'와 new String('Java')를 추가하고, 두 변수를 비교하는 출력 문장을 작성해 보시오.
2. `String lang1 = "Java"; String lang2 = new String("Java"); lang1 == lang2`와 `lang1.equals(lang2)`의 결과를 출력하는 코드를 작성한다. 실행 결과를 예측하고 주석으로 달아라.

String 객체는 불변 객체

String 객체는 불변 객체(immutable object)이다. 즉, 한 번 생성된 String 객체의 값은 절대로 변경할 수 없다. 또한 문자열 조작 메소드는 항상 새로운 String 객체를 반환하며, 원본 객체는 변하지 않는다. 아래의 코드를 참고한다.

```
String original = "Hello";

// 원본 문자열을 변경하지 않고 새로운 문자열을 생성
String modified = original.concat(", World!");

// 원본 문자열은 변하지 않음
System.out.println("원본 문자열: " + original);          // "Hello"
System.out.println("수정된 문자열: " + modified);        // "Hello, World!"
```

여기에는 몇 가지 이유가 있다. 불변성은 자바의 문자열 처리에 있어 많은 장점을 제공하기 때문이다.

- **캐싱 효율성:** 불변 객체는 해시값이 변하지 않기 때문에 해시 기반의 자료 구조(예: HashMap)에서 효율적으로 사용할 수 있다.
- **값의 변경 불가능:** 불변 객체는 상태 변화가 없기 때문에 여러 스레드에서 동시에 안전하게 공유할 수 있다. 이는 멀티스레드 환경에서 동기화 문제를 줄여준다.
- **캐싱 및 최적화 가능:** 불변 객체는 상태가 변하지 않기 때문에 해시값을 캐싱하여 성능을 최적화할 수 있다. 동일한 문자열 리터럴은 문자열 상수 풀에서 재사용된다.
- **보안성:** 불변 객체는 수정할 수 없기 때문에 보안 관련 정보(예: 비밀번호, URL 등)를 안전하게 다룰 수 있다.

String 클래스의 기본 메소드

자바 API 문서에서 String 클래스를 찾아보면 아주 많은 메소드들이 있다. 그중에서 많이 사용되는 몇 가지만을 추리면 다음과 같다.

메소드 요약	
char	**charAt**(int index) 지정된 인덱스에 있는 문자를 반환한다.
int	**compareTo**(String anotherString) 사전적 순서로 문자열을 비교한다. 앞에 있으면 -1, 같으면 0, 뒤에 있으면 1을 반환한다.
String	**concat**(String str) 주어진 문자열을 현재의 문자열 뒤에 붙인다.
boolean	**equals**(Object anObject) 주어진 객체와 현재의 문자열을 비교한다.
boolean	**isEmpty**() length()가 0이면 true를 반환한다.
int	**length**() 현재 문자열의 길이를 반환한다.
String	**toLowerCase**() 문자열의 문자들을 모두 소문자로 변경한다.
String	**toUpperCase**() 문자열의 문자들을 모두 대문자로 변경한다.

표 12-5 String 클래스의 기본 메소드

(1) 문자열 길이

String 클래스의 length() 메소드는 문자열의 길이를 반환한다.

```
String str = "Hello, World!";
int length = str.length();            // 13
```

(2) 문자 추출

String 객체 안에 들어 있는 문자를 추출하려면 charAt() 메소드를 호출하면 된다. 문자 번호는 0부터 시작한다.

```
String str = "Hello, World!";
char c = str.charAt(0);                        // 'H'가 반환된다.
```

(3) 문자열 연결

자바에서 2개의 문자열을 붙일 때 concat() 메소드를 호출하여도 되지만 + 연산자를 사용하는 것이 더 편리하다.

```
String result = "A chain" + " is only as strong" + "as its weakest link";
```

(4) 공백 제거

trim() 메소드는 문자열의 앞뒤 공백을 제거한 새로운 문자열을 반환한다.

```
String trimmed = "   Hello   ".trim();         // "Hello"
```

(5) 문자열을 사전 순으로 비교하기

compareTo(String s)는 두 문자열을 유니코드 값 기준의 사전식으로 비교하여, 이 문자열이 s보다 앞이면 음수, 같으면 0, 뒤이면 양수를 반환한다.

```
"apple".compareTo("banana")     // -1  ('a' - 'b')
"bat".compareTo("banana")       // 6   ('t' - 'n')
```

문자열 안에서 단어 찾기

문자열 안에서 단어를 찾을 때는 indexOf() 메소드를 사용하는 방법이 가장 쉽다. 단어의 시작 위치를 반환한다.

```
String s = "The cat is on the table";
int index = s.indexOf("table");

if (index == -1)
```

```
    System.out.println("table은 없습니다.");
else
    System.out.println("table의 위치: " + index);
```

```
table의 위치: 18
```

문자열 메소드 **예제 12-5** 

String 클래스에서 제공하는 여러 가지 문자열 처리 메소드를 실습해 보자.

StringMethodsExample.java

```java
public class StringMethodsExample {
    public static void main(String[] args) {
        // 문자열 초기화
        String original = "  Hello, Java World!  ";

        // 특정 위치의 문자 추출
        char charAtPosition = original.charAt(7);
        System.out.println("7번째 위치의 문자: " + charAtPosition);    // 'J'

        // 문자열 비교
        boolean equals = original.trim().equals("Hello, Java World!");
        System.out.println("문자열 비교(공백 제거 후): " + equals);      // true

        boolean equalsIgnoreCase = original.trim().equalsIgnoreCase
                                                        ("hello, java world!");
        System.out.println("대소문자 무시 비교: " + equalsIgnoreCase);  // true

        // 문자열 검색
        int indexOfJava = original.indexOf("Java");
        System.out.println("\"Java\"의 위치: " + indexOfJava);         // 8

        // 공백 제거
        String trimmed = original.trim();
        System.out.println("공백 제거: \"" + trimmed + "\"");

        // 문자열 분리
        String[] words = trimmed.split(", ");
        System.out.println("쉼표와 공백을 기준으로 분리:");
        for (String word : words) {
            System.out.println(" - " + word);
        }
    }
}
```

```
7번째 위치의 문자: ,
문자열 비교(공백 제거 후): true
대소문자 무시 비교: true
"Java"의 위치: 9
공백 제거: "Hello, Java World!"
쉼표와 공백을 기준으로 분리:
 - Hello
 - Java World!
```

도전문제

1 사용자로부터 한 문장을 입력받아 다음 정보를 출력하는 프로그램을 작성하시오.

- 문장의 길이
- 첫 번째 문자와 마지막 문자
- 공백을 제외한 문자 수
- 특정 단어(예: Java)가 포함되어 있는지 여부

2 다음 조건을 만족하면 "올바른 이메일"이라고 출력하는 프로그램을 작성하시오.

- @ 기호가 존재
- .이 존재
- 문자열의 길이가 5 이상

SELF TEST

1 `str1.equals(str2)`와 `str1 == str2`의 차이점을 설명하시오.

2 `indexOf()`와 `lastIndexOf()` 메소드의 차이점은 무엇인지 추측해 보자.

3 `String` 객체를 불변 객체로 만드는 이유는 무엇인가?

4 문자열 안의 문자들을 추출할 때 사용하는 메소드는?

12.9 StringBuffer 클래스

`String` 클래스는 자바에서 매우 유용하지만, 빈번하게 문자열을 변경해야 할 경우에는 성능이 떨어질 수 있다. `String` 객체는 불변(immutable)하기 때문이다. 그래서 문자열을 변경하려고 하면 새로운 `String` 객체를 생성하고, 기존의 내용을 복사해야 한다. 이 과정은 메모리와 성능 측면에서 은근히 비효율적이다.

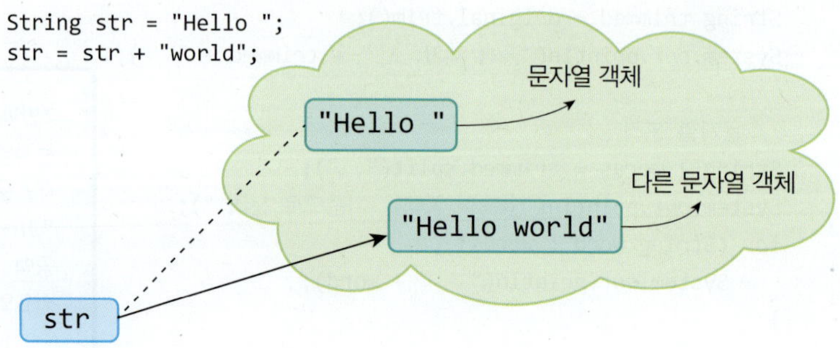

그림 12-22 문자열 변경 과정

위의 코드에서 "Hello "에 "world"를 붙이는 순간, 새로운 String 객체가 만들어지고 기존 "Hello " 문자열을 복사한 뒤, "world"를 추가한 새로운 문자열을 생성한다. 결과적으로 새로운 객체가 계속 만들어지기 때문에 메모리 낭비가 발생할 수 있다. String이 불변성을 가진 객체이기 때문에, 빈번하게 문자열을 추가, 수정, 삭제하는 경우에는 불리하다. 즉, 힙 메모리에 많은 가비지 객체가 생성되어서 힙 메모리가 부족해지기도 한다. 예를 들어서 100만 개의 String 객체에 대하여 + 연산을 하는 경우, 100만 개의 가비지 객체가 생성된다.

String의 불변성 덕분에 안전한 측면이 있지만, 자주 변경해야 하는 문자열 작업에서는 StringBuilder 또는 StringBuffer를 사용하는 것이 훨씬 효율적이다. 이들은 가변(mutable) 객체로, 기존 문자열을 직접 수정하여 성능과 메모리 사용 면에서 훨씬 효율적이다.

```
StringBuffer s = new StringBuffer("Happiness depends upon ourselves");
```

StringBuffer 객체는 내부적으로 문자열을 저장하는 메모리를 가지고 있다. 이 메모리를 버퍼(buffer)라고 한다. 버퍼의 총 크기는 capacity가 나타내고, 현재 저장된 문자열의 길이는 length이다. 버퍼의 크기는 자동으로 조절된다. length()와 capacity() 메소드는 length 값과 capacity 값을 반환한다.

```
StringBuffer sb = new StringBuffer("Hello");
int length = sb.length();                           // 5
int capacity = sb.capacity();                       // 21
```

String 클래스 vs StringBuffer 클래스

StringBuffer는 가변 객체로, 기존 객체 내에서 문자열을 변경한다. 이는 메모리 사용을 효율적으로 만든다. String은 불변 객체이므로 스레드 안전성을 걱정할 필요가 없다. StringBuffer는 내부적으로 메소드가 동기화되어 있어 스레드 안전성을 제공한다. 여러 스레드가 동시에 접근할 때 안전하다. String은 변경이 적은 경우에 효율적이다. 하지만 자주 변경해야 하는 경우에는 비효율적이다. StringBuffer는 문자열 조작이 빈번한 경우 효율적이다. 다음은 자바의 String 클래스와 StringBuffer 클래스를 비교한 표이다.

특징	String 클래스	StringBuffer 클래스
변경 가능성	불변(immutable)	가변(mutable)
메모리 사용	변경 시 새로운 객체 생성	내부 버퍼를 사용하여 같은 객체 내에서 변경
스레드 안전성	스레드 안전성 없음	스레드 안전(Thread-safe)
성능	변경이 적은 경우 효율적	문자열 변경이 빈번한 경우 효율적
사용 용도	고정된 문자열 데이터	자주 변경되는 문자열 데이터
기본 용량	N/A	기본 용량 16, 자동 확장
주요 메소드	charAt(), substring(), concat()	append(), insert(), delete()
메모리 할당	변경 시 새로운 객체로 힙에 할당	힙 내에서 동적 크기 변경 가능
동기화	동기화 지원 안 함	메소드 동기화 제공
문자열 조작	상대적으로 비효율적	효율적인 문자열 조작 지원

표 12-6 String 클래스와 StringBuffer 클래스 비교

결론적으로 String 클래스는 변경이 적은 경우와 문자열 데이터에 적합하며, 간단하고 직관적인 문자열 작업에 주로 사용된다. StringBuffer 클래스는 멀티스레드 환경에서 문자열을 빈번하게 수정해야 할 때 적합하며, 동기화된 방법으로 안전하게 문자열을 조작할 수 있다.

StringBuffer 클래스의 메소드

StringBuffer 클래스는 문자열을 조작하기 위한 다양한 메소드를 제공한다.

(1) 생성자

```
// StringBuffer(): 기본 용량(16)의 빈 StringBuffer 객체를 생성한다.
StringBuffer buffer = new StringBuffer();

// StringBuffer(String str): 초기 문자열로 지정된 StringBuffer 객체를 생성한다.
StringBuffer buffer = new StringBuffer("Hello");

// StringBuffer(int capacity): 지정된 용량의 빈 StringBuffer 객체를 생성한다.
StringBuffer buffer = new StringBuffer(50);
```

(2) append()

문자열의 끝에 문자열, 문자, 숫자 등을 추가한다. 여러 번 호출하여 문자열을 쉽게 확장할 수 있다.

```
StringBuffer buffer = new StringBuffer("Hello");
buffer.append(" World");
buffer.append('!');
buffer.append(123);
System.out.println(buffer);     // "Hello World!123"
```

(3) insert(int offset, ...)

지정한 위치에 문자열, 문자, 숫자 등을 삽입한다.

```
buffer.insert(5, ", Java");     // 앞의 buffer에 이어서 추가
System.out.println(buffer);     // "Hello, Java World!123"
```

(4) delete(int start, int end)

지정한 시작 인덱스부터 끝 인덱스까지의 문자를 제거한다.

```
buffer.delete(5, 11);           // 앞의 버퍼에 이어서 삭제
System.out.println(buffer);     // "Hello World!123"
```

(5) replace(int start, int end, String str)

지정한 범위의 문자열을 새로운 문자열로 대체한다.

```
buffer.replace(6, 11, "Java"); // 앞의 버퍼에 이어서 대체
System.out.println(buffer);     // "Hello Java!123"
```

(6) reverse()

문자열의 순서를 뒤집는다.

```
buffer.reverse();               // 앞의 버퍼를 뒤집는다.
System.out.println(buffer);     // "321!avaJ olleH"
```

StringBuffer 예제

StringBuffer 클래스의 주요 메소드들을 실습해 보자. StringBuffer는 문자열을 변경할 수 있는(mutable) 객체로, 문자열을 자주 수정해야 하는 상황에서 성능상 유리하다.

StringBufferExample.java

```java
public class StringBufferExample {
    public static void main(String[] args) {
        // StringBuffer 객체 생성
        StringBuffer buffer = new StringBuffer("Hello");

        // 문자열 추가
        buffer.append(" World");
        buffer.append('!');
        System.out.println("append: " + buffer);     // "Hello World!"

        // 문자열 삽입
        buffer.insert(6, "Java ");
        System.out.println("insert: " + buffer);     // "Hello Java World!"

        // 문자열 삭제
        buffer.delete(5, 10);
        System.out.println("delete: " + buffer);     // "Hello World!"

        // 특정 문자 삭제
        buffer.deleteCharAt(5);
        System.out.println("deleteCharAt: " + buffer);     // "HelloWorld!"

        // 문자열 대체
        buffer.replace(5, 10, " Java");
        System.out.println("replace: " + buffer);     // "Hello Java"

        // 문자열 뒤집기
        buffer.reverse();
        System.out.println("reverse: " + buffer);     // "avaJ olleH"
    }
}
```

```
append: Hello World!
insert: Hello Java World!
delete: Hello World!
deleteCharAt: HelloWorld!
replace: Hello Java!
reverse: !avaJ olleH
```

1 사용자에게 문자열을 입력받고 다음을 수행하는 프로그램을 작성하시오.

- 문장 끝에 "!!!" 추가(append)
- 가운데 "Java " 삽입(insert)
- 문자열의 첫 글자를 삭제(deleteCharAt)
- 마지막 3글자를 "###"으로 바꾸기(replace)
- 전체 문자열 뒤집기(reverse)

참고사항: StringBuilder와 StringBuffer의 차이점

StringBuilder는 StringBuffer의 동기화 없는 버전으로, 동기화가 필요 없는 경우에는 StringBuilder가 더 효율적일 수 있다.

SELF TEST

1 StringBuffer와 String의 차이점을 설명하시오.

2 다음 문장이 실행되면 sb에는 어떤 문자열이 저장되는가?

```
StringBuffer sb = new StringBuffer("Hello");
sb.append(1 + 2);
```

12.10 문자열의 토큰 분리

StringTokenizer 클래스

전통적으로 자바에서 문자열을 단어들로 분리할 때 StringTokenizer 클래스를 사용한다. 예를 들어서 날짜를 "2020.12.25"와 같은 문자열로 받아서 "2020", "12", "25"로 분리할 때 사용할 수 있다. StringTokenizer 클래스는 자바에서 문자열을 구분자(delimiter)를 사용하여 여러 개의 토큰(token)으로 분리하는 데 사용된다. 이 클래스는 java.util 패키지에 포함되어 있으며, 문자열을 파싱(parsing)하거나 구분할 때 유용하다.

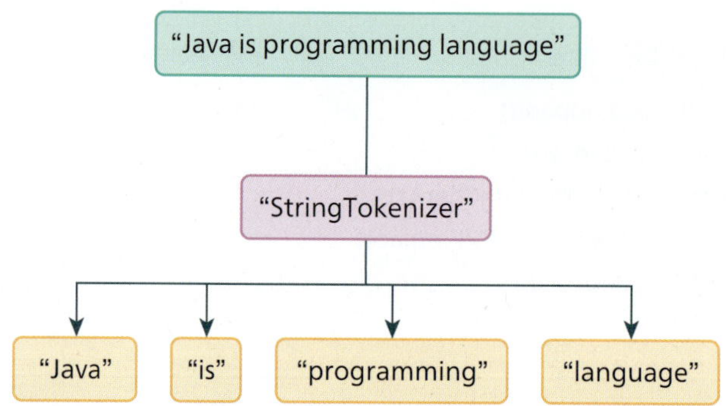

그림 12-23 StringTokenizer 클래스를 사용한 문자열 분리

```
StringTokenizer tokenizer1 = new StringTokenizer("Hello World Java", " " );

System.out.println("토큰 개수: " + tokenizer1.countTokens());
while (tokenizer1.hasMoreTokens()) {
    System.out.println(tokenizer1.nextToken());
}
```

```
토큰 개수: 3
Hello
World
Java
```

위의 코드는 StringTokenizer 클래스를 사용하여 문자열 "Hello World Java"를 공백을 기준으로 분리하고 각각의 단어를 출력하는 예제이다. StringTokenizer 클래스는 기본적으로 공백(스페이스)을 구분자로 사용하여 문자열을 분리한다. countTokens() 메소드를 호출하여 남아 있는 토큰의 개수를 알 수 있다. 이 예제에서는 "Hello", "World", "Java"로 분리되므로 토큰 개수는 3이다. hasMoreTokens() 메소드를 사용하여 더 이상 토큰이 남아 있지 않을 때까지 반복한다. nextToken() 메소드는 다음 토큰을 반환하고, 현재 위치를 다음 토큰으로 이동시킨다.

StringTokenizer 클래스는 매우 간단하고 직관적인 사용법을 제공하지만, 정규 표현식을 사용하지 않으므로 가벼운 문자열 분리 작업에 적합하다. 그리고 Java 1.0부터 제공되어 오래된 코드와의 호환성이 좋다. 하지만 복잡한 구분자나 정규 표현식을 사용할 수 없고, 작업 후 전체 토큰을 한 번에 얻기 불편해서 최신 버전에서는 잘 사용되지 않는다. 대체로 split() 메소드나 Scanner 클래스를 선호한다.

split() 메소드

최근 버전에서는 String 클래스가 제공하는 split() 메소드를 사용하면 훨씬 쉽게 문자열을 단어로 분리할 수 있다. split() 메소드는 정규 표현식을 지원하여 복잡한 구분자 패턴도 사용할 수 있다. 또한 구분자를 다양하게 지정할 수 있어서 보다 정교한 문자열 분리가 가능하다. split() 메소드는 결과를 배열로 반환하므로 전체 토큰을 쉽게 얻을 수 있으며, 코드가 더 읽기 쉽고 이해하기 쉬워서 유지 보수성이 좋다.

아래의 코드는 자바의 split() 메소드를 사용하여 문자열을 특정 구분자를 기준으로 분리하는 방법을 보여주는 간단한 예제이다. 이 경우 문자열은 "apple,orange,banana"로 구성되어 있으며, 각 과일 이름을 콤마(,)로 구분하고 있다.

SplitExample.java

```java
public class SplitExample {
    public static void main(String[] args) {
        String text = "apple,orange,banana";

        // 콤마(,)를 기준으로 문자열 분리
        String[] fruits = text.split(",");

        // 결과 출력
        for (String fruit : fruits) {
            System.out.println(fruit);
        }
    }
}
```

```
apple
orange
banana
```

split(",")는 문자열 text를 콤마(,)를 기준으로 분리한다. split() 메소드는 구분자로 문자열을 나누고, 결과를 문자열 배열로 반환한다. 여기서 결과는 {"apple", "orange", "banana"}로, 각 과일 이름이 하나의 배열 요소로 저장된다.

이번에는 정규 표현식을 사용하여 "one1two2three3four"에서 숫자를 기준으로 분리하여 각 단어를 추출하고 출력해본다.

RegexSplitExample.java

```java
public class RegexSplitExample {
    public static void main(String[] args) {
        String text = "one1two2three3four";

        // 숫자를 기준으로 문자열 분리
        String[] words = text.split("\\d");  // "\\d"는 숫자를 의미하는 정규 표현식

        // 결과 출력
        for (String word : words) {
            System.out.println(word);
        }
    }
}
```

```
one
two
three
four
```

split("\\d")는 문자열 text를 정규 표현식 \\d를 기준으로 분리한다. \\d는 숫자를 의미하는 정규 표현식이다. 따라서 이 표현식은 문자열 내의 모든 숫자를 구분자로 인식하여 문자열을 나눈다. split() 메소드는 결과를 문자열 배열로 반환하며, 숫자를 제거한 나머지 문자열이 배열의 요소가 된다. 이 예제에서는 "one1two2three3four"가 {"one", "two", "three", "four"}로 분리된다. 이어서 for-each 문을 통해 words 배열의 각 요소를 출력한다.

SELF TEST

1. StringTokenizer 클래스를 사용할 때, 문자열을 분리하기 위한 구분자(delimiter)를 지정하지 않으면 기본 구분자는 무엇인가?
2. 정규 표현식에서 숫자를 의미하는 패턴은 무엇인가?
3. "apple,orange,banana" 문자열을 쉼표(,)로 분리하려면 어떤 메소드를 사용하는가?

12.11 Calendar 클래스

Calendar 클래스는 날짜와 시간을 다루기 위한 추상 클래스이다. java.util 패키지에 포함되어 있으며, 날짜 및 시간의 조작, 형식화, 비교, 계산을 할 수 있는 다양한 기능을 제공한다. Calendar 클래스는 추상 클래스이므로 직접 인스턴스를 생성할 수 없으며, 대신 자식 클래스인 GregorianCalendar를 주로 사용한다. 기본적으로 시스템의 현재 시각 정보를 바탕으로 인스턴스를 생성한다. 연, 월, 일, 시, 분, 초 등의 필드를 개별적으로 설정하고 조작할 수 있다. 지역(locale)에 따라 다양한 달력 시스템을 지원할 수 있다.

인스턴스 생성

Calendar.getInstance() 메소드는 시스템의 현재 날짜 및 시간 정보를 사용하여 기본 GregorianCalendar 인스턴스를 생성한다.

```
Calendar calendar = Calendar.getInstance();
```

날짜와 시간 가져오기

```
// get(int field): 지정된 달력 필드의 값을 가져온다.
int year = calendar.get(Calendar.YEAR);
int month = calendar.get(Calendar.MONTH);              // 0부터 시작(0=January)
int day = calendar.get(Calendar.DAY_OF_MONTH);

// set(int field, int value): 지정된 달력 필드의 값을 설정한다.
calendar.set(Calendar.YEAR, 2024);
calendar.set(Calendar.MONTH, Calendar.AUGUST);         // 8월로 설정
```

```
calendar.set(Calendar.DAY_OF_MONTH, 15);

// set(int year, int month, int date): 연, 월, 일 필드를 한꺼번에 설정한다.
calendar.set(2024, Calendar.AUGUST, 15);
```

날짜 조작

```
// add(int field, int amount): 지정된 시간 필드에 주어진 양을 더하거나 뺀다.
calendar.add(Calendar.DAY_OF_MONTH, 7);                // 7일 후로 설정
calendar.add(Calendar.MONTH, -1);                      // 1개월 전으로 설정

// roll(int field, boolean up): 지정된 시간 필드를 증가(또는 감소)하지만 다른 필드에
영향을 미치지 않는다.
calendar.roll(Calendar.DAY_OF_MONTH, true);            // 하루 증가
```

날짜 비교

```
// before(Object when): 이 Calendar 객체의 시간이 지정된 시간보다 이전인지 여부를 반환한다.
boolean isBefore = calendar.before(anotherCalendar);

// after(Object when): 이 Calendar 객체의 시간이 지정된 시간보다 이후인지 여부를 반환한다.
boolean isAfter = calendar.after(anotherCalendar);
```

기타 유용한 메소드

```
// getTime(): Calendar 객체를 Date 객체로 반환한다.
Date date = calendar.getTime();

// setTime(Date date): 주어진 Date 객체로 Calendar를 설정한다.
calendar.setTime(new Date());

// getTimeInMillis(): Calendar 객체의 시간을 밀리초 단위로 반환한다.
long millis = calendar.getTimeInMillis();
```

Calendar 객체 사용하기 **예제 12-7**

이 예제는 java.util.Calendar 클래스를 사용하여 날짜와 시간을 설정, 조작, 출력하는 방법을 보여주는 코드이다.

CalendarExample.java

```
import java.util.Calendar;
import java.util.Date;
```

```java

public class CalendarExample {
    public static void main(String[] args) {
        // 현재 날짜와 시간의 Calendar 객체 생성
        Calendar calendar = Calendar.getInstance();

        // 현재 날짜와 시간 정보 출력
        System.out.println("현재 시각: " + calendar.getTime());

        // 특정 날짜로 설정(2024년 8월 15일)
        calendar.set(2024, Calendar.AUGUST, 15);
        System.out.println("설정된 날짜: " + calendar.getTime());

        // 날짜 조작: 7일 추가
        calendar.add(Calendar.DAY_OF_MONTH, 7);
        System.out.println("7일 후: " + calendar.getTime());

        // 날짜 조작: 1개월 감소
        calendar.add(Calendar.MONTH, -1);
        System.out.println("1개월 전: " + calendar.getTime());

        // 필드 가져오기
        int year = calendar.get(Calendar.YEAR);
        int month = calendar.get(Calendar.MONTH) + 1;  // 0부터 시작하므로 +1
        int day = calendar.get(Calendar.DAY_OF_MONTH);
        System.out.println("현재 설정된 날짜: " + year + "년 " + month + "월 " +
                                                                day + "일");

        // Calendar 객체를 Date 객체로 변환
        Date date = calendar.getTime();
        System.out.println("Date 객체: " + date);
    }
}
```

```
현재 시각: Sun Jan 26 17:24:59 KST 2025
설정된 날짜: Thu Aug 15 17:24:59 KST 2024
7일 후: Thu Aug 22 17:24:59 KST 2024
1개월 전: Mon Jul 22 17:24:59 KST 2024
현재 설정된 날짜: 2024년 7월 22일
Date 객체: Mon Jul 22 17:24:59 KST 2024
```

도전문제

1 java.util.Calendar 클래스를 사용하여 특정 연도 구간 안에서 13일이 금요일인 모든 날짜를 찾아서 출력하는 프로그램을 작성하라. 첫째 줄에 시작 연도와 끝 연도를 공백으로 구분하여 입력받는다. (예: 2020 2025)

1 Calendar.getInstance() 메소드의 역할은 무엇인가?

2 Calendar에서 월(MONTH)을 설정할 때 주의할 점은 무엇인가?

3 현재 날짜에서 5일 후로 이동하려면 어떤 메소드를 사용해야 하는가?

SELF TEST

12.12 기타 유용한 클래스

Math 클래스

Math 클래스는 수학 연산을 수행하기 위해 다양한 메소드와 상수를 제공하는 유틸리티 클래스이다. 이 클래스는 java.lang 패키지에 포함되어 있어 기본적으로 모든 자바 프로그램에서 사용할 수 있으며, 수학 계산이 필요한 경우 매우 유용하다.

Math 클래스의 모든 메소드와 상수는 static으로 선언되어 있어서 클래스 이름을 통해 직접 접근할 수 있다. 객체를 생성할 필요가 없다. 다양한 수학 함수와 상수를 제공하여 복잡한 수학 연산을 쉽게 수행할 수 있다. 예를 들어서 삼각 함수, 지수, 로그, 제곱근 등이 있다. 수학에서 자주 사용하는 상수 Math.PI와 Math.E를 제공한다. Math.PI는 원주율이고 Math.E는 자연 로그의 밑수 e이다. 다음은 Math 클래스의 주요 메소드들을 기능에 따라 정리한 표이다.

메소드	설명
abs(int a)	주어진 값의 절댓값을 반환
max(int a, int b)	두 값 중 큰 값을 반환
min(int a, int b)	두 값 중 작은 값을 반환
sin(double a)	주어진 각도의 사인 값을 반환(라디안 단위)
cos(double a)	주어진 각도의 코사인 값을 반환(라디안 단위)
tan(double a)	주어진 각도의 탄젠트 값을 반환(라디안 단위)
asin(double a)	주어진 값의 아크사인을 반환
acos(double a)	주어진 값의 아크코사인을 반환
atan(double a)	주어진 값의 아크탄젠트를 반환
exp(double a)	e의 거듭제곱을 계산하여 반환
log(double a)	주어진 값의 자연 로그를 반환
log10(double a)	주어진 값의 10을 밑으로 하는 로그를 반환
sqrt(double a)	주어진 값의 제곱근을 반환
pow(double a, double b)	a의 b 제곱을 계산하여 반환
ceil(double a)	주어진 값보다 크거나 같은 가장 작은 정숫값을 반환(올림)
floor(double a)	주어진 값보다 작거나 같은 가장 큰 정숫값을 반환(내림)
round(double a)	주어진 값을 반올림하여 가장 가까운 정숫값을 반환
random()	0.0 이상 1.0 미만의 난수를 반환

표 12-7 Math 클래스의 주요 메소드

예제 12-8 수학 함수 사용하기

이 예제는 Java의 Math 클래스를 사용하여 다양한 수학 연산 메소드들을 실습하는 예제이다. 각 메소드는 자주 쓰이는 수학 계산을 간편하게 수행할 수 있도록 제공된다.

MathExample.java

```java
public class MathExample {
    public static void main(String[] args) {
        System.out.println("절댓값: " + Math.abs(-10));
        System.out.println("최댓값: " + Math.max(10, 20));
        System.out.println("최솟값: " + Math.min(10, 20));

        System.out.println("사인(90도): " + Math.sin(Math.PI / 2));

        System.out.println("e의 제곱: " + Math.exp(2));
        System.out.println("자연 로그: " + Math.log(Math.E));
        System.out.println("제곱근: " + Math.sqrt(16));
        System.out.println("거듭제곱: " + Math.pow(2, 3));

        System.out.println("올림: " + Math.ceil(2.3));
        System.out.println("내림: " + Math.floor(2.9));
        System.out.println("반올림: " + Math.round(2.5));

        System.out.println("난수: " + Math.random());
    }
}
```

```
절댓값: 10
최댓값: 20
최솟값: 10
사인(90도): 1.0
e의 제곱: 7.38905609893065
자연 로그: 1.0
제곱근: 4.0
거듭제곱: 8.0
올림: 3.0
내림: 2.0
반올림: 3
난수: 0.9713700683614209
```

1 원금 P, 연 이자율(%) r, 기간(년) y가 주어질 때, 복리 공식을 이용해 만기 금액 A를 계산하여 소수 둘째 자리까지 반올림해 출력하시오.

$$A = P \times \left(1 + \frac{r}{100}\right)^{y}$$

난수 생성

자바에서 난수(Random Number)를 생성하는 방법은 여러 가지가 있다. 자바는 java.util.Random 클래스와 Math.random() 메소드를 통해 난수를 생성할 수 있으며, Java 8부터는 java.util.concurrent.ThreadLocalRandom과 java.util.Random의 스트림 API도 제공한다.

(1) Math.random() 메소드

Math.random() 메소드는 0.0 이상 1.0 미만의 난수를 double 타입으로 반환한다. 주로 간단한 난수 생성에 사용되며, 범위를 조절하여 다양한 난수를 생성할 수 있다.

```
double randomValue = Math.random();          // 0.0 <= randomValue < 1.0
System.out.println("Random value: " + randomValue);

// 예제: 0부터 9까지의 정수 난수 생성
int randomInt = (int) (Math.random() * 10);
System.out.println("Random integer (0-9): " + randomInt);
```

```
Random value: 0.9886550153955187
Random integer (0-9): 2
```

(2) java.util.Random 클래스

Random 클래스는 난수 생성에 보다 정교한 방법을 제공한다. int, long, float, double, boolean 등 다양한 타입의 난수를 생성할 수 있다. random.nextInt(bound)를 사용하여 0부터 bound-1까지의 정수를 생성할 수 있다. 예를 들어서 random.nextInt(51) + 50은 50부터 100까지의 정수를 생성한다.

난수 생성하기 **예제 12-9**

이 코드는 Java의 java.util.Random 클래스를 이용하여 다양한 범위의 난수를 생성하는 방법을 보여주는 예제이다. 게임, 시뮬레이션, 랜덤 퀴즈, 데이터 생성 등에서 유용하게 사용된다.

RandomExample.java

```
import java.util.Random;

public class RandomExample {
    public static void main(String[] args) {
        Random random = new Random();

        int randomInt = random.nextInt(100);  // 0부터 99까지의 난수
        System.out.println("Random integer (0-99): " + randomInt);

```

```
        double randomDouble = random.nextDouble(); // 0.0 <= randomDouble < 1.0
        System.out.println("Random double: " + randomDouble);

        int randomIntRange = random.nextInt(51) + 50;  // 50부터 100까지
        System.out.println("Random integer (50-100): " + randomIntRange);
    }
}
```

```
Random integer (0-99): 86
Random double:
0.29803042462587104
Random integer (50-100): 97
```

도전문제

1. 1~45 사이의 서로 다른 6개의 난수를 생성하여 출력하는 로또 번호 생성기를 만드시오. 중복을 피하기 위한 알고리즘을 생각해 본다.

Arrays 클래스

Arrays 클래스는 배열을 다루는 다양한 메소드들을 가지고 있다. 예를 들면 정렬하거나 탐색하는 것과 같은 메소드들을 제공한다. 주어진 값으로 배열을 채우는 메소드인 fill()이나 배열 원소를 크기순으로 정렬하는 메소드인 sort() 등을 제공한다. 이들 모두 객체를 생성하지 않고서도 호출할 수 있는 정적 메소드이다. 다음은 간단한 예이다.

ArraysTest.java

```
import java.util.*;

public class ArraysTest {
    public static void main(String[] args) {
        int[] array = {9, 4, 5, 6, 2, 1};
        Arrays.sort(array);          // 배열을 정렬한다.
        printArray(array);
        System.out.println(Arrays.binarySearch(array, 9));   // 9를 탐색한다.
        Arrays.fill(array, 8);       // 배열을 특정한 값으로 채운다.
        printArray(array);
    }
    private static void printArray(int[] array) {
        System.out.print("[");
        for (int i = 0; i < array.length; i++)
```

```
            System.out.print(array[i] + " ");
        System.out.println("]");
    }
}
```

```
[1 2 4 5 6 9 ]
5
[8 8 8 8 8 8 ]
```

SELF TEST

1 1에서 10 사이의 난수를 생성하여 크기가 10인 배열 a를 채우는 문장을 작성하시오.

2 `Arrays.sort()` 메소드를 이용하여 위의 배열을 정렬하시오.

Mini Project 수행하기 행맨 게임 만들기

난이도: ★★★★☆
주제: 난수 발생, String 클래스 사용

휠 오브 포춘(wheel of fortune) 또는 행맨(hangman)과 같은 단어 게임을 만들어 보자. 빈칸으로 구성된 문자열이 주어지고 사용자는 문자열에 들어갈 글자들을 하나씩 추측해서 맞추는 게임이다.

사용자가 문자열에 들어 있는 글자를 말하면 화면에 그 글자를 출력한다. 일정한 횟수만 시도할 수 있게 한다. 문제에 사용되는 문자열들은 String 배열에 저장되어 있고 매번 랜덤하게 선택된다고 가정한다.

다음 코드를 참고하여 전체 프로그램을 작성해 보자.

```
String[] words = {"java", "count", "school", "book", "student", "programmer"};
int index = (new Random()).nextInt(words.length);
solution = words[index];
StringBuffer answer = new StringBuffer(solution.length());
```

Summary

- 패키지(package)는 관련 있는 클래스들을 하나로 묶은 것이다. 패키지를 사용하여 이름 충돌을 피하고 유지 보수가 쉬운 코드를 작성할 수 있다.
- 패키지를 선언하는 문장 "package 패키지명;"은 소스 파일의 첫 번째 줄에 넣는다.
- 패키지를 사용하는 방법에는 3가지 방법이 있다.

  ① 완전한 이름으로 참조한다.
  ② 패키지 안에서 우리가 원하는 클래스만을 포함한다.
  ③ 패키지 안의 모든 클래스를 포함한다.

- 자바에서는 기본적으로 많은 패키지를 제공하고, 개발자는 이것들을 이용하여 편리하게 프로그램을 작성할 수 있다. 자바의 기본 패키지는 java로 시작하며 확장 패키지는 javax로 시작한다.
- `Object` 클래스는 자바 모든 클래스의 최상위 부모이다.
- `Object` 클래스의 equals/hashCode는 반드시 함께 재정의해야 해시 기반 컬렉션이 올바르게 동작한다.
- `Object` 클래스의 toString은 디버깅·로그 가독성에 중요하다
- `Object` 클래스의 `getClass()`로 런타임 타입 확인, `instanceof`와 함께 타입 분기에 활용한다.
- `String` 객체는 한 번 만들어지면 내용이 바뀌지 않는다. 그래서 문자열을 수정하려고 하면 기존 객체를 바꾸는 대신 새로운 `String` 객체가 생성된다. 이런 특성 덕분에 여러 스레드에서 동시에 사용해도 안전하게 동작할 수 있다.
- `String` 리터럴은 `String Pool`에서 공유되어 동일 리터럴이 같은 참조가 될 수 있다. new `String("...")`은 풀을 우회해 새 인스턴스를 생성한다.
- `String` 객체 비교는 ==(참조) 대신 equals(내용)을 사용한다.
- `Math` 클래스는 객체를 만들 필요 없이 곧바로 쓸 수 있는 정적(static) 메소드와 상수들로 이루어져 있다. 예를 들어 원주율 `PI`, 자연상수 `E` 같은 값과, abs(절댓값), max/min(최댓값·최솟값), sqrt(제곱근), pow(거듭제곱), exp/log(지수와 로그), sin·cos·tan(삼각함수) 같은 수학 함수를 제공한다.
- `Math.random()`은 [0.0, 1.0) 균등 난수(double)를 반환한다.
- Random 클래스의 `nextInt(bound)`는 0 이상 bound 미만(상한 제외)을 반환한다.

Exercises

1. 패키지 선언 없이 작성된 클래스는 어디에 속하게 되는가?

❶ default package ❷ main package
❸ system package ❹ global package

2. 다음 중 import 문에 대한 설명으로 틀린 것은?

❶ import는 패키지에 있는 특정 클래스를 사용할 때 필요하다.
❷ import java.util.*; 문장은 java.util 패키지의 모든 클래스를 포함한다.
❸ import를 사용하지 않으면 항상 클래스의 완전한 이름을 사용해야 한다.
❹ import는 패키지 선언보다 위에 작성되어야 한다.

3. 패키지 이름이 com.example인 클래스 MyClass를 사용하려면 어떻게 해야 하는가?

❶ import com.example.MyClass;
❷ include com.example.MyClass;
❸ using com.example.MyClass;
❹ namespace com.example.MyClass;

4. 패키지에 포함된 클래스의 접근 제어와 관련된 설명으로 올바른 것은?

❶ public 클래스는 패키지 외부에서 사용할 수 없다.
❷ 접근 지정자를 명시하지 않으면 같은 패키지 내에서만 접근 가능하다.
❸ 패키지 내 클래스는 항상 private으로 선언한다.
❹ 패키지의 클래스는 다른 패키지의 protected 멤버에 접근할 수 있다.

5. 자바 모듈 시스템에서 패키지를 외부 모듈에 공개하려면 어떤 키워드를 사용해야 하는가?

❶ require ❷ export ❸ provide ❹ open

6. 다음 중 Object 클래스에 정의되지 않은 메소드는?

❶ toString() ❷ hashCode() ❸ finalize() ❹ println()

7. hashCode() 메소드는 주로 어떤 상황에서 사용되는가?

❶ 객체의 문자열 표현을 생성할 때
❷ 해시 기반 컬렉션에서 객체를 구분할 때
❸ 객체를 비교할 때
❹ 객체를 직렬화할 때

8. Object 클래스의 getClass() 메소드가 반환하는 것은?

❶ 현재 객체
❷ 객체의 메모리 참조 주소
❸ 객체의 런타임 클래스 정보
❹ 객체의 부모 클래스 이름

9. 다음 두 문자열을 비교한 출력 결과를 작성하시오.

```
String str1 = "Java";
String str2 = new String("Java");
System.out.println(str1 == str2);
System.out.println(str1.equals(str2));
```

10. 오토박싱(Auto-boxing)이란 무엇인가?

❶ 객체를 기초 데이터 타입으로 변환하는 과정
❷ 기초 데이터 타입을 객체로 자동 변환하는 과정
❸ 객체를 문자열로 변환하는 과정
❹ 문자열을 객체로 변환하는 과정

11. 다음 코드에서 변수 result의 값은?

```
String s = "123";
int result = Integer.parseInt(s);
```

❶ null ❷ 123 ❸ 컴파일 오류 ❹ 0

12. 다음 코드의 출력 결과는?

```
String str = "Hello";
str.concat(" World");
System.out.println(str);
```

❶ Hello ❷ Hello World ❸ 컴파일 오류 ❹ 런타임 예외 발생

Programming Exercises

난이도: ★★☆☆☆
주제: 패키지 간 클래스 사용

1. 2개의 패키지를 만든다. math.operations 패키지에는 Adder 클래스가 있어서 두 정수를 더하는 메소드를 포함한다. main 패키지에는 메인 클래스를 작성한다. 메인 클래스에서 Adder 클래스를 호출하여 두 숫자의 합을 출력하시오.

```
10과 20의 합은 30입니다.
```

패키지 계층 구조는 다음과 같다.

```
src/
├── math/
│   └── operations/
│       └── Adder.java
└── main/
    └── Main.java
```

난이도: ★★☆☆☆
주제: 네임스페이스 충돌 해결

2. 2개의 패키지 package1과 package2를 생성하고, 두 패키지에 동일한 이름의 User 클래스를 생성한다. package1.User는 이름과 나이를 저장한다. package2.User는 이름과 이메일을 저장한다. 메인 클래스에서 두 User 클래스를 모두 호출하여 각각의 정보를 출력하시오.

```
package1.User Info: 이름: Kim, Age: 25
package2.User Info: 이름: Park, Email: park@example.com
```

난이도: ★★☆☆☆
주제: import 없이 클래스 사용

3. import 없이 java.util.ArrayList<Integer>(완전수식이름 사용)를 생성하고, 삽입 순서대로 요소를 순회해 한 줄로 출력하시오.

```
정수 목록: 10 20 30 40
```

4. Book 클래스를 생성하여 제목과 저자를 저장한다. equals() 메소드를 재정의하여 제목과 저자가 같은 두 책이 동일하다고 판단하도록 만든다. 여러 Book 객체를 ArrayList에 추가하고 중복된 책이 있는지 확인하는 프로그램을 작성하시오.

난이도: ★★★☆☆
주제: 리스트에서 중복 객체 탐지

```
모든 책들
Book{title='1984', author='George Orwell'}
Book{title='To Kill a Mockingbird', author='Harper Lee'}
Book{title='1984', author='George Orwell'}
Book{title='The Great Gatsby', author='F. Scott Fitzgerald'}

중복된 책
Book{title='1984', author='George Orwell'}
```

5. Car 클래스를 생성하고 차량 번호를 저장한다. equals() 메소드를 재정의하여 동일한 차량 번호를 가진 두 객체를 동일하다고 간주한다. ArrayList에 Car 객체를 저장하고 중복을 방지하는 프로그램을 작성하시오.

난이도: ★★★☆☆
주제: 사용자 정의 컬렉션에서 객체 비교

```
ArrayList에 저장된 자동차 목록:
Car{licensePlate='ABC-123'}
Car{licensePlate='LMN-456'}
Car{licensePlate='XYZ-789'}
```

6. Object 배열을 생성하고, 그 안에 다양한 타입(String, Integer, Double)의 데이터를 저장한다. 배열을 순회하며 각 요소의 클래스 이름을 출력하는 프로그램을 작성하시오.

난이도: ★★☆☆☆
주제: Object 클래스의 getClass() 사용

```
Value: Hello, World!, Class: java.lang.String
Value: 42, Class: java.lang.Integer
Value: 3.14, Class: java.lang.Double
Value: true, Class: java.lang.Boolean
```

난이도: ★★★☆☆
주제: String 클래스

7. 문자열을 처리하는 프로그램을 작성하시오. 문자열의 split() 메소드를 이용하여 사용자로부터 받은 문자열을 단어로 분리한다. 단어들의 개수를 출력한다. 여러 공백이나 줄바꿈이 있어도 정확히 단어를 세고 출력할 수 있어야 한다.

```
입력:      This    is a house
단어의 개수: 4
단어 목록: This is a house
```

trim() 메소드는 입력된 문자열의 앞뒤 공백을 제거한다. split("\\s+") 메소드는 정규식을 사용하여 문자열을 공백 기준으로 나눈다. \\s+는 하나 이상의 공백(스페이스, 탭, 줄바꿈 등)을 의미한다.

난이도: ★★★★☆
주제: 문자열 분리 및 재조합

8. 사용자로부터 콤마(,)로 구분된 문자열을 입력받아 이를 분리한 뒤, 각 단어를 공백으로 연결하여 새로운 문자열을 출력하시오.

```
입력: Hello,   World,Java, Programming

공백으로 연결된 문자열:
Hello World Java Programming
```

split() 메소드를 사용하여 쉼표를 기준으로 문자열을 분리한다. join() 메소드는 배열의 요소들을 공백으로 연결하여 새로운 문자열을 생성한다.

난이도: ★★★☆☆
주제: 두 날짜 간 차이 계산

9. 사용자로부터 2개의 날짜를 입력받아(형식: YYYY-MM-DD), 두 날짜 간의 일 수 차이를 계산하는 프로그램을 작성하시오.

```
첫 번째 날짜를 입력하세요 (형식: YYYY-MM-DD): 2025-01-01
두 번째 날짜를 입력하세요 (형식: YYYY-MM-DD): 2025-01-26
두 날짜 간의 차이: 25일
```

두 날짜 간의 밀리초 차이를 계산한 뒤, 밀리초를 일 단위로 변환한다. date1.getTime() 메소드는 밀리초를 반환한다.

10. `Math.random()` 메소드로 대문자, 소문자, 숫자(0~9)를 랜덤하게 조합하여 길이 8의 암호를 생성하는 프로그램을 작성하시오. `StringBuffer` 클래스를 사용한다.

난이도: ★★★☆☆
주제: 난수를 사용한 암호 생성기

```
생성된 암호: Ab3Xy7Pz
```

11. `Math.random()` 메소드로 주어진 단어 목록(예: 주어, 동사, 목적어)을 랜덤하게 선택하여 간단한 문장을 생성하는 프로그램을 작성하시오. 예를 들어 주어: ["I", "You", "We"], 동사: ["like", "eat", "watch"], 목적어: ["apples", "movies", "music"]라면 결과: "I like apples."가 될 수 있다.

난이도: ★★★★☆
주제: 랜덤 문장 생성기

```
생성된 문장: You eat movies.
```

12. `Math.random()` 메소드로 1부터 52까지의 난수를 생성하고, 이를 카드 한 벌(52장) 중 하나를 뽑는 것으로 간주하여 뽑힌 카드를 출력하시오. 카드 숫자와 모양(♥, ♠, ♣, ♦)을 매핑하여 출력한다.

난이도: ★★★★☆
주제: 카드 뽑기 시뮬레이션

```
뽑힌 카드: ♠ K
뽑힌 카드: ♥ 5
뽑힌 카드: ♦ A
```

CHAPTER 13

제네릭과 컬렉션

학습목표

- 어떤 자료형에서도 동작하는 메소드를 제네릭으로 작성한다.
- ArrayList를 사용하여 데이터를 저장하고 처리한다.
- Map으로 키와 값을 묶어서 저장한다.
- Collections 클래스가 제공하는 sort()와 같은 메소드를 사용한다.

학습목차

핵심 키워드

제네릭, 컬렉션, 벡터, ArrayList, Set, Map

CHAPTER 13

제네릭과 컬렉션

13.1 제네릭 프로그래밍

제네릭의 필요성

제네릭(Generic)은 Java 5에 등장하면서 개발자들에게 이렇게 말했다. “여러분, 이제부터 자료형(타입)이 맞는지 일일이 신경 쓰지 말고 저만 믿으세요! 제가 자료형을 정확히 관리해 드리겠습니다.” 제네릭은 말 그대로 다재다능한 수납장과도 같다. 지금까지는 “이 박스에는 딱 문자열만 넣어야 해!”라고 혼자 고집부리던 클래스들이, 제네릭 덕분에 “무엇이든 넣을 수 있어! 내가 알아서 타입을 관리할 테니 걱정하지 마!”라며 개과천선한 셈이다. 예를 들어, 아래의 Box 클래스를 보자. 이 친구는 굉장히 소심해서 오직 문자열(String)만 저장하려 한다. 숫자, 객체, 다른 타입의 데이터는 안 받는다며 철벽을 친다.

```
class Box {
    private String value;
    public void setValue(String value) {
        this.value = value;
    }
    public String getValue() {
        return value;
    }
}
```


위의 Box 클래스는 문자열 타입만 저장할 수 있다. 만약 다른 타입(예: Integer)의 데이터를 저장하려면 Box2 클래스를 만들어야 할 것이다. 하지만 별도의 클래스를 작성하지 않고도, 제네릭을 사용하면 이 클래스를 모든 타입에 대해 재사용할 수 있다.

제네릭은 클래스를 정의할 때, 클래스 안에서 사용되는 자료형(타입)을 구체적으로 명시하지 않고 T와 같은 기호로 적어놓는다. 객체를 생성할 때 비로소 T 자리에 구체적인 자료형을 지정한다. 이를 타입 매개변수(Type Parameter)라고 한다. 제네릭은 타입별로 서로 다른 클래스 코드를 생성하는 틀(template)이라고 이해하면 쉽다.

```
class Box<T> {
    private T value;
    public void setValue(T value) {
        this.value = value;
    }
    public T getValue() {
        return value;
    }
}
```

T는 타입을 의미한다.

T는 Type(타입)을 의미한다. 다른 기호들도 사용되며, 일반적으로 다음과 같은 규칙을 따른다.

- **T:** Type(주로 클래스나 메소드에서 사용되는 일반적인 타입)
- **E:** Element(컬렉션에서 요소를 나타낼 때 사용)
- **K:** Key(Map에서 키를 나타낼 때 사용)
- **V:** Value(Map에서 값을 나타낼 때 사용)

제네릭 클래스 객체 생성

타입 매개변수의 값은 객체를 생성할 때 구체적으로 결정된다. 예를 들어서 문자열을 저장하는 Box 클래스의 객체를 생성하려면 T 대신에 String을 사용하면 된다. 문자열과 정수를 저장하는 Box 객체를 생성하여 사용하면 다음과 같다.

```
public class BoxTest {
    public static void main(String[] args) {
        // String 타입의 Box 생성
        Box<String> sbox = new Box<String>();      // ①
        sbox.setValue("Hello");
        System.out.println(sbox.getValue());

        // Integer 타입의 Box 생성
        Box<Integer> ibox = new Box<Integer>();  // ②
        ibox.setValue(30);
        System.out.println(ibox.getValue());
    }
}
```

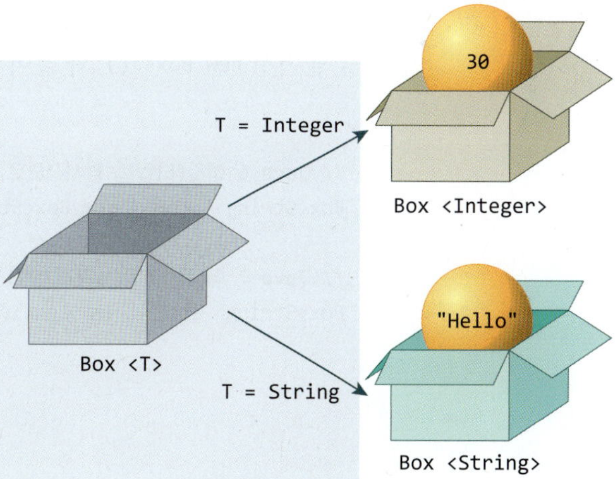

① 문자열을 저장하는 Box 클래스의 객체를 생성하려면 T 대신에 String을 사용하면 된다.

② 정수를 저장하는 Box 클래스의 객체를 생성하려면 T 대신에 Integer를 사용하면 된다. 하지만 int는 사용할 수 없는데, int는 기초형이고 클래스가 아니기 때문이다. T 자리에는 클래스만 올 수 있다.

제네릭의 장점

만약 Box<String>에 정수 타입을 추가하려고 하면 컴파일러가 컴파일 단계에서 오류를 감지할 수 있다. 따라서 더 안전하게 프로그래밍할 수 있다.

```
Box<String> sbox = new Box<String>();
sbox.set(new Integer(10));      // 정수 타입을 저장하려고 하면 컴파일 오류!
```

```
The method set(String) in the type Box<String> is not applicable for
the arguments(Integer) at GenericTest.main(GenericTest.java:27)
```

'Box<String>'은 문자열만 허용하는 클래스이다. 따라서 'Integer' 타입을 저장하려고 하면 컴파일러가 이를 감지하고 오류를 발생시킨다.

다이아몬드 연산자

Java 7 버전부터는 제네릭 클래스의 생성자를 호출할 때, 타입 인수를 구체적으로 주지 않아도 된다. 컴파일러가 문맥에서 타입을 추측한다. <> 기호를 다이아몬드 연산자라고 한다. 예를 들어서 new Box<>();와 같이 쓸 수 있다.

```
// Java 6 이하(타입을 명시적으로 작성해야 함)
Box<String> sbox = new Box<String>();

// Java 7 이상(다이아몬드 연산자 사용)
Box<String> sbox = new Box<>();
```

문자열을 Set에 저장하기 예제 13-5

제네릭을 이용하여 키와 값을 저장하는 클래스 Pair를 작성해 보자. K와 V는 타입 매개변수로, 이 클래스가 사용할 타입을 동적으로 결정할 수 있도록 한다. K는 'Key'를 의미하고, V는 'Value'를 의미하는 관례적인 이름이다. 하지만 다른 이름도 사용할 수 있다. 실제 사용 시 구체적인 타입(예: String, Integer 등)을 지정한다.

Test.java

```
// 제네릭 클래스로 2개의 타입 매개변수 K(Key), V(Value)를 사용
class Pair<K, V> {
    private K key;                      // K 타입의 key 필드
    private V value;                    // V 타입의 value 필드

    public Pair(K key, V value) {       // key와 value를 초기화하는 생성자
        this.key = key;                 // 전달받은 key 값을 필드에 저장
        this.value = value;             // 전달받은 value 값을 필드에 저장
    }
    public K getKey() {                 // K 타입의 key 값을 반환하는 메소드
        return key;                     // key 값을 반환
    }
    public V getValue() {               // V 타입의 value 값을 반환하는 메소드
        return value;                   // value 값을 반환
    }
}

public class Test {
    public static void main(String[] args) {
        // Pair 객체 생성, K는 String, V는 Integer 타입
        Pair<String, Integer> pair = new Pair<>("Age", 30);
        System.out.println(pair.getKey() + ": " + pair.getValue());
        // key와 value 값을 출력
    }
}
```

```
Age: 30
```

도전문제

1 제네릭 클래스를 활용하여 서로 다른 타입의 데이터를 Pair 클래스를 통해 저장하고 출력하는 프로그램을 작성하시오. 아래 조건을 모두 만족하도록 프로그램을 완성한다.

- 문자열(String)과 실수(Double)를 저장하는 Pair<String, Double> 객체를 생성하여 출력한다.
- 정수(Integer)와 불리언(Boolean)을 저장하는 Pair<Integer, Boolean> 객체를 생성하여 출력한다.
- 사용자 정의 클래스 Student를 만들어 Pair<String, Student> 형태로 객체를 생성하고 출력한다.

참고사항: 제네릭 프로그래밍

제네릭 프로그래밍은 프로그램을 작성할 때 데이터 타입을 일반화하여 여러 타입에 대해 동일한 코드 로직을 적용할 수 있도록 하는 기법이다. C++에서는 이것을 템플릿(template)이라고 한다. 이는 코드의 재사용성과 유연성을 높이는 동시에 타입 안전성을 보장한다. 제네릭 프로그래밍은 특히 다양한 자료 구조와 알고리즘을 설계할 때 유용하다. 자바의 제네릭은 이러한 제네릭 프로그래밍을 지원하는 기능을 제공한다. 제네릭 프로그래밍의 장점은 다음과 같다.

- **타입 안전성:** 컴파일 시점에 타입 체크를 수행하여 타입 관련 오류를 줄이고, 타입 변환 시 발생할 수 있는 런타임 예외를 방지한다.
- **코드 재사용성:** 하나의 제네릭 코드로 여러 타입을 처리할 수 있어 코드 중복을 줄이고 유지 보수성을 높인다.
- **유연성:** 제네릭을 사용하면 다양한 데이터 타입을 유연하게 처리할 수 있어 코드의 확장성이 좋아진다.

라이브러리를 작성하는 개발자들은 제네릭을 깊이 연구하여야 한다. 대부분의 일반 개발자들은 `ArrayList`와 같이 주어진 제네릭 클래스를 사용하는 방법만 알면 된다. 하지만 자신만의 제네릭 클래스와 메소드를 작성해 보고 싶은 개발자들은 제네릭을 꼼꼼히 학습하여야 한다.

SELF TEST

1. 제네릭 클래스에서 사용하는 `T`, `K`, `V` 등의 기호를 무엇이라고 부르는가?
2. 기초형(`int`, `double` 등)은 제네릭 타입 매개변수로 사용할 수 없다. 이때 사용하는 클래스 형태의 타입은 무엇인가? (예: `int` → ?)
3. Java 7부터 제네릭 클래스의 생성자를 호출할 때 타입을 생략하고 사용하는 연산자는 무엇인가?

13.2 컬렉션이란?

컬렉션(Collection)은 개발자들의 데이터 보관소 역할을 톡톡히 해주는 자바의 똑똑한 라이브러리이다. 쉽게 말해, 데이터를 잘 저장하고 관리하기 위한 데이터 정리의 끝판왕이라 할 수 있다. 여러분의 프로그램도 데이터를 어딘가에 저장해야 할 것이다. 전화번호부 프로그램이라면 전화번호를, 메일 프로그램이라면 수신된 메일을 저장해야 한다. 하지만 이 데이터를 어떻게 깔끔하게 저장하고, 필요할 때 빠르게 찾아올 것인지가 관건이다. 여기서 컬렉션이 등장한다. 마치 여러분의 집에서 물건을 정리하는 방법과 같다. 물건을 던져두는 사람도 있지만, 옷은 옷장에 책은 책꽂이에 정리하는 깔끔한 사람도 있다.

자바 컬렉션은 다양한 정리 방법을 체계적으로 제공하는 마법 같은 상자이다. 리스트(List)는 책장에 책을 차례차례 꽂아두듯이 순서를 유지하면서 자유롭게 접근할 수 있다. 스택(Stack)은 컵을 쌓듯이 위에서 넣고 위에서 꺼낸다. 큐(Queue)는 버스 정류장에서 줄을 서서 먼저 온 사람이 먼저 타는 상황과 같다. 집합(Set)은 중복을 싫어하는 깐깐한 친구이다. 해시 테이블(Hash Table)은 이름표를 붙여 쉽게 물건을 찾는 사람과 같다. 게다가, 자바 컬렉션은 제네릭이라는 멋진 능력을 탑재하고 있어서, 어떤 타입의 데이터도 깔끔하게 정리할 수 있다. 즉, 여러분이 "난 전화번호를 저장할 거야"라고 선언하면, 그 이후로는 전화번호 외엔 아무것도 들어오지 못하게 철저히 막아준다.

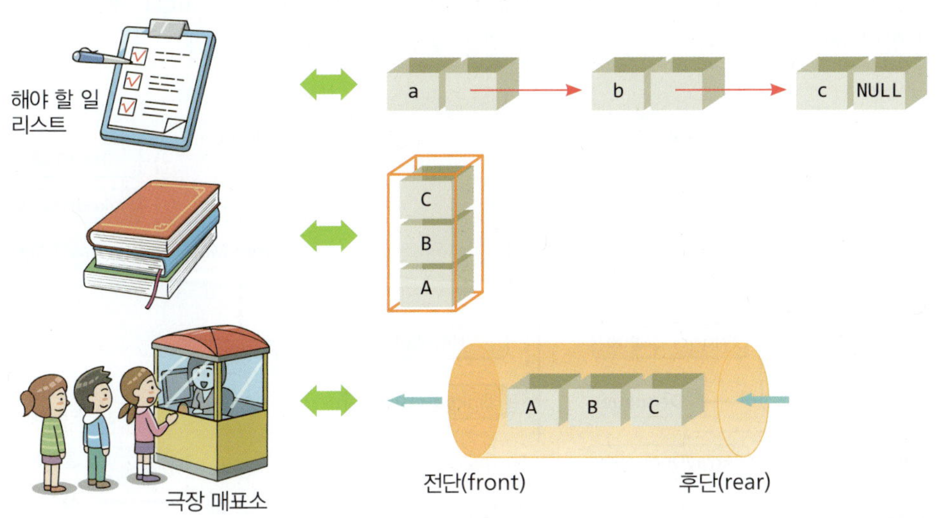

그림 13-1 컬렉션의 예

우리는 앞에서 배열을 학습하였다. 배열은 가장 기초적인 형태의 컬렉션이지만 결정적인 약점이 있다. 배열은 크기가 고정되어 있기 때문에, 데이터를 수시로 삽입하고 삭제하는 환경에서는 사용하기 불편하다. 예를 들어 게임에서 몬스터들이 수시로 생겨나고 없어진다면 고정 크기의 배열에 저장하기 힘들다. 이런 경우에 컬렉션의 일종인 `List`를 사용하면 몬스터들의 리스트를 편리하게 저장할 수 있다.

그림 13-2 배열과 컬렉션 비교

컬렉션의 종류

자바는 컬렉션을 인터페이스와 클래스로 나누어서 제공한다. 우리는 이 인터페이스를 자신의 클래스로 구현해서 사용할 수도 있고, 인터페이스를 구현한 클래스도 함께 제공하므로 이것을 간단하게 사용할 수도 있다. 인터페이스와 클래스는 모두 java.util 패키지에 포함되어 있다. 컬렉션 인터페이스와 클래스의 계층 구조는 그림 13-3과 같다.

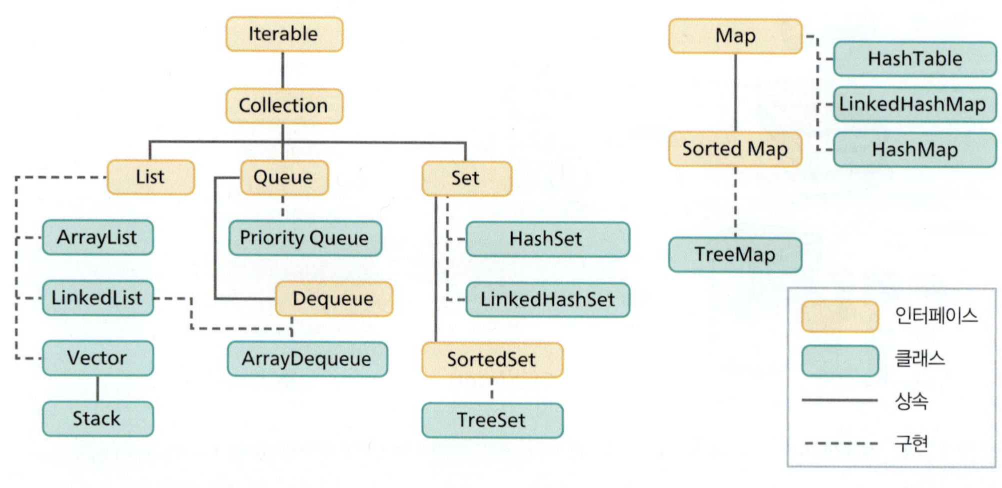

그림 13-3 컬렉션 계층 구조

컬렉션에서 정의되는 인터페이스는 다음과 같다.

- **Collection<E>**: 가장 상위에 위치한 인터페이스로, 여러 요소를 저장할 수 있는 자료 구조를 나타낸다. List, Set, Queue 인터페이스가 이를 상속받는다.
- **List<E>**: 요소의 순서가 유지되는 컬렉션을 나타낸다. 중복된 요소를 허용하며, 인덱스를 기반으로 요소에 접근할 수 있다. 구현 클래스로는 ArrayList, LinkedList, Vector, Stack이 있다.
- **Set<E>**: 중복된 요소를 허용하지 않는 컬렉션을 나타낸다. 요소의 순서가 보장되지 않는다. 구현 클래스로는 HashSet, LinkedHashSet, TreeSet이 있다.
- **Queue<E>**: 요소를 FIFO(First-In, First-Out) 방식으로 처리하는 컬렉션을 나타낸다. 구현 클래스로는 LinkedList, PriorityQueue, ArrayDeque가 있다.
- **Map<K, V>**: 키-값 쌍으로 요소를 저장하는 컬렉션을 나타낸다. 키는 중복될 수 없지만, 값은 중복될 수 있다. 구현 클래스로는 HashMap, LinkedHashMap, TreeMap, Hashtable이 있다.

인터페이스 List는 동적 배열을 정의하고 있다. Set은 집합을 정의하고 있으며, Map은 키가 주어지면, 키에 대응되는 값을 반환하는 사전과 같은 자료 구조를 정의하고 있다. 사용자는 자신이 인터페이스를 구현하여도 되고(고급 사용자), 아니면 자신의 필요에 맞는 컬렉션 클래스(예를 들어 ArrayList)를 선택하여 사용하면 된다. 컬렉션에서 나타나는 주요 클래스는 다음과 같다.

- **ArrayList<E>**: 크기 변경이 가능한 배열로, 인덱스를 통해 빠른 읽기 접근이 가능하다. 요소의 추가와 삭제가 빈번하지 않은 경우에 적합하다.
- **LinkedList<E>**: 이중 연결 리스트로, 요소의 추가와 삭제가 빈번한 경우에 적합하다. List와 Queue 두 인터페이스를 모두 구현하여 다양한 용도로 사용할 수 있다.
- **HashSet<E>**: 요소의 중복을 허용하지 않으며, 빠른 검색이 가능한 해시 테이블 기반의 집합이다.
- **TreeSet<E>**: 정렬된 순서로 요소를 저장하는 집합으로, 요소의 자연 정렬 순서나 사용자 지정 비교기에 따라 정렬된다.
- **HashMap<K, V>**: 키-값 쌍을 해시 테이블에 저장하며, 빠른 검색이 가능한 맵이다.
- **LinkedHashMap<K, V>**: 해시 테이블과 연결 리스트를 결합하여 요소의 순서가 유지되는 맵이다.
- **PriorityQueue<E>**: 우선순위에 따라 요소를 정렬하는 큐로, 기본적으로 요소의 자연 순서를 사용한다.

컬렉션의 특징

- 컬렉션은 제네릭을 사용한다. 컬렉션 클래스 이름에는 <E>, <K>, <V> 등이 포함되는데, 이들이 바로 제네릭에서 학습하였던 타입 매개변수이다. ArrayList<Integer>라고 지정하면 이것은 정수를 저장하는 ArrayList가 된다. ArrayList<String>이라고 사용하면 이것은 문자열 객체를 저장하는 ArrayList가 된다.
- 컬렉션에는 int나 double과 같은 기초형은 저장할 수 없다. 객체만 가능하다. 기초형을 클래스로 감싼 랩퍼 클래스인 Integer나 Double은 사용할 수 있다.

```
ArrayList<int> list = new ArrayList<int>();              // 컴파일 오류!
ArrayList<Integer> list = new ArrayList<Integer>();  // OK !
```

- 기초형을 저장하면 자동으로 랩퍼 클래스의 객체로 변환된다. 이것을 오토박싱(auto boxing)이라고 한다.

컬렉션 인터페이스의 주요 메소드

컬렉션 인터페이스는 모든 자료 구조의 부모 인터페이스로서 컬렉션이 제공하는 메소드는 모든 자료 구조에서 사용할 수 있다.

메소드	설명
boolean isEmpty() boolean contains(Object obj) boolean containsAll(Collection<?> c)	공백 상태이면 true 반환 obj를 포함하고 있으면 true 반환
boolean add(E element) boolean addAll(Collection<? extends E> from)	요소 추가
boolean remove(Object obj) boolean removeAll(Collection<?> c) boolean retainAll(Collection<?> c) void clear()	요소 삭제
Iterator<E> iterator() Stream<E> stream() Stream<E> parallelStream()	요소 방문
int size()	요소의 개수 반환
Object[] toArray() <T> T[] toArray(T[] a)	컬렉션을 배열로 변환

표 13-1 컬렉션 인터페이스의 주요 메소드

이 메소드들은 Collection 인터페이스를 상속받아서 구현한 모든 클래스가 사용할 수 있다. 가장 중요한 메소드는 요소를 추가하는 add()와 요소를 삭제하는 remove()이다.

SELF TEST

1 컬렉션에 속하는 클래스를 3개만 적어보자.

2 컬렉션에 있는 인터페이스와 클래스는 어떻게 이용하면 좋은가?

3 자바 기본 배열과 컬렉션의 근본적인 차이점을 설명하여라.

13.3 ArrayList

자바 컬렉션에서 동적 배열을 사용하고 싶은 경우, 2가지의 선택지가 있다. Vector와 ArrayList이다. Vector는 동기화가 되어 있는 동적 배열이다. 즉, 여러 스레드가 동시에 접근할 수 있도록 설계되었다. ArrayList는 동기화가 되어 있지 않다. 따라서 여러 스레드가 동시에 접근할 경우, 별도의 동기화 처리가 필요하다. 하지만 동기화 처리가 되어 있지 않기 때문에 단일 스레드 환경에서 더 빠르게 동작한다. Vector는 이전 버전의 자바(Java 2 이전)에서 많이 사용되었고 ArrayList는 Java 2부터 등장하여 현재 더 많이 사용되고 있다. 특별한 이유가 없다면 ArrayList를 사용하는 것이 더 일반적이고 권장한다. 여기서도 ArrayList를 먼저 설명한다.

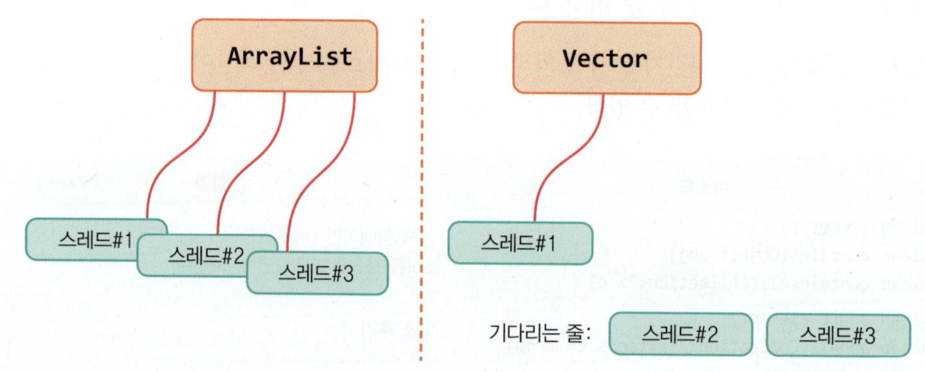

그림 13-4 ArrayList와 Vector

ArrayList는 자바 컬렉션 프레임워크의 일부로, 동적 크기를 가지는 배열을 구현한 클래스이다. ArrayList는 List 인터페이스를 구현하며, 여러 유용한 메소드를 제공하여 배열의 크기를 유연하게 조절할 수 있도록 해준다.

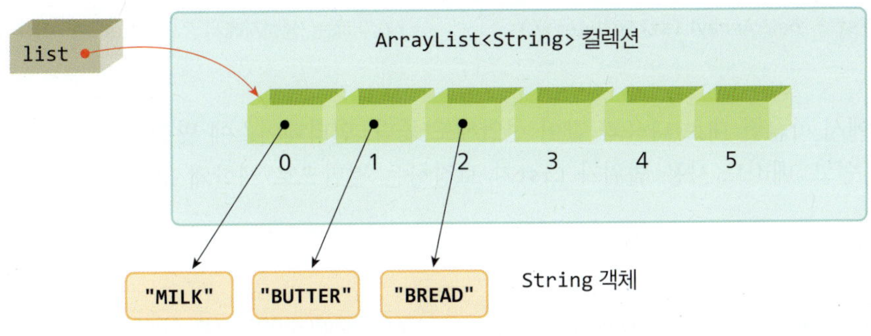

그림 13-5 ArrayList

ArrayList의 주요 특징은 다음과 같다.

- **동적 배열:** ArrayList는 내부적으로 배열을 사용하지만, 배열의 크기를 자동으로 조절할 수 있다. 배열의 크기가 초과하면 새로운 배열을 할당하고 기존 요소를 복사하여 크기를 늘린다.
- **비동기화:** ArrayList는 기본적으로 동기화되지 않으므로, 단일 스레드 환경에서 더 빠르게 동작한다. 멀티 스레드 환경에서 안전하게 사용하려면 별도로 동기화 처리가 필요하다.
- **임의 접근:** 인덱스를 이용한 임의 접근이 빠르다. 특정 인덱스의 요소를 검색하거나 수정하는 작업이 상수 시간(O(1))에 수행된다.
- **삽입과 삭제:** 요소를 삽입하거나 삭제하는 작업은 평균적으로 O(n) 시간이 소요된다. 특히, 중간에 삽입하거나 삭제할 경우 많은 요소를 이동시켜야 하기 때문이다.

ArrayList 생성

ArrayList는 타입 매개변수를 가지는 제네릭 클래스로 제공된다. 따라서 ArrayList를 생성하려면 타입 매개변수를 지정하여야 한다. 만약 저장하려는 데이터의 타입이 정수라면 다음과 같이 <> 안에 Integer를 넣어서 생성한다. 기초형인 int는 안 된다. 반드시 클래스여야 한다.

```
ArrayList<Integer> list = new ArrayList<Integer>();
```

여기서 생성자 호출 시 Integer는 생략하여도 된다. 컴파일러가 충분히 유추할 수 있기 때문이다.

```
ArrayList<Integer> list = new ArrayList<>();
```

Java 10부터 var 키워드를 사용하여 컴파일러에게 변수 타입을 추론하도록 할 수 있다. 따라서 위의 코드는 다음과 같이 간략하게 작성할 수 있다.

```
var list = new ArrayList<Integer>();        // 이때는 생성자에서 <Integer>를 써야 한다.
```

다형성에서 학습한 대로 다음과 같이 선언해도 좋다. 인터페이스에 맞춰 코딩하면 구현체를 바꾸기 쉽고, 메소드 사용 범위가 List가 보장하는 것만으로 제한돼 코드가 느슨하게 결합된다.

```
List<Integer> list = new ArrayList<>();      // 나중에 구현체 교체 쉬움
```

ArrayList의 크기는 개발자가 신경 쓰지 않아도 된다. ArrayList가 동적 배열이라서 스스로 크기를 조절하기 때문이다. ArrayList는 기본적으로 크기가 부족해질 때마다 50% 증가한다. 즉, 현재 크기에서 1.5배로 증가한다. 만약 아주 큰 크기가 필요하다면 생성자에서 지정할 수 있다.

```
List<Integer> list = new ArrayList<>(10000);     // 초기 크기를 10000개로 지정
```

ArrayList의 주요 메소드

메소드	설명
boolean add(E e)	리스트의 끝에 지정된 요소를 추가
void add(int index, E element)	지정된 위치에 요소를 삽입
E get(int index)	지정된 위치에 있는 요소를 반환
E set(int index, E element)	지정된 위치에 있는 요소를 지정된 요소로 대체
E remove(int index)	지정된 위치에 있는 요소를 제거하고, 제거된 요소를 반환
boolean remove(Object o)	지정된 요소를 리스트에서 제거
int size()	리스트의 요소 개수를 반환
boolean isEmpty()	리스트가 비어 있는지 여부를 반환
boolean contains(Object o)	리스트에 지정된 요소가 포함되어 있는지 확인
void clear()	리스트의 모든 요소를 제거
int indexOf(Object o)	지정된 요소가 처음으로 나타나는 인덱스를 반환. 요소가 없으면 -1을 반환.
int lastIndexOf(Object o)	지정된 요소가 마지막으로 나타나는 인덱스를 반환. 요소가 없으면 -1을 반환.
boolean removeAll(Collection<?> c)	리스트에서 지정된 컬렉션에 포함된 모든 요소를 제거
boolean retainAll(Collection<?> c)	리스트에서 지정된 컬렉션에 포함되지 않은 모든 요소를 제거

표 13-2 ArrayList의 주요 메소드

ArrayList의 많은 메소드 중에서 중요한 것은 다음 그림과 같다.

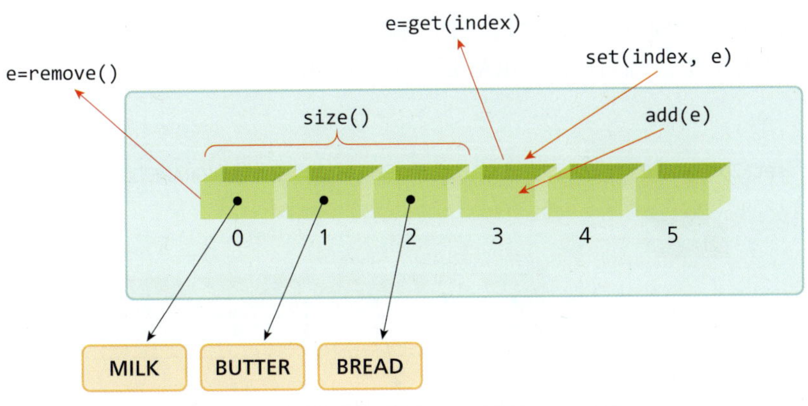

그림 13-6 ArrayList의 중요한 메소드

데이터 추가, 삽입, 삭제 과정

1. 문자열 객체를 저장할 수 있는 ArrayList를 생성한다.

```
ArrayList<String> list = new ArrayList<>();
```


2. 생성된 ArrayList 객체의 끝에 데이터를 저장하려면 add() 메소드를 사용한다.

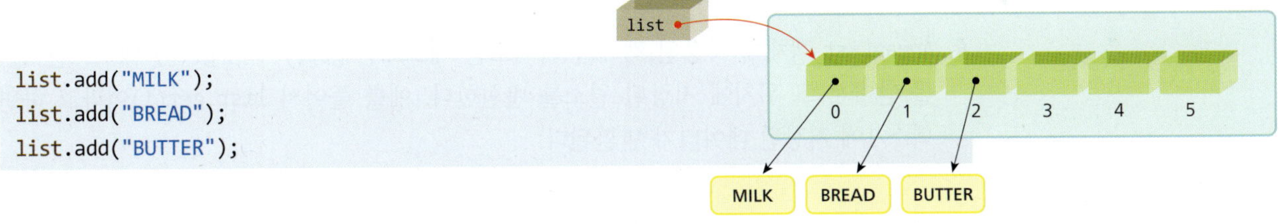

```
list.add("MILK");
list.add("BREAD");
list.add("BUTTER");
```


3. 데이터를 중간에 삽입하려면 인덱스 위치를 받는 add() 메소드를 사용한다. 다음 코드는 인덱스 1 위치에 "APPLE"을 추가한다. 이때 인덱스 1 이후의 요소들은 한 칸씩 뒤로 밀린다.

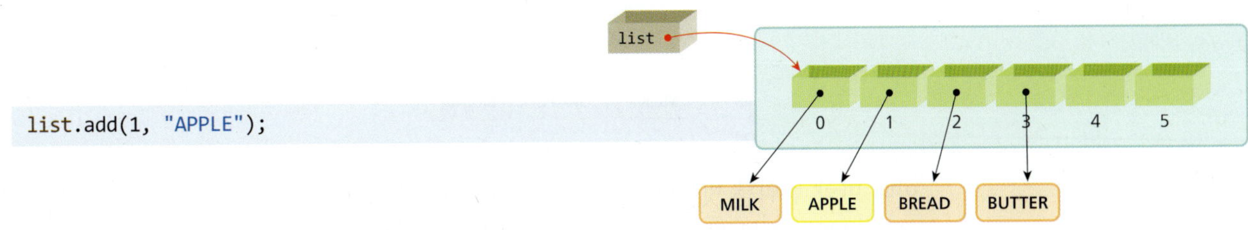

```
list.add(1, "APPLE");
```

4. 만약 특정한 위치에 있는 데이터를 바꾸려면 set() 메소드를 사용한다. 다음 코드는 인덱스 2 위치에 있는 데이터를 "GRAPE"로 변경한다.

```
list.set(2, "GRAPE");          // 인덱스 2의 요소를 "GRAPE"로 대체
```

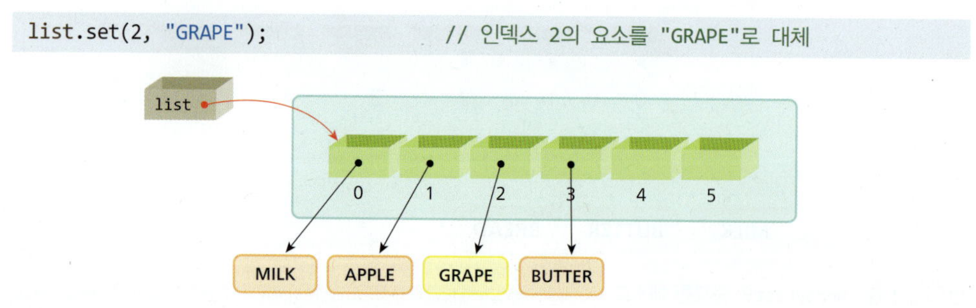

5. 데이터를 삭제하려면 remove() 메소드를 사용한다. 다음 코드는 인덱스 1 위치에 있는 데이터를 삭제한다. 이때 뒤에 있는 요소들이 한 칸씩 앞으로 이동한다.

```
list.remove(1);          // 인덱스 1의 요소를 삭제한다.
```

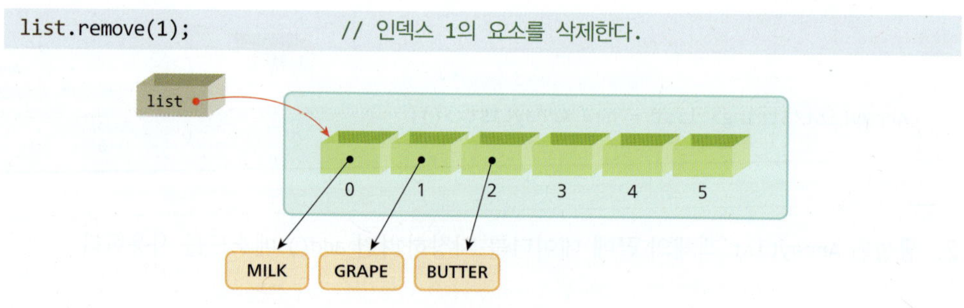

6. ArrayList 객체에 저장된 객체를 가져오는 메소드는 get()이다. get() 메소드는 인덱스를 받아서 그 위치에 저장된 원소를 반환한다. 예를 들어서 list.get(1)이라고 하면 인덱스 1에 저장된 데이터가 반환된다.

```
String s = list.get(1);          // s는 "GRAPE"
```

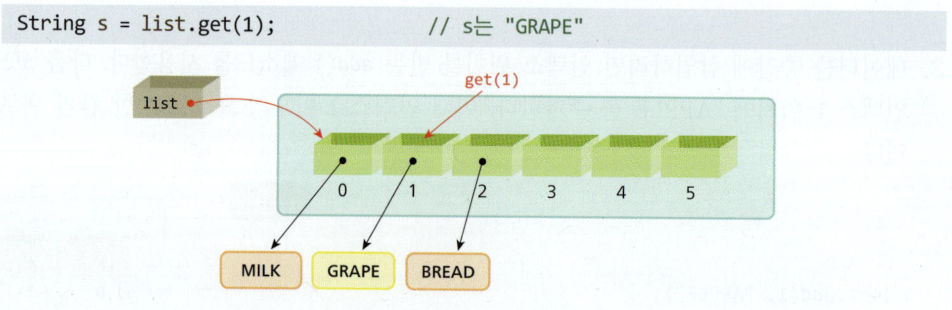

이때 만약 범위를 벗어나는 인덱스를 사용하면 예외가 발생한다. size() 메소드를 사용하면 현재 저장된 원소의 개수를 알 수 있다.

```
int length = list.size();        // length는 3
```

어떤 값이 리스트에 포함되어 있는지를 검사하려면 contains() 메소드를 사용한다.

```
if (list.contains("APPLE"))
    System.out.println("APPLE이 리스트에서 발견되었습니다.");
```

7. 모든 데이터를 삭제하려면 clear() 메소드를 사용한다.

오토박싱

컬렉션에 객체를 추가할 때, 오토박싱 기능을 사용할 수 있다. 오토박싱(Auto-boxing)은 기초형(primitive type)을 자동으로 해당하는 랩퍼 클래스(wrapper class) 객체로 변환하는 기능이다. 이는 Java 5부터 도입된 기능으로, 기초형과 랩퍼 클래스 간의 변환을 자동으로 처리해 준다. ArrayList는 기본적으로 객체만을 저장할 수 있는 동적 배열이기 때문에, 기초형을 저장할 때 오토박싱을 통해 해당 기초형이 자동으로 랩퍼 클래스 객체로 변환된다.

ArrayListTest1.java

```
import java.util.ArrayList;

public class ArrayListTest1 {
    public static void main(String[] args) {
        // Integer를 저장할 ArrayList 생성
        ArrayList<Integer> list = new ArrayList<>();

        // 기초형 int를 추가하면 자동으로 Integer 객체로 변환됨
        list.add(100);      // 오토 박싱: int 100이 Integer 객체로 변환되어 추가됨
        list.add(200);
        list.add(300);

        // ArrayList 내용 출력
        System.out.println("ArrayList 내용: " + list);

        // ArrayList에서 요소를 가져올 때도 언박싱이 일어남
```

```
        int value = list.get(1);  // 언박싱: Integer 객체가 int로 변환됨
        System.out.println("인덱스 1의 요소: " + value);
    }
}
```

```
ArrayList 내용: [100, 200, 300]
인덱스 1의 요소: 200
```

- **오토박싱:** `list.add(100);`과 같은 코드를 작성할 때, 100은 기초형 int이다. ArrayList는 객체만 저장할 수 있기 때문에, 자바는 자동으로 100을 Integer 객체로 변환하여 리스트에 추가한다. 이 과정이 오토박싱이다.
- **언박싱:** `int value = list.get(1);` 코드를 통해 리스트에서 요소를 가져올 때, `list.get(1)`은 Integer 객체를 반환한다. 그러나 value 변수는 int 타입이기 때문에, 자바는 자동으로 Integer 객체를 int로 변환한다. 이 과정이 언박싱이다.

예제 13-2 문자열을 ArrayList에 저장하고 탐색하기

문자열을 ArrayList에 저장하고, indexOf() 메소드를 이용하여 특정 문자열을 찾아 보자. indexOf() 메소드는 ArrayList 안에 저장된 데이터를 찾아서 인덱스를 반환한다.

ArrayListExample.java

```java
import java.util.ArrayList;

public class ArrayListExample {
    public static void main(String[] args) {
        // ArrayList 선언 및 초기화
        ArrayList<String> fruits = new ArrayList<>();

        // 문자열 요소 추가
        fruits.add("사과");
        fruits.add("바나나");
        fruits.add("체리");
        fruits.add("대추");

        // 요소 출력
        System.out.println("초기 ArrayList: " + fruits);

        // 요소에 접근 및 출력
        System.out.println("첫 번째 요소: " + fruits.get(0));
        System.out.println("두 번째 요소: " + fruits.get(1));

        // 요소 수정
        fruits.set(1, "블루베리");
        System.out.println("수정 후 ArrayList: " + fruits);

```

```java
        // 요소 삭제
        fruits.remove(2);  // 인덱스로 삭제
        System.out.println("인덱스 2의 요소 삭제 후 ArrayList: " + fruits);

        // 반복문을 통한 요소 출력
        System.out.println("ArrayList 요소 반복 출력:");
        for (String fruit : fruits) {
            System.out.println(fruit);
        }

        // ArrayList 크기 확인
        System.out.println("ArrayList의 크기: " + fruits.size());
    }
}
```

```
초기 ArrayList: [사과, 바나나, 체리, 대추]
첫 번째 요소: 사과
두 번째 요소: 바나나
수정 후 ArrayList: [사과, 블루베리, 체리, 대추]
인덱스 2의 요소 삭제 후 ArrayList: [사과, 블루베리, 대추]
ArrayList 요소 반복 출력:
사과
블루베리
대추
ArrayList의 크기: 3
```

도전문제

1 사용자가 좋아하는 과일 이름을 입력하면, ArrayList에 해당 과일이 있는지 확인하고 결과를 출력하는 프로그램을 작성하시오.

- ArrayList에 과일들("사과", "바나나", "체리", "대추", "복숭아")을 저장한다.
- 사용자로부터 좋아하는 과일 이름을 입력받는다(Scanner 사용).
- indexOf() 메소드를 사용하여 해당 과일이 리스트에 존재하는지 확인한다.
- 존재한다면 "당신이 좋아하는 과일 [과일명]은(는) 목록의 [인덱스]번에 있습니다."를 출력한다.
- 존재하지 않는다면 "죄송해요, [과일명]은(는) 목록에 없습니다."를 출력한다.

컬렉션의 모든 요소 방문하기

컬렉션에 저장된 요소들을 차례로 방문하는 연산은 많이 사용되며 다양한 방법이 있다. 컬렉션 중 하나인 ArrayList에 문자열을 저장하였다가 꺼내는 코드를 다양한 방법으로 구현해 보자.

```java
String a[] = new String[] {"A", "B", "C", "D", "E"};
List<String> list = Arrays.asList(a);
```

1. 전통적인 for 문을 사용할 수 있다.

```
for (int i = 0; i < list.size(); i++)
    System.out.println(list.get(i));
```

2. for-each 문을 사용할 수 있다.

```
for (String s: list)
    System.out.println(s);
```

3. 반복자를 사용할 수 있다.

   자바에서 컬렉션의 요소에 접근하는 방법 중 하나는 반복자(Iterator)를 사용하는 것이다. Iterator는 컬렉션 프레임워크에서 요소를 순회(traverse)할 때 사용하는 인터페이스이다. Iterator를 사용하면 컬렉션의 요소를 안전하고 일관되게 순회할 수 있다.

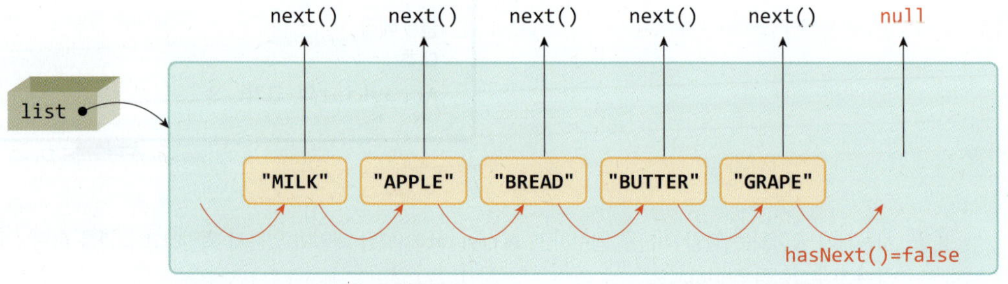

그림 13-7 Iterator를 사용하여 컬렉션의 모든 요소 방문하기

Iterator 인터페이스는 다음과 같은 3가지 주요 메소드를 제공한다.

- **hasNext()**: 다음 요소가 있는지 여부를 확인한다. 다음 요소가 있으면 true, 없으면 false를 반환한다.
- **next()**: 다음 요소를 반환하고, 내부적으로 다음 요소로 이동한다.
- **remove()**: 반복자에 의해 마지막으로 반환된 요소를 컬렉션에서 제거한다.

다음은 ArrayList에 저장된 문자열 요소에 대해 Iterator를 사용하여 요소를 순회하고 출력하는 예제이다.

IteratorExample.java

```
import java.util.*;

public class IteratorExample {
```

```
    public static void main(String[] args) {
        // ArrayList 선언 및 초기화
        ArrayList<String> fruits = new ArrayList<>();
        fruits.add("사과");
        fruits.add("바나나");
        fruits.add("체리");
        fruits.add("대추");

        // Iterator 생성
        Iterator<String> iterator = fruits.iterator();

        // Iterator를 사용하여 요소 출력
        System.out.println("Iterator를 사용한 ArrayList 요소 출력: ");
        while (iterator.hasNext()) {
            String fruit = iterator.next();
            System.out.println(fruit);
        }
    }
}
```

```
Iterator를 사용한 ArrayList 요소 출력:
사과
바나나
체리
대추
```

ArrayList<String> fruits = new ArrayList<>(); 문장은 ArrayList 객체를 생성하고 문자열 요소를 추가한다. Iterator<String> iterator = fruits.iterator(); 문장은 ArrayList의 Iterator를 생성한다. while(iterator.hasNext()) 반복문을 통해 컬렉션의 모든 요소를 순회한다. iterator.next() 메소드는 현재 요소를 반환하고 다음 요소로 이동한다.

4. Stream 라이브러리를 이용하는 방법

아마도 가장 간명한 방법일 것이다. forEach() 메소드와 람다식을 사용한다. 이 방법은 14장에서 자세히 설명한다.

```
list.forEach((n) -> System.out.println(n));
```

참고사항: 배열, ArrayList, 문자열 객체의 크기

불행하게도 자바에서는 배열, ArrayList, 문자열 객체의 크기를 알아내는 방법이 약간씩 다르다.

- **배열:** array.length
- **ArrayList:** arrayList.size()
- **문자열:** string.length()

SELF TEST

1. ArrayList가 기존의 배열보다 좋은 점은 무엇인가?
2. ArrayList는 어떤 인터페이스를 구현한 클래스인가?
3. ArrayList 안의 객체들을 반복 처리하는 방법들을 모두 설명하시오.

13.4 벡터(Vector)

Vector 클래스는 자바 표준 라이브러리에서 제공하는 동적 배열 구조이다. Java 1.0부터 제공된 오래된 클래스 중 하나로, 주로 동적 배열 처리를 위해 사용된다. Vector 클래스는 java.util 패키지에 속해 있으며, 동기화된 메소드를 제공하기 때문에 여러 스레드에서 안전하게 사용할 수 있다. Vector는 초기 버전부터 존재하는 레거시 클래스이다. 자바 컬렉션 프레임워크의 일부로 간주하지만, ArrayList와 같은 더 최신 클래스들이 일반적으로 선호된다. ArrayList는 Vector와 유사하지만, 동기화되지 않은 비동기 클래스이기 때문에 성능이 더 좋다.

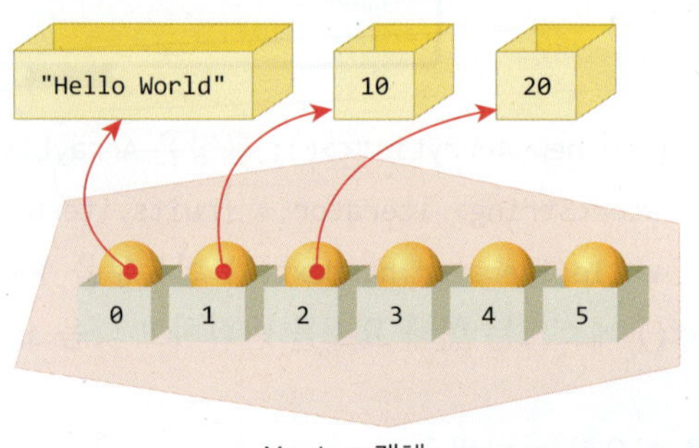

그림 13-8 벡터

벡터의 주요 메소드

벡터는 많은 유용한 메소드를 가지고 있다. 벡터에 요소를 추가하려면 add() 메소드를 사용한다. 정해진 위치에 요소를 삽입하려면 add(index, object) 메소드를 사용하면 된다. 벡터에서 값을 추출하려면 get() 메소드를 사용한다. size()는 현재 벡터 안에 있는 요소들의 개수를 반환한다. 이 메소드들은 모두 ArrayList와 동일하다.

- **add(Element e)**: Vector의 끝에 요소를 추가한다.
- **get(int index)**: 지정된 인덱스에 있는 요소를 반환한다.
- **remove(int index)**: 지정된 인덱스의 요소를 제거한다.

- **size():** Vector에 있는 요소의 개수를 반환한다.
- **clear():** 모든 요소를 제거하여 Vector를 비운다.

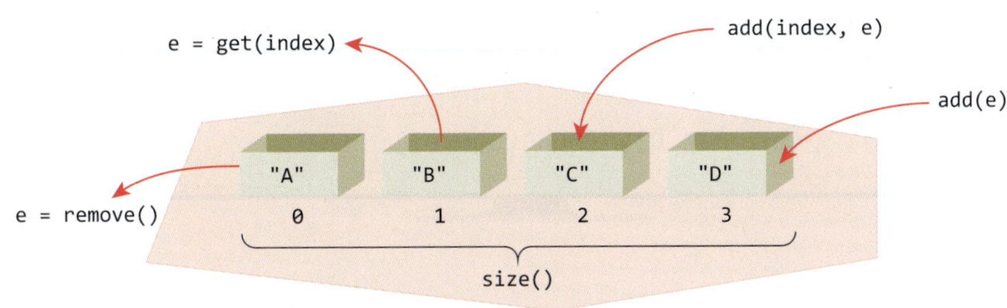

그림 13-9 벡터의 주요 메소드

VectorExample.java

```java
import java.util.*;

public class VectorExample {
    public static void main(String[] args) {
        Vector<String> vector = new Vector<>();          // 벡터 생성

        vector.add("사과");                               // 요소 추가
        vector.add("바나나");
        vector.add("체리");

        System.out.println("벡터 내용: " + vector);       // 요소 출력

        for (String s : vector)
            System.out.print(s + " ");

        System.out.println("인덱스 1의 요소: " + vector.get(1));   // 특정 요소 접근
        vector.remove(1);                                // 요소 제거
        System.out.println("제거 후: " + vector);
        System.out.println("크기: " + vector.size());     // 벡터 크기
    }
}
```

```
벡터 내용: [사과, 바나나, 체리]
사과 바나나 체리
인덱스 1의 요소: 바나나
제거 후: [사과, 체리]
크기: 2
```

예제 13-3 객체를 벡터에 저장하기

몬스터를 나타내는 클래스 Monster를 정의하고 Monster 객체를 몇 개 생성하여서 벡터에 저장한다. 저장된 Mosnter 객체를 꺼내서 출력해 보자.

```
벡터의 크기: 3
[{Mon1,100.0}, {Mon2,200.0}, {Mon3,300.0}]
```

VectorExample2.java

```java
import java.util.*;

class Monster {
    String name;
    double hp;
    public Monster(String name, double hp) {
        this.name = name;
        this.hp = hp;
    }
    public String toString() { return "{" + name + "," + hp + "}"; }
}

public class VectorExample2 {
    public static void main(String args[]) {
        Vector<Monster> list = new Vector<>();

        list.add(new Monster("Mon1", 100));
        list.add(new Monster("Mon2", 200));
        list.add(new Monster("Mon3", 300));

        System.out.println("벡터의 크기: " + list.size());
        System.out.print(list);
    }
}
```

Monster 클래스 정의

Monster 객체를 저장하는 벡터를 생성한다.

Monster 객체를 벡터에 추가한다.

도전문제

1 벡터에 저장된 Monster 객체들 중에서 체력(hp)이 가장 높은 몬스터를 찾아서 출력하는 프로그램을 작성하시오.

- Vector<Monster>에 여러 개의 몬스터를 저장한다(예: "Goblin", 120, "Dragon", 500, "Slime", 80).
- 반복문을 이용하여 벡터 안에 있는 모든 몬스터를 순회하며, 체력이 가장 높은 몬스터를 찾는다.
- 최종적으로 "가장 강한 몬스터는 [이름], 체력: [hp]" 형식으로 출력한다.

1 Vector 클래스에서 요소를 추가하고 삭제하는 메소드는 무엇인가?

2 Vector에서 요소의 개수를 반환하는 메소드는 무엇인가?

3 Vector와 ArrayList의 가장 큰 차이점 중 하나는 무엇인가?

SELF TEST

13.5 LinkedList

LinkedList는 java.util 패키지에 포함된 클래스 중 하나로, 자바 컬렉션 프레임워크의 일환이다. LinkedList는 리스트, 큐, 덱 등의 다양한 데이터 구조를 구현할 수 있는 다목적 자료 구조이다. 따라서 반드시 알아두어야 하는 중요한 클래스이다. 이는 List, Deque, Queue 인터페이스를 모두 구현하며, 요소들의 순서를 유지하는 비동기 리스트이다.

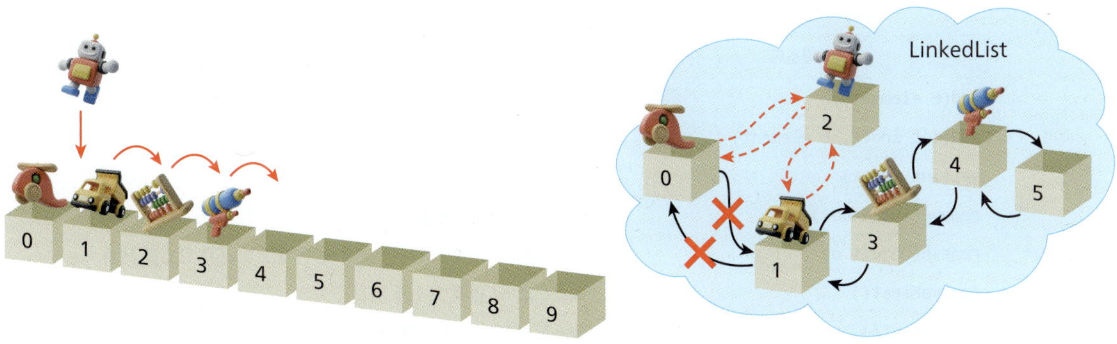

그림 13-10 배열과 연결 리스트의 비교

배열과 연결 리스트는 각각 장점과 단점을 가진다. 배열은 요소의 접근이 빠르지만 중간에 요소를 자주 삽입, 삭제할 때는 불리하다. 연결 리스트는 완전히 반대의 특성을 가진다. 그림 13-10을 참고하라. 연결 리스트(linked list)는 각 원소를 링크로 연결한다. 각 원소는 다음 원소를 가리키는 링크를 저장하고 있다. 연결 리스트에서는 중간에 원소를 삽입하거나 삭제하는 것이 어려운 작업이 아니다. 삽입이나 삭제하는 위치의 바로 앞에 있는 원소의 링크 값만을 변경하면 된다. LinkedList가 장점만 있는 것은 아니다. 위치(인덱스)를 가지고 원소를 접근하는 연산은 LinkedList가 ArrayList보다 시간이 더 많이 걸린다. 따라서 위치적인 접근이 많다면 ArrayList가 낫다. LinkedList의 사용 방법은 ArrayList와 완전히 동일하다. 다만 LinkedList가 제공하는 메소드가 훨씬 많다.

LinkedList의 주요 특징

- **이중 연결 리스트 구조:** LinkedList는 이중 연결 리스트(doubly linked list)로 구현되어 있다. 이는 각 노드가 이전 노드와 다음 노드의 주소를 가지고 있는 구조로, 요소의 삽입과 삭제가 매우 효율적이다. 각 노드는 데이터와 함께 이전 노드와 다음 노드를 가리키는 참조를 가진다.
- **효율적인 삽입 및 삭제:** 리스트의 중간에 있는 요소를 삽입하거나 삭제할 때, LinkedList는 매우 효율적이다. 삽입이나 삭제 시 기존 요소들을 이동시키지 않고 참조만 수정하면 되기 때문이다. 하지만 임의의 인덱스에 접근하는 것은 느릴 수 있다. ArrayList처럼 인덱스 기반 접근이 아닌 노드를 순차적으로 탐색해야 하기 때문이다.
- **메모리 오버헤드:** LinkedList는 각 노드가 데이터 외에 두 개의 참조(이전 노드, 다음 노드)를 저장해야 하기 때문에, ArrayList에 비해 메모리 오버헤드가 발생할 수 있다.
- **List, Deque, Queue 인터페이스 구현:** LinkedList는 List 인터페이스를 구현하므로, 리스트처럼 사용할 수 있다. 또한 Deque와 Queue 인터페이스도 구현하므로, 큐(queue)나 덱(deque)처럼 사용할 수 있다.

LinkedList의 주요 메소드

다음은 LinkedList의 주요 메소드를 정리한 표이다.

메소드	설명
add(E element)	리스트의 끝에 요소를 추가
add(int index, E element)	지정된 위치에 요소를 삽입
get(int index)	지정된 위치의 요소를 반환
remove(int index)	지정된 위치의 요소를 제거
remove(Object o)	리스트에서 지정된 객체를 찾아 첫 번째로 발견된 요소를 제거
removeFirst()	리스트의 첫 번째 요소를 제거
removeLast()	리스트의 마지막 요소를 제거
size()	리스트에 있는 요소의 개수를 반환
clear()	리스트의 모든 요소를 제거하여 비움
contains(Object o)	리스트에 지정된 요소가 포함되어 있는지 확인
indexOf(Object o)	리스트에서 지정된 요소의 첫 번째 인덱스를 반환(없으면 -1 반환)
addFirst(E element)	리스트의 첫 번째 위치에 요소를 추가
addLast(E element)	리스트의 마지막 위치에 요소를 추가
getFirst()	리스트의 첫 번째 요소를 반환
getLast()	리스트의 마지막 요소를 반환
isEmpty()	리스트가 비어 있는지 확인
toArray()	리스트의 모든 요소를 배열로 반환

표 13-3 LinkedList의 주요 메소드

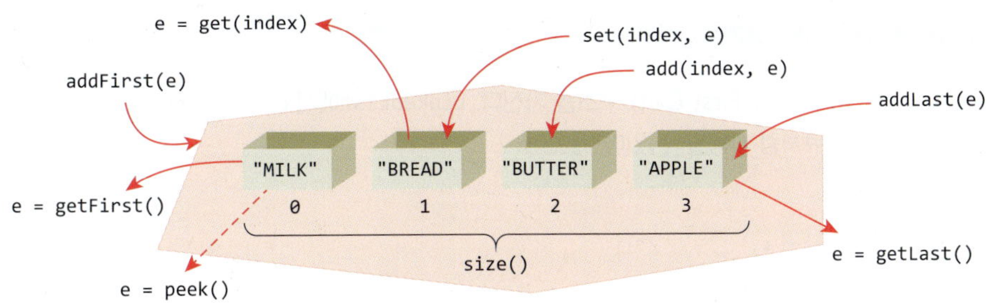

그림 13-11 LinkedList의 주요 메소드

LinkedListExample.java

```java
import java.util.LinkedList;

public class LinkedListExample {
    public static void main(String[] args) {
        LinkedList<String> list = new LinkedList<>();        // LinkedList 생성

        list.add("사과");                                    // 요소 추가
        list.add("바나나");
        list.add("체리");

        System.out.println("LinkedList: " + list);           // 요소 출력

        list.add(1, "오렌지");                           // 특정 위치에 요소 추가
        System.out.println("오렌지를 인덱스 1에 추가한 후: " + list);

        list.removeFirst();                              // 첫 번째와 마지막 요소 제거
        list.removeLast();
        System.out.println("첫 번째와 마지막 요소를 제거한 후: " + list);

        String fruit = list.get(1);                      // 특정 위치의 요소 가져오기
        System.out.println("인덱스 1의 요소: " + fruit);

        System.out.println("LinkedList의 크기: " + list.size());    // 리스트 크기
    }
}
```

```
LinkedList: [사과, 바나나, 체리]
오렌지를 인덱스 1에 추가한 후: [사과, 오렌지, 바나나, 체리]
첫 번째와 마지막 요소를 제거한 후: [오렌지, 바나나]
인덱스 1의 요소: 바나나
LinkedList의 크기: 2
```

예제 13-4 LinkedList를 큐로 사용하기

큐(Queue)는 FIFO(First-In, First-Out) 구조를 가진다. LinkedList에서 offer(), poll(), peek() 등의 메소드를 사용하여 큐처럼 사용할 수 있다.

LinkedListQueueExample.java

```java
import java.util.*;

public class LinkedListQueueExample {
    public static void main(String[] args) {
        Queue<String> queue = new LinkedList<>(); // LinkedList를 Queue로 사용

        queue.offer("사과");                          // 요소 추가(enqueue)
        queue.offer("바나나");
        queue.offer("체리");

        System.out.println("큐의 첫 번째 요소: " + queue.peek());
        // 큐의 첫 번째 요소 확인

        System.out.println("제거된 요소: " + queue.poll());
                                                              // 요소 제거(dequeue)
        System.out.println("제거된 요소: " + queue.poll());

        System.out.println("큐의 현재 상태: " + queue);
                                                          // 큐의 현재 상태 출력
        queue.poll();                                     // 남아 있는 요소 제거
        System.out.println("큐가 비어 있는가? " + queue.isEmpty());
        // 큐가 비어 있는지 확인
    }
}
```

```
큐의 첫 번째 요소: 사과
제거된 요소: 사과
제거된 요소: 바나나
큐의 현재 상태: [체리]
큐가 비어 있는가? true
```

도전문제

1 여러 손님이 음식점에 도착하여 줄을 서고, 한 명씩 차례로 주문을 완료한 뒤 줄에서 빠진다고 가정한다. 큐를 사용하여 손님의 줄을 관리하는 프로그램을 작성하시오.

- Queue<String>을 사용하여 손님 이름을 저장한다.
- 손님 이름 "철수", "영희", "민수"를 큐에 순서대로 추가한다.
- 반복문을 사용하여 큐에서 손님을 한 명씩 꺼내어 "주문 처리 중: [손님 이름]"을 출력한다.
- 모든 손님의 주문이 끝난 후 "모든 주문이 완료되었습니다."를 출력한다.

1 ArrayList와 LinkedList의 차이점은 무엇인가?

2 어떤 경우에 LinkedList를 사용해야 하는가?

3 스택은 LIFO(Last-In, First-Out) 구조를 가진다. LinkedList에서 push(), pop(), peek() 메소드를 사용하여 스택처럼 사용할 수 있다. 예제를 작성해 보시오.

13.6 Set

자바의 Set은 중복된 요소를 허용하지 않는 컬렉션으로, 보통 저장 순서를 보장하지 않는다. 대표적인 구현 클래스에는 빠른 검색을 지원하는 HashSet, 삽입 순서를 유지하는 LinkedHashSet, 그리고 자동 정렬과 범위 연산이 가능한 TreeSet이 있다. 주요 기능으로는 요소 추가와 삭제, 포함 여부 검사(add, remove, contains)가 있으며, for-each 문이나 Iterator를 이용해 순회할 수 있고, 중복 판단에는 객체의 equals와 hashCode 메소드가 활용된다.

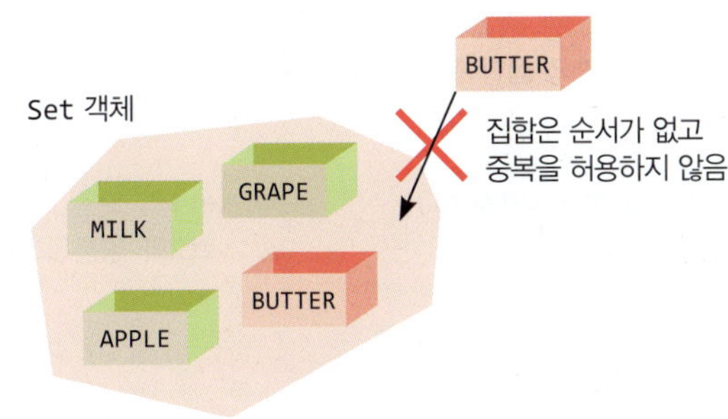

그림 13-12 집합

Set 인터페이스를 구현하는 주요 클래스들은 HashSet, LinkedHashSet, TreeSet으로, 각각 중복 방지 비법을 조금씩 다르게 사용한다.

- **HashSet:** "중복? 그런 건 해시코드만 보면 금방 알 수 있지!"라며 빠르고 효율적인 해시 알고리즘으로 중복을 걸러낸다. 하지만 요소들의 순서는 신경 쓰지 않는 스타일이라, 나중에 보면 저장 순서가 뒤죽박죽일 수 있다. 삽입, 삭제, 검색 등의 작업이 평균적으로 O(1)의 시간 복잡도를 가진다. 질서를 포기하고 효율을 택한 타입이다.
- **LinkedHashSet:** "해시 알고리즘으로 중복은 막되, 저장된 순서는 기억할게!"라는 약간의 꼼꼼함을 자랑한다. HashSet이 효율을 중요시하는 친구라면, 이 친구는 효율과 질서를 모두 챙기려는 멀티태스커이다. 순서와 효율을 모두 잡은 타입이다.
- **TreeSet:** "중복 방지는 기본이고, 정렬은 내 전문이야!"라고 자신 있게 외치는 TreeSet은 항상 정렬된 상태로 데이터를 유지한다. 하지만 정렬에 공들이느라 속도는 살짝 느려질 때도 있다. 삽입, 삭제, 검색 등의 작업이 O(log n)의 시간 복잡도를 가진다. 중복 방지와 정렬이 필수라면 선택할 타입이다.

다음과 같이 Set을 생성하고, 요소들을 추가할 수 있다.

```
Set<String> set = new HashSet<>();      // HashSet을 생성하여 set 변수에 저장

set.add("사과");                         // "사과"를 Set에 추가
set.add("바나나");                       // "바나나"를 Set에 추가
set.add("체리");                         // "체리"를 Set에 추가
```

합집합과 교집합

Set 인터페이스를 구현하는 클래스(HashSet, LinkedHashSet, TreeSet 등)를 사용하여 간단하게 합집합과 교집합을 구할 수 있다.

- **합집합(Union):** 합집합은 2개의 집합에서 하나라도 포함된 모든 요소의 집합이다. addAll() 메소드를 사용하여 두 집합의 합집합을 구할 수 있다.

```
Set<String> set = new HashSet<>(set1);        // set1의 모든 요소를 set에 복사
set.addAll(set2);                  // set2의 모든 요소를 set에 추가(중복은 자동 제거)
```

- **교집합(Intersection):** 교집합은 2개의 집합에서 공통으로 포함된 요소의 집합이다. retainAll() 메소드를 사용하여 두 집합의 교집합을 구할 수 있다.

```
Set<String> set = new HashSet<>(set1);        // set1의 모든 요소를 set에 복사
set.retainAll(set2);                          // set2와 공통된 요소만 set에 남김
```

Set의 주요 메소드

메소드	설명
add(E e)	집합에 요소를 추가한다. 요소가 이미 존재하면 추가되지 않는다.
remove(Object o)	집합에서 지정된 객체를 제거한다.
contains(Object o)	집합에 지정된 객체가 포함되어 있는지 확인한다.
size()	집합의 요소 개수를 반환한다.
isEmpty()	집합이 비어 있는지 확인한다.
clear()	집합의 모든 요소를 제거한다.
iterator()	집합의 요소들을 순회할 수 있는 반복자(iterator)를 반환한다.
toArray()	집합의 모든 요소를 배열로 반환한다.

표 13-4 Set의 주요 메소드

문자열을 Set에 저장하기

HashSet을 사용하여 문자열을 저장해 보자. contains() 메소드도 사용해 보자. contains() 메소드는 집합 안에 데이터가 있는지 없는지를 반환한다.

SetExample.java

```java
import java.util.*;

public class SetExample {
    public static void main(String[] args) {
        Set<String> set = new HashSet<>();  // HashSet을 생성하여 set 변수에 저장

        set.add("사과");              // "사과"를 Set에 추가
        set.add("바나나");            // "바나나"를 Set에 추가
        set.add("체리");              // "체리"를 Set에 추가
        set.add("바나나");            // "바나나"는 이미 존재하므로 추가되지 않음

        System.out.println("Set의 요소: " + set);     // Set의 모든 요소를 출력

        if (set.contains("바나나")) {      // Set에 "바나나"가 포함되어 있는지 확인
            System.out.println("바나나가 Set에 포함되어 있습니다.");
        }
        set.remove("바나나");                    // Set에서 "바나나"를 제거
        System.out.println("바나나를 제거한 후: " + set);
        // "바나나" 제거 후의 Set을 출력

        System.out.println("Set의 크기: " + set.size()); // Set의 요소 개수를 출력
        System.out.println("Set이 비어 있는가? " + set.isEmpty());
        // Set이 비어 있는지 확인
    }
}
```

```
Set의 요소: [사과, 체리, 바나나]
바나나가 Set에 포함되어 있습니다.
바나나를 제거한 후: [사과, 체리]
Set의 크기: 2
Set이 비어있는가? false
```

도전문제

1 사용자가 여러 번 좋아하는 과일을 입력할 수 있게 하고, HashSet을 사용하여 중복 없이 저장한다. 모든 입력이 끝난 뒤, 저장된 과일 목록과 과일 개수를 출력하는 프로그램을 작성하시오.

- Scanner를 사용하여 사용자의 입력을 받는다.
- "끝"이라는 단어가 입력될 때까지 계속해서 과일 이름을 입력받는다.
- HashSet<String>에 과일을 저장하여 중복 없이 관리한다.
- 입력이 끝난 후, 전체 과일 목록과 총 개수를 출력한다.

예제 13-6 합집합과 교집합

Set의 연산들을 사용하는 코드를 살펴보자.

SetOperationsExample.java

```
import java.util.*;

public class SetOperationsExample {
    public static void main(String[] args) {
        Set<String> set1 = new HashSet<>();      // 첫 번째 집합 생성
        set1.add("사과");
        set1.add("바나나");
        set1.add("체리");

        Set<String> set2 = new HashSet<>();      // 두 번째 집합 생성
        set2.add("바나나");
        set2.add("체리");
        set2.add("포도");

        // 합집합 계산
        Set<String> unionSet = new HashSet<>(set1);
        // set1의 모든 요소를 unionSet에 복사
        unionSet.addAll(set2);
        // set2의 모든 요소를 unionSet에 추가 (중복은 자동 제거)

        // 교집합 계산
        Set<String> intersectionSet = new HashSet<>(set1);
        // set1의 모든 요소를 intersectionSet에 복사
        intersectionSet.retainAll(set2);
        // set2와 공통된 요소만 intersectionSet에 남김

        System.out.println("첫 번째 집합: " + set1);
        System.out.println("두 번째 집합: " + set2);
        System.out.println("합집합: " + unionSet);             // 합집합 결과 출력
        System.out.println("교집합: " + intersectionSet);     // 교집합 결과 출력
    }
}
```

```
첫 번째 집합: [체리, 사과, 바나나]
두 번째 집합: [체리, 포도, 바나나]
합집합: [체리, 포도, 사과, 바나나]
교집합: [체리, 바나나]
```

1 2개의 집합이 있을 때, 첫 번째 집합에서 두 번째 집합에 포함되지 않은 요소들만 추출하여 차집합을 만들어 출력하는 프로그램을 작성하시오.

- 기존 코드에 이어서 `Set<String> differenceSet`을 선언하고 초기화한다.
- `differenceSet`에는 `set1`에는 있지만 `set2`에는 없는 요소만 포함되도록 한다.
- 출력 결과는 "차집합: [사과]"와 같이 나타나야 한다.

도전문제

중복된 단어 검출하기

예제 13-7

집합은 우리가 잘 알다시피 중복을 허용하지 않는다. 이 특징을 이용하여 전체 문장에서 중복된 단어를 검출하는 프로그램을 작성해 보자.

FindDupplication.java

```
import java.util.*;

public class FindDupplication {
    public static void main(String[] args) {
        Set<String> s = new HashSet<String>();
        String[] sample = {"사과", "사과", "바나나", "토마토"};
        for (String a : sample)
            if (!s.add(a))
                System.out.println("중복된 단어: " + a);

        System.out.println(s.size() + " 중복되지 않은 단어: " + s);
    }
}
```

집합에 추가되지 않으면 중복된 단어이다.

```
중복된 단어: 사과
3 중복되지 않은 단어: [토마토, 사과, 바나나]
```

1 사용자로부터 한 문장을 입력받고 공백을 기준으로 단어들을 분리한 뒤, 그중 중복된 단어를 찾아 출력하는 프로그램을 작성하시오.

- `Scanner`를 이용해 사용자의 문장을 입력받는다.
- 예: 사과 바나나 사과 포도 바나나
- 입력된 문장을 공백 " " 기준으로 나누어 문자열 배열로 만든다.
- `HashSet<String>`을 사용하여 중복 여부를 검사한다.
- 중복된 단어가 있으면 "중복된 단어: [단어]"를 출력한다.
- 마지막에 중복되지 않은 단어 목록과 그 개수를 출력한다.

도전문제

SELF TEST

1 Set은 어떤 타입의 애플리케이션에 유용한가?

2 Set과 List의 차이점은 무엇인가?

3 합집합과 교집합을 만드는 방법을 설명하라.

13.7 Map

Map은 키(key)와 값(value)을 '1:1로 묶어주는 매칭 전문가'이다. Map에 키를 입력하면, 값을 바로 반환해 준다. 중복된 키는 절대 인정하지 않는다. 또한 '키를 제시하면, 하나의 값을 반환한다'는 철칙을 따른다. 다른 언어에서는 이것을 딕셔너리(dictionary)라고 부르기도 하는데, 이유는 간단하다. 사전을 보면 단어(키)가 있고, 그 옆에 설명(값)이 나와 있다. Map도 이와 똑같이 작동한다. 즉, "단어를 던져주면, 뜻을 알려줄게!"라는 간단명료한 시스템이다. Map의 가장 전형적인 예는 전화번호부와 같은 '키-값 매핑'이 필수적인 데이터 저장소이다. 전화번호부에서는 이름(예: "Kim")이 키가 되고 전화번호(예: "010-123-4567")가 값이 된다. Map에 이름을 입력하면 해당 사람의 전화번호를 바로 찾아낼 수 있다.

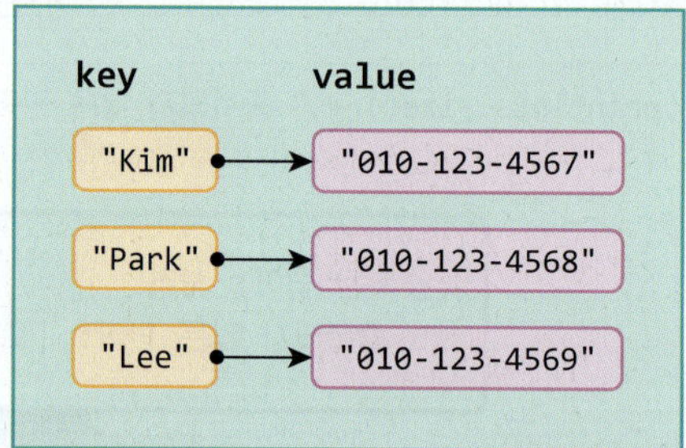

그림 13-13 Map

Map의 구현 클래스

Map은 인터페이스 이름이고, 자바는 이 인터페이스를 구현한 몇 개의 클래스를 제공한다. 자주 사용하는 구현 클래스로는 HashMap, TreeMap, LinkedHashMap 등이 있다. HashMap은 해싱 테이블에 데이터를 저장하고, TreeMap은 탐색 트리에 데이터를 저장한다. 각 구현체들은 장점과 단점이 뚜렷하기 때문에 자신의 필요에 맞추어서 선택하면 된다.

- **HashMap:** "빠르고 정확하게 찾는 데만 집중할게!"하고 효율을 중요시하는 구현체이다. 가장 많이 사용되는 구현체로, 요소들의 순서를 보장하지 않으며 평균적으로 O(1)의 시간 복잡도를 가진다. null 키와 null 값을 허용한다.

- **LinkedHashMap:** HashMap의 모든 기능을 갖추면서, 추가적으로 "자료가 입력된 순서는 잊지 않을게." 하는 특징을 가지고 있다. 즉, 키-값 쌍의 삽입 순서를 유지한다. 키-값의 입력 순서가 중요한 경우에 유용하다.
- **TreeMap:** "모든 것은 정렬되어 있어야 아름다워."라는 믿음을 가지고 있다. 키를 정렬된 순서로 유지하는 구현체이다. 내부적으로 레드-블랙 트리 구조를 사용하여 O(log n)의 시간 복잡도를 가진다. 키는 기본적으로 자연 순서로 정렬되며, Comparator를 사용해 사용자가 정렬 순서를 정의하는 것도 가능하다. null 키는 허용하지 않지만, null 값은 허용한다.

어떤 클래스를 사용해야 할까? 만약 키들을 정렬된 순서로 방문할 필요가 없다면 HashMap이 약간 빠르다.

Map의 주요 메소드

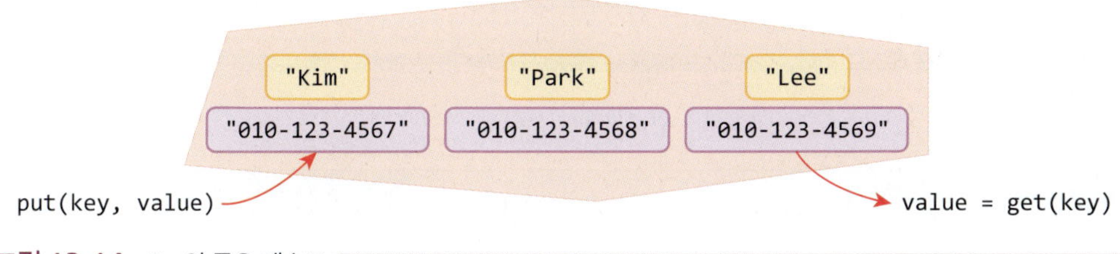

그림 13-14 Map의 주요 메소드

데이터를 저장하려면 put() 메소드를 사용한다. 키들은 중복되지 않아야 한다. 동일한 키로 2개의 값을 저장할 수 없다.

```
Map<String, String> map = new HashMap<>();      // 생성
map.put("Kim", "010-123-4567");                 // 저장
...
```

값을 추출하려면 get() 메소드를 사용하면 된다.

```
value = map.get("Kim");                         // "010-123-4567"을 반환
```

Java 9부터는 한 줄의 문장을 사용하여 Map을 초기화할 수 있다.

```
Map<String, String> map = Map.of("Kim", "010-123-4567", "Park", "010-123-4568",
"Lee", "010-123-4569");
```

메소드	설명
put(K key, V value)	지정된 키와 값을 Map에 추가. 이미 해당 키가 존재하면 값을 덮어 씀.
get(Object key)	지정된 키에 대응되는 값을 반환. 키가 존재하지 않으면 null을 반환.
remove(Object key)	지정된 키에 대응되는 키-값 쌍을 Map에서 제거
containsKey(Object key)	Map에 지정된 키가 포함되어 있는지 확인
containsValue(Object value)	Map에 지정된 값이 포함되어 있는지 확인
keySet()	Map의 모든 키를 포함하는 Set을 반환
values()	Map의 모든 값을 포함하는 Collection을 반환
entrySet()	Map의 모든 키-값 쌍을 포함하는 Set<Map.Entry<K, V>>를 반환
size()	Map에 저장된 키-값 쌍의 수를 반환
isEmpty()	Map이 비어있는지 확인
clear()	Map의 모든 키-값 쌍을 제거

표 13-5 Map의 주요 메소드

예제 13-8 Map에 전화번호 저장하기

Map을 사용하여 이름을 키(key)로, 전화번호를 값(value)으로 저장하고 모든 항목을 출력하는 예제이다. Map은 키가 유일해야 한다는 조건만 만족하면 되고 값은 중복될 수 있다.

PhoneBookExample.java

```java
import java.util.*;

public class PhoneBookExample {
    public static void main(String[] args) {
        Map<String, String> phoneBook = new HashMap<>();
        // Map 생성(이름 → 전화번호)

        phoneBook.put("Kim", "010-123-4567");       // 이름과 전화번호 추가
        phoneBook.put("Park", "010-123-4568");
        phoneBook.put("Lee", "010-123-4569");

        System.out.println("=== Phone Book ===");   // 모든 항목 출력
        for (Map.Entry<String, String> entry : phoneBook.entrySet()) {
            System.out.println("이름: " + entry.getKey() + ", 전화번호: " +
                                                        entry.getValue());
        }

        String name = "Kim";
        String phone = phoneBook.get(name); // 특정 키를 이용하여 값 가져오기
        System.out.println("\n" + name + "의 전화번호는 " + phone);
    }
}
```

```
=== Phone Book ===
이름: Lee, 전화번호: 010-123-4569
이름: Kim, 전화번호: 010-123-4567
이름: Park, 전화번호: 010-123-4568

Kim의 전화번호는 010-123-4567
```

도전문제

1 전화번호부를 Map으로 관리하고, 사용자로부터 이름을 입력받아 해당 사람의 전화번호를 검색하거나, 없는 경우 새로운 번호를 추가하도록 구현하시오.

- HashMap<String, String>으로 전화번호부를 초기화하고 몇 명의 데이터를 미리 저장한다.
- Scanner를 사용하여 사용자의 이름을 입력받는다.
- 입력된 이름이 전화번호부에 이미 있으면, 해당 번호를 출력한 뒤, 변경할지 여부를 묻고, 변경을 선택하면 새로운 전화번호를 입력받아 갱신한다.
- 입력된 이름이 없으면, "새 연락처입니다. 전화번호를 입력하세요: "라고 안내하고, 새로 입력받은 번호를 Map에 추가한다.
- 최종적으로 전체 전화번호부 목록을 출력한다.

Map의 모든 요소 방문하기

Map은 Collection 인터페이스를 구현하지 않는다. 따라서 Map에 저장된 데이터를 꺼내는 코드는 다른 컬렉션과 약간 다르다.

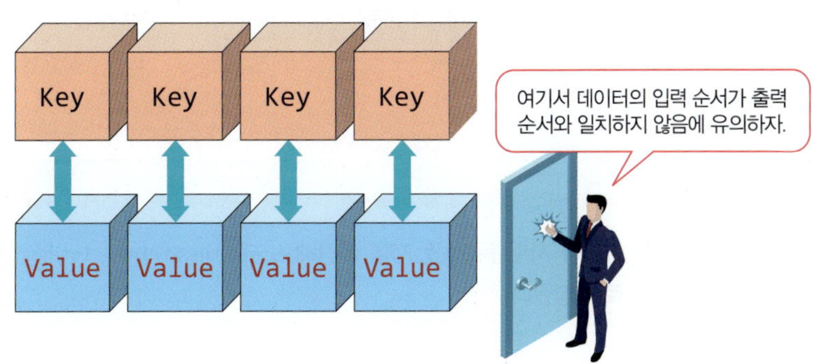

그림 13-15 Map의 모든 요소 방문하기

1. for-each 문과 keySet() 메소드를 사용하는 방법

```
for (String key : map.keySet()) {
    System.out.println("key=" + key + ", value=" + map.get(key));
}
```

Java 10 이상의 버전에서는 변수 타입 추론을 사용할 수 있다.

```
for (var key : map.keySet()) {
    System.out.println("key=" + key + ", value=" + map.get(key));
}
```

2. 반복자를 사용하는 방법

```
Iterator<String> it = map.keySet().iterator();
while (it.hasNext()) {
    String key = it.next();
    System.out.println("key=" + key + ", value=" + map.get(key));
}
```

3. Stream 라이브러리를 사용하는 방법

   위의 코드에서 각 요소를 반복하는 부분을 람다식으로 교체하면 다음과 같이 간단하게 작성할 수 있다.

```
map.forEach ((key, value) -> {
    System.out.println("key=" + key + ", value=" + value);
});
```

예제 13-9 단어 빈도수 계산기

텍스트에서 각 단어가 얼마나 자주 등장하는지를 계산해 보자. Map<String, Integer>를 사용하여 단어를 키로, 등장 빈도를 값으로 저장한다.

WordFrequencyCounter.java

```
import java.util.*;
// java.util 패키지의 모든 클래스를 임포트(HashMap 등 사용을 위해 필요)

public class WordFrequencyCounter {
    public static void main(String[] args) {
        String text = "apple banana apple cherry banana apple";
```

```java

        // 단어와 빈도를 저장할 Map 생성(단어: String, 빈도: Integer)
        Map<String, Integer> wordCount = new HashMap<>();

        String[] words = text.split(" "); // 텍스트를 공백 기준으로 단어 배열로 분리

        for (String word : words) {          // 각 단어의 빈도수를 계산
            // 기존 단어의 빈도수를 가져오고, 없으면 기본값 0을 설정한 뒤 1 증가
            wordCount.put(word, wordCount.getOrDefault(word, 0) + 1);
        }

        System.out.println("단어 빈도수: " + wordCount);
    }
}
```

```
단어 빈도수: {banana=2, apple=3, cherry=1}
```

도전문제

1 사용자로부터 긴 문장을 입력받고, 그 문장에서 각 단어가 몇 번씩 등장했는지를 계산하여 출력하는 프로그램을 작성하시오.

- Scanner를 이용해 사용자로부터 한 줄의 문장을 입력받는다.
- 문장을 공백 " "을 기준으로 나누어 단어 배열로 만든다.
- HashMap<String, Integer>을 사용하여 단어 빈도수를 계산한다.
- Map에 저장된 단어와 빈도수를 모두 출력한다.

학생 성적 관리 시스템 예제 13-10

Map의 value에 객체를 저장할 수 있다. 학생의 학번을 키로, 이름, 성적, 학년과 같은 여러 정보를 값으로 저장해 보자. 여기서는 Map<String, Student>와 같은 구조를 사용할 수 있다.

StudentDirectory.java

```java
import java.util.*;

// 학생 정보를 저장하는 Student 클래스
class Student {
    String name;            // 학생 이름
    int grade;              // 학생 학년
    String major;           // 학생 전공

    // Student 클래스의 생성자: 이름, 학년, 전공을 초기화
    public Student(String name, int grade, String major) {
        this.name = name;
        this.grade = grade;
```

```java
        this.major = major;
    }

    // 객체 정보를 문자열로 변환하여 반환(toString 메소드 오버라이딩)
    @Override
    public String toString() {
        return "이름: " + name + ", 학년: " + grade + ", 전공: " + major;
    }
}

// 학생 디렉터리를 관리하는 클래스
public class StudentDirectory {
    public static void main(String[] args) {
        // 학생 정보를 저장할 HashMap 생성(키: 학번, 값: 학생 객체)
        Map<String, Student> studentDirectory = new HashMap<>();

        // 학생 정보 추가: 학번(key)와 Student 객체(value)로 구성
        studentDirectory.put("12345", new Student("Kim", 2,
                                                   "Computer Science"));
        studentDirectory.put("67890", new Student("Park", 3, "Mathematics"));

        // 특정 학생의 정보 조회 및 출력
        String studentId = "12345";  // 조회할 학생 ID
        System.out.println("학생 ID " + studentId + "의 정보: " +
                                           studentDirectory.get(studentId));

        // 전체 학생 정보 출력(HashMap의 모든 요소 출력)
        System.out.println("전체 학생 정보: " + studentDirectory);
    }
}
```

```
학생 ID 12345의 정보: 이름: Kim, 학년: 2, 전공: Computer Science
전체 학생 정보: {12345=이름: Kim, 학년: 2, 전공: Computer Science,
67890=이름: Park, 학년: 3, 전공: Mathematics}
```

도전문제

1 학생 정보를 Map<String, Student>에 저장한 뒤, 사용자로부터 학번을 입력받아 해당 학생을 조회하고, 전공을 변경할 수 있는 기능을 구현하시오.

- Scanner를 사용해 사용자에게 학번을 입력받는다.
- 해당 학번이 존재하면, 현재 정보를 출력한 뒤 "전공을 변경하시겠습니까? (yes/no)"를 묻는다.
- yes인 경우, 새 전공을 입력받아 Student 객체의 전공을 수정한다.
- 수정이 완료된 후 해당 학생의 새로운 정보를 출력한다.
- 존재하지 않는 학번을 입력하면 "해당 학번은 존재하지 않습니다."를 출력한다.

영어 사전 예제 13-11

개발자는 자바의 컬렉션 라이브러리를 자유자재로 사용할 수 있도록 익히는 것이 중요하다. 여기서는 Map을 사용하여 영어 사전을 구현해 보자. 사용자가 단어를 입력하면 단어의 설명을 보여준다.

```
영어 단어를 입력하시오: map
단어의 의미는 지도
영어 단어를 입력하시오: school
단어의 의미는 학교
영어 단어를 입력하시오: quit
```

여러 가지 컬렉션 중에서 사전을 구현할 때는 물론 Map을 사용하는 것이 좋다. Map은 key를 제시하면 value를 찾아서 반환한다. key에는 영어 단어를 넣고 value에는 의미를 넣으면 된다. 그리고 Map이 제네릭으로 구현되었으므로, 사용할 때 우리가 필요한 자료형으로 초기화하면 된다.

EnglishDic.java

```java
import java.util.*;                              // 컬렉션 프레임워크 관련 클래스

// 간단한 영어-한국어 사전 프로그램
public class EnglishDic {
    public static void main(String[] args) {
        // 영어 단어와 한글 뜻을 저장하는 해시맵(HashMap) 생성
        Map<String, String> st = new HashMap<String, String>();

        st.put("map", "지도");                  // 사전에 단어 추가
        st.put("java", "자바");
        st.put("school", "학교");

        Scanner sc = new Scanner(System.in);

        // 사용자가 "quit"을 입력할 때까지 반복
        do {
            System.out.print("영어 단어를 입력하시오: ");
            String key = sc.next();  // 사용자 입력받기

            if (key.equals("quit")) break;

            // 입력한 단어의 의미 출력(해당 단어가 없으면 null 반환)
            System.out.println("단어의 의미는 " + st.get(key));
        } while (true);                   // 무한 반복

        sc.close();                       // Scanner 닫기(리소스 정리)
    }
}
```

도전문제

1. 사전에 단어를 추가하거나 검색, 삭제할 수 있는 간단한 메뉴 시스템을 만드시오. 사전에 단어를 추가하고, 단어를 삭제하는 기능도 구현하시오.
2. 그래픽 사용자 인터페이스를 사용하여 사전 프로그램을 다시 작성하시오. 텍스트 필드를 사용하여 단어를 입력받고, 레이블을 통해 단어의 설명을 화면으로 출력한다.

SELF TEST

1. Map은 ______와 _______의 두 요소로 구성되어 있다.
2. Map에서 2가지의 기본적인 연산은 무엇인가?
3. Map에 저장된 데이터를 순회하는 방법을 설명하라.

13.8 Queue

큐(Queue)는 데이터를 잠깐 대기실에 앉혀놓고 차례로 처리하는 친절한 자료 구조이다. 후단(tail)에서는 새로 온 손님을 받아들이고, 전단(head)에서는 가장 오래 기다린 손님을 먼저 보내주는 '줄 서기 전문가'이다. '선입선출(First-In, First-Out)'이라는 철학을 충실히 따르며, '먼저 온 손님 먼저 대접'이라는 공정함을 자랑한다.

그림 13-16 큐(Queue)

전형적인 큐는 원소들을 FIFO 형식으로 저장한다. FIFO 큐에서는 새로운 원소들을 큐의 끝에 추가한다. 예외적인 큐는 우선순위 큐(priority queues)이다. 우선순위 큐는 원소들을 우선순위에 따라 저장한다. 기본적인 우선순위는 원소들의 값이다.

Queue 인터페이스와 구현 클래스

`Queue` 인터페이스는 FIFO 원칙을 기반으로 요소를 저장하고 처리하는 자료 구조를 제공한다. 이 인터페이스를 구현한 주요 클래스는 `ArrayDeque`, `LinkedList`, `PriorityQueue`이다.

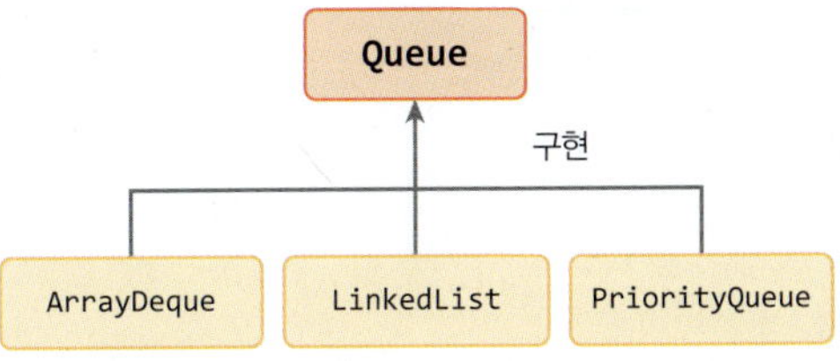

그림 13-17 Queue 인터페이스와 구현 클래스

- **ArrayDeque:** 배열 기반의 큐 및 덱(Deque, 양방향 큐)을 구현한다. 배열 크기를 동적으로 확장하며, 큐뿐만 아니라 스택으로도 사용할 수 있다. 동적 배열을 사용하여 성능이 우수하며, 대부분의 연산이 O(1)에 수행된다. 요소를 앞뒤 양쪽에서 삽입 및 제거할 수 있다.
- **LinkedList:** 연결 리스트를 기반으로 큐 및 덱의 동작을 구현한다. 각 요소를 노드로 저장하며, 노드는 이전 및 다음 노드에 대한 참조를 포함한다. 요소 삽입 및 삭제가 쉽고, 앞뒤 양쪽에서의 삽입 및 제거가 가능하다.
- **PriorityQueue:** 요소의 우선순위를 기준으로 정렬하여 처리하는 큐이다. 우선순위는 기본적으로 요소의 자연 순서(Comparable)나 사용자 정의 Comparator에 따라 결정된다. 큐의 앞에는 항상 우선순위가 가장 높은 요소가 위치한다. 내부적으로 힙(heap) 구조를 사용하여 요소를 관리한다.

Queue의 메소드

add() 메소드는 새로운 요소의 추가가 큐의 용량을 넘어서지 않으면 요소를 추가한다. 만약 용량을 넘어가면 IllegalStateException이 발생한다. offer() 메소드는 요소 추가에 실패하면 false가 반환되는 것만 다르다. remove()와 poll() 메소드는 큐의 처음에 있는 요소를 제거하거나 가져온다. 정확히 어떤 요소가 제거되느냐는 큐의 정렬 정책에 따라 달라진다. element()와 peek() 메소드는 큐의 처음에 있는 요소를 삭제하지 않고 가져온다.

메소드	설명
add(E e)	큐의 끝에 요소를 추가(큐가 가득 차면 예외 발생)
offer(E e)	큐의 끝에 요소를 추가(큐가 가득 차면 false 반환)
poll()	큐의 앞에서 요소를 제거하고 반환(큐가 비어 있으면 null 반환)
remove()	큐의 앞에서 요소를 제거하고 반환(큐가 비어 있으면 예외 발생)
peek()	큐의 앞에 있는 요소를 반환(제거하지 않음, 비어 있으면 null)
element()	큐의 앞에 있는 요소를 반환(제거하지 않음, 비어 있으면 예외 발생)

표 13-6 Queue의 메소드

예제 13-12 기본 큐 사용하기

큐의 기본적인 기능을 사용해 보자.

QueueExample.java

```
import java.util.*;

public class QueueExample {
    public static void main(String[] args) {
        Queue<String> queue = new LinkedList<>();          // 큐 생성

        queue.offer("Kim");                                // 큐에 요소 추가
        queue.offer("Park");
        queue.offer("Lee");

        System.out.println("큐의 현재 상태: " + queue);     // 큐 확인
        System.out.println("제거된 요소: " + queue.poll());
        // 큐의 첫 번째 요소 제거 및 반환
        System.out.println("제거 후 큐 상태: " + queue);

        // 큐의 첫 번째 요소 확인(제거하지 않음)
        System.out.println("큐의 첫 번째 요소: " + queue.peek());
    }
}
```

```
큐의 현재 상태: [Kim, Park, Lee]
제거된 요소: Kim
제거 후 큐 상태: [Park, Lee]
큐의 첫 번째 요소: Park
```

도전문제

1 고객이 순서대로 대기열에 들어오고, 순서대로 처리되는 큐(Queue) 구조를 활용한 시뮬레이션을 작성하시오.

- Queue<String>을 이용하여 고객 대기열을 생성한다.
- "손님1", "손님2", "손님3"을 큐에 순서대로 추가한다.
- 반복문을 사용하여 큐가 비어 있지 않은 동안 poll() 메소드을 이용해 한 명의 손님을 꺼내고 "[이름]님, 주문이 처리되었습니다."를 출력한다.
- 모든 손님의 처리가 끝나면 "모든 손님의 주문이 완료되었습니다."를 출력한다.

우선순위 큐

우선순위 큐는 요소들이 무작위로 삽입되었더라도 정렬된 상태로 요소들을 추출한다. 즉, remove() 메소드를 호출할 때마다 가장 작은 요소가 추출된다. 그러나 우선순위 큐가 항상

정렬된 상태로 요소들을 저장하고 있는 것은 아니다. 우선순위 큐는 힙(heap)이라고 하는 자료 구조를 내부적으로 사용한다. 힙은 이진 트리의 일종으로서 add()와 remove() 메소드를 호출하면 가장 작은 요소가 효율적으로 트리의 루트로 이동하게 된다. 우선순위 큐의 가장 대표적인 예는 작업 스케줄링(job scheduling)이다. 각 작업은 우선순위를 가지고 있고, 가장 높은 우선순위의 작업이 큐에서 먼저 추출되어 시작된다.

우선순위 큐 예제 13-13

이 프로그램은 PriorityQueue를 이용하여 우선순위 큐를 구현한 예제이다.

PriorityQueueExample.java

```
import java.util.*;

public class PriorityQueueExample {
    public static void main(String[] args) {
        Queue<Integer> priorityQueue = new PriorityQueue<>();

        priorityQueue.offer(50);  // 요소 추가
        priorityQueue.offer(20);
        priorityQueue.offer(30);

        System.out.println("PriorityQueue 상태: " + priorityQueue);
        // 큐 상태 출력
        System.out.println("제거된 요소: " + priorityQueue.poll());
        // 요소 제거(우선순위 높은 순서)
        System.out.println("제거 후 상태: " + priorityQueue);
        // 큐 상태 확인
    }
}
```

[20, 30, 50]으로 출력되지 않는 이유는 내부적으로 힙 자료구조를 사용하기 때문이다. 내부적으로 배열 기반의 이진 최소 힙을 쓰고, 보장되는 건 루트(맨 앞 원소)가 최소라는 것뿐이다. 전체가 정렬되어 있지는 않는다.

```
PriorityQueue 상태: [20, 50, 30]
제거된 요소: 20
제거 후 상태: [30, 50]
```

도전문제

1 문자열을 저장하는 PriorityQueue를 만들어 단어들을 사전 순서대로 처리하는 프로그램을 작성하시오.

- PriorityQueue<String>을 생성한다.
- 다음 단어들을 offer()로 큐에 추가한다: "banana", "apple", "cherry"
- 큐가 비어 있지 않는 동안 poll() 메소드를 사용하여 단어를 꺼내고 출력한다.
- 출력 결과는 사전 순서대로 나타나야 한다.

SELF TEST

1. Queue는 어떤 원칙(FIFO)에 따라 데이터를 처리하는가?
2. 우선순위 큐(PriorityQueue)는 내부적으로 어떤 자료 구조를 사용하여 요소를 관리하는가?
3. Queue에서 요소를 제거하지 않고 가장 앞에 있는 요소를 확인할 때 사용하는 메소드는 무엇인가(예외 발생 없이 사용 가능한 것)?

13.9 Collections 클래스

Collections 클래스는 마치 알고리즘 뷔페처럼 여러 유용한 메소드를 제공한다. 이 메소드들은 모두 제네릭 기술로 작성되어 있어서, 어떤 컬렉션에도 맞는 깔끔한 형태를 자랑한다. 게다가, 전부 정적 메소드로 준비되어 있어서 클래스 이름만 알면 바로 가져다 쓸 수 있다. 메소드의 첫 번째 매개변수는 '내가 조리할 컬렉션 재료'라고 보면 된다. 이 재료에 맞는 알고리즘 소스를 뿌리고, 휘리릭 처리하는 방식이다. 이제 이 알고리즘 뷔페에서 가장 인기 있는 메뉴들만 살짝 맛보도록 하자.

그림 13-18 Collections 클래스의 주요 메소드

- **sort()**: "정리정돈은 인생의 기본이다!" 하는 sort() 메소드는 컬렉션을 깔끔하게 정렬해 준다. 마치 흐트러진 퍼즐을 맞추는 것과 같다.
- **shuffle()**: "오늘은 기분 따라 무작위로!" 하는 shuffle() 메소드는 컬렉션 요소들의 순서를 무작위로 섞는다. 일상에 재미를 더하는 데 딱이다.
- **binarySearch()**: "난 정렬된 리스트만 보면 순식간에 찾는다!" 하는 binarySearch() 메소드는 정렬된 리스트에서 키를 빠르게 검색한다. 명탐정 같은 메소드이다.
- **fill()**: "모든 것을 하나로 통일하자!" 하는 fill() 메소드는 컬렉션의 모든 요소를 특정 값으로 채운다. 균일함을 추구할 때 유용하다.
- **max()와 min()**: "최고와 최저는 누구인가?" 하는 max()와 min() 메소드는 각각 컬렉션 안의 최댓값과 최솟값을 찾아낸다. 마치 대회에서 1등과 꼴찌를 가리는 것과 같다.

정렬

정렬은 가장 중요한 컴퓨터 알고리즘이라고 해도 과언이 아니다. 정렬은 데이터를 어떤 기준에 의하여 순서대로 나열하는 것이다. 정렬 알고리즘에는 퀵 정렬, 합병 정렬, 힙 정렬 등의 다양한 방법이 존재한다. Collections 클래스의 정렬은 속도가 비교적 빠르고 안정성이 보장되는 합병 정렬을 이용한다. 합병 정렬은 시간 복잡도가 O(nlog(n))이며, 특히 그림 13-19처럼 값이 같은 요소들의 순서가 보장된다.

그림 13-19 안정된 정렬

Collections 클래스의 sort() 메소드는 List 인터페이스를 구현하는 컬렉션에 대하여 정렬을 수행한다. 간단한 예를 들어보면 다음과 같다.

```
List<String> list = new LinkedList<String>();
list.add("김철수");
list.add("김영희");
Collections.sort(list);                    // 리스트 안의 문자열을 정렬한다.
```

만약 리스트에 들어 있는 원소가 String 타입이라면 알파벳 순서대로 정렬될 것이다. 만약 Date 원소들이라면 시간 순서대로 정렬될 것이다. 어떻게 이것이 가능한가? String과 Date는 모두 Comparable 인터페이스를 구현한다. 정렬은 바로 이 Comparable 인터페이스를 이용하여 이루어진다.

문자열 정렬하기 예제 13-14

문자열을 정렬하는 간단한 예를 살펴보자.

Sort.java

```
import java.util.*;

public class Sort {
    public static void main(String[] args) {
```

```
        String[] sample = {"i", "walk", "the", "line"};
        List<String> list = Arrays.asList(sample);   // 배열을 리스트로 변경
        Collections.sort(list);
        System.out.println(list);
    }
}
```

정렬 알고리즘을 실행하기 위해 asList() 메소드를 이용하여 배열을 리스트로 변환한다.

Collections 인터페이스가 가지고 있는 정적 메소드인 sort() 메소드를 호출하여 정렬을 수행한다.

```
[i, line, the, walk]
```

도전문제

1 사용자로부터 여러 개의 단어를 입력받고, 그 단어들을 사전순으로 정렬하여 출력하는 프로그램을 작성하시오.

- Scanner를 사용하여 문자열을 한 줄 입력받는다. (예: banana apple cherry date)
- 입력된 문자열을 " " 기준으로 분리하여 String[] 배열로 만든다.
- Arrays.asList()를 이용해 배열을 List<String>으로 변환한다.
- Collections.sort()를 이용해 정렬한다.
- 정렬된 결과를 출력한다.

예제 13-15 사용자 클래스의 객체 정렬하기

만약 사용자가 만든 클래스라면 아마 Comparable 인터페이스가 구현되지 않았을 것이다. Comparable 인터페이스는 다음의 메소드만을 가지고 있다.

```
public interface Comparable<T> {
    public int compareTo(T o);
}
```

compareTo() 메소드는 매개변수 객체를 현재의 객체와 비교하여 작으면 음수, 같으면 0, 크면 양수를 반환한다. 예를 들어 학생을 나타내는 클래스 Student에 학번을 비교하는 compareTo() 메소드를 구현하여 정렬해 보자.

SortTest.java

```
import java.util.*;          // 컬렉션 및 유틸리티 클래스 관련 패키지

// Student 클래스: 학생 정보를 저장하며, Comparable 인터페이스를 구현하여 정렬 가능하게 함
class Student implements Comparable<Student> {
    int number;              // 학생 번호
    String name;             // 학생 이름

    public Student(int number, String name) {
```

```java
        this.number = number;
        this.name = name;
    }

    // 객체를 문자열로 변환할 때 호출되는 메소드(출력 시 이름만 반환)
    public String toString() {
        return name;
    }

    // 비교 메소드: Student 객체를 정렬할 기준을 정의(내림차순 정렬)
    public int compareTo(Student s) {
        return number - s.number;                    // 학생 번호를 기준으로 오름차순 정렬
    }
}

public class SortTest {
    public static void main(String[] args) {
        Student array[] = {                          // Student 객체 배열 생성
            new Student(2, "김철수"),
            new Student(3, "이철수"),
            new Student(1, "박철수"),
        };

        List<Student> list = Arrays.asList(array);   // 배열을 리스트로 변환

        // 기본 정렬: Student 클래스의 compareTo() 메소드를 기준으로 정렬(내림차순 정렬)
        Collections.sort(list);
        System.out.println("기본 정렬(학생 번호 내림차순): " + list);

        // 역순 정렬: 기본 정렬의 반대 방향으로 정렬
        Collections.sort(list, Collections.reverseOrder());
        System.out.println("역순 정렬(학생 번호 오름차순): " + list);
    }
}
```

```
기본 정렬(학생 번호 오름차순): [박철수, 김철수, 이철수]
역순 정렬(학생 번호 내림차순): [이철수, 김철수, 박철수]
```

도전문제

1 예제의 Student 클래스는 학생 번호를 기준으로 정렬했지만, 이번에는 이름을 기준으로 오름차순 정렬하는 기능을 구현하시오.

- Student 클래스는 number, name 필드를 갖는다.
- compareTo() 메소드를 수정하여, 이름 기준 정렬 기능을 구현한다.
- 이름을 기준으로 정렬한 결과를 출력한다.

섞기

섞기(Shuffle) 알고리즘은 정렬과 반대로 동작한다. 즉, 리스트에 존재하는 정렬을 파괴하여서 요소들의 순서를 랜덤하게 만든다. 이 알고리즘은 특히 게임을 구현할 때 유용하다. 예를 들어 카드 게임에서 카드를 랜덤하게 섞는 경우 사용할 수 있다. 테스트할 때도 유용하다.

Shuffle.java

```
import java.util.*;                             // 컬렉션 관련 클래스

public class Shuffle {
    public static void main(String[] args) {
        // 정수를 저장할 ArrayList 생성
        List<Integer> list = new ArrayList<Integer>();

        for (int i = 1; i <= 10; i++)           // 1부터 10까지의 숫자를 리스트에 추가
            list.add(i);

        Collections.shuffle(list);              // 리스트 요소를 무작위로 섞기
        System.out.println(list);               // 섞인 리스트 출력
    }
}
```

```
[5, 9, 7, 3, 6, 4, 8, 2, 1, 10]
```

탐색

탐색(Search)이란 리스트 안에서 원하는 요소를 찾는 것이다. 만약 리스트가 정렬되어 있지 않다면 처음부터 모든 요소를 방문할 수밖에 없다(선형 탐색). 하지만 리스트가 정렬되어 있다면 중간에 있는 요소와 먼저 비교하는 것이 좋다(이진 탐색). 만약 중간 요소보다 찾고자 하는 요소가 크면 뒷부분에 있고, 반대이면 앞부분에 있다. 이런 식으로 문제의 크기를 반으로 줄일 수 있다. 예를 들어서 1024개의 요소가 있는 리스트의 경우 최대 10번만 비교하면 원하는 요소를 찾을 수 있다. 만약 선형 탐색을 하였다면 평균 512번의 비교가 필요하다.

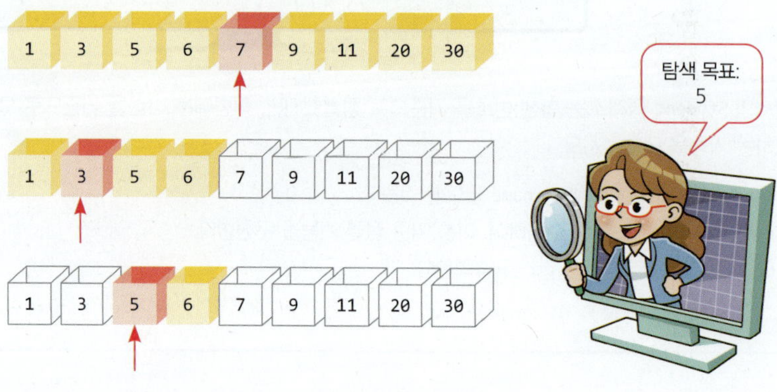

그림 13-20 탐색

Collections 클래스의 binarySearch 알고리즘은 정렬된 리스트에서 지정된 요소를 이진 탐색한다. binarySearch() 메소드는 리스트와 탐색할 요소를 매개변수로 받는다. 리스트는 정렬되어 있다고 가정한다.

```
index = Collections.binarySearch(collec, element);
```

만약 반환 값이 양수이면 탐색을 성공한 것이다. collec.get(index)로 원하는 객체를 얻을 수 있다. 만약 반환 값이 음수이면 탐색을 실패한 것이다. 실패하였어도 도움이 되는 정보가 반환되는데, 반환 값에서 현재의 데이터를 삽입할 수 있는 위치를 알아낼 수 있다. 반환 값이 pos이면 (-pos - 1)이 삽입 위치이다.

```
int pos = Collections.binarySearch(list, key);
if (pos < 0)
    list.add(-pos - 1);
```

정수 탐색하기 **예제 13-16**

0부터 10까지의 정수들을 ArrayList에 저장하고 6을 이진 탐색으로 찾아보자.

BinarySearchExample.java

```
import java.util.*;

public class BinarySearchExample {
    public static void main(String[] args) {
        List<Integer> list = new ArrayList<Integer>();
        for (int i = 0; i < 10; i++)
            list.add(i);

        System.out.println("정렬된 리스트: " + list);

        // 이진 탐색 수행
        int index = Collections.binarySearch(list, 6);
        if (index >= 0) {
            System.out.println("숫자 6은 인덱스 " + index + "에 있습니다.");
        } else {
            System.out.println("숫자 6은 리스트에 없습니다.");
        }

        // 리스트에 없는 값 검색
        index = Collections.binarySearch(list, 12);
```

```
        if (index >= 0) {
            System.out.println("숫자 12는 인덱스 " + index + "에 있습니다.");
        } else {
        System.out.println("숫자 12는 리스트에 없습니다. 예상 삽입 위치: " +
                                                            (-index - 1));
        }
    }
}
```

```
정렬된 리스트: [0, 1, 2, 3, 4, 5, 6, 7, 8, 9]
숫자 6은 인덱스 6에 있습니다.
숫자 12는 리스트에 없습니다. 예상 삽입 위치: 10
```

도전문제

1 마라톤 코스의 체크포인트 위치 목록이 출발점으로부터의 거리(킬로미터) 순서대로 주어져 있다. 현재 주자의 현재 위치가 주어졌을 때, 해당 위치 이후(같음 포함)에 있는 가장 가까운 다음 체크포인트를 찾아 출력하여라. 만약 주자의 현재 위치 이후에 더 이상 체크포인트가 없다면, "FINISH"를 출력하여라(예: 체크포인트 목록 (km): 2, 5, 10, 15, 21, 30, 현재 위치: 12 km이라면 15가 출력된다).

예제 13-17 max(), min(), fill() 메소드

Collections 클래스에 존재하는 max(), min(), fill() 메소드를 사용해 보자.

CollectionsMethodsExample.java

```
import java.util.*;

public class CollectionsMethodsExample {
    public static void main(String[] args) {
        List<Integer> numbers = new ArrayList<>();  // 리스트 생성 및 초기화
        Collections.addAll(numbers, 10, 20, 30, 40, 50);

        System.out.println("초기 리스트: " + numbers);

        int maxValue = Collections.max(numbers);    // max()와 min() 사용
        int minValue = Collections.min(numbers);

        System.out.println("최댓값: " + maxValue);
        System.out.println("최솟값: " + minValue);

        Collections.fill(numbers, 99);              // fill() 사용
        System.out.println("fill() 후 리스트: " + numbers);
    }
}
```

```
초기 리스트: [10, 20, 30, 40, 50]
최댓값: 50
최솟값: 10
fill() 후 리스트: [99, 99, 99, 99, 99]
```

1 배틀로얄 점수판을 만들어보자. 플레이어 수 N, 초기 점수 S가 주어진다. 모든 플레이어의 시작 점수를 S로 일괄 초기화한 뒤(Arrays.fill 사용), 랜덤한 값으로 점수를 변경한다. 최종적으로 최고 점수와 최저 점수, 그리고 그 점수를 받은 플레이어 ID 목록을 출력하여라.

1 배열에 저장된 데이터를 Collections 클래스를 사용하여 정렬하는 절차를 설명하시오.

2 컬렉션을 무작위 상태로 만들려면 어떤 메소드를 사용해야 하는가?

3 컬렉션에서 어떤 값을 탐색할 때는 어떤 메소드를 사용해야 하는가?

13.10 제네릭 메소드

앞에서 제네릭 클래스를 정의하는 방법을 학습하였다. 일반 클래스의 메소드에서도 타입 매개변수를 사용하여 제네릭 메소드를 정의할 수 있다. 이 경우에는 타입 매개변수의 범위가 메소드 내부로 제한된다. 예를 들어서 주어진 배열에서 마지막 배열 원소를 반환하는 제네릭 메소드를 작성해 보자.

```
public class MyArrayAlg {
    public static <T> T getLast(T[] a) {      // 제네릭 메소드 정의
        return a[a.length - 1];
    }
}
```

getLast() 메소드는 일반 클래스 안에 정의되어 있지만, <T> 타입 매개변수를 사용하므로 제네릭 메소드이다. 제네릭 메소드의 타입 매개변수는 메소드의 수식자(예: public)와 반환형

사이에 위치해야 한다. 제네릭 메소드를 호출할 때는 실제 타입을 < > 안에 명시할 수도 있지만, 대부분의 경우 컴파일러가 자동으로 타입을 추론하므로 일반 메소드처럼 호출해도 된다.

```
public class MyArrayAlgTest {
    public static void main(String[] args) {
        String[] language = { "C++", "C#", "JAVA" };
        String last = MyArrayAlg.getLast(language); // last는 "JAVA"
        System.out.println(last);
    }
}
```

```
JAVA
```

참고사항: 제네릭 메소드에서 자료형을 지정하는 방법

개발자가 원한다면 다음과 같이 실제 자료형을 <> 안에 넣어주어도 된다.

```
String last = MyArrayAlg.<String>getLast(language);
```

예제 13-18 제네릭 메소드 작성하기

다음 코드와 같이 정수 배열, 실수 배열, 문자 배열을 모두 출력할 수 있는 제네릭 메소드 printArray()를 작성해 보자.

GenericMethodTest.java

```
// 제네릭 메소드를 이용한 배열 출력 프로그램
public class GenericMethodTest {
    // 제네릭 메소드: 다양한 타입의 배열을 출력할 수 있음
    public static <T> void printArray(T[] array) {
        for (T element : array) {                      // 배열 요소를 하나씩 순회
            System.out.printf("%s ", element);         // 요소 출력
        }
        System.out.println();                          // 줄바꿈
    }

    public static void main(String args[]) {
        Integer[] iArray = {10, 20, 30, 40, 50};              // 정수 배열
        Double[] dArray = {1.1, 1.2, 1.3, 1.4, 1.5};          // 실수 배열
        Character[] cArray = {'K', 'O', 'R', 'E', 'A'};       // 문자 배열

```

```
        // 제네릭 메소드를 사용하여 배열 출력
        printArray(iArray);                          // 정수 배열 출력
        printArray(dArray);                          // 실수 배열 출력
        printArray(cArray);                          // 문자 배열 출력
    }
}
```

```
10 20 30 40 50
1.1  1.2  1.3  1.4  1.5
K O R E A
```

도전문제

1 제네릭 메소드를 사용하여 다양한 타입의 배열에서 가장 큰 값을 찾아 출력하는 프로그램을 작성하시오. 단, 배열의 요소는 `Comparable` 인터페이스를 구현한 타입이어야 한다.

- 제네릭 메소드 `findMax()`를 작성한다. 배열을 순회하면서 가장 큰 값을 찾아 반환한다.

```
public static <T extends Comparable<T>> T findMax(T[] array)
```

- `main()` 메소드에서 아래 배열들을 정의하고, `findMax()` 메소드를 호출하여 결과를 출력한다.

```
Integer[], Double[], String[] 배열 사용
```

참고사항: 타입 매개변수의 표기

한 가지 주의할 점이 있다. 제네릭 클래스는 여러 개의 타입 매개변수를 가질 수 있으나 타입의 이름은 클래스나 인터페이스 안에서 유일해야 한다. 관례에 의하여 타입의 이름은 하나의 대문자로 나타낸다. 이것은 변수의 이름과 타입의 이름을 구별할 수 있게 하기 위함이다. 일반적으로 많이 사용하는 이름들은 다음과 같다.

- **E:** Element(요소, 자바 컬렉션 라이브러리에서 많이 사용)
- **K:** Key
- **N:** Number

SELF TEST

1 리스트가 비어 있지 않으면 첫 번째 요소를, 비어 있으면 기본값을 반환하는 제네릭 메소드의 선언부에서 빈칸을 채우시오.

```
public static ___ T firstOrDefault(List<T> list, T def) { ... }
```

2 제네릭 메소드는 제네릭 클래스가 아니어도 선언할 수 있다. (O/X)

3 제네릭 메소드의 타입 인자에는 기본형 `int`, `double`을 직접 사용할 수 있다. (O/X)

Mini Project 수행하기 1 쇼핑 카트 프로젝트

난이도: ★★★☆☆
주제: ArrayList와 Map 사용하기

사용자가 상품을 장바구니에 추가하고 총 금액을 계산할 수 있는 간단한 쇼핑 카트 프로그램을 작성해 보자. 이 프로젝트는 자바 컬렉션(List, Map)과 제네릭을 사용하여 상품 관리, 장바구니 동작, 그리고 총 금액 계산을 구현하는 것을 목표로 한다.

```
--- 쇼핑 카트 시스템 ---
1. 상품 목록 보기
2. 장바구니에 상품 추가
3. 장바구니에서 상품 삭제
4. 총 금액 보기
5. 장바구니 초기화
6. 종료
선택: 1

상품 목록:
1. Laptop(2000000원)
2. Mouse(12000원)
3. Keyboard(100000원)

선택: 2
추가할 상품 이름: Laptop
수량: 1
상품이 장바구니에 추가되었습니다.
```

- **상품 관리:** Product 클래스를 생성한다. 이 클래스는 String name(상품 이름), int price(상품 가격)를 가진다. 상품을 저장하는 데이터 구조는 List<Product> 또는 Map<String, Product>를 사용한다.
- **장바구니 기능:** Map<Product, Integer>를 사용하여 상품과 해당 상품의 수량을 저장한다. 사용자 입력을 받아 상품 추가, 상품 삭제, 장바구니 초기화를 구현한다.
- **총 금액 계산 및 할인 적용:** 장바구니의 총 금액을 계산한다. 특정 조건에 따라 할인 기능을 추가한다(예: 총 금액이 10만 원 이상일 경우 10% 할인).
- **사용자 인터페이스:** 콘솔 기반의 간단한 메뉴를 제공하여 사용자가 다음 작업을 수행할 수 있도록 한다. 상품 목록 보기, 장바구니에 상품 추가, 장바구니에서 상품 삭제, 총 금액 보기, 장바구니 초기화, 종료 등이다.

Product 클래스를 작성하고 toString() 메소드를 재정의하여 상품 정보를 보기 쉽게 표시한다. Map과 List를 활용하여 상품과 장바구니 데이터를 관리한다. 반복문과 조건문을 사용하여 콘솔 메뉴를 구현한다. 컬렉션 메소드(put(), remove(), clear())를 활용하여 장바구니 기능을 구현한다.

카드 셔플링과 분배

Mini Project 수행하기 2

난이도: ★★★☆☆
주제: 컬렉션 메소드 사용

카드 덱을 생성하고 플레이어들에게 카드를 분배하며, 남은 카드를 확인할 수 있는 간단한 게임을 만들어 보자. 이 과정을 통해 List와 제네릭을 활용한 클래스 설계, Collections.shuffle() 메소드 사용법을 익힐 수 있다.

- **카드 덱 생성:** Card 클래스를 생성하고 String suit(카드의 무늬: ♥, ♠, ♣, ♦), String rank(카드의 숫자/문자:2-10, J, Q, K, A), List<Card>를 사용하여 52장의 카드를 생성한다.
- **카드 셔플링:** Collections.shuffle() 메소드를 사용하여 덱을 무작위로 섞는다.
- **카드 분배:** 사용자로부터 플레이어 수와 각 플레이어가 받을 카드 수를 입력받는다. 플레이어들에게 카드를 분배하고, 남은 카드의 수를 출력한다.
- **남은 카드 확인:** 분배 후 덱에 남아 있는 카드를 출력한다.

Mini Project 수행하기 3 몬스터 잡기 게임

난이도: ★★★★☆
주제: ArrayList와 게임

컬렉션은 게임에서 많이 사용한다. 화면에 몬스터가 표시되고, 마우스를 클릭하여 몬스터를 잡는 게임을 만들어 보자.

몬스터들은 어딘가에 저장되어야 한다. 중간에 사용자에게 잡혀서 소멸될 수도 있기 때문에 동적인 저장 방법이 필요하다. 이런 경우에는 벡터나 ArrayList를 사용하는 것이 좋다. 다음과 같은 Monster 객체를 ArrayList에 저장하고 이것을 꺼내서 화면에 표시하는 프로그램을 작성해 보자.

```
class Monster {
    int x, y, hp;
    Image img;

    Monster(int x, int y, int hp) {
        this.x = x;
        this.y = y;
        this.hp = hp;
        ImageIcon icon = new ImageIcon("monster.png");
        img = icon.getImage();
    }

    public void draw(Graphics g) {
        g.drawImage(img, x, y, null);
    }
}
```

화면의 몬스터를 움직이게 하고, 마우스로 클릭하여 몬스터를 잡는 간단한 게임으로 확장해 보자.

Summary

- 제네릭은 클래스를 정의할 때, 클래스 안에서 사용하는 자료형(타입)을 구체적으로 명시하지 않고 T와 같이 기호로 적어놓는다.

```
class Box<T>{ T value; }
```

- 컬렉션(collection)은 자료를 저장하기 위한 구조이다.

```
Collection<String> c = new ArrayList<>();
```

- 자주 사용하는 컬렉션에는 리스트(list), 스택(stack), 큐(queue), 집합(set), 해시 테이블(hash table) 등이 있다.

```
Queue<String> q = new LinkedList<>();
```

- 벡터(Vector) 클래스는 java.util 패키지에 있는 컬렉션의 일종으로 가변 크기의 배열(dynamic array)을 구현한다.

```
Vector<String> v = new Vector<>();
```

- ArrayList도 가변 크기의 배열을 구현하는 클래스이다. ArrayList는 동기화를 하지 않기 때문에 Vector보다 성능이 우수하다.

```
ArrayList<String> list = new ArrayList<>();
```

- 순서에는 상관없이 데이터만 저장하고 싶은 경우에는 집합(Set)을 사용할 수 있다. 집합은 동일한 데이터를 중복해서 가질 수 없다.

```
Set<String> tags = new HashSet<>();
```

- Map은 키(key)와 값(value)을 쌍으로 저장한다. 각 키는 오직 하나의 값에만 매핑될 수 있다. 키를 제시하면 Map은 값을 반환한다.

```
Map<String,Integer> countByWord = new HashMap<>();
```

- Collections 클래스는 정렬(Sort), 섞기(Shuffle), 탐색(Search)과 같은 유용한 알고리즘을 구현한 메소드들을 제공한다.

```
Collections.sort(list);
```

Exercises

1. 다음 중 중복 요소를 제한하는 컬렉션은?

❶ Set ❷ List ❸ Map ❹ Queue

2. 다음 중 ArrayList에 요소를 추가하는 메소드는?

❶ append() ❷ add() ❸ addElement() ❹ set()

3. 다음 중 ArrayList에서 요소를 삭제하는 메소드는?

❶ delete() ❷ remove()
❸ deleteElement() ❹ removeElement()

4. Integer[] arr가 주어졌을 때, 이를 리스트로 바꾸는 올바른 코드는?

❶ Arrays.asList(arr) ❷ toArray(arr)
❸ fromArray(arr) ❹ convertArray(arr)

5. 다음 중 리스트의 중간에서 삽입과 삭제할 때 좋은 성능을 보이는 컬렉션은?

❶ Vector ❷ ArrayList ❸ LinkedList ❹ Array

6. 다음 중 스레드에 대하여 안전한 컬렉션은?

❶ Vector ❷ ArrayList ❸ LinkedList ❹ Array

7. 어떤 정보를 저장할 때 중복이 절대 발생하면 안 된다고 가정하자. 그리고 모든 요소는 삽입된 순서대로 출력되어야 한다면 어떤 컬렉션을 사용하여야 하는가?

❶ HashSet ❷ LinkedHashSet ❸ TreeSet ❹ ArrayList

8. 어떤 정보를 키-값의 쌍으로 저장하고자 한다면 어떤 컬렉션을 사용하여야 하는가?

❶ Map ❷ Set ❸ List ❹ Collection

9. 다음 중 Map에 데이터를 저장하는 메소드는?

❶ put() ❷ add() ❸ set() ❹ append()

10. 다음은 MyStack 클래스의 일부분이다.

1. MyStack에 저장하는 데이터의 타입을 int 대신 제네릭 타입으로 나타내시오. 필요하다면 private List<T> stack = new ArrayList<>();를 사용할 수 있다.

```
public class MyStack{
    private int[] stack;
    public void push(int data) { ... }
    public int pop() { ... }
}
```

2. String 타입의 데이터를 가지는 MyStack을 생성하는 문장을 작성하시오.

11. 다음과 같은 리스트를 생성했다고 하자. 각 문장을 실행한 후의 리스트를 예측하고 출력 결과를 작성하시오. 각 문장을 순서대로 실행한다.

```
String[] s = {"사과", "배", "바나나"};
ArrayList<String> list = new ArrayList<>(Arrays.asList(s));
```

1. list.add("포도");

2. list.add(2, "자몽");

3. System.out.println(list.get(3));

4. list.remove(1);

5. System.out.println(list.contains("사과"));

6. System.out.println(list.indexOf("사과"));

12. 변수 list가 ArrayList<Double>의 객체를 참조하고 있다고 하자. list의 모든 원소를 출력하는 문장을 다음의 조건에 맞게 작성하시오.

1. 인덱스 변수를 사용하는 보통의 for 문을 사용한다.

2. for-each 문을 사용한다.

Programming Exercises

난이도: ★★☆☆☆
주제: 기본 제네릭 클래스 설계

1. 2개의 데이터를 저장하고 비교할 수 있는 PairComparator<T> 제네릭 클래스를 작성하시오. 주요 메소드는 'void setFirst(T first): 첫 번째 데이터를 저장', 'void setSecond (T second): 두 번째 데이터를 저장', 'boolean isEqual(): 두 데이터가 같은지 비교하여 결과를 반환'이다. PairComparator<Integer>는 두 정수를 비교하고, PairComparator<String>는 두 문자열을 비교한다.

```
PairComparator<Integer> 테스트:
첫 번째 데이터: 10
두 번째 데이터: 20
결과: 두 데이터는 같지 않습니다.
```

난이도: ★★★☆☆
주제: ArrayList

2. 랜덤 리스트를 작성하시오. 렌덤 리스트는 원소들을 가지고 있다가 select() 메소드가 호출되면 난수를 이용해 ArrayList 원소 중 하나를 선택해 반환한다. 모든 타입의 객체를 저장하도록 제네릭을 사용한다. 원소들은 ArrayList를 이용하여서 저장하고, add() 메소드는 원소를 추가한다. select() 메소드가 호출되면 난수 생성기를 이용하여 ArrayList 원소 중에서 하나를 선택하고 반환한다. 다음 코드를 참고한다.

```
public class RandomList<T> {
    ________________________________;
    public void add(T  item) { __________________; }
    public T select() { __________________________; }
}
```

3. 학생들의 이름과 성적을 관리하는 시스템을 Map<String, Integer>을 사용하여 만드시오. 새로운 학생 추가, 특정 학생의 성적 수정, 모든 학생의 평균 성적 계산, 최고 성적을 가진 학생 출력 등의 기능을 구현한다.

난이도: ★★★☆☆
주제: Map

```
--- 학생 성적 관리 시스템 ---
1. 새로운 학생 추가
2. 특정 학생의 성적 수정
3. 모든 학생의 평균 성적 계산
4. 최고 성적을 가진 학생 출력
5. 종료
선택: 1
학생 이름: Kim
학생 성적: 85
Kim 학생이 추가되었습니다.
```

4. 피겨 스케이팅 등에서 사용되는 방식으로, 10명의 심사위원 점수(0.0~10.0)를 입력받아 최저 점수 1개와 최고 점수 1개를 제외한 나머지 점수의 합과 평균을 구하는 프로그램을 작성하시오. 점수는 ArrayList<Double>에 저장한다. 최저 1개, 최고 1개만 제외한다(동점자가 여러 명이어도 각각 한 개씩만 제외).

난이도: ★★★☆☆
주제: ArrayList

```
입력 점수(정렬): [6.8, 6.8, 7.5, 7.9, 8.0, 8.1, 8.5, 8.7, 9.2, 9.2]
제외된 점수 → 최저: 6.8, 최고: 9.2
합계(최저/최고 제외): 64.5
평균(최저/최고 제외): 8.1
```

5. 정수들을 입력받아 중복을 제거하고, 오름차순으로 정렬된 결과를 출력하시오. 또한 가장 작은 수와 가장 큰 수를 함께 출력한다. 중복 제거에는 Set<Integer>를 사용한다.

난이도: ★★☆☆☆
주제: Set

```
숫자를 입력하세요 (공백으로 구분):
10 20 20 30 40 40 50 10

중복 제거 후 정렬된 리스트: [10, 20, 30, 40, 50]
가장 작은 숫자: 10
가장 큰 숫자: 50
```

난이도: ★★☆☆☆
주제: Set

6. 로또 번호를 생성하는 프로그램을 작성하시오. 로또는 1부터 45까지의 숫자 중에서 6개를 선택한다. 로또 번호는 중복되면 안 된다. 따라서 집합을 나타내는 Set을 사용하여 중복을 검사한다. Math.random() 메소드를 사용하면 0부터 1 사이의 난수를 생성할 수 있다. [0.0, 1.0] 사이의 난수가 생성되면 여기에 45를 곱하고 1을 더하면 1부터 45 사이의 정수를 생성할 수 있다. 생성된 정수는 Set의 contains() 메소드를 이용하여 이미 선택된 정수인지를 검사한다.

```
Lotto [set=[16, 23, 7, 8, 26, 30]]
```

난이도: ★★★★☆
주제: List와 Map

7. 도서관 대출 관리 시스템을 만드시오. 도서를 등록/삭제하고, 특정 도서를 대출/반납하며, 대출 중/미대출 목록을 출력하는 프로그램을 작성하시오. 도서 식별은 ID(문자열)로 하며, 도서 정보는 Book 클래스로 관리한다.

```
1. 도서 추가
2. 도서 삭제
3. 도서 대출
4. 대출 중인 도서 목록
5. 대출하지 않은 도서 목록
6. 종료
선택: 3
대출할 도서 ID: 001
대출자 이름: Kim

도서가 대출되었습니다.
--- 대출 중인 도서 목록 ---
Book{ID='001', Title='The Great Gatsby'} - 대출자: Kim
```

난이도: ★★★☆☆
주제: Map

8. 플레이어 이름과 점수를 저장하는 Map<String, Integer>를 사용하여 점수 추가 및 업데이트, 최고 점수와 해당 플레이어 출력, 점수 순위표 출력(내림차순 정렬)을 구현하시오.

```
1. 점수 추가/업데이트
2. 최고 점수 플레이어 출력
3. 점수 순위표 출력
4. 종료
선택: 1
플레이어 이름: Kim
점수: 85
Kim의 점수가 추가/업데이트되었습니다.
```

9. 국가의 이름을 키로 하고 수도를 값으로 하여 Map에 몇 개의 (키, 값)을 저장한다. Map에 저장된 전체 데이터를 출력하고, 사용자로부터 국가 이름을 입력받아서 수도를 찾아 출력하는 프로그램을 작성하시오.

난이도: ★★☆☆☆
주제: Map

```
key: USA, Value: Washington
key: Japan, Value: Tokyo
key: China, Value: Beijing
key: UK, Value: London
key: Korea, Value: Seoul

국가 이름을 입력하시오: Korea
Korea의 수도: Seoul
```

10. 쇼핑 카트 프로그램을 작성하시오. 상품 목록(List<String>)을 JComboBox로 표시한다. ‘장바구니에 추가’ 버튼을 눌러 선택한 상품을 JList에 추가한다. ‘장바구니 비우기’ 버튼으로 모든 상품을 삭제한다. ‘총 상품 수’와 ‘총 가격’을 JLabel로 표시한다.

난이도: ★★★☆☆
주제: List와 Swing 컴포넌트를 사용한 쇼핑 카트 구현

CHAPTER 14

파일 입출력

학습목표

- 스트림이 무엇이고 자바에서 스트림은 어떻게 동작하는지 설명한다.
- 바이트 스트림을 활용하여 데이터를 처리한다.
- 문자 스트림과 바이트 스트림의 차이점을 이해하고 문자 데이터를 처리한다.
- 객체를 직렬화하여 다시 복원(역직렬화)하는 과정을 이해한다.
- 파일 객체(`File` 클래스)를 사용하여 파일의 정보를 가져오고 관리한다.

학습목차

핵심 키워드

입출력 스트림, `File` 객체

CHAPTER 14

파일 입출력

14.1 입출력 스트림

스트림이란?

스트림(Stream)은 자바에서 데이터를 주고받을 때 사용하는 '데이터의 고속도로'라고 생각하면 이해하기 쉽다. 원래 뜻은 '물이 흐르는 개울'이지만, 자바에서는 데이터를 실은 바이트들이 강물을 타고 목적지로 흘러가는 모습을 상상해 보아야 한다. 스트림은 한쪽 방향으로만 흐르는 일방통행 도로와 비슷하다. 데이터를 소스(파일, 네트워크, 메모리 등)에서 읽거나, 목표 지점으로 쓰는 데 사용된다.

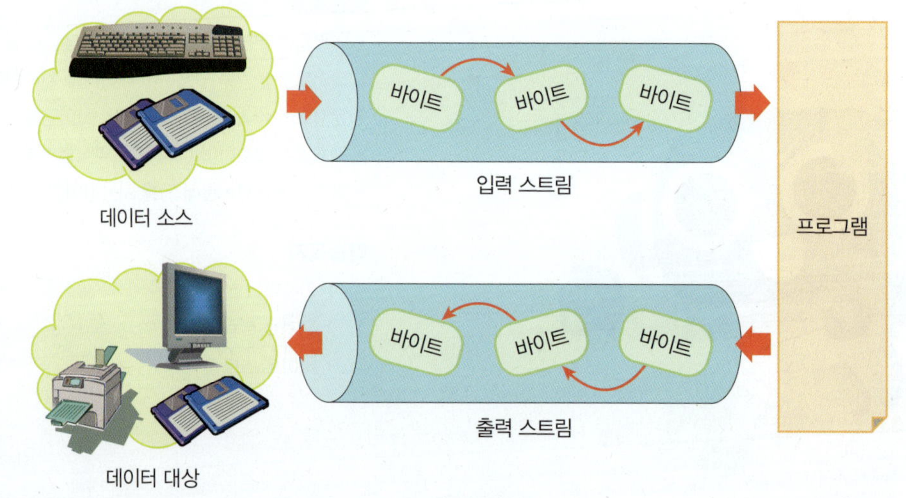

그림 14-1 스트림

스트림은 어떤 목적으로 만들어졌을까? 스트림은 파일, 메모리, 네트워크 소켓 등 서로 다른 데이터 소스 및 대상 간의 데이터 흐름을 추상화한다. 개발자는 장치의 세부 구현을 알 필요 없이, 일관된 방식으로 데이터를 처리할 수 있다. 예를 들어 파일 데이터든 네트워크 데이터든 상관없이 `InputStream`과 `OutputStream`으로 동일하게 다룰 수 있다. 스트림은 하드웨어 장치(디스크, 키보드, 네트워크)와 독립적으로 설계되어, 다양한 입출력 장치에서 같은 방식으로 동작한다. 하드웨어 변경에 따른 코드 수정이 거의 필요 없다.

데이터의 흐름(입력과 출력)

스트림에서 데이터의 흐름은 다음과 같은 2가지로 나뉜다.

스트림의 종류	설명
입력 스트림	데이터를 외부에서 프로그램으로 가져오는 스트림이다. 예를 들어 파일에서 텍스트를 읽어오거나 사용자로부터 입력받을 때 사용한다. `InputStream`, `Reader` 등이 입력 스트림 클래스이다.
출력 스트림	데이터를 프로그램에서 외부로 내보내는 스트림이다. 예를 들어 파일에 데이터를 저장하거나 네트워크로 전송할 때 사용한다. `OutputStream`, `Writer` 등이 출력 스트림 클래스이다.

참고사항: 입출력 스트림 vs 컬렉션 스트림

입출력 스트림과 컬렉션 스트림은 서로 완전히 다른 개념이다. 입출력 스트림은 물리적 데이터 소스와 프로그램 간의 데이터 전송을 위해 사용되며, 외부 데이터를 처리하는 데 적합하다. 컬렉션 스트림은 컬렉션 또는 배열에 있는 데이터를 효율적으로 필터링, 변환, 집계할 수 있도록 설계된 API로, 함수형 프로그래밍 스타일을 지원한다. 이 둘은 서로 독립적인 개념으로 완전히 다르다.

바이트 스트림과 문자 스트림

자바의 스트림은 데이터 형태에 따라 바이트 스트림과 문자 스트림으로 나뉜다.

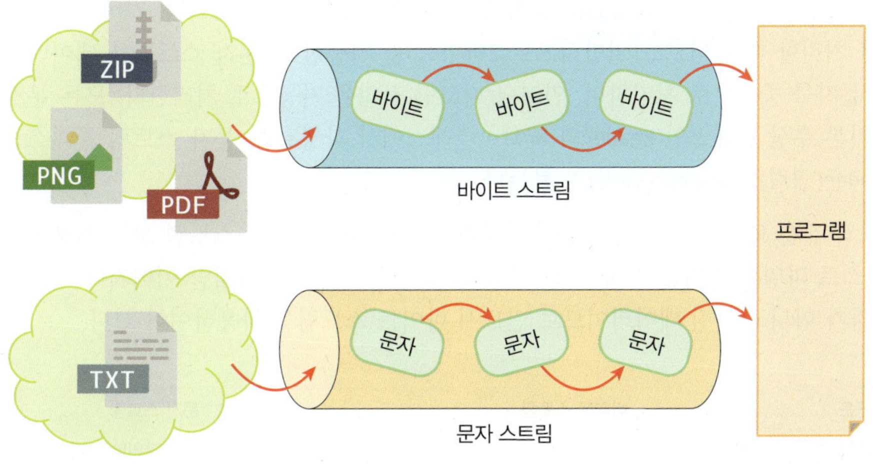

그림 14-2 스트림의 분류

바이트 스트림

바이트 스트림(Byte Stream)은 바이트 단위(8비트)로 입출력하는 기본적인 클래스이며, 주로 이미지, 동영상, 오디오와 같은 이진(binary) 데이터 처리에 사용된다. 물론 텍스트 파일을 바이트 단위로 읽거나 쓸 때도 사용한다. 모든 바이트 스트림 클래스는 추상 클래스인 InputStream과 OutputStream을 상속받는다. 바이트 스트림 클래스 이름에는 InputStream(입력)과 OutputStream(출력)이 붙는다. 바이트 스트림 중에서 중요한 클래스는 그림 14-3과 같다.

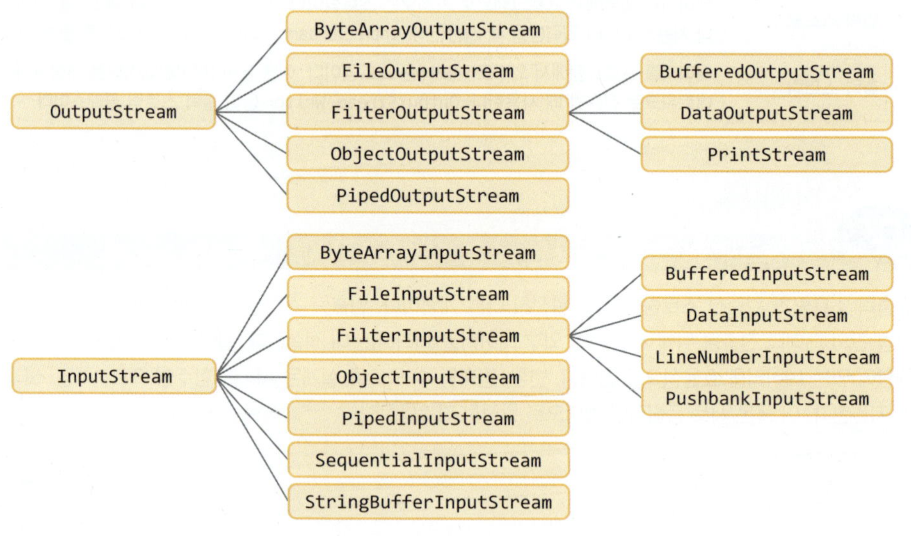

그림 14-3 바이트 스트림의 계층도

문자 스트림

문자 스트림(Character Stream)은 문자 단위로 입출력하는 클래스이다. 자바는 기본적으로 문자를 처리할 때 유니코드(일반적으로 2바이트)를 사용한다. 문자 스트림은 데이터를 읽고 쓸 때 문자를 중심으로 처리하며, 인코딩/디코딩 작업을 자동으로 처리한다. 모든 문자 스트림은 기본 추상 클래스인 Reader와 Write 클래스에서 파생된다. 문자 스트림 클래스 이름에는 Reader(입력)와 Writer(출력)가 붙는다.

메모장과 같은 텍스트 파일인 경우에는 문자 스트림이나 바이트 스트림 모두 사용이 가능하다. 텍스트 파일도 얼마든지 바이트 스트림으로 읽을 수 있다. 하지만 이미지나 비디오 파일은 문자가 아니고 이진 데이터이므로 반드시 바이트 스트림을 사용하여야 한다.

구분	바이트 스트림	문자 스트림
데이터 단위	1바이트씩 처리	2바이트(유니코드 문자) 단위로 처리
주요 클래스	InputStream/OutputStream	Reader/Writer
사용 용도	이미지, 비디오, 오디오 등 이진 데이터	텍스트 데이터 처리

표 14-1 바이트 스트림과 문자 스트림 비교

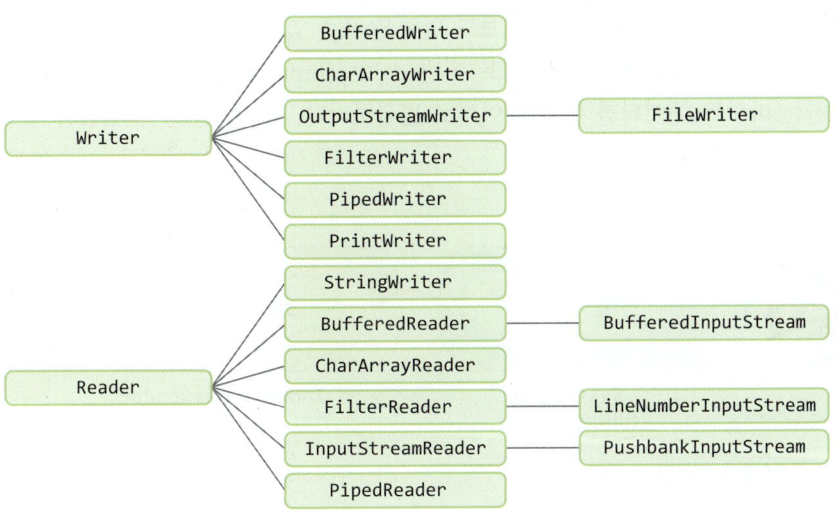

그림 14-4 문자 스트림의 계층도

스트림 연결

자바에서 여러 스트림을 연결해서 사용하는 것은 마치 고급 정수기와 같다. 정수기에서 물이 여러 필터를 거치며 정화되듯이, 데이터도 스트림을 통해 '필터링과 변신'을 경험한다. 먼저, 침전 필터는 큰 입자를 걸러내며 데이터를 깔끔하게 정리하고, 역삼투압 필터는 중금속 같은 '쓸모없는 데이터'를 강력하게 제거한다. 마지막으로 포스트 카본 필터는 데이터의 '맛과 향'을 개선해주는 역할을 한다. 결과적으로, 우리가 원하는 '깨끗하고 사용하기 좋은 데이터'를 얻게 된다.

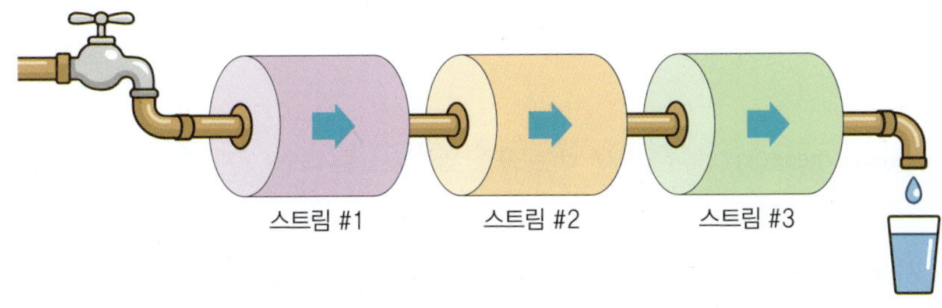

그림 14-5 스트림의 연결

이와 비슷하게, 자바에서도 여러 스트림을 연결하여 단계별로 작업을 수행할 수 있다. 예를 들어, data.txt 파일을 읽어서 'INFO'로 시작하는 줄만 필터링하고, 해당 줄을 모두 대문자로 변환한 후 출력할 수 있다. 스트림을 연결할 때 각 스트림은 다른 스트림의 입력 또는 출력으로 동작한다. 스트림을 연결함으로써 다양한 작업을 순차적으로 수행할 수 있으며, 필요한 만큼 많은 스트림을 연결하는 것이 가능하다.

구체적인 예를 들어 보자. 자바에서 키보드 입력은 표준 입력 스트림인 System.in을 통해 처리한다. 기본적으로 System.in은 바이트 기반 스트림(InputStream)이다. 따라서 System.in이 제공하는 바이트 데이터를 문자 데이터로 변환하거나, 버퍼링을 통해 성능을 향상시키기 위해 스트림을 연결할 수 있다.

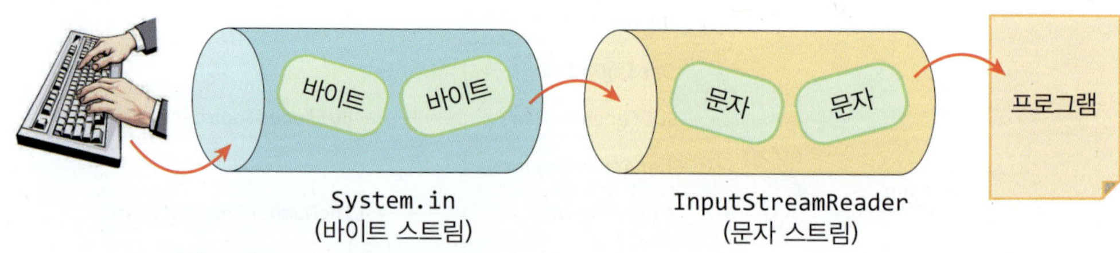

그림 14-6 스트림은 연결할 수 있다.

System.in의 출력을 문자 스트림으로 변환하려면, InputStreamReader를 System.in에 연결해야 한다. InputStreamReader는 바이트 스트림을 문자 스트림으로 변환해 주는 스트림이다.

```
InputStreamReader reader = new InputStreamReader(System.in)
```

위의 코드는 System.in에 InputStreamReader 스트림을 연결한다. (System.in → InputStreamReader)와 같이 2개의 스트림이 연결되면, System.in은 키보드에서 입력을 받아서 InputStreamReader 스트림으로 보내고, InputStreamReader 스트림에서는 System.in에서 들어오는 바이트들을 모아서 문자로 만들어 출력한다. 하나의 문자를 읽는 코드는 다음과 같다.

```
int ch = reader.read();        // ch는 표준 입력에서 들어오는 문자 값
```

예를 들어 사용자가 한글 문자 '한'을 입력한다고 하자. System.in은 바이트 기반으로 동작하므로, 우리가 키보드에서 '한' 문자를 입력하면, 0xC7, 0xD1의 2개의 바이트를 반환할 수 있다(윈도우에서 기본 인코딩은 EUC-KR이다). InputStreamReader는 이 바이트 데이터를 읽어서, 유니코드 문자(UTF-16)로 변환한다. 즉 '한'을 나타내는 0xD55C를 반환한다. 2개의 바이트를 모으고, 코드를 변환하여 하나의 16비트 유니코드 문자를 반환하는 것이다.

SELF TEST

1 다음 중 문자 스트림을 사용하는 것이 적합한 경우는?

❶ 이미지 파일을 읽고 쓸 때
❷ 오디오 데이터를 처리할 때
❸ 텍스트 데이터를 읽고 쓸 때
❹ 동영상 파일을 스트리밍할 때

2 다음 중 자바의 스트림에 대한 설명으로 옳은 것은?

❶ 스트림은 데이터의 양방향 전송을 기본으로 한다.
❷ 스트림은 데이터 소스와 대상 간의 데이터 흐름을 추상화한다.
❸ 스트림은 반드시 텍스트 데이터를 처리해야 한다.
❹ 스트림은 파일 데이터만 처리할 수 있다.

14.2 문자 스트림

문자 스트림이란?

자바의 문자 스트림(Character Stream)은 문자 데이터를 처리하기 위한 스트림이다. 자바에서 문자 데이터는 유니코드(Unicode)로 표현하며, 문자 스트림은 이러한 유니코드 데이터를 다루는 데 최적화되어 있다. 문자 스트림은 주로 텍스트 파일을 읽고 쓰거나 문자 기반 데이터 처리를 수행할 때 사용한다.

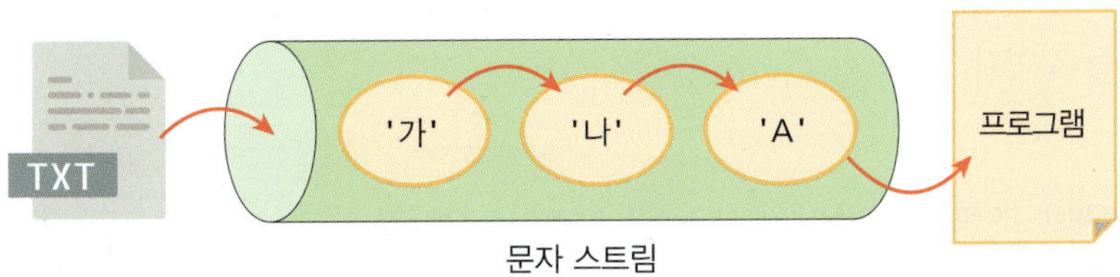

그림 14-7 문자 스트림

문자 스트림은 16비트 단위로 데이터를 처리하며, 문자 인코딩 변환을 자동으로 처리한다. 반면에 바이트 스트림은 8비트 단위로 데이터를 처리한다. 따라서 이미지와 같은 이진 데이터를 문자 스트림으로 처리하면 안 된다.

문자 스트림 클래스

모든 문자 스트림 클래스는 `Reader`와 `Writer`로부터 파생된다. 예를 들어 파일에서 문자를 읽거나 쓰려면 `FileReader`와 `FileWriter`를 사용한다. 문자 스트림의 주요 메소드는 `read()`와 `write()`이다.

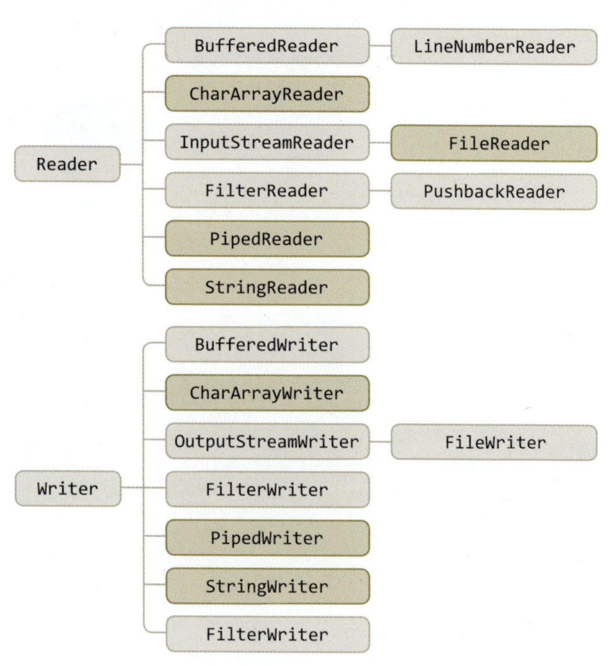

그림 14-8 문자 스트림 클래스

반환형	메소드	설명
int	read()	입력 스트림에서 1개의 문자를 읽는다. 반환 값은 0에서 65535 범위(0x0000에서 0xFFFF)의 유니코드 값이다. 스트림이 종료되면 −1을 반환한다.
int	read(char[] cbuf)	입력 스트림에서 문자를 읽어서 cbuf[]에 저장하고 읽은 개수를 반환한다.
int	skip(long n)	입력 스트림에서 n만큼의 문자를 건너뛴다.
void	close()	입력 스트림을 닫는다.

표 14-2 Reader 클래스의 주요 메소드

텍스트 파일에서 읽기

1. 텍스트 파일을 읽기 위하여 제일 먼저 해야 할 일은 파일과 연결된 FileReader 객체를 생성하는 것이다.

```
FileReader reader = new FileReader("example.txt");
```

위의 문장을 실행하면 FileReader의 생성자는 현재 작업 디렉터리에 있는 example.txt 파일을 찾아서 열고, 파일과 스트림을 연결한다. 절대 경로를 지정하려면 c:/test/example.txt와 같이 앞에 경로를 붙이면 된다.

2. 다음 단계는 파일에서 문자 하나를 읽는 것이다. read() 메소드를 호출하면 된다. 파일의 끝을 만나면 -1을 반환한다. 따라서 파일 전체를 읽는 코드는 다음과 같다.

```
int data;
while ((data = reader.read()) != -1) {          // 문자 하나를 data로 읽는다.
    System.out.print((char) data);              // 문자를 화면에 출력한다.
}
```

read() 메소드의 반환 값이 char형이 아니고 int형인 이유는 무엇일까? read() 메소드는 읽은 문자의 유니코드 값(0~65535)을 반환하며, 더 이상 읽을 데이터가 없을 경우 특별한 정수값인 −1을 반환한다. 만약 read() 메소드가 char형(16비트)으로 반환한다면, −1을 반환할 수 없다. 왜냐하면 char형은 0~65535만을 반환하기 때문이다. 따라서 파일 끝을 처리할 방법이 없어진다. 32비트의 int형을 반환한다면 정상 문자와 −1을 구분할 수 있다. 정상 문자인 경우에는 int형의 32비트 중에서 하위 16비트만을 사용한다.

한 번에 여러 문자를 읽고 싶은 경우에는 중복 정의된 read() 메소드를 사용한다.

```
char[] buffer = new char[100];              // 100개의 문자를 담을 배열
int n = reader.read(buffer);                // 한 번에 100개의 문자를 읽는다.
```

3. 입출력이 완료되면 스트림을 닫아야 한다.

```
reader.close();
```

입출력 예외 처리

입출력 작업은 파일 읽기/쓰기, 네트워크 통신, 데이터 스트림 처리 등 다양한 작업을 포함하며, 이러한 작업을 하는 중에 예외가 발생할 가능성이 높다. 따라서 적절한 예외 처리가 필요하다. 예외 처리는 프로그램의 안정성을 유지하고, 오류가 발생하더라도 적절히 대응할 수 있도록 돕는다.

- FileNotFoundException은 읽으려는 파일이 존재하지 않을 때 발생한다. 이때는 파일 경로와 파일의 존재 여부를 확인해야 한다.
- IOException은 입출력 작업에서 일반적인 오류가 발생할 때 사용하는 예외이다. 예를 들어서 파일 읽기/쓰기 중 장애가 생길 경우 발생한다.

텍스트 파일 읽기 #1 　예제 14-1

기본 예제로 현재 디렉토리에 있는 텍스트 파일 test.txt를 읽어서 화면에 출력하는 프로그램을 작성해 보자.

FileReaderExample1.java

```
import java.io.*;

public class FileReaderExample1 {
    public static void main(String args[]) {
        System.out.println("Default Encoding: " + System.getProperty
                                                    ("file.encoding"));
```

```java

        FileReader fr = null;                       // FileReader 선언
        try {
            fr = new FileReader("test.txt");        // FileReader 초기화
            int ch;
            while ((ch = fr.read()) != -1)          // 파일 읽기
                System.out.print((char) ch + " ");
        } catch (IOException e) {
            e.printStackTrace();
        } finally {
            // 리소스 해제
            if (fr != null) {
                try {
                    fr.close();                     // FileReader 닫기
                } catch (IOException e) {
                    e.printStackTrace();
                }
            }
        }
    }
}
```

```
Default Encoding: UTF-8
A B C D E F 가 나 다 라 바 사 아
```

자바의 기본 문자 인코딩을 출력하였다. 기본 인코딩이 UTF-8이라면, 텍스트 파일 역시 UTF-8로 저장되어 있어야 문자가 올바르게 표시된다. 자바는 내부적으로 문자를 UTF-16(2바이트 단위)으로 처리하지만, 실제 파일에 저장될 때의 바이트 수는 인코딩 방식에 따라 다르다. 예를 들어 UTF-8에서는 영문은 보통 1바이트, 한글은 3바이트로 저장된다. '다른 인코딩'을 사용하여 파일을 읽는 방법은 '14.4 다양한 처리 스트림'에서 다룬다.

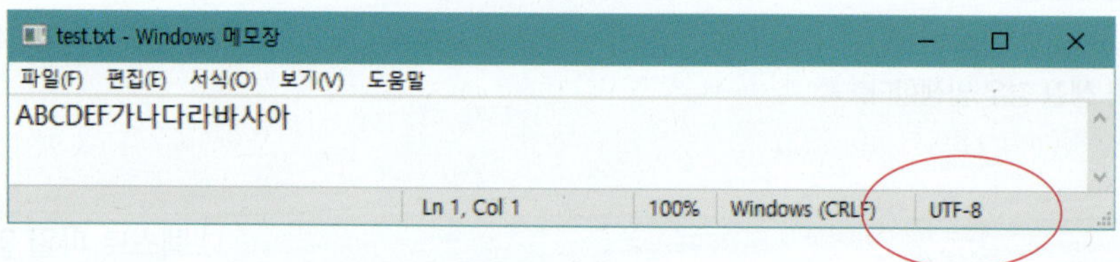

여기서 다음과 같이 예외를 처리하면 잘못될 수 있다.

FileReaderExample2.java

```java
public class FileReaderExample2 {
    public static void main(String args[]) {
        FileReader fr = null;                       // FileReader 선언
        try {
            fr = new FileReader("test.txt");        // FileReader 초기화
            int ch;
```

```
            while ((ch = fr.read()) != -1)          // 파일 읽기
                System.out.print((char) ch + " ");
            fr.close();                             // FileReader 닫기
        } catch (IOException e) {
            e.printStackTrace();
        }
    }
}
```

파일 읽기 과정에서 예외가 발생하면 fr.close() 메소드는 호출되지 않을 수 있으므로 리소스가 제대로 해제되지 않는다.

위의 코드에는 중요한 문제가 있다. fr.close() 메소드를 try 블록 안에서 호출하는 점이 문제이다. 파일 읽기 과정에서 예외가 발생하면 fr.close() 메소드는 호출되지 않을 수 있으므로 리소스가 제대로 해제되지 않는다. 또한 close() 메소드 호출 시에도 예외가 발생할 가능성이 있지만, 현재 코드에서는 이를 처리하지 않는다. 스트림을 사용한 후에는 반드시 close() 메소드를 호출하여야 한다. 더 이상 사용되지 않는 스트림을 닫지 않으면 심각한 자원 누출이 발생하기 때문이다.

도전문제

1. FileNotFoundException 예외가 발생하는 상황을 만들고 처리하시오. 즉, 현재 디렉토리에 없는 파일을 읽어서 어떤 현상이 일어나는지 관찰한다.
2. c:\temp\test.txt 파일을 생성하고 이 파일을 읽어보자. 자바 소스 파일에는 c:\\temp\\test.txt 또는 c:/temp/test.txt와 같이 입력한다.
3. 텍스트 파일을 읽어 줄번호를 붙여 출력하고, 마지막에 총 줄 수와 총 문자 수(줄바꿈 제외)를 보여라.

try-with-resources 기능

앞의 예제에서 알 수 있듯이 예외를 올바르게 처리하려면 상당히 많은 코드가 필요하다. 따라서 Java 7 이상에서는 try-with-resources 기능을 사용하는 것이 좋다. 이 기능은 try() 메소드 안에서 리소스를 열면, 스트림이나 리소스를 명시적으로 닫을 필요 없이 자동으로 해제하는 기능이다. 리소스를 명시적으로 닫는 finally 블록이 필요 없다. 예외가 발생하더라도 리소스를 자동으로 닫는다.

```
try (FileReader reader = new FileReader("test.txt")) {
    int data;
    while ((data = reader.read()) != -1) {
        System.out.print((char) data);
    }
} catch (FileNotFoundException e) {
    System.out.println("파일을 찾을 수 없습니다: " + e.getMessage());
} catch (IOException e) {
    System.out.println("입출력 오류 발생: " + e.getMessage());
}
```

또 여기서 IOException을 처리하면, FileNotFoundException은 생략해도 된다. FileNotFoundException은 IOException의 하위 클래스이기 때문에, IOException으로 예외를 처리하면 FileNotFoundException도 포함된다. 따라서 IOException만 사용해도 문제가 없지만, 두 예외를 구분하여 각각 처리하는 경우에는 별도로 작성할 필요가 있다.

예제 14-2 텍스트 파일 읽기 #2

이번에는 try-with-resources 기능을 이용하여 앞의 코드를 다시 작성해 보자. 동일한 텍스트 파일을 읽어서 화면에 출력한다.

FileReaderExample2.java

```
import java.io.*;

public class FileReaderExample2 {
    public static void main(String args[]) {
        try (FileReader fr = new FileReader("test.txt")) {
            int ch;
            while ((ch = fr.read()) != -1)
                System.out.print((char) ch +" ");
        } catch (IOException e) {
            e.printStackTrace();
        }
    }
}
```

```
A B C D E F 가 나 다 라 바 사 아
```

이번에는 try-with-resources 기능을 사용하였다. 코드가 무척 간편해진 것을 알 수 있다. 이 경우에는 어떠한 예외가 발생하더라도 close() 메소드가 자동으로 호출된다. 예외 중에서 IOException만 처리하였다.

도전문제

1 try-with-resources 기능을 사용하여 text.txt 파일을 읽고, 그 내용을 모두 대문자로 변환하여 한 글자씩 출력하는 프로그램을 작성하시오.

- try-with-resources 기능을 사용하여 FileReader를 생성하고 자동으로 닫히도록 처리한다.
- 파일의 내용을 한 글자씩 읽는다.
- Character.toUpperCase()를 이용하여 대문자로 변환 후 출력한다.
- 예외는 IOException 하나만 처리하면 된다.

참고사항: 외부 파일 이름

특정한 디렉터리에 있는 파일을 열 때는 주의하여야 한다. 예를 들어 C:\test\example.txt 파일을 연다고 하자. 다음과 같이 작성하면 안 된다.

```
FileReader in = new FileReader("c:\test\example.txt");
```

자바에서는 특수 문자를 표현할 때 백슬래시(\)를 사용하므로, 문자열 안에서 백슬래시를 사용하려면 이스케이프 문자로 인식되지 않도록 백슬래시를 두 번 써주어야 한다.

```
FileReader in = new FileReader("c:\\test\\example.txt");
```

이렇게 하지 않으면 "c:\test\example.txt" 문자열 안의 \t은 탭(tab) 문자로 해석된다. 참고로 다음과 같이 슬래시(/)를 사용하는 유닉스 형식의 파일 경로를 사용해도 된다.

```
FileReader in = new FileReader("c:/test/example.txt");
```

텍스트 파일 쓰기

1. 텍스트 파일에 쓰려면 `Writer` 클래스를 확장한 `FileWriter`를 생성한다.

```
FileWriter fw = new FileWriter("example.txt");
```

파일이 없는 경우에는 새로운 파일이 만들어지며, 기존 파일이 있는 경우에는 파일 내용이 지워진다.

2. `write()` 메소드를 이용하여 문자 단위로 파일에 기록할 수 있다.

```
fw.write('가');
```

또는 문자열 전체를 한 번에 파일에 기록할 수 있다.

```
fw.write("안녕하세요, 자바로 파일에 쓰기 작업을 합니다.\n");
```

3. 텍스트를 전부 기록하였다면 스트림을 닫으면 된다.

```
fw.close();
```

FileWriter의 주요 메소드는 다음 표와 같다.

메소드	설명
write(int c)	파일에 한 문자를 쓴다.
write(char[] cbuf)	문자 배열의 내용을 파일에 쓴다.
write(char[] cbuf, int off, int len)	지정된 문자 배열의 **일부**를 파일에 쓴다.
write(String str)	문자열을 파일에 쓴다.
write(String str, int off, int len)	문자열의 **일부**를 파일에 쓴다.
append(char c)	파일 끝에 문자를 추가한다.
append(CharSequence csq)	파일 끝에 문자열이나 CharSequence를 추가한다.
append(CharSequence csq, int start, int end)	지정된 CharSequence의 **일부**를 파일 끝에 추가한다.
flush()	버퍼에 남아 있는 데이터를 강제로 파일에 기록한다.
close()	스트림을 닫고 모든 리소스를 해제한다.

표 14-3 FileWriter의 주요 메소드

예제 14-3 키보드 입력을 파일에 기록하기

키보드 입력을 받아 텍스트 파일에 기록하는 프로그램을 작성해 보자. 이 프로그램은 Scanner를 사용하여 사용자 입력을 읽고, FileWriter를 사용하여 입력 내용을 파일에 쓴다.

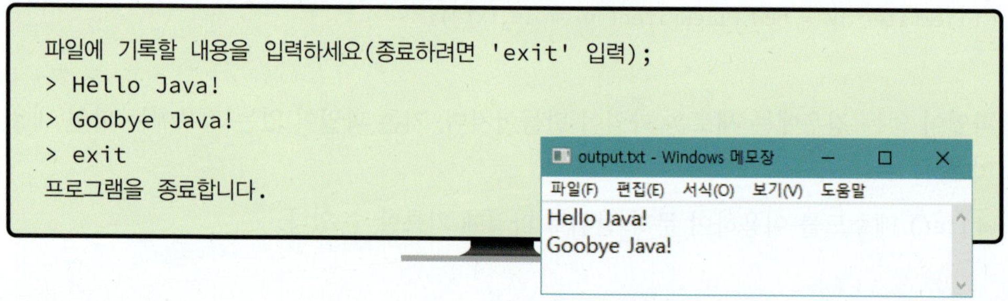

KeyboardToFile.java

```java
import java.io.*;
import java.util.Scanner;

public class KeyboardToFile {
    public static void main(String[] args) {
        Scanner scanner = new Scanner(System.in);
        System.out.println
                        ("파일에 기록할 내용을 입력하세요(종료하려면 'exit' 입력):");

        try (FileWriter writer = new FileWriter("output.txt")) {
        // FileWriter 객체 생성
```

```java
            while (true) {
                System.out.print("> ");               // 입력 프롬프트 표시
                String input = scanner.nextLine();   // 한 줄 입력받기

                // 입력된 내용이 'exit'이면 종료
                if ("exit".equalsIgnoreCase(input)) {
                    System.out.println("프로그램을 종료합니다.");
                    break;
                }
                // 입력된 내용을 파일에 기록하고 줄바꿈 추가
                writer.write(input + System.lineSeparator());
            }
        } catch (IOException e) {
            System.out.println("입출력 오류 발생: " + e.getMessage());
        } finally {
            scanner.close(); // Scanner 닫기
        }
    }
}
```

System.lineSeparator()는 현재 운영체제에서 사용하는 줄바꿈 문자열을 반환하는 메소드이다. 줄바꿈 문자열은 운영체제마다 다를 수 있으므로, 이 메소드를 사용하면 플랫폼 독립적인 방식으로 줄바꿈을 처리할 수 있다.

1 사용자 입력을 받아 텍스트 파일에 기록하되, '각 입력 앞에 입력 시각(시간 정보)'을 함께 기록하는 프로그램을 작성하시오.

- 사용자 입력을 계속 받아 파일 log.txt에 기록한다.
- `"exit"`를 입력하면 입력을 종료하고 프로그램이 종료된다.
- 파일에 기록되는 각 줄은 다음 형식을 따른다: `[HH:mm:ss]` 입력내용 (예: `[14:23:10] Hello Java!`)
- `java.time.LocalTime`과 `DateTimeFormatter`를 사용한다.

참고사항: 줄바꿈 문자열

운영체제별 줄바꿈 문자열은 다음과 같다.

운영체제	줄바꿈 문자열	설명
Windows	\r\n	캐리지 리턴(CR) + 라인 피드(LF)
Unix/Linux/MacOS	\n	라인 피드(LF)만 사용
Old MacOS	\r	캐리지 리턴(CR)만 사용

예제 14-4 텍스트 파일 복사하기

FileReader와 FileWriter를 사용하여 텍스트 파일을 복사하는 프로그램을 작성해 보자.

CopyFile1.java

```
import java.io.*;

public class CopyFile1 {
    public static void main(String[] args) {
        try (FileReader in = new FileReader("test.txt");
                                FileWriter out = new FileWriter("copy.txt")) {
            int c;
            while ((c = in.read()) != -1) {
                out.write(c);
            }
        } catch (IOException e) {
            e.printStackTrace();
        }
    }
}
```

try-with-resources 기능을 사용할 때는 2개 이상의 리소스를 동시에 생성해도 된다. CopyFile1에서는 문자를 읽을 때 int 변수를 사용한다는 점에 유의한다. EOF(-1)를 감지하기 위하여 int 변수가 필요하다.

도전문제

1 텍스트 파일을 복사하면서, 복사된 '글자 수(문자 수)'를 세어서 출력하는 프로그램을 작성하시오.

- test.txt 파일을 copy.txt로 복사한다.
- 복사 중 몇 글자를 복사했는지 세어서 복사가 끝난 후 "총 X개의 문자를 복사했습니다."를 출력한다.
- try-with-resources 기능을 사용하여 FileReader, FileWriter를 자동으로 닫는다.
- 복사 대상은 텍스트(문자 단위)이며, int 타입으로 읽고 써야 한다.

SELF TEST

1 문자 스트림에서 read() 메소드가 int형을 반환하는 이유는 무엇인가?

2 try-with-resources 기능을 사용하면 어떤 점이 유리한가?

3 파일 처리 시에 발생할 수 있는 예외에는 어떤 것들이 있는가?

14.3 바이트 스트림

바이트 스트림

바이트 스트림(Byte Stream)은 바이트 단위(8비트)로 데이터를 처리하는 입출력 스트림이다. 이미지, 오디오, 비디오 등 모든 종류의 이진 데이터 파일을 처리할 수 있다. 텍스트 파일도 물론 처리할 수 있다. 바이트 스트림은 `InputStream`과 `OutputStream` 클래스를 기반으로 동작하며, 모든 바이트 스트림 클래스는 2개의 추상 클래스를 상속받아 구현한다.

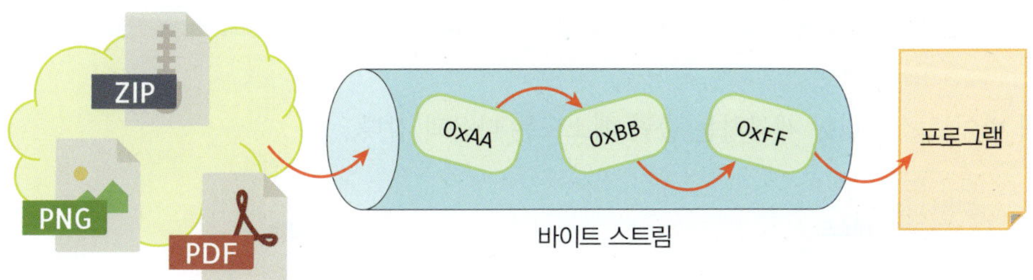

그림 14-9 바이트 스트림

주요 바이트 스트림 클래스

입력 스트림 계열의 바이트 스트림 클래스는 다음과 같다.

클래스	설명
FileInputStream	파일에서 바이트 단위로 데이터를 읽는다.
BufferedInputStream	읽기 성능을 높이기 위해 데이터를 버퍼링하여 처리한다.
DataInputStream	기본 데이터 타입(int, double 등)을 바이트 스트림으로 읽는다.
ByteArrayInputStream	바이트 배열을 입력 소스로 사용한다.

표 14-4 입력 스트림 계열의 바이트 스트림 클래스

출력 스트림 계열의 바이트 스트림 클래스는 다음과 같다.

클래스	설명
FileOutputStream	파일에 바이트 단위로 데이터를 쓴다.
BufferedOutputStream	쓰기 성능을 높이기 위해 데이터를 버퍼링하여 처리한다.
DataOutputStream	기본 데이터 타입(int, double 등)을 바이트 스트림으로 쓴다.
ByteArrayOutputStream	데이터를 바이트 배열에 저장한다.

표 14-5 출력 스트림 계열의 바이트 스트림 클래스

입출력 메소드

입력 바이트 스트림이 제공하는 입력 메소드는 다음과 같다.

메소드	설명
int read()	스트림에서 1바이트를 읽고, 이를 0~255 사이의 정수로 반환한다. 더 이상 읽을 데이터가 없으면 -1을 반환한다.
int read(byte[] b)	스트림에서 바이트 배열 b에 데이터를 읽어 들여 배열을 채운다.
int read(byte[] b, int off, int len)	스트림에서 최대 len바이트를 읽어 바이트 배열 b의 off 위치에서부터 저장한다.

표 14-6 입력 메소드

출력 바이트 스트림이 제공하는 출력 메소드는 다음과 같다.

메소드	설명
void write(int b)	1바이트 데이터를 스트림에 쓴다. b의 하위 8비트만 기록한다.
void write(byte[] b)	바이트 배열 b의 모든 바이트를 스트림에 쓴다.
void write(byte[] b, int off, int len)	바이트 배열 b의 off 위치에서 시작하여 len바이트를 스트림에 쓴다.
void flush()	출력 스트림에 버퍼링된 모든 데이터를 실제 출력 대상을 향해 밀어낸다.

표 14-7 출력 메소드

파일에 이진 데이터 저장

1. output.dat 파일을 생성하고, 여기에 이진 데이터를 저장해 보자. output.dat 파일에 연결된 바이트 스트림은 다음과 같이 생성한다. 파일에 연결된 출력 바이트 스트림은 FileOutputStream이다.

```
FileOutputStream out = new FileOutputStream("output.dat");
```

여기서도 마찬가지로 특정한 디렉터리에 저장하려면, "c:\\temp\\output.dat"으로 파일 이름을 주어야 한다. 파일이 이미 존재하는 경우에는 파일의 내용이 지워지고 새로 만들어진다.

2. 바이트 배열을 만들고, write() 메소드를 이용하여 이 배열에 저장된 바이트들을 한 바이트씩 파일에 저장해 보자.

```
byte b[] = {10, 20, 30, 40, 50, 60};
```

```
for (int i = 0; i < b.length; i++)
    out.write(b[i]);                // 배열 b[]의 바이트를 파일에 저장
```

오버로딩된 write(byte[] array) 버전을 사용하면 한 줄로 배열 전체를 저장할 수 있다.

```
out.write(b);                       // 배열 b[]의 모든 바이트를 파일에 저장
```

3. 작업이 끝나면 스트림을 닫는다.

```
out.close();
```

위의 코드를 실행한 후에 output.dat 파일을 살펴보면 다음과 같이 이진 데이터가 저장된 것을 볼 수 있다.

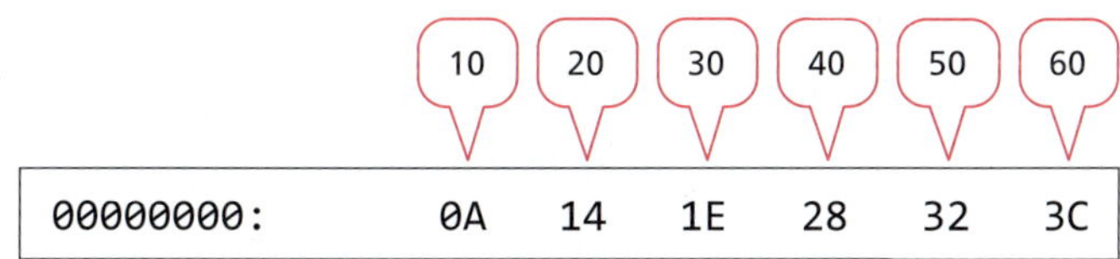

그림 14-10 output.dat 파일에 이진 데이터를 저장한 결과

바이트를 파일에 기록하기 예제 14-5

이 프로그램은 FileOutputStream을 이용하여 바이트 배열을 이진 파일(output.dat)로 저장하는 예제이다.

ByteArrayToFile.java

```
import java.io.*;

public class ByteArrayToFile {
    public static void main(String[] args) {
        // 저장할 바이트 배열
        byte b[] = {10, 20, 30, 40, 50, 60};

        // 파일에 바이트 데이터를 저장
        try (FileOutputStream out = new FileOutputStream("output.dat")) {
            for (int i = 0; i < b.length; i++) {
                out.write(b[i]);    // 배열 b의 각 바이트를 파일에 저장
            }
```

```
            System.out.println("데이터가 파일에 성공적으로 저장되었습니다.");
        } catch (IOException e) {
            System.out.println("입출력 오류 발생: " + e.getMessage());
        }
    }
}
```

```
데이터가 파일에 성공적으로 저장되었습니다.
```

도전문제

1. `void write(byte[] b)` 메소드를 사용하여 배열을 파일에 저장하시오.
2. 현재 디렉토리에 동일한 이름의 파일이 있었다면 어떻게 되는지 실습해 보자.
3. 바이트 배열을 파일에 저장할 때, 맨 끝에 검증 바이트 1개(모든 데이터 바이트의 XOR)를 추가로 기록한다.

파일에서 이진 데이터 읽기

1. 이전 예제에서 생성한 output.dat 파일에서 이진 데이터를 읽어 보자. output.dat 파일에 연결된 입력 바이트 스트림은 다음과 같이 생성한다.

```
FileInputStream in = new FileInputStream("output.dat");
```

여기서도 마찬가지로 특정 디렉토리의 파일에서 읽으려면, "c:\\temp\\output.dat"으로 파일 이름을 주어야 한다.

2. 빈 바이트 배열을 만들고, `read()` 메소드를 호출하여 개별 바이트를 하나씩 읽어서 저장한다.

```
// 파일에서 개별 바이트를 읽어 배열에 저장
byte[] byteArray = new byte[1000];
int data, index=0;
while ((data = in.read()) != -1) {          // 더 이상 읽을 데이터가 없으면 -1 반환
    byteArray[index++] = (byte) data;
}
```

오버로딩한 `read()` 메소드를 이용하여 파일 안의 전체 바이트들을 한 번에 읽어서 배열에 저장할 수도 있다.

```
// 파일 크기를 가져와 바이트 배열 생성
int fileSize = in.available();
byte[] byteArray = new byte[fileSize];                  // 파일 크기만큼 배열 생성

// 파일 데이터를 배열에 저장
int bytesRead = in.read(byteArray);
```

3. 작업이 끝나면 스트림을 닫는다.

```
in.close();
```

바이트를 파일에서 읽기 예제 14-6

이 프로그램은 앞에서 만든 output.dat 파일을 FileInputStream으로 열고, 바이트를 하나씩 읽어 배열에 저장한 뒤 출력하는 예제이다.

ReadIndividualBytes.java

```
import java.io.*;

public class ReadIndividualBytes {
    public static void main(String[] args) {
        try (FileInputStream in = new FileInputStream("output.dat")) {
            // 파일 크기를 확인하여 바이트 배열 생성
            int fileSize = in.available();
            byte[] byteArray = new byte[fileSize];

            // 파일에서 개별 바이트를 읽어 배열에 저장
            int index = 0;
            int data;
            while ((data = in.read()) != -1) {
            // 더 이상 읽을 데이터가 없으면 -1 반환
                byteArray[index++] = (byte) data;
            }

            // 배열에 저장된 데이터 출력
            System.out.println("파일에서 읽은 바이트 데이터:");
            for (int i = 0; i < byteArray.length; i++) {
                System.out.print(byteArray[i] + " ");
            }
        } catch (IOException e) {
            System.out.println("입출력 오류 발생: " + e.getMessage());
        }
    }
}
```

```
파일에서 읽은 바이트 데이터:
10 20 30 40 50 60
```

도전문제

1 위의 프로그램을 수정하거나 확장하여, 읽어 들인 바이트 배열의 총합과 평균값을 구해서 함께 출력하시오.

- output.dat 파일을 열어 바이트 단위로 데이터를 읽는다.
- 모든 바이트 값을 배열에 저장한다.
- 배열에 저장된 바이트들의 총합과 평균을 구하여 출력한다.
- 평균은 소수점까지 출력한다(예: 33.3).
- `try-with-resources` 기능을 사용한다.

예제 14-7 이미지 파일 복사하기

이미지 파일은 바이너리 파일이다. 즉, 파일에 데이터가 이진수 형식으로 저장되어 있다. 하나의 이미지 파일을 다른 이미지 파일로 복사하는 프로그램을 작성해 보자.

```
이미지 파일 복사가 완료되었습니다.
```

ImageFileCopy.java

```java
import java.io.*;

public class ImageFileCopy {
    public static void main(String[] args) {
        // 원본 이미지 파일 경로와 대상 이미지 파일 경로
        String sourceImage = "source.jpg";          // 원본 이미지 파일 이름
        String destinationImage = "copy.jpg";       // 복사된 이미지 파일 이름

        // 파일 복사 작업 수행
        try (FileInputStream in = new FileInputStream(sourceImage);
             FileOutputStream out = new FileOutputStream(destinationImage)) {

            byte[] buffer = new byte[1024];          // 1KB 버퍼
            int bytesRead;

```

try 블록 안에서 스트림을 선언하고 초기화하면 이것들을 닫을 필요가 없다. 다른 클래스에 대해서도 사용할 수 있으나 `Closable` 인터페이스를 구현한 클래스이어야 한다.

```
            // 데이터를 읽어서 쓰는 과정
            while ((bytesRead = in.read(buffer)) != -1) {
                out.write(buffer, 0, bytesRead);
            }
            System.out.println("이미지 파일 복사가 완료되었습니다.");
        } catch (IOException e) {
            System.out.println("입출력 오류 발생: " + e.getMessage());
        }
    }
}
```

데이터를 1KB 단위로 읽어 버퍼에 저장한 후, 해당 데이터를 대상 파일에 쓴다. read(buffer)는 최대 buffer 크기만큼 데이터를 읽고, 반환 값으로 실제 읽은 바이트 수를 반환한다. try-with-resources 기능을 사용하여 스트림을 자동으로 닫아 리소스를 해제한다.

도전문제

1 이미지 파일을 복사하면서 복사 전과 복사 후의 파일 크기를 비교하여 정상적으로 복사되었는지를 확인하는 프로그램을 작성하시오.

- 파일 이름은 코드 내에서 고정하거나 사용자 입력을 통해 설정한다. (예: "original.jpg" → "backup.jpg")
- FileInputStream과 FileOutputStream을 사용하여 파일을 복사한다.
- 복사본을 FileInputStream으로 읽어서 파일 크기를 비교한다.
- 두 파일의 크기가 같으면 "복사가 성공적으로 완료되었습니다.", 다르면 "복사된 파일의 크기가 일치하지 않습니다."를 출력한다.

SELF TEST

1 다음 중 바이트 스트림과 관련된 기본 클래스는?

❶ Reader와 Writer ❷ InputStream과 OutputStream
❸ BufferedReader와 BufferedWriter ❹ FileReader와 FileWriter

2 다음 중 바이트 스트림을 사용하여 파일에 데이터를 쓰는 클래스는?

❶ FileWriter ❷ FileReader ❸ FileOutputStream ❹ BufferedReader

3 다음 중 바이트 스트림을 사용하는 이유로 적절한 것은?

❶ 유니코드 기반으로 텍스트 데이터를 처리하기 위해 ❷ 이진 데이터를 처리하기 위해
❸ 데이터가 줄 단위로 처리될 때 유리하기 위해 ❹ 파일에서 줄 단위로 데이터를 읽기 위해

14.4 다양한 처리 스트림

버퍼 스트림

지금까지 다룬 스트림은 '버퍼 없는 입출력(unbuffered I/O)' 방식이었다. 데이터를 읽거나 쓸 때마다 운영체제에게 "바로바로 처리해 주세요!"라고 요청하는 방식인데, 생각보다 엄청 비효율적이다. 왜일까? 입출력 요청은 디스크 접근이나 네트워크 접근처럼 느릿느릿 움직이는 거북이 마라톤 같은 작업이기 때문이다. 데이터 하나 처리할 때마다 운영체제에게 "여기 데이터 있어요! 이제 처리 좀 해주세요!"라고 요청하는 것을 반복하니 시간이 오래 걸리는 것이다.

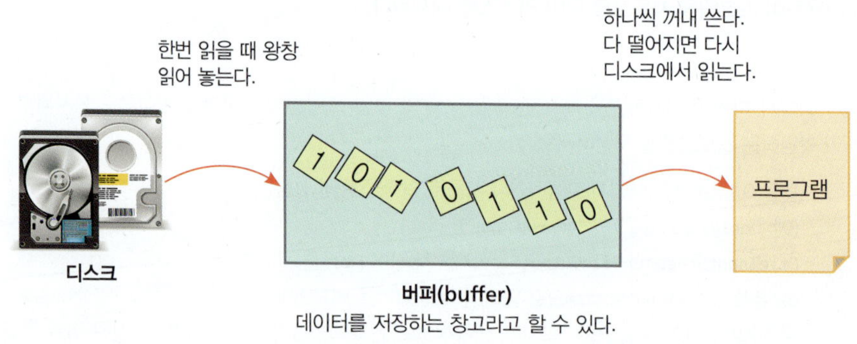

그림 14-11 버퍼 스트림

이런 느릿느릿한 입출력의 오버헤드를 줄이기 위해, 자바는 **버퍼링된 스트림(buffered I/O)** 이라는 해결사를 제공한다. 버퍼 입력 스트림은 마치 마트에서 대량으로 장을 한 번에 보듯이 데이터를 한꺼번에 많이 읽어 온다. 이렇게 읽어 온 데이터는 버퍼에 쌓이고, 프로그램이 필요할 때는 "여기 있어요~ 바로 꺼내가세요!"하고 빠르게 제공한다. 그래서 버퍼가 비었을 때만 다시 입력 장치에서 데이터를 읽는다.

버퍼 클래스 사용 방법

자바는 기본 바이트 스트림(`InputStream`, `OutputStream`)과 문자 스트림(`Reader`, `Writer`)을 감쌀 수 있는 버퍼링 스트림 클래스를 제공한다. 입출력 스트림 객체를 생성할 때 다음과 같은 문장으로 변경하기만 하면 버퍼가 추가된다.

```
bin  = new BufferedReader(new FileReader("input.txt"));
bout = new BufferedWriter(new FileWriter("output.txt"));
```

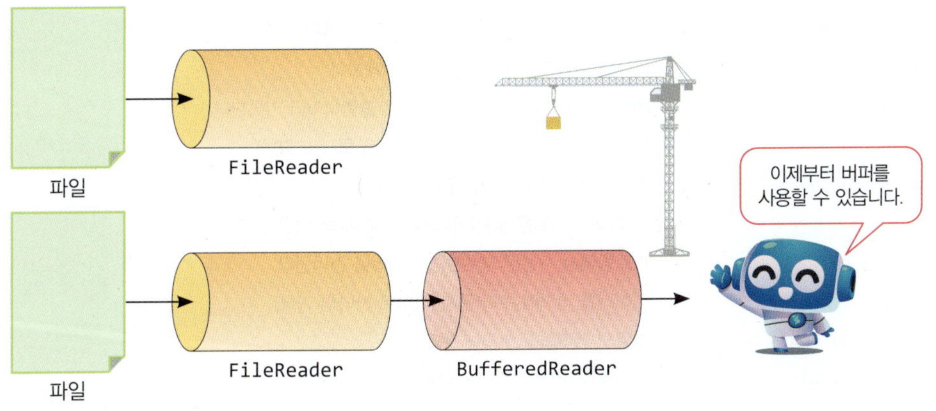

그림 14-12 버퍼 클래스 사용 방법

버퍼 클래스

자바에서는 4개의 버퍼 스트림이 제공된다. 바이트 스트림을 위해 BufferedInputStream과 BufferedOutputStream이 제공된다. 문자 스트림을 위해서는 BufferedReader와 BufferedWriter, PrintWriter가 제공된다. 우리에게 익숙한 println() 메소드를 사용하려면 출력 시 PrintWriter를 사용하는 것도 좋다.

클래스	설명
BufferedInputStream	바이트 입력 스트림을 버퍼링하여 성능을 향상한다.
BufferedOutputStream	바이트 출력 스트림을 버퍼링하여 성능을 향상한다.
BufferedReader	문자 입력 스트림을 버퍼링하여 성능을 향상하며, 라인 단위 읽기를 지원한다.
BufferedWriter	문자 출력 스트림을 버퍼링하여 성능을 향상한다.

표 14-8 버퍼 클래스

주요 메소드

버퍼 클래스들은 버퍼도 제공하지만 여러 가지 편의 메소드들도 제공한다. 다음은 버퍼 클래스들(BufferedReader, BufferedWriter, BufferedInputStream, BufferedOutputStream 등)이 제공하는 공통적인 메소드를 정리한 표이다.

메소드	설명
close()	스트림을 닫고 관련된 리소스를 해제한다.
flush()	버퍼에 남아 있는 데이터를 강제로 출력하거나 기록한다.
read()	데이터를 읽고 반환한다(문자/바이트 하나씩 읽음).
read(char[] cbuf)	지정된 배열에 데이터를 읽어 들인다.
readLine()	한 줄의 문자열을 읽는다(BufferedReader 전용).
skip(long n)	스트림에서 지정된 개수만큼 데이터를 건너뛴다.
write(int c)	데이터를 버퍼에 쓴다(문자/바이트 하나씩 기록).
write(char[] cbuf)	배열의 데이터를 버퍼에 쓴다.
write(String s)	문자열을 버퍼에 쓴다(BufferedWriter 전용).
write(byte[] b)	바이트 배열을 버퍼에 쓴다(BufferedOutputStream 전용).
available()	읽을 수 있는 바이트 수를 반환한다(BufferedInputStream 전용).
reset()	스트림을 마지막으로 마크한 위치로 되돌린다(BufferedInputStream 전용).
ready()	입력할 준비가 되었는지 여부를 확인한다(BufferedReader 전용).

표 14-9 버퍼 클래스의 주요 메소드

readLine() 메소드는 BufferedReader 클래스에서 제공하는 편리한 메소드로, 입력 스트림에서 한 줄의 텍스트 데이터를 읽어 반환한다. 이 메소드는 파일, 콘솔 입력, 네트워크 소켓 등에서 텍스트 데이터를 읽을 때 매우 유용하다.

어떤 경우에는 버퍼가 다 채워지지 않았어도 버퍼를 비우는 것이 필요하다. 이것을 비우기(flushing)라고 한다. 버퍼된 출력 클래스에는 어떤 이벤트가 발생하면 자동으로 버퍼를 비워주는 기능이 있다. 버퍼를 수동으로 비우기 위해서는 flush() 메소드를 호출한다.

버퍼 사용의 장단점

버퍼를 사용하면 입출력 작업을 묶어서 처리하여 빈번한 시스템 호출을 줄일 수 있다. 따라서 대량 데이터 처리에 효과적이다. 그리고 BufferedReader의 readLine()과 같은 편리한 메소드 제공한다. 하지만 버퍼 공간을 추가로 사용하므로 메모리가 소모되고, 데이터를 버퍼에 모아 출력하기 때문에 즉시 처리해야 하는 실시간 작업에는 적합하지 않다.

특징	비버퍼 스트림	버퍼 스트림
기본 클래스	FileInputStream, FileOutputStream	BufferedInputStream, BufferedOutputStream
처리 단위	1바이트/1문자	버퍼 단위(기본 8KB)
성능	느림	빠름
편의 메소드	없음	readLine(), newLine() 등
데이터 출력	즉시	버퍼가 꽉 차야 출력

표 14-10 비버퍼 스트림과 버퍼 스트림 비교

버퍼를 이용한 텍스트 파일 복사 예제 14-8

버퍼를 이용하여 텍스트 파일을 복사하는 프로그램을 작성해 보자.

BufferedTextCopy.java

```
import java.io.*;

public class BufferedTextCopy {
    public static void main(String[] args) {
        String source = "source.txt";
        String destination = "copy.txt";

        try (BufferedReader reader = new BufferedReader
                                         (new FileReader(source));
             BufferedWriter writer = new BufferedWriter
                                         (new FileWriter(destination))) {
            String line;
            while ((line = reader.readLine()) != null) {    // 한 줄씩 읽기
                writer.write(line);                          // 한 줄 쓰기
                writer.newLine();                            // 줄바꿈 추가
            }
            System.out.println("텍스트 파일 복사가 완료되었습니다.");
        } catch (IOException e) {
            System.out.println("입출력 오류 발생: " + e.getMessage());
        }
    }
}
```

```
텍스트 파일 복사가 완료되었습니다.
```

여기서 스트림을 다른 스트림과 연결하는 코드가 나온다.

```
BufferedReader reader = new BufferedReader(new FileReader(source));
```

위의 문장을 실행하면 FileReader의 출력이 BufferedReader의 입력과 서로 연결된다. 따라서 FileReader가 출력하는 문자들이 BufferedReader로 입력되어서 한 줄 단위로 묶여 나온다. 한 줄을 읽는 메소드는 readLine()이다.

도전문제

1 텍스트 파일을 복사하되, 복사본 파일의 각 줄 앞에 줄 번호를 붙여서 저장하는 프로그램을 작성하시오.

- BufferedReader와 BufferedWriter를 이용하여 텍스트 파일을 복사한다.
- 복사 시 각 줄 앞에 줄 번호를 붙여 저장한다(형식: 1: 첫 번째 줄, 2: 두 번째 줄, …).
- 복사 완료 후 "줄 번호를 붙여 텍스트 파일을 복사하였습니다." 메시지를 출력한다.
- 파일 이름은 예제처럼 source.txt와 numbered_copy.txt로 고정하거나 사용자 입력으로 받는다.

DataStream

앞에서 스트림은 물이 흘러가는 파이프와 같다고 하였다. 아래의 그림처럼 파이프들이 서로 결합할 수 있듯이 스트림들도 서로 결합할 수 있다. 이렇게 되면 스트림을 통하여 흘러가는 데이터를 다양하게 가공 처리할 수 있다.

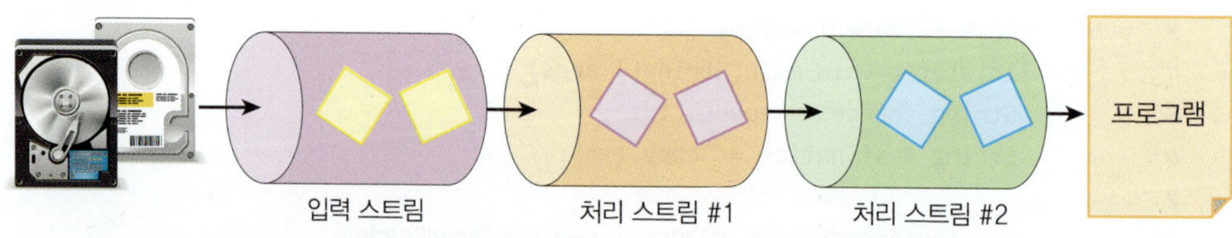

그림 14-13 스트림은 연결될 수 있다.

간단한 예를 들어 보자. 정수들이 이진수 형태로 저장된 파일 sample.dat가 있다고 하자. 다음과 같이 이 파일에 `FileInputStream`을 연결하였다.

```
FileInputStream in = new FileInputStream("sample.dat");
```

이 상태에서 읽으려면 `read()` 메소드를 사용해야 하는데 다음과 같은 문장만 가능하다.

```
byte b = (byte) in.read();
```

파일에 저장된 정수를 꺼내려면 바이트 4개를 모아서 정수로 변환하여야 한다. 어떻게 하는 것이 좋을까? 자바 라이브러리 설명서를 보면 `DataInputStream` 클래스가 정수 단위로 읽을 수 있는 `readInt()` 메소드를 제공한다. 하지만 `DataInputStream` 클래스는 파일에서 읽을 수는 없다. 어떻게 해야 할까?

자바에서는 2개의 스트림을 결합할 수 있는 기능을 제공한다. 먼저 `FileInputStream` 객체를 생성하고 이것을 `DataInputStream` 생성자로 전달하면 된다.

```
DataInputStream dataSt = new DataInputStream(new FileInputStream("sample.dat"));
int i = dataSt.readInt();
```

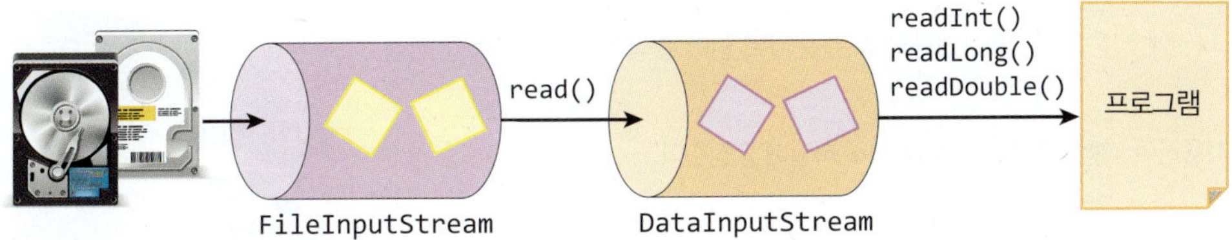

그림 14-14 스트림 결합

DataInputStream과 DataOutputStream 클래스는 기초형 단위로 데이터를 읽고 쓸 수 있다. 즉, 바이트 단위가 아니라 int나 double 타입으로 읽고 쓸 수 있다는 것을 의미한다. 주의할 점은 각 자료형의 크기가 다르기 때문에 쓸 때와 동일한 순서로 읽어야 한다는 점이다.

DataInputStream 클래스는 readByte(), readInt(), readDouble()과 같은 메소드들을 제공한다. DataOutputStream 클래스는 writeByte(int v), writeInt(int v), writeDouble(double v)와 같은 메소드들을 제공한다.

다양한 타입의 데이터 읽기 예제 14-9

간단한 예제를 살펴보자. 자료형이 다른 몇 개의 데이터를 파일에 출력하였다가 다시 읽어 보자.

DataStreamTest.java

```java
import java.io.*;

public class DataStreamTest {
    public static void main(String[] args) throws IOException {
        // 데이터 출력 스트림 생성: "sample.dat" 파일에 데이터 쓰기
        try (DataOutputStream out = new DataOutputStream
                                    (new FileOutputStream("sample.dat"))) {
            out.writeInt(123);              // 123이라는 정숫값을 파일에 씀
            out.writeFloat(123.456F);       // 123.456이라는 실숫값을 파일에 씀
        } // try-with-resources로 out.close()가 자동 호출됨

        // 데이터 입력 스트림 생성: "sample.dat" 파일에서 데이터 읽기
        try (DataInputStream in = new DataInputStream
                                    (new FileInputStream("sample.dat"))) {
            // 파일로부터 데이터를 읽음
            int aint = in.readInt();        // 파일에서 정숫값 읽기
            float afloat = in.readFloat();  // 파일에서 실숫값 읽기

            System.out.println(aint);       // 읽은 정숫값 출력
            System.out.println(afloat);     // 읽은 실숫값 출력
        }                   // try-with-resources로 in.close()가 자동 호출됨
    }
}
```

```
123
123.456
```

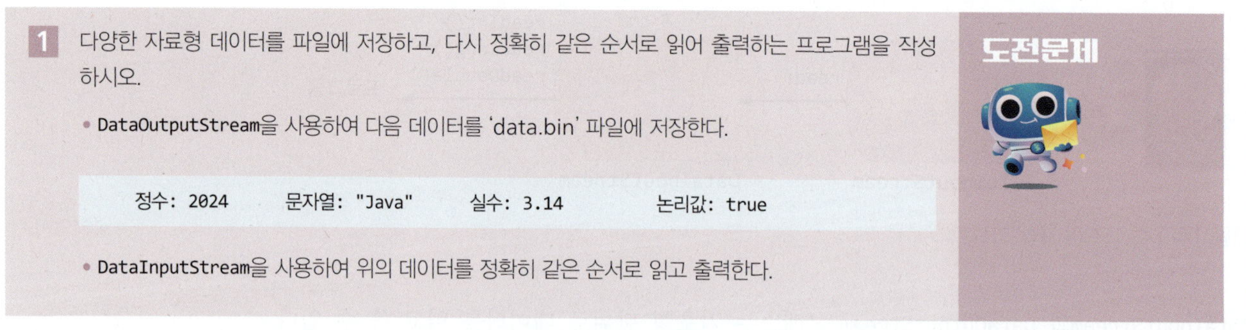

도전문제

1 다양한 자료형 데이터를 파일에 저장하고, 다시 정확히 같은 순서로 읽어 출력하는 프로그램을 작성하시오.

- DataOutputStream을 사용하여 다음 데이터를 'data.bin' 파일에 저장한다.

```
정수: 2024      문자열: "Java"      실수: 3.14      논리값: true
```

- DataInputStream을 사용하여 위의 데이터를 정확히 같은 순서로 읽고 출력한다.

InputStreamReader와 OutputStreamWriter

바이트 스트림과 문자 스트림을 연결하는 2개의 범용의 브릿지 스트림이 있다. InputStreamReader와 OutputStreamReader 클래스이다. 만약 사용자의 요구에 맞는 문자 스트림이 없는 경우에는 이들을 이용하여 생성할 수 있다. 주로 특수한 문자 집합을 처리할 때 사용한다. 이런 경우는 주로 네트워킹에서 발생한다.

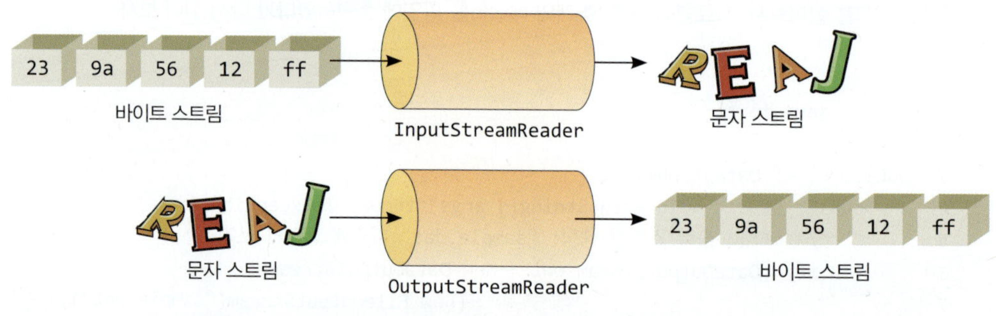

그림 14-15 브릿지 스트림

특수한 문자 집합으로 읽기

자바에서 문자는 유니코드로 표현한다. 유니코드는 기본적으로 각 문자를 정수 코드 포인트로 나타내는 국제 표준이다. 이 코드 포인트 값을 바이트로 변환하여 저장하거나 전송하는 방법을 문자 인코딩(Character Encoding)이라고 한다. 문자 인코딩 방식에 따라 동일한 데이터도 다르게 저장되고 해석될 수 있다. 대표적인 문자 인코딩 방식으로는 UTF-8, UTF-16, EUC-KR 등이 있다.

가장 널리 사용되는 인코딩 방식은 UTF-8이다. UTF-8은 코드 포인트 값을 1~4바이트로 인코딩하는 방식이다. UTF-8의 주요 장점은 영문자를 1바이트로 표현할 수 있어서 파일 크기를 효율적으로 줄일 수 있다는 점이다. 반면, UTF-16은 모든 문자를 2바이트로 표현한다(일부 문자는 4바이트를 사용). 자바는 기본적으로 UTF-16을 사용하여 유니코드 문자를 처리한다. 하지만 자바 프로그램에서 읽는 파일이 UTF-8로 인코딩되어 있을 수 있으므로, 이를 처리하려면 적절한 방법을 사용해야 한다. 자바의 `FileReader` 클래스는 기본적으로 운영체제의 기본 문자 인코딩을 사용하기 때문에, 특정 인코딩(예: UTF-8)을 처리할 때는 적합하지 않다. 따라서 UTF-8로 인코딩된 파일을 읽으려면 `FileInputStream`과 `InputStreamReader`를 조합해야 한다. 아래의 코드는 UTF-8 파일을 읽는 예시이다.

```
FileInputStream f = new FileInputStream("example.txt");
InputStreamReader reader = new InputStreamReader(f, "UTF-8"));
```

`FileInputStream`으로 파일에서 바이트를 읽는다. 이어서 여기에 연결된 `InputStreamReader`가 이 바이트들을 UTF-8 형식의 문자로 읽는다.

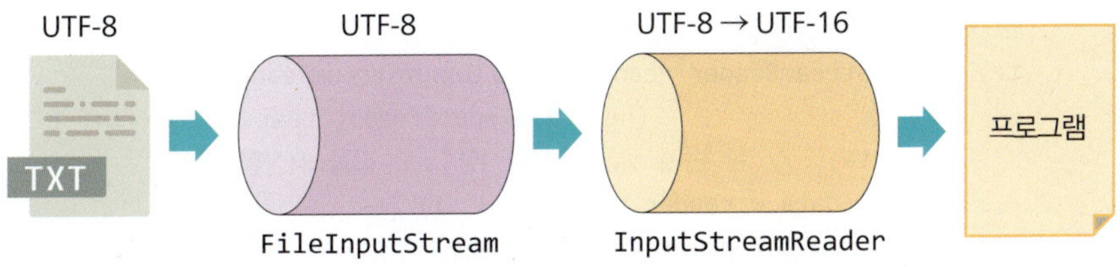

그림 14-16 UTF-8로 인코딩된 파일을 읽는 과정

만약 한글과 영문이 혼합되어 있는 UTF-8 파일을 읽어서 `InputStreamReader`로 처리하면, 다음 그림과 같이 영문은 1바이트에서 2바이트로 변환되고, 한글은 3바이트에서 2바이트로 변환된다.

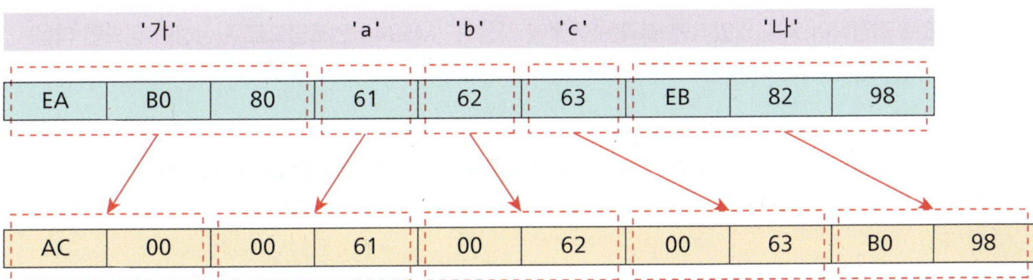

그림 14-17 한글과 영문이 혼합된 UTF-8 파일 예시

예제 14-10 UTF-8 형식의 텍스트 파일 읽기

UTF-8 형식의 텍스트 파일을 읽어서 화면에 올바르게 출력하는 프로그램을 작성해 보자.

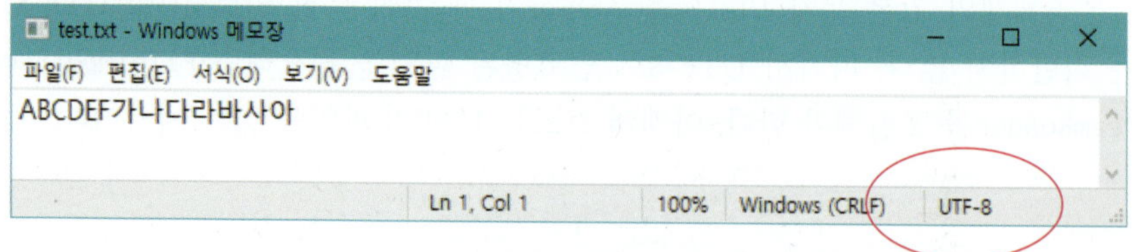

SpecialCharsetReader.java

```java
import java.io.*;

public class SpecialCharsetReader {
    public static void main(String[] args) {
        // try-with-resources를 사용하여 InputStreamReader 생성
        // UTF-8 문자 집합으로 "test.txt" 파일 읽기
        try (InputStreamReader reader = new InputStreamReader
                        (new FileInputStream("test.txt"), "UTF-8")) {
            int data;  // 한 번에 읽은 문자의 유니코드 값을 저장할 변수
            while ((data = reader.read()) != -1) {
                System.out.print((char) data);
            }
        } catch (IOException e) {
            System.out.println("입출력 오류 발생: " + e.getMessage());
        }
    }
}
```

```
ABCDEF가나다라바사아
```

만약 UTF-8로 지정하여 읽지 않았다면 결과는 어떻게 나올까? MS949 인코딩으로 지정하여 읽으면 다음과 같이 아주 잘못된 결과가 나온다.

```java
try (InputStreamReader reader = new InputStreamReader( new FileInputStream
("test.txt"), "MS949")) {
```

```
ABCDEF媛��굮�땄�씪諛뷂궗�븘
```

1 UTF-8 형식의 파일을 읽어서 MS949 형식의 파일로 저장하는 프로그램을 작성해 보자. `InputStreamReader("UTF-8")`와 `OutputStreamWriter("MS949")`를 `Buffered`로 감싸고 `try-with-resources`를 사용한다.

도전문제

CSV 파일 읽기

예제 14-11

CSV 파일은 딥러닝의 훈련 데이터 형식으로 많이 사용한다. CSV 파일은 텍스트 파일로서 콤마(,)로 데이터를 분리하여 제공한다. 예를 들면 다음과 같다.

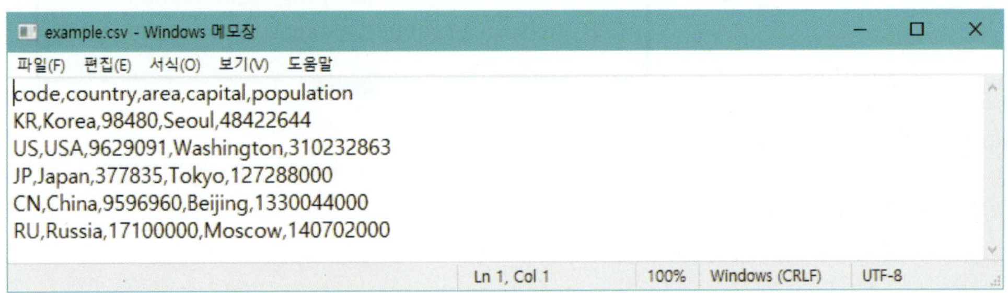

자바에는 많은 CSV 파서 라이브러리가 있다. 하지만 `FileReader`, `BufferedReader`, `String.split()`만 사용하면 간단한 CSV 파일을 파싱할 수 있다. 이번 예제에서는 CSV 파일을 파싱하여 문자열을 화면에 출력하는 프로그램을 작성해 보자. `FileReader`를 이용하여 CSV 파일을 연다. `BufferedReader`를 연결하고 CSV 파일의 내용을 한 줄씩 읽는다. `String.split()`을 이용하여 입력 문자열을 콤마(,) 분리자로 분리하여 각 데이터를 읽는다.

SimpleCSVParser.java

```java
import java.io.*;

public class SimpleCSVParser {
    public static void main(String[] args) {
        String csvFile = "example.csv";  // CSV 파일 이름
        String line;  // 한 줄씩 읽기 위한 변수
        String delimiter = ",";  // CSV 분리자

        // 파일 읽기와 파싱
        try (BufferedReader br = new BufferedReader(new FileReader(csvFile))) {
            while ((line = br.readLine()) != null) {
                // ","를 기준으로 데이터를 분리
                String[] values = line.split(delimiter);

                // 각 데이터를 출력
```

```java
                for (String value : values) {
                    System.out.print(value + " ");
                }
                System.out.println();  // 줄바꿈
            }
        } catch (IOException e) {
            System.out.println("파일을 읽는 중 오류가 발생했습니다: " +
                                                              e.getMessage());
        }
    }
}
```

```
code country area capital population
KR Korea 98480 Seoul 48422644
US USA 9629091 Washington 310232863
JP Japan 377835 Tokyo 127288000
CN China 9596960 Beijing 1330044000
RU Russia 17100000 Moscow 140702000
```

도전문제

1 현재 프로그램은 모든 CSV 데이터를 출력한다. CSV 파일의 첫 번째 줄이 헤더(컬럼 이름)라고 가정하고, 첫 번째 줄(헤더)은 읽지만 출력하지 않고 건너뛰는 기능을 추가한다.

예제 14-12 파일 암호화하기

파일 암호화는 일상생활에서도 많이 사용하는 기술이다. 민감한 개인 정보가 들어 있는 파일은 반드시 암호화를 하는 것이 좋다. 이번 예제에서 기초적인 암호화 기술을 사용하여 파일을 암호화해 보자. 어떤 암호화 기술을 사용하여도 좋다.

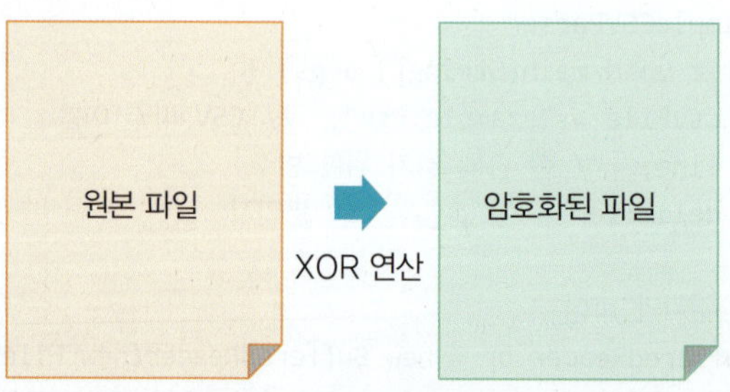

권장하는 암호화 방법은 XOR 암호화 방법이다. 이 알고리즘에서는 파일 안의 모든 문자에 대하여 암호화 키와 비트 XOR 연산자를 적용한다. 출력을 해독하려면 동일한 키를 사용하여 XOR 함수를 다시 적용하면 된다. 예를 들어서 암호화 키 '0123456789'를 이용하여 왼쪽의 텍스트 파일을 암호화하면 오른쪽 파일처럼 된다.

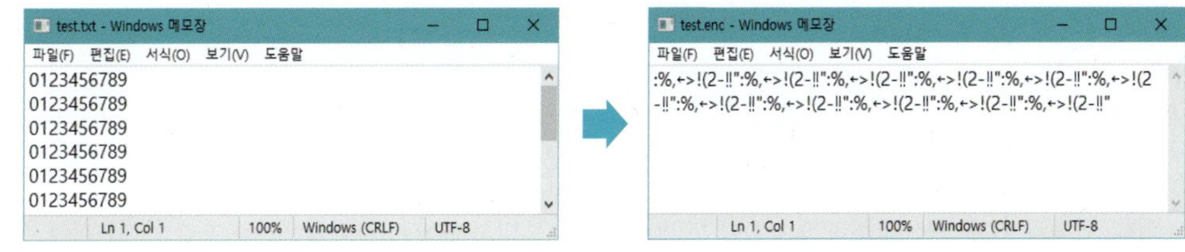

XorEnc.java

```java
import java.io.*;

public class XorEnc {
    // 고정된 암호화 키(XOR 연산에 사용)
    static byte[] key = {10, 20, 30, 40};

    public static void main(String[] args) throws Exception {
        // 원본 파일("test.txt")을 읽기 위한 FileInputStream
        FileInputStream is = new FileInputStream("test.txt");
        // 암호화된 데이터를 저장할 파일("test.enc")을 쓰기 위한 FileOutputStream
        FileOutputStream os = new FileOutputStream("test.enc");

        // 데이터를 저장할 버퍼(최대 1024바이트 읽기)
        byte[] data = new byte[1024];
        // 파일에서 데이터를 읽은 바이트 수
        int read = is.read(data);
        // 키 배열에서 현재 사용할 인덱스를 추적하기 위한 변수
        int index = 0;

        // 파일의 데이터를 모두 읽을 때까지 반복
        while (read != -1) {
            // 읽어 온 바이트마다 XOR 암호화 수행
            for (int k = 0; k < read; k++) {
                // 현재 바이트에 키의 해당 인덱스 값을 XOR 연산
                data[k] ^= key[index % key.length];
                // 키 배열의 인덱스 증가
                index++;
            }
            // 암호화된 데이터를 출력 스트림에 쓰기
            os.write(data, 0, read);
            // 다음 데이터를 읽기
            read = is.read(data);
        }

        // 출력 스트림에 남아 있는 데이터를 강제로 비우고 닫기
        os.flush();
        os.close();
        // 입력 스트림 닫기
```

```
            is.close();
        }
}
```

도전문제

1 앞에서 XOR 연산을 통해 암호화한 파일(test.enc)을 다시 원본 파일로 복원하는 프로그램을 작성하시오.

- 암호화한 파일(test.enc)을 읽는다.
- XOR 암호화에 사용한 동일한 키를 사용하여 복호화(XOR 재적용)를 수행한다.
- 복호화된 데이터를 restored.txt 파일에 저장한다.
- 암호화/복호화 키는 배열로 고정하여 동일하게 사용한다.
- 파일이 정상적으로 복호화되었는지 확인할 수 있도록 "복호화 완료" 메시지를 출력한다.

예제 14-13 문자 횟수 세기

특정한 문자 a가 파일에 나타나는 횟수를 세는 프로그램을 작성해 보자. 파일 이름은 test.txt라고 하자.

```
'a'의 횟수: 1
```

CountLetter.java

```java
import java.io.*;

public class CountLetter {
    // 특정 문자(c)가 파일(f)에서 몇 번 등장하는지 계산하는 메소드
    public static int getCount(char c, File f) throws Exception {
        int count = 0;  // 문자 등장 횟수를 저장할 변수
        // 파일 읽기를 위한 스트림과 버퍼 초기화
           (try-with-resources 사용으로 자동 닫힘)
        try (InputStream in = new FileInputStream(f);
      BufferedReader reader = new BufferedReader(new InputStreamReader(in))) {
            String line = null;                          // 파일의 각 줄을 읽을 변수
            // 파일에서 한 줄씩 읽기
            while ((line = reader.readLine()) != null) {
                // 현재 줄에서 각 문자를 검사
                for (int i = 0; i < line.length(); i++) {
                    if (c == line.charAt(i)) {
                    // 현재 문자가 찾는 문자(c)와 같은지 확인
                        count++;                         // 동일하면 카운트를 증가
                    }
```

```
                }
            }
        }
        return count;                       // 최종 카운트 반환
    }

    public static void main(String[] args) throws Exception {
        File file = new File("test.txt");

        // 'a' 문자가 파일에서 몇 번 등장하는지 계산
        int count = getCount('a', file);
        System.out.println("'a'의 횟수: " + count);
    }
}
```

도전문제

1 텍스트 파일에서 주어진 단어가 몇 번 등장하는지 세는 프로그램을 작성해 보자. `BufferedReader`로 줄 단위 읽고, 총 등장 횟수(`count`)와 단어가 등장한 줄 수(`linesWith`)를 누적한다. `String[] tokens = line.split("[^\\p{L}\\p{N}]+");` 을 사용하면 정규식으로 단어를 분리할 수 있다.

참고사항: 자주 사용하는 문자 집합

자바는 자주 사용하는 문자 집합을 StandardCharsets에서 제공한다.

문자 집합	설명
UTF-8	유니코드 기반, 가변 길이 인코딩, 대부분의 텍스트 지원
UTF-16	유니코드 기반, 16비트 고정 길이
ISO-8859-1	라틴 알파벳(서유럽 언어)을 위한 8비트 문자 집합
US-ASCII	7비트 영어 문자
EUC-KR	한국어 문자 집합

참고사항: 한글 인코딩

한글 인코딩에는 주로 UTF-8, EUC-KR, CP949, UTF-16을 사용한다.

- UTF-8: 유니코드 기반으로 다국어 지원에 최적화되어 최신 시스템과 웹 표준에서 주로 사용한다.
- EUC-KR: 한글 완성형 인코딩으로 구형 시스템과 레거시 환경에서 사용한다.
- MS949: EUC-KR 확장판으로 MS 윈도우에서 주로 사용한다.
- UTF-16: 유니코드 고정 길이 인코딩으로 윈도우 API와 일부 시스템에서 사용한다.

현대 애플리케이션은 UTF-8을 권장하며, 레거시 시스템에서는 EUC-KR이나 CP949를 사용할 수 있다.

SELF TEST

1 `BufferedReader` 클래스에서 한 줄 단위로 텍스트를 읽기 위해 사용하는 메소드는 무엇인가?

2 `DataOutputStream`을 사용하여 float 타입 데이터를 저장할 때 사용하는 메소드는 무엇인가?

3 파일을 UTF-8 인코딩 방식으로 읽기 위해 사용하는 스트림 조합은 무엇인가?

14.5 객체 저장하기

`Student` 객체를 가지고 있다고 가정해 보자. 이 객체 안에는 학번, 이름, 주소 같은 정보가 꽉꽉 들어 있다. 이 객체를 파일에 저장하려면 어떻게 해야 할까? 물론 객체 데이터를 하나씩 꺼내서 일일이 저장할 수도 있다. 하지만 이건 마치 상자를 통째로 옮기는 대신, 상자 안에 있는 물건을 하나씩 꺼내서 옮기는 것과 같은 고생스러운 방법이다. 다행히 자바에는 더 편리한 방법이 있다. 객체 직렬화(Serialization)라는 기능을 사용하면, 객체를 통째로 파일에 '포장해서' 저장할 수 있다. 이렇게 하면 객체를 나중에 다시 '개봉'해서 원래 상태 그대로 사용할 수 있다. 클래스가 `Serializable` 인터페이스를 구현하면 직렬화가 가능하다.

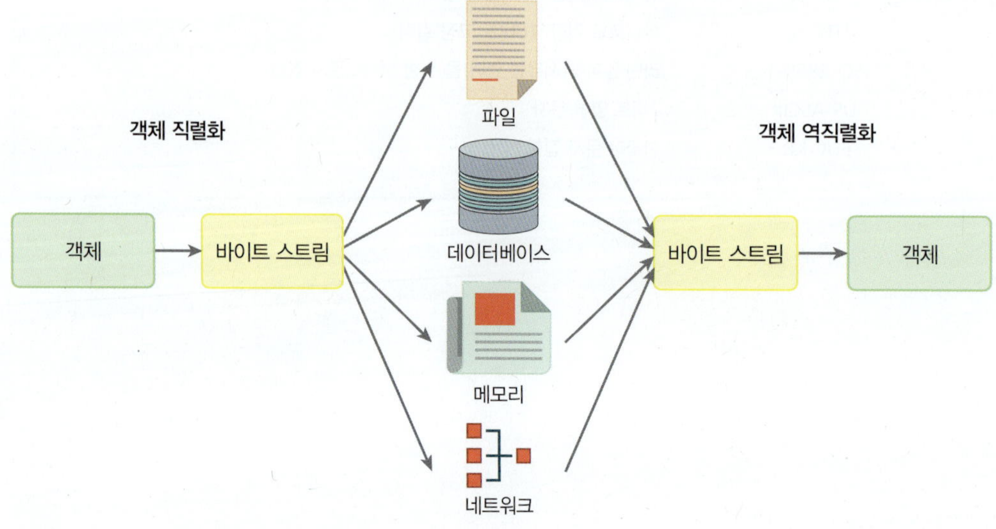

그림 14-18 객체 직렬화와 역직렬화

객체 직렬화는 객체가 가진 데이터들을 순차적인 데이터로 변환한다. 순차적인 데이터가 되면 파일에 쉽게 저장할 수 있다. 어떤 클래스가 직렬화를 지원하려면 `Serializable` 인터페이스를 구현하면 된다. 우리가 사용하는 대부분의 표준 클래스는 이미 객체의 직렬화를 지원하고 있다. 객체가 직렬화 과정을 통하여 자신의 상태를 파일에 기록해놓으면 필요할 때마다 불러들여서 다시 객체를 복구할 수 있다. 객체가 직렬화된 데이터를 읽어서 자신의 상태를 복구하는 것을 **역직렬화(deserialization)**라고 한다.

`ObjectStream` 클래스는 객체의 입출력을 지원한다. 이 클래스를 이용하면 객체를 파일에 저장할 수 있고 또 반대로 파일에 저장된 객체를 읽어 들일 수 있다. 물론 네트워크를 통하여 다른 곳에 보내거나 받는 것도 가능하다. `ObjectOutputStream` 클래스에서 가장 중요한 메소드는 `writeObject(Object obj)`로, 객체를 직렬화하여 출력 스트림에 기록한다. `ObjectInputStream` 클래스에서 가장 중요한 메소드는 `readObject()`로, 직렬화된 객체를 읽어서 복원한다.

Date 객체 저장하기 예제 14-14

자바가 기본적으로 제공하는 `Date` 클래스를 이용하여 현재 날짜를 나타내는 객체를 파일에 저장하였다가 다시 읽어서 콘솔에 표시하는 프로그램을 작성해 보자.

ObjectStreamTest.java

```java
import java.io.*;
import java.util.*;

public class ObjectStreamTest {
    public static void main(String[] args) {
        try (ObjectOutputStream out = new ObjectOutputStream
                                      (new FileOutputStream("object.dat"));) {
            // 현재 날짜를 직렬화하여 파일에 기록
            out.writeObject(new Date());
            System.out.println("객체가 성공적으로 파일에 저장되었습니다.");
        } catch (IOException e) {
            // 직렬화 또는 파일 출력 중 예외 처리
            System.err.println("객체를 저장하는 동안 오류가 발생했습니다: " +
                                                          e.getMessage());
        }

        // 파일에서 객체를 읽는 작업
        try (ObjectInputStream in = new ObjectInputStream(new FileInputStream
                                                       ("object.dat"));) {
            // 파일에서 객체를 읽어 Date 객체로 복원
            Date d = (Date) in.readObject();
            System.out.println("파일에서 읽은 객체: " + d);
        } catch (FileNotFoundException e) {
```

```
            System.err.println("파일을 찾을 수 없습니다: " + e.getMessage());
        } catch (IOException e) {
            System.err.println("입출력 오류가 발생했습니다: " + e.getMessage());
        } catch (ClassNotFoundException e) {
            System.err.println("읽은 객체의 클래스를 찾을 수 없습니다: " +
                                                    e.getMessage());
        }
    }
}
```

```
객체가 성공적으로 파일에 저장되었습니다.
파일에서 읽은 객체: Mon Dec 02 11:13:22 KST 2024
```

도전문제

1 사람을 나타내는 `Person` 클래스를 정의하고 `Serializable` 인터페이스를 구현한다. 이 인터페이스에 추상 메소드가 없기 때문에, 단순히 클래스 선언부에 `implements Serializable`만 추가해 주면 된다. `Person` 클래스는 `name`과 `age` 필드를 가진다. `Person` 객체를 파일에 저장하고 다시 읽어들이는 코드를 작성해 보자.

SELF TEST

1 자바에서 객체를 직렬화하려면 해당 클래스가 어떤 인터페이스를 구현해야 하는가?

2 객체를 파일에 저장하기 위해 사용하는 출력 스트림 클래스는 무엇인가?

3 `ObjectInputStream` 클래스에서 직렬화된 객체를 읽어 복원할 때 사용하는 메소드는 무엇인가?

14.6 File 객체

File 객체

`File` 클래스는 파일과 디렉터리를 다루는 '파일 관리자' 같은 존재이다. 이 클래스는 파일과 디렉터리의 속성을 알려주거나 설정하는 역할을 하지만, 실제로 파일을 읽거나 쓰는 것은 하지 않는다. 쉽게 말해, `File` 클래스는 파일 시스템에서 파일과 디렉터리의 경로, 이름, 속성 같은 정보를 정리해주는 '행정 담당자'이다. 하지만 파일 내용을 직접 다루는 것은 아니라서 "저 여기 파일의 속성과 경로만 알려드릴게요. 작업은 다른 클래스랑 상의하세요."라고 말하는 타입이다.

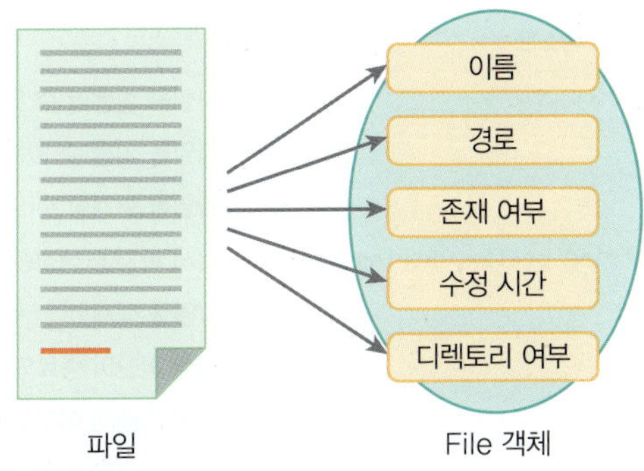

그림 14-19 File 객체

File 클래스의 생성자

다음은 File 클래스의 생성자를 정리한 표이다.

생성자	설명
File(String pathname)	지정된 경로명을 나타내는 새 File 객체를 생성. 경로는 절대 경로나 상대 경로 모두 가능.
File(String parent, String child)	부모 디렉터리 경로(parent)와 자식 파일(child)을 결합하여 File 객체를 생성.
File(File parent, String child)	부모 디렉터리를 File 객체로 전달하고 자식 파일을 문자열로 전달하여 File 객체 생성.

표 14-11 File 클래스의 생성자

예를 들어서 다음과 같이 File 객체를 생성할 수 있다.

```
File file = new File("c:\\temp\\data.txt");
File file = new File("c:\\temp", "test.txt");   // 디렉터리와 파일을 나누어서 입력
```

File 클래스의 주요 메소드

File 객체로 무엇을 할 수 있을까? 파일 크기나 속성을 알 수 있다. 또 파일을 삭제하거나 이름을 변경하고 디렉터리를 생성할 수도 있다. 다음은 File 클래스의 주요 메소드를 정리한 표이다.

반환형	메소드	설명
boolean	canExecute()	파일을 실행할 수 있는지 여부를 반환한다.
boolean	canRead()	파일을 읽을 수 있는지 여부를 반환한다.
boolean	canWrite()	파일을 변경할 수 있는지 여부를 반환한다.
static File	createTempFile(String prefix, String suffix)	임시 파일을 생성한다.
boolean	delete()	파일을 삭제한다.
void	deleteOnExit()	가상 머신이 종료되면 파일을 삭제한다.
boolean	exists()	파일의 존재 여부를 반환한다.
String	getAbsolutePath()	절대 경로를 반환한다.
String	getCanonicalPath()	정규 경로를 반환한다.
String	getName()	파일의 이름을 반환한다.
String	getParent()	부모 경로 이름을 반환한다.
File	getParentFile()	부모 파일을 반환한다.
boolean	isDirectory()	디렉터리이면 참을 반환한다.
boolean	isFile()	파일이면 참을 반환한다.
long	lastModified()	파일이 변경되었는지 여부를 반환한다.
long	length()	파일 길이를 반환한다.
String[]	list()	디렉터리 안에 포함된 파일과 디렉터리를 반환한다.
boolean	mkdir()	디렉터리를 생성한다.
boolean	renameTo(File dest)	파일 이름을 변경한다.
boolean	setExecutable(boolean executable)	파일을 실행 가능하게 설정한다.
boolean	setLastModified(long time)	파일을 변경된 것으로 설정한다.

표 14-12 File 클래스의 주요 메소드

예제 14-15 파일 속성 알아보기

특정 디렉터리 안의 각 파일에 대하여 파일의 속성을 표시해 보자.

FileAttributesExample.java

```java
import java.io.File;

public class FileAttributesExample {
    public static void main(String[] args) {
        File file = new File("example.txt");

        // 기본 속성 확인
        System.out.println("파일 이름: " + file.getName());
        System.out.println("경로: " + file.getPath());
        System.out.println("절대 경로: " + file.getAbsolutePath());
        System.out.println("존재 여부: " + file.exists());
        System.out.println("파일 여부: " + file.isFile());
```

```
        System.out.println("디렉터리 여부: " + file.isDirectory());
        System.out.println("크기: " + file.length() + "바이트");
        System.out.println("수정 시간: " + file.lastModified());

        // 권한 확인
        System.out.println("읽기 가능: " + file.canRead());
        System.out.println("쓰기 가능: " + file.canWrite());
        System.out.println("실행 가능: " + file.canExecute());
    }
}
```

```
파일 이름: example.txt
경로: example.txt
절대 경로: C:\Users\chun\eclipse-workspace\ch14\example.txt
존재 여부: false
파일 여부: false
디렉터리 여부: false
크기: 0바이트
수정 시간: 0
읽기 가능: false
쓰기 가능: false
실행 가능: false
```

도전문제

1 사용자가 입력한 디렉터리 안에 있는 모든 파일에 대해 이름, 크기, 수정 시간, 읽기/쓰기 가능 여부를 출력하는 프로그램을 작성하시오.

- Scanner를 사용해 디렉터리 경로를 사용자로부터 입력받는다.
- 해당 경로가 디렉터리인지 확인하고, 아니라면 "유효한 디렉터리가 아닙니다."를 출력 후 종료한다.
- 디렉터리 객체에서 목록을 가져오는 것은 다음과 같은 문장으로 가능하다.

```
File dir = new File(path);
File[] entries = dir.listFiles();            // 디렉터리 안의 파일/폴더 목록
```

File 클래스의 중요한 메소드

exists() 메소드는 파일이나 디렉터리가 실제로 존재하는지 확인한다. 반환 값은 true(존재함), false(존재하지 않음)이다.

```
File file = new File("example.txt");
System.out.println(file.exists());            // 파일이 존재하면 true 출력
```

isFile() 메소드는 지정된 경로가 파일인지 확인한다.

```
File file = new File("example.txt");
System.out.println(file.isFile());                 // 파일이면 true 출력
```

length() 메소드는 파일이나 디렉터리의 크기를 반환한다.

```
File file = new File("example.txt");
System.out.println("파일 크기: " + file.length() + "바이트");
```

isDirectory() 메소드는 지정된 경로가 디렉터리인지 확인한다.

```
File dir = new File("exampleDir");
System.out.println(dir.isDirectory());             // 디렉터리면 true 출력
```

createNewFile() 메소드는 새로운 파일을 생성한다. 파일이 이미 존재하면 아무 작업도 하지 않고 false를 반환한다. IOException(파일 생성 실패 시 발생) 예외가 발생할 수 있다.

```
File file = new File("newFile.txt");
if (file.createNewFile()) {
    System.out.println("파일 생성 성공");
} else {
    System.out.println("파일이 이미 존재합니다.");
}
```

delete() 메소드는 파일이나 디렉터리를 삭제한다. 디렉터리가 비어있지 않으면 삭제에 실패한다.

```
File file = new File("example.txt");
if (file.delete()) {
    System.out.println("파일 삭제 성공");
} else {
    System.out.println("파일 삭제 실패");
}
```

list() 메소드는 디렉터리 내의 파일과 서브 디렉터리 이름을 문자열 배열로 반환한다.

```
File dir = new File("exampleDir");
String[] files = dir.list();
for (String file : files) {
    System.out.println(file);
}
```

mkdir() 메소드는 디렉터리를 생성한다. 상위 디렉터리가 없으면 생성에 실패한다.

```
File dir = new File("newDir");
if (dir.mkdir()) {
    System.out.println("디렉터리 생성 성공");
} else {
    System.out.println("디렉터리 생성 실패");
}
```

getPath() 메소드는 File 객체의 경로(문자열)를 반환한다.

```
File file = new File("example.txt");
System.out.println("경로: " + file.getPath());
```

getAbsolutePath() 메소드는 파일의 절대 경로를 반환한다.

```
File file = new File("example.txt");
System.out.println("절대 경로: " + file.getAbsolutePath());
```

파일 처리 작업 예제 14-16

특정 디렉터리 안의 C 소스 파일을 모두 찾아서 코드의 첫 번째 줄에 다음과 같은 문장을 추가하는 자바 프로그램을 작성해 보자.

```
#define _CRT_SECURE_NO_WARNINGS
```

보통 이러한 작업은 윈도우 쉘 스크립트나 파이썬을 사용하지만 자바 언어로도 할 수 있다.

```
#include <stdio.h>
int main(void)
{
    printf("Hello");
    return 0:
}
```

```
#define _CRT_SECURE_NO_WARNINGS
#include <stdio.h>
int main(void)
{
    printf("Hello");
    return 0;
}
```

디렉터리 안에 있는 모든 파일을 찾으려면 다음과 같은 for-each 문을 사용한다.

```
File directoryPath = new File("D:/src");
File filesList[] = directoryPath.listFiles();

for (File file : filesList) {
      ...
}
```

파일을 읽는 방법은 여러 가지이지만 Scanner 클래스에 파일 객체를 넘겨도 파일의 내용을 문자열로 읽을 수 있다.

```
sc = new Scanner(file);
String input;
StringBuffer sb = new StringBuffer();

while (sc.hasNextLine()) {
      input = sc.nextLine();
      sb.append(input + "\n");
}
```

FileProcessor.java

```
import java.io.*;
import java.util.Scanner;

public class FileProcessor {
    public static void main(String args[]) throws IOException {
        // "D:/src" 디렉터리 내의 파일 목록 가져오기
        File directoryPath = new File("D:/src");
        File[] filesList = directoryPath.listFiles();

        // 파일이 존재하는지 확인
        if (filesList == null || filesList.length == 0) {
            System.out.println("디렉터리에 파일이 없습니다.");
            return;
```

```
        }

        // 디렉터리 내 모든 파일을 처리
        for (File file : filesList) {
            // 확장자가 ".c" 또는 ".txt"인 파일만 처리
            if (!file.getName().endsWith(".c") && !file.getName().endsWith
                                                            (".txt")) {
                continue; // 다른 확장자는 무시
            }

            // 파일 정보 출력(파일 이름, 절대 경로, 크기)
            System.out.println("파일 이름: " + file.getName());
            System.out.println("파일 경로: " + file.getAbsolutePath());
            System.out.println("파일 크기: " + file.length() + " bytes");
            // 파일 크기 수정

            // 새 파일 내용을 저장할 StringBuilder 사용
            StringBuilder sb = new StringBuilder();
            sb.append("#define _CRT_SECURE_NO_WARNINGS\n");  // C 코드 헤더 추가

            // try-with-resources를 사용하여 Scanner 자동 닫기
            try (Scanner sc = new Scanner(file)) {
                while (sc.hasNextLine()) {
                    sb.append(sc.nextLine()).append("\n");
                    // 파일 내용을 한 줄씩 읽고 추가
                }
            } catch (IOException e) {
                System.out.println("파일 읽기 중 오류 발생: " + e.getMessage());
                continue;  // 오류 발생 시 다음 파일로 이동
            }

            // 원래 파일 이름에서 확장자를 제거한 후 "1.c"를 추가하여 새 파일명 생성
            String oldName = file.getAbsolutePath();
            String fileName = oldName.contains(".")
                    ? oldName.substring(0, oldName.lastIndexOf("."))
                    : oldName;
            String newFileName = fileName + "1.c";  // 새로운 파일명

            System.out.println("새 파일 이름: " + newFileName);

            // try-with-resources를 사용하여 BufferedWriter 자동 닫기
            try (BufferedWriter writer = new BufferedWriter(new FileWriter
                                                        (newFileName))) {
                writer.write(sb.toString());  // 새 파일에 내용 쓰기
            } catch (IOException e) {
                System.out.println("파일 저장 중 오류 발생: " + e.getMessage());
```

```
            }
        }
    }
}
```

도전문제

1 D:/src 디렉터리에 있는 .c 확장자 파일들을 검색하여 모든 `printf` 문장을 자동으로 주석 처리하는 프로그램을 작성하시오.

- "D:/src" 경로의 모든 .c 파일을 대상으로 한다.
- 각 파일의 내용을 한 줄씩 읽는다.
- 한 줄에 `printf`가 포함되어 있으면, 해당 줄의 앞에 //를 추가하여 주석 처리한다. (예: `printf("Hello");` → `//printf("Hello");`)
- 주석 처리된 결과를 새로운 파일(예: filename_logged.c)에 저장한다.

예제 14-17 파일 압축하기

ZIP 방식으로 압축된 파일을 압축 해제하여 원본 파일을 얻는 방법을 살펴보자.

```
압축 파일 이름을 입력하시오: test.zip
원본 파일 이름을 입력하시오: test.txt
```

자바의 `Util` 패키지 안에는 zip 압축과 압축 해제를 할 수 있는 클래스들이 있다. 이 클래스들을 이용해 보자. 파일 스트림과 압축 해제하는 스트림을 서로 연결하면 된다.

UnzipTest.java

```java
import java.io.*;
import java.util.*;
import java.util.zip.*;

public class UnzipTest {
    public static void main(String[] args) {
        Scanner sc = new Scanner(System.in);

        try {
            System.out.println("압축 파일 이름을 입력하시오: ");
            String inname = sc.next();
            System.out.println("원본 파일 이름을 입력하시오: ");
            String outname = sc.next();

```

```
            // try-with-resources로 스트림 열기
            try (ZipInputStream inStream = new ZipInputStream
                                                 (new FileInputStream(inname));
                OutputStream outStream = new FileOutputStream(outname)) {
                    byte[] buffer = new byte[1024];
                    int read;
                    ZipEntry entry;
                    // 압축 파일에서 엔트리를 읽고 복사
                    if ((entry = inStream.getNextEntry()) != null) {
                            while ((read = inStream.read(buffer)) > 0) {
                            outStream.write(buffer, 0, read);
                        }
                    }
                }
        } catch (IOException e) {
            System.out.println("파일 작업 중 오류가 발생했습니다: "
                                                             + e.getMessage());
        } finally {
            sc.close();  // Scanner 리소스 닫기
        }
    }
}
```

도전문제

1. 위의 프로그램에 그래픽 사용자 인터페이스를 추가하시오. TextArea와 같은 컴포넌트를 이용하여 압축을 푼 파일의 내용을 화면에 표시한다. 파일 이름도 TextField와 같은 컴포넌트를 통하여 입력받는다.

SELF TEST

1. File 클래스는 파일의 내용을 직접 다루는가? (O/X)
2. 파일이 실제로 존재하는지 확인할 때 사용하는 File 클래스의 메소드는 무엇인가?
3. 객체 직렬화를 위해 클래스가 반드시 구현해야 하는 인터페이스는 무엇인가?

Mini Project 수행하기 시저 암호화 프로그램 작성

난이도: ★★★☆☆
주제: 입출력 스트림 사용

시저 암호를 구현해 보자. 로마의 유명한 정치가였던 줄리어스 시저(Julius Caesar, 100-44 B.C.)는 친지들에게 비밀리에 편지를 보내고자 할 때 다른 사람들이 알아보지 못하도록 문자들을 다른 문자들로 치환하였다. 시저 암호의 규칙을 표로 나타내면 다음과 같다.

평문	a	b	c	d	e	f	g	h	i	j	k	l	m	n	o	p	q	r	s	t	u	v	w	x	y	z
암호문	d	e	f	g	h	i	j	k	l	m	n	o	p	q	r	s	t	u	v	w	x	y	z	a	b	c

예를 들어 평문 "come to me"는 "FRPH WR PH"로 바뀐다. 시저 암호 방식을 이용하여 파일을 암호화하고 복호화하는 프로그램을 작성해 보자.

```
원문: The language of truth is simple.
암호문: Wkh odqjxdjh ri wuxwk lv vlpsoh.
복호문: The language of truth is simple.
```

다음 코드를 참고한다.

```java
public class CaesarCipher {
    public static void main(String[] args) throws IOException {
        FileReader fr = new FileReader("input.txt");
        BufferedReader br = new BufferedReader(fr);
        String plaintext = br.readLine();

        System.out.println(CaesarCipher.encode(plaintext, 3));
        System.out.println(CaesarCipher.decode(CaesarCipher.encode(plaintext, 3),
                                                                                3));
        fr.close();
    }
}
```

Summary

- 바이트 스트림(InputStream/OutputStream)은 이진 데이터를 처리하며, 문자 스트림(Reader/Writer)은 텍스트 데이터를 효율적으로 처리한다.

```
new java.io.FileInputStream("data.bin"); new java.io.FileReader("data.txt");
```

- try-with-resources 기능을 사용하면 스트림을 자동으로 닫아 자원 누수를 방지할 수 있다.

```
try (java.io.InputStream in = new java.io.FileInputStream("in.dat"))
{ /* 사용 */ }
```

- BufferedReader/BufferedWriter 같은 버퍼 스트림은 입출력 성능을 높이고, readLine(), newLine() 같은 편의 메소드를 제공한다.

```
new java.io.BufferedReader(new java.io.FileReader("notes.txt")).readLine();
```

- DataInputStream/DataOutputStream은 int, float 같은 기초형을 바이트 스트림으로 쉽게 읽고 쓸 수 있게 해준다.

```
new java.io.DataOutputStream(new java.io.FileOutputStream("data.bin")).
writeInt(42);
```

- 객체를 파일에 통째로 저장하려면 Serializable 인터페이스를 구현하고, ObjectOutputStream과 ObjectInputStream을 사용한다.

```
new java.io.ObjectOutputStream(new java.io.FileOutputStream("obj.ser")).
writeObject(someSerializableObject);
```

- 문자 인코딩이 다른 파일은 InputStreamReader로 감싸서 UTF-8, EUC-KR 등 원하는 문자셋으로 읽을 수 있다.

```
new java.io.BufferedReader(new java.io.InputStreamReader(new java.
io.FileInputStream("euckr.txt"), java.nio.charset.Charset.forName("EUC-KR")));
```

- File 클래스는 파일이나 디렉터리의 존재, 크기, 권한 등 속성을 확인하거나 파일을 생성·삭제하는 데 사용된다.

```
new java.io.File("logs/app.log").exists();
```

Exercises

1. 다음 중 자바에서 입력과 출력을 담당하는 패키지는?

   ❶ java.input ❷ java.io ❸ java.inout ❹ java.file

2. 문자 입력을 담당하는 가장 기본적인 추상 클래스 이름은?

   ❶ InputStream ❷ OutputStream ❸ Reader ❹ Writer

3. FileWriter 생성자에 잘못된 파일 이름이 전달되면 어떻게 되는가?

   ❶ 그대로 계속된다.
   ❷ 사용자 디스크가 손상된다.
   ❸ 생성자가 null 값을 반환한다.
   ❹ IOException이 발생한다.

4. 다음 각 파일을 읽을 때, 파일의 성격(바이너리/텍스트)에 맞는 가장 기본적인 입력 스트림 클래스명을 쓰시오.

   1. 이미지 파일 ____________________
   2. 메모장 파일(텍스트 파일) ____________________
   3. mp3 파일 ____________________
   4. HTML 파일 ____________________

5. 다음 코드는 예외 처리를 포함하지 않으면 컴파일 오류가 난다. 이유와 올바른 코드로 고치시오.

```
File file = new File("test.txt");
FileReader in = new FileReader(file);
```

6. 텍스트 파일을 읽으려고 한다. 속도 저하를 막기 위해 버퍼를 사용한다. 어떤 스트림 클래스들을 어떻게 연결해야 하는지 설명하시오.

7. 아래 코드는 큰 파일 복사에 너무 느리다. 버퍼링을 적용해 성능을 개선하시오(클래스/메소드 이름만 적어도 됨).

```
try (FileInputStream in = new FileInputStream("a.bin");
     FileOutputStream out = new FileOutputStream("b.bin")) {
     int b;
     while ((b = in.read()) != -1) {
         out.write(b);
     }
}
```

8. 자동차를 나타내는 Car 클래스가 정의되어 있다고 가정하자. Car 클래스는 Serializable을 구현하라.

   1. 참조 변수 myCar가 가리키는 Car 객체를 직렬화하여서 파일 Car.obj에 저장하는 문장을 작성하시오.
   2. 파일 Car.obj에 저장된 객체를 역직렬화하여 복원하는 문장을 작성하시오.

9. UTF-8 텍스트를 읽어 콘솔에 출력하려 한다. 다음 코드의 문제점을 설명하고, 인코딩을 명시하여 올바르게 읽는 방법을 쓰시오.

```
FileReader fr = new FileReader("data.txt");
BufferedReader br = new BufferedReader(fr);
```

10. 아래 문장을 O/X로 판단하고, 틀리면 한 줄로 고치시오.

    1. Serializable을 구현하지 않아도 ObjectOutputStream으로 어떤 객체든 쓸 수 있다.
    2. 직렬화된 클래스는 필드가 바뀌어도 언제나 문제없이 역직렬화된다.
    3. 비밀번호처럼 민감한 필드는 transient로 표시해 직렬화에서 제외할 수 있다.

11. 경로 C:\logs의 파일 목록에서 디렉터리를 제외하고, 각 파일에 대해 다음 정보를 출력하는 절차를 서술하시오: 파일명, 바이트 크기, 마지막 수정 시간(yyyy-MM-dd HH:mm). 사용해야 할 File 또는 java.nio.file.Files/Path의 핵심 메소드를 각각 2개 이상 쓰시오.

Programming Exercises

난이도: ★★☆☆☆
주제: 컬렉션, 파일 입출력

1. 텍스트 파일에서 각 단어의 빈도수를 계산하고 결과를 출력하는 프로그램을 작성하시오. BufferedReader를 사용해 텍스트 파일을 읽고, HashMap<String, Integer>를 사용하여 각 단어와 빈도수를 저장한다.

```
단어 빈도수 결과:
hello: 2
world: 2
this: 1
...
```

난이도: ★★☆☆☆
주제: 바이너리 파일 입출력

2. 바이너리 파일의 내용을 읽고, 읽은 데이터를 16진수로 출력하는 프로그램을 작성하시오. FileInputStream을 사용해 파일을 읽고, 각 바이트를 16진수 형식으로 변환하여 출력한다.

```
바이너리 파일의 16진수 출력:
48 65 6C 6C 6F 20 57 6F 72 6C 64 21

총 12바이트를 읽었습니다.
```

난이도: ★★★☆☆
주제: 버퍼 파일 입출력

3. 로그 파일에서 ERROR로 시작하는 줄만 필터링하여 새로운 파일에 저장하는 프로그램을 작성하시오. BufferedReader로 로그 파일을 읽어서 BufferedWriter로 필터링된 데이터를 쓴다.

logs.txt

```
INFO: Application started
ERROR: Null pointer exception at line 42
DEBUG: User login successful
ERROR: Array index out of bounds at line 56
INFO: Application stopped
```

```
ERROR: Null pointer exception at line 42
ERROR: Array index out of bounds at line 56
```

4. file1.txt, file2.txt 두 파일을 순서대로 읽어 한 파일 merged.txt로 병합하시오. 입출력은 UTF-8, BufferedReader/BufferedWriter를 try-with-resources로 사용한다.

난이도: ★★★☆☆
주제: 파일 입출력

```
Hello from file1.
This is the first file.
Hello from file2.
This is the second file.
```

5. 지정된 디렉터리에서 파일 목록을 출력하고, 특정 파일이 존재하는지 확인하는 프로그램을 작성하시오. File 클래스를 사용하여 디렉터리와 파일 작업 수행한다. 디렉터리 안의 모든 파일 출력한다.

난이도: ★★★☆☆
주제: File 클래스

```
확인할 디렉터리 경로를 입력하세요: /Users/example/documents
디렉터리 안의 파일 목록:
[파일] report.txt
[파일] notes.pdf
[디렉터리] projects

존재 여부를 확인할 파일 이름을 입력하세요: report.txt
파일 'report.txt'이(가) 디렉터리에 존재합니다.
```

6. 주어진 텍스트 파일 input.txt를 읽어 모든 문자를 대문자로 변환한 뒤, 결과를 output.txt로 저장하는 프로그램을 작성하시오. 인코딩은 UTF-8로 고정한다. 입출력은 BufferedReader/BufferedWriter + try-with-resources를 사용한다.

난이도: ★★★☆☆
주제: BufferedReader 클래스

input.txt

```
Hello, World!
Java programming is fun.
Let's write some code.
```

```
HELLO, WORLD!
JAVA PROGRAMMING IS FUN.
LET'S WRITE SOME CODE.
```

소문자를 대문자로 변환하는 방법은 다음 문장을 참고한다.

```
if (Character.isLowerCase(ch))  {
    ch = Character.toUpperCase(ch);
```

난이도: ★★★☆☆
주제: 파일 입출력, 컬렉션 정렬

7. input.txt를 UTF-8로 읽어, 각 줄의 정수를 파싱(빈 줄·비정수는 무시)하여 숫자값 오름차순으로 정렬하고 output.txt에 한 줄에 하나 출력하라. 입출력은 `BufferedReader/Writer`와 `try-with-resources` 사용.

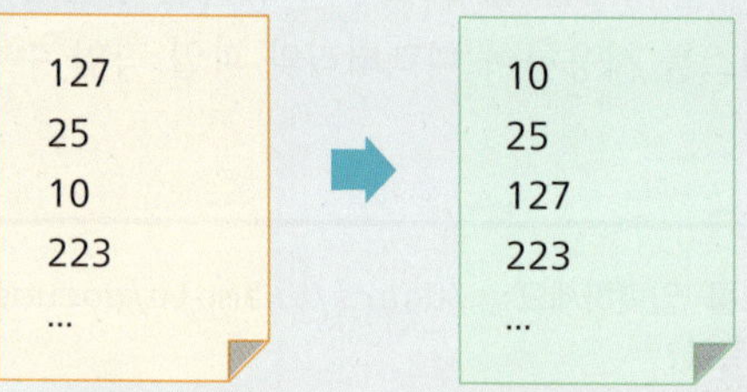

데이터 정렬은 자바 컬렉션(`List<Integer>`)과 정렬 메소드(`Collections.sort()`)를 활용한다.

난이도: ★★★☆☆
주제: 형식 파일 입출력

8. `int`, `double`, `int`, `double` 4개를 data.bin에 그 순서대로 `writeInt`/`writeDouble`로 저장하고, 같은 순서로 다시 읽어 출력하라(버퍼 + `try-with-resources`).

```
데이터가 'data.bin' 파일에 저장되었습니다.
바이너리 파일에서 데이터를 읽습니다:
정수: 123
실수: 456.789
정수: -42
실수: 3.14
```

난이도: ★★★☆☆
주제: 파일 입출력

9. 2개의 텍스트 파일을 비교하여 내용이 동일한지 확인하는 프로그램을 작성하시오. `BufferedReader`를 사용해 두 파일을 한 줄씩 읽으며 비교한다.

file1.txt

```
Hello, World!
This is the first file.
It contains three lines.
```

file2.txt

```
Hello, World!
This is the second file.
It contains three lines.
```

```
다름 발견:
파일 1, 줄 2: This is the first file.
파일 2, 줄 2: This is the second file.
```

10. 단어들이 랜덤하게 선택되는 행맨 게임을 만드시오. 행맨 게임에서 사용되는 문자열들이 파일 words.txt에 저장되어 있고, 매번 랜덤하게 선택된다고 가정한다.

난이도: ★★★☆☆
주제: 파일 입출력

```
랜덤하게 선택된 단어가 있습니다. 단어를 맞춰보세요!
_ _ _ _ _
알파벳 입력: a
맞췄습니다! 단어 상태: a _ _ _ _
...
```

11. 파일을 암호화했다가 다시 복호화하는 프로그램을 작성하시오. 우리가 사용할 암호화 방법은 XOR이다. 소스 파일의 각 바이트를 특정한 키 값으로 비트 XOR하는 것이다. 정수 변수에 들어 있는 비트들은 다음과 같은 문장으로 암호화할 수 있다. 키 값은 암호화 과정 동안 변하지 않는다고 하자.

난이도: ★★★☆☆
주제: 파일 입출력

Hello, World! → ÿËÏÏÔüæñ×××¶ôÍ

XOR 연산은 다음 문장으로 가능하다.

```
int value;
value = value^key;
```

난이도: ★★★★☆
주제: 스윙 GUI, 파일 입출력

12. 간단한 텍스트 편집기를 만들고, 작성한 내용을 파일로 저장하거나 파일에서 읽어오는 기능을 구현하시오. JTextArea를 사용하여 텍스트 편집 창을 작성한다. '파일 열기' 버튼으로 파일 내용을 불러온다. '파일 저장' 버튼으로 작성한 내용을 파일에 저장한다.

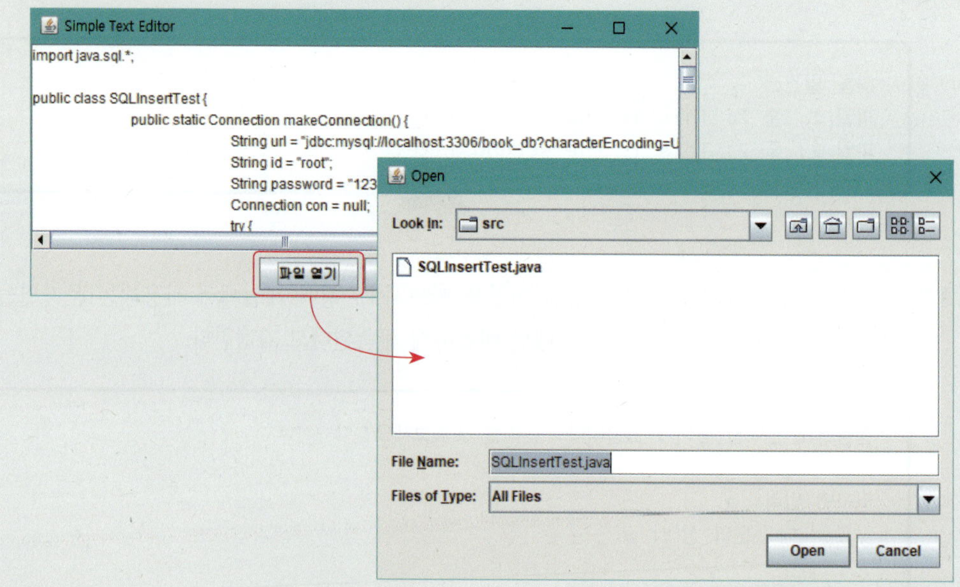

BufferedReader와 BufferedWriter를 사용하여 텍스트 파일 읽기/쓰기를 한다. JFileChooser를 사용하여 파일 선택을 한다.

CHAPTER 15

멀티 스레딩

학습목표

- 스레드를 사용하여 독립적으로 실행되는 코드를 만든다.
- 스레드의 우선순위를 조정하거나 종료시킨다.
- 여러 개의 스레드가 함께 실행될 때 발생하는 문제를 피한다.
- 여러 개의 스레드를 사용하여 작업을 빠르게 수행한다.

학습목차

핵심 키워드

멀티 태스킹, 스레드, 동기화

CHAPTER

15 멀티 스레딩

15.1 멀티태스킹

멀티태스킹이란?

멀티태스킹(Multi-tasking)은 여러 작업을 동시에 실행하는 기술이다. 우리의 일상에서도 멀티태스킹은 흔하다. 예를 들면 라면을 끓이면서 음악을 듣고, 동시에 휴대폰으로 친구에게 "라면 먹으러 와!"라고 메시지를 보낼 수 있다. 또는 산책하면서 강아지를 산책시키고, 친구와 전화로 대화하면서 속으로는 "오늘 저녁 뭐 먹지?"를 고민하기도 한다. 물론 멀티태스킹이 꼭 완벽한 것은 아니다. 라면에 정신 팔려서 물 넘치는 걸 까먹는다든지, 대화 도중에 "뭐라고 했더라?"하는 순간이 올 수도 있다.

그림 15-1 일상생활에서의 멀티태스킹

하나의 애플리케이션 안에서도 멀티태스킹이 필요한 경우가 있다. 예를 들어 채팅 애플리케이션에서는 사용자가 메시지를 보내는 동안, 앱은 새로운 메시지를 백그라운드에서 실시간으로 수신해야 한다. 또 UI도 부드럽게 유지해야 한다. 동영상 스트리밍 애플리케이션도 멀티태스킹이 필요하다. 동영상을 버퍼링(다운로드)하면서 동시에 사용자에게 재생하여야 한다. 또 재생 중에도 사용자 입력(재생, 일시 정지, 스크롤 등)을 처리해야 한다. 게임 애플리케이션은 정말 동시 작업이 많이 필요하다. 게임 캐릭터의 움직임(사용자 입력)과 배경의 애니메이션, 음악, 네트워크 동기화를 동시에 수행하여야 한다. 다중 사용자 게임에서 다른 플레이어의 행동 정보를 실시간으로 업데이트하는 것도 필요하다.

그림 15-2 채팅 앱에서의 멀티태스킹 필요성

멀티스레딩과 스레드

멀티스레딩(Multi-threading)은 이 병렬 작업의 아이디어를 하나의 애플리케이션 안으로 가져온 것이다. 즉, 하나의 애플리케이션 안에서 여러 가지 작업을 동시에 하는 것을 의미한다. 예를 들어서 동영상을 재생하는 애플리케이션은 인터넷을 통하여 mp4 파일을 내려받으면서, 동시에 압축을 풀어서 동영상을 재생한다. 각각의 작업을 **스레드(thread)**라고 부른다. 스레드는 실이라는 의미로, 하나의 실행 흐름(thread of execution)을 의미한다.

그림 15-3 멀티스레딩과 스레드

자바는 멀티 스레딩을 개발자들한테 언어 수준에서 제공한다. 개발자들은 하나의 애플리케이션 안에서 동시에 실행되는 여러 스레드를 만들 수 있으며, 이 스레드들은 자바 가상 머신(JVM)에 의하여 동시에 실행된다. 이는 C언어나 C++보다도 진보된 것으로, 효율적인 프로그램 작성을 가능케 한다.

프로세스와 스레드

컴퓨터에는 **프로세스(process)**와 **스레드(thread)**라는 2가지의 실행 단위가 있다. 우리가 프로그램을 실행하면, 운영체제 안에서 프로그램은 프로세스가 된다. 프로세스는 독립적인 실행 단위로, 서로 메모리를 공유하지 않아서 안전하지만, 무겁고(실행하는 데 리소스가 많이 든다) 통신이 복잡하다. 스레드는 프로세스의 일부로, 같은 프로세스 내에서 자원을 공유하며 가볍고 빠르다. 하지만 스레드 간에 동기화가 필요하다. 프로세스는 한 건물(컴퓨터) 내에서 완전히 분리된 여러 아파트라고 할 수 있다. 각 아파트는 자체적으로 전기, 수도, 가스(메모리)를 관리한다. 한 아파트에 문제가 생겨도 다른 아파트에는 영향을 미치지 않는다. 스레드는 같은 아파트 내의 여러 방이라고 할 수 있다. 모든 방은 전기와 수도(메모리)를 공유한다. 한 방에서 누수가 발생하면 다른 방도 영향을 받을 가능성이 있다.

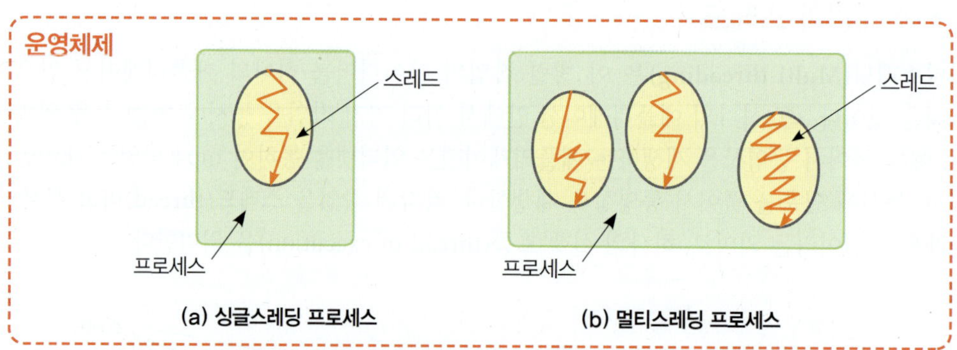

그림 15-4 스레드는 하나의 프로세스 안에 존재한다.

가장 근본적인 차이점은 프로세스는 자신만의 데이터를 가지지만 스레드들은 모두 동일한 데이터를 공유한다는 점이다. 동시에 수행되는 스레드들이 데이터를 공유한다는 것은 상당히 위험할 수도 있지만, 그 덕분에 스레드 간의 통신은 상당히 효율적이다(공유 메모리에 쓰고 읽으면 된다). 프로세스 간에 자원을 공유하려면 상당히 복잡한 절차가 필요하다.

많은 운영체제(윈도우, 리눅스 등)는 멀티프로세싱과 동시에 멀티스레딩도 지원한다. 개발자는 필요에 따라 2가지 방법 중에서 하나를 선택할 수 있다.

항목	프로세스	스레드
정의	실행 중인 프로그램의 독립적인 단위	프로세스 내부에서 실행되는 작업의 단위
메모리 공간	독립된 메모리 공간을 가짐	같은 프로세스의 메모리를 공유
자원 공유	프로세스 간에 자원 공유 어려움(IPC 필요)	같은 프로세스의 스레드끼리 자원 공유 용이
실행 속도	상대적으로 느림	상대적으로 빠름
독립성	각 프로세스는 독립적으로 실행됨	같은 프로세스의 스레드는 서로 의존적
오버헤드	컨텍스트 전환 시 높은 오버헤드 발생	컨텍스트 전환 시 낮은 오버헤드 발생
통신 방식	IPC(파이프, 소켓 등)를 통해 통신	메모리를 공유하여 쉽게 통신 가능
사용 사례	독립적인 프로그램 실행(예: 워드 프로세서와 브라우저)	병렬 작업 처리(예: 메시지 송수신, UI 업데이트)
문제 발생 시 영향	한 프로세스가 중단되어도 다른 프로세스에는 영향 없음	한 스레드가 중단되면 전체 프로세스가 영향을 받을 수 있음

표 15-1 프로세스와 스레드 비교

멀티스레딩을 사용하는 이유

멀티스레딩은 하나의 애플리케이션 내에서 여러 작업을 독립적으로 실행할 수 있도록 하는 기술로, 특히 게임, 애니메이션, 웹 서버와 같은 응답성이 중요한 응용 프로그램에서 필수이다. 이를 통해 CPU의 성능을 극대화하고 프로그램의 실행 속도와 효율성을 향상시킬 수 있다. 게임이나 애니메이션에서는 여러 작업을 동시에 처리해야 하는 상황이 빈번하다. 이 작업들을 다음과 같이 하나의 스레드에서 순차적으로 처리하면, 어떻게 될까? 먼저 화면을 렌더링하고, 이후 입력을 처리하고, 이어서 네트워크 작업을 수행한다.

```
while(1) {
    render();          // 화면 렌더링: 게임 화면을 지속적으로 업데이트하여 부드러운 그래픽 제공
    process_input();            // 키보드/마우스 입력 처리: 사용자의 명령을 즉시 반영
    process_networking();       // 네트워크 작업: 다른 플레이어와 실시간 통신
}
```

입력을 처리하거나 네트워크 작업을 하는 동안에는 화면이 정지된 것처럼 보일 수 있다. 결과적으로 사용자 경험이 크게 저하되고 프로그램이 원활하게 실행되지 않을 것이다. 하지만 멀티스레딩을 활용하여 각 작업을 별도의 스레드에서 독립적으로 실행하면 화면 렌더링, 입력 처리, 네트워크 작업이 병렬로 수행되어 프로그램이 멈추지 않고 부드럽게 동작한다.

최신 CPU는 속도가 매우 빠르며, 다수의 코어가 포함된 멀티코어 아키텍처를 채택하고 있다. 단일 스레드는 하나의 코어만 사용할 수 있으므로 CPU 자원을 충분히 활용하지 못한다. 결과적으로 값비싼 하드웨어가 유휴 상태로 유지되는 비효율이 발생한다. 멀티스레딩을 사용하면 여러 작업을 병렬로 실행하여 CPU의 모든 코어를 최대한 활용할 수 있다.

멀티스레딩 활용 분야

멀티스레딩을 필수적으로 사용하는 곳이 웹 서버이다. 웹 서버는 클라이언트(브라우저 또는 애플리케이션)로부터 요청을 받아 처리하고, 결과를 응답하는 소프트웨어이다. 웹 서버는 다수의 클라이언트 요청을 동시에 처리해야 하며, 이 과정에서 멀티스레딩은 필수 기술로 사용된다. 웹 서버는 동시에 수십, 수백, 혹은 수천 개의 클라이언트 요청을 받을 수 있다. 단일 스레드 서버는 요청을 순차적으로 처리하기 때문에, 한 클라이언트의 요청이 완료될 때까지 다른 요청은 대기 상태가 된다.

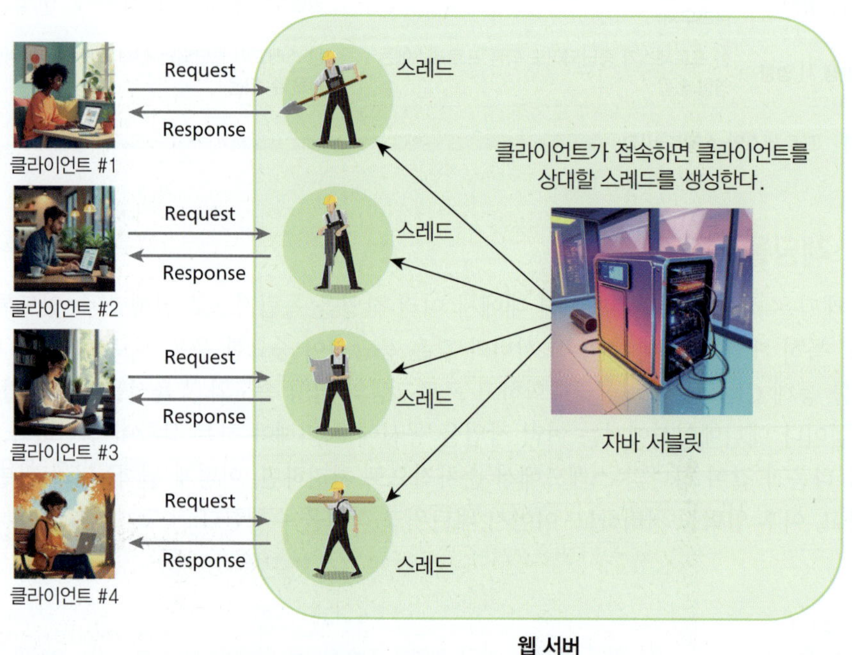

그림 15-5 웹 서버에서의 스레드 사용

멀티스레딩을 사용하면 각각의 요청을 별도의 스레드에서 처리할 수 있으므로 모든 요청이 병렬로 실행된다. 멀티스레딩은 여러 요청을 동시에 처리하여 병목 현상을 줄이고 응답 시간을 단축시킨다. 클라이언트가 요청을 보낼 때, 웹 서버는 새로운 스레드를 생성하거나 스레드 풀(Thread Pool)에서 사용 가능한 스레드를 할당한다. 각 스레드는 독립적으로 요청을 처리하며, 처리 완료 후 클라이언트에게 응답을 반환한다.

멀티스레딩의 문제점

멀티스레딩 프로그램은 단일 스레드 프로그램보다 신경 써야 할 부분이 많다. 그 이유는 동시에 여러 스레드가 같은 데이터를 공유하게 되면 동기화라고 하는 까다로운 문제가 발생하기 때문이다. 예를 들어서 버스에 좌석이 3개뿐인데, 두 사람이 서버에 동시에 접근하여 좌석을 2개씩 예약한다면 문제가 될 것이다. 자바에는 이 문제를 해결할 수 있는 도구들이 준비되어 있다.

그림 15-6 동기화 문제

JVM과 자바 프로그램

일반적으로 자바에서는 하나의 응용 프로그램이 실행될 때 하나의 JVM(Java Virtual Machine)이 생성된다. 이를 통해 실행 중인 자바 응용 프로그램이 독립적인 실행 환경을 가질 수 있도록 보장한다. 자바 프로그램을 실행하면 운영체제 프로세스 내에서 하나의 JVM 인스턴스가 생성되고, JVM은 이 응용 프로그램의 클래스 로드, 메모리 관리, 스레드 관리, 실행 등을 담당한다. JVM은 해당 프로그램이 종료될 때까지 독립적으로 동작한다. 동일한 프로그램을 두 번 실행해도 각 프로그램이 자체 JVM을 사용한다. 예를 들면 다음과 같다.

```
C> java MyApp <------- 하나의 프로그램을 실행하면 하나의 JVM이 생성된다.
C> java AnotherApp <------ 다른 프로그램을 실행하면 별도의 JVM이 생성된다.
```

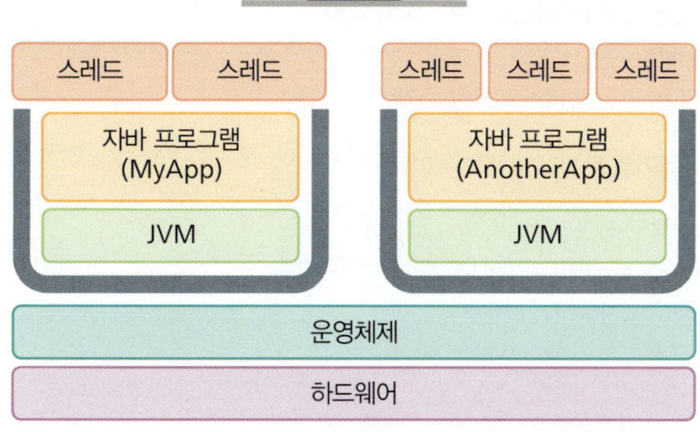

(a) 각 자바 프로그램은 별도의 JVM 안에서 실행된다.
(b) 하나의 자바 프로그램 위에서는 여러 개의 스레드가 있을 수 있다.

그림 15-7 JVM과 자바 프로그램의 관계

JVM은 운영체제의 하나의 프로세스로 실행된다. 즉, 자바 응용 프로그램 하나는 하나의 운영체제 프로세스와 동일하다. JVM 내부에서 멀티스레딩이 실행되더라도 이는 운영체제의 하나의 프로세스 안에서 이루어진다.

JVM과 스레드

자바 프로그램에서 생성된 스레드는 JVM 내부에서 관리한다. JVM은 자바 애플리케이션의 멀티스레딩을 지원하여 병렬 처리와 동시 작업을 가능하게 한다. JVM 안에 기본적으로 생성되어 있는 주요 스레드는 다음과 같다.

- **메인 스레드:** 자바 프로그램이 실행될 때 `main()` 메소드를 실행하는 기본 스레드
- **Garbage Collector(GC) 스레드:** JVM이 메모리를 관리하기 위해 사용하는 백그라운드 스레드
- **클래스 로더 스레드:** 클래스 파일을 읽고 JVM 메모리에 로드하는 스레드
- **JIT 컴파일러 스레드:** 프로그램의 실행 속도를 높이기 위해 바이트 코드를 네이티브 코드로 컴파일하는 스레드

자바의 플랫폼 스레드는 일반적으로 운영체제의 네이티브 스레드와 1:1로 매핑되며, 실제 실행 시점과 순서는 운영체제 스케줄러가 결정한다. Java 21의 가상 스레드는 경량 스레드로서 다수의 가상 스레드를 소수의 네이티브 스레드에 매핑(M:N)하여 높은 동시성을 제공한다. 멀티코어 환경에서는 여러 스레드가 병렬로 실행될 수 있지만, 이는 OS 스케줄링, 동기화 경합, I/O, GC 일시중지 등 다양한 요인의 영향을 받으므로 항상 보장되지는 않는다.

SELF TEST

1 다음 중 멀티스레딩을 사용하는 주요 이유가 아닌 것은?

❶ 응답 시간 단축 ❷ CPU 자원의 효율적 사용
❸ 프로그램의 단순화 ❹ 작업 병렬 처리

2 다음 중 멀티스레딩이 필수적인 상황으로 적절하지 않은 것은?

❶ 동영상 스트리밍에서 버퍼링과 재생 동시 수행
❷ 게임에서 화면 렌더링과 네트워크 작업 동시 수행
❸ 간단한 계산 작업 수행
❹ 웹 서버에서 다수의 클라이언트 요청 처리

3 멀티스레딩에서 동기화 문제가 발생하는 이유는?

❶ 스레드가 독립적인 메모리를 사용하기 때문에
❷ 같은 데이터를 여러 스레드가 동시에 접근하기 때문에
❸ 컨텍스트 전환이 불가능하기 때문에
❹ 스레드가 너무 빠르게 실행되기 때문에

4 자바 스레드의 실제 실행 순서를 결정하는 주체는 무엇인가?

❶ JVM ❷ 운영체제 ❸ 개발자 ❹ 하드웨어

15.2 스레드 생성과 실행

자바에서 스레드를 만들 때는 두 가지 방법이 사용된다. 첫째, Thread 클래스를 상속해 run()을 오버라이드하고 start()로 실행하는 방식이다. 코드가 직관적이지만 자바의 단일 상속 제약 때문에 이미 다른 클래스를 상속 중이면 사용할 수 없고, '작업 로직'과 '스레드 자체'가 강하게 결합되는 단점이 있다. 둘째, Runnable 인터페이스를 구현해 작업을 객체로 분리하고, new Thread(runnable).start()로 실행하는 방식이다. 이 방법은 상속 제약이 없고 작업(로직)과 실행 컨테이너(스레드)를 분리해 재사용·테스트·조합이 쉬우며, 스레드 풀이나 가상 스레드(Java 21+) 같은 현대적 동시성 API와도 잘 어울린다. 두 방식 모두 start()가 새로운 스레드에서 run()을 호출한다. 일반적인 애플리케이션 로직에는 Runnable 기반 접근을 권장한다.

Thread를 상속하는 방법

```
class MyThread extends Thread
{
    public void run() {
        for(int i=0; i<10; i++)
            System.out.println(i);
    }
}
```

- Thread를 직접 상속하고 run() 메소드를 오버라이드한다.
- 코드가 직관적이고 간단해 보인다.
- 하지만 단일 상속 제한 때문에 이미 다른 클래스를 상속 중이라면 사용할 수 없다.
- 작업 로직과 스레드 자체가 강하게 결합되어 있어 재사용성이 떨어진다.
- 스레드 풀이나 Executor 프레임워크와 어울리지 않아 실무에서는 거의 쓰이지 않는다.

"스레드에게 일을 맡긴다"

Runnable을 구현하는 방법

```
class MyRunnable implements Runnable
{
    public void run() {
        for(int i=0; i<10; i++)
            System.out.println(i);
    }
}
```

- Runnable을 구현한 클래스에서 run() 메소드에 작업 내용을 정의한다.
- new Thread(runnable).start()처럼 실행 컨테이너(Thread)와 작업(Runnable)을 분리해 사용할 수 있다.
- 상속 제약이 없으므로 어떤 클래스에도 손쉽게 적용 가능하다.
- 작업 로직을 재사용하거나 테스트하기 쉽다.
- ExecutorService, 스레드 풀, 가상 스레드(Java 21+) 등 현대적인 동시성 API와 잘 맞는다.
- 실무에서는 일반적으로 이 방식을 권장한다.

Thread 클래스를 상속하여 스레드 생성하기

(1) Thread 클래스 상속받는 클래스 작성

예를 들어서 0부터 10까지 카운트하는 스레드를 작성해 보자. 제일 먼저 해야 할 작업은 Thread를 상속받아서 MyThread라는 이름의 클래스를 생성하는 것이다.

```
class MyThread extends Thread {
    ...
}
```

(2) run() 메소드 오버라이딩

MyThread 클래스에서 run() 메소드를 오버라이딩하여 run() 메소드 안에 스레드가 실행할 작업을 작성한다. 스레드는 run() 메소드만을 실행하고 run() 메소드가 종료되면 스레드도 종료된다.

```
class MyThread extends Thread {
    @Override
    public void run() {
        // 스레드가 수행할 작업
        ...
    }
}
```

(3) Thread 클래스의 인스턴스 생성

MyThread 클래스의 인스턴스를 생성한다.

```
MyThread thread1 = new MyThread();
```

한 가지 여기서 주의할 점은 스레드 객체를 생성했다고 해서, 즉시 스레드가 실행을 시작하는 것은 아니다. 스레드 객체는 start() 메소드가 호출되어야 동작을 시작한다.

(4) Start() 메소드 호출

start() 메소드를 호출하여 스레드를 실행 가능 상태로 만든다.

```
thread1.start();
```

스레드가 실행 가능 상태가 되면, 스케줄러가 적당한 시간에 이 스레드가 선택하여 실행한다. start() 메소드는 내부적으로 run() 메소드를 호출하여 스레드의 작업을 시작한다. 단, start() 메소드를 호출하지 않고 run() 메소드를 직접 호출하면 일반 메소드처럼 동작하므로 반드시 start() 메소드를 사용해야 한다.

전체 소스 코드

ThreadExample.java

```java
class MyThread extends Thread {
    @Override
    public void run() {
        // 스레드가 수행할 작업 정의
        for (int i = 0; i < 10; i++) {
            System.out.print(i + " ");
            try {
                Thread.sleep(500);          // ① 500ms 동안 대기(작업 간 딜레이)
            } catch (InterruptedException e) {      // ② 예외 처리
                e.printStackTrace();
            }
        }
    }
}

public class ThreadExample {
    public static void main(String[] args) {
        MyThread thread1 = new MyThread();  // MyThread 클래스의 객체 생성
        thread1.start();
    }
}
```

```
0 1 2 3 4 5 6 7 8 9
```

1. Thread.sleep(500)은 스레드를 일정 시간 동안 일시 정지시키는 메소드이다. 이를 통해 프로그램 실행 흐름에 딜레이를 추가할 수 있다. Thread.sleep(500)을 호출한 스레드는 500밀리초 동안 일시 정지 상태가 된다. 다른 스레드가 CPU를 사용할 수 있도록 양보한다. 지정된 시간이 지나면 스레드는 다시 실행 가능 상태로 돌아간다. 하지만 즉시 실행되는 것은 보장하지 않으며, CPU 스케줄러에 따라 실행된다.

2. sleep() 메소드는 InterruptedException을 던질 수 있다. 이 예외는 스레드가 일시 정지 상태에서 다른 스레드에 의해 깨워질 때 발생한다. 이는 스레드의 정상적인 실행 흐름을 방해하기 때문에 처리해야 한다. 예외를 처리해야 하므로 try-catch 문을 사용한다.

Runnable 인터페이스를 구현하는 방법

이 방법은 Thread 클래스를 상속받는 대신 Runnable 인터페이스를 구현하여 스레드를 생성하는 방식으로, 더 유연하고 객체 지향적인 방법이다. 자바는 다중 상속을 지원하지 않기 때문에 이미 다른 클래스를 상속받은 경우, Thread 클래스를 상속받을 수 없다. 이 경우 Runnable 인터페이스를 구현하여 스레드를 사용할 수 있다. Runnable 인터페이스 안에는 run() 메소드만 정의되어 있다. Runnable 인터페이스를 구현한 객체를 Thread 클래스의 생성자로 넘기면 된다. 이 방법도 결국은 Thread 클래스를 사용한다.

```
interface Runnable {
    public void run();
}
```

(1) Runnable 인터페이스 구현

Runnable 인터페이스를 구현하는 클래스를 작성한다.

```
class MyRunnable implements Runnable {
    ...
}
```

(2) run() 메소드 오버라이딩

run() 메소드를 재정의하여 스레드가 수행할 작업을 정의한다.

```
class MyRunnable implements Runnable {
    @Override
    public void run() {
        ...
    }
}
```

(3) 스레드 객체 생성

Runnable 인터페이스를 구현한 클래스의 인스턴스를 생성한다. Thread 클래스의 생성자에 Runnable 객체를 전달하여 Thread 객체를 생성한다.

```
MyRunnable myRunnable = new MyRunnable();    // Runnable 객체 생성

Thread thread1 = new Thread(myRunnable);    // Thread 객체 생성 및 Runnable 객체 전달
```

(4) Thread 객체의 start() 메소드 호출

Thread 객체의 start() 메소드를 호출하여 스레드를 실행한다. start() 메소드는 내부적으로 Runnable 객체의 run() 메소드를 호출한다.

```
thread1.start();                              // 스레드 실행
```

전체 소스 코드

RunnableExample.java

```java
// Runnable 인터페이스 구현
class MyRunnable implements Runnable {
    @Override
    public void run() {
        for (int i = 0; i < 10; i++) {
            System.out.print(i+" ");
            try {
                Thread.sleep(500);              // 500ms 대기
            } catch (InterruptedException e) {
                e.printStackTrace();
            }
        }
    }
}

public class RunnableExample {
    public static void main(String[] args) {
        MyRunnable myRunnable = new MyRunnable();    // Runnable 객체 생성

        Thread thread1 = new Thread(myRunnable);     // Thread 객체 생성
        thread1.start();                             // 스레드 실행
    }
}
```

```
0 1 2 3 4 5 6 7 8 9
```

참고사항: run() 메소드를 직접 호출하면 안 된다.

start() 메소드 대신에 run() 메소드를 직접 호출하면 안 된다.

```
Thread obj = new Thread(new MyRunnable);
obj.run();              // start() 메소드를 호출해야 한다.
```

Runnable의 run() 메소드가 예상대로 실행되기 때문에 처음에는 눈치채지 못할 수 있다. 하지만 그것은 새로운 스레드가 아니고 현재 스레드에서 실행되는 것이다.

예제 15-1 스레드 2개 만들기

0부터 10까지 세는 스레드를 2개 만들어 보자. 2개의 스레드가 실행되면서 스레드의 출력이 섞이는 것을 알 수 있다.

RunnableExample2.java

```
// Runnable 인터페이스 구현
class MyRunnable implements Runnable {
    @Override
    public void run() {
        for (int i = 0; i < 5; i++) {
            System.out.println(Thread.currentThread().getName() + ": " + i);
            try {
                Thread.sleep(500);          // 500ms 대기
            } catch (InterruptedException e) {
                e.printStackTrace();
            }
        }
    }
}

// 실행 클래스
public class RunnableExample2 {
    public static void main(String[] args) {
        // Runnable 객체 생성
        MyRunnable myRunnable = new MyRunnable();

        // Thread 객체 생성 및 Runnable 객체 전달
        Thread thread1 = new Thread(myRunnable);
        Thread thread2 = new Thread(myRunnable);

        // 스레드 실행
        thread1.start();
        thread2.start();
```

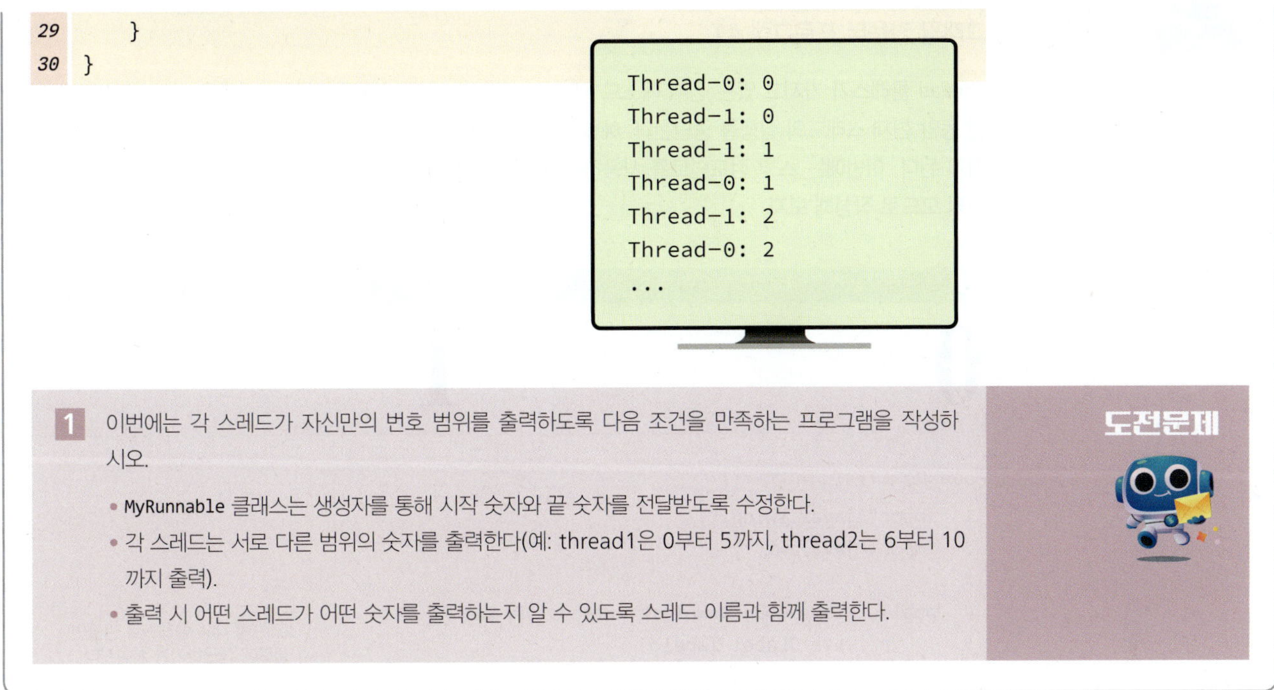

```
    }
}
```

```
Thread-0: 0
Thread-1: 0
Thread-1: 1
Thread-0: 1
Thread-1: 2
Thread-0: 2
...
```

도전문제

1 이번에는 각 스레드가 자신만의 번호 범위를 출력하도록 다음 조건을 만족하는 프로그램을 작성하시오.

- `MyRunnable` 클래스는 생성자를 통해 시작 숫자와 끝 숫자를 전달받도록 수정한다.
- 각 스레드는 서로 다른 범위의 숫자를 출력한다(예: thread1은 0부터 5까지, thread2는 6부터 10까지 출력).
- 출력 시 어떤 스레드가 어떤 숫자를 출력하는지 알 수 있도록 스레드 이름과 함께 출력한다.

람다식을 이용한 스레드 작성

Java 8 버전부터 추가된 람다식은 스레드 프로그래밍에서도 많이 활용한다. 앞에서 설명한 방법은 고전적인 방법이었다. 즉, 람다식을 이용하지 않는 방법이다. 람다식을 이용하면 얼마나 프로그램을 간단하게 작성할 수 있는지 살펴보자. 0부터 10까지 카운트하는 프로그램을 람다식을 이용하여 다시 작성하면 다음과 같다.

LambdaTest.java

```java
public class LambdaTest {
    public static void main(String args[]) {
        Runnable task = () -> {
            for (int i = 0; i <=10; i++)
                System.out.print(i + " ");
        };

        new Thread(task).start();
    }
}
```

람다식으로 생성

```
0 1 2 3 4 5 6 7 8 9 10
```

예제 15-2 그래픽 카운터 프로그램 #1

Thread 클래스가 가지고 있는 정적 메소드 sleep(millisec)은 밀리초 단위의 시간을 받아서, 지정된 시간 동안 현재 스레드의 실행을 중단한다. 예를 들어 sleep(1000)이라고 호출하면 1초 동안 스레드가 잠을 자게 된다. 이번에는 스윙 컴포넌트를 사용하여 1초 단위로 0부터 10까지 카운트하는 애플리케이션을 그래픽 모드로 작성해 보자.

CountDownTest.java

```java
import javax.swing.*;
import java.awt.*;

public class CountDownTest extends JFrame {
    private JLabel label;

    class MyThread extends Thread {
        public void run() {
            for (int i = 0; i <=10; i++) {
                try {
                    Thread.sleep(1000);
                } catch (InterruptedException e) {
                    e.printStackTrace();
                }
                label.setText(i + "");
            }
        }
    }

    public CountDownTest() {
        setTitle("카운트다운");
        setSize(400, 150);
        label = new JLabel("0");
        label.setFont(new Font("Serif", Font.BOLD, 100));
        add(label);
        setVisible(true);
        (new MyThread()).start();
    }

    public static void main(String[] args) {
        SwingUtilities.invokeLater(() -> new CountDownTest());
    }
}
```

스레드를 내부 클래스로 만들면 필드에 접근하기가 쉬워진다.

sleep() 메소드는 실행 도중에 InterruptedException이 발생할 가능성이 있다. try-catch 문으로 처리한다.

1초가 지나가면 레이블의 텍스트를 변경한다.

스레드를 시작한다.

1 사용자가 '올라가기(0 → 10)' 또는 '내려가기(10 → 0)'를 선택할 수 있게 `JRadioButton` 또는 `JComboBox`를 추가한다. 선택 후 '시작' 버튼을 누르면 해당 방향으로 카운트가 진행되도록 구현하시오.

자동차 경주 게임

아주 간단한 자동차 경주 게임을 만들어 보자. 본격적인 게임은 화면에 자동차를 직접 그려야 하지만 여기서는 컴포넌트의 위치를 변경하는 메소드 `setBounds()`를 사용하여 자동차를 이동시켰다. 3대의 자동차는 이미지를 나타내는 3개의 레이블로 구현된다. 스레드를 사용하여 0.1초에 한 번씩 난수의 값만큼 자동차의 위치를 변경한다.

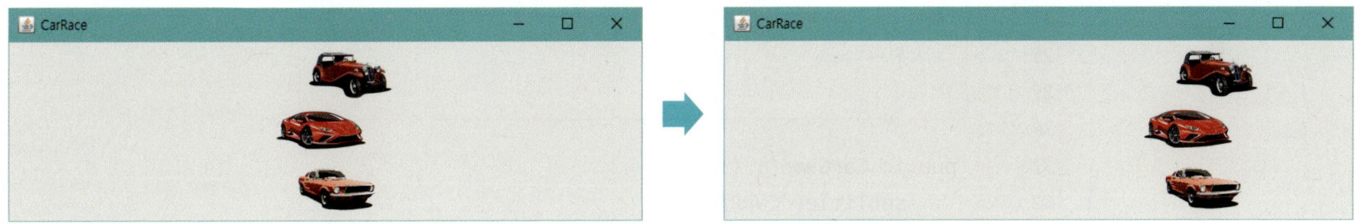

자동차를 나타내는 이미지 3개를 준비한다. 이미지들을 프로젝트 폴더로 드래그한다. 스레드 3개를 생성하여, 하나의 스레드가 하나의 자동차를 움직이도록 한다. 3개의 스레드를 동시에 시작한다. 자동차들은 난수를 이용하여 전진시킨다.

CarGame.java

```
import javax.swing.*;

public class CarGame extends JFrame {
    class MyThread extends Thread {
        private JLabel label;
        private int x, y;

        public MyThread(String fname, int x, int y) {
            this.x = x;
```

하나의 스레드가 하나의 자동차를 나타낸다.

```
            this.y = y;
            label = new JLabel();
            label.setIcon(new ImageIcon(fname));
            label.setBounds(x, y, 100, 100);
            add(label);
        }

        public void run() {
            for (int i = 0; i < 200; i++) {
                x += 10 * Math.random();
                label.setBounds(x, y, 100, 100);
                repaint();
                try {
                    Thread.sleep(100);
                } catch (InterruptedException e) {
                    e.printStackTrace();
                }
            }
        }
    }

    public CarGame() {
        setTitle("CarRace");
        setSize(600, 200);

        setDefaultCloseOperation(JFrame.EXIT_ON_CLOSE);
        setLayout(null);

        (new MyThread("car1.gif", 100, 0)).start();
        (new MyThread("car2.gif", 100, 50)).start();
        (new MyThread("car3.gif", 100, 100)).start();
        setVisible(true);
    }

    public static void main(String[] args) {
        SwingUtilities.invokeLater(() -> new CarGame());
    }
}
```

자동차의 위치를 바꾼다.

배치 관리자를 절대 위치 배치 관리자로 한다.

스레드를 생성하고 시작한다.

도전문제

1. 결승선을 화면에 그려서 어떤 자동차가 우승하였는지를 표시하시오.
2. 이미지 파일을 표시하여 화면의 배경을 만드시오.
3. 자동차의 개수를 5개로 늘리시오.

사용자 스레드와 데몬 스레드

스레드는 사용자 스레드와 데몬 스레드로 나뉜다. 두 스레드는 목적과 동작 방식에서 차이가 있다.

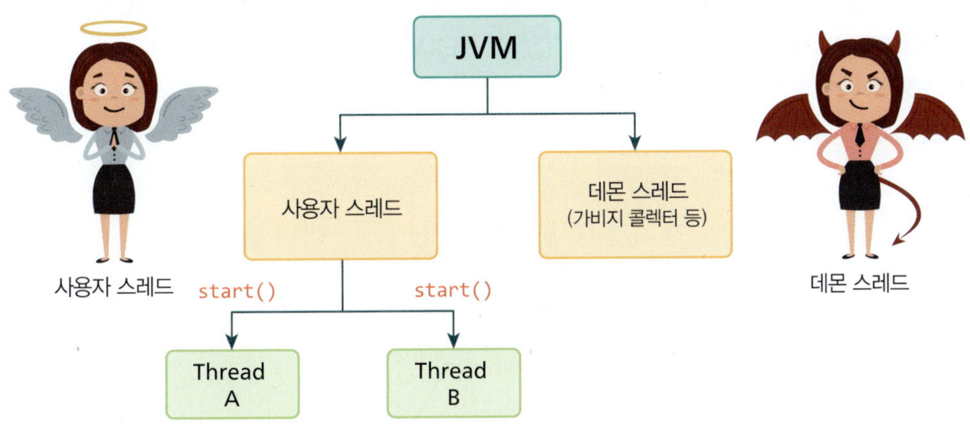

그림 15-8 사용자 스레드와 데몬 스레드

사용자 스레드(User Thread)는 애플리케이션의 주요 작업을 수행한다. 기본적으로 `main()` 메소드와 개발자가 생성한 모든 스레드는 사용자 스레드이다. 모든 사용자 스레드가 종료되면 JVM이 종료된다. 사용자 스레드는 애플리케이션의 핵심 작업을 수행한다. 기본적으로 `Thread` 클래스로 생성된 스레드는 사용자 스레드이다.

데몬 스레드(Daemon Thread)는 사용자 스레드를 보조하는 역할을 한다. 백그라운드 작업을 수행하며, JVM이 종료되면 데몬 스레드도 강제 종료된다. 모든 사용자 스레드가 종료되면 데몬 스레드도 자동으로 종료된다. JVM은 데몬 스레드의 작업이 완료될 때까지 기다리지 않는다. 백그라운드에서 동작하며 사용자 스레드의 작업을 지원하는 역할을 한다. 대표적으로 가비지 컬렉터, 로그 기록, 워치독 스레드 등이 있다. `Thread` 객체의 `setDaemon(true)` 메소드를 호출하여 데몬 스레드로 설정할 수 있다. 반드시 `start()` 메소드 호출 전에 설정해야 한다.

SELF TEST

1 스레드를 만드는 방법을 정리하시오.

2 `Thread` 클래스의 어떤 메소드를 재정의하여 작업을 기술하는가?

3 `sleep()` 메소드를 호출할 때 발생할 수 있는 예외는?

15.3 스레드 스케줄링

스레드의 상태

스레드는 생명체처럼 생명 주기를 가진다. 스레드는 실행 중에 NEW, RUNNABLE, BLOCKED, WAITING, TIMED_WAITING, TERMINATED라는 상태를 가진다. 각 상태는 특정 조건에 따라 전환되며, 이러한 상태를 이해하면 스레드 동작을 효과적으로 관리할 수 있다.

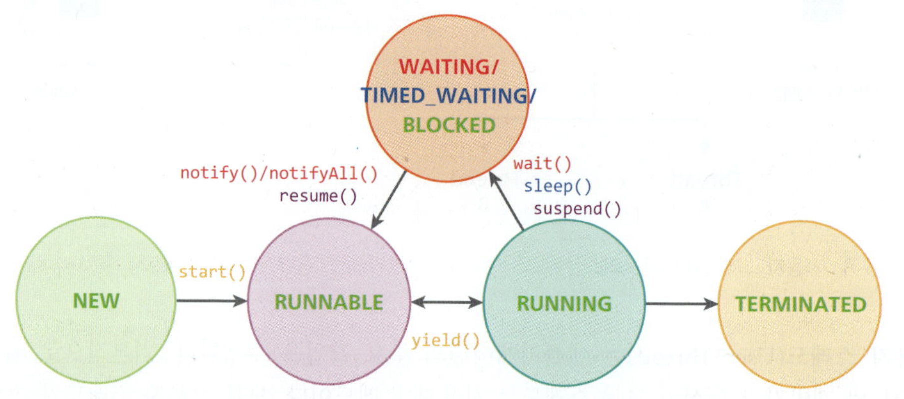

그림 15-9 스레드의 상태

- **NEW:** Thread 객체가 생성되었지만, 아직 start() 메소드가 호출되지 않은 상태
- **RUNNABLE:** start() 메소드가 호출된 상태. 실행 가능하지만 CPU를 할당받지 못한 상태일 수 있음.
- **RUNNING:** CPU를 할당받아 실행 중인 상태
- **BLOCKED:** 공유 리소스(자원)를 기다리며 실행이 중단된 상태. 다른 스레드가 소유한 모니터(lock)에 접근하려 할 때 발생. 스레드가 공유 리소스를 사용하려고 하지만, 해당 리소스가 다른 스레드에 의해 잠겨 있어서 접근이 불가능한 상태를 의미.
- **WAITING:** 명시적으로 대기 상태에 들어간 상태(wait() 호출 등)
- **TIMED_WAITING:** 지정된 시간 동안 대기하는 상태(sleep(), join(시간) 등)
- **TERMINATED:** 스레드가 실행을 완료한 상태

스레드의 일생

스레드의 일생을 소설처럼 살펴보자. 한 스레드가 태어났다. 이것이 'NEW' 상태이다. 시작하라는 개발자의 신호인 start()가 떨어지자, 그는 이제 'RUNNABLE' 상태로 진입했다. 스레드는 스케줄러의 선택을 기다렸다. 누가 먼저 선택받을지는 알 수 없었다. 하지만 CPU를 할당받아야만 자신의 일을 할 수 있다. 그리고 마침내 스케줄러가 그의 이름을 불렀다. 그는 마침내 'RUNNING' 상태가 되었다. 스레드는 주어진 작업을 수행한다. 그러나 항상

순탄하지 않았다. 그의 길에는 여러 장애물이 있었다. 한 번은, 중요한 자원이 다른 스레드에 의해 점유되어 있었다. 그는 멈춰서 기다릴 수밖에 없었다. 'BLOCKED' 상태로, 리소스를 사용하던 스레드가 일을 마치기를 바라면서 기다렸다. 다른 날에는 개발자가 그의 귀에 속삭였다. "잠시 쉬어라(`sleep()`)." 그는 이를 받아들였고, 지정된 시간 동안 눈을 감았다. 'TIMED_WAITING' 상태에서 그는 지정된 시간이 지나면 다시 일어날 준비를 했다. 때로는 자발적으로 `wait()`을 호출하면서 다른 스레드가 그에게 `notify()`라는 신호를 보낼 때까지 그는 'WAITING' 상태로 남아 있어야 했다. 시간이 흐르며 그는 점점 자신의 임무를 완수해 나갔다. 각 상태를 거치면서 자신의 모든 일을 끝냈을 때, 그는 마지막 상태에 도달했다. 'TERMINATED' 상태, 스레드의 여정의 끝이었다.

스레드 스케줄링

스레드 스케줄링은 운영체제나 JVM이 여러 스레드의 실행 순서를 결정하는 메커니즘이다. 주로 JVM이 스레드 스케줄링을 담당하지만, JVM은 운영체제의 스케줄링 정책에 영향을 받는다. 자바에서 스레드 스케줄링은 주로 선점형 모델과 시간 공유(Time Sharing) 모델을 따른다.

그림 15-10 스레드 스케줄링

선점형 스케줄링

선점형(preemptive) 스케줄링이란 **우선순위(priority)에 기반을 둔** 스케줄링이다. 즉, 우선순위가 높은 스레드가 먼저 실행되는 알고리즘이다. 모든 스레드는 우선순위를 가지고 있다. 스레드는 생성되면 `Thread` 클래스에 정의된 MIN_PRIORITY와 MAX_PRIORITY 사이로 우선순위를 배정받는다. 스케줄러는 현재 수행 가능한 스레드 중에서 가장 우선순위가 높은 스레드를 먼저 수행시킨다. 선택된 스레드는 일정한 타임 슬라이스 동안만 실행된다. 주어진 타임 슬라이스가 끝나면 스레드가 중단되고 준비 상태가 되어서 다음 실행을 기다린다. 스케줄러는 다음에 실행할 스레드를 선택한다.

시간 공유 스케줄링

동일한 우선순위를 가진 스레드는 CPU 시간을 분할하여 사용한다. 각 스레드는 일정 시간 동안 실행되고, 할당 시간이 끝나면 다른 스레드에게 CPU를 양보한다.

스레드 우선순위

우선순위는 `Thread` 클래스의 상수를 사용하여 설정한다. 스레드의 기본 우선순위는 NORM_PRIORITY이다.

- **Thread.MIN_PRIORITY:** 1(최소 우선순위)
- **Thread.NORM_PRIORITY:** 5(기본 우선순위)
- **Thread.MAX_PRIORITY:** 10(최대 우선순위)

우선순위가 높은 스레드가 실행될 가능성이 더 높지만, 실행 순서가 보장되지는 않는다. 스레드는 생성될 때 자신을 생성한 스레드로부터 우선순위를 상속받는다. 실행 도중에는 아래의 메소드를 이용하여 스레드의 우선순위를 얻거나 변경할 수 있다.

- **`void setPriority(int newPriority)`:** 현재 스레드의 우선순위를 변경한다.
- **`getPriority()`:** 현재 스레드의 우선순위를 반환한다.

참고사항: JVM의 스레드 스케줄링

자바 스레드 스케줄링은 운영체제에 영향을 받는다. 이는 JVM이 스레드의 실행 순서와 우선순위를 관리하기 위해 운영체제의 스레드 스케줄링 정책에 의존하기 때문이다. 자바는 스레드 스케줄링을 독립적으로 구현하지 않고, 운영체제가 제공하는 스케줄링 메커니즘을 활용한다.

- **Windows- 우선순위 기반 선점형(Preemptive Priority-Based Scheduling):** 높은 우선순위를 가진 스레드가 낮은 우선순위의 스레드보다 먼저 실행된다. 같은 우선순위를 가진 스레드는 Round-Robin 방식으로 CPU를 나눈다.
- **Linux/Unix- CFS(Completely Fair Scheduler):** 각 스레드에게 동일한 CPU 시간을 제공하려고 시도하며, 우선순위는 가중치로 작용한다. '공정성'을 목표로 하므로, 우선순위가 상대적으로 덜 중요한 경우도 있다.

자바에서 `setPriority()`로 설정하는 우선 순위는 운영체제 스케줄러에게 주는 힌트일 뿐이다. 실제 실행 순서는 운영체제의 스케줄링 정책(CPU 점유율, 시간 분할, 준비 큐 상태 등)에 따라 달라진다. 따라서 우선 순위가 낮은 스레드라도 먼저 실행될 수 있고, 우선 순위가 높은 스레드가 실행 기회를 얻지 못하는 경우도 있다. 특히 멀티코어 환경에서는 여러 스레드가 병렬로 실행되므로, '먼저'라는 개념 자체가 직관적이지 않다.

우선순위 테스트 예제 15-4

자바 프로그램의 스레드 스케줄링은 같은 코드라도 운영체제에 따라 다르게 작동할 수 있다. 다양한 우선순위의 스레드를 만들어서 실행해 보자.

ThreadPriorityTest.java

```java
class PriorityThread extends Thread {
    public PriorityThread(String name) {
        super(name);
    }
    @Override
    public void run() {
        for (int i = 0; i < 5; i++) {
            System.out.println(getName() + " 실행 (우선순위: " +
                                                        getPriority() + ")");
            try {
                Thread.sleep(100);  // 실행 간 간격
            } catch (InterruptedException e) {
                e.printStackTrace();
            }
        }
    }
}

public class ThreadPriorityTest {
    public static void main(String[] args) {
        PriorityThread thread1 = new PriorityThread("스레드-1 (낮은 우선순위)");
        PriorityThread thread2 = new PriorityThread("스레드-2 (기본 우선순위)");
        PriorityThread thread3 = new PriorityThread("스레드-3 (높은 우선순위)");

        // 우선순위 설정
        thread1.setPriority(Thread.MIN_PRIORITY);    // 1
        thread2.setPriority(Thread.NORM_PRIORITY);  // 5
        thread3.setPriority(Thread.MAX_PRIORITY);    // 10

        thread1.start();
        thread2.start();
        thread3.start();
    }
}
```

```
스레드-2 (기본 우선순위) 실행 (우선순위: 5)
스레드-1 (낮은 우선순위) 실행 (우선순위: 1)
스레드-3 (높은 우선순위) 실행 (우선순위: 10)
스레드-2 (기본 우선순위) 실행 (우선순위: 5)
스레드-3 (높은 우선순위) 실행 (우선순위: 10)
...
```

아마도 높은 우선순위를 가진 '스레드-3'이 더 자주 실행되는 경향을 보일 것이다. 그러나 운영체제의 스케줄링 정책에 따라 우선순위가 항상 엄격히 적용되지 않을 수도 있다.

도전문제

1. 위의 코드에서 Thread.sleep(100)을 제거하면 스레드 실행 순서에 어떤 변화가 생기는지 예측하고, 이유를 설명하시오(sleep이 CPU 양보와 관련이 있다).
2. 우선순위가 높은 thread3가 항상 먼저 실행되지 않는 이유는 무엇인가? 운영체제 수준에서 어떤 요소가 영향을 줄 수 있는가?
3. 아래의 코드 조각을 활용하여 우선순위를 랜덤하게 설정하는 스레드 5개를 생성하고 실행하는 프로그램을 작성하시오.

```
int randomPriority = 1 + (int)(Math.random() * 10);
```

sleep() 메소드

Thread 클래스의 sleep() 메소드는 지정된 시간 동안 스레드를 재울 때 사용한다. 스레드가 수면 상태로 있는 동안 중단 신호를 받으면 InterruptedException이 발생한다. 따라서 이 예외를 처리하여야 한다. sleep() 메소드는 CPU의 시간을 다른 스레드에게 넘겨주는 효율적인 방법이다. 또한 다른 스레드와 보조를 맞추는 용도로도 사용할 수 있다.

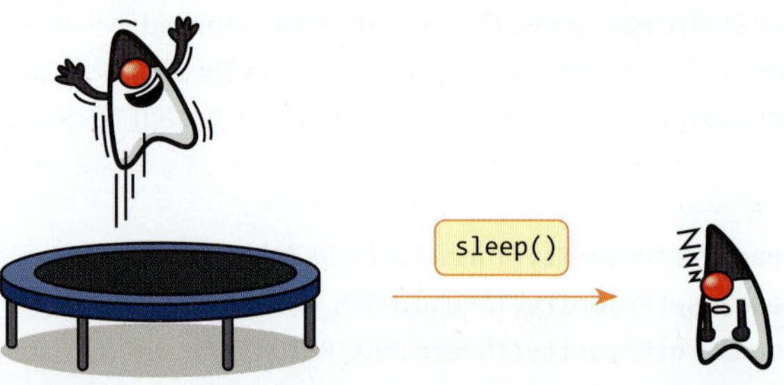

그림 15-11 sleep() 메소드

sleep() 메소드는 2가지 버전으로 제공된다. 하나는 밀리초 단위로, 다른 하나는 나노초 단위로 시간을 지정할 수 있다.

- public static void sleep(long miliseconds)
- public static void sleep(long miliseconds, int nanos)

그러나 이런 시간들은 정확하게 지켜진다고 보장할 수는 없다. 또한 언제라도 중간에 중단될 수 있음을 명심해야 한다.

4초 간격으로 메시지 출력하기 예제 15-5

sleep() 메소드를 이용하여 4초 간격으로 메시지를 출력하는 프로그램을 작성해 보자.

SleepTest.java

```
public class SleepTest {
    public static void main(String args[]) throws InterruptedException {
    String messages[] = {"Pride will have a fall.",
        "Power is dangerous unless you have humility.",
        "Office changes manners.",
        "Empty vessels make the most sound."};

        for (int i = 0; i < messages.length; i++) {
            Thread.sleep(1000);
            System.out.println(messages[i]);
        }
    }
}
```

sleep() 메소드가 중간에 중단되면 예외가 발생한다.

1000밀리초 동안 실행을 중지한다.

```
Pride will have a fall.
Power is dangerous unless you have humility.
Office changes manners.
Empty vessels make the most sound.
```

도전문제

1 사용자로부터 간격 시간(초)을 입력받고, 해당 간격마다 명언을 출력하는 프로그램을 작성하시오. 단, Thread.sleep()은 밀리초 단위이므로 입력값을 변환하여 사용해야 한다.

- Scanner를 사용하여 사용자로부터 시간 간격(예: 3초)을 입력받는다.
- sleep()을 이용해 해당 시간 간격마다 메시지를 출력한다.
- 메시지는 배열로 미리 저장된 4개의 문장을 사용한다.

join() 메소드

join() 메소드는 스레드가 종료될 때까지 기다린다. 즉, 특정 스레드가 작업을 완료할 때까지 현재 스레드의 실행을 중지하고 기다리는 것이다. join() 메소드는 하나의 스레드가 다른 스레드의 종료를 기다릴 때 사용한다. 예를 들어서 다음 문장은 스레드 t가 종료될 때까지 현재 스레드가 기다리는 문장이다.

```
t.join();
```

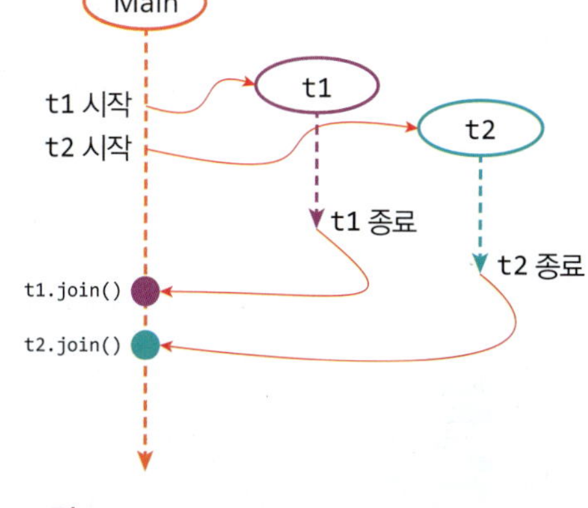

그림 15-12 join() 메소드

기다리는 시간을 지정하는 join() 메소드도 있다.

- public void join() throws InterruptedException
- public void join(long milliseconds) throws InterruptedException

예제 15-6 join() 메소드 사용하기

2개의 스레드 t1과 t2를 만들어서 t1이 종료되기를 기다렸다가 t2를 시작해 보자.

```java
public class JoinTest extends Thread {
    public void run() {
        for (int i = 1; i <= 3; i++) {
            System.out.println(getName() + " " + i);
        }
    }

    public static void main(String args[]) {
        JoinTest t1 = new JoinTest();
        JoinTest t2 = new JoinTest();
        t1.start();
        try {
            t1.join();
        } catch (Exception e) {
            System.out.println(e);
        }
        t2.start();
    }
}
```

```
Thread-0 1
Thread-0 2
Thread-0 3
Thread-1 1
Thread-1 2
Thread-1 3
```

Thread 클래스는 스레드 이름을 변경하고 가져오는 메소드를 제공한다. 기본적으로 각 스레드에는 Thread-0, Thread-1 등의 이름이 붙는다. setName() 메소드를 사용하여 스레드 이름을 변경할 수 있다. setName() 및 getName() 메소드의 구문은 다음과 같다.

- **public String getName():** 스레드의 이름을 반환한다.
- **public void setName(String name):** 스레드의 이름을 설정한다.

도전문제

1. 3개의 스레드 t1, t2, t3를 생성하고, 각각 '강아지', '고양이', '여우'라는 이름을 부여하시오. join()을 이용하여 스레드 실행 순서를 조정한다. t1이 먼저 실행된다. t1이 종료되면 t2와 t3가 동시에 시작된다.

interrupt()와 yield()

interrupt()는 다른 스레드에게 '작업을 멈추라(interrupt)'는 요청 신호를 보낸다. 스레드를 강제로 종료시키지는 않고 단지 인터럽트 상태 플래그를 true로 바꿔준다. 만약 스레드가 sleep(), wait(), join() 같은 차단(blocking) 상태에 있으면 InterruptedException이 발생한다. 스레드가 실행 중이라면, 개발자가 Thread.interrupted() 같은 메소드로 상태를 확인해 직접 종료 로직을 구현해야 한다.

yield()는 현재 실행 중인 스레드가 CPU 점유를 양보하여 다른 동등(priority가 같은) 스레드가 실행할 기회를 주도록 힌트를 준다. 역시 강제성은 없다. 단지 스케줄러에게 힌트를 줄 뿐, 실제로 다른 스레드가 실행될지는 OS와 JVM 스케줄러에 달려 있다. 보통 테스트, 시뮬레이션, 디버깅 등에서 사용되며 실무 코드에서는 거의 사용하지 않는다.

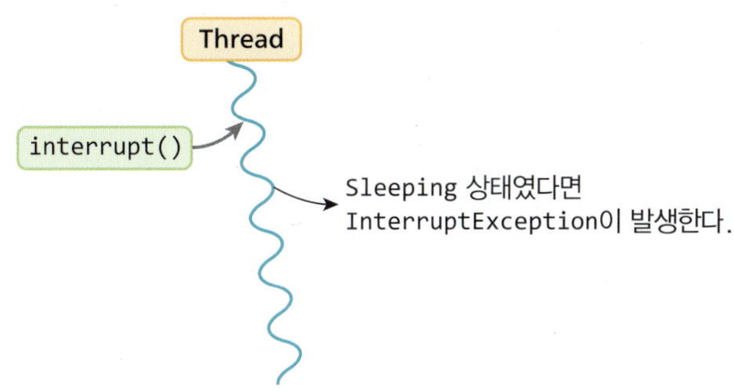

그림 15-13 interrupt() 메소드

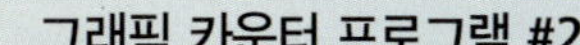

그래픽 카운터 프로그램 #2 예제 15-7

interrupt() 메소드 사용법을 다음의 간단한 예제로 살펴보자. 아래는 앞에서 등장하였던 그래픽 카운터 프로그램이다. 옆의 버튼을 누르면 0부터 10까지 세는 카운터가 중지되도록 한다.

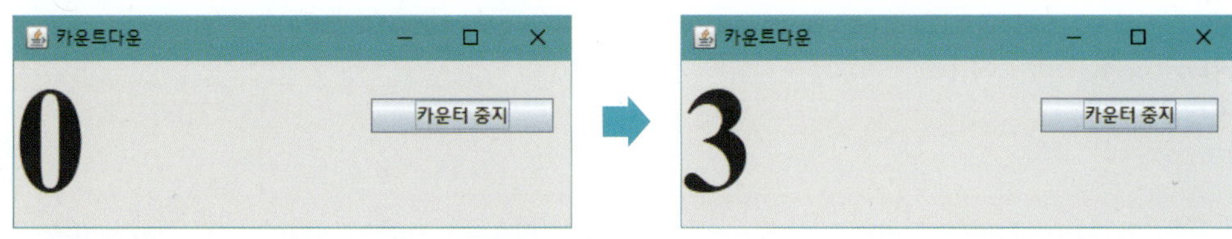

CountDownTest2.java

```java
import javax.swing.*;
import java.awt.*;

public class CountDownTest2 extends JFrame {
    private JLabel label;
    Thread t;
```

```java

    class Counter extends Thread {
        public void run() {
            for (int i = 0; i <= 10; i++) {
                try {
                    Thread.sleep(1000);
                } catch (InterruptedException e) {
                    return;
                }
                label.setText(i + "");
            }
        }
    }

    public CountDownTest2() {
        setTitle("카운트다운");
        setSize(400, 150);
        getContentPane().setLayout(null);
        label = new JLabel("0");
        label.setBounds(0, 0, 384, 111);
        label.setFont(new Font("Serif", Font.BOLD, 100));
        getContentPane().add(label);

        JButton btnNewButton = new JButton("카운터 중지");
        btnNewButton.setBounds(247, 25, 125, 23);
        btnNewButton.addActionListener(e -> t.interrupt());
        getContentPane().add(btnNewButton);
        setVisible(true);
        t = new Counter();
        t.start();
    }

    public static void main(String[] args) {
        SwingUtilities.invokeLater(() -> new CountDownTest2());
    }
}
```

sleep()이 있어야 interrupt()가 동작한다.

여기서 리턴해야 스레드가 중지된다.

버튼이 눌리면 interrupt() 메소드를 호출한다.

도전문제

1 위 예제에서 버튼을 '시작'과 '중지'로 분리한다. '시작' 버튼을 누르면 새 스레드가 시작되어 레이블의 숫자가 0 → 1 → … 식으로 증가한다. 만약 이미 스레드가 동작 중일 때 다시 '시작'을 누르면, 먼저 현재 스레드가 살아 있는지(`t != null && t.isAlive()`) 확인한 뒤 `interrupt()`로 중지 요청을 보내고, 곧바로 새 스레드를 만들어 다시 시작한다. '중지' 버튼을 누르면 현재 실행 중인 스레드에 `interrupt()`를 호출하여 깔끔하게 종료되도록 한다.

스레드 풀

스레드 풀(thread pool)은 미리 초기화된 스레드들이 모여 있는 곳이다. 일반적으로 스레드가 저장된 컬렉션의 크기는 고정되어 있지만, 반드시 그런 것은 아니다. 스레드 풀의 동일한 스레드를 사용하여 N개의 작업을 쉽게 실행할 수 있다. 스레드의 개수보다 작업의 개수가 더 많은 경우, 작업은 FIFO 큐에서 기다려야 한다.

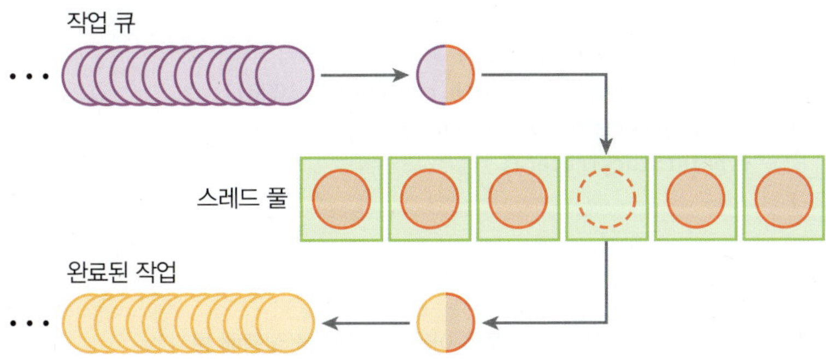

그림 15-14 스레드 풀

스레드가 실행을 완료하면 큐에서 새 작업을 선택하여 실행할 수 있다. 모든 작업이 완료되면 스레드는 활성 상태를 유지하고, 스레드 풀에서 차후 작업을 기다린다. 스레드 풀은 새로운 작업에 대한 대기열을 계속 주시한다. 새로운 작업이 도착하면 스레드는 다시 작업을 선택하고 실행하기 시작한다.

Java 5부터 자바 API는 `Executor` 프레임워크를 제공한다. 이것은 `Executor` 인터페이스와 하위 인터페이스 `ExecutorService`, 이들 인터페이스를 구현한 `ThreadPoolExecutor` 클래스로 이루어진다. 스레드 풀을 사용하면, 개발자는 `Runnable` 객체를 구현하고 `ThreadPoolExecutor`로 보내기만 하면 된다. `ThreadPoolExecutor`는 이것을 인스턴스화하여 스레드로 실행하는 일을 담당한다. 스레드 풀을 사용하면 성능을 향상시킬 수 있다. 즉, 스레드가 새로 생성되는 시간을 절약할 수 있다. 스레드가 비록 프로세스에 비하면 경량이긴 하지만, 하나의 스레드가 생성되려면 상당한 시간이 소요된다. `ThreadPoolExecutor`는 스레드가 계속 생성되는 것을 방지하기 위해 몇 개의 스레드를 미리 생성한 후에 풀링하여 사용한다.

스레드 풀 예제 예제 15-8 

스레드 풀을 사용하는 예제를 작성해 보자. 우리가 수행할 작업은 랜덤한 값으로 `sleep()` 메소드를 호출하고 종료되는 간단한 작업이다.

```java
class MyTask implements Runnable {
    private String name;
```

```
 ,
    public MyTask(String name) {
        this.name = name;
    }
    public String getName() {
        return name;
    }
    public void run() {
        try {
            System.out.println("실행 중: " + name);
            Thread.sleep((long)(Math.random() * 1000));
        } catch (InterruptedException e) {
            e.printStackTrace();
        }
    }
}
```

위의 작업을 5개 생성하고 크기가 2인 스레드 풀을 이용하여 작업을 실행해 보자.

ThreadPoolTest.java

```
import java.util.concurrent.Executors;
import java.util.concurrent.ThreadPoolExecutor;

public class ThreadPoolTest {
    public static void main(String[] args) {
        ThreadPoolExecutor executor = (ThreadPoolExecutor)
                                          Executors.newFixedThreadPool(2);

        for (int i = 1; i <= 5; i++) {
            MyTask task = new MyTask("작업 " + i);
            System.out.println("작업 생성: " + task.getName());
            executor.execute(task);
        }
        executor.shutdown();
    }
}
```

```
작업 생성: 작업 1
작업 생성: 작업 2
작업 생성: 작업 3
실행 중: 작업 1
작업 생성: 작업 4
실행 중: 작업 2
작업 생성: 작업 5
실행 중: 작업 3
실행 중: 작업 4
실행 중: 작업 5
```

도전문제

1 다섯 개의 가상 파일을 다운로드하는 작업을 스레드 풀을 이용하여 시뮬레이션하시오. 각 다운로드 작업은 `MyDownloadTask` 클래스로 정의되며 `Runnable`을 구현한다.

- `MyDownloadTask` 클래스는 다음의 정보를 포함한다: 파일 이름(예: file1.zip ~ file5.zip), 다운로드 시간(랜덤: 1~3초)
- 각 작업은 시작 시 "다운로드 시작: 파일명", 종료 시 "다운로드 완료: 파일명"을 출력한다.
- `Executors.newFixedThreadPool(3)`을 사용하여 최대 3개의 파일이 동시에 다운로드되도록 설정
- 한다.
- 모든 다운로드 작업이 완료되면 "모든 다운로드 완료" 메시지를 출력한다.

SELF TEST

1 스레드가 다른 스레드에게 CPU를 양보하기 위하여 호출하는 메소드는?

2 스레드의 우선순위는 ___________에서 __________까지이다.

3 스레드의 우선순위를 지정하는 메소드는?

4 다른 스레드를 강제로 종료시킬 가능성이 있는 메소드는?

15.4 스레드 동기화

스레드들은 동일한 메모리를 공유하기 때문에 매우 효율적으로 작업할 수 있다. 하지만 동일한 메모리를 사용하기 때문에 2가지의 문제가 발생할 수 있다. 하나는 **스레드 간섭(thread interference)**이고 또 하나는 **메모리 일치 오류(memory consistency error)**이다.

- 스레드 간섭(thread interference)
- 메모리 불일치 문제(consistency problem)

하나씩 자세하게 살펴보자.

스레드 간섭

스레드 간섭은 여러 스레드가 공유된 데이터를 동시에 만지작거릴 때 생긴다. 예를 들어 한 스레드가 데이터를 열심히 바꾸고 있는데, 다른 스레드가 "나도 좀 써볼게!" 하며 끼어들면 결과가 엉망이 될 수 있다. 마치 두 사람이 동시에 코인 노래방 한 칸에 들어가서 서로 다른 노래를 부르는 것처럼, 소리가 뒤섞여 도저히 무슨 곡인지 알 수 없게 된다.

이 문제를 막는 방법 중 하나는, '밀폐된 방'을 만드는 것이다. 공유 자원을 그 방 안에 두고, 한 번에 오직 한 스레드만 들어가게 하는 것이다. 한 스레드가 노래를 다 부르고 나와야 다음 스레드가 들어갈 수 있는 식이다. 이렇게 하면 서로 음이 섞이지 않고, 시스템은 평화롭게 돌아간다.

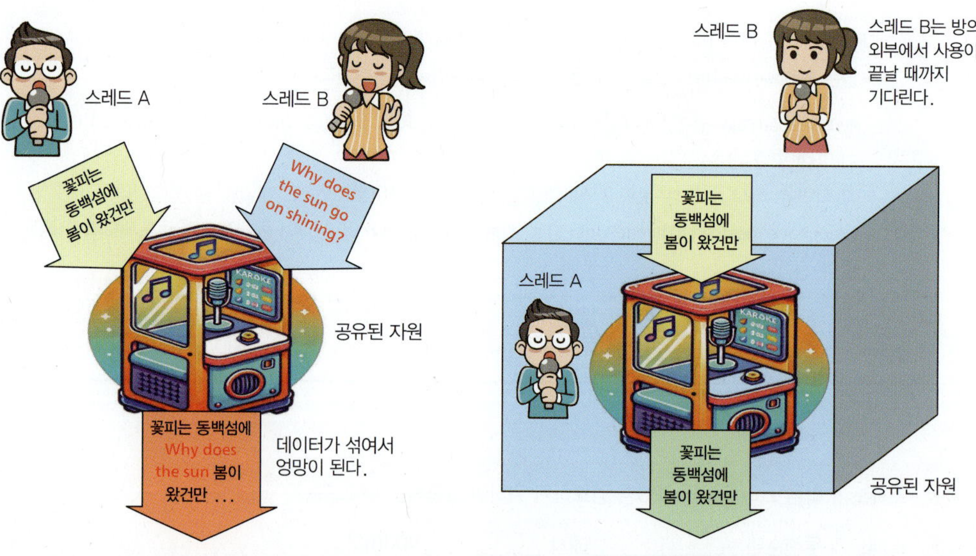

(a) 2개의 스레드가 동시에 자원을 사용하는 경우 (b) 방을 만들어서 스레드를 하나씩 들어가게 하는 경우

그림 15-15 공유된 자원에서의 동기화 문제

우리의 일상생활에서도 이러한 예는 무척 많다. 공유 프린터, 공중 화장실, 공동 세미나실, 공동 실험실, 공동 강의실과 같은 곳은 모두 하나의 사용자가 사용하고 있으면 다른 사용자는 사용이 끝날 때까지 기다려야 한다. 이러한 부분을 **임계 영역(critical section)**이라고 한다.

예제 15-9 스레드 간섭 예제

예를 들어서 정수 배열을 출력하는 Printer 클래스를 다음과 같이 작성하여 사용한다고 가정하자.

```
class Printer {
    void print(int[] arr) {
        for (int i = 0; i < arr.length; i++) {
            System.out.print(arr[i] + " ");
            Thread.sleep(100);
        }
    }
}
```

하나의 Printer 객체를 여러 개의 스레드가 공유하면서 출력한다고 가정하자.

TestSynchro.java

```
class MyThread1 extends Thread {
    Printer prn;
    int[] myarr = {10, 20, 30, 40, 50};
```

```

    MyThread1(Printer prn) { this.prn = prn; }
    public void run() { prn.print(myarr); }
}

class MyThread2 extends Thread {
    Printer prn;
    int[] myarr = {1, 2, 3, 4, 5};

    MyThread2(Printer prn) { this.prn = prn; }
    public void run() { prn.print(myarr); }
}

public class TestSynchro {
    public static void main(String args[]) {
        Printer obj = new Printer();
        MyThread1 t1 = new MyThread1(obj);
        MyThread2 t2 = new MyThread2(obj);
        t1.start();
        t2.start();
    }
}
```

다음과 같이 스레드의 출력이 섞이게 된다.

```
1 10 20 2 30 3 4 40 5 50
```

```
10 1 2 20 3 30 4 40 5 50
```

실행 결과는 실행할 때마다 달라진다. 왜 이렇게 출력되는지는 쉽게 알 수 있다. 스레드들이 Printer 객체에 동시에 접근하여 배열을 출력하기 때문이다.

도전문제

1. 3개의 스레드를 만들어서 동시에 시작하게 하시오. 어떤 출력이 발생하는가?
2. 이 문제를 해결하려면 어떻게 해야 하는지 개념만 설명해 보시오.

메모리 일치 오류

메모리 일치 오류(Memory Consistency Error)는 스레드 간의 메모리 가시성 문제로 인해 발생한다. 한 스레드가 데이터를 수정했음에도 불구하고, 다른 스레드가 그 변경 사항을 인식하지 못하고 이전 값을 읽는 경우이다. 자바 메모리 모델에서 각 스레드는 메인 메모리의 데이터를 읽고 쓰기 위해 로컬 캐시를 사용할 수 있다. 스레드 간의 데이터 변경 사항이 즉시 메인 메모리에 반영되지 않으면 다른 스레드가 최신 데이터를 보지 못할 수 있다.

예를 들어, 여러 개의 스레드가 동일한 카운터를 1씩 증가시킨다고 하자. 스레드가 3개이므로 카운터의 최종값은 3이 되어야 하지만, 스레드 간의 데이터 변경 사항이 제대로 반영되지 않아 문제가 발생할 수 있다. 각 스레드가 서로 다른 시점의 데이터를 참조하여 작업을 수행하면, 가운디 값이 기대했던 3이 아닌 2(또는 1)가 될 수 있다. 즉 스레드 A가 카운터를 0에서 1로 증가시켰다고 하여도, 스레드 B 또는 스레드 C가 이 변경 사항을 인식하지 못하고 이전 값 0을 사용하여 다시 1로 증가시킬 수 있다는 것이다. 이러한 현상을 메모리 일치 오류라고 한다.

(a) 여러 개의 스레드가 동시에 카운터를 수정하면 오류가 발생한다.

(b) 방에 먼저 들어간 스레드만 수정을 허용한다.

그림 15-16 메모리 불일치 문제

메모리 일치 오류도 밀폐된 방 안에 카운터를 놓고 한 스레드씩 방 안에 들어가서 카운터를 변경하도록 하면 문제가 발생하지 않는다.

메모리 일치 오류 예제

3개의 스레드를 만든다. 각 스레드는 변수의 값을 1000000번 증가시킨다. 실행 결과가 3000000이 될까?

MemoryConsistencyErrorExample.java

```java
public class MemoryConsistencyErrorExample {
    private static int counter = 0; // 공유 자원

    public static void main(String[] args) {
        Thread thread1 = new Thread(() -> incrementCounter());
        Thread thread2 = new Thread(() -> incrementCounter());
        Thread thread3 = new Thread(() -> incrementCounter());

        // 스레드 시작
        thread1.start();
        thread2.start();
        thread3.start();

        // 스레드 종료 대기
        try {
            thread1.join();
            thread2.join();
            thread3.join();
        } catch (InterruptedException e) {
            e.printStackTrace();
        }

        // 최종 카운터 값 출력
        System.out.println("최종 카운터 값: " + counter);
    }

    private static void incrementCounter() {
        for (int i = 0; i < 1000000; i++) {
            // 동기화 없이 카운터 증가
            counter++;
        }
    }
}
```

```
최종 카운터 값: 1086728
```

```
최종 카운터 값: 1573773
```

1 위의 프로그램은 counter를 3개의 스레드가 각각 1000000번씩 증가시키는 코드이다. 그렇다면 최종 출력은 항상 3000000이어야 하지 않은가? 프로그램을 여러 번 실행해 보고 최종 카운터 값이 예상과 다르게 출력되는 경우가 있다면 그 이유를 추측하시오.

임계 영역과 동기화

임계 영역(Critical Section)은 여러 스레드가 동시에 접근하면 문제가 발생할 수 있는 공유 자원에 접근하는 코드 부분을 의미한다. 이를 방지하기 위해 동기화(Synchronization) 기법을 사용하여 스레드 간의 상호 배제(Mutual Exclusion)를 보장한다. 동기화는 여러 스레드 또는 프로세스가 공유 자원에 동시에 접근할 때 발생할 수 있는 문제를 방지하기 위한 기법이다. 동기화를 통해 자원에 대한 접근 순서를 제어하여 데이터를 일관되게 유지할 수 있다. 스레드가 하나씩 순차적으로 공유 자원에 접근하도록 제어한다.

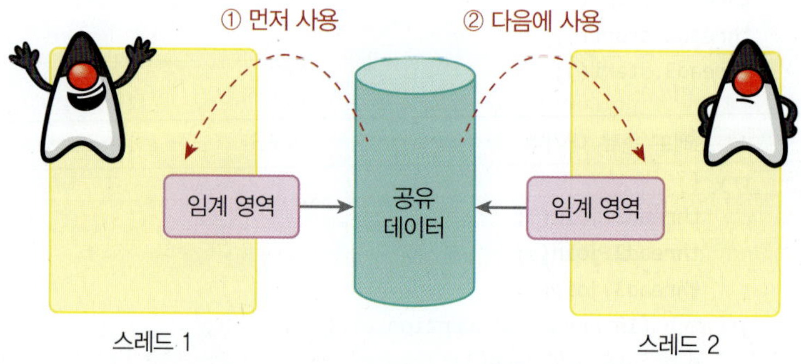

그림 15-17 임계 영역과 동기화

자바에서는 동기화를 위해 다음과 같은 3가지의 방법을 제공하고 있다.

- synchronized 키워드를 사용하는 방법
- wait(), notify() 등의 메소드를 사용하는 방법
- 정적 동기화(static synchronization)

synchronized 키워드를 사용하는 동기화

synchronized 키워드는 자바에서 스레드 동기화를 구현하는 가장 기본적인 방법 중 하나이다. 여러 스레드가 동일한 공유 자원에 접근할 때, 이를 보호하여 데이터의 일관성을 보장하고 경쟁 조건(Race Condition)을 방지한다. synchronized 키워드는 한 번에 하나의 스레드

만 임계 영역에 접근할 수 있도록 보장한다. 객체 또는 클래스에 대해 락(Lock, 잠김)을 설정하여 동기화를 구현한다.

동기화된 메소드 사용

메소드 전체를 동기화하여 임계 영역으로 설정한다. 이런 경우에는 `synchronized` 키워드를 사용하여서 메소드에 락을 건다. 즉 하나의 스레드가 임계 영역에 진입하여 락을 획득하고 작업을 하고 있으면, 다른 스레드들을 락이 풀릴 때까지 기다리게 하는 것이다. 이것은 마치 어떤 사람이 놀이기구를 사용하고 있으면 다른 사람들을 기다리게 하는 것과 같다.

그림 15-18 동기화된 메소드 사용

동기화는 락(lock) 또는 모니터(monitor)로 알려진 방법을 사용하여 구축된다. 모든 객체에는 연결된 락이 있다. 규칙에 따라 객체의 필드에 대한 일관된 액세스가 필요한 스레드는 액세스하기 전에 객체의 락을 획득한 다음, 작업이 완료되면 락을 해제해야 한다. 자바에서는 `java.util.concurrent.locks` 패키지에 여러 가지 락 구현 방법이 포함되어 있다.

그림 15-19 동기화

동기화 메소드를 사용하여 예제 15-9를 수정해 보자. 다음과 같이 synchronized 키워드를 메소드 앞에 붙여주면 된다.

```
class Printer {
    synchronized void print(int[] arr) {
        for (int i = 0; i < arr.length; i++) {
            System.out.print(arr[i] + " ");
            Thread.sleep(100);
        }
    }
}
```

공유 데이터를 조작하는 메소드 앞에 synchronized를 붙인다.

```
10 20 30 40 50 1 2 3 4 5
```

동기화 메소드를 사용하여 예제 15-10을 수정해 보자. 다음과 같이 synchronized 키워드를 메소드 앞에 붙여주면 된다.

```
private static synchronized void incrementCounter() {
    for (int i = 0; i < 1000000; i++) {
        counter++;
    }
}
```

```
최종 카운터 값: 3000000
```

메소드가 동기화되도록 한 것은 두 가지의 효과를 가진다.

- 먼저 동기화된 메소드는 동시 호출되더라도 마이크로 단계들이 겹치지 않는다. 하나의 스레드가 동기화된 메소드를 실행하고 있으면, 그 스레드가 종료할 때까지 다른 모든 스레드는 중지된다. 이것은 스레드 간섭 문제를 해결한다.
- 동기화된 메소드가 종료되면 자동으로 이후의 메소드 호출은 변경된 상태만을 볼 수 있다. 이것은 메모리 불일치 오류 문제를 해결한다.

동기화된 메소드는 스레드 간섭과 메모리 불일치 오류를 막는 간단한 기법이다. 만약 어떤 객체를 2개 이상의 스레드가 사용한다면, 공유된 객체의 변수에 대한 모든 읽기와 쓰기 연산은 동기화된 메소드를 통하여 이루어져야 한다. 이 기법은 효과적이지만 데드락(deadlock)과 아사 문제(starvation)는 해결할 수 없다. 동기화 문제는 운영체제에서도 중요하게 다루어진다. 보다 자세한 사항은 자바 튜토리얼 홈페이지를 참고하기 바란다.

동기화 블록 사용

동기화된 블록은 메소드의 특정 리소스에 대한 동기화를 수행할 때 사용할 수 있다. 메소드에 100줄의 코드가 있지만 10줄만 동기화하려는 경우, 동기화된 블록을 사용할 수 있다. 동기화 블록을 사용하여 예제 15-9를 수정해 보자.

```
class Printer {
    void print(int[] arr) throws Exception {
        synchronized (this) {
            for (int i = 0; i < arr.length; i++) {
                System.out.print(arr[i] + " ");
                Thread.sleep(100);
            }
        }
    }
}
```

한 스레드가 동기화된 블록을 실행하고 있고 다른 스레드가 이 블록을 실행하기 위해 접근하면, 자동으로 대기하게 된다. 여기서 `synchronized (this)`는 현재 객체(`this`)에 대해 동기화를 설정한다는 의미이다. 이를 통해 동일한 객체를 공유하는 여러 스레드가 특정 코드 블록에 동시에 접근하지 못하도록 잠금을 설정한다.

교착 상태

동기화가 임계 영역 문제는 해결하지만, 또 하나의 문제를 일으킬 수도 있다. 즉 동일한 자원에 접근하려고 동기화를 기다리면서 대기하는 스레드들이 많아지면, 자바 가상 머신이 느려지거나 일시 중단되기도 한다. 이것을 교착 상태(dead-lock), 기아(starvation), 라이브록(livelock)이라고 한다.

그림 15-20 기아 상태

이 중에서 우리는 교착 상태만을 살펴보자. 교착 상태는 멀티 스레딩에서 얼마든지 나타날 수 있다. 교착 상태는 첫 번째 스레드가 두 번째 스레드가 획득한 객체 락을 기다리고 있고 두 번째 스레드는 첫 번째 스레드가 획득한 객체 락을 기다리는 상황에서 발생할 수 있다.

두 스레드가 서로 상대방이 가진 락을 기다리고 있기 때문에, 아무리 시간이 경과하여도 교착 상태가 해결될 수 없다.

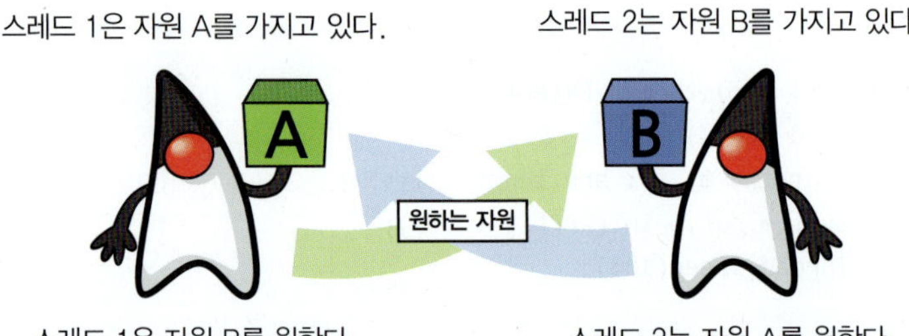

그림 15-21 교착 상태

예제 15-11 교착 상태 예제

교착 상태(Deadlock)는 둘 이상의 스레드가 서로 상대방이 가지고 있는 자원을 기다리며 무한 대기하는 상황을 말한다. 예제로 살펴보자.

DeadLockTest.java

```
public class DeadLockTest {
  public static void main(String[] args) {
    final String res1 = "Gold";
    final String res2 = "Silver";

    Thread t1 = new Thread(() -> {
        synchronized (res1) {
            System.out.println("Thread 1: 자원 1 획득");
            try { Thread.sleep(100); } catch (Exception e) { }
            synchronized (res2) {
                System.out.println("Thread 1: 자원 2 획득");
            }
        }
    });

    Thread t2 = new Thread(() -> {
        synchronized (res2) {
            System.out.println("Thread 2: 자원 2 획득");
            try { Thread.sleep(100); } catch (Exception e) { }
            synchronized (res1) {
                System.out.println("Thread 2: 자원 1 획득");
            }
        }
    });
```

```

        t1.start();
        t2.start();
    }
}
```

```
Thread 1: 자원 1 획득
Thread 2: 자원 2 획득
```

실행 결과를 보면 교착 상태에 빠진 것을 알 수 있다. 교착 상태를 해결하려면 어떻게 해야 할까? 교착 상태는 운영체제에서 학습해야 할 중요한 개념이다. 여기서는 간단하게 잠금 순서를 변경하는 기법만 살펴보자. Thread-2에서 잠금 순서를 변경하면 프로그램이 교착 상태에 빠지지 않는다. 즉, Thread-1과 동일한 순서대로 자원을 획득하면 교착 상태에 빠지지 않는다.

```
Thread t2 = new Thread(() -> {
    synchronized (res1) {
        System.out.println("Thread 2: 자원 1 획득");
        try { Thread.sleep(100); } catch (Exception e) { }
        synchronized (res2) {
            System.out.println("Thread 2: 자원 2 획득");
        }
    }
});
```

```
Thread 1: 자원 1 획득
Thread 1: 자원 2 획득
Thread 2: 자원 1 획득
Thread 2: 자원 2 획득
```

교착 상태는 상당히 복잡한 개념이므로 응용 프로그램을 개발하기 전에 교착 상태 상황을 자세히 예상해야 한다.

도전문제

1 1. resA, resB, resC를 사용해 T1(A → B), T2(B → C), T3(C → A) 순서로 잠그게 하여 재현 가능한 교착을 만들어라. 세 스레드가 거의 항상 교착에 빠지도록 `sleep()` 타이밍을 조절한다. 작성한 코드를 "모든 스레드가 동일한 자원 순서(A → B → C)로만 잠금"하도록 바꿔 교착을 제거하라.

SELF TEST

1 스레드 동기화는 어떤 경우에 필요한가?

2 동기화를 위해서 공유된 메소드 앞에 붙여야 하는 키워드는? 동기화된 블록과 동기화 메소드는 어떻게 다른가?

3 동기화가 되지 않으면 나타나는 문제들을 설명하라.

15.5 wait()와 notify()를 이용한 스레드 조정

synchronized 키워드를 사용하면 공유 자원에 대한 접근을 깔끔하게 조정할 수 있다. 마치 "내 차례가 끝날 때까지 기다려!"라고 스레드에게 말하는 것이다. 그런데 문제는 스레드 간에 질서가 필요할 때이다. 특히, 생산자-소비자(producer-consumer) 타입의 문제가 해당한다. 이런 상황을 상상해 보자. 생산자는 맛있는 음식(데이터)을 만들어 냉장고(큐)에 넣으려고 하고, 소비자는 그 음식을 꺼내 먹으려고 한다. 문제는 소비자가 "냉장고가 비었네! 뭐 먹지?" 하면서 난리를 치거나, 생산자가 "냉장고가 꽉 찼어! 어디에 넣으라는 거야?"라고 짜증을 낼 때 발생한다.

그림 15-22 생산자와 소비자 문제

synchronized 키워드는 단순히 "한 번에 한 사람만 냉장고 문을 열 수 있어!"라고 지키는 역할만 한다. 냉장고가 비었거나 꽉 찬 상태에서는 어떻게 해야 하는지 알려주지 않는다. 이럴 때는 스레드 간의 조정을 위한 추가 메커니즘이 필요하다. 즉, 생산자와 소비자가 냉장고의 상태(비었는지, 꽉 찼는지)를 보고 순서를 조율하거나 기다리는 방법이 필요하다는 이야기이다. 단순히 문 열기 금지만으로는 이 복잡한 냉장고 싸움을 막을 수 없다.

폴링 방법

이런 종류의 코드를 작성할 때 최악의 선택은 스레드로 하여금 다음과 같이 반복 루프에서 조건을 무한정 검사하게 하는 것이다. 이것을 **폴링(polling)**이라고 한다. 폴링은 CPU의 시간을 엄청나게 낭비한다.

```
public void badMethod() {
    // CPU 시간을 엄청나게 낭비한다.
    // 절대 해서는 안 된다!
    while(!condition) { }
    System.out.println("조건이 만족되었습니다!");
}
```

자지 않고
감시해야 돼!

스레드

좋지 못한 방법(polling)

wait()와 notify() 메소드

보다 효율적인 방법은 조건을 만족할 때까지 현재의 스레드를 일시 중지시키는 것이다. 자바는 이것을 위하여 3개의 메소드 wait(), notify(), notifyAll()을 제공한다. 이들은 모두 Object 클래스에 속한 메소드이다. 자바의 모든 객체가 Object 클래스를 상속받기 때문에 모든 객체에서 wait(), notify(), notifyAll() 메소드를 사용할 수 있다. wait() 메소드는 현재 스레드를 일시 정지 상태로 만들고, 다른 스레드가 같은 객체에서 notify() 또는 notifyAll() 메소드를 호출할 때까지 대기하게 만든다. notify() 메소드는 반대로 어떤 일이 일어났을 때 이를 알려주는 메소드이다. 생산자는 생산이 끝나면 이를 소비자에게 알려주고 소비자는 소비가 끝나면 이를 생산자에게 알려준다.

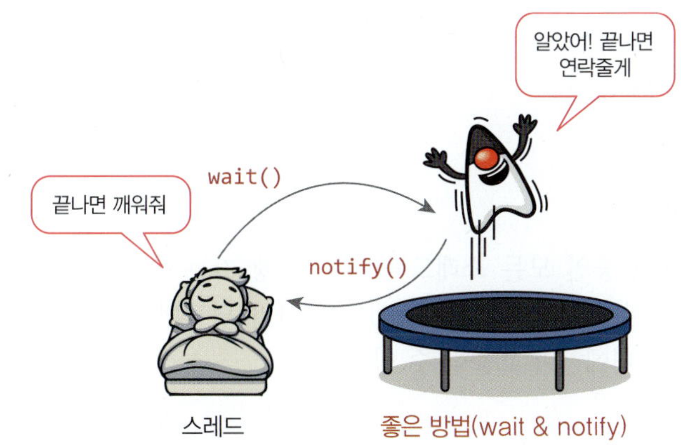

그림 15-23 wait()와 notify() 메소드

wait() 메소드

현재 스레드를 일시 정지 상태로 만들고 대기 상태로 둔다. 다른 스레드가 같은 객체에서 notify() 또는 notifyAll() 메소드를 호출할 때까지 대기한다. synchronized 블록 또는 synchronized 메소드 내에서만 호출할 수 있다.

notify() 메소드

wait() 메소드로 대기 중인 스레드 중 하나를 깨워서 실행 가능 상태로 만든다. 정확히 어떤 스레드가 깨어날지는 정의되어 있지 않다(JVM에 따라 다를 수 있다). synchronized 블록 또는 synchronized 메소드 내에서만 호출할 수 있다.

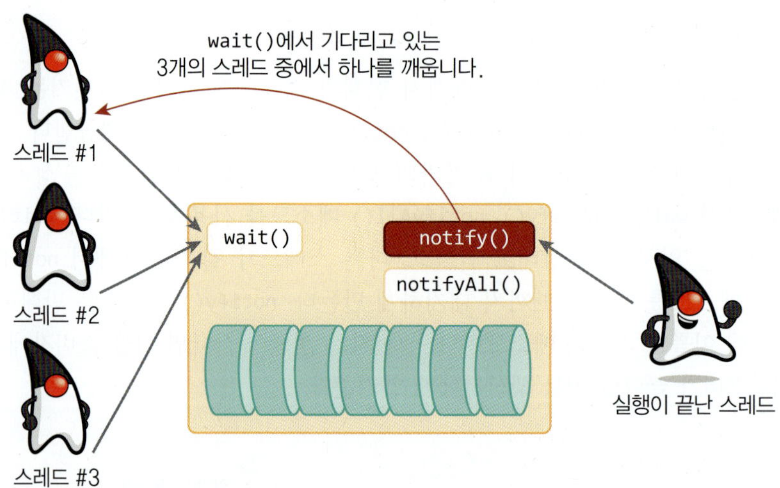

그림 15-24 notify() 메소드

notifyAll() 메소드

wait() 메소드로 대기 중인 모든 스레드를 깨워 실행 가능 상태로 만든다. 모든 스레드가 깨어나지만, 실행 순서는 락을 획득한 스레드에 따라 달라진다. synchronized 블록 또는 synchronized 메소드 내에서만 호출할 수 있다.

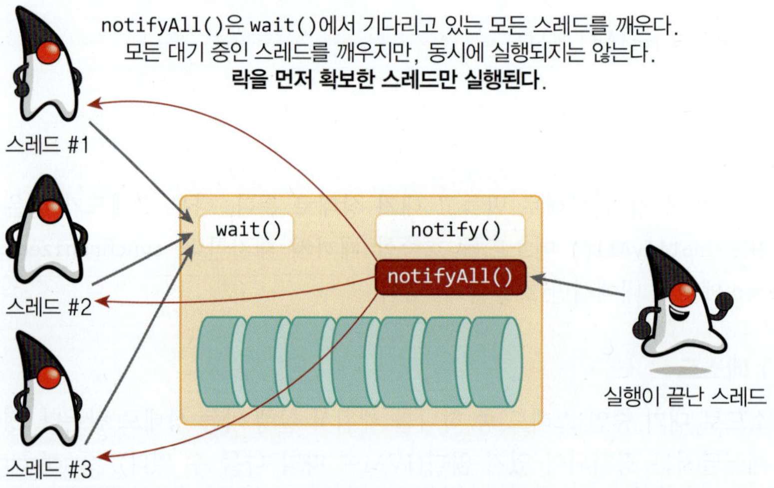

그림 15-25 notifyAll() 메소드

생산자-소비자 예제 예제 15-12

생산자(Producer)는 데이터를 생성하고 공유 버퍼(큐)에 추가하는 역할을 수행한다. 소비자(Consumer)는 공유 버퍼에서 데이터를 꺼내 사용하는 역할을 수행한다. 버퍼가 가득 찼을 때 생산자는 기다려야 한다. 버퍼가 비었을 때 소비자는 기다려야 한다. wait()와 notify() 메소드를 사용하여 생산자와 소비자가 적절히 협력할 수 있도록 해 보자.

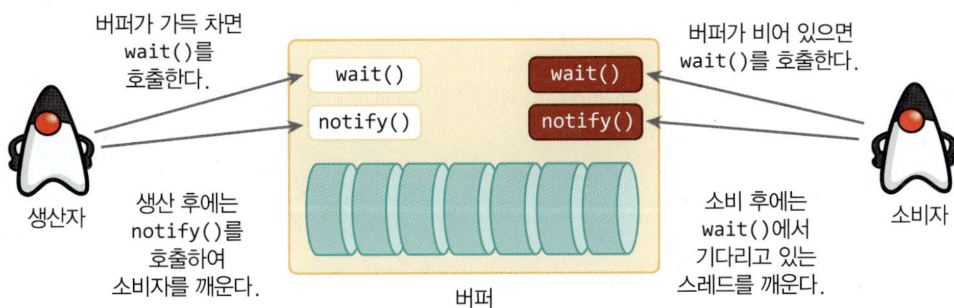

ProducerConsumerExample.java

```java
import java.util.*;

class Buffer {
    private final Queue<Integer> queue = new LinkedList<>();
    private final int capacity;

    public Buffer(int capacity) {
        this.capacity = capacity;
    }

    // ① 데이터 추가(생산자 역할)
    public synchronized void produce(int value) throws InterruptedException {
        while (queue.size() == capacity) {
            System.out.println("버퍼가 가득 차서 생산자가 기다립니다...");
            wait();                                 // 버퍼가 가득 찼을 때 대기
        }
        queue.add(value);
        System.out.println("생산되었음: " + value);
        notify();                                   // 소비자를 깨움
    }

    // ② 데이터 제거(소비자 역할)
    public synchronized int consume() throws InterruptedException {
        while (queue.isEmpty()) {
            System.out.println("버퍼가 비어서 소비자가 기다립니다...");
            wait();                                 // ③ 버퍼가 비었을 때 대기
        }
```

```
            int value = queue.poll();
            System.out.println("소비되었음: " + value);
            notify();                                   // 생산자를 깨움
            return value;
        }
    }

    class Producer extends Thread {                     // ④
        private final Buffer buffer;

        public Producer(Buffer buffer) {
            this.buffer = buffer;
        }

        @Override
        public void run() {
            try {
                int value = 0;
                while (true) {
                    buffer.produce(value++);
                    Thread.sleep(500);                  // 생산 속도 조절
                }
            } catch (InterruptedException e) {

                e.printStackTrace();
            }
        }
    }

    class Consumer extends Thread {                     // ⑤
        private final Buffer buffer;

        public Consumer(Buffer buffer) {
            this.buffer = buffer;
        }

        @Override
        public void run() {
            try {
                while (true) {
                    buffer.consume();
                    Thread.sleep(1000);                 // 소비 속도 조절
                }
            } catch (InterruptedException e) {
                e.printStackTrace();
            }
        }
```

```java
}

public class ProducerConsumerExample {
    public static void main(String[] args) {         // ⑥
        Buffer buffer = new Buffer(5);               // 버퍼 크기 5

        Producer producer = new Producer(buffer);
        Consumer consumer = new Consumer(buffer);

        producer.start();
        consumer.start();
    }
}
```

```
생산되었음: 0
소비되었음: 0
생산되었음: 1
생산되었음: 2
소비되었음: 1
생산되었음: 3
...
```

① Buffer 클래스의 produce() 메소드에서 생산자가 데이터를 생성하여 큐에 추가한다.
② consume() 메소드에서는 소비자가 데이터를 큐에서 꺼낸다.
③ wait()와 notify() 메소드로 생산자와 소비자 간의 동기화를 수행한다.
④ Producer 스레드는 0부터 시작하여 데이터를 생성하고 produce() 메소드를 호출한다.
⑤ Consumer 스레드는 consume() 메소드를 호출하여 데이터를 소비한다.
⑥ main() 메소드에서는 Buffer를 공유 객체로 생성하고 Producer와 Consumer 스레드를 실행한다.

도전문제

1. 현재 예제에서는 생산자(500ms)보다 소비자(1,000ms)가 더 느리게 동작한다. 이로 인해 버퍼가 점점 가득 차게 되고, 결국 생산자는 대기 상태로 진입하게 된다. 위 코드의 실행 결과를 지켜보면 생산자는 주기적으로 "버퍼가 가득 차서 생산자가 기다립니다..."를 출력하며 멈춘다. 왜 이런 일이 발생하는지 구체적으로 설명하시오. 만약 소비자도 Thread.sleep(500)으로 바꿔서 생산자와 같은 속도로 작동하게 한다면 어떤 변화가 생기는가? 소비자 속도를 더 빠르게 Thread.sleep(100)으로 설정하면 프로그램은 어떻게 반응하는가?
2. 2명의 소비자(Consumer)를 만들고 실행하시오. 프로그램의 출력은 어떻게 변하는가? 버퍼가 더 비는 일이 많아지는가?

SELF TEST

1. wait()와 notify() 메소드는 어떤 경우에 사용하면 좋은가?
2. synchronized 키워드가 있으면 wait()와 notify() 메소드가 없어도 되는가?
3. 생산자와 소비자 문제는 어떤 문제인가?

Mini Project 수행하기 Space Shooter 게임

난이도: ★★★☆☆
주제: 스레드 사용 게임

Space Shooter 게임을 만들어 보자. 자바의 스윙 라이브러리를 사용하며, 적군 비행기와 총알의 움직임을 각각 스레드로 처리한다.

주요 기능은 다음과 같다.

- **플레이어 이동:** 방향키로 좌우 이동
- **총알 발사:** 스페이스 키를 눌러서 총알 발사
- **적군 생성:** 1초마다 적군 비행기가 랜덤 위치에서 생성
- **충돌 체크:** 총알이 적군이 충돌하면 적군과 총알 제거 및 점수 증가

이 프로그램에서 스레드를 다음과 같이 활용했다.

- 적군 비행기 스레드
- 게임 루프 스레드(총알 및 적군 이동, 충돌 확인)

람다식을 이용하여 Runnable 객체를 생성하는 코드는 다음과 같다.

```
// 적군 비행기 스레드
Thread enemyThread = new Thread(() -> {
    Random random = new Random();
    while (isRunning) {
        try {
            Thread.sleep(1000);  // 적군 생성 간격
            enemies.add(new Rectangle(random.nextInt(550), 0, 50, 50));
        } catch (InterruptedException e) {
            e.printStackTrace();
        }
    }
})
```

도전문제

1. 보스 캐릭터를 추가하시오. 일정 점수 도달 시 큰 적군을 등장시킨다.
2. 무기를 업그레이드하시오. 파워 업 아이템을 추가한다.
3. 생명 시스템을 추가하시오. 적군과 충돌 시 플레이어 체력을 감소시킨다.

Summary

- 멀티스레딩이란 하나의 프로그램 안에서 동시에 실행되는 여러 개의 스레드를 생성하여 작업을 동시에 처리하는 기법이다.

```
Thread t = new Thread();
```

- 자바에서 멀티스레딩은 Thread 클래스에 의하여 지원된다.

```
class MyThread extends Thread { }
```

- 자바에서 스레드를 생성할 때 Thread 클래스를 상속받을 수도 있고, Runnable 인터페이스를 구현할 수도 있다.

```
class MyRunnable implements Runnable { }
```

- Thread 클래스를 상속받을 때는 run() 메소드를 오버라이딩하고, 메소드 안에 작업을 위한 코드를 넣는다.

```
public void run() { System.out.println("Thread 실행"); }
```

- Runnable 인터페이스를 구현할 때는 인터페이스 안의 run() 메소드를 구현한다. 메소드 안에 작업을 위한 코드를 넣는다.

```
public void run() { System.out.println("Runnable 실행"); }
```

- 스레드는 우선순위를 기준으로 스케줄링된다. 동일한 우선순위라면 라운드로빈 방식으로 스케줄링된다.

```
t.setPriority(Thread.MAX_PRIORITY);
```

- 여러 개의 스레드가 데이터를 공유하면 동기화 문제가 발생한다. 동기화 문제란, 어떤 스레드가 데이터를 조작하고 있는 도중에 다른 스레드가 끼어드는 것이다.
- 동기화 문제를 방지하려면 공유된 데이터, 즉 임계 영역을 synchronized 블록으로 지정하여야 한다.

```
synchronized(this) { count++; }
```

- 스레드끼리 데이터를 주고받으려면 wait(), notify() 등의 메소드를 사용한다.

Exercises

1. 스레드가 수행할 작업 코드를 작성하는 메소드는?

   ❶ run() ❷ start() ❸ stop() ❹ main()

2. 다음 중 스레드의 실행을 시작하게 하는 메소드는?

   ❶ init() ❷ start() ❸ run() ❹ resume()

3. 다른 스레드에 중단을 요청하는 메소드는?

   ❶ init() ❷ sleep() ❸ run() ❹ interrupt()

4. 다음 중 다른 스레드가 종료하기를 기다리는 메소드는?

   ❶ init() ❷ sleep() ❸ join() ❹ interrupt()

5. 동시성 문제(경쟁 조건)를 피하기 위해 임계 구역을 보호할 때 사용하는 키워드는?

   ❶ run ❷ synchronized ❸ stop ❹ lock

6. CPU가 1코어인 환경에서 여러 스레드가 동시에 실행되는 것처럼 보이는 이유를 설명하시오.

7. 스레드를 생성하는 방법을 간단히 설명하고 각 방법의 장점과 단점을 설명하시오.

   1. Thread 클래스를 상속받는 방법
   2. Runnable 인터페이스를 구현하는 방법

8. wait()와 notify() 메소드는 어떤 경우에 사용하는가?

9. 다음은 스레드를 생성하여 실행하는 코드이다. 비어 있는 부분에 넣어야 할 올바른 코드를 작성하시오.

```
class Test implements Runnable {
    public static void main(String args[])    {
        // 여기에 스레드를 생성하는 코드를 넣는다.
    }
    public void run() { System.out.println("Hi!"); }
}
```

10. 아래의 스레드를 생성하고 실행하는 문장은 무엇인가?

```
public class Test implements Runnable {
    public void run() { System.out.println("Hi!"); }
}
```

① new Runnable(Test).start();

② new Thread(Test).run();

③ new Thread(new Test()).start();

④ new Test().start();

11. 다음 코드를 실행한 출력 결과는?

```
public class Test implements Runnable {
    public static void main(String [] args) {
        Test t = new Test();
        Thread x = new Thread(t);
        x.start();
    }
    public void run() {
        for(int i = 0; i < 3; i++)
            System.out.print(i + "..");
    }
}
```

Programming Exercises

난이도: ★★☆☆☆
주제: 스레드 생성과 실행

1. 2개의 스레드를 생성하여 하나는 숫자(1 → 2 → 3 → ...)를 출력하고, 다른 하나는 알파벳(A → B → C → ...)을 출력하시오. 여러 스레드를 동시에 실행하여 결과를 관찰한다.

```
숫자: 1
알파벳: A
숫자: 2
알파벳: B
숫자: 3
알파벳: C
...
```

`Thread.sleep(500)`을 사용하여 각 숫자나 알파벳 사이에 0.5초의 대기 시간을 추가한다.

난이도: ★★☆☆☆
주제: 동기화

2. 2개의 스레드가 공유 자원(은행 계좌)을 동시에 수정하지 않도록 동기화(synchronized)를 사용하여 계좌 잔액을 관리하는 프로그램을 작성하시오. `synchronized` 키워드로 스레드 간 충돌을 방지하는 방법을 사용한다.

```
스레드 1 입금: 500, 잔액: 1500
스레드 2 입금: 300, 잔액: 1800
스레드 1 출금: 700, 잔액: 1100
최종 잔액: 1100
```

`deposit`(입금)과 `withdraw`(출금) 메소드는 공유 자원을 보호하기 위해 `synchronized` 블록을 사용한다.
`synchronized(this)`는 객체 단위로 동기화하여 다른 스레드가 동시에 접근하지 못하도록 제한한다.

3. 배열의 값을 여러 스레드로 나누어 계산하고, 모든 스레드가 계산한 결과를 합산하여 배열의 총합을 구하는 프로그램을 작성하시오. 배열 크기는 20이고, 값은 1부터 20까지로 초기화된다.

난이도: ★★☆☆☆
주제: 다중 스레드 작업

```
스레드 4 계산 완료: 90
스레드 2 계산 완료: 40
스레드 1 계산 완료: 15
스레드 3 계산 완료: 65
배열의 총합: 210
```

start() 메소드를 호출하여 각 스레드를 실행한다. join() 메소드를 호출하여 모든 스레드가 작업을 완료할 때까지 대기한다. 각 스레드가 계산한 partialSum을 가져와서 최종 합계를 계산한다.

4. 하나의 스레드는 숫자를 증가시키고, 다른 스레드는 그 숫자를 출력하는 프로그램을 작성하시오. 두 스레드가 동기화되도록 만들어야 한다. wait()와 notify() 메소드를 사용하여 스레드 간의 통신을 구현한다.

난이도: ★★☆☆☆
주제: 스레드 동기화

```
생성된 숫자: 1
소비된 숫자: 1
생성된 숫자: 2
소비된 숫자: 2
...
```

produce() 메소드는 숫자를 증가시키고, 숫자가 생성된 상태를 알린다(notify()). consume() 메소드는 숫자를 출력하고, 숫자가 소비된 상태를 알린다(notify()).

난이도: ★★★☆☆
주제: 데몬 스레드

5. 데몬 스레드를 생성하여 프로그램 실행 중에는 특정 메시지를 1초 간격으로 출력하고, 메인 스레드가 종료되면 데몬 스레드도 종료되는 프로그램을 작성하시오.

```
메인 스레드 작업 시작...
데몬 스레드 실행 중...
데몬 스레드 실행 중...
데몬 스레드 실행 중...
메인 스레드 종료.
```

setDaemon(true)를 호출하여 스레드를 데몬 스레드로 설정할 수 있다. 데몬 스레드는 메인 스레드가 종료되면 자동으로 종료된다.

난이도: ★★☆☆☆
주제: join()

6. 배열 크기 N=10,000인 정수 배열을 준비하고, 각 원소를 [0, 100] 범위의 난수로 초기화하시오. 두 개의 스레드가 배열을 절반씩 나누어 각 구간의 부분 최댓값을 계산하고, join()으로 두 스레드의 종료를 기다린 뒤 최종 최댓값을 출력하시오

```
최대 수: 100
```

각 스레드는 자기 지역 변수에 부분 최대를 저장하고, 메인 스레드가 두 값을 비교해 최종 최대를 구한다.

7. 사용자가 버튼을 클릭하면 1초 간격으로 증가하는 타이머 프로그램을 작성하시오. 타이머는 JLabel에 출력되며, '정지' 버튼을 눌러서 멈출 수 있다. 스레드로 시간 기반 작업 구현한다.

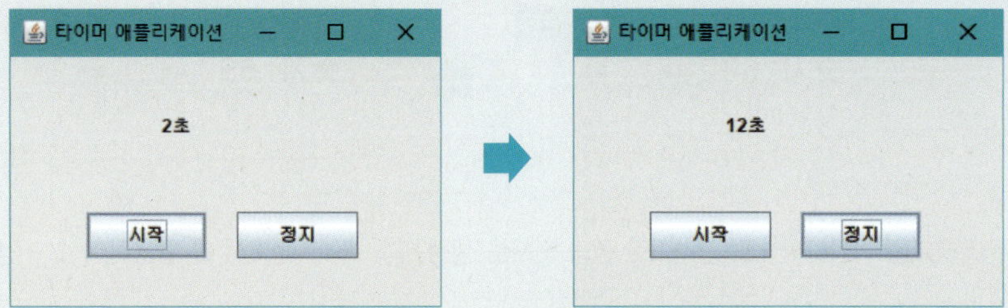

running 변수가 true일 때만 타이머가 동작한다. '정지' 버튼을 누르면 running을 false로 설정하여 타이머를 멈춘다.

8. 버튼 클릭 시 JPanel 내부의 원이 왼쪽에서 오른쪽으로 이동하는 애니메이션을 구현하시오. 스레드를 사용하여 매 프레임마다 원의 위치를 업데이트한다. repaint() 메소드 활용한다.

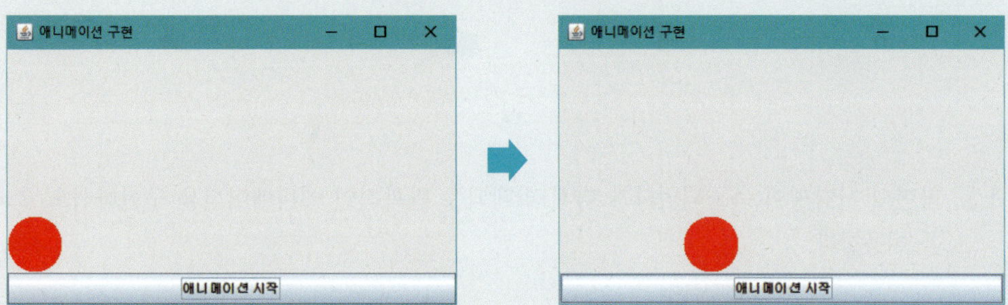

startAnimation() 메소드는 스레드에서 실행되며, 공의 x 좌표를 증가시키고 repaint() 메소드를 호출하여 애니메이션을 구현한다. Thread.sleep(50)으로 프레임 속도를 조절하여 부드러운 움직임을 만든다.

난이도: ★★☆☆☆
주제: 무한 루프와 스레드 제어

9. 버튼을 클릭하면 스레드가 1초 간격으로 랜덤 숫자를 생성하고, JLabel에 표시한다. '정지' 버튼을 눌러서 랜덤 숫자 생성을 멈출 수 있도록 구현하시오.

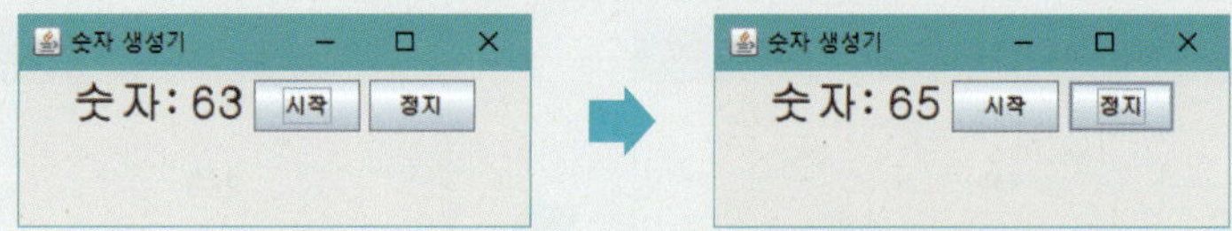

새로운 스레드를 생성하여 1초 간격으로 랜덤 숫자를 생성한다. `running` 변수를 활용하여 숫자 생성 여부를 제어한다.

난이도: ★★★☆☆
주제: join()

10. `Thread` 클래스의 `join()` 메소드를 테스트하기 위하여 다음과 같은 애니메이션을 만들어보자. 2명의 육상 선수는 모두 스레드를 이용하여 구현된다. 프로그램은 첫 번째 스레드가 종료될 때까지 `t1.join()`을 호출하여서 기다린다. 첫 번째 스레드가 종료되면 비로소 두 번째 스레드를 시작한다.

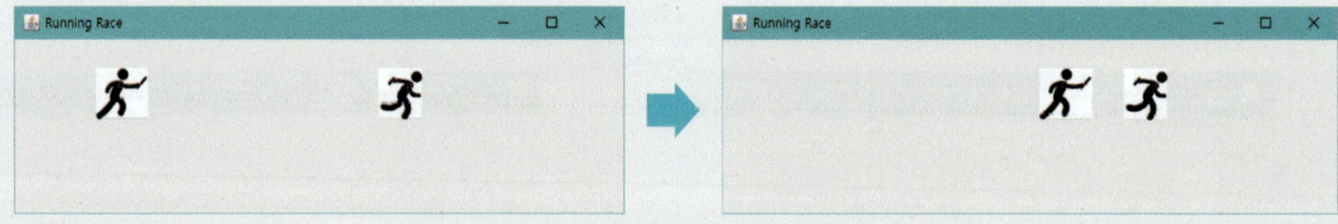

난이도: ★★★☆☆
주제: 다중 스레드 작업

11. 화면의 사각형이 축소되었다가 다시 확대되는 반복적인 애니메이션을 구현하시오. 스레드를 이용한다.

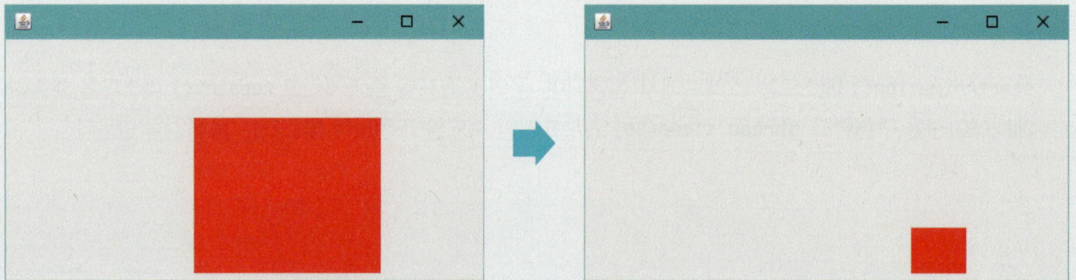

12. 여러 사람이 동시에 버스의 좌석을 예약하는 프로그램을 작성하시오. 각각의 사람은 스레드로 구현한다. 버스는 클래스로 구현하고 동기화를 위하여 synchronized 키워드를 적절하게 사용한다.

난이도: ★★★★☆
주제: 스레드 동기화

```
승객1 → 3번 좌석 예약 완료.
승객2 → 3번 좌석은 이미 예약됨.
승객3 → 6번 좌석 예약 완료.
승객4 → 8번 좌석 예약 완료.
승객5 → 8번 좌석은 이미 예약됨.
좌석 현황: [false, false, true, false, false, true, false, true, false, false]
```

boolean[] seats 배열로 좌석 상태를 저장한다(true = 예약됨, false = 비어 있음). reserveSeat() 메소드에서 synchronized 키워드를 사용하여 여러 스레드(승객)가 동시에 좌석을 예약하지 못하도록 동기화한다. 좌석이 이미 예약되었는지 확인 후 예약 가능하면 true로 변경한다.

13. 화면에서 임의의 위치를 마우스로 클릭하면 그 위치에서 하나의 로켓이 만들어져서 상승하는 프로그램을 작성하시오. 로켓이 화면을 벗어나면 로켓은 삭제된다. 로켓은 이미지 레이블을 이용해서 만든다. 각 로켓은 스레드로 구현한다.

난이도: ★★★★☆
주제: 스레드와 그래픽

난이도: ★★★★☆
주제: 스레드와 그래픽

14. 비 내리는 화면을 스레드를 이용하여 구현하시오. 약 30개 정도의 물방울을 생성하고 위에서 아래로 떨어지게 한다. 물방울들은 타원으로 그려지고 `ArrayList`에 저장된다. 하나의 스레드를 이용하여서 물방울 전체를 아래로 랜덤하게 떨어지게 한다.

물방울은 `fillOval()` 메소드를 호출하여 화면에 그린다. 스레드를 이용해서 물방울들을 아래쪽으로 이동시킨다.

난이도: ★★★★☆
주제: 스레드와 그래픽

15. 별이 반짝이는 화면을 구현하시오. 배경 이미지 위에 별들을 30개 정도 생성한다. 별들의 위치는 변경되지 않지만, 별들의 크기는 변경된다. 하나의 스레드로 별들의 크기를 랜덤하게 변경하여 반짝이는 것처럼 보이게 한다. 10번과 유사한 방법들을 생각해 본다.

찾아보기

국문

ㄱ

ㄴ

ㄷ

ㄹ

ㅁ

ㅂ

ㅅ

ㅇ